정인홍
경찰헌법

기출OX 및 최신판례

머리말

경찰 헌법

저는 객관식 시험을 대비하기 위한 공부방법은 논술형 시험을 대비하기 위한 공부방법과 달라야 한다는 신념을 가지고 있습니다.

"시험은 학문이 아니라 전략이다."

"선택과 집중이 필요하다."

"경찰 시험 헌법 시험에 최적화된 교재가 필요하다."

"2차 논술형 시험을 대비하기 위한 부분이 없는 객관식 시험만을 위한 교재가 필요하다."

저는 학원에서 객관식 헌법 시험대비 강의를 직업으로 하는 사람으로서 위 문제들에 대하여 항상 고민하고 있습니다. 이런 문제의식에서 출발하여 철저한 기출분석을 바탕으로 교재들을 출간하고 있습니다.

효율적인 시험공부를 통하여 비교적 수월하게 고득점을 받을 수 있도록 지도하는 것이 강사의 역할이라고 저는 굳게 믿고 있습니다. 이러한 믿음을 바탕으로 만든 이 책이 수험생들이 더 쉽고 빠르게 합격의 꿈을 이룰 수 있게 도움을 줄 거라고 확신합니다. 부디 이 교재가 효율적인 시험공부에 도움이 되기를 바랍니다.

마지막으로 이 책을 출간하는 데 큰 도움을 주신 '주식회사 미래가치'의 임직원 여러분께 감사를 드립니다.

2024년 5월
편저자 정인홍

차례

PART 01 헌법총론과 대한민국헌법의 기본질서

CHAPTER 01 헌법총론 ... 8
- 제1절 헌법의 의의 ... 8
- 제2절 헌법의 제정·개정·변천 ... 15
- 제3절 헌법의 보장 ... 21

CHAPTER 02 대한민국헌법 ... 23
- 제1절 대한민국헌법의 역사 ... 23
- 제2절 대한민국의 구성요소(주권, 국민, 영토) ... 29
- 제3절 대한민국헌법 전문(前文) ... 44

CHAPTER 03 대한민국헌법의 기본원리와 기본질서 ... 48

PART 02 기본권

CHAPTER 01 기본권 총론 ... 90

CHAPTER 02 인간의 존엄과 가치와 행복추구권 ... 137

CHAPTER 03 평등권 ... 173

CHAPTER 04 자유권적 기본권 ... 200
- 제1절 신체의 자유 ... 200
- 제2절 거주·이전의 자유 ... 264
- 제3절 직업선택의 자유 ... 267
- 제4절 주거의 자유 ... 295
- 제5절 사생활의 비밀과 자유 ... 296

제6절	통신의 자유	319
제7절	재산권의 보장	331
제8절	양심의 자유	349
제9절	종교의 자유	359
제10절	언론·출판의 자유	367
제11절	집회·결사의 자유	390
제12절	학문과 예술의 자유	405

CHAPTER 05 생존권적 기본권 　　　　　　　　　　　　　　　411

제1절	인간다운 생활을 할 권리	411
제2절	교육을 받을 권리	421
제3절	근로의 권리	436
제4절	근로3권	444
제5절	환경권	453
제6절	혼인·가족·모성·보건에 관한 권리	459

CHAPTER 06 청구권적 기본권 　　　　　　　　　　　　　　　469

제1절	청원권	469
제2절	재판청구권	477
제3절	형사보상청구권	498
제4절	국가배상청구권	503
제5절	범죄피해자구조청구권	509

CHAPTER 07 대한민국의 기본제도와 참정권적 기본권 　　　　　　　512

제1절	정당제도와 정당의 자유	512
제2절	선거제도와 선거권	528
제3절	공무원제도와 공무담임권	553
제4절	지방자치제도	572
제5절	국민투표권	583

CHAPTER 08 국민의 기본의무 　　　　　　　　　　　　　　　587

**경찰
헌법**

기출 OX 및 최신판례

PART 01

헌법총론과
대한민국헌법의 기본질서

CHAPTER 01 헌법총론
CHAPTER 02 대한민국헌법
CHAPTER 03 대한민국헌법의 기본원리와 기본질서

01 헌법총론

제1절 헌법의 의의

I 최신 기출지문 분석

01 실질적 의미의 헌법과 형식적 의미의 헌법은 입법기술적으로나 헌법정책적 이유로 인하여 일치할 수 없다.
2023 경찰경력채용 ( )

해설 실질적 의미의 헌법과 형식적 의미의 헌법은 **반드시 일치하는 것은 아니다**. 그 이유는 입법 기술상의 이유와 헌법 정책적 이유 2가지이다. **입법 기술상의 이유**는 실질적 의미의 헌법에 속하는 사항은 너무나 많기 때문에 그 모두를 형식적 의미의 헌법에 다 수록할 수가 없기 때문에 형식적 의미의 헌법은 실질적 의미의 헌법 중 일부만을 포함할 수밖에 없다는 것이고, **헌법 정책적 이유**는 형식적 의미의 헌법을 만들 때(헌법을 성문화할 때) 정책적으로 어떤 사항은 실질적 의미의 헌법에 포함되지 않지만 형식적 의미의 헌법에 규정하는 경우도 있고 또 반대로 어떤 사항은 실질적 의미의 헌법에 포함되지만 정책적으로 형식적 의미의 헌법에 규정하지 않는 경우도 있다는 것이다.

02-1 우리나라는 성문헌법을 가진 나라로서 기본적으로 우리 헌법전이 헌법의 법원(法源)이 된다. 2022 경찰승진
( )

02-2 성문헌법이라고 하여도 그 속에 모든 헌법사항을 빠짐없이 완전히 규율하는 것은 불가능하고 또한 헌법은 국가의 기본법으로서 간결성과 함축성을 추구하기 때문에 형식적 헌법전에는 기재되지 아니한 사항이라도 이를 불문헌법 내지 관습헌법으로 인정할 소지가 있다. 2022 경찰승진 / 2022 경찰경력채용 / 2023 경찰간부 / 2023 경찰1차
( )

02-3 관습헌법이 성립하기 위하여서는 관습이 성립하는 사항이 단지 법률로 정할 사항이 아니라 반드시 헌법에 의하여 규율되어 법률에 대하여 효력상 우위를 가져야 할 만큼 헌법적으로 중요한 기본적 사항이 되어야 한다. 2023 경찰간부
( )

02-4 관습헌법의 성립요건으로 관행의 존재, 관행의 반복·계속성, 항상성이 필요하고, 관행이 명료해야 하지만, 국민이 그 관습헌법이 강제력을 가진다고 믿고 있을 필요는 없다. 2023 법원행시 ( )

ANSWER 01 ○ 02-1 ○ 02-2 ○ 02-3 ○ 02-4 ✕

02-5 입법기관의 직무소재지라는 것은 수도로서의 성격의 중요한 요소의 하나이지만, 정부 각 부처의 소재지 및 헌법재판권을 포함한 사법권이 행사되는 장소는 수도를 결정하는 데 있어서 별도로 결정적인 요소가 된다고 볼 필요는 없다. 2023 법원행시 ( )

02-6 특정의 법률이 반드시 헌법전에서 규율하여야 할 기본적인 헌법사항을 헌법을 대신하여 규율하는 경우에도 곧바로 경성헌법의 체계에 위반하여 헌법위반에 해당한다고 보아서는 안 되며, 그 내용이 상위의 헌법규범에 배치되는지 여부를 따져보아 위헌성을 가려야 한다. 2023 법원행시 ( )

02-7 관습헌법도 성문헌법과 마찬가지로 주권자인 국민의 헌법적 결단의 의사 표현이나, 성문헌법과 동등한 효력을 가진다고 볼 수는 없고, 보충적으로 효력을 가진다고 보아야 한다. 2022 경찰승진 ( )

02-8 관습헌법은 주권자인 국민의 헌법적 결단의 의사의 표현이지만 성문헌법과 동등한 효력을 가지는 것은 아니다. 2023 법원행시 / 2023 경찰간부 ( )

02-9 국민주권주의는 성문이든 관습이든 실정법 전체의 정립에 국민의 참여를 요구한다고 할 것이며, 국민에 의하여 정립된 관습헌법은 입법권자를 구속하며 헌법으로서 효력을 가진다. 2023 경찰간부 ( )

02-10 관습헌법이란 실질적 의미의 헌법사항이 관습으로 규율되고 있다는 것을 뜻할 뿐이며, 관습헌법이라고 해서 성문헌법과 똑같은 효력이 인정된다고 볼 근거가 없다. 2022 경찰경력채용 ( )

02-11 관습헌법은 성문헌법과 동등한 효력을 가지며, 형식적 헌법전에는 기재되지 않은 사항이라도 이를 불문헌법 내지 관습헌법으로 인정할 소지가 있다. 2022 경찰간부 ( )

02-12 불문헌법 내지 관습헌법도 성문헌법과 동일한 법적 효력을 가진다. 2023 경찰경력채용 ( )

02-13 관습헌법규범은 헌법전에 그에 상반하는 법규범을 첨가함에 의하여 폐지하게 된다. 2022 경찰간부 ( )

02-14 헌법 제1조 제2항 따라 국민이 대한민국의 주권자이며, 국민은 최고의 헌법제정권력이기 때문에 성문헌법의 제·개정에 참여할 뿐만 아니라 헌법전에 포함되지 아니한 헌법사항을 필요에 따라 관습의 형태로 직접 형성할 수 있다. 2022 경찰승진 ( )

02-15 국민은 성문헌법의 제·개정에는 직접 참여하지만, 헌법전에 포함되지 아니한 헌법사항을 필요에 따라 관습의 형태로 직접 형성할 수 없다. 2022 경찰간부 ( )

02-16 관습헌법은 주권자인 국민에 의하여 유효한 헌법규범으로 인정되는 동안에만 존속하는 것이며, 관습법의 존속요건의 하나인 국민적 합의성이 소멸되면 관습헌법으로서의 법적 효력도 상실하게 된다. 2021 경찰경력채용 ( )

ANSWER 02-5 ○ 02-6 × 02-7 × 02-8 × 02-9 ○ 02-10 × 02-11 ○ 02-12 ○ 02-13 ○
02-14 ○ 02-15 × 02-16 ○

02-17 관습헌법도 성문헌법과 마찬가지로 주권자인 국민의 헌법적 결단의 의사 표현이고 성문헌법과 동등한 효력을 가지며, 관습헌법의 요건들은 그 성립의 요건일 뿐 효력 유지의 요건은 아니다. 2023 경찰1차 ( )

02-18 관습헌법은 헌법 제130조에 의거한 헌법개정의 방법에 의하지 않는 한, 그것을 지탱하고 있는 국민적 합의성을 상실하였다는 사정만으로 법적효력을 상실할 수 없다. 2023 법원행시 ( )

02-19 관습헌법은 주권자인 국민에 의하여 유효한 헌법규범으로 인정되는 동안에만 존속한다. 2022 경찰간부 ( )

02-20 관습헌법이 성립하기 위하여서는 관습이 성립하는 사항이 단지 법률로 정할 사항이 아니라 반드시 헌법에 의하여 규율되어 법률에 대하여 효력상 우위를 가져야 할 만큼 헌법적으로 중요한 기본적 사항이 되어야 한다. 2023 경찰1차 ( )

02-21 일반적인 헌법사항 중 과연 어디까지가 기본적이고 핵심적인 헌법사항에 해당하는지 여부는 일반추상적인 기준을 설정하여 재단할 수는 없고, 개별적 문제사항에서 헌법적 원칙성과 중요성 및 헌법원리를 통하여 평가하는 구체적 판단에 의하여 확정하여야 한다. 2023 경찰1차 ( )

02-22 관습헌법은 일반적인 헌법사항에 해당하는 내용 중에서도 특히 국가의 기본적이고 핵심적인 사항으로서 법률에 의하여 규율하는 것이 적합하지 아니한 사항을 대상으로 한다. 2022 경찰경력채용 ( )

02-23 우리 헌법은 제128조 내지 제130조에서 일반법률의 개정절차와는 다른 엄격한 헌법개정절차를 정하고 있으며 헌법개정절차의 대상을 단지 '헌법'이라고만 하고 있으므로, 관습헌법도 헌법에 해당하는 이상 여기서 말하는 헌법개정의 대상인 헌법에 포함된다고 보아야 한다. 2024 경찰1차 ( )

02-24 우리나라와 같은 성문의 경성헌법 체제에서 인정되는 관습헌법 사항은 하위규범형식인 법률에 의하여 개정될 수 없다. 2022 경찰경력채용 ( )

02-25 우리 헌법은 헌법의 개정이 통상의 법률개정보다 까다로운 절차와 방법을 요구하는 연성헌법에 속한다. 2023 경찰경력채용 ( )

> **해설** 신행정수도의 건설을 위한 특별조치법 위헌확인(헌재 2004 헌마554 등)
> (1) 대통령의 정치적 결단에 속하는 사항이더라도, 그것이 **국민의 기본권 침해와 직접 관계되는 경우에는 헌법재판소의 심판대상이 될 수 있다.**
> (2) 우리나라는 **성문헌법을 가진 나라로서** 기본적으로 우리 헌법전이 헌법의 법원이 된다. 그러나 **성문헌법이라고 하여도 그 속에 모든 헌법사항을 빠짐없이 완전히 규율하는 것은 불가능하고** 또한 헌법은 국가의 기본법으로서 간결성과 함축성을 추구하기 때문에 형식적 헌법전에는 기재되지 아니한 사항이라도 이를 불문헌법 내지 관습헌법으로 인정할 소지가 있다.

ANSWER 02-17 × 02-18 × 02-19 ○ 02-20 ○ 02-21 ○ 02-22 ○ 02-23 ○ 02-24 ○ 02-25 ×

⑶ 헌법 제1조 제2항은 '대한민국의 주권은 국민에게 있고, 모든 권력은 국민으로부터 나온다.'고 규정한다. 이와 같이 **국민이 대한민국의 주권자이며, 국민은 최고의 헌법제정권력이기 때문에 성문헌법의 제·개정에 참여할 뿐만 아니라 헌법전에 포함되지 아니한 헌법사항을 필요에 따라 관습의 형태로 직접 형성할 수 있다.** 국민주권주의는 성문이든 관습이든 실정법 전체의 정립에의 국민의 참여를 요구한다고 할 것이며, 국민에 의하여 정립된 관습헌법은 입법권자를 구속하며 헌법으로서의 효력을 가진다.

⑷ 관습헌법이 성립하기 위하여서는 관습법의 성립에서 요구되는 일반적 성립 요건이 충족되어야 한다. 첫째, **기본적 헌법사항에 관하여 어떠한 관행 내지 관례가 존재하고**, 둘째, 그 관행은 국민이 그 존재를 인식하고 사라지지 않을 관행이라고 인정할 만큼 **충분한 기간 동안 반복 내지 계속되어야** 하며(**반복·계속성**), 셋째, 관행은 **지속성을 가져야** 하는 것으로서 그 중간에 반대되는 관행이 이루어져서는 아니 되고(**항상성**), 넷째, 관행은 여러 가지 해석이 가능할 정도로 모호한 것이 아닌 **명확한 내용을 가진 것이어야 한다**(**명료성**). 또한 다섯째, 이러한 관행이 **헌법관습으로서 국민들의 승인 내지 확신 또는 폭넓은 컨센서스를 얻어 국민이 강제력을 가진다고 믿고 있어야** 한다(**국민적 합의**).

⑸ 관습헌법이 성립하기 위하여서는 관습이 성립하는 사항이 단지 법률로 정할 사항이 아니라 반드시 헌법에 의하여 규율되어 법률에 대하여 효력상 우위를 가져야 할 만큼 헌법적으로 중요한 기본적 사항이 되어야 한다. 일반적으로 실질적인 헌법사항이라고 함은 널리 국가의 조직에 관한 사항이나 국가기관의 권한 구성에 관한 사항 혹은 개인의 국가권력에 대한 지위를 포함하여 말하는 것이지만, 관습헌법은 이와 같은 일반적인 헌법사항에 해당하는 내용 중에서도 특히 국가의 기본적이고 핵심적인 사항으로서 법률에 의하여 규율하는 것이 적합하지 아니한 사항을 대상으로 하는 것이다. 일반적인 헌법사항 중 과연 어디까지가 이러한 기본적이고 핵심적인 헌법사항에 해당하는지 여부는 일반추상적인 기준을 설정하여 재단할 수는 없는 것이고, 개별적 문제사항에서 헌법적 원칙성과 중요성 및 헌법원리를 통하여 평가하는 구체적 판단에 의하여 확정하여야 한다. 헌법기관의 소재지, 특히 국가를 대표하는 대통령과 민주주의적 통치원리에 핵심적 역할을 하는 의회의 소재지를 정하는 문제는 국가의 정체성을 표현하는 실질적 헌법사항의 하나이다. 입법기관의 "직무소재지"라는 것은 수도로서의 성격의 중요한 요소의 하나다. … 특히 대통령제의 통치구조 아래에서 대통령은 국가원수일 뿐 아니라 행정부의 수반이므로 정부의 소재지는 대통령의 소재지로서 대표된다고 볼 수도 있기 때문에 대통령의 소재지를 수도의 특징적 요소로 보는 한 정부 각 부처의 소재지는 수도를 결정하는 데 있어서 별도로 결정적인 요소가 된다고 볼 필요는 없다. 한편 헌법재판권을 포함한 사법권이 행사되는 장소와 도시의 경제적 능력 등은 수도를 결정하는 필수적인 요소에는 해당하지 아니한다고 볼 것이다. 요컨대 수도란 최소한 정치·행정의 중추적 기능을 수행하는 국가기관의 소재지를 뜻하는 것이라 할 것이다.

⑹ 수도가 서울이라는 점은 관습헌법이다.

⑺ 특정의 법률이 반드시 헌법전에서 규율하여야 할 기본적인 헌법사항을 헌법을 대신하여 규율하는 경우에는 그 내용이 상위의 헌법규범에 배치되는지 여부와 관계없이 경성헌법의 체계에 위반하여 헌법위반에 해당하는 것이다.

⑻ 우리 헌법의 경우 헌법 제10장 제128조 내지 제130조는 일반법률의 개정절차와는 다른 엄격한 헌법개정절차를 정하고 있으며, 동 헌법개정절차의 대상을 단지 '헌법'이라고만 하고 있다. 따라서 관습헌법도 헌법에 해당하는 이상 여기서 말하는 헌법개정의 대상인 헌법에 포함된다고 보아야 한다.

⑼ 관습헌법도 성문헌법과 마찬가지로 주권자인 국민의 헌법적 결단의 의사의 표현이며 성문헌법과 동등한 효력을 가진다고 보아야 한다. 관습헌법도 헌법의 일부로서 성문헌법의 경우와 동일한 효력을 가지기 때문에 그 법규범은 최소한 헌법 제130조에 의거한 헌법개정의 방법에 의하여만 개정될 수 있다.

⑽ 관습헌법은 그것을 지탱하고 있는 국민적 합의성을 상실함에 의하여 법적 효력을 상실할 수 있다. 관습헌법은 주권자인 국민에 의하여 유효한 헌법규범으로 인정되는 동안에만 존속하는 것이며, 관습법의 존속요건의 하나인 국민적 합의성이 소멸되면 관습헌법으로서의 법적 효력도 상실하게 된다. **관습헌법의 요건들은 그 성립의 요건일 뿐만 아니라 효력 유지의 요건이다.**

⑾ 관습헌법을 법률에 의하여 개정하는 것은 헌법 제130조의 국민투표권을 침해하는 것이므로 위헌이다.

03 헌법은 국민적 합의에 의해 제정된 국민생활의 최고 도덕규범이며 정치생활의 가치규범으로서 정치와 사회질서의 지침을 제공하고 있기 때문에 민주사회에서는 헌법의 규범을 준수하고 그 권위를 보존하는 것을 기본으로 한다. 2023 경찰경력채용 ( )

> 해설 헌법은 국민적 합의에 의해 제정된 국민생활의 최고 도덕규범이며 정치생활의 가치규범으로서 정치와 사회질서의 지침을 제공하고 있기 때문에 민주사회에서는 헌법의 규범을 준수하고 그 권위를 보존하는 것을 기본으로 한다(헌재 1989.9.8. 88헌가6).

04 헌법해석은 헌법이 담고 추구하는 이상과 이념에 따른 역사적, 사회적 요구를 올바르게 수용하여 헌법적 방향을 제시하는 헌법의 창조적 기능을 수행하여 국민의 욕구와 의식에 알맞은 실질적 국민주권의 실현을 보장하는 것이어야 한다. 2023 법원직 / 2024 경찰1차 ( )

> 해설 헌법의 해석은 헌법이 담고 추구하는 이상과 이념에 따른 역사적, 사회적 요구를 올바르게 수용하여 헌법적 방향을 제시하는 헌법의 창조적 기능을 수행하여 국민적 욕구와 의식에 알맞은 실질적 국민주권의 실현을 보장하는 것이어야 한다. 그러므로 헌법의 해석과 헌법의 적용이 우리 헌법이 지향하고 추구하는 방향에 부합하는 것이 아닐 때에는, 헌법적용의 방향제시와 헌법적 지도로써 정치적 불안과 사회적 혼란을 막는 가치관을 설정하여야 한다(헌재 1989.9.8. 88헌가6).

05-1 헌법재판소의 헌법해석은 헌법이 내포하고 있는 특정한 가치를 탐색·확인하고 이를 규범적으로 관철하는 작업인 점에 비추어, 헌법재판소가 행하는 구체적 규범통제의 심사기준은 원칙적으로 법률제정 당시에 규범적 효력을 가지는 헌법이다. 2022 경찰간부 ( )

05-2 헌법재판소가 행하는 구체적 규범통제의 심사기준은 원칙적으로 규범이 제정될 당시의 헌법이 아니라 헌법재판을 할 당시에 규범적 효력을 가지는 헌법이다. 2023 법원직 ( )

05-3 헌법을 개정하는 것은 주권자인 국민이 보유하는 가장 기본적인 권리로서 가장 강력하게 보호되어야 할 권리 중의 권리이지만, 헌법을 폐지하고 다른 내용의 헌법을 모색하는 것은 국민에게 허용되지 않는 권리이다. 2024 경찰1차 ( )

> 해설 헌법재판소의 헌법 해석은 헌법이 내포하고 있는 특정한 가치를 탐색·확인하고 이를 규범적으로 관철하는 작업이므로, **헌법재판소가 행하는 구체적 규범통제의 심사기준은 원칙적으로 헌법재판을 할 당시에 규범적 효력을 가지는 헌법이라 할 것이다.**
> **헌법을 개정하거나 다른 내용의 헌법을 모색하는 것은 주권자인 국민이 보유하는 가장 기본적인 권리로서, 가장 강력하게 보호되어야 할 권리 중의 권리에 해당**하고, 집권세력의 정책과 도덕성, 혹은 정당성에 대하여 정치적인 반대의사를 표시하는 것은 헌법이 보장하는 정치적 자유의 가장 핵심적인 부분이다. 정부에 대한 비판 일체를 원천적으로 배제하고 이를 처벌하는 긴급조치 제1호, 제2호는 대한민국 헌법의 근본원리인 국민주권주의와 자유민주적 기본질서에 부합하지 아니하므로 기본권 제한에 있어서 준수하여야 할 목적의 정당성과 방법의 적절성이 인정되지 않는다. 긴급조치 제1호, 제2호는 국민의 유신헌법 반대운동을 통제하고 정치적 표현의 자유를 과도하게 침해하는 내용이어서 국가긴급권이 갖는 내재적 한계를 일탈한 것으로서, 이 점에서도 목적의 정당성이나 방법의 적절성을 갖추지 못하였다(헌재 2013.3.21. 2010헌바132 등).

ANSWER 03 ○ 04 ○ 05-1 × 05-2 ○ 05-3 ×

06-1 합헌적 법률해석은 헌법해석의 일종으로 민주주의와 권력분립 원칙의 관점에서 입법자의 입법권에 대한 존중과 규범유지의 원칙에 의하여 정당화된다. 2023 경찰승진 ( )

06-2 법률에 대한 헌법합치적 해석이란 어떠한 법률이 다의적으로 해석될 가능성이 있을 경우, 위헌적 해석가능성은 배제하고, 합헌적 해석가능성을 택하여 법률의 효력을 유지시키는 해석방법이다. 2023 국회직8급 ( )

> 해설 ▶ 어떤 법률의 개념이 다의적이고 그 어의의 테두리안에서 여러 가지 해석이 가능할 때, 헌법을 최고법규로 하는 통일적인 법질서의 형성을 위하여 헌법에 합치되는 해석 즉 합헌적인 해석을 택하여야 하며, 이에 의하여 위헌적인 결과가 될 해석은 배제하면서 합헌적이고 긍정적인 면은 살려야 한다는 것이 헌법의 일반법리이다(헌재 1990.4.2. 89헌가113). → **합헌적 법률해석은 본질상 법률해석이며 헌법해석이 아니다.**

07 헌법재판소는 법률에 대한 헌법합치적 해석의 근거로 권력분립원리, 민주주의 원리의 관점에서 입법자의 존중, 법질서의 통일성 및 법적 안정성을 들고 있다. 2023 국회직8급 ( )

> 해설 ▶ 법률의 합헌적 해석은 헌법의 최고규범성에서 나오는 법질서의 통일성에 바탕을 두고, 법률이 헌법에 조화하여 해석될 수 있는 경우에는 위헌으로 판단하여서는 아니 된다는 것을 뜻하는 것으로서 권력분립과 입법권을 존중하는 정신에 그 뿌리를 두고 있다(헌재 2015.5.28. 2012헌마653).

08-1 법률 또는 법률 조항은 원칙적으로 가능한 범위 안에서 합헌적으로 해석하여야 하나 그 해석은 문의적 한계와 법목적에 따른 한계가 있다. 이러한 한계를 벗어난 합헌적 해석은 그것이 바로 실질적 의미에서의 입법작용을 뜻하게 되어 결과적으로 입법권자의 입법권을 침해하는 것이 된다. 2024 경찰1차 ( )

08-2 법률 또는 법률의 조항은 원칙적으로 가능한 범위 안에서 합헌적으로 해석함이 마땅하나 그 해석은 법의 문구와 목적에 따른 한계가 있다. 즉, 법률의 조항의 문구가 간직하고 있는 말의 뜻을 넘어서 말의 뜻이 완전히 다른 의미로 변질되지 아니하는 범위 내이어야 한다는 문의적 한계와 입법권자가 그 법률의 제정으로써 추구하고자 하는 입법자의 명백한 의지와 입법의 목적을 헛되게 하는 내용으로 해석할 수 없다고 하는 법목적에 따른 한계가 바로 그것이다. 2023 국회직8급 ( )

> 해설 ▶ 법률 또는 법률의 위 조항은 원칙적으로 가능한 범위 안에서 합헌적으로 해석함이 마땅하나 그 해석은 법의 문구와 목적에 따른 한계가 있다. 즉, **법률의 조항의 문구가 간직하고 있는 말의 뜻을 넘어서 말의 뜻이 완전히 다른 의미로 변질되지 아니하는 범위 내이어야 한다는 문의적 한계와 입법권자가 그 법률의 제정으로써 추구하고자 하는 입법자의 명백한 의지와 입법의 목적을 헛되게 하는 내용으로 해석할 수 없다는 법목적에 따른 한계가 바로 그것이다.** 왜냐하면, 그러한 범위를 벗어난 합헌적 해석은 그것이 바로 실질적 의미에서의 입법작용을 뜻하게 되어 결과적으로 입법권자의 입법권을 침해하는 것이 되기 때문이다(헌재 1989.7.14. 88헌가5 등).

09-1 조세법률주의가 지배하는 조세법의 영역에서 경과규정의 미비라는 명백한 입법의 공백을 방지하고 형평성의 왜곡을 시정하기 위해 실효된 법률조항을 유효한 것으로 해석하는 것은 헌법정신에 맞도록 법률의 내용을 해석·보충하거나 정정하는 '헌법합치적 법률해석'에 따른 해석이다. 2024 경찰1차 ( )

ANSWER 06-1 ✕ 06-2 ○ 07 ○ 08-1 ○ 08-2 ○ 09-1 ✕

09-2 과세관청이 기존에는 존재하였으나 실효되어 더이상 존재한다고 볼 수 없는 법률조항을 여전히 유효한 것으로 해석·적용한 것에, 명백한 입법의 공백을 방지하고 형평성의 왜곡을 시정하고자 하는 특별한 목적이 있었다면, 설령 법률해석을 통해 과세의 근거를 창설하였더라도 헌법상 권력분립원칙에 반하지 않는다. 2024 경찰승진 ( )

해설 과세요건법정주의 및 과세요건명확주의를 포함하는 조세법률주의가 지배하는 조세법의 영역에서는 경과규정의 미비라는 명백한 입법의 공백을 방지하고 형평성의 왜곡을 시정하는 것은 원칙적으로 입법자의 권한이고 책임이지 법문의 한계 안에서 법률을 해석·적용하는 법원이나 과세관청의 몫은 아니다. 뿐만 아니라 구체적 타당성을 이유로 법률에 대한 유추해석 내지 보충적 해석을 하는 것도 어디까지나 '유효한' 법률조항을 대상으로 할 수 있는 것이지 이미 '실효된' 법률조항은 그러한 해석의 대상이 될 수 없다.
따라서 관련 당사자가 공평에 반하는 이익을 얻을 가능성이 있다 하여 **이미 실효된 법률조항을 유효한 것으로 해석하여 과세의 근거로 삼는 것은 과세근거의 창설을 국회가 제정하는 법률에 맡기고 있는 헌법상 권력분립원칙과 조세법률주의의 원칙에 반한다**(헌재 2012.5.31. 2009헌바123 등).

10 헌법정신에 맞도록 법률의 내용을 해석·보충하거나 정정하는 '헌법합치적 법률해석'은 '유효한' 법률조항의 의미나 문구를 대상으로 하는 것이므로 입법의 공백을 방지하기 위하여 실효된 법률 조항을 유효한 것으로 해석하는 결과에 이르는 것은 '헌법합치적 법률해석'을 이유로도 정당화될 수 없다. 2022 경찰간부 ( )

해설 형벌조항이나 조세법의 해석에 있어서는 헌법상 죄형법정주의, 조세법률주의의 원칙에 따라 엄격하게 법문을 해석하여야 하고, 합리적인 이유 없이 확장해석하거나 유추해석할 수는 없는바, '**유효한**' **법률조항의 불명확한 의미를 논리적·체계적 해석을 통해 합리적으로 보충하는 데에서 더 나아가, 해석을 통하여 전혀 새로운 법률상 근거를 만들어 내거나, 기존에는 존재하였으나 실효되어 더 이상 존재한다고 볼 수 없는 법률조항을 여전히 '유효한' 것으로 해석한다면, 이는 법률해석의 한계를 벗어나 '법률의 부존재'로 말미암아 형벌의 부과나 과세의 근거가 될 수 없는 것을 법률해석을 통하여 창설해 내는 일종의 '입법행위'로서 헌법상의 권력분립원칙, 죄형법정주의, 조세법률주의원칙에 반한다**(헌재 2012.7.26. 2009헌바35 등).

11-1 현행 헌법 제12조에서 종래의 "구금"을 "구속"으로 바꾼 것은 신체의 자유의 보장 범위를 구금된 사람뿐 아니라 구인된 사람에게까지 넓히기 위한 것으로 해석하는 것이 타당하다. 2024 경찰1차 ( )

11-2 우리 헌법은 제헌헌법 이래 신체의 자유를 보장하는 규정을 두었는데, 원래 '구금'이라는 용어를 사용해 오다가 현행 헌법 개정시에 이를 '구속'이라는 용어로 바꾸었다. 2023 경찰경력채용 ( )

해설 우리 헌법은 제헌헌법 이래 신체의 자유를 보장하는 규정을 두었는데, 원래 "구금"이라는 용어를 사용해 오다가 현행 헌법 개정시에 이를 "구속"이라는 용어로 바꾸었다. 현행 헌법 개정시에 종전의 "구금"을 "구속"으로 바꾼 이유를 정확히 확인할 수 있는 자료를 찾기는 어렵다. 다만, '국민의 신체와 생명에 대한 보호를 강화'하는 것이 현행 헌법의 주요 개정이유임을 고려하면, 현행 헌법이 종래의 "구금"을 "구속"으로 바꾼 것은 헌법 제12조에 규정된 신체의 자유의 보장 범위를 구금된 사람뿐 아니라 구인된 사람에게까지 넓히기 위한 것으로 해석하는 것이 타당하다(헌재 2018.5.31. 2014헌마346).

12 헌법재판소에 의하면 구 상속세법 제18조 제1항 본문 중 '상속인'의 범위에 '상속개시 전에 피상속인으로부터 상속재산가액에 가산되는 재산을 증여받고 상속을 포기한 자'를 포함하지 않은 것은 상속을 승인한 자의 헌법상 재산권을 침해하는 것은 아니다. 2023 국회직8급 ( )

ANSWER 09-2 ✕   10 ○   11-1 ○   11-2 ○   12 ✕

해설 응능부담의 원칙을 상속세의 부과에서 실현하고자 하는 입법목적이 공공복리에 기여하므로 목적정당성을 인정할 수 있으나, 상속포기자를 제외하는 것은 응능부담 원칙의 실현이라는 입법목적 달성에 적절한 수단이 될 수 없어서 방법의 적절성 원칙에 위배되며, "상속개시 전에 피상속인으로부터 상속재산가액에 가산되는 재산을 증여받고 상속을 포기한 자"를 "상속인"의 범위에 포함시키는 별도의 수단이 존재하는데도 이를 외면하는 것이므로 침해의 최소성 원칙에 위배되고, 상속을 승인한 자가 상속을 포기한 자가 본래 부담하여야 할 상속세액을 부담하게 되는 재산상의 불이익을 받게 되는 반면에 달성되는 공익은 상대적으로 작다고 할 것이어서 법익 균형성 원칙에도 위배되기 때문에, **구 상속세법 제18조 제1항 본문 중 "상속인"의 범위에 "상속개시 전에 피상속인으로부터 상속재산가액에 가산되는 재산을 증여받고 상속을 포기한 자"를 포함하지 않는 것은 상속을 승인한 자의 헌법상 보장되는 재산권을 침해**한다(헌재 2008. 10.30. 2003헌바10).

13 헌법재판소에 의하면 민법 제764조 '명예회복에 적당한 처분'에 사죄광고를 포함시키는 것은 헌법에 위반된다. 2023 국회직8급 ( )

해설 민법 제764조가 사죄광고를 포함하는 취지라면 그에 의한 기본권제한에 있어서 **그 선택된 수단이 목적에 적합하지 않을 뿐만 아니라 그 정도 또한 과잉하여 비례의 원칙이 정한 한계를 벗어난 것으로 헌법 제37조 제2항에 의하여 정당화될 수 없는 것으로서 헌법 제19조에 위반되는 동시에 헌법상 보장되는 인격권의 침해에 이르게 된다**(헌재 1991.4.1. 89헌마160).

제2절 헌법의 제정·개정·변천

I 헌법 조문

제128조 ① 헌법개정은 국회재적의원 과반수 또는 대통령의 발의로 제안된다.
② 대통령의 임기연장 또는 중임변경을 위한 헌법개정은 그 헌법개정 제안 당시의 대통령에 대하여는 효력이 없다.

제129조 제안된 헌법개정안은 대통령이 20일 이상의 기간 이를 공고하여야 한다.

제130조 ① 국회는 헌법개정안이 공고된 날로부터 60일 이내에 의결하여야 하며, 국회의 의결은 재적의원 3분의 2 이상의 찬성을 얻어야 한다.
② 헌법개정안은 국회가 의결한 후 30일 이내에 국민투표에 붙여 국회의원선거권자 과반수의 투표와 투표자 과반수의 찬성을 얻어야 한다.
③ 헌법개정안이 제2항의 찬성을 얻은 때에는 헌법개정은 확정되며, 대통령은 즉시 이를 공포하여야 한다.

ANSWER 13 ○

II 최신 기출지문 분석

01-1 헌법개정은 국회재적의원 3분의 1 이상 또는 대통령의 발의로 제안된다. 2023 행시 ( )

01-2 헌법개정은 국회재적의원 과반수 또는 대통령의 발의로 제안된다. 2022 법무사 / 2023 국회직9급 / 2023 법원직 ( )

01-3 헌법개정은 국회재적의원 300명 중 150명 이상의 발의로 제안될 수 있다. 2022 변시 ( )

01-4 대통령의 임기연장 또는 중임변경을 위한 헌법개정은 그 헌법개정 공고 당시의 대통령에 대하여는 효력이 없다. 2023 경찰경력채용 ( )

01-5 대통령의 임기연장 또는 중임변경을 위한 헌법개정은 그 헌법개정 제안 당시의 대통령에 대하여도 효력이 있다. 2021 경찰승진 ( )

01-6 대통령의 임기를 연장하거나 중임변경을 위한 헌법개정은 그 헌법개정 제안 당시의 대통령에 대하여는 효력이 없다. 2022 법무사 / 2024 행시 ( )

01-7 헌법개정의 발의는 국회재적의원 과반수 또는 대통령에 의해 행해지며, 대통령의 임기연장 또는 중임변경을 위한 헌법개정은 그 헌법개정 제안 당시의 대통령에 대하여는 효력이 없다. 2023 경찰1차 ( )

01-8 헌법개정은 국회재적의원 과반수 또는 대통령의 발의로 제안되며, 제안된 헌법개정안은 대통령이 20일 이상의 기간 이를 공고하여야 한다. 2022 경찰1차 ( )

01-9 헌법개정안은 국회 재적의원 과반수 또는 대통령의 발의로 제안되며, 제안된 헌법개정안은 대통령이 30일 이상의 기간 이를 공고하여야 한다. 2023 국회직8급 ( )

01-10 제안된 헌법개정안은 대통령이 30일 이상의 기간 이를 공고하여야 한다. 2021 경찰승진 / 2023 행시 ( )

01-11 제안된 헌법개정안은 대통령이 20일 이상의 기간 이를 공고하여야 한다. 2023 국회직9급 ( )

01-12 국회는 헌법개정안을 20일 이상 공고하여야 한다. 2024 입법고시 ( )

01-13 국회는 헌법개정안이 공고된 날로부터 90일 이내에 의결하여야 한다. 2024 입법고시 ( )

ANSWER 01-1 ✕ 01-2 ○ 01-3 ✕ 01-4 ✕ 01-5 ✕ 01-6 ○ 01-7 ✕ 01-8 ○ 01-9 ✕ 01-10 ✕ 01-11 ○ 01-12 ✕ 01-13 ✕

01-14 제안된 헌법개정안은 대통령이 20일 이상의 기간 이를 공고하여야 하고, 국회는 헌법개정안이 공고된 날로부터 60일 이내에 의결하여야 한다. 2022 법무사 ( )

01-15 헌법개정은 국회재적의원 과반수 또는 대통령의 발의로 제안되고, 헌법개정안에 대한 국회의 의결은 국회의원 재적의원 3분의 2 이상의 찬성을 얻어야 한다. 2022 법원행시 ( )

01-16 국회는 헌법개정안이 공고된 날로부터 30일 이내에 의결하여야 하며, 국회의 의결은 출석의원 3분의 2 이상의 찬성을 얻어야 한다. 2023 국회직9급 ( )

01-17 국회는 헌법개정안이 공고된 날로부터 60일 이내에 의결하여야 한다. 2023 국회직9급 ( )

01-18 국회는 헌법개정안이 공고된 날로부터 60일 이내에 의결하여야 하며, 국회의 의결은 재적의원 3분의 2 이상의 찬성을 얻어야 한다. 2021 경찰승진 / 2023 법원직 ( )

01-19 국회는 헌법개정안의 공고기간이 만료된 날로부터 60일 이내에 의결하여야 하며 국회의 의결은 재적의원 3분의 2 이상의 찬성을 얻어야 한다. 2023 경찰1차 / 2024 행시 ( )

01-20 국회는 헌법개정안이 공고된 날로부터 60일 이내에 의결하여야 하며, 국회의 의결은 국회재적의원 300명 중 200명 이상의 찬성을 얻어야 한다. 2022 변시 / 2023 행시 ( )

01-21 헌법개정안은 국회가 의결한 후 20일 이내에 국민투표에 붙여 국회의원 선거권자 과반수의 투표와 투표자 과반수의 찬성을 얻어야 한다. 2021 경찰승진 ( )

01-22 헌법개정안은 국회가 의결한 후 30일 이내에 국민투표에 붙여 국회의원선거권자 과반수의 찬성을 얻어야 한다. 2023 법원직 ( )

01-23 헌법개정안은 국회에서 재적의원 3분의 2 이상의 찬성에 따른 국회의 의결을 거친 다음 국민투표에서 국회의원선거권자 과반수의 찬성을 얻어 확정된다. 2024 경찰1차 ( )

01-24 헌법상 헌법개정안은 국회가 의결한 후 30일 이내에 국민투표에 붙여 국회의원선거권자 과반수의 투표와 투표자 과반수의 찬성을 얻어야 한다. 2022 변시 / 2022 법원행시 / 2023 경찰1차 / 2023 행시 / 2023 국회직9급 / 2023 국회직8급 / 2024 입법고시 / 2024 행시 ( )

01-25 헌법개정안이 국회에서 의결된 후 60일 이내에 국민투표에 붙여 국회의원선거권자 과반수의 투표와 투표자 과반수의 찬성을 얻으면 헌법개정은 확정되며, 국회의장은 즉시 이를 공포하여야 한다. 2022 경찰1차 ( )

ANSWER 01-14 ○ 01-15 ○ 01-16 × 01-17 ○ 01-18 ○ 01-19 × 01-20 ○ 01-21 × 01-22 × 01-23 × 01-24 ○ 01-25 ×

01-26 헌법개정안이 국회가 의결한 후 30일 이내에 국민투표에 붙여 국회의원선거권자 과반수의 투표와 투표자 과반수의 찬성을 얻은 때에는 헌법개정은 확정되며, 대통령은 즉시 이를 공포하여야 한다.
2022 경찰승진 / 2022 법무사 ( )

01-27 현행 헌법은 제9차 개정헌법으로 국회의 의결을 거친 다음 국민투표에 의하여 확정되었고, 대통령이 즉시 이를 공포함으로써 그 효력이 발생하였다. 2022 법원행시 ( )

01-28 대통령이 헌법개정안을 발의하기 위해서는 국무회의의 심의를 거쳐야 한다. 2024 행시 ( )

> **해설** 헌법 제128조 ① 헌법개정은 국회재적의원 과반수 또는 대통령의 발의로 제안된다.
> ② 대통령의 임기연장 또는 중임변경을 위한 헌법개정은 그 헌법개정 제안 당시의 대통령에 대하여는 효력이 없다.
> 제129조 제안된 헌법 개정안은 대통령이 20일 이상의 기간 이를 공고하여야 한다.
> 제130조 ① 국회는 헌법 개정안이 공고된 날로부터 60일 이내에 의결하여야 하며, 국회의 의결은 재적의원 3분의 2 이상의 찬성을 얻어야 한다.
> ② 헌법 개정안은 국회가 의결한 후 30일 이내에 국민투표에 붙여 국회의원선거권자 과반수의 투표와 투표자 과반수의 찬성을 얻어야 한다.
> ③ 헌법 개정안이 제2항의 찬성을 얻은 때에는 헌법개정은 확정되며, 대통령은 즉시 이를 공포하여야 한다.
> 헌법 부칙 제1조 이 헌법은 1988년 2월 25일부터 시행한다. - 이하 생략 -
> 대통령이 헌법개정안을 발의하기 위해서는 국무회의의 심의를 거쳐야 한다(헌법 제89조 제3호).

02 헌법 제128조 제2항은 헌법개정의 한계를 규정한 조항이 아니라 헌법개정의 허용을 전제로 한 헌법개정의 효력을 제한하는 '헌법개정효력의 한계' 규정이다. 2023 국회직8급 ( )

> **해설** 헌법 제128조 제2항은 '대통령의 임기연장 또는 중임변경을 위한 헌법개정은 그 헌법개정 제안 당시의 대통령에 대하여는 효력이 없다.'라고 규정하여 헌법 개정 자체를 금지하는 한계를 둔 조항이 아니라 헌법 개정의 효력을 제한하는 규정으로 '헌법개정효력의 한계' 규정이다.

03 국민투표에 의하여 확정된 현행 헌법의 성립과정과 헌법 제130조 제2항이 헌법의 개정을 국민투표에 의하여 확정하도록 하고 있으므로, 헌법은 그 전체로서 주권자인 국민의 결단 내지 국민적 합의의 결과라고 보아야 할 것으로, 헌법의 규정을 「헌법재판소법」 제68조 제1항 소정의 공권력 행사의 결과라고 볼 수 없다.
2023 국회직8급 ( )

> **해설** 국민투표에 의하여 확정된 현행 헌법의 성립과정과 헌법 제130조 제2항이 헌법의 개정을 국민투표에 의하여 확정하도록 하고 있음에 비추어, **헌법은 그 전체로서 주권자인 국민의 결단 내지 국민적 합의의 결과라고 보아야 할 것으로, 헌법의 규정을 헌법재판소법 제68조 제1항 소정의 공권력 행사의 결과라고 볼 수도 없다**(헌재 1995.12.28. 95헌바3).

04 국회는 헌법개정안이 공고된 날로부터 60일 이내에 의결하여야 하며, 국회의 의결은 무기명투표로 한다.
2022 경찰승진 ( )

> **해설** 국회법 제112조 ④ 헌법 개정안은 **기명투표**로 표결한다.

ANSWER 01-26 ○ 01-27 ✕ 01-28 ○ 02 ○ 03 ○ 04 ✕

05 국민투표의 효력에 관하여 이의가 있는 투표인은 투표인 10만인 이상의 찬성을 얻어 중앙선거관리위원회위원장을 피고로 하여 투표일로부터 20일 이내에 대법원에 제소할 수 있다. 2023 경찰1차 ( )

> 해설 국민투표의 효력에 관하여 **이의가 있는 투표인은 투표인 10만인 이상의 찬성을 얻어** 중앙선거관리위원회위원**장을 피고로 하여** 투표일로부터 20일 이내에 **대법원에 제소할 수 있다**(국민투표법 제92조).

06-1 우리 헌법의 각 개별규정 가운데 무엇이 헌법제정규정이고 무엇이 헌법개정규정인지를 구분하는 것이 가능하지 아니할 뿐 아니라, 각 개별규정에 그 효력상의 차이를 인정하여야 할 형식적인 이유를 찾을 수 없다. 2022 경찰1차 ( )

06-2 우리 헌법의 각 개별규정 가운데 무엇이 헌법제정규정이고 무엇이 헌법개정규정인지를 구분하는 것이 가능할 뿐만 아니라, 그 효력상의 차이도 인정할 수 있다. 2022 경찰승진 ( )

> 해설 우리나라의 헌법은 제헌헌법이 초대국회에 의하여 제정된 반면 그후의 제5차, 제7차, 제8차 및 현행의 제9차 헌법 개정에 있어서는 국민투표를 거친 바 있고, 그간 각 헌법의 개정절차조항 자체가 여러 번 개정된 적이 있으며, 형식적으로도 부분개정이 아니라 전문까지를 포함한 전면개정이 이루어졌던 점과 우리의 현행 헌법이 독일기본법 제79조 제3항과 같은 헌법개정의 한계에 관한 규정을 두고 있지 아니하고, 독일기본법 제79조 제1항 제1문과 같이 헌법의 개정을 법률의 형식으로 하도록 규정하고 있지도 아니한 점 등을 감안할 때, **우리 헌법의 각 개별규정 가운데 무엇이 헌법제정규정이고 무엇이 헌법개정규정인지를 구분하는 것이 가능하지 아니할 뿐 아니라, 각 개별규정에 그 효력상의 차이를 인정하여야 할 형식적인 이유를 찾을 수 없다.** 이러한 점과 앞에서 검토한 현행 헌법 및 헌법재판소법의 명문의 규정취지에 비추어, **헌법제정권과 헌법개정권의 구별론이나 헌법개정한계론은 그 자체로서의 이론적 타당성 여부와 상관없이 우리 헌법재판소가 헌법의 개별규정에 대하여 위헌심사를 할 수 있다는 논거로 원용될 수 있는 것이 아니다**(헌재 1995.12.28. 95헌바3).

07 대통령이 발의하는 헌법개정안에 대하여는 국무회의의 심의를 거쳐야 한다. 2022 법무사 ( )

> 해설 헌법개정안·국민투표안·조약안·법률안 및 대통령령안은 국무회의의 심의를 거쳐야 한다(헌법 제89조 제3호).

08 헌법은 전문과 각 개별조항이 서로 밀접한 관련을 맺으면서 하나의 통일된 가치 체계를 이루고 있는 것으로서, 헌법의 제규정 가운데는 헌법의 근본가치를 보다 추상적으로 선언한 것도 있고 이를 보다 구체적으로 표현한 것도 있을 수 있으나, 이념적·논리적으로는 규범상호간의 우열을 인정할 수는 없다. 2023 경찰승진 / 2023 법원직 ( )

> 해설 헌법은 전문과 각 개별조항이 서로 밀접한 관련을 맺으면서 하나의 통일된 가치체계를 이루고 있는 것으로서, 헌법의 제규정 가운데는 헌법의 근본가치를 보다 추상적으로 선언한 것도 있고, 이를 보다 구체적으로 표현한 것도 있으므로 **이념적·논리적으로는 헌법규범 상호간의 우열을 인정할 수 있는 것이 사실**이다. 그러나 이때 인정되는 헌법규범상호간의 우열은 추상적 가치규범의 구체화에 따른 것으로서 헌법의 통일적 해석에 있어서는 유용할 것이지만, **그것이 헌법의 어느 특정규정이 다른 규정의 효력을 전면적으로 부인할 수 있을 정도의 개별적 헌법규정 상호간에 효력상의 차등을 의미하는 것이라고는 볼 수 없다**(헌재 1996.6.13. 94헌바20).

ANSWER 05 ○ 06-1 ○ 06-2 × 07 ○ 08 ×

09-1 우리 헌법은 헌법개정의 한계에 관한 규정을 두고 있으며, 헌법의 개정을 법률의 개정과는 달리 국민투표에 의하여 이를 확정하도록 규정하고 있다. 2022 경찰승진 ( )

09-2 헌법의 각 개별규정 가운데 무엇이 헌법제정규정이고 무엇이 헌법개정규정인지를 구분하는 것이 가능할 뿐만 아니라, 그 효력상의 차이도 인정할 수 있다. 2024 입법고시 ( )

09-3 헌법의 제규정 가운데는 헌법의 근본가치를 보다 추상적으로 선언한 것도 있고, 이를 보다 구체적으로 표현한 것도 있어서 이념적·논리적으로는 규범 상호간의 우열을 인정할 수 있으므로, 우리 헌법의 각 개별규정 가운데 무엇이 헌법제정규정이고 무엇이 헌법개정규정인지를 구분하는 것이 가능할 뿐 아니라, 각 개별규정에 그 효력상의 차이를 인정할 수도 있다. 2024 경찰1차 ( )

09-4 헌법개정의 한계에 관한 규정을 직접 두고 있지 않는 우리 헌법체계에서는 어떤 규정이 헌법핵 내지는 헌법제정규범으로서 상위규범이고 어떤 규정이 단순한 헌법개정규범으로서 하위규범인지를 구별하는 것이 가능하지 아니하며, 달리 헌법의 각 개별규정 사이에 그 효력상의 차이를 인정하여야 할 아무런 근거도 찾을 수 없다. 2023 경찰경력채용 ( )

> **해설** 헌법개정의 한계에 관한 규정을 두지 아니하고 헌법의 개정을 법률의 개정과는 달리 국민투표에 의하여 이를 확정하도록 규정하고 있는(헌법 제130조 제2항) 현행의 우리 헌법상으로는 과연 어떤 규정이 헌법핵 내지는 헌법제정규범으로서 상위규범이고 어떤 규정이 단순한 헌법개정규범으로서 하위규범인지를 구별하는 것이 가능하지 아니하며, 달리 헌법의 각 개별규정 사이에 그 효력상의 차이를 인정하여야 할 아무런 근거도 찾을 수 없다(헌재 1996.6.13. 94헌바20).

10-1 성문헌법의 개정은 헌법의 조문이나 문구의 명시적이고 직접적인 변경을 내용으로 하는 헌법개정안의 제출에 의하여야 하고, 하위규범인 법률의 형식으로, 일반적인 입법절차에 의하여 개정될 수 없다. 2022 변시 ( )

10-2 한미무역협정은 우호통상항해조약의 하나로서 성문헌법을 개정하는 효력이 없으므로 한미무역협정의 체결로 헌법개정절차에서의 국민투표권 침해의 가능성은 인정될 수 없다. 2023 경찰경력채용 ( )

> **해설** 성문헌법의 개정은 헌법의 조문이나 문구의 명시적이고 직접적인 변경을 내용으로 하는 헌법개정안의 제출에 의하여야 하고, 하위규범인 법률의 형식으로, 일반적인 입법절차에 의하여 개정될 수는 없다. 한미무역협정의 경우, 국회의 동의를 필요로 하는 조약의 하나로서 법률적 효력이 인정되므로, 그에 의하여 성문헌법이 개정될 수는 없으며, 따라서 한미무역협정으로 인하여 청구인의 헌법 제130조 제2항에 따른 헌법개정절차에서의 국민투표권이 침해될 가능성은 인정되지 아니한다(헌재 2013.11.28. 2012헌마166).

ANSWER 09-1 × 09-2 × 09-3 × 09-4 ○ 10-1 ○ 10-2 ○

제3절 헌법의 보장

I 헌법 조문

제76조 ① 대통령은 내우·외환·천재·지변 또는 중대한 재정·경제상의 위기에 있어서 국가의 안전보장 또는 공공의 안녕질서를 유지하기 위하여 긴급한 조치가 필요하고 국회의 집회를 기다릴 여유가 없을 때에 한하여 최소한으로 필요한 재정·경제상의 처분을 하거나 이에 관하여 법률의 효력을 가지는 명령을 발할 수 있다.
② 대통령은 국가의 안위에 관계되는 중대한 교전상태에 있어서 국가를 보위하기 위하여 긴급한 조치가 필요하고 국회의 집회가 불가능한 때에 한하여 법률의 효력을 가지는 명령을 발할 수 있다.
③ 대통령은 제1항과 제2항의 처분 또는 명령을 한 때에는 지체없이 국회에 보고하여 그 승인을 얻어야 한다.
④ 제3항의 승인을 얻지 못한 때에는 그 처분 또는 명령은 그때부터 효력을 상실한다. 이 경우 그 명령에 의하여 개정 또는 폐지되었던 법률은 그 명령이 승인을 얻지 못한 때부터 당연히 효력을 회복한다.
⑤ 대통령은 제3항과 제4항의 사유를 지체없이 공포하여야 한다.

제77조 ① 대통령은 전시·사변 또는 이에 준하는 국가비상사태에 있어서 병력으로써 군사상의 필요에 응하거나 공공의 안녕질서를 유지할 필요가 있을 때에는 법률이 정하는 바에 의하여 계엄을 선포할 수 있다.
② 계엄은 비상계엄과 경비계엄으로 한다.
③ 비상계엄이 선포된 때에는 법률이 정하는 바에 의하여 영장제도, 언론·출판·집회·결사의 자유, 정부나 법원의 권한에 관하여 특별한 조치를 할 수 있다.
④ 계엄을 선포한 때에는 대통령은 지체없이 국회에 통고하여야 한다.
⑤ 국회가 재적의원 과반수의 찬성으로 계엄의 해제를 요구한 때에는 대통령은 이를 해제하여야 한다.

II 최신 기출지문 분석

01 대통령은 긴급재정경제명령을 한 때에는 지체 없이 국회에 보고하여 승인을 얻어야 하며, 승인을 얻지 못한 때에는 그 명령은 그때부터 효력을 상실한다. 2022 변시 ( )

해설 헌법 제76조 ① 대통령은 내우·외환·천재·지변 또는 중대한 재정·경제상의 위기에 있어서 국가의 안전보장 또는 공공의 안녕질서를 유지하기 위하여 긴급한 조치가 필요하고 국회의 집회를 기다릴 여유가 없을 때에 한하여 최소한으로 필요한 재정·경제상의 처분을 하거나 이에 관하여 법률의 효력을 가지는 명령을 발할 수 있다.
② 대통령은 국가의 안위에 관계되는 중대한 교전상태에 있어서 국가를 보위하기 위하여 긴급한 조치가 필요하고 국회의 집회가 불가능한 때에 한하여 법률의 효력을 가지는 명령을 발할 수 있다.
③ 대통령은 제1항과 제2항의 처분 또는 명령을 한 때에는 지체없이 국회에 보고하여 그 승인을 얻어야 한다.
④ 제3항의 승인을 얻지 못한 때에는 그 처분 또는 명령은 그때부터 효력을 상실한다. 이 경우 그 명령에 의하여 개정 또는 폐지되었던 법률은 그 명령이 승인을 얻지 못한 때부터 당연히 효력을 회복한다.
⑤ 대통령은 제3항과 제4항의 사유를 지체없이 공포하여야 한다.

ANSWER 01 ○

02-1 긴급재정경제명령은 내우·외환·천재지변 또는 중대한 재정·경제상의 위기가 현실적으로 발생한 경우뿐만 아니라 그러한 위기가 발생할 우려가 있는 경우 사전적·예방적으로 발할 수 있다. 2022 변시 ( )

02-2 긴급재정경제명령은 국가의 안전보장이나 공공의 안녕질서라는 소극적 목적뿐만 아니라 공공복지의 증진과 같은 적극적 목적을 위해서도 발할 수 있다. 2022 변시 ( )

02-3 긴급재정경제명령은 정상적인 재정운용·경제운용이 불가능한 중대한 재정·경제상의 위기가 현실적으로 발생하였거나 발생할 우려가 있을 때만 발할 수 있다. 2023 행시 ( )

02-4 중대한 재정 경제상의 위기에 처하여 국회의 집회를 기다릴 여유가 없을 때에 국가의 안전보장 또는 공공의 안녕질서를 유지하기 위하여 필요한 경우에 발동되는 대통령의 긴급재정 경제명령은 고도의 정치적 결단에 의한 행위로서 그 결단을 가급적 존중하여야 할 필요성이 있는 국가작용이므로, 그것이 국민의 기본권 침해와 직접 관련되는 경우에도 헌법재판소의 심판대상이 될 수 없다. 2023 경찰승진 ( )

> **해설** 비록 고도의 정치적 결단에 의하여 행해지는 국가작용이라고 할지라도 **그것이 국민의 기본권 침해와 직접 관련되는 경우에는 당연히 헌법재판소의 심판대상이 될 수 있는 것일** 뿐만 아니라, 긴급재정경제명령은 법률의 효력을 갖는 것이므로 마땅히 헌법에 기속되어야 할 것이다.
> 긴급재정경제명령은 정상적인 재정운용·경제운용이 불가능한 중대한 재정·경제상의 위기가 현실적으로 발생하여(그러므로 **위기가 발생할 우려가 있다**는 이유로 사전적·예방적으로 발할 수는 없다) 긴급한 조치가 필요함에도 국회의 폐회 등으로 국회가 현실적으로 집회될 수 없고 국회의 집회를 기다려서는 그 목적을 달할 수 없는 경우에 이를 사후적으로 수습함으로써 기존질서를 유지·회복하기 위하여(그러므로 **공공복리의 증진과 같은 적극적 목적을 위하여는 발할 수 없다**) 위기의 직접적 원인의 제거에 필수불가결한 최소의 한도 내에서 헌법이 정한 절차에 따라 행사되어야 한다(헌재 1996. 2. 29. 93헌마186).

03-1 비상계엄이 선포된 때에는 법률이 정하는 바에 의하여 영장제도, 언론·출판·집회·결사의 자유, 정부나 법원의 권한에 관하여 특별한 조치를 할 수 있다. 2023 행시 ( )

03-2 계엄을 선포한 때에는 대통령은 지체없이 국회에 통고하여야 한다. 2023 행시 ( )

03-3 국회가 재적의원 과반수의 찬성으로 계엄의 해제를 요구한 때에는 대통령은 이를 해제하여야 한다. 2023 행시 ( )

> **해설** 헌법 제77조 ① 대통령은 전시·사변 또는 이에 준하는 국가비상사태에 있어서 병력으로써 군사상의 필요에 응하거나 공공의 안녕질서를 유지할 필요가 있을 때에는 법률이 정하는 바에 의하여 계엄을 선포할 수 있다.
> ② 계엄은 비상계엄과 경비계엄으로 한다.
> ③ 비상계엄이 선포된 때에는 법률이 정하는 바에 의하여 영장제도, 언론·출판·집회·결사의 자유, 정부나 법원의 권한에 관하여 특별한 조치를 할 수 있다.
> ④ 계엄을 선포한 때에는 대통령은 지체없이 국회에 통고하여야 한다.
> ⑤ 국회가 재적의원 과반수의 찬성으로 계엄의 해제를 요구한 때에는 대통령은 이를 해제하여야 한다.

ANSWER   02-1 ✕   02-2 ✕   02-3 ✕   02-4 ✕   03-1 ○   03-2 ○   03-3 ○

02 대한민국헌법

제1절 대한민국헌법의 역사

I 최신 기출지문 분석

01 1948년 제헌헌법은 국회 의결을 거쳐 국민투표로 확정되었다. 2023 입법고시 ( )

해설 ▶ 1945년 8·15 광복 이후 3년간 미군정을 실시한 후 1948년에 **국민투표가 아닌 제헌의회에서 헌법을 제정하**였다.

02 제헌헌법(1948년)에서는 영리를 목적으로 하는 사기업 근로자의 이익분배균점권, 생활무능력자의 보호를 명시하였다. 2021 경찰승진 ( )

해설 ▶ **제헌헌법**은 바이마르 헌법의 영향을 받았으며 **사기업 근로자의 이익분배균점권, 생활무능력자의 보호를 명시**하였다.

03 1948년 제헌헌법에서 대한민국의 경제질서는 모든 국민에게 생활의 기본적 수요를 충족할 수 있게 하는 사회정의의 실현과 균형 있는 국민경제의 발전을 기함을 기본으로 하며, 각인의 경제상 자유는 이 한계 내에서 보장된다고 규정하였다. 2023 경찰간부 ( )

해설 ▶ 대한민국의 경제질서는 모든 국민에게 생활의 기본적 수요를 충족할 수 있게 하는 사회정의의 실현과 균형 있는 국민경제의 발전을 기함을 기본으로 삼는다. 각인의 경제상 자유는 이 한계 내에서 보장된다(제헌헌법 제84조).

04 제헌헌법에서 모든 국민은 국가 각 기관에 대하여 문서로써 청원을 할 권리가 있으며, 청원에 대하여 국가는 심사할 의무를 진다고 규정하였다. 2023 국가직7급 ( )

해설 ▶ 모든 국민은 국가 각기관에 대하여 문서로써 청원을 할 권리가 있다. 청원에 대하여 국가는 심사할 의무를 진다(제헌헌법 제21조).

05-1 1960년 제3차 개헌에서는 양원제 국회를 처음으로 규정하며 의원내각제 정부형태를 채택하였다. 2023 지방직7급 ( )

ANSWER 01 ×   02 ○   03 ○   04 ○   05-1 ×

05-2 1952년 제1차 헌법개정에서 단원제 국회가 규정되었고, 국무위원은 국무총리의 제청에 의하여 대통령이 임면한다고 규정하였다. 2023 국가직7급 ( )

05-3 제1차 헌법개정(1952년 헌법)에서는 대통령과 부통령의 직선제, 양원제 국회 등이 도입되었다.
2023 국회직8급 ( )

05-4 1952년 제1차 개정헌법에서는 국무총리와 국무위원은 국회에 대하여 국무원의 권한에 속하는 일반 국무에 관하여는 연대책임을 지고 각자의 행위에 관하여는 개별책임을 진다고 규정하였다. 2023 경찰2차 ( )

05-5 제1차 개정헌법(1952년 개헌)에서는 국무위원과 행정각부장관은 국무총리의 제청으로 대통령이 임면하도록 하고 국무원 불신임결의권을 국회(민의원)에 부여하였다. 2024 변시 ( )

> **해설** 제1차 헌법개정에서는 대통령과 부통령의 직선제였으며, 민의원과 참의원의 양원제 국회로 구성할 것을 규정하였으나 실제로 양원제로 국회를 구성하지는 못하였다. **국무위원은 국무총리의 제청으로 대통령이 임면하도록** 하였다. 국무총리와 국무위원은 국회에 대하여 국무원의 권한에 속하는 일반국무에 관하여는 연대책임을 지고 각자의 행위에 관하여는 개별책임을 진다(1952년 제1차 개정헌법 제70조 제3항).

06-1 제2차 개정헌법(1954년)에서는 주권의 제약 또는 영토의 변경을 가져올 국가안위에 관한 중대사항은 국회의 가결을 거친 후 국민투표에 붙여 결정하도록 하였다. 2021 경찰승진 ( )

06-2 1954년 제2차 개정헌법에서 국무총리제를 폐지하고, 헌법개정안에 대한 국민발안제도와 주권제약·영토변경에 대한 국민투표제도를 규정하였다. 2023 입법고시 ( )

06-3 제3차 헌법개정(1960년 6월 헌법)에서는 대한민국의 주권의 제약 또는 영토의 변경을 가져올 국가안위에 관한 중대사항은 국회의 가결을 거친 후에 국민투표에 부하여 민의원의원선거권자 3분지 2 이상의 투표와 유효투표 3분지 2 이상의 찬성을 얻어야 한다고 처음으로 규정하였다. 2023 경찰간부 ( )

> **해설** **제2차 개정헌법**은 국무총리제와 국무위원의 연대책임제를 폐지하고, 헌법개정안에 대한 국민발안제도와 주권의 제약 및 영토의 변경을 가져올 중대사항에 대하여는 국회의 가결 후 국민투표에 붙이도록 국민투표제도를 규정하였다.

07 1954년 제2차 개헌에서는 헌법개정의 한계 사항을 규정하였다. 2023 지방직7급 ( )

> **해설** 1954년 제2차 개헌에서 헌법개정에 대한 국민발안제 및 헌법개정에 대한 한계설정 규정을 두었다.

08 1960년 개정헌법에서는 국회가 단원제였으며, 재적국회의원 3분지 2 이상의 투표로 대통령을 선출하고, 대통령이 지명한 국무총리에 대한 동의권을 가진다고 규정하였다. 2023 경찰경력채용 ( )

> **해설** **1960년 개정헌법에서는 국회는 민의원, 참의원의 양원제**였고, 대통령은 양원합동회의에서 선거하고 재적국회의원 3분지 2 이상의 투표를 얻어 당선되었으며, 국무총리는 대통령이 지명하여 민의원의 동의를 얻어야 한다고 규정하였다.

ANSWER 05-2 ✗ 05-3 ○ 05-4 ○ 05-5 ○ 06-1 ○ 06-2 ○ 06-3 ✗ 07 ○ 08 ✗

09 1960년 제3차 개정헌법은 중앙선거위원회를 처음으로 규정하였다. 2024 경찰승진 ( )
  해설 1960년 제3차 개정헌법은 부정선거를 방지하기 위해 중앙선거관리위원회를 헌법기관화하였다.

10-1 1960년 제3차 개정헌법은 기본권의 본질적 내용 침해금지 조항을 신설하였으며 선거권 연령을 법률로 위임하지 않고 헌법에서 직접 규정하였다. 2022 경찰간부 ( )

10-2 1962년 제5차 개정헌법은 기본권의 본질적 내용의 침해금지조항을 처음으로 규정하였다. 2024 경찰승진 ( )

  해설 국민의 모든 자유와 권리는 질서유지와 공공복리를 위하여 필요한 경우에 한하여 법률로써 제한할 수 있다. 단, 그 제한은 자유와 권리의 본질적인 내용을 훼손하여서는 아니되며 언론, 출판에 대한 허가나 검열과 집회, 결사에 대한 허가를 규정할 수 없다(제3차 개정헌법 제28조 제2항). 모든 국민은 20세에 달하면 법률의 정하는 바에 의하여 공무원을 선거할 권리가 있다(제3차 개정헌법 제25조).

11 제4차 개정헌법(1960년 개헌)에서는 부칙에 대통령, 부통령 선거에 관련하여 부정행위를 한 자를 처벌하기 위한 특별법 또는 특정지위에 있음을 이용하여 현저한 반민주행위를 한 자의 공민권을 제한하기 위한 특별법을 제정할 수 있는 소급입법의 근거를 두었다. 2024 변시 ( )

  해설 제4차 개정헌법(1960년 개헌)에서는 부칙에 특정 지위에 있음을 이용하여 현저한 반민주행위를 한 자의 공민권을 제한하기 위한 특별법을 제정할 수 있다는 근거를 두었다.

12 헌법 전문은 1962년 제5차 개정헌법에서 처음으로 개정되었다. 2021 경찰승진 ( )

  해설 헌법 전문은 제5차 개정헌법에서 처음으로 개정되었다.

13-1 헌법개정절차에 국민투표가 처음 도입된 것은 제5차 개정헌법이다. 2022 법원행시 ( )

13-2 1960년 제3차 개정헌법에서는 헌법개정에 대한 국민투표를 최초로 규정하였다. 2022 입법고시 ( )

  해설 헌법개정안에 국민투표가 처음으로 규정된 것은 **제5차 개정헌법**이다.

14-1 1980년 제8차 개정헌법은 인간의 존엄과 가치를 최초로 규정하였다. 2022 행시 ( )

14-2 1962년 제5차 개정헌법에서는 인간다운 생활을 할 권리를 최초로 규정하였다. 2022 입법고시 ( )

14-3 1972년 개정헌법에서는 인간의 존엄과 가치에 관한 규정을 처음 도입하였다. 2023 경찰경력채용 ( )

14-4 제5차 헌법개정(1962년 헌법)에서는 정부형태가 의원내각제에서 대통령제로 환원되었으며, 인간존엄성 규정이 신설되었다. 2023 국회직8급 ( )

  해설 제5차 개정헌법에서 인간의 존엄과 가치를 최초로 규정하였다. 또한 **인간다운 생활을 할 권리 역시 신설**하였으며, 국회는 단원제, 정부형태는 대통령제로 직선제였다.

ANSWER 09 ○ 10-1 ○ 10-2 × 11 ○ 12 ○ 13-1 ○ 13-2 × 14-1 × 14-2 ○ 14-3 × 14-4 ○

15-1 1962년 헌법은 국회의원에 입후보하려면 소속 정당의 추천을 받도록 규정하였다. 2023 변시 ( )

15-2 1962년 제5차 개정헌법에서는 국회의원 후보가 되려 하는 자는 소속 정당의 추천을 받아야 하며, 국회의원이 임기 중 당적을 이탈하거나 변경한 때 또는 소속 정당이 해산된 때에는 그 자격이 상실되지만 합당 또는 제명으로 소속이 달라지는 경우에는 예외로 한다고 규정하였다. 2023 경찰2차 / 2023 경찰간부 ( )

> **해설** 대통령선거 및 국회의원선거에서 후보자가 필수적으로 정당의 추천을 받도록 하는 조항을 추가한 것은 **1962년 제5차 개정헌법**이다.
> 국회의원 후보가 되려 하는 자는 소속 정당의 추천을 받아야 한다. 국회의원은 임기 중 당적을 이탈하거나 변경한 때 또는 소속 정당이 해산된 때에는 그 자격이 상실된다. 다만, 합당 또는 제명으로 소속이 달라지는 경우에는 예외로 한다(1962년 제5차 개정헌법 제36조 제3항 및 제38조).

16 1962년 제5차 헌법개정에서 중앙선거관리위원회는 대통령이 임명하는 2인, 국회에서 선출하는 2인과 대법원 판사회의에서 선출하는 5인의 위원으로 구성하고, 위원장은 위원 중에서 호선한다고 규정하였다.
2023 국가직7급 ( )

> **해설** 중앙선거관리위원회는 대통령이 임명하는 2인, 국회에서 선출하는 2인과 대법원 판사회의에서 선출하는 5인의 위원으로 구성한다. 위원장은 위원 중에서 호선한다(1962년 제5차 개정헌법 제107조 제2항).

17 제5차 개정헌법(1962년 개헌)에서는 국민이 4년 임기의 대통령을 선거하고, 대통령은 1차에 한하여 중임할 수 있도록 하였으며, 위헌법률심사권을 대법원의 권한으로 하였다. 2024 변시 ( )

> **해설** 제5차 개정헌법(1962년 개헌)에서는 대통령은 국민의 보통, 평등, 직접, 비밀선거에 의하여 선출하고, 임기는 4년이며, 1차에 한하여 중임할 수 있도록 하였다. 그리고 위헌법률심사권을 대법원의 권한으로 하였다.

18 1969년 제6차 개헌에서는 "그 헌법 개정 제안 당시의 대통령에 한해서 계속 재임은 3기로 한다."고 규정하였다. 2023 지방직7급 ( )

> **해설** 1969년 제6차 개헌에서 대통령의 3선 연임을 허용하였다. 이때 "**대통령의 계속 재임은 3기에 한한다.**"고 **규정**하였다.

19-1 제7차 헌법개정(1972년 헌법)에서는 조국의 평화적 통일을 추진하기 위하여 온 국민의 총의에 의한 국민적 조직체로서 조국통일의 신성한 사명을 가진 국민의 주권적 수임기관으로서 통일주체국민회의를 설치하였다. 2023 경찰간부 ( )

19-2 1972년 제7차 개정헌법에서는 대통령은 통일주체국민회의에서 토론 없이 무기명투표로 선거하고, 국회의원 정수의 3분의 1에 해당하는 수의 국회의원도 통일주체국민회의에서 선거하도록 규정하였다. 2023 경찰2차
( )

19-3 1980년 개정헌법에서는 주권적 수임기관인 통일주체국민회의가 토론 없이 무기명투표로 대통령을 선거하며, 국회의원 정수의 3분의 1에 해당하는 수의 국회의원을 선거한다고 규정하였다. 2023 경찰경력채용 ( )

ANSWER   15-1 ○   15-2 ○   16 ○   17 ○   18 ×   19-1 ○   19-2 ○   19-3 ×

19-4 제7차 헌법개정(1972년 헌법)에서는 대통령 직선제가 폐지되고, 기본권의 본질적 내용의 침해금지규정이 삭제되었다. 2023 국회직8급 ( )

19-5 제7차 개정헌법(1972년 개헌)에서는 5년 임기의 통일주체국민회의 대의원을 국민의 직접선거에 의하여 선출하고, 통일주체국민회의는 국회의원 정수 2분의 1에 해당하는 수의 국회의원을 선거하였다. 2024 변시 ( )

> **해설** 제7차 헌법개정에서는 **대통령을 통일주체국민회의에서 선출하는 간선제로 선출**하였으며 **기본권의 본질적 침해금지 조항을 삭제**하고 **구속적부심 및 사전허가검열 제도를 삭제** 하는 등 기본권을 약화하였다.
> 통일주체국민회의는 조국의 평화적 통일을 추진하기 위한 온 국민의 총의에 의한 국민적 조직체로서 조국통일의 신성한 사명을 가진 국민의 주권적 수임기관이다(1972년 제7차 개정헌법 제35조).
> 대통령은 통일주체국민회의에서 토론없이 무기명투표로 선거한다. 통일주체국민회의는 국회의원 정수의 3분의 1에 해당하는 수의 국회의원을 선거한다(1972년 제7차 개정헌법 제39조 제1항 및 제40조 제1항).

20 제7차 헌법개정에서는 대통령이 제안한 헌법개정안은 국민투표로 확정되며, 국회의원이 제안한 헌법개정안은 국회의 의결을 거쳐 통일주체국민회의의 의결로 확정되도록 하였다. 2022 경찰1차 ( )

> **해설** 제7차 개정헌법에서는 헌법 개정 절차에 있어서 **대통령이 제안한 헌법개정안은 국민투표로 확정**되며, **국회의원이 제안한 헌법개정안은 국회의 의결을 거쳐 통일주체국민회의의 의결로 확정**된다고 규정하여 **헌법개정절차를 이원화**하였다.

21 1980년 제8차 개정헌법에서는 평생교육에 관한 권리를 최초로 규정하였다. 2022 입법고시 ( )

> **해설** **제8차 개정헌법에서는 평생교육에 관한 권리를 신설**하였으며 전통문화의 계승과 발전, 행복추구권, 무죄추정의 원칙, 사생활의 비밀과 자유, 적정임금보장, 환경권을 신설하였다.

22-1 제8차 개정헌법(1980년)에서는 깨끗한 환경에서 생활할 권리인 환경권을 처음으로 규정하였다.
2021 경찰승진 ( )

22-2 1980년 제8차 헌법개정에서 모든 국민은 깨끗한 환경에서 생활할 권리를 가지며, 국가와 국민은 환경보전을 위하여 노력하여야 한다고 규정하였다. 2023 국가직7급 ( )

> **해설** 환경권은 **1980년 제8차 개정헌법에서 처음 규정**되었다.
> 모든 국민은 깨끗한 환경에서 생활할 권리를 가지며, 국가와 국민은 환경보전을 위하여 노력하여야 한다(1980년 제8차 개정헌법 제33조).

23 1980년 제8차 개정헌법은 형사피고인의 무죄추정원칙을 처음으로 명문화하였다. 2024 경찰승진 ( )

> **해설** **1980년 헌법은 행복추구권, 무죄추정의 원칙, 사생활의 비밀과 자유, 적정임금보장, 환경권을 규정**하였으며 **평화통일조항은 1972년 헌법에서 최초로 규정**되었다.

24 제8차 개정헌법(1980년 개헌)에서는 행복추구권, 연좌제 금지, 사생활의 비밀과 자유의 불가침, 환경권 등을 신설하였다. 2024 변시 ( )

ANSWER 19-4 ○ 19-5 × 20 ○ 21 ○ 22-1 ○ 22-2 ○ 23 ○ 24 ○

> 해설 제8차 개정헌법(1980년 개헌)에서는 행복추구권, 연좌제 금지, 사생활의 비밀과 자유의 불가침, 환경권, 적정임금제도가 신설되었다.

25-1 1972년 제7차 개헌에서는 정당운영자금의 국고보조조항을 신설하였다. 2023 지방직7급 ( )

25-2 1980년 제8차 헌법개정에서 국가는 법률이 정하는 바에 의하여 정당의 운영에 필요한 자금을 보조할 수 있다고 규정하였다. 2023 국가직7급 ( )

> 해설 1980년 제8차 개헌에서 정당운영자금의 국고보조조항을 신설하였다.

26 1980년 제8차 개정헌법에서는 국회가 상호원조 또는 안전보장에 관한 조약, 국제조직에 관한 조약, 통상조약, 주권의 제약에 관한 조약, 강화조약, 국가나 국민에게 중대한 재정적 부담을 지우는 조약 또는 입법사항에 관한 조약의 체결·비준에 대한 동의권을 가진다고 규정하였다. 2023 경찰2차 ( )

> 해설 국회는 상호원조 또는 안전보장에 관한 조약, **중요한 국제조직에 관한 조약**, **우호통상항해조약**, 주권의 제약에 관한 조약, 강화조약, 국가나 국민에게 중대한 재정적 부담을 지우는 조약 또는 입법사항에 관한 조약의 체결·비준에 대한 동의권을 가진다.(1980년 제8차 개정헌법 제96조 제1항)

27 범죄피해자구조청구권은 제9차 개정헌법에서 처음으로 도입되었다. 2024 경찰1차 ( )

> 해설 범죄피해자 구조청구권을 현행 헌법인 1987년 개정헌법에서 도입하였다.

28-1 1987년 제9차 개정헌법은 적법절차원칙을 처음으로 명문화하였다. 2024 경찰승진 ( )

28-2 제8차 헌법개정(1980년 헌법)에서는 행복추구권과 무죄추정의 원리 그리고 적법절차조항이 도입되었다. 2023 국회직8급 ( )

> 해설 1987년 제9차 개정헌법은 국민의 인권을 보장하기 위한 기본원리로 적법절차원칙을 처음으로 명문화하였다.

29 1987년 제9차 개정헌법은 국가의 적정임금보장을 최초로 규정하였다. 2022 행시 ( )

> 해설 제8차 개정헌법에서 국가의 적정임금보장을 신설하였다.

30 1987년 제9차 개정헌법에서는 형사피의자의 형사보상청구권을 최초로 규정하였다. 2022 입법고시 ( )

> 해설 제9차 개정헌법에서는 형사피의자의 형사보상청구권을 신설하여 형사보상제도를 확대하였다.

31 현행헌법(1987년 헌법)에서는 헌법재판소제도가 부활하고, 1972년에 폐지된 표현의 자유에 대한 허가와 검열금지 규정이 부활하였다. 2023 국회직8급 ( )

> 해설 현행헌법에서는 헌법재판소제도가 부활하였으며 표현의 자유에 대한 허가, 검열금지 규정이 부활하였고, 최저임금제, 구속이유고지제도, 범죄피해자 국가구조청구권을 규정하였다.

ANSWER 25-1 × 25-2 ○ 26 × 27 ○ 28-1 ○ 28-2 × 29 × 30 ○ 31 ○

32 우리나라 헌법은 9차례 개정되었는데, 그중 국회의 의결과 국민투표를 모두 거쳐 개정된 헌법은 제6차 및 제9차 개정헌법이다. 2022 법원행시 ( )

> **해설** 우리나라 헌정사에 있어서 국회의 의결과 국민투표를 모두 거쳐 개정된 헌법은 제6차 및 제9차 개정헌법이며 우리나라 헌법은 지금까지 9회에 걸쳐 개정되었다.

33 현행 대한민국헌법은 1987년 개정에 의한 것이다. 2023 법원직 ( )

> **해설** 현행헌법은 **제9차 개정헌법으로 1987년 개정된** 것이다.

34 대통령의 임기연장 또는 중임변경을 위한 헌법개정은 그 헌법 개정 제안 당시의 대통령에 대해서는 효력이 없다는 헌법조항은 제9차 개정헌법에 처음 규정되었다. 2024 입법고시 ( )

> **해설** 대통령의 임기연장 또는 중임변경을 위한 헌법 개정 제안 당시의 대통령에 대해서는 효력이 없다는 헌법조항은 **제8차 개정헌법에 처음 규정**되었다.

제2절 대한민국의 구성요소(주권, 국민, 영토)

I 헌법 조문

제1조 ① 대한민국은 민주공화국이다.
② 대한민국의 주권은 국민에게 있고, 모든 권력은 국민으로부터 나온다.

제2조 ① 대한민국의 국민이 되는 요건은 법률로 정한다.
② 국가는 법률이 정하는 바에 의하여 재외국민을 보호할 의무를 진다.

제3조 대한민국의 영토는 한반도와 그 부속도서로 한다.

제4조 대한민국은 통일을 지향하며, 자유민주적 기본질서에 입각한 평화적 통일 정책을 수립하고 이를 추진한다.

II 최신 기출지문 분석

01-1 우리나라가 선천적 국적취득에 관하여 부계혈통주의에서 부모양계혈통주의로 개정한 것은 가족생활에 있어서 양성의 평등원칙에 부합한다. 2022 경찰2차 ( )

ANSWER 32 ○ 33 ○ 34 × / 01-1 ○

01-2 우리나라의 국적법은 종래 부계혈통주의를 채택한 적이 있다. 2022 법무사 (○)

> 해설 법무부장관은, 헌법 제2조에 의하여 입법자는 국민의 요건을 결정함에 있어서 광범한 재량권이 있으므로 출생지주의를 택할 것인지 혈통주의에 의할 것인지는 입법재량 영역이고, 혈통주의를 택하는 경우에도 출생의 장소나 **부모쌍방이 대한민국 국민인지**, 출생에 의하여 이중국적이 될 것인지의 여부 또한 입법재량 문제라고 주장한다. 그러나 헌법의 위임에 따라 국민되는 요건을 법률로 정할 때에는 인간의 존엄과 가치, 평등원칙 등 헌법의 요청인 기본권 보장원칙을 준수하여야 하는 입법상의 제한을 받기 때문에, 국적에 관한 모든 규정은 정책의 당부 즉 입법자가 합리적인 재량의 범위를 벗어난 것인지 여부가 심사기준이 된다는 법무부장관의 주장은 받아들이지 아니한다.
> 구법조항이 규율하는 사실관계를 다시 살펴보면, 한국인과 외국인 간의 혼인에서 배우자의 한쪽이 한국인 부인 경우와 한국인 모인 경우 사이에 성별에 따른 특별한 차이가 있는 것도 아니고, 양쪽 모두 그 자녀는 한국의 법질서와 문화에 적응하고 공동체에서 흠없이 생활해 나갈 수 있는 동등한 능력과 자질을 갖추었는데도 불구하고 전체 가족의 국적을 가부(家父)에만 연결시키고 있다. 그러나 이와 같이 가족의 장(長) 또는 중심을 부로 정하는 것은 가족생활에서 양성평등의 원칙을 선언하고 있는 헌법의 명문에 비추어 타당성이 있는지 의심스럽다. 국적취득에서 혈통주의는 사회적 단위인 가족에로의 귀속을 보장하는 한편 특정한 국가공동체로의 귀속을 담보하며 부모와 자녀간의 밀접한 연관관계를 잇는 기본이 된다. 만약 이러한 연관관계를 부와 자녀 관계에서만 인정하고 모와 자녀 관계에서는 인정하지 않는다면, 이는 가족 내에서의 여성의 지위를 폄하(貶下)하고 모의 지위를 침해하는 것이다. 그러므로 **구법조항은 헌법 제36조 제1항이 규정한 "가족생활에 있어서의 양성의 평등원칙"에 위배**된다(헌재 2000.8.31. 97헌가12).

02 1978. 6. 14.부터 1998. 6. 13. 사이에 태어난 모계출생자(모가 대한민국 국민이거나 모가 사망할 당시에 모가 대한민국 국민이었던 자)가 대한민국 국적을 취득할 수 있는 특례를 두면서 2004. 12. 31.까지 국적취득신고를 한 경우에만 대한민국 국적을 취득하도록 한 국적법 조항은, 모계출생자가 권리를 남용할 가능성을 억제하기 위하여 특례기간을 2004. 12. 31.까지 한정하고 있는바, 이를 불합리하다고 볼 수 없고 평등원칙에 위배되지 않는다. 2023 국가직7급 (○)

> 해설 개정된 부칙조항은 국적법이 부모양계혈통주의 원칙을 도입함에 따라 개정된 국적법 시행 이전에 태어난 모계출생자에게 대한민국 국적을 취득할 기회를 부여함으로써 모계출생자가 받았던 차별을 해소하기 위한 특례를 규정한 것이다. 심판대상조항이 모계출생자에게 신고의무를 부여한 것은 그동안 대한민국 국적자가 아니었던 모계출생자의 국적관계를 조기에 확정하여 법적 불확실성을 조기에 제거하고, 불필요한 행정 낭비를 줄이면서도, 위 모계출생자가 대한민국 국적을 취득할 의사가 있는지 여부를 확인하기 위한 것으로서 합리적인 이유가 있다. 심판대상조항은 특례의 적용을 받는 모계출생자가 그 권리를 조속히 행사하도록 하여 위 모계출생자의 국적・법률관계를 조속히 확정하고, 국가기관의 행정상 부담을 줄일 수 있도록 하며, 위 모계출생자가 권리를 남용할 가능성을 억제하기 위하여 특례기간을 2004. 12. 31.까지 한정하고 있는바, 이를 불합리하다고 볼 수 없다. 또한 특례의 적용을 받는 모계출생자가 특례기간 내에 국적취득신고를 하지 못한 경우에도 그 사유가 천재지변 기타 불가항력적 사유에 의한 것이면 그 사유가 소멸한 때부터 3개월 내에 국적취득신고를 할 수 있고, **그 외에 다른 사정으로 국적취득신고를 하지 못한 경우에도 간이귀화 또는 특별귀화를 통하여 어렵지 않게 대한민국 국적을 취득할 수 있으므로, 심판대상조항은 특례의 적용을 받는 모계출생자와 출생으로 대한민국 국적을 취득하는 모계출생자를 합리적 사유 없이 차별하고 있다고 볼 수 없고, 따라서 평등원칙에 위배되지 않는다**(헌재 2015.11.26. 2014헌바211).

03-1 현행 국적법은 부모양계혈통주의에 기초한 속인주의를 원칙으로 하면서 예외적으로 속지주의를 채택하고 있다. 2022 법원직 (○)

ANSWER 01-2 ○   02 ○   03-1 ○

03-2 대한민국 영토에서 출생한 자는 원칙적으로 대한민국 국민이 된다. 2022 법원행시 ( )

03-3 「국적법」상 부모가 모두 국적이 없는 경우라도 대한민국에서 출생한 사람은 대한민국 국적을 취득한다. 2024 경찰승진 ( )

> 해설 ▶ 출생에 의한 국적 취득 : 다음 1. **출생 당시에 부(父)또는 모(母)가 대한민국의 국민인 자**, 2. 출생하기 전에 부가 사망한 경우에는 그 사망 당시에 부가 대한민국의 국민이었던 자, 3. **부모가 모두 분명하지 아니한 경우나 국적이 없는 경우**에는 대한민국에서 출생한 자 중 어느 하나에 해당하는 자는 출생과 동시에 대한민국 국적(國籍)을 취득한다(국적법 제2조 제1항).

04 대한민국에서 발견된 기아는 대한민국에서 출생한 것으로 간주한다. 2021 경찰승진 ( )

> 해설 ▶ 대한민국에서 발견된 기아(棄兒)는 대한민국에서 출생한 것으로 **추정**한다(국적법 제2조 제2항).

05-1 대한민국의 국민이 아닌 자로서 대한민국의 국민인 부(父) 또는 모(母)에 의하여 인지(認知)된 자가 대한민국 국적을 취득하려면 대한민국 민법상 미성년자이어야 한다. 2023 해양경찰 ( )

05-2 대한민국의 국민이 아닌 자로서 대한민국의 국민인 부 또는 모에 의하여 인지된 자가 대한민국의 「민법」상 미성년자이면서 출생 당시에 부 또는 모가 대한민국의 국민이었을 경우에는 법무부장관에게 신고함으로써 대한민국 국적을 취득할 수 있다. 2023 경찰2차 ( )

05-3 대한민국의 「민법」상 미성년인 대한민국의 국민이 아닌 자는 대한민국 국민인 부 또는 모에 의하여 인지되고, 출생 당시에 그 부 또는 모가 대한민국의 국민이라는 요건을 모두 갖춘 때에 대한민국 국적을 취득한다. 2023 국회직8급 ( )

> 해설 ▶ 대한민국의 국민이 아닌 자(이하 "외국인"이라 한다)로서 대한민국의 국민인 부 또는 모에 의하여 인지(認知)된 자가 1. 대한민국의 「민법」상 미성년일 것, 2. 출생 당시에 부 또는 모가 대한민국의 국민이었을 것의 요건을 모두 갖추면 법무부장관에게 **신고함으로써 대한민국 국적을 취득**할 수 있다. 이에 따라 신고한 자는 **그 신고를 한 때에 대한민국 국적을 취득**한다(국적법 제3조 제1항·제2항).

06 대한민국 국적을 취득한 사실이 없는 외국인은 법무부장관의 귀화허가를 받아 대한민국 국적을 취득할 수 있으며, 법무부장관 앞에서 국민선서를 하고 귀화증서를 수여받은 때에 대한민국 국적을 취득한다. 2023 국회직8급 ( )

> 해설 ▶ 대한민국 국적을 취득한 사실이 없는 외국인은 법무부장관의 귀화허가(歸化許可)를 받아 대한민국 국적을 취득할 수 있다. 이에 따라 귀화허가를 받은 사람은 법무부장관 앞에서 국민선서를 하고 귀화증서를 수여받은 때에 대한민국 국적을 취득한다. 다만, 법무부장관은 연령, 신체적·정신적 장애 등으로 국민선서의 의미를 이해할 수 없거나 이해한 것을 표현할 수 없다고 인정되는 사람에게는 국민선서를 면제할 수 있다(국적법 제4조 제1항·제3항).

ANSWER 03-2 ×   03-3 ○   04 ×   05-1 ○   05-2 ○   05-3 ×   06 ○

07 대한민국 국민의 양자로서 입양 당시 대한민국의 「민법」상 성년이었던 외국인으로서 대한민국에 2년간 계속하여 주소가 있는 자는 5년 이상 계속하여 대한민국에 주소가 없고 대한민국에 영주할 수 있는 체류자격이 없더라도 귀화허가를 받을 수 있다. 2023 국회직8급 ( )

해설 ▶ 대한민국 국민의 양자(養子)로서 입양 당시 대한민국의 「민법」상 성년이었던 외국인으로서 대한민국에 **3년 이상 계속하여 주소가 있는 사람**은 귀화허가를 받을 수 있다(국적법 제6조 제1항 제3호).

08 외국인이 대한민국 국민과 혼인하면 자동으로 대한민국국적을 취득한다. 2022 법무사 ( )

해설 ▶ 배우자가 대한민국의 국민인 외국인으로서 다음 각 호 1. 그 배우자와 혼인한 상태로 대한민국에 **2년 이상 계속하여 주소가 있는 사람**, 2. 그 배우자와 혼인한 후 3년이 지나고 혼인한 상태로 대한민국에 **1년 이상 계속하여 주소가 있는 사람**, 3. 제1호나 제2호의 기간을 채우지 못하였으나, 그 배우자와 혼인한 상태로 대한민국에 주소를 두고 있던 중 그 배우자의 사망이나 실종 또는 그 밖에 자신에게 책임이 없는 사유로 정상적인 혼인 생활을 할 수 없었던 사람으로서 제1호나 제2호의 잔여기간을 채웠고 법무부장관이 상당(相當)하다고 인정하는 사람, 4. 제1호나 제2호의 요건을 충족하지 못하였으나, 그 배우자와의 혼인에 따라 출생한 미성년의 자(子)를 양육하고 있거나 양육하여야 할 사람으로서 제1호나 제2호의 기간을 채웠고 법무부장관이 상당하다고 인정하는 사람의 어느 하나에 해당하는 사람은 제5조 제1호 및 제1호의2의 요건을 갖추지 아니하여도 **귀화허가를 받을 수 있다**(국적법 제6조 제2항).

09-1 「국적법」상 '병역을 기피할 목적으로 대한민국 국적을 상실하였거나 이탈하였던 사람'에 대하여 법무부장관은 국적회복을 허가하지 아니한다. 2021 경찰경력채용 ( )

09-2 대한민국 국민이었던 외국인은 법무부장관의 국적회복허가를 받아 대한민국 국적을 취득할 수 있는데, 병역을 기피할 목적으로 대한민국 국적을 상실하였거나 이탈하였던 사람은 제외된다. 2022 법무사 ( )

해설 ▶ 법무부장관은 국적회복허가 신청을 받으면 심사한 후 **병역을 기피할 목적으로 대한민국 국적을 상실하였거나 이탈하였던 자에게는 국적회복을 허가하지 아니한다**(국적법 제9조 제2항).

10 대한민국 국적을 취득한 외국인으로서 외국 국적을 가지고 있는 자는 대한민국 국적을 취득한 날부터 1년 내에 그 외국 국적을 포기하여야 한다. 2021 경찰승진 ( )

해설 ▶ 대한민국 국적을 취득한 외국인으로서 외국 국적을 가지고 있는 자는 **대한민국 국적을 취득한 날부터 1년 내에 그 외국 국적을 포기하여야 한다**. 국적법에서 정하고 있는 일정한 사유가 있는 자는 대한민국 국적을 취득한 날부터 1년 내에 외국 국적을 포기하거나 법무부장관이 정하는 바에 따라 대한민국에서 외국 국적을 행사하지 아니하겠다는 뜻을 법무부장관에게 서약하여야 한다. 이를 이행하지 아니한 자는 **그 기간이 지난 때에 대한민국 국적을 상실(喪失)한다**(국적법 제10조).

11 대한민국 국적을 취득한 외국인으로서 외국 국적을 가지고 있는 자가 대한민국 국적을 취득한 날로부터 1년 내에 그 외국 국적을 포기하지 않아 국적을 상실한 경우 상실한 이후 2년 내에 그 외국 국적을 포기하면 대한민국 국적을 재취득할 수 있다. 2023 국회직8급 ( )

해설 ▶ 외국 국적 포기의무를 이행하지 아니하여 대한민국 국적을 상실한 자가 그 후 1년 내에 그 외국 국적을 포기하면 **법무부장관에게 신고함으로써 대한민국 국적을 재취득할 수 있다**(국적법 제11조 제1항).

ANSWER 07 ✕ 08 ✕ 09-1 ○ 09-2 ○ 10 ○ 11 ✕

12-1 복수국적자는 대한민국의 법령 적용에서 대한민국 국민으로만 처우한다. 2022 경찰간부 ( )

12-2 출생이나 그 밖에 「국적법」에 따라 대한민국 국적과 외국 국적을 함께 가지게 된 사람으로서 대통령령으로 정하는 사람은 대한민국의 법령 적용에서 대한민국 국민으로만 처우한다. 2023 경찰2차 ( )

해설 출생이나 그 밖에 이 법에 따라 대한민국 국적과 외국 국적을 함께 가지게 된 사람으로서 대통령령으로 정하는 사람[이하 "복수국적자"(複數國籍者)라 한다]은 대한민국의 법령 적용에서 대한민국 국민으로만 처우한다(국적법 제11조의2 제1항).

13 만 20세가 되기 전에 복수국적자가 된 자는 만 22세가 되기 전까지, 만 20세가 된 후에 복수국적자가 된 자는 그때부터 2년 내에 「국적법」이 정한 절차에 따라 하나의 국적을 선택하여야 한다. 다만, 동법에 따라 법무부장관에게 대한민국에서 외국 국적을 행사하지 아니하겠다는 뜻을 서약한 복수국적자는 제외한다.
2024 변시 ( )

해설 만 20세가 되기 전에 복수국적자가 된 자는 만 22세가 되기 전까지, 만 20세가 된 후에 복수국적자가 된 자는 그때부터 2년 내에 제13조와 제14조에 따라 하나의 국적을 선택하여야 한다. 다만, 제10조제2항에 따라 법무부장관에게 대한민국에서 외국 국적을 행사하지 아니하겠다는 뜻을 서약한 복수국적자는 제외한다(국적법 제12조 제1항).

14-1 출생 당시에 모가 자녀에게 외국 국적을 취득하게 할 목적으로 외국에서 체류 중이었던 사실이 인정되는 자는 외국 국적을 포기한 경우에만 대한민국 국적을 선택한다는 뜻을 신고할 수 있다. 2022 경찰간부 ( )

14-2 출생 당시에 모(母)가 자녀에게 외국 국적을 취득하게 할 목적으로 외국에서 체류 중이었던 사실이 인정되는 자는 외국 국적을 포기하더라도 대한민국 국적을 선택할 수 없다. 2023 해양경찰 ( )

해설 출생 당시에 모가 자녀에게 외국 국적을 취득하게 할 목적으로 외국에서 체류 중이었던 사실이 인정되는 자는 외국 국적을 포기한 경우에만 대한민국 국적을 선택한다는 뜻을 신고할 수 있다(국적법 제13조 제3항).

15 복수국적자로서 외국 국적을 선택하려는 자는 외국에 주소가 있는 경우에만 주소지 관할 재외공관의 장을 거쳐 법무부장관에게 대한민국 국적을 이탈한다는 뜻을 신고할 수 있다. 2022 경찰간부 ( )

해설 복수국적자로서 외국 국적을 선택하려는 자는 외국에 주소가 있는 경우에만 주소지 관할 재외공관의 장을 거쳐 법무부장관에게 대한민국 국적을 이탈한다는 뜻을 신고할 수 있다. 다만, 제12조 제2항 본문 또는 같은 조 제3항에 해당하는 자는 그 기간 이내에 또는 해당 사유가 발생한 때부터만 신고할 수 있다(국적법 제14조 제1항).

16 법무부장관은 출생에 의하여 대한민국 국적을 취득한 복수 국적자에 대해서는 그가 대한민국의 국익에 반하는 행위를 하여 대한민국 국적을 보유함이 현저히 부적합하다고 인정하는 경우에도 해당 복수국적자의 국적 상실을 결정할 수 없다. 2023 변시 ( )

해설 법무부장관은 복수국적자가 다음 1. 국가안보, 외교관계 및 국민경제 등에 있어서 대한민국의 국익에 반하는 행위를 하는 경우, 2. 대한민국의 사회질서 유지에 상당한 지장을 초래하는 행위로서 대통령령으로 정하는 경우 각 호의 어느 하나의 사유에 해당하여 대한민국의 국적을 보유함이 현저히 부적합하

ANSWER 12-1 ○ 12-2 ○ 13 ○ 14-1 ○ 14-2 × 15 ○ 16 ○

다고 인정하는 경우에는 청문을 거쳐 대한민국 국적의 상실을 결정할 수 있다. 다만, **출생에 의하여 대한민국 국적을 취득한 자는 제외한다**(국적법 제14조의4 제1항).

17-1 대한민국의 국민으로서 자진하여 외국 국적을 취득한 자는 그 외국 국적을 취득한 날로부터 6개월이 지난 때에 대한민국 국적을 상실한다. 2021 경찰승진 ( )

17-2 대한민국 국민으로서 자진하여 외국 국적을 취득한 사람은 그 외국 국적을 취득한 때에 대한민국 국적을 상실한다. 2024 경찰승진 ( )

> **해설** 대한민국의 국민으로서 자진하여 외국 국적을 취득한 자는 **그 외국 국적을 취득한 때**에 대한민국 국적을 상실한다(국적법 제15조 제1항).

18 외국인과의 혼인으로 그 배우자의 국적을 취득하게 된 대한민국의 국민은 그 외국 국적을 취득한 때부터 6개월 내에 대한민국 국적을 보유할 의사가 없다는 뜻을 법무부장관에게 신고하고 이를 법무부장관이 인정하면 신고시부터 대한민국 국적을 상실한다. 2024 변시 ( )

> **해설** 대한민국의 국민으로서 다음 각 호의 어느 하나에 해당하는 자는 그 외국 국적을 취득한 때부터 6개월 내에 법무부장관에게 대한민국 국적을 보유할 의사가 있다는 뜻을 신고하지 아니하면 그 **외국 국적을 취득한 때로 소급하여 대한민국 국적을 상실한** 것으로 본다.
> 1. 외국인과의 혼인으로 그 배우자의 국적을 취득하게 된 자
> 2. 외국인에게 **입양**되어 그 양부 또는 양모의 국적을 취득하게 된 자
> 3. 외국인인 부 또는 모에게 **인지**되어 그 부 또는 모의 국적을 취득하게 된 자
> 4. 외국 국적을 취득하여 대한민국 국적을 상실하게 된 자의 배우자나 미성년인 자(子)로서 그 외국의 법률에 따라 함께 그 외국 국적을 취득하게 된 자(국적법 제15조 제2항 제1호).

19 공무원이 그 직무상 대한민국 국적을 상실한 자를 발견하면 3개월 이내에 법무부장관에게 그 사실을 통보하여야 한다. 2022 경찰간부 ( )

> **해설** 공무원이 그 직무상 대한민국 국적을 상실한 자를 발견하면 **지체 없이** 법무부장관에게 그 사실을 통보하여야 한다(국적법 제16조 제2항).

20 대한민국의 국민만이 누릴 수 있는 권리 중 대한민국의 국민이었을 때 취득한 것으로서 양도할 수 있는 것은 그 권리와 관련된 법령에서 따로 정한 바가 없으면 2년 내에 대한민국의 국민에게 양도하여야 한다. 2021 경찰승진 ( )

> **해설** 대한민국 국적을 상실한 자는 국적을 상실한 때부터 대한민국의 국민만이 누릴 수 있는 권리를 누릴 수 없다. 이에 해당하는 권리 중 대한민국의 국민이었을 때 취득한 것으로서 양도(讓渡)할 수 있는 것은 그 권리와 관련된 법령에서 따로 정한 바가 없으면 **3년** 내에 대한민국의 국민에게 양도하여야 한다(국적법 제18조).

21-1 법무부장관으로 하여금 거짓이나 그 밖의 부정한 방법으로 귀화허가를 받은 자에 대하여 그 허가를 취소할 수 있도록 하면서 그 취소권의 행사기간을 따로 정하고 있지 않은 것은 귀화허가 취소로 인한 불이익보다 국적 관련 행정의 적법성 확보라는 공익이 더 우월하여 과잉금지원칙에 위배되지 않는다. 2023 변시 ( )

ANSWER 17-1 ✕ 17-2 ○ 18 ✕ 19 ✕ 20 ✕ 21-1 ○

21-2 법무부장관으로 하여금 거짓이나 그 밖에 부정한 방법으로 귀화허가를 받은 자에 대하여 그 허가를 취소할 수 있도록 규정하면서도 그 취소권의 행사기간을 따로 정하고 있지 아니한 국적법 제21조는 침해의 최소성 원칙에 위배되지 아니한다. 2023 법원행시 ( )

> 해설 청구인은 이 사건 법률조항이 귀화허가취소권의 행사기간을 따로 정하고 있지 않아 당사자로서는 귀화허가를 언제까지 취소할 수 있는지 예측할 수 없어 명확성 원칙 및 포괄위임입법금지원칙에 위반된다고 주장한다. 그러나 청구인의 주장 자체에 의하더라도 이 사건 법률조항에는 **귀화허가취소권의 행사기간의 제한이 없고, 시행령에 그 행사기간이 위임된 바도 없으므로, 명확성 원칙 및 포괄위임입법금지원칙은 문제되지 않고,** 청구인의 위 주장은 결국 이 사건 법률조항이 기간의 제한 없이 귀화허가를 취소할 수 있도록 규정한 것이 과잉금지원칙에 위반하여 청구인의 거주·이전의 자유 및 행복추구권을 침해하였다는 것이므로, 그에 대한 판단 외에는 별도로 살피지 아니한다.
> 이 사건 법률조항은 국가의 근본요소 중 하나인 국민을 결정하는 기준이 되는 국적의 중요성을 고려하여, 귀화허가신청자의 진실성을 담보하고, 국적 관련 행정의 적법성을 확보하기 위한 것으로서 **입법목적은 정당**하고, 거짓이나 그 밖의 부정한 방법에 의해 귀화허가를 받은 경우 그 허가를 취소하는 것은 **입법목적 달성을 위해 적절한 방법이다.** … 침해의 최소성 원칙에 위배되지 아니한다. 한편, 귀화허가가 취소되는 경우 국적을 상실하게 됨에 따른 불이익을 받을 수 있으나, 국적 관련 행정의 적법성 확보라는 공익이 훨씬 더 크므로 법익균형성의 원칙에도 위배되지 아니한다. 따라서 이 사건 법률조항은 거주·이전의 자유 및 행복추구권을 **침해하지 아니한다**(헌재 2015.9.24. 2015헌바26).

22-1 "법무부장관은 거짓이나 그 밖의 부정한 방법으로 귀화허가, 국적회복허가, 국적의 이탈 허가 또는 국적보유판정을 받은 자에 대하여 그 허가 또는 판정을 취소할 수 있다."라는 「국적법」 조항 중 국적회복허가취소에 관한 부분은 거주·이전의 자유 및 행복추구권을 침해하지 아니한다. 2024 변시 ( )

22-2 「국적법」 조항 중 거짓이나 그 밖의 부정한 방법으로 국적회복 허가를 받은 사람에 대하여 그 허가를 취소할 수 있도록 규정한 부분은 과잉금지원칙에 위배하여 거주·이전의 자유 및 행복추구권을 침해하지 아니한다. 2023 국가직7급 ( )

22-3 법무부장관으로 하여금 거짓이나 그 밖의 부정한 방법으로 귀화허가를 받은 자에 대하여 그 허가를 취소할 수 있도록 규정하면서도 그 취소권의 행사기간을 따로 정하고 있지 아니한 「국적법」 조항은 귀화허가가 취소되는 당사자의 거주 이전의 자유를 침해하지 아니한다. 2024 경찰승진 ( )

> 해설 국적 취득에 있어 진실성을 담보하고 사회구성원 사이의 신뢰를 확보하며 나아가 국가질서를 유지하기 위한 것으로 입법목적의 정당성이 인정되며, 하자 있는 국적회복허가를 취소하도록 하는 것은 위와 같은 입법목적을 달성하기 위한 적합한 방법이다. 또한 국적취득 과정에서 발생한 위법상태를 해소하여 국가, 사회질서에 위해가 되는 요소들을 차단하는 것은 국가공동체의 유지와 운영에 있어 매우 중요한 문제이므로 국적회복허가에 애초 허가가 불가능한 불법적 요소가 개입되어 있었다면 상당기간이 경과한 후에 불법적 요소가 발견되었다고 할지라도 그 허가를 취소함으로써 국법질서를 회복할 필요성이 매우 크고, 법무부장관은 국적회복허가의 취소 여부를 결정하면서 개입된 위법성의 정도, 위법한 행위가 발생한 시점부터 국적회복허가에 대한 취소권을 행사하는 시점까지 경과된 시간, 국적회복 후 형성된 생활관계나 국적회복허가취소 시 당사자가 받게 될 불이익 등을 충분히 고려하여 국적회복허가 취소 여부를 결정할 수 있으므로 심판대상조항은 침해의 최소성에도 반하지 아니한다. 나아가 국적취득에 있어서 적법성 확보가 사회구성원들 사이의 신뢰를 확보하고 국가질서를 유지하는 근간이 됨을 고려할 때 심판대상조항을 통하여 달성하고자 하는 공익이 제한되는 사익에 비해 훨씬 크다고 할 것이므로 심판대상조항은 법익의 균형성도 갖추었다. 따라서 심판대상조항은 **과잉금지원칙에 위배하여 거주·이전의 자유 및 행복추구권을 침해하지 아니한다**(헌재 2020.2.27. 2017헌바434).

ANSWER 21-2 ◯ 22-1 ◯ 22-2 ◯ 22-3 ◯

23 외국인이 「국적법」상 귀화요건을 갖추었더라도 법무부장관은 그 외국인의 귀화 허가 여부에 대한 재량권을 가진다. 2022 경찰2차 ( )

> 해설 ▶ 귀화허가는 외국인에게 대한민국 국적을 부여함으로써 국민으로서의 법적 지위를 포괄적으로 설정하는 행위에 해당한다. 한편, 국적법 등 관계 법령 어디에도 외국인에게 대한민국의 국적을 취득할 권리를 부여하였다고 볼 만한 규정이 없다. **이와 같은 귀화허가의 근거 규정의 형식과 문언, 귀화허가의 내용과 특성 등을 고려해 보면, 법무부장관은 귀화신청인이 귀화 요건을 갖추었다 하더라도 귀화를 허가할 것인지 여부에 관하여 재량권을 가진다고 보는 것이 타당**하다(대판 2010.10.28. 2010두6496).

24-1 외국인이 귀화허가를 받기 위해서는 '품행이 단정할 것'의 요건을 갖추도록 한 국적법 규정은 명확성의 원칙에 반하여 헌법에 위반된다. 2022 법원행시 ( )

24-2 외국인이 귀화허가를 받기 위해서는 '품행이 단정할 것'의 요건을 갖추도록 규정한 것은 명확성 원칙에 위배되지 않는다. 2022 변시 / 2023 해양경찰 ( )

24-3 '품행이 단정할 것'이라는 외국인의 귀화허가 요건은 귀화신청자를 대한민국의 새로운 구성원으로 받아들이는 데 지장이 없을 만한 품성과 행실을 갖춘 것을 의미하므로 명확성 원칙에 위배되지 않는다. 2023 변시 ( )

24-4 국적법 제5조 제3항에서 외국인이 귀화허가를 받기 위해서는 '품행이 단정할 것'의 요건을 갖추도록 한 부분은 명확성 원칙에 위배되지 아니한다. 2023 법원행시 ( )

24-5 외국인이 귀화허가를 받기 위해서는 '품행이 단정할 것'의 요건을 갖추도록 한 구「국적법」조항은 그 해석이 불명확하여 수범자의 예측가능성을 해하고, 법 집행기관의 자의적인 집행을 초래할 정도로 불명확하다고 할 수 있으므로, 명확성 원칙에 위배된다. 2022 지방직7급 / 2023 경찰2차 ( )

24-6 국적법 조항에서의 '품행이 단정할 것'은 귀화신청자를 대한민국의 새로운 구성원으로서 받아들이는 데 지장이 없을 만한 품성과 행실을 갖춘 것을 의미하므로 명확성 원칙에 위배되지 아니한다. 2024 변시 ( )

> 해설 ▶ 심판대상조항은 외국인에게 대한민국 국적을 부여하는 '귀화'의 요건을 정한 것인데, **'품행', '단정' 등 용어의 사전적 의미가 명백**하고, 심판대상조항의 입법취지와 용어의 사전적 의미 및 법원의 일반적인 해석 등을 종합해 보면, **'품행이 단정할 것'은 귀화신청자를 대한민국의 새로운 구성원으로서 받아들이는 데 지장이 없을 만한 품성과 행실을 갖춘 것**을 의미하고, 구체적으로 이는 귀화신청자의 성별, 연령, 직업, 가족, 경력, 전과관계 등 여러 사정을 종합적으로 고려하여 판단될 것임을 예측할 수 있다. 따라서 **심판대상조항은 명확성 원칙에 위배되지 아니한다**(헌재 2016.7.28. 2014헌바421).

25 현행 헌법은 입법자에게 대한민국의 국민이 되는 요건을 법률로 정할 것을 위임하고 있다. 2022 법무사 ( )

> 해설 ▶ 대한민국의 국민이 되는 요건은 법률로 정한다(헌법 제2조 제1항).

26 헌법 제2조 제1항은 대한민국 국적의 '취득'뿐만 아니라 국적의 유지, 상실을 둘러싼 전반적인 법률관계를 법률에 규정하도록 위임하고 있는 것으로 풀이할 수 있다. 2023 법원행시 ( )

ANSWER 23 ○ 24-1 × 24-2 ○ 24-3 ○ 24-4 ○ 24-5 × 24-6 ○ 25 ○ 26 ○

해설 ▶ 헌법 제2조 제1항은 "대한민국의 국민이 되는 요건은 법률로 정한다."고 하여 기본권의 주체인 국민에 관한 내용을 입법자가 형성하도록 하고 있다. **이는 대한민국 국적의 '취득'뿐만 아니라 국적의 유지, 상실을 둘러싼 전반적인 법률관계를 법률에 규정하도록 위임하고 있는 것으로 풀이할 수 있다**(헌재 2014. 6. 26. 2011헌마502).

27 국적은 성문의 법령을 통해서가 아니라 국가의 생성과 더불어 존재하며, 「국적법」의 내용은 국민의 범위를 구체화, 현실화하는 헌법사항을 규율하고 있다. 2024 경찰승진 ( )

해설 ▶ 국적은 성문의 법령을 통해서가 아니라 국가의 생성과 더불어 존재하는 것이므로 헌법의 위임에 따라 국적법이 제정되나 그 내용은 국가의 구성요소인 국민의 범위를 구체화, 현실화하는 헌법사항을 규율하는 것이다(헌재 2000. 8. 31. 97헌가12).

28 외국인인 개인이 특정한 국가의 국적을 선택할 권리가 자연권으로서 또는 우리 헌법상 당연히 인정된다고 할 수 없다. 2022 변시 ( )

해설 ▶ "이중국적자의 국적선택권"이라는 개념은 별론으로 하더라도, **일반적으로 외국인인 개인이 특정한 국가의 국적을 선택할 권리가 자연권으로서 또는 우리 헌법상 당연히 인정된다고는 할 수 없다고 할 것이다**(헌재 2006. 3. 30. 2003헌마806).

29-1 외국인이 복수국적을 누릴 자유는 우리 헌법상 행복추구권에 의하여 보호되는 기본권이라고 보기 어렵다. 2022 경찰2차 ( )

29-2 재산권 및 행복추구권은 외국인도 그 주체가 될 수 있으나, 외국인이 복수국적을 누릴 자유는 우리 헌법상 행복추구권에 의하여 보호되는 기본권이 아니다. 2023 법원행시 ( )

해설 ▶ **재산권 및 행복추구권은 외국인도 그 주체가 될 수 있으나**, 외국인이 대한민국 국적을 취득하면서 자신의 외국 국적을 포기한다 하더라도 이로 인하여 재산권 행사가 직접 제한되지 않고, **일반적으로 외국인이 특정한 국가의 국적을 선택할 권리가 자연권으로서 또는 우리 헌법상 당연히 인정될 수는 없는 것이어서 외국인이 복수국적을 누릴 자유가 우리 헌법상 행복추구권에 의하여 보호되는 기본권이라고 보기 어려우므로**, 국적법 제10조 제1항에 의하여 청구인 설○혁 등의 재산권, 행복추구권이 침해될 가능성은 없다. 참정권과 입국의 자유에 대한 외국인의 기본권주체성이 인정되지 않고, **외국인이 대한민국 국적을 취득하면서 자신의 외국 국적을 포기한다 하더라도 이로 인하여 재산권 행사가 직접 제한되지 않으며, 외국인이 복수국적을 누릴 자유가 우리 헌법상 행복추구권에 의하여 보호되는 기본권이라고 보기 어려우므로, 외국인의 기본권주체성 내지 기본권침해가능성을 인정할 수 없다**(헌재 2014. 6. 26. 2011헌마502).

30 헌법 제2조 제2항의 재외국민보호조항으로부터 재외국민은 외교통상부장관에게 미성년자보호협약에의 가입 등을 청구할 수 있다고 인정되지 않으므로, 이에 대하여 아무런 조치를 취하지 않더라도 위헌적인 공권력의 불행사에 해당한다고 할 수 없다. 2023 법원행시 ( )

해설 ▶ 헌법 제2조 제2항은 "국가는 법률이 정하는 바에 의하여 재외국민을 보호할 의무를 진다."고 규정하고 있으나, 위 규정이나 다른 헌법규정으로부터도 청구인이 외교통상부장관이나 법원행정처장에게 청구인 주장과 같은 공권력의 행사를 청구할 수 있다고는 인정되지 아니하므로 이 사건 헌법소원심판청구는 부적법하다(헌재 1998. 5. 28. 97헌마282).

ANSWER   27 ○   28 ○   29-1 ○   29-2 ○   30 ○

31 국가의 재외국민 보호의무는 재외국민이 조약 기타 일반적으로 승인된 국제법규와 거류국의 법령에 의하여 누릴 수 있는 모든 분야에서 정당한 대우를 받도록 거류국과의 관계에서 국가가 외교적 보호를 행하는 것과 국외 거주 국민에 대하여 정치적인 고려에서 특별히 법률로써 정하여 베푸는 법률·문화·교육 기타 제반영역에서의 지원을 의미한다. 2022 법원직 ( )

> **해설** 헌법 제2조 제2항에서 규정한 재외국민을 보호할 국가의 의무에 의하여 재외국민이 거류국에 있는 동안 받는 보호는 조약 기타 일반적으로 승인된 국제법규와 당해 거류국의 법령에 의하여 누릴 수 있는 모든 분야에서의 정당한 대우를 받도록 거류국과의 관계에서 국가가 하는 외교적 보호와 국외거주 국민에 대하여 정치적인 고려에서 특별히 법률로써 정하여 베푸는 법률·문화·교육 기타 제반영역에서의 지원을 뜻하는 것이다(헌재 2011.8.30. 2008헌마648).

32-1 복수국적자에 대하여 병역준비역에 편입된 날부터 3개월 이내에 대한민국 국적을 이탈하지 않으면 병역의무를 해소한 후에야 이를 가능하도록 한 「국적법」조항은 국적선택제도를 통하여 병역의무를 면탈하지 못하게 하려는 것으로 복수국적자의 국적이탈의 자유를 침해한다고 볼 수 없다. 2022 변시 ( )

32-2 병역준비역에 편입된 사람이 그 이후 국적이탈이라는 방법을 통해서 병역의무에서 벗어날 수 없도록 국적이탈이 가능한 기간을 제한하는 것은 병역의무 이행의 공평성 확보라는 목적을 달성하는 데 적합한 수단이다. 2022 변시 ( )

32-3 병역준비역에 편입된 복수국적자에게 편입된 때부터 3개월 이내에 하나의 국적을 선택하도록 하고, 그 기간이 경과하면 병역의무 해소 전에는 대한민국 국적에서 이탈할 수 없도록 하는 것은 병역준비역에 편입된 복수국적자에게 예외적으로 국적이탈을 허가하는 방안을 마련할 여지가 있다는 점에서 과잉금지원칙에 위배된다. 2023 변시 ( )

32-4 주된 생활의 근거를 외국에 두고 있는 복수국적자가 병역준비역에 편입된 때부터 대한민국 국적으로부터 이탈한다는 뜻을 신고하지 않고 3개월이 지난 경우 병역의무 해소 전에는 예외 없이 대한민국 국적에서 이탈할 수 없도록 제한하는 국적법 조항은 국적이탈의 자유를 침해한다. 2022 법원직 ( )

32-5 복수국적자가 「병역법」제8조에 따라 병역준비역에 편입된 때부터 3개월 이내에 하나의 국적을 선택하여야 하고, 이 기간이 지나면 병역의무가 해소되기 전에는 국적이탈 신고를 할 수 없도록 한 「국적법」조항은 국적이탈의 자유를 침해한다. 2024 변시 ( )

> **해설** 복수국적자에 대하여 병역준비역에 편입된 날부터 3개월 이내에 대한민국 국적을 이탈하지 않으면 병역의무를 해소한 후에야 이를 가능하도록 한 국적법 제12조 제2항은, **어떠한 예외도 인정하지 않고 있으므로**, 과잉금지원칙에 위배되어 **국적이탈의 자유를 침해한다**(헌재 2020.9.24. 2016헌마889).
> 병역의무의 이행에 공평을 확보하려는 심판대상 법률조항의 **입법목적은 정당**하다. 또한, 심판대상 법률조항은 위와 같이 국적이탈이 가능한 기간을 제한함으로써 병역준비역에 편입된 사람이 그 이후 국적이탈이라는 방법을 통해서는 병역의무에서 벗어날 수 없도록 하므로, 병역의무 이행의 공평성 확보라는 목적을 달성하는 데 **적합한 수단이다.**
> '병역의무의 공평성 확보'라는 입법목적을 훼손하지 않으면서도 기본권을 덜 침해하는 방법이 있는데도 심판대상 법률조항은 그러한 예외를 전혀 두지 않고 일률적으로 병역의무 해소 전에는 국적이탈을 할 수 없도록 하는바, 이는 **피해의 최소성 원칙에 위배된다.**

ANSWER 31 ○ 32-1 × 32-2 ○ 32-3 ○ 32-4 ○ 32-5 ○

심판대상 법률조항을 통하여 달성되는 공익에 비하여 침해되는 사익이 더 큰 경우가 있고, 이러한 경우 심판대상 법률조항은 **법익의 균형성 원칙도 충족하지 못한다.**

33 직계존속이 외국에서 영주할 목적 없이 체류한 상태에서 출생한 자는 병역의무를 해소한 경우에만 국적이탈을 신고할 수 있도록 하는 구 「국적법」 제12조 제3항은 혈통주의에 따라 출생과 동시에 대한민국 국적을 취득하게 되므로 병역의무를 해소해야만 국적이탈을 허용하게 되는 결과를 가져오지만, 과잉금지원칙에 위배되지 아니하므로 국적이탈의 자유를 침해하지 않는다. 2023 경찰2차 ( )

해설 직계존속이 외국에서 영주할 목적 없이 체류한 상태에서 출생한 자는 병역의무를 해소한 경우에만 국적이탈을 신고할 수 있도록 하는 구 국적법 제12조 제3항은 헌법에 위반되지 않는다(헌재 2023. 2. 23. 2019헌바462).

34-1 국적이탈 신고서에 '가족관계기록사항에 관한 증명서'를 첨부하도록 하는 것은 국적이탈 신고와 관련하여 구체적으로 어떠한 서류를 제출하도록 하는 것인지 불분명하므로 명확성 원칙에 위배된다. 2023 변시 ( )

34-2 국적이탈 신고자에게 신고서에 '가족관계기록사항에 관한 증명서'를 첨부하여 제출하도록 규정한 「국적법 시행규칙」 제12조 제2항 제1호는 명확성 원칙에 위배되고, 과잉금지원칙에 위배되어 국적이탈의 자유를 침해한다. 2023 국회직8급 ( )

해설 심판대상 시행규칙조항은 국적이탈 신고자에게 신고서에 '가족관계기록사항에 관한 증명서'를 첨부하여 제출하도록 규정하는바, 실무상 국적이탈 신고자는 가족관계등록법에 따른 국적이탈자 본인의 기본증명서와 가족관계증명서, 부와 모의 기본증명서, 대한민국 국적의 부와 외국국적의 모 사이에서 출생한 경우에는 부의 혼인관계증명서 등(이하 '기본증명서 등'이라 한다)을 제출해야 한다. **국적이탈 신고자의 대한민국 국적 및 다른 국적 취득 경위, 성별, 부모의 국적 등 그 신고 당시의 구체적 사정이 다양하므로 시행규칙에서 첨부서류의 명칭을 직접 규정하는 것이 적절하지 않을 수 있고, 첨부할 서류의 내용이나 증명 취지를 고려하여 지금과 같이 표현하는 것 외에 다른 방법을 상정하기 어려우므로, 심판대상 시행규칙조항은 명확성 원칙에 위배되지 않는다.** 기본증명서 등은 신고자 본인을 특정하고 국적이탈의 전제가 되는 대한민국 국적보유 사실 등을 확인하는 데 필요한 자료이다. 법무부장관으로서는 국적이탈 요건 충족 여부를 정확히 판단하기 위하여 신고자에게 정형화되고 신뢰성이 높은 문서를 제출하도록 할 수밖에 없는바, 가족관계등록법상 기본증명서 등은 그러한 정보가 기재된 대한민국의 공문서로서, 법무부장관이 요건 충족 여부를 판단하는 데 필요한 정보를 충분히 담고 있으면서 또한 신뢰성이 확보되는 다른 유형의 서류를 상정하기 어렵다. 출생신고는 출생자의 부 또는 모가 부담하는 가족관계등록법상 의무이며, **국적이탈 신고 시에 비로소 출생신고를 하여야 하는 부담은 청구인의 부 또는 모가 가족관계등록법에 따른 출생신고 의무를 이행하지 않았기 때문에 발생하는 문제일 뿐이다. 따라서 심판대상 시행규칙조항은 과잉금지원칙에 위배되어 청구인의 국적이탈의 자유를 침해하지 않는다**(헌재 2020. 9. 24. 2016헌마889).

35-1 "대한민국의 국민으로서 자진하여 외국 국적을 취득한 자는 그 외국 국적을 취득한 때에 대한민국 국적을 상실한다."는 「국적법」 조항은 청구인의 거주·이전의 자유 및 행복추구권을 침해하는 것은 아니다. 2022 경찰2차 ( )

35-2 대한민국 국민이 자진하여 외국 국적을 취득하는 경우 대한민국 국적을 상실하도록 하는 것은 대한민국 국민의 거주·이전의 자유를 침해한다고 볼 수 없다. 2023 지방직7급 ( )

ANSWER 33 ○ 34-1 × 34-2 × 35-1 ○ 35-2 ○

해설 ▶ 국적에 관한 사항은 당해 국가가 역사적 전통과 정치·경제·사회·문화 등 제반사정을 고려하여 결정할 문제인 바, 자발적으로 외국 국적을 취득한 자에게 대한민국 국적도 함께 보유할 수 있게 허용한다면, 출입국·체류관리가 어려워질 수 있고, 각 나라에서 권리만 행사하고 병역·납세와 같은 의무는 기피하는 등 복수국적을 악용할 우려가 있으며, 복수국적자로 인하여 외교적 보호권이 중첩되는 등의 문제가 발생할 여지도 있다. 한편, 국적법은 예외적으로 복수국적을 허용함과 동시에, 대한민국 국민이었던 외국인에 대해서는 국적회복허가라는 별도의 용이한 절차를 통해 국적을 회복시켜주는 조항들을 두고 있다. 따라서 국적법 제15조 제1항이 대한민국 국민인 청구인의 거주·이전의 자유 및 행복추구권을 침해한다고 볼 수 없다(헌재 2014.6.26. 2011헌마502).

36 국적회복과 귀화는 모두 외국인이 후천적으로 법무부장관의 허가라는 주권적 행정절차를 통하여 대한민국 국적을 취득하는 제도라는 점에서 동일하나, 귀화는 대한민국 국적을 취득한 사실이 없는 순수한 외국인이 법무부장관의 허가를 받아 대한민국 국적을 취득할 수 있도록 하는 절차인데 비해, 국적회복허가는 한 때 대한민국 국민이었던 자를 대상으로 한다는 점, 귀화는 일정한 요건을 갖춘 사람에게만 허가할 수 있는 반면, 국적회복허가는 일정한 사유에 해당하는 사람에 대해서만 국적회복을 허가하지 아니한다는 점에서 차이가 있다.
2022 경찰2차 ( )

해설 ▶ 국적회복이란 한 때 대한민국 국민이었던 외국인이 법무부장관의 국적회복허가를 받아 대한민국의 국적을 취득하는 것을 말한다(국적법 제9조 제1항). 국적회복과 귀화는 모두 외국인이 후천적으로 법무부장관의 허가라는 주권적 행정절차를 통하여 대한민국 국적을 취득하는 제도라는 점에서 동일하나, 귀화는 대한민국 국적을 취득한 사실이 없는 순수한 외국인이 법무부장관의 허가를 받아 대한민국 국적을 취득할 수 있도록 하는 절차인데 비해(국적법 제4조 내지 제7조), 국적회복허가는 한 때 대한민국 국민이었던 자를 대상으로 한다는 점, 귀화는 일정한 요건을 갖춘 사람에게만 허가할 수 있는 반면(국적법 제5조 내지 제7조), 국적회복허가는 일정한 사유에 해당하는 사람에 대해서만 국적회복을 허가하지 아니한다는 점(국적법 제9조 제2항)에서 차이가 있다. 국적법이 이처럼 귀화제도와 국적회복제도를 구분하고 있는 것은 과거 대한민국 국민이었던 자의 국적취득절차를 간소화함으로써 국적취득상의 편의를 증진시키고자 하는 것이다(헌재 2020.2.27. 2017헌바434).

37 북한이 국제사회에서 하나의 주권국가로 존속하고 있고, 우리 정부가 북한 당국자의 명칭을 쓰면서 정상회담 등을 제의하였다 하여 북한이 대한민국의 영토고권을 침해하는 반국가단체가 아니라고 단정할 수 없다.
2023 경찰간부 ( )

해설 ▶ 헌법 제3조는 "대한민국의 영토는 한반도와 그 부속도서로 한다."고 규정하고 있어 법리상 이 지역에서는 대한민국의 주권과 부딪치는 어떠한 국가단체도 인정할 수가 없는 것이므로 비록 북한이 국제사회에서 하나의 주권국가로 존속하고 있고, 우리 정부가 북한 당국자의 명칭을 쓰면서 정상회담 등을 제의하였다 하여 북한이 대한민국의 영토고권을 침해하는 반국가단체가 아니라고 단정할 수 없다(대판 1990.9.25. 90도1451).

38 독도 등을 중간수역으로 정한 '대한민국과 일본국 간의 어업에 관한 협정'의 해당 조항은 배타적 경제수역을 직접 규정한 것이고, 영해문제와 직접적인 관련을 가지므로 헌법상 영토조항을 위반한 것이다. 2023 경찰간부
( )

해설 ▶ 독도가 중간수역에 속해 있다 할지라도 독도의 영유권문제나 영해문제와는 직접적인 관련을 가지지 아니하므로, 이 사건 협정조항이 헌법상 영토조항을 위반하였다고 할 수 없다(헌재 2009.2.26. 2007헌바35).

ANSWER 36 ○ 37 ○ 38 ✕

39 「저작권법」의 효력은 헌법 제3조에도 불구하고 대한민국의 주권 범위 밖에 있는 북한지역에 미치지 않는다. 2023 경찰간부 ( )

해설 저작권법의 규정들(제36조 제1항, 제41조, 제42조, 제47조 제1항)에 의하면 저작자의 저작물을 복제, 배포, 발행하고자 하는 자는 저작자로부터 저작재산권의 일부 또는 전부를 양수하거나 그의 저작물 이용허락을 받아야 하고, 상당한 노력을 기울였어도 공표된 저작물의 저작재산권자나 그의 거소를 알 수 없어 그 저작물의 이용허락을 받을 수 없는 경우에는 대통령령이 정하는 바에 의하여 문화부장관(정부조직법 1989.12.30. 법률 제4183호 부칙 제6조)의 승인을 얻고 문화부장관이 소정의 보상금기준에 의하여 정한 보상금을 공탁하고 이를 이용할 수 있다고 되어 있으며, 이러한 **저작재산권은 특별한 경우를 제외하고는 저작자가 생존하는 동안과 사망 후 50년간 존속한다고 규정**하고 있다. 그리고 **이 법규정의 효력은 대한민국 헌법 제3조에 의하여 여전히 대한민국의 주권범위 내에 있는 북한지역에도 미치는 것이다**(대판 1990.9.28. 89누6396).

40 북한주민 역시 일반적으로 대한민국 국민에 포함된다. 2022 법무사 ( )

해설 조선인을 부친으로 하여 출생한 자는, 설사 그가 북한법의 규정에 따라 북한국적을 취득하여 중국 주재 북한대사관으로부터 북한의 해외공민증을 발급받은 자라 하더라도 북한지역 역시 대한민국의 영토에 속하는 한반도의 일부를 이루는 것이어서 대한민국의 주권이 미칠 뿐이고, 대한민국의 주권과 부딪치는 어떠한 국가단체나 주권을 법리상 인정할 수 없는 점에 비추어 볼 때, 그러한 사정은 그가 대한민국 국적을 취득하고 이를 유지함에 있어 아무런 영향을 끼칠 수 없다(대판 1996.11.12. 96누1221).

41-1 외국환거래의 일방 당사자가 북한의 주민일 경우 그는 「남북 교류협력에 관한 법률」상 '북한의 주민'에 해당하는 것이므로, 북한의 조선아시아태평양위원회가 「외국환거래법」 제15조에서 말하는 '거주자'나 '비거주자'에 해당하는지 또는 「남북교류협력에 관한 법률」상 '북한의 주민'에 해당하는지 여부는 법률해석의 문제에 불과한 것이고, 헌법 제3조의 영토조항과는 관련이 없다. 2022 경찰승진 ( )

41-2 우리 헌법이 "대한민국의 영토는 한반도와 그 부속도서로 한다."는 영토조항(제3조)을 두고 있는 이상 대한민국의 헌법은 북한지역을 포함한 한반도 전체에 그 효력이 미치고 따라서 북한지역은 당연히 대한민국의 영토가 된다. 2022 경찰승진 ( )

41-3 헌법 제3조는 "대한민국의 영토는 한반도와 그 부속도서로 한다."라고 규정하고 있으므로 북한지역은 당연히 대한민국의 영토가 되지만, 입법자는 남북한의 특수관계적 성격을 고려하여 북한지역을 외국에 준하는 지역으로 규정할 수 있다. 2022 법원행시 ( )

41-4 북한을 법 소정의 "외국"으로, 북한의 주민 또는 법인 등을 "비거주자"로 바로 인정하기는 어렵지만, 개별 법률의 적용 내지 준용에 있어서는 남북한의 특수관계적 성격을 고려하여 북한지역을 외국에 준하는 지역으로, 북한주민 등을 외국인에 준하는 지위에 있는 자로 규정할 수 있다. 2022 국회직8급 ( )

41-5 1990년에 「남북교류협력에 관한 법률」이 제정되었다고 하더라도, '남한과 북한의 주민'이라는 행위 주체 사이에 '투자 기타 경제에 관한 협력사업'이라는 행위를 할 경우에는 이 법이 다른 법률보다 우선적으로 적용되는 것은 아니다. 2022 국회직8급 ( )

ANSWER 39 × 40 ○ 41-1 ○ 41-2 ○ 41-3 ○ 41-4 ○ 41-5 ×

해설 남한과 북한의 주민(법인, 단체 포함) 사이의 투자 기타 경제에 관한 협력사업 및 이에 수반되는 거래에 대하여는 우선적으로 남북교류법과 동법시행령 및 위 외국환관리지침이 적용되며, 관련 범위 내에서 외국환거래법이 준용된다. 즉, '남한과 북한의 주민'이라는 행위 주체 사이에 '투자 기타 경제에 관한 협력사업'이라는 행위를 할 경우에는 남북교류법이 다른 법률보다 우선적으로 적용되고, 필요한 범위 내에서 외국환거래법 등이 준용되는 것이다.

당해 사건과 같이 남한과 북한 주민 사이의 외국환 거래에 대하여는 법 제15조 제3항에 규정되어 있는 "거주자 또는 비거주자" 부분 즉 대한민국 안에 주소를 둔 개인 또는 법인인지 여부가 문제되는 것이 아니라, 남북교류협력에관한법률(이하 '남북교류법'이라 한다) 제26조 제3항의 "남한과 북한" 즉 군사분계선 이남지역과 그 이북지역의 주민인지 여부가 문제되는 것이다. 즉, **외국환거래의 일방 당사자가 북한의 주민일 경우 그는 이 사건 법률조항의 '거주자' 또는 '비거주자'가 아니라 남북교류법의 '북한의 주민'에 해당하는 것이다.** 그러므로, 당해사건에서 아태위원회가 법 제15조 제3항에서 말하는 '거주자'나 '비거주자'에 해당하는지 또는 남북교류법상 '북한의 주민'에 해당하는지 여부는 법률해석의 문제에 불과한 것이고, 헌법 제3조의 영토조항과는 관련이 없다.

우리 헌법이 "대한민국의 영토는 한반도와 그 부속도서로 한다"는 영토조항(제3조)을 두고 있는 이상 대한민국의 헌법은 북한지역을 포함한 한반도 전체에 그 효력이 미치고 따라서 북한지역은 당연히 대한민국의 영토가 되므로, 북한을 법 소정의 "외국"으로, 북한의 주민 또는 법인 등을 "비거주자"로 바로 인정하기는 어렵지만, 개별 법률의 적용 내지 준용에 있어서는 남북한의 특수관계적 성격을 고려하여 북한지역을 외국에 준하는 지역으로, 북한주민 등을 외국인에 준하는 지위에 있는 자로 규정할 수 있다고 할 것이다(헌재 2005.6.30. 2003헌바114).

42-1 헌법상 통일관련 조항의 해석으로 국민의 통일에 대한 기본권이 도출된다. 2022 법원행시 ( )

42-2 헌법의 통일관련 조항들은 국가의 통일의무를 선언한 것이지만 단순한 선언규정에 그친다 할 수는 없는 것이므로, 이들 조항으로부터 국민 개개인의 통일에 대한 기본권을 도출할 수 있다. 2022 국회직8급 ( )

해설 헌법상의 여러 통일관련 조항들은 국가의 통일의무를 선언한 것이기는 하지만, 그로부터 국민 개개인의 통일에 대한 기본권, 특히 국가기관에 대하여 통일과 관련된 구체적인 행동을 요구하거나 일정한 행동을 할 수 있는 권리가 **도출된다고 볼 수 없다**(헌재 2000.7.20. 98헌바63).

43 북한은 국제연합에도 가입한 국제법상의 국가이므로 북한과 체결한 '남북 사이의 화해와 불가침 및 교류·협력에 관한 합의서'는 국가 간의 '조약'으로서 국내법과 동일한 효력을 갖는다. 2022 법원행시 ( )

해설 남북 사이의 화해와 불가침 및 교류협력에 관한 합의서는 남북관계가 '나라와 나라 사이의 관계가 아닌 통일을 지향하는 과정에서 잠정적으로 형성되는 특수관계'임을 전제로, 조국의 평화적 통일을 이룩해야 할 공동의 정치적 책무를 지는 남북한 당국이 특수관계인 남북관계에 관하여 채택한 합의문서로서, 남북한 당국이 각기 정치적인 책임을 지고 상호간에 그 성의 있는 이행을 약속한 것이기는 하나 법적 구속력이 있는 것은 아니어서 **이를 국가 간의 조약 또는 이에 준하는 것으로 볼 수 없고, 따라서 국내법과 동일한 효력이 인정되는 것도 아니다**(대판 1999.7.23. 98두14525).

44-1 '남북사이의화해와불가침및교류협력에관한합의서'는 일종의 공동성명 또는 신사협정에 준하는 성격을 가짐에 불과하여 법률이 아님은 물론 국내법과 동일한 효력이 있는 조약이나 이에 준하는 것으로 볼 수 없다.
2023 행시 ( )

ANSWER 42-1 ✕ 42-2 ✕ 43 ✕ 44-1 ○

44-2 1992년 발효된 「남북사이의화해와불가침및교류협력에관한합의서」는 남북한 당국이 각기 정치적인 책임을 지고 상호간에 그 성의 있는 이행을 약속한 것이므로, 국내법과 동일한 효력이 있는 조약이나 이에 준하는 것으로 보아야 한다. 2022 국회직8급 ( )

44-3 1992. 2. 19. 발효된 '남북사이의화해와불가침및교류협력에관한합의서'는 일종의 공동성명 또는 신사협정에 준하는 성격을 가지는 것에 불과하고, 국회의 동의를 요하는 조약에 해당하지 않는다. 2023 법원행시 ( )

> **해설** 남북합의서는 남북관계를 "나라와 나라 사이의 관계가 아닌 통일을 지향하는 과정에서 잠정적으로 형성되는 특수관계"임을 전제로 하여 이루어진 합의문서인바, 이는 한민족공동체 내부의 특수관계를 바탕으로 한 당국간의 합의로서 남북당국의 성의있는 이행을 상호 약속하는 일종의 공동성명 또는 신사협정에 준하는 성격을 가짐에 불과하다. 따라서 남북합의서의 채택·발효 후에도 북한이 여전히 적화통일의 목표를 버리지 않고 각종 도발을 자행하고 있으며 남·북한의 정치, 군사적 대결이나 긴장관계가 조금도 해소되지 않고 있음이 엄연한 현실인 이상, 북한의 반국가단체성이나 국가보안법의 필요성에 관하여는 아무런 상황변화가 있었다고 할 수 없다(헌재 1997.1.16. 92헌바6 등).

45 국가의 안전과 자유민주적 기본질서를 보장하고 국민의 안전을 확보하는 가운데 평화적 통일을 이루기 위한 기반을 조성하기 위하여 북한주민 등과의 접촉에 관하여 남북관계의 전문기관인 통일부장관에게 그 승인권을 준 법률조항은 국민의 통일에 대한 기본권을 위헌적으로 침해한 것이다. 2022 국회직8급 ( )

> **해설** 국가의 안전과 자유민주적 기본질서를 보장하고 국민의 안전을 확보하는 가운데 평화적 통일을 이루기 위한 기반을 조성하기 위하여 북한주민 등과의 접촉에 관하여 남북관계의 전문기관인 통일부장관에게 그 승인권을 준 이 사건 **법률조항**은 평화통일의 사명을 천명한 헌법 전문이나 평화통일원칙을 규정한 헌법 제4조, 대통령의 평화통일의무에 관하여 규정한 헌법 제66조 제3항의 규정 및 기타 헌법상의 **통일관련조항에 위반된다고 볼 수 없다**(헌재 2000.7.20. 98헌바63).

46 헌법에서 재외국민에 대한 국가의 보호를 처음으로 명시한 것은 제5공화국 헌법(제8차 개헌)이다. 2023 경찰간부 ( )

> **해설** 재외국민의 국가보호를 제8차 개정헌법에서 **처음으로 규정**하였고 재외국민에 대한 국가의 보호의무를 규정한 것은 제9차 개정헌법이다.
> 재외국민은 국가의 보호를 받는다(제8차 개정헌법 제2조 제2항).
> 국가는 법률이 정하는 바에 의하여 재외국민을 보호할 의무를 진다(제9차 개정헌법 제2조 제2항).

47 "이민"은 우리 국민이 생업에 종사하기 위하여 외국에 이주하거나 외국인과 혼인 및 연고관계로 인하여 이주하는 자를 의미하는데, 「국적법」 제12조 소정의 사유에 의하여 국적을 상실하지 않는 한 대한민국 재외국민으로서 기본권을 향유한다. 2023 경찰간부 ( )

> **해설** "이민"이라 함은 우리나라 국민이 생업에 종사하기 위하여 외국에 이주하거나 외국인과의 혼인 및 연고관계로 인하여 이주하는 자를 의미하는데(해외이주법 제2조 제1항) 실제는 국외에서 직장을 구하여 외화를 벌어들이기 위하여 편의상 이민의 절차를 밟는 경우가 적지 아니하며 이러한 경우에는 국적법 제12조 소정의 사유에 의하여 국적을 상실하지 않는 한, 대한민국의 재외국민으로서의 기본권을 의연 향유한다고 할 것이며, 그것이 국민의 능동적인 해외진출을 고무하는 방법이기도 할 것이기 때문이다. 특조법의 시행령을 보더라도 이민의 경우와 국적상실의 경우를 따로 규정하고 있는 것은 이민이 곧 국적상실을 의미하는 것은 아니라는 뜻인 것이다(헌재 1993.12.23. 89헌마189).

ANSWER 44-2 × 44-3 ○ 45 × 46 ○ 47 ○

48-1 정부수립 이전 이주동포를 「재외동포의 출입국과 법적 지위에 관한 법률」의 적용대상에서 제외함으로써 정부수립 이후 이주동포와 차별하는 것은 평등원칙에 위배되지 않는다. 2023 경찰간부 ( )

48-2 정부수립 이전에 국외로 이주한 구 소련 거주동포와 중국 거주동포를 「재외동포의 출입국과 법적 지위에 관한 법률」의 수혜 대상에서 배제한 것은 평등의 원칙에 위배된다. 2023 해양경찰 ( )

> **해설** 정부수립 이전 이주동포를 재외동포법의 적용대상에서 제외한 것은 합리적 이유 없이 정부수립 이전 이주동포를 차별하는 자의적인 입법이어서 헌법 제11조의 평등원칙에 위배된다(헌재 2001.11.29. 99헌마494).

49-1 복수국적자가 외국에 주소가 있는 경우에만 국적이탈을 신고할 수 있도록 정한 「국적법」 조항은 복수국적자에게 과도한 불이익을 발생시켜 과잉금지원칙에 위배되어 국적이탈의 자유를 침해한다.
2023 국가직7급 / 2024 경찰승진 ( )

49-2 「국적법」 조항 중 "외국에 주소가 있는 경우"는 입법취지 및 사전적 의미 등을 고려할 때 다른 나라에 생활근거가 있는 경우를 뜻함이 명확하므로 명확성 원칙에 위배되지 아니한다. 2023 국가직7급 ( )

> **해설** 복수국적자가 외국에 주소가 있는 경우에만 국적이탈을 신고할 수 있도록 하는 「국적법」 제14조 제1항 본문은 헌법에 위반되지 않는다.
> 국적법 제14조 제1항 본문의 '외국에 주소가 있는 경우'라는 표현은 입법취지 및 그에 사용된 단어의 사전적 의미 등을 고려할 때 다른 나라에 생활근거가 있는 경우를 뜻함이 명확하므로 명확성 원칙에 위배되지 아니한다(헌재 2023.2.23. 2020헌바603).

제3절 대한민국헌법 전문(前文)

I 헌법 조문

1. 헌법 전문

유구한 역사와 전통에 빛나는 우리 대한국민은 3·1운동으로 건립된 대한민국임시정부의 법통과 불의에 항거한 4·19 민주이념을 계승하고, 조국의 민주개혁과 평화적 통일의 사명에 입각하여 정의·인도와 동포애로써 민족의 단결을 공고히 하고, 모든 사회적 폐습과 불의를 타파하며, 자율과 조화를 바탕으로 자유민주적 기본질서를 더욱 확고히 하여 정치·경제·사회·문화의 모든 영역에 있어서 각인의 기회를 균등히 하고, 능력을 최고도로 발휘하게 하며, 자유와 권리에 따르는 책임과 의무를 완수하게 하여, 안으로는 국민생활의 균등한 향상을 기하고 밖으로는 항구적인 세계평화와 인류공영에 이바지함으로써 우리들과 우리들의 자손의 안전과 자유와 행복을 영원히 확보할 것을 다짐하면서 1948년 7월 12일에 제정되고 8차에 걸쳐 개정된 헌법을 이제 국회의 의결을 거쳐 국민투표에 의하여 개정한다.

ANSWER 48-1 × 48-2 ○ 49-1 × 49-2 ○

Ⅱ 최신 기출지문 분석

01-1 현행 헌법 전문에는 '조국의 민주개혁', '국민생활의 균등한 향상', '세계평화와 인류공영에 이바지함' 등이 규정되어 있다. 2021 경찰승진 ( )

01-2 우리 헌법 전문은 국가의 기본질서로서 '자유민주적 기본질서'를 천명하고 있다. 2024 법원행시 ( )

01-3 현행 헌법 전문은 "1945년 7월 12일에 제정되고 9차에 걸쳐 개정된 헌법을 이제 국회의 의결을 거쳐 국민투표에 의하여 개정한다."고 규정하고 있다. 2021 경찰승진 ( )

> **해설** 유구한 역사와 전통에 빛나는 우리 대한국민은 3·1운동으로 건립된 대한민국임시정부의 법통과 불의에 항거한 4·19민주이념을 계승하고, **조국의 민주개혁**과 평화적 통일의 사명에 입각하여 정의·인도와 동포애로써 민족의 단결을 공고히 하고 … 안으로는 **국민생활의 균등한 향상**을 기하고 밖으로는 항구적인 **세계평화와 인류공영에 이바지함**으로써 우리들과 우리들의 자손의 안전과 자유와 행복을 영원히 확보할 것을 다짐하면서 1948년 7월 12일에 제정되고 8차에 걸쳐 개정된 헌법을 이제 국회의 의결을 거쳐 국민투표에 의하여 개정한다(헌법 전문).

02 헌법 전문은 헌법의 이념 내지 가치를 제시하고 있는 헌법 규범의 일부로서 헌법으로서의 규범적 효력을 나타내기 때문에 구체적으로는 헌법소송에서의 재판규범인 동시에 헌법이나 법률에서의 해석기준이 된다. 2021 경찰경력채용 ( )

> **해설** 헌법 전문은 헌법의 이념 내지 가치를 제시하고 있는 헌법규범의 일부로서 헌법으로서의 규범적 효력을 나타내기 때문에 구체적으로는 헌법소송에서의 재판규범인 동시에 헌법이나 법률해석에서의 해석기준이 되고, 입법형성권 행사의 한계와 정책결정의 방향을 제시하며, 나아가 모든 국가기관과 국민이 존중하고 지켜가야 하는 최고의 가치규범이다(헌재 2006.3.30. 2003헌마806).

03-1 헌법 전문에 규정된 3·1정신은 우리나라 헌법의 연혁적·이념적 기초로서 헌법이나 법률해석에서의 기준으로 작용한다고 할 수 있지만, 그에 기하여 곧바로 국민의 개별적 기본권성을 도출해 낼 수는 없다고 할 것이므로, 헌법소원의 대상인 헌법상 보장된 기본권에 해당하지 아니한다. 2021 경찰승진 / 2024 행시 ( )

03-2 '헌법 전문에 기재된 3·1정신'은 우리나라 헌법의 연혁적·이념적 기초로서 헌법이나 법률해석에서의 해석기준으로 작용한다고 할 수 있지만, 그에 기하여 곧바로 국민의 개별적 기본권성을 도출해낼 수는 없다. 2022 법무사 / 2022 변시 ( )

03-3 '헌법 전문에 기재된 3·1정신'은 헌법소원의 대상인 헌법상 보장된 기본권에 해당하지 아니한다. 2020 행시 ( )

03-4 영토조항만을 근거로 하여 독자적으로 헌법소원을 청구할 수 있다. 2022 경찰승진 ( )

03-5 국민의 기본권 침해에 대한 권리구제를 위한 전제조건으로서 영토에 관한 권리를 영토권이라 구성하여 기본권의 하나로 간주하는 것은 불가능하다. 2023 경찰간부 ( )

ANSWER 01-1 ○ 01-2 ○ 01-3 ✕ 02 ○ 03-1 ○ 03-2 ○ 03-3 ○ 03-4 ✕ 03-5 ✕

03-6 국민의 기본권 침해에 대한 권리구제를 위하여 그 전제조건으로서 영토에 관한 권리를 영토권이라 구성하여, 이를 헌법소원의 대상인 기본권으로 간주하는 것은 가능하다. 2022 경찰승진 ( )

03-7 헌법상 영토조항만을 근거로 국민의 구체적 기본권이 도출된다고 할 수는 없으므로 영토에 관한 권리를 이른바 '영토권'이라 구성하여 헌법소원으로 그 구제를 청구하는 것은 불가능하다. 2022 법원행시 ( )

03-8 '대한민국과일본국간의어업에관한협정'은 우리나라 정부가 일본 정부와의 사이에서 어업에 관해 체결·공포한 조약으로, 그 체결행위는 '공권력의 행사'에 해당한다. 2023 법원행시 ( )

> 해설 한일어업협정(헌재 2001.3.21. 99헌마139 등)
> (1) 이 사건 협정은 우리나라 정부가 일본 정부와의 사이에서 어업에 관해 체결·공포한 조약(조약 제1477호)으로서 헌법 제6조 제1항에 의하여 국내법과 같은 효력을 가지므로, 그 체결행위는 고권적 행위로서 '공권력의 행사'에 해당한다.
> (2) "헌법 전문에 기재된 3·1정신"은 우리나라 헌법의 연혁적·이념적 기초로서 헌법이나 법률해석에서의 해석기준으로 작용한다고 할 수 있지만, 그에 기하여 곧바로 국민의 개별적 기본권성을 도출해낼 수는 없다고 할 것이므로, 헌법소원의 대상인 "헌법상 보장된 기본권"에 해당하지 아니한다.
> (3) 국민의 개별적 기본권이 아니라 할지라도 기본권보장의 실질화를 위하여서는, **영토조항만을 근거로 하여 독자적으로는 헌법소원을 청구할 수 없다 할지라도**, 모든 국가권능의 정당성의 근원인 **국민의 기본권 침해에 대한 권리구제를 위하여 그 전제조건으로서 영토에 관한 권리를, 이를테면 영토권이라 구성하여, 이를 헌법소원의 대상인 기본권의 하나로 간주하는 것은 가능한 것으로 판단**된다.

04-1 3·1운동으로 건립된 대한민국임시정부의 법통을 계승한다고 선언한 헌법 전문으로부터 국가의 독립유공자와 그 유족에 대한 예우를 하여야 할 헌법적 의무가 도출될 수 있다. 2022 법무사 ( )

04-2 헌법 전문에서 "3·1운동으로 건립된 대한민국임시정부의 법통을 계승"한다고 선언하고 있는데 이는 대한민국이 일제에 항거한 독립운동가의 공헌과 희생을 바탕으로 이룩된 것임을 선언한 것이고, 그렇다면 국가는 일제로부터 조국의 자주독립을 위하여 공헌한 독립유공자와 그 유족에 대하여는 응분의 예우를 하여야 할 헌법적 의무를 지닌다. 2023 경찰1차 ( )

> 해설 헌법은 국가유공자 인정에 관하여 명문 규정을 두고 있지 않으나 **전문(前文)에서 "3·1운동으로 건립된 대한민국임시정부의 법통을 계승**"한다고 선언하고 있다. 이는 대한민국이 일제에 항거한 독립운동가의 공헌과 희생을 바탕으로 이룩된 것임을 선언한 것이고, 그렇다면 **국가는 일제로부터 조국의 자주독립을 위하여 공헌한 독립유공자와 그 유족에 대하여는 응분의 예우를 하여야 할 헌법적 의무를 지닌다**(헌재 2005.6.30. 2004헌마859).

05 우리 헌법이 제정되기 전의 일이라 할지라도 국가가 국민의 안전과 생명을 보호하여야 할 가장 기본적인 의무를 수행하지 못한 일제강점기에 일본군위안부로 강제 동원되어 인간의 존엄과 가치가 말살된 상태에서 장기간 비극적인 삶을 영위하였던 피해자들의 훼손된 인간의 존엄과 가치를 회복시켜야 할 의무는 대한민국임시정부의 법통을 계승한 지금의 정부가 국민에 대하여 부담하는 가장 근본적인 보호의무에 속한다.
2023 경찰1차 ( )

ANSWER 03-6 ○ 03-7 × 03-8 ○ 04-1 ○ 04-2 ○ 05 ○

[해설] 우리 헌법은 전문에서 "3·1운동으로 건립된 대한민국임시정부의 법통"의 계승을 천명하고 있는바, 비록 우리 헌법이 제정되기 전의 일이라 할지라도 국가가 국민의 안전과 생명을 보호하여야 할 가장 기본적인 의무를 수행하지 못한 일제강점기에 일본군위안부로 강제 동원되어 인간의 존엄과 가치가 말살된 상태에서 장기간 비극적인 삶을 영위하였던 피해자들의 훼손된 인간의 존엄과 가치를 회복시켜야 할 의무는 대한민국임시정부의 법통을 계승한 지금의 정부가 국민에 대하여 부담하는 가장 근본적인 보호의무에 속한다고 할 것이다(헌재 2011.8.30. 2006헌마788).

06 헌법 전문이 규정하는 대한민국임시정부의 법통 계승은 선언적·추상적 의미에 불과하므로, 우리 헌법이 제정되기 전에 발생한 일제강점기 피해자들의 훼손된 인간의 존엄과 가치를 회복시켜야 할 의무는 지금의 정부가 국민에 대하여 부담하는 근본적 보호의무에 속한다고 볼 수 없다. 2022 변시 ( )

[해설] 우리 헌법은 전문에서 "3·1운동으로 건립된 대한민국임시정부의 법통"의 계승을 천명하고 있는바, 비록 우리 헌법이 제정되기 전의 일이라 할지라도 국가가 국민의 안전과 생명을 보호하여야 할 가장 기본적인 의무를 수행하지 못한 일제강점기에 징병과 징용으로 일제에 의해 강제이주 당하여 전쟁수행의 도구로 활용되다가 원폭피해를 당한 상태에서 장기간 방치됨으로써 심각하게 훼손된 청구인들의 인간으로서의 존엄과 가치를 회복시켜야 할 의무는 대한민국임시정부의 법통을 계승한 지금의 정부가 국민에 대하여 부담하는 가장 근본적인 보호의무에 속한다고 할 것이다(헌재 2011.8.30. 2008헌마648).

07-1 통일정신, 국민주권원리 등은 우리나라 헌법의 연혁적·이념적 기초로서 헌법이나 법률해석에서의 해석기준으로 작용할 뿐만 아니라 그에 기하여 곧바로 국민의 개별적 기본권성이 도출된다. 2023 경찰1차 ( )

07-2 통일정신, 국민주권원리 등은 우리나라 헌법의 연혁적·이념적 기초로서 헌법이나 법률해석에서의 해석기준으로 작용한다고 할 수 있으나, 그에 기하여 곧바로 국민의 개별적 기본권성을 도출해내기는 어렵다.
2022 경찰간부 ( )

[해설] 통일정신, 국민주권원리 등은 우리나라 헌법의 연혁적·이념적 기초로서 헌법이나 법률해석에서의 해석기준으로 작용한다고 할 수 있지만 그에 기하여 곧바로 국민의 개별적 기본권성을 도출해내기는 어려우며, 헌법전문에 기재된 대한민국 임시정부의 법통을 계승하는 부분에 위배된다는 점이 청구인들의 법적지위에 현실적이고 구체적인 영향을 미친다고 볼 수도 없다(헌재 2008.11.27. 2008헌마517).

08 3·1운동의 정신과 4·19민주이념이 헌법 전문에 함께 규정되어 있는 점을 감안하여 보면, 4·19혁명공로자에 대한 보훈 수준은 애국지사와 동일하게 설정되어야 한다. 2022 법무사 ( )

[해설] 국가유공자나 그 가족에 대한 보상은 국가유공자의 희생과 공헌의 정도에 따른다. 4·19혁명공로자와 건국포장을 받은 애국지사는 활동기간의 장단(長短), 활동 당시의 시대적 상황, 국권이 침탈되었는지 여부, 인신의 자유 제약 정도, 입은 피해의 정도, 기회비용 면에서 차이가 있다. 이와 같은 점을 고려하면, **입법자가 4·19혁명공로자의 희생과 공헌의 정도를 건국포장을 받은 애국지사와 달리 평가하여 이 사건 법률조항에서 4·19혁명공로자에 대한 보훈급여의 종류를 수당으로 정하고, 이 사건 시행령조항에서 보훈급여의 지급금액을 애국지사보다 적게 규정한 것이 합리적인 이유 없는 차별이라 할 수 없다**(헌재 2022.2.24. 2019헌마883).

ANSWER 06 × 07-1 × 07-2 ○ 08 ×

03 CHAPTER | 대한민국헌법의 기본원리와 기본질서

I 헌법 조문

제5조 ① 대한민국은 국제평화의 유지에 노력하고 침략적 전쟁을 부인한다.
② 국군은 국가의 안전보장과 국토방위의 신성한 의무를 수행함을 사명으로 하며, 그 정치적 중립성은 준수된다.

제6조 ① 헌법에 의하여 체결·공포된 조약과 일반적으로 승인된 국제법규는 국내법과 같은 효력을 가진다.
② 외국인은 국제법과 조약이 정하는 바에 의하여 그 지위가 보장된다.

제9조 국가는 **전통 문화의 계승, 발전**과 **민족 문화의 창달**에 노력해야 한다.

제13조 ② 모든 국민은 소급입법에 의하여 참정권의 제한을 받거나 재산권을 박탈당하지 아니한다.

제37조 ② 국민의 모든 자유와 권리는 국가안전보장·질서유지 또는 공공복리를 위하여 필요한 경우에 한하여 법률로써 제한할 수 있으며, 제한하는 경우에도 자유와 권리의 본질적인 내용을 침해할 수 없다.

제38조 모든 국민은 법률이 정하는 바에 의하여 납세의 의무를 진다.

제39조 ① 모든 국민은 법률이 정하는 바에 의하여 국방의 의무를 진다.
② 누구든지 병역의무의 이행으로 인하여 불이익한 처우를 받지 아니한다.

제40조 입법권은 국회에 속한다.

제60조 ① 국회는 상호원조 또는 안전보장에 관한 조약, 중요한 국제조직에 관한 조약, 우호통상항해조약, 주권의 제약에 관한 조약, 강화조약, 국가나 국민에게 중대한 재정적 부담을 지우는 조약 또는 입법사항에 관한 조약의 체결·비준에 대한 동의권을 가진다.
② 국회는 선전포고, 국군의 외국에의 파견 또는 외국군대의 대한민국 영역 안에서의 주류에 대한 동의권을 가진다.

제66조 ④ 행정권은 대통령을 수반으로 하는 정부에 속한다.

제66조 ③ 대통령은 **조국의 평화적 통일**을 위한 성실한 의무를 진다.

제69조 대통령은 취임에 즈음하여 다음의 선서를 한다. "나는 헌법을 준수하고 국가를 보위하며 **조국의 평화적 통일**과 국민의 자유와 복리의 증진 및 **민족문화의 창달**에 노력하여 대통령으로서의 직책을 성실히 수행할 것을 국민 앞에 엄숙히 선서합니다."

제73조 대통령은 조약을 체결·비준하고, 외교사절을 신임·접수 또는 파견하며, 선전포고와 강화를 한다.

제101조 ① 사법권은 법관으로 구성된 법원에 속한다.

제119조 ① 대한민국의 경제질서는 개인과 기업의 경제상의 자유와 창의를 존중함을 기본으로 한다.
② 국가는 균형 있는 국민경제의 성장 및 안정과 적정한 소득의 분배를 유지하고, 시장의 지배와 경제력의 남용을 방지하며, 경제주체간의 조화를 통한 경제의 민주화를 위하여 경제에 관한 규제와 조정을 할 수 있다.

제120조 ① 광물 기타 중요한 지하자원·수산자원·수력과 경제상 이용할 수 있는 자연력은 법률이 정하는 바에 의하여 일정한 기간 그 채취·개발 또는 이용을 특허할 수 있다.
　　　　② 국토와 자원은 국가의 보호를 받으며, 국가는 그 균형 있는 개발과 이용을 위하여 필요한 계획을 수립한다.

제121조 ① 국가는 농지에 관하여 경자유전의 원칙이 달성될 수 있도록 노력하여야 하며, 농지의 소작제도는 금지된다.
　　　　② 농업생산성의 제고와 농지의 합리적인 이용을 위하거나 불가피한 사정으로 발생하는 농지의 임대차와 위탁경영은 법률이 정하는 바에 의하여 인정된다.

제122조 국가는 국민 모두의 생산 및 생활의 기반이 되는 국토의 효율적이고 균형 있는 이용·개발과 보전을 위하여 법률이 정하는 바에 의하여 그에 관한 필요한 제한과 의무를 과할 수 있다.

제123조 ① 국가는 농업 및 어업을 보호·육성하기 위하여 농·어촌종합개발과 그 지원등 필요한 계획을 수립·시행하여야 한다.
　　　　② 국가는 지역간의 균형 있는 발전을 위하여 지역경제를 육성할 의무를 진다.
　　　　③ 국가는 중소기업을 보호·육성하여야 한다.
　　　　④ 국가는 농수산물의 수급균형과 유통구조의 개선에 노력하여 가격안정을 도모함으로써 농·어민의 이익을 보호한다.
　　　　⑤ 국가는 농·어민과 중소기업의 자조조직을 육성하여야 하며, 그 자율적 활동과 발전을 보장한다.

제124조 국가는 건전한 소비행위를 계도하고 생산품의 품질향상을 촉구하기 위한 소비자보호운동을 법률이 정하는 바에 의하여 보장한다.

제125조 국가는 대외무역을 육성하며, 이를 규제·조정할 수 있다.

제126조 국방상 또는 국민경제상 긴절한 필요로 인하여 법률이 정하는 경우를 제외하고는, 사영기업을 국유 또는 공유로 이전하거나 그 경영을 통제 또는 관리할 수 없다.

제127조 ① 국가는 과학기술의 혁신과 정보 및 인력의 개발을 통하여 국민경제의 발전에 노력하여야 한다.
　　　　② 국가는 국가표준제도를 확립한다.
　　　　③ 대통령은 제1항의 목적을 달성하기 위하여 필요한 자문기구를 둘 수 있다.

Ⅱ 최신 기출지문 분석

01-1 헌법의 기본원리는 헌법의 이념적 기초인 동시에 헌법을 지배하는 지도원리로서 입법이나 정책결정의 방향을 제시하며 공무원을 비롯한 모든 국민·국가기관이 헌법을 존중하고 수호하도록 하는 지침이 되며, 구체적 기본권을 도출하는 근거가 된다. 2021 경찰경력채용 / 2023 법원직　　　　(　)

01-2 헌법의 기본원리는 헌법의 이념적 기초인 동시에 헌법을 지배하는 지도원리로서 입법이나 정책결정의 방향을 제시하며 공무원을 비롯한 모든 국민·국가기관이 헌법을 존중하고 수호하도록 하는 지침이 되며, 구체적 기본권을 도출하는 근거로 될 수는 있으나 기본권의 해석 및 기본권제한입법의 합헌성 심사에 있어 해석기준의 하나로서 작용하지는 못한다. 2023 경찰승진　　　　(　)

ANSWER　01-1 ×　01-2 ×

01-3 헌법의 기본원리는 헌법의 이념적 기초인 동시에 헌법을 지배하는 지도원리로서 입법이나 정책 결정의 방향을 제시하며 공무원을 비롯한 모든 국민·국가기관이 헌법을 존중하고 수호하도록 하는 지침이 된다. 2023 행시 ( )

01-4 헌법의 기본원리는 기본권의 해석 및 기본권 제한 입법의 합헌성 심사에 있어 해석기준의 하나로서 작용한다. 2023 행시 ( )

01-5 헌법의 기본원리는 헌법의 이념적 기초인 동시에 헌법을 지배하는 지도원리로서 입법이나 정책결정의 방향을 제시하며 공무원을 비롯한 모든 국민·국가기관이 헌법을 존중하고 수호하도록 하는 지침이고 법률조항의 위헌 여부를 심사할 때 해석기준으로 삼을 수도 있다. 2024 경찰1차 ( )

> **해설** 헌법의 기본원리는 헌법의 이념적 기초인 동시에 헌법을 지배하는 지도원리로서 입법이나 정책결정의 방향을 제시하며 **공무원을 비롯한 모든 국민·국가기관이 헌법을 존중하고 수호하도록 하는 지침이 되며, 구체적 기본권을 도출하는 근거로 될 수는 없으나** 기본권의 해석 및 기본권제한입법의 합헌성 심사에 있어 해석기준의 하나로서 작용한다(헌재 2001.9.27. 2000헌마238 등).

02 자유민주적 기본질서 및 시장경제원리는 헌법의 지배원리로서 모든 법령의 해석기준이 된다. 2023 경찰경력채용 ( )

> **해설** 우리 국민들의 정치적 결단인 **자유민주적 기본질서 및 시장경제원리에 대한 깊은 신념과 준엄한 원칙은 현재뿐 아니라 과거와 미래를 통틀어 일관되게 우리 헌법을 관류하는 지배원리로서 모든 법령의 해석기준이 되므로** 이 법의 해석 및 적용도 이러한 틀안에서 이루어져야 할 것이다(헌재 2001.9.27. 2000헌마238 등).

03 우리 헌법의 전문과 본문의 전체에 담겨있는 최고 이념은 국민주권주의와 자유민주주의에 입각한 입헌민주헌법의 본질적 기본원리에 기초하고 있다. 2023 경찰1차 ( )

> **해설** 우리 헌법의 전문과 본문의 전체에 담겨있는 최고 이념은 국민주권주의와 자유민주주에 입각한 입헌민주헌법의 본질적 기본원리에 기초하고 있다(헌재 1989.9.8. 88헌가6).

04 기본적 인권, 국가권력의 법률기속, 권력분립 등의 관념들은 자유주의의 요청에 해당하며, 우리 헌법상에는 '법치주의 원리'로 반영되어 있다. 2023 행시 ( )

> **해설** 기본적 인권, 국가권력의 법률기속, 권력분립 등의 관념들은 **자유주의의 요청에 해당하며, 우리 헌법상에는 '법치주의 원리'로 반영**되어 있다(헌재 2014.12.19. 2013헌다1).

05-1 국민주권주의는 국가권력의 민주적 정당성을 요구하는 것이므로, 국민전체가 직접 국가기관으로서 통치권을 행사하여야 한다는 것을 의미한다. 2023 행시 ( )

05-2 국민주권주의를 구현하기 위하여 헌법은 국가의 의사결정 방식으로 대의제를 채택하고, 이를 가능하게 하는 선거 제도를 규정함과 아울러 선거권, 피선거권을 기본권으로 보장하며, 대의제를 보완하기 위한 방법으로 직접민주제 방식의 하나인 국민투표제도를 두고 있다. 2024 경찰승진 ( )

ANSWER 01-3 ○ 01-4 ○ 01-5 ○ 02 ○ 03 ○ 04 ○ 05-1 × 05-2 ○

해설 국민주권주의는 국가권력의 민주적 정당성을 의미하는 것이기는 하나, 그렇다고 하여 국민전체가 직접 국가기관으로서 통치권을 행사하여야 한다는 것은 아니므로 주권의 소재와 통치권의 담당자가 언제나 같을 것을 요구하는 것이 아니고, 예외적으로 국민이 주권을 직접 행사하는 경우 이외에는 국민의 의사에 따라 통치권의 담당자가 정해짐으로써 국가권력의 행사도 궁극적으로 국민의 의사에 의하여 정당화될 것을 요구하는 것이다.

국민주권주의를 구현하기 위하여 헌법은 국가의 의사결정 방식으로 대의제를 채택하고, 이를 가능하게 하는 선거 제도를 규정함과 아울러 선거권, 피선거권을 기본권으로 보장하며, **대의제를 보완하기 위한 방법으로 직접민주제 방식의 하나인 국민투표제도를 두고 있다**(제72조, 제130조 제2항, 헌재 2009.3.26. 2007헌마843).

06-1 자유민주적 기본질서에 위해를 준다 함은 모든 폭력적 지배와 자의적 지배, 즉 반국가 단체의 일인독재 내지 일당독재를 배제하고 다수의 의사에 의한 국민의 자치, 자유·평등의 기본 원칙에 의한 법치주의적 통치질서의 유지를 어렵게 만드는 것이다. 2022 입법고시 ( )

06-2 민주주의의 핵심 구성요소로 국민주권주의, 대의제, 직접민주주의, 선거제도, 정당제도 등을 들 수 있다.
2024 법원행시 ( )

해설 자유민주적 기본질서란 모든 폭력적 지배와 자의적 지배, 즉 반국가단체의 일인독재 내지 일당독재를 배제하고 다수의 의사에 의한 국민의 자치, 자유·평등의 기본원칙에 의한 법치주의적 통치질서를 말한다. 구체적으로는 기본적 인권의 존중, 권력분립, 의회제도, 복수정당제도, 선거제도, 사유재산과 시장경제를 골간으로 한 경제질서 및 사법권의 독립 등을 의미한다.

자유민주적 기본질서에 위해를 준다 함은 모든 폭력적 지배와 자의적 지배 즉 반국가단체의 일인독재 내지 일당독재를 배제하고 다수의 의사에 의한 국민의 자치, 자유·평등의 기본 원칙에 의한 법치주의적 통치질서의 유지를 어렵게 만드는 것이고, 이를 보다 구체적으로 말하면 기본적 인권의 존중, 권력분립, 의회제도, 복수정당제도, 선거제도, 사유재산과 시장경제를 골간으로 한 경제질서 및 사법권의 독립 등 우리의 내부 체제를 파괴·변혁시키려는 것으로 풀이할 수 있을 것이다(헌재 1990.4.2. 89헌가113).

07 현행 헌법에서 직접 '자유민주적 기본질서'를 명시하고 있는 것은 헌법 전문(前文)과 제4조의 통일조항이다.
2022 경찰1차 ( )

해설 자율과 조화를 바탕으로 자유민주적 기본질서를 더욱 확고히 하여 정치·경제·사회·문화의 모든 영역에 있어서 각인의 기회를 균등히 하고(헌법 전문 중). 대한민국은 통일을 지향하며, 자유민주적 기본질서에 입각한 평화적 통일 정책을 수립하고 이를 추진한다(헌법 제4조).

08 원칙적으로 모든 국민이 균등하게 선거에 참여할 것을 요청하는 보통·평등선거원칙은 국민의 자기지배를 의미하는 국민주권의 원리에 입각한 민주국가를 실현하기 위한 필수적 요건이다. 2023 행시 ( )

해설 민주주의는 참정권의 주체와 국가권력의 지배를 받는 국민이 되도록 일치할 것을 요청한다. 국민의 참정권에 대한 이러한 민주주의적 요청의 결과가 바로 보통선거의 원칙이다. 즉, **원칙적으로 모든 국민이 균등하게 선거에 참여할 것을 요청하는 보통·평등선거원칙은 국민의 자기지배를 의미하는 국민주권의 원리에 입각한 민주국가를 실현하기 위한 필수적 요건**이다(헌재 1999.5.27. 98헌마214).

ANSWER 06-1 ○ 06-2 ○ 07 ○ 08 ○

09 직접민주제는 대의제가 안고 있는 문제점과 한계를 극복하기 위하여 예외적으로 도입된 제도라 할 것이므로 법률에 의하여 직접민주제를 도입하는 경우에는 기본적으로 대의제와 조화를 이루어야 하고, 대의제의 본질적인 요소나 근본적인 취지를 부정하여서는 아니 된다. 2022 입법고시 ( )

해설 근대국가가 대부분 대의제를 채택하고도 후에 이르러 직접민주제적인 요소를 일부 도입한 역사적인 사정에 비추어 볼 때, 직접민주제는 대의제가 안고 있는 문제점과 한계를 극복하기 위하여 예외적으로 도입된 제도라 할 것이므로, **헌법적인 차원에서 직접민주제를 직접 헌법에 규정하는 것은 별론으로 하더라도 법률에 의하여 직접민주제를 도입하는 경우에는 기본적으로 대의제와 조화를 이루어야** 하고, 대의제의 본질적인 요소나 근본적인 취지를 부정하여서는 아니 된다는 내재적인 한계를 지닌다 할 것이다(헌재 2009.3.26. 2007헌마843).

10 국회·대통령과 같은 정치적 권력기관은 헌법 규정에 따라 국민으로부터 직선되나, 지방자치기관은 지방자치제의 권력분립적 속성상 중앙정치기관의 구성과는 다소 상이한 방법으로 국민주권·민주주의원리가 구현될 수 있다. 2022 변시 ( )

해설 국회·대통령과 같은 정치적 권력기관은 헌법 규정에 따라 국민으로부터 **직선**된다. 그러나 **지방자치기관은 그것도 정치적 권력기관이긴 하지만, 중앙·지방간 권력의 수직적 분배라고 하는 지방자치제의 권력분립적 속성상, 중앙정치기관의 구성과는 다소 상이한 방법으로 국민주권·민주주의원리가 구현될 수도 있다**(헌재 2009.9.24. 2007헌마117 등).

11 '중대사고'에 대한 평가를 제외하는 '원자력이용시설 방사선환경영향평가서 작성 등에 관한 규정' 조항은 국민들이 원전과 관련하여 정확하고 공정한 여론을 형성하는 것을 방해하므로 민주주의 원리에 위반된다. 2022 경찰간부 ( )

해설 청구인들은, 이 사건 각 고시조항이 국민들의 정확하고 공정한 여론 형성을 방해하므로 민주주의 원리에도 위반된다고 주장한다. 민주주의 원리의 한 내용인 국민주권주의는 모든 국가권력이 국민의 의사에 기초해야 한다는 의미일 뿐 국민이 정치적 의사결정에 관한 모든 정보를 제공받고 직접 참여하여야 한다는 의미는 아니므로, 청구인들의 이 부분 주장 역시 이유 없다(헌재 2016.10.27. 2012헌마121).

12 행정청이 행정처분 단계에서 당해 처분의 근거가 되는 법률이 위헌이라고 판단하여 그 적용을 거부하는 것은 권력분립의 원칙상 허용될 수 있지만, 행정처분에 대한 소송절차에서 행정청은 당해 처분의 근거가 되는 법률의 위헌 여부에 대한 심판의 제청을 신청할 수 없다. 2023 경찰승진 ( )

해설 행정청이 행정처분 단계에서 당해 처분의 근거가 되는 법률이 위헌이라고 판단하여 그 적용을 거부하는 것은 권력분립의 원칙상 허용될 수 없지만, 행정처분에 대한 소송절차에서는 행정처분의 적법성·정당성뿐만 아니라 그 근거 법률의 헌법적합성까지도 심판대상으로 되는 것이므로, 행정처분에 불복하는 당사자뿐만 아니라 행정처분의 주체인 행정청도 헌법의 최고규범력에 따른 구체적 규범통제를 위하여 **근거 법률의 위헌 여부에 대한 심판의 제청을 신청할 수 있고 헌법재판소법 제68조 제2항의 헌법소원을 제기할 수 있다고 봄이 상당**하다(헌재 2008.4.24. 2004헌바44).

13-1 특정한 국가기관을 구성함에 있어 입법부, 행정부, 사법부가 그 권한을 나누어 가지거나 기능적인 분담을 하는 것은 권력 분립의 원칙에 반하는 것이 아니라 권력분립의 원칙을 실현하는 것으로 볼 수 있다. 2023 경찰승진 ( )

13-2 헌법상 권력분립원칙이란 국가권력의 기계적 분립과 엄격한 절연을 의미하는 것이 아니라 권력 상호간의 견제와 균형을 통한 국가권력의 통제를 의미하는 것이다. 2024 법원행시 ( )

ANSWER 09 ○ 10 ○ 11 × 12 × 13-1 ○ 13-2 ○

해설 ▶ 헌법상 권력분립의 원칙이란 국가권력의 기계적 분립과 엄격한 절연을 의미하는 것이 아니라, 권력 상호 간의 견제와 균형을 통한 국가권력의 통제를 의미하는 것이다. 따라서 **특정한 국가기관을 구성함에 있어 입법부, 행정부, 사법부가 그 권한을 나누어 가지거나 기능적인 분담을 하는 것은 권력분립의 원칙에 반하는 것이 아니라 권력분립의 원칙을 실현하는 것으로 볼 수 있다**(헌재 2015.11.26. 2012헌바300).

14 특정 사안에 있어 법관으로 하여금 증거조사에 의한 사실판단도 하지 말고, 최초의 공판기일에 공소사실과 검사의 의견만을 듣고 결심하여 형을 선고하도록 규정한 「반국가행위자의처벌에관한특별조치법」 조항은 입법에 의해서 사법의 본질적인 중요 부분을 대체시켜 버리는 것에 다름 아니어서 헌법상 권력분립의 원칙에 반한다. 2023 경찰승진 ( )

해설 ▶ 특조법 제7조 제7항이 특정 사안에 있어 법관으로 하여금 증거조사에 의한 사실판단도 하지말고, 최초의 공판기일에 공소사실과 검사의 의견만을 듣고 결심하여 형을 선고하라는 것은 입법에 의해서 사법의 본질적인 중요부분을 대체시켜 버리는 것에 다름 아니어서 우리 헌법상의 권력분립원칙에 어긋나는 것이다(헌재 1996.1.25. 95헌가5).

15-1 헌법원칙으로서의 권력분립원칙은 구체적인 헌법질서와 분리하여 파악될 수 없는 것으로서 권력분립원칙의 구체적 내용은 헌법으로부터 나오므로, 어떠한 국가행위가 권력분립원칙에 위배되는지 여부는 구체적인 헌법규범을 토대로 판단되어야 한다. 2022 입법고시 / 2024 경찰승진 ( )

15-2 전통적으로 권력분립원칙은 입법권, 행정권, 사법권의 분할과 이들 간의 견제와 균형의 원리이므로, 설령 고위공직자범죄 수사처의 설치로 말미암아 고위공직자범죄수사처와 기존의 다른 수사기관과의 관계가 문제된다 하더라도 동일하게 행정부 소속인 고위공직자범죄수사처와 다른 수사기관 사이의 권한 배분의 문제는 헌법상 권력분립원칙의 문제라고 볼 수 없다. 2022 입법고시 / 2023 경찰승진 ( )

해설 ▶ 헌법원칙으로서의 권력분립원칙은 구체적인 헌법질서와 분리하여 파악될 수 없는 것으로 권력분립원칙의 구체적 내용은 헌법으로부터 나오므로, 어떠한 국가행위가 권력분립원칙에 위배되는지 여부는 구체적인 헌법규범을 토대로 판단되어야 한다.
법률에 근거하여 수사처라는 행정기관을 설치하는 것이 헌법상 금지되지 않는바, 검찰의 기소독점주의 및 기소편의주의를 견제할 별도의 수사기관을 설치할지 여부는 국민을 대표하는 국회가 검찰 기소독점주의의 적절성, 검찰권 행사의 통제 필요성, 별도의 수사기관 설치의 장단점, 고위공직자범죄 수사 등에 대한 국민적 관심과 요구 등 제반 사정을 고려하여 결정할 문제로서, 그 판단에는 본질적으로 국회의 폭넓은 재량이 인정된다. 또한 **수사처의 설치로 말미암아 수사처와 기존의 다른 수사기관과의 관계가 문제된다 하더라도 동일하게 행정부 소속인 수사처와 다른 수사기관 사이의 권한 배분의 문제는 헌법상 권력분립원칙의 문제라고 볼 수 없다**(헌재 2021.1.28. 2020헌마264 등).

16-1 본질적으로 권력통제의 기능을 가진 특별검사제도의 취지와 기능에 비추어 볼 때 특별검사제도의 도입 여부를 입법부가 독자적으로 결정하고 특별검사 임명에 관한 권한을 헌법기관 간에 분산시키는 것이 권력분립의 원칙에 반한다고 볼 수 없으나, 정치적 사건을 담당하게 될 특별검사의 임명에 정치적 중립성을 엄격하게 지켜야 할 대법원장을 관여시키는 것에 대한 국회의 정치적·정책적 판단은 헌법상 권력분립의 원칙에 어긋난다. 2022 입법고시 ( )

ANSWER 14 ○ 15-1 ○ 15-2 ○ 16-1 ✕

16-2 특별검사제도의 도입 여부를 입법부가 독자적으로 결정하고, 특별검사의 임명 과정에서 대법원장이 추천한 자 중 1인을 대통령이 임명할 수밖에 없도록 하여 특별검사 임명에 관한 권한을 헌법기관 간에 분산시키는 것은 권력분립원칙에 반하지 않는다. 2024 경찰승진 ( )

해설 특별검사제도는 검찰의 기소독점주의 및 기소편의주의에 대한 제도적 견제장치로서 권력형 부정사건 및 정치적 성격이 강한 사건에서 대통령이나 정치권력으로부터 독립된 특별검사에 의하여 수사 및 공소제기·공소유지가 되게 함으로써 법의 공정성 및 사법적 정의를 확보하기 위한 것이다. 이처럼 본질적으로 권력통제의 기능을 가진 특별검사제도의 취지와 기능에 비추어 볼 때, 특별검사제도의 도입 여부를 입법부가 독자적으로 결정하고, 특별검사 임명에 관한 권한을 헌법기관 간에 분산시키는 것이 권력분립의 원칙에 반한다고 볼 수 없다. 한편 정치적 중립성을 엄격하게 지켜야 할 대법원장의 지위에 비추어 볼 때, 정치적 사건을 담당하게 될 특별검사의 임명에 대법원장을 관여시키는 것이 과연 바람직한 것인지에 대하여 논란이 있을 수 있으나, 그렇다고 국회의 이러한 정치적·정책적 판단이 헌법상 권력분립의 원칙에 어긋난다거나 입법재량의 범위에 속하지 않는다고는 할 수 없다. 결국 이 사건 법률 제3조는 헌법상 권력분립의 원칙에 위배되지 않으므로 청구인들의 위 주장은 이유 없다(헌재 2008.1.10. 2007헌마1468).

17 우리 헌법은 자유민주주의 헌법의 원리에 따라 국가의 기능을 입법·행정·사법으로 분립하여 견제와 균형을 이루게 하는 권력분립제도를 채택하고 있어 행정과 사법은 법률에 기속되므로, 국회가 특정한 사항에 대하여 행정부에 위임하였음에도 불구하고 행정부가 정당한 이유 없이 이를 이행하지 않는다면 권력분립의 원칙과 법치국가의 원칙에 위배되는 것이다. 2022 입법고시 ( )

해설 우리 헌법은 국가권력의 남용으로부터 국민의 자유와 권리를 보호하려는 법치국가의 실현을 기본이념으로 하고 있고, 자유민주주의 헌법의 원리에 따라 국가의 기능을 입법·행정·사법으로 분립하여 견제와 균형을 이루게 하는 권력분립제도를 채택하고 있어, 행정과 사법은 법률에 기속되므로, 국회가 특정한 사항에 대하여 행정부에 위임하였음에도 불구하고 행정부가 정당한 이유 없이 이를 이행하지 않는다면 권력분립의 원칙과 법치국가의 원칙에 위배되는 것이다(헌재 2004.2.26. 2001헌마718).

18 법률이 구체적인 사항을 대통령령에 위임하고 있고, 그 대통령령에 규정되거나 제외된 부분의 위헌성이 문제되는 경우, 헌법의 근본원리인 권력분립주의와 의회주의 내지 법치주의의 원리상, 법률조항의 위임에 따라 대통령령으로 규정한 내용이 헌법에 위반될 경우라도 그로 인하여 정당하고 적법하게 입법권을 위임한 수권법률조항까지도 위헌으로 되는 것은 아니다. 2022 지방직7급 ( )

해설 위임입법의 법리는 헌법의 근본원리인 권력분립주의와 의회주의 내지 법치주의에 바탕을 두는 것이기 때문에 행정부가 제정한 대통령령에서 규정한 내용이 정당한 것인지 여부와 위임의 적법성 사이에는 직접적인 관계가 없다. 따라서 대통령령으로 규정한 내용이 헌법에 위반될 경우라도 그 대통령령의 규정이 위헌으로 되는 것은 별론으로 하고, 그로 인하여 정당하고 적법하게 입법권을 위임한 수권법률조항까지도 위헌으로 되는 것은 아니다(헌재 1999.4.29. 96헌바22 등).

19 국회의장의 의사절차 진행 행위는 국민의 알 권리와도 밀접히 관련되어 있으므로 엄격한 사법심사로 이를 통제할 필요가 있다. 2024 법원행시 ( )

해설 국회의장의 의사진행에 관한 폭넓은 재량권은 국회의 자율권의 일종이므로, 다른 국가기관은 헌법이나 법률에 명백히 위배되지 않는 한 국회의장의 의사절차 진행 행위를 존중하여야 한다(헌재 2020.5.27. 2019헌라6 등).

ANSWER 16-2 ○ 17 ○ 18 ○ 19 ×

20 헌법은 법치주의를 그 기본원리의 하나로 하고 있으며, 법치주의는 행정작용에 국회가 제정한 형식적 법률의 근거가 요청된다는 법률유보를 그 핵심적 내용의 하나로 하고 있다. 2024 경찰1차 ( )

> **해설** 헌법은 법치주의를 그 기본원리의 하나로 하고 있으며, **법치주의는 행정작용에 국회가 제정한 형식적 법률의 근거가 요청된다는 법률유보를 그 핵심적 내용의 하나로 하고 있다.** 헌법 제37조 제2항은 기본권제한에 관한 일반적 법률유보조항이라고 할 수 있는데, 법률유보의 원칙은 '법률에 의한 규율'만을 요청하는 것이 아니라 '법률에 근거한 규율'을 요청하는 것이기 때문에 기본권의 제한에는 법률의 근거가 필요할 뿐이고 기본권제한의 형식이 반드시 법률의 형식일 필요는 없다(헌재 2011.4.28. 2009헌바167).

21 특정규범이 개별사건법률에 해당한다 하여 곧바로 위헌을 뜻하는 것은 아니며, 비록 특정법률 또는 법률조항이 단지 하나의 사건만을 규율하려고 한다 하더라도 이러한 차별적 규율이 합리적인 이유로 정당화될 수 있는 경우에는 합헌적일 수 있다. 2022 경찰승진 ( )

> **해설** 개별사건법률은 개별사건에만 적용되는 것이므로 원칙적으로 평등원칙에 위배되는 자의적인 규정이라는 강한 의심을 불러일으킨다. 그러나 개별사건법률금지의 원칙이 법률제정에 있어서 입법자가 평등원칙을 준수할 것을 요구하는 것이기 때문에, **특정규범이 개별사건법률에 해당한다 하여 곧바로 위헌을 뜻하는 것은 아니다. 비록 특정법률 또는 법률조항이 단지 하나의 사건만을 규율하려고 한다 하더라도 이러한 차별적 규율이 합리적인 이유로 정당화될 수 있는 경우에는 합헌적일 수 있다.** 따라서 개별사건법률의 위헌 여부는, 그 형식만으로 가려지는 것이 아니라, 나아가 평등의 원칙이 추구하는 실질적 내용이 정당한지 아닌지를 따져야 비로소 가려진다(헌재 1996.2.16. 96헌가2 등).

22-1 「헌법」 제13조 제2항에 의하면 모든 국민은 소급입법에 의하여 재산권의 제한을 받거나 참정권을 박탈당하지 아니한다. 2022 경찰간부 ( )

22-2 모든 국민은 소급입법에 의하여 참정권의 제한을 받지 아니한다. 2023 경찰승진 ( )

> **해설** 모든 국민은 소급입법에 의하여 **참정권의 제한을 받거나 재산권을 박탈당하지 아니한다**(헌법 제13조 제2항).

23-1 소급입법은 새로운 입법으로 이미 종료된 사실관계 또는 법률 관계에 작용하도록 하는 진정소급입법과 현재 진행 중인 사실관계 또는 법률관계에 작용하도록 하는 부진정소급입법으로 나눌 수 있다. 2022 경찰경력채용 ( )

23-2 소급입법은 신법이 이미 종료된 사실관계에 작용하는지 아니면 현재 진행 중에 있는 사실관계에 작용하는지에 따라 '진정소급입법'과 '부진정소급입법'으로 구분되며, 헌법 제13조 제2항이 금지하고 있는 소급입법은 진정소급효를 가지는 법률만을 의미한다. 2023 입법고시 ( )

23-3 진정소급입법은 원칙적으로 허용되지만 소급효를 요구하는 공익상의 사유와 신뢰보호의 요청 사이의 교량과정에서 신뢰 보호의 관점이 입법자의 형성권에 제한을 가하게 된다. 2023 경찰경력채용 ( )

23-4 소급입법은 신법이 이미 종료된 사실관계에 작용하는지 아니면 현재 진행중인 사실관계에 작용하는지에 따라 '진정소급입법'과 '부진정소급입법'으로 구분되고, 전자는 헌법적으로 허용되지 않는 것이 원칙이며 특단의 사정이 있는 경우에만 예외적으로 허용될 수 있는 반면, 후자는 원칙적으로 허용되지만 소급효를 요구하는 공익상의 사유와 신뢰보호의 요청 사이의 교량과정에서 신뢰보호의 관점이 입법자의 형성권에 제한을 가하게 된다. 2023 경찰2차 ( )

ANSWER 20 ○ 21 ○ 22-1 × 22-2 ○ 23-1 ○ 23-2 ○ 23-3 × 23-4 ○

23-5 일반적으로 소급입법의 태양에는 이미 과거에 완성된 사실 또는 법률관계를 규율의 대상으로 하는 진정소급입법과 이미 과거에 시작되었으나 아직 완성되지 아니하고 진행과정에 있는 사실 또는 법률관계를 규율대상으로 하는 부진정 소급입법이 있고, 헌법 제13조 제2항에 의하여 소급입법에 의한 재산권의 박탈이 금지되는 것은 진정소급입법이다. 2023 법무사 ( )

23-6 헌법 제13조 제2항은 "모든 국민은 소급입법에 의하여 … 재산권을 박탈당하지 아니한다."라고 규정하고 있는바, 여기서 소급입법은 진정소급효를 가지는 법률만 가리킨다. 2024 변시 ( )

> 해설 과거의 사실관계 또는 법률관계를 규율하기 위한 소급입법의 태양에는 이미 과거에 완성된 사실·법률관계를 규율의 대상으로 하는 이른바 진정소급효의 입법과 이미 과거에 시작하였으나 아직 완성되지 아니하고 진행과정에 있는 사실·법률관계를 규율의 대상으로 하는 이른바 부진정소급효의 입법이 있다. 헌법 제13조 제2항이 금하고 있는 소급입법은 전자, 즉 진정소급효를 가지는 법률만을 의미하는 것으로서, 이에 반하여 후자, 즉 부진정소급효의 입법은 원칙적으로 허용되는 것이다. 다만 이 경우에 있어서도 소급효를 요구하는 공익상의 사유와 신뢰보호의 요청 사이의 비교형량 과정에서, 신뢰보호의 관점이 입법자의 형성권에 제한을 가하게 된다(헌재 1999.4.29. 94헌바37 등).

24-1 '소급입법'은 '진정소급입법'과 '부진정소급입법'으로 구분되는데, 전자는 헌법상 원칙적으로 허용되지 않고 특단의 사정이 있는 경우에만 예외적으로 허용되는 반면, 후자는 원칙적으로 허용되지만 소급효를 요구하는 공익상의 사유와 신뢰보호 요청 사이의 교량 과정에서 신뢰보호의 관점이 입법자의 입법형성권에 일정한 제한을 가하게 된다. 2021 경찰경력채용 ( )

24-2 기존의 법에 의하여 형성되어 이미 굳어진 개인의 법적 지위를 사후입법을 통하여 박탈하는 것 등을 내용으로 하는 진정소급입법은 개인의 신뢰보호와 법적 안정성을 내용으로 하는 법치국가원리에 의하여 헌법적으로 허용되지 않기 때문에 어떠한 경우라도 허용될 수 없다. 2022 입법고시 ( )

24-3 진정소급입법은 원칙적으로 금지되지만, 법적 상태가 불확실하고 혼란스러웠거나 하여 보호할 만한 신뢰의 이익이 적은 경우와 신뢰보호의 요청에 우선하는 심히 중대한 공익상의 사유가 소급입법을 정당화하는 경우에는 예외적으로 허용될 수 있다. 2023 입법고시 ( )

24-4 부진정소급입법은 원칙적으로 허용되지만 소급효를 요구하는 공익상의 사유와 신뢰보호의 요청 사이의 교량과정에서 신뢰보호의 관점이 입법자의 형성권에 제한을 가하게 된다. 2022 지방직7급 ( )

24-5 부진정소급입법은 원칙적으로 허용되지만 소급효를 요구하는 공익상의 사유와 신뢰보호의 요청 사이의 교량 과정에서 신뢰보호의 관점이 입법자의 형성권에 제한을 가하게 되는 데 반하여, 진정소급입법은 개인의 신뢰보호와 법적 안정성을 내용으로 하는 법치국가원리에 의하여 특단의 사정이 없는 한 헌법적으로 허용되지 아니하는 것이 원칙이다. 2022 경찰경력채용 ( )

ANSWER 23-5 ○ 23-6 ○ 24-1 ○ 24-2 × 24-3 ○ 24-4 ○ 24-5 ○

24-6 '소급입법'은 신법이 이미 종료된 사실관계나 법률관계에 적용되는지, 아니면 현재 진행 중인 사실관계나 법률관계에 적용되는지에 따라 '진정소급입법'과 '부진정소급입법'으로 구분되고, 전자는 헌법상 원칙적으로 허용되지 않고 특단의 사정이 있는 경우에만 예외적으로 허용되는 반면, 후자는 원칙적으로 허용되지만 소급효를 요구하는 공익상의 사유와 신뢰보호 요청 사이의 비교형량 과정에서 신뢰보호의 관점이 입법자의 입법형성권에 일정한 제한을 가하게 된다. 2022 법무사 ( )

24-7 부진정소급입법에 있어서는 소급효를 요구하는 공익상의 사유와 신뢰보호의 요청 사이의 교량과정에서 신뢰보호의 관점이 입법자의 형성권에 제한을 가하게 되므로 원칙적으로 허용되지 않는다. 2023 경찰승진 ( )

24-8 진정소급입법이 허용되는 예외적인 경우로는 일반적으로 국민이 소급입법을 예상할 수 있었거나 법적 상태가 불확실하고 혼란스러워 보호할 만한 신뢰이익이 적은 경우와 소급입법에 의한 당사자의 손실이 없거나 아주 경미한 경우 그리고 신뢰보호의 요청에 우선하는 심히 중대한 공익상의 사유가 소급입법을 정당화하는 경우를 들 수 있다. 2023 경찰승진 ( )

> **해설** 부진정소급입법은 원칙적으로 허용되지만 소급효를 요구하는 공익상의 사유와 신뢰보호의 요청 사이의 교량과정에서 신뢰보호의 관점이 입법자의 형성권에 제한을 가하게 되는 데 반하여, 진정소급입법은 개인의 신뢰보호와 법적 안정성을 내용으로 하는 법치국가원리에 의하여 특단의 사정이 없는 한 헌법적으로 허용되지 아니하는 것이 원칙이나 예외적으로 국민이 소급입법을 예상할 수 있었거나, 법적 상태가 불확실하고 혼란스러웠거나 하여 보호할 만한 신뢰의 이익이 적은 경우와 소급입법에 의한 당사자의 손실이 없거나 아주 경미한 경우, 그리고 신뢰보호의 요청에 우선하는 심히 중대한 공익상의 사유가 소급입법을 정당화하는 경우에는 허용될 수 있다(헌재 2011.3.31. 2008헌바141 등).

25 부진정소급입법의 경우 입법권자의 입법형성권보다 당사자가 구법질서에 기대했던 신뢰보호의 견지에서 그리고 법적 안정성을 도모하기 위해 특단의 사정이 없는 한 구법에 의하여 이미 얻은 자격 또는 권리를 새 입법을 하는 마당에 그대로 존중할 의무가 있다고 할 것이나, 진정소급입법의 경우에는 구법질서에 대하여 기대했던 당사자의 신뢰보호보다는 광범위한 입법권자의 입법형성권을 경시해서는 안될 일이므로 특단의 사정이 없는 한 새 입법을 하면서 구법관계 내지 구법상의 기대이익을 존중하여야 할 의무가 발생하지는 않는다. 2022 경찰2차 ( )

> **해설** 과거의 사실관계 또는 법률관계를 규율하기 위한 소급입법의 태양에는 이미 과거에 완성된 사실 또는 법률관계를 규율의 대상으로 하는 이른바 **진정소급효의 입법과** 이미 과거에 시작하였으나 아직 완성되지 아니하고 진행과정에 있는 사실 또는 법률관계를 규율의 대상으로 하는 이른바 **부진정소급효의 입법을** 상정할 수 있다고 할 것이다. **전자의 경우에는 입법권자의 입법형성권보다도 당사자가 구법질서에 기대했던 신뢰보호의 견지에서 그리고 법적안정성을 도모하기 위해 특단의 사정이 없는 한 구법에 의하여 이미 얻은 자격 또는 권리를 새 입법을 하는 마당에 그대로 존중할 의무가 있다고 할 것이나, 후자의 경우에는 구법질서에 대하여 기대했던 당사자의 신뢰보호보다는 광범위한 입법권자의 입법형성권을 경시해서는 안될 일이므로 특단의 사정이 없는한 새 입법을 하면서 구법관계 내지 구법상의 기대이익을 존중하여야 할 의무가 발생하지는 않는다고 할 것이다**(헌재 1989.3.17. 88헌마1).

26 부당환급 받은 세액을 징수하는 근거 규정인 개정조항을 개정된 법 시행 후 최초로 환급세액을 징수하는 분부터 적용하도록 규정한 「법인세법」 부칙조항은 「헌법」 제13조 제2항에 따라 원칙적으로 금지되는 이미 완성된 사실·법률관계를 규율하는 진정소급입법에 해당한다. 2022 경찰간부 ( )

ANSWER 24-6 ○   24-7 ×   24-8 ○   25 ×   26 ○

해설 심판대상조항은 개정조항이 시행되기 전 환급세액을 수령한 부분까지 사후적으로 소급하여 개정된 징수조항을 적용하는 것으로서 헌법 제13조 제2항에 따라 원칙적으로 금지되는 이미 완성된 사실・법률관계를 규율하는 **진정소급입법에 해당**한다. 법인세를 부당 환급받은 법인은 소급입법을 통하여 이자상당액을 포함한 조세채무를 부담할 것이라고 예상할 수 없었고, **환급세액과 이자상당액을 법인세로서 납부하지 않을 것이라는 신뢰는 보호할 필요가 있다**. 나아가 개정 전 법인세법 아래에서도 환급세액을 부당이득 반환청구를 통하여 환수할 수 있었으므로, **신뢰보호의 요청에 우선하여 진정소급입법을 하여야 할 매우 중대한 공익상 이유가 있다고 볼 수도 없다**(헌재 2014.7.24. 2012헌바105).

27-1 친일재산을 그 취득・증여 등 원인행위시에 국가의 소유로 하도록 규정한 「친일반민족행위자 재산의 국가 귀속에 관한 특별법」 조항은 현재 진행 중인 사실관계 또는 법률관계에 작용하는 부진정소급입법에 해당한다. 2022 경찰간부 ( )

27-2 친일재산의 취득 경위에 내포된 민족배반적 성격, 대한민국임시정부의 법통 계승을 선언한 헌법 전문 등에 비추어 친일반민족행위자측으로서는 친일재산의 소급적 박탈을 충분히 예상할 수 있었고, 친일재산 환수 문제는 그 시대적 배경에 비추어 역사적으로 매우 이례적인 공동체적 과업이므로 이러한 소급입법의 합헌성을 인정한다고 하더라도 이를 계기로 진정소급입법이 빈번하게 발생할 것이라는 우려는 충분히 불식될 수 있다. 2023 국회직9급 ( )

해설 **이 사건 귀속조항은 진정소급입법에 해당하지만**, 진정소급입법이라 할지라도 예외적으로 국민이 소급입법을 예상할 수 있었던 경우와 같이 소급입법이 정당화되는 경우에는 허용될 수 있다. 친일재산의 취득 경위에 내포된 민족배반적 성격, 대한민국임시정부의 법통 계승을 선언한 헌법 전문 등에 비추어 친일반민족행위자측으로서는 친일재산의 소급적 박탈을 충분히 예상할 수 있었고, 친일재산 환수 문제는 그 시대적 배경에 비추어 역사적으로 매우 이례적인 공동체적 과업이므로 이러한 소급입법의 합헌성을 인정한다고 하더라도 이를 계기로 진정소급입법이 빈번하게 발생할 것이라는 우려는 충분히 불식될 수 있다. 따라서 이 사건 귀속조항은 진정소급입법에 해당하나 헌법 제13조 제2항에 반하지 않는다(헌재 2011.3.31. 2008헌바141 등).

28 구 「수도권 대기환경개선에 관한 특별법」 조항은, 특정경유자동차에 배출가스저감장치를 부착하여 운행하고 있는 소유자에 대하여 위 조항의 개정 이후 '폐차나 수출 등을 위한 자동차등록의 말소'라는 별도의 요건사실이 충족되는 경우에 배출가스저감장치를 반납하도록 하고 있는데, 이는 부진정소급입법에 해당한다. 2024 변시 ( )

해설 이미 종료된 사실・법률관계가 아니라, 현재 진행 중인 사실관계, 즉 특정경유자동차에 배출가스저감장치를 부착하여 운행하고 있는 소유자에 대하여 심판대상조항의 신설 또는 개정 이후에 '폐차나 수출 등을 위한 자동차등록의 말소'라는 별도의 요건사실이 충족되는 경우에 배출가스저감장치를 반납하도록 한 것으로서 부진정소급입법에 해당하며, 이 조항이 신설되기 전에 이미 배출가스저감장치를 부착하였던 소유자들이 자동차 등록 말소 후 경제적 잔존가치가 있는 장치의 사용 및 처분에 관한 신뢰를 가졌다고 하더라도, 위와 같은 공익의 중요성이 더 크다고 할 것이므로, 이 조항이 신뢰보호원칙을 위반하여 재산권을 침해한다고 보기도 어렵다. 더 이상 보조금 지원 목적에 사용되지 않는 배출가스저감장치를 회수함으로써 대기환경개선에 소요되는 자원을 재활용하고 그에 투입되는 예산을 절감하며, 나아가 대기오염이 심각한 수도권지역의 대기환경을 개선하고 대기오염원을 체계적으로 관리함으로써 지역주민의 건강을 보호하고 쾌적한 생활환경을 조성하기 위한 것이다. 이러한 공익은 제한되는 자동차 소유자의 사익에 비하여 크다고 할 것이므로, 이 조항이 과잉금지원칙을 위반하여 자동차 소유자의 재산권을 침해한다고 볼 수 없다(헌재 2019.12.27. 2015헌바45).

ANSWER 27-1 × 27-2 ○ 28 ○

29 공무원이 '직무와 관련 없는 과실로 인한 경우' 및 '소속상관의 정당한 직무상의 명령에 따르다가 과실로 인한 경우'를 제외하고 재직 중의 사유로 금고 이상의 형을 받은 경우, 퇴직급여 등을 감액하도록 규정한 구 「공무원연금법」 조항을 다음 해부터 적용하도록 규정한 동법 부칙조항은 진정소급입법에 해당하지 않는다. 2024 변시 ( )

해설 이 사건 부칙조항은 이미 발생하여 이행기에 도달한 퇴직연금수급권의 내용을 변경함이 없이 이 사건 부칙조항의 시행 이후의 법률관계, 다시 말해 장래에 이행기가 도래하는 퇴직연금수급권의 내용을 변경함에 불과하므로, **진정소급입법에는 해당하지 아니한다. 따라서 소급입법에 의한 재산권 침해는 문제될 여지가 없다**(헌재 2016.6.30. 2014헌바365).

30 1945. 9. 25. 및 1945. 12. 6. 각각 공포된 재조선미국육군사령부군정청 법령 중, 1945. 8. 9. 이후 일본인 소유의 재산에 대하여 성립된 거래를 전부 무효로 한 조항과 그 대상이 되는 재산을 1945. 9. 25.로 소급하여 전부 미군정청의 소유가 되도록 한 조항은 모두 소급입법금지원칙에 대한 예외에 해당하므로 헌법에 위반되지 않는다. 2024 변시 ( )

해설 심판대상조항은 '구법령 정리에 관한 특별조치법'에 따라 폐지된 조항이지만 계쟁 토지가 귀속재산인지 여부와 관련하여 현재까지도 여전히 유효한 재판규범으로서 적용되고 있고 그 위헌 여부가 당해사건의 재판의 전제가 되어 있으므로 헌법소원의 대상이 된다. 심판대상조항은 진정소급입법에 해당하지만 진정소급입법이라 할지라도 예외적으로 법적 상태가 불확실하고 혼란스러웠거나 하여 보호할 만한 신뢰의 이익이 적은 경우나 신뢰보호의 요청에 우선하는 심히 중대한 공익상의 사유가 소급입법을 정당화하는 경우에는 허용될 수 있다(헌재 2021.1.28. 2018헌바88).

31 일반적으로 과거에 시작된 구성요건사항에 대한 신뢰는 더 보호될 가치가 있는 것이므로 부진정소급입법의 경우 신뢰보호의 원칙에 대한 심사는 장래 입법의 경우보다 일반적으로 더 강화되어야 한다. 2023 국회직9급 ( )

해설 부진정소급입법의 경우, 일반적으로 과거에 시작된 구성요건사항에 대한 신뢰는 더 보호될 가치가 있는 것이므로, 신뢰보호의 원칙에 대한 심사는 장래 입법의 경우보다 일반적으로 더 강화되어야 한다(헌재 1995.10.26. 94헌바12).

32-1 신법이 피적용자에게 유리한 경우에는 이른바 시혜적인소급입법이 가능하지만, 그러한 소급입법을 할 것인지 여부는 그 일차적인 판단이 입법기관에 맡겨져 있으므로 입법자는 입법목적, 사회실정, 법률의 개정 이유나 경위 등을 참작하여 결정할 수 있고, 그 판단이 합리적 재량의 범위를 벗어나 현저하게 불합리하고 불공정한 것이 아닌 한 헌법에 위반된다고 할 수는 없다. 2022 법무사 ( )

32-2 신법이 피적용자에게 유리한 경우에는 이른바 시혜적인 소급 입법이 가능하지만 이를 입법자의 의무라고는 할 수 없고, 그러한 소급입법을 할 것인지의 여부는 입법재량의 문제로서 그 판단은 일차적으로 입법기관에 맡겨져 있으며, 이와 같은 시혜적 조치를 할 것인가 하는 문제는 국민의 권리를 제한하거나 새로운 의무를 부과하는 경우와는 달리 입법자에게 보다 광범위한 입법형성의 자유가 인정된다. 2023 경찰승진 ( )

ANSWER 29 ○ 30 ○ 31 ○ 32-1 ○ 32-2 ○

32-3 「공무원연금법」이 개정되어 소방공무원이 재난·재해현장에서 화재진압이나 인명구조작업 중 입은 위해뿐만 아니라 그 업무 수행을 위한 긴급한 출동·복귀 및 부수활동 중 위해에 의하여 사망한 경우까지 그 유족에게 순직공무원보상을 하여 주는 제도를 도입하면서 개정 법률 부칙에 신법을 소급하는 경과규정을 두지 않았다고 하더라도 이를 입법재량의 범위를 벗어난 불합리한 차별이라고 할 수 없다. 2022 경찰경력채용 ( )

> 해설 신법이 피적용자에게 유리한 경우에는 이른바 시혜적인 소급입법이 가능하지만, 그러한 소급입법을 할 것인지 여부는 그 일차적인 판단이 입법기관에 맡겨져 있으므로 입법자는 입법목적, 사회실정, 법률의 개정이유나 경위 등을 참작하여 결정할 수 있고, 그 판단이 합리적 재량의 범위를 벗어나 현저하게 불합리하고 불공정한 것이 아닌 한 헌법에 위반된다고 할 수는 없다. **소방공무원이 재난·재해현장에서 화재진압이나 인명구조작업 중 입은 위해뿐만 아니라 그 업무수행을 위한 긴급한 출동·복귀 및 부수활동 중 위해에 의하여 사망한 경우까지 그 유족에게 순직공무원보상을 하여 주는 제도를 도입하면서 이 사건 부칙조항이 신법을 소급하는 경과규정을 두지 않았다고 하더라도 소급적용에 따른 국가의 재정부담, 법적 안정성 측면 등을 종합적으로 고려하여 입법정책적으로 정한 것이므로 입법재량의 범위를 벗어나 불합리한 차별이라고 할 수 없다** (헌재 2012.8.23. 2011헌바169).

33-1 신뢰보호원칙은 객관적 요소로서 법질서의 신뢰성 항구성 법적 투명성과 법적 평화를 의미하고, 이와 내적인 상호 연관 관계에 있는 법적 안정성은 한 번 제정된 법규범은 원칙적으로 존속력을 갖고 자신의 행위기준으로 작용하리라는 개인의 주관적 기대이다. 2022 경찰1차 ( )

33-2 법적 안정성의 객관적 요소로서 신뢰보호원칙은 한번 제정된 법규범은 원칙적으로 존속력을 갖고 자신의 행위기준으로 작용하리라는 헌법상 원칙이다. 2021 경찰승진 ( )

33-3 신뢰보호의 원칙은 법치국가원리에 근거를 두고 있는 헌법상의 원칙으로서 특정한 법률에 의하여 발생한 법률관계는 그 법에 따라 파악되고 판단되어야 하고, 과거의 사실관계가 그 뒤에 생긴 새로운 법률의 기준에 따라 판단되지 않는다는 국민의 신뢰를 보호하기 위한 것이다. 2022 경찰2차 ( )

> 해설 법적 안정성은 객관적 요소로서 법질서의 신뢰성·항구성·법적 투명성과 법적 평화를 의미하고, 이와 내적인 상호연관관계에 있는 **법적 안정성의 주관적 측면**은 한번 제정된 법규범은 원칙적으로 존속력을 갖고 자신의 행위기준으로 작용하리라는 개인의 신뢰보호원칙이다.
> 법적 안정성과 신뢰보호원칙에 있어서 특히 중요한 것은 시간적인 요소이다. **특정한 법률에 의하여 발생한 법률관계는 그 법에 따라 파악되고 판단되어야 하고, 개인은 과거의 사실관계가 그 뒤에 생긴 새로운 법률의 기준에 따라 판단되지 않는다는 것을 믿을 수 있어야** 한다(헌재 1996.2.16. 96헌가2 등).

34 사회환경이나 경제여건의 변화에 따른 정책적인 필요에 의하여 공권력행사의 내용은 신축적으로 바뀔 수밖에 없고, 그 바뀐 공권력행사에 의하여 발생된 새로운 법질서와 기존의 법질서와의 사이에는 어느 정도 이해관계의 상충이 불가피하다고 하더라도, 국민들의 국가의 공권력행사에 관하여 가지는 모든 기대 내지 신뢰는 절대적인 권리로서 어떠한 경우에도 보호되어야 한다. 2022 경찰경력채용 ( )

> 해설 법률의 개정시 구법질서에 대한 당사자의 신뢰가 합리적이고도 정당하며 법률의 개정으로 야기되는 당사자의 손해가 극심하여 새로운 입법으로 달성하고자 하는 공익적 목적이 그러한 당사자의 신뢰의 파괴를 정당화 할 수 없다면, 새로운 입법은 신뢰보호의 원칙상 허용될 수 없다. 그러나 **사회환경이나 경제여건의 변화에 따른 필요성에 의하여 법률은 신축적으로 변할 수밖에 없고, 변경된 새로운 법질서와 기존의 법질서 사이에는 이해관계의 상충이 불가피하다. 따라서 국민이 가지는 모든 기대 내지 신뢰가 헌법상 권리로서**

ANSWER 32-3 ○ 33-1 × 33-2 × 33-3 ○ 34 ×

보호될 것은 아니고, 신뢰의 근거 및 종류, 상실된 이익의 중요성, 침해의 방법 등을 종합하여 볼 때, 개정된 법규·제도의 존속에 대한 개인의 신뢰가 합리적이어서 권리로서 보호할 필요성이 인정되어야 한다(헌재 2004.6.24. 2002헌바15).

35 신뢰보호원칙의 위반 여부는 한편으로는 침해되는 이익의 보호가치, 침해의 정도, 신뢰의 손상 정도, 신뢰침해의 방법 등과 또 다른 한편으로는 새로운 입법을 통하여 실현하고자 하는 공익적 목적 등을 종합적으로 형량하여야 한다. 2021 경찰승진 ( )

해설 신뢰보호의 원칙은 헌법상 법치국가 원리로부터 파생되는 것으로, 법률이 개정되는 경우 기존의 법질서에 대한 당사자의 신뢰가 합리적이고 정당한 반면, 법률의 제정이나 개정으로 야기되는 당사자의 손해가 극심하여 새로운 입법으로 달성코자 하는 공익적 목적이 그러한 당사자의 신뢰가 파괴되는 것을 정당화할 수 없는 경우, 그러한 새 입법은 허용될 수 없다는 것이다. 이러한 **신뢰보호원칙의 위반 여부는 한편으로는 침해되는 이익의 보호가치, 침해의 정도, 신뢰의 손상 정도, 신뢰침해의 방법 등과 또 다른 한편으로는 새로운 입법을 통하여 실현하고자 하는 공익적 목적 등을 종합적으로 형량하여야** 한다(헌재 2009.5.28. 2005헌바20 등).

36 신뢰보호원칙은 헌법상 법치국가원리로부터 도출되는 것으로, 법률이 개정되는 경우 구법질서에 대한 당사자의 신뢰가 합리적이고도 정당하며 법률의 제정이나 개정으로 야기되는 당사자의 손해가 극심하여 새로운 입법으로 달성하고자 하는 공익적 목적이 그러한 당사자의 신뢰의 파괴를 정당화할 수 없다면, 그러한 새로운 입법은 신뢰보호원칙상 허용될 수 없다. 2021 경찰승진 ( )

해설 법률의 개정시 구법 질서에 대한 당사자의 신뢰가 합리적이고도 정당하며, **법률의 개정으로 야기되는 당사자의 손해가 극심하여 새로운 입법으로 달성하고자 하는 공익적 목적이 그러한 당사자의 신뢰의 파괴를 정당화할 수 없다면, 그러한 새 입법은 신뢰보호의 원칙상 허용될 수 없다**(헌재 2015.2.26. 2012헌마400).

37-1 법률에 따른 개인의 행위가 단지 법률이 반사적으로 부여하는 기회의 활용을 넘어서 국가에 의하여 일정 방향으로 유인된 것이라면 특별히 보호가치가 있는 신뢰이익이 인정될 수 있고, 이러한 경우 원칙적으로 개인의 신뢰보호가 국가의 법률개정이익에 우선된다고 볼 여지가 있다. 2021·2023 경찰승진 / 2023 해양경찰 ( )

37-2 법률에 따른 개인의 행위가 단지 법률이 반사적으로 부여하는 기회의 활용을 넘어서 국가에 의하여 일정 방향으로 유인된 것이라면, 원칙적으로 국가의 법률개정이익이 개인의 신뢰보호에 우선된다고 볼 여지가 있다. 2024 경찰1차 ( )

해설 개인의 신뢰이익에 대한 보호가치는 법령에 따른 개인의 행위가 국가에 의하여 일정방향으로 유인된 신뢰의 행사인지, 아니면 단지 법률이 부여한 기회를 활용한 것으로서 원칙적으로 사적 위험부담의 범위에 속하는 것인지 여부에 따라 달라진다. 만일 **법률에 따른 개인의 행위가 단지 법률이 반사적으로 부여하는 기회의 활용을 넘어서 국가에 의하여 일정 방향으로 유인된 것이라면 특별히 보호가치가 있는 신뢰이익이 인정될 수 있고, 원칙적으로 개인의 신뢰보호가 국가의 법률개정이익에 우선된다고 볼 여지가 있다**(헌재 2002.11.28. 2002헌바45).

ANSWER 35 ○ 36 ○ 37-1 ○ 37-2 ×

38-1 실제 평균임금이 노동부장관이 고시하는 한도금액 이상일 경우 그 한도금액을 실제임금으로 의제하는 최고보상제도가 시행되기 전에 이미 재해를 입고 산재보상수급권이 확정적으로 발생한 경우에도 적용하는 「산업재해보상보험법」 부칙조항은 신뢰보호원칙에 위반된다. 2022 경찰간부 ( )

38-2 「산업재해보상보험법」 개정을 통하여 최고보상제도를 신설하고, 개정법 시행 전에 장해사유가 발생하여 이미 장해보상연금을 수령하고 있던 수급권자에게도 감액된 보상연금을 지급하도록 하더라도, 2년 6개월의 경과기간 동안 구법을 적용한 후 일률적이고 전면적으로 최고보상제도를 적용하도록 하였다면 신뢰보호원칙에 위배되지 않는다. 2024 경찰1차 ( )

> **해설** 심판대상조항은 실제 평균임금이 노동부장관이 고시하는 한도금액 이상일 경우 그 한도금액을 실제임금으로 의제하는 최고보상제도를 2003. 1. 1.부터 기존 피재근로자인 청구인들에도 적용함으로써, 평균임금에 대한 청구인들의 정당한 법적 신뢰를 심각하고 예상하지 못한 방법으로 제약하여 청구인들에게 불이익을 초래하였다. 심판대상조항이 달성하려는 공익은 한정된 재원으로 보다 많은 재해근로자와 그 유족들에게 적정한 사회보장적 급여를 실시하고 재해근로자 사이에 보험급여의 형평성을 제고하여 소득재분배의 기능을 수행하는 데 있는 것으로 보인다. 장해급여제도는 본질적으로 소득재분배를 위한 제도가 아니고, 손해배상 내지 손실보상적 급부인 점에 그 본질이 있는 것으로, **산업재해보상보험이 갖는 두 가지 성격 중 사회보장적 급부로서의 성격은 상대적으로 약하고 재산권적인 보호의 필요성은 보다 강하다고 볼 수 있어 다른 사회보험수급권에 비하여 보다 엄격한 보호가 필요**하다. 장해급여제도에 사회보장 수급권으로서의 성격도 있는 이상 소득재분배의 도모나 새로운 산재보상사업의 확대를 위한 자금마련의 목적으로 최고보상제를 도입하는 것 자체는 입법자의 결단으로서 형성적 재량권의 범위 내에 있다고 보더라도, 그러한 입법자의 결단은 최고보상제도 시행 이후에 산재를 입는 근로자들부터 적용될 수 있을 뿐, 제도 시행 이전에 이미 재해를 입고 산재보상수급권이 확정적으로 발생한 청구인들에 대하여 그 수급권의 내용을 일시에 급격히 변경하여 가면서까지 적용할 수 있는 것은 아니라고 보아야 할 것이다. 따라서, **심판대상조항은 신뢰보호의 원칙에 위배하여 청구인들의 재산권을 침해하는 것으로서 헌법에 위반**된다(헌재 2009.5.28. 2005헌바20 등).

39 공무원 퇴직연금의 연금액 조정기준을 '보수월액의 변동'에서 향후 특정시점부터 '전전년도와 대비한 전년도 전국소비자물가변동률'으로 변경하면서, 이를 기존의 퇴직연금수급권자에게도 적용하도록 규정하는 것은 진정소급입법에 해당한다. 2023 입법고시 ( )

> **해설** 공무원연금법(2000. 12. 30. 법률 제6328호로 개정된 것, 이하 '법'이라 한다)부칙 제9조 제1항(이하 '이 사건 경과규정'이라 한다)은 2000. 12. 31. 현재 연금수급자의 연금액은 2000. 12. 31. 현재의 연금액을 기준으로 법 제43조의2 제1항(이하 '이 사건 조정규정'이라 한다)에 의한 물가연동제가 적용되도록 하고 있는바, 이는 퇴직연금수급권의 기초가 되는 요건사실이 이미 충족된 후에 이를 대상으로 규율하는 것이지만, 그 퇴직연금수급권의 내용은 일정기간 계속적으로 이행기가 도래하는 급부의무자의 계속적 급부를 목적으로 하는 것인데, 이 사건 조정규정 및 경과규정은 개정법이 발효된 이후의 법률관계 즉, **장래 이행기가 도래하는 퇴직연금수급권의 내용을 변경함에 불과하므로 이를 헌법 제13조 제2항이 금하고 있는, 진정소급효를 가지는 법률에 해당한다고 할 수 없다**(헌재 2005.6.30. 2004헌바42).

ANSWER 38-1 ○ 38-2 × 39 ×

40 「공무원연금법」상 퇴직연금수급자가 지방의회 의원에 취임한 경우, '취임 당시의 연금제도가 그대로 유지되어 그 임기 동안 퇴직연금을 계속 지급받을 수 있을 것'이라고 신뢰하였다 하더라도 이러한 신뢰는 보호가치가 크다고 보기 어렵다. 2023 해양경찰 ( )

> 해설 지방의회의원에 대하여 2006. 1.부터 월정수당이 지급됨에 따라 지방의회의원이 받는 금원은 보수로서의 성격을 보다 강하게 가지게 되었고, 이러한 보수의 현실화로 과거의 법 상태에 대한 신뢰는 보호의 필요성이 적어졌다. 따라서 **청구인들이 '지방의회의원에 취임할 당시의 연금제도가 그대로 유지되어 그 임기 동안 퇴직연금을 계속 지급받을 수 있을 것'이라고 신뢰하였다 하더라도 이러한 신뢰는 보호가치가 크다고 보기 어렵다**(헌재 2017.7.27. 2015헌마1052).

41 기존의 퇴직연금 수급자에게 전년도 평균임금월액을 초과한 소득월액이 있는 경우에 그 초과 액수에 따라 퇴직연금 중 일부의 지급을 정지하는 것은 보호해야 할 퇴직연금 수급자의 신뢰의 가치는 매우 큰 반면, 공무원연금 재정의 파탄을 막고 공무원 연금제도를 건실하게 유지하려는 공익적 가치는 그리 크지 않으므로 헌법상 신뢰보호의 원칙에 위반된다. 2022 경찰승진 ( )

> 해설 이 사건 심판대상조항에 의해 달성하려는 공익은 공무원연금 재정의 악화를 개선하여 공무원연금제도의 유지·존속을 도모하려는 것으로 그 공익적 가치는 매우 큰데 반하여, 퇴직연금 수급권의 성격상 급여의 구체적인 내용은 가변적일 수 있고, 제반 사정을 고려하면 연금수급자들의 신뢰는 퇴직 후에도 현 제도 그대로 연금액을 받을 것이라는 것이 아니고, 그러한 신뢰에 기하여 투자 등의 조치를 취하는 것도 아니며, **이 사건 심판대상조항은 퇴직연금 중 일부의 지급을 정지할 뿐이므로, 퇴직연금 수급자들이 입는 불이익은 그다지 크지 않다.** 따라서 **보호하려는 퇴직연금 수급자의 신뢰의 가치에 비하여 유지하려는 공익적 가치가 더욱 긴급하고 중요하므로, 이 사건 심판대상조항이 헌법상 신뢰보호의 원칙에 위반된다고 할 수 없다**(헌재 2008.2.28. 2005헌마872 등).

42-1 무기징역의 집행 중에 있는 자의 가석방 요건을 종전의 '10년 이상'에서 '20년 이상' 형 집행 경과로 강화한 개정 「형법」 조항을 「형법」 개정 시에 이미 수용 중인 사람에게도 적용하는 것은 가석방을 기대하고 있던 수형자가 국가 공권력에 대해 가지고 있던 적법한 신뢰를 보호하지 않는 것으로서 신뢰보호의 원칙에 위반된다. 2022 경찰승진 ( )

42-2 무기징역의 집행 중에 있는 자의 가석방 요건을 종전의 '10년 이상'에서 '20년 이상' 형 집행 경과로 강화한 개정 「형법」 조항을 「형법」 개정 당시에 이미 수용 중인 사람에게도 적용하는 「형법」 부칙 규정은 신뢰보호원칙에 위배되지 아니한다. 2022 지방직7급 ( )

> 해설 **수형자가 형법에 규정된 형 집행경과기간 요건을 갖춘 것만으로 가석방을 요구할 권리를 취득하는 것은 아니므로, 무기징역의 집행 중에 있는 자의 가석방 요건을 종전의 '10년 이상'에서 '20년 이상' 형 집행 경과로 강화한 개정 형법조항을, 형법 개정 당시에 이미 수용 중인 사람에게도 적용하는 형법 부칙조항은 신뢰보호원칙에 위배되지 않기 때문에 신체의 자유를 침해하지 않는다**(헌재 2013.8.29. 2011헌마408).

43-1 조세에 관한 법규·제도는 신축적으로 변할 수밖에 없다는 점에서 납세의무자로서는 구법 질서에 의거한 신뢰를 바탕으로 적극적으로 새로운 법률관계를 형성하였다든지 하는 특별한 사정이 없는 한 원칙적으로 현재의 세법이 변함없이 유지되리라고 기대하거나 신뢰할 수는 없다. 2023 해양경찰 ( )

ANSWER 40 ○ 41 × 42-1 × 42-2 ○ 43-1 ○

43-2 조세법의 영역에 있어서는 특별한 사정이 없는 한 현재의 세법이 변함없이 유지되리라는 납세자의 기대나 신뢰는 보호될 수 없다. 2024 경찰1차 ( )

> 해설 ▶ 조세법의 영역에 있어서는 국가가 조세·재정정책을 탄력적·합리적으로 운용할 필요성이 매우 큰 만큼, 조세에 관한 법규·제도는 신축적으로 변할 수밖에 없다는 점에서 **납세의무자로서는 구법질서에 의거한 신뢰를 바탕으로 적극적으로 새로운 법률관계를 형성하였다든지 하는 특별한 사정이 없는 한 원칙적으로 현재의 세법이 변함없이 유지되리라고 기대하거나 신뢰할 수는 없다**(헌재 2011. 7. 28. 2009헌바311).

44 사법연수원의 소정 과정을 마치더라도 바로 판사임용자격을 취득할 수 없고 일정 기간 이상의 법조경력을 갖추어야 판사로 임용될 수 있도록 한 「법원조직법」 개정조항의 시행일 및 그 경과조치에 관한 부칙은, 동법 개정 시점에 이미 사법연수원에 입소하여 사법연수생의 신분을 가지고 있었던 자가 사법연수원을 수료하는 해의 판사 임용에 지원하는 경우에 적용되는 한 신뢰보호의 원칙에 위반된다. 2022 경찰승진 / 2023 국회직9급 ( )

> 해설 ▶ 판사임용자격에 관한 법원조직법 규정이 지난 40여 년 동안 유지되어 오면서, 국가는 입법행위를 통하여 사법시험에 합격한 후 사법연수원을 수료한 즉시 판사임용자격을 취득할 수 있다는 신뢰의 근거를 제공하였다고 보아야 하며, **수년간 상당한 노력과 시간을 들인 끝에 사법시험에 합격한 후 사법연수원에 입소하여 사법연수생의 지위까지 획득한 청구인들의 경우 사법연수원 수료로써 판사임용자격을 취득할 수 있으리라는 신뢰이익은 보호가치가 있다고 할 것이다.** 이 사건에서 청구인들의 신뢰이익에 대비되는 공익이 중대하고 장기적 관점에서 필요한 것이라 하더라도, 이 사건 심판대상조항을 이 사건 법원조직법 개정 당시 이미 사법연수원에 입소한 사람들에게도 반드시 시급히 적용해야 할 정도로 긴요하다고는 보기 어렵고, **종전 규정의 적용을 받게 된 사법연수원 2년차들과 개정 규정의 적용을 받게 된 사법연수원 1년차들인 청구인들 사이에 위 공익의 실현 관점에서 이들을 달리 볼 만한 합리적인 이유를 찾기도 어려우므로, 이 사건 심판대상조항이 개정법 제42조 제2항을 법 개정 당시 이미 사법연수원에 입소한 사람들에게 적용되도록 한 것은 신뢰보호원칙에 반한다고 할 것이다**(헌재 2012. 11. 29. 2011헌마786 등).

45 국세관련 경력공무원 중 구법 규정상의 자격부여요건을 충족한 자들에게만 세무사 자격이 부여되도록 규정한 개정된 「세무사법」 규정은 관련자들의 신뢰이익을 침해한 것이다. 2023 국회직9급 ( )

> 해설 ▶ 청구인들의 세무사자격 부여에 대한 신뢰는 보호할 필요성이 있는 합리적이고도 정당한 신뢰라 할 것이고, 개정법 제3조 등의 개정으로 말미암아 청구인들이 입게 된 불이익의 정도, 즉 신뢰이익의 침해 정도는 중대하다고 아니할 수 없는 반면, 청구인들의 신뢰이익을 침해함으로써 일반응시자와의 형평을 제고한다는 공익은 위와 같은 신뢰이익 제한을 헌법적으로 정당화할 만한 사유라고 보기 어렵다. 그러므로 **기존 국세관련 경력공무원 중 일부에게만 구법 규정을 적용하여 세무사자격이 부여되도록 규정한 위 세무사법 부칙 제3항은 충분한 공익적 목적이 인정되지 아니함에도 청구인들의 기대가치 내지 신뢰이익을 과도하게 침해한 것으로서 헌법에 위반된다**(헌재 2001. 9. 27. 2000헌마152).

46 헌법상 법치국가원리의 파생원칙인 신뢰보호의 원칙은 국민이 법률적 규율이 장래에도 지속할 것이라는 합리적인 신뢰를 바탕으로 이에 적응하여 개인의 법적 지위를 형성해 왔을 때에는 국가로 하여금 그와 같은 국민의 신뢰를 되도록 보호할 것을 요구하는 것으로, 법률이나 그 하위법규에 적용되는 것이지 국가관리의 입시제도와 같은 제도운영지침의 개폐에 적용되는 것은 아니다. 2024 경찰1차 ( )

> 해설 ▶ 헌법상의 법치국가원리의 파생원칙인 신뢰보호의 원칙은 국민이 법률적 규율이나 제도가 장래에도 지속할 것이라는 합리적인 신뢰를 바탕으로 이에 적응하여 개인의 법적 지위를 형성해 왔을 때에는 국가로 하여금 그와 같은 국민의 신뢰를 되도록 보호할 것을 요구한다. 따라서 법규나 제도의 존속에 대한 개개인의 신뢰가 그 법규나 제도의 개정으로 침해되는 경우에 상실된 신뢰의 근거 및 종류와

ANSWER 43-2 ○ 44 ○ 45 ○ 46 ✕

신뢰이익의 상실로 인한 손해의 정도 등과 개정규정이 공헌하는 공공복리의 중요성을 비교교량하여 현존상태의 지속에 대한 신뢰가 우선되어야 한다고 인정될 때에는 규범정립자는 지속적 또는 과도적으로 그 신뢰보호에 필요한 조치를 취하여야 할 의무가 있다. **이 원칙은 법률이나 그 하위법규뿐만 아니라 국가관리의 입시제도와 같이 국·공립대학의 입시전형을 구속하여 국민의 권리에 직접 영향을 미치는 제도운영지침의 개폐에도 적용되는 것이다**(헌재 1997.7.16. 97헌마38).

47 실종기간이 구법 시행기간 중에 만료되는 때에도 그 실종이 개정 민법 시행일 후에 선고된 때에는 상속에 관하여 개정 민법의 규정을 적용하도록 한 민법 부칙의 조항은 재산권 보장에 관한 신뢰보호원칙에 위배된다고 볼 수 없다. 2022 경찰1차 ( )

해설 실종기간이 구법 시행기간 중에 만료되는 때에도 그 실종이 개정민법 시행일 후에 선고된 때에는 상속에 관하여 개정민법의 규정을 적용하도록 한 민법 부칙(헌재 2016.10.27. 2015헌바203 등)

(1) 부재자의 경우 원칙적으로는 실종선고가 확정되면 실종기간이 만료된 때 사망한 것으로 간주되어 그때부터 상속이 개시되는바(민법 제28조, 제997조), 심판대상조항은 개정민법 시행 후에 비로소 실종이 선고되는 경우에 적용되는 것으로서 과거에 이미 확정된 법률관계에 소급하여 적용하는 것이라 할 수 없으므로, **헌법 제13조 제2항이 금하는 소급입법에 해당하지 아니한다.**

(2) 상속제도나 상속권의 내용은 입법정책적으로 결정하여야 할 사항으로서 원칙적으로 입법형성의 영역에 속한다. 그런데 부재자의 참여 없이 진행되는 실종선고 심판절차에서 법원으로서는 실종 여부나 실종이 된 시기 등에 대하여 청구인의 주장과 청구인이 제출한 소명자료를 기초로 실종 여부나 실종기간의 기산일을 판단하게 되는 측면이 있는바, 이로 인하여 발생할 수 있는 상속인의 범위나 상속분 등의 변경에 따른 법률관계의 불안정을 제거하여 법적 안정성을 추구하고, 실질적으로 남녀 간 공평한 상속이 가능하도록 개정된 민법상의 상속규정을 개정민법 시행 후 실종이 선고되는 부재자에게까지 확대 적용함으로써 얻는 공익이 매우 크다. 반면, 상속의 경우에도 입양을 통하여 친생자관계와 같은 효과를 얻을 수 있고, 증여나 유증 등에 의하여 상속에 준하는 효과를 얻을 수 있다는 점 등을 고려하면, 청구인의 상속에 대한 신뢰의 침해 정도가 중하다거나 침해되는 신뢰가 심판대상조항이 추구하고자 하는 공익보다 크다고 보기 어렵다. 이러한 점들을 종합할 때 심판대상조항은 재산권 보장에 관한 **신뢰보호원칙에 위배된다고 볼 수 없다.**

(3) 개정민법 시행 전에 이미 실종선고가 있었거나 피상속인의 사망으로 상속이 개시된 상속인은 구 관습법이나 제정민법에 의하여 이미 상속이 이루어져 법률관계가 확정되었다는 점에서 개정민법 시행 이후에 실종선고가 이루어지는 경우의 상속인과 법적 지위가 동일하다고 볼 수 없고, 개정민법은 호주제도 및 남성 중심의 상속제도를 가족 및 남녀의 평등에 부합하도록 하였다는 점에서 제정민법에 비하여 개선된 입법이며, 부재자의 참여 없이 이루어지는 실종선고의 특성상 이해관계인의 실종시기에 관한 일방적인 주장에 의하여 상속에 관한 법률 적용의 선택이 이루어질 수 있는 불합리를 방지할 필요가 있다는 점 등을 고려하면, 심판대상조항이 상속에 관하여 실종기간 만료 시가 아닌 실종선고 시를 기준으로 개정민법을 적용하도록 하였다고 하더라도 이에는 합리적 이유가 있다. 따라서 심판대상조항은 **평등원칙에 위배되지 아니한다.**

48 공소시효제도가 헌법 제12조 제1항 및 제13조 제1항에 정한 죄형법정주의의 보호범위에 바로 속하지 않는다면, 소급입법의 헌법적 한계는 법적 안정성과 신뢰보호원칙을 포함하는 법치주의의 원칙에 따른 기준으로 판단하여야 한다. 2022 경찰1차 ( )

해설 공소시효제도가 헌법 제12조 제1항 및 제13조 제1항에 정한 죄형법정주의의 보호범위에 바로 속하지 않는다면, 소급입법의 헌법적 한계는 법적 안정성과 신뢰보호원칙을 포함하는 법치주의의 원칙에 따른 기준으로 판단하여야 한다(헌재 1996.2.16. 96헌가2 등).

ANSWER 47 ○ 48 ○

49 전부개정된「성폭력범죄의 처벌에 관한 특례법」시행 전에 행하여졌으나 아직 공소시효가 완성되지 아니한 성폭력범죄에 대해서도 공소시효의 정지·배제조항을 적용하는「성폭력범죄의 처벌에 관한 특례법」조항은 신뢰보호원칙에 위반되지 않는다. 2022 경찰간부 ( )

> **해설** 제2심판대상조항('성폭력범죄의 처벌 등에 관한 특례법' 부칙 제3조 중 제21조 제1항 및 제3항 제1호 가운데 형법 제298조(강제추행)에 관한 부분)은 진행 중인 공소시효를 정지·배제하는 법률로서 부진정소급효를 갖는다. 제2심판대상조항에 따라 침해받은 신뢰이익은 공소시효가 완성됨으로써 처벌을 받지 아니할 수 있는 이익이다. 그러나 이는 형사소추에 대한 국가의 이익, 즉 범인필벌의 실체적 정의의 요청과 필연적으로 충돌된다. 국가의 형벌권 행사가 갖는 의미 및 공소시효제도의 취지를 고려했을 때 이미 공소시효가 진행되고 있는 범죄에 대하여 공소시효의 정지·연장·배제가 이루어질 가능성은 존재한다. 제2심판대상조항은 대처능력이 현저히 미약하여 범행대상이 되기 쉽고 범행에 따른 피해의 정도도 더 큰 13세 미만의 사람에 대한 강제추행 등 죄질이 매우 나쁜 성폭력범죄에 대해서는 가해자가 살아있는 한 처벌할 수 있도록 하고, 미성년자에 대한 성폭력범죄에 대해서도 그 특수성을 고려하여 피해자인 미성년자가 성년이 되었을 때부터 공소시효를 진행하게 하는 조항을 그 시행 전에 이루어진 사건에도 적용하여 형사처벌의 가능성을 연장함으로써, 그 범죄로 인해 훼손된 불법적인 상태를 바로잡아 실체적 정의를 실현하는 것을 그 목적으로 한다. 제2심판대상조항이 형사소송법의 공소시효에 관한 조항의 적용을 배제하고 새롭게 규정된 조항을 적용하도록 하였다고 하더라도, 이로 인하여 제한되는 성폭력 가해자의 신뢰이익이 공익에 우선하여 특별히 헌법적으로 보호해야 할 가치나 필요성이 있다고 보기 어렵다. 따라서 제2심판대상조항은 신뢰보호원칙에 반한다고 할 수 없다(헌재 2021.6.24. 2018헌바457).

50-1 임차인의 계약갱신요구권 행사 기간을 10년으로 규정한 상가 건물 임대차보호법의 개정법 조항을 개정법 시행 후 갱신되는 임대차에 대하여도 적용하도록 규정한 동법 부칙의 규정은 신뢰 보호원칙에 위배되어 임대인의 재산권을 침해한다고 볼 수 없다. 2022 경찰1차 ( )

50-2 상가건물 임차인의 계약갱신요구권 행사기간을 10년으로 연장한 개정법 조항의 시행 이전에 체결되었더라도 개정법 시행 이후 갱신되는 임대차의 경우에 개정법 조항의 연장된 기간을 적용하는「상가건물임대차보호법」부칙조항은 신뢰보호원칙에 위반된다. 2022 경찰간부 ( )

50-3 상가건물 임차인의 계약갱신요구권 행사 기간을 5년에서 10년으로 연장한「상가건물 임대차보호법」조항을 개정법 시행 이전에 체결되었더라도 개정법 시행 이후 갱신되는 임대차에 적용하도록 한 동법 부칙조항은 진정소급입법에 해당하여 소급입법금지원칙에 위배된다. 2024 변시 ( )

> **해설** 개정법조항은 구 '상가건물 임대차보호법' 제10조 제2항(이하 '구법조항'이라 한다)에서 5년으로 정하고 있던 임차인의 계약갱신요구권 행사 기간을 10년으로 연장하였고, 이 사건 부칙조항은 개정법조항을 개정법 시행 후 갱신되는 임대차에도 적용한다. '개정법 시행 후 갱신되는 임대차'에는 구법조항에 따른 의무임대차기간이 경과하여 임대차가 갱신되지 않고 기간만료 등으로 종료되는 경우는 제외되고 구법조항에 따르더라도 여전히 갱신될 수 있는 경우만 포함되므로, 이 사건 부칙조항은 아직 진행과정에 있는 사안을 규율대상으로 한다. 따라서 **헌법 제13조 제2항이 말하는 소급입법에 의한 재산권침해는 문제되지 않는다.**
>
> 이 사건 부칙조항은 개정법조항을 개정법 시행 당시 존속 중인 임대차 전반이 아니라, 개정법 시행 후 갱신되는 임대차에 한하여 적용하도록 한정되어 있고, 임차인이 계약갱신요구권을 행사하더라도 임대인은 '상가건물 임대차보호법'에 따라 정당한 사유가 있거나 임차인에게 귀책사유가 있는 경우 갱신거절이 가능하며, 합의하여 임대인이 임차인에게 상당한 보상을 제공한 경우 등에도 마찬가지로

ANSWER 49 ○ 50-1 ○ 50-2 × 50-3 ×

임대인이 임대차계약의 구속에서 벗어날 수 있는 길을 열어두고 있다. 따라서 **이 사건 부칙조항이 임차인의 안정적인 영업을 지나치게 보호한 나머지 임대인에게만 일방적으로 가혹한 부담을 준다고 보기는 어렵다.** 개정법조항은 상가건물 임차인의 계약갱신요구권 행사 기간을 연장함으로써 상가건물에 대한 임차인의 시설투자비, 권리금 등 비용을 회수할 수 있는 기간을 충실히 보장하기 위한 것인데, **개정법조항을 개정법 시행 후 새로이 체결되는 임대차에만 적용할 경우 임대인들이 새로운 임대차계약에 이를 미리 반영하여 임대료가 한꺼번에 급등할 수 있고 이는 결과적으로 개정법조항의 입법취지에도 반하는 것이다.** 이에 이 사건 부칙조항은 이러한 부작용을 막고 개정법조항의 실효성을 확보하기 위해서 개정법조항 시행 이전에 체결되었더라도 개정법 시행 이후 갱신되는 임대차인 경우 개정법조항의 연장된 기간을 적용하도록 정한 것이므로, **이와 같은 공익은 긴급하고도 중대하다.** 따라서 **이 사건 부칙조항은 신뢰보호원칙에 위배되어 임대인의 재산권을 침해한다고 볼 수 없다**(헌재 2021.10.28. 2019헌마106 등).

51 외국에서 치과대학을 졸업한 대한민국 국민이 국내 치과의사 면허시험에 응시하기 위해서는 기존의 응시요건에 추가하여 새로이 예비시험에 합격할 것을 요건으로 규정한 「의료법」의 '예비시험' 조항은 외국에서 치과대학을 졸업한 국민들이 가지는 합리적 기대를 저버리는 것으로서 신뢰보호의 원칙상 허용되지 아니한다.

2022 경찰승진 ( )

해설 ▶ 1994. 1. 7. 법률 제4732호로 의료법이 개정될 당시 외국대학을 졸업하였거나 또는 외국대학에 재학중이던 청구인들로서는 부칙 제4조에 근거하여 외국면허 취득요건이 면제되어 외국대학을 졸업하기만 하면 바로 국가시험에 응시할 수 있었다. 따라서 1994년 이래로 이 사건 법률조항이 개정된 2002년에 이르기까지 이미 수차례에 걸쳐 국가시험에 응시할 기회가 보장되었고, 실제로도 이 사건 청구인들 대부분이 2002년을 비롯하여 그 이전 또는 그 이후에도 계속하여 국가시험에 응시하여 왔다. 그리고 응시자격에 대한 신뢰의 법적 근거는 과거 국가시험 응시자격을 강화하면서 이들의 신뢰보호를 위하여 잠정적인 조치로서 경과규정(부칙 제4조)을 둔 것에 기초하므로, 입법자가 이후에 이 사건 법률조항과 같이 국가시험의 응시자격을 변경할 수도 있으리라는 예측은 어느 정도 가능하였을 것으로 보인다. 따라서 이러한 사정들과 국민의 건강보호를 위하여 외국대학 졸업자의 지적·임상적 능력에 대한 최소한의 검증과 평가가 필요하다는 공익상의 이유가 존재하는 점, 예비시험의 구체적인 내용이 국가시험의 범위와 정도를 넘지 않고 외국대학 졸업자의 국내 적응능력을 검증하는 정도의 수준에 머무르는 점, 통계적인 결과이기는 하지만 외국대학 졸업자가 국가시험에 약 4.32회 응시하면 충분히 합격할 수 있는 점 등을 종합적으로 고려할 때, 청구인들에게 주어진 3년의 유예기간은 법률의 개정으로 인한 상황변화에 적절히 대처하기에 지나치게 짧은 것이라고 볼 수 없으므로 이 사건 법률조항은 청구인들의 신뢰이익을 충분히 고려하고 있다고 볼 것이다(헌재 2006.4.27. 2005헌마406).

52 구 「매장 및 묘지 등에 관한 법률」이 「장사 등에 관한 법률」로 전부개정되면서 그 부칙에서 종전의 법령에 따라 설치된 봉안시설을 신법에 의하여 설치된 봉안시설로 보도록 함으로써 구법에 따라 설치허가를 받은 봉안시설 설치·관리인의 기존의 법상태에 대한 신뢰는 이미 보호되었다고 할 것이므로, 더 나아가 신법 시행 후 추가로 설치되는 부분에 대해서까지 기존의 법상태에 대한 보호가치 있는 신뢰가 있다고 보기 어렵다.

2022 경찰2차 ( )

해설 ▶ 구 매장법이 장사법으로 전부개정되면서 그 부칙 제3조에서 종전의 법령에 따라 설치된 봉안시설을 장사법에 의하여 설치된 봉안시설로 보도록 함으로써 구 매장법에 따라 설치허가를 받은 봉안시설 설치·관리인의 기존의 법상태에 대한 신뢰는 이미 보호되었다. 더 나아가 장사법 시행 후 추가로 설치되는 부분에 대해서까지 기존의 법상태에 대한 보호가치 있는 신뢰가 있다고 보기 어렵다. 따라서 유골 500구 이상을 안치할 수 있는 사설봉안시설을 설치·관리하려는 자는 민법에 따라 봉안시설의 설치·관리를 목적으로 하는 재단법인을 설립하도록 하는 심판대상조항은 신뢰보호원칙에 위반되지 아니한다(헌재 2021.8.31. 2019헌바453).

ANSWER 51 × 52 ○

53 '개성공단의 정상화를 위한 합의서'에는 국내법과 동일한 법적 구속력을 인정하기 어렵고, 과거 사례 등에 비추어 개성공단의 중단 가능성은 충분히 예상할 수 있었으므로, 개성공단 전면 중단 조치는 신뢰보호원칙을 위반하여 개성공단 투자기업인 청구인들의 영업의 자유와 재산권 침해하지 아니한다. 2022 경찰2차 ( )

> 해설 '개성공단의 정상화를 위한 합의서'에는 국내법과 동일한 법적 구속력을 인정하기 어렵고, 과거 사례 등에 비추어 개성공단의 중단 가능성은 충분히 예상할 수 있었으므로, **개성공단 전면중단 조치는 신뢰보호원칙을 위반하여 개성공단 투자기업인 청구인들의 영업의 자유와 재산권을 침해하지 아니**한다(헌재 2022. 1. 27. 2016헌마364).

54-1 위법건축물에 대하여 이행강제금을 부과하도록 하면서 이행강제금제도 도입 전의 위법건축물에 대하여도 적용의 예외를 두지 아니한 「건축법」(2008. 3. 21. 법률 제8974호) 부칙 규정은 신뢰보호의 원칙에 위반된다.
2022 지방직7급 ( )

54-2 위법건축물에 대해 이행강제금을 부과하도록 하면서 이행강제금제도 도입 전의 건축물에 대해 이행강제금제도 적용의 예외를 두지 않는 「건축법」 부칙조항은 신뢰보호원칙에 위반되지 않는다. 2022 경찰간부 ( )

54-3 위법건축물에 대하여 이행강제금을 부과하도록 하면서 이행강제금제도 도입 전의 위법건축물에 대하여도 이행강제금제도 적용의 예외를 두지 아니한 것은 신뢰보호원칙에 위배된다. 2023 해양경찰 ( )

> 해설 위법건축물에 대하여 종전처럼 과태료만이 부과될 것이라고 기대한 신뢰는 제도상의 공백에 따른 반사적인 이익에 **불과**하여 그 보호가치가 그리 크지 않은데다가, 이미 이행강제금 도입으로 인한 국민의 혼란이나 부담도 많이 줄어든 상태인 반면, 이행강제금제도 도입 전의 위법건축물이라 하더라도 이행강제금을 부과함으로써 위법상태를 치유하여 건축물의 안전, 기능, 미관을 증진하여야 한다는 공익적 필요는 중대하다 할 것이다. 따라서 **이 사건 부칙조항은 신뢰보호원칙에 위배된다고 볼 수 없다**(헌재 2015.10.21. 2013헌바248).

55 입법자가 반복하여 음주운전을 하는 자를 총포소지허가의 결격사유로 규제하지 않을 것이라는 데 대한 신뢰가 보호가치 있는 신뢰라고 보기 어렵다. 2022 지방직7급 ( )

> 해설 총포의 소지는 원칙적으로 금지되고 예외적으로 허가되는 것이므로, 그 결격사유 또한 새로이 규정, 시행될 수 있다. 따라서 이에 대한 청구인의 신뢰는 보호가치 있는 신뢰라고 보기 어려운 반면, 총기 안전사고를 예방하여 공공의 안전을 확보하는 것은 가능한 조속히 달성해야 하는 것으로서 그 공익적 가치가 중대하다. 심판대상조항은 신뢰보호원칙에 반하여 직업의 자유 및 일반적 행동의 자유를 침해한다고 할 수 없다(헌재 2018. 4. 26. 2017헌바341).

56-1 체계정당성의 원리는 국가권력에 대한 통제와 이를 통한 국민의 자유와 권리의 보장을 이념으로 하는 법치주의 원리로부터 도출되는데, 이러한 체계정당성 위반은 비례의 원칙이나 평등의 원칙 등 일정한 헌법의 규정이나 원칙을 위반하여야만 비로소 위헌이 된다. 2022 변시 ( )

56-2 기본권을 제한하는 법률을 제정할 때 입법자는 동일 규범 내에서 혹은 당해 기본권을 규율하는 상이한 규범 간에 구조나 내용 또는 원칙면에서 상호 배치되거나 모순되는 입법을 해서는 안 된다는 헌법적 요청을 '체계정당성원리'라 하는데, 그 위반 자체가 바로 위헌은 아니며 평등원칙 위반 내지 입법의 자의금지위반 등 위헌성을 시사하는 하나의 징후에 불과하고, 이것은 법치주의원리로부터 도출되는 것이다. 2022 입법고시 ( )

ANSWER 53 ○ 54-1 × 54-2 ○ 54-3 × 55 ○ 56-1 ○ 56-2 ○

56-3 규범 상호간의 체계정당성 원리는 입법자의 자의를 금지하여 규범의 명확성, 예측가능성 및 규범에 대한 신뢰와 법적 안정성을 확보하기 위한 것으로, 이는 국가공권력에 대한 통제와 이를 통한 국민의 자유와 권리의 보장을 이념으로 하는 법치주의 원리로부터 도출된다. 2024 경찰승진 ( )

56-4 체계정당성의 원리는 동일 규범 내에서 또는 상이한 규범간에 그 규범의 구조나 내용 또는 규범의 근거가 되는 원칙면에서 상호 배치되거나 모순되어서는 안 된다는 하나의 헌법적 요청이고, 이러한 체계정당성 위반은 비례의 원칙이나 평등의 원칙 등 일정한 헌법의 규정이나 원칙을 위반하여야만 비로소 위헌이 된다. 2023 경찰2차 ( )

> **해설** 체계정당성의 원리라는 것은 동일 규범 내에서 또는 상이한 규범 간에 그 규범의 구조나 내용 또는 규범의 근거가 되는 원칙면에서 상호 배치되거나 모순되어서는 아니 된다는 하나의 헌법적 요청이다. 즉, 이는 **규범 상호간의 구조와 내용 등이 모순됨이 없이 체계와 균형을 유지하도록 입법자를 기속하는 헌법적 원리**라고 볼 수 있다. 이처럼 규범 상호간의 체계정당성을 요구하는 이유는 입법자의 자의를 금지하여 규범의 명확성, 예측가능성 및 규범에 대한 신뢰와 법적 안정성을 확보하기 위한 것이고 **이는 국가공권력에 대한 통제와 이를 통한 국민의 자유와 권리의 보장을 이념으로 하는 법치주의원리로부터 도출되는 것**이라고 할 수 있다. 그러나 일반적으로 일정한 공권력작용이 체계정당성에 위반한다고 해서 곧 위헌이 되는 것은 아니고, 그것이 위헌이 되기 위해서는 결과적으로 비례의 원칙이나 평등의 원칙 등 일정한 헌법의 규정이나 원칙을 위반하여야 한다(헌재 2010.6.24. 2007헌바101 등).

57-1 자기책임의 원리는 인간의 자유와 유책성, 그리고 인간의 존엄성을 진지하게 반영한 원리로서 헌법 제10조의 취지로부터 도출되는 것이지, 법치주의에 내재하는 원리는 아니다. 2022 변시 ( )

57-2 자기책임원리는 인간의 자유와 유책성, 그리고 인간의 존엄성을 진지하게 반영한 원리로 민사법이나 형사법에 국한된 원리라기보다는 근대법의 기본이념으로서 법치주의에 당연히 내재하는 원리이다. 2022 지방직7급 ( )

> **해설** 자기책임의 원리는 인간의 자유와 유책성, 그리고 인간의 존엄성을 진지하게 반영한 원리로서 그것이 비단 민사법이나 형사법에 국한된 원리라기보다는 근대법의 기본이념으로서 법치주의에 당연히 내재하는 원리로 볼 것이고, 헌법 제13조 제3항은 그 한 표현에 해당하는 것으로서 자기책임의 원리에 반하는 제재는 그 자체로서 헌법위반을 구성한다(헌재 2011.9.29. 2010헌마68).

58 우리 헌법은 '사회국가원리'를 헌법 전문과 경제질서 부분에서 명문으로 직접 규정하고 있다. 2022 경찰승진 ( )

> **해설** 우리 헌법은 사회국가원리를 명문으로 규정하고 있지는 않지만, 헌법의 전문, 사회적 기본권의 보장(헌법 제31조 내지 제36조), 경제 영역에서 적극적으로 계획하고 유도하고 재분배하여야 할 국가의 의무를 규정하는 경제에 관한 조항(헌법 제119조 제2항 이하) 등과 같이 **사회국가원리의 구체화된 여러 표현을 통하여 사회국가원리를 수용**하였다(헌재 2002.12.18. 2002헌마52).

59 헌법에서 채택하고 있는 사회국가의 원리는 자유민주적 기본 질서의 범위 내에서 이루어져야 하고, 국민 개인의 자유와 창의를 보완하는 범위내에서 이루어지는 내재적 한계를 지니고 있다. 2022 경찰차 ( )

> **해설** 우리 헌법은 그 전문에서 "모든 영역에 있어서 각인의 기회를 균등히 하고 … 안으로는 국민생활의 균등한 향상을 기하고"라고 천명하고, 제23조 제2항과 여러 '사회적 기본권' 관련 조항, 제119조 제2항

ANSWER 56-3 ○ 56-4 ○ 57-1 × 57-2 ○ 58 × 59 ○

이하의 경제질서에 관한 조항 등에서 모든 국민에게 그 생활의 기본적 수요를 충족시키려는 이른바 사회국가의 원리를 동시에 채택하여 구현하려고 있다. 그러나 **이러한 사회국가의 원리는 자유민주적 기본질서의 범위내에서 이루어져야 하고, 국민 개인의 자유와 창의를 보완하는 범위내에서 이루어 지는 내재적 한계를 지니고 있다** 할 것이다(헌재 2001.9.27. 2000헌마238 등).

60 사회국가란 경제·사회·문화의 모든 영역에서 정의로운 사회질서의 형성을 위하여 사회현상에 관여하고 간섭하고 분배하고 조정하는 국가이며, 궁극적으로는 국민 각자가 실제로 자유를 행사할 수 있는 그 실질적 조건을 마련해 줄 의무가 있는 국가이다. 2022 경찰승진 ( )

해설 **사회국가란** 한마디로, 사회정의의 이념을 헌법에 수용한 국가, 사회현상에 대하여 방관적인 국가가 아니라 **경제·사회·문화의 모든 영역에서 정의로운 사회질서의 형성을 위하여 사회현상에 관여하고 간섭하고 분배하고 조정하는 국가이며, 궁극적으로는 국민 각자가 실제로 자유를 행사할 수 있는 그 실질적 조건을 마련해 줄 의무가 있는 국가**이다(헌재 2002.12.18. 2002헌마52).

61-1 국가가 인간다운 생활을 보장하기 위한 헌법적 의무를 다하였는지의 여부가 사법심사의 대상이 된 경우, 국가가 최저생활보장에 관한 입법을 전혀 하지 아니한 경우에만 한하여 헌법에 위반된다고 할 수 있다. 2022 경찰승진 ( )

61-2 국가가 인간다운 생활을 보장하기 위한 헌법적 의무를 다하였는지의 여부가 사법적 심사의 대상이 된 경우에는, 국가가 최저생활보장에 관한 입법을 전혀 하지 아니하였다든가 그 내용이 현저히 불합리하여 헌법상 용인될 수 있는 재량의 범위를 명백히 일탈한 경우에 한하여 헌법에 위반된다. 2022 경찰1차 ( )

해설 국가가 인간다운 생활을 보장하기 위한 생계급여의 수준을 구체적으로 결정함에 있어서는 국민 전체의 소득수준과 생활수준, 국가의 재정규모와 정책, 국민 각 계층의 상충하는 갖가지 이해관계 등 복잡다양한 요소를 함께 고려해야 하므로, 생활이 어려운 장애인의 최저생활보장의 구체적 수준을 결정하는 것은 입법부 또는 입법에 의하여 다시 위임을 받은 행정부 등 해당기관의 광범위한 재량에 맡겨져 있다고 보아야 한다. 그러므로 **국가가 인간다운 생활을 보장하기 위한 헌법적 의무를 다하였는지의 여부가 사법적 심사의 대상이 된 경우에는, 국가가 최저생활보장에 관한 입법을 전혀 하지 아니하였다든가 그 내용이 현저히 불합리하여 헌법상 용인될 수 있는 재량의 범위를 명백히 일탈한 경우에 한하여 헌법에 위반된다고 할 수 있다**(헌재 2004.10.28. 2002헌마328).

62-1 우리 헌법상의 경제질서는 사유재산제를 바탕으로 하고 자유경쟁을 존중하는 자유시장경제질서를 기본으로 하면서도 이에 수반되는 갖가지 모순을 제거하고 사회복지·사회정의를 실현하기 위하여 국가적 규제와 조정을 용인하는 사회적 시장경제질서로서의 성격을 띠고 있다. 2024 행시 ( )

62-2 우리나라 헌법상의 경제질서는 사유재산제를 바탕으로 하고 자유경쟁을 존중하는 자유시장경제질서를 근간으로 하는 것이므로, 사회정의를 실현하기 위하여 국가적 규제와 조정을 용인하는 사회적 시장경제질서와는 양립할 수 없다. 2022 국회직8급 / 2023 해양경찰 ( )

해설 **우리나라 헌법상의 경제질서는** 사유재산제를 바탕으로 하고 자유경쟁을 존중하는 자유시장경제질서를 기본으로 하면서도 이에 수반되는 갖가지 모순을 제거하고 사회복지·사회정의를 실현하기 위하여 국가적 규제와 조정을 용인하는 **사회적 시장경제질서로서의 성격**을 띠고 있다(헌재 1996.4.25. 92헌바47).

ANSWER 60 ○ 61-1 × 61-2 ○ 62-1 ○ 62-2 ×

63 헌법 제119조는 자유시장 경제질서를 기본으로 하면서 사회국가원리를 수용하여 실질적인 자유와 평등을 아울러 달성하려는 것을 근본이념으로 한다. 2023 입법고시 ( )

> 해설 우리 헌법은 자유시장 경제질서를 기본으로 하면서 사회국가원리를 수용하여 실질적인 자유와 평등을 아울러 달성하려는 것을 근본이념으로 하고 있는 것이다(헌재 1998.5.28. 96헌가4 등).

64 「헌법」 제119조 제1항에 비추어볼 때 개인의 사적 거래에 대한 공법적 규제는 사후적·구체적 규제보다는 사전적·일반적 규제방식을 택하여 국민의 거래자유를 최대한 보장하여야 한다. 2022 경찰간부 ( )

> 해설 "대한민국의 경제질서는 개인과 기업의 경제상의 자유와 창의를 존중함을 기본으로 한다."고 규정한 헌법 제119조 제1항에 비추어 보더라도, **개인의 사적 거래에 대한 공법적 규제는 되도록 사전적·일반적 규제보다는, 사후적·구체적 규제방식을 택하여 국민의 거래자유를 최대한 보장하여야 할 것**이다(헌재 2012. 8.23. 2010헌가65).

65-1 헌법 전문에서 천명하고 있는 '경제 영역에 있어서 각 인의 기회를 균등히 하고, 능력을 최고도로 발휘하게 하는 것'은 시장에서의 자유경쟁이 공정한 경쟁질서를 토대로 할 때 비로소 가능하고, 다양한 경제주체들의 공존을 전제로 하는 경제의 민주화가 이루어져야만 경제활동에 관한 의사결정이 한 곳에 집중되지 아니하고 분산됨으로써 경제주체간의 견제와 균형을 통해 시장 기능의 정상적 작동이 가능하게 된다. 2022 법원행시 ( )

65-2 우리 헌법은 제119조 제1항에서 "대한민국의 경제질서는 개인과 기업의 경제상의 자유와 창의를 존중함을 기본으로 한다."라고 규정하여 자유경쟁을 존중하는 시장 경제를 기본으로 하면서도, 같은 조 제2항에서 "국가는 균형 있는 국민경제의 성장 및 안정과 적정한 소득의 분배를 유지하고, 시장의 지배와 경제력의 남용을 방지하며, 경제주체간의 조화를 통한 경제의 민주화를 위하여 경제에 관한 규제와 조정을 할 수 있다."라고 규정함으로써 우리 헌법의 경제질서가 사회정의, 공정한 경쟁질서, 경제민주화 등을 실현하기 위한 국가의 규제와 조정을 허용하는 사회적 시장경제임을 밝히고 있다. 2022 법원행시 ( )

65-3 입법자는 경제현실의 역사와 미래에 대한 전망, 목적달성에 소요되는 경제적·사회적 비용, 당해 경제문제에 관한 국민 내지 이해관계인의 인식 등 제반 사정을 두루 감안하여 시장의 지배와 경제력의 남용 방지, 경제의 민주화 달성 등의 경제영역에서의 국가목표를 이루기 위하여 가능한 여러 정책 중 필요하다고 판단되는 경제정책을 선택할 수 있고, 입법자의 그러한 정책판단과 선택은 그것이 현저히 합리성을 결여한 것이라고 볼 수 없는 한 경제에 관한 국가적 규제·조정권한의 행사로서 존중되어야 한다. 2022 법원행시 ( )

65-4 가맹본부가 가맹점사업자에 대하여 가지는 계약상 지위의 우월성을 형식적인 자유시장의 논리 또는 계약의 자유를 강조하여 가맹본부가 상품의 공급에 관여하면서 이로부터 과도한 이득을 얻을 수 있도록 방임한다면, 자영업자가 많은 우리의 현실에서 대다수가 중소상인인 가맹점사업자들의 생존을 위협하여 국민생활의 균등한 향상 등 경제영역에서의 사회정의가 훼손될 수 있는바, 이는 우리 헌법이 지향하는 사회적 시장경제질서에 부합하지 않으므로, 국가는 헌법 제119조 제2항에 따라 가맹본부가 우월적 지위를 남용하는 것을 방지하고, 가맹본부와 가맹점사업자 간의 부조화를 시정하거나 공존과 상생을 도모하기 위해 규제와 조정을 할 수 있다. 2022 법원행시 ( )

ANSWER 63 ○ 64 × 65-1 ○ 65-2 ○ 65-3 ○ 65-4 ○

해설 가맹점사업자에게 가맹점운영권을 부여하는 사업자인 가맹본부가 가맹희망자에게 제공하기 위한 정보공개서에 차액가맹금과 관련된 정보 등을 기재하도록 한 '가맹사업거래의 공정화에 관한 법률(이하 '가맹사업법'이라 한다) 시행령'(헌재 2021.10.28. 2019헌마288)

(1) 헌법 전문에서 천명하고 있는 '경제 영역에 있어서 각인의 기회를 균등히 하고, 능력을 최고도로 발휘하게 하는 것'은 시장에서의 자유경쟁이 공정한 경쟁질서를 토대로 할 때 비로소 가능하고, 다양한 경제주체들의 공존을 전제로 하는 경제의 민주화가 이루어져야만 경제활동에 관한 의사결정이 한 곳에 집중되지 아니하고 분산됨으로써 경제주체간의 견제와 균형을 통해 시장기능의 정상적 작동이 가능하게 된다.

우리 헌법은 제119조 제1항에서 "대한민국의 경제질서는 개인과 기업의 경제상의 자유와 창의를 존중함을 기본으로 한다."라고 규정하여 자유경쟁을 존중하는 시장경제를 기본으로 하면서도, 같은 조 제2항에서 "국가는 균형 있는 국민경제의 성장 및 안정과 적정한 소득의 분배를 유지하고, 시장의 지배와 경제력의 남용을 방지하며, 경제주체간의 조화를 통한 경제의 민주화를 위하여 경제에 관한 규제와 조정을 할 수 있다."라고 규정함으로써 **우리 헌법의 경제질서가 사회정의, 공정한 경쟁질서, 경제민주화 등을 실현하기 위한 국가의 규제와 조정을 허용하는 사회적 시장경제임**을 밝히고 있다.

입법자는 경제현실의 역사와 미래에 대한 전망, 목적달성에 소요되는 경제적·사회적 비용, 당해 경제문제에 관한 국민 내지 이해관계인의 인식 등 제반 사정을 두루 감안하여 시장의 지배와 경제력의 남용 방지, 경제의 민주화 달성 등의 경제영역에서의 국가목표를 이루기 위하여 가능한 여러 정책 중 필요하다고 판단되는 경제정책을 선택할 수 있고, 입법자의 그러한 정책판단과 선택은 그것이 현저히 합리성을 결여한 것이라고 볼 수 없는 한 경제에 관한 국가적 규제·조정권한의 행사로서 존중되어야 한다.

가맹본부가 가맹점사업자에 대하여 갖는 계약상 지위의 우월성을 형식적인 자유시장의 논리 또는 계약의 자유를 강조하여 가맹본부가 상품의 공급에 관여하면서 이로부터 과도한 이득을 얻을 수 있도록 방임한다면, 가맹본부와 가맹점사업자 사이에 분쟁을 야기할 것이고, 분쟁이 발생하지 않는다고 하더라도 **가맹본부의 과도한 이득은 상품가격에 반영되어 소비자에게 전가될 가능성이 크므로**, 그 가맹본부는 소비자로부터 외면 받게 되어 우선적으로는 해당 가맹점사업자에게 타격을 줄 것이고, 결국 그 가맹본부도 타격을 받는 등 가맹사업 전반을 위축시킬 수도 있다. 이러한 결과는 **자영업자가 많은 우리의 현실에서 대다수가 중소상인인 가맹점사업자들의 생존을 위협하여 국민생활의 균등한 향상 등 경제영역에서의 사회정의가 훼손될 수 있다. 이는 앞서 본 바와 같이 우리 헌법이 지향하는 사회적 시장경제질서에 부합하지 않으므로, 국가는 헌법 제119조 제2항에 따라 가맹본부가 우월적 지위를 남용하는 것을 방지하고, 가맹본부와 가맹점사업자 간의 부조화를 시정하거나 공존과 상생을 도모하기 위해 규제와 조정을 할 수 있다.**

(2) 심판대상조항은 법률유보 원칙을 위배하지 않는다.
(3) 심판대상조항은 명확성 원칙을 위배하지 않는다.
(4) 심판대상조항은 과잉금지 원칙을 위배하지 않는다.
(5) 심판대상조항은 가맹본부 청구인들의 평등권을 침해하지 않는다.

66 강제저축 프로그램으로서의 국민연금제도는 상호부조의 원리에 입각한 사회연대성에 기초하여 국민 간에 소득재분배의 기능을 함으로써 사회적 시장경제질서에 부합하는 제도이므로 헌법상의 시장경제질서에 위배되지 않는다. 2021 경찰경력채용 ( )

해설 우리 헌법의 경제질서 원칙에 비추어 보면, **사회보험방식에 의하여 재원을 조성하여 반대급부로 노후생활을 보장하는 강제저축 프로그램으로서의 국민연금제도는 상호부조의 원리에 입각한 사회연대성에 기초하여 고소득계층에서 저소득층으로, 근로세대에서 노년세대로, 현재세대에서 다음세대로 국민간에 소득재분배의 기능을 함으로써 오히려 위 사회적 시장경제질서에 부합하는 제도라 할 것이므로, 국민연금제도는 헌법상의 시장경제질서에 위배되지 않는다**(헌재 2001.2.22. 99헌마365).

ANSWER 66 ○

67 헌법 제119조 이하의 경제에 관한 장은 국가가 경제정책을 통하여 달성하여야 할 '공익'을 구체화하고, 동시에 헌법 제37조 제2항의 기본권제한을 위한 법률유보에서의 '공공복리'를 구체화하고 있다. 2022 국회직8급 ( )

> **해설** 우리 헌법은 헌법 제119조 이하의 경제에 관한 장에서 균형 있는 국민경제의 성장과 안정, 적정한 소득의 분배, 시장의 지배와 경제력남용의 방지, 경제주체간의 조화를 통한 경제의 민주화, 균형 있는 지역경제의 육성, 중소기업의 보호육성, 소비자보호 등의 경제영역에서의 국가목표를 명시적으로 언급함으로써 **국가가 경제정책을 통하여 달성하여야 할 '공익'을 구체화하고, 동시에 헌법 제37조 제2항의 기본권제한을 위한 법률유보에서의 '공공복리'를 구체화하고** 있다(헌재 2004.10.28. 99헌바91).

68 국가는 균형 있는 국민경제의 성장 및 안정과 적정한 소득의 분배를 유지하고, 시장의 지배와 경제력의 남용을 방지하며, 경제주체간의 조화를 통한 경제의 민주화를 위하여 경제에 관한 규제와 조정을 할 수 있다. 2024 행시 ( )

> **해설** 국가는 균형 있는 국민경제의 성장 및 안정과 적정한 소득의 분배를 유지하고, 시장의 지배와 경제력의 남용을 방지하며, 경제주체간의 조화를 통한 경제의 민주화를 위하여 경제에 관한 규제와 조정을 할 수 있다(헌법 제119조 제2항).

69-1 헌법 제119조 제2항에 규정된 '경제주체간의 조화를 통한 경제민주화'의 이념은 경제영역에서 정의로운 사회질서를 형성하기 위하여 추구할 수 있는 국가목표일 뿐, 개인의 기본권을 제한하는 국가행위를 정당화하는 헌법규범이 아니다. 2022 경찰간부 ( )

69-2 헌법 제119조 제2항에 규정된 '경제주체간의 조화를 통한 경제민주화'의 이념은 경제영역에서 정의로운 사회질서를 형성하기 위하여 추구할 수 있는 국가목표로서 개인의 기본권을 제한하는 국가행위를 정당화하는 헌법규범이다. 2022 국회직8급 / 2023 입법고시 ( )

69-3 헌법 제119조 제2항에 규정된 경제주체간의 조화를 통한 경제민주화의 이념은 경제영역에서 정의로운 사회질서를 형성하기 위하여 추구할 수 있는 국가목표에 그치므로 개인의 기본권을 제한하는 국가행위를 정당화하는 헌법규범이라고 볼 수 없다. 2022 지방직7급 ( )

69-4 우리 헌법은 사회국가원리를 명문으로 규정하면서 이를 구체화하고 있는데, 이 중 헌법 제119조 제2항에 규정된 '경제주체간의 조화를 통한 경제민주화'의 이념은 경제영역에서 정의로운 사회질서를 형성하기 위하여 추구할 수 있는 국가목표일 뿐, 개인의 기본권을 제한하는 국가행위를 정당화하는 헌법규범은 아니다. 2024 경찰승진 ( )

> **해설** 헌법 제119조 제2항에 규정된 **'경제주체간의 조화를 통한 경제민주화'의 이념은 경제영역에서 정의로운 사회질서를 형성하기 위하여 추구할 수 있는 국가목표로서 개인의 기본권을 제한하는 국가행위를 정당화하는 헌법규범**이다(헌재 2004.10.28. 99헌바91).

70 경제적 기본권을 제한하는 법률의 합헌성 여부를 심사하는 경우, 그 법률을 정당화하는 공익은 헌법에 명시적으로 규정된 목표에만 제한된다. 2022 지방직7급 ( )

ANSWER   67 ○   68 ○   69-1 ×   69-2 ○   69-3 ×   69-4 ×   70 ×

해설 우리 헌법은 헌법 제119조 이하의 경제에 관한 장에서 "균형 있는 국민경제의 성장과 안정, 적정한 소득의 분배, 시장의 지배와 경제력남용의 방지, 경제주체간의 조화를 통한 경제의 민주화, 균형 있는 지역 경제의 육성, 중소기업의 보호육성, 소비자보호 등"의 경제영역에서의 국가목표를 명시적으로 규정함으로써 국가가 경제정책을 통하여 달성하여야 할 "공익"을 구체화하고, 동시에 헌법 제 37조 제2항의 기본권제한을 위한 일반법률유보에서의 "공공복리"를 구체화하고 있다. 그러나 **경제적 기본권의 제한을 정당화하는 공익이 헌법에 명시적으로 규정된 목표에만 제한되는 것은 아니고, 헌법은 단지 국가가 실현하려고 의도하는 전형적인 경제목표를 예시적으로 구체화하고 있을 뿐이므로 기본권의 침해를 정당화할 수 있는 모든 공익을 아울러 고려하여 법률의 합헌성 여부를 심사하여야 한다**(헌재 1996.12.26. 96헌가18).

71-1 개별 학교법인이 그 자체로 교원노조의 상대방이 되어 단체교섭에 나서지 못하고 전국단위 또는 시·도 단위의 교섭단의 구성원으로서만 단체교섭에 참여할 수 있도록 한 법률조항의 위헌 여부를 심사함에 있어서, 「헌법」제119조 소정의 경제질서는 독자적인 위헌심사의 기준이 되며, 결사의 자유에 대한 과잉금지원칙에 흡수되는 것은 아니다. 2021 경찰경력채용 ( )

71-2 「헌법」제119조는 헌법상 경제질서에 관한 일반조항으로서 국가의 경제정책에 대한 하나의 지침이자 구체적 기본권 도출의 근거로 기능하며 독자적인 위헌심사의 기준이 된다. 2022 경찰간부 ( )

71-3 헌법 제119조는 헌법상 경제질서에 관한 일반조항으로서 국가의 경제정책에 대한 하나의 헌법적 지침일 뿐, 그 자체가 기본권의 성질을 가진다거나 독자적인 위헌심사의 기준이 된다고 할 수 없다. 2023 국가직7급 ( )

해설 개별 학교법인이 그 자체로 교원노조의 상대방이 되어 단체교섭에 나서지 못하고 전국단위 또는 시·도 단위의 교섭단의 구성원으로서만 단체교섭에 참여할 수 있도록 한 이 사건 법률조항의 위헌 여부를 심사함에 있어서, **헌법 제119조 소정의 경제질서는 독자적인 위헌심사의 기준이 된다기보다는 결사의 자유에 대한 법치국가적 위헌심사기준, 즉 과잉금지원칙 내지는 비례의 원칙에 흡수되는 것이라고 할 것이다**(헌재 2006.12.28. 2004헌바67).

72 헌법 제119조 제2항은 독과점규제라는 경제정책적 목표를 개인의 경제적 자유를 제한할 수 있는 정당한 공익의 하나로 명문화하고 있는데, 독과점규제의 목적이 경쟁의 회복에 있다면 이 목적을 실현하는 수단 또한 자유롭고 공정한 경쟁을 가능하게 하는 방법이어야 한다. 2023 국가직7급 ( )

해설 **헌법 제119조 제2항은 독과점규제라는 경제정책적 목표를 개인의 경제적 자유를 제한할 수 있는 정당한 공익의 하나로 명문화하고 있다. 독과점규제의 목적이 경쟁의 회복에 있다면 이 목적을 실현하는 수단 또한 자유롭고 공정한 경쟁을 가능하게 하는 방법이어야 한다.** 그러나 주세법의 구입명령제도는 전국적으로 자유경쟁을 배제한 채 지역할거주의로 자리잡게 되고 그로써 지역 독과점현상의 고착화를 초래하므로, 독과점규제란 공익을 달성하기에 적정한 조치로 보기 어렵다(헌재 1996.12.26. 96헌가18).

73-1 헌법 제119조 제2항은 국가가 경제영역에서 실현하여야 할 목표의 하나로서 적정한 소득의 분배를 들고 있지만, 이로부터 반드시 소득에 대하여 누진세율에 따른 종합과세를 시행하여야 할 구체적인 헌법적 의무가 조세입법자에게 부과되는 것이라고 할 수 없다. 2022 지방직7급 ( )

ANSWER 71-1 × 71-2 × 71-3 ○ 72 ○ 73-1 ○

73-2 「헌법」제119조 제2항은 국가가 경제영역에서 실현하여야 할 목표의 하나로 '적정한 소득의 분배'를 들고 있으나 이로부터 소득에 대해 누진세율에 따른 종합과세를 시행하여야 할 구체적인 헌법적 의무가 입법자에게 부과되는 것은 아니다. 2022 경찰간부 ( )

73-3 입법자는 소득세법에 있어서 반드시 누진세율을 도입할 의무를 지는 것은 아니다. 2023 국회직9급 ( )

> 해설 헌법 제119조 제2항은 국가가 경제영역에서 실현하여야 할 목표의 하나로서 "적정한 소득의 분배"를 들고 있지만, 이로부터 반드시 소득에 대하여 누진세율에 따른 종합과세를 시행하여야 할 구체적인 헌법적 의무가 조세입법자에게 부과되는 것이라고 할 수 없다(헌재 1999.11.25. 98헌마55).

74 광물 기타 중요한 지하자원·수산자원·수력과 경제상 이용할 수 있는 자연력은 법률이 정하는 바에 의하여 일정한 기간 그 채취·개발 또는 이용을 특허할 수 있다. 2023 입시 ( )

> 해설 광물 기타 중요한 지하자원·수산자원·수력과 경제상 이용할 수 있는 자연력은 법률이 정하는 바에 의하여 일정한 기간 그 채취·개발 또는 이용을 특허할 수 있다(헌법 제120조 제1항).

75-1 국가는 농지에 관하여 경자유전의 원칙이 달성될 수 있도록 노력하여야 하며, 농지의 소작제도는 금지된다. 2023 해양경찰 ( )

75-2 농업생산성의 제고와 농지의 합리적인 이용을 위하거나 불가피한 사정으로 발생하는 농지의 소작과 위탁경영은 법률이 정하는 바에 의하여 인정된다. 2023 행시 ( )

75-3 농지의 임대차는 절대 금지되나, 농업생산성의 제고와 농지의 합리적인 이용을 위한 농지의 위탁경영은 법률이 정하는 바에 의하여 인정된다. 2023 변시 ( )

75-4 농지에 관하여는 경자유전의 원칙이 달성되어야 하므로, 농지의 임대차나 위탁경영은 허용될 수 없다. 2024 행시 ( )

> 해설 국가는 농지에 관하여 경자유전의 원칙이 달성될 수 있도록 노력하여야 하며, 농지의 소작제도는 금지된다(헌법 제121조 제1항).
> 농업생산성의 제고와 농지의 합리적인 이용을 위하거나 불가피한 사정으로 발생하는 **농지의 임대차와 위탁경영은 법률이 정하는 바에 의하여 인정**된다(헌법 제121조 제2항).

76 국가는 국민 모두의 생산 및 생활의 기반이 되는 국토의 효율적이고 균형 있는 이용·개발과 보전을 위하여 법률이 정하는 바에 의하여 그에 관한 필요한 제한과 의무를 과할 수 있다. 2023·2024 행시 ( )

> 해설 국가는 국민 모두의 생산 및 생활의 기반이 되는 국토의 효율적이고 균형 있는 이용·개발과 보전을 위하여 법률이 정하는 바에 의하여 그에 관한 필요한 제한과 의무를 과할 수 있다(헌법 제122조).

77 국가는 농·어민과 중소기업의 자조조직을 육성하여야 하며, 그 자율적 활동과 발전을 보장한다. 2023 행시 ( )

> 해설 국가는 농·어민과 중소기업의 자조조직을 육성하여야 하며, 그 자율적 활동과 발전을 보장한다(헌법 제123조 제5항).

ANSWER 73-2 ○ 73-3 ○ 74 ○ 75-1 ○ 75-2 × 75-3 × 75-4 × 76 ○ 77 ○

78 국가는 건전한 소비행위를 계도하고 생산품의 품질향상을 촉구하기 위한 소비자보호운동을 법률이 정하는 바에 의하여 보장한다. 2023 행시 / 2023 해양경찰 ( )

> 해설 국가는 건전한 소비행위를 계도하고 생산품의 품질향상을 촉구하기 위한 소비자보호운동을 법률이 정하는 바에 의하여 보장한다(헌법 제124조).

79 소비자불매운동은 헌법이나 법률의 규정에 비추어 정당하게 평가되는 경우에만 법적 책임이 면제되므로, 물품 등의 공급자나 사업자 이외의 제3자를 상대로 하는 불매운동은 제3자의 권리를 부당하게 침해하지 않더라도 형사책임이나 민사책임이 면제되지 않는다. 2023 변시 ( )

> 해설 **우리 헌법 제124조는** "국가는 건전한 소비행위를 계도하고 생산품의 품질향상을 촉구하기 위한 소비자보호운동을 법률이 정하는 바에 의하여 보장한다."라고 규정하고 있다. **이는 현대 자유시장경제질서 하에서** 생산물품 또는 용역의 가격이나 품질의 결정, 그 유통구조 등의 결정과정이 지나치게 사업자 중심으로 왜곡되어 **소비자들이 사회적 약자의 지위에 처하게 되는 결과 구조적 피해를 입을 수 있음을 인식하고**, 미약한 소비자들의 역량을 사회적으로 결집시키기 위하여 **소비자보호운동을 최대한 보장·촉진하도록 국가에게 요구함으로써**, 소비자의 권익을 옹호하고 나아가 시장의 지배와 경제력의 남용을 방지하며 경제주체간의 조화를 통해 균형 있는 국민경제의 성장을 도모할 수 있도록 소비자의 권익에 관한 헌법적 보호를 창설한 것이다. 현행 헌법이 보장하는 **소비자보호운동이란** '공정한 가격으로 양질의 상품 또는 용역을 적절한 유통구조를 통해 적절한 시기에 안전하게 구입하거나 사용할 소비자의 제반 권익을 증진할 목적으로 이루어지는 구체적 활동'을 의미하고, **단체를 조직하고 이를 통하여 활동하는 형태, 즉 근로자의 단결권이나 단체행동권에 유사한 활동뿐만 아니라, 하나 또는 그 이상의 소비자가 동일한 목표로 함께 의사를 합치하여 벌이는 운동이면 모두 이에 포함된다** 할 것이다.
> 헌법적으로 보장되어 있는 소비자보호운동 가운데서 구매력을 무기로 소비자가 자신의 선호를 시장에 실질적으로 반영하고자 하는 시도로서 **소비자불매운동이란**, '하나 또는 그 이상의 운동주도세력이 소비자의 **권익을 향상시킬 목적으로 개별 소비자들로 하여금 시장에서 특정 상품의 구매를 억지하거나 제3자로 하여금 그렇게 하도록 설득하는 조직화된 행위**'를 의미한다.
> 우선, 개별소비자나 소비자단체가 '운동의 주체'인데, 2인 이상이 의사를 합치하여 조직적 활동을 벌인 것이라면 소비자보호법상 등록된 소비자단체에 한정되지 않으며, 잠재적으로 소비자가 될 가능성이 있다면 누구나 운동의 주체가 될 수 있다. **불매운동의 목표로서의 '소비자의 권익'이란 원칙적으로 사업자가 제공하는 물품이나 용역의 소비생활과 관련된 것으로서 상품의 질이나 가격, 유통구조, 안전성 등 시장적 이익에 국한된다**. 또한, '소비자불매운동의 대상'은 물품등을 공급하는 사업자나 공급자를 직접 상대방으로 하는 경우가 대부분이지만, 해당 물품등의 사업자를 고립시키기 위하여 그 사업자의 거래상대방인 제3자에 대하여 사업자와의 거래를 단절하도록 요구하고 이를 관철하기 위하여 사업자의 거래상대방을 대상으로 불매운동을 실행하는 경우도 예상할 수 있다.
> 소비자보호운동의 일환으로서, 구매력을 무기로 소비자가 자신의 선호를 시장에 실질적으로 반영하려는 시도인 **소비자불매운동은 모든 경우에 있어서 그 정당성이 인정될 수는 없고**, 헌법이나 법률의 규정에 비추어 정당하다고 평가되는 범위에 해당하는 경우에만 형사책임이나 민사책임이 면제된다고 할 수 있다.
> 헌법이 보장하는 소비자보호운동에도 위에서 본 바와 같은 헌법적 허용한계가 분명히 존재하는 이상, 헌법이 보장하는 근로3권의 내재적 한계를 넘어선 쟁의행위가 형사책임 및 민사책임을 면할 수 없는 것과 마찬가지로, **헌법과 법률이 보장하고 있는 한계를 넘어선 소비자불매운동 역시 정당성을 결여한 것으로서 정당행위 기타 다른 이유로 위법성이 조각되지 않는 한 업무방해죄로 형사처벌할 수 있다고 할 것이다.**
> 일간신문을 구매하는 소비자의 입장에서 볼 때, 해당 신문의 정치적 입장이나 보도논조는 신문에 실리는 정보 또는 지식의 품질이나 구매력과 밀접한 연관성이 있어서 신문의 구매여부를 결정하는 중요한 요소로서 신문이라는 상품의 품질이나 가격의 핵심적 부분을 차지하고 있다는 점에 비추어 볼 때, 청구

ANSWER 78 ○ 79 ×

인들이 문제삼고 있는 **조중동 일간신문의 정치적 입장이나 보도논조의 편향성**은 '소비자의 권익'과 관련되는 문제로서 불매운동의 목표가 될 수 있다 할 것이다.
위 광고주들에 대한 소비자불매운동의 정당성 여부를 판단함에 있어 이 사건 청구인들이 불매운동의 수단으로 선택한 '무차별적 전화걸기' 자체가 가지는 위력도 충분히 고려해야 할 것이다. 항의전화 횟수, 그와 더불어 행해진 홈페이지 글 남기기 등과 어울려 **조직적으로 계획된 비정상적인 전화공세**는, 그 내용의 정당성 여부를 떠나서 계속해서 걸려오는 전화 그 자체만으로도 심리적 압박과 두려움을 느낄 정도의 물리력 행사로서 사회통념의 허용한도를 벗어나 피해자의 자유의사를 제압하기에 족한 '**위력**'이 될 수도 있기 때문이다(헌재 2011.12.29. 2010헌바54 등).

80 국방상 또는 국민경제상 긴절한 필요로 인하여 법률이 정하는 경우를 제외하고는, 사영기업을 국유 또는 공유로 이전하거나 그 경영을 통제 또는 관리할 수 없다. 2021 경찰경력채용 / 2022 국회직8급 / 2023 입법고시 / 2023 해양경찰
( )

해설 국방상 또는 국민경제상 긴절한 필요로 인하여 법률이 정하는 경우를 제외하고는, 사영기업을 국유 또는 공유로 이전하거나 그 경영을 통제 또는 관리할 수 없다(헌법 제126조).

81 '사영기업의 국유 또는 공유로의 이전'은 일반적으로 공법적 수단에 의하여 사기업에 대한 소유권을 국가나 기타 공법인에 귀속시키고 사회정책적·국민경제적 목표를 실현할 수 있도록 그 재산권의 내용을 변형하는 것을 말하며, 또 사기업의 '경영에 대한 통제 또는 관리'라 함은 비록 기업에 대한 소유권의 보유주체에 대한 변경은 이루어지지 않지만 사기업 경영에 대한 국가의 광범위하고 강력한 감독과 통제 또는 관리의 체계를 의미한다고 할 것이다. 2023 국가직7급
( )

해설 헌법 제126조는 국방상 또는 국민경제상 긴절한 필요로 인하여 법률이 정하는 경우를 제외하고는, 사영기업을 국유 또는 공유로 이전하거나 그 경영을 통제 또는 관리할 수 없다고 규정하고 있다. 여기서 '**사영기업의 국유 또는 공유로의 이전**'은 일반적으로 공법적 수단에 의하여 사기업에 대한 소유권을 국가나 기타 공법인에 귀속시키고 사회정책적·국민경제적 목표를 실현할 수 있도록 그 재산권의 내용을 변형하는 것을 말하며, 또 사기업의 '경영에 대한 통제 또는 관리'라 함은 비록 기업에 대한 소유권의 보유주체에 대한 변경은 이루어지지 않지만 사기업 경영에 대한 국가의 광범위하고 강력한 감독과 통제 또는 관리의 체계를 의미한다고 할 것이다(헌재 1998.10.29. 97헌마345).

82 택시운송사업자에게 운송수입금 전액 수납의무를 부과하는 것은 헌법 제126조에 의하여 원칙적으로 금지되는 기업 경영과 관련한 국가의 광범위한 감독과 통제 또는 관리에 해당되지 않는다. 2023 변시 ( )

해설 이 사건 법률조항들이 규정하는 운송수입금 전액관리제로 인하여 청구인들이 **기업경영에 있어서 영리추구**라고 하는 사기업 본연의 목적을 포기할 것을 강요받거나 전적으로 사회·경제정책적 목표를 달성하는 방향으로 기업활동의 목표를 전환해야 하는 것도 아니고, 그 기업경영과 관련하여 국가의 광범위한 감독과 통제 또는 관리를 받게 되는 것도 아니며, 더구나 청구인들 소유의 기업에 대한 재산권이 박탈되거나 통제를 받게 되어 그 기업이 사회의 공동재산의 형태로 변형된 것도 아니므로, 이 사건 법률조항들이 헌법 제126조에 위반된다고 볼 수 없다(헌재 1998.10.29. 97헌마345).

83 입법자는 경제영역에서의 국가목표를 이루기 위하여 가능한 여러 정책 중 필요하다고 판단되는 경제정책을 선택할 수 있고, 입법자의 그러한 정책판단과 선택은 경제에 관한 국가적 규제·조정 권한의 행사로서 존중되어야 하는 것이 원칙이다. 2023 변시 ( )

ANSWER 80 ○ 81 ○ 82 ○ 83 ○

해설 입법자는 경제현실의 역사와 미래에 대한 전망, 목적달성에 소요되는 경제적·사회적 비용, 당해 경제문제에 관한 국민 내지 이해관계인의 인식 등 제반 사정을 두루 감안하여 경제영역에서의 국가목표를 이루기 위하여 가능한 여러 정책 중 필요하다고 판단되는 경제정책을 선택할 수 있고, **입법자의 그러한 정책판단과 선택은 그것이 현저히 합리성을 결여한 것이라고 볼 수 없는 한 경제에 관한 국가적 규제·조정권한의 행사로서 존중되어야** 한다(헌재 2019.12.27. 2017헌마1366 등).

84 특정의료기관이나 특정의료인의 기능·진료방법에 관한 광고를 금지하는 것은 새로운 의료인들에게 자신의 기능이나 기술 혹은 진단 및 치료방법에 관한 광고와 선전을 할 기회를 배제함으로써 기존의 의료인과의 경쟁에서 불리한 결과를 초래하므로, 자유롭고 공정한 경쟁을 추구하는 헌법상의 시장경제질서에 부합되지 않는다. 2022 국회직8급 ( )

해설 생활수준의 향상으로 질병의 유형과 특성이 변화하여 과거에는 세균성 질병이 주된 치료의 대상이었지만 오늘날에는 암, 비만, 고혈압, 당뇨병과 같은 질환이 주된 치료대상이 되고 있는바, 질병구조의 질적 변화에 따른 의료의 전문화와 기술화는 한편으로 의료정보의 원활한 유통을 더욱 필요로 하게 되었다. 또한 비약적으로 증가되는 의료인 수를 고려할 때, **이 사건 조항에 의한 의료광고의 금지는 새로운 의료인들에게 자신의 기능이나 기술 혹은 진단 및 치료방법에 관한 광고와 선전을 할 기회를 배제함으로써, 기존의 의료인과의 경쟁에서 불리한 결과를 초래할 수 있는데, 이는 자유롭고 공정한 경쟁을 추구하는 헌법상의 시장경제질서에 부합되지 않는다**(헌재 2005.10.27. 2003헌가3).

85-1 전통시장 등의 보호라는 명분으로 대형마트 등의 영업 자체를 규제하는 유통산업발전법 규정은, 시대의 흐름과 소매시장구조의 재편에 역행할 뿐만 아니라 소비자의 자기결정권을 과도하게 침해하는 과잉규제입법이다. 2023 입법고시 ( )

85-2 대형마트 등과 지역 전통시장이나 중소유통업자들의 경쟁을 형식적 자유시장 논리에 따라 그대로 방임한다면, 유통시장은 소수 대형유통업체 등의 시장지배로 인해 공정한 경쟁질서가 깨어지고, 유통시장에서의 의사결정이 소수 대형유통업체 등에 집중됨으로써 다양한 경제주체간의 견제와 균형을 통한 시장기능의 정상적 작동이 저해되며, 중소상인들의 생존 위협으로 국민생활의 균등한 향상 등 경제영역에서의 사회정의가 훼손될 수 있는바, 이러한 결과는 우리 헌법이 지향하는 사회적 시장경제질서에 부합하지 않는다. 2022 법원행시 ( )

해설 자본력 등에 차이가 있는 대형마트 등과 지역 전통시장이나 중소유통업자들의 경쟁을 형식적 자유시장 논리에 따라 그대로 방임한다면, 결국 대기업이 운영주체인 대형마트 등만 시장을 장악하여 유통시장을 독과점하는 한편, 지역 전통시장과 중소유통업자들은 현저히 위축되거나 도태될 개연성이 매우 높다. 이에 따라 유통시장은 소수 대형유통업체 등의 시장지배로 인해 공정한 경쟁질서가 깨어지고, 유통시장에서의 의사결정이 소수 대형유통업체 등에 집중됨으로써 다양한 경제주체간의 견제와 균형을 통한 시장기능의 정상적 작동이 저해되며, 중소상인들의 생존 위협으로 국민생활의 균등한 향상 등 경제영역에서의 사회정의가 훼손될 수 있다. 이러한 결과는 앞서 본 바와 같이 우리 헌법이 지향하는 사회적 시장경제질서에 부합하지 않으므로, 국가는 헌법 제119조 제2항에 따라 대형마트 등이 유통시장을 지배하고 경제력을 남용하는 것을 방지하고, 대형마트 등과 중소유통업체 등의 관련 경제주체간의 부조화를 시정하거나 공존·상생을 도모하기 위해 규제와 조정을 할 수 있다.

소비자의 자기결정권이 제한되는 것은 대형마트 등의 영업을 제한함에 따라 발생하는 효과이므로, 대형마트 등 운영자의 직업수행의 자유 침해 여부 및 평등원칙 위배 여부를 판단하는 과정에서 함께 고려하는 것으로 충분하므로 별도로 판단하지 않는다. 심판대상조항의 입법목적은 헌법에 규정된 경제영역에서의 국가목표 등을

ANSWER 84 ○ 85-1 ✕ 85-2 ○

구체화한 공익으로서 그 정당성이 인정된다. 소수 대형유통업체 등의 시장 지배와 경제력 남용을 방지하여 건전한 유통시장질서를 도모하며, 대형마트 등에 근무하는 근로자들이 다른 근로관계법령이나 근로계약에서 정한 내용에 관계없이 최소한의 일정한 휴식을 가질 수 있도록 한다. 따라서 **심판대상조항은 앞서 본 입법목적을 달성하는 수단으로 유효한 것이므로, 수단의 적합성도 인정**된다. 장래의 불확실한 규제효과에 대한 예측판단을 기초로 규제입법이 이루어질 수밖에 없다. 이러한 사정을 고려하면, **심판대상조항에 의해 채택된 영업규제 방법이 그 입법목적을 달성하는 데 필요한 범위를 벗어나거나 불합리한 조치라고 볼 수 없다**. 비록 심판대상조항에 따라 대형마트 등의 영업이 부분적으로 제한되어 매출감소로 인한 경제적 손실을 입게 되고, 소비자의 불편이나 대형마트 납품업체 및 입점상인들의 매출감소도 발생할 수 있으나, 이는 입법목적을 달성하기 위하여 필요한 최소한의 범위 내에 그치고 있으므로, **심판대상조항에 의해 실현되는 공익이 더 중대하다. 따라서 심판대상조항은 법익의 균형성도 충족**한다. 심판대상조항은 과잉금지원칙을 위반하여 **청구인들의 직업수행의 자유를 침해하지 않는다**. 심판대상조항에 의한 영업제한을 받는 대형마트 등과 그러한 제한을 받지 않는 다른 형태의 대규모점포들은 판매하는 물품의 종류와 범위, 주요 소비층의 범위, 영업형태 등에서 지역상권에 미치는 영향에 차이가 있고, 하나로마트는 농수산물의 판매 비중이 높은 특수성 등을 고려하면, **심판대상조항이 대형마트 등에 대하여만 영업제한을 함으로써 차별 취급함에는 합리적 이유가 있다고 할 것이다. 따라서 심판대상조항은 평등원칙에 위배되지 않는다** (헌재 2018.6.28. 2016헌바77 등).

86 고의나 과실로 타인에게 손해를 가한 경우에만 그 손해에 대한 배상책임을 가해자가 부담한다는 과실책임원칙은 「헌법」 제119조 제1항의 자유시장 경제질서에서 파생된 것으로 오늘날 민사책임의 기본원리이다.

2021 경찰경력채용 ( )

해설 민법 제750조는 "고의 또는 과실로 인한 위법행위로 타인에게 손해를 가한 자는 그 손해를 배상할 책임이 있다."고 규정하여, 과실책임주의를 불법행위와 손해배상책임에 관한 기본원칙으로 삼고 있다 (헌재 2007.8.30. 2004헌가25).

87 주택재개발사업에서 부과하는 임대주택공급의무는 재개발로 발생하는 세입자들의 주거문제를 해결하기 위한 제도이고, 재건축사업에서 임대주택공급제도는 개발이익의 환수차원에서 부과되는 의무라 할 것이므로, 두 사업 모두에 임대주택공급의무를 부과하는 것은 재건축조합의 조합원 등의 평등권을 침해하고 있다.

2022 지방직7급 ( )

해설 임대주택공급의무는 이 사건 재건축사업뿐만이 아니라 재개발사업에도 부과되고 있으나, **주택재개발사업에서 부과하는 임대주택공급의무는 재개발로 발생하는 세입자들의 주거문제를 해결하기 위한 제도이고, 이 사건 재건축임대주택공급제도는 개발이익의 환수차원에서 부과되는 의무라 할 것이므로 두 사업 모두에 임대주택공급의무를 부과하고 있더라도 이것이 평등권을 침해하고 있다고는 볼 수 없다**(헌재 2008.10.30. 2005헌마222 등).

88 법령에 의한 인·허가 없이 장래의 경제적 손실을 금전 또는 유가증권으로 보전해 줄 것을 약정하고 회비 등의 명목으로 금전을 수입하는 행위를 금지하는 것은 사인 간의 사적 자치, 경제상의 자유와 창의를 존중함을 기본으로 하는 헌법 제119조 제1항의 경제질서에 어긋난다. 2023 변시 ( )

해설 어떤 분야의 경제활동을 사인간의 사적 자치에 완전히 맡길 경우 심각한 사회적 폐해가 예상되는데도 국가가 아무런 관여를 하지 않는다면 공정한 경쟁질서가 깨어지고 경제주체간의 부조화가 일어나게 되어 오히려 헌법상의 경제질서에 반하는 결과가 초래될 것이므로, **경제주체간의 부조화를 방지하고 금융시장의 공정성을 확보하기 위하여 마련된 위 법률조항은 우리 헌법의 경제질서에 위배되는 것이라 할 수 없다** (헌재 2003.2.27. 2002헌바4).

ANSWER 86 ○ 87 × 88 ×

89 구 「상속세 및 증여세법」 제45조의3 제1항은 이른바 일감 몰아주기로 수혜법인의 지배주주 등에게 발생한 이익에 대하여 증여세를 부과함으로써 적정한 소득의 재분배를 촉진하고, 시장의 지배와 경제력의 남용 우려가 있는 일감 몰아주기를 억제하려는 것이지만, 거래의 필요성, 영업외손실의 비중, 손익변동 등 구체적인 사정을 고려하지 않은 채, 특수관계법인과 수혜법인의 거래가 있으면 획일적 기준에 의하여 산정된 미실현 이익을 수혜법인의 지배주주가 증여받은 것으로 보아 수혜법인의 지배주주의 재산권을 침해한다. 2023 국가직7급 ( )

해설 구 상증세법 제45조의3 제1항은 이른바 일감 몰아주기로 수혜법인의 지배주주 등에게 발생한 이익에 대하여 증여세를 부과함으로써 적정한 소득의 재분배를 촉진하고, 시장의 지배와 경제력의 남용 우려가 있는 일감 몰아주기를 억제하려는 것이다. 특수관계법인과 수혜법인 사이의 거래를 통해 수혜법인의 지배주주 등에게 발생한 이익에는 정상적인 거래에 따른 소득, 시장상황 등에 따른 이익, 특수관계법인이 제공한 사업기회의 경제적 가치 등이 분리할 수 없게 혼재되어 있으므로, 일정한 비율을 초과하는 특수관계법인과 수혜법인 사이의 거래가 있으면 지배주주 등이 일정한 이익을 증여받은 것으로 의제하고, 하위법령에서 특정한 유형의 거래를 과세 대상에서 제외하는 방법을 택할 수밖에 없다. 일감 몰아주기를 통해 수혜법인의 지배주주 등에게 발생한 이익에 관하여 소득세를 부과하는 방식이 증여세를 부과하는 방식에 비하여 일률적으로 납세의무자에게 덜 침해적이라고 단정할 수 없고, 수혜법인의 지배주주 등이 사업기회를 제공한 특수관계법인에 상당한 영향력이 있다는 점 등을 고려하면 증여세를 부과하는 것은 그 입법목적에 비추어 실체에 가장 근접한 과세라 할 수 있다. 미실현이득인 수혜법인의 세후영업이익을 기초로 지배주주 등의 증여의제이익을 계산하도록 규정한 것은 실현이득에 대한 과세로는 입법목적을 달성하기 곤란하기 때문이고, 다른 미실현이득인 수혜법인 주식의 시가상승분 등을 지배주주 등의 증여의제이익의 계산의 기초로 삼는 방식은 특수관계법인과 수혜법인 사이의 거래와 무관한 요소들이 개입할 여지가 크므로 명백히 덜 침해적인 대안이라 보기 어렵다. 소득세법 시행령은 수혜법인 주식의 양도소득을 계산할 때 구 상증세법 제45조의3에 따라 증여세를 과세 받은 증여의제이익 전부를 취득금액에 가산하도록 규정하므로, 수혜법인 주식의 양도시점에 이르러 지배주주 등의 전체 조세부담이 그 담세력에 상응하도록 과세조정이 행해진다. 이상을 종합하면, 납세의무자의 경제적 불이익이 소득의 재분배 촉진 및 일감 몰아주기 억제라는 공익에 비하여 크다고 할 수 없고, 구 상증세법 제45조의3 제1항은 재산권을 침해하지 아니한다(헌재 2018. 6. 28. 2016헌바347 등).

90 헌법에 의하여 체결·공포된 조약과 달리 일반적으로 승인된 국제법규는 헌법절차에 의해서 승인되었다고 볼 수 없으므로 국내법과 같은 효력을 갖지 않는다. 2023 변시 ( )

해설 헌법에 의하여 체결·공포된 조약과 일반적으로 승인된 국제법규는 국내법과 같은 효력을 가진다(헌법 제6조 제1항).

91 「헌법」 제6조 제1항의 국제법 존중주의는 우리나라가 가입한 조약과 일반적으로 승인된 국제법규가 국내법과 같은 효력을 가진다는 것으로서 조약이나 국제법규가 국내법에 우선한다는 것은 아니다. 2023 해양경찰 ( )

해설 헌법 제6조 제1항의 국제법 존중주의는 우리나라가 가입한 조약과 일반적으로 승인된 국제법규가 국내법과 같은 효력을 가진다는 것으로서 조약이나 국제법규가 국내법에 우선한다는 것은 아니다(헌재 2001. 4. 26. 99헌가13).

ANSWER 89 × 90 × 91 ○

92 헌법 제6조 제1항의 국제법존중주의는 우리나라가 가입한 조약과 일반적으로 승인된 국제법규가 국내법과 같은 효력을 가진다는 것으로서 조약이나 국제법규가 국내법에 우선한다는 것은 아니다. 2022 입법고시 ( )

해설 헌법 제6조 제1항의 국제법 존중주의는 우리나라가 가입한 조약과 일반적으로 승인된 국제법규가 국내법과 같은 효력을 가진다는 것으로서 조약이나 국제법규가 국내법에 우선한다는 것이 아니다(대법원 2005.5.13. 2005초기189(2005도1936) 결정).

93 국회는 상호원조 또는 안전보장에 관한 조약, 중요한 국제조직에 관한 조약, 우호통상항해조약, 주권에 관한 조약, 강화조약, 국가나 국민에게 중대한 재정적 부담을 지우는 조약 또는 입법 사항에 관한 조약의 체결·비준에 대한 동의권을 갖는다. 2022 입법고시 ( )

해설 국회는 상호원조 또는 안전보장에 관한 조약, 중요한 국제조직에 관한 조약, 우호통상항해조약, 주권의 제약에 관한 조약, 강화조약, 국가나 국민에게 중대한 재정적 부담을 지우는 조약 또는 입법사항에 관한 조약의 체결·비준에 대한 동의권을 가진다(헌법 제60조 제1항).

94 국제노동기구의 제87호 협약(결사의 자유 및 단결권 보장에 관한 협약), 제98호 협약(단결권 및 단체교섭권에 대한 원칙의 적용에 관한 협약), 제151호 협약(공공부문에서의 단결권 보호 및 고용조건의 결정을 위한 절차에 관한 협약)은 헌법 제6조 제1항에서 말하는 일반적으로 승인된 국제법규로서 헌법적 효력을 갖는 것이 아니다. 2021 경찰승진 ( )

해설 국제노동기구의 제87호 협약(결사의 자유 및 단결권 보장에 관한 협약), 제98호 협약(단결권 및 단체교섭권에 대한 원칙의 적용에 관한 협약), 제151호 협약(공공부문에서의 단결권 보호 및 고용조건의 결정을 위한 절차에 관한 협약)은 우리나라가 비준한 바가 없고, 헌법 제6조 제1항에서 말하는 **일반적으로 승인된 국제법규로서 헌법적 효력을 갖는 것이라고 볼 만한 근거도 없으므로**, 이 사건 심판대상규정에 대한 위헌심사의 척도가 될 수 없다(헌재 2007.8.30. 2003헌바51 등).

95 국제노동기구 산하 '결사의 자유위원회'의 권고는 일반적으로 승인된 국제법규라고 볼 수 없다. 2023 법원행시 ( )

해설 국제노동기구 산하 '결사의 자유위원회'의 권고는 **국내법과 같은 효력이 있거나 일반적으로 승인된 국제법규라고 볼 수 없다**(헌재 2014.5.29. 2010헌마606).

96 조약은 국가·국제기구 등 국제법 주체 사이에 권리의무관계를 창출하기 위하여 서면 형식으로 체결되고 국제법에 의하여 규율되는 합의라고 할 수 있다. 2022 입법고시 ( )

해설 조약은 '국가·국제기구 등 국제법 주체 사이에 권리의무관계를 창출하기 위하여 서면형식으로 체결되고 국제법에 의하여 규율되는 합의'라고 할 수 있다(헌재 2008.3.27. 2006헌라4).

97 국제법적으로, 조약은 국제법 주체들이 일정한 법률효과를 발생시키기 위하여 체결한 국제법의 규율을 받는 국제적 합의를 말하며 서면에 의한 경우가 대부분이지만 예외적으로 구두합의도 조약의 성격을 가질 수 있다. 2022 경찰간부 ( )

ANSWER 92 ○ 93 ○ 94 ○ 95 ○ 96 ○ 97 ○

해설 국제법적으로, **조약**은 국제법 주체들이 일정한 법률효과를 발생시키기 위하여 체결한 국제법의 규율을 받는 **국제적 합의**를 말하며 서면에 의한 경우가 대부분이지만 예외적으로 구두합의도 조약의 성격을 가질 수 있다. 조약과 비구속적 합의를 구분함에 있어서는 합의의 명칭, 합의가 서면으로 이루어졌는지 여부, 국내법상 요구되는 절차를 거쳤는지 여부와 같은 형식적 측면 외에도 합의의 과정과 내용·표현에 비추어 법적 구속력을 부여하려는 당사자의 의도가 인정되는지 여부, 법적 효과를 부여할 수 있는 구체적인 권리·의무를 창설하는지 여부 등 **실체적 측면을 종합적으로 고려하여야 한다**. 비구속적 합의의 경우, 그로 인하여 국민의 법적 지위가 영향을 받지 않는다고 할 것이므로, 이를 대상으로 한 헌법소원 심판청구는 허용되지 않는다(헌재 2019. 12. 27. 2016헌마253).

98 국회는 상호원조 또는 안전보장에 관한 조약, 중요한 국제조직에 관한 조약, 우호통상항해조약, 주권의 제약에 관한 조약, 강화조약, 국가나 국민에게 중대한 재정적 부담을 지우는 조약 또는 입법사항에 관한 조약의 체결·비준에 대한 동의권을 가진다. 2021 경찰승진 ( )

해설 국회는 상호원조 또는 안전보장에 관한 조약, 중요한 국제조직에 관한 조약, 우호통상항해조약, 주권의 제약에 관한 조약, 강화조약, 국가나 국민에게 중대한 재정적 부담을 지우는 조약 또는 입법사항에 관한 조약의 체결·비준에 대한 동의권을 가진다(국회법 제60조 제1항).

99 대한민국과 아메리카합중국 간의 상호방위조약 제4조에 의한 시설과 구역 및 대한민국에서의 합중국군대의 지위에 관한 협정은 국회의 관여없이 체결되는 행정협정이므로 국회의 동의를 요하지 않는다. 2021 경찰승진 ( )

해설 **대한민국과 아메리카합중국 간의 상호방위조약 제4조에 의한 시설과 구역 및 대한민국에서의 합중국군대의 지위에 관한 협정은** 그 명칭이 "협정"으로 되어 있어 국회의 관여없이 체결되는 행정협정처럼 보이기도 하나 우리나라의 입장에서 볼 때에는 외국군대의 지위에 관한 것이고, 국가에게 재정적 부담을 지우는 내용과 입법사항을 포함하고 있으므로 **국회의 동의를 요하는 조약으로 취급되어야** 한다(헌재 1999. 4. 29. 97헌가14).

100-1 한미주둔군지위협정(SOFA)은 미군의 국내 주둔을 위한 물적 기반으로서의 시설과 구역의 사용을 둘러싼 문제, 출입국, 통관과 관세, 과세에 관한 문제, 노무관련문제 등을 그 내용으로 하는 행정협정의 일종에 불과하고, 국회의 동의를 요하는 조약에 해당하지 않는다. 2023 법원행시 ( )

100-2 이른바 한미주둔군지위협정(SOFA)은 비록 그 내용이 외국군대의 지위에 관한 것이고 국민에게 재정적 부담을 지우는 입법사항을 포함하고 있다 하더라도, 그 명칭이 협정으로 되어 있어 국회의 동의 없이 체결될 수 있는 행정협정에 해당한다. 2023 변시 ( )

100-3 '한미주둔군지위협정(SOFA)'은 그 명칭이 협정으로 되어 있어 국회의 관여 없이 체결되는 행정협정처럼 보이기도 하나 우리나라의 입장에서 볼 때에는 외국군대의 지위에 관한 것이고, 국가에 재정적 부담을 지우는 내용과 입법사항을 포함하고 있으므로 국회의 동의를 요하는 조약으로 취급되어야 한다. 2023 해양경찰 ( )

해설 이 사건 조약은 그 명칭이 "협정"으로 되어 있어 국회의 관여 없이 체결되는 행정협정처럼 보이기도 하나 우리나라의 입장에서 볼 때에는 외국군대의 지위에 관한 것이고, 국가에게 재정적 부담을 지우는 내용과 입법사항을 포함하고 있으므로 국회의 동의를 요하는 조약으로 취급되어야 한다(헌재 1999. 4. 29. 97헌가14).

ANSWER 98 ○ 99 × 100-1 × 100-2 × 100-3 ○

101 조약은 국회의 동의를 얻어 체결·비준되었더라도 형식적 의미의 법률이 아닌 이상 헌법재판소의 위헌법률 심판대상이 될 수 없다. 2021 경찰경력채용 ( )

해설 **위헌법률심판** 또는 헌법재판소법 제68조 제2항에 따른 헌법소원심판의 **대상이 되는 '법률'에는** 국회의 의결을 거친 이른바 형식적 의미의 법률은 물론이고 그 밖에 형식적 의미의 법률은 아니나 **국회의 동의를 얻어 체결되고 법률과 같은 효력을 가지는 조약 등 '형식적 의미의 법률과 동일한 효력'을 갖는 규범들도 모두 포함된다**(헌재 2020.10.29. 2017헌바208).

102 '시민적 및 정치적 권리에 관한 국제규약'의 조약상 기구인 자유권규약위원회의 견해는 규약을 해석함에 있어 중요한 참고기준이 되고, 규약 당사국은 그 견해를 존중하여야 하며, 특히 우리나라는 자유권규약을 비준하였으므로, 양심적 병역 거부를 이유로 유죄판결을 받은 청구인들에 대하여 자유권규약위원회가 채택한 견해에 따라 전과기록 말소 및 충분한 보상을 포함한 청구인들에 대한 효과적인 구제조치를 이행하는 법률을 제정하지 아니한 입법부작위는 헌법에 위반된다. 2024 법원행시 ( )

해설 우리나라가 자유권규약의 당사국으로서 자유권규약위원회의 견해를 존중하고 그 이행을 위하여 가능한 범위에서 충분한 노력을 기울여야 한다. 다만 대한민국 국회가 반드시 자유권규약위원회의 견해의 구체적인 내용에 구속되어 그 모든 내용을 그대로 따라야만 하는 의무를 부담한다고 볼 수는 없으므로, **대한민국 국회에게 자유권규약위원회의 견해에 언급된 구제조치를 그대로 이행하는 법률을 제정할 구체적인 입법의무가 발생하였다고 보기 어렵다**(헌재 2018.7.26. 2011헌마306).

103-1 우루과이라운드의 협상결과 체결된 마라케쉬 협정은 적법하게 체결되어 공포된 조약이다. 2021 경찰승진 ( )

103-2 헌법에 따라 적법하게 체결되어 공포된 조약은 국내법과 동일한 효력을 갖지만, 죄형법정주의원칙상 조약으로 새로운 범죄를 구성하거나 범죄자에 대한 처벌을 가중할 수 없다. 2023 변시 ( )

103-3 마라케쉬협정에 의하여 관세법위반자의 처벌이 가중된다고 하더라도, 위 협정은 국내법과 같은 효력을 가지므로, 법률에 의하지 아니한 처벌이라고 할 수 없다. 2023 법원행시 ( )

해설 **마라케쉬 협정도 적법하게 체결되어 공포된 조약이므로 국내법과 같은 효력을 갖는 것**이어서 그로 인하여 새로운 범죄를 구성하거나 범죄자에 대한 처벌이 가중된다고 하더라도 이것은 국내법에 의하여 형사처벌을 가중한 것과 같은 효력을 갖게 되는 것이다(헌재 1998.11.26. 97헌바65).

104-1 국제연합(UN)의 "인권에 관한 세계선언" 각 조항이 바로 보편적인 법적 구속력을 가지거나 국제법적 효력을 갖는 것으로 볼 것은 아니다. 2023 행시 ( )

104-2 국제연합(UN)의 '인권에 관한 세계선언'은 선언적인 의미를 가지고 있을 뿐 법적 구속력을 가진 것은 아니다. 2023 해양경찰 ( )

해설 **"세계인권선언"**에 관하여 보면, 이는 그 전문에 나타나 있듯이 "인권 및 기본적 자유의 보편적인 존중과 준수의 촉진을 위하여 … 사회의 각 개인과 사회 각 기관이 국제연합 가맹국 자신의 국민 사이에 또 가맹국 관할하의 지역에 있는 인민들 사이에 기본적인 인권과 자유의 존중을 지도교육함으로써 촉진하고 또한 그러한 보편적, 효과적인 승인과 준수를 국내적·국제적인 점진적 조치에 따라 확보할 것을

ANSWER 101 × 102 × 103-1 ○ 103-2 × 103-3 ○ 104-1 ○ 104-2 ○

노력하도록, 모든 국민과 모든 나라가 달성하여야 할 공통의 기준"으로 선언하는 의미는 있으나 그 선언내용인 각 조항이 바로 보편적인 법적구속력을 가지거나 국제법적 효력을 갖는 것으로 볼 것은 아니다(헌재 2005. 10. 27. 2003헌바50 등).

105 지급거절될 것을 예견하고 수표를 발행한 사람이 그 수표의 지급제시기일에 수표금이 지급되지 아니하게 한 경우 수표의 발행인을 처벌하는 것은, 계약상 의무의 이행불능만을 이유로 구금하는 것을 금지한 「시민적 및 정치적 권리에 관한 국제규약」에 정면으로 배치되지 않아 국제법 존중주의에 위배되지 않는다. 2023 변시 ( )

해설 헌법 제6조 제1항의 국제법 존중주의는 우리나라가 가입한 조약과 일반적으로 승인된 국제법규가 국내법과 같은 효력을 가진다는 것으로서 조약이나 국제법규가 국내법에 우선한다는 것은 아니다. 이 사건 법률조항에서 규정하고 있는 부정수표 발행행위는 지급제시될 때에 지급거절될 것을 예견하면서도 수표를 발행하여 지급거절에 이르게 하는 것으로 그 보호법익은 수표거래의 공정성이며 결코 '계약상 의무의 이행불능만을 이유로 구금'되는 것이 아니므로 국제법 존중주의에 입각한다 하더라도 국제연합 인권규약 제11조의 명문에 정면으로 배치되는 것이 아니다(헌재 2001. 4. 26. 99헌가13).

106-1 대통령이 국군을 이라크에 파견하기로 한 결정은 그 성격상 국방 및 외교에 관련된 고도의 정치적 결단을 요하는 문제로서 헌법과 법률이 정한 절차를 지켜 이루어진 것임이 명백하므로, 대통령과 국회의 판단은 존중되어야 하고 헌법재판소가 사법적 기준만으로 이를 심판하는 것은 자제되어야 한다. 2022 입법고시 ( )

106-2 이라크 파병 결정은 고도의 정치적 결단을 요하는 문제이므로, 그것이 헌법과 법률이 정한 절차를 준수했는지, 그리고 이라크 전쟁이 국제규범에 어긋나는 침략전쟁인지 등에 대하여 사법적 기준으로 심판하는 것은 자제되어야 한다. 2023 변시 ( )

해설 이 사건 파견결정이 헌법에 위반되는지의 여부 즉 국가안보에 보탬이 됨으로써 궁극적으로는 국민과 국익에 이로운 것이 될 것인지 여부 및 이른바 이라크전쟁이 국제규범에 어긋나는 침략전쟁인지 여부 등에 대한 판단은 대의기관인 대통령과 국회의 몫이고, 성질상 한정된 자료만을 가지고 있는 우리 재판소가 판단하는 것은 바람직하지 않다고 할 것이며, … 이 사건 파견결정은 그 성격상 국방 및 외교에 관련된 고도의 정치적 결단을 요하는 문제로서, 헌법과 법률이 정한 절차를 지켜 이루어진 것임이 명백하므로, 대통령과 국회의 판단은 존중되어야 하고 헌법재판소가 사법적 기준만으로 이를 심판하는 것은 자제되어야 한다(헌재 2004. 4. 29. 2003헌마814).

107 조약의 체결·비준의 주체인 대통령이 국회의 동의를 필요로 하는 조약에 대하여 국회의 동의절차를 거치지 아니한 채 체결·비준하는 경우 국회의원의 심의·표결권을 침해한 것이다. 2022 입법고시 ( )

해설 국회의원의 심의·표결권은 국회의 대내적인 관계에서 행사되고 침해될 수 있을 뿐 다른 국가기관과의 대외적인 관계에서는 침해될 수 없는 것이므로, 대통령 등 국회 이외의 국가기관과의 사이에서는 권한침해의 직접적인 법적 효과를 발생시키지 아니한다. 따라서 피청구인 대통령이 조약 체결·비준에 대한 국회의 동의를 요구하지 않았다고 하더라도 국회의원인 청구인들의 심의·표결권이 침해될 가능성은 없다(헌재 2015. 11. 26. 2013헌라3).

108 헌법은 제9조에서 "문화의 영역에 있어서 각인의 기회를 균등히" 할 것을 선언하고 있을 뿐 아니라, 국가에게 전통문화의 계승 발전과 민족문화의 창달을 위하여 노력할 의무를 지우고 있다. 2023 국가직7급 ( )

해설 국가는 전통 문화의 계승, 발전과 민족 문화의 창달에 노력해야 한다(헌법 제9조).

ANSWER 105 ○ 106-1 ○ 106-2 × 107 × 108 ×

109-1 오늘날 문화국가에서의 문화정책은 문화가 생겨날 수 있는 문화풍토를 조성하는 것이 아니라 문화 그 자체에 초점을 두어야 한다. 2022 행시 ( )

109-2 문화국가원리는 국가의 문화정책과 밀접 불가분의 관계를 맺고 있는바, 오늘날 문화국가에서의 문화정책은 문화풍토의 조성이 아니라 문화 그 자체에 초점을 두어야 한다. 2023 지방직7급 ( )

109-3 오늘날 문화국가에서의 문화정책은 그 초점이 문화 그 자체에 있는 것이 아니라 문화가 생겨날 수 있는 문화풍토를 조성하는 데 두어야 한다. 2023 경찰경력채용 ( )

109-4 우리 헌법상 문화국가원리는 견해와 사상의 다양성을 그 본질로 하며, 이를 실현하는 국가의 문화정책은 불편부당의 원칙에 따라야 하는바, 모든 국민은 정치적 견해 등에 관계없이 문화 표현과 활동에서 차별을 받지 않아야 한다. 2022 행시 ( )

109-5 우리나라는 건국헌법 이래 문화국가의 원리를 헌법의 기본원리로 채택하고 있다. 2023 국가직7급 / 2023 경찰간부 ( )

109-6 우리 헌법상 문화국가원리는 견해와 사상의 다양성을 그 본질로 하며, 이를 실현하는 국가의 문화정책은 불편부당의 원칙에 따라야 한다. 2022 경찰2차 ( )

109-7 정부는 문화국가실현에 관한 과제를 수행함에 있어 문화의 다양성, 자율성, 창조성이 조화롭게 실현될 수 있도록 중립성을 지키면서 문화에 대한 지원 및 육성을 하도록 유의하여야 한다. 2024 경찰1차 ( )

109-8 문화국가원리는 견해와 사상의 다양성을 그 본질로 하며, 이를 실현하는 국가의 문화정책은 불편부당의 원칙에 따라야 하는바, 모든 국민은 정치적 견해 등에 관계없이 문화 표현과 활동에서 차별을 받지 않아야 한다. 2024 경찰승진 ( )

해설 우리나라는 제헌헌법 이래 문화국가의 원리를 헌법의 기본원리로 채택하고 있다. 문화국가원리는 국가의 문화국가실현에 관한 과제 또는 책임을 통하여 실현되는바, 국가의 문화정책과 밀접 불가분의 관계를 맺고 있다. 과거 국가절대주의사상의 국가관이 지배하던 시대에는 국가의 적극적인 문화간섭정책이 당연한 것으로 여겨졌다. 그러나 오늘날에 와서는 국가가 어떤 문화현상에 대하여도 이를 선호하거나 우대하는 경향을 보이지 않는 불편부당의 원칙이 가장 바람직한 정책으로 평가받고 있다. 오늘날 문화국가에서의 문화정책은 그 초점이 문화 그 자체에 있는 것이 아니라 문화가 생겨날 수 있는 문화풍토를 조성하는 데 두어야 한다. 정부는 문화국가실현에 관한 과제를 수행함에 있어 과거 문화간섭정책에서 벗어나 문화의 다양성, 자율성, 창조성이 조화롭게 실현될 수 있도록 중립성을 지키면서 문화에 대한 지원 및 육성을 하도록 유의하여야 한다. 그럼에도 불구하고 피청구인들이 이러한 중립성을 보장하기 위하여 법률에서 정하고 있는 제도적 장치를 무시하고 정치적 견해를 기준으로 청구인들을 문화예술계 정부지원사업에서 배제되도록 차별취급한 것은 헌법상 문화국가원리와 법률유보원칙에 반하는 자의적인 것으로 정당화될 수 없다(헌재 2020.12.23. 2017헌마416).

ANSWER 109-1 × 109-2 × 109-3 ○ 109-4 ○ 109-5 ○ 109-6 ○ 109-7 ○ 109-8 ○

110-1 국가의 문화육성의 대상에는 원칙적으로 모든 사람에게 문화창조의 기회를 부여한다는 의미에서 모든 문화가 포함되므로 엘리트문화뿐만 아니라 서민문화, 대중문화도 그 가치를 인정하고 정책적인 배려의 대상으로 하여야 한다. 2022 행시 / 2023 경찰간부 ( )

110-2 국가의 문화육성의 대상에는 원칙적으로 모든 사람에게 문화창조의 기회를 부여한다는 의미에서 모든 문화가 포함되므로, 엘리트문화, 서민문화, 대중문화 모두 그 가치가 인정되고 정책적인 배려의 대상이 되어야 한다. 2022 경찰2차 ( )

110-3 문화국가의 원리는 문화의 개방성 내지 다원성의 표지와 연결되는데, 국가의 문화육성의 대상에는 원칙적으로 모든 사람에게 문화창조의 기회를 부여한다는 의미에서 모든 문화가 포함되므로 엘리트문화뿐만 아니라 서민문화, 대중문화도 그 가치를 인정하고 정책적인 배려의 대상으로 한다. 2022 경찰간부 ( )

110-4 헌법은 문화국가를 실현하기 위하여 보장되어야 할 정신적 기본권으로 양심과 사상의 자유, 종교의 자유, 언론·출판의 자유, 학문과 예술의 자유 등을 규정하고 있는바, 이들 기본권은 견해와 사상의 다양성을 그 본질로 하는 문화국가원리의 불가결의 조건이라고 할 것이다. 2022 행시 ( )

110-5 오늘날 문화국가에서의 문화정책은 그 초점이 문화 그 자체에 있는 것이 아니라 문화가 생겨날 수 있는 문화풍토를 조성하는 데 두어야 하므로 국가는 엘리트문화뿐만 아니라 서민문화, 대중문화도 그 가치를 인정하고 정책적인 배려의 대상으로 하여야 한다. 2022 변시 ( )

110-6 국가의 문화육성은 국민에게 문화창조의 기회를 부여한다는 의미에서 서민문화, 대중문화는 그 가치를 인정하고 정책적인 배려의 대상으로 하여야 하지만, 엘리트문화는 이에 포함되지 않는다. 2023 지방직7급 ( )

110-7 헌법은 문화국가를 실현하기 위하여 보장되어야 할 정신적 기본권으로 양심과 사상의 자유, 종교의 자유, 언론·출판의 자유, 학문과 예술의 자유 등을 규정하고 있는바, 이들 기본권은 문화국가원리의 불가결의 조건이다. 2023 경찰간부 ( )

> **해설** 오늘날 문화국가에서의 문화정책은 그 초점이 문화 그 자체에 있는 것이 아니라 문화가 생겨날 수 있는 문화풍토를 조성하는 데 두어야 한다. 문화국가원리의 이러한 특성은 문화의 개방성 내지 다원성의 표지와 연결되는데, 국가의 문화육성의 대상에는 원칙적으로 모든 사람에게 문화창조의 기회를 부여한다는 의미에서 모든 문화가 포함된다. 따라서 **엘리트문화뿐만 아니라 서민문화, 대중문화도 그 가치를 인정하고 정책적인 배려의 대상으로 하여야** 한다.
> 헌법은 문화국가를 실현하기 위하여 보장되어야 할 정신적 기본권으로 양심과 사상의 자유, 종교의 자유, 언론·출판의 자유, 학문과 예술의 자유 등을 규정하고 있는바, 개별성·고유성·다양성으로 표현되는 문화는 사회의 **자율영역을 바탕으로** 한다고 할 것이고, **이들 기본권은 견해와 사상의 다양성을 그 본질로 하는 문화국가원리의 불가결의 조건이라고 할 것이다**(헌재 2004.5.27. 2003헌가1 등).

ANSWER 110-1 ○ 110-2 ○ 110-3 ○ 110-4 ○ 110-5 ○ 110-6 × 110-7 ○

111-1 「헌법」 제9조의 규정취지와 민족문화유산의 본질에 비추어 볼 때, 국가가 민족문화유산을 보호하고자 하는 경우 이에 관한 헌법적 보호법익은 '민족문화유산의 존속' 그 자체를 보장하는 것이고, 원칙적으로 민족문화유산의 훼손 등에 관한 가치보상이 있는지 여부는 이러한 헌법적 보호법익과 직접적인 관련이 없다.
2021 경찰경력채용 / 2023 국가직7급 ( )

111-2 국가가 민족문화유산을 보호하고자 하는 경우 이에 관한 헌법적 보호법익은 민족문화유산의 훼손 등에 관한 가치보상에 있는 것이지 '민족문화유산의 존속' 그 자체를 보장하는 것은 아니다. 2023 지방직7급 ( )

해설 헌법 제9조의 규정취지와 민족문화유산의 본질에 비추어 볼 때, 국가가 민족문화유산을 보호하고자 하는 경우 이에 관한 헌법적 보호법익은 '민족문화유산의 존속' 그 자체를 보장하는 것이고, **원칙적으로 민족문화유산의 훼손 등에 관한 가치보상이 있는지 여부는 이러한 헌법적 보호법익과 직접적인 관련이 없다**(헌재 2003.1.30. 2001헌바64).

112 헌법 전문에서 말하는 전통이란 역사성과 시대성을 띤 개념이므로 오늘날의 의미로 포착하여야 한다.
2022 법무사 ( )

해설 헌법 전문과 헌법 제9조에서 말하는 "전통", "전통문화"란 역사성과 시대성을 띤 개념으로서 헌법의 가치질서, 인류의 보편가치, 정의와 인도정신 등을 고려하여 오늘날의 의미로 포착하여야 하며, 가족제도에 관한 전통·전통문화란 적어도 그것이 가족제도에 관한 헌법이념인 개인의 존엄과 양성의 평등에 반하는 것이어서는 안 된다는 한계가 도출되므로, 전래의 어떤 가족제도가 헌법 제36조 제1항이 요구하는 개인의 존엄과 양성평등에 반한다면 헌법 제9조를 근거로 그 헌법적 정당성을 주장할 수는 없다(헌재 2005.2.3. 2001헌가9 등).

113 헌법 제9조의 정신에 따라 우리가 진정으로 계승·발전시켜야 할 전통문화는 이 시대의 제반 사회·경제적 환경에 맞고 또 오늘날에 있어서도 보편타당한 전통윤리 내지 도덕관념이라 할 것이다. 2023 지방직7급 ( )

해설 헌법 제9조의 정신에 따라 우리가 진정으로 계승·발전시켜야 할 전통문화는 이 시대의 제반 사회·경제적 환경에 맞고 또 오늘날에 있어서도 보편타당한 전통윤리 내지 도덕관념이라 할 것이다(헌재 1997.7.16. 95헌가6 등).

114 문화창달을 위하여 문화예술 공연관람자 등에게 예술감상에 의한 정신적 풍요의 대가로 문화예술진흥기금을 납입하게 하는 것은 헌법의 문화국가이념에 반하는 것이 아니다. 2022 경찰2차 ( )

해설 공연 등을 보는 국민이 예술적 감상의 기회를 가진다고 하여 이것을 집단적 효용성으로 평가하는 것도 무리이다. **공연관람자 등이 예술감상에 의한 정신적 풍요를 느낀다면 그것은 헌법상의 문화국가원리에 따라 국가가 적극 장려할 일이지, 이것을 일정한 집단에 의한 수익으로 인정하여 그들에게 경제적 부담을 지우는 것은 헌법의 문화국가이념(제9조)에 역행하는 것이다**. 그렇다면 이 사건 문예진흥기금의 납입금은 특별부담금의 헌법적 허용한계를 벗어나서 위헌이라 할 것이다(헌재 2003.12.18. 2002헌가2).

115-1 고액 과외교습을 방지하기 위하여 모든 학생으로 하여금 오로지 학원에서만 사적으로 배울 수 있도록 규율한다는 것은 개성과 창의성, 다양성을 지향하는 문화국가원리에 위반된다. 2022 경찰2차 ( )

ANSWER 111-1 ○ 111-2 × 112 ○ 113 ○ 114 × 115-1 ○

115-2 국가는 학교교육에 관한 한, 교육제도의 형성에 관한 폭넓은 권한을 가지고 있지만, 학교교육 밖의 사적인 교육영역에서는 원칙적으로 부모의 자녀교육권이 우위를 차지하고, 국가 또한 헌법이 지향하는 문화국가이념에 비추어, 학교교육과 같은 제도 교육 외에 사적인 교육의 영역에서도 사인의 교육을 지원하고 장려해야 할 의무가 있으므로 사적인 교육영역에 대한 국가의 규율권한에는 한계가 있다. 2023 국가직7급 ( )

해설 자녀의 양육과 교육에 있어서 부모의 교육권은 교육의 모든 영역에서 존중되어야 하며, 다만, 학교교육의 범주 내에서는 국가의 교육권한이 헌법적으로 독자적인 지위를 부여받음으로써 부모의 교육권과 함께 자녀의 교육을 담당하지만, 학교 밖의 교육영역에서는 원칙적으로 부모의 교육권이 우위를 차지한다. 국가는 헌법이 지향하는 문화국가이념에 비추어, 학교교육과 같은 제도교육 외에 사적인 교육의 영역에서도 사인의 교육을 지원하고 장려해야 할 의무가 있는 것이다. 학교교육에 관한 한, 국가는 교육제도의 형성에 관한 폭넓은 권한을 가지고 있지만, 학교교육 밖의 사적인 교육영역에서는 국가의 규율권한에는 한계가 있다.
단지 일부 지나친 고액과외교습을 방지하기 위하여 모든 학생으로 하여금 오로지 학원에서만 사적으로 배울 수 있도록 규율한다는 것은 어디에도 그 예를 찾아볼 수 없는 것일 뿐만 아니라 자기결정과 자기책임을 생활의 기본원칙으로 하는 헌법의 인간상이나 개성과 창의성, 다양성을 지향하는 문화국가원리에도 위반되는 것이다(헌재 2000.4.27. 98헌가16 등).

116 문화는 사회의 자율영역을 바탕으로 하지만, 이를 근거로 혼인과 가족의 보호가 헌법이 지향하는 자유민주적 문화국가의 필수적인 전제조건이라 하기는 어렵다. 2023 경찰간부 ( )

해설 혼인과 가족의 보호는 헌법이 지향하는 자유민주적 문화국가의 필수적인 전제조건이다. 개별성·고유성·다양성으로 표현되는 문화는 사회의 자율영역을 바탕으로 하고, 사회의 자율영역은 무엇보다도 바로 가정으로부터 출발하기 때문이다(헌재 2000.4.27. 98헌가16 등).

Ⅲ 최신판례

01 외교부 북미국장이 2017. 4. 20. 주한미군사령부 부사령관과 사이에 주한미군에 성주 스○○ 골프장 부지 중 일부의 사용을 공여하는 내용으로 체결한 협정은 경북 성주군 및 김천시에 거주하거나 대한민국 국민인 청구인들의 평화적 생존권, 건강권, 환경권, 직업의 자유와 원불교도 및 그 단체인 청구인들의 종교의 자유를 침해할 가능성을 인정하기 어렵다(헌재 2024.3.28. 2017헌마372).

ANSWER 115-2 ○ 116 ×

PART 02

기본권

CHAPTER 01 **기본권 총론**
CHAPTER 02 **인간의 존엄과 가치와 행복추구권**
CHAPTER 03 **평등권**
CHAPTER 04 **자유권적 기본권**
CHAPTER 05 **생존권적 기본권**
CHAPTER 06 **청구권적 기본권**
CHAPTER 07 **대한민국의 기본제도와 참정권적 기본권**
CHAPTER 08 **국민의 기본의무**

01 기본권 총론

I 헌법 조문

제10조 모든 국민은 인간으로서의 존엄과 가치를 가지며, 행복을 추구할 권리를 가진다. 국가는 개인이 가지는 불가침의 기본적 인권을 확인하고 이를 보장할 의무를 진다.

제37조 ① 국민의 자유와 권리는 헌법에 열거되지 아니한 이유로 경시되지 아니한다.
② 국민의 모든 자유와 권리는 국가안전보장·질서유지 또는 공공복리를 위하여 필요한 경우에 한하여 법률로써 제한할 수 있으며, 제한하는 경우에도 자유와 권리의 본질적인 내용을 침해할 수 없다.

제75조 대통령은 법률에서 구체적으로 범위를 정하여 위임받은 사항과 법률을 집행하기 위하여 필요한 사항에 관하여 대통령령을 발할 수 있다.

II 최신 기출지문 분석

01 헌법에 열거되지 아니한 기본권을 새롭게 인정하려면, 그 필요성이 특별히 인정되고, 그 권리 내용이 비교적 명확하여 구체적 기본권으로서의 실체, 즉 권리내용을 규범 상대방에게 요구할 힘이 있고 그 실현이 방해되는 경우 재판에 의하여 그 실현을 보장받을 수 있는 구체적 권리로서의 실질에 부합하여야 한다. 2023 해양경찰
( )

> **해설** 헌법에 열거되지 아니한 기본권을 새롭게 인정하려면, 그 필요성이 특별히 인정되고, 그 권리내용(보호영역)이 비교적 명확하여 구체적 기본권으로서의 실체, 즉 권리내용을 규범 상대방에게 요구할 힘이 있고 그 실현이 방해되는 경우 재판에 의하여 그 실현을 보장받을 수 있는 구체적 권리로서의 실질에 부합하여야 할 것이다(헌재 2011.8.30. 2008헌마477).

02-1 제도적 보장은 주관적 권리가 아닌 객관적 법규범이라는 점에서 기본권과 구별되기는 하지만 헌법에 의하여 일정한 제도가 보장되면 입법자는 그 제도를 설정하고 유지할 입법의무를 지게 될 뿐만 아니라 헌법에 규정되어 있기 때문에 법률로써 이를 폐지할 수 없고, 비록 내용을 제한하더라도 그 본질적 내용을 침해할 수 없다. 2022 경찰2차
( )

ANSWER 01 ○ 02-1 ○

02-2 제도적 보장은 객관적 제도를 헌법에 규정하여 당해 제도의 본질을 유지하려는 것으로서 헌법제정권자가 특히 중요하고도 가치가 있다고 인정되고 헌법적으로도 보장할 필요가 있다고 생각하는 국가제도를 헌법에 규정함으로써 장래의 법 발전, 법 형성의 방침과 범주를 미리 규율하려는 데 있다. 2022 경찰2차 ( )

02-3 직업공무원제도는 지방자치제도, 복수정당제도, 혼인제도 등과 함께 '제도보장'의 하나로서 이는 일반적인 법에 의한 폐지나 제도본질의 침해를 금지한다는 의미의 '최소보장'의 원칙이 적용되는바, 이는 기본권의 경우 헌법 제37조 제2항의 과잉금지의 원칙에 따라 필요한 경우에 한하여 '최소한으로 제한'되는 것과 대조되는 것이다. 2022 경찰2차 ( )

> 해설 제도적 보장은 주관적 권리가 아닌 객관적 법규범이라는 점에서 기본권과 구별되기는 하지만 헌법에 의하여 일정한 제도가 보장되면 입법자는 그 제도를 설정하고 유지할 입법의무를 지게 될 뿐만 아니라 헌법에 규정되어 있기 때문에 법률로써 이를 폐지할 수 없고, 비록 내용을 제한하더라도 그 본질적 내용을 침해할 수 없다.
> 제도적 보장은 객관적 제도를 헌법에 규정하여 당해 제도의 본질을 유지하려는 것으로서 헌법제정권자가 특히 중요하고도 가치가 있다고 인정되고 헌법적으로도 보장할 필요가 있다고 생각하는 국가제도를 헌법에 규정함으로써 장래의 법 발전, 법 형성의 방침과 범주를 미리 규율하려는데 있다.
> 직업공무원제도는 지방자치제도, 복수정당제도, 혼인제도 등과 함께 "제도보장"의 하나로서 이는 일반적인 법에 의한 폐지나 제도본질의 침해를 금지한다는 의미의 "최소보장"의 원칙이 적용되는바, 이는 기본권의 경우 헌법 제37조 제2항의 과잉금지의 원칙에 따라 필요한 경우에 한하여 "최소한으로 제한"되는 것과 대조되는 것이다(헌재 1994.4.28. 91헌바15 등).

03 재판청구권과 같은 절차적 기본권은 원칙적으로 제도적 보장의 성격이 강하기 때문에, 자유권적 기본권의 경우와 비교하여 볼 때 상대적으로 축소된 입법형성권이 인정된다. 2022 경찰2차 ( )

> 해설 재판청구권과 같은 절차적 기본권은 원칙적으로 제도적 보장의 성격이 강하기 때문에, 자유권적 기본권 등 다른 기본권의 경우와 비교하여 볼 때 상대적으로 **광범위한 입법형성권이 인정**되므로, 관련 법률에 대한 위헌심사 기준은 합리성원칙 내지 자의금지원칙이 적용된다(헌재 2009.11.26. 2008헌바25).

04 인간의 존엄과 가치 및 행복추구권 등과 같이 단순히 '국민의 권리'가 아닌 '인간의 권리'로 볼 수 있는 기본권에 대해서는 외국인도 기본권 주체가 될 수 있다. 2023 경찰경력채용 ( )

> 해설 인간의 존엄과 가치 및 행복추구권 등과 같이 단순히 '국민의 권리'가 아닌 '인간의 권리'로 볼 수 있는 기본권에 대해서는 외국인도 기본권 주체가 될 수 있다고 하여 인간의 권리에 대하여는 원칙적으로 외국인의 기본권주체성을 인정하였다(헌재 2011.9.29. 2007헌마1083 등).

05-1 근로의 권리가 일할 환경에 관한 권리도 내포하고 있으므로 건강한 작업환경, 일에 대한 정당한 보수, 합리적인 근로조건의 보장 등을 요구할 수 있는 권리에 관하여 외국인 근로자의 기본권 주체성은 인정된다. 2022 법원행시 ( )

ANSWER 02-2 ○ 02-3 ○ 03 × 04 ○ 05-1 ○

05-2 근로의 권리의 구체적인 내용에 따라, 국가에 대하여 고용증진을 위한 사회적·경제적 정책을 요구할 수 있는 권리는 사회권적 기본권으로서 국민에 대하여만 인정해야 하지만, 자본주의 경제질서하에서 근로자가 기본적 생활수단을 확보하고 인간의 존엄성을 보장받기 위하여 최소한의 근로조건을 요구할 수 있는 권리는 자유권적 기본권의 성격도 아울러 가지므로 이러한 경우 외국인 근로자에게도 그 기본권 주체성을 인정함이 타당하다. 2022 경찰1차 ( )

05-3 고용허가를 받아 우리 사회에서 정당한 노동인력으로서 지위를 부여받은 외국인들은 직장선택의 자유와 근로의 권리 중 인간의 존엄성 보장에 필요한 최소한의 근로조건을 요구할 수 있는 '일할 환경에 관한 권리'가 보장된다. 2023 입법고시 ( )

05-4 일할 자리에 관한 권리는 국민에게만 인정되지만, 일할 환경에 관한 권리는 외국인에게도 인정된다. 2022 경찰간부 ( )

05-5 '일할 환경에 관한 권리'는 인간의 존엄성에 대한 침해를 방어하기 위한 권리로서 외국인에게도 인정되며, 건강한 작업환경, 일에 대한 정당한 보수, 합리적인 근로조건의 보장 등을 요구할 수 있는 권리 등을 포함한다. 2022 국회직8급 ( )

05-6 최소한의 근로조건을 요구할 수 있는 권리는 자유권적 기본권의 성격도 아울러 가지므로 이러한 경우 외국인 근로자에게도 그 기본권 주체성을 인정함이 타당하다. 2023 경찰경력채용 ( )

05-7 근로의 권리 중 '일할 자리에 관한 권리'가 아닌 '일할 환경에 관한 권리'에 대해서는 외국인의 기본권 주체성이 인정된다. 2024 입법고시 ( )

05-8 고용허가를 받아 국내에 입국한 외국인근로자의 출국만기보험금을 출국 후 14일 이내에 지급하도록 한 「외국인근로자의 고용 등에 관한 법률」의 해당 조항 중 '피보험자등이 출국한 때부터 14일 이내' 부분이 청구인들의 근로의 권리를 침해한다고 보기 어렵다. 2023 경찰간부 / 2023 국회직8급 ( )

05-9 고용 허가를 받아 국내에 입국한 외국인 근로자의 출국만기보험금을 출국 후 14일 이내에 지급하도록 한 「외국인 근로자의 고용 등에 관한 법률」 조항 중 '피보험자등이 출국한 때부터 14일 이내' 부분은 해당 외국인 근로자의 근로의 권리를 침해한다. 2022 행시 ( )

05-10 고용 허가를 받아 국내에 입국한 외국인 근로자의 출국만기보험금을 출국 후 14일 이내에 지급하도록 한 것은 외국인 근로자의 근로의 권리를 침해하지 않는다. 2022 국회직8급 ( )

05-11 근로의 권리의 구체적인 내용에 따라, 국가에 대하여 고용 증진을 위한 사회적·경제적 정책을 요구할 수 있는 권리뿐만 아니라, 자본주의 경제질서 하에서 근로자가 기본적 생활수단을 확보하고 인간의 존엄성을 보장받기 위하여 최소한의 근로조건을 요구할 수 있는 권리도 자유권적 기본권의 성격을 아울러 가지므로, 외국인 근로자에게 그 기본권 주체성을 인정함이 타당하다. 2024 법원행시 ( )

ANSWER 05-2 ○ 05-3 ○ 05-4 ○ 05-5 ○ 05-6 ○ 05-7 ○ 05-8 ○ 05-9 × 05-10 ○ 05-11 ×

05-12 근로의 권리가 '일할 자리에 관한 권리'만이 아니라 '일할 환경에 관한 권리'도 함께 내포하고 있는바, 후자는 인간의 존엄성에 대한 침해를 방어하기 위한 자유권적 기본권의 성격도 갖고 있어 건강한 작업환경, 일에 대한 정당한 보수, 합리적인 근로조건의 보장 등을 요구할 수 있는 권리 등을 포함한다고 할 것이므로 외국인 근로자라고 하여 이 부분에까지 기본권 주체성을 부인할 수는 없다. 2024 법원행시 ( )

> **해설1** 근로의 권리의 구체적인 내용에 따라, 국가에 대하여 고용증진을 위한 사회적·경제적 정책을 요구할 수 있는 권리는 사회권적 기본권으로서 국민에 대하여만 인정해야 하지만, **자본주의 경제질서하에서 근로자가 기본적 생활수단을 확보하고 인간의 존엄성을 보장받기 위하여 최소한의 근로조건을 요구할 수 있는 권리는 자유권적 기본권의 성격도 아울러 가지므로 이러한 경우 외국인 근로자에게도 그 기본권 주체성을 인정함이 타당**하다(헌재 2007.8.30. 2004헌마670).

> **해설2** 헌법상 근로의 권리는 '일할 자리에 관한 권리'만이 아니라 '일할 환경에 관한 권리'도 의미하는데, '일할 환경에 관한 권리'는 인간의 존엄성에 대한 침해를 방어하기 위한 권리로서 외국인에게도 인정되며, 건강한 작업환경, 일에 대한 정당한 보수, 합리적인 근로조건의 보장 등을 요구할 수 있는 권리 등을 포함한다. 여기서의 근로조건은 임금과 그 지불방법, 취업시간과 휴식시간 등 근로계약에 의하여 근로자가 근로를 제공하고 임금을 수령하는 데 관한 조건들이고, 이 사건 출국만기보험금은 퇴직금의 성질을 가지고 있어서 그 지급시기에 관한 것은 근로조건의 문제이므로 외국인인 청구인들에게도 기본권 주체성이 인정된다. 이 사건 출국만기보험금이 근로자의 퇴직 후 생계 보호를 위한 퇴직금의 성격을 가진다고 하더라도 불법체류가 초래하는 여러 가지 문제를 고려할 때 불법체류 방지를 위해 그 지급시기를 출국과 연계시키는 것은 불가피하므로 심판대상조항이 청구인들의 근로의 권리를 침해한다고 보기 어렵다. 외국인 근로자의 경우 체류기간 만료가 퇴직과 직결되고, 체류기간이 만료되면 출국한다는 것을 전제로 고용허가를 받았다는 점에서 출국만기보험금의 지급시기를 출국 후 14일 이내로 정한 것이 근로자퇴직급여보장법이나 근로기준법상의 퇴직금 지급시기와 다르게 정한 것이라고 보기 어렵다. 즉, **심판대상조항은 고용허가를 받아 국내에 들어온 외국인 근로자의 특수한 지위에서 기인하는 것이므로, 심판대상조항이 외국인 근로자에 대하여 내국인 근로자와 달리 규정하였다고 하여 청구인들의 평등권을 침해한다고 볼 수 없다**(헌재 2016.3.31. 2014헌마367).

06-1 불법체류 중인 외국인들이라 하더라도, 불법체류라는 것은 관련 법령에 의하여 체류자격이 인정되지 않는다는 것일 뿐이므로, '인간의 권리'로서 외국인에게도 주체성이 인정되는 일정한 기본권에 관하여 불법체류 여부에 따라 그 인정 여부가 달라지는 것은 아니다. 2022 경찰1차 ( )

06-2 헌법재판소가 기본권 주체성을 인정한 경우만 묶은 것으로 가장 적절한 것은? ⓒ 불법체류 중인 외국인
2021 경찰승진 ( )

06-3 외국인에게도 주체성이 인정되는 일정한 기본권에 관하여 불법체류 여부에 따라 그 인정 여부가 달라지는 것은 아니기 때문에, 불법체류 중인 외국인이라 하더라도 신체의 자유, 주거의 자유, 변호인의 조력을 받을 권리, 재판청구권 등에 관하여는 기본권 주체성이 인정된다. 2022 법원행시 ( )

06-4 변호인의 조력을 받을 권리는 성질상 인간의 권리에 해당하므로 외국인도 그 주체가 된다.
2023 변시 / 2024 법원행시 ( )

ANSWER 05-12 ○ 06-1 ○ 06-2 ○ 06-3 ○ 06-4 ○

06-5 성질상 인간의 권리에 해당한다고 볼 수 있는 재판청구권에 관하여는 외국인의 기본권 주체성이 인정되지만, 불법체류 중인 외국인에게는 재판청구권에 관한 기본권 주체성이 인정되지 않는다. 2023 경찰승진 ( )

06-6 불법체류라는 것은 관련 법령에 의하여 체류자격이 인정되지 않는다는 것일 뿐이므로, '인간의 권리'로서 외국인에게도 주체성이 인정되는 일정한 기본권에 관하여 불법체류 여부에 따라 그 인정 여부가 달라지는 것은 아니다. 2022 국회직8급 ( )

06-7 불법체류 중인 외국인이라 하더라도, '인간의 권리'로서 외국인에게도 주체성이 인정되는 일정한 기본권에 관하여 불법체류 여부에 따라 그 인정 여부가 달라지는 것은 아니지만 '국가인권위원회의 공정한 조사를 받을 권리'는 헌법상 인정되는 기본권이라고 하기 어렵다. 2023 법원행시 ( )

06-8 불법체류 중인 외국인은 성질상 인간의 권리에 해당되는 신체의 자유, 주거의 자유, 변호인의 조력을 받을 권리, 재판청구권 등에 대해 주체성이 인정되므로 국가인권위원회의 공정한 조사를 받을 권리도 불법체류 중인 외국인에게 헌법상 인정되는 기본권이다. 2023 경찰2차 ( )

06-9 불법체류 중인 외국인에 대해서는 기본권 주체성이 부인된다. 2024 입법고시 ( )

> **해설** 헌법재판소법 제68조 제1항 소정의 헌법소원은 기본권의 주체이어야만 청구할 수 있는데, **단순히 '국민의 권리'가 아니라 '인간의 권리'로 볼 수 있는 기본권에 대해서는 외국인도 기본권의 주체가 될 수 있다.** 나아가 청구인들이 불법체류 중인 외국인들이라 하더라도, 불법체류라는 것은 관련 법령에 의하여 체류자격이 인정되지 않는다는 것일 뿐이므로, '인간의 권리'로서 외국인에게도 주체성이 인정되는 일정한 기본권에 관하여 불법체류 여부에 따라 그 인정 여부가 달라지는 것은 아니다. 청구인들이 침해받았다고 주장하고 있는 **신체의 자유, 주거의 자유, 변호인의 조력을 받을 권리, 재판청구권 등은 성질상 인간의 권리에 해당한다고 볼 수 있으므로, 위 기본권들에 관하여는 청구인들의 기본권 주체성이 인정**된다. 그러나 **'국가인권위원회의 공정한 조사를 받을 권리'는 헌법상 인정되는 기본권이라고 하기 어렵고**, 이 사건 보호 및 강제퇴거가 청구인들의 노동3권을 직접 제한하거나 침해한 바 없음이 명백하므로, 위 기본권들에 대하여는 본안판단에 나아가지 아니한다(헌재 2012.8.23. 2008헌마430).

07-1 외국인에게는 제한적으로 직업의 자유에 대한 기본권주체성을 인정할 수 있는데, 근로관계가 형성되기 전 단계인 특정한 직업을 선택할 수 있는 권리는 국가정책에 따라 법률로써 외국인에게 제한적으로 허용되는 것이지 헌법상 기본권에서 유래되는 것은 아니다. 2023 경찰1차 ( )

07-2 외국국적동포가 국내에서 누리는 직업의 자유는 법률 이전에 헌법에 의해서 부여된 기본권이다. 2023 경찰경력채용 ( )

07-3 의료인에게 면허된 의료행위 이외의 의료행위를 금지하고 처벌하는 「의료법」 조항이 제한하고 있는 직업의 자유는 국가자격제도정책과 국가의 경제상황에 따라 법률에 의하여 제한할 수 있고 인류보편적인 성격을 지니고 있지 아니하는 국민의 권리이므로 원칙적으로 외국인에게 인정되는 기본권은 아니다. 2024 경찰1차 ( )

ANSWER 06-5 × 06-6 ○ 06-7 ○ 06-8 × 06-9 × 07-1 ○ 07-2 × 07-3 ○

> **해설** 헌법재판소의 결정례 중에는 외국인이 대한민국 법률에 따른 허가를 받아 국내에서 일정한 직업을 수행함으로써 근로관계가 형성된 경우, 그 직업은 그 외국인의 생활의 기본적 수요를 충족시키는 방편이 되고 또한 개성신장의 바탕이 된다는 점에서 외국인은 그 근로관계를 계속 유지함에 있어서 국가의 방해를 받지 않고 자유로운 선택과 결정을 할 자유가 있고 그러한 범위에서 제한적으로 직업의 자유에 대한 기본권주체성을 인정할 수 있다고 하였다(헌재 2011.9.29. 2007헌마1083 등 참조). 하지만 이는 이미 근로관계가 형성되어 있는 예외적인 경우에 제한적으로 인정한 것에 불과하다. 그러한 근로관계가 형성되기 전단계인 특정한 직업을 선택할 수 있는 권리는 국가정책에 따라 법률로써 외국인에게 제한적으로 허용되는 것이지 헌법상 기본권에서 유래되는 것은 아니다.
> 심판대상조항이 제한하고 있는 직업의 자유는 국가자격제도정책과 국가의 경제상황에 따라 법률에 의하여 제한할 수 있는 국민의 권리에 해당한다. 국가정책에 따라 정부의 허가를 받은 외국인은 정부가 허가한 범위 내에서 소득활동을 할 수 있는 것이므로, **외국인이 국내에서 누리는 직업의 자유는 법률에 따른 정부의 허가에 의해 비로소 발생하는 권리이다.** 따라서 외국인인 청구인에게는 그 기본권주체성이 인정되지 아니하며, 자격제도 자체를 다툴 수 있는 기본권주체성이 인정되지 아니하는 이상 국가자격제도에 관련된 평등권에 관하여 따로 기본권주체성을 인정할 수 없다(헌재 2014.8.28. 2013헌마359).

08-1 직장 선택의 자유는 국민의 권리가 아닌 인간의 권리로 보아야 할 것이므로, 적법하게 고용허가를 받아 우리 사회에서 정당한 노동인력으로서의 지위를 부여받은 외국인에게도 직장 선택의 자유에 대한 기본권 주체성을 인정할 수 있다. 2022 국회직8급 ( )

08-2 외국인에게 직장 선택의 자유에 대한 기본권 주체성을 인정한다는 것은 곧바로 이들에게 우리 국민과 동일한 수준의 직장 선택의 자유가 보장된다는 것을 의미한다. 2022 국회직8급 ( )

> **해설** 이 사건 청구인들은 국내 기업에 취업함을 목적으로 **외국인고용법상 고용허가를 받고 적법하게 우리나라에 입국하여, 우리나라에서 일정한 생활관계를 형성, 유지하며 살아오고 있는 자들이다.** 이 사건에서 청구인이 구체적으로 주장하는 것은 외국인고용법상 고용허가를 받아 취업한 직장을 변경함에 있어 자유로이 변경할 수 있는 직장 선택의 자유가 침해되었다는 것인바, **청구인이 이미 적법하게 고용허가를 받아 적법하게 우리나라에 입국하여 우리나라에서 일정한 생활관계를 형성, 유지하는 등, 우리 사회에서 정당한 노동인력으로서의 지위를 부여받은 상황임을 전제로 하는 이상, 청구인이 선택한 직업분야에서 이미 형성된 근로관계를 계속 유지하거나 포기하는 데 있어 국가의 간섭이나 방해를 받지 않고 자유로운 선택·결정을 할 자유는 외국인인 청구인들도 누릴 수 있는 인간의 권리로서의 성질을 지닌다고 볼 것이다.** 그렇다면, 위와 같은 직장 선택의 자유라는 권리의 성질에 비추어 보면 이 사건 청구인에게 직장 선택의 자유에 대한 기본권 주체성을 인정할 수 있다 할 것이다.
> 기본권 주체성의 인정문제와 기본권제한의 정도는 별개의 문제이므로, **외국인에게 직장 선택의 자유에 대한 기본권 주체성을 인정한다는 것이 곧바로 이들에게 우리 국민과 동일한 수준의 직장 선택의 자유가 보장된다는 것을 의미하는 것은 아니라고 할 것이다**(헌재 2011.9.29. 2009헌마351).

09 인간의 존엄과 가치, 행복추구권은 대체로 '인간의 권리'로서 외국인도 주체가 될 수 있다고 보아야 하고, 평등권도 인간의 권리로서 참정권 등에 대한 성질상의 제한 및 상호주의에 따른 제한이 있을 수 있을 뿐이다. 2022 국회직8급 ( )

> **해설** 인간의 존엄과 가치, 행복추구권은 대체로 '인간의 권리'로서 외국인도 주체가 될 수 있다고 보아야 하고, 평등권도 인간의 권리로서 참정권 등에 대한 성질상의 제한 및 상호주의에 따른 제한이 있을 수 있을 뿐이다(헌재 2001.11.29. 99헌마494).

ANSWER 08-1 ○ 08-2 ✕ 09 ○

10 거주·이전의 자유는 인간의 권리에 해당하므로 외국인에게 거주·이전의 자유의 내용인 출입국의 자유에 대한 기본권 주체성이 인정된다. 2024 경찰1차 ( )

> 해설 청구인 설○혁등은 대한민국 국적을 취득한 외국인에게 그 취득일로부터 1년 내에 자신의 외국 국적을 포기하도록 한 국적법 제10조 제1항이 청구인 설○혁등의 재산권, 거주·이전의 자유, 참정권, 행복추구권을 침해한다고 주장한다. 살피건대, 참정권에 대한 외국인의 기본권주체성은 인정되지 아니하고, 이 사건에서 청구인 설○혁등이 주장하는 **거주·이전의 자유는 입국의 자유에 관한 것이므로** 이에 대해서도 **외국인의 기본권주체성은 인정되지 아니한다**(헌재 2014.6.26. 2011헌마502).

11-1 헌법에 법인의 기본권 향유능력을 인정하는 명문의 규정이 없지만, 언론·출판의 자유, 재산권의 보장 등과 같이 성질상 법인이 누릴 수 있는 기본권을 법인에게 적용된다. 2022 경찰2차 ( )

11-2 법인 아닌 사단·재단의 경우 대표자의 정함이 있고 독립된 사회적 조직체로서 활동한다고 하더라도 그의 이름으로 헌법소원심판을 청구할 수는 없다. 2023 경찰승진 ( )

11-3 헌법은 법인의 기본권 주체성에 관한 명문의 규정을 두고 있지 않다. 2024 행시 ( )

> 해설 영화인협회의 기본권 주체성(헌재 1991.6.3. 90헌마56)
> (1) 우리 헌법은 법인의 기본권향유능력을 인정하는 명문의 규정을 두고 있지 않지만, **본래 자연인에게 적용되는 기본권규정이라도 언론·출판의 자유, 재산권의 보장 등과 같이 성질상 법인이 누릴 수 있는 기본권을 당연히 법인에게도 적용하여야** 한 것으로 본다. 따라서 법인도 사단법인·재단법인 또는 영리법인·비영리법인을 가리지 아니하고 위 한계 내에서는 헌법상 보장된 기본권이 침해되었음을 이유로 헌법소원심판을 청구할 수 있다.
> (2) **법인 아닌 사단·재단이라고 하더라도 대표자의 정함이 있고 독립된 사회적 조직체로서 활동하는 때에는 성질상 법인이 누릴 수 있는 기본권을 침해당하게 되면 그의 이름으로 헌법소원심판을 청구할 수 있다.**
> (3) 청구인 ○○협회 감독위원회(이하 '감독위원회'라고 줄여 쓴다)는 영화인협회로부터 독립된 별개의 단체가 아니고, 영화인협회의 내부에 설치된 8개의 분과위원회 가운데 하나에 지나지 아니하며, 달리 단체로서의 실체를 갖추어 당사자능력이 인정되는 법인 아닌 사단으로 볼 자료도 없다. 따라서 감독위원회는 그 이름으로 헌법소원심판을 청구할 수 있는 헌법소원심판청구능력이 있다고 할 수 없는 것이므로 **감독위원회의 이 사건 헌법소원심판청구는 더 나아가 판단할 것 없이 부적법하다**.
> ※ 단체의 일부는 기본권의 주체가 될 수 없다는 논리이다.
> (4) 단체는 특별한 예외적인 경우를 제외하고는 헌법소원심판제도가 가진 기능에 미루어 원칙적으로 단체 자신의 기본권을 직접 침해당한 경우에만 그의 이름으로 헌법소원심판을 청구할 수 있을 뿐이고, **그 구성원을 위하여 또는 구성원을 대신하여 헌법소원심판을 청구할 수 없는 것으로 보아야 할 것이다.**

12-1 법인도 그 성질에 반하지 않는 범위 내에서 인격권의 한 내용인 사회적 신용이나 명예 등의 주체가 될 수 있으나, 방송사업자가 심의규정을 위반한 경우 그 의사에 반하여 '시청자에 대한 사과'를 명령할 수 있도록 규정한 구 「방송법」 조항은 방송사업자의 인격권을 제한하는 것은 아니다. 2023 경찰1차 ( )

12-2 개인이 자연인으로서 향유하게 되는 기본권은 그 성질상 당연히 법인에게 적용될 수 없다. 따라서 인간의 존엄과 가치에서 유래하는 인격권은 그 성질상 법인에게는 적용될 수 없다. 2023 입법고시 ( )

ANSWER 10 × 11-1 ○ 11-2 × 11-3 ○ 12-1 × 12-2 ×

12-3 인간의 존엄과 가치에서 유래하는 인격권은 자연적 생명체인 개인의 존재를 전제로 하므로 성질상 법인에는 적용될 수 없다. 2023 변시 ( )

12-4 법인은 법인의 목적과 사회적 기능에 비추어 볼 때 그 성질에 반하지 않는 범위 내에서 인격권의 한 내용인 사회적 신용이나 명예 등의 주체가 될 수 있지만, 법인이 사회적 신용이나 명예 유지 내지 법인격의 자유로운 발현을 위하여 의사 결정이나 행동을 어떻게 할 것인지를 자율적으로 결정하는 것은 법인의 인격권의 내용이 아니다. 2023 경찰승진 ( )

12-5 법인은 그 성질상 인격권의 한 내용인 사회적 신용이나 명예 등의 주체가 될 수 없다. 2024 입법고시 ( )

해설 법인도 법인의 목적과 사회적 기능에 비추어 볼 때 그 성질에 반하지 않는 범위 내에서 인격권의 한 내용인 사회적 신용이나 명예 등의 주체가 될 수 있고 법인이 이러한 사회적 신용이나 명예 유지 내지 법인격의 자유로운 발현을 위하여 의사결정이나 행동을 어떻게 할 것인지를 자율적으로 결정하는 것도 법인의 인격권의 한 내용을 이룬다고 할 것이다. 그렇다면 이 사건 심판대상조항은 방송사업자의 의사에 반한 사과행위를 강제함으로써 방송사업자의 인격권을 제한한다(헌재 2012.8.23. 2009헌가27).

13-1 행복을 추구할 권리는 그 성질상 자연인에게 인정되는 기본권이기 때문에 법인에게는 적용되지 않는다. 2023 국회직9급 / 2024 행시 ( )

13-2 생명권의 본질에 비추어 법인이 아닌 자연인만이 그 주체가 될 수 있다. 2023 해양경찰 ( )

해설 법인도 헌법상 기본권의 주체가 될 수 있는 것은 두말할 필요가 없다. 그러나 **법률에 따라 인격이 부여되는 법인의 특성상 자연인과 같은 기본권을 누릴 수는 없다.** 법인의 성질상 인간의 존엄과 가치, 행복추구권, 생명권, 신체의 자유, 양심의 자유와 같은 내심의 자유, 생존권, 선거권과 피선거권과 같은 참정권 등은 법인이 그 주체가 될 수 없다(헌재 2015.7.30. 2013헌가8).

14-1 「정당법」상 정당등록은 정당의 성립요건이자 존속요건이므로, 정당등록이 취소된 정당이 정당등록 요건을 다투기 위하여 청구한 헌법소원심판은 청구인능력이 없어 부적법하다. 2023 변시 ( )

14-2 특정 정당이 등록 취소된 이후에도 계속해서 등록정당에 준하는 권리능력 없는 사단으로서의 실질을 유지하고 있다면 정당설립의 자유를 향유하는 기본권 주체가 될 수 있다. 2023 입법고시 ( )

해설 청구인(사회당)은 등록이 취소된 이후에도, 취소 전 사회당의 명칭을 사용하면서 대외적인 정치활동을 계속하고 있고, 대내외 조직 구성과 선거에 참여할 것을 전제로 하는 당헌과 대내적 최고의사결정기구로서 당대회와, 대표단 및 중앙위원회, 지역조직으로 시·도위원회를 두는 등 계속적인 조직을 구비하고 있는 사실 등에 비추어 보면, **청구인은 등록이 취소된 이후에도 '등록정당'에 준하는 '권리능력 없는 사단'으로서의 실질을 유지하고 있다고 볼 수 있으므로 이 사건 헌법소원의 청구인능력을 인정할 수 있다. 또한, 정당설립의 자유는 그 성질상 등록된 정당에게만 인정되는 기본권이 아니라 청구인과 같이 등록정당은 아니지만 권리능력 없는 사단의 실체를 가지고 있는 정당에게도 인정되는 기본권**이라고 할 수 있다(헌재 2006.3.30. 2004헌마246).

ANSWER 12-3 × 12-4 × 12-5 × 13-1 ○ 13-2 ○ 14-1 × 14-2 ○

15-1 정당은 국민의 정치적 의사형성에 참여하기 위한 조직으로 성격상 권리능력 없는 단체에 속하지만, 구성원과는 독립하여 그 자체로서 기본권의 주체가 될 수 있다. 2021 경찰경력채용 ( )

15-2 정당은 국민의 정치적 의사 형성에 참여하기 위한 조직이지만, 구성원과는 독립하여 그 자체로서 기본권의 주체가 될 수 있다. 2023 경찰2차 ( )

15-3 정당은 권리능력 없는 사단으로서 기본권 주체성이 인정되므로 '미국산 쇠고기 수입의 위생조건에 관한 고시'와 관련하여 생명·신체의 안전에 관한 기본권 침해를 이유로 헌법소원을 청구할 수 있다. 2022 경찰간부 ( )

> [해설] 국민의 정치적 의사형성에 참여하기 위한 조직으로 성격상 권리능력 없는 단체에 속하지만, **구성원과는 독립하여 그 자체로서 기본권의 주체가 될 수 있고**, 그 조직 자체의 기본권이 직접 침해당한 경우 자신의 이름으로 헌법소원심판을 청구할 수 있다.
> 진보신당은 국민의 정치적 의사형성에 참여하기 위한 조직으로 성격상 권리능력 없는 단체에 속하지만, 구성원과는 독립하여 그 자체로서 기본권의 주체가 될 수 있고, 그 조직 자체의 기본권이 직접 침해당한 경우 자신의 이름으로 헌법소원심판을 청구할 수 있으나, 이 사건에서 침해된다고 하여 주장되는 기본권은 **생명·신체의 안전에 관한 것으로서 성질상 자연인에게만 인정되는 것이므로, 이와 관련하여 청구인 진보신당과 같은 권리능력 없는 단체는 위와 같은 기본권의 행사에 있어 그 주체가 될 수 없다**(헌재 2008.12.26. 2008헌마419 등).

16 법률이 교섭단체를 구성한 정당에 정책연구위원을 두도록 하여 그렇지 못한 정당을 차별하는 경우 교섭단체를 구성하지 못한 정당은 기본권을 침해받을 가능성이 있다. 2023 경찰간부 ( )

> [해설] 국회법은 정당과 원내교섭단체간의 일체성을 인정하여, 국회에 20인 이상의 소속의원을 가진 정당은 하나의 교섭단체로 보고, 국회의원은 둘 이상의 교섭단체에 소속될 수 없으며, 국회의원의 소속 정당이 변경된 경우에는 지체 없이 의장에게 보고하도록 하고 있다. 따라서 **교섭단체에 정책연구위원을 둔다는 국회법 제34조 제1항 규정은 교섭단체를 구성한 정당에게 정책연구위원을 배정한다는 것과 실질적으로 다를 바 없다고 할 것인바, 이 규정은 교섭단체 소속의원과 그렇지 못한 의원을 차별하는 것인 동시에, 교섭단체를 구성한 정당과 그렇지 못한 정당도 차별하고 있다고 할 것이다. 그렇다면 국회의원 20인 이상을 확보하지 못하여 교섭단체를 구성하지 못한 청구인은 이 사건 규정으로 인하여 자신의 기본권을 침해받을 가능성이 있다**(헌재 2008.3.27. 2004헌마654).

17-1 지방자치단체는 원칙적으로 기본권의 주체가 될 수 있다. 2021 경찰경력채용 ( )

17-2 헌법재판소가 기본권 주체성을 인정한 경우만 묶은 것으로 가장 적절한 것은? ⓒ 지방자치단체 2021 경찰승진 ( )

17-3 「지방자치법」은 지방자치단체를 법인으로 하도록 하고 있으므로, 지방자치단체도 기본권의 주체가 된다. 2024 행시 ( )

> [해설] 국가나 국가기관 또는 국가조직의 일부나 공법인은 기본권의 '수범자(Adressat)'이지 기본권의 주체로서 그 '소지자(Träger)'가 아니고 오히려 국민의 기본권을 보호 내지 실현해야 할 '책임'과 '의무'를 지니고 있는 지위에 있을 뿐이다. 그런데 청구인은 국회의 노동위원회로 그 일부조직인 상임위원회 가운데 하나에 해당하는 것으로 국가기관인 국회의 일부조직이므로 **기본권의 주체가 될 수 없고 따라서 헌법소원을 제기할 수 있는 적격이 없다고 할 것이다**(헌재 1994.12.29. 93헌마120).

ANSWER 15-1 ○ 15-2 ○ 15-3 × 16 ○ 17-1 × 17-2 × 17-3 ×

18 주택재개발정비사업조합은 노후·불량한 건축물이 밀집한 지역에서 주거환경을 개선하여 도시의 기능을 정비하고 주거생활의 질을 높여야 할 국가의 의무를 대신하여 실현하는 기능을 수행하고 있으므로 구「도시 및 주거환경정비법」상 주택재개발정비사업 조합이 공법인의 지위에서 기본권의 수범자로 기능하면서 행정심판의 피청구인이 된 경우에는 기본권의 주체가 될 수 없다. 2023 경찰2차 ( )

해설 재개발조합의 공공성과 '도시 및 주거환경정비법'에서 위 조합에 행정처분을 할 수 있는 권한을 부여한 취지 등을 종합하여 볼 때, **재개발조합이 공법인의 지위에서 행정처분의 주체가 되는 경우에 있어서는, 위 조합은 재개발사업에 관한 국가의 기능을 대신하여 수행하는 공권력 행사자 내지 기본권 수범자의 지위에 있다. 따라서 재개발조합이 기본권의 수범자로 기능하면서 행정심판의 피청구인이 된 경우에 적용되는 심판대상조항의 위헌성을 다투는 이 사건에 있어, 재개발조합인 청구인은 기본권의 주체가 된다고 볼 수 없다**(헌재 2022.7.21. 2019헌바543 등).

19 공법인이나 이에 준하는 지위를 가진 자라 하더라도 사경제 주체로서 활동하는 경우나 조직법상 국가로부터 독립한 고유 업무를 수행하는 경우, 그리고 다른 공권력 주체와의 관계에서 지배복종관계가 성립되어 일반 사인처럼 그 지배하에 있는 경우 등에는 기본권 주체가 될 수 있다. 2024 입법고시 ( )

해설 **공법인이나 이에 준하는 지위를 가진 자라 하더라도 공무를 수행하거나 고권적 행위를 하는 경우가 아닌 사경제 주체로서 활동하는 경우나 조직법상 국가로부터 독립한 고유 업무를 수행하는 경우, 그리고 다른 공권력 주체와의 관계에서 지배복종관계가 성립되어 일반 사인처럼 그 지배하에 있는 경우 등에는 기본권 주체가 될 수 있다.** 이러한 경우에는 이들이 기본권을 보호해야 하는 국가적 기능을 담당하고 있다고 볼 수 없기 때문이다(헌재 2013.9.26. 2012헌마271).

20 헌법 제31조 제4항이 규정하는 교육의 자주성 및 대학의 자율성은 대학에 부여된 헌법상 기본권이 대학의 자율권이므로 국립대학도 이러한 대학의 자율권의 주체로서 헌법소원심판의 청구인 능력이 인정된다.
2023 입법고시 ( )

해설 헌법 제31조 제4항은 "교육의 자주성·전문성·정치적 중립성 및 대학의 자율성은 법률이 정하는 바에 의하여 보장된다."라고 규정하여 교육의 자주성·대학의 자율성을 보장하고 있는데 이는 대학에 대한 공권력 등 외부세력의 간섭을 배제하고 대학구성원 자신이 대학을 자주적으로 운영할 수 있도록 함으로써 대학인으로 하여금 연구와 교육을 자유롭게 하여 진리탐구와 지도적 인격의 도야(陶冶)라는 대학의 기능을 충분히 발휘할 수 있도록 하기 위한 것이며, **교육의 자주성이나 대학의 자율성**은 헌법 제22조 제12항이 보장하고 있는 학문의 자유의 확실한 보장수단으로 꼭 필요한 것으로서 이는 **대학에게 부여된 헌법상의 기본권**이다. 따라서 **국립대학인 서울대학교는 다른 국가기관 내지 행정기관과는 달리 공권력의 행사자의 지위와 함께 기본권의 주체라는 점도 중요하게 다루어져야** 한다(헌재 1992.10.1. 92헌마68 등).

21-1 대학의 자치의 주체는 대학이고, 법인격이 없는 국립대학교교수회는 대학의 자치의 주체가 될 수 없다.
2023 변시 ( )

21-2 대학 자치의 주체를 기본적으로 대학으로 본다고 하더라도 교수나 교수회의 주체성이 부정된다고 볼 수 없는바, 가령 학문의 자유를 침해하는 대학의 장에 대한 관계에서는 교수나 교수회가 주체가 될 수 있고, 또한 국가에 의한 침해에 있어서는 대학 자체 외에도 대학 전구성원이 자율성을 갖는 경우도 있을 것이므로 문제되는 경우에 따라서 대학, 교수 교수회 모두가 단독 혹은 중첩적으로 주체가 될 수 있다고 보아야 한다.
2022 경찰2차 ( )

ANSWER 18 ○ 19 ○ 20 ○ 21-1 × 21-2 ○

해설 헌법재판소는 대학의 자율성은 헌법 제22조 제1항이 보장하고 있는 학문의 자유의 확실한 보장수단으로 꼭 필요한 것으로서 대학에게 부여된 헌법상의 기본권으로 보고 있다. 그러나 **대학의 자치의 주체를 기본적으로 대학으로 본다고 하더라도 교수나 교수회의 주체성이 부정된다고 볼 수는 없고**, 가령 학문의 자유를 침해하는 대학의 장에 대한 관계에서는 교수나 교수회가 주체가 될 수 있고, 또한 **국가에 의한 침해에 있어서는 대학 자체 외에도 대학 전구성원이 자율성을 갖는 경우도 있을 것이므로 문제되는 경우에 따라서 대학, 교수, 교수회 모두가 단독 혹은 중첩적으로 주체가 될 수 있다고 보아야** 할 것이다(헌재 2006.4.27. 2005헌마1047 등).

22-1 청구인은 공법상 재단법인인 방송문화진흥회가 최다출자자인 방송사업자로서 방송법 등 관련 규정에 의하여 공법상의 의무를 부담하고 있으므로, 그 설립목적이 언론의 자유의 핵심 영역인 방송 사업이라고 하더라도 이러한 업무수행과 관련해서는 기본권 주체가 될 수 없다. 2022 경찰1차 ( )

22-2 공법상 재단법인인 방송문화진흥회가 최다출자자인 방송사업자로서 「방송법」 등 관련 규정에 의하여 공법상의 의무를 부담하고 있지만, 그 설립목적이 언론의 자유의 핵심 영역인 방송사업이므로 이러한 업무수행과 관련해서 기본권 주체가 될 수 있다. 2022 경찰간부 ( )

22-3 공법상 재단법인인 방송문화진흥회가 최다출자자인 주식회사 형태의 공영방송사는 「방송법」 등 관련 규정에 의하여 공법상의 의무를 부담하고 있지만, 그 운영을 광고수익에 전적으로 의존하고 있다면 이를 위해 사경제 주체로서 활동하는 경우에는 기본권 주체가 될 수 있다. 2024 행시 ( )

해설 **주식회사 ○○방송**은 공법상 재단법인인 방송문화진흥회가 최다출자자인 방송사업자로서 방송법 등 관련 규정에 의하여 공법상의 의무를 부담하고 있지만, **그 설립목적이 언론의 자유의 핵심 영역인 방송 사업이므로 이러한 업무 수행과 관련해서는 기본권 주체가 될 수 있고**, 그 운영을 광고수익에 전적으로 의존하고 있는 만큼 이를 위해 사경제 주체로서 활동하는 경우에도 기본권 주체가 될 수 있다(헌재 2013.9.26. 2012헌마271).

23 「학교안전사고 예방 및 보상에 관한 법률」에 의하여 설립된 학교안전공제회는 행정관청 또는 그로부터 행정권한을 위임받은 공공단체로 공법인에 해당할 뿐, 사법인적 성격을 갖는 것은 아니므로 기본권의 주체가 될 수 없다. 2022 경찰2차 ( )

해설 **공제회는 이처럼 공법인적 성격과 사법인적 성격을 겸유**하고 있는데, 공제회가 일부 공법인적 성격을 갖고 있다고 하더라도 공무를 수행하거나 고권적 행위를 하는 경우가 아닌 사경제주체로서 활동하는 경우나 조직법상 국가로부터 독립한 고유 업무를 수행하는 경우, 그리고 다른 공권력 주체와의 관계에서 지배복종관계가 성립되어 일반 사인처럼 그 지배하에 있는 경우 등에는 **기본권 주체가 될 수 있다**(헌재 2015.7.30. 2014헌가7).

24-1 축협중앙회는 공법인성과 사법인성을 겸유한 특수한 법인으로서 기본권의 주체가 될 수 있다. 2021 경찰경력채용 ( )

24-2 법인 등 결사체는 그 조직과 의사형성에 있어서, 그리고 업무 수행에 있어서 자기결정권을 가지므로 결사의 자유의 주체가 된다. 2023 경찰간부 ( )

ANSWER 22-1 × 22-2 ○ 22-3 ○ 23 × 24-1 ○ 24-2 ○

24-3 축산업협동조합중앙회(이하 '축협중앙회')는 공법인성과 사법인성을 겸유한 특수한 법인으로서 기본권의 주체가 될 수 있으며, 이 경우 축협중앙회의 공법인적 특성이 축협중앙회의 기본권 행사에 제약요소로 작용하지 않는다. 2023 경찰간부 ( )

> 해설 헌법상 기본권의 주체가 될 수 있는 법인은 원칙적으로 사법인에 한하는 것이고 공법인은 헌법의 수범자이지 기본권의 주체가 될 수 없다. "축협중앙회"는 지역별·업종별 축협과 비교할 때, 회원의 임의탈퇴나 임의해산이 불가능한 점 등 그 공법인성이 상대적으로 크다고 할 것이지만, 이로써 축협중앙회를 공법인이라고 단정할 수는 없을 것이고, 이 역시 그 존립목적 및 설립형식에서의 자주적 성격에 비추어 사법인적 성격을 부인할 수 없다. 따라서 **축협중앙회는 공법인성과 사법인성을 겸유한 특수한 법인으로서 이 사건에서 기본권의 주체가 될 수 있다**고는 할 것이지만, 위와 같이 두드러진 공법인적 특성이 축협중앙회가 가지는 기본권의 제약요소로 작용하는 것만은 이를 피할 수 없다고 할 것이다.
> **법인 등 결사체도 그 조직과 의사형성에 있어서, 그리고 업무수행에 있어서 자기결정권을 가지고 있어 결사의 자유의 주체가** 된다고 봄이 상당하므로, 축협중앙회는 그 회원조합들과 별도로 결사의 자유의 주체가 된다(헌재 2000.6.1. 99헌마553).

25 중소기업중앙회는 「중소기업협동조합법」에 의해 설치되고 국가가 그 육성을 위해 재정을 보조해주는 등 공법인적 성격을 강하게 가지고 있으므로 결사의 자유를 누릴 수 있는 단체에 해당되지는 않는다. 2024 경찰1차 ( )

> 해설 **중소기업중앙회는**, 비록 국가가 그 육성을 위해 재정을 보조해주고 중앙회의 업무에 적극 협력할 의무를 부담할 뿐만 아니라 중소기업 전체의 발전을 위한 업무, 국가나 지방자치단체가 위탁하는 업무 등 공공성이 매우 큰 업무를 담당하여 **상당한 정도의 공익단체성, 공법인성을 가지고 있다고 하더라도**, 기본적으로는 회원 간의 상호부조, 협동을 통해 중소기업자의 경제적 지위를 향상시키기 위한 자조조직(自助組織)으로서 **사법인에 해당한다.** 따라서 **결사의 자유를 누릴 수 있는 단체에 해당하고**, 이러한 결사의 자유에는 당연히 그 내부기관 구성의 자유가 포함되므로, 중앙회 회장선거에 있어 선거운동을 제한하는 것은 단체구성원들의 결사의 자유를 제한하는 것이 된다(헌재 2021.7.15. 2020헌가9).

26-1 대통령도 국민의 한 사람으로서 제한적으로나마 기본권의 주체가 될 수 있는바, 대통령은 소속 정당을 위하여 정당활동을 할 수 있는 사인으로서의 지위와 국민 모두에 대한 봉사자로서 공익실현의 의무가 있는 헌법기관으로서의 지위를 동시에 갖는데 최소한 전자의 지위와 관련하여는 기본권 주체성을 갖는다고 할 수 있다. 2022 경찰1차 ( )

26-2 대통령은 기본권의 '수범자'이지 기본권 주체로서 그 '소지자'가 아니므로 소속 정당을 위하여 정당활동을 할 수 있는 사인으로서의 지위는 인정되지 않는다. 2023 경찰승진 ( )

> 해설 심판대상조항이나 공권력 작용이 넓은 의미의 국가 조직영역 내에서 공적 과제를 수행하는 주체의 권한 내지 직무영역을 제약하는 성격이 강한 경우에는 그 기본권 주체성이 부정될 것이지만, 그것이 일반 국민으로서 국가에 대하여 가지는 헌법상의 기본권을 제약하는 성격이 강한 경우에는 기본권 주체성을 인정할 수 있다. 개인의 지위를 겸하는 국가기관이 기본권의 주체로서 헌법소원의 청구적격을 가지는지 여부는, 심판대상조항이 규율하는 기본권의 성격, 국가기관으로서의 직무와 제한되는 기본권 간의 밀접성과 관련성, 직무상 행위와 사적인 행위 간의 구별가능성 등을 종합적으로 고려하여 결정되어야 할 것이다. 그러므로 **대통령도 국민의 한 사람으로서 제한적으로나마 기본권의 주체가 될 수 있는바, 대통령은 소속 정당을 위하여 정당활동을 할 수 있는 사인으로서의 지위와 국민 모두에 대한 봉사자로서 공익실현의 의무가 있는 헌법기관으로서의 지위를 동시에 갖는데 최소한 전자의 지위와 관련하여는 기본권 주체성을 갖는다고 할 수 있다**(헌재 2008.1.17. 2007헌마700).

ANSWER 24-3 ×   25 ×   26-1 ○   26-2 ×

27 국가 및 그 기관 또는 조직의 일부나 공법인은 원칙적으로 기본권의 '수범자'로서 기본권의 주체가 되지 못하므로, 「주민소환에 관한 법률」에서 주민소환의 청구사유에 제한을 두지 아니하였다는 이유로 지방자치단체장이 자신의 공무담임권 침해를 다툴 수는 없다. 2024 경찰1차 ( )

> 해설 공직자가 국가기관의 지위에서 순수한 직무상의 권한행사와 관련하여 기본권 침해를 주장하는 경우에는 기본권의 주체성을 인정하기 어렵다 할 것이나, 그 외의 사적인 영역에 있어서는 기본권의 주체가 될 수 있는 것이다. **청구인은 선출직 공무원인 하남시장으로서 이 사건 법률 조항으로 인하여 공무담임권 등이 침해된다고 주장하여, 순수하게 직무상의 권한행사와 관련된 것이라기보다는 공직의 상실이라는 개인적인 불이익과 연관된 공무담임권을 다투고 있으므로, 이 사건에서 청구인에게는 기본권의 주체성이 인정된다 할 것이다**(헌재 2009.3.26. 2007헌마843).

28-1 형성 중의 생명인 태아에게는 생명에 대한 권리가 인정되어야 하나, 모체에 착상되기 전 혹은 원시선이 나타나기 전의 수정란 상태의 초기배아에게는 생명권의 주체성을 인정할 수 없다. 2023 입법고시 ( )

28-2 헌법재판소가 기본권 주체성을 인정한 경우만 묶은 것으로 가장 적절한 것은? ㉠ 착상 전 초기배아
2021 경찰승진 ( )

28-3 아직 모체에 착상되거나 원시선이 나타나지 않은 초기배아는 독립된 인간과 배아간 개체적 연속성을 확정하기 어렵고, 배아는 모태 속에서 수용될 때 비로소 독립적인 인간으로의 성장가능성을 기대할 수 있어 기본권 주체성을 인정하기 어렵다. 2023 경찰1차 ( )

28-4 모든 인간은 헌법상 생명권의 주체가 되나, 자궁에 착상하기 전 또는 원시선이 나타나기 전까지의 '초기배아'에게는 기본권 주체성을 인정하기 어렵다. 2022 경찰2차 ( )

28-5 수정란이 모체에 착상되기 이전이나 원시선이 나타나기 이전의 초기배아에 대해서는 기본권 주체성이 인정되지 않는다. 2024 입법고시 ( )

> 해설 출생 전 형성 중의 생명에 대해서 헌법적 보호의 필요성이 크고 일정한 경우 그 기본권 주체성이 긍정된다고 하더라도, 어느 시점부터 기본권 주체성이 인정되는지, 또 어떤 기본권에 대해 기본권 주체성이 인정되는지는 생명의 근원에 대한 생물학적 인식을 비롯한 자연과학·기술 발전의 성과와 그에 터 잡은 헌법의 해석으로부터 도출되는 규범적 요청을 고려하여 판단하여야 할 것이다. **초기배아는 수정이 된 배아라는 점에서 형성 중인 생명의 첫걸음을 떼었다고 볼 여지가 있기는 하나 아직 모체에 착상되거나 원시선이 나타나지 않은 이상 현재의 자연과학적 인식 수준에서 독립된 인간과 배아 간의 개체적 연속성을 확정하기 어렵다고 봄이 일반적이라는 점, 배아의 경우 현재의 과학기술 수준에서 모태 속에서 수용될 때 비로소 독립적인 인간으로의 성장가능성을 기대할 수 있다는 점, 수정 후 착상 전의 배아가 인간으로 인식된다거나 그와 같이 취급하여야 할 필요성이 있다는 사회적 승인이 존재한다고 보기 어려운 점 등을 종합적으로 고려할 때, 기본권 주체성을 인정하기 어렵다.** 다만, 오늘날 생명공학 등의 발전과정에 비추어 인간의 존엄과 가치가 갖는 헌법적 가치질서로서의 성격을 고려할 때 인간으로 발전할 잠재성을 갖고 있는 초기배아라는 원시생명체에 대하여도 위와 같은 헌법적 가치가 소홀히 취급되지 않도록 노력해야 할 국가의 보호의무가 있음을 인정하지 않을 수 없다 할 것이다(헌재 2010.5.27. 2005헌마346).

ANSWER 27 × 28-1 ○ 28-2 × 28-3 ○ 28-4 ○ 28-5 ○

29-1 아동과 청소년은 부모와 국가에 의한 단순한 보호의 대상이 아닌 독자적인 인격체이며, 그의 인격권은 성인과 마찬가지로 인간의 존엄성 및 행복추구권을 보장하는 「헌법」 제10조에 의하여 보호된다. 2022 경찰간부
( )

29-2 아동과 청소년은 인격의 발전을 위하여 어느 정도 부모와 학교의 교사 등 타인에 의한 결정을 필요로 하는 아직 성숙하지 못한 인격체이지만, 부모와 국가에 의한 단순한 보호의 대상이 아닌 독자적인 인격체이며, 그의 인격권은 성인과 마찬가지로 인간의 존엄성 및 행복추구권을 보장하는 헌법 제10조에 의하여 보호된다. 2023 경찰2차
( )

> 해설 아동과 청소년은 부모와 국가에 의한 단순한 보호의 대상이 아닌 독자적인 인격체이며, 그의 인격권은 성인과 마찬가지로 인간의 존엄성 및 행복추구권을 보장하는 헌법 제10조에 의하여 보호된다(헌재 2004.5.27. 2003헌가1 등).

30 모든 국가권력은 국민의 기본권에 기속된다. 2021 경찰경력채용
( )

> 해설 헌법 제10조에서 규정하듯이 **모든 국가권력은 국민의 기본권에 기속되므로** 원칙적으로 기본권에 기속되는 국가권력은 모두 헌법소원의 대상이 된다고 하여야 할 것이다(헌재 2005.5.26. 2004헌마671).

31-1 기본권의 대국가적 효력은 국가권력에 대한 개인의 방어적 권리라는 기본권의 성격에서 비롯된다. 2023 경찰경력채용
( )

31-2 기본권의 제3자적 효력(대사인적 효력)은 기본권의 객관적 가치질서로서의 성격과 밀접한 관련이 있다. 2023 경찰경력채용
( )

31-3 기본권 규정은 그 성질상 사법관계에 직접 적용될 수 있는 예외적인 것을 제외하고는 사법상의 일반원칙을 규정한 「민법」 제2조, 제103조, 제750조, 제751조 등의 내용을 형성하고 그 해석의 기준이 되어 간접적으로 사법관계에 효력을 미치게 된다. 2023 경찰경력채용
( )

> 해설 **헌법상의 기본권은 제1차적으로 개인의 자유로운 영역을 공권력의 침해로부터 보호하기 위한 방어적 권리**이지만 다른 한편으로 헌법의 기본적인 결단인 객관적인 가치질서를 구체화한 것으로서, 사법을 포함한 모든 법 영역에 그 영향을 미치는 것이므로 사인간의 사적인 법률관계도 헌법상의 기본권 규정에 적합하게 규율되어야 한다.
> **기본권 규정은 그 성질상 사법관계에 직접 적용될 수 있는 예외적인 것을 제외하고는 사법상의 일반원칙을 규정한 민법 제2조, 제103조, 제750조, 제751조 등의 내용을 형성하고 그 해석 기준이 되어 간접적으로 사법관계에 효력을 미치게** 된다(대판 2010.4.22. 2008다38288 전원합의체).
> 원칙적으로 **기본권은 모든 국가권력, 즉 입법권, 행정권, 사법권을 모두 구속하는 대국가적 효력을 갖고 이는 국가권력에 대한 개인의 자유와 권리를 방어하기 위한 개인의 방어적 권리에서 비롯**한다.

32-1 헌법상의 기본권은 제1차적으로 개인의 자유로운 영역을 공권력의 침해로부터 보호하기 위한 방어적 권리이지만 다른 한편으로 헌법의 기본적인 결단인 객관적인 가치질서를 구체화한 것으로서, 사법을 포함한 모든 법 영역에 그 영향을 미치는 것이므로 사인 간의 사적인 법률관계도 헌법상의 기본권 규정에 적합하게 규율되어야 한다. 2021 경찰경력채용
( )

ANSWER 29-1 ○ 29-2 ○ 30 ○ 31-1 ○ 31-2 ○ 31-3 ○ 32-1 ○

32-2 헌법상 기본권은 제1차적으로 개인의 자유로운 영역을 공권력의 침해로부터 보호하기 위한 방어적 권리이지만 다른 한편으로 헌법의 기본적인 결단인 객관적인 가치질서를 구체화한 것으로서, 사법(私法)을 포함한 모든 법 영역에 그 영향을 미치는 것이므로 사인 간의 사적인 법률관계도 헌법상의 기본권 규정에 적합하게 규율되어야 한다. 2022 법원행시 ( )

32-3 헌법상 기본권은 일반적으로 관련 법규범 또는 사법상의 일반원칙을 규정한 민법 제2조, 제103조, 제750조 등의 내용을 형성하고 그 해석기준이 되어 간접적으로 사법관계에 효력을 미친다. 2022 법원행시 ( )

> [해설] 헌법상 기본권은 제1차적으로 개인의 자유로운 영역을 공권력의 침해로부터 보호하기 위한 방어적 권리이지만 다른 한편으로 헌법의 기본적인 결단인 객관적인 가치질서를 구체화한 것으로서, 사법(私法)을 포함한 모든 법 영역에 그 영향을 미치는 것이므로 사인 간의 사적인 법률관계도 헌법상의 기본권 규정에 적합하게 규율되어야 한다. 다만 기본권 규정은 성질상 사법관계에 직접 적용될 수 있는 예외적인 것을 제외하고는 관련 법규범 또는 사법상의 일반원칙을 규정한 민법 제2조, 제103조 등의 내용을 형성하고 그 해석기준이 되어 간접적으로 사법관계에 효력을 미치게 된다(대판 2018.9.13. 2017두38560).

33-1 대법원은 기본권 규정이 사법상의 일반원칙을 규정한 「민법」 제2조, 제103조, 제750조, 제751조 등의 내용을 형성하고 그 해석 기준이 되는 경우에는 직접적으로 사법관계에 효력을 미친다고 판시하였다. 2021 경찰경력채용 ( )

33-2 대법원은 사적단체가 남성 회원에게는 별다른 심사 없이 총회 의결권 등을 가지는 총회원 자격을 부여하면서도 여성 회원의 경우에는 지속적인 요구에도 불구하고 원천적으로 총회원 자격 심사에서 배제하여 온 것에 대해 평등권의 효력이 간접적으로 사법관계에 미친다고 하면서 기본권 침해를 인정하였다. 2021 경찰경력채용 ( )

> [해설] 기본권 규정은 그 성질상 사법관계에 직접 적용될 수 있는 예외적인 것을 제외하고는 사법상의 일반원칙을 규정한 민법 제2조, 제103조, 제750조, 제751조 등의 내용을 형성하고 그 해석 기준이 되어 **간접적으로 사법관계에 효력을 미치게 된다.**
> 남성 회원에게는 별다른 심사 없이 총회의결권 등을 가지는 총회원 자격을 부여하면서도 여성 회원의 경우에는 지속적인 요구에도 불구하고 원천적으로 총회원 자격심사에서 배제하여 온 것은, 우리 사회의 건전한 상식과 법감정에 비추어 용인될 수 있는 한계를 벗어나 사회질서에 위반되는 것으로서 **여성 회원들의 인격적 법익을 침해하여 불법행위를 구성한다**(대판 2011.1.27. 2009다19864).

34 평등권이라는 기본권의 침해도 「민법」 제750조의 일반규정을 통하여 사법상 보호되는 인격적 법익침해의 형태로 구체화되어 논하여질 수 있지만, 그 위법성 인정을 위하여는 반드시 사인간의 평등권 보호에 관한 별개의 입법이 있어야 한다. 2023 경찰경력채용 ( )

> [해설] 헌법 제11조는 "모든 국민은 법 앞에 평등하다. 누구든지 성·종교 또는 사회적 신분에 의하여 정치적·경제적·사회적·문화적 생활의 모든 영역에 있어서 차별을 받지 아니한다."라고 규정하여 평등의 원칙을 선언함과 동시에 모든 국민에게 평등권을 보장하고 있다. 따라서 사적 단체를 포함하여 사회공동체 내에서 개인이 성별에 따른 불합리한 차별을 받지 아니하고 자신의 희망과 소양에 따라 다양한 사회적·경제적 활동을 영위하는 것은 그 인격권 실현의 본질적 부분에 해당하므로 **평등권이라는 기본권의 침해도 민법 제750조의 일반규정을 통하여 사법상 보호되는 인격적 법익침해의 형태로 구체화되어 논하여질 수 있고, 그 위법성 인정을 위하여 반드시 사인간의 평등권 보호에 관한 별개의 입법이 있어야만 하는 것은 아니다.** (대판 2011.1.27. 2009다19864).

ANSWER 32-2 ○ 32-3 ○ 33-1 × 33-2 ○ 34 ×

35 기본권의 경합이란 상이한 복수의 기본권 주체가 서로의 권익을 실현하기 위해 하나의 동일한 사건에서 국가에 대하여 서로 대립되는 기본권의 적용을 주장하는 경우를 말한다. 2023 경찰승진 (   )

> **해설** **기본권의 경합**이란 하나의 기본권의 주체가 동일한 사건에서 국가에 대하여 둘 이상의 기본권의 효력을 주장하는 경우를 말하고, **기본권의 충돌**은 상이한 복수의 기본권 주체가 서로의 권익을 실현하기 위해 하나의 동일한 사건에서 국가에 대하여 서로 대립되는 기본권의 적용을 주장하는 경우를 말한다.

36-1 기본권의 충돌이란 하나의 동일한 사건에서 복수의 기본권 주체가 서로 대립적인 이익을 가지고 국가에 대하여 자신의 기본권을 주장하는 경우를 말한다. 2024 법원행시 (   )

36-2 기본권의 충돌이란 상이한 복수의 기본권주체가 서로의 권익을 실현하기 위해 하나의 동일한 사건에서 국가에 대하여 서로 대립되는 기본권의 적용을 주장하는 경우를 말하는데, 한 기본권 주체의 기본권행사가 다른 기본권주체의 기본권행사를 제한 또는 희생시킨다는 데 그 특징이 있다. 2023 경찰경력채용 (   )

> **해설** **기본권의 충돌이란 상이한 복수의 기본권주체가 서로의 권익을 실현하기 위해 하나의 동일한 사건에서 국가에 대하여 서로 대립되는 기본권의 적용을 주장하는 경우**를 말하는데, 한 기본권주체의 기본권행사가 다른 기본권주체의 기본권행사를 제한 또는 희생시킨다는 데 그 특징이 있다(헌재 2005.11.24. 2002헌바95 등).

37-1 기본권 경합의 경우에는 기본권 침해를 주장하는 청구인의 의도 및 기본권을 제한하는 입법자의 객관적 동기 등을 참작하여 사안과 가장 밀접한 관계에 있고 또 침해의 정도가 큰 주된 기본권을 중심으로 그 제한의 한계를 살핀다. 2023 경찰간부 (   )

37-2 하나의 규제로 인해 여러 기본권이 동시에 제약을 받는 기본권 경합의 경우에는 기본권 침해를 주장하는 청구인의 의도 및 기본권을 제한하는 입법자의 객관적 동기 등을 참작하여 사안과 가장 밀접한 관계에 있고 또 침해의 정도가 큰 주된 기본권을 중심으로 해서 그 제한의 한계를 따져 보아야 할 것이다.
2023 해양경찰 / 2024 법원행시 (   )

> **해설** 하나의 규제로 인하여 여러 기본권이 동시에 제약을 받는 기본권 경합의 경우에는 기본권 침해를 주장하는 청구인의 의도 및 기본권을 제한하는 입법자의 객관적 동기 등을 참작하여 사안과 가장 밀접한 관계가 있고 또 침해의 **정도가 큰 주된 기본권을 중심으로 해서 그 제한의 한계를 따져 보아야** 하는바, 이 사건의 주된 쟁점은 무한연대책임의 부과로 인하여 청구인의 재산권이 침해되는지 여부이므로, 심판대상조항이 청구인의 재산권을 침해하는지 여부를 중심으로 판단한다(헌재 2017.11.30. 2017헌바391).

38 수탁자가 신탁재산을 고유재산으로 하거나 이에 관하여 권리를 취득하는 것을 금지한 구 「신탁법」 해당 조항은 신탁회사 및 신탁업자의 영업의 자유와 함께 계약의 자유를 각각 제한함으로써 기본권 경합을 야기한다.
2024 법원행시 (   )

> **해설** 심판대상조항은 신탁회사 및 신탁업자가 신탁재산을 고유재산으로 하거나 이에 관하여 권리를 취득하는 것을 제한하고 있다. 이러한 제한 내용은 신탁회사 및 신탁업자가 영업활동의 일환으로 신탁재산을 고유재산으로 하거나 이에 관하여 권리를 취득하고자 하는 것을 제한한다는 측면에서는 헌법 제15조의 직업의 자유에 의하여 보장되는 영업의 자유를, 신탁회사 및 신탁업자가 수탁자와 신탁재산을 고유재산으로 하거나 이에 관하여 권리를 취득하는 것을 내용으로 하는 신탁계약 체결을 제한한다는 측면에서는 헌법 제10조의 일반적 행동자유권에서 도출되는 계약의 자유를 각 제한한다고 볼 수 있다(헌재 2018.3.29. 2016헌바468).

ANSWER 35 × 36-1 ○ 36-2 ○ 37-1 ○ 37-2 ○ 38 ○

39 어떤 법령이 직업의 자유와 행복추구권 양자를 제한하는 외관을 띠는 경우 두 기본권의 경합문제가 발생하고, 보호영역으로서 '직업'이 문제될 때 행복추구권과 직업의 자유는 특별관계에 있다. 2022 경찰간부 ( )

해설 어떠한 법령이 수범자의 **직업의 자유와 행복추구권 양자를 제한하는** 외관을 띠는 경우 두 기본권의 경합문제가 발생하는데, **보호영역으로서 '직업'이 문제되는 경우 행복추구권과 직업의 자유는 서로 일반특별관계에 있어** 기본권의 내용상 특별성을 갖는 직업의 자유의 침해 여부가 우선하여 행복추구권 관련 위헌 여부의 심사는 **배제되어야** 한다(헌재 2009.7.30. 2007헌마1037).

40 행복추구권은 다른 기본권에 대한 보충적 기본권으로서의 성격을 지니므로, 우선적으로 적용되는 기본권이 존재하여 그 침해여부를 판단하는 이상, 행복추구권 침해 여부를 독자적으로 판단할 필요가 없다. 2022 법원행시
( )

해설 헌법 제10조 전문의 **행복추구권은 다른 개별적 기본권이 적용되지 않는 경우에 한하여 보충적으로 적용되는 기본권**이라 할 것이므로, **행복추구권에 앞서 적용되는 개별 기본권 침해 여부에 대해 판단하는 이상 따로 행복추구권 침해 여부를 판단할 필요는 없다**(헌재 2006.3.30. 2005헌마598).

41 공무담임권과 같이 우선적으로 적용되는 개별 기본권이 존재하여 그 침해 여부를 판단하여도, 그 다음에는 포괄적인 기본권인 행복추구권 침해 여부를 독자적으로 판단하여야 한다. 2023 해양경찰 ( )

해설 헌법 제10조의 행복추구권은 포괄적인 자유권으로서의 성격을 가지는 조항이며, 다른 구체적인 개별적 자유권이 존재하지 않을 경우에 보충적으로 적용될 수 있는 기본권이므로 **공무담임권이라는 우선적으로 적용되는 기본권이 존재하여 그 침해 여부를 판단하는 이상, 행복추구권 여부를 따로 판단할 필요는 없다**(헌재 2009.7.30. 2007헌마991).

42 공무원직의 선택 내지 제한에 있어서는 공무담임권에 관한 헌법규정이 직업의 자유에 대한 특별규정으로서 우선적으로 적용되어야 한다. 2023 경찰승진 ( )

해설 공무원직의 선택 내지는 제한에 있어서는 공무담임권에 관한 헌법규정이 직업의 자유에 대한 특별규정으로서 우선적으로 적용되어야 하며 직업의 자유의 적용은 배제된다고 보아야 할 것이다(헌재 2005.10.27. 2004헌바41).

43 공무담임권은 직업선택의 자유에 대하여 특별 기본권이어서 후자의 적용을 배제하므로, 대학교원을 제외하고 교육공무원의 정년을 65세에서 62세로 단축한 「교육공무원법」 조항의 위헌 여부와 관련하여 직업선택의 자유는 문제되지 아니한다. 2023 해양경찰 ( )

해설 공직의 경우 공무담임권은 직업선택의 자유에 대하여 특별기본권이어서 후자의 적용을 배제하므로, 사립학교 교원의 청구를 부적법한 것으로 보는 한 직업선택의 자유는 문제되지 아니한다(헌재 2000.12.14. 99헌마112등).

44-1 형제·자매에게 가족관계등록부 등의 기록사항에 관한 증명서 교부청구권을 부여하는 것은 본인의 개인정보자기결정권을 제한하는 것으로 개인정보자기결정권 침해 여부를 판단한 이상 인간의 존엄과 가치 및 행복추구권, 사생활의 비밀과 자유는 판단하지 않는다. 2022 경찰간부 ( )

ANSWER 39 ○ 40 ○ 41 × 42 ○ 43 ○ 44-1 ○

44-2 인간의 존엄과 가치, 행복추구권, 인격권, 사생활의 비밀과 자유는 그 보호영역이 개인정보자기결정권의 보호영역과 중첩되는 범위에서 관련되어 있고 특별한 사정이 없는 이상 개인정보자기결정권에 대한 침해 여부를 판단함으로써 이에 대한 판단이 함께 이루어진다. 2023 국회직8급 ( )

> **해설** 청구인은 이 사건 법률조항에 의하여 인간의 존엄과 가치 및 행복추구권, 사생활의 비밀과 자유가 침해된다고 주장하나, 위 기본권들은 모두 개인정보자기결정권의 헌법적 근거로 거론되는 것으로서 청구인의 개인정보에 대한 공개와 이용이 문제되는 이 사건에서 **개인정보자기결정권 침해 여부를 판단하는 이상 별도로 판단하지 않는다**(헌재 2016.6.30. 2015헌마924).

45 국립대학교 총장임용후보자 선거 시 투표에서 일정 수 이상을 득표한 경우에만 기탁금 전액이나 일부를 후보자에게 반환하고, 반환되지 않은 기탁금은 국립대학교 발전기금에 귀속시키는 기탁금귀속조항에 대해서는 재산권보다 공무담임권을 중심으로 살핀다. 2023 경찰간부 ( )

> **해설** 이 사건 기탁금귀속조항은, 대구교육대학교 총장임용후보자선거에서 기탁금의 반환 사유를 기탁금을 납부한 후보자가 후보자 등록 후 사망한 경우와 선거에서 최종 환산득표율의 100분의 15 이상을 득표한 경우로 한정하면서, **후보자 등록 후 사망한 경우에는 납부한 기탁금의 전액을, 선거에서 최종 환산득표율의 100분의 15 이상을 득표한 경우에는 납부한 기탁금의 반액을 반환하도록 규정하고 있으며, 반환하지 아니하는 기탁금은 모두 대구교육대학교 발전기금에 귀속되도록 하고 있다. 따라서 이 사건 기탁금귀속조항은 후보자의 재산권을 제한**한다(헌재 2021.12.23. 2019헌마825).

46 청구인은 의료인이 아니라도 문신시술업을 합법적인 직업으로 영위할 수 있어야 함을 주장하고 있고, 「의료법」 조항의 1차적 의도도 보건위생상 위해 가능성이 있는 행위를 규율하고자 하는 경우에는 직업선택의 자유를 중심으로 위헌 여부를 살피는 이상 예술의 자유 침해 여부는 판단하지 아니한다. 2023 경찰간부 ( )

> **해설** 이 사건에서 청구인들은 의료인이 아니더라도 문신시술업을 합법적인 직업으로 영위할 수 있어야 함을 주장하고 있고, 심판대상조항의 일차적 의도도 보건위생상 위해 가능성이 있는 행위를 규율하고자 하는 데 있으며, 심판대상조항에 의한 예술의 자유 또는 표현의 자유의 제한은 문신시술업이라는 직업의 자유에 대한 제한을 매개로 하여 간접적으로 제약되는 것이라 할 것인바, 사안과 가장 밀접하고 침해의 정도가 큰 직업선택의 자유를 중심으로 심판대상조항의 위헌 여부를 살피는 이상 예술의 자유와 표현의 자유 침해 여부에 대하여는 판단하지 아니한다(헌재 2022.3.31. 2017헌마1343등).

47 선거기간 중 모임을 처벌하는 「공직선거법」 조항에 대한 입법자의 1차적 의도는 선거기간 중 집회를 금지하는 데 있으며, 헌법상 결사의 자유보다 집회의 자유가 두텁게 보호되고, 위 조항에 의하여 직접 제약되는 자유 역시 집회의 자유이므로 집회의 자유를 침해하는지를 살핀다. 2023 경찰간부 ( )

> **해설** **심판대상조항에 대한 입법자의 일차적 의도는 선거기간 중 모임, 즉 집회를 금지하고자 하는 데 있으며, 단체의 모임은 단체의 다양한 활동 중의 하나에 불과하고, 헌법상 결사의 자유보다는 집회의 자유가 두텁게 보호되며, 위 조항에 의하여 직접 제약되는 자유 역시 집회의 자유라고 할 것이다.** 따라서 아래에서는 심판대상조항이 과잉금지원칙에 위반하여 집회의 자유를 침해하는지를 살핀다(헌재 2013.12.26. 2010헌가90).

48 하나의 법률관계를 둘러싸고 사인 사이의 기본권이 충돌하는 경우에는 구체적인 사안에서의 사정을 종합적으로 고려한 이익형량과 함께 양 기본권 사이의 실제적인 조화를 꾀하는 해석 등을 통하여 이를 해결하여야 하고, 그 결과에 따라 정해지는 양 기본권 행사의 한계 등을 감안하여 그 행위의 최종적인 위법성 여부를 판단하여야 한다. 2022 법원행시 ( )

ANSWER 44-2 ○ 45 × 46 ○ 47 ○ 48 ○

> **해설** 하나의 법률관계를 둘러싸고 두 기본권이 충돌하는 경우에는 구체적인 사안에서의 사정을 종합적으로 고려한 이익형량과 함께 양 기본권 사이의 실제적인 조화를 꾀하는 해석 등을 통하여 이를 해결하여야 하고, 그 결과에 따라 정해지는 양 기본권 행사의 한계 등을 감안하여 그 행위의 최종적인 위법성 여부를 판단하여야 한다(대판 2010.4.22. 2008다38288 전원합의체).

49-1 흡연권은 사생활의 자유를 실질적 핵으로 하는 것이고 혐연권은 사생활의 자유뿐만 아니라 생명권에까지 연결되는 것이므로 혐연권이 흡연권보다 상위의 기본권이다. 2023 경찰간부 ( )

49-2 상하의 위계질서가 있는 기본권끼리 충돌하는 경우에는 상위 기본권 우선의 원칙에 따라 하위 기본권이 제한될 수 있다. 2022 경찰승진 ( )

49-3 흡연권과 혐연권의 관계처럼 상하의 위계질서가 있는 기본권끼리 충돌하는 경우 상위기본권우선의 원칙에 따라 하위기본권이 제한될 수 있으므로, 흡연권은 혐연권을 침해하지 않는 한에서 인정되어야 한다. 2022 법원직 ( )

49-4 흡연권은 사생활의 자유를 실질적 핵으로 하는 것이고 혐연권은 사생활의 자유뿐만 아니라 생명권에까지 연결되는 것이므로 혐연권이 흡연권보다 상위의 기본권이라 할 수 있고, 상하의 위계질서가 있는 기본권끼리 충돌하는 경우에는 상위기본권우선의 원칙에 따라 하위기본권이 제한될 수 있으므로, 흡연권은 혐연권을 침해하지 않는 한에서 인정되어야 한다. 2023 경찰승진 ( )

49-5 흡연자와 비흡연자가 함께 생활하는 공간에서의 흡연행위는 필연적으로 흡연자의 기본권과 비흡연자의 기본권이 충돌하는 상황을 초래한다. 2024 법원행시 ( )

49-6 흡연자와 비흡연자가 함께 생활하는 공간에서의 흡연행위는 필연적으로 흡연자의 기본권과 비흡연자의 기본권이 충돌하는 상황이 초래된다. 이 경우 혐연권은 흡연권을 침해하지 않는 한에서 인정되어야 한다. 2023 경찰경력채용 ( )

> **해설** 국민건강증진법 시행규칙 제7조(흡연권 제한) 위헌확인(헌재 2004.8.26. 2003헌마457)
> (1) 흡연자가 비흡연자에게 아무런 영향을 미치지 않는 방법으로 흡연을 하는 경우에는 기본권의 충돌이 일어나지 않는다. 그러나 **흡연자와 비흡연자가 함께 생활하는 공간에서의 흡연행위는 필연적으로 흡연자의 기본권과 비흡연자의 기본권이 충돌하는 상황이 초래**된다.
> (2) 흡연권의 헌법적 근거는 헌법 제17조(사생활의 비밀과 자유) 및 헌법 제10조에서 찾을 수 있다.
> (3) 혐연권의 헌법적 근거는 헌법 제17조(사생활의 비밀과 자유) 및 헌법 제10조 그리고 건강권과 생명권에서 찾을 수 있다.
> (4) 혐연권이 흡연권보다 상위의 기본권이므로 상위기본권우선의 원칙에 따라 흡연권은 혐연권을 침해하지 않는 한에서 인정되어야 한다.

50-1 노동조합의 적극적 단결권은 근로자 개인의 단결하지 않을 자유보다 중시된다고 할 수 없어, 노동조합에 적극적 단결권(조직강제권)을 부여하는 것은 근로자의 단결하지 아니할 자유의 본질적인 내용을 침해한다. 2022 경찰승진 ( )

ANSWER 49-1 ○ 49-2 ○ 49-3 ○ 49-4 ○ 49-5 ○ 49-6 ✕ 50-1 ✕

50-2 근로자의 개인적 단결권(단결선택권)과 노동조합의 집단적 단결권(조직강제권)이 충돌하는 경우 헌법의 통일성을 유지하기 위하여 상충하는 기본권 모두가 최대한으로 그 기능과 효력을 발휘할 수 있도록 조화로운 방법을 모색하되 법익형량의 원리, 입법에 의한 선택적 재량 등을 종합적으로 참작하여 심사하여야 한다. 2023 경찰승진 ( )

50-3 노동조합이 당해 사업장에 종사하는 근로자의 3분의 2 이상을 대표하고 있을 때에는 근로자가 그 노동조합의 조합원이 될 것을 고용조건으로 하는 단체협약[이른바 유니언 샵(Union Shop)]과 관련하여 근로자의 단결하지 아니할 자유와 노동조합의 적극적 단결권(조직강제권)이 충돌하나, 근로자에게 보장되는 적극적 단결권이 단결하지 아니할 자유보다 특별한 의미를 가지고 있으므로 노동조합의 적극적 단결권은 근로자 개인의 단결하지 않을 자유보다 중시된다. 2022 법원직 ( )

50-4 「노동조합 및 노동관계조정법」상 유니언 샵(Union Shop) 조항은 특정한 노동조합의 가입을 강제하는 단체협약의 체결을 용인하고 있으므로 근로자의 개인적 단결권과 노동조합의 집단적 단결권이 서로 충돌하는 경우에 해당하며 이를 기본권의 서열이론이나 법익형량의 원리에 입각하여 어느 기본권이 더 상위기본권이라고 단정할 수는 없다. 2022 경찰간부 ( )

50-5 근로자의 단결하지 아니할 자유와 노동조합의 적극적 단결권이 충돌하는 경우 단결권 상호간의 충돌은 아니라고 하더라도 여전히 헌법상 보장된 일반적 행동의 자유 또는 결사의 자유와 적극적 단결권 사이의 기본권 충돌의 문제가 제기될 수 있다. 2023 경찰경력채용 ( )

50-6 단체협약을 매개로 한 조직강제[이른바 유니언 샵(Union Shop) 협정 체결]를 용인하는 경우 근로자 개인의 단결하지 않을 자유는 노동조합의 적극적 단결권보다 중시된다. 2023 경찰간부 ( )

> **해설** 개인적 단결권과 집단적 단결권이 충돌하는 경우 기본권의 서열이론이나 법익형량의 원리에 입각하여 어느 기본권이 더 상위기본권이라고 단정할 수는 없다. 왜냐하면 개인적 단결권은 헌법상 단결권의 기초이자 집단적 단결권의 전제가 되는 반면에, 집단적 단결권은 개인적 단결권을 바탕으로 조직·강화된 단결체를 통하여 사용자와 사이에 실질적으로 대등한 관계를 유지하기 위하여 필수불가결한 것이기 때문이다. 즉, 개인적 단결권이든 집단적 단결권이든 기본권의 서열이나 법익의 형량을 통하여 어느 쪽을 우선시키고 다른 쪽을 후퇴시킬 수는 없다고 할 것이다. 따라서 이러한 경우 헌법의 통일성을 유지하기 위하여 상충하는 기본권 모두가 최대한으로 그 기능과 효력을 발휘할 수 있도록 조화로운 방법을 모색하되, 법익형량의 원리, 입법에 의한 선택적 재량 등을 종합적으로 참작하여 심사하여야 한다.
> 이 사건 법률조항은 노동조합의 조직유지·강화를 위하여 당해 사업장에 종사하는 근로자의 3분의 2 이상을 대표하는 노동조합(이하 '지배적 노동조합'이라 한다)의 경우 단체협약을 매개로 한 조직강제[이른바 유니언 샵(Union Shop) 협정의 체결]를 용인하고 있다. 이 경우 근로자의 단결하지 아니할 자유와 노동조합의 적극적 단결권(조직강제권)이 충돌하게 되나, 근로자에게 보장되는 **적극적 단결권이 단결하지 아니할 자유보다 특별한 의미를 갖고 있고**, 노동조합의 조직강제권도 이른바 자유권을 수정하는 의미의 생존권(사회권)적 성격을 함께 가지는 만큼 근로자 개인의 자유권에 비하여 보다 특별한 가치로 보장되는 점 등을 고려하면, **노동조합의 적극적 단결권은 근로자 개인의 단결하지 않을 자유보다 중시된다**고 할 것이고, 또 노동조합에게 위와 같은 조직강제권을 부여한다고 하여 이를 근로자의 단결하지 아니할 자유의 본질적인 내용을 침해하는 것으로 단정할 수는 없다(헌재 2005.11.24. 2002헌바95 등).

ANSWER 50-2 ○ 50-3 ○ 50-4 ○ 50-5 ○ 50-6 ×

51 피해자의 반론게재청구권으로 해석되는 정정보도청구권제도는 언론의 자유와는 서로 충돌되는 면이 있으나 전체적으로는 상충되는 기본권 사이에 합리적인 조화를 이루고 있다. 2023 경찰간부 ( )

해설 현행 정정보도청구권제도는 언론의 자유와는 비록 서로 충돌되는 면이 없지 아니하나 전체적으로 상충되는 기본권 사이에 합리적 조화를 이루고 있으므로 정기간행물의등록등에관한법률 제16조 제3항, 제19조 제3항은 결코 평등의 원칙에 반하지 아니하고, 언론의 자유의 본질적 내용을 침해하거나 언론기관의 재판청구권을 부당히 침해하는 것으로 볼 수 없어 헌법에 위반되지 아니한다(헌재 1991.9.16. 89헌마165).

52 국민의 수학권과 교사의 수업의 자유는 다 같이 보호되어야 하겠지만 양자가 충돌하는 경우 국민의 수학권이 더 우선적으로 보호되어야 한다. 2023 경찰간부 ( )

해설 국민의 수학권과 교사의 수업의 자유는 다 같이 보호되어야 하겠지만 그중에서도 국민의 수학권이 더 우선적으로 보호되어야 한다(헌재 1992.11.12. 89헌마88).

53-1 「민법」상 채권자취소권이 헌법에 부합하는 이유는 채권자의 재산권과 채무자의 일반적 행동자유권 중에서 이익형량의 원칙에 비추어 채권자의 재산권이 상위의 기본권이기 때문이다. 2022 경찰간부 ( )

53-2 채권자취소권에 관한 민법 규정으로 인하여 채권자의 재산권과 채무자 및 수익자의 재산권이 동일한 장에서 충돌한다. 따라서 이러한 경우에는 상충하는 기본권 모두가 최대한으로 그 기능과 효력을 발휘할 수 있도록 이른바 규범조화적 해석방법에 따라 심사하여야 한다. 2022 법원직 ( )

해설 이 사건 법률조항은 채권자에게 채권의 실효성 확보를 위한 수단으로서 채권자취소권을 인정함으로써, **채권자의 재산권과 채무자와 수익자의 일반적 행동의 자유 내지 계약의 자유 및 수익자의 재산권이 서로 충돌**하게 되는바, 위와 같은 채권자와 채무자 및 수익자의 기본권들이 충돌하는 경우에 기본권의 서열이나 법익의 형량을 통하여 어느 한 쪽의 기본권을 우선시키고 다른 쪽의 기본권을 후퇴시킬 수는 없다고 할 것이다. 사적자치의 원칙은 헌법 제10조의 행복추구권 속에 함축된 일반적 행동자유권에서 파생된 것으로서 헌법 제119조 제1항의 자유시장 경제질서의 기초이자 우리 헌법상의 원리이고, 계약자유의 원칙은 사적자치권의 기본원칙으로서 이러한 사적자치의 원칙이 법률행위의 영역에서 나타난 것이므로, **채권자의 재산권과 채무자 및 수익자의 일반적 행동의 자유권 중 어느 하나를 상위기본권이라고 할 수는 없을 것이고, 채권자의 재산권과 수익자의 재산권 사이에서도 어느 쪽이 우월하다고 할 수는 없을 것이기 때문이다.** 따라서 이러한 경우에는 헌법의 통일성을 유지하기 위하여 상충하는 기본권 모두가 최대한으로 그 기능과 효력을 발휘할 수 있도록 조화로운 방법을 모색하되(규범조화적 해석), 법익형량의 원리, 입법에 의한 선택적 재량 등을 종합적으로 참작하여 심사하여야 할 것이다. 이 사건 법률조항이 채무자와 수익자의 일반적 행동의 자유권이나 수익자의 재산권을 침해하는 것으로 볼 수 없다(헌재 2007.10.25. 2005헌바96).

54 친양자의 입양을 청구하기 위해 친생부모의 친권상실, 사망 기타 동의할 수 없는 사유가 없는 한 친생부모의 동의를 반드시 요하도록 한 구 「민법」 해당 조항과 관련하여 헌법재판소는 친생부모의 기본권과 친양자가 될 자의 기본권이 경합하는 영역으로 보았다. 2024 법원행시 ( )

해설 친양자 입양으로 인해 친생부모와 그 자 사이의 친족관계는 완전히 종료된다는 점에서 이는 친생부모의 기본권에 제한을 초래하게 된다. 즉, **친양자가 될 자의 헌법 제36조 제1항 및 헌법 제10조에 의한 가족생활에서의 기본권을 보장하기 위해 친생부모의 동의를 무시하고 친양자 입양을 성립시키는 경우에는 친생부모의 기본권이 제한되게 되고, 친생부모의 친족관계유지에 대한 기본권을 보장하기 위해 친생부모가 동의하지 않는 이상 무조건 친양자 입양이 성립되지 않는다고 보는 경우에는 친양자가 될 자의 기본권이 제한될 가능성이 발생**

ANSWER 51 ○ 52 ○ 53-1 × 53-2 ○ 54 ×

한다. 결국 친양자 입양은 친생부모의 기본권과 친양자가 될 자의 기본권이 서로 대립·충돌하는 관계라고 볼 수 있다. 그리고 이들 기본권은 공히 가족생활에 대한 기본권으로서 그 서열이나 법익의 형량을 통하여 어느 한쪽의 기본권을 일방적으로 우선시키고 다른 쪽을 후퇴시키는 것은 부적절하다(헌재 2012.5.31. 2010헌바87).

55 기업의 경영에 관한 의사결정의 자유 등 영업의 자유와 근로자들이 누리는 일반적 행동자유권 등이 '근로조건' 설정을 둘러싸고 충돌하는 경우에는 근로조건과 인간의 존엄성 보장 사이의 헌법적 관련성을 염두에 두고 구체적인 사안에서의 사정을 종합적으로 고려한 이익 형량과 함께 기본권들 사이의 실제적인 조화를 꾀하는 해석 등을 통하여 이를 해결하여야 한다. 2022 법원직 / 2023 해양경찰 ( )

> **해설** 기업의 경영에 관한 의사결정의 자유 등 영업의 자유와 근로자들이 누리는 일반적 행동자유권 등이 '근로조건' 설정을 둘러싸고 충돌하는 경우에는, 근로조건과 인간의 존엄성 보장 사이의 헌법적 관련성을 염두에 두고 구체적인 사안에서의 사정을 종합적으로 고려한 이익형량과 함께 기본권들 사이의 실제적인 조화를 꾀하는 해석 등을 통하여 이를 해결하여야 하고, 그 결과에 따라 정해지는 두 기본권 행사의 한계 등을 감안하여 두 기본권의 침해 여부를 살피면서 근로조건의 최종적인 효력 유무 판단과 관련한 법령 조항을 해석·적용하여야 한다(대판 2018.9.13. 2017두38560).

56 과잉금지원칙은 기본권 제한의 방법상 한계로서 헌법 제37조 제2항의 '필요한 경우에 한하여' 부분에서 그 근거를 찾을 수 있다. 2022 경찰승진 ( )

> **해설** 기본권 제한의 방법상의 한계로 과잉금지원칙은 헌법 제37조 제2항의 '필요한 경우에 한하여' 부분과 법치국가원리를 근거로 한다(정회철·김유향, 김학성, 정종섭 등등).

57 입법목적을 달성하기 위한 수단으로서 반드시 가장 합리적이며 효율적인 수단을 선택하여야 하는 것은 아니라고 할지라도 적어도 현저하게 불합리하고 불공정한 수단의 선택은 피하여야 한다. 2022 경찰승진 ( )

> **해설** 입법목적을 달성하기 위한 수단으로서 반드시 가장 합리적이며 효율적인 수단을 선택하여야 하는 것은 아니라고 할지라도 적어도 현저하게 불합리하고 불공정한 수단의 선택은 피하여야 할 것이다(헌재 1996.4.25. 92헌바47).

58 입법자가 선택한 수단보다 국민의 기본권을 덜 침해하는 수단이 존재하더라도 그 다른 수단이 효과 측면에서 입법자가 선택한 수단과 동등하거나 유사하다고 단정할 만한 명백한 근거가 없는 이상 과잉금지원칙에 위반된다고는 할 수 없다. 2024 경찰승진 ( )

> **해설** 과잉금지원칙의 한 내용인 최소침해원칙은 입법목적의 달성에 있어 동일한 효과를 나타내는 수단 중에서 되도록 당사자의 기본권을 덜 침해하는 수단을 채택하라는 헌법적 요구로서, 설령 입법자가 택한 수단보다 국민의 기본권을 덜 침해하는 수단이 존재하더라도 그 다른 수단이 효과 측면에서 입법자가 선택한 수단과 동등하거나 유사하다고 단정할 만한 명백한 근거가 없는 이상, **과잉금지원칙에 위반된다고는 할 수 없다**(헌재 2013.6.27. 2011헌바278).

59 입법자가 임의적 규정으로도 법의 목적을 실현할 수 있는 경우, 구체적 사안의 개별성과 특수성을 고려할 수 있는 가능성을 일체 배제하는 필요적 규정을 둔다면 이는 비례원칙의 한 요소인 '수단의 적합성(적절성) 원칙'에 위배된다. 2022 경찰승진 ( )

ANSWER 55 ○ 56 ○ 57 ○ 58 ○ 59 ×

해설 입법자가 임의적 규정으로도 법의 목적을 실현할 수 있는 경우에 구체적 사안의 개별성과 특수성을 고려할 수 있는 가능성을 일체 배제하는 필요적 규정을 둔다면 이는 비례의 원칙의 한 요소인 "최소침해성의 원칙"에 위배되는바, 종래의 임의적 취소제도로도 철저한 단속, 엄격한 법집행 등 그 운용 여하에 따라서는 지입제 관행의 근절이라는 입법목적을 효과적으로 달성할 수 있었을 것으로 보이므로, 기본권침해의 정도가 덜한 임의적 취소제도의 적절한 운용을 통하여 입법목적을 달성하려는 노력은 기울이지 아니한 채 기본권침해의 정도가 한층 큰 필요적 취소제도를 도입한 이 사건 법률조항은 행정편의적 발상으로서 피해최소성의 원칙에 위반된다(헌재 2000.6.1. 99헌가11 등).

60-1 침해의 최소성의 관점에서, 입법자는 그가 의도하는 공익을 달성하기 위하여 우선 기본권을 보다 적게 제한하는 단계인 기본권행사의 '방법'에 관한 규제로써 공익을 실현할 수 있는가를 시도하고 이러한 방법으로는 공익달성이 어렵다고 판단되는 경우에 비로소 그 다음 단계인 기본권행사의 '여부'에 관한 규제를 선택해야 한다. 2022 경찰승진 ( )

60-2 기본권을 제한하는 규정은 기본권행사의 '방법'과 '여부'에 관한 규정으로 구분할 수 있다. 방법의 적절성의 관점에서, 입법자는 우선 기본권행사의 '방법'에 관한 규제로써 공익을 실현할 수 있는가를 시도하고 이러한 방법으로는 공익달성이 어렵다고 판단되는 경우에 기본권행사의 '여부'에 관한 규제를 선택해야 한다. 2024 경찰1차 ( )

60-3 입법자는 기본권행사의 '방법'에 관한 규제로써 공익을 실현할 수 있는가를 시도하고 이러한 방법으로는 공익달성이 어렵다고 판단되는 경우에 비로소 그 다음 단계인 기본권행사의 '여부'에 관한 규제를 선택해야 한다. 2023 국회직9급 ( )

해설 입법자는 공익실현을 위하여 기본권을 제한하는 경우에도 입법목적을 실현하기에 적합한 여러 수단 중에서 되도록 국민의 기본권을 가장 존중하고 기본권을 최소로 침해하는 수단을 선택해야 한다. 기본권을 제한하는 규정은 기본권행사의 '방법'에 관한 규정과 기본권행사의 '여부'에 관한 규정으로 구분할 수 있다. 침해의 최소성의 관점에서, 입법자는 그가 의도하는 공익을 달성하기 위하여 우선 기본권을 보다 적게 제한하는 단계인 기본권행사의 '방법'에 관한 규제로써 공익을 실현할 수 있는가를 시도하고 이러한 방법으로는 공익달성이 어렵다고 판단되는 경우에 비로소 그 다음 단계인 기본권행사의 '여부'에 관한 규제를 선택해야 한다 (헌재 1998.5.28. 96헌가5).

61 국민의 기본권을 제한하는 입법은 그 목적이 헌법 및 법률의 체제상 정당성이 인정되어야 하고, 그 목적의 달성을 위하여 방법이 효과적이고 적절하여야 하며, 입법권자가 선택한 방법이 설사 적절하다고 하더라도 보다 완화된 형태나 방법을 모색함으로써 기본권의 제한은 필요한 최소한도에 그치도록 하여야 하며, 입법에 의하여 보호하려는 공익과 침해되는 사익을 비교형량 할 때 보호되는 공익이 더 커야 한다. 2022 경찰승진 ( )

해설 국가작용 중 특히 입법작용에 있어서의 과잉입법금지의 원칙이라 함은 국가가 국민의 기본권을 제한하는 내용의 입법활동을 함에 있어서 준수하여야 할 기본원칙 내지 입법활동의 한계를 의미하는 것으로서, 국민의 기본권을 제한하려는 입법의 목적이 헌법 및 법률의 체제상 그 정당성이 인정되어야 하고(목적의 정당성), 그 목적의 달성을 위하여 그 방법이 효과적이고 적절하여야 하며(방법의 적정성), 입법자가 선택한 기본권 제한의 조치가 입법목적 달성을 위하여 설사 적절하다 할지라도 보다 완화된 형태나 방법을 모색함으로써 기본권의 제한은 필요한 최소한도에 그치도록 하여야 하며(피해의 최소성), 그 입법에 의하여 보호하려는 공익과 침해되는 사익을 비교형량할 때 보호되는 공익이 더 커야 한다(법익의 균형성)는 법치국가의 원리에서 당연히 파생되는 헌법상 기본원리의 하나인 비례의 원칙을 말하는 것이다(헌재 2008.10.30. 2007헌마206).

ANSWER 60-1 ○ 60-2 × 60-3 ○ 61 ○

62-1 형법 제304조 중 "혼인을 빙자하여 음행의 상습없는 부녀를 기망하여 간음한 자" 부분은 형벌규정을 통하여 추구하고자 하는 목적 자체가 헌법에 의하여 허용되지 않는 것으로서 그 정당성이 인정되지 않는다.
2022 경찰1차 ( )

62-2 혼인빙자간음죄는 과잉금지원칙을 위반하여 남성의 성적자기 결정권 및 사생활의 비밀과 자유를 과잉제한하는 것으로 헌법에 위반된다. 2023 경찰경력채용 ( )

> 해설 결국 이 사건 법률조항(형법 제304조 중 "혼인을 빙자하여 음행의 상습없는 부녀를 기망하여 간음한 자" 부분)은 **목적의 정당성, 수단의 적절성 및 피해최소성을 갖추지 못하였고 법익의 균형성도 이루지 못하였으므로**, 헌법 제37조 제2항의 **과잉금지원칙을 위반**하여 남성의 성적자기결정권 및 사생활의 비밀과 자유를 과잉제한하는 것으로 **헌법에 위반된다**(헌재 2009.11.26. 2008헌바58, 2009헌바191(병합)).

63 배우자 있는 자의 간통행위 및 그와의 상간행위를 2년 이하의 징역에 처하도록 규정한 형법 제241조는 선량한 성풍속 및 일부일처제에 기초한 혼인제도를 보호하고 부부간 정조의무를 지키게 하기 위한 것으로 그 입법목적의 정당성은 인정된다. 2022 경찰1차 ( )

> 해설 심판대상조항은 **선량한 성풍속 및 일부일처제에 기초한 혼인제도를 보호하고 부부간 정조의무를 지키게 하기 위한 것으로 그 입법목적의 정당성은 인정**된다. 선량한 성풍속 및 일부일처제에 기초한 혼인제도를 보호하고 부부간 정조의무를 지키게 하고자 간통행위를 처벌하는 심판대상조항은 그 수단의 적절성과 침해최소성을 갖추지 못하였다고 할 것이다. 심판대상조항은 법익의 균형성도 상실하였다(헌재 2015.2.26. 2009헌바17 등).

64 운전면허를 받은 사람이 다른 사람의 자동차등을 훔친 경우에는 운전면허를 필요적으로 취소하도록 한 구 도로교통법 조항 중 '다른 사람의 자동차등을 훔친 경우' 부분은 다른 사람의 자동차 등을 훔친 범죄행위에 대한 행정적 제재를 강화하여 자동차등의 운행과정에서 야기될 수 있는 교통상의 위험과 장해를 방지함으로써 안전하고 원활한 교통을 확보하고자 하는 것으로서 그 입법목적이 정당하다. 2022 경찰1차 ( )

> 해설 심판대상조항은 **다른 사람의 자동차등을 훔친 범죄행위에 대한 행정적 제재를 강화하여 자동차등의 운행과정에서 야기될 수 있는 교통상의 위험과 장해를 방지함으로써 안전하고 원활한 교통을 확보하고자 하는 것으로서 그 입법목적이 정당**하다. 다른 사람의 자동차등을 훔친 경우 운전면허를 필요적으로 취소하도록 하는 것은 이러한 입법목적을 달성하는 데 기여할 수 있으므로 **수단의 적정성도 인정된다**. 그러나 자동차등을 훔친 범죄행위에 대한 행정적 제재를 강화하더라도 불법의 정도에 상응하는 제재수단을 선택할 수 있도록 임의적 운전면허 취소 또는 정지사유로 규정하여도 충분히 그 목적을 달성하는 것이 가능함에도, 심판대상조항은 필요적으로 운전면허를 취소하도록 하여 구체적 사안의 개별성과 특수성을 고려할 수 있는 여지를 일절 배제하고 있다. 자동차 절취행위에 이르게 된 경위, 행위의 태양, 당해 범죄의 경중이나 그 위법성의 정도, 운전자의 형사처벌 여부 등 제반사정을 고려할 여지를 전혀 두지 아니한 채 다른 사람의 자동차등을 훔친 모든 경우에 필요적으로 운전면허를 취소하는 것은, 그것이 달성하려는 공익의 비중에도 불구하고 운전면허 소지자의 직업의 자유 내지 일반적 행동의 자유를 과도하게 제한하는 것이다. 그러므로 심판대상조항은 직업의 자유 내지 일반적 행동의 자유를 침해한다(헌재 2017.5.25. 2016헌가6).

ANSWER 62-1 ○ 62-2 ○ 63 ○ 64 ○

65 방송사업자가 구 「방송법」상 심의규정을 위반한 경우 방송통신위원회로 하여금 전문성과 독립성을 갖춘 방송통신심의위원회의 심의를 거쳐 '시청자에 대한 사과'를 명할 수 있도록 규정한 것은 침해의 최소성 원칙에 위배되지 않는다. 2022 행시 ( )

해설 이 사건 심판대상조항은 시청자의 권익보호와 민주적 여론 형성 및 국민문화의 향상을 도모하고 방송의 발전에 이바지하기 위하여, **공정하고 객관적인 보도를 할 책무를 부담하는 방송사업자가 심의규정을 위반한 경우 방송통신위원회로 하여금 전문성과 독립성을 갖춘 방송통신심의위원회의 심의를 거쳐 '시청자에 대한 사과'를 명할 수 있도록 규정한 것이므로, 입법목적의 정당성이 인정**되고, 이러한 제재수단을 통해 방송의 공적 책임을 높이는 등 입법목적에 기여하는 점을 인정할 수 있으므로 **방법의 적절성도 인정**된다. 그러나 심의규정을 위반한 방송사업자에게 '주의 또는 경고'만으로도 반성을 촉구하고 언론사로서의 공적 책무에 대한 인식을 제고시킬 수 있고, 위 조치만으로도 심의규정에 위반하여 '주의 또는 경고'의 제재조치를 받은 사실을 공표하게 되어 이를 다른 방송사업자나 일반 국민에게 알리게 됨으로써 여론의 왜곡 형성 등을 방지하는 한편, 해당 방송사업자에게는 해당 프로그램의 신뢰도 하락에 따른 시청률 하락 등의 불이익을 줄 수 있다. 또한, '시청자에 대한 사과'에 대하여는 '명령'이 아닌 '권고'의 형태를 취할 수도 있다. 이와 같이 기본권을 보다 덜 제한하는 다른 수단에 의하더라도 이 사건 심판대상조항이 추구하는 목적을 달성할 수 있으므로 이 사건 심판대상조항은 침해의 최소성 원칙에 위배된다. 또한 이 사건 심판대상조항은 시청자 등 국민들로 하여금 방송사업자가 객관성이나 공정성 등 저버린 방송을 했다는 점을 스스로 인정한 것으로 생각하게 만듦으로써 방송에 대한 신뢰가 무엇보다 중요한 방송사업자에 대하여 그 사회적 신용이나 명예를 저하시키고 법인격의 자유로운 발현을 저해하는 것인바, **방송사업자의 인격권에 대한 제한의 정도가 이 사건 심판대상조항이 추구하는 공익에 비해 결코 작다고 할 수 없으므로 이 사건 심판대상조항은 법익의 균형성원칙에도 위배**된다(헌재 2012.8.23. 2009헌가27).

66 정부에 대한 반대 견해나 비판에 대하여 합리적인 홍보와 설득으로 대처하는 것이 아니라 비판적 견해를 가졌다는 이유만으로 국가의 지원에서 일방적으로 배제함으로써 정치적 표현의 자유를 제재하는 공권력의 행사는 헌법의 근본원리인 국민주권주의와 자유민주적 기본질서에 반하는 것으로 그 목적의 정당성을 인정할 수 없다. 2022 행시 ( )

해설 **정부에 대한 반대 견해나 비판에 대하여 합리적인 홍보와 설득으로 대처하는 것이 아니라 비판적 견해를 가졌다는 이유만으로 국가의 지원에서 일방적으로 배제함으로써 정치적 표현의 자유를 제재하는 공권력의 행사는 헌법의 근본원리인 국민주권주의와 자유민주적 기본질서에 반하는 것으로 그 목적의 정당성을 인정할 수 없다**(헌재 2020.12.23. 2017헌마416).

67 금치처분을 받은 수형자에 대하여 집필의 목적과 내용 등을 묻지 아니하고 일체의 집필행위를 금지하는 것은 입법목적 달성을 위한 필요최소한의 제한이라는 한계를 벗어난 것으로서 과잉금지의 원칙에 위반된다. 2022 행시 ( )

해설 이 사건 시행령조항은 규율 위반자에 대해 불이익을 가한다는 면만을 강조하여 금치처분을 받은 자에 대하여 집필의 목적과 내용 등을 묻지 않고, 또 **대상자에 대한 교화 또는 처우상 필요한 경우까지도 예외 없이 일체의 집필행위를 금지하고 있음은 입법목적 달성을 위한 필요최소한의 제한이라는 한계를 벗어난 것으로서 과잉금지의 원칙에 위반**된다(헌재 2005.2.24. 2003헌마289).

68-1 자동차 등을 이용하여 살인 또는 강간 등 행정안전부령이 정하는 범죄행위를 한 때 운전면허를 필요적으로 취소하도록 하는 구 「도로교통법」 조항은 과잉금지원칙에 위배된다. 2022 법원행시 ( )

ANSWER 65 × 66 ○ 67 ○ 68-1 ○

68-2 운전면허를 받은 사람이 자동차 등을 이용하여 범죄행위를 한 경우 범죄행위의 심각성 및 범죄행위의 기여정도와는 관계없이 필수적으로 운전면허를 취소하도록 하는 것은 기본권 제한에 있어서 최소침해성의 원칙에 위반된다. 2023 국회직9급 ( )

해설 자동차등을 범죄를 위한 수단으로 이용하여 교통상의 위험과 장해를 유발하고 국민의 생명과 재산에 심각한 위협을 초래하는 것을 방지하여 안전하고 원활한 교통을 확보함과 동시에 차량을 이용한 범죄의 발생을 막고자 하는 심판대상조항은 그 입법목적이 정당하고, 운전면허를 필요적으로 취소하도록 하는 것은 **자동차등을 이용한 범죄행위의 재발을 일정 기간 방지하는 데 기여할 수 있으므로 이는 입법목적을 달성하기 위한 적정한 수단이다.** 그러나 자동차등을 이용한 범죄를 근절하기 위하여 그에 대한 행정적 제재를 강화할 필요가 있다 하더라도 이를 임의적 운전면허 취소 또는 정지사유로 규정함으로써 불법의 정도에 상응하는 제재수단을 선택할 수 있도록 하여도 충분히 그 목적을 달성하는 것이 가능함에도, **심판대상조항은 이에 그치지 아니하고 필요적으로 운전면허를 취소하도록 하여 구체적 사안의 개별성과 특수성을 고려할 수 있는 여지를 일체 배제**하고 있다. 나아가 심판대상조항 중 '자동차등을 이용하여' 부분은 포섭될 수 있는 행위 태양이 지나치게 넓을 뿐만 아니라, 하위법령에서 규정될 대상범죄에 심판대상조항의 입법목적을 달성하기 위해 반드시 규제할 필요가 있는 범죄행위가 아닌 경우까지 포함될 우려가 있어 **침해의 최소성 원칙에 위배**된다. 심판대상조항은 운전을 생업으로 하는 자에 대하여는 생계에 지장을 초래할 만큼 중대한 직업의 자유의 제약을 초래하고, **운전을 업으로 하지 않는 자에 대하여도 일상생활에 심대한 불편을 초래하여 일반적 행동의 자유를 제약하므로 법익의 균형성 원칙에도 위배**된다. 따라서 심판대상조항은 **직업의 자유 및 일반적 행동의 자유를 침해**한다(헌재 2015.5.28. 2013헌가6).

69 성폭력범죄의 처벌 등에 관한 특례법(2012. 12. 18. 법률 제11556호로 전부개정된 것) 제30조 제6항 중 '제1항에 따라 촬영한 영상물에 수록된 피해자의 진술은 공판준비기일 또는 공판기일에 조사 과정에 동석하였던 신뢰관계에 있는 사람 또는 진술조력인의 진술에 의하여 그 성립의 진정함이 인정된 경우에 증거로 할 수 있다.' 부분 가운데 19세 미만 성폭력범죄 피해자에 관한 부분은 과잉금지원칙에 위배된다. 2022 법원행시 ( )

해설 심판대상조항은 미성년 피해자가 증언과정 등에서 받을 수 있는 2차 피해를 막기 위한 것이다. 미성년 피해자의 2차 피해를 방지하는 것은, 성폭력범죄에 관한 형사절차를 형성함에 있어 포기할 수 없는 중요한 가치이나 그 과정에서 피고인의 공정한 재판을 받을 권리도 보장되어야 한다. 성폭력범죄의 특성상 영상물에 수록된 미성년 피해자 진술이 사건의 핵심 증거인 경우가 적지 않음에도 심판대상조항은 진술증거의 오류를 탄핵할 수 있는 효과적인 방법인 피고인의 반대신문권을 보장하지 않고 있다. 심판대상조항은 영상물로 그 증거방법을 한정하고 신뢰관계인 등에 대한 신문 기회를 보장하고 있기는 하나 위 증거의 특성 및 형성과정을 고려할 때 이로써 원진술자에 대한 반대신문의 기능을 대체하기는 어렵다. **그 결과 피고인은 사건의 핵심 진술증거에 관하여 충분히 탄핵할 기회를 갖지 못한 채 유죄 판결을 받을 수 있는바, 그로 인한 방어권 제한의 정도는 매우 중대하다.** 반면 피고인의 반대신문권을 일률적으로 제한하지 않더라도, 성폭력범죄 사건 수사의 초기단계에서부터 증거보전절차를 적극적으로 실시하거나, 비디오 등 중계장치에 의한 증인신문 등 **미성년 피해자가 증언과정에서 받을 수 있는 2차 피해를 방지할 수 있는 여러 조화적인 제도를 적극 활용함으로써 위 조항의 목적을 달성할 수 있다.** 피고인 측이 정당한 방어권의 범위를 넘어 피해자를 위협하고 괴롭히는 등의 반대신문은 금지되며, 재판장은 구체적 신문 과정에서 증인을 보호하기 위해 소송지휘권을 행사할 수 있다. 우리 사회에서 미성년 피해자의 2차 피해를 방지하는 것이 중요한 공익에 해당함에는 의문의 여지가 없다. 그러나 심판대상조항으로 인한 피고인의 방어권 제한의 중대성과 미성년 피해자의 2차 피해를 방지할 수 있는 여러 조화적인 대안들이 존재함을 고려할 때, **심판대상조항이 달성하려는 공익이 제한되는 피고인의 사익보다 우월하다고 쉽게 단정하기는 어렵다. 따라서 심판대상조항은 과잉금지원칙을 위반하여 공정한 재판을 받을 권리를 침해**한다(헌재 2021.12.23. 2018헌바524).

ANSWER 68-2 ○ 69 ○

70 임차주택의 양수인이 임대인의 지위를 승계하도록 규정한 구 「주택임대차보호법」 조항은 임차인의 주거생활의 안정을 도모함과 동시에 주민등록이라는 공시기능을 통하여 주택 양수인의 불측의 손해를 예방할 수 있도록 하고 있으므로, 기본권 침해의 최소성 원칙에 반하지 않는다. 2022 경찰간부 ( )

해설 심판대상조항은 임차인이 주택의 인도와 주민등록이라는 주택임대차보호법상의 대항요건을 갖춘 때에 한하여 양수인에게 임대차계약상의 권리·의무를 그대로 승계하도록 하고 있어, 사회적 약자인 임차인의 주거생활의 안정을 도모함과 동시에 주민등록이라는 공시기능을 통하여 주택 양수인의 불측의 손해를 예방할 수 있도록 하고 있으므로, 기본권 침해의 최소성 원칙에 반하지 아니한다(헌재 2017.8.31. 2016헌바146).

71 음주측정거부자에 대해 필요적으로 면허를 취소할 것을 규정한 「도로교통법」 조항은 재산권, 직업선택의 자유, 행복추구권 또는 양심의 자유에 대한 과도한 제한에 해당하지 않는다. 2023 행시 ( )

해설 음주측정은 음주운전을 단속하기 위한 불가피한 전치적(前置的) 조치라고 인정되므로 경찰관의 음주측정요구에 응하는 것은 법률이 운전자에게 부과한 정당한 의무라고 할 것이고 법률이 부과한 이러한 정당한 의무의 불이행에 대하여 이 정도의 제재를 가하는 것은 양심의 자유나 행복추구권 등에 대한 침해가 될 수 없다(헌재 2004.12.16. 2003헌바87).

72 구 「식품위생법」에서 식품의약품안전처장이 식품의 사용기준을 정하여 고시하고, 고시된 사용기준에 맞지 아니하는 식품을 판매하는 행위를 금지·처벌하는 규정들은 생녹용의 사용 조건을 엄격하게 제한한 후 이 기준에 따라서만 생녹용을 판매할 수 있도록 하므로 과잉금지원칙에 위배된다. 2022 경찰간부 ( )

해설 불특정 다수를 상대로 유통되는 식품으로 인하여 생기는 위생상의 위해를 방지하고 식품의 안전성에 대한 신뢰를 확보하여 국민들이 안심하고 식품을 구입·섭취할 수 있도록 함으로써 국민보건을 증진하려는 공익은 중대하다. 식품의 섭취로 부작용이 발생하거나 건강이 훼손되면 원상회복이 매우 어렵거나 치명적인 손상이 발생할 수 있어 예방적이고 선제적인 조치가 요구된다. 심판대상조항들이 식품의약품안전처장이 정하여 고시하는 식품의 범위를 판매를 목적으로 하는 식품으로 한정하고 있으며, 그 사유 역시 국민보건을 위하여 필요한 경우로 제한하고 있고, 심판대상조항들이 정하고 있는 법정형 또한 과도하다고 보기 어렵다. 따라서 심판대상조항들은 과잉금지원칙에 위배되어 직업수행의 자유를 침해하지 아니한다(헌재 2021.2.25. 2017헌바222).

73 구 「공직선거법」에서 지방자치단체의 장 선거 예비후보자가 정당의 공천심사에서 탈락한 후 후보자등록을 하지 않은 경우를 기탁금 반환 사유로 규정하지 않은 것은 과잉금지원칙에 위배된다. 2022 경찰간부 ( )

해설 지방자치단체의 장선거에 있어 정당의 공천심사에서 탈락한 후 후보자등록을 하지 않은 경우를 기탁금 반환 사유로 규정하지 않은 심판대상조항은 과잉금지원칙에 반하여 헌법에 위반된다(헌재 2020.9.24. 2018헌가15 등).

74 「특정경제범죄 가중처벌 등에 관한 법률」에서 금융회사 등 임직원의 직무에 속하는 사항의 알선에 관하여 금품 등 수수행위 금지 조항은 금품 등을 대가로 다른 사람을 위하여 중개하거나 편의를 도모하는 것을 할 수 없게 하므로 과잉금지원칙에 위배된다. 2022 경찰간부 ( )

해설 심판대상조항은 금융회사등 임직원의 청렴성과 그 직무의 불가매수성을 확보하여, 금융회사등과 관련된 각종 비리와 부정의 소지를 없애고 투명성, 공정성을 확보하기 위한 것으로 그 입법목적은 정당하다. 금품 등의 이익을 대가로 금융회사등 임직원의 직무에 관하여 알선하는 것을 금지하면 제3자가 금융회사등 임직원의 직무에 개입하는 것을 방지할 수 있으므로, 수단의 적합성 또한 인정된다. … 심판대상조항은 침해의 최소성 원칙, 법익의 균형성 원칙에도 위배되지 않는다. 결국 심판대상조항은 과잉금지원칙에 위배되어 일반적 행동자유권 또는 직업수행의 자유를 침해하지 않는다(헌재 2021.9.30. 2019헌바424).

ANSWER 70 ○ 71 ○ 72 × 73 ○ 74 ×

75 보호의무자 2인의 동의 및 정신건강의학과 전문의 1인의 진단을 요건으로 정신질환자를 정신의료기관에 보호입원시켜 치료를 받도록 하는 「정신보건법」 조항은 과잉금지원칙에 위배되지 않는다. 2024 경찰승진 ( )

> [해설] 심판대상조항은 **침해의 최소성 원칙에 위배된다.** 심판대상조항이 정신질환자를 신속·적정하게 치료하고, 정신질환자 본인과 사회의 안전을 도모한다는 공익을 위한 것임은 인정되나, 정신질환자의 신체의 자유 침해를 최소화할 수 있는 적절한 방안을 마련하지 아니함으로써 지나치게 기본권을 제한하고 있다. 따라서 심판대상조항은 **법익의 균형성 요건도 충족하지 못한다.** 그렇다면 심판대상조항은 **과잉금지원칙을 위반하여 신체의 자유를 침해한다**(헌재 2016.9.29. 2014헌가9).

76 공기총의 소지허가를 받은 자로 하여금 그 공기총을 일률적으로 허가관청이 지정하는 곳에 보관하도록 하고 있는 「총포·도검·화약류 등의 안전관리에 관한 법률」 조항은 보관방법에 대한 제한일 뿐이므로 과잉금지원칙에 위배되지 않는다. 2024 경찰승진 ( )

> [해설] 공기총도 사람의 생명이나 신체에 위해를 발생케 할 위험성이 충분히 인정되고, 실제 공기총을 가지고 있음을 기화로 발생하는 범죄나 안전사고를 예방하기 위하여는 모든 공기총을 일률적으로 별도의 장소에 보관케 할 필요가 있다. 심판대상조항들은 보관방법에 대한 제한일 뿐 총포소지허가 자체에 어떠한 변경을 가하거나 총포사용 자체를 금지하는 것은 아니고, 일정한 경우 보관을 해제하고 반환받을 수 있으며, 그러한 절차가 크게 부담이 되는 것도 아니다. 따라서 심판대상조항들은 침해의 최소성도 인정된다. 심판대상조항들을 통하여 달성하고자 하는 공익은 공기총을 직접 보관하지 못하게 됨으로써 입는 불이익보다 훨씬 크므로, 법익의 균형성도 인정된다. 따라서 심판대상조항들은 **과잉금지원칙에 반하지 않는다**(헌재 2019.6.28. 2018헌바400).

77 「변호사법」에서 변호사는 계쟁권리(係爭權利)를 양수할 수 없다고 규정하고 이를 위반시 형사처벌을 부과하도록 규정한 것은 변호사가 당해 업무를 처리하며 정당한 보수를 받는 방법을 일률적으로 금지하고 있으므로 과잉금지원칙에 위배된다. 2022 경찰간부 ( )

> [해설] 심판대상조항은 변호사에게 요구되는 윤리성을 담보하고, 의뢰인과의 신뢰관계 균열을 방지하며, 법률사무 취급의 전문성과 공정성 등을 확보하고자 마련된 것이다. 계쟁권리 양수는 변호사의 직무수행 과정에서 의뢰인과의 사이에 신뢰성과 업무수행의 공정성을 훼손할 우려가 크기에 양수의 대가를 지불하였는지를 불문하고 금지할 필요가 있다. **양수가 금지되는 권리에는 계쟁목적물은 포함되지 않으며 '계쟁 중'에만 양수가 금지된다는 점을 고려하면 변호사로 하여금 계쟁권리를 양수하지 못하도록 하는 것을 과도한 제한이라고 볼 수 없다.** 따라서 이 조항은 변호사의 직업수행의 자유를 침해하지 않는다(헌재 2021.10.28. 2020헌바488).

78 사회복무요원의 정치적 행위를 금지하는 「병역법」 제33조 제2항 본문 제2호 중 '그 밖의 정치단체에 가입하는 등 정치적 목적을 지닌 행위'에 관한 부분은 과잉금지원칙에 위배되어 사회복무 요원인 청구인의 정치적 표현의 자유 및 결사의 자유를 침해한다. 2023 경찰2차 ( )

> [해설] 위 부분은 사회복무요원의 정치적 중립성 보장과 아무런 관련이 없는 사회적 활동까지 금지한다는 점에서 **수단의 적합성이 인정되지 않는다.** 나아가 사회복무요원의 업무는 소속기관의 행정업무지원 등 단순한 경우가 많고, 사회복지시설과 같은 민간영역에 소속되어 일하기도 한다. 그렇다면 사회복무요원의 '정치적 목적을 지닌 행위'를 전면적으로 금지하는 것은 **침해의 최소성 및 법익의 균형성도 갖추지 못하였다.** 따라서 위 부분은 청구인의 정치적 표현의 자유 및 결사의 자유를 침해한다(헌재 2021.11.25. 2019헌마534).

ANSWER　75 ✕　76 ○　77 ✕　78 ○

79 교도소의 안전 및 질서유지를 위하여 행해지는 규율과 징계로 인한 수용자의 기본권의 제한도 다른 방법으로는 그 목적을 달성할 수 없는 경우에만 예외적으로 허용되어야 한다. 2023 경찰2차 ( )

> 해설 수용자의 경우에도 모든 기본권의 제한이 정당화될 수 없으며 국가가 개인의 불가침의 기본적인 인권을 확인하고 보장할 의무(헌법 제10조 후문)로부터 자유로워질 수는 없다. 따라서 **수용자의 지위에서 예정되어 있는 기본권 제한이라도 형의 집행과 도주 방지라는 구금의 목적과 관련되어야 하고 그 필요한 범위를 벗어날 수 없으며, 교도소의 안전 및 질서유지를 위하여 행해지는 규율과 징계로 인한 기본권의 제한도 다른 방법으로는 그 목적을 달성할 수 없는 경우에만 예외적으로 허용되어야 한다**(헌재 2016.6.30. 2015헌마36).

80-1 "감염인은 혈액 또는 체액을 통하여 다른 사람에게 전파매개행위를 하여서는 아니 된다."고 규정한 후천성면역결핍증 예방법 해당 조항 중 '전파매개행위'는 타인을 인체면역결핍 바이러스에 감염시킬 가능성이 있는 행위에 국한될 것임을 예측할 수 있어 명확성 원칙에 반하지 않는다. 2024 법원행시 ( )

80-2 의료인이 처방한 치료법을 성실히 이행하는 인체면역결핍 바이러스 감염인의 경우 콘돔 사용 등의 예방조치 없이도 전파매개행위를 통해 타인을 바이러스에 감염시킬 가능성이 없음은 의·과학적으로 인정되는 사실인바, 이러한 경우도 금지 및 처벌의 대상으로 삼는 것은 입법목적 달성에 필요한 정도를 넘어서는 과도한 국가형벌권의 행사이다. 2024 법원행시 ( )

> 해설 인체면역결핍바이러스 감염을 예방하고자 하는 심판대상조항의 입법취지를 고려하면 심판대상조항이 규정하는 '체액'이란 타인에게 감염을 일으킬 만한 인체면역결핍바이러스를 가진 체액으로 한정되고, '전파매개행위'는 체액이 전달되는 성행위 등과 같이 인체면역결핍바이러스 감염가능성이 있는 행위에 국한될 것임을 예측할 수 있다. 인체면역결핍바이러스의 전파가능성에 대한 현재의 의학수준과 국민의 법의식을 반영한 규범적 재평가의 필요성, 상대방의 자기결정권 보장 등을 고려하면, 심판대상조항은 '의학적 치료를 받아 인체면역결핍바이러스의 전파가능성이 현저히 낮은 감염인이 상대방에게 자신이 감염인임을 알리고 한 행위'에는 적용되지 않는 것으로 해석함이 타당하다. 이러한 보충적 해석을 통하여 의학적 치료를 받아 타인을 인체면역결핍바이러스에 감염시킬 가능성이 현저히 낮은 감염인이라 하더라도 상대방에게 자신이 감염인임을 알리지 않고 예방조치 없이 성행위를 한 경우에는, 심판대상조항에서 금지 및 처벌대상으로 규정한 '전파매개행위'에 해당할 것임을 예측할 수 있다. 따라서 심판대상조항은 죄형법정주의의 명확성 원칙을 위반하지 않는다.
> 심판대상조항으로 인하여 감염인에게는 상대방에게 감염사실을 고지하거나 예방조치를 사용해야 하므로 자유로운 방식의 성행위가 제한되나, 그렇지 않으면 상대방은 감염인과의 성행위로 인하여 완치가 불가능한 바이러스에 감염되어 평생 매일 약을 복용하여야 하는 등 심각한 위험에 처하게 될 수 있다. 이러한 점을 감안하면, 감염인의 사생활의 자유 및 일반적 행동자유권이 제약되는 것에 비하여 국민의 건강 보호라는 공익을 달성하는 것은 더욱 중대하다. 따라서 심판대상조항은 과잉금지원칙을 위반하여 감염인의 사생활의 자유 및 일반적 행동자유권을 침해하지 아니한다(헌재 2023.10.26. 2019헌가30).

81 헌법 제37조 제2항은 기본권제한에 관한 일반적 법률유보 조항이고, 법률유보의 원칙은 '법률에 의한 규율'을 요청하고 있으므로, 기본권제한에는 법률의 근거가 필요하고 반드시 법률의 형식으로 하여야 한다. 2023 경찰2차 ( )

> 해설 헌법은 법치주의를 그 기본원리의 하나로 하고 있으며, 법치주의는 행정작용에 국회가 제정한 형식적 법률의 근거가 요청된다는 법률유보를 그 핵심적 내용의 하나로 하고 있다. **헌법 제37조 제2항은 기본권제한에 관한 일반적 법률유보조항이라고 할 수 있는데, 법률유보의 원칙은 '법률에 의한 규율'만을 요청하는 것이 아니라 '법률에 근거한 규율'을 요청하는 것이기 때문에 기본권의 제한에는 법률의 근거가 필요할 뿐이고 기본권 제한의 형식이 반드시 법률의 형식일 필요는 없다**(헌재 2011.4.28. 2009헌바167).

ANSWER 79 ○   80-1 ○   80-2 ×   81 ×

82-1 법률유보원칙은 '법률에 의한' 규율만을 뜻하는 것이 아니라 '법률에 근거한' 규율을 요청하는 것이므로, 법률에 근거를 두면서 헌법 제75조가 요구하는 위임의 구체성과 명확성을 구비하기만 하면 위임입법에 의해서도 기본권을 제한할 수 있다. 2022 경찰승진 ( )

82-2 기본권 제한에 관한 법률유보의 원칙은 '법률에 의한 규율'을 요청하는 것이므로, 기본권 제한의 형식은 반드시 법률이어야 한다. 2023 국회직9급 ( )

> **해설** 법률유보의 원칙은 '법률에 의한' 규율만을 뜻하는 것이 아니라 '법률에 근거한' 규율을 요청하는 것이므로 기본권 제한의 형식이 반드시 법률의 형식일 필요는 없고 **법률에 근거를 두면서 헌법 제75조가 요구하는 위임의 구체성과 명확성을 구비하기만 하면 위임입법에 의하여도 기본권을 제한할 수 있다**(헌재 2016.4.28. 2012헌마549 등).

83-1 텔레비전방송수신료금액의 결정은 납부의무자의 범위 등과 함께 수신료에 관한 본질적인 중요한 사항이라고 보기 어려우므로 「한국방송공사법」 제36조 제1항이 국회의 결정이나 관여를 배제하고 한국방송공사로 하여금 수신료금액을 결정해서 문화관광부장관의 승인을 얻도록 하더라도 법률유보원칙에 위반되지 않는다. 2022 경찰승진 ( )

83-2 법률유보원칙은 국민의 기본권 실현과 관련된 영역에 있어서는 국민의 대표자인 입법자가 그 본질적 사항에 대해서 스스로 결정하여야 한다는 요구까지 내포하고 있다. 2022 입법고시 ( )

83-3 오늘날 법률유보원칙은 국가공동체와 그 구성원에게 기본적이고도 중요한 의미를 갖는 영역, 특히 국민의 기본권 실현과 관련된 영역에 있어서는 국민의 대표자인 입법자가 그 본질적 사항에 대해서 스스로 결정하여야 한다는 요구까지 내포하고 있다. 2022 지방직7급 ( )

83-4 법률유보원칙은 단순히 행정작용이 법률에 근거를 두기만 하면 충분한 것이 아니라, 국가공동체와 그 구성원에게 기본적이고도 중요한 의미를 갖는 영역, 특히 국민의 기본권 실현에 관련된 영역에 있어서는 국민의 대표자인 입법자 스스로 그 본질적 사항에 대하여 결정하여야 한다는 의회유보 원칙을 내포한다. 2023 경찰2차 / 2024 법원행시 ( )

> **해설** 오늘날 법률유보원칙은 단순히 행정작용이 법률에 근거를 두기만 하면 충분한 것이 아니라, 국가공동체와 그 구성원에게 기본적이고도 중요한 의미를 갖는 영역, 특히 국민의 기본권실현과 관련된 영역에 있어서는 국민의 대표자인 입법자가 그 본질적 사항에 대해서 스스로 결정하여야 한다는 요구까지 내포하고 있다(의회유보원칙). 그런데 **텔레비전방송수신료는 대다수 국민의 재산권 보장의 측면이나 한국방송공사에게 보장된 방송자유의 측면에서 국민의 기본권실현에 관련된 영역에 속하고, 수신료금액의 결정은 납부의무자의 범위 등과 함께 수신료에 관한 본질적인 중요한 사항이므로 국회가 스스로 행하여야 하는 사항에 속하는 것임에도 불구하고 한국방송공사법 제36조 제1항에서 국회의 결정이나 관여를 배제한 채 한국방송공사로 하여금 수신료금액을 결정해서 문화관광부장관의 승인을 얻도록 한 것은 법률유보원칙에 위반**된다(헌재 1999.5.27. 98헌바70).

ANSWER 82-1 ○ 82-2 × 83-1 × 83-2 ○ 83-3 ○ 83-4 ○

84 규율대상이 기본권적 중요성을 가질수록 그리고 그에 관한 공개적 토론의 필요성 내지 상충하는 이익 간 조정의 필요성이 클수록, 그것이 국회의 법률에 의해 직접 규율될 필요성 및 그 규율밀도의 요구 정도는 그만큼 더 증대되는 것으로 보아야 한다. 2022 경찰간부 ( )

> 해설 어느 규율대상이 기본권적 중요성을 가질수록, 그리고 그에 관한 공개적 토론의 필요성 내지 상충하는 이익 간 조정의 필요성이 클수록 그 규율대상이 국회의 법률에 의하여 직접 규율되어야 할 필요성 및 그 규율밀도의 요구 정도가 더 증대된다(헌재 2018.5.31. 2015헌마853).

85-1 긴급재정경제명령이 헌법상 소정의 요건과 한계에 부합하는 것이라면 그 자체로 목적의 정당성, 수단의 적정성, 피해의 최소성, 법익의 균형성이라는 기본권제한의 한계로서의 과잉금지원칙을 준수하는 것이 된다. 2022 변시 ( )

85-2 긴급재정경제명령은 평상시의 헌법 질서에 따른 권력행사방법으로서는 대처할 수 없는 재정·경제상의 국가 위기 상황에 처하여 이를 극복하기 위하여 발동되는 비상입법 조치라는 속성상 기본권제한의 한계로서의 과잉금지원칙의 준수가 요구되지 않는다. 2023 경찰2차 ( )

> 해설 대통령의 긴급재정경제명령은 평상시의 헌법 질서에 따른 권력행사방법으로서는 대처할 수 없는 재정·경제상의 국가위기 상황에 처하여 이를 극복하기 위하여 발동되는 비상입법조치라는 속성으로부터 일시적이긴 하나 다소간 권력분립의 원칙과 개인의 기본권에 대한 침해를 가져오는 것은 어쩔 수 없는 것이다. 그렇기 때문에 헌법은 긴급재정경제명령의 발동에 따른 기본권침해를 위기상황의 극복을 위하여 필요한 최소한에 그치도록 그 발동요건과 내용, 한계를 엄격히 규정함으로써 그 남용 또는 악용의 소지를 줄임과 동시에 긴급재정경제명령이 헌법에 합치하는 경우라면 이에 따라 기본권을 침해받는 국민으로서도 특별한 사정이 없는 한 이를 수인할 것을 요구하고 있는 것이다. 즉, **긴급재정경제명령이 아래에서 보는 바와 같은 헌법 제76조 소정의 요건과 한계에 부합하는 것이라면 그 자체로 목적의 정당성, 수단의 적정성, 피해의 최소성, 법익의 균형성이라는 기본권제한의 한계로서의 과잉금지원칙을 준수하는 것이 되는 것이다**(헌재 1996.2.29. 93헌마186).

86 부당한 공동행위에 대한 자진신고자 또는 조사협조자에 대하여 과징금을 감경하거나 면제함에 있어서, 과징금이 감경 또는 면제되는 자의 범위와 과징금 감경 또는 면제의 기준·정도 등을 대통령령에 위임하고 있는 구「독점규제 및 공정거래에 관한 법률」은 법률유보원칙에 위반되지 않는다. 2023 법원행시 ( )

> 해설 '독점규제 및 공정거래에 관한 법률'(이하 '공정거래법'이라 한다) 제22조 및 제22조의2의 규정에 비추어 볼 때, 사업자가 과징금을 감면받았을 경우 얻을 수 있었던 재산상 이익의 기대가 성취되지 않았다고 하더라도 그러한 단순한 재산상 이익의 기대는 헌법이 보호하는 재산권의 영역에 포함된다고 볼 수 없다. 또한, 공정거래법 제22조의2 제1항은 과징금 감면의 대상을 '부당한 공동행위 사실을 자진신고한 자'와 '증거제공 등의 방법으로 조사에 협조한 자'로 명시하고 있고, 과징금의 '감면'은 제22조에 따라 산정된 과징금의 전부 또는 일부를 감액할 수 있다는 의미이므로, 이미 과징금 감면의 대상과 범위에 관한 본질적인 부분이 국회에서 정한 법률로 입법되어 있다. 따라서 심판대상조항은 법률유보원칙에 위반되지 아니한다(헌재 2017.10.26. 2017헌바58).

87 도로를 차단하고 불특정 다수인을 상대로 실시하는 일제단속식 음주단속은 그 자체로는「도로교통법」에 근거를 둔 적법한 경찰작용이다. 2023 행시 ( )

> 해설 음주운전으로 인한 피해를 예방하여야 하는 공익은 대단히 중대하며, 그러한 단속방식이 그 공익을 보호함에 효율적인 수단임에 반하여, 일제단속식 음주단속으로 인하여 받는 국민의 불이익은 비교적 경미하다. 검문을 당하는 국민의 불이익은 교통체증으로 인한 약간의 시간적 손실, 주관적·정서적

ANSWER 84 ○ 85-1 ○ 85-2 × 86 ○ 87 ○

불쾌감 정도에 불과하고, 음주측정을 실시하는 경우라 할지라도 그것은 단속현장에서 짧은 시간 내에 간단히 실시되고 측정결과도 즉석에서 알 수 있는 호흡측정 방법에 의하여 실시되므로 편이성이 높다. 따라서 **도로를 차단하고 불특정 다수인을 상대로 실시하는 일제단속식 음주단속은 그 자체로는 도로교통법 제41조 제2항 전단에 근거를 둔 적법한 경찰작용**이다(헌재 2004.1.29. 2002헌마293).

88 포괄위임금지는 법규적 효력을 가지는 행정입법의 제정을 그 주된 대상으로 하고, 이는 자의적인 제정으로 국민들의 자유와 권리를 침해할 수 있는 가능성을 방지하고자 엄격한 헌법적 기속을 받게 하는 것이므로, 법률이 행정부에 속하지 않는 기관의 정관으로 특정 사항을 정할 수 있다고 위임하는 경우에는 자치입법에 해당되는 영역으로 보아 자치적으로 정하도록 하는 것이 바람직하다. 2023 법원행시 ( )

> **해설** 포괄위임금지는 법규적 효력을 가지는 행정입법의 제정을 그 주된 대상으로 하고, 이는 자의적인 제정으로 국민들의 자유와 권리를 침해할 수 있는 가능성을 방지하고자 엄격한 헌법적 기속을 받게 하는 것이다. **법률이 행정부에 속하지 않는 기관의 정관으로 특정 사항을 정할 수 있다고 위임하는 경우에는 자치입법에 해당되는 영역으로 보아 자치적으로 정하도록 하는 것이 바람직**하다(헌재 2021.5.27. 2019헌바332).

89-1 노동부장관은 거짓이나 그 밖의 부정한 방법으로 고용안정·직업능력개발 사업의 지원을 받은 자 등에게 대통령령이 정하는 바에 따라 그 지원을 제한할 수 있다고 정한 구 고용보험법은 포괄위임금지의 원칙에 위배된다. 2023 법원행시 ( )

89-2 노동부장관은 거짓이나 그 밖의 부정한 방법으로 고용안정·직업능력개발 사업의 지원을 받은 자 등에게 대통령령으로 정하는 바에 따라 지원받은 금액을 반환하도록 명할 수 있다고 정한 구 고용보험법은 포괄위임금지의 원칙에 위배된다. 2023 법원행시 ( )

> **해설** 헌법재판소는 구 고용보험법(2007. 5. 11. 법률 제8429호로 개정되고, 2008. 12. 31. 법률 제9315호로 개정되기 전의 것) 제35조 제1항이 **지원금의 부당수령자에 대한 제재의 목적으로 지원을 제한하도록 하면서 제한의 범위나 기간 등에 관하여 기본적 사항도 법률에 규정하지 아니한 채 대통령령에 포괄적으로 위임하여 포괄위임금지원칙에 위배된다고 판시**하였다. 위 선례와 달리 판단할 사정의 변경이나 필요성이 있다고 인정되지 아니하므로, 지원제한 부분은 포괄위임금지원칙에 위배된다.
> 반환명령 부분은 반환할 금액을 '거짓이나 그 밖의 부정한 방법으로 지원받은 금액'으로 한정하여 반환의 범위를 구체적으로 정하고 있으므로, 누구라도 대통령령에 규정될 내용은 원상회복의 목적을 달성하기 위한 거짓이나 그 밖의 부정한 방법으로 지원받은 금액의 회수에 관한 것임을 쉽게 예측할 수 있어 포괄위임금지원칙에 위배되지 않는다(헌재 2016.3.31. 2014헌가2 등).

90 상시 4명 이하의 근로자를 사용하는 사업 또는 사업장에 대하여 대통령령으로 정하는 바에 따라 근로기준법의 일부 규정을 적용할 수 있도록 위임한 근로기준법은 법률유보원칙에 위배되지 않는다. 2023 법원행시 ( )

> **해설** 심판대상조항은 4인 이하 사업장에 대하여 근로기준법 중 어느 조항이 적용될지는 법률 아닌 대통령령으로 정하도록 하고 있다. 그러나 **근로기준법 제11조 제1항에서 근로기준법을 전부적용하는 범위를 근로자 5명 이상 사용 사업장으로 한정하였고, 4인 이하 사업장에 근로기준법을 일부만 적용할 수 있도록 한 것이 심판대상조항에 의하여 법률로 명시적으로 규정되어 있는 이상, 구체적인 개별 근로기준법 조항의 적용 여부까지 입법자가 반드시 법률로써 규율하여야 하는 사항이라고 볼 수 없다. 따라서 심판대상조항이 일부적용 대상 사업장에 대해 적용될 구체적인 근로기준법 조항을 결정하는 문제를 대통령령으로 규율하도록 위임한 것이 헌법 제75조에서 금지하는 포괄위임의 한계를 준수하는 한, 법률유보원칙에 위배되지는 아니한다**(헌재 2019.4.11. 2013헌바112).

ANSWER 88 ○ 89-1 ○ 89-2 × 90 ○

91-1 기본권을 제한하는 법률의 명확성에 관하여 법적 안정성과 예측가능성의 보장은 법치국가의 중요한 내용이기 때문에 법률의 규율 영역과 상관없이 동일하게 엄격한 기준이 적용된다. 2023 해양경찰 ( )

91-2 명확성 원칙에서 명확성의 정도는 모든 법률에 있어서 동일한 정도로 요구되는 것은 아니고, 개개의 법률이나 법조항의 성격에 따라 요구되는 정도에 차이가 있을 수 있다. 2024 입법고시 ( )

> **해설** 명확성의 원칙은 모든 법률에 있어서 동일한 정도로 요구되는 것은 아니고 개개의 법률이나 법조항의 성격에 따라 요구되는 정도에 차이가 있을 수 있으며 각각의 구성요건의 특수성과 그러한 법률이 제정되게 된 배경이나 상황에 따라 달라질 수 있다(헌재 2002.1.31. 2000헌가8).

92-1 '공중도덕상 유해한 업무'에 취업시킬 목적으로 근로자를 파견한 사람을 형사처벌하도록 한 구 「파견근로자보호 등에 관한 법률」 조항은 명확성 원칙에 위배되지 않는다. 2021 경찰승진 ( )

92-2 공중도덕상 유해한 업무에 취업시킬 목적으로 근로자를 파견한 사람을 형사처벌하도록 규정한 구 「파견근로자보호 등에 관한 법률」 조항 중 '공중도덕상 유해한 업무' 부분은 그 행위의 의미가 문언상 불분명하다고 할 수 없으므로 죄형법정주의의 명확성 원칙에 위배되지 않는다. 2022 지방직7급 ( )

92-3 공중도덕상 유해한 업무에 취업시킬 목적으로 근로자를 파견한 사람을 형사처벌하도록 규정한 구 파견근로자보호 등에 관한 법률의 조항 중 "공중도덕상 유해한 업무" 부분은 그 내용을 명확히 알 수 없어 명확성의 원칙에 위배된다. 2023 법원행시 ( )

> **해설** 심판대상조항의 입법목적, 파견법의 체계, 관련조항 등을 모두 종합하여 보더라도 '공중도덕상 유해한 업무'의 **내용을 명확히 알 수 없다.** 아울러 심판대상조항에 관한 이해관계기관의 확립된 해석기준이 마련되어 있다거나, 법관의 보충적 가치판단을 통한 법문 해석으로 심판대상조항의 의미내용을 확인할 수 있다는 사정을 발견하기도 어렵다. **심판대상조항은 건전한 상식과 통상적 법감정을 가진 사람으로 하여금 자신의 행위를 결정해 나가기에 충분한 기준이 될 정도의 의미내용을 가지고 있다고 볼 수 없으므로 죄형법정주의의 명확성 원칙에 위배**된다(헌재 2016.11.24. 2015헌가23).

93 취소소송 등의 제기시 '회복하기 어려운 손해'를 집행정지의 요건으로 규정한 「행정소송법」 조항은 명확성 원칙에 위배되지 않는다. 2021 경찰승진 ( )

> **해설** 이 사건 집행정지 요건 조항에서 집행정지 요건으로 규정한 '회복하기 어려운 손해'는 대법원 판례에 의하여 '특별한 사정이 없는 한 금전으로 보상할 수 없는 손해로서 이는 금전보상이 불능인 경우 내지는 금전보상으로는 사회관념상 행정처분을 받은 당사자가 참고 견딜 수 없거나 또는 참고 견디기가 현저히 곤란한 경우의 유형, 무형의 손해'를 의미한 것으로 해석할 수 있고, '긴급한 필요'란 손해의 발생이 시간상 임박하여 손해를 방지하기 위해서 본안판결까지 기다릴 여유가 없는 경우를 의미하는 것으로, 이는 집행정지가 임시적 권리구제제도로서 잠정성, 긴급성, 본안소송에의 부종성의 특징을 지니는 것이라는 점에서 그 의미를 쉽게 예측할 수 있다. **이와 같이 심판대상조항은 법관의 법 보충작용을 통한 판례에 의하여 합리적으로 해석할 수 있고, 자의적인 법해석의 위험이 있다고 보기 어려우므로 명확성 원칙에 위배되지 않는다**(헌재 2018.1.25. 2016헌바208).

ANSWER 91-1 × 91-2 ○ 92-1 × 92-2 × 92-3 ○ 93 ○

94 어린이집이 시·도지사가 정한 수납한도액을 초과하여 보호자로부터 필요경비를 수납한 것에 대해 해당 시·도지사가 「영유아보육법」에 근거하여 발할 수 있도록 한 '시정 또는 변경' 명령은 명확성 원칙에 위배되지 않는다. 2021 경찰승진 ( )

> **해설** '시정'과 '변경'의 사전적인 의미, 심판대상조항은 영유아보육법 제38조 위반에 대한 제재규정이라는 점, 영유아보육법 제38조 위반 행위의 대표적인 모습은 어린이집이 보호자로부터 관할 시·도지사가 정한 한도액을 초과하여 보호자로부터 필요경비를 수납하는 것이라는 점을 종합적으로 고려하면, **심판대상조항이 규정하고 있는 '시정 또는 변경' 명령은 '영유아보육법 제38조 위반행위에 대하여 그 위법사실을 시정하도록 함으로써 정상적인 법질서를 회복하는 것을 목적으로 행해지는 행정작용'으로, 여기에는 과거의 위반행위로 인하여 취득한 필요경비 한도 초과액에 대한 환불명령도 포함됨을 어렵지 않게 예측할 수 있다. 따라서 심판대상조항은 명확성 원칙에 위배되지 않는다**(헌재 2017.12.28. 2016헌바249).

95 전문과목을 표시한 치과의원은 그 표시한 '전문과목'에 해당하는 환자만을 진료하여야 한다고 규정한 「의료법」 조항은 명확성 원칙에 위배되지 않는다. 2021 경찰승진 ( )

> **해설** 치과전문의가 되기 위해서는 치과의사 면허를 받은 자가 치과전공의 수련과정을 거쳐 치과전문의 자격시험에 합격해야 하므로, **심판대상조항의 수범자인 치과전문의는 각 전문과목의 진료내용과 진료영역 및 전문과목 간의 차이점 등을 알 수 있다. 따라서 심판대상조항은 명확성 원칙에 위배되어 직업수행의 자유를 침해한다고 볼 수 없다**(헌재 2015.5.28. 2013헌마799).

96 '기타 특히 신용할 만한 정황에 의하여 작성된 문서'를 증거능력 있는 서류로 규정한 형사소송법 규정은 그 의미 내용이 뚜렷하지 않아 명확성 원칙에 위반된다. 2022 법원행시 ( )

> **해설** 전문법칙과 관련된 형사소송법 규정들의 체계와 규정취지, 여기에 더하여 '기타'라는 문언에 의하여 형사소송법 제315조 제1호와 제2호의 문서들을 '특히 신용할 만한 정황에 의하여 작성된 문서'의 예시로 삼고 있는 이 사건 법률조항의 규정형식을 종합해 보면, **이 사건 법률조항에서 규정한 '기타 특히 신용할 만한 정황에 의하여 작성된 문서'란 형사소송법 제315조 제1호와 제2호에서 열거된 공권적 증명문서 및 업무상 통상문서에 준하여 굳이 반대신문의 기회 부여 여부가 문제되지 않을 정도로 고도의 신용성의 정황적 보장이 있는 문서'를 의미하는 것으로 해석할 수 있으므로, 이 사건 법률조항은 명확성 원칙에 위배되지 않는다**(헌재 2013.10.24. 2011헌바79).

97 구급차 등을 이용하여 응급환자 이송업을 영위하는 자에 대하여 허가받은 지역 밖에서의 이송업의 영업을 금지하고 처벌하는 「응급의료에 관한 법률」의 조항은 금지되는 허가지역 외의 영업행위가 무엇인지 여부가 불명확하므로, 명확성의 원칙에 위배된다. 2023 법원행시 ( )

> **해설** 영업의 일반적 의미와 응급의료법의 관련 규정을 유기적·체계적으로 종합하여 보면, 심판대상조항의 수범자인 이송업자는 처벌조항이 처벌하고자 하는 행위가 무엇이고 그에 대한 형벌이 어떤 것인지 예견할 수 있으며, 심판대상조항의 합리적인 해석이 가능하므로, **심판대상조항은 죄형법정주의 명확성 원칙에 위배되지 아니한다**(헌재 2018.2.22. 2016헌바100).

98 '운전면허를 받은 사람이 자동차 등을 이용하여 범죄행위를 한 때'를 필요적 운전면허 취소사유로 규정하고 있는 구 「도로교통법」 조항은 범죄의 중함 정도나 고의성 여부 측면을 전혀 고려하지 않고 자동차 등을 범죄행위에 이용하기만 하면 운전면허를 취소하도록 하고 있어 그 범위가 지나치게 광범위하므로, 명확성 원칙에 위배된다. 2023 법원행시 ( )

ANSWER 94 ○ 95 ○ 96 × 97 × 98 ○

해설 오늘날 자동차는 생업의 수단 또는 대중적인 교통수단으로서 일상 생활에 없어서는 안될 필수품으로 자리잡고 있기 때문에 그 운행과 관련하여 교통관련 법규에서 여러 가지 특례제도를 두고 있는 취지를 보면, 이 사건 규정의 범죄에 사소한 과실범죄가 포함된다고 볼 수는 없다. 그럼에도 불구하고 이 사건 규정이 범죄의 중함 정도나 고의성 여부 측면을 전혀 고려하지 않고 자동차 등을 범죄행위에 이용하기만 하면 운전면허를 취소하도록 하고 있는 것은 그 포섭범위가 지나치게 광범위한 것으로서 명확성 원칙에 위반된다고 할 것이다 (헌재 2005.11.24. 2004헌가28).

99 정당한 명령 또는 규칙을 준수할 의무가 있는 자가 이를 위반하거나 준수하지 아니한 때에 형사처벌을 하도록 규정한 구 군형법 제47조의 '정당한 명령 또는 규칙'의 의미가 불명확하여 명확성의 원칙에 위배된다고 보기는 어렵다. 2023 법원행시 ( )

해설 위 조항의 수범자인 군인 또는 준군인이 위 조항에 의하여 금지된 행위가 무엇인지 예측할 수 없는 것도 아니다. 따라서 이 사건 법률조항은 죄형법정주의 명확성 원칙에 위배되지 않는다. 휴전선을 경계로 남북한의 군병력이 첨예하게 대치하고 있는 우리의 특수한 안보상황에서 군통수를 위하여 일정한 행위의무를 부과하는 명령은 특정되어 존재하는 한 그 형식에 관계없이 준수되어야 하고, 명령의 구체적 내용이나 발령조건을 미리 법률로 정하는 것은 거의 불가능하며, 구체적인 명령의 제정권자를 일일이 법률로 정할 수도 없으므로 명령·규칙의 구체적 내용에 관하여는 위임이 이루어질 수밖에 없다. 또한, 이 사건 법률조항은 정당한 명령에 대한 준수의무를 부과하고 그 위반에 대하여 구체적 형벌의 종류와 범위를 명시하고 있어 피적용자들이 금지된 행위와 처벌의 정도를 예측할 수 없는 것도 아니다. 따라서 이 사건 법률조항이 위임입법의 한계를 벗어난 것이라고 할 수 없다(헌재 2011.3.31. 2009헌가12).

100 형의 선고와 함께 소송비용 부담의 재판을 받은 피고인이 '빈곤'을 이유로 해서만 집행면제를 신청할 수 있도록 한 「형사소송법」 규정에 따른 소송비용에 관한 부분 중 '빈곤'은 경제적 사정으로 소송비용을 납부할 수 없는 경우를 지칭하는 것으로 해석될 수 있으므로 명확성 원칙에 위배되지 않는다. 2022 지방직7급 ( )

해설 '빈곤'은 경제적 사정으로 소송비용을 납부할 수 없는 경우를 지칭하는 것으로 해석될 수 있으므로 집행면제 신청 조항은 명확성 원칙에 위배되지 않는다(헌재 2021.2.25. 2019헌바64).

101 혈액투석 정액수가에 포함되는 비용의 범위를 정한 「의료급여수가의 기준 및 일반기준」 제7조 제2항 본문의 정액범위조항에 사용된 '등'은 열거된 항목 외에 같은 종류의 것이 더 있음을 나타내는 의미로 해석할 수 있으나, 다른 조항과의 유기적·체계적 해석을 통해 그 적용범위를 합리적으로 파악할 수는 없으므로 명확성 원칙에 위배된다. 2022 지방직7급 ( )

해설 정액범위조항에 사용된 '등'은 열거된 항목 외에 같은 종류의 것이 더 있음을 나타내는 의미로 해석할 수 있고, 다른 조항과의 유기적·체계적 해석을 통해 그 적용범위를 합리적으로 파악할 수 있으므로, 명확성 원칙에 위배되지 않는다(헌재 2020.4.23. 2017헌마103).

102 「국가공무원법」 제66조 제1항 본문 중 '그 밖에 공무 외의 일을 위한 집단행위' 부분은 '공익에 반하는 목적을 위하여 직무전념 의무를 해태하는 등의 영향을 가져오는 집단적 행위'라고 한정하여 해석하는 한 명확성 원칙에 위반되지 않는다. 2023 경찰2차 ( )

해설 법원은 이 사건 조항을 '공익에 반하는 목적을 위하여 직무전념의무를 해태하는 등의 영향을 가져오는 집단적 행위'라고 한정 해석하고 있다. 이때 공익은 '개인 또는 특정 단체나 집단의 이익이 아니라 일반 다수 국민의 이익 내지는 사회공동의 이익', 직무전념의무란 '불편부당한 입장에서 자신이 맡은

ANSWER 99 ○ 100 ○ 101 × 102 ○

업무에 성실히 임하는 것', 집단행위란 '공무에 대한 국민의 신뢰에 손상을 가져올 수 있는 다수의 결집된 행위'를 각 의미하므로 이 사건 조항은 명확성 원칙에 위반되지 아니한다(헌재 2020.4.23. 2018헌마550).

103 군인 등에 대하여 항문성교나 그 밖의 추행을 한 사람을 형사처벌하는 「군형법」의 해당 조항은 문언상 동성 간의 성행위로 제한되지 않아 남성 간의 추행만 처벌되는 것인지 여성 간의 추행이나 이성에 대한 추행도 처벌되는 것인지 알기 어려우나, 자발적 의사합치가 없이 의사에 반하여 이루어진 동성 또는 이성 간의 추행에 적용된다고 해석할 수 있으므로 명확성 원칙에 반하지 않는다. 2024 법원행시 ( )

해설 군형법 제92조의6의 제정취지, 개정연혁 등을 살펴보면, 이 사건 조항은 **동성 간의 성적 행위에만 적용된다고** 할 것이고, **추행죄의 객체 또한 군인·군무원 등으로 명시하고 있으므로 불명확성이 있다고 볼 수 없다.** 이러한 점에 비추어보면, 건전한 상식과 통상적인 법 감정을 가진 군인, 군무원 등 군형법 피적용자는 어떠한 행위가 이 사건 조항의 구성요건에 해당되는지 여부를 충분히 파악할 수 있다고 판단되므로, **이 사건 조항은 죄형법정주의 명확성 원칙에 위배되지 아니한다**(헌재 2023.10.26. 2017헌가16 등).

104 전시·사변 등 국가비상사태에 있어서 전투에 종사하는 자에 대하여 각령(閣令)이 정하는 바에 의하여 전투근무수당을 지급하도록 한 구 「군인보수법」 해당 조항 중 '전시·사변 등 국가비상사태' 부분은 각 문언 자체의 의미 등에 비추어 명확성 원칙에 위반되지 않는다. 2024 법원행시 ( )

해설 심판대상조항의 '전시', '사변'은 그 문언 자체로도 그 의미가 명확하고, '전시·사변 등'이라는 예시가 있는 점, 그리고 심판대상조항이 전투근무수당의 지급대상으로 '전투에 종사한 자'를 규정하고 있는 점에 비추어 '국가비상사태'는 위 전시, 사변과 같이 전투가 발생하였거나 발생할 수 있는 수준의 대한민국의 국가적인 비상사태를 의미함을 쉽게 알 수 있다. 심판대상조항 중 '전시·사변 등 국가비상사태' 부분은 **명확성 원칙에 위반되지 않는다**(헌재 2023.8.31. 2020헌바594).

105 「국가공무원법」 조항 중 초·중등교원인 교육공무원의 가입 등이 금지되는 '그 밖의 정치단체'에 관한 부분은 '특정 정당이나 특정 정치인을 지지·반대하는 단체로서 그 결성에 관여하거나 가입하는 경우 공무원의 정치적 중립성 및 교육의 정치적 중립성을 훼손할 가능성이 높은 단체'로 한정할 수 있어 명확성 원칙에 반하지 않는다. 2023 국가직7급 ( )

해설 「국가공무원법」 조항 중 '그 밖의 정치단체'에 관한 부분은 가입 등이 금지되는 '정치단체'가 무엇인지 그 규범내용이 확정될 수 없을 정도로 불분명하여, 헌법상 그 가입 등이 마땅히 보호받아야 할 단체까지도 수범자인 나머지 청구인들이 가입 등의 행위를 하지 못하게 위축시키고 있고, 법 집행 공무원이 지나치게 넓은 재량을 행사하여 금지되는 '정치단체'와 금지되지 않는 단체를 자의적으로 판단할 위험이 있다. 따라서 **「국가공무원법」 조항 중 '그 밖의 정치단체'에 관한 부분은 명확성 원칙에 위배되어 나머지 청구인들의 정치적 표현의 자유, 결사의 자유를 침해**한다(헌재 2020.4.23. 2018헌마551).

106 「전기통신사업법」 제83조 제3항에 규정된 '국가안전보장에 대한 위해를 방지하기 위한 정보수집'은 국가의 존립이나 헌법의 기본질서에 대한 위험을 방지하기 위한 목적을 달성함에 있어 요구되는 최소한의 범위 내에서의 정보수집을 의미하는 것으로 명확성 원칙에 위배되지 않는다. 2023 국가직7급 ( )

해설 '국가안전보장에 대한 위해를 방지하기 위한 정보수집'은 국가의 존립이나 헌법의 기본질서에 대한 위험을 방지하기 위한 목적을 달성함에 있어 요구되는 최소한의 범위 내에서의 정보수집을 의미하는 것으로 해석되므로, 명확성 원칙에 위배되지 않는다(헌재 2022.7.21. 2016헌마388 등).

ANSWER 103 × 104 ○ 105 × 106 ○

107 의료인이 아닌 자의 문신시술업을 금지하고 처벌하는 「의료법」 조항 중 '의료행위'는, 의학적 전문지식을 기초로 하는 경험과 기능으로 진찰, 검안, 처방, 투약 또는 외과적 시술을 시행하여 하는 질병의 예방 또는 치료행위 이외에도 의료인이 행하지 아니하면 보건위생상 위해가 생길 우려가 있는 행위로 분명하게 해석되어 명확성원칙에 위배된다고 할 수 없다. 2023 국가직7급 ( )

> **해설** 의료법의 입법목적, 의료인의 사명에 관한 의료법상의 여러 규정 및 의료행위의 개념에 관한 대법원 판례 등을 종합적으로 고려해 보면, 심판대상조항 중 '의료행위'는, 의학적 전문지식을 기초로 하는 경험과 기능으로 진찰, 검안, 처방, 투약 또는 외과적 시술을 시행하여 하는 질병의 예방 또는 치료행위 이외에도 의료인이 행하지 아니하면 보건위생상 위해가 생길 우려가 있는 행위로 분명하게 해석된다. … 문신시술 자격제도와 같은 대안은 문신시술인의 자격, 문신시술 환경 및 절차 등에 관한 규제와 관리를 내용으로 하는 완전히 새로운 제도의 형성과 운영을 전제로 하므로 상당한 사회적·경제적 비용을 발생시킨다. 따라서 문신시술 자격제도와 같은 대안의 도입 여부는 입법재량의 영역에 해당하고, 입법부가 위와 같은 대안을 선택하지 않고 국민건강과 보건위생을 위하여 의료인만이 문신시술을 하도록 허용하였다고 하여 헌법에 위반된다고 볼 수 없다. 그러므로 **심판대상조항은 명확성 원칙이나 과잉금지원칙을 위반하여 청구인들의 직업선택의 자유를 침해하지 않는다**(헌재 2022.3.31. 2017헌마1343 등).

108 「개발제한구역의 지정 및 관리에 관한 특별조치법」 위반으로 인해 시정명령을 받고도 이를 이행하지 아니한 위반행위자 등에 대해, 이를 상당한 기간까지 이행하지 않으면 이행강제금을 부과 징수한다는 뜻을 토지소유자에게 미리 문서로 계고하도록 하는 규정에서 '상당한 기간' 부분은 명확성 원칙에 위배되지 않는다.
2024 경찰승진 ( )

> **해설** 토지소유자로서는 이행강제금의 사전계고를 받기 전에 시정명령을 이미 받은 상태에 있었을 것이며, 그와 더불어 이행강제금은 1년에 2회를 초과하여 부과하지는 못한다는 제한이 있으므로 이를 감안하면 이행강제금 부과의 사전계고 시에 부여될 이행기간이 어느 정도일지를 대략 예측할 수 있다. 이러한 점들을 종합하면, 사전계고조항은 불명확한 규정이라고 할 수 없다(헌재 2023.2.23. 2019헌바550).

109 재산권의 본질적 내용의 침해란 그 침해로 인하여 사유재산권이 유명무실해지거나 형해화되어 재산권보장의 궁극적 목적을 달성할 수 없는 경우를 말한다. 2023 국회직9급 ( )

> **해설** 재산권의 본질적인 내용이라는 것은 재산권의 핵이 되는 실질적 요소 내지 근본적 요소를 뜻하며, **재산권의 본질적인 내용을 침해하는 경우라고 하는 것은 그 침해로 인하여 사유재산권이 유명무실해지거나 형해화(形骸化)되어 헌법이 재산권을 보장하는 궁극적인 목적을 달성할 수 없게 되는 지경에 이르는 경우라고 할 것이다**(헌재 1990.9.3. 89헌가95).

110-1 생명권에 대한 제한은 필연적으로 생명권의 완전한 박탈을 의미한다. 따라서 이를 이유로 생명권의 제한은 어떠한 상황에서든 곧바로 개인의 생명권의 본질적인 내용을 침해하는 것으로서 기본권 제한의 한계를 넘는 것으로 본다면, 생명권을 제한이 불가능한 절대적 기본권으로 인정하는 것과 동일한 결과를 가져온다.
2021 법원행시 ( )

110-2 생명권은 일반적 법률유보의 대상이 될 수 없다. 2023 해양경찰 ( )

110-3 사형제도는 최소침해성 원칙에 어긋난다. 2023 해양경찰 ( )

ANSWER 107 ○ 108 ○ 109 ○ 110-1 ○ 110-2 × 110-3 ×

110-4 생명권의 경우, 다른 일반적인 기본권 제한의 구조와는 달리, 생명의 일부 박탈이라는 것을 상정할 수 없고 생명권에 대한 제한은 필연적으로 생명권의 완전한 박탈을 의미하게 되기 때문에 생명권의 제한이 정당화될 수 있는 예외적인 경우라 하더라도 생명권의 박탈이 초래된다면 곧바로 기본권의 본질적인 내용을 침해하는 것이라 볼 수 있다. 2023 법원직 ( )

110-5 헌법은 절대적 기본권을 명문으로 인정하고 있지 아니하며, 헌법 제37조 제2항에서는 국민의 모든 자유와 권리는 국가안전보장·질서유지 또는 공공복리를 위하여 필요한 경우에 한하여 법률로써 제한할 수 있도록 규정하고 있어, 비록 생명이 이념적으로 절대적 가치를 지닌 것이라 하더라도 생명에 대한 법적 평가가 예외적으로 허용될 수 있다. 2023 법원직 ( )

110-6 절대적 종신형제도는 사형제도와는 또 다른 위헌성 문제를 야기할 수 있고, 현행 형사법령 하에서도 가석방제도의 운영 여하에 따라 사회로부터의 영구적 격리가 가능한 절대적 종신형과 상대적 종신형의 각 취지를 살릴 수 있다는 점 등을 고려하면, 현행 무기징역형제도가 상대적 종신형 외에 절대적 종신형을 따로 두고 있지 않은 것이 형벌체계상 정당성과 균형을 상실하여 헌법 제11조의 평등원칙에 반한다거나 형벌이 죄질과 책임에 상응하도록 비례성을 갖추어야 한다는 책임원칙에 반한다고 단정하기 어렵다. 2023 법원직 ( )

> **해설** 사형은 무기징역형이나 가석방이 불가능한 종신형보다도 범죄자에 대한 법익침해의 정도가 큰 형벌로서, 인간의 생존본능과 죽음에 대한 근원적인 공포까지 고려하면, 무기징역형 등 자유형보다 더 큰 위하력을 발휘함으로써 가장 강력한 범죄억지력을 가지고 있다고 보아야 하고, 극악한 범죄의 경우에는 무기징역형 등 자유형의 선고만으로는 범죄자의 책임에 미치지 못하게 될 뿐만 아니라 피해자들의 가족 및 일반국민의 정의관념에도 부합하지 못하며, **입법목적의 달성에 있어서 사형과 동일한 효과를 나타내면서도 사형보다 범죄자에 대한 법익침해 정도가 작은 다른 형벌이 명백히 존재한다고 보기 어려우므로 사형제도가 침해최소성원칙에 어긋난다고 할 수 없다.**
> 절대적 종신형제도는 사형제도와는 또 다른 위헌성 문제를 야기할 수 있고, 현행 형사법령 하에서도 가석방제도의 운영 여하에 따라 사회로부터의 영구적 격리가 가능한 절대적 종신형과 상대적 종신형의 각 취지를 살릴 수 있다는 점 등을 고려하면, **현행 무기징역형제도가 상대적 종신형 외에 절대적 종신형을 따로 두고 있지 않은 것이 형벌체계상 정당성과 균형을 상실하여 헌법 제11조의 평등원칙에 반한다거나 형벌이 죄질과 책임에 상응하도록 비례성을 갖추어야 한다는 책임원칙에 반한다고 단정하기 어렵다.**
> 헌법 제37조 제2항에서는 자유와 권리를 제한하는 경우에도 자유와 권리의 본질적인 내용을 침해할 수 없다고 규정하고 있다. 그런데 생명권의 경우, 다른 일반적인 기본권 제한의 구조와는 달리, 생명의 일부 박탈이라는 것은 상정할 수 없기 때문에 생명권에 대한 제한은 필연적으로 생명권의 완전한 박탈을 의미하게 되는바, 이를 이유로 **생명권의 제한은 어떠한 상황에서든 곧바로 개인의 생명권의 본질적인 내용을 침해하는 것으로서 기본권 제한의 한계를 넘는 것으로 본다면, 이는 생명권을 제한이 불가능한 절대적 기본권으로 인정하는 것과 동일한 결과를 가져오게 된다.**
> **비록 생명이 이념적으로 절대적 가치를 지닌 것이라 하더라도 생명에 대한 법적 평가가 예외적으로 허용될 수 있다고 할 것이므로, 생명권 역시 헌법 제37조 제2항에 의한 일반적 법률유보의 대상이 될 수밖에 없다.** 나아가 생명권의 경우, 다른 일반적인 기본권 제한의 구조와는 달리, 생명의 일부 박탈이라는 것을 상정할 수 없기 때문에 **생명권에 대한 제한은 필연적으로 생명권의 완전한 박탈을 의미하게 되는바, 위와 같이 생명권의 제한이 정당화될 수 있는 예외적인 경우에는 생명권의 박탈이 초래된다 하더라도 곧바로 기본권의 본질적인 내용을 침해하는 것이라 볼 수는 없다**(헌재 2010.2.25. 2008헌가23).

ANSWER 110-4 ×   110-5 ○   110-6 ○

111 육군3사관학교 사관생도는 군 장교를 배출하기 위하여 국가가 모든 재정을 부담하는 특수교육기관인 육군3사관학교의 구성원이므로 그 존립 목적을 달성하기 위하여 필요한 한도 내에서 일반 국민보다 상대적으로 기본권이 더 제한될 수 있으나, 그러한 경우에도 법률유보원칙, 과잉금지원칙 등 기본권 제한의 헌법상 원칙들을 지켜야 한다. 2022 행시 ( )

> **해설** 사관생도는 군 장교를 배출하기 위하여 국가가 모든 재정을 부담하는 특수교육기관인 육군3사관학교의 구성원으로서, 학교에 입학한 날에 육군 사관생도의 병적에 편입하고 준사관에 준하는 대우를 받는 특수한 신분관계에 있다(육군3사관학교 설치법 시행령 제3조). 따라서 **그 존립 목적을 달성하기 위하여 필요한 한도 내에서 일반 국민보다 상대적으로 기본권이 더 제한될 수 있으나, 그러한 경우에도 법률유보원칙, 과잉금지원칙 등 기본권 제한의 헌법상 원칙들을 지켜야** 한다(대판 2018.8.30. 2016두60591).

112 기본권 보호의무란 국민의 기본권적 법익을 기본권 주체인 사인에 의한 위법한 침해 또는 침해의 위험으로부터 보호하여야 하는 국가의 의무를 말하며, 주로 사인인 제3자에 의한 개인의 생명이나 신체의 훼손에서 문제된다. 2022 경찰승진 ( )

> **해설** 헌법 제10조 후문은 "국가는 개인이 가지는 불가침의 기본적 인권을 확인하고 이를 보장할 의무를 진다."고 규정하고 있다. 여기에서 **기본권 보호의무란 기본권적 법익을 기본권 주체인 사인에 의한 위법한 침해 또는 침해의 위험으로부터 보호하여야 하는 국가의 의무**를 말하며, 주로 사인인 제3자에 의한 개인의 생명이나 신체의 훼손에서 문제된다(헌재 2018.6.28. 2011헌바379 등).

113-1 국가의 기본권보호의무의 이행은 입법자의 입법을 통하여 비로소 구체화되는 것이고, 국가가 그 보호의무를 어떻게 어느 정도로 이행할 것인지는 원칙적으로 한 나라의 정치·경제·사회·문화적인 제반 여건과 재정 사정 등을 감안하여 입법정책적으로 판단하여야 하는 입법재량의 범위에 속한다. 2022 경찰승진 ( )

113-2 국가가 국민의 생명·신체의 안전에 대한 보호의무를 다하지 않았는지 여부를 헌법재판소가 심사할 때에는 국가가 이를 보호하기 위하여 적어도 적절하고 효율적인 최소한의 보호조치를 취하였는가 하는 이른바 '과소보호금지원칙' 위반 여부를 기준으로 한다. 2022 경찰승진 ( )

113-3 국가가 국민의 생명·신체의 안전에 대한 보호의무를 다하지 않았는지 여부를 헌법재판소가 심사할 때에는 '과소보호금지원칙'의 위반 여부를 기준으로 삼아, 국민의 생명·신체의 안전을 보호하기 위한 조치가 필요한 상황인데도 국가가 아무런 보호조치를 취하지 않았든지 아니면 취한 조치가 법익을 보호하기에 전적으로 부적합하거나 매우 불충분한 것임이 명백한 경우에 한하여 국가의 보호의무 위반을 확인하여야 한다. 2022 변시 ( )

113-4 국가의 기본권보호의무를 입법자가 어떻게 실현하여야 할 것인가 하는 문제는 원칙적으로 권력분립원칙과 민주주의원칙에 따라 국민에 의해 직접 민주적 정당성을 부여받은 입법자의 책임범위에 속하므로 헌법재판소는 단지 제한적으로만 입법자에 의한 보호의무의 이행을 심사할 수 있다. 2024 경찰승진 ( )

> **해설** **국가가 국민의 생명·신체의 안전을 보호할 의무를 진다하더라도 국가의 보호의무를 입법자 또는 그로부터 위임받은 집행자가 어떻게 실현하여야 할 것인가 하는 문제는** 원칙적으로 권력분립과 민주주의의 원칙에 따라 국민에 의하여 직접 민주적 정당성을 부여받고 자신의 결정에 대하여 정치적 책임을 지는 **입법자의 책임범위에 속하므로**, 헌법재판소는 단지 제한적으로만 입법자 또는 그로부터 위임받은 집행자에 의한 보호의무의 이행을 심사할 수 있는 것이다.

ANSWER 111 ○ 112 ○ 113-1 ○ 113-2 ○ 113-3 ○ 113-4 ○

국가가 국민의 생명·신체의 안전에 대한 보호의무를 다하지 않았는지 여부를 헌법재판소가 심사할 때에는 국가가 이를 보호하기 위하여 적어도 **적절하고 효율적인 최소한의 보호조치를 취하였는가** 하는 이른바 '**과소보호 금지원칙**'의 위반 여부를 기준으로 삼아, 국민의 생명·신체의 안전을 보호하기 위한 조치가 필요한 상황인데도 국가가 아무런 보호조치를 취하지 않았든지 아니면 취한 조치가 법익을 보호하기에 전적으로 부적합하거나 매우 불충분한 것임이 명백한 경우에 한하여 국가의 보호의무의 위반을 확인하여야 하는 것이다(헌재 2008.12.26. 2008헌마419 등).

114-1 국가의 보호의무를 입법자가 어떻게 실현하여야 할 것인가 하는 문제는 입법자의 책임범위에 속하나, 헌법재판소는 국가가 국민의 법익보호를 위하여 최대한의 보호조치를 취했는가를 기준으로 심사한다. 2022 경찰경력채용 ( )

114-2 국가의 기본권 보호의무의 이행은 입법자의 입법을 통하여 비로소 구체화되는 것이고, 국가가 그 보호의무를 어떻게 어느 정도로 이행할 것인지는 원칙적으로 한 나라의 정치·경제·사회·문화적인 제반 여건과 재정사정 등을 감안하여 입법정책적으로 판단하여야 하는 입법재량의 범위에 속하는 것이다. 2022 경찰경력채용 ( )

> **해설** 국가가 국민의 생명·신체의 안전을 보호할 의무를 진다 하더라도, 국가의 보호의무를 입법자 또는 그로부터 위임받은 집행자가 어떻게 실현하여야 할 것인가 하는 문제는 원칙적으로 권력분립과 민주주의의 원칙에 따라 국민에 의하여 직접 민주적 정당성을 부여받고 자신의 결정에 대하여 정치적 책임을 지는 입법자의 책임범위에 속하므로, 헌법재판소는 단지 제한적으로만 입법자 또는 그로부터 위임받은 집행자에 의한 보호의무의 이행을 심사할 수 있다. 그렇다면 **국가가 국민의 생명·신체의 안전에 대한 보호의무를 다하지 않았는지 여부를 헌법재판소가 심사할 때에는, 국가가 이를 보호하기 위하여 적어도 적절하고 효율적인 최소한의 보호조치를 취하였는지를 기준으로 삼아야** 한다(헌재 2015.10.21. 2012헌마89 등).

115-1 권리능력의 존재 여부를 출생 시를 기준으로 확정하고 태아에 대해서는 살아서 출생할 것을 조건으로 손해배상청구권을 인정한 법률조항은 국가의 생명권 보호의무를 위반한 것이라 볼 수 없다. 2023 입법고시 ( )

115-2 사산된 태아에게 불법적인 생명침해로 인한 손해배상청구권을 인정하지 않는 것은 입법형성권의 한계를 명백히 일탈한 것으로서 국가의 기본권보호의무를 위반한 것이다. 2022 경찰승진 ( )

115-3 인간이라는 생명체의 형성이 출생 이전의 그 어느 시점에서 시작됨을 인정하더라도, 법적으로 사람의 시기를 출생의 시점에서 시작되는 것으로 보는 것은 헌법적으로 금지된다. 2022 경찰승진 ( )

115-4 「민법」조항들이 권리능력의 존재 여부를 출생시를 기준으로 확정하고 태아에 대해서는 살아서 출생할 것을 조건으로 손해배상청구권을 인정하더라도 태아에 대한 국가의 생명권 보호의무를 위반한 것이라 볼 수 없다. 2023 경찰1차 ( )

ANSWER 114-1 × 114-2 ○ 115-1 ○ 115-2 × 115-3 × 115-4 ○

115-5 「민법」 제3조 및 제762조는 '살아서 출생한 태아'와는 달리 '살아서 출생하지 못한 태아'에 대해서는 손해배상청구권을 부정함으로써 후자에게 불리한 결과를 초래하고 있으나 이러한 결과는 사법관계에서 요구되는 법적 안정성의 요청이라는 법치국가이념에 의한 것으로 헌법적으로 정당화된다 할 것이므로, 그와 같은 차별적 입법조치가 있다는 이유만으로 곧 국가가 기본권 보호를 위해 필요한 최소한의 입법적 조치를 다하지 않아 그로써 위헌적인 입법적 불비나 불완전한 입법상태가 초래된 것이라고 볼 수 없다. 2022 경찰경력채용 ( )

115-6 태아는 헌법상 생명권의 주체가 아니다. 2023 해양경찰 ( )

> **해설** 모든 인간은 헌법상 생명권의 주체가 되며, 형성 중의 생명인 태아에게도 생명에 대한 권리가 인정되어야 한다. 따라서 태아도 헌법상 생명권의 주체가 되며, 국가는 헌법 제10조에 따라 태아의 생명을 보호할 의무가 있다. 생명의 연속적 발전과정에 대해 동일한 생명이라는 이유만으로 언제나 동일한 법적 효과를 부여하여야 하는 것은 아니다. 동일한 생명이라 할지라도 법질서가 생명의 발전과정을 일정한 단계들로 구분하고 그 각 단계에 상이한 법적 효과를 부여하는 것이 불가능하지 않다. 이 사건 법률조항들의 경우에도 '살아서 출생한 태아'와는 달리 '살아서 출생하지 못한 태아'에 대해서는 손해배상청구권을 부정함으로써 후자에게 불리한 결과를 초래하고 있으나 이러한 결과는 사법관계에서 요구되는 법적 안정성의 요청이라는 법치국가이념에 의한 것으로 헌법적으로 정당화된다 할 것이므로, 그와 같은 차별적 입법조치가 있다는 이유만으로 곧 국가가 기본권 보호를 위해 필요한 최소한의 입법적 조치를 다하지 않아 그로써 위헌적인 입법적 불비나 불완전한 입법상태가 초래된 것이라고 볼 수 없다.
> 태아는 형성 중의 인간으로서 생명을 보유하고 있으므로 국가는 태아를 위하여 각종 보호조치들을 마련해야 할 의무가 있다. 하지만 그와 같은 국가의 기본권 보호의무로부터 태아의 출생 전에, 또한 태아가 살아서 출생할 것인가와는 무관하게, 태아를 위하여 민법상 일반적 권리능력까지도 인정하여야 한다는 헌법적 요청이 도출되지는 않는다(헌재 2008.7.31. 2004헌바81).

116-1 산업단지의 지정권자로 하여금 산업단지계획안에 대한 주민의견청취와 동시에 환경영향평가서 초안에 대한 주민의견청취를 진행하도록 한 의견청취동시진행조항은 종래 산업단지의 지정을 위한 개발계획 단계와 산업단지 개발을 위한 실시계획 단계에서 각각 개별적으로 진행하던 산업단지 개발계획안과 환경영향평가서 초안에 대한 주민의견청취절차 또는 주민의견수렴절차를 산업단지 인·허가 절차의 간소화를 위하여 한 번의 절차에서 동시에 진행하도록 하고 있지만 국가가 산업단지계획의 승인 및 그에 따른 산업단지의 조성·운영으로 인하여 초래될 수 있는 환경상 위해로부터 지역주민을 포함한 국민의 생명·신체의 안전을 보호하기 위하여 필요한 최소한의 보호조치를 취하지 아니한 것이라고 보기는 어려우므로, 의견청취동시진행조항이 국가의 기본권 보호의무에 위배되었다고 할 수 없다. 2023 법원행시 ( )

116-2 종래 산업단지의 지정을 위한 개발계획 단계와 산업단지 개발을 위한 실시계획 단계에서 각각 개별적으로 진행하던 주민의견청취절차 또는 주민의견수렴절차를 한 번의 절차에서 동시에 진행하도록 하는 것은 국가가 산업단지계획의 승인 및 그에 따른 산업단지의 조성·운영으로 인하여 초래될 수 있는 환경상 위해로부터 지역주민을 포함한 국민의 생명·신체의 안전을 보호하기 위하여 필요한 최소한의 보호조치를 취하지 아니함으로써 국가의 기본권 보호의무를 과소하게 이행한 것이다. 2022 국회직8급 ( )

> **해설** 의견청취동시진행조항은 종래 산업단지의 지정을 위한 개발계획 단계와 산업단지 개발을 위한 실시계획 단계에서 각각 개별적으로 진행하던 산업단지개발계획안과 환경영향평가서 초안에 대한 주민의견청취절차 또는 주민의견수렴절차를 산업단지 인·허가 절차의 간소화를 위하여 한 번의 절차에서 동시에 진행하도록 하고 있을 뿐, 환경영향평가서 초안에 대한 주민의견수렴절차 자체를 생략하거나 주민이 환경영향평

ANSWER 115-5 ○ 115-6 × 116-1 ○ 116-2 ×

가서 초안을 열람하고 그에 대한 의견을 제출함에 있어 어떠한 방법상·내용상 제한을 가하고 있지도 않다. 또한 **입법자는 산단절차간소화법 및 환경영향평가법 등에 환경영향평가서 초안에 대한 지역주민의 의견수렴이 부실해지는 것을 방지하기 위한 여러 보완장치를 마련해 두고 있다.** 따라서 **국가가 산업단지계획의 승인 및 그에 따른 산업단지의 조성·운영으로 인하여 초래될 수 있는 환경상 위해로부터 지역주민을 포함한 국민의 생명·신체의 안전을 보호하기 위하여 필요한 최소한의 보호조치를 취하지 아니한 것이라고 보기는 어려우므로, 의견청취동시진행조항이 국가의 기본권 보호의무에 위배되었다고 할 수 없다**(헌재 2016.12.29. 2015헌바280).

117-1 개인의 생명·신체의 안전에 관한 기본권보호의무 위배 여부를 과소보호금지원칙을 기준으로 심사한 결과 동 원칙 위반이 아닌 경우에도 다른 기본권에 대한 과잉금지원칙 위반을 이유로 기본권 침해를 인정하는 것은 가능하다. 2022 변시　　　　　　　　　　　　　　　　　　　　　　　　　　　　　　　　　　( )

117-2 업무상과실 또는 중대한 과실로 인한 교통사고로 말미암아 피해자로 하여금 상해에 이르게 하였으나 보험 등에 가입한 경우 운전자에 대한 공소를 제기할 수 없도록 한 구「교통사고처리특례법」조항은 교통사고 피해자의 생명·신체의 안전에 관한 국가의 기본권 보호의무를 명백히 위반한 것이다. 2023 경찰1차 ( )

117-3「교통사고처리특례법」중 업무상 과실 또는 중대한 과실로 인한 교통사고로 말미암아 피해자로 하여금 상해를 입게 한 경우는 공소를 제기할 수 없도록 한 부분은 국가의 기본권 보호의무를 위반한 것이다. 2023 입법고시 ( )

117-4 자동차 운전자가 업무상 과실 또는 중대한 과실로 인한 교통사고로 말미암아 피해자로 하여금 중상해에 이르게 한 경우, 가해차량이 종합보험 등에 가입되어 있음을 이유로 공소를 제기할 수 없도록 한 것은 형벌까지 동원해야 보호법익을 유효적절하게 보호할 수 있다는 의미에서 교통사고 피해자에 대한 국가의 기본권 보호의무를 위반한 것이다. 2022 국회직8급 ( )

> **해설** 국가의 신체와 생명에 대한 보호의무는 교통과실범의 경우 발생한 침해에 대한 사후처벌뿐 아니라, 무엇보다도 우선적으로 운전면허취득에 관한 법규 등 전반적인 교통관련법규의 정비, 운전자와 일반국민에 대한 지속적인 계몽과 교육, 교통안전에 관한 시설의 유지 및 확충, 교통사고 피해자에 대한 보상제도 등 여러 가지 사전적·사후적 조치를 함께 취함으로써 이행된다 할 것이므로, **형벌은 국가가 취할 수 있는 유효적절한 수많은 수단 중의 하나일 뿐이지, 결코 형벌까지 동원해야만 보호법익을 유효적절하게 보호할 수 있다는 의미의 최종적인 유일한 수단이 될 수는 없다 할 것이다. 따라서 이 사건 법률조항은 국가의 기본권보호의무의 위반 여부에 관한 심사기준인 과소보호금지의 원칙에 위반한 것이라고 볼 수 없다**(과소보호금지원칙 위반 아님 판결). 교통사고 피해자가 업무상 과실 또는 중대한 과실로 인하여 '중상해'를 입은 경우 단서조항에 해당하지 않는 교통사고로 중상해를 입은 피해자와 단서조항에 해당하는 교통사고의 중상해 피해자 및 사망사고의 피해자 사이의 차별문제는 교통사고 운전자의 기소 여부에 따라 피해자의 헌법상 보장된 재판절차진술권이 행사될 수 있는지 여부가 결정되어 이는 기본권 행사에 있어서 중대한 제한을 구성하기 때문에 엄격한 심사기준에 의하여 판단한다. 교통사고처리특례법 제3조 제2항 단서조항에 해당하지 않는 교통사고로 인하여 중상해를 입은 피해자는, 자신에게 발생한 교통사고의 유형이 단서조항에 해당하지 않는다는 우연한 사정에 의하여 형사재판에서의 진술권을 전혀 행사하지 못하게 되는바, **이는 역시 우연하게도 단서조항에 해당하는 교통사고를 당한 중상해 피해자가 재판절차진술권을 행사하게 되는 것과 비교할 때 합리적인 이유 없이 차별취급을 당하는 것이다.** 또한 교통사고로 인하여 중상해를 입은 결과, 식물인간이 되거나 평생 심각한 불구 또는 난치의 질병을 안고 살아가야 하는 피해자의 경우, 그 결과의 불법성이 사망사고 보다 결코 작다고 단정할 수 없으므로, **교통사고로 인하여 피해자가 사망한 경우와**

ANSWER　117-1 ○　117-2 ×　117-3 ×　117-4 ×

달리 중상해를 입은 경우 가해 운전자를 기소하지 않음으로써 그 피해자의 재판절차진술권을 제한하는 것 또한 합리적인 이유가 없는 차별취급이라고 할 것이다. 따라서 이 사건 법률조항으로 인하여 단서조항에 해당하지 아니하는 교통사고로 중상해를 입은 피해자를 단서조항에 해당하는 교통사고의 중상해 피해자 및 사망사고의 피해자와 재판절차진술권의 행사에 있어서 달리 취급한 것은, 단서조항에 해당하지 아니하는 교통사고로 중상해를 입은 피해자들의 평등권을 침해하는 것이라 할 것이다(과소보호금지의 원칙 위반은 아니나 과잉금지원칙을 위반하여 평등권 침해라고 판결)(헌재 2009.2.26. 2005헌마764 등).

118 「담배사업법」은 담배성분의 표시나 경고문구의 표시, 담배광고의 제한 등 여러 규제들을 통하여 직접흡연으로부터 국민의 생명·신체의 안전을 보호하려고 노력하고 있어, 「담배사업법」이 국가의 보호의무에 관한 과소보호금지원칙을 위반하여 흡연자의 생명·신체의 안전에 관한 권리를 침해하였다고 볼 수 없다.
2022 경찰2차 / 2023 경찰1차   (   )

해설 담배사업법은 담배성분의 표시나 경고문구의 표시, 담배광고의 제한 등 여러 규제들을 통하여 직접흡연으로부터 국민의 생명·신체의 안전을 보호하려고 노력하고 있다. 따라서 **담배사업법이 국가의 보호의무에 관한 과소보호금지원칙을 위반하여 청구인의 생명·신체의 안전에 관한 권리를 침해하였다고 볼 수 없다**(헌재 2015.4.30. 2012헌마38).

119-1 국가의 기본권 보호의무란 사인인 제3자에 의한 생명이나 신체에 대한 침해로부터 이를 보호하여야 할 국가의 의무를 말하는 것으로, 국가가 직접 주방용오물분쇄기의 사용을 금지하여 개인의 기본권을 제한하는 경우에는 국가의 기본권 보호의무 위반 여부가 문제되지 않는다. 2023 입법고시   (   )

119-2 헌법재판소는 국가의 기본권 보호의무란 사인인 제3자에 의해 발생하는 생명이나 신체에 대한 침해로부터 이를 보호하여야 할 국가의 의무를 말하는 것으로, 국가가 직접 주방용오물분쇄기의 사용을 금지하여 개인의 기본권을 제한하는 경우에는 국가의 기본권 보호의무 위반 여부가 문제되지 않는다고 판단하였다. 2023 경찰승진
(   )

해설 주방용오물분쇄기를 사용하지 못하면 음식물 찌꺼기 등을 음식물류 폐기물로 분리 배출하여야 하므로 그 처리에 다소 불편을 겪을 수는 있으나, 심판대상조항이 음식물 찌꺼기 등의 배출 또는 처리 자체를 금지하는 것은 아니다. 뿐만 아니라 국가의 기본권 보호의무란 사인인 제3자에 의한 생명이나 신체에 대한 침해로부터 이를 보호하여야 할 국가의 의무를 말하는 것으로, 이 사건처럼 **국가가 직접 주방용오물분쇄기의 사용을 금지하여 개인의 기본권을 제한하는 경우에는 국가의 기본권 보호의무 위반 여부가 문제되지 않는다**(헌재 2018.6.28. 2016헌마1151).

120-1 원자력발전소 건설을 내용으로 하는 전원개발사업 실시계획에 대한 승인권한을 산업통상자원부장관에게 부여하고 있는 조항은 국가가 국민의 생명·신체의 안전을 보호하기 위하여 필요한 최소한의 보호조치를 취하지 아니한 것이라고 보기는 어렵다. 2023 법원행시   (   )

120-2 구 「전원개발촉진법」 제2조 제1호에서 원전 건설을 내용으로 하는 전원개발사업 실시계획에 대한 승인권한을 다른 전원개발과 마찬가지로 산업통상자원부장관에게 부여하고 있다 하더라도, 국가가 국민의 생명·신체의 안전을 보호하기 위하여 필요한 최소한의 보호조치를 취하지 아니한 것이라고 보기는 어렵다. 2022 경찰2차
(   )

ANSWER   118 ○   119-1 ○   119-2 ○   120-1 ○   120-2 ○

해설 이 사건 승인조항에서 원전 건설을 내용으로 하는 전원개발사업 실시계획에 대한 승인권한을 다른 전원개발과 마찬가지로 산업통상자원부장관에게 부여하고 있다 하더라도, 국가가 국민의 생명·신체의 안전을 보호하기 위하여 필요한 최소한의 보호조치를 취하지 아니한 것이라고 보기는 어렵다(헌재 2016.10.27. 2015헌바358).

121 대통령은 행정부의 수반으로서 국가가 국민의 생명과 신체의 안전 보호의무를 충실하게 이행할 수 있도록 권한을 행사하고 직책을 수행하여야 하는 의무를 부담하므로, 국민의 생명이 위협받는 재난상황이 발생한 경우 직접 구조 활동에 참여하여야 하는 등 구체적이고 특정한 행위의무까지 발생한다고 볼 수 있다. 2022 경찰2차 ( )

해설 **대통령은 행정부의 수반으로서 국가가 국민의 생명과 신체의 안전 보호의무를 충실하게 이행할 수 있도록 권한을 행사하고 직책을 수행하여야 하는 의무를 부담한다.** 하지만 국민의 생명이 위협받는 재난상황이 발생하였다고 하여 피청구인이 직접 구조 활동에 참여하여야 하는 등 구체적이고 특정한 행위의무까지 바로 발생한다고 보기는 어렵다. 세월호 참사에 대한 피청구인의 대응조치에 미흡하고 부적절한 면이 있었다고 하여 곧바로 피청구인이 생명권 보호의무를 위반하였다고 인정하기는 어렵다(헌재 2017.3.10. 2016헌나1).

122 국민의 생명·신체의 안전이 질병 등으로부터 위협받거나 받게 될 우려가 있는 경우 국가로서는 그 위험의 원인과 정도에 따라 사회·경제적인 여건 및 재정사정 등을 감안하여 국민의 생명·신체의 안전을 보호하기에 필요한 적절하고 효율적인 입법·행정상의 조치를 취하여 그 침해의 위험을 방지하고 이를 유지할 포괄적인 의무를 진다. 2022 경찰2차 ( )

해설 국민의 생명·신체의 안전이 질병 등으로부터 위협받거나 받게 될 우려가 있는 경우 국가는 그 위험의 원인과 정도에 따라 사회·경제적인 여건 및 재정사정 등을 감안하여 국민의 생명·신체의 안전을 보호하기에 필요한 적절하고 효율적인 입법·행정상의 조치를 취하여 그 침해의 위험을 방지하고 이를 유지할 포괄적인 의무를 진다(헌재 2015.4.30. 2012헌마38).

123 검사만 치료감호를 청구할 수 있고 법원은 검사에게 치료감호청구를 요구할 수 있다고만 정하여 치료감호대상자의 치료감호 청구권이나 법원의 직권에 의한 치료감호를 인정하지 않은 것은 국민의 보건에 관한 국가의 보호의무에 반한다. 2022 국회직8급 ( )

해설 '정신건강증진 및 정신질환자 복지서비스 지원에 관한 법률', '형의 집행 및 수용자의 처우에 관한 법률'에 있는 다른 제도들을 통하여 국민의 정신건강을 유지하는 데에 필요한 국가적 급부와 배려가 이루어지고 있으므로, **이 사건 법률조항들에서 치료감호대상자의 치료감호 청구권이나 법원의 직권에 의한 치료감호를 인정하지 않는다 하더라도 국민의 보건에 관한 국가의 보호의무에 반한다고 보기 어렵다**(헌재 2021.1.28. 2019헌가24 등).

124 가축사육시설의 환경이 지나치게 열악할 경우 그러한 시설에서 사육되고 생산된 축산물을 섭취하는 인간의 건강도 악화될 우려가 있으므로, 국가로서는 건강하고 위생적이며 쾌적한 시설에서 가축을 사육할 수 있도록 필요한 적절하고도 효율적인 조치를 취함으로써 소비자인 국민의 생명·신체의 안전에 관한 기본권을 보호할 구체적인 헌법적 의무가 있다. 2022 국회직8급 ( )

해설 가축사육시설의 환경이 지나치게 열악할 경우 그러한 시설에서 사육되고 생산된 축산물을 섭취하는 인간의 건강도 악화될 우려가 있으므로, **국가로서는 건강하고 위생적이며 쾌적한 시설에서 가축을 사육할 수 있도록 필요한 적절하고도 효율적인 조치를 취함으로써 소비자인 국민의 생명·신체의 안전에 관한 기본권을 보호할 구체적인 헌법적 의무가 있다**(헌재 2015.9.24. 2013헌마384).

ANSWER 121 × 122 ○ 123 × 124 ○

125 국가인권위원회법은 대한민국 국민과 대한민국의 영역에 있는 외국인에 대하여 적용한다. 2024 법원행시
( )

> 해설 이 법은 대한민국 국민과 대한민국의 영역에 있는 외국인에 대하여 적용한다(국가인권위원회법 제4조).

126 위원은 인권문제에 관하여 전문적인 지식과 경험이 있고 인권의 보장과 향상을 위한 업무를 공정하고 독립적으로 수행할 수 있다고 인정되는 사람으로서 국가인권위원회법 제5조 제3항 각 호의 어느 하나에 해당하는 자격을 갖춘 자 중에서 국회가 선출하는 4명(상임위원 2명을 포함), 대통령이 지명하는 4명(상임위원 1명을 포함), 대법원장이 지명하는 3명을 대통령이 임명한다. 2023 법원행시
( )

> 해설 위원은 다음 각 1. 국회가 선출하는 4명(상임위원 2명을 포함한다), 2. 대통령이 지명하는 4명(상임위원 1명을 포함한다), 3. 대법원장이 지명하는 3명의 사람을 대통령이 임명한다. 위원은 인권문제에 관하여 전문적인 지식과 경험이 있고 인권의 보장과 향상을 위한 업무를 공정하고 독립적으로 수행할 수 있다고 인정되는 사람으로서 국가인권위원회법 제5조 제3항 각 호의 어느 하나에 해당하는 자격을 갖추어야 한다(국가인권위원회법 제5조 제2항·제3항).

127 국가인권위원회 위원장을 임명하기 위해서는 국회의 인사청문을 거쳐야 한다. 2023 법원행시
( )

> 해설 위원장은 위원 중에서 대통령이 임명한다. 이 경우 위원장은 국회의 인사청문을 거쳐야 한다(국가인권위원회법 제5조 제5항).

128 국가인권위원회는 인권의 보호와 향상에 중대한 영향을 미치는 재판이 계속 중인 경우 법원 또는 헌법재판소의 요청이 있거나 필요하다고 인정할 때에는 법원의 담당 재판부 또는 헌법재판소에 법률상의 사항에 관하여 의견을 제출할 수 있다. 2024 법원행시
( )

> 해설 위원회는 인권의 보호와 향상에 중대한 영향을 미치는 재판이 계속(係屬) 중인 경우 법원 또는 헌법재판소의 요청이 있거나 필요하다고 인정할 때에는 법원의 담당 재판부 또는 헌법재판소에 법률상의 사항에 관하여 의견을 제출할 수 있다(국가인권위원회법 제28조 제1항).

129-1 국가기관, 지방자치단체, 각급 학교, 공직유관단체, 국회의 입법 및 법원의 재판과 관련하여 재산권, 평등권 등 기본권이 침해된 경우 그 피해자는 위원회에 그 내용을 진정할 수 있다. 2023 법원행시
( )

129-2 국가기관 등으로부터 헌법 제23조 재산권 규정에서 보장된 권리를 침해당하거나 차별행위를 당한 사람은 그 내용을 국가인권위원회에 진정할 수 있다. 2024 법원행시
( )

> 해설 1. **국가기관, 지방자치단체,**「초·중등교육법」제2조,「고등교육법」제2조와 그 밖의 다른 법률에 따라 설치된 **각급 학교,**「공직자윤리법」제3조의2 제1항에 따른 **공직유관단체 또는 구금·보호시설의 업무 수행(국회의 입법 및 법원·헌법재판소의 재판은 제외**한다)과 관련하여「대한민국헌법」제10조부터 제22조까지의 규정에서 보장된 인권을 침해당하거나 차별행위를 당한 경우, 2. 법인, 단체 또는 사인(私人)으로부터 차별행위를 당한 경우의 어느 하나에 해당하는 경우에 인권침해나 차별행위를 당한 사람(이하 "피해자"라 한다) 또는 그 사실을 알고 있는 사람이나 단체는 위원회에 그 내용을 진정할 수 있다(국가인권위원회법 제30조 제1항).

ANSWER 125 ○ 126 ○ 127 ○ 128 ○ 129-1 × 129-2 ×

130 위원회는 개인의 사생활을 침해하거나 계속 중인 재판 또는 수사 중인 사건의 소추에 부당하게 관여할 목적으로 조사를 하여서는 아니 된다. 2023 법원행시 ( )

해설 위원회는 개인의 사생활을 침해하거나 계속 중인 재판 또는 수사 중인 사건의 소추(訴追)에 부당하게 관여할 목적으로 조사를 하여서는 아니 된다(국가인권위원회법 제35조 제2항).

131 국가인권위원회는 피해자의 명시한 의사에 반하여 피해자를 위한 법률구조 요청을 할 수 없다. 2021 경찰승진 ( )

해설 피해자를 위한 법률구조 요청 : 위원회는 진정에 관한 위원회의 조사, 증거의 확보 또는 피해자의 권리구제를 위하여 필요하다고 인정하면 피해자를 위하여 대한법률구조공단 또는 그 밖의 기관에 법률구조를 요청할 수 있다. 이에 따른 법률구조 요청은 피해자의 명시한 의사에 반하여 할 수 없다(국가인권위원회법 제47조).

132 국가인권위원회의 진정에 대한 조사·조정 및 심의는 비공개로 한다. 다만, 국가인권위원회의 의결이 있을 때에는 공개할 수 있다. 2021 경찰승진 ( )

해설 위원회의 진정에 대한 조사·조정 및 심의는 비공개로 한다. 다만, 위원회의 의결이 있을 때에는 공개할 수 있다(국가인권위원회법 제49조).

133 진정에 대한 국가인권위원회의 각하 또는 기각결정은 행정처분에 해당하므로, 그에 대한 다툼은 우선 행정심판이나 행정소송에 의하여야 한다. 2024 법원행시 ( )

해설 진정에 대한 국가인권위원회의 각하 및 기각결정은 피해자인 진정인의 권리행사에 중대한 지장을 초래하는 것으로서 항고소송의 대상이 되는 행정처분에 해당하므로, 그에 대한 다툼은 우선 행정심판이나 행정소송에 의하여야 할 것이다(헌재 2015.3.26. 2013헌마214 등).

134 법원의 재판을 국가인권위원회에 진정할 수 있는 대상에서 제외하는 것이 평등원칙에 위반된 것이라고 할 수 없다. 2024 법원행시 ( )

해설 **법원의 재판도 국민의 기본권을 침해할 가능성이 없지 아니하나**, 기본권침해에 대한 보호의무를 담당하는 법원에 의한 기본권침해의 가능성은 입법기관인 국회나 집행기관인 행정부에 의한 경우보다 상대적으로 적고, 상급심법원이 하급심법원이 한 재판이 기본권을 침해하는지 여부에 관하여 다시 심사할 기회가 있다는 점에서 **다른 기관에 의한 기본권침해의 경우와는 본질적인 차이가 있어 차별을 정당화하므로, 평등의 원칙에 위반된 것이라고 할 수 없다**(헌재 2004.8.26. 2002헌마302).

Ⅲ 최신판례

01 시장·군수·구청장이 지방자치단체의 조례로 정하는 바에 따라 일정한 구역을 지정·고시하여 가축의 사육을 제한할 수 있도록 한 「가축분뇨의 관리 및 이용에 관한 법률」 조항은 과잉금지원칙에 위배되지 아니한다(헌재 2023.12.21. 2020헌바374).

ANSWER 130 ○ 131 ○ 132 ○ 133 ○ 134 ○

02 전시·사변 등 국가비상사태에 있어서 전투에 종사하는 자에 대하여 각령(閣令)이 정하는 바에 의하여 전투근무수당을 지급하도록 한 구 「군인보수법」 제17조의 '전시', '사변'은 그 문언 자체로도 그 의미가 명확하고, '전시·사변 등'이라는 예시가 있는 점, 그리고 심판대상조항이 전투근무수당의 지급대상으로 '전투에 종사한 자'를 규정하고 있는 점에 비추어 '국가비상사태'는 위 전시, 사변과 같이 전투가 발생하였거나 발생할 수 있는 수준의 대한민국의 국가적인 비상사태를 의미함을 쉽게 알 수 있다. 심판대상조항 중 '전시·사변 등 국가비상사태' 부분은 **명확성 원칙에 위반되지 않는다**(헌재 2023.8.31. 2020헌바594).

03 '선량한 풍속 기타 사회질서에 위반한 사항을 내용으로 하는 법률행위'를 무효로 하는 민법 제103조는 명확성 원칙에 위반되지 않는다(헌재 2023.9.26. 2020헌바552).

인간의 존엄과 가치와 행복추구권

Ⅰ 헌법 조문

제10조 모든 국민은 인간으로서의 존엄과 가치를 가지며, 행복을 추구할 권리를 가진다. 국가는 개인이 가지는 불가침의 기본적 인권을 확인하고 이를 보장할 의무를 진다.

Ⅱ 최신 기출지문 분석

01 생명권은 인간의 생존본능과 존재목적에 바탕을 둔 선험적이고 자연법적인 권리로서 헌법에 규정된 모든 기본권의 전제로서 기능하는 기본권 중의 기본권이다. 2022 경찰승진 ( )

> 해설 생명권은 비록 헌법에 명문의 규정이 없다 하더라도 인간의 생존본능과 존재목적에 바탕을 둔 선험적이고 자연법적인 권리로서 헌법에 규정된 모든 기본권의 전제로서 기능하는 기본권 중의 기본권이다(헌재 2008.7.31. 2004헌바81).

02-1 형법 제269조 제1항의 자기낙태죄 조항은 태아의 생명을 보호하기 위한 것으로서 그 입법목적은 정당하지만, 낙태를 방지하기 위하여 임신한 여성의 낙태를 형사처벌하는 것은 이러한 입법 목적을 달성하는 데 적절하고 실효성 있는 수단이라고 할 수 없다. 2022 경찰1차 ( )

02-2 「형법」상 자기낙태죄 조항은 입법목적을 달성하기 위하여 필요한 최소한의 정도를 넘어 임신한 여성의 자기결정권을 제한하고 있어 침해의 최소성을 갖추지 못하였고, 태아의 생명 보호라는 공익에 대하여만 일방적이고 절대적인 우위를 부여함으로써 법익균형성의 원칙도 위반하였으므로 과잉금지원칙을 위반하여 임신한 여성의 자기결정권을 침해한다. 2022 행시 ( )

02-3 국가에게 태아의 생명을 보호할 의무가 있다고 하더라도 생명의 연속적 발전과정에 대하여 생명이라는 공통요소만을 이유로 하여 언제나 동일한 법적 효과를 부여하여야 하는 것은 아니므로 국가가 생명을 보호하는 입법적 조치를 취함에 있어 인간생명의 발달단계에 따라 그 보호정도나 보호수단을 달리하는 것은 불가능하지 않다. 2023 경찰승진 ( )

ANSWER 01 ○ 02-1 × 02-2 ○ 02-3 ○

02-4 「형법」상 자기낙태죄 조항은 「모자보건법」이 정한 예외를 제외하고는 임신기간 전체를 통틀어 모든 낙태를 전면적·일률적으로 금지하고, 이를 위반할 경우 형벌을 부과함으로써 임신의 유지·출산을 강제하고 있으므로, 임신한 여성의 자기결정권을 제한한다. 2022 경찰2차 ( )

02-5 국가가 태아의 생명 보호를 위해 확정적으로 만들어 놓은 자기낙태죄 조항의 위헌성을 심사함에 있어 동 조항의 존재와 역할을 간과한 채, 임신한 여성의 자기결정권과 태아의 생명권의 직접적인 충돌을 해결해야 하는 사안으로 보는 것은 적절하지 않다. 2023 경찰경력채용 ( )

02-6 모든 인간은 헌법상 생명권의 주체가 되며, 형성 중의 생명인 태아에게도 생명에 대한 권리가 인정되어야 한다. 태아가 비록 그 생명의 유지를 위하여 모(母)에게 의존해야 하지만, 그 자체로 모(母)와 별개의 생명체이고, 특별한 사정이 없는 한, 인간으로 성장할 가능성이 크기 때문이다. 따라서 태아도 헌법상 생명권의 주체가 되며, 국가는 헌법 제10조 제2문에 따라 태아의 생명을 보호할 의무가 있다. 2024 법원행시 ( )

02-7 임신한 여성의 자기낙태를 처벌하는 형법 조항은 모자보건법이 정한 일정한 예외를 제외하고는 임신기간 전체를 통틀어 모든 낙태를 전면적·일률적으로 금지하고, 이를 위반할 경우 형벌을 부과하도록 정함으로써 임신한 여성에게 임신의 유지·출산을 강제하고 있으므로, 과잉금지원칙을 위반하여 임신한 여성의 자기결정권을 침해한다. 2023 지방직7급 ( )

> **해설** 자기낙태죄 조항은 모자보건법이 정한 일정한 예외를 제외하고는 태아의 발달단계 혹은 독자적 생존능력과 무관하게 임신기간 전체를 통틀어 모든 낙태를 전면적·일률적으로 금지하고, 이를 위반할 경우 형벌을 부과하도록 정함으로써, 형벌적 제재 및 이에 따른 형벌의 위하력(威嚇力)으로 임신한 여성에게 임신의 유지·출산을 강제하고 있으므로, **임신한 여성의 자기결정권을 제한**하고 있다(헌재 2019.4.11. 2017헌바127).
> 자기낙태죄 조항은 모자보건법이 정한 예외를 제외하고는 임신기간 전체를 통틀어 모든 낙태를 전면적·일률적으로 금지하고, 이를 위반할 경우 형벌을 부과함으로써 임신의 유지·출산을 강제하고 있으므로, **임신한 여성의 자기결정권을 제한한다.**
> 이 사안은 국가가 태아의 생명 보호를 위해 확정적으로 만들어 놓은 자기낙태죄 조항이 임신한 여성의 자기결정권을 제한하고 있는 것이 과잉금지원칙에 위배되어 위헌인지 여부에 대한 것이다. 자기낙태죄 조항의 존재와 역할을 간과한 채 **임신한 여성의 자기결정권과 태아의 생명권의 직접적인 충돌을 해결해야 하는 사안으로 보는 것은 적절하지 않다.** 이하에서는 모자보건법이 정한 일정한 예외에 해당하지 않는 한 태아의 발달단계 혹은 독자적 생존능력과 무관하게 임신기간 전체를 통틀어 모든 낙태를 전면적·일률적으로 금지함으로써 임신한 여성의 자기결정권을 제한하고 있는 자기낙태죄 조항이 입법목적의 정당성과 그 목적달성을 위한 수단의 적합성, 침해의 최소성, 그리고 그 입법에 의해 보호하려는 공익과 침해되는 사익의 균형성을 모두 갖추었는지 여부를 살펴보기로 한다.
> 자기낙태죄 조항은 태아의 생명을 보호하기 위한 것으로서, **정당한 입법목적을 달성하기 위한 적합한 수단이다.** 임신·출산·육아는 여성의 삶에 근본적이고 결정적인 영향을 미칠 수 있는 중요한 문제이므로, **임신한 여성이 임신을 유지 또는 종결할 것인지 여부를 결정하는 것은 스스로 선택한 인생관·사회관을 바탕으로 자신이 처한 신체적·심리적·사회적·경제적 상황에 대한 깊은 고민을 한 결과를 반영하는 전인적(全人的) 결정이다.**
> 모든 인간은 헌법상 생명권의 주체가 되며, 형성 중의 생명인 태아에게도 생명에 대한 권리가 인정되어야 한다. 태아가 비록 그 생명의 유지를 위하여 모(母)에게 의존해야 하지만, 그 자체로 **모(母)와 별개의 생명체**이고, 특별한 사정이 없는 한, 인간으로 성장할 가능성이 크기 때문이다. 따라서 **태아도 헌법상 생명권의 주체가 되며, 국가는 헌법 제10조 제2문에 따라 태아의 생명을 보호할 의무가 있다.**
> 국가에게 태아의 생명을 보호할 의무가 있다고 하더라도 **생명의 연속적 발전과정에 대하여 생명이라는**

ANSWER 02-4 ○ 02-5 ○ 02-6 ○ 02-7 ○

공통요소만을 이유로 하여 언제나 동일한 법적 효과를 부여하여야 하는 것은 아니다. 동일한 생명이라 할지라도 법질서가 생명의 발전과정을 일정한 단계들로 구분하고 그 각 단계에 상이한 법적 효과를 부여하는 것이 불가능하지 않다. 예컨대, 형법은 태아를 통상 낙태죄의 객체로 취급하지만, 진통 시로부터 태아는 사람으로 취급되어 살인죄의 객체로 됨으로써 생명의 단계에 따라 생명침해행위에 대한 처벌의 정도가 달라진다. 나아가 태아는 수정란이 자궁에 착상한 때로부터 낙태죄의 객체로 되는데 착상은 통상 수정 후 7일경에 이루어지므로, 그 이전의 생명에 대해서는 형법상 어떠한 보호도 행하고 있지 않다. 이와 같이 생명의 전체적 과정에 대해 법질서가 언제나 동일한 법적 보호 내지 효과를 부여하고 있는 것은 아니다. 따라서 **국가가 생명을 보호하는 입법적 조치를 취함에 있어 인간생명의 발달단계에 따라 그 보호정도나 보호수단을 달리하는 것은 불가능하지 않다.**

현 시점에서 최신의 의료기술과 의료 인력이 뒷받침될 경우 태아는 **임신 22주** 내외부터 독자적인 생존이 가능하다고 한다. 한편 자기결정권이 보장되려면 임신한 여성이 임신 유지와 출산 여부에 관하여 전인적 결정을 하고 그 결정을 실행함에 있어서 충분한 시간이 확보되어야 한다. 이러한 점들을 고려하면, 태아가 모체를 떠난 상태에서 독자적으로 생존할 수 있는 시점인 임신 22주 내외에 도달하기 전이면서 동시에 임신 유지와 출산 여부에 관한 자기결정권을 행사하기에 충분한 시간이 보장되는 시기(이하 착상 시부터 이 시기까지를 '결정가능기간'이라 한다)까지의 낙태에 대해서는 국가가 생명보호의 수단 및 정도를 달리 정할 수 있다고 봄이 타당하다.

낙태갈등 상황에서 형벌의 위하가 임신종결 여부 결정에 미치는 영향이 제한적이라는 사정과 실제로 형사처벌되는 사례도 매우 드물다는 현실에 비추어 보면, 자기낙태죄 조항이 낙태갈등 상황에서 태아의 생명 보호를 실효적으로 하지 못하고 있다고 볼 수 있다.

낙태갈등 상황에 처한 여성은 형벌의 위하로 말미암아 임신의 유지 여부와 관련하여 필요한 사회적 소통을 하지 못하고, 정신적 지지와 충분한 정보를 제공받지 못한 상태에서 안전하지 않은 방법으로 낙태를 실행하게 된다.

모자보건법상의 정당화사유에는 다양하고 광범위한 사회적·경제적 사유에 의한 낙태갈등 상황이 전혀 포섭되지 않는다. 예컨대, 학업이나 직장생활 등 사회활동에 지장이 있을 것에 대한 우려, 소득이 충분하지 않거나 불안정한 경우, 자녀가 이미 있어서 더 이상의 자녀를 감당할 여력이 되지 않는 경우, 상대 남성과 교제를 지속할 생각이 없거나 결혼 계획이 없는 경우, 혼인이 사실상 파탄에 이른 상태에서 배우자의 아이를 임신했음을 알게 된 경우, 결혼하지 않은 미성년자가 원치 않은 임신을 한 경우 등이 이에 해당할 수 있다.

자기낙태죄 조항은 모자보건법에서 정한 사유에 해당하지 않는다면 결정가능기간 중에 다양하고 광범위한 사회적·경제적 사유를 이유로 낙태갈등 상황을 겪고 있는 경우까지도 예외 없이 전면적·일률적으로 임신의 유지 및 출산을 강제하고, 이를 위반한 경우 형사처벌하고 있다.

따라서, 자기낙태죄 조항은 입법목적을 달성하기 위하여 필요한 최소한의 정도를 넘어 임신한 여성의 자기결정권을 제한하고 있어 **침해의 최소성을 갖추지 못하였고**, 태아의 생명 보호라는 공익에 대하여만 일방적이고 절대적인 우위를 부여함으로써 **법익균형성의 원칙도 위반**하였으므로, 과잉금지원칙을 위반하여 임신한 여성의 자기결정권을 침해한다.

업무상동의낙태죄와 자기낙태죄는 구성요건의 내용상 2인 이상의 관여자가 낙태라는 동일한 목표를 향하여 서로 다른 방향에서 구성요건의 실현에 관여한다는 점에서 강학상 **대향범에 해당한다.** 자기낙태죄 조항은 입법목적을 달성하기 위하여 필요한 최소한의 정도를 넘어 임신한 여성의 자기결정권을 제한하고 있어 침해의 최소성을 갖추지 못하였고, 태아의 생명 보호라는 공익에 대하여만 일방적이고 절대적인 우위를 부여함으로써 법익균형성의 원칙도 위반하였으므로, 과잉금지원칙을 위반하여 임신한 여성의 자기결정권을 침해한다. 자기낙태죄 조항과 동일한 목표를 실현하기 위하여 임신한 여성의 촉탁 또는 승낙을 받아 낙태하게 한 의사를 처벌하는 **의사낙태죄 조항도 같은 이유에서 위헌이라고 보아야 한다.** 위 조항들의 위헌성은 태아가 모체를 떠난 상태에서 독자적으로 생존할 수 없으면서 동시에 여성이 임신의 유지 및 출산 여부를 숙고하여 자기결정권을 실제로 행사하는 데 충분한 기간이 보장되는 시기까지의 낙태를 다양하고 광범위한 사회적·경제적 사유로 인하여 낙태갈등 상황을 겪고 있는 경우까지도 예외 없이 전면적·일률적으로 금지하고, 이를 위반한 경우 형사처벌하는 점에 있으며, **태아의 생명을 보호하기 위하여 낙태를 금지하고 처벌하는 것 자체가 모든 경우에 헌법에 위반된다고 볼 수는 없는 점**에 있다.

자기낙태죄 조항과 의사낙태죄 조항에 대하여 각각 단순위헌결정을 할 경우, 임신 기간 전체에 걸쳐 행해진 모든 낙태를 처벌할 수 없게 됨으로써 용인하기 어려운 법적 공백이 생기게 된다. 더욱이 입법자는 결정가능기간을 어떻게 정하고 결정가능기간의 종기를 언제까지로 할 것인지, 결정가능기간 중 일정한 시기까지는 사회적·경제적 사유에 대한 확인을 요구하지 않을 것인지 여부까지를 포함하여 결정가능기간과 사회적·경제적 사유를 구체적으로 어떻게 조합할 것인지, 상담요건이나 숙려기간 등과 같은 일정한 절차적 요건을 추가할 것인지 여부 등에 관하여 앞서 헌법재판소가 설시한 한계 내에서 입법재량을 가진다.

따라서 자기낙태죄 조항과 의사낙태죄 조항에 대하여 단순위헌 결정을 하는 대신 각각 헌법불합치 결정을 선고하되, 다만 입법자의 개선입법이 이루어질 때까지 계속 적용을 명함이 타당하다(헌재 2019. 4.11. 2017헌바127).

03-1 배아생성자의 배아에 대한 결정권은 헌법상 명문으로 규정되어 있지는 않지만 일반적 인격권의 한 유형으로서의 헌법상 권리이다. 2024 경찰승진 ( )

03-2 배아생성자의 배아에 대한 결정권은 헌법상 명문으로 규정되어 있지는 아니하지만, 헌법 제10조로부터 도출되는 일반적 인격권의 한 유형으로서의 헌법상 권리라 할 것이다. 2024 입법고시 ( )

해설 배아생성자는 배아에 대해 자신의 유전자정보가 담긴 신체의 일부를 제공하고, 또 배아가 모체에 성공적으로 착상하여 인간으로 출생할 경우 생물학적 부모로서의 지위를 갖게 되므로, 배아의 관리 또는 처분에 대한 결정권을 가진다. 이러한 **배아생성자의 배아에 대한 결정권은 헌법상 명문으로 규정되어 있지는 아니하지만, 헌법 제10조로부터 도출되는 일반적 인격권의 한 유형으로서의 헌법상 권리라 할 것이다**(헌재 2010.5.27. 2005헌마346).

04 인간의 존엄과 가치는 모든 기본권의 이념적 출발점이며, 헌법의 근본규범이므로 헌법개정의 한계이다.
2023 국회직9급 ( )

해설 헌법 제10조는 "모든 국민은 인간으로서의 존엄과 가치를 가지며, 행복을 추구할 권리를 가진다. 국가는 개인이 가지는 불가침의 기본적 인권을 확인하고 이를 보장할 의무를 진다."라고 하여 **모든 기본권의 종국적 목적이자 기본이념이라 할 수 있는 인간의 존엄과 가치를 규정**하고 있다. 이러한 인간의 존엄과 가치 조항은 헌법이념의 핵심으로 국가는 헌법에 규정된 개별적 기본권을 비롯하여 헌법에 열거되지 아니한 자유와 권리까지도 이를 보장하여야 하고, 이를 통하여 개별 국민이 가지는 인간으로서의 존엄과 가치를 존중하고 확보하여야 한다는 헌법의 기본원리를 선언한 것이라 할 것이다(헌재 2010.2.25. 2008헌가23). → 헌법제정규범과 헌법개정규범을 구분하는 칼 슈미트의 이론에 의하면, **인간의 존엄과 가치는 국가의 기본원리이자 기본권보장의 종국적 목적이므로 헌법제정규범으로 볼 수 있다.**

05 인간의 존엄과 가치는 국민뿐 아니라 외국인과 무국적자에게도 인정된다. 2023 국회직9급 ( )

해설 우리 재판소는, 헌법재판소법 제68조 제1항 소정의 헌법소원은 기본권의 주체이어야만 청구할 수 있다고 한 다음, '국민' 또는 국민과 유사한 지위에 있는 '외국인'은 기본권의 주체가 될 수 있다고 판시하였다. 즉, **인간의 존엄과 가치 및 행복추구권 등과 같이 단순히 '국민의 권리'가 아닌 '인간의 권리'로 볼 수 있는 기본권에 대해서는 외국인도 기본권 주체가 될 수 있다고 하여 인간의 권리에 대하여는 원칙적으로 외국인의 기본권 주체성을 인정**하였다(헌재 2011.9.29. 2007헌마1083 등). '외국인'이란 국적법에 의하여 대한민국의 국민이 아닌 자를 말하므로(국적법 제3조 제1항), **외국인은 외국 국적을 가지는 자와 무국적자를 포함한다**(헌재 2018.1.25. 2015헌바367).

ANSWER 03-1 ○ 03-2 ○ 04 ○ 05 ○

06 인격권은 「헌법」제10조의 인간의 존엄과 가치로부터 유래한다. 2023 해양경찰 ( )

> 해설 헌법 제10조는 모든 기본권 보장의 종국적 목적이자 기본이념이라 할 수 있는 **인간의 본질적이고 고유한 가치인 인간의 존엄과 가치로부터 유래하는 인격권을 보장**하고 있다(헌재 2002.7.18. 2000헌마327).

07 헌법재판소는 그동안, 헌법의 인간상은 자기결정권을 지닌 창의적이고 성숙한 개체로서의 국민이고, 그 국민은 자신이 스스로 선택한 인생관·사회관을 바탕으로 사회공동체 안에서 각자의 생활을 자신의 책임 아래 스스로 결정하고 형성하는 민주시민이라고 하면서, 헌법 제10조가 정하고 있는 행복추구권에서 파생되는 자기결정권 내지 일반적 행동자유권은 이성적이고 책임감 있는 사람의 자기 운명에 대한 결정·선택을 존중하되 그에 대한 책임은 스스로 부담하는 것을 전제로 한다고 하였다. 이러한 헌법상 자기결정권의 본질은 자신이 한 행위의 의미와 결과에 대하여 스스로 판단하고 결정하는 데 있다. 2024 법원행시 ( )

> 해설 헌법재판소는 그동안, **헌법의 인간상은 자기결정권을 지닌 창의적이고 성숙한 개체로서의 국민이고, 그 국민은 자신이 스스로 선택한 인생관·사회관을 바탕으로 사회공동체 안에서 각자의 생활을 자신의 책임 아래 스스로 결정하고 형성하는 민주시민이라고 하면서, 헌법 제10조가 정하고 있는 행복추구권에서 파생되는 자기결정권 내지 일반적 행동자유권은 이성적이고 책임감 있는 사람의 자기 운명에 대한 결정·선택을 존중하되 그에 대한 책임은 스스로 부담하는 것을 전제로 한다고 하였다. 이러한 헌법상 자기결정권의 본질은 자신이 한 행위의 의미와 결과에 대하여 스스로 판단하고 결정하는 데 있다**(헌재 2019.4.11. 2017헌바127).

08 자기결정권은 인간의 존엄성을 실현하기 위한 수단으로서 인간이 자신의 생활영역에서 인격의 발현과 삶의 방식에 관한 근본적인 결정을 자율적으로 내릴 수 있는 권리이다. 2024 입법고시 ( )

> 해설 **자기결정권은 인간의 존엄성을 실현하기 위한 수단으로서 인간이 자신의 생활영역에서 인격의 발현과 삶의 방식에 관한 근본적인 결정을 자율적으로 내릴 수 있는 권리이다**(헌재 2019.4.11. 2017헌바127).

09-1 자기책임원리는 자기결정권의 한계 논리로서 책임부담의 근거로 기능하는 동시에, 자기가 결정하지 않은 것이나 결정할 수 없는 것에 대하여는 책임을 지지 않고 책임부담의 범위도 스스로 결정한 결과 내지 그와 상관관계가 있는 부분에 국한됨을 의미하는 책임의 한정원리로 기능한다. 2023 경찰2차 ( )

09-2 가집행선고부 판결이 실효되는 경우 가집행채권자에게 원상회복 및 손해배상책임을 지게 하는 민사소송법 해당 조항은 자기책임의 원칙에 위반되지 않는다. 2024 법원행시 ( )

> 해설 자기책임원리는 이와 같이 자기결정권의 한계논리로서 책임부담의 근거로 기능하는 동시에 자기가 결정하지 않은 것이나 결정할 수 없는 것에 대하여는 책임을 지지 않고 책임부담의 범위도 스스로 결정한 결과 내지 그와 상관관계가 있는 부분에 국한됨을 의미하는 책임의 한정원리로 기능한다. 가집행선고 있는 본안판결이 취소·변경되면 가집행선고의 효력은 그 취소·변경의 한도 내에서 실효된다. **이 경우 가집행채권자가 원상회복 및 손해배상책임을 지는 것은 실효될 수도 있는 가집행선고에 기해 집행하기로 한 자기결정에서 비롯된 것이고, 그 책임의 범위도 가집행채권자의 결정과 상관관계 있는 범위로 한정되므로, 심판대상조항은 자기책임원리에 위반되지 않는다**(헌재 2017.5.25. 2014헌바360).

10 '자동차운전전문학원을 졸업하고 운전면허를 받은 사람 중 교통사고를 일으킨 비율이 대통령령이 정하는 비율을 초과하는 때'에는 학원의 등록을 취소하거나 1년 이내의 운영정지를 명할 수 있도록 한 구 「도로교통법」해당 조항은 자기책임의 범위를 벗어나지 않는다. 2024 법원행시 ( )

ANSWER 06 ○ 07 ○ 08 ○ 09-1 ○ 09-2 ○ 10 ×

해설 교통사고는 본질적으로 우연성을 내포하고 있고 사고의 원인도 다양하며, 이는 운전기술의 미숙함으로 인한 것일 수도 있으나, 졸음운전이나 주취운전과 같이 운전기술과 별다른 연관이 없는 경우도 있다. 이 사건 조항이 운전전문학원의 귀책사유를 불문하고 수료생이 일으킨 교통사고를 자동적으로 운전전문학원의 법적 책임으로 연관시키고 있는 것은 운전전문학원이 주체적으로 행해야 하는 자기책임의 범위를 벗어난 것이며, 교통사고율이 높아 운전교육이 좀 더 충실히 행해져야 하며 오늘날 사회적 위험의 관리를 위한 위험책임제도가 필요하다는 사정만으로 정당화될 수 없다(헌재 2005.7.21. 2004헌가30).

11 친생부인의 소의 제척기간을 규정한 민법 규정 중 "부(夫)가 그 사유가 있음을 안 날부터 2년 내" 부분은 부(夫)가 가정생활과 신분관계에서 누려야 할 인격권을 침해한다. 2022 경찰1차 ( )

해설 헌법재판소 1997. 3. 27. 95헌가14 등 결정의 취지에 따라 2005. 3. 31. 법률 제7427호로 개정된 민법 제847조 제1항은 '친생부인의 사유가 있음을 안 날'을 제척기간의 기산점으로 삼음으로써 부(夫)가 혈연관계의 진실을 인식할 때까지 기간의 진행을 유보하고, '그로부터 2년'을 제척기간으로 삼음으로써 부(夫)의 친생부인의 기회를 실질적으로 보장하고 있다. 또한 2년이란 기간은 자녀의 불안정한 지위를 장기간 방치하지 않기 위한 것으로서 지나치게 짧다고 볼 수 없다. 따라서 민법 제847조 제1항 중 "부(夫)가 그 사유가 있음을 안 날부터 2년내" 부분은 친생부인의 소의 제척기간에 관한 입법재량의 한계를 일탈하지 않은 것으로서 헌법에 위반되지 아니한다(헌재 2015.3.26. 2012헌바357).

12 수용자를 교정시설에 수용할 때마다 전자영상 검사기를 이용하여 수용자의 항문 부위에 대한 신체검사를 하는 것이 수용자의 인격권을 침해하는 것은 아니다. 2022 경찰1차 / 2023 국회직9급 ( )

해설 이 사건 신체검사는 교정시설의 안전과 질서를 유지하기 위한 것으로 그 목적이 정당하고, 항문 부위에 대한 금지물품의 은닉여부를 효과적으로 확인할 수 있는 적합한 검사방법으로 그 수단이 적절하다. 교정시설을 이감·수용할 때마다 전자영상 신체검사를 실시하는 것은, 수용자가 금지물품을 취득하여 소지·은닉하고 있을 가능성을 배제할 수 없고, 외부관찰 등의 방법으로는 쉽게 확인할 수 없기 때문이다. 이 사건 신체검사는 사전에 검사의 목적과 방법을 고지한 후, 다른 사람이 볼 수 없는 차단된 장소에서 실시하는 등 검사받는 사람의 모욕감 내지 수치심 유발을 최소화하는 방법으로 실시하였는바, 기본권 침해의 최소성 요건을 충족하였다. 또한 이 사건 신체검사로 인하여 수용자가 느끼는 모욕감이나 수치심이 결코 작다고 할 수는 없지만, 흉기 기타 위험물이나 금지물품을 교정시설 내로 반입하는 것을 차단함으로써 수용자 및 교정시설 종사자들의 생명·신체의 안전과 교정시설 내의 질서를 유지한다는 공적인 이익이 훨씬 크다 할 것이므로, 법익의 균형성 요건 또한 충족된다. 이 사건 신체검사는 필요한 최소한도를 벗어나 과잉금지원칙에 위배되어 청구인의 인격권 내지 신체의 자유를 침해한다고 볼 수 없다(헌재 2011.5.26. 2010헌마775).

13 외부 민사재판에 출정할 때 운동화를 착용하게 해달라는 수형자인 청구인의 신청에 대하여 이를 불허한 피청구인 교도소장의 행위는 청구인의 인격권을 침해한다고 볼 수 없다. 2022 경찰1차 / 2024 입법고시 ( )

해설 이 사건 운동화착용불허행위는 시설 바깥으로의 외출이라는 기회를 이용한 도주를 예방하기 위한 것으로서 그 목적이 정당하고, 위와 같은 목적을 달성하기 위한 적합한 수단이라 할 것이다. 또한 신발의 종류를 제한하는 것에 불과하여 법익침해의 최소성과 균형성도 갖추었다 할 것이므로, 이 사건 운동화착용불허행위가 기본권제한에 있어서의 과잉금지원칙에 반하여 청구인의 인격권과 행복추구권을 침해하였다고 볼 수 없다(헌재 2011.2.24. 2009헌마209).

14 선거기사심의위원회가 불공정한 선거기사를 보도하였다고 인정한 언론사에 대하여 언론중재위원회를 통하여 사과문을 게재할 것을 명하도록 하는 공직선거법 조항 중 '사과문 게재' 부분과, 해당 언론사가 사과문 게재 명령을 지체 없이 이행하지 않을 경우 형사처벌하는 구 「공직선거법」 규정 중 해당 부분은 언론사의 인격권을 침해한다. 2022 경찰1차 ( )

ANSWER 11 × 12 ○ 13 ○ 14 ○

해설 이 사건 사과문 게재 조항은 정기간행물 등을 발행하는 언론사가 보도한 선거기사의 내용이 공정하지 아니하다고 인정되는 경우 선거기사심의위원회의 사과문 게재 결정을 통하여 해당 언론사로 하여금 그 잘못을 인정하고 용서를 구하게 하고 있다. **이는 언론사 스스로 인정하거나 형성하지 아니한 윤리적·도의적 판단의 표시를 강제하는 것으로서 언론사가 가지는 인격권을 제한하는 정도가 매우 크다.** 더욱이 **이 사건 처벌 조항은 형사처벌을 통하여 그 실효성을 담보하고 있다.** 그런데 공직선거법에 따르면, 언론사가 불공정한 선거기사를 보도하는 경우 선거기사심의위원회는 사과문 게재 명령 외에도 정정보도문의 게재 명령을 할 수 있다. 또한 해당 언론사가 '공정보도의무를 위반하였다는 결정을 선거기사심의위원회로부터 받았다는 사실을 공표'하도록 하는 방안, 사과의 의사표시가 필요한 경우에도 사과의 '권고'를 하는 방법을 상정할 수 있다. 나아가, 이 사건 법률조항들이 추구하는 목적, 즉 선거기사를 보도하는 언론사의 공적인 책임의식을 높임으로써 민주적이고 공정한 여론 형성 등에 이바지한다는 공익이 중요하다는 점에는 이론의 여지가 없으나, 언론에 대한 신뢰가 무엇보다 중요한 언론사에 대하여 그 사회적 신용이나 명예를 저하시키고 인격의 자유로운 발현을 저해함에 따라 발생하는 인격권 침해의 정도는 이 사건 법률조항들이 달성하려는 공익에 비해 결코 작다고 할 수 없다. 결국 이 사건 법률조항들은 언론사의 인격권을 침해하여 헌법에 위반된다(헌재 2015.7.30. 2013헌가8).

15-1 보험사기를 이유로 체포된 피의자가 경찰서 내에서 수갑을 차고 얼굴을 드러낸 상태에서 조사받는 모습을 촬영할 수 있도록 허용한 행위는 일반 국민의 알 권리 보장을 위한 것이어서 목적의 정당성은 인정되나, 그 얼굴 및 수갑 등의 노출을 방지할 만한 조치를 전혀 취하지 아니한 것은 침해의 최소성 원칙을 충족하였다고 볼 수 없어 결국 피의자의 인격권을 침해하였다고 할 것이다. 2022 법원행시 ( )

15-2 사법경찰관이 보험사기범 검거라는 보도자료 배포 직후 기자들의 취재 요청에 응하여 피의자가 경찰서 조사실에서 양손에 수갑을 찬 채 조사받는 모습을 촬영할 수 있도록 허용한 행위는 과잉금지원칙에 위반되어 피의자의 인격권을 침해한다. 2023 경찰1차 ( )

15-3 보험사기를 이유로 체포된 공인이 아닌 피의자를 수사기관이 기자들에게 경찰서 내에서 수갑을 차고 얼굴을 드러낸 상태에서 조사받는 모습을 촬영할 수 있도록 허용한 행위는 피의자의 재범방지 및 범죄예방을 위한 것으로 목적의 정당성이 인정된다. 2024 경찰1차 ( )

15-4 경찰이 보도자료 배포 직후 기자들의 취재요청에 응하여 경찰서 조사실에서 얼굴과 수갑이 드러난 채 조사받는 보험사기 피의자의 모습을 촬영할 수 있도록 허용한 행위는 보도를 실감나게 제공하려는 공익적 목적이 크므로 피의자의 인격권을 침해하지 않는다. 2023 경찰간부 ( )

해설 **청구인에 대한 이러한 수사 장면을 공개 및 촬영하게 할 어떠한 공익 목적도 인정하기 어려우므로 촬영허용행위는 목적의 정당성이 인정되지 아니한다.** 피의자의 얼굴을 공개하더라도 그로 인한 피해의 심각성을 고려하여 모자, 마스크 등으로 피의자의 얼굴을 가리는 등 피의자의 신원이 노출되지 않도록 침해를 최소화하기 위한 조치를 취하여야 하는데, **피청구인은 그러한 조치를 전혀 취하지 아니하였으므로 침해의 최소성 원칙도 충족하였다고 볼 수 없다.** 또한 촬영허용행위는 언론 보도를 보다 실감나게 하기 위한 목적 외에 어떠한 공익도 인정할 수 없는 반면, 청구인은 피의자로서 얼굴이 공개되어 초상권을 비롯한 인격권에 대한 중대한 제한을 받았고, **촬영한 것이 언론에 보도될 경우 범인으로서의 낙인 효과와 그 파급효는 매우 가혹하여 법익균형성도 인정되지 아니하므로, 촬영허용행위는 과잉금지원칙에 위반되어 청구인의 인격권을 침해하였다**(헌재 2014.3.27. 2012헌마652).

ANSWER 15-1 × 15-2 ○ 15-3 × 15-4 ×

16-1 장래 가족의 구성원이 될 태아의 성별 정보에 대한 접근을 국가로부터 방해받지 않을 부모의 권리는 일반적 인격권에 의하여 보호된다. 2022 법원행시 / 2024 입법고시 ( )

16-2 임신기간 전 기간에 걸쳐 태아의 성별 고지를 금지하는 법률조항은 부모의 태아 성별 정보에 대한 접근을 방해받지 않을 권리를 제한하고 있고, 그 제한의 정도가 과잉금지원칙을 위반하여 임부나 그 가족이 태아 성별 정보에 대한 접근을 방해받지 않을 권리 등을 침해하고 있으므로, 헌법에 위반된다. 2022 법원행시 ( )

16-3 의료인이 태아의 성별 정보에 대하여 임부나 그 가족 기타 다른 사람에게 고지하는 것을 금지하는 것은 부모의 행복추구권을 침해하는 것이다. 2023 해양경찰 ( )

> **해설** 헌법 제10조로부터 도출되는 일반적 인격권에는 각 개인이 그 삶을 사적으로 형성할 수 있는 자율영역에 대한 보장이 포함되어 있음을 감안할 때, 장래 가족의 구성원이 될 태아의 성별 정보에 대한 접근을 국가로부터 방해받지 않을 부모의 권리는 이와 같은 일반적 인격권에 의하여 보호된다고 보아야 할 것인바, 이 사건 규정은 일반적 인격권으로부터 나오는 부모의 태아 성별 정보에 대한 접근을 방해받지 않을 권리를 제한하고 있다고 할 것이다.
> 이 사건 규정의 태아 성별 고지 금지는 낙태, 특히 성별을 이유로 한 낙태를 방지함으로써 성비의 불균형을 해소하고 태아의 생명권을 보호하기 위해 입법된 것이다. 그런데 임신 기간이 통상 40주라고 할 때, 낙태가 비교적 자유롭게 행해질 수 있는 시기가 있는 반면, 낙태를 할 경우 태아는 물론, 산모의 생명이나 건강에 중대한 위험을 초래하여 낙태가 거의 불가능하게 되는 시기도 있는데, **성별을 이유로 하는 낙태가 임신 기간의 전 기간에 걸쳐 이루어질 것이라는 전제하에, 이 사건 규정이 낙태가 사실상 불가능하게 되는 임신 후반기에 이르러서도 태아에 대한 성별 정보를 태아의 부모에게 알려 주지 못하게 하는 것은 최소침해성원칙을 위반하는 것이고**, 이와 같이 임신후반기 공익에 대한 보호의 필요성이 거의 제기되지 않는 낙태 불가능 시기 이후에도 의사가 자유롭게 직업수행을 하는 자유를 제한하고, 임부나 그 가족의 태아 성별 정보에 대한 접근을 방해하는 것은 기본권 제한의 법익 균형성 요건도 갖추지 못한 것이다. 따라서 이 사건 규정은 헌법에 위반된다 할 것이다(헌재 2008.7.31. 2004헌마1010 등).

17 중혼을 혼인취소의 사유로 정하면서 그 취소청구권의 제척기간 또는 소멸사유를 규정하지 않은 「민법」 조항은 후혼배우자의 인격권을 침해한다. 2021 경찰승진 ( )

> **해설** 이 사건 법률조항은 우리 사회의 중대한 공익이며 헌법 제36조 제1항으로부터 도출되는 일부일처제를 실현하기 위한 것이다. 이 사건 법률조항은 중혼을 혼인무효사유가 아니라 혼인취소사유로 정하고 있는데, 혼인취소의 효력은 기왕에 소급하지 아니하므로 중혼이라 하더라도 법원의 취소판결이 확정되기 전까지는 유효한 법률혼으로 보호받는다. 후혼의 취소가 가혹한 결과가 발생하는 경우에는 구체적 사건에서 법원이 권리남용의 법리 등으로 해결하고 있다. 따라서 **중혼 취소청구권의 소멸에 관하여 아무런 규정을 두지 않았다 하더라도, 이 사건 법률조항이 현저히 입법재량의 범위를 일탈하여 후혼배우자의 인격권 및 행복추구권을 침해하지 아니한다**(헌재 2014.7.24. 2011헌바275).

18-1 성명(姓名)은 개인의 정체성과 개별성을 나타내는 인격의 상징으로서 개인이 사회 속에서 자신의 생활영역을 형성하고 발현하는 기초가 되는 것이므로 자유로운 성(姓)의 사용은 헌법상 인격권으로부터 보호된다. 2021 경찰승진 ( )

18-2 입양이나 재혼 등과 같이 가족관계의 변동과 새로운 가족 관계의 형성에 있어서 구체적인 사정들에 따라서는 양부 또는 계부의 성으로의 변경이 개인의 인격적 이익과 매우 밀접한 관계를 가짐에도 부성(父姓)의 사용만을 강요하여 성의 변경을 허용하지 않는 것은 개인의 인격권을 침해한다. 2023 경찰1차 ( )

ANSWER 16-1 ○ 16-2 ○ 16-3 × 17 × 18-1 ○ 18-2 ○

해설 성명은 개인의 정체성과 개별성을 나타내는 인격의 상징으로서 개인이 사회 속에서 자신의 생활영역을 형성하고 발현하는 기초가 되는 것이라 할 것이므로 자유로운 성의 사용 역시 헌법상 인격권으로부터 보호된다고 할 수 있다.
입양이나 재혼 등과 같이 가족관계의 변동과 새로운 가족관계의 형성에 있어서 구체적인 사정들에 따라서는 양부 또는 계부 성으로의 변경이 개인의 인격적 이익과 매우 밀접한 관계를 가짐에도 부성의 사용만을 강요하여 성의 변경을 허용하지 않는 것은 개인의 인격권을 침해한다(헌재 2005.12.22. 2003헌가5 등).

19 미결수용자가 수감되어 있는 동안 구치소 등 수용시설에서 사복을 입지 못하게 하고 재소자용 의류를 입게 하는 것은 무죄추정의 원칙에 반하고, 인간의 존엄과 가치에서 유래하는 인격권의 침해이다. 2023 국회직9급 ( )

해설 구치소 등 수용시설 안에서는 재소자용 의류를 입더라도 일반인의 눈에 띄지 않고, 수사 또는 재판에서 변해(辯解)·방어권을 행사하는데 지장을 주는 것도 아닌 반면에, 미결수용자에게 사복을 입도록 하면 의복의 수선이나 세탁 및 계절에 따라 의복을 바꾸는 과정에서 증거인멸 또는 도주를 기도하거나 흉기, 담배, 약품 등 소지금지품이 반입될 염려 등이 있으므로 **미결수용자에게 시설 안에서 재소자용 의류를 입게 하는 것은 구금 목적의 달성, 시설의 규율과 안전유지를 위한 필요최소한의 제한으로서 정당성·합리성을 갖춘 재량의 범위 내의 조치**이다(헌재 1999.5.27. 97헌마137 등).

20 헌법 제10조는 개인의 인격권과 행복추구권을 보장하고 있고, 인격권과 행복추구권은 개인의 자기운명결정권을 전제로 한다. 이러한 자기운명결정권에는 성행위 여부 및 그 상대방을 결정할 수 있는 성적 자기결정권이 포함되어 있고, 경제적 대가를 매개로 하여 성행위 여부를 결정할 수 있는 것 또한 성적 자기결정권과 관련되어 있다 볼 것이다. 2024 법원행시 ( )

해설 헌법 제10조는 개인의 인격권과 행복추구권을 보장하고 있고, 인격권과 행복추구권은 개인의 **자기운명결정권**을 전제로 한다. 이러한 **자기운명결정권**에는 성행위 여부 및 그 상대방을 결정할 수 있는 성적 자기결정권이 포함되어 있고, 경제적 대가를 매개로 하여 성행위 여부를 결정할 수 있는 것 또한 성적 자기결정권과 관련되어 있다 볼 것이므로 심판대상조항은 개인의 성적 자기결정권을 제한한다(헌재 2016.3.31. 2013헌가2).

21-1 민사재판의 당사자로 출석하는 수형자에 대하여 사복착용을 허용하지 않는 「형의 집행 및 수용자의 처우에 관한 법률」 조항은 인격권을 침해하지 않는다. 2021 경찰승진 ( )

21-2 형사재판의 피고인으로 출석하는 수형자에 대하여 사복착용을 허용하지 아니한 것은 공정한 재판을 받을 권리, 인격권, 행복추구권을 침해하지만, 민사재판의 당사자로 출석하는 수형자에 대하여 사복착용을 허용하지 아니한 것은 인격권과 행복추구권을 침해하지 아니한다. 2023 법원행시 ( )

21-3 형사재판의 피고인으로 출석하는 수형자와 민사재판의 당사자로 출석하는 수형자에 대하여 사복착용을 허용하지 아니한 것은 수형자의 행복추구권을 침해한다. 2022 경찰경력채용 ( )

21-4 수형자로 하여금 형사재판 출석 시 아무런 예외 없이 사복착용을 금지하는 것은 무죄추정원칙에 위배될 소지가 크나, 민사재판의 당사자로 출석 시 사복착용 불허로 인하여 공정한 재판을 받을 권리가 침해되는 것은 아니다. 2022 경찰간부 ( )

ANSWER 19 × 20 ○ 21-1 ○ 21-2 ○ 21-3 × 21-4 ○

21-5 형사재판과 같이 피고인의 방어권 보장이 절실한 경우조차 피고인으로 출석하는 수형자에 대하여 예외 없이 사복착용을 금지한 것은 과잉금지원칙에 위배된다. 2024 경찰승진 ( )

21-6 형사재판에 피고인으로 출석하는 수형자에 대하여 사복착용을 불허하는 「형의 집행 및 수용자의 처우에 관한 법률」 조항은 형사재판을 받는 수형자의 도주를 방지하기 위한 것으로 목적의 정당성은 인정되나, 재판 과정에서 재소자용 의류를 입게 하는 것이 도주의 방지를 위한 필요하고도 유용한 수단이라고 보기는 어렵다. 2024 경찰1차 ( )

> **해설** 수형자가 재소자용 의류가 아닌 사복을 입고 법정에 출석하게 되면 일반 방청객들과 구별이 어려워 도주할 우려가 있고, 실제 도주를 하면 일반인과 구별이 어려워 이를 제지하거나 체포하는 데에도 어려움이 있다. 수형자가 형사재판의 피고인으로 출석할 경우 재소자용 의류를 입게 하는 것은 이와 같은 도주예방과 교정사고 방지에 필요하고도 유용한 수단이므로, 그 목적의 정당성과 수단의 적합성은 인정된다. … 수형자라 하더라도 확정되지 않은 별도의 형사재판에서만큼은 미결수용자와 같은 지위에 있으므로, 이러한 수형자로 하여금 형사재판 출석 시 아무런 예외 없이 사복착용을 금지하고 재소자용 의류를 입도록 하여 인격적인 모욕감과 수치심 속에서 재판을 받도록 하는 것은 재판부나 검사 등 소송관계자들에게 유죄의 선입견을 줄 수 있고, 이미 수형자의 지위로 인해 크게 위축된 피고인의 방어권을 필요 이상으로 제약하는 것이다. 또한 형사재판에 피고인으로 출석하는 수형자의 사복착용을 추가로 허용함으로써 통상의 미결수용자와 구별되는 별도의 계호상 문제점이 발생된다고 보기 어렵다. 따라서 **심판대상조항이 형사재판의 피고인으로 출석하는 수형자에 대하여 사복착용을 허용하지 아니한 것은 청구인의 공정한 재판을 받을 권리, 인격권, 행복추구권을 침해한다.** 민사재판에서 법관이 당사자의 복장에 따라 불리한 심증을 갖거나 불공정한 재판진행을 하게 되는 것은 아니므로, 심판대상조항이 민사재판의 당사자로 출석하는 수형자에 대하여 사복착용을 불허하는 것으로 공정한 재판을 받을 권리가 침해되는 것은 아니다. 수형자가 민사법정에 출석하기까지 교도관이 반드시 동행하여야 하므로 수용자의 신분이 드러나게 되어 있어 재소자용 의류를 입었다는 이유로 인격권과 행복추구권이 제한되는 정도는 제한적이고, 형사법정 이외의 법정 출입 방식은 미결수용자와 교도관 전용 통로 및 시설이 존재하는 형사재판과 다르며, 계호의 방식과 정도도 확연히 다르다. 따라서 **심판대상조항이 민사재판에 출석하는 수형자에 대하여 사복착용을 허용하지 아니한 것은 청구인의 인격권과 행복추구권을 침해하지 아니한다**(헌재 2015.12.23. 2013헌마712).

22 상체승의 포승과 수갑을 채우고 별도의 포승으로 다른 수용자와 연승한 행위는 인격권을 침해하지 않는다. 2021 경찰승진 ( )

> **해설** 이 사건 호송행위는 교정시설 안에서보다 높은 수준의 계호가 요구되는 호송과정에서 교정사고와 타인에 대한 위해를 예방하기 위한 것이다. 교도인력만으로 수형자를 호송한다면 많은 인력을 필요로 하고, 그것이 교정사고 예방에 효과적이라 단정할 수도 없으며, 이 사건에서 보호장비가 사용된 시간과 일반에 공개된 시간이 최소한도로 제한되었으며, 최근 그 동선이 일반에의 공개를 최소화하는 구조로 설계되는 추세에 있다. 교정사고의 예방 등을 통한 공익이 수형자가 입게 되는 자유 제한보다 훨씬 크므로, 이 사건 호송행위는 **청구인의 인격권 내지 신체의 자유를 침해하지 아니한다**(헌재 2014.5.29. 2013헌마280).

23 초등학교 정규교과에서 영어를 배제하거나 영어교육 시수를 제한하는 것은 학생들의 인격의 자유로운 발현권을 제한하나, 이는 균형적인 교육을 통해 초등학생의 전인적 성장을 도모하고 영어과목에 대한 지나친 사교육의 폐단을 막기 위한 것으로 초등학생들의 인격의 자유로운 발현권을 침해하지 않는다. 2023 법무사 ( )

> **해설** 이 사건 고시 부분은 초등학생의 전인적 성장을 도모하고, 영어 사교육 시장의 과열을 방지하기 위한 것으로, 그 목적의 정당성이 인정되고, 이 사건 고시 부분으로 영어교육의 편제와 시간 배당을 통제하는

ANSWER 21-5 ○ 21-6 × 22 ○ 23 ○

것은 위 목적을 달성하기 위한 적절한 수단이다. 초등학교 시기는 인격 형성의 토대를 마련하는 중요한 시기이므로, **한정된 시간에 교육과정을 고르게 구성하여 초등학생의 전인적 성장을 도모하기 위해서는 초등학생의 영어교육이 일정한 범위로 제한되는 것이 불가피**하다. 또한, 초등학교 1, 2학년은 공교육 체계 하에서 한글을 처음 접하는 시기로, 이 시기에 영어를 배우게 되면 한국어 발달과 영어 교육에 문제점이 발생하게 될 가능성이 높다는 전문가의 의견이 있고, 이러한 의견을 반영한 해당 부처의 판단이 명백히 잘못되었다고 할 수 없다. 한편, **사립학교에게 그 특수성과 자주성이 인정된다고 하더라도, 자율적인 교육과정의 편성은 국가 수준의 교육과정 내에서 허용될 수 있는 것이지, 이를 넘어 허용한다면 교육의 기회에 불평등을 조장하는 결과를 초래하여, 종국에는 사회적 양극화를 초래하는 주요한 요소가 될 것이다.** 따라서 이 사건 고시 부분은 청구인들(초등학교의 재학생 및 그 학부모)의 인격의 자유로운 발현권과 자녀교육권을 침해하지 않는다 (헌재 2016.2.25. 2013헌마838).

24-1 헌법 제10조로부터 도출되는 일반적 인격권에는 개인의 명예에 관한 권리도 당연히 포함되며, '명예'에는 사람이나 그 인격에 대한 '사회적 평가', 즉 객관적·외부적 가치평가뿐만 아니라 주관적·내면적인 명예감정도 포함된다. 2022 경찰승진 / 2022 변시 ( )

24-2 헌법 제10조로부터 도출되는 일반적 인격권에는 개인의 명예에 관한 권리도 포함되는데, 여기서 말하는 '명예'는 사람이나 그 인격에 대한 '사회적 평가', 즉 객관적·외부적 가치 평가를 말한다. 2023 법원행시 ( )

24-3 헌법 제10조로부터 도출되는 일반적 인격권에는 개인의 명예에 관한 권리도 포함될 수 있으나, '명예'는 사람이나 그 인격에 대한 '사회적 평가', 즉 객관적·외부적 가치평가를 말하는 것이지 단순히 주관적·내면적인 명예감정은 포함되지 않는다. 2024 행시 ( )

24-4 일반적 인격권에는 개인의 명예에 관한 권리도 포함되는데, 여기서 말하는 '명예'는 사람이나 그 인격에 대한 '사회적 평가', 즉 객관적·외부적 가치평가를 말하는 것이지 단순히 주관적·내면적인 명예감정은 포함하지 않는다. 2024 입법고시 ( )

> **해설** **헌법 제10조로부터 도출되는 일반적 인격권에는 개인의 명예에 관한 권리도 포함되는바, 이때 '명예'는 사람이나 그 인격에 대한 '사회적 평가', 즉 객관적·외부적 가치평가를 말하는 것이지 단순히 주관적·내면적인 명예감정은 법적으로 보호받는 명예에 포함된다고 할 수 없다.** 왜냐하면, 헌법이 인격권으로 보호하는 명예의 개념을 사회적·외부적 징표에 국한하지 않는다면 주관적이고 개별적인 내심의 명예감정까지 명예에 포함되어 모든 주관적 명예감정의 손상이 법적 분쟁화될 수 있기 때문이다(헌재 2010.11.25. 2009헌마146).

25-1 사자(死者)에 대한 사회적 명예와 평가는 그들 후손의 인격권, 즉 유족의 명예 또는 유족의 사자에 대한 경애추모의 정에도 영향을 미친다. 2023 법원행시 ( )

25-2 친일반민족행위반민규명위원회의 조사대상자 선정 및 친일반민족행위결정이 이루어지면 조사대상자의 사회적 평가에 영향을 미치므로 헌법 제10조에서 유래하는 일반적 인격권이 제한받는다고 할 수 있겠으나, 조사대상자가 사자(死者)인 경우 이들의 청구인능력은 인정되지 않으며, 이로 인하여 그 후손의 법적 지위에 아무런 영향을 미치지 않는 만큼 후손의 인격권이 제한된다고도 볼 수 없다. 2023 법무사 ( )

> **해설** 이 사건 법률조항에 근거하여 친일반민족행위반민규명위원회(이하 '반민규명위원회'라 한다)의 조사대상자 선정 및 친일반민족행위결정이 이루어지면, 조사대상자의 사회적 평가에 영향을 미치므로 헌법

ANSWER 24-1 × 24-2 ○ 24-3 ○ 24-4 ○ 25-1 ○ 25-2 ×

제10조에서 유래하는 일반적 인격권이 제한받는다. 다만 이러한 결정에 있어서 대부분의 조사대상자는 이미 사망하였을 것이 분명하나, 조사대상자가 사자(死者)의 경우에도 인격적 가치에 대한 중대한 왜곡으로부터 보호되어야 한다. **사자(死者)에 대한 사회적 명예와 평가의 훼손은 사자(死者)와의 관계를 통하여 스스로의 인격상을 형성하고 명예를 지켜온 그들의 후손의 인격권, 즉 유족의 명예 또는 유족의 사자(死者)에 대한 경애추모의 정을 제한하는 것이다**(헌재 2010.10.28. 2007헌가23).

26 사자(死者)에 대한 사회적 명예와 평가의 훼손은 사자와의 관계를 통하여 스스로의 인격상을 형성하고 명예를 지켜온 그들 후손의 인격권, 즉 유족의 명예 또는 유족의 사자에 대한 경애추모의 정을 침해한다.
2023 경찰1차   (   )

해설 사자(死者)에 대한 사회적 명예와 평가의 훼손은 사자와의 관계를 통하여 스스로의 인격상을 형성하고 명예를 지켜온 그들 후손의 인격권, 즉 유족의 명예 또는 유족의 사자(死者)에 대한 경애추모의 정을 침해한다고 할 것이다(헌재 2013.5.30. 2012헌바19).

27-1 지역아동센터의 시설별 신고정원의 80% 이상을 돌봄취약아동으로 구성하도록 한 보건복지부 '2019년 지역아동센터 지원사업안내' 관련 부분은 돌봄취약아동과 일반아동을 분리함으로써 아동들의 인격권을 침해한다.
2023 경찰1차   (   )

27-2 지역아동센터 시설별 신고정원의 80% 이상을 돌봄취약아동으로 구성하도록 정한 '2019년 지역아동센터 지원 사업안내' 규정은 돌봄취약아동이 일반아동과 교류할 기회를 제한하므로 청구인 아동들의 인격권을 침해한다. 2023 경찰간부   (   )

해설 이 사건 이용아동규정이 청구인 운영자들의 직업 수행의 자유를 중대하게 제한하고 있다고 할 수 없다. 이 사건 이용아동규정의 취지는 지역아동센터 이용에 있어서 돌봄취약아동과 일반아동을 분리하려는 것이 아니라 돌봄취약아동에게 우선권을 부여하려는 것이다. 돌봄취약아동이 일반아동과 함께 초·중등학교를 다니고 방과 후에도 다른 돌봄기관을 이용할 선택권이 보장되고 있는 이상, 설령 이 사건 이용아동규정에 따라 돌봄취약아동이 일반아동과 교류할 기회가 다소 제한된다고 하더라도 그것만으로 청구인 아동들의 인격 형성에 중대한 영향을 미친다고 보기는 어렵다. 이 사건 이용아동규정은 과잉금지원칙에 위반하여 청구인 운영자들의 직업수행의 자유 및 청구인 아동들의 인격권을 침해하지 않는다(헌재 2022.1.27. 2019헌마583).

28 범죄사실에 관한 보도 과정에서 대상자의 실명 공개에 대한 공공의 이익이 대상자의 명예나 사생활의 비밀에 관한 이익보다 우월하다고 인정되어 실명에 의한 보도가 허용되는 경우에는, 비록 대상자의 의사에 반하여 그의 실명이 공개되었다고 하더라도 그의 성명권이 위법하게 침해되었다고 할 수 없다. 2023 경찰1차   (   )

해설 개인은 자신의 성명의 표시 여부에 관하여 스스로 결정할 권리를 가지나, 성명의 표시행위가 공공의 이해에 관한 사실과 밀접불가분한 관계에 있고 그 목적 달성에 필요한 한도에 있으며 그 표현내용·방법이 부당한 것이 아닌 경우에는 그 성명의 표시는 위법하다고 볼 수 없다. 따라서 **범죄사실에 관한 과정에서 대상자의 실명 공개에 대한 공공의 이익이 대상자의 명예나 사생활의 비밀에 관한 이익보다 우월하다고 인정되어 실명에 의한 보도가 허용되는 경우에는, 비록 대상자의 의사에 반하여 그의 실명이 공개되었다고 하더라도 그의 성명권이 위법하게 침해되었다고 할 수 없다**(대판 2009.9.10. 2007다71).

29-1 이미 탑승을 위한 출국 수속 과정에서 일반적인 보안검색을 마쳤음에도, 취항 예정지 국가인 체약국의 요구가 있다는 이유로 항공기 탑승 전 또는 탑승구 앞에서 보안 담당자로부터 신체검사 등 보안검색을 당한다고 하여 해당 승객의 인격권 침해 여부가 문제된다고 볼 수 없다. 2023 법원행시   (   )

ANSWER   26 ○   27-1 ×   27-2 ×   28 ○   29-1 ×

29-2 출국 수속 과정에서 일반적인 보안검색을 마친 승객을 상대로, 촉수검색(patdown)과 같은 추가적인 보안검색 실시를 예정하고 있는 '국가항공보안계획'은 청구인의 인격권을 침해하지 않는다. 2023 경찰간부 ( )

29-3 이미 출국 수속 과정에서 일반적인 보안검색을 마친 승객들을 대상으로, 체약국의 요구가 있는 경우 촉수검색과 같은 추가적인 보안검색을 실시할 수 있도록 정한 국가항공보안계획은 과잉금지원칙에 위반되지 않으므로 해당 승객의 인격권을 침해하지 않는다. 2024 경찰승진 ( )

> **해설** 헌법 제10조는 모든 기본권 보장의 종국적 목적이자 기본이념이라 할 수 있는 인간의 본질적이고 고유한 가치인 인간의 존엄과 가치로부터 유래하는 인격권을 보장하고 있다. **이미 탑승을 위한 출국 수속 과정에서 일반적인 보안검색을 마쳤음에도**, 취항 예정지 국가인 체약국의 요구가 있다는 이유로 항공기 탑승 전 또는 탑승구 앞에서 보안 담당자로부터 신체검사 등 보안검색을 당하는 경우 해당 승객은 모욕감 내지 수치심 등을 느낄 수 있다. 따라서 이 사건 국가항공보안계획으로 인한 인격권 침해 여부가 일차적으로 문제된다. 이 사건 국가항공보안계획은 민간항공 보안에 관한 국제협약의 준수 및 항공기 안전과 보안을 위한 것으로 **입법목적의 정당성 및 수단의 적합성이 인정**되고, … 관련 법령에서 보안검색의 구체적 기준 및 방법 등을 마련하여 기본권 침해를 최소화하고 있으므로 **침해의 최소성도 인정**된다. 또한 국내외적으로 항공기 안전사고와 테러 위협이 커지는 상황에서, 민간항공의 보안 확보라는 공익은 매우 중대한 반면, 추가 보안검색 실시로 인해 승객의 기본권이 제한되는 정도는 그리 크지 아니하므로 **법익의 균형성도 인정**된다. 따라서 **이 사건 국제항공보안계획은 헌법상 과잉금지원칙에 위반되지 아니하므로, 청구인의 기본권을 침해하지 아니한다**(헌재 2018.2.22. 2016헌마780).

30 거짓이나 그 밖의 부정한 방법으로 보조금을 교부받거나 유용하여 운영정지, 폐쇄명령 또는 과징금 처분을 받은 어린이집에 대하여 그 위반사실을 공표하도록 한 조항은 공표대상자의 사회적 평가를 침해할 수 있으므로 일반적 인격권을 제한한다. 2023 법원행시 ( )

> **해설** 헌법 제10조로부터 도출되는 일반적 인격권에는 개인의 명예에 관한 권리도 포함된다. **심판대상조항에 근거하여 거짓이나 그 밖의 부정한 방법으로 보조금을 교부받거나 보조금을 유용한 어린이집 대표자 등의 정보가 공표되면 공표대상자의 사회적 평가가 침해될 수 있으므로, 심판대상조항은 헌법 제10조에서 유래하는 일반적 인격권을 제한**한다(헌재 2022.3.31. 2019헌바520).

31 변호사에 대한 징계결정정보를 인터넷 홈페이지에 공개하고, 징계결정정보의 공개범위와 시행방법을 정하는 규정은 변호사의 인격권을 침해하지 아니한다. 2023 법원행시 ( )

> **해설** 징계결정 공개조항은 전문적인 법률지식, 윤리적 소양, 공정성 및 신뢰성을 갖추어야 할 변호사가 징계를 받은 경우 국민이 이러한 사정을 쉽게 알 수 있도록 하여 변호사를 선택할 권리를 보장하고, 변호사의 윤리의식을 고취시킴으로써 법률사무에 대한 전문성, 공정성 및 신뢰성을 확보하여 국민의 기본권을 보호하며 사회정의를 실현하기 위한 것으로서 **입법목적의 정당성이 인정**된다. 또 대한변호사협회 홈페이지에 변호사에 대한 징계정보를 공개하여 국민으로 하여금 징계정보를 검색할 수 있도록 하는 것은 그 **입법목적을 달성하는데 있어서 유효·적절한 수단**이다. 또한 징계정보 공개조항은 공개되는 정보의 범위, 공개기간, 공개영역, 공개방식 등을 필요한 범위로 제한하고 있고, 입법목적의 달성에 동일한 효과가 있으면서 덜 침해적인 다른 대체수단이 존재하지 아니하므로, **침해 최소성의 원칙에 위배되지 않는다**. 나아가 징계결정 공개조항으로 인하여 징계대상 변호사가 입게 되는 불이익이 공익에 비하여 크다고 할 수 없으므로, **법익의 균형성에 위배되지도 아니한다**. 따라서 **징계결정 공개조항은 과잉금지원칙에 위배되지 아니하므로 청구인의 인격권을 침해하지 아니한다**(헌재 2018.7.26. 2016헌마1029).

ANSWER 29-2 ○ 29-3 ○ 30 ○ 31 ○

32 변호사 정보 제공 웹사이트 운영자가 변호사들의 개인신상정보를 기반으로 한 인맥지수를 정보주체의 동의 없이 공개하는 서비스를 제공하는 행위는 변호사들의 개인정보에 관한 인격권을 침해한다. 2024 입법고시 ( )

해설 인맥지수의 사적·인격적 성격, 산출과정에서 왜곡 가능성, 인맥지수 이용으로 인한 변호사들의 이익 침해와 공적 폐해의 우려, 그에 반하여 이용으로 달성될 공적인 가치의 보호 필요성 정도 등을 종합적으로 고려하면, 운영자가 변호사들의 개인신상정보를 기반으로 한 인맥지수를 공개하는 표현행위에 의하여 얻을 수 있는 법적 이익이 이를 공개하지 않음으로써 보호받을 수 있는 변호사들의 인격적 법익에 비하여 우월하다고 볼 수 없어, 결국 운영자의 인맥지수 서비스 제공행위는 변호사들의 개인정보에 관한 인격권을 침해하는 위법한 것이라고 한 사례(대판 2011.9.2. 2008다42430 전원합의체).

33 「성폭력범죄의 처벌 등에 관한 특례법」에 규정된 카메라등이용촬영죄는 인격권에 포함된다고 볼 수 있는 '자신의 신체를 함부로 촬영당하지 않을 자유'를 보호하기 위한 것이다. 2022 지방직7급 ( )

해설 성폭력처벌법은 성폭력범죄 피해자의 생명과 신체의 안전을 보장하고 건강한 사회질서를 확립하는 것을 그 목적으로 하고(제1조), 카메라등이용촬영죄는 이른바 '몰래카메라'의 폐해가 사회문제화 되면서 촬영대상자의 의사에 반하는 촬영 및 반포 등의 행위를 처벌하기 위한 조항이다. 따라서 **심판대상조항은 개인의 초상권 내지 명예권과 유사한 권리로서 일반적 인격권에 포함된다고 볼 수 있는 '자신의 신체를 함부로 촬영당하지 않을 자유'와 '사회의 건전한 성풍속 확립'을 보호하기 위한 것이라고 볼 수 있다**(헌재 2017.6.29. 2015헌바243).

34-1 교정시설의 1인당 수용면적이 인간으로서의 최소한의 품위를 유지할 수 없을 정도로 과밀하다면 인간으로서의 존엄과 가치를 침해한다. 2023 국회직9급 ( )

34-2 교정시설의 1인당 수용 면적이 수형자의 인간으로서의 기본 욕구에 따른 생활조차 어렵게 할 만큼 지나치게 협소하다면, 이는 그 자체로 국가형벌권 행사의 한계를 넘어 수형자의 인간의 존엄과 가치를 침해하는 것이다. 2023 경찰2차 ( )

해설 수형자가 인간 생존의 기본조건이 박탈된 교정시설에 수용되어 인간의 존엄과 가치를 침해당하였는지 여부를 판단함에 있어서는 1인당 수용면적뿐만 아니라 수형자 수와 수용거실 현황 등 수용시설 전반의 운영 실태와 수용기간, 국가 예산의 문제 등 제반 사정을 종합적으로 고려할 필요가 있다. 그러나 **교정시설의 1인당 수용면적이 수형자의 인간으로서의 기본 욕구에 따른 생활조차 어렵게 할 만큼 지나치게 협소하다면, 이는 그 자체로 국가형벌권 행사의 한계를 넘어 수형자의 인간의 존엄과 가치를 침해하는 것이다**(헌재 2016.12.29. 2013헌마142).

35 「국군포로의 송환 및 대우 등에 관한 법률」에 따라 대통령은 등록 포로, 등록하기 전에 사망한 귀환포로, 귀환하기 전에 사망한 국군 포로에 대한 예우의 신청, 기준, 방법 등에 필요한 사항을 대통령령으로 제·개정할 의무가 있음에도 상당한 기간 동안 정당한 사유없이 그 예우에 관한 사항을 대통령령에 규정하지 않은 행정입법부작위는 등록포로 등의 가족인 청구인의 명예권을 침해한다. 2024 경찰1차 ( )

해설 국군포로법 제15조의5 제2항은 같은 조 제1항에 따른 예우의 신청, 기준, 방법 등에 필요한 사항은 대통령령으로 정한다고 규정하고 있으므로, **피청구인은 등록포로, 등록하기 전에 사망한 귀환포로, 귀환하기 전에 사망한 국군포로(이하 '등록포로 등'이라 한다)에 대한 예우의 신청, 기준, 방법 등에 필요한 사항을 대통령령으로 제정할 의무가 있다.** 국군포로법 제15조의5 제1항이 국방부장관으로 하여금 예우 여부를 재량으로 정할 수 있도록 하고 있으나, 이것은 예우 여부를 재량으로 한다는 의미이지, 대통령령 제정 여부를 재량으로 한다는 의미

ANSWER 32 ○ 33 ○ 34-1 ○ 34-2 ○ 35 ○

는 아니다. 이처럼 피청구인에게는 대통령령을 제정할 의무가 있음에도, 그 의무는 상당 기간 동안 불이행되고 있고, 이를 정당화할 이유도 찾아보기 어렵다. 그렇다면 이 사건 행정입법부작위는 등록포로 등의 가족인 청구인의 명예권을 침해하는 것으로서 헌법에 위반된다(헌재 2018.5.31. 2016헌마626).

36 「진실 화해를 위한 과거사정리 기본법」에 따라 행정안전부장관, 법무부장관 등은 진실규명사건 피해자의 명예회복을 위해 적절한 조치를 취할 의무가 있으나 이는 법령에서 유래하는 작위의무이지 헌법에서 유래하는 작위의무는 아니다. 2024 경찰1차 ( )

  해설 과거사정리법 제36조 제1항과 제39조는 '진실규명결정에 따라 규명된 진실에 따라 국가와 피청구인들을 포함한 정부의 각 기관은 피해자의 명예회복을 위해 적절한 조치를 취하고, 가해자와 피해자 사이의 화해를 적극 권유하기 위하여 필요한 조치를 취하여야 할 구체적 작위의무'를 규정하고 있는 조항으로 볼 것이고, 이러한 **피해자에 대한 작위의무는 헌법에서 유래하는 작위의무로서 그것이 법령에 구체적으로 규정되어 있는 경우라고 할 것이다**(헌재 2021.9.30. 2016헌마1034).

37-1 헌법 제10조의 행복추구권은 국민이 행복을 추구하기 위하여 필요한 급부를 국가에게 적극적으로 요구할 수 있는 것을 내용으로 하는 것이 아니라, 국민이 행복을 추구하기 위한 활동을 국가권력의 간섭 없이 자유롭게 할 수 있다는 포괄적인 의미의 자유권으로서의 성격을 가진다. 2022 경찰승진 ( )

37-2 포괄적인 의미의 자유권으로서의 성격을 가지는 행복추구권은 국민이 행복을 추구하기 위하여 필요한 급부를 국가에게 적극적으로 요구할 수 있는 것을 내용으로 한다. 2022 경찰경력채용 ( )

  해설 **헌법 제10조의 행복추구권은 국민이 행복을 추구하기 위하여 필요한 급부를 국가에게 적극적으로 요구할 수 있는 것을 내용으로 하는 것이 아니라, 국민이 행복을 추구하기 위한 활동을 국가권력의 간섭 없이 자유롭게 할 수 있다는 포괄적인 의미의 자유권으로서의 성격**을 가지므로 국민에 대한 일정한 보상금의 수급기준을 정하고 있는 이 사건 규정이 행복추구권을 침해한다고 할 수 없다(헌재 1995.7.21. 93헌가14).

38-1 헌법 제10조 전문의 행복추구권에는 일반적 행동자유권이 포함되는바, 이는 적극적으로 자유롭게 행동을 하는 것은 물론 소극적으로 행동을 하지 않을 자유도 포함하는 권리로 포괄적인 의미의 자유권이다. 2022 경찰1차 ( )

38-2 일반적 행동자유권에는 적극적으로 자유롭게 행동을 하는 것은 물론 소극적으로 행동을 하지 않을 자유, 즉 부작위의 자유도 포함된다. 2022 법원행시 / 2023 국회직9급 / 2024 입법고시 ( )

38-3 일반적 행동자유권에서 자유란 적극적으로 자유롭게 행동하는 것은 물론 소극적으로 행동하지 않을 자유, 즉 부작위의 자유도 포함되는 포괄적인 자유를 말한다. 2023 입법고시 ( )

  해설 여기의 **행복추구권 속에 함축된 일반적인 행동자유권과 개성의 자유로운 발현권**은 국가안전보장, 질서유지 또는 공공복리에 반하지 않는 한 입법 기타 국정상 최대의 존중을 필요로 하는 것이라고 볼 것이다. **일반적 행동자유권에는 적극적으로 자유롭게 행동을 하는 것은 물론 소극적으로 행동을 하지 않을 자유, 즉 부작위의 자유도 포함되는 것이다**(헌재 1991.6.3. 89헌마204).

39 응급의료종사자의 응급환자에 대한 진료를 폭행, 협박, 위계, 위력, 그 밖의 방법으로 방해하는 것을 금지하고 이에 위반하는 자를 형사처벌하는 「응급의료에 관한 법률」 조항은 해당 응급환자인 청구인의 일반적 행동의 자유를 제한한다. 2024 경찰1차 ( )

ANSWER 36 × 37-1 ○ 37-2 × 38-1 ○ 38-2 ○ 38-3 ○ 39 ×

해설 이 사건 각 심판대상조항은 응급환자 본인의 의료에 관한 자기결정권을 직접 제한하거나 그러한 제한을 규범의 목적으로 하고 있지 않다. 또한, 응급환자 본인의 행위가 응급환자의 생명과 건강에 중대한 위해를 가할 우려가 있어 사회통념상 용인될 수 없는 정도의 것으로 '응급진료 방해 행위'로 평가되는 경우 이는 정당한 자기결정권 내지 일반적 행동의 자유의 한계를 벗어난 것이므로, **이를 다른 응급진료 방해 행위와 마찬가지로 금지하고 형사처벌의 대상으로 한다고 하여 자기결정권 내지 일반적 행동의 자유의 제한의 문제가 발생하는 것은 아니다**(헌재 2019.6.28. 2018헌바128).

40 경찰공무원이 교통의 안전과 위험방지를 위하여 필요하다고 인정하는 경우 운전자가 술에 취하였는지를 호흡조사로 측정할 수 있도록 하고 운전자는 이러한 경찰공무원의 측정에 응하여야 하도록 규정한 「도로교통법」 조항은 운전자인 청구인의 일반적 행동의 자유를 제한한다. 2024 경찰1차 ( )

해설 이 사건 음주측정에 응하는 행위는 자신의 주취운전을 입증하는 강력한 증거를 스스로 제출하는 일에 다름 아니므로 내키지 아니하는 일일 것이다. 그럼에도 불구하고 이 사건 법률조항에 의해 음주측정에 응할 의무가 부과되고 이를 거부할 경우 형사처벌되므로 일반적 행동의 자유에 대한 제한이 될 수도 있다(헌재 1997.3.27. 96헌가11).

41 치료감호 가종료시 3년의 보호관찰이 시작되도록 한 「치료감호 등에 관한 법률」 조항은 피보호관찰자인 청구인의 일반적 행동자유권을 제한한다. 2024 경찰1차 ( )

해설 이 사건 법률조항에 의하여 보호관찰이 개시되면 청구인은 자신의 의사와는 무관하게 치료감호심의위원회나 보호관찰관의 지도·감독에 따라야 하는 등 헌법 제10조의 행복추구권에서 파생되는 일반적 행동의 자유를 제한받게 된다(헌재 2012.12.27. 2011헌마285).

42 행복추구권과 다른 기본권이 경합하는 경우, 우선적으로 적용되는 개별적 기본권이 존재하여 그 침해 여부를 판단하더라도 행복추구권 침해 여부를 독자적으로 판단하여야 한다. 2022 경찰경력채용 ( )

해설 헌법 제10조의 행복추구권은 포괄적인 자유권으로서의 성격을 가지는 조항이며, 다른 구체적인 개별적 자유권이 존재하지 않을 경우에 보충적으로 적용될 수 있는 기본권인바, 이 사건에 있어서도 공무원의 정치적 표현의 자유라는 **우선적으로 적용되는 기본권이 존재하여 그 침해 여부를 판단하는 이상 행복추구권 침해 여부를 독자적으로 판단하지는 아니한다**(헌재 2012.5.31. 2009헌마705 등).

43-1 평화적 생존권은 이를 헌법에 열거되지 아니한 기본권으로서 특별히 새롭게 인정할 필요성이 있다거나 그 권리내용이 비교적 명확하여 구체적 권리로서의 실질에 부합한다고 보기 어려워 헌법상 보장된 기본권이라고 할 수 없다. 2022 입법고시 ( )

43-2 평화적 생존권은 헌법에 열거되지 아니한 기본권으로서 새롭게 인정할 필요성이 있으며, 그 권리내용이 비교적 명확하여 구체적 권리로서의 실질에 부합하므로 헌법상 보장된 기본권이라고 할 수 있다.
2023 해양경찰 / 2024 행시 ( )

해설 평화적 생존권이란 이름으로 주장하고 있는 평화란 헌법의 이념 내지 목적으로서 추상적인 개념에 지나지 아니하고, **평화적 생존권은 이를 헌법에 열거되지 아니한 기본권으로서 특별히 새롭게 인정할 필요성이 있다거나 그 권리내용이 비교적 명확하여 구체적 권리로서의 실질에 부합한다고 보기 어려워 헌법상 보장된 기본권이라고 할 수 없다**(헌재 2009.5.28. 2007헌마369).

ANSWER   40 ○   41 ○   42 ×   43-1 ○   43-2 ×

44 공무원의 기부금품 모집을 금지하는 「기부금품의 모집 및 사용에 관한 법률」 조항은 과잉금지원칙에 부합하여 일반적 행동자유권을 침해하지 않는다. 2023 입법고시 ( )

> **해설** 기부금품모집금지조항은 헌법 제10조의 행복추구권에서 파생되는 일반적 행동자유권을 제한한다. 기부금품모집금지조항은, 기부금품 모집으로 인하여 발생할 수 있는 국민의 경제적 부담을 줄여 재산권을 보장하고 생활안정을 도모하기 위한 것으로서 **그 목적의 정당성이 인정**되고, 공무원의 기부금품 모집을 금지하면 국민의 불필요한 경제적 부담을 줄일 수 있어 **수단의 적합성도 인정**된다. … 현행법에 의하더라도 공무원이 공익적 목적으로 타인이 기탁하는 금품을 기부심사 절차를 거쳐 접수하거나 모집자의 의뢰로 단순히 기부금품을 전달하는 행위는 할 수 있으므로 기부금품모집금지조항의 **최소침해성이 부정되지 아니한다**. 기부금품모집금지조항으로 공무원의 일반적 행동자유권이 제한되나 이로 인하여 국민의 재산권을 보호하는 정도가 더 크다고 할 수 있어 **법익균형성도 갖추었다**. 한편, 국가기관이나 지방자치단체의 장으로부터 예산·인사·조직이 독립된 법인·단체는 공무원과 달리 기부금품 모집이 허용되는데, 이는 그 법인·단체의 행위를 소관 부처나 공무원의 행위와 동일시할 우려가 적고 그 법인·단체가 국민에 대해 우월한 위치에 있다고 보기 어려워 기부행위의 자발성을 담보할 수 있는 점에 기인한 합리적 차별이므로 **평등원칙에 위배되지 아니한다**(헌재 2019.11.28. 2018헌마579).

45-1 연명치료 중단, 즉 생명단축에 관한 자기결정은 생명권 보호의 헌법적 가치와 충돌하므로 '연명치료 중단에 관한 자기결정권'의 인정 여부가 문제되는 '죽음에 임박한 환자'란 '의학적으로 환자가 의식의 회복가능성이 없고 생명과 관련된 중요한 생체기능의 상실을 회복할 수 없으며 환자의 신체상태에 비추어 짧은 시간 내에 사망에 이를 수 있음이 명백한 경우'를 의미한다. 2022 경찰승진 ( )

45-2 환자가 장차 죽음에 임박한 상태에 이를 경우를 대비하여 미리 의료인 등에게 연명치료 거부 또는 중단에 관한 의사를 밝히는 등의 방법으로 죽음에 임박한 상태에서 인간으로서의 존엄과 가치를 지키기 위하여 연명치료의 거부 또는 중단을 결정할 수 있다 할 것이고, 위 결정은 헌법상 기본권인 자기결정권의 한 내용으로서 보장된다. 2023 경찰경력채용 ( )

45-3 행복추구권으로부터 죽음에 임박한 환자의 연명치료 중단에 대한 자기결정권이 도출될 수 있다.
2023 국회직9급 ( )

> **해설** '연명치료 중단, 즉 생명단축에 관한 자기결정'은 '생명권 보호'의 헌법적 가치와 충돌하므로 '연명치료 중단에 관한 자기결정권'의 인정 여부가 문제되는 '죽음에 임박한 환자'란 '의학적으로 환자가 의식의 회복가능성이 없고 생명과 관련된 중요한 생체기능의 상실을 회복할 수 없으며 환자의 신체상태에 비추어 짧은 시간 내에 사망에 이를 수 있음이 명백한 경우', 즉 '회복 불가능한 사망의 단계'에 이른 경우를 의미한다 할 것이다.
> 죽음에 임박한 환자로서 연명치료에 의존하여 생명을 유지하고 있는 자 역시 법적으로 사망에 이르지 아니하여 **생존한 사람임에는 틀림이 없다**. 죽음에 임박한 환자에게 연명치료는 생명과 직결된 치료행위라 할 것이므로 이를 중단하는 것은 조금이라도 그의 사망 시기를 앞당겨 생명단축을 초래한다 할 것이다. 따라서 **죽음에 임박한 환자의 연명치료 중단에 관한 자기결정은 생명단축과 관련된 결정이므로 이를 기본권으로 인정하는 것은 필연적으로 생명권 보호에 관한 헌법적 가치질서와 충돌하는 문제를 야기한다.**
> '연명치료 중단에 관한 자기결정권'을 보장하는 방법으로서 '법원의 재판을 통한 규범의 제시'와 '입법' 중 어느 것이 바람직한가는 입법정책의 문제로서 국회의 재량에 속한다 할 것이다. 그렇다면 헌법해석상 '연명치료 중단 등에 관한 법률'을 제정할 국가의 입법의무가 명백하다고 볼 수 없다. 결국 환자 본인이 제기한 '연명치료 중단 등에 관한 법률'의 입법부작위의 위헌확인에 관한 헌법소원 심판청구는 국가의 입법의무가 없는 사항을 대상으로 한 것으로서 헌법재판소법 제68조 제1항 소정의 '공권력의 불행사'에 대한 것이 아니므로 부적법하다(헌재 2009.11.26. 2008헌마385).

ANSWER 44 ○ 45-1 ○ 45-2 ○ 45-3 ○

46 환자가 장차 죽음에 임박한 상태에 이를 경우에 대비하여 미리 의료인 등에게 연명치료거부 또는 중단에 관한 의사를 밝히는 등의 방법으로 죽음에 임박한 상태에서 인간으로서의 존엄과 가치를 지키기 위하여 연명치료의 거부 또는 중단을 결정할 수 있다 할 것이고, 위 결정은 헌법상 기본권인 자기결정권의 한 내용으로 보장이 되나, 입법자에게 헌법 해석상 '연명치료 중단 등에 관한 법률'을 제정할 입법의무까지 인정된다고 보기는 어렵다. 2022 경찰2차 ( )

> 해설 환자가 장차 죽음에 임박한 상태에 이를 경우에 대비하여 미리 의료인 등에게 연명치료 거부 또는 중단에 관한 의사를 밝히는 등의 방법으로 죽음에 임박한 상태에서 인간으로서의 존엄과 가치를 지키기 위하여 연명치료의 거부 또는 중단을 결정할 수 있다 할 것이고, 위 결정은 헌법상 기본권인 자기결정권의 한 내용으로서 보장된다 할 것이다. … '연명치료 중단에 관한 자기결정권'을 보장하는 방법으로서 '법원의 재판을 통한 규범의 제시'와 '입법' 중 어느 것이 바람직한가는 입법정책의 문제로서 국회의 재량에 속한다 할 것이다. 그렇다면 **헌법해석상 '연명치료 중단 등에 관한 법률'을 제정할 국가의 입법의무가 명백하다고 볼 수 없다**(헌재 2009.11.26. 2008헌마385).

47-1 구 「형법」 제304조 중 '혼인을 빙자하여 음행의 상습없는 부녀를 기망하여 간음한 자' 부분은 과잉금지원칙을 위반하여 남성의 성적자기결정권 및 사생활의 비밀과 자유를 침해한다. 2022 법원행시 ( )

47-2 헌법 제10조는 개인의 인격권과 행복추구권을 보장하고 있고, 개인의 인격권과 행복추구권은 개인의 자기운명결정권을 전제로 하는데, 이 자기운명결정권에는 성행위 여부 및 그 상대방을 결정할 수 있는 성적자기결정권이 포함되어 있다. 2023 법무사 ( )

> 해설 개인의 인격권·행복추구권에는 개인의 자기운명결정권이 전제되는 것이고, 이 자기운명결정권에는 성행위 여부 및 그 상대방을 결정할 수 있는 성적(性的) 자기결정권이 포함되어 있다. **이 사건 법률조항이 혼인빙자간음행위를 형사처벌함으로써 남성의 성적자기결정권을 제한하는 것임은 틀림없고, 나아가 이 사건 법률조항은 남성의 성생활이라는 내밀한 사적 생활영역에서의 행위를 제한하므로 우리 헌법 제17조가 보장하는 사생활의 비밀과 자유 역시 제한하는 것으로 보인다**(헌재 2009.11.26. 2008헌바58 등).

48-1 헌법 제10조는 개인의 인격권과 행복추구권을 보장하고 있고, 인격권과 행복추구권은 개인의 자기운명결정권을 전제로 한다. 이러한 자기운명결정권에는 성행위 여부 및 그 상대방을 결정할 수 있는 성적 자기결정권이 포함되어 있고, 경제적 대가를 매개로 하여 성행위 여부를 결정할 수 있는 것 또한 성적 자기결정권과 관련되어 있다 볼 것이다. 2023 법원직 ( )

48-2 헌법 제10조는 개인의 인격권과 행복추구권을 보장하고 있고, 인격권과 행복추구권은 개인의 자기운명결정권을 전제로 한다. 이러한 자기운명결정권에는 성행위 여부 및 그 상대방을 결정할 수 있는 성적 자기결정권이 포함되어 있고, 경제적 대가를 매개로 하여 성행위 여부를 결정할 수 있는 것 또한 성적 자기결정권과 관련되어 있다 볼 것이므로, 성매매를 한 자를 형사처벌하도록 규정한 「성매매알선 등 행위의 처벌에 관한 법률」(2011. 5. 23. 법률 제10697호로 개정된 것) 제21조 제1항은 개인의 성적 자기결정권을 제한한다. 2024 법원행시 ( )

> 해설 헌법 제10조는 개인의 인격권과 행복추구권을 보장하고 있고, 인격권과 행복추구권은 개인의 자기운명결정권을 전제로 한다. 이러한 자기운명결정권에는 성행위 여부 및 그 상대방을 결정할 수 있는 성적 자기결정권이 포함되어 있고, 경제적 대가를 매개로 하여 성행위 여부를 결정할 수 있는 것 또한 성적 자기결정권과 관련되어 있다 볼 것이므로 심판대상조항은 개인의 성적 자기결정권을 제한한다(헌재 2016.3.31. 2013헌가2).

ANSWER 46 ○ 47-1 ○ 47-2 ○ 48-1 ○ 48-2 ○

49-1 인수자가 없는 시체를 생전의 본인의 의사와는 무관하게 해부용 시체로 제공될 수 있도록 규정한 「시체 해부 및 보존에 관한 법률」의 조항은 시체의 처분에 대한 자기결정권을 침해한다. 2022 경찰승진 ( )

49-2 본인이 해부용 시체로 제공되는 것에 대해 반대하는 의사표시를 명시적으로 표시할 수 있는 절차도 마련하지 않고 본인의 의사와는 무관하게 인수자가 없는 시체를 해부용으로 제공될 수 있도록 규정하고 있는 「시체 해부 및 보존에 관한 법률」 조항은 사실상 연고가 없는 청구인의 시체 처분에 대한 자기결정권을 침해한다. 2022 행시 ( )

49-3 본인의 생전 의사에 관계없이 인수자가 없는 시체를 해부용으로 제공하도록 규정하고 있는 법률조항은 자신의 사후에 시체가 본인의 의사와는 무관하게 처리될 수 있게 한다는 점에서 시체의 처분에 대한 자기결정권을 제한한다. 2024 입법고시 ( )

49-4 본인의 생전 의사에 관계없이 인수자가 없는 시체를 해부용으로 제공하도록 규정한 것은 과잉금지원칙에 위배되어 시체처분에 대한 자기결정권을 침해한 것이다. 2023 국회직8급 ( )

49-5 무연고 시신을 생전 본인의 의사와 무관하게 해부용 시체로 제공될 수 있도록 한 법률 규정은 자기결정권을 침해한다고 보기 어렵다. 2023 경찰경력채용 ( )

> **해설** 이 사건 법률조항은 인수자가 없는 시체를 해부용으로 제공될 수 있도록 함으로써 사인의 조사와 병리학적·해부학적 연구의 기초가 되는 해부용 시체의 공급을 원활하게 하여 **국민 보건을 향상시키고 의학 교육 및 연구에 기여하기 위한 것으로서, 그 목적의 정당성 및 수단의 적합성은 인정**된다. 최근 5년간 이 사건 법률조항으로 인하여 인수자가 없는 시체를 해부용으로 제공한 사례는 단 1건에 불과하고, 실제로 의과대학이 필요로 하는 해부용 시체는 대부분 시신기증에 의존하고 있어 이 사건 법률조항이 아니더라도 의과대학에서 필요로 하는 해부용 시체는 다른 방법으로 충분히 공급될 수 있다. 그런데 **시신 자체의 제공과는 구별되는 장기나 인체조직에 있어서는 본인이 명시적으로 반대하는 경우 이식·채취될 수 없도록 규정**하고 있음에도 불구하고, 이 사건 법률조항은 본인이 해부용 시체로 제공되는 것에 대해 반대하는 의사표시를 명시적으로 표시할 수 있는 절차도 마련하지 않고 본인의 의사와는 무관하게 해부용 시체로 제공될 수 있도록 규정하고 있다는 점에서 침해의 최소성 원칙을 충족했다고 보기 어렵고, 실제로 해부용 시체로 제공된 사례가 거의 없는 상황에서 이 **사건 법률조항이 추구하는 공익이 사후 자신의 시체가 자신의 의사와는 무관하게 해부용 시체로 제공됨으로써 침해되는 사익보다 크다고 할 수 없으므로 이 사건 법률조항은 청구인의 시체 처분에 대한 자기결정권을 침해**한다(헌재 2015.11.26. 2012헌마940).

50-1 행복추구권 속에는 일반적 행동자유권이 들어있고, 이 일반적 행동자유권으로부터 계약의 자유가 파생된다. 2022 법원행시 ( )

50-2 계약의 자유는 계약을 체결할 것인지의 여부, 체결한다면 어떠한 내용의 계약을, 어떠한 상대방과의 관계에서, 어떠한 방식으로 체결하느냐 하는 것도 당사자 자신이 자기의사로 결정하는 자유뿐만 아니라, 원치 않는 계약의 체결을 법이나 국가에 의하여 강제 받지 않을 자유도 포함한다. 2022 법원직 ( )

50-3 행복추구권에는 일반적 행동의 자유권, 개성의 자유로운 발현권, 자기결정권, 계약의 자유 등이 포함된다. 2023 국회직9급 ( )

ANSWER 49-1 ○ 49-2 ○ 49-3 ○ 49-4 ○ 49-5 × 50-1 ○ 50-2 ○ 50-3 ○

50-4 법률행위의 영역에 있어서 계약자유의 원칙은 일반적 행동자유권으로부터 파생되는 것이다. 2024 입법고시
( )

> 해설 「화재로 인한 재해보상과 보험가입에 관한 법률」 제5조 제1항에 대한 헌법소원(헌재 1991.6.3. 89헌마204)
> (1) 우리 헌법 제10조 전문은 "모든 국민은 인간으로서의 존엄과 가치를 지니며, 행복을 추구할 권리를 가진다."고 규정하여 행복추구권을 보장하고 있고, **행복추구권은 그의 구체적인 표현으로서 일반적인 행동자유권과 개성의 자유로운 발현권을 포함한다.**
> (2) 이른바 **계약자유의 원칙**이란 계약을 체결할 것인가의 여부, 체결한다면 어떠한 내용의, 어떠한 상대방과의 관계에서, 어떠한 방식으로 계약을 체결하느냐 하는 것도 당사자 자신이 자기의사로 결정하는 자유뿐만 아니라, 원치 않으면 계약을 체결하지 않을 자유를 말하여, 이는 헌법상의 행복추구권 속에 함축된 **일반적 행동자유권으로부터 파생되는 것**이라 할 것이다.
> (3) 「화재로 인한 재해보상과 보험가입에 관한 법률」 제5조의 '특수건물' 부분에 동법 제2조 제3항 가목 소정의 **'4층 이상의 건물'을 포함시켜 보험가입을 강제하는 것**은 개인의 경제상의 자유와 창의의 존중을 기본으로 하는 경제질서와 과잉금지의 원칙에 합치되지 아니하여 헌법에 위반된다.

51 헌법 제10조에 의하여 보장되는 행복추구권 속에는 일반적 행동자유권이 포함되고, 이러한 일반적 행동자유권으로부터 계약 체결의 여부, 계약의 상대방, 계약의 방식과 내용 등을 당사자의 자유로운 의사에 따라 결정할 수 있는 계약의 자유가 파생된다. 계약의 자유는 절대적인 것이 아니라 헌법 제37조 제2항에 따라 공공복리 등을 위하여 제한될 수 있다. 2023 법원행시
( )

> 해설 헌법 제10조에 의하여 보장되는 행복추구권 속에는 일반적 행동자유권이 포함되고, 이 일반적 행동자유권으로부터 계약 체결의 여부, 계약의 상대방, 계약의 방식과 내용 등을 당사자의 자유로운 의사로 결정할 수 있는 계약의 **자유가 파생**된다. 심판대상조항은 조합이 조합총회에서 시공자를 선정함에 있어 "국토해양부장관이 정하는 경쟁입찰의 방법"으로 하도록 하여 조합이 시공자 선정의 방식을 자유롭게 결정할 수 없도록 하고 있으므로 계약의 자유를 제한한다. 그러나 **계약의 자유는 절대적인 것이 아니라 헌법 제37조 제2항에 따라 공공복리 등을 위하여 제한될 수 있다.** 다만 이와 같이 법률상 제한을 하더라도 헌법 제37조 제2항에 규정된 기본권 제한입법의 한계를 준수하여야 하므로, 심판대상조항에 의한 계약의 자유 제한이 이러한 헌법적 한계 내의 것인지를 본다(헌재 2016.3.31. 2014헌바382).

52-1 경제규제법적 성격을 가진 「독점규제 및 공정거래에 관한 법률」에 위반하였는지 여부에 있어서도 각 개인의 소신에 따라 어느 정도의 가치판단이 개입될 수 있는 소지가 있고 그 한도에서 다소의 윤리적·도덕적 관련성을 가지기에 '법위반사실의 공포 명령'은 사죄 내지 사과하라는 의미요소를 가지고 있어 양심의 자유를 침해한다. 2021 경찰경력채용
( )

52-2 '특정한 내용의 행위를 함으로써 공정거래법을 위반하였다는 사실'을 일간지 등에 공표하라는 내용으로 하는 공정거래위원회의 법위반사실 공표명령은 위반행위자의 양심의 자유를 침해하지 않는다. 2022 법원행시 ( )

52-3 「독점규제 및 공정거래에 관한 법률」상 사업자단체의 법위반 행위가 있을 때 공정거래위원회가 당해 사업자단체에 대하여 법위반사실의 공표를 명할 수 있도록 규정한 것은 무죄추정원칙에 위배된다. 2024 경찰승진
( )

> 해설 「독점규제 및 공정거래에 관한 법률」 제27조 위헌소원(헌재 2002.1.31. 2001헌바43)
> (1) 이러한 법률판단의 문제는 개인의 인격형성과는 무관하며, 대화와 토론을 통하여 가장 합리적인 것으로 그 내용이 동화되거나 수렴될 수 있는 포용성을 가지는 분야에 속한다고 할 것이므로 헌법 제19조에 의하여 보장되는 **양심의 영역에 포함되지 아니한다.**

ANSWER 50-4 ○ 51 ○ 52-1 × 52-2 ○ 52-3 ○

(2) 형사재판이 개시되기도 전에 공정거래위원회의 행정처분에 의하여 무조건적으로 법위반을 단정, 법위반사실을 인정케 하고 이를 공표시키는 이 사건과 같은 명령형태는 과잉금지의 원칙에 위반하여 당해 행위자의 **일반적 행동의 자유 및 명예권을 침해한다.**

(3) 법위반사실의 공표명령은 공소제기조차 되지 아니하고 단지 고발만 이루어진 수사의 초기단계에서 아직 법원의 유무죄에 대한 판단이 가려지지 아니하였는 데도 관련 행위자를 **유죄로 추정하는 불이익한 처분이 된다.**

53-1 일반적 행동자유권은 개인에게 가치있는 행동을 그 보호영역으로 하는 것이므로, 여기에는 위험한 스포츠를 즐길 권리와 같이 위험한 생활방식으로 살아갈 권리가 포함되지 않는다. 2022 변시 / 2024 입법고시 ( )

53-2 일반적 행동자유권은 가치 있는 행동만 그 보호영역으로 하는 것은 아니다. 그 보호영역에는 개인의 생활방식과 취미에 관한 사항도 포함되며, 여기에는 위험한 스포츠를 즐길 권리와 같은 위험한 생활방식으로 살아갈 권리도 포함된다. 2023 입법고시 ( )

53-3 일반적 행동자유권은 모든 행위를 할 자유와 행위를 하지 않을 자유로 그 보호영역에는 개인의 생활방식과 취미에 관한 사항도 포함되지만, 사회적으로 가치 있는 행동만 그 보호영역으로 하므로 위험한 스포츠를 즐길 권리와 같은 위험한 생활방식으로 살아갈 권리는 보호영역에 속하지 않는다. 2023 경찰승진 ( )

53-4 술에 취한 상태로 도로 외의 곳에서 운전할 자유는 일반적 행동자유권의 보호영역에 속한다. 2023 경찰승진 ( )

해설 일반적 행동자유권은 가치 있는 행동만 그 보호영역으로 하는 것은 아니다. 그 보호영역에는 개인의 생활방식과 취미에 관한 사항도 포함되며, 여기에는 **위험한 스포츠를 즐길 권리와 같은 위험한 생활방식으로 살아갈 권리도 포함된다.** 그런데 심판대상조항은 술에 취한 상태로 도로 외의 곳에서 운전하는 것을 금지하고 이에 위반했을 때 처벌하도록 하고 있으므로 일반적 행동의 자유를 제한한다(헌재 2016. 2. 25. 2015헌가11).

54 비어업인이 잠수용 스쿠버장비를 사용하여 수산자원을 포획·채취하는 것을 금지하는 「수산자원관리법 시행규칙」의 규정 중 '잠수용 스쿠버장비 사용'에 관한 부분은 일반적 행동의 자유를 침해하지 않는다.
2022 경찰승진 / 2023 해양경찰 ( )

해설 이 사건 규칙조항은 수산자원을 유지·보존하고 어업인들의 재산을 보호함으로써, 단기적으로는 어업인의 생계를 보장하고 장기적으로는 수산업의 생산성을 향상시키고자 함에 그 목적이 있는바 이러한 **입법목적에는 정당성이 인정되며,** 비어업인이 잠수용 스쿠버장비를 사용하여 수산자원을 포획·채취하는 것을 금지하는 것은 **이러한 입법목적을 달성하기 위한 적절한 수단**이다. 잠수용 스쿠버장비를 사용하여 잠수하는 경우에는 해수면 상에서 잠수여부를 쉽게 확인할 수 없고, 잠수시간이 길어 단속을 쉽게 피할 수 있으므로, 잠수용 스쿠버장비의 사용을 허용하면서 구체적인 행위태양이나 포획·채취한 수산자원의 종류와 양, 포획·채취가 이루어진 지역 등을 통제하는 것은 현실적으로 거의 불가능하다. 그리고 **여가생활 또는 오락으로 잠수용 스쿠버다이빙을 즐기면서 수산자원을 포획하거나 채취하지 못함으로 인하여 청구인이 입는 불이익에 비해 수산자원을 보호해야 할 공익은 현저히 크다고 할 것이므로,** 이 사건 규칙조항은 침해의 최소성과 법익의 균형성도 갖추었다. 따라서 이 사건 규칙조항은 청구인의 일반적 행동의 자유를 침해하지 아니한다(헌재 2016. 10. 27. 2013헌마450).

ANSWER   53-1 ×   53-2 ○   53-3 ×   53-4 ○   54 ○

55 주방용오물분쇄기의 사용을 금지하는 환경부고시는 공공수역의 수질오염을 방지함으로써 달성되는 공익이 인정되나, 분쇄기를 이용하여 음식물 찌꺼기 등을 처리할 수 없으므로 행복추구권으로부터 도출되는 일반적 행동자유권을 침해한다. 2022 경찰간부 ( )

> **해설** 심판대상조항은 주방용오물분쇄기 사용으로 인한 하수의 수질 악화를 막아 궁극적으로 공공수역의 수질오염을 **방지하는 것을 목적**으로 한다. 주방용오물분쇄기에 의해 분쇄된 음식물 찌꺼기 등이 하수도로 바로 유입되면 공공하수처리시설의 부담을 증가시켜 하수처리의 효율이 떨어질 수 있고, 음식물 찌꺼기 등이 하수관로 내에 퇴적하여 공공하수처리시설까지 제대로 이송되지 않고 바로 공공수역으로 월류할 수 있다. 따라서 **주방용오물분쇄기의 판매·사용을 금지하는 것은 공공수역의 수질보호를 위한 적절한 방법으로서, 목적의 정당성 및 수단의 적절성이 인정**된다. 주방용오물분쇄기의 판매·사용을 허용하여도 공공수역의 수질에 악영향을 미치지 않으려면 분류식하수관로 설치지역으로서 공공하수처리시설의 허용 용량을 확보하는 등 일정한 하수도시설기준을 충족하여야 하나, 이러한 조건을 충족하는 지역은 소수의 신도시에 국한된다. 현재로서는 음식물 찌꺼기 등이 하수도로 바로 배출되더라도 이를 적절히 처리할 수 있는 하수도 시설을 갖추는 등 주방용오물분쇄기의 판매·사용을 허용할 수 있는 기반시설이 갖추어져 있다고 보기 어렵다. 다만, 위 환경부고시는 하수도 등의 기반시설이 앞으로 개선될 것 등을 고려해 주방용오물분쇄기 금지 정책의 타당성을 3년마다 재검토하도록 정하고 있다. **이러한 점을 고려하면 주방용오물분쇄기의 판매·사용이 금지돼 있다고 하더라도 필요이상의 과도한 규제라고 보기 어려우므로, 심판대상조항은 침해의 최소성 원칙에 반하지 않는다.** 심판대상조항으로 인하여 공공수역의 수질오염을 방지할 수 있으므로 달성되는 공익은 중대한 반면, 감량분쇄기의 판매·사용은 허용되며, 음식물 찌꺼기 등이 부패하기 전에 종량제봉투 방식 등으로 음식물류 폐기물 거점수거용기에 수시로 배출할 수 있다는 점 등을 고려하면 청구인들에게 발생한 불이익이 감수할 수 없을 정도로 크다고 보기 어렵다. 따라서 **심판대상조항은 법익의 균형성 원칙도 충족**한다(헌재 2018. 6. 28. 2016헌마1151).

56 거짓이나 그 밖의 부정한 수단으로 운전면허를 받은 경우 모든 범위의 운전면허를 필요적으로 취소하도록 규정하여 부정 취득하지 않은 운전면허까지 필요적으로 취소하도록 한 것은 운전면허 소유자의 일반적 행동의 자유를 침해한다. 2022 변시 / 2023 법무사 ( )

> **해설** 심판대상조항은 운전면허제도의 근간을 유지하는 한편, 교통상의 위험과 장해를 방지하고자 하는 것이므로 그 입법목적이 정당하고, 이를 위해 모든 범위의 운전면허를 필요적으로 취소하도록 하는 것은, 수단의 적합성도 인정된다. 심판대상조항이 '**부정 취득한 운전면허**'를 필요적으로 취소하도록 한 것은, 임의적 취소·정지의 대상으로 전환할 경우 면허제도의 근간이 흔들리게 되고 형사처벌 등 다른 제재수단만으로는 여전히 부정 취득한 운전면허로 자동차 운행이 가능하다는 점에서, **피해의 최소성 원칙에 위배되지 않는다.** 또한 부정 취득한 운전면허는 그 요건이 처음부터 갖추어지지 못한 것으로서 해당 면허를 박탈하더라도 기본권이 추가적으로 제한된다고 보기 어려워, 법익의 균형성 원칙에도 위배되지 않는다. 반면, 심판대상조항이 '부정 취득하지 않은 운전면허'까지 필요적으로 취소하도록 한 것은, 임의적 취소·정지 사유로 함으로써 구체적 사안의 개별성과 특수성을 고려하여 불법의 정도에 상응하는 제재수단을 선택하도록 하는 등 완화된 수단에 의해서도 입법목적을 같은 정도로 달성하기에 충분하므로, 피해의 최소성 원칙에 위배된다. 나아가, 위법이나 비난의 정도가 미약한 사안을 포함한 모든 경우에 부정 취득하지 않은 운전면허까지 필요적으로 취소하고 이로 인해 2년 동안 해당 운전면허 역시 받을 수 없게 하는 것은, **공익의 중대성을 감안하더라도 지나치게 기본권을 제한하는 것이므로, 법익의 균형성 원칙에도 위배**된다. 따라서 **심판대상조항 중 각 '거짓이나 그 밖의 부정한 수단으로 받은 운전면허를 제외한 운전면허'를 필요적으로 취소하도록 한 부분은, 과잉금지원칙에 반하여 일반적 행동의 자유 또는 직업의 자유를 침해한다**(헌재 2020. 6. 25. 2019헌가9 등).

ANSWER 55 ✗　56 ○

57 버스전용차로 통행할 수 있는 차가 아닌 차의 버스전용차로 통행을 원칙적으로 금지하고 대통령령으로 정하는 예외적인 경우에만 이를 허용하도록 규정한 것은 일반승용차 소유자의 일반적 행동자유권의 일환인 통행의 자유를 침해한다. 2022 변시 ( )

> 해설 이 사건 각 심판대상조항은 원활하고 효율적인 교통을 확보하는 것을 목적으로 하는 것으로서 입법목적의 정당성이 인정되고, 전용차로통행차가 아닌 차에 대하여 전용차로 통행을 원칙적으로 금지하고 이를 위반한 운전자에게 과태료를 부과하는 것은 원활한 교통의 확보라는 입법 목적을 달성하기 위한 적합한 수단이다. 도로교통법 관련 법령은 부득이하게 전용차로 통행이 필요한 경우에는 예외를 두거나 우회전을 하기 위하여 전용차로 진입을 하여야 하는 경우 합리적인 범위 내에서 청색 점선을 설치하여 그 통행이 가능하도록 하고 있으므로, 심판대상조항에 의한 전용차로 통행 제한이 지나치다고 보기는 어렵다. 따라서 이 사건 각 심판대상조항이 과잉금지원칙에 반하여 일반적 행동자유권을 침해한다고 볼 수 없다(헌재 2018. 11. 29. 2017헌바465).

58-1 자동차 운전 중 휴대용 전화를 사용하는 것을 금지하고, 이를 위반 시 처벌하도록 규정한 것은 운전자의 일반적 행동자유권을 침해하는 것이다. 2022 변시 ( )

58-2 일반적 행동자유권의 보호영역에는 가치 있는 행동뿐만 아니라 개인의 생활방식과 취미에 관한 사항도 포함되며, 여기에는 위험한 스포츠를 즐길 권리와 같은 위험한 생활방식으로 살아갈 권리도 포함된다. 따라서 운전 중 휴대용 전화를 사용할 자유는 헌법 제10조의 행복추구권에서 나오는 일반적 행동 자유권의 보호영역에 속한다. 2022 경찰1차 ( )

58-3 자동차운전 중 휴대용 전화사용을 원칙적으로 금지하고 이를 형사처벌로 강제하는 것은 과잉금지원칙에 반하여 일반적 행동자유권을 침해한다고 볼 수 없다. 2022 경찰간부 ( )

58-4 운전 중 휴대용 전화를 사용하지 아니할 의무를 지우고 이에 위반했을 때 형벌을 부과하는 것은 운전자의 일반적 행동자유권을 제한한다고 볼 수 없다. 2023 지방직7급 ( )

> 해설 일반적 행동자유권의 보호영역에는 가치 있는 행동뿐만 아니라 개인의 생활방식과 취미에 관한 사항도 포함되며, 여기에는 위험한 스포츠를 즐길 권리와 같은 위험한 생활방식으로 살아갈 권리도 포함된다. 따라서 운전 중 휴대용 전화를 사용할 자유는 헌법 제10조의 행복추구권에서 나오는 일반적 행동자유권의 보호영역에 속한다.
> 운전 중 전화를 받거나 거는 것, 수신된 문자메시지의 내용을 확인하는 것과 같이 휴대용 전화를 단순 조작하는 경우에도 전방주시율, 돌발 상황에 대한 대처능력 등이 저하되어 교통사고의 위험이 증가하므로, 국민의 생명·신체·재산을 보호하기 위해서는 휴대용 전화의 사용을 원칙적으로 금지할 필요가 있다. 운전 중 안전에 영향을 미치지 않거나 긴급한 필요가 있는 경우에는 휴대용 전화를 이용할 수 있고, 지리안내 영상 또는 교통정보안내 영상, 국가비상사태·재난상황 등 긴급한 상황을 안내하는 영상, 운전을 할 때 자동차등의 좌우 또는 전후방을 볼 수 있도록 도움을 주는 영상이 표시되는 범위에서 휴대용 전화를 '영상표시장치'로 사용하는 행위도 허용된다. 이 사건 법률조항으로 인하여 청구인은 운전 중 휴대용 전화 사용의 편익을 누리지 못하고 그 의무에 위반할 경우 20만원 이하의 벌금이나 구류 또는 과료에 처해질 수 있으나 이러한 부담은 크지 않다. 이에 비하여 운전 중 휴대용 전화 사용 금지로 교통사고의 발생을 줄임으로써 보호되는 국민의 생명·신체·재산은 중대하다. 그러므로 이 사건 법률조항은 과잉금지원칙에 반하여 청구인의 일반적 행동의 자유를 침해하지 않는다(헌재 2021. 6. 24. 2019헌바5).

ANSWER 57 × 58-1 × 58-2 ○ 58-3 ○ 58-4 ×

59-1 자동차 운전자가 좌석안전띠를 매지 않을 자유는 일반적 행동자유권의 보호영역에 속하지 않는다. 2023 경찰승진 ( )

59-2 좌석안전띠를 매지 않을 자유는 헌법 제10조의 행복추구권에서 나오는 일반적 행동자유권의 보호영역에 속하므로, 좌석안전띠를 매야 할 의무를 지우고 이에 위반했을 때 범칙금을 부과하는 법률조항에는 일반적 행동의 자유에 대한 제한이 존재하지만, 이는 정당한 공익의 실현을 위하여 필요한 정도의 제한으로 일반적 행동자유권에 대한 과도한 침해라고 볼 수는 없다. 2023 법원행시 ( )

> **해설** 좌석안전띠를 매지 않을 자유는 헌법 제10조의 행복추구권에서 나오는 **일반적 행동자유권의 보호영역에 속한다. 자동차 운전자에게 좌석안전띠를 매도록 하고 이를 위반했을 때 범칙금을 납부하도록 통고하는 것은**, 교통사고로부터 국민의 생명 또는 신체에 대한 위험과 장애를 방지·제거하고 사회적 부담을 줄여 교통질서를 유지하고 사회공동체의 상호이익을 보호하는 공공복리를 위한 것으로 그 입법목적이 정당하고, 운전자의 불이익은 약간의 답답함이라는 경미한 부담이고 좌석안전띠 미착용으로 부담하는 범칙금이 소액인데 비하여 좌석안전띠 착용으로 달성하려는 공익은 동승자를 비롯한 국민의 생명과 신체를 보호하고 교통사고로 인한 사회적인 비용을 줄여 사회공동체의 이익을 증진하는 것이므로 달성하고자 하는 공익이 침해되는 청구인의 좌석안전띠를 매지 않을 자유라는 사익보다 크며, 제도의 연혁과 현황을 종합하여 볼 때 청구인의 **일반적 행동자유권을 비례의 원칙에 위반되게 과도하게 침해하는 것이 아니다**(헌재 2003.10.30. 2002헌마518).

60-1 일반적 행동자유권은 가치 있는 행동만 보호영역으로 하는 것은 아니므로, 개인이 대마를 자유롭게 수수하고 흡연할 자유도 헌법 제10조의 행복추구권에서 나오는 일반적 행동자유권의 보호영역에 속한다. 2023 경찰2차 ( )

60-2 개인이 대마를 자유롭게 수수하고 흡연할 자유도 일반적 행동자유권의 보호영역에 속한다. 2024 입법고시 ( )

> **해설** 일반적 행동자유권은 적극적으로 자유롭게 행동을 하는 것은 물론 소극적으로 행동을 하지 않을 자유도 포함되고, 가치 있는 행동만 보호영역으로 하는 것은 아닌 것인바, **개인이 대마를 자유롭게 수수하고 흡연할 자유도 헌법 제10조의 행복추구권에서 나오는 일반적 행동자유권의 보호영역에 속한다**(헌재 2010.11.25. 2009헌바246).

61-1 이륜자동차로 하여금 고속도로 통행을 금지하고 있는「도로교통법」제63조는 통행의 자유(일반적 행동의 자유)를 침해한다. 2023 국회직8급 ( )

61-2 이륜차의 고속도로 통행을 금지하는 것은 이륜차 운전자의 행복추구권을 침해한다. 2023 해양경찰 ( )

61-3 이륜차의 고속도로 통행 제한은 거주·이전의 자유를 제한하는 것이고, 행복추구권에서 우러나오는 일반적 행동의 자유를 제한하는 것은 아니다. 2024 경찰승진 ( )

> **해설** 이 사건 법률조항에 의하여 고속도로 또는 자동차전용도로(이하 '고속도로 등'이라 한다)의 통행이 금지되므로, 이륜차를 이용하여 고속도로 등을 통행할 수 있는 자유를 제한당하고 있다. 이는 행복추구권에서 우러나오는 일반적 행동의 자유를 제한하는 것이다. 그러나 이 사건 법률조항이 청구인들의 거주이전의 자유를 제한한다고 보기는 어렵다.

ANSWER 59-1 × 59-2 ○ 60-1 ○ 60-2 ○ 61-1 × 61-2 × 61-3 ×

심판대상조항이 이륜자동차의 구조적 특성에서 비롯되는 사고발생 위험성 및 그 결과의 중대성에 비추어 **이륜자동차 운전자의 안전과 고속도로 등에서 교통의 신속과 안전을 위하여 이륜자동차의 고속도로 등 통행을 금지한 것은 입법목적이 정당하고 이를 달성하기 위한 필요하고도 적합한 수단이다.** 이륜자동차의 주행 성능이 사륜자동차에 뒤지지 않는 경우에도 사고발생의 위험성 및 그 결과의 중대성이 완화되지 않고, **자동차전용도로의 경우 관련 법령에 의하여 당해 구간을 연락하는 일반 교통용의 다른 도로가 있는 경우에 지정되기 때문에 침해의 최소성과 법익의 균형성에도 반하지 않는다.** 이륜자동차를 구조적 위험성 정도가 다른 일반자동차와 달리 취급한다고 하더라도 이를 불합리한 차별이라고 볼 수 없다(헌재 2020.2.27. 2019헌마203).

62-1 의료분쟁 조정신청의 대상인 의료사고가 사망에 해당하는 경우 한국의료분쟁조정중재원의 원장은 지체 없이 조정절차를 개시해야 한다고 규정한 의료사고 피해구제 및 의료분쟁조정 등에 관한 법률 제27조 제9항 전문 중 '사망'에 관한 부분이 청구인의 일반적 행동의 자유를 침해한다고 할 수 없다. 2022 경찰1차 ( )

62-2 행복추구권에서 도출되는 일반적 행동의 자유는 적극적으로 자유롭게 행동하는 것은 물론 소극적으로 행동을 하지 않을 자유도 포함하므로, 의료분쟁 조정신청의 대상인 의료사고가 사망에 해당하는 경우 구체적 사안의 개별성과 특수성을 고려하지 않고 자동적으로 조정절차가 개시되도록 한 법률조항은 보건의료인의 일반적 행동의 자유를 침해한다. 2023 법원행시 ( )

해설▶ 환자의 사망이라는 중한 결과가 발생한 경우 환자 측으로서는 피해를 신속·공정하게 구제하기 위해 조정절차를 적극적으로 활용할 필요가 있고, 보건의료인의 입장에서도 이러한 경우 분쟁으로 비화될 가능성이 높아 원만하게 분쟁을 해결할 수 있는 절차가 마련될 필요가 있으므로, **의료분쟁 조정절차를 자동으로 개시할 필요성이 인정**된다. 조정절차가 자동으로 개시되더라도 피신청인은 이의신청을 통해 조정절차에 참여하지 않을 수 있고, 조정의 성립까지 강제되는 것은 아니므로 합의나 조정결정의 수용 여부에 대해서는 자유롭게 선택할 수 있으며, 채무부존재확인의 소 등을 제기하여 소송절차에 따라 분쟁을 해결할 수도 있다. 따라서 **의료사고로 사망의 결과가 발생한 경우 의료분쟁 조정절차를 자동으로 개시하도록 한 심판대상조항이 청구인의 일반적 행동의 자유를 침해한다고 할 수 없다**(헌재 2021.5.27. 2019헌마321).

63-1 육군 장교가 민간법원에서 약식명령을 받아 확정되면 자진신고할 의무를 규정한, '2020년도 장교 진급 지시'의 해당 부분 중 '민간법원에서 약식명령을 받아 확정된 사실이 있는 자'에 관한 부분은 청구인인 육군 장교의 일반적 행동의 자유를 침해한다. 2022 경찰1차 ( )

63-2 육군 장교가 민간법원 약식명령을 받아 확정된 사실에 대해 자진신고 의무를 부과한 2020년도 육군지시 자진신고조항 및 2021년도 육군지시 자진신고조항은 과잉금지원칙을 위반하여 일반적 행동의 자유를 침해하지 않는다. 2022 경찰간부 ( )

해설▶ '군인의 지위 및 복무에 관한 기본법' 제24조 제1항, 제36조 제2항 및 제4항에 근거하여, 육군참모총장은 직무와 관계가 있고 권한 내의 사항이라면 육군 장교를 지휘·감독하는 내용의 명령을 할 수 있다. 군인사법 제25조 제1항 등에서는 육군참모총장에게 육군 장교 중 진급대상자 추천 권한을 부여하면서, 같은 법 시행령 제33조 제1항 제2호 다목에서 그 평가항목 중 하나로 '상벌사항'을 규정하고 있다. 따라서 육군참모총장이 상벌사항을 파악하는 일환으로 육군 장교에게 민간법원에서 약식명령을 받아 확정된 사실을 자진신고하도록 명령하는 것은 법률에 근거가 있다. 20년도 육군지시 자진신고조항 및 21년도 육군지시 자진신고조항은 **법률유보원칙에 반하여 일반적 행동의 자유를 침해하지 않는다.** 형사사법정보시스템과 육군 장교 관련 데이터베이스를 연동하여 신분을 확인하는 방법 또는 범죄경력자료를 조회하는 방법 등은, 군사보안 및 기술상의 한계가 존재하고 파악할 수 있는 약식명령의 범위도

ANSWER 62-1 ○ 62-2 × 63-1 × 63-2 ○

한정되므로, 자진신고의무를 부과하는 방법과 같은 정도로 입법목적을 달성하기 어렵다. 청구인들이 자진신고의무를 부담하는 것은 수사 및 재판 단계에서 의도적으로 신분을 밝히지 않은 행위에서 비롯된 것으로서 이미 예상가능한 불이익인 반면, '군사법원에서 약식명령을 받아 확정된 경우'와 그 신분을 밝히지 않아 '민간법원에서 약식명령을 받아 확정된 경우' 사이에 발생하는 인사상 불균형을 방지함으로써 군 조직의 내부 기강 및 질서를 유지하고자 하는 공익은 매우 중대하다. 20년도 육군지시 자진신고조항 및 21년도 육군지시 자진신고조항은 **과잉금지원칙에 반하여 일반적 행동의 자유를 침해하지 않는다**(헌재 2021.8.31. 2020헌마12 등).

64-1 전동킥보드의 최고속도를 25km/h 이내로 제한하는 것은 소비자가 그보다 빠른 제품을 구매하지 못하여 겪는 자기결정권 및 일반적 행동자유권의 제약에 비하여, 소비자의 생명·신체에 대한 위해 및 도로교통상의 위험을 방지하고 향후 자전거도로 통행이 가능해질 경우를 대비하여 소비자의 편의를 도모한다는 공익이 중대하므로 과잉금지원칙에 위반되지 않는다. 2022 행시 ( )

64-2 전동킥보드의 최고속도는 25km/h를 넘지 않도록 규정한 것은 자전거도로에서 통행하는 다른 자전거보다 속도가 더 높아질수록 사고위험이 증가할 수 있는 측면을 고려한 기준 설정으로서, 전동킥보드 소비자의 자기결정권 및 일반적 행동자유권을 침해하지 아니한다. 2023 지방직7급 ( )

64-3 전동킥보드에 대하여 최대속도는 시속 25km를 넘지 않아야 한다고 규정한 구 「안전확인대상생활용품의 안전기준」 조항은 소비자가 자신의 의사에 따라 자유롭게 제품을 선택하는 것을 제약함으로써 헌법 제10조의 행복추구권에서 파생되는 소비자의 자기결정권을 제한한다. 2024 입법고시 ( )

> 해설 심판대상조항이 전동킥보드에 대하여 최대속도는 시속 25km 이내로 제한하여야 한다는 안전기준을 둠으로써 이를 통과한 전동킥보드만 제조·수입이 가능하게 되었다. **심판대상조항은 소비자가 자신의 의사에 따라 자유롭게 제품을 선택하는 것을 제약함으로써 헌법 제10조의 행복추구권에서 파생되는 소비자의 자기결정권을 제한**하고, 나아가 헌법 제10조의 행복추구권에서 파생되는 일반적 행동자유권도 함께 제한한다.
> 전동킥보드의 자전거도로 통행을 허용하는 조치를 실시하기 위해서는 제조·수입되는 전동킥보드가 일정 속도 이상으로는 동작하지 않도록 제한하는 것이 선행되어야 한다. 소비자가 아직 전동킥보드의 자전거도로 통행이 가능하지 않음에도 불구하고 **최고속도 제한기준을 준수한 제품만을 구입하여 이용할 수밖에 없는 불편함이 있다고 하여 전동킥보드의 최고속도를 제한하는 안전기준의 도입이 입법목적 달성을 위한 수단으로서의 적합성을 잃었다고 볼 수는 없다. 최고속도 제한을 두지 않는 방식이 이를 두는 방식에 비해 확실히 더 안전한 조치라고 볼 근거가 희박하고, 최고속도가 시속 25km라는 것은 자전거도로에서 통행하는 다른 자전거보다 속도가 더 높아질수록 사고위험이 증가할 수 있는 측면을 고려한 기준 설정으로서, 전동킥보드 소비자의 자기결정권 및 일반적 행동자유권을 박탈할 정도로 지나치게 느린 정도라고 보기 어렵다. 심판대상조항은 과잉금지원칙을 위반하여 소비자의 자기결정권 및 일반적 행동자유권을 침해하지 아니한다**(헌재 2020.2.27. 2017헌마1339).

65 지역 방언을 자신의 언어로 선택하여 공적 또는 사적인 의사소통과 교육의 수단으로 사용하는 것은 일반적 행동의 자유 내지 개성의 자유로운 발현의 한 내용이 된다. 2024 입법고시 ( )

> 해설 지역 방언을 자신의 언어로 선택하여 공적 또는 사적인 의사소통과 교육의 수단으로 사용하는 것은 행복추구권에서 파생되는 일반적 행동의 자유 내지 개성의 자유로운 발현의 한 내용이 된다 할 것이다(헌재 2009.5.28. 2006헌마618).

ANSWER 64-1 ◯ 64-2 ◯ 64-3 ◯ 65 ◯

66 행복추구권에서 파생되는 개성의 자유로운 발현권의 내용에는 지역 방언의 선택 및 사용도 포함되므로 공문서 및 교과용 도서에 표준어만을 사용하는 것은 이에 대한 침해이다. 2023 국회직9급 ( )

> **해설** 공문서 조항은 공문서를 한글로 작성하여 공적 영역에서 원활한 의사소통을 확보하고 효율적·경제적으로 공적 업무를 수행하기 위한 것이다. 국민들은 공문서를 통하여 공적 생활에 관한 정보를 습득하고 자신의 권리 의무와 관련된 사항을 알게 되므로 우리 국민 대부분이 읽고 이해할 수 있는 한글로 작성할 필요가 있다. 한자어를 굳이 한자로 쓰지 않더라도 앞뒤 문맥으로 그 뜻을 이해할 수 있는 경우가 대부분이고, 뜻을 정확히 전달하기 위하여 필요한 경우에는 괄호 안에 한자를 병기할 수 있으므로 한자혼용 방식에 비하여 특별히 한자어의 의미 전달력이나 가독성이 낮아진다고 보기 어렵다. 따라서 이 사건 **공문서 조항은 청구인들의 행복추구권을 침해하지 아니한다**(헌재 2016.11.24. 2012헌마854).

67 인천 영종도에 거주하는 주민들에게 인천국제공항고속도로의 사용료를 징수하는 것은 대체도로가 없는 주민들에 대하여 통행료납부를 사실상 강요하는 것이 되어 일반적 행동자유권을 침해하고, 영종도에 거주하거나 영종도 외부에 직장을 두고 있는 사람으로 하여금 도로의 사용료 부담 때문에 영종도에 자유롭게 거주하는 것을 꺼리게 하고 영종도 외부에 직장을 갖는 것을 주저하게 하여 거주·이전의 자유 및 직업선택의 자유를 침해한다. 2022 법원행시 ( )

> **해설** 청구인들은 이 공항고속도로를 이용하지 않고도, 이 도로개설 이전의 영종도 주민들과 마찬가지로, **뱃길을 이용하여 자유로이 다른 곳으로 이동할 수도 있고 다른 곳으로 거주를 옮길 수도 있으며** 또 이 도로를 이용하는 경우에도 비록 통행료의 부담이 있기는 하지만 그 부담의 정도가 이전의 자유를 실제로 제약할 정도로, 이용의 편익에 비하여, 현저히 크다고 볼 수 없다. 따라서 **심판대상조항으로 인하여 청구인들의 거주이전의 자유나 직업선택의 자유가 제한된 것으로 볼 수 없다**(헌재 2005.12.22. 2004헌바64).

68 게임물 관련사업자에게 게임물 이용자의 회원가입 시 본인 인증을 할 수 있는 절차를 마련하도록 하고 있는 법률조항은 인터넷게임을 이용하고자 하는 사람들에게 본인인증이라는 사전적 절차를 거칠 것을 강제함으로써, 개개인이 생활방식과 취미활동을 자유롭게 선택하고 이를 원하는 방식대로 영위하고자 하는 일반적 행동의 자유를 제한한다. 2022 법원행시 ( )

> **해설** **본인인증 조항은** 인터넷게임을 이용하고자 하는 사람들에게 본인인증이라는 사전적 절차를 거칠 것을 강제함으로써, 개개인이 생활방식과 취미활동을 자유롭게 선택하고 이를 원하는 방식대로 영위하고자 하는 일반적 행동의 자유를 제한하고, 동의확보 조항은 청소년이 친권자 등 법정대리인의 동의를 얻어야만 인터넷게임을 즐길 수 있도록 함으로써 **청소년 스스로가 게임물의 이용 여부를 자유롭게 결정할 수 있는 권리를 제한하는바, 위 조항들은 자기결정권을 포함한 청구인들의 일반적 행동자유권을 제한**한다(헌재 2015.3.26. 2013헌마517).

69 공공장소에서 전면금연을 실시하는 금연구역조항이 흡연자의 일반적 행동자유권을 침해한다고 볼 수 없다. 2022 법원행시 ( )

> **해설** 금연구역조항은 금연구역 지정에 관한 선례인 헌재 2004.8.26. 2003헌마457 결정이 선고될 당시보다 금연구역을 확대하여 흡연자의 일반적 행동자유권을 더 강하게 제한하고는 있지만, **금연구역조항이 기존의 금연·흡연구역의 분리운영만으로는 담배연기를 완전히 차단하기 어렵다는 점을 고려하여 공공장소에서 전면금연을 실시함으로써 국민 건강을 증진시키기 위하여 만들어진 것인 점, 흡연실을 별도로 설치할 수 있는 점, 우리나라 흡연율은 여전히 높은 점 등을 고려할 때, 금연구역조항이 흡연자의 일반적 행동자유권을 침해한다고 볼 수 없다**(헌재 2014.9.25. 2013헌마411 등).

ANSWER 66 × 67 × 68 ○ 69 ○

70-1 교통사고 발생에 고의나 과실이 있는 운전자는 물론, 아무런 책임이 없는 무과실 운전자도 자신이 운전하는 차로 인하여 교통사고가 발생하기만 하면 즉시 정차하여 사상자를 구호하는 등 필요한 조치를 할 의무를 규정하고, 교통사고 발생 시 사상자 구호 등 필요한 조치를 하지 않은 자를 형사처벌하는 「도로교통법」 조항은 과잉금지원칙에 위반되어 운전자의 일반적 행동자유권을 침해한다. 2022 지방직7급 ( )

70-2 행복추구권에서 도출되는 일반적 행동의 자유는 적극적으로 자유롭게 행동하는 것은 물론 소극적으로 행동을 하지 않을 자유도 포함하므로, 교통사고 발생 시 사상자 구호 등 필요한 조치를 하지 않은 자에 대한 형사처벌을 규정한 구 「도로교통법」 조항은 과잉금지원칙에 위반되어 운전자인 청구인의 일반적 행동자유권을 침해한다. 2023 경찰2차 ( )

> **해설** 교통사고 발생 시 조치의무를 형사처벌로 강제하는 심판대상조항은, 교통사고로 인한 사상자의 신속한 구호 및 교통상의 위험과 장해의 방지·제거를 통하여 안전하고 원활한 교통을 확보하기 위한 것으로, 입법목적의 정당성 및 수단의 적합성을 인정할 수 있다. 교통사고 관련 운전자등이 조치의무를 이행하지 않고 그대로 현장을 벗어날 유인이 많은 점을 고려할 때, 과태료와 같은 행정적 제재만으로는 조치의무의 실효성을 담보할 수 없으므로 최소침해성의 원칙에 위배되지 않으며, 심판대상조항이 운전자등의 시간적, 경제적 손해를 유발할 가능성이 있는 것은 사실이나 이미 발생한 피해자의 생명·신체에 대한 피해 구호와 안전한 교통의 회복이라는 공익은 운전자등이 제한당하는 사익보다 크므로, 심판대상조항은 법익균형성을 갖추었다. 따라서 **심판대상조항은 청구인의 일반적 행동자유권을 침해하지 않는다**(헌재 2019.4.11. 2017헌가28).

71 자신이 속한 부분사회의 자치적 운영에 참여하는 것은 사회공동체의 유지, 발전을 위하여 필요한 행위로서 특정한 기본권의 보호범위에 들어가지 않는 경우에는 일반적 행동자유권의 보호대상이 될 수 있다. 2022 지방직7급 ( )

> **해설** 자신이 속한 부분사회의 자치적 운영에 참여하는 것은 사회공동체의 유지, 발전을 위하여 필요한 행위로서 특정한 기본권의 보호범위에 들어가지 않는 경우에는 일반적 행동자유권의 보호대상이 될 수 있다(헌재 2007.3.29. 2005헌마1144).

72 운전면허를 받은 사람이 다른 사람의 자동차등을 훔친 경우에는 운전면허를 필요적으로 취소하도록 하는 것은 임의적 취소 혹은 정지라는 보다 덜 제한적인 수단이 있어 일반적 행동자유권(운전을 업으로 하는 자에 대하여는 직업의 자유)에 대한 과도한 침해가 되어 위헌이다. 2022 지방직7급 ( )

> **해설** 자동차등을 훔친 범죄행위에 대한 행정적 제재를 강화하더라도 불법의 정도에 상응하는 제재수단을 선택할 수 있도록 **임의적 운전면허 취소 또는 정지사유로 규정하여도 충분히 그 목적을 달성하는 것이 가능**함에도, 심판대상조항은 필요적으로 운전면허를 취소하도록 하여 구체적 사안의 개별성과 특수성을 고려할 수 있는 여지를 일절 배제하고 있다. 자동차 절취행위에 이르게 된 경위, 행위의 태양, 당해 범죄의 경중이나 그 위법성의 정도, 운전자의 형사처벌 여부 등 제반사정을 고려할 여지를 전혀 두지 아니한 채 다른 사람의 자동차등을 훔친 모든 경우에 **필요적으로 운전면허를 취소하는 것은, 그것이 달성하려는 공익의 비중에도 불구하고 운전면허 소지자의 직업의 자유 내지 일반적 행동의 자유를 과도하게 제한하는 것이다. 그러므로 심판대상조항은 직업의 자유 내지 일반적 행동의 자유를 침해**한다(헌재 2017.5.25. 2016헌가6).

73-1 누구든지 금융회사 등에 종사하는 자에게 타인의 금융거래의 내용에 관한 정보 또는 자료를 요구하는 것을 금지하고, 이를 위반시 형사처벌하는 법률조항은 과잉금지원칙에 반하여 일반적 행동자유권을 침해한다. 2023 법원행시 / 2023 국회직8급 ( )

ANSWER 70-1 × 70-2 × 71 ○ 72 ○ 73-1 ○

73-2 누구든지 금융회사 등에 종사사하는 자에게 타인의 금융거래의 내용에 관한 정보 또는 자료를 요구하는 것을 금지하고 이를 위반 시 형사처벌하는 구 「금융실명거래 및 비밀보장에 관한 법률」상 조항은 과잉금지원칙에 반하여 일반적 행동자유권을 침해하지 않는다. 2023 경찰간부 ( )

> 해설 심판대상조항은 금융거래정보의 제공요구행위 자체만으로 형사처벌의 대상으로 삼고 있으나, 제공요구행위에 사회적으로 비난받을 행위가 수반되지 않거나, 금융거래의 비밀 보장에 실질적인 위협이 되지 않는 행위도 충분히 있을 수 있고, 명의인의 동의를 받을 수 없는 상황에서 타인의 금융거래정보가 필요하여 금융기관 종사자에게 그 제공을 요구하는 경우가 있을 수 있는 등 **금융거래정보 제공요구행위는 구체적인 사안에 따라 죄질과 책임을 달리한다고 할 것임에도, 심판대상조항은 정보제공요구의 사유나 경위, 행위 태양, 요구한 거래정보의 내용 등을 전혀 고려하지 아니하고 일률적으로 금지하고, 그 위반 시 형사처벌을 하도록 하고 있다.** 나아가, 금융거래의 비밀보장이 중요한 공익이라는 점은 인정할 수 있으나, 심판대상조항이 정보제공요구를 하게 된 사유나 행위의 태양, 요구한 거래정보의 내용을 고려하지 아니하고 일률적으로 일반 국민들이 거래정보의 제공을 요구하는 것을 금지하고 그 위반 시 형사처벌을 하는 것은 그 공익에 비하여 지나치게 일반 국민의 일반적 행동자유권을 제한하는 것이다. 따라서 심판대상조항은 과잉금지원칙에 반하여 **일반적 행동자유권을 침해한다**(헌재 2022. 2. 24. 2020헌가5).

74-1 일반 공중의 사용에 제공된 공공용물을 그 제공 목적대로 이용하는 일반사용 내지 보통사용에 관한 권리는 일반적 행동자유권의 보호영역에 포함되지 않는다. 2023 입법고시 ( )

74-2 일반 공중에게 개방된 장소인 서울광장을 개별적으로 통행하거나 서울광장에서 여가활동이나 문화활동을 하는 것은 일반적 행동자유권의 내용으로 보장된다. 2023 경찰승진 ( )

74-3 집회의 조건부 허용이나 개별적 집회의 금지나 해산으로는 방지할 수 없는 급박하고 명백하며 중대한 위험이 있는 경우가 아님에도 일반 공중에게 개방된 장소인 서울광장의 통행을 금지한 것은 과잉금지원칙에 위배되어 일반적 행동자유권을 침해한 것이다. 2023 국회직8급 ( )

> 해설 일반 공중의 사용에 제공된 공공용물을 그 제공 목적대로 이용하는 것은 일반사용 내지 보통사용에 해당하는 것으로서 따로 행정주체의 허가를 받을 필요가 없는 행위이므로, 일반 공중의 사용에 제공된 도로를 통행하는 것은 **일반적 행동자유권의 내용으로 보장**된다.
> 이처럼 **일반 공중에게 개방된 장소인 서울광장을 개별적으로 통행하거나 서울광장에서 여가활동이나 문화활동을 하는 것은 일반적 행동자유권의 내용으로 보장**된다.
> 서울광장 주변에 노무현 전 대통령을 추모하는 사람들이 많이 모여 있었다거나 일부 시민들이 서울광장 인근에서 불법적인 폭력행위를 저지른 바 있다고 하더라도 **그것만으로 폭력행위일로부터 4일 후까지 이러한 조치를 그대로 유지해야 할 급박하고 명백한 불법·폭력 집회나 시위의 위험성이 있었다고 할 수 없으므로 이 사건 통행제지행위는 당시 상황에 비추어 필요최소한의 조치였다고 보기 어렵고**, 가사 전면적이고 광범위한 집회방지조치를 취할 필요성이 있었다고 하더라도, 서울광장에의 출입을 완전히 통제하는 경우 일반시민들의 통행이나 여가·문화 활동 등의 이용까지 제한되므로 서울광장의 몇 군데라도 통로를 개설하여 통제하에 출입하게 하거나 대규모의 불법·폭력 집회가 행해질 가능성이 적은 시간대라든지 서울광장 인근 건물에의 출근이나 왕래가 많은 오전 시간대에는 일부 통제를 푸는 등 **시민들의 통행이나 여가·문화활동에 과도한 제한을 초래하지 않으면서도 목적을 상당 부분 달성할 수 있는 수단이나 방법을 고려하였어야 함에도 불구하고 모든 시민의 통행을 전면적으로 제지한 것은 침해의 최소성을 충족한다고 할 수 없다.** 또한 대규모의 불법·폭력 집회나 시위를 막아 시민들의 생명·신체와 재산을 보호한다는 **공익은 중요한 것이지만**, 당시의 상황에 비추어 볼 때 이러한 공익의 존재 여부나 그 실현 효과는 다소 가상적이고

ANSWER 73-2 × 74-1 × 74-2 ○ 74-3 ○

추상적인 것이라고 볼 여지도 있고, 비교적 덜 제한적인 수단에 의하여도 상당 부분 달성될 수 있었던 것으로 보여 일반 시민들이 입은 실질적이고 현존하는 불이익에 비하여 결코 크다고 단정하기 어려우므로 법익의 균형성 요건도 충족하였다고 할 수 없다. 따라서 이 사건 통행제지행위는 과잉금지원칙을 위반하여 청구인들의 일반적 행동자유권을 침해한 것이다(헌재 2011.6.30. 2009헌마406).

75 가사소송에서 본인출석주의를 규정한 「가사소송법」 조항은 소송 당사자의 일반적 행동의 자유를 침해하지 않는다. 2023 입법고시 ( )

해설 가사소송에서는 당사자 본인의 진술을 청취하고 그 진의를 파악하는 것이 중요하므로, 이 사건 법률조항은 입법목적의 정당성이 인정되며, 당사자 본인의 출석을 법적인 의무로 강제하는 것은 입법목적의 달성에 적합한 수단이다. 당사자 본인에게 출석의무를 부과하고 과태료 등 별도의 제재를 통하여 출석을 강제하는 것 외에 그 출석을 확보하기에 적절한 다른 수단을 찾기 어려우며, 특별한 사정이 있는 경우 재판장의 허가를 통하여 소송대리인이 대리 출석할 수 있는 길도 열려 있으므로, 피해의 최소성도 인정된다. 가사소송의 특성상 당사자 본인의 진술을 직접 들어 적정한 재판을 하여야 하는 공익은, 청구인이 변론기일에 출석하지 아니하고 대리인을 출석시킴으로써 생업 등의 시간을 확보하고자 하는 사익에 비하여 결코 작다고 할 수 없어 법익의 균형성도 인정되므로, 이 사건 법률조항은 가사소송 당사자의 일반적 행동의 자유를 침해하지 아니한다(헌재 2012.10.25. 2011헌마598).

76 지역 주민의 의사가 반영되지 않은 채 이루어진 미군기지의 이전은 인근 지역에 거주하는 주민들의 삶을 결정함에 있어서 사회적으로 영향을 미치므로 헌법상 보장된 개인의 자기결정권을 제한하는 것이다. 2022 경찰2차 ( )

해설 미군기지의 이전은 공공정책의 결정 내지 시행에 해당하는 것으로서 인근 지역에 거주하는 사람들의 삶을 결정함에 있어서 사회적 영향을 미치게 되나, 개인의 인격이나 운명에 관한 사항은 아니며 각자의 개성에 따른 개인적 선택에 직접적인 제한을 가하는 것이 아니다. 따라서 그와 같은 사항은 헌법상 자기결정권의 보호범위에 포함된다고 볼 수 없다(헌재 2006.2.23. 2005헌마268).

77 소주도매업자로 하여금 그 영업장소 소재지에서 생산되는 자도 소주를 의무적으로 총구입액의 100분의 50 이상을 구입하도록 하는 자도소주 구입명령제도는 소비자가 자신의 의사에 따라 자유롭게 상품을 선택하는 자기결정권을 제한한다. 2022 경찰2차 ( )

해설 이 사건 법률조항이 규정한 구입명령제도는 소주판매업자에게 자도소주의 구입의무를 부과함으로써, 어떤 소주제조업자로부터 얼마만큼의 소주를 구입하는가를 결정하는 직업활동의 방법에 관한 자유를 제한하는 것이므로 소주판매업자의 "직업행사의 자유"를 제한하는 규정이다. 또한 구입명령제도는 비록 직접적으로는 소주판매업자에게만 구입의무를 부과하고 있으나 실질적으로는 구입명령제도가 능력경쟁을 통한 시장의 점유를 억제함으로써 소주제조업자의 "기업의 자유" 및 "경쟁의 자유"를 제한하고, 소비자가 자신의 의사에 따라 자유롭게 상품을 선택하는 것을 제약함으로써 소비자의 행복추구권에서 파생되는 "자기결정권"도 제한하고 있다(헌재 1996.12.26. 96헌가18).

78 한시적 번호이동을 허용하도록 한 방송통신위원회의 이행 명령이 010번호 이외의 식별번호를 사용하는 자의 행복추구권을 침해한다고 볼 수 없다. 2022 경찰경력채용 ( )

해설 이 사건 이행명령은, 구 전기통신사업법 제58조 제1항 및 제3항에 근거한 것으로서 법률유보원칙에 위배된다고 볼 수 없다. 나아가 번호 통합은 충분한 번호자원을 확보하고, 식별번호의 브랜드화 문제를 해결하기 위한 것으로서 그 필요성을 인정할 수 있고, 그 목적 달성을 위하여 번호이동의 제한은 불가

ANSWER 75 ○ 76 × 77 ○ 78 ○

피하다. 또 이 사건 이행명령은 사용자의 의사에 반하는 번호의 변경을 강제하는 것은 아니고, 번호변경에 따르는 사용자의 불편을 줄이기 위한 여러 방편도 마련하고 있다는 점에서 청구인들에게 수인하기 어려운 부담을 지우는 것이라 보기도 어렵다. 따라서 이 사건 이행명령이 합리적 이유 없이 청구인들의 행복추구권을 침해한다고 볼 수 없다(헌재 2013.7.25. 2011헌마63 등).

79 부모의 분묘를 가꾸고 봉제사를 하고자 하는 권리는 행복추구권의 한 내용으로 봄이 타당하다.

2022 경찰경력채용 ( )

해설 이 사건 분묘는 구 법 제17조가 적용되지 아니하여 그 설치기간에 제한이 없으나 이를 이장하여 새로 설치하는 분묘는 새로운 분묘로 취급되어 이 사건 부칙 조항에 의해 구 법 제17조의 설치기간 제한을 받게 되는바, 이로써 **청구인은 부모의 분묘를 가꾸고 봉제사를 하고자 하는 권리를 제한당한다고 할 수 있다.** 청구인은 이러한 권리가 헌법 제34조의 사회보장권이라고 하나 이는 헌법 제10조의 행복추구권의 한 내용으로 봄이 타당하다(헌재 2009.9.24. 2007헌마872).

80 교도소 사동에서 인원점검을 하면서 청구인을 비롯한 수형자들을 정렬시킨 후 차례로 번호를 외치도록 한 행위는 과잉금지원칙에 위배되어 청구인의 인격권 및 일반적 행동의 자유를 침해하지 않는다. 2022 경찰간부

( )

해설 이 사건 점호행위는, 신속하고 정확하게 거실 내 인원수를 확인함과 동시에 수형자의 건강상태 내지 심리상태, 수용생활 적응 여부 등을 살펴 각종의 교정사고를 예방하거나 사후에 신속하게 대처할 수 있도록 함으로써 교정시설의 안전과 질서를 유지하기 위한 것으로 그 목적이 정당하고, 그 목적을 달성하기 위한 적절한 수단이 된다. … 다수의 수형자가 공동으로 생활하는 혼거실의 경우에는 인원점검의 효율적인 운영과 기초질서의 함양을 위해서는 이 사건 점호행위와 같은 방법이 효과적이며, 점검관이 목산(目算)하는 방법은 인원점검의 정확성·신속성 측면에서 다수의 수형자가 생활하는 혼거실에 대한 인원점검 방법으로는 부적절할 뿐만 아니라 효과적인 방법이 될 수 없다. 따라서 이 사건 점호행위는 과잉금지원칙에 위배되어 청구인의 인격권 및 일반적 행동의 자유를 침해한다 할 수 없다(헌재 2012.7.26. 2011헌마332).

81 증여계약의 합의해제에 따라 신고기한 이내에 증여받은 재산을 반환하는 경우 처음부터 증여가 없었던 것으로 보는 대상에서 '금전'을 제외한 규정은 수증자의 계약의 자유를 침해한다. 2022 법원직 ( )

해설 '금전'의 경우 일반적인 재화의 교환수단으로서 그 목적물이 특정되지 아니하므로 현실적으로 '당초 증여받은 금전'과 '반환하는 금전'의 동일성을 확인할 방법이 없어, 금전을 비과세대상에 포함시킬 경우 증여세 회피 우려가 높기 때문에 심판대상조항은 증여세 회피기도를 차단하고 과세행정의 능률을 제고하기 위한 것으로서 그 **입법목적의 정당성이 인정되며**, 증여의 합의해제에 따른 증여세 비과세대상에서 금전을 일률적으로 제외하는 것은 위와 같은 입법목적 달성에 기여하므로 **수단의 적절성도 인정**된다. … 금전증여의 경우에는 증여와 동시에 본래 수증자가 보유하고 있던 자산에 혼입되어 수증자의 자산에서 증여받은 금전만을 분리하여 특정할 수 없게 되므로 설령 사후에 증여자가 수증자로부터 같은 액수의 금전을 돌려받더라도 그 동일성을 인정할 수 없어 증여받은 금전 자체의 반환이라고 하기 어려운 점 등에 비추어 보면, 합의해제에 의하여 같은 액수의 금전 반환이 이루어졌다 하더라도 법률적인 측면은 물론 경제적인 측면에서도 수증자의 재산이 실질적으로 증가되었다고 볼 수밖에 없다. 나아가 금전증여의 경우 합의해제가 행해지는 통상의 동기가 조세회피 내지 편법적 절세에 있는 이상, 보호하여야 할 사적 자치의 이익이 크다고 할 수 없어 법익의 균형성도 충족되므로 심판대상조항은 과잉금지원칙에 위배되어 수증자의 계약의 자유 및 재산권을 침해한다고 할 수 없다(헌재 2015.12.23. 2013헌바117).

ANSWER 79 ○ 80 ○ 81 ×

82 최저임금의 적용을 위해 주(週) 단위로 정해진 근로자의 임금을 시간에 대한 임금으로 환산할 때, 해당 임금을 1주 동안의 소정근로시간 수와 법정 주휴시간 수를 합산한 시간 수로 나누도록 한 규정은 임금의 수준에 관한 사용자의 계약의 자유를 침해하지 않는다. 2022 법원직 ( )

해설 최저임금 적용을 위한 임금의 시간급 환산 시 법정 주휴시간 수를 포함한 시간 수로 나누어야 하는지에 관하여 종전에 대법원 판례와 고용노동부의 해석이 서로 일치하지 아니하여 근로 현장에서 혼란이 초래되었다. 이 사건 시행령조항은 그와 같은 불일치와 혼란을 해소하기 위한 것으로서, 그 취지와 필요성을 인정할 수 있다. 비교대상 임금에는 주휴수당이 포함되어 있고, 주휴수당은 근로기준법에 따라 주휴시간에 대하여 당연히 지급해야 하는 임금이라는 점을 감안하면, 비교대상 임금을 시간급으로 환산할 때 소정근로시간 수 외에 법정 주휴시간 수까지 포함하여 나누도록 하는 것은 그 합리성을 수긍할 수 있다. **근로기준법이 근로자에게 유급주휴일을 보장하도록 하고 있다는 점을 고려할 때, 소정근로시간 수와 법정 주휴시간 수 모두에 대하여 시간급 최저임금액 이상을 지급하도록 하는 것이 그 자체로 사용자에게 지나치게 가혹하다고 보기는 어렵다. 따라서 이 사건 시행령조항은 과잉금지원칙에 위배되어 사용자의 계약의 자유 및 직업의 자유를 침해한다고 볼 수 없다**(헌재 2020.6.25. 2019헌마15).

83 석조, 석회조, 연와조 또는 이와 유사한 견고한 건물 기타 공작물의 소유를 목적으로 하는 토지임대차나 식목, 채염을 목적으로 하는 토지임대차를 제외한 임대차의 존속기간을 예외 없이 20년으로 제한한 조항은 사적 자치에 의한 자유적 거래관계 형성을 왜곡하므로 계약의 자유를 침해한다. 2022 법원직 ( )

해설 임대차계약을 통하여 합리적이고 효과적인 임차물 관리 및 개량방식의 설정이 가능함에도 불구하고, 임대인 또는 소유자가 임차물의 가장 적절한 관리자라는 전제하에 임대차의 존속기간을 제한함으로써 임차물 관리 및 개량의 목적을 이루고자 하는 것은 임차물의 관리소홀 및 개량미비로 인한 가치하락 방지라는 목적 달성을 위한 필요한 최소한의 수단이라고 볼 수 없다. … 또한 지하매설물 설치를 위한 토지임대차나 목조건물과 같은 소위 비견고건물의 소유를 위한 토지임대차의 경우 이 사건 법률조항으로 인해 임대차기간이 갱신되지 않는 한 20년이 경과한 후에는 이를 제거 또는 철거해야 하는데, 이는 사회경제적으로도 손실이 아닐 수 없다. 이 사건 법률조항은 입법취지가 불명확하고, 사회경제적 효율성 측면에서 일정한 목적의 정당성이 인정된다 하더라도 **과잉금지원칙을 위반하여 계약의 자유를 침해한다**(헌재 2013.12.26. 2011헌바234).

84-1 국내에 도착한 외국물품을 수입통관절차를 거치지 않고 다시 외국으로 반출하려면, 해당 물품의 품명·규격·수량 및 가격 등을 세관장에게 신고하도록 하는 「관세법」 조항은 환승 여행객인 청구인의 일반적 행동자유권을 제한한다. 2024 경찰1차 ( )

84-2 물품을 반송하려면 세관장에게 신고하도록 하는 관세법의 해당 조항 중 '반송'에 관한 부분은 과잉금지원칙에 반하여 환승 여행객의 일반적 행동자유권을 침해하지 않는다. 2024 법원행시 ( )

해설 이 사건 신고의무조항이 과잉금지원칙에 반하여 환승 여행객의 일반적 행동자유권을 침해하는지 여부를 살핀다. … **이 사건 신고의무조항은 과잉금지원칙에 반하여 환승 여행객의 일반적 행동자유권을 침해하지 아니한다**(헌재 2023.6.29. 2020헌바177등).

85 정당한 사유 없는 예비군 훈련 불참을 형사처벌하는 예비군법 제15조 제9항 제1호 중 "제6조 제1항에 따른 훈련을 정당한 사유 없이 받지 아니한 사람"에 관한 부분은 청구인의 일반적 행동자유권을 침해하지 않는다.
2023 지방직7급 ( )

ANSWER 82 ○ 83 ○ 84-1 ○ 84-2 ○ 85 ○

해설 심판대상조항은 법정형에 하한을 두지 않아 양형조건을 고려하여 선고형을 조절할 수 있고, 정당한 사유가 있는 경우는 처벌하지 않는다. 따라서 심판대상조항은 과잉금지원칙에 반하여 청구인의 일반적 행동자유권을 침해하지 아니한다(헌재 2021.2.25. 2016헌마757).

86-1 인간은 누구나 자신의 성정체성에 따른 인격을 형성하고 삶을 영위할 권리가 있다. 성전환자도 자신의 성정체성을 바탕으로 인격과 개성을 실현하고 우리 사회의 동등한 구성원으로서 타인과 함께 행복을 추구하며 살아갈 수 있어야 한다. 이러한 권리를 온전히 행사하기 위해서 성전환자는 자신의 성정체성에 따른 성을 진정한 성으로 법적으로 확인받을 권리를 가진다. 이는 인간으로서의 존엄과 가치에서 유래하는 근본적인 권리로서 행복추구권의 본질을 이루므로 최대한 보장되어야 한다. 2024 법원행시 ( )

86-2 미성년 자녀를 둔 성전환자도 부모로서 자녀를 보호하고 교양하며, 친권을 행사할 때에도 자녀의 복리를 우선해야 할 의무가 있으므로, 미성년 자녀가 있는 성전환자의 성별정정 허가 여부를 판단할 때에는 성전환자의 기본권의 보호와 미성년 자녀의 보호 및 복리와의 조화를 이룰 수 있도록 법익의 균형을 위한 여러 사정들을 종합적으로 고려하여 실질적으로 판단하여야 한다. 따라서 위와 같은 사정들을 고려하면 성전환자에게 미성년 자녀가 있는 경우에는 성별정정을 불허하여야 한다. 2024 법원행시 ( )

해설 인간은 누구나 자신의 성정체성에 따른 인격을 형성하고 삶을 영위할 권리가 있다. 성전환자도 자신의 성정체성을 바탕으로 인격과 개성을 실현하고 우리 사회의 동등한 구성원으로서 타인과 함께 행복을 추구하며 살아갈 수 있어야 한다. 이러한 권리를 온전히 행사하기 위해서 성전환자는 자신의 성정체성에 따른 성을 진정한 성으로 법적으로 확인받을 권리를 가진다. 이는 인간으로서의 존엄과 가치에서 유래하는 근본적인 권리로서 행복추구권의 본질을 이루므로 최대한 보장되어야 한다. 한편 미성년 자녀를 둔 성전환자도 부모로서 자녀를 보호하고 교양하며(민법 제913조), 친권을 행사할 때에도 자녀의 복리를 우선해야 할 의무가 있으므로(민법 제912조), 미성년 자녀가 있는 성전환자의 성별정정 허가 여부를 판단할 때에는 성전환자의 기본권의 보호와 미성년 자녀의 보호 및 복리와의 조화를 이룰 수 있도록 법익의 균형을 위한 여러 사정들을 종합적으로 고려하여 실질적으로 판단하여야 한다. 따라서 위와 같은 사정들을 고려하여 실질적으로 판단하지 아니한 채 단지 성전환자에게 미성년 자녀가 있다는 사정만을 이유로 성별정정을 불허하여서는 아니 된다(대법원 2022.11.24.자 2020스616 전원합의체 결정).

87 이동통신사사업자가 제공하는 전기통신역무를 타인의 통신용으로 제공하는 것을 원칙적으로 금지하고 위반 시에는 형사처벌하는 「전기통신사업법」 조항은 이동통신서비스 이용자의 일반적 행동자유권을 침해한다.
2024 경찰승진 ( )

해설 대포폰으로 인한 보이스피싱 등 신종범죄의 발생 추세, 대포폰 개통에 명의를 제공한 자가 단속된 건수 등에 비추어 볼 때 보이스피싱 등 범죄의 범행도구로 악용될 위험을 과태료 등 행정질서벌의 제재만으로도 충분히 방지할 수 있다고 단정할 수 없으므로, 이동통신서비스 이용자가 이동통신서비스를 타인의 통신용으로 제공하는 행위에 대하여 형벌을 부과하도록 규정한 입법자의 판단이 잘못되었다고 보기 어렵다. 나아가 이동통신서비스를 타인의 통신용으로 제공하는 행위로 인한 피해를 더 효과적으로 방지할 수 있는 수단이 마련되어 있다고 보기 어렵고, 달리 입법목적을 달성할 수 있는 효과적인 수단을 상정하기도 어렵다. 이동통신서비스 이용자는 심판대상조항으로 인해 이동통신서비스 이용계약 체결에 필요한 증서 등을 타인에게 제공하거나 자기 명의로 이동통신서비스 이용계약을 체결한 후 실제 이용자에게 휴대전화를 양도할 수 없는 불이익을 입을 뿐이므로, 이동통신서비스 이용자가 제한받는 사익의 정도가 공익에 비하여 과다하다고 보기도 어렵다. 따라서 심판대상조항은 **이동통신서비스 이용자의 일반적 행동자유권을 침해하지 아니한다**(헌재 2022.6.30. 2019헌가14).

ANSWER 86-1 ○ 86-2 × 87 ×

88 명의신탁이 증여로 의제되는 경우 명의신탁의 당사자에게 증여세의 과세가액 및 과세표준을 납세지 관할 세무서장에게 신고할 의무를 부과하는 「상속세 및 증여세법」 조항은 해당 명의신탁 당사자의 일반적 행동자유권을 침해하지 않는다. 2024 경찰승진 ( )

> 해설 심판대상조항은 명의신탁이 증여로 의제되는 경우 명의신탁의 당사자에게도 다른 여타의 증여세 납세의무자와 동일하게 증여세 신고의무를 부과함으로써, 효과적인 조세 부과 및 징수를 담보하고, 궁극적으로는 명의신탁을 내세워 조세를 회피하는 것을 방지하여 조세정의와 조세평등을 실현하려는 것이다. 명의신탁의 당사자에게 부과되는 증여세가 행정상 제재의 성격을 갖는 측면이 있다고는 하지만 기본적으로는 조세에 해당하고, 명의신탁의 당사자라고 하여 일률적으로 신고의무를 부담하는 것이 아니라 조세회피의 목적이 없는 경우에는 신고의무를 부담하지 아니하므로, 심판대상조항이 명의신탁의 당사자에게 필요 이상의 과도한 제한을 부과하는 것이라고 할 수 없다. 증여세 납세의무를 부담하는 명의신탁의 당사자에게 신고의무를 부담시키고 증여세를 부과하는 것은 명의신탁이 증여의 은폐수단으로 이용되거나 각종 조세의 회피수단으로 이용되는 것을 방지하는 데 결정적으로 기여하고, 이러한 공익은 심판대상조항이 부과하는 증여세 신고의무로 인해 청구인들이 받게 되는 불편함보다 훨씬 중대하다. 따라서 심판대상조항이 **일반적 행동의 자유를 침해한다고 볼 수 없다**(헌재 2022.2.24. 2019헌바225 등).

89 협의상 이혼을 하고자 하는 경우 부부가 함께 관할 가정법원에 출석하여 협의이혼의사확인신청서를 제출하도록 하는 「가족관계의 등록에 관한 규칙」상 조항은 청구인의 일반적 행동자유권을 침해하지 않는다.
2023 경찰간부 ( )

> 해설 이 사건 규칙조항에서 협의이혼의사확인신청을 할 때 부부 쌍방으로 하여금 직접 법원에 출석하여 신청서를 제출하도록 한 것은, 일시적 감정이나 강압에 의한 이혼을 방지하고 협의상 이혼이 그 절차가 시작될 때부터 당사자 본인의 의사로 진지하고 신중하게 이루어지도록 하기 위한 것이므로, **목적의 정당성 및 수단의 적합성이 인정**된다. … 일정한 경우에는 부부 한쪽만 출석할 수 있도록 예외가 인정되고 있으며, **법원 출석이 곤란하거나 불편한 경우 재판상 이혼 절차를 이용할 수도 있으므로, 침해의 최소성도 인정**된다. 한편, 이 사건 규칙조항은 협의상 이혼의 사유 자체를 제한하거나 당사자에게 과도한 부담이 되는 절차를 요구하는 것이 아닌 반면에, **이 사건 규칙조항을 통해 협의상 이혼이 당사자의 자유롭고 진지한 의사에 기하도록 함으로써 달성될 수 있는 공익은 결코 작지 않으므로, 법익의 균형성도 인정**된다. 따라서 **이 사건 규칙조항은 과잉금지원칙에 반하여 청구인의 일반적 행동자유권을 침해하지 않는다**(헌재 2016.6.30. 2015헌마894).

90 어린이보호구역에서 제한속도 준수의무 또는 안전운전의무를 위반하여 어린이를 상해에 이르게 한 경우 가중처벌하는 「특정범죄 가중처벌 등에 관한 법률」상 조항은 과잉금지원칙에 위반되어 청구인들의 일반적 행동자유권을 침해한다. 2023 경찰간부 ( )

> 해설 어린이의 통행이 빈번한 초등학교 인근 등 제한된 구역을 중심으로 어린이 보호구역을 설치하고 엄격한 주의의무를 부과하여 위반자를 엄하게 처벌하는 것은 어린이에 대한 **교통사고 예방과 보호를 위해 불가피한 조치**이다. … 운전자의 주의의무 위반의 내용 및 정도와 어린이가 입은 피해의 정도가 다양하여 불법성 및 비난가능성에 차이가 있다고 하더라도, 이는 법관의 **양형으로 충분히 극복될 수 있는 범위 내에 있다**. 운전자가 어린이 보호구역에서 높은 주의를 기울여야 하고 운행의 방식을 제한받는 데 따른 불이익보다, 주의의무를 위반한 운전자를 가중처벌하여 어린이가 교통사고의 위험으로부터 벗어나 안전하고 건강한 생활을 영위하도록 함으로써 얻게 되는 공익이 더 크다. 따라서 심판대상조항은 과잉금지원칙에 위반되어 청구인들의 **일반적 행동자유권을 침해한다고 볼 수 없다**(헌재 2023.2.23. 2020헌마460 등).

91 만성신부전증환자에 대한 외래 혈액투석 의료급여수가의 기준을 정액수가로 규정한 '의료급여수가의 기준 및 일반기준'상 조항은 과잉금지원칙에 반하여 수급권자인 청구인의 의료행위선택권을 침해한다. 2023 경찰간부
( )

ANSWER 88 ○   89 ○   90 ×   91 ×

해설 한정된 의료급여재정의 범위 내에서 적정하고 지속적인 의료서비스를 제공하고, 의료의 질을 유지할 수 있는 방법으로 현행 정액수가제와 같은 정도로 입법목적을 달성하면서 기본권을 덜 제한하는 수단이 명백히 존재한다고 보기 어렵고, 의료급여 수급권자가 입게 되는 불이익이 공익보다 크다고 볼 수도 없다. **심판대상조항은 수급권자인 청구인의 의료행위선택권을 침해하지 않는다**(헌재 2020.4.23. 2017헌마103).

92 아동·청소년 대상 성범죄자에게 1년마다 정기적으로 새로 촬영한 사진을 제출하도록 하고 정당한 사유 없이 사진제출의무를 위반한 경우 형사처벌 하는 것은 아동·청소년 대상 성범죄자의 일반적 행동의 자유를 침해하는 것이다. 2023 해양경찰 ( )

해설 아동·청소년 대상 성범죄자의 신상정보를 등록하게 하고, 그중 사진의 경우에는 1년마다 새로 촬영하여 제출하게 하고 이를 보존하는 것은 신상정보 등록대상자의 재범을 억제하고, 재범한 경우에는 범인을 신속하게 검거하기 위한 것이므로 그 입법목적이 정당하고, 사진이 징표하는 신상정보인 외모는 쉽게 변하고, 그 변경 유무를 객관적으로 판단하기 어려우므로 1년마다 사진제출의무를 부과하는 것은 그러한 입법목적 달성을 위한 적합한 수단이다. 외모라는 신상정보의 특성에 비추어 보면 변경되는 정보의 보관을 위하여 정기적으로 사진을 제출하게 하는 방법 외에는 다른 대체수단을 찾기 어렵고, 등록의무자에게 매년 새로 촬영된 사진을 제출하게 하는 것이 그리 큰 부담은 아닐 뿐만 아니라, **의무위반 시 제재방법은 입법자에게 재량이 있으며 형벌 부과는 입법재량의 범위 내에 있고 또한 명백히 잘못 되었다고 할 수는 없으며, 법정형 또한 비교적 경미하므로 침해의 최소성 원칙 및 법익균형성원칙에도 위배되지 아니한다.** 따라서 이 사건 심판대상조항은 **일반적 행동의 자유를 침해하지 아니한다**(헌재 2015.7.30. 2014헌바257).

93 금치처분을 받은 수형자에게 금치기간 중 신문·도서·잡지 외 자비구매물품의 사용을 제한하는 것은 수형자의 일반적 행동의 자유를 침해하지 아니한다. 2023 경찰간부 ( )

해설 형집행법 제112조 제3항 본문 중 제108조 제7호의 신문·도서·잡지 외 자비구매물품에 관한 부분은 금치의 징벌을 받은 사람에 대해 금치기간 동안 자비로 구매한 음식물, 의약품 및 의료용품 등 자비구매물품을 사용할 수 없는 불이익을 가함으로써, 규율의 준수를 강제하여 수용시설 내의 안전과 질서를 유지하기 위한 것으로서 목적의 정당성 및 수단의 적합성이 인정된다. 금치처분을 받은 사람은 소장이 지급하는 음식물, 의류·침구, 그 밖의 생활용품을 통하여 건강을 유지하기 위한 필요최소한의 생활을 영위할 수 있고, 의사가 치료를 위하여 처방한 의약품은 여전히 사용할 수 있다. 또한, **위와 같은 불이익은 규율 준수를 통하여 수용질서를 유지한다는 공익에 비하여 크다고 할 수 없다. 따라서 위 조항은 청구인의 일반적 행동의 자유를 침해하지 아니한다**(헌재 2016.5.26. 2014헌마45).

Ⅲ 최신판례

01 의료인이 임신 32주 이전에 태아의 성별을 임부 등에게 알리는 것을 금지한 「의료법」 조항은 부모가 태아의 성별 정보에 대한 접근을 방해받지 않을 권리를 침해한다(헌재 2024.2.28. 2022헌마356).

02 물품을 반송하려면 세관장에게 신고하도록 하는 「관세법」 조항은 환승 여행객의 일반적 행동자유권을 침해하지 아니한다(헌재 2023.6.29. 2020헌바177).

ANSWER 92 × 93 ○

03 청구인이 남편의 폭행에 대항하여 손톱으로 남편의 팔을 할퀸 사건에서 청구인의 행위는 정당행위 또는 정당방위에 해당할 수 있음에도 청구인에게 폭행죄가 성립함을 전제로 피청구인이 청구인에 대하여 한 기소유예처분이 자의적인 검찰권 행사로서 청구인의 평등권과 행복추구권을 침해한다(헌재 2023.8.31. 2021헌마994).

04 청구인은 별거 중의 아내인 피해자가 거주하는 집에 비밀번호를 누르고 들어가 주거침입을 하였다는 피의사실로 기소유예처분을 받았다. 그런데 청구인이 공동거주자의 지위에 있고 사실상 평온을 해치는 방법으로 공동주거에 들어간 사실이 인정되지 않음에도 불구하고, 주거침입 피의사실이 인정됨을 전제로 기소유예처분을 한 것은 자의적인 검찰권 행사로서 청구인의 평등권과 행복추구권을 침해한다(헌재 2023.9.26. 2021헌마1602).

05 **사회복무 업무조항**은 공평한 병역의무 부과와 잉여 병역자원의 효율적인 활용, 사회서비스업무 및 행정업무의 질 향상 등에 기여하기 위한 목적에서 규정된 조항이다. 사회복무 업무조항이 규정한 사회복무요원의 업무는 넓은 의미의 안보 개념 내지 병역의무의 내용과 무관하다고 볼 수 없다. 또한 사회복무요원은 군사교육소집 대상이 되고 전시에 병력동원소집 대상이 되며 복무 후 예비군에 편성되는 등 군사적 역무와의 관련성이 명확하다. 따라서 비록 사회복무요원이 사회복무 업무조항으로 인하여 원하지 않는 업무를 수행하더라도, 이는 국방의 의무의 일환으로 부여되는 것이므로 과잉금지원칙을 위반하여 **일반적 행동자유권을 침해한다고 볼 수 없다**(헌재 2023.10.26. 2019헌마392 등).

06 주택 임차인이 계약갱신요구를 할 경우 임대인이 정당한 사유 없이 거절하지 못하도록 하고, 임대인이 실제 거주를 이유로 갱신을 거절한 후 정당한 사유 없이 제3자에게 임대한 경우 손해배상책임을 부담시키는 주택임대차보호법 조항들은 계약의 자유와 재산권을 침해한다고 볼 수 없다(헌재 2024.2.28. 2020헌마1343).

03 CHAPTER 평등권

Ⅰ 헌법 조문

제11조 ① 모든 국민은 법 앞에 평등하다. 누구든지 성별·종교 또는 사회적 신분에 의하여 정치적·경제적·사회적·문화적 생활의 모든 영역에 있어서 차별을 받지 아니한다.
② 사회적 특수계급의 제도는 인정되지 아니하며, 어떠한 형태로도 이를 창설할 수 없다.
③ 훈장등의 영전은 이를 받은 자에게만 효력이 있고, 어떠한 특권도 이에 따르지 아니한다.

Ⅱ 최신 기출지문 분석

01 헌법은 누구든지 성별·종교 또는 사회적 신분에 의하여 정치적·경제적·사회적·문화적 생활의 모든 영역에 있어서 차별을 받지 아니한다고 규정하고 있다. 2024 행시 ( )

> 해설 모든 국민은 법 앞에 평등하다. 누구든지 성별·종교 또는 사회적 신분에 의하여 정치적·경제적·사회적·문화적 생활의 모든 영역에 있어서 차별을 받지 아니한다(헌법 제11조 제1항).

02-1 평등원칙은 법 적용상의 평등을 의미하여 행정권과 사법권만을 구속할 뿐이므로, 평등원칙이 입법권까지 구속하는 것은 아니다. 2022 변시 ( )

02-2 헌법상 평등원칙의 규범적 의미는 '법 적용의 평등'을 의미하는 것이지, 입법자가 입법을 통해서 권리와 의무를 분배함에 있어서 적용할 가치평가의 기준을 정당화할 것을 요구하는 '법 제정의 평등'을 포함하는 것은 아니다. 2023 경찰승진 ( )

02-3 법 앞에서의 평등의 원칙은 법을 적용함에 있어서 뿐만 아니라, 입법을 함에 있어서도 불합리한 차별대우를 하여서는 아니 된다는 것을 의미하는 것이다. 2023 경찰경력채용 ( )

> 해설 헌법 제11조 제1항이 규정하고 있는 평등원칙은 법치국가질서의 근본요청으로서 모든 국가기관에게 법을 적용함에 있어서 정당한 근거 없이 개인이나 일정한 인적 집단을 불평등하게 대우하는 것을 금지한다. 따라서 모든 사람은 평등하게 법규범을 통해서 의무를 부담하고 권리를 부여받으며, 반대로 모든 공권력주체에 대해서는 일정한 사람들에게 유리하거나 불리하게 법을 적용하거나 적용하지 않는 것이

ANSWER 01 ○ 02-1 × 02-2 × 02-3 ○

금지된다. 그러나 **헌법 제11조 제1항의 규범적 의미**는 이와 같은 '법 적용의 평등'에서 끝나지 않고, 더 나아가 **입법자에 대해서도** 그가 입법을 통해서 권리와 의무를 분배함에 있어서 적용할 가치평가의 기준을 정당화할 것을 요구하는 '**법 제정의 평등**'을 포함한다(헌재 2000.8.31. 97헌가12).

03 국가가 합리적인 기준에 따라 능력이 허용하는 범위 내에서 법적 가치의 상향적인 구현을 위한 제도의 단계적 개선을 추진할 수 있는 방안을 선택하는 것은 평등원칙에 위배되지 않는다. 2023 입법고시 ( )

해설 국가가 국가유공자에게 예우할 구체적인 의무의 내용이나 범위, 그 방법·시기 등은 국가의 재정부담 능력과 전체적인 사회보장의 수준, 국가유공자에 대한 평가기준 등에 따라 정하여지는 입법자의 광범위한 입법형성의 자유영역에 속하는 것으로 기본적으로는 국가의 입법정책에 달려 있다고 할 것이다. 또한 헌법상 평등의 원칙은 국가가 언제 어디에서 어떤 계층을 대상으로 하여 기본권에 관한 사항이나 제도의 개선을 시작할 것인지를 선택하는 것을 방해하지 않는다. 말하자면 국가는 합리적인 기준에 따라 능력이 허용하는 범위 내에서 법적 가치의 상향적 구현을 위한 제도의 단계적인 개선을 추진할 수 있는 길을 선택할 수 있어야 한다(헌재 2001.6.28. 99헌바32).

04-1 헌법 제11조 제1항에서 정한 법 앞에서의 평등의 원칙은 본질적으로 같은 것은 같게, 본질적으로 다른 것은 다르게 취급할 것을 요구하는 것으로 일체의 차별적 대우를 부정하는 절대적 평등을 의미하는 것이 아니라 입법과 법의 적용에 있어서 합리적인 근거가 없는 차별을 배제하는 상대적 평등을 의미한다. 2023 경찰승진 ( )

04-2 평등원칙은 일체의 차별적 대우를 부정하는 절대적 평등을 의미하는 것으로, 입법과 법의 적용에 있어서 합리적 이유 없는 차별을 하여서는 아니 된다는 상대적 평등을 의미하는 것은 아니다. 2024 행시 ( )

04-3 평등의 원칙은 일체의 차별적 대우를 부정하는 절대적 평등을 의미하는 것이 아니라 입법과 법의 적용에 있어서 합리적 근거 없는 차별을 하여서는 아니 된다는 상대적 평등을 뜻하고 따라서 합리적 근거 있는 차별 내지 불평등은 평등의 원칙에 반하는 것이 아니다. 2023 해양경찰 ( )

04-4 헌법에서 규정하고 있는 평등의 원칙은 절대적 평등을 의미하는 것이 아니라 상대적 평등을 뜻한다.
2023 경찰경력채용 ( )

해설 평등의 원칙은 본질적으로 같은 것은 같게, 본질적으로 다른 것은 다르게 취급할 것을 요구한다. 그렇지만 이러한 평등은 일체의 차별적 대우를 부정하는 절대적 평등을 의미하는 것이 아니라 입법과 법의 적용에 있어서 합리적인 근거가 없는 차별을 배제하는 상대적 평등을 뜻하고 따라서 합리적 근거가 있는 차별은 평등의 원칙에 반하는 것이 아니다(헌재 2008.11.27. 2005헌마161 등).

05-1 헌법재판소는 평등권의 침해 여부를 심사할 때, 원칙적으로 완화된 심사의 경우 자의금지원칙에 의한 심사를 하고 엄격심사의 경우 과소보호금지원칙에 의한 심사를 한다. 2024 행시 ( )

05-2 헌법에서 특별히 평등을 요구하고 있는 경우나 차별적 취급으로 인하여 관련 기본권에 중대한 제한을 초래하게 되는 경우에는 완화된 심사척도인 자의금지원칙이 적용된다. 2023 해양경찰 ( )

ANSWER 03 ○ 04-1 ○ 04-2 × 04-3 ○ 04-4 ○ 05-1 × 05-2 ×

05-3 차별적 취급으로 인하여 관련 기본권에 대한 중대한 제한을 초래하게 된다면 입법형성권은 축소되어 보다 엄격한 심사척도가 적용되어야 할 것이다. 2023 국회직8급 ( )

05-4 평등권의 침해 여부에 대한 심사는 그 심사기준에 따라 자의금지원칙에 의한 심사와 비례의 원칙에 의한 심사로 크게 나누어 볼 수 있다. 자의심사의 경우에는 차별을 정당화하는 합리적인 이유가 있는지만을 심사하기 때문에 그에 해당하는 비교대상간의 사실상의 차이나 입법목적(차별목적)의 발견, 확인에 그칠 수 있다. 2023 국회직8급 ( )

> **해설** 평등권의 침해 여부에 대한 심사는 그 심사기준에 따라 자의금지원칙에 의한 심사와 비례의 원칙에 의한 심사로 크게 나누어 볼 수 있다. 그리고 원칙적으로는 자의금지원칙에 의한 심사가 행해지지만, 헌법에서 특별히 평등을 요구하고 있는 경우, 또는 차별적 취급으로 인하여 관련 기본권에 대한 중대한 제한을 초래하게 되는 경우에는 비례의 원칙에 의한 심사가 행해진다. 자의심사의 경우에는 차별을 정당화하는 합리적인 이유가 있는지만을 심사하기 때문에 그에 해당하는 비교대상간의 사실상의 차이나 입법목적(차별목적)의 발견·확인에 그치는 반면에, 비례심사의 경우에는 단순히 합리적인 이유의 존부문제가 아니라 차별을 정당화하는 이유와 차별간의 상관관계에 대한 심사, 즉 비교대상간의 사실상의 차이의 성질과 비중 또는 입법목적(차별목적)의 비중과 차별의 정도에 적정한 균형관계가 이루어져 있는가를 심사한다(헌재 2001.2.22. 2000헌마25).

06 헌법이 스스로 차별의 근거로 삼아서는 아니 되는 기준을 제시하거나 차별을 특히 금지하고 있는 영역을 제시하고 있다면 그러한 기준을 근거로 한 차별이나 그러한 영역에서의 차별에 대하여 엄격하게 심사하는 것이 정당화된다. 2023 국회직8급 ( )

> **해설** 먼저 헌법에서 특별히 평등을 요구하고 있는 경우 엄격한 심사척도가 적용될 수 있다. **헌법이 스스로 차별의 근거로 삼아서는 아니 되는 기준을 제시하거나 차별을 특히 금지하고 있는 영역을 제시하고 있다면 그러한 기준을 근거로 한 차별이나 그러한 영역에서의 차별에 대하여 엄격하게 심사하는 것이 정당화**된다(헌재 2010.12.28. 2009헌바400).

07 평등위반 여부를 심사함에 있어 엄격한 심사척도에 의할 것인지, 완화된 심사척도에 의할 것인지는 입법자에게 인정되는 입법형성권의 정도에 따라 달라지게 될 것이다. 2023 국회직8급 ( )

> **해설** 평등위반 여부를 심사함에 있어 엄격한 심사척도에 의할 것인지, 완화된 심사척도에 의할 것인지는 입법자에게 인정되는 입법형성권의 정도에 따라 달라진다(헌재 2010.12.28. 2009헌바400).

08 평등원칙 위반여부를 심사함에 있어서 자의금지원칙에 따른 심사의 경우에는 차별취급이 존재하는 경우 이를 자의적인 것으로 볼 수 있는지 여부를 심사하는데, 차별취급의 자의성은 합리적 이유가 결여된 것을 의미하므로 차별대우를 정당화하는 객관적이고 합리적인 이유가 존재한다면 차별대우는 자의적인 것이 아니게 된다. 2023 경찰승진 ( )

> **해설** 자의금지원칙에 관한 심사요건은 첫째, 본질적으로 동일한 것을 다르게 취급하고 있는지에 관한 차별취급의 존재 여부, 둘째, 이러한 차별취급이 존재한다면 이를 자의적인 것으로 볼 수 있는지 여부라고 할 수 있다. **첫째 요건과 관련하여 두 개의 비교집단이 본질적으로 동일한가의 판단은 일반적으로 관련 헌법규정과 당해 법 규정의 의미와 목적에 달려 있고, 둘째 요건과 관련하여 차별취급의 자의성은 합리적인 이유가 결여된 것을 의미하므로, 차별대우를 정당화하는 객관적이고 합리적인 이유가 존재한다면 차별대우는 자의적인 것이 아니게 된다**(헌재 2010.6.24. 2009헌바111).

ANSWER 05-3 ○ 05-4 ○ 06 ○ 07 ○ 08 ○

09-1 「제대군인지원에 관한 법률」에 규정된 가산점제도(과목별 만점의 5% 또는 3%를 가산)는 제대군인에 비하여 여성 및 제대군인이 아닌 남성을 부당한 방법으로 지나치게 차별하는 것으로서 헌법 제11조에 위배된다. 2023 행시 ( )

09-2 잠정적 우대조치라 함은, 종래 사회로부터 차별을 받아 온 일정집단에 대해 그동안의 불이익을 보상하여 주기 위하여 그 집단의 구성원이라는 이유로 취업이나 입학 등의 영역에서 직·간접적으로 이익을 부여하는 조치를 말한다. 2022 경찰경력채용 ( )

09-3 가산점제도는 제대군인에 비하여, 여성 및 제대군인이 아닌 남성을 비례성원칙에 반하여 차별하는 것으로서 헌법 제11조에 위배되며, 이로 인하여 청구인들의 평등권이 침해된다. 2022 경찰경력채용 ( )

> **해설** 제대군인 가산점제도(헌재 1999.12.23. 98헌마363)
> (1) 제대군인의 사회복귀를 지원한다는 것은 입법정책적으로 얼마든지 가능하고 또 매우 필요하다고 할 수 있으므로 이 **입법목적은 정당**하다.
> (2) 제대군인에 대하여 여러 가지 사회정책적 지원을 강구하는 것이 필요하다 할지라도, 그것이 사회공동체의 다른 집단에게 동등하게 보장되어야 할 균등한 기회 자체를 박탈하는 것이어서는 아니 되는데, 가산점제도는 공직수행능력과는 아무런 합리적 관련성을 인정할 수 없는 성별 등을 기준으로 여성과 장애인 등의 사회진출기회를 박탈하는 것이므로 **정책수단으로서의 적합성과 합리성을 상실한 것이라 하지 아니할 수 없다.**
> (3) 가산점제도는 제대군인에 대한 이러한 혜택을 몇 번이고 아무런 제한없이 부여하고 있다. 채용시험 응시횟수에 무관하게, **가산점제도의 혜택을 받아 채용시험에 합격한 적이 있었는지에 관계없이 제대군인은 계속 가산점혜택을 받을 수 있다.** 이는 한 사람의 제대군인을 위하여 몇 사람의 비제대군인의 기회가 박탈당할 수 있음을 의미하는 것이다.
> (4) 가산점제도는 승진, 봉급 등 공직내부에서의 차별이 아니라 **공직에의 진입 자체를 어렵게 함으로써 공직선택의 기회를 원천적으로 박탈하는 것이기** 때문에 공무담임권에 대한 더욱 중대한 제약으로서 작용하고 있다.
> (5) 잠정적 우대조치라 함은, 종래 사회로부터 차별을 받아 온 일정집단에 대해 그동안의 불이익을 보상하여 주기 위하여 그 집단의 구성원이라는 이유로 취업이나 입학 등의 영역에서 직·간접적으로 이익을 부여하는 조치를 말한다. 여성공무원 채용목표제는 가산점제도와는 제도의 취지, 기능을 달리하는 별개의 제도이다. **채용목표제는 종래부터 차별을 받아 왔고 그 결과 현재 불리한 처지에 있는 여성을 유리한 처지에 있는 남성과 동등한 처지에까지 끌어 올리는 것을 목적으로 하는 제도**이다. 이에 반하여 가산점제도는 공직사회에서의 남녀비율에 관계없이 무제한적으로 적용되는 것으로서, 우월한 처지에 있는 남성의 기득권을 직·간접적으로 유지·고착하는 결과를 낳을 수 있는 제도이다. **채용목표제의 효과는 매우 제한적**이다. 이상과 같은 점을 고려해 볼 때 **채용목표제의 존재를 이유로 가산점제도의 위헌성이 제거되거나 감쇄된다고는 할 수 없다.**
> (6) 그렇다면 가산점제도는 제대군인에 비하여, 여성 및 제대군인이 아닌 남성을 부당한 방법으로 지나치게 차별하는 것으로서 헌법 제11조에 위배되며, 이로 인하여 청구인들의 평등권이 침해된다.

10-1 잠정적 우대조치의 특징은 개인의 자격이나 실적보다는 집단의 일원이라는 것을 근거로 하여 혜택을 준다는 점에 있다. 2022 경찰경력채용 ( )

10-2 잠정적 우대조치는 기회의 평등보다는 결과의 평등을 추구한다. 2022 경찰경력채용 ( )

ANSWER 09-1 ○ 09-2 ○ 09-3 ○ 10-1 ○ 10-2 ○

10-3 잠정적 우대조치는 항구적 정책이 아니라 구제목적이 실현되면 종료하는 임시적 조치이다. 2022 경찰경력채용
( )

> [해설] 잠정적 우대조치의 특징으로는 이러한 정책이 개인의 자격이나 실적보다는 집단의 일원이라는 것을 근거로 하여 혜택을 준다는 점, 기회의 평등보다는 결과의 평등을 추구한다는 점, 항구적 정책이 아니라 구제목적이 실현되면 종료하는 임시적 조치라는 점 등을 들 수 있다(헌재 1999.12.23. 98헌마363).

11 국가유공자와 그 유족 등 취업보호대상자가 국가기관이 실시하는 채용시험에 응시하는 경우에 10%의 가산점을 주도록 한 가산점제도는 평등권을 침해하지 않는다고 하는 것이 헌법재판소의 입장이다. 2023 국회직8급
( )

> [해설] 국·공립학교의 채용시험에 국가유공자와 그 가족이 응시하는 경우 만점의 10퍼센트를 가산하도록 규정하고 있는 국가유공자법 규정(헌재 2006.2.23. 2004헌마675 등)
> (1) **오늘날 가산점의 대상이 되는 국가유공자와 그 가족의 수가 과거에 비하여 비약적으로 증가하고 있는 현실과, 취업보호대상자에서 가족이 차지하는 비율, 공무원시험의 경쟁이 갈수록 치열해지는 상황을 고려할** 때, 위 조항의 폭넓은 해석은 필연적으로 일반 응시자의 공무담임의 기회를 제약하게 되는 결과가 될 수 있으므로 **위 조항은 엄격하게 해석할 필요**가 있다. 이러한 관점에서 **위 조항의 대상자는 조문의 문리해석대로 "국가유공자", "상이군경", 그리고 "전몰군경의 유가족"**이라고 봄이 상당하다.
> (2) 국가유공자 본인의 경우는 별론으로 하고, 그 가족의 경우는 위에서 본 바와 같이 헌법 제32조 제6항이 가산점제도의 근거라고 볼 수 없으므로 그러한 **완화된 심사는 부적절**한 것이다.
> (3) 가점 수혜대상자의 확대문제, 가족 합격률의 증가 추세, 가족에 대한 가점의 법적 근거 문제에 비추어 **입법목적과 수단 간에 비례성을 구비하지 못하여 일반 공직시험 응시자의 평등권, 공무담임권을 침해**한다.

12-1 대한민국 국민인 남자에 한하여 병역의무를 부과하는 「병역법」 조항은 우리 헌법이 특별히 명시적으로 차별을 금지하는 사유인 '성별'을 기준으로 병역의무를 부과하므로 이 조항이 평등권을 침해하는지 여부에 대해서는 자의금지원칙이 아닌 비례성원칙에 따른 심사를 하여야 한다. 2022 변시
( )

12-2 대한민국 국민인 남자에 한하여 병역의무를 부과한 구 「병역법」 조항이 평등권을 침해하는지 여부는 완화된 심사척도에 따라 자의금지원칙 위반 여부에 의하여 판단한다. 2022 경찰승진
( )

12-3 대한민국 국민인 남자에 한하여 병역의무를 부과한 구 「병역법」 조항이 성별을 기준으로 병역의무자의 범위를 정한 것은 평등권을 침해하지 않는다. 2023 행시
( )

12-4 대한민국 국민인 남성에 한하여 병역의무를 부과한 「병역법」 규정은 헌법이 특별히 양성평등을 요구하는 경우나 관련 기본권에 중대한 제한을 초래하는 경우의 차별취급을 그 내용으로 하고 있다고 보기 어렵다. 2023 입법고시
( )

12-5 대한민국 국민인 남자에 한하여 병역의무를 부과하는 구 「병역법」(1983. 12. 31. 법률 제3696호로 개정되고, 2009. 6. 9. 법률 제 9754호로 개정되기 전의 것) 조항은 우리 헌법이 특별히 명시적으로 차별을 금지하는 사유인 '성별'을 기준으로 병역의무를 부과하는 것이므로 이 조항이 평등권을 침해하는지 여부는 자의금지원칙이 아닌 엄격한 심사기준에 따라 심사하여야 한다. 2024 법원행시
( )

ANSWER 10-3 ○ 11 × 12-1 × 12-2 ○ 12-3 ○ 12-4 ○ 12-5 ×

해설 헌법 제11조 제1항 후문의 규정(성별·종교 또는 사회적 신분)은 불합리한 차별의 금지에 초점이 있고, 예시한 사유가 있는 경우에 절대적으로 차별을 금지할 것을 요구함으로써 입법자에게 인정되는 입법형성권을 제한하는 것은 아니다.

징집대상자의 범위 결정에 관하여는 입법자의 광범위한 입법형성권이 인정되기 때문에 이 사건 법률조항이 평등권을 침해하는지 여부는 완화된 심사기준에 따라 판단하여야 한다. 따라서 **남자에 한하여 병역의무를 부과하는 법률조항이 평등권을 침해하는지 여부는 완화된 심사기준에 따라 판단하여야 한다**(헌재 2010. 11. 25. 2006헌마328).

13 지원에 의하여 현역복무를 마친 여성의 경우 현역복무 과정에서의 훈련과 경험을 통해 예비전력으로서의 자질을 갖추고 있을 것으로 추정할 수 있으므로 지원에 의하여 현역복무를 마친 여성을 예비역 복무의무자의 범위에서 제외한「군인사법」조항은 예비역 복무의무자인 남성인 청구인의 평등권을 침해한다. 2024 경찰1차

( )

해설 예비역은 국가비상사태에 병력동원의 대상이 되므로, 일정한 신체적 능력과 군전력으로서의 소양이 필요한 점을 고려할 때, 현시점에서 일반적으로 **여성을 예비역 복무의무자에서 제외한 입법자의 판단이 현저히 자의적이라고 단정하기 어렵다.** 다만, 지원에 의하여 현역복무를 마친 여성의 경우 예비전력의 자질을 갖춘 것으로 추정할 수 있으나, 전시 요구되는 장교와 병의 비율, 예비역 인력운영의 효율성 등을 고려할 때, **현역복무를 마친 여성에 대한 예비역 복무의무 부과는 합리적 병력충원제도의 설계, 여군의 역할 확대 및 복무 형태의 다양성 요구 충족 등을 복합적으로 고려하여 결정할 사항**으로, 현시점에서 이에 대한 입법자의 판단이 현저히 자의적이라고 단정하기 어렵다. 따라서 **예비역 복무의무자의 범위에서 일반적으로 여성을 제외하는 구 병역법 조항 및 지원에 의하여 현역복무를 마친 여성을 일반적인 여성의 경우와 동일하게 예비역 복무의무자의 범위에서 제외하는 군인사법 조항은 평등권을 침해하지 아니한다**(헌재 2023. 10. 26. 2018헌마357).

14-1 헌법 제11조 제1항에서의 사회적 신분이란 사회에서 장기간 점하는 지위로서 일정한 사회적 평가를 수반하는 것을 의미하므로 전과자도 사회적 신분에 해당되고, 따라서 누범을 가중처벌하는 것은 전과자라는 사회적 신분을 이유로 차별대우를 하는 것이어서 평등원칙에 위배된다. 2022 변시 ( )

14-2 전과자도 헌법 제11조 제1항의 '사회적 신분'에 해당된다고 할 것이며, 누범을 가중처벌하는 것은 전과자라는 사회적 신분을 이유로 차별대우를 하는 것이 되어 평등원칙에 위배된다. 2023 입법고시 ( )

14-3 헌법 제11조 제1항의 사회적 신분이란 사회에서 장기간 점하는 지위로서 일정한 사회적 평가를 수반하는 것을 의미한다 할 것이므로 전과자도 사회적 신분에 해당된다. 2023 경찰경력채용 ( )

해설 헌법 제11조 제1항은 "모든 국민은 법 앞에 평등하다. 누구든지 성별·종교 또는 사회적 신분에 의하여 정치적·경제적·사회적·문화적 생활의 모든 영역에 있어서 차별을 받지 아니한다."라고 규정하고 있는바 여기서 **사회적 신분이란 사회에서 장기간 점하는 지위로서 일정한 사회적 평가를 수반하는 것을 의미한다 할 것이므로 전과자도 사회적 신분에 해당**된다고 할 것이다.

누범을 가중처벌하는 것은 전범에 대한 형벌의 경고적 기능을 무시하고 다시 범죄를 저질렀다는 점에서 비난가능성이 많고, 누범이 증가하고 있다는 현실에서 사회방위, 범죄의 특별예방 및 일반예방이라는 형벌목적에 비추어 보아, 형법 제35조가 누범에 대하여 형을 가중한다고 해서 그것이 인간(人間)의 존엄성(尊嚴性) 존중이라는 헌법의 이념에 반하는 것도 아니며, **누범을 가중하여 처벌하는 것은 사회방위, 범죄의 특별예방 및 일반예방, 더 나아가 사회의 질서유지의 목적을 달성하기 위한 하나의 수단이기도 하는 것이므로 이는 합리적 근거 있는 차별이어서 헌법상의 평등(平等)의 원칙(原則)에 위배되지 아니한다**(헌재 1995. 2. 23. 93헌바43).

ANSWER 13 × 14-1 × 14-2 × 14-3 ○

15 사회적 특수계급의 제도는 인정되지 아니하며, 어떠한 형태로도 이를 창설할 수 없다. 2023 해양경찰 ( )

> 해설 사회적 특수계급의 제도는 인정되지 아니하며, 어떠한 형태로도 이를 창설할 수 없다(헌법 제11조 제2항).

16-1 훈장 등의 영전은 이를 받은 자에게만 효력이 있고, 어떠한 특권도 이에 따르지 아니한다. 2023 해양경찰 ( )

16-2 훈장은 이를 받은 자와 그 자손에게 효력이 있으나, 이에 대한 특권은 훈장을 받은 자에게만 인정된다. 2024 행시 ( )

> 해설 훈장등의 영전은 이를 받은 자에게만 효력이 있고, 어떠한 특권도 이에 따르지 아니한다(헌법 제11조 제3항).

17 헌법재판소는 헌법이 특별히 평등을 요구하고 있는 경우와 차별적 취급으로 인하여 관련 기본권에 대한 중대한 제한을 초래하게 되는 경우에는 엄격한 심사척도인 비례성원칙에 따른 심사를 한다. 2023 경찰승진 ( )

> 해설 평등권 침해 여부를 심사함에 있어서 헌법에서 특별히 평등을 요구하고 있는 경우와 차별적 취급으로 인하여 관련 기본권에 대한 중대한 제한을 초래하게 되는 경우에는 엄격한 심사기준이 적용되어야 할 것이지만, 그 밖의 경우에는 완화된 심사기준에 따라 차별을 정당화하는 합리적인 이유가 있는지를 심사하는 것으로 충분하다(헌재 2014.5.29. 2012헌마515).

18 태평양전쟁 전후 일제에 의한 강제동원으로 피해를 입은 자에 대한 위로금 지급에 있어 대한민국 국적을 갖고 있지 않은 유족을 위로금 지급대상에서 제외하는 것은 정의·인도와 동포애로써 민족의 단결을 공고히 할 것을 규정한 헌법 전문에 비추어 헌법에 위반된다. 2022 변시 ( )

> 해설 국가가 개인에게 특정한 이유로 시혜적 급부를 하는 경우, 이러한 급부는 국민이 낸 세금 등을 재원으로 하는 것이므로 특별한 사정이 없는 한 그 나라의 국민을 급부의 대상으로 하는 것이 원칙이고, 외국인이 그러한 급부에 필요한 재원을 충당하는 데 기여하였다는 등으로 외국인에게 급부를 하여야 할 특별한 사정이 있지 않는 한 외국인을 그 대상으로 하지 않는다고 하여 평등원칙에 위배된다고 보기는 어렵다. 국외강제동원자지원법은 국민이 부담하는 세금을 재원으로 하여 국외강제동원 희생자와 그 유족에게 위로금 등을 지급함으로써 그들의 고통과 희생을 위로해 주기 위한 법으로서 국가가 유족에게 일방적인 시혜를 베푸는 것이므로, 그 수혜 범위에서 외국인인 유족을 배제하고 대한민국 국민인 유족만을 대상으로 한 것이다. 따라서 청구인과 같이 자발적으로 외국 국적을 취득하여 결과적으로 대한민국 국민으로서의 법적 지위와 권리·의무를 스스로 포기한 유족을 위로금 지급 대상에서 제외하였다고 하여 이를 현저히 자의적이거나 불합리한 것으로서 평등원칙에 위배된다고 볼 수 없다(헌재 2015.12.23. 2011헌바139).

19 일정한 범위의 공공기관 및 공기업으로 하여금 매년 정원의 100분의 3 이상씩 15세 이상 34세 이하의 청년 미취업자를 채용하도록 한 것은, 합리적 이유 없이 능력주의 내지 성적주의를 배제한 채 단순히 생물학적인 나이를 기준으로 특정 연령층에게 특혜를 부여함으로써 35세 이상 미취업자들의 평등권을 침해한다. 2024 법원행시 ( )

> 해설 청년할당제는 일정 규모 이상의 기관에만 적용되고, 전문적인 자격이나 능력을 요하는 경우에는 적용을 배제하는 등 상당한 예외를 두고 있다. 더욱이 3년 간 한시적으로만 시행하며, 청년할당제가 추구하는 청년실업 해소를 통한 지속적인 경제성장과 사회 안정은 매우 중요한 공익인 반면, 청년할당제가 시행되더라도 현실적으로 35세 이상 미취업자들이 공공기관 취업기회에서 불이익을 받을 가능성은 크다고 볼 수 없다. 따라서 이 사건 청년할당제가 청구인들의 평등권, 공공기관 취업의 자유를 침해한다고 볼 수 없다(헌재 2014.8.28. 2013헌마553).

ANSWER 15 ○ 16-1 ○ 16-2 × 17 ○ 18 × 19 ×

20 친고죄에 있어서 고소 취소가 가능한 시기를 제1심 판결선고전까지로 제한한 형사소송법 조항은 항소심 단계에서 고소 취소된 사람을 자의적으로 차별하는 것이 아니다. 2022 법무사 ( )

해설 ▶ 친고죄의 고소 취소를 인정할 것인지의 문제 및 이를 인정한다고 하더라도 **형사소송절차 중 어느 시점까지 이를 허용할 것인지의 문제는 국가형벌권과 국가소추주의에 대한 국민 일반의 가치관과 법감정, 범죄피해자의 이익보호 등을 종합적으로 고려하여 정할 수 있는 입법정책의 문제**이다. 이 사건 법률조항은 고소인과 피고소인 사이에 자율적인 화해가 이루어질 수 있도록 어느 정도의 시간을 보장함으로써 **국가형벌권의 남용을 방지하는 동시에 국가형벌권의 행사가 전적으로 고소인의 의사에 의해 좌우되는 것 또한 방지하는** 한편, 가급적 고소 취소가 제1심 판결선고전에 이루어지도록 유도함으로써 **남상소를 막고**, 사법자원이 효율적으로 분배될 수 있도록 하는 역할을 한다. 또한, 경찰·검찰의 수사단계에서부터 제1심 판결선고전까지의 기간이 고소인과 피고소인 상호간에 숙고된 합의를 이루어낼 수 없을 만큼 부당하게 짧은 기간이라고 하기 어렵고, 현행 형사소송법상 제1심과 제2심이 모두 사실심이기는 하나 제2심은 제1심에 대한 항소심인 이상 두 심급이 근본적으로 동일하다고 볼 수는 없다. 따라서 **이 사건 법률조항이 항소심 단계에서 고소 취소된 사람을 자의적으로 차별하는 것이라고 할 수는 없다**(헌재 2011.2.24. 2008헌바40).

21 일반 형사소송절차와 달리 소년심판절차에서 검사에게 상소권이 인정되지 않는 것은 객관적이고 합리적인 이유가 있어 피해자의 평등권을 침해한다고 볼 수 없다. 2022 경찰승진 ( )

해설 ▶ 소년심판은 형사소송절차와는 달리 소년에 대한 후견적 입장에서 소년의 환경조정과 품행교정을 위한 보호처분을 하기 위한 심문절차이며, 보호처분을 함에 있어 범행의 내용도 참작하지만 주로 소년의 환경과 개인적 특성을 근거로 소년의 개선과 교화에 부합하는 처분을 부과하게 되므로 일반 형벌의 부과와는 차이가 있다. 그리고 **소년심판은 심리의 객체로 취급되는 소년에 대한 후견적 입장에서 법원의 직권에 의해 진행되므로 검사의 관여가 반드시 필요한 것이 아니고 이에 따라 소년심판의 당사자가 아닌 검사가 상소 여부에 관여하는 것이 배제된 것이다.** 위와 같은 소년심판절차의 특수성을 감안하면, 차별대우를 정당화하는 객관적이고 합리적인 이유가 존재한다고 할 것이어서 이 사건 법률조항은 청구인의 평등권을 침해하지 않는다(헌재 2012.7.26. 2011헌마232).

22-1 소년범 중 형의 집행이 종료되거나 면제된 자에 한하여 자격에 관한 법령의 적용에 있어 장래에 향하여 형의 선고를 받지 아니한 것으로 본다고 규정한 구 「소년법」(2018. 9. 18. 법률 제15757호로 개정되기 전의 것) 제67조는 평등의 원칙에 위반된다. 2022 법무사 ( )

22-2 형의 집행이 종료 또는 면제된 자와 달리 집행유예를 선고받은 소년범에 대하여는 자격완화 특례규정을 두지 아니하여 자격제한을 함에 있어 「군인사법」 등 해당 법률의 적용을 받도록 한 「소년법」 규정은 평등원칙에 위반되지 않는다. 2022 입법고시 ( )

해설 ▶ 이 사건 구법 조항이 **형의 집행이 종료 또는 면제된 자와 달리 집행유예를 선고받은 소년범에 대한 자격완화 특례규정을 두지 아니하여 자격제한을 함에 있어 군인사법 등 해당 법률의 적용을 받도록 한 것은 불합리한 차별**이라 할 것이므로, 이 사건 구법 조항은 **평등원칙에 위반**된다(헌재 2018.1.25. 2017헌가7 등).

23 금고 이상의 형의 집행유예를 선고받고 그 유예기간이 지난 후 2년이 지나지 아니한 자의 변호사시험 응시자격을 제한하는 법률조항이, 범죄행위의 종류를 한정하지 않고 집행유예기간이 지난 후에도 2년간 변호사시험 응시 자체를 제한하였다고 하더라도, 직업선택의 자유를 침해한다고 볼 수 없고, 변리사 등 자격시험에서 시험응시의 결격사유를 두지 않거나 결격기간 및 그 기준일시를 다르게 규정하고 있다고 할지라도 이를 평등권 침해로 보기도 어렵다. 2023 법원행시 ( )

ANSWER 20 ○ 21 ○ 22-1 ○ 22-2 ✕ 23 ○

해설 변리사나 공인중개사의 업무는 법률사무 전반을 직무 영역으로 하는 변호사의 경우에 비하여 그 영역 범위가 한정적이고 기술적이다. 또한 변호사는 국민의 기본적 인권의 옹호와 사회질서 유지를 사명으로 하며 품위유지, 공익활동, 독직금지행위 등의 의무를 부담하는 등 공공성이 특히 강조되고 법제도 및 준법에 대한 더욱 고양된 윤리성이 강조되는 직역임에 비추어볼 때, 그 직무의 공공성 및 이에 대한 신뢰의 중요성도 변리사 및 공인중개사보다 더 높은 수준이 요구된다. 따라서 **입법자가 전문자격제도의 내용인 결격사유를 정함에 있어 변호사의 경우 변리사나 공인중개사보다 더 가중된 요건을 규정하였다고 하더라도 헌법 제11조 제1항에 반하여 청구인의 평등권을 침해하였다고 할 수 없다**(헌재 2009.10.29. 2008헌마432).

24 애국지사 본인과 순국선열의 유족은 본질적으로 다른 집단이므로 구 「독립유공자예우에 관한 법률 시행령」 조항이 순국선열의 유족보다 애국지사 본인에게 높은 보상금 지급액 기준을 두고 있다고 하여 순국선열의 유족의 평등권이 침해되었다고 볼 수 없다. 2023 경찰1차 ( )

해설 애국지사 본인과 순국선열의 유족은 본질적으로 다른 집단이므로, 같은 서훈 등급임에도 순국선열의 유족보다 애국지사 본인에게 높은 보상금 지급액 기준을 두고 있다 하여 평등권이 침해되었다고 볼 수 없다. 독립유공자법 시행령 조항이 애국지사의 유족과 순국선열의 유족에게 동일한 보상금 지급액 기준을 적용하는 것이, 단지 순국선열의 유족과 애국지사의 유족을 구별하여 규정하지 아니하였다는 이유만으로 **순국선열을 경시하는 것으로서 그 유족인 청구인을 자의적으로 차별하였다고 볼 수 없다**(헌재 2018.1.25. 2016헌마319).

25 사립학교 관계자와 언론인 못지않게 공공성이 큰 민간분야 종사자에 대하여 「부정청탁 및 금품등 수수의 금지에 관한 법률」이 적용되지 않는 것은 언론인과 사립학교 관계자의 평등권을 침해한다. 2021 경찰승진 ( )

해설 공무원에 버금가는 정도의 공정성·청렴성 및 직무의 불가매수성이 요구되는 각종 분야에 종사하는 사람 중 어느 범위까지 청탁금지법의 적용을 받도록 할 것인지는 업무의 공공성, 청탁관행이나 접대문화의 존재 및 그 심각성의 정도, 국민의 인식, 사회에 미치는 파급효 등 여러 요소를 고려하여 입법자가 선택할 사항으로 입법재량이 인정되는 영역이다. 부정청탁금지조항과 금품수수금지조항 및 신고조항과 제재조항은 전체 민간부문을 대상으로 하지 않고 사립학교 관계자와 언론인만 '공직자등'에 포함시켜 공직자와 같은 의무를 부담시키고 있는데, 이들 조항이 청구인들의 일반적 행동자유권 등을 침해하지 않는 이상, 민간부문 중 우선 이들만 '공직자등'에 포함시킨 입법자의 결단이 자의적 차별이라 보기는 어렵다. 교육과 언론은 공공성이 강한 영역으로 공공부문과 민간부문이 함께 참여하고 있고, 참여 주체의 신분에 따른 차별을 두기 어려운 분야이다. 따라서 **사립학교 관계자와 언론인 못지않게 공공성이 큰 민간분야 종사자에 대해서 청탁금지법이 적용되지 않는다는 이유만으로 부정청탁금지조항과 금품수수금지조항 및 신고조항과 제재조항이 청구인들의 평등권을 침해한다고 볼 수 없다**(헌재 2016.7.28. 2015헌마236 등).

26-1 보훈보상대상자의 부모에 대한 유족보상금 지급 시, 수급권자를 부모 1인에 한정하고 나이가 많은 자를 우선하도록 규정한 「보훈보상대상자 지원에 관한 법률」 조항은 부모 중 나이가 많은 자와 그렇지 않은 자를 합리적 이유 없이 차별하여 나이가 적은 부모의 평등권을 침해한다. 2021 경찰승진 ( )

26-2 보훈보상대상자의 부모에 대한 유족보상금 지급 시 수급권자를 부모 중 1인에 한정하고 나이가 많은 자를 우선하도록 한 「보훈보상대상자 지원에 관한 법률」은 합리적인 이유 없이 보상금 수급권자의 수를 일률적으로 제한하고, 부모 중 나이가 많은 자와 그렇지 않은 자를 합리적인 이유 없이 차별하고 있으므로 나이가 적은 부모 일방의 평등권을 침해한다. 2024 경찰승진 ( )

ANSWER 24 ○ 25 × 26-1 ○ 26-2 ○

해설 나이에 따른 차별은 연장자를 연소자에 비해 우대하는 전통적인 유교사상에 기초한 것으로 보이나, 부모 중 나이가 많은 자가 나이가 적은 자를 부양한다고 일반화할 합리적인 이유가 없고, 부모 상호간에 노동능력 감소 및 부양능력에 현저히 차이가 있을 정도의 나이 차이를 인정하기 어려운 경우도 많다. 오히려 직업이나 보유재산에 따라 연장자가 경제적으로 형편이 더 나은 경우에도 그 보다 생활이 어려운 유족을 배제하면서까지 연장자라는 이유로 보상금을 지급하는 것은 보상금 수급권이 갖는 사회보장적 성격에 부합하지 아니한다. 심판대상조항은 나이가 적은 부모 일방의 평등권을 침해하여 헌법에 위반되나, 단순위헌결정을 하여 당장 그 효력을 상실시킬 경우에는 보훈보상대상자의 유족인 부모에 대한 보상금 지급의 근거 규정이 사라지게 되어 그 입법목적을 달성하기 어려운 법적 공백 상태가 발생할 수 있다. 또한, 심판대상조항의 위헌적 상태를 제거함에 있어서 어떠한 기준 및 요건에 의해 보상금 수급권자를 결정하고, 수급권자의 범위를 어떻게 정할 것인지 등에 관하여 헌법재판소의 결정취지의 한도 내에서 입법자에게 재량이 부여된다 할 것이므로 입법자가 합헌적인 방향으로 법률을 개선할 때까지 그 효력을 존속하게 하여 이를 적용하게 할 필요가 있다(헌재 2018.6.28. 2016헌가14).

27 6·25전몰군경자녀수당의 지급 대상자를 '1953년 7월 27일 이전 및 「참전유공자 예우 및 단체설립에 관한 법률」 별표에 따른 전투기간 중 전사한 군경'의 자녀로 설정함으로써 결과적으로 '위 전투기간 중 부상 후 사망한 군경'의 자녀와의 사이에 차별적 취급이 발생하였다고 하더라도 이에 대한 합리적인 이유를 확인할 수 있어 평등의 원칙에 위배되지 아니한다. 2023 법원행시 ( )

해설 6·25전쟁에 참전하여 전투 중 전사하거나 부상을 입은 군경들 중에서도 '이 사건 전투기간 중에 전사한 군경'의 자녀는 다른 경우에 비하여 희생의 정도 및 사회·경제적인 어려움에 처했을 가능성이 더 크고 추가적인 보상의 필요성도 더 절실하다고 볼 수 있으므로, 심판대상조항이 6·25전몰군경자녀수당의 지급 대상자를 '이 사건 전투기간 중 전사한 군경'의 자녀로 설정함으로써 결과적으로 '이 사건 전투기간 중 부상 후 사망한 군경'의 자녀와의 사이에 차별적 취급이 발생하였다고 하더라도 이에 대한 합리적인 이유를 확인할 수 있어 평등의 원칙에 위배되지 아니한다.
이 사건 법률조항처럼 6·25전몰군경자녀 중 1명에게만 이 사건 수당을 지급한다면, 지급받는 자의 입장에서는 안정적인 생활이 보장되고 경제적으로 유용할 수 있을지 몰라도, 소액의 수당조차 전혀 지급받지 못하는 나머지 자녀의 생활보호는 미흡하게 된다. 특히 이 사건 수당의 액수가 상당한 금액에 이르는 경우에 이를 6·25전몰군경자녀 중 어느 일방에게 독점시킴으로써 다른 자녀의 생활보호를 외면하는 것은 국가유공자 유족의 생활안정과 복지향상이라는 국가유공자법의 입법취지에도 정면으로 배치된다. 국가의 재정부담 능력 등 때문에 이 사건 수당의 지급 총액이 일정액으로 제한될 수밖에 없다고 하더라도, 그 범위 내에서 6·25전몰군경자녀의 생활정도에 따라 이 사건 수당을 적절히 분할해서 지급한다면 이 사건 수당의 지급취지를 살리면서도 1명에게만 지급됨으로 인해 발생하는 불합리를 해소할 수 있다. 따라서 이 사건 법률조항이 국가의 재정부담 능력의 한계를 이유로 6·25전몰군경자녀 중 1명에 한정하여 이 사건 수당을 지급하도록 하고 수급권자의 수를 확대할 수 있는 어떠한 예외도 두지 않은 것에는 수긍할 만한 합리적 이유가 있다고 보기 어렵다(헌재 2021.3.25. 2018헌가6).

28 독립유공자의 손자녀 중 1명에게만 보상금을 지급하도록 하면서 같은 순위의 손자녀가 2명 이상이면 생활수준과 관계없이 나이가 많은 손자녀를 우선하도록 한 것은 평등권을 침해한다. 2023 입법고시 ( )

해설 독립유공자의 손자녀 1명에게만 보상금을 지급하도록 하면서, 독립유공자의 선순위 자녀의 자녀에 해당하는 손자녀가 2명 이상인 경우에는 나이가 많은 손자녀를 우선하도록 규정하고 있는 독립유공자예우에 관한 법률조항은 평등권을 침해한다(헌재 2013.10.24. 2011헌마724).

29 「독립유공자예우에 관한 법률」(2014. 5. 21. 법률 제12668호로 개정된 것) 제12조 제2항 단서 제1호 중 보상금을 받을 권리가 다른 손자녀에게 이전되지 않도록 하는 것에 관한 부분은 평등권을 침해하지 않는다.
2023 법원행시 ( )

ANSWER 27 ○ 28 ○ 29 ○

해설 독립유공자 유족에 대한 예우의 제공대상, 범위 및 내용 등은 국가의 재정능력, 국민의 경제생활 수준, 전반적인 사회보장 수준, 국민감정 등을 종합적으로 고려하여 결정할 입법정책 문제로서, 심판대상조항이 평등권을 침해하는지는 그 차별이 현저히 불합리한 것인지에 따라 결정된다. 독립유공자 손자녀의 경우, 유공자의 사망이나 장해에 따른 영향이 자녀와 비교하여 덜 직접적이며 물질적·정신적 고통의 정도가 동등하다고 보기 어려우므로, 그에 대한 보호와 예우 필요성은 유공자의 자녀와 비교하여 상대적으로 적다. 독립유공자 손자녀는 자녀와 비교하여 다수이며 평균연령이 낮으므로, 심판대상조항과 같은 제한을 두지 않고 손자녀 사이에 보상금을 받을 권리의 이전을 인정하면 국가 재정부담이 계속 증가할 여지가 있다. 독립유공자 손자녀 중 보상금을 받지 않는 사람에게는 생활수준 등을 고려하여 '생활안정을 위한 지원금'이 지급될 수 있다. 또한, 독립유공자 손자녀에게는 **교육지원, 취업지원 등 비금전적 예우가 제공될 수 있으므로, 그 손자녀가 아무런 예우를 받지 못한다고 할 수 없다.** 그러므로 심판대상조항이 보상금을 받을 권리의 이전과 관련하여 독립유공자의 손자녀를 달리 취급하고 있더라도 이것이 현저하게 합리성을 잃은 자의적인 차별이라 할 수 없으며, 심판대상조항은 청구인의 평등권을 침해하지 않는다(헌재 2020.3.26. 2018헌마331).

30-1 1945년 8월 15일 이후에 사망한 독립유공자의 유족으로 최초로 등록할 당시 자녀까지 모두 사망하거나 생존 자녀가 보상금을 지급받지 못하고 사망한 경우에 한하여 독립유공자의 손자녀 1명에게 보상금을 지급하도록 하는 '독립유공자예우에 관한 법률'은 독립유공자의 사망시기를 기준으로 보상금 지급을 달리하여 평등권을 침해한다. 2023 법원행시 ( )

30-2 독립유공자의 사망시기에 따라 그 손자녀의 보상금 지급 요건을 달리하거나 보상금 수급대상을 독립유공자의 손자녀 1명으로 한정한 「독립유공자예우에 관한 법률」 조항은 헌법에서 특히 평등을 요구하는 영역에서의 차별에 해당하지 않고 관련 기본권에 중대한 제한을 초래하지도 않는다. 2024 경찰1차 ( )

해설 심판대상조항이 독립유공자의 사망시기에 따라 그 손자녀의 보상금 지급 요건을 달리하거나 보상금 수급대상을 독립유공자의 손자녀 1명으로 한정하는 것은 헌법에서 특히 평등을 요구하는 영역에서의 차별에 해당한다고 볼 수 없고, 심판대상조항이 관련 기본권에 중대한 제한을 초래하는 것으로 보기도 어렵다.
1945년 8월 14일 이전에 사망한 독립유공자는 희생의 정도가 큰 데 반해 독립유공자 본인은 물론 그 자녀들까지 보상금을 지급받지 못한 경우가 많다. 따라서 **독립유공자의 사망 시기를 기준으로 손자녀에 대한 보상금의 요건을 달리 정한 것이 불합리한 차별을 야기한다고 보기는 어렵다.** 또한 심판대상조항 각목의 취지는 유족 간 형평을 고려하여 예외적으로 손자녀에게 보상금 지급의 기회를 열어주고자 하는 것으로서 합리적 이유가 있다. 따라서 **심판대상조항이 1945년 8월 15일 이후에 사망한 독립유공자의 손자녀에 대하여 최초 등록 시 독립유공자 자녀의 사망 여부 또는 보상금 수령 여부를 기준으로 보상금 지급 여부를 달리 취급하는 것은 평등권을 침해하지 않는다**(헌재 2022.1.27. 2020헌마594).

31-1 근로자가 사업주의 지배관리 아래 출퇴근하던 중 발생한 사고로 부상 등이 발생한 경우에만 업무상 재해로 인정하는 「산업재해보상보험법」 규정은 도보나 자기 소유 교통수단 또는 대중교통 수단 등을 이용하여 출퇴근하는 산업재해보상보험 가입 근로자를 합리적 이유 없이 자의적으로 차별하는 것이 아니므로 헌법상 평등원칙에 위배되지 않는다. 2022 경찰승진 ( )

31-2 「산업재해보상보험법」이 근로자가 사업주의 지배관리 아래 출퇴근하던 중 발생한 사고로 부상 등이 발생한 경우에만 업무상 재해로 인정하고, 도보나 자기 소유 교통수단 또는 대중교통수단 등을 이용하여 출퇴근하는 경우를 업무상 재해로 인정하지 않는 것은 평등원칙에 위배된다. 2021 경찰승진 ( )

ANSWER 30-1 × 30-2 ○ 31-1 × 31-2 ○

31-3 근로자가 사업주의 지배관리 아래 출퇴근하던 중 발생한 사고로 부상 등이 발생한 경우만 업무상 재해로 인정하는 산업재해보상보험법 제37조 제1항 제1호 다목은 평등원칙에 위반된다. 2022 입법고시 / 2023 법원행시 / 2023 법원직 ( )

31-4 사업주가 제공하거나 그에 준하는 교통수단을 이용하여 출퇴근 하던 중에 산업재해보상보험 가입 근로자가 입은 재해를 업무상 재해로 인정하는 것과 달리, 도보나 자기 소유 교통수단 또는 대중교통수단 등을 이용하여 출퇴근하는 산업재해보상보험 가입 근로자가 사업주의 지배관리 아래 있다고 볼 수 없는 통상적 경로와 방법으로 출퇴근하던 중에 입은 재해를 업무상 재해로 인정하지 않는 것은 자의적 차별로 평등원칙에 위배된다. 2024 법원행시 ( )

31-5 「산업재해보상보험법」에서 업무상 재해에 통상의 출퇴근 재해를 포함시키는 개정 법률조항을 개정법 시행 후 최초로 발생하는 재해부터 적용하도록 한 것은, 산재보험의 재정상황 등 실무적 여건이나 경제상황 등을 고려한 것으로 헌법상 평등원칙에 위반되지 않는다. 2024 경찰승진 ( )

> **해설** 근로자의 출퇴근 행위는 업무의 전 단계로서 업무와 밀접·불가분의 관계에 있고, 사실상 사업주가 정한 출퇴근 시각과 근무지에 기속된다. 대법원은 출장행위 중 발생한 재해를 사업주의 지배관리 아래 발생한 업무상 재해로 인정하는데, 이러한 출장행위도 이동방법이나 경로선택이 근로자에게 맡겨져 있다는 점에서 통상의 출퇴근행위와 다를 바 없다. 따라서 통상의 출퇴근 재해를 업무상 재해로 인정하여 근로자를 보호해 주는 것이 산재보험의 생활보장적 성격에 부합한다. 사업장 규모나 재정여건의 부족 또는 사업주의 일방적 의사나 개인 사정 등으로 출퇴근용 차량을 제공받지 못하거나 그에 준하는 교통수단을 지원받지 못하는 비혜택근로자는 비록 산재보험에 가입되어 있다 하더라도 출퇴근 재해에 대하여 보상을 받을 수 없는데, 이러한 차별을 정당화할 수 있는 합리적 근거를 찾을 수 없다. **통상의 출퇴근 재해를 산재보험법상 업무상 재해로 인정할 경우 산재보험 재정상황이 악화되거나 사업주 부담 보험료가 인상될 수 있다는 문제점은 보상대상을 제한하거나 근로자에게도 해당 보험료의 일정 부분을 부담시키는 방법 등으로 어느 정도 해결할 수 있다. 반면에 통상의 출퇴근 중 재해를 입은 비혜택근로자는 가해자를 상대로 불법행위 책임을 물어도 충분한 구제를 받지 못하는 것이 현실이고, 심판대상조항으로 초래되는 비혜택근로자와 그 가족의 정신적·신체적 혹은 경제적 불이익은 매우 중대하다. 따라서 심판대상조항은 합리적 이유 없이 비혜택근로자를 자의적으로 차별하는 것이므로, 헌법상 평등원칙에 위배**된다(헌재 2016.9.29. 2014헌바254).

32 경찰공무원은 교육훈련 또는 직무수행 중 사망한 경우「국가유공자 등 예우 및 지원에 관한 법률」상 순직군경으로 예우받을 수 있는 것과는 달리, 소방공무원은 화재진압, 구조·구급 업무 수행 또는 이와 관련된 교육훈련 중 사망한 경우에 한하여 순직 군경으로서 예우를 받을 수 있도록 하는「소방공무원법」규정은 소방공무원에 대한 합리적인 이유없는 차별에 해당한다. 2022 경찰승진 ( )

> **해설** 소방공무원과 경찰공무원은 업무의 내용이 서로 다르고, 그로 인해 업무수행 중에 노출되는 위험상황의 성격과 정도에 있어서도 서로 동일하다고 볼 수 없다. 더욱이 경찰공무원의 경우에는 전쟁이 발생하거나 이에 준하는 상황이 발생하는 경우 군인과 마찬가지로 고도의 위험을 무릅쓰고 부여된 업무를 수행할 것이 기대되므로 정책적인 배려에서 예우법은 군인이나 경찰공무원이 직무수행 중 사망한 경우에는 순직군경으로 예우하도록 하고 있다. 그리고 그동안 국가는 소방공무원이 국가유공자로 예우를 받게 되는 대상자의 범위 등을 국가의 재정능력, 전체적인 사회보장의 수준과 국가에 대한 공헌과 희생의 정도 등을 감안하여 합리적인 범위 내에서 단계적으로 확대해왔다. 그렇다면 **국가에 대한 공헌과 희생, 업무의 위험성의 정도, 국가의 재정상태 등을 고려하여 화재진압, 구조·구급 업무수행 또는 이와 관련된 교육훈련 이외의 사유로 직무수행 중 사망한 소방공무원에 대하여 순직군경으로서의 보훈혜택을 부여하지 않는다고 해서 이를 합리적인 이유없는 차별에 해당한다고 볼 수 없다**(헌재 2005.9.29. 2004헌바53).

ANSWER 31-3 ○ 31-4 ○ 31-5 ✕ 32 ✕

33-1 고소인이나 고발인만을 항고권자로 규정한 「검찰청법」 조항은 동법상 항고를 통하여 불복할 수 없게 된 기소유예 처분을 받은 피의자를 고소인이나 고발인에 비하여 합리적 이유 없이 차별하는 것이라 할 수 없다.
2022 경찰승진 ( )

33-2 고소인·고발인만을 검찰청법상 항고권자로 규정하고 있는 검찰청법 조항은 기소유예처분을 받은 피의자의 평등권을 침해하는 것이다. 2022 법무사 ( )

해설 검찰청법상 항고제도의 인정 여부는 기본적으로 입법정책에 속하는 문제로서 그 주체, 대상의 범위 등의 제한도 그것이 현저히 불합리하지 아니한 이상 헌법에 위반되는 것이라 할 수 없고, 고소인·고발인과 피의자는 기본적으로 대립적 이해관계에서 기소유예처분에 불복할 이익을 지니며, **검찰청법상 항고제도의 성격과 취지 및 한정된 인적·물적 사법자원의 측면, 그리고 이 사건 법률조항이 헌법소원심판청구 등 피의자의 다른 불복수단까지 원천적으로 봉쇄하는 것은 아닌 점 등을 종합하면, 이 사건 법률조항이 피의자를 고소인·고발인에 비하여 합리적 이유 없이 차별하는 것이라 할 수 없다**(헌재 2012.7.26. 2010헌마642).

34-1 형벌체계에 있어서 법정형의 균형은 한치의 오차도 없이 반드시 실현되어야 하는 헌법상 절대원칙이므로, 특정한 범죄에 대한 형벌이 그 자체로서의 책임과 형벌의 비례원칙에 위반되지 않더라도 보호법익과 죄질이 유사한 범죄에 대한 형벌과 비교할 때 형벌체계상의 균형을 상실할 우려가 있는 경우에는 평등원칙에 반한다고 할 수 있다. 2022 행시 ( )

34-2 형벌체계에 있어서 법정형의 균형은 한치의 오차도 없이 반드시 실현되어야 하는 헌법상의 절대원칙은 아니다. 2021 경찰경력채용 ( )

해설 형벌체계에 있어서 법정형의 균형은 한치의 오차도 없이 반드시 실현되어야 하는 헌법상의 절대원칙은 아니다. 중요한 것은, **범죄와 형벌 사이의 간극이 너무 커서 형벌 본래의 목적과 기능에 본질적으로 반하고 실질적 법치국가의 원리에 비추어 허용될 수 없을 정도인지가 문제될 뿐이다**(헌재 2006.4.27. 2005헌바36).

35-1 대한민국 국적을 가지고 있는 영유아 중에서 재외국민인 영유아를 보육료·양육수당의 지원대상에서 제외되도록 한 보건복지부지침은 국내에 거주하면서 재외국민인 영유아를 양육하는 부모를 차별하는 것으로서 평등권을 침해한다. 2021 경찰승진 ( )

35-2 대한민국 국적을 갖고 있는 영유아 중에서 재외국민인 영유아를 보육료·양육수당의 지원대상에서 제외하는 것은 국내에 거주하면서 재외국민인 영유아를 양육하는 부모들의 평등권을 침해한다. 2023 경찰간부 ( )

35-3 대한민국 국적을 가지고 있는 영유아 중에서 재외국민인 영유아를 보육료·양육수당의 지원대상에서 제외하는 보건복지부 지침은 국내에 거주하면서 재외국민인 영유아를 양육하는 부모들을 합리적 이유 없이 차별하는 것이 아니다. 2024 법원행시 ( )

35-4 대한민국 국적을 가지고 있는 영유아 중에서 재외국민인 영유아를 보육료·양육수당의 지원대상에서 제외함으로써, 청구인들과 같이 국내에 거주하면서 재외국민인 영유아를 양육하는 부모를 차별하는 보건복지부 지침은 청구인들의 평등권을 침해한다. 2023 지방직7급 ( )

ANSWER 33-1 ○ 33-2 × 34-1 × 34-2 ○ 35-1 ○ 35-2 ○ 35-3 × 35-4 ○

> 해설 단순한 단기체류가 아니라 국내에 거주하는 재외국민, 특히 외국의 영주권을 보유하고 있으나 상당한 기간 국내에서 계속 거주하고 있는 자들은 주민등록법상 재외국민으로 등록·관리될 뿐 '국민인 주민'이라는 점에서는 다른 일반 국민과 실질적으로 동일하므로, **단지 외국의 영주권을 취득한 재외국민이라는 이유로 달리 취급할 아무런 이유가 없어 위와 같은 차별은 청구인들의 평등권을 침해한다**(헌재 2018.1.25. 2015헌마1047).

36 초·중등학교 교원에 대하여는 정당가입을 금지하면서 대학교원에게는 허용하는 것은 기초적인 지식전달, 연구기능 등 직무의 본질이 서로 다른 점을 고려한 합리적 차별이므로 평등원칙에 반하지 아니한다. 2022 행시
( )

> 해설 초·중등학교 교원에 대하여는 정당가입을 금지하면서 대학교원에게는 허용하는 것은, 기초적인 지식전달, 연구기능 등 직무의 본질이 서로 다른 점을 고려한 합리적 차별이므로 평등원칙에 반하지 아니한다(헌재 2014.3.27. 2011헌바42).

37-1 국민참여재판 배심원의 자격을 만 20세 이상으로 정한 것은 「민법」상 성년연령이 만 19세로 개정된 점이나 선거권 연령이 만 18세로 개정된 점을 고려해 볼 때, 만 19세 및 만 18세의 국민을 합리적인 이유 없이 차별취급하는 것이다. 2022 행시
( )

37-2 국민참여재판 배심원의 자격을 만 20세 이상으로 규정한 것은 국민참여재판제도의 취지와 배심원의 권한 및 의무 등 여러 사정을 종합적으로 고려하여 만 20세에 이르기까지 교육 및 경험을 쌓은 자로 하여금 배심원의 책무를 담당하도록 한 것이므로 만 20세 미만의 자를 자의적으로 차별한 것은 아니다. 2022 변시 ( )

37-3 「국민의 형사재판 참여에 관한 법률」에서 국민참여재판 배심원의 자격을 만 20세 이상으로 규정한 것은 국민참여제도의 취지와 배심원의 권한 및 의무 등 여러 사정을 종합적으로 고려하여 만 20세에 이르기까지 교육 및 경험을 쌓은 자로 하여금 배심원의 책무를 담당하도록 한 것이므로 만 20세 미만의 자를 자의적으로 차별한 것은 아니다. 2024 경찰승진
( )

> 해설 배심원으로서의 권한을 수행하고 의무를 부담할 능력과 민법상 행위능력, 선거권 행사능력, 군 복무능력, 연소자 보호와 연계된 취업능력 등이 동일한 연령기준에 따라 판단될 수 없고, 각 법률들의 입법취지와 해당 영역에서 고려하여야 할 제반사정, 대립되는 관련 이익들을 교량하여 입법자가 각 영역마다 그에 상응하는 연령기준을 달리 정할 수 있다. 따라서 **심판대상조항이 우리나라 국민참여재판제도의 취지와 배심원의 권한 및 의무 등 여러 사정을 종합적으로 고려하여 만 20세에 이르기까지 교육 및 경험을 쌓은 자로 하여금 배심원의 책무를 담당하도록 정한 것은 입법형성권의 한계 내의 것으로 자의적인 차별이라고 볼 수 없다**(헌재 2021.5.27. 2019헌가19).

38-1 근로자의 날을 법정유급휴일로 할 것인지에 있어서 공무원과 일반근로자를 다르게 취급할 이유가 없으므로 근로자의 날을 공무원의 법정유급휴일로 정하지 않은 것은 공무원과 일반근로자를 자의적으로 차별하는 것에 해당하여 평등권을 침해한다. 2022 행시
( )

38-2 근로자의 날을 관공서의 공휴일에 포함시키지 않은 「관공서의 공휴일에 관한 규정」 제2조 본문은 공무원의 평등권을 침해하지 않는다. 2023 법원직 ( )

> 해설 공무원과 일반근로자는 그 직무 성격의 차이로 인하여 근로조건을 정함에 있어서 그 방식이나 내용에 차이가 있을 뿐만 아니라, 근로자의 날을 법정유급휴일로 정할 필요성에도 차이가 있다. 따라서 **심판대**

ANSWER 36 ○ 37-1 × 37-2 ○ 37-3 ○ 38-1 × 38-2 ○

상조항이 근로자의 날을 공무원의 법정유급휴일에 해당하는 관공서 공휴일로 규정하지 않은 데에는 합리적인 이유가 있다 할 것이므로, 심판대상조항이 청구인들의 평등권을 침해한다고 볼 수 없다(헌재 2015.5.28. 2013헌마343).

39-1 헌법상의 평등원칙에서 파생하는 부담평등의 원칙은 조세뿐만 아니라, 보험료를 부과하는 경우에도 준수되어야 한다. 2021 경찰경력채용 ( )

39-2 조세를 비롯한 공과금 부과에서의 평등원칙은, 공과금 납부의무자가 법률에 의하여 법적인 평등 부담뿐만 아니라 사실적으로도 평등하게 부담을 받을 것을 요청한다. 2022 경찰2차 ( )

> **해설** 국가가 국민에게 세금을 비롯한 공과금을 부과하는 경우에 그에 대한 헌법적 한계가 있는 것과 같이, 사회보험법상의 보험료의 부과에 있어서도 국민의 기본권이나 헌법의 기본원리에 위배되어서는 아니된다는 헌법적 제한을 받는다. **특히 헌법상의 평등원칙에서 파생하는 부담평등의 원칙은 조세뿐만 아니라, 보험료를 부과하는 경우에도 준수되어야 한다**(헌재 2000.6.29. 99헌마289).

40 보건복지부장관이 최저생계비를 고시함에 있어 장애로 인한 추가지출비용을 반영한 별도의 최저생계비를 결정하지 않은 채 가구별 인원수만을 기준으로 최저생계비를 결정한 것은 생활 능력 없는 장애인가구 구성원의 평등권을 침해한다. 2021 경찰경력채용 ( )

> **해설** 국가가 생활능력 없는 장애인의 인간다운 생활을 보장하기 위한 조치를 취함에 있어서 국가가 실현해야 할 객관적 내용의 최소한도의 보장에도 이르지 못하였다거나 헌법상 용인될 수 있는 재량의 범위를 명백히 일탈하였다고는 보기 어렵고, 또한 장애인가구와 비장애인가구에게 일률적으로 동일한 최저생계비를 적용한 것을 자의적인 것으로 볼 수는 없다. 따라서, **보건복지부장관이 2002년도 최저생계비를 고시함에 있어 장애로 인한 추가지출비용을 반영한 별도의 최저생계비를 결정하지 않은 채 가구별 인원수만을 기준으로 최저생계비를 결정한 것은 생활능력 없는 장애인가구 구성원의 인간의 존엄과 가치 및 행복추구권, 인간다운 생활을 할 권리, 평등권을 침해하였다고 할 수 없다**(헌재 2004.10.28. 2002헌마328).

41 65세 미만의 일정한 노인성 질병이 있는 사람의 장애인 활동 지원급여 신청자격을 제한하는 「장애인활동 지원에 관한 법률」 제5조 제2호 본문 중 「노인장기요양보험법」 제2조 제1호에 따른 노인 등' 가운데 '65세 미만의 자로서 치매 뇌혈관성질환 등 대통령령으로 정하는 노인성 질병을 가진 자'에 관한 부분은 합리적 이유가 있다고 할 것이므로 평등원칙에 위반되지 않는다. 2022 경찰1차 ( )

> **해설** 65세 미만의 비교적 젊은 나이인 경우, 일반적 생애주기에 비추어 자립 욕구나 자립지원의 필요성이 높고, 질병의 치료효과나 재활의 가능성이 높은 편이므로 노인성 질병이 발병하였다고 하여 곧 사회생활이 객관적으로 불가능하다거나, 가내에서의 장기요양의 욕구·필요성이 급격히 증가한다고 평가할 것은 아니다. 또한 활동지원급여와 장기요양급여는 급여량 편차가 크고, 사회활동 지원 여부 등에 있어 큰 차이가 있다. **그럼에도 불구하고 65세 미만의 장애인 가운데 일정한 노인성 질병이 있는 사람의 경우 일률적으로 활동지원급여 신청자격을 제한한 데에 합리적 이유가 있다고 보기 어려우므로 심판대상조항은 평등원칙에 위반**된다(헌재 2020.12.23. 2017헌가22 등).

42 국가라 할지라도 국고작용으로 인한 민사관계에 있어서는 일반인과 같이 원칙적으로 대등하게 다루어져야 하며 국가라고 하여 우대하여야 할 헌법상의 근거가 없다. 2022 경찰2차 ( )

> **해설** 국가라 할지라도 국고작용으로 인한 민사관계에 있어서는 일반인과 같이 원칙적으로 대등하게 다루어져야 하며 국가라고 하여 우대하여야 할 헌법상의 근거가 없다(헌재 2000.2.24. 99헌바17 등).

ANSWER 39-1 ○ 39-2 ○ 40 × 41 × 42 ○

43-1 국가를 상대로 하는 당사자소송의 경우에는 가집행선고를 할 수 없다고 규정한 「행정소송법」 제43조는 공법상 법률관계를 전제로 한다는 점에서 일반 사법상 법률관계와 달리 취급할 합리적 이유가 있으므로 평등원칙에 위배되지 아니한다. 2022 경찰2차 ( )

43-2 재산권의 청구는 공법상의 법률관계를 전제로 하는 당사자소송이라는 점에서 민사소송과 본질적으로 달라, 국가를 상대로 한 당사자소송에서 가집행선고를 제한하는 「행정소송법」 조항은 국가만을 차별적으로 우대하는 데 합리적 이유가 있으므로 평등원칙에 위반되지 않는다. 2023 경찰1차 ( )

43-3 국가를 상대로 하는 당사자소송의 경우에는 가집행선고를 할 수 없다고 규정한 행정소송법 조항은 평등의 원칙에 반한다. 2022 법무사 ( )

> **해설** 재산권의 청구가 공법상 법률관계를 전제로 한다는 점만으로 국가를 상대로 하는 당사자소송에서 국가를 우대할 합리적인 이유가 있다고 할 수 없고, 집행가능성 여부에 있어서도 국가와 지방자치단체 등이 실질적인 차이가 있다고 보기 어렵다는 점에서, 심판대상조항은 국가가 당사자소송의 피고인 경우 가집행의 선고를 제한하여, **국가가 아닌 공공단체 그 밖의 권리주체가 피고인 경우에 비하여 합리적인 이유 없이 차별하고 있으므로 평등원칙에 반한다**(헌재 2022.2.24. 2020헌가12).

44 사법시험에 합격하여 사법연수원의 과정을 마친 자와 달리 변호사시험 합격자들에게 6개월의 실무수습을 거치도록 하는 「변호사법」 규정이 합리적 이유가 없는 자의적 차별이라고 보기는 어렵다. 2023 행시 ( )

> **해설** 사법시험에 합격하여 사법연수원의 과정을 마친 자와 판사나 검사의 자격이 있는 자는 사법연수원의 정형화된 이론과 실무수습을 거치거나, 법조실무경력이 있는 반면, **청구인들과 같은 변호사시험 합격자들의 실무수습은 법학전문대학원 별로 편차가 크고 비정형적으로 이루어지고 있으므로, 변호사 시험 합격자들에게 6개월의 실무수습을 거치도록 하는 것을 합리적 이유가 없는 자의적 차별이라고 보기는 어렵다**. 따라서 **심판대상조항은 청구인들의 평등권을 침해하지 아니**한다(헌재 2014.9.25. 2013헌마424).

45 부담금은 국민의 재산권을 제한하여 일반 국민이 아닌 특별한 의무자집단에 대하여 부과되는 특별한 재정책임으로, 평등원칙의 적용에 있어서 부담금의 문제는 합리성의 문제로서 자의금지원칙에 의한 심사대상이다. 2023 입법고시 ( )

> **해설** 부담금은 국민의 재산권을 제한하여 일반 국민이 아닌 특별한 의무자집단에 대하여 부과되는 특별한 재정책임이므로, 납부의무자들을 일반 국민들과 달리 취급하여 이들을 불리하게 대우함에 있어서 **합리적인 이유가 있어야 하며 자의적인 차별은 납부의무자들의 평등권을 침해**한다(헌재 2019.12.27. 2017헌가21).

46 현역병 및 사회복무요원과 달리 공무원의 초임호봉 획정에 인정되는 경력에 산업기능요원의 경력을 제외하도록 한 공무원보수규정은 산업기능요원의 평등권을 침해하지 않는다. 2022 입법고시 / 2023 법원행시 / 2023 법원직 ( )

> **해설** 사회복무요원은 공익 수행을 목적으로 한 제도로, 그 직무가 공무수행으로 인정되고, 본인의사에 관계없이 소집되며, 현역병에 준하는 최소한의 보수만 지급됨에 반하여, 산업기능요원은 국가산업 육성을 목적으로 한 제도로, 그 직무가 공무수행으로 인정되지 아니하고, 본인의사에 따라 편입 가능하며, 근로기준법 및 최저임금법의 적용을 받는다. **심판대상조항은 이와 같은 실질적 차이를 고려하여 상대적으로 열악한 환경에서 병역의무를 이행한 것으로 평가되는 현역병 및 사회복무요원의 공로를 보상하도록 한 것으로 산업기능요원과의 차별취급에 합리적 이유가 있으므로, 청구인의 평등권을 침해하지 아니**한다(헌재 2016.6.30. 2014헌마192).

ANSWER 43-1 × 43-2 × 43-3 ○ 44 ○ 45 ○ 46 ○

47-1 실업급여에 관한 고용보험법의 적용에 있어 '65세 이후에 새로이 고용된 자'를 그 적용대상에서 배제한 고용보험법은 65세 이후 고용된 사람의 평등권을 침해하지 않는다. 2023 법원행시 ( )

47-2 실업급여에 관한 고용보험법의 적용에 있어 '65세 이후에 새로이 고용된 자'를 그 적용대상에서 배제한 고용보험법(2013. 6. 4. 법률 제11864호로 개정된 것)은 65세 이후 고용된 사람의 평등권을 침해하지 않는다. 2023 법원직 ( )

> **해설** 근로의 의사와 능력이 있는지를 일정한 연령을 기준으로 하는 것이 특별히 불합리하다고 단정할 수는 없다. 우리 사회보장체계는 65세 이후에는 소득상실이라는 사회적 위험이 보편적으로 발생한다고 보고, 고용에 대한 지원이나 보장보다 노령연금이나 기초연금과 같은 사회보장급여 체계를 통하여 노후생활이 안정될 수 있도록 설계되었다. **실업급여의 지급목적, 경제활동인구의 연령별 비율, 보험재정상태 등을 모두 고려하여 '65세 이후 고용된 자'의 경우 고용보험법상 고용안정·직업능력개발사업의 지원대상에는 포함되지만, 실업급여를 적용하지 않도록 한 데에는 합리적 이유가 있다. 따라서 그러한 적용제외 조항이 65세 이후 고용된 후 이직한 청구인의 평등권을 침해하지 아니한다**(헌재 2018.6.28. 2017헌마238).

48-1 1983. 1. 1. 이후 출생한 A형 혈우병 환자에 한하여 유전자재조합제제에 대한 요양급여를 인정하는 '요양급여의 적용기준 및 방법에 관한 세부사항'은 1983. 1. 1. 이전에 출생한 A형 혈우병 환자들의 평등권을 침해한다. 2023 법원행시 ( )

48-2 1983. 1. 1. 이후에 출생한 A형 혈우병 환자에 한하여 유전자재조합제제에 대한 '요양급여를 인정하는 보건복지가족부 고시조항'은 제도의 단계적인 개선에 해당하므로, 환자의 범위를 한정하는 과정에서 A형 혈우병 환자들의 출생 시기에 따라 이들에 대한 유전자재조합제제의 요양급여 허용 여부를 달리 취급하는 것은 합리적인 이유가 있는 차별이다. 2024 입법고시 ( )

> **해설** 이 사건 고시조항이 수혜자 한정의 기준으로 정한 환자의 출생 시기는 그 부모가 언제 혼인하여 임신, 출산을 하였는지와 같은 우연한 사정에 기인하는 결과의 차이일 뿐, 이러한 차이로 인해 A형 혈우병 환자들에 대한 치료제인 유전자재조합제제의 요양급여 필요성이 달라진다고 할 수는 없으므로, **A형 혈우병 환자들의 출생 시기에 따라 이들에 대한 유전자재조합제제의 요양급여 허용 여부를 달리 취급하는 것은 합리적인 이유가 있는 차별이라고 할 수 없다. 따라서 이 사건 고시 조항은 청구인들의 평등권을 침해하는 것이다**(헌재 2012.6.27. 2010헌마716).

49-1 국세징수법상 공매절차에서 매각결정을 받은 매수인이 기한 내에 대금납부의무를 이행하지 아니하여 매각결정이 취소되는 경우 그가 납부한 계약보증금을 국고에 귀속하도록 규정한 국세징수법은 평등원칙에 위배된다. 2023 법원행시 ( )

49-2 민사집행법상 경매절차에서의 매수신청보증금이 매수인의 대금미납으로 그에게 반환되지 아니하는 경우 국고에 귀속하지 않고 배당재원에 포함시키는 것과 달리 국세징수법상 공매절차에서 매각결정을 받은 매수인이 기한 내에 대금납부의무를 이행하지 아니하여 매각결정이 취소되는 경우 그가 납부한 계약보증금을 국고에 귀속하도록 규정한 국세징수법 조항은 국세징수절차와 민사집행절차의 성질이 다르므로 합리적 이유 있는 차별에 해당한다. 2022 법무사 ( )

> **해설** 국세징수법 등 관련 규정의 체계 및 운영 형태에 비추어 볼 때, 국세징수법상 공매는 체납자와 매수인 사이의 사법상 매매계약을 체납처분청이 대행하는 성격을 가지고, 계약보증금 제도는 이러한 매매의

ANSWER 47-1 ○ 47-2 ○ 48-1 ○ 48-2 × 49-1 ○ 49-2 ×

조건을 법정한 것으로서 위약금약정과 유사한 성격이 있으며, 이러한 점은 **민사집행법상 매수신청보증 제도와 본질적으로 동일**하다. … 이 사건 법률조항은 위약금약정의 성격을 가지는 매각의 법정조건으로서 민사집행법상 매수신청보증금과 본질적으로 동일한 성격을 가지는 국세징수법상 계약보증금을 절차상 달리 취급함으로써, 국세징수법상 공매절차에서의 체납자 및 담보권자를 민사집행법상 경매절차에서의 집행채무자 및 담보권자에 비하여 그 재산적 이익의 영역에서 합리적 이유 없이 자의적으로 차별하고 있으므로 헌법상 평등원칙에 위반된다(헌재 2009.4.30. 2007헌가8).

50 공매절차에서 매수인의 대금납부의무 불이행으로 인하여 매각결정이 취소되는 경우 그가 납부한 공매보증금을 절차 개시의 근거가 된 조세채권에 우선 충당하도록 규정한 구 국세징수법 제78조 제2항 중 '제1항 제2호에 따라 압류재산의 매각결정을 취소하는 경우 공매보증금은 체납처분비, 압류와 관계되는 국세·가산금의 순으로 충당하고 그 남은 금액은 체납자에게 지급한다'는 부분은 국세징수절차상 매수인과 민사집행절차상 매수인을 합리적 이유 없이 자의적으로 차별하고 있다고 볼 수 없으므로, 평등원칙에 위반되지 않는다.
2023 법원행시 ( )

해설 민사집행법상 매수신고인이 대금납부의무를 불이행하더라도 일정한 사유가 발생한 경우에만 매수신청보증금의 반환을 제한하고 있다.(민사집행법상 경매에서는 재매각 명령 후 매각절차가 취소되거나 경매신청이 적법하게 취하되어 매각절차의 속행이 없어진 때에는 전의 매수인은 매수신청의 보증을 반환받고 있다.) 반면, 구 국세징수법상 매수인의 대금납부의무 불이행을 이유로 매각결정이 취소되는 경우 조세채권에 우선 충당하고 매수인에게 공매보증금을 돌려주지 않도록 정하고 있다. 이것은, 체납처분절차와 민사집행절차의 차이, 조세채권의 신속하고 적정한 실현이라는 구 국세징수법의 입법목적, 보증금에 위약금으로서의 성질을 부여할 경우에도 어느 범위 내에서 반환을 제한할 것인지에 관한 입법자의 재량에 따른 것이다. 따라서 심판대상조항이 구 국세징수법상 매수인을 민사집행법상 매수인에 비하여 합리적 이유 없이 자의적으로 차별하고 있다고 볼 수 없으므로, 평등원칙에 위반되지 아니한다(헌재 2022.5.26. 2019헌바423).

51 유사한 성격의 규율대상에 대하여 이미 입법이 있다 하더라도, 평등원칙을 근거로 입법자에게 청구인들에게도 적용될 입법을 하여야 할 헌법상의 의무가 발생한다고 볼 수 없다. 2022 경찰2차 ( )

해설 민주화운동관련자명예회복및보상등에관한법률은 "민주화운동과 관련하여 희생된 자와 그 유족에 대하여 국가가 명예회복 및 보상을 행함으로써 이들의 생활안정과 복지향상을 도모하고, 민주주의의 발전과 국민화합에 기여함"(제1조), 의문사진상규명에관한특별법은 "민주화운동과 관련하여 의문의 죽음을 당한 사건에 대한 진상을 규명함으로써 국민화합과 민주발전에 이바지함"(제1조), 제주4·3사건진상규명및희생자명예회복에관한특별법은 "제주 4·3사건의 진상을 규명하고 이 사건과 관련된 희생자와 그 유족들의 명예를 회복시켜줌으로써 인권신장과 민주발전 및 국민화합에 이바지함"(제1조) 각 목적으로 규정하고 있다. 따라서 위 각 특별법의 규율대상과 청구인들이 입법되어야 한다고 주장하는 '법률'의 규율 대상은 본질적으로 동일한 성격을 갖지 않는다고 할 것이다. 가사 그것이 본질적으로 동일하다고 보더라도 이를 근거로 입법자에게 청구인들에게도 적용될 유사한 내용의 입법을 하여야 할 헌법상의 의무가 발생한다고 볼 수 없다. 왜냐하면 평등원칙은 원칙적으로 입법자에게 헌법적으로 아무런 구체적인 입법의무를 부과하지 않고, 다만, 입법자가 평등원칙에 반하는 일정 내용의 입법을 하게 되면, 이로써 피해를 입게 된 자는 직접 당해 법률조항을 대상으로 하여 평등원칙의 위반여부를 다툴 수 있을 뿐이기 때문이다(헌재 2003.1.30. 2002헌마358).

52 「공익신고자 보호법」상 보상금의 의의와 목적을 고려하면 공익신고 유도 필요성에 있어 차이가 있는 내부 공익신고자와 외부 공익신고자를 달리 취급하는 것은 합리성을 인정할 수 있다. 2022 경찰간부 ( )

해설 공익침해행위의 효율적인 발각과 규명을 위해서는 내부 공익신고가 필수적인데, 내부 공익신고자는 조직 내에서 배신자라는 오명을 쓰기 쉬우며, 공익신고로 인하여 신분상, 경제상 불이익을 받을 개연성

ANSWER 50 ◯ 51 ◯ 52 ◯

이 높다. 이 때문에 보상금이라는 경제적 지원조치를 통해 내부 공익신고를 적극적으로 유도할 필요성이 인정된다. 반면, '내부 공익신고자가 아닌 공익신고자'(이하 '외부 공익신고자'라 한다)는 공익신고로 인해 불이익을 입을 개연성이 높지 않기 때문에 공익신고 유도를 위한 보상금 지급이 필수적이라 보기 어렵다. '공익신고자 보호법'상 보상금의 의의와 목적을 고려하면, 이와 같이 공익신고 유도 필요성에 있어 차이가 있는 **내부 공익신고자와 외부 공익신고자를 달리 취급하는 것에 합리성을 인정할 수 있다.** 또한, 무차별적 신고로 인한 행정력 낭비 등 보상금이 초래한 전문신고자의 부작용 문제를 근본적으로 해소하고 공익신고의 건전성을 제고하고자 보상금 지급대상을 내부 공익신고자로 한정한 입법자의 판단이 충분히 납득할만한 점, 외부 공익신고자도 일정한 요건을 갖추는 경우 포상금, 구조금 등을 지급 받을 수 있는 점 등을 아울러 고려할 때, 이 사건 법률조항이 평등원칙에 위배된다고 볼 수 없다(헌재 2021. 5. 27. 2018헌바127).

53-1 개정 전 「공직자윤리법」 조항에 따라 이미 재산등록을 한 혼인한 여성 등록의무자에게만 배우자의 직계존·비속의 재산을 등록하도록 예외를 규정한 「공직자윤리법」 부칙조항은 평등원칙에 위배되지 않는다.
2022 경찰간부   ( )

53-2 혼인한 등록의무자는 배우자가 아닌 본인의 직계·존비속의 재산을 등록하도록 법이 개정되었으나, 개정 전 이미 배우자의 직계·존비속의 재산을 등록한 혼인한 여성 등록의무자는 종전과 동일하게 계속해서 배우자의 직계·존비속의 재산을 등록하도록 한 부칙조항은 그 목적의 정당성을 발견할 수 없다. 2022 법원직
( )

53-3 혼인한 등록의무자 모두 배우자가 아닌 본인의 직계존·비속의 재산을 등록하도록 공직자윤리법이 개정되었음에도 불구하고, 개정 전 공직자윤리법 조항에 따라 이미 배우자의 직계존·비속의 재산을 등록한 혼인한 여성 등록의무자는 종전과 동일하게 계속해서 배우자의 직계존·비속의 재산을 등록하도록 규정한 공직자윤리법 부칙(2009. 2. 3. 법률 제9402호) 조항은, 호주제가 폐지되기 전 민법 및 가족관계의 등록 등에 관한 법률상 가족에 관한 법체계적 해석에 기초하여 법 개정 상황에 따른 법적 혼란의 발생을 방지하기 위한 것으로 그 목적의 정당성 자체는 인정된다. 2024 법원행시   ( )

53-4 「공직자윤리법」에서 혼인한 재산등록의무자 모두 배우자가 아닌 본인의 직계존·비속의 재산을 등록하도록 개정되었음에도 불구하고, 개정전 조항에 따라 이미 배우자의 직계존·비속의 재산을 등록한 혼인한 여성 등록의무자의 경우에만, 예외적으로 종전과 동일하게 계속해서 배우자의 직계존·비속의 재산을 등록하도록 규정한 것은 평등원칙에 위배된다. 2024 경찰승진   ( )

> **해설** 이 사건 부칙조항은 혼인한 남성 등록의무자와 이미 개정전 공직자윤리법 조항에 따라 재산등록을 한 혼인한 여성 등록의무자를 달리 취급하고 있는바, 이 사건 부칙조항이 평등원칙에 위배되는지 여부를 판단함에 있어서는 **엄격한 심사척도를 적용하여 비례성 원칙에 따른 심사를 하여야** 한다. 이 사건 부칙조항은 개정 전 공직자윤리법 조항이 혼인관계에서 남성과 여성에 대한 차별적 인식에 기인한 것이라는 반성적 고려에 따라 개정 공직자윤리법 조항이 시행되었음에도 불구하고, 일부 혼인한 여성 등록의무자에게 이미 개정 전 공직자윤리법 조항에 따라 재산등록을 하였다는 이유만으로 남녀차별적인 인식에 기인하였던 종전의 규정을 따를 것을 요구하고 있다. 그런데 혼인한 남성 등록의무자와 달리 혼인한 여성 등록의무자의 경우에만 본인이 아닌 배우자의 직계존·비속의 재산을 등록하도록 하는 것은 여성의 사회적 지위에 대한 그릇된 인식을 양산하고, 가족관계에 있어 시가와 친정이라는 이분법적 차별구조를 정착시킬 수 있으며, 이것이 사회적 관계로 확장될 경우에는 남성우위·여성비하의 사회적 풍토

ANSWER 53-1 ✕ 53-2 ○ 53-3 ✕ 53-4 ○

를 조성하게 될 우려가 있다. 이는 **성별에 의한 차별금지 및 혼인과 가족생활에서의 양성의 평등을 천명하고 있는 헌법에 정면으로 위배되는 것으로 그 목적의 정당성을 인정할 수 없다. 따라서 이 사건 부칙조항은 평등원칙에 위배된다**(헌재 2021.9.30. 2019헌가3).

54 임대의무기간이 10년인 공공건설임대주택의 분양전환가격을 임대의무기간이 5년인 공공건설임대주택의 분양전환가격과 서로 다른 기준으로 산정하는 구 「임대주택법 시행규칙」 조항은 10년 임대주택에 거주하는 임차인의 평등권을 침해한다. 2022 경찰간부 ( )

해설 구 임대주택법령상 10년 임대주택의 임차인은 5년 임대주택의 임차인보다 장기간 동안 주변 시세에 비하여 저렴한 임대보증금과 임대료를 지불하면서 거주하고 위 기간 동안 재산을 형성하여 당해 공공건설임대주택을 분양전환을 통하여 취득할 기회를 부여받게 되므로, 10년 임대주택과 5년 임대주택은 임차인의 주거의 안정성을 보장한다는 면에서 차이가 있다. 위 차이는 장기간 임대사업의 불확실성을 감당하게 되는 임대사업자의 수익성과 연결된다. 10년 임대주택과 5년 임대주택에 동일한 분양전환가격 산정기준을 적용하면 전자의 공급이 감소되는 결과로 이어진다. **심판대상조항이 10년 임대주택의 분양전환가격의 상한만을 정하되 상한을 감정평가금액으로 규정한 것은 임대사업자에게 일정한 수익성을 보장하고 감정평가법인을 통하여 분양전환 당시의 객관적 주택가격을 충실히 반영하기 위함이다. 분양전환제도의 목적은 임차인이 일정 기간 거주한 이후 우선 분양전환을 통하여 당해 임대주택을 소유할 권리를 부여하는 것이지 당해 임대주택의 소유를 보장하기 위한 것은 아니다. 이를 고려하면, 5년 임대주택과 동일한 분양전환가격 산정기준을 적용받지 않는다고 하여 10년 임대주택의 임차인이 합리적 이유 없이 차별 취급되고 있다고 보기 어렵다.** 임차인은 입주자 모집공고 등을 통해 임대의무기간의 장단, 분양전환가격 산정기준의 유불리를 파악하여 자신의 상황에 맞는 공공건설임대주택을 선택할 수 있다. **심판대상조항이 10년 임대주택의 분양전환가격 산정기준을 달리 정한 데에는 합리적 이유가 있으므로, 심판대상조항으로 인하여 10년 임대주택에 거주하는 임차인의 평등권은 침해되지 아니한다**(헌재 2021.4.29. 2019헌마202).

55 '수사가 진행 중이거나 형사재판이 계속 중이었다가 그 사유가 소멸한 경우'에는 잔여 퇴직급여 등에 대해 이자를 가산하는 규정을 두면서, '형이 확정되었다가 그 사유가 소멸한 경우'에는 이자 가산 규정을 두지 않은 「군인연금법」 규정은 평등원칙에 위반된다. 2022 입법고시 ( )

해설 **금고 이상의 형을 받았다가 재심으로 무죄판결을 받은 사람'은 군 복무 중 급여제한사유에 해당함이 없이 직무상 의무를 다한 성실한 군인이라는 점에서 '수사 중이거나 형사재판 계속 중이었다가 불기소처분 등을 받은 사람'과 차이가 없다.** 급여제한사유에 해당하지 않는 사람임이 뒤늦게라도 밝혀졌다면, 수사 중이거나 형사재판 계속 중이어서 잠정적·일시적으로 지급을 유보하였던 경우인지, 아니면 당해 형사절차가 종료되어 확정적으로 지급을 제한하였던 경우인지에 따라 잔여 퇴직급여에 대한 이자 가산 여부를 달리 할 이유가 없다. 또한 이들은 '퇴직급여 등을 본래 지급받을 수 있었던 때 지급받지 못하고 일정한 기간이 경과한 후에 지급받는다'는 점에서도 차이가 없다. 금고 이상의 형이 확정되었다가 재심에서 무죄판결을 받은 사람은 처음부터 유죄판결이 없었던 것과 같은 상태가 되었으므로 '유죄판결을 받지 않았다면 본래 퇴직급여 등을 받을 수 있었던 날'에 퇴직급여를 지급받을 수 있었던 사람들이다. 따라서 **미지급기간동안 잔여 퇴직급여에 발생하였을 경제적 가치의 증가를 전혀 반영하지 않고 잔여 퇴직급여 원금만을 지급하는 것은 제대로 된 권리회복이라고 볼 수 없다. 이러한 점들을 종합하면, 잔여 퇴직급여에 대한 이자 지급 여부에 있어 양자를 달리 취급하는 것은 합리적 이유 없는 차별로서 평등원칙을 위반**한다(헌재 2016.7.28. 2015헌바20).

56 주택재개발사업의 경우 학교용지부담금 부과 대상에서 '기존 거주자와 토지 및 건축물의 소유자에게 분양하는 경우'에 해당하는 개발사업분만 제외하고, 현금청산의 대상이 되어 제3자에게 분양됨으로써 기존에 비하여 가구 수가 증가하지 아니하는 개발사업분을 제외하지 아니한 「학교용지 확보 등에 관한 특례법」 규정은 평등원칙에 위반된다. 2022 입법고시 ( )

ANSWER 54 × 55 ○ 56 ○

해설 개발사업이 진행되는 지역에서 단기간에 형성된 취학 수요에 부응하기 위하여 학교를 신설 및 증축하는 것은 개발지역의 기반시설을 확보하려는 것이므로, 그 재정에 충당하기 위하여 개발사업의 시행자에게 학교용지부담금을 부과하는 것은, 개발사업의 시행자가 위와 같은 학교시설 확보의 필요성을 유발하였기 때문이다. 학교시설 확보의 필요성은 개발사업에 따른 인구 유입으로 인한 취학 수요의 증가로 이어지므로, 주택재개발사업의 시행으로 공동주택을 건설하는 경우에는 신규로 주택이 공급되는 개발사업분만을 기준으로 학교용지부담금의 부과 대상을 정해야 한다. 따라서 **심판대상조항이 주택재개발사업의 경우 학교용지부담금 부과 대상에서 '기존 거주자와 토지 및 건축물의 소유자에게 분양하는 경우'에 해당하는 개발사업분만 제외하고, 현금청산의 대상이 되어 제3자에게 분양됨으로써 기존에 비하여 가구 수가 증가하지 아니하는 개발사업분을 제외하지 아니한 것은, 주택재개발사업의 시행자들 사이에 학교시설 확보의 필요성을 유발하는 정도와 무관한 불합리한 기준으로 학교용지부담금의 납부액을 달리하는 차별을 초래하므로, 심판대상조항은 평등원칙에 위배**된다(헌재 2014.4.24. 2013헌가28).

57 우체국보험금 및 환급금 청구채권 전액에 대하여 압류를 금지하여 우체국보험 가입자의 채권자와 일반 인보험 가입자의 채권자를 차별 취급하는 것은 합리적인 사유가 존재하므로 헌법상 평등원칙에 위배되지 아니한다. 2022 법원직 ( )

해설 이 사건 법률조항은 국가가 운영하는 우체국보험에 가입한다는 사정만으로, 일반 보험회사의 인보험에 가입한 경우와는 달리 그 수급권이 사망, 장해나 입원 등으로 인하여 발생한 것인지, 만기나 해약으로 발생한 것인지 등에 대한 구별조차 없이 그 전액에 대하여 무조건 압류를 금지하여 우체국보험 가입자를 보호함으로써 **우체국보험 가입자의 채권자를 일반 인보험 가입자의 채권자에 비하여 불합리하게 차별취급하는 것이므로, 헌법 제11조 제1항의 평등원칙에 위반**된다(헌재 2008.5.29. 2006헌바5).

58-1 중혼의 취소권자를 민법이 규정하면서 직계비속을 제외한 것은 합리적 이유 없이 직계존속에게는 중혼의 취소청구권을 부여하고 직계비속에게는 부여하지 않았다고 할 것이어서 평등원칙에 반한다. 2022 법원직 ( )

58-2 중혼의 취소청구권자를 어느 범위까지 포함할 것인지 여부에 관하여는 입법자의 입법재량의 폭이 넓은 영역이라는 점에서 자의금지원칙 위반 여부를 심사하는 것으로 충분하다. 2024 입법고시 ( )

해설 이 사건 법률조항은 중혼의 취소청구권자를 규정하면서 직계비속을 취소청구권자에 포함시키지 아니한 것인데, 앞서 본 바와 같이, **중혼의 취소청구권자를 어느 범위까지 포함할 것인지 여부에 관하여는 입법자의 입법재량의 폭이 넓은 영역**이라 할 것이어서, 이 사건 법률조항이 평등원칙을 위반했는지 여부를 판단함에 있어서는 자의금지원칙 위반 여부를 심사하는 것으로 족하다고 할 것이다.
중혼의 취소청구권자를 규정한 이 사건 법률조항은 그 취소청구권자로 직계존속과 4촌 이내의 방계혈족을 규정하면서도 직계비속을 제외하였는바, 직계비속을 제외하면서 직계존속만을 취소청구권자로 규정한 것은 가부장적·종법적인 사고에 바탕을 두고 있고, 직계비속이 상속권 등과 관련하여 중혼의 취소청구를 구할 법률적인 이해관계가 직계존속과 4촌 이내의 방계혈족 못지않게 크며, **그 취소청구권자의 하나로 규정된 검사에게 취소청구를 구한다고 하여도 검사로 하여금 직권발동을 촉구하는 것에 지나지 않은 점 등을 고려할 때, 합리적인 이유 없이 직계비속을 차별하고 있어, 평등원칙에 위반**된다(헌재 2010.7.29. 2009헌가8).

59 국채에 대한 소멸시효를 5년 단기로 규정하여 민사 일반채권자나 회사채 채권자에 비하여 국채 채권자를 차별 취급한 것은 합리적인 이유 없는 차별에 해당하지 않는다. 2022 법원직 ( )

해설 국채가 발행되는 공공자금관리기금의 운용계획수립 및 집행에 있어서 채권·채무관계를 조기에 확정하고 예산 수립의 불안정성을 제거하여 공공자금관리기금을 합리적으로 운용하기 위하여 단기소멸시효를 둘 필요성이 크고, 국채는 일반기업 및 개인의 채무 보다 채무이행에 대한 신용도가 매우 높아서 채권자가 용이하게 채권을 행사할 수 있으므로 오랫동안 권리행사를 하지 않은 채권자까지 보호할

ANSWER 57 × 58-1 ○ 58-2 ○ 59 ○

필요성이 그리 크지 않으며, 공공기관 기록물 중 예산·회계관련 기록물들의 보존기간이 5년으로 정해져 있어서 소멸시효기간을 이보다 더 장기로 정하는 것은 적절하지 않을 뿐만 아니라, 상사채권 뿐만 아니라, 국가 또는 지방자치단체에 대한 채권, 연금법상 채권, 공기업이 발행하는 채권 등이 모두 5년의 소멸시효 기간을 규정하고 있는 점을 종합하건대, 이 사건 법률조항이 국채에 대한 소멸시효를 5년 단기로 규정하여 민사 일반채권자나 회사채 채권자에 비하여 국채 채권자를 차별 취급한 것은 합리적인 사유가 존재하므로 헌법상 평등원칙에 위배되지 아니한다(헌재 2010.4.29. 2009헌바120 등).

60 「병역법」 제34조 제3항이 전문연구요원과 달리 공중보건의사가 군사교육에 소집된 기간을 복무기간에 산입하지 않도록 규정하고 있더라도 이는 합리적인 이유가 있는 차별이므로 공중보건의사의 평등권을 침해하지 않는다. 2024 입법고시 ( )

해설 공중보건의사는 장교의 지위에 있는 군의관과 입법 연혁, 선발과정, 보수, 수행 업무의 내용 등 여러 가지 면에서 동일하거나 유사한 측면이 있다는 점을 고려하면, 군사교육소집기간의 복무기간 산입 여부와 같은 정책적인 사항에 대하여 전문연구요원과 달리 규정한다고 해서 이를 부당한 차별취급이라고 단정하기는 어렵다. 따라서 심판대상조항이 전문연구요원과 달리 공중보건의사의 군사교육소집기간을 복무기간에 산입하지 않은 데에는 합리적 이유가 있으므로, 청구인들의 평등권을 침해하지 않는다(헌재 2020.9.24. 2019헌마472등).

61 1991년 개정 「농어촌의료법」이 적용되기 전에 공중보건의사로 복무한 사람이 사립학교 교직원으로 임용된 경우 공중보건의사로 복무한 기간을 사립학교 교직원 재직기간에 산입하도록 규정하지 않은 「사립학교교직원연금법」상 조항은 공중보건의사가 출·퇴근을 하며 병역을 이행한다는 점에서 그 복무기간을 재직기간에 산입하지 않는 것에 합리적 이유가 있다. 2023 경찰간부 ( )

해설 구 병역법 등의 규정에 의하면 의사·치과의사 등의 자격이 있는 사람이 병적에 편입되어 공중보건의사와 군의관 중 어떠한 형태로 복무할 것인지는 본인의 의사가 아니라 국방부장관에 의하여 결정되는 점, 군의관과 공중보건의사는 모두 병역의무 이행의 일환으로 의료분야의 역무를 수행한 점, **공중보건의사는 접적지역, 도서, 벽지 등 의료취약지역에서 복무하면서 그 지역 안에서 거주하여야 하고 그 복무에 관하여 국가의 강력한 통제를 받았던 점 등을 종합하면, 1991년 개정 농어촌의료법 시행 전에 공중보건의사로 복무하였던 사람이 사립학교 교직원으로 임용되었을 경우 현역병 등과 달리 공중보건의사 복무기간을 재직기간에 반영하도록 규정하지 아니한 것은 차별취급에 합리적인 이유가 없다. 따라서 심판대상조항은 평등원칙에 위배된다**(헌재 2016.2.25. 2015헌가15).

62 「형법」상 모욕죄·사자명예훼손죄와 「정보통신망 이용촉진 및 정보보호 등에 관한 법률」(이하 "정보통신망법"이라 한다)의 명예훼손죄는 사람의 가치에 대한 사회적 평가인 이른바 '외적 명예'를 보호법익으로 한다는 점에서 불법성이 유사함에도, 「형법」상 친고죄인 모욕죄·사자명예훼손죄와 달리 정보통신망법이 제70조 제2항의 명예훼손죄를 반의사불벌죄로 규정한 것은 형벌체계상 균형을 상실하여 평등원칙에 위반된다. 2024 입법고시 ( )

해설 형법상 모욕죄는 피해자에 대한 구체적 사실이 아닌 추상적 판단과 감정을 표현하고, 형법상 사자명예훼손죄는 생존한 사람이 아닌 사망한 사람에 대한 허위사실 적시라는 점에서 불법성이 감경된다. 반면, 정보통신망법의 명예훼손죄는 비방할 목적으로 정보통신망을 이용하여 거짓사실을 적시한다는 점에서 불법성이 가중된다는 차이가 있다. 위와 같은 사정과 함께, 국가소추주의의 예외 내지 제한으로서 친고죄·반의사불벌죄가 지니는 의미, 공소권 행사로 얻을 수 있는 이익과 피해자의 의사에 따라 공소권 행사를 제한함으로써 얻을 수 있는 이익의 조화 등을 입법자는 종합적으로 형량하여 그 친고죄·반의사불벌죄 여부를 달리 정한 것이므로, 심판대상조문은 형벌체계상 균형을 상실하지 않아 평등원칙에 위반되지 아니한다(헌재 2021.4.29. 2018헌바113).

ANSWER **60** ○ **61** × **62** ×

63 치과전문의 자격 인정 요건으로 '외국의 의료기관에서 치과의사 전문의 과정을 이수한 사람'을 포함하지 아니한 치과의사전문의의 수련 및 자격 인정 등에 관한 규정 제18조 제1항은 청구인들의 평등권을 침해한다.
2023 지방직7급   ( )

> **해설** 의사전문의와 치과전문의 모두 환자의 치료를 위한 전문성을 필요로 한다는 점을 감안하면, 치과전문의 자격 인정 요건을 의사전문의의 경우와 다르게 규정할 특별한 사정이 있다고 보기도 어렵다. 따라서 심판대상조항은 청구인들의 평등권을 침해한다(헌재 2015.9.24. 2013헌마197).

64 공무원의 시간외·야간·휴일근무수당의 산정방법을 정하고 있는 구 '공무원수당 등에 관한 규정'은 공무원에 대한 수당 지급을 근로기준법보다 불리하게 규정하고 있는바, 공무원과 일반근로자를 합리적 이유 없이 차별하는 것으로서 평등권을 침해한다. 2023 법원직   ( )

> **해설** 공무원 역시 통상적인 근로자의 성격을 갖지만, 국민전체에 대하여 봉사하고 책임을 져야 하는 특별한 지위에 있는 자로서 일반 근로자와 달리 특별한 근무관계에 있다. 따라서 **공무원의 근무조건은 공무원 근로관계의 특수성과 예산상 한계를 고려하여 독자적인 법률 및 하위법령으로 규율하고 있으며, 이는 근로기준법보다 우선적으로 적용**된다. 심판대상조항들은 공무원의 초과근무에 대한 금전적 보상에 관하여 정하고 있으나, 이 역시 예산이 허용하는 범위 내에서 지급될 수밖에 없다. 예산의 범위를 초과하여 수당을 지급하는 것은 예산을 추가로 책정하지 않는 이상 가능하지 않고, **그렇다고 일반 근로자와 같은 수준으로 수당을 지급하면서 예산으로 보상할 수 있는 시간 동안만 초과근무를 하도록 한다면 업무상 공백이 발생할 우려가 있기 때문에, 공무원에 대한 수당 지급이 근로기준법보다 불리하다 하더라도 이는 불가피한 측면이 있다.** 또한 근로기준법에서 예외 없이 통상임금의 50% 이상을 가산하여 초과근무수당을 지급하도록 한 것은 사용자로 하여금 초과근무에 대하여 더 많은 금전적 보상을 하도록 함으로써 될 수 있는 한 초과근무를 억제하기 위한 것인데, 공무원의 경우 이와 같은 목적에서 수당을 산정하고 있지 않으므로, **근로기준법보다 적은 액수의 수당을 지급한다 하여 이를 불합리한 차별이라고 보기 어렵다. 따라서 심판대상조항들이 청구인의 평등권을 침해한다고 할 수 없다**(헌재 2017.8.31. 2016헌마404).

65 구 「건설근로자의 고용개선 등에 관한 법률」 제14조 제2항 중 구 「산업재해보상보험법」 제63조 제1항 가운데 '그 근로자가 사망할 당시 대한민국 국민이 아닌 자로서 외국에서 거주하고 있던 유족은 제외한다.'를 준용하는 부분은 합리적 이유 없이 외국거주 외국인 유족을 대한민국 국민인 유족 및 국내거주 외국인 유족과 차별하는 것으로 평등원칙에 위반된다. 2023 경찰2차   ( )

> **해설** 외국거주 외국인 유족에게 퇴직공제금을 지급하더라도 국가 및 사업주의 재정에 영향을 미치거나 건설근로자공제회의 재원 확보 및 퇴직공제금 지급 업무에 특별한 어려움이 초래될 일도 없으므로 외국거주 외국인 유족을 퇴직공제금을 지급받을 유족의 범위에서 제외할 이유가 없다는 점, '일시금' 지급 방식인 퇴직공제금의 지급에서는 산업재해보상보험법상의 유족보상연금의 지급에서와 같이 수급자격 유지 확인의 어려움과 보험급여 부당지급의 우려가 없으므로 '연금' 지급 방식인 산업재해보상보험법상의 유족보상연금 수급자격자 규정을 '일시금' 지급 방식인 퇴직공제금에 준용하는 것은 불합리하다는 점, 외국거주 외국인 유족은 자신이 거주하는 국가에서 발행하는 공신력 있는 문서로서 퇴직공제금을 지급받을 유족의 자격을 충분히 입증할 수 있으므로 그가 '외국인'이라는 사정 또는 '외국에 거주'한다는 사정이 대한민국 국민인 유족 혹은 국내거주 외국인 유족과 달리 취급받을 합리적인 이유가 될 수 없다는 점 등을 종합하면, 심판대상조항은 합리적 이유 없이 외국거주 외국인 유족을 대한민국 국민인 유족 및 국내거주 외국인 유족과 차별하는 것이므로 평등원칙에 위반된다(헌재 2023.3.23. 2020헌바471).

ANSWER 63 ○ 64 × 65 ○

66 국군포로로서 억류기간 동안의 보수를 지급받을 권리를 국내로 귀환하여 등록절차를 거친 자에게만 인정하는 「국군포로의 송환 및 대우 등에 관한 법률」 제9조 제1항은 귀환하지 않은 국군포로를 합리적 이유 없이 차별한 것이라 볼 수 없어 평등원칙에 위배되지 않는다. 2023 경찰2차 ( )

해설 국군포로의 신원, 귀환동기, 억류기간 중의 행적을 확인하여 등록 및 등급을 부여하는 것은 국군포로가 국가를 위하여 겪은 희생을 위로하고 국민의 애국정신을 함양한다는 국군포로송환법의 취지에 비추어 볼 때 보수를 지급하기 위해 선행되어야 할 필수적인 절차이다. **귀환하지 못한 국군포로의 경우 등록을 할 수가 없고, 대우와 지원을 받을 대상자가 현재 대한민국에 존재하지 않아 보수를 지급하는 제도의 실효성이 인정되기 어렵다. 따라서 심판대상조항은 평등원칙에 위배되지 않는다**(헌재 2022. 12. 22. 2020헌바39).

67 사회복무요원에게 현역병의 봉급에 해당하는 보수를 지급하도록 정한 구 「병역법 시행령」 제62조 제1항 본문, 사회복무요원에게 교통비, 중식비의 실비를 지급하도록 정한 구 「병역법 시행령」 제62조 제2항 전단, 구 「사회복무요원 복무관리 규정」 제41조 제3항 본문 전단은 사회복무요원을 현역병에 비하여 합리적 이유 없이 자의적으로 차별한 것이라 볼 수 없어 사회복무요원인 청구인의 평등권을 침해하지 않는다. 2023 경찰2차 ( )

해설 **현역병과 달리 사회복무요원에게 보수 외에 중식비, 교통비, 제복 등을 제외한 다른 의식주 비용을 지급하지 않는 것은 해당 비용과 직무수행 간의 밀접한 관련성 유무를 고려한 것이다.** 현역병은 엄격한 규율이 적용되는 내무생활을 하면서 총기·폭발물 사고 등 위험에 노출되어 있는데, 병역의무 이행에 대한 보상의 정도를 결정할 때 위와 같은 현역병 복무의 특수성을 반영할 수 있으며, 사회복무요원은 생계유지를 위하여 필요한 경우 복무기관의 장의 허가를 얻어 겸직할 수 있는 점 등을 고려하면, **심판대상조항이 사회복무요원에게 현역병의 봉급과 동일한 보수를 지급하면서 중식비, 교통비, 제복 등을 제외한 다른 의식주 비용을 추가로 지급하지 않는다 하더라도, 사회복무요원을 현역병에 비하여 합리적 이유 없이 자의적으로 차별한 것이라고 볼 수 없다. 따라서 심판대상조항은 청구인들의 평등권을 침해하지 아니한다**(헌재 2019. 2. 28. 2017헌마374등).

68 반복적으로 범행을 저지르는 절도 사범에 관한 가중처벌 규정인 특정범죄가중처벌 등에 관한 법률(2016. 1. 6. 법률 제13717호로 개정된 것) 제5조의4 제5항 제1호는 불법성의 정도가 같다고 보기 어려운 형법상 절도죄, 야간주거침입절도죄, 특수절도죄를 동등하게 취급하는 것으로 평등원칙에 위반된다. 2023 법무사 ( )

해설 이 사건 특정범죄가중법 조항에 해당하는 자를 일반 범죄자, 형법상 상습절도죄를 저지른 자, 강도죄로 3회 이상 징역형을 받은 후 누범기간 내에 강도예비·음모죄를 저지른 자 또는 절도죄를 저지른 자에 비하여 무겁게 처벌하거나 이 사건 특정범죄가중법 조항에 해당하는 행위를 동일한 법정형으로 처벌하는 것이 형벌체계상 정당성이나 균형을 잃은 것이라 할 수 없으므로, **이 사건 특정범죄가중법 조항은 평등원칙에 위반되지 않는다**(헌재 2019. 7. 25. 2018헌바209등).

69 군형법이 형법상 강제추행죄나 준강제추행죄 등과 달리 강제추행죄 및 항거불능 상태를 이용한 준강제추행죄에 대하여 벌금형을 선택형으로 규정하지 아니하였다 하더라도 형벌체계의 균형성을 상실하여 평등원칙에 위배된다고 볼 수는 없다. 2023 법무사 ( )

해설 심판대상조항이 규율하는 범죄는 범행장소가 군영 내로 한정되어 있지는 않으나, 행위주체와 객체가 모두 '군인 및 이에 준하는 사람'이라는 특수한 지위를 보유해야 하고, 이들은 상명하복의 계급구조 안에서 군 조직 구성원으로서 본연의 임무를 수행하여 군의 전투력 유지에 기여한다는 점이 특징이다. **심판대상조항은 형법상 강제추행·준강제추행죄, 아동·청소년의성보호에관한법률위반(강제추행·준강제추행)죄, 성폭력범죄의처벌등에관한특례법위반(13세 미만 미성년자 강제추행·준강제추행)죄와 비교할 때, 행위주체**

ANSWER 66 ○ 67 ○ 68 × 69 ○

와 객체의 법적 지위 등 구체적 구성요건이 다르고, 그 성립범위와 행위 태양도 제한적이며, 군의 존립목적과 군 조직의 특수성 등에 비추어 보호법익과 범죄의 죄질도 유사하다고 볼 수 없다. 따라서 심판대상조항은 형벌체계의 균형성을 상실하여 평등원칙에 위배된다고 볼 수 없다(헌재 2018.12.27. 2017헌바195등).

70 동일한 밀수입 예비행위에 대하여 수입하려던 물품의 원가가 2억원 미만인 때에는 관세법이 적용되어 본죄의 2분의 1을 감경한 범위에서 처벌하는 반면, 물품원가가 2억원 이상인 경우에는 특정범죄 가중처벌 등에 관한 법률이 적용되어 가중처벌 하는 것은 합리적 이유가 있다고 보기 어렵다. 2023 법무사 ( )

해설 동일한 밀수입 예비행위에 대하여 수입하려던 물품의 원가가 2억원 미만인 때에는 관세법이 적용되어 본죄의 2분의 1을 감경한 범위에서 처벌하는 반면, 물품원가가 2억원 이상인 경우에는 심판대상조항에 따라 본죄에 준하여 가중처벌을 하는 것은 합리적 이유가 있다고 보기 어렵다. 특히 마약범의 경우에는 특가법의 개정으로 예비에 대한 가중처벌규정이 삭제되었고, 조세포탈범의 경우에는 특가법에서 예비죄에 대한 별도의 처벌규정을 두고 있지 아니한 점에 비추어 밀수입의 예비죄에 대해서만 과중한 처벌을 해야 할 필요가 있는지 의문이다. 이에 더하여 심판대상조항이 적용되는 밀수입 예비죄보다 불법성과 책임이 결코 가볍다고 볼 수 없는 내란, 내란목적살인, 외환유치, 여적 예비죄나 살인 예비죄의 법정형이 심판대상조항이 적용되는 밀수입 예비죄보다 도리어 가볍다는 점에 비추어 보면, 심판대상조항이 예정하는 법정형은 형평성을 상실하여 지나치게 가혹하다고 할 것이다. 그러므로 심판대상조항은 형벌체계의 균형성에 반하여 헌법상 평등원칙에 어긋난다(헌재 2019.2.28. 2016헌가13).

71 존속살해죄에 대한 가중처벌은 형벌체계상 균형을 잃은 자의적 입법으로서 평등의 원칙에 위반된다.
2023 경찰경력채용 ( )

해설 조선시대 이래 현재에 이르기까지 존속살해죄에 대한 가중처벌은 계속되어 왔고, 그러한 입법의 배경에는 우리 사회의 효를 강조하는 유교적 관념 내지 전통사상이 자리 잡고 있는 점, 존속살해는 그 패륜성에 비추어 일반 살인죄에 비하여 고도의 사회적 비난을 받아야 할 이유가 충분한 점, **이 사건 법률조항의 법정형이 종래의 '사형 또는 무기징역'에서 '사형, 무기 또는 7년 이상의 징역'으로 개정되어 기존에 제기되었던 양형에 있어서의 구체적 불균형의 문제도 해소된 점을 고려할 때 이 사건 법률조항이 형벌체계상 균형을 잃은 자의적 입법으로서 평등원칙에 위반된다고 볼 수 없다**(헌재 2013.7.25. 2011헌바267).

72 사관생도의 사관학교 교육기간을 현역병 등의 복무기간과 달리 연금 산정의 기초가 되는 군 복무기간으로 산입할 수 있도록 규정하지 아니한 구「군인연금법」상 조항은 현저히 자의적인 차별이라고 볼 수 없다.
2023 경찰간부 ( )

해설 **사관생도는 병역의무의 이행을 위해 본인의 의사와 상관없이 복무 중인 현역병 등과 달리 자발적으로 직업으로서 군인이 되기를 선택한 점**, 사관생도의 교육기간은 장차 장교로서의 복무를 준비하는 기간으로 이를 현역병 등의 복무기간과 동일하게 평가하기는 어려운 점 등 군인연금법상 군 복무기간 산입제도의 목적과 취지, 현역병 등과 사관생도의 신분, 역할, 근무환경 등을 종합적으로 고려하면, 심판대상조항이 사관생도의 사관학교에서의 교육기간을 현역병 등의 복무기간과 달리 연금 산정의 기초가 되는 복무기간으로 산입할 수 있도록 규정하지 아니한 것이 현저히 자의적인 차별이라 볼 수 없다(헌재 2022.6.30. 2019헌마150).

73 국공립 어린이집, 사회복지법인 어린이집, 법인·단체등 어린이집 등과 달리 민간어린이집에는 보육교직원 인건비를 지원하지 않는 '2020년도 보육사업안내(2020.1.10. 보건복지부지침)'상 조항은 합리적 근거 없이 민간어린이집을 운영하는 청구인을 차별하여 청구인의 평등권을 침해한다. 2023 경찰간부 ( )

ANSWER 70 ○ 71 × 72 ○ 73 ×

해설 보건복지부장관이 민간어린이집, 가정어린이집에 대하여 국공립 어린이집 등과 같은 기준으로 인건비 지원을 하는 대신 기관보육료를 지원하는 것은 전체 어린이집 수, 어린이집 이용 아동수를 기준으로 할 때 민간어린이집, 가정어린이집의 비율이 여전히 높고 보육예산이 한정되어 있는 상황에서 이들에 대한 지원을 국공립 어린이집 등과 같은 수준으로 당장 확대하기 어렵기 때문이다. **이와 같은 어린이집에 대한 이원적 지원 체계는 기존의 민간어린이집을 공적 보육체계에 포섭하면서도 나머지 민간어린이집은 기관보육료를 지원하여 보육의 공공성을 확대하는 방향으로 단계적 개선을 이루어나가고 있다. 이상을 종합하여 보면, 심판대상조항이 합리적 근거 없이 민간어린이집을 운영하는 청구인을 차별하여 청구인의 평등권을 침해하였다고 볼 수 없다**(헌재 2022.2.24. 2020헌마177).

74 국립묘지 안장 대상자의 사망 당시의 배우자가 재혼한 경우에는 국립묘지에 안장된 안장대상자와 합장할 수 없도록 규정한 「국립묘지의 설치 및 운영에 관한 법률」상 조항은 재혼한 배우자를 불합리하게 차별한 것으로 평등원칙에 위배된다. 2023 경찰간부 ( )

해설 안장 대상자의 사망 후 재혼하지 않은 배우자나 배우자 사망 후 안장 대상자가 재혼한 경우의 종전 배우자는 자신이 사망할 때까지 안장 대상자의 배우자로서의 실체를 유지하였다는 점에서 합장을 허용하는 것이 국가와 사회를 위하여 헌신하고 희생한 안장 대상자의 충의와 훈의 정신을 기리고자 하는 국립묘지 안장의 취지에 부합하고, **안장 대상자의 사망 후 그 배우자가 재혼을 통하여 새로운 가족관계를 형성한 경우에 그를 안장 대상자와의 합장 대상에서 제외하는 것은 합리적인 이유가 있다. 따라서 심판대상조항은 평등원칙에 위배되지 않는다**(헌재 2022.11.24. 2020헌바463).

Ⅲ 최신판례

01 특별교통수단에 있어 표준휠체어만을 기준으로 휠체어 고정설비의 안전기준을 정하고 있는 교통약자의 이동편의 증진법 시행규칙은 합리적 이유 없이 표준휠체어를 이용할 수 있는 장애인과 표준휠체어를 이용할 수 없는 장애인을 달리 취급하여 청구인의 평등권을 침해한다(헌재 2023.5.25. 2019헌마1234).

02 군사법원 피고인의 비용보상청구권의 제척기간을 '무죄판결이 확정된 날부터 6개월'로 정한 구 군사법원법 제227조의12 제2항은 헌법에 위반된다(헌재 2023.8.31. 2020헌바252).
  (1) 법정의견 중 재판관 4명의 위헌의견 : 과잉금지원칙에 위반된다. 입법목적을 달성하기 위한 적합한 수단에 해당하지만, 침해의 최소성과 법익의 균형성 요건 또한 갖추었다고 할 수 없다.
  (2) 법정의견 중 재판관 4명의 위헌의견 : 과잉금지원칙에 위배되지 않지만, 평등원칙에 위반된다. 심판대상조항은 군사법원법의 적용을 받는 비용보상청구권자를 형사소송법의 적용을 받는 비용보상청구권자에 비하여 자의적으로 다르게 취급하고 있으므로 평등원칙에 위반된다.

03 '전시·사변 등 국가비상사태에 있어서 전투에 종사하는 자'를 전투근무수당의 지급대상으로 한 것이 입법재량권을 벗어난 합리적 이유 없는 차별에 해당한다고 볼 수 없다(헌재 2023.8.31. 2020헌바594).

ANSWER 74 ×

04-1 건강보험료하한 조항이 외국인에 대하여 내국인등과 다른 보험료하한 산정기준을 적용함으로써 차별취급을 하고 있다고 하더라도 여기에는 합리적인 이유가 있다(헌재 2023.9.26. 2019헌마1165).

04-2 외국인 및 재외국민으로만 세대를 구성할 경우에는 세대주의 배우자 및 미성년 자녀에 한하여 동일세대로 인정받을 수 있는데, 내국인 등 지역가입자의 '세대원' 범위는 민법상 가족과, 가족 아닌 자로서 동거하는 사람까지 포함하도록 규정한 국민건강보험법의 세대구성조항은 평등권을 침해하지 않는다(헌재 2023.9.26. 2019헌마1165).

04-3 외국인에 대하여 체납횟수와 경제적 사정을 고려하여 보험급여제한을 하지 않을 수 있는 예외를 전혀 인정하지 않고, 보험료 체납에 따른 보험급여 제한이 실시된다는 통지절차도 전혀 마련하지 않은 국민건강보험법의 보험급여제한 조항은 합리적인 이유 없이 외국인들을 내국인등과 달리 취급한 것이므로, 평등권을 침해한다(헌재 2023.9.26. 2019헌마1165).

05 이성 군인과 달리 동성 군인 간 합의에 의한 성적 행위를 처벌하는 것에는 합리적인 이유가 있다(헌재 2023.10.26. 2017헌가16 등).

06 예비역은 국가비상사태에 병력동원의 대상이 되므로, 일정한 신체적 능력과 군전력으로서의 소양이 필요한 점을 고려할 때, 현시점에서 일반적으로 **여성을 예비역 복무의무자에서 제외한 입법자의 판단이 현저히 자의적이라고 단정하기 어렵다.** 다만, 지원에 의하여 현역복무를 마친 여성의 경우 예비전력의 자질을 갖춘 것으로 추정할 수 있으나, 전시 요구되는 장교와 병의 비율, 예비역 인력운영의 효율성 등을 고려할 때, **현역복무를 마친 여성에 대한 예비역 복무의무 부과는 합리적 병력충원제도의 설계, 여군의 역할 확대 및 복무 형태의 다양성 요구 충족 등을 복합적으로 고려하여 결정할 사항**으로, 현시점에서 이에 대한 입법자의 판단이 현저히 자의적이라고 단정하기 어렵다. 따라서 **예비역 복무의무자의 범위에서 일반적으로 여성을 제외하는 구 병역법 조항 및 지원에 의하여 현역복무를 마친 여성을 일반적인 여성의 경우와 동일하게 예비역 복무의무자의 범위에서 제외하는 군인사법 조항은 평등권을 침해하지 아니한다**(헌재 2023.10.26. 2018헌마357).

07 공무원에게 재해보상을 위하여 실시되는 급여의 종류로 일반 근로자에 대한 산업재해보상보험법과 달리 휴업급여 또는 상병보상연금 규정을 두고 있지 않은 '공무원 재해보상법' 조항은 인간다운 생활을 할 권리와 평등권을 침해하지 아니한다(헌재 2024.2.28. 2020헌마1587).

08 외국인 중 영주권자 및 결혼이민자만을 긴급재난지원금 지급대상에 포함시키고 난민인정자를 제외한 긴급재난지원금 세부시행계획 등은 평등권을 침해한다(헌재 2024.3.28. 2020헌마1079).

04 CHAPTER 자유권적 기본권

제1절 신체의 자유

I 헌법 조문

제12조 ① 모든 국민은 신체의 자유를 가진다. 누구든지 법률에 의하지 아니하고는 체포·구속·압수·수색 또는 심문을 받지 아니하며, 법률과 적법한 절차에 의하지 아니하고는 처벌·보안처분 또는 강제노역을 받지 아니한다.
② 모든 국민은 고문을 받지 아니하며, 형사상 자기에게 불리한 진술을 강요당하지 아니한다.
③ 체포·구속·압수 또는 수색을 할 때에는 적법한 절차에 따라 검사의 신청에 의하여 법관이 발부한 영장을 제시하여야 한다. 다만, 현행범인인 경우와 장기 3년 이상의 형에 해당하는 죄를 범하고 도피 또는 증거인멸의 염려가 있을 때에는 사후에 영장을 청구할 수 있다.
④ 누구든지 체포 또는 구속을 당한 때에는 즉시 변호인의 조력을 받을 권리를 가진다. 다만, 형사피고인이 스스로 변호인을 구할 수 없을 때에는 법률이 정하는 바에 의하여 국가가 변호인을 붙인다.
⑤ 누구든지 체포 또는 구속의 이유와 변호인의 조력을 받을 권리가 있음을 고지받지 아니하고는 체포 또는 구속을 당하지 아니한다. 체포 또는 구속을 당한 자의 가족등 법률이 정하는 자에게는 그 이유와 일시·장소가 지체없이 통지되어야 한다.
⑥ 누구든지 체포 또는 구속을 당한 때에는 적부의 심사를 법원에 청구할 권리를 가진다.
⑦ 피고인의 자백이 고문·폭행·협박·구속의 부당한 장기화 또는 기망 기타의 방법에 의하여 자의로 진술된 것이 아니라고 인정될 때 또는 정식재판에 있어서 피고인의 자백이 그에게 불리한 유일한 증거일 때에는 이를 유죄의 증거로 삼거나 이를 이유로 처벌할 수 없다.

제13조 ① 모든 국민은 행위시의 법률에 의하여 범죄를 구성하지 아니하는 행위로 소추되지 아니하며, 동일한 범죄에 대하여 거듭 처벌받지 아니한다.
③ 모든 국민은 자기의 행위가 아닌 친족의 행위로 인하여 불이익한 처우를 받지 아니한다.

II 최신 기출지문 분석

01 모든 국민은 신체의 자유를 가진다. 누구든지 법률과 적법절차에 의하지 아니하고는 체포·구속·압수·수색을 받지 아니하며, 법률에 의하지 아니하고는 심문·처벌·보안처분 또는 강제노역을 받지 아니한다.
2022 경찰1차 / 2024 행시 ( )

ANSWER 01 ×

해설 모든 국민은 신체의 자유를 가진다. 누구든지 **법률에 의하지 아니하고는 체포·구속·압수·수색 또는 심문을 받지 아니하며, 법률과 적법한 절차에 의하지 아니하고는 처벌·보안처분 또는 강제노역을 받지 아니한다**(헌법 제12조 제1항).

02 신체의 자유는 외부의 물리적인 힘뿐만 아니라 정신적인 위험으로부터도 신체의 안정성이 침해당하지 아니할 자유를 포함한다. 2022 법원직 ( )

해설 헌법 제12조 제1항은 "모든 국민은 신체의 자유를 가진다."라고 규정하여 신체의 자유를 헌법상 기본권의 하나로 보장하고 있다. **신체의 자유는 신체의 안정성이 외부로부터의 물리적인 힘이나 정신적인 위험으로부터 침해당하지 아니할 자유와 신체활동을 임의적이고 자율적으로 할 수 있는 자유**를 말한다(헌재 2018.8.30. 2014헌마681).

03 직장 변경을 제한하거나 특정한 직장에서 계속 근로를 강제하는 것이 곧바로 신체의 안정성을 침해한다거나 신체의 자유로운 이동과 활동을 제한하는 것이라고 볼 수는 없다. 2022 법원직 ( )

해설 직장 변경을 제한하거나 특정한 직장에서 계속 근로를 강제하는 것이 곧바로 신체의 안전성을 침해한다거나 신체의 자유로운 이동과 활동을 제한하는 것이라고 볼 수는 없다(헌재 2021.12.23. 2020헌마395).

04 전동킥보드의 최고속도는 25km/h를 넘지 않아야 한다고 규정한 조항은 소비자의 자기결정권 및 일반적 행동자유권을 제한할 뿐, 신체의 자유를 제한하는 것은 아니다. 2022 법원직 ( )

해설 **심판대상조항은 청구인의 신체의 자유를 제한하는 것은 아니다**. 심판대상조항은 위험성을 가진 재화의 제조·판매조건을 제약함으로써 최고속도 제한이 없는 전동킥보드를 구입하여 사용하고자 하는 **소비자의 자기결정권 및 일반적 행동자유권을 제한할 뿐**이다(헌재 2020.2.27. 2017헌마1339).

05-1 신체의 자유는 신체의 안정성이 외부의 물리적인 힘이나 정신적인 위험으로부터 침해당하지 아니할 자유와 신체활동을 임의적이고 자율적으로 할 수 있는 자유를 의미하므로, 「형법」 조항에 의해 형의 집행유예와 동시에 사회봉사명령을 선고받은 경우, 자신의 의사와 무관하게 사회봉사를 하지 않을 수 없게 되어 신체의 자유를 제한받는다. 2023 경찰승진 ( )

05-2 징역형의 집행유예를 선고하면서 부과된 사회봉사명령은 대상자에게 근로의무를 부과함에 그치고 공권력이 신체를 구금하는 등의 방법으로 근로를 강제하는 것이 아니므로 신체의 자유를 제한한다고 볼 수 없다. 2022 입법고시 ( )

해설 청구인은 이 사건 법률조항이 신체의 자유를 제한한다고 주장하나, **이 사건 법률조항에 의한 사회봉사명령은 청구인에게 근로의무를 부과함에 그치고 공권력이 신체를 구금하는 등의 방법으로 근로를 강제하는 것은 아니어서 이 사건 법률조항이 신체의 자유를 제한한다고 볼 수 없다**(헌재 2012.3.29. 2010헌바100).

06-1 「디엔에이신원확인정보의 이용 및 보호에 관한 법률」 및 동법 시행령에 의한 디엔에이감식시료의 채취는 구강점막 또는 모근을 포함한 모발을 채취하는 방법 또는 분비물, 체액을 채취하는 방법으로 이루어지는데, 이 채취행위가 신체의 안정성을 해한다고 볼 수는 없으므로 신체의 자유를 제한하는 것은 아니다. 2023 경찰승진 ( )

ANSWER 02 ○ 03 ○ 04 ○ 05-1 × 05-2 ○ 06-1 ×

06-2 디엔에이감식시료의 채취행위는 신체의 안정성을 해한다고 볼 수 있으므로 디엔에이감식시료 채취의 근거인 「디엔에이신원확인정보의 이용 및 보호에 관한 법률」조항은 디엔에이감식시료의 채취대상자인 청구인의 신체의 자유를 제한한다. 2024 경찰1차   ( )

06-3 헌법 제12조 제1항의 신체의 자유는, 신체의 안정성이 외부로부터의 물리적인 힘이나 정신적인 위험으로부터 침해당하지 아니할 자유와 신체활동을 임의적이고 자율적으로 할 수 있는 자유를 말한다. 디엔에이감식시료 채취의 구체적인 방법은 구강점막 또는 모근을 포함한 모발을 채취하는 방법으로 하고, 위 방법들에 의한 채취가 불가능하거나 현저히 곤란한 경우에는 분비물, 체액을 채취하는 방법으로 한다. 그렇다면 디엔에이감식시료의 채취행위는 신체의 안정성을 해한다고 볼 수 있으므로 신체의 자유를 제한한다. 2023 법원직 ( )

> 해설 ▶ 디엔에이감식시료 채취의 구체적인 방법은 구강점막 또는 모근을 포함한 모발을 채취하는 방법으로 하고, 위 방법들에 의한 채취가 불가능하거나 현저히 곤란한 경우에는 분비물, 체액을 채취하는 방법으로 한다(디엔에이법 시행령 제8조 제1항). 그러므로 **디엔에이감식시료의 채취행위는 신체의 안정성을 해한다고 볼 수 있으므로 이 사건 채취 조항은 신체의 자유를 제한한다**(헌재 2018.8.30. 2016헌마344 등).

07 금치처분을 받은 미결수용자에게 금치기간 중 집필, 서신수수를 원칙적으로 제한하는 것은 헌법에 위반된다. 2022 법원행시   ( )

> 해설 ▶ 이 사건 집필제한 조항은 금치처분을 받은 미결수용자에게 집필제한이라는 불이익을 가함으로써 규율 준수를 강제하고 수용시설의 안전과 질서를 유지하기 위한 것으로 목적의 정당성 및 방법의 적절성이 인정된다. 교정시설의 장이 수용자의 권리구제 등을 위해 특히 필요하다고 인정하는 때에는 집필을 허용할 수 있도록 예외가 규정되어 있으며, 형집행법 제85조에서 미결수용자의 징벌집행 중 소송서류의 작성 등 수사 및 재판과정에서의 권리행사를 보장하도록 규정하고 있는 **점 등에 비추어 볼 때 위 조항이 청구인의 표현의 자유를 과도하게 제한한다고 보기 어렵다**(헌재 2016.4.28. 2012헌마549 등).

08-1 금치의 징벌을 받은 사람에 대해 금치기간 동안 실외운동을 원칙적으로 금지하고, 예외적으로 허용하는 것은 수용자에 대한 신체의 자유를 침해한 것으로 헌법에 위반된다. 2022 법원행시   ( )

08-2 금치처분을 받은 수형자에게 금치기간 중 실외운동을 원칙적으로 제한하는 것은 수형자의 신체의 자유를 침해한다. 2023 경찰간부   ( )

> 해설 ▶ 형집행법 제112조 제3항 본문 중 제108조 제13호에 관한 부분은 금치의 징벌을 받은 사람에 대해 금치기간 동안 실외운동을 원칙적으로 정지하는 불이익을 가함으로써, 규율의 준수를 강제하여 수용시설 내의 안전과 질서를 유지하기 위한 것으로서 목적의 정당성 및 수단의 적합성이 인정된다. 실외운동은 구금되어 있는 수용자의 신체적·정신적 건강을 유지하기 위한 최소한의 기본적 요청이고, 수용자의 건강 유지는 교정교화와 건전한 사회복귀라는 형 집행의 근본적 목표를 달성하는 데 필수적이다. 그런데 위 조항은 금치처분을 받은 사람에 대하여 실외운동을 원칙적으로 금지하고, 다만 소장의 재량에 의하여 이를 예외적으로 허용하고 있다. 그러나 소란, 난동을 피우거나 다른 사람을 해할 위험이 있어 실외운동을 허용할 경우 금치처분의 목적 달성이 어려운 예외적인 경우에 한하여 실외운동을 제한하는 **덜 침해적인 수단이 있음에도 불구하고, 위 조항은 금치처분을 받은 사람에게 원칙적으로 실외운동을 금지한다.** 나아가 위 조항은 예외적으로 실외운동을 허용하는 경우에도, 실외운동의 기회가 부여되어야 하는 최저기준을 법령에서 명시하고 있지 않으므로, **침해의 최소성 원칙에 위배된다.** 위 조항은 수용자의 정신적·신체적 건강에 필요 이상의 불이익을 가하고 있고, 이는 공익에 비하여 큰 것이므로 위 조항은 법익의 균형성 요건도 갖추지 못하였다. 따라서 위 조항은 청구인의 신체의 자유를 침해한다(헌재 2016.5.26. 2014헌마45).

ANSWER 06-2 ○ 06-3 ○ 07 × 08-1 ○ 08-2 ○

09 교도소 내 엄중격리대상자에 대하여 이동시 계구를 사용하고 교도관이 동행계호하는 행위 및 1인 운동장을 사용하게 하는 처우가 필요한 경우에 한하여 부득이한 범위 내에서 실시되고 있으므로 신체의 자유를 과도하게 제한하여 헌법을 위반한 것이라고 볼 수 없다. 2022 경찰승진 (   )

> **해설** 수형자는 형벌의 집행을 위하여 격리된 구금시설에서 강제적인 공동생활을 하게 되므로 헌법이 보장하는 신체활동의 자유 등 기본권이 제한되기 마련이나, 제한되는 기본권은 형의 집행과 도망의 방지라는 구금의 목적과 관련된 기본권에 한정되어야 하고, 특히 수용시설 내의 질서 및 안전 유지를 위하여 행해지는 기본권의 제한은 다른 방법으로는 그 목적을 달성할 수 없는 경우에만 예외적으로 허용되어야 한다. 청구인들은 상습적으로 교정질서를 문란케 하는 등 교정사고의 위험성이 높은 엄중격리대상자들인바, 이들에 대한 계구사용행위, 동행계호행위 및 1인 운동장을 사용하게 하는 처우는 그 목적의 정당성 및 수단의 적정성이 인정되며, 필요한 경우에 한하여 부득이한 범위 내에서 실시되고 있다고 할 것이고, 이로 인하여 **수형자가 입게 되는 자유 제한에 비하여 교정사고를 예방하고 교도소 내의 안전과 질서를 확보하는 공익이 더 크다고 할 것이다**(헌재 2008.5.29. 2005헌마137 등).

10 수용 시설 내의 안전과 질서를 유지하기 위하여 이들 기본권의 일부 제한이 불가피하다 하더라도 그 본질적인 내용을 침해하거나, 과잉금지의 원칙에 위배되어서는 안 된다. 2021 경찰경력채용 (   )

> **해설** 수형자의 기본권 제한에 대한 구체적인 한계는 헌법 제37조 제2항에 따라 법률에 의하여, 구체적인 자유·권리의 내용과 성질, 그 제한의 태양과 정도 등을 교량하여 설정하게 되며, **수용 시설 내의 안전과 질서를 유지하기 위하여 이들 기본권의 일부 제한이 불가피하다 하더라도 그 본질적인 내용을 침해하거나, 목적의 정당성, 방법의 적정성, 피해의 최소성 및 법익의 균형성 등을 의미하는 과잉금지의 원칙에 위배되어서는 안 된다**(헌재 2004.12.16. 2002헌마478).

11-1 강제퇴거명령을 받은 사람을 보호할 수 있도록 하면서 보호기간의 상한을 마련하지 아니한 「출입국관리법」 조항은 과잉금지원칙 및 적법절차원칙에 위배되어 피보호자의 신체의 자유를 침해한다. 2024 경찰1차 (   )

11-2 행정절차상 강제처분에 의해 신체의 자유가 제한되는 경우 강제처분의 집행기관으로부터 독립된 중립적인 기관이 이를 통제하도록 하는 것은 적법절차원칙의 중요한 내용에 해당한다. 2024 경찰1차 (   )

11-3 강제퇴거명령을 받은 사람을 즉시 대한민국 밖으로 송환할 수 없으면 송환할 수 있을 때까지 보호시설에 보호할 수 있도록 규정한 법률조항은 행정의 편의성과 획일성만을 강조한 것으로 신체의 자유를 침해한다. 2024 변시 (   )

11-4 강제퇴거명령을 받은 사람을 보호할 수 있도록 하면서 보호기간의 상한을 마련하지 아니한 「출입국관리법」 조항에 의한 보호는 형사절차상 '체포 또는 구속'에 준하는 것으로 볼 수 있는 점을 고려하면, 보호의 개시 또는 연장 단계에서 그 집행기관인 출입국관리공무원으로부터 독립되고 중립적인 지위에 있는 기관이 보호의 타당성을 심사하여 이를 통제할 수 있어야 한다. 2023 국가직7급 (   )

11-5 「출입국관리법」에 따라 강제퇴거대상자를 대한민국 밖으로 송환할 수 있을 때까지 보호시설에 인치·수용하여 강제퇴거명령을 효율적으로 집행할 수 있도록 함으로써 외국인의 출입국과 체류를 적절하게 통제하고 조정하여 국가의 안전과 질서를 도모하는 것은, 입법목적의 정당성과 수단의 적합성이 인정된다. 2023 경찰경력채용 (   )

ANSWER 09 ○ 10 ○ 11-1 ○ 11-2 ○ 11-3 ○ 11-4 ○ 11-5 ○

11-6 「출입국관리법」에 따른 보호시설 인치·수용의 경우 보호기간의 상한을 두지 아니함으로써 강제퇴거대상자를 무기한 보호하는 것을 가능하게 하는 것은 보호의 일시적·잠정적 강제조치로서의 한계를 벗어나는 것이라는 점 등을 고려할 때 침해의 최소성과 법익 균형성을 충족하지 못한다. 2023 경찰경력채용 ( )

11-7 강제퇴거명령을 받은 사람을 보호할 수 있도록 하면서 보호기간의 상한을 마련하지 아니한 「출입국관리법」상 보호는 그 개시 또는 연장단계에서 공정하고 중립적인 기관에 의한 통제절차가 없고 당사자에게 의견을 제출할 기회도 보장하고 있지 아니하므로 헌법상 적법절차원칙에 위배된다. 2023 경찰간부 ( )

> **해설** 강제퇴거명령을 받은 사람을 보호할 수 있도록 하면서 보호기간의 상한을 마련하지 아니한 출입국관리법(헌재 2023.3.23. 2020헌가1)
> (1) 심판대상조항은 강제퇴거대상자를 대한민국 밖으로 송환할 수 있을 때까지 보호시설에 인치·수용하여 강제퇴거명령을 효율적으로 집행할 수 있도록 함으로써 외국인의 출입국과 체류를 적절하게 통제하고 조정하여 국가의 안전과 질서를 도모하고자 하는 것으로, **입법목적의 정당성과 수단의 적합성은 인정**된다. 그러나 보호기간의 상한을 두지 아니함으로써 강제퇴거대상자를 무기한 보호하는 것을 가능하게 하는 것은 보호의 일시적·잠정적 강제조치로서의 한계를 벗어나는 것이라는 점, 보호기간의 상한을 법에 명시함으로써 보호기간의 비합리적인 장기화 내지 불확실성에서 야기되는 피해를 방지할 수 있어야 하는데, 단지 강제퇴거명령의 효율적 집행이라는 행정목적 때문에 기간의 제한이 없는 보호를 가능하게 하는 것은 행정의 편의성과 획일성만을 강조한 것으로 피보호자의 신체의 자유를 과도하게 제한하는 것인 점, 강제퇴거명령을 받은 사람을 보호함에 있어 그 기간의 상한을 두고 있는 국제적 기준이나 외국의 입법례에 비추어 볼 때 보호기간의 상한을 정하는 것이 불가능하다고 볼 수 없는 점, 강제퇴거명령의 집행 확보는 심판대상조항에 의한 보호 외에 주거지 제한이나 보고, 신원보증인의 지정, 적정한 보증금의 납부, 감독관 등을 통한 지속적인 관찰 등 다양한 수단으로도 가능한 점, 현행 보호일시해제제도나 보호명령에 대한 이의신청, 보호기간 연장에 대한 법무부장관의 승인제도만으로는 보호기간의 상한을 두지 않은 문제가 보완된다고 보기 어려운 점 등을 고려하면, 심판대상조항은 **침해의 최소성과 법익균형성을 충족하지 못한다**. 따라서 심판대상조항은 과잉금지원칙을 위반하여 피보호자의 신체의 자유를 침해한다.
> (2) 행정절차상 강제처분에 의해 신체의 자유가 제한되는 경우 강제처분의 집행기관으로부터 독립된 중립적인 기관이 이를 통제하도록 하는 것은 적법절차원칙의 중요한 내용에 해당한다. … 심판대상조항에 의한 보호는 신체의 자유를 제한하는 정도가 박탈에 이르러 형사절차상 '체포 또는 구속'에 준하는 것으로 볼 수 있는 점을 고려하면, 보호의 개시 또는 연장 단계에서 그 집행기관인 출입국관리공무원으로부터 독립되고 중립적인 지위에 있는 기관이 보호의 타당성을 심사하여 이를 통제할 수 있어야 한다. 그러나 **현재 출입국관리법상 보호의 개시 또는 연장 단계에서 집행기관으로부터 독립된 중립적 기관에 의한 통제절차가 마련되어 있지 아니하다.**
> 당사자에게 의견 및 자료 제출의 기회를 부여하는 것은 적법절차원칙에서 도출되는 중요한 절차적 요청이므로, 심판대상조항에 따라 보호를 하는 경우에도 피보호자에게 위와 같은 기회가 보장되어야 하나, 심판대상조항에 따른 **보호명령을 발령하기 전에 당사자에게 의견을 제출할 수 있는 절차적 기회가 마련되어 있지 아니하다.**
> 따라서 심판대상조항은 **적법절차원칙에 위배**되어 피보호자의 신체의 자유를 침해한다.

12 「인신보호법」상 구제청구를 할 수 있는 피수용자의 범위에서 「출입국관리법」에 따라 보호된 외국인을 제외하는 것은 「인신보호법」에 따른 보호의 적부를 다툴 기회를 배제하고 있어 신체의 자유를 침해한다. 2024 변시 ( )

ANSWER 11-6 ○ 11-7 ○ 12 ×

> **해설** 출입국관리법에 따라 보호된 청구인들은 각 보호의 원인이 되는 강제퇴거명령에 대하여 취소소송을 제기함으로써 그 원인관계를 다투는 것 이외에, 보호명령 자체의 취소를 구하는 행정소송이나 그 집행의 정지를 구하는 집행정지신청을 할 수 있으므로, 헌법 제12조 제6항이 요구하는 체포·구속 자체에 대한 적법여부를 법원에 심사청구할 수 있는 절차가 있다. 또한, 출입국관리법은 보호기간의 제한, 보호명령서의 제시, 보호의 일시·장소 및 이유의 서면 통지 등 엄격한 사전적 절차규정을 마련하고 있고, 법무부장관에게 보호에 대한 이의신청을 할 수 있도록 하여 행정소송절차를 통한 구제가 가지는 한계를 충분히 보완하고 있다. 따라서 **심판대상조항은 헌법 제12조 제6항의 요청을 충족한 것으로 청구인들의 신체의 자유를 침해하지 아니한다**(헌재 2014.8.28. 2012헌마686).

13-1 「민사집행법」상 재산명시의무를 위반한 채무자에 대하여 법원의 결정으로 20일 이내의 감치에 처하도록 규정한 것은 신체의 자유를 침해하지 않는다. 2024 경찰승진 ( )

13-2 「민사집행법」상 재산명시의무를 위반한 채무자에 대하여 법원이 결정으로 20일 이내의 감치에 처하도록 규정하는 것은 감치의 제재를 통해 이를 강제하는 것이 형사상 불이익한 진술을 강요하는 것이라고 할 수 없으므로, 위 채무자의 양심의 자유 및 진술거부권을 침해하지 아니한다. 2023 지방직7급 ( )

> **해설** 「민사집행법」상 재산명시의무를 위반한 채무자에 대하여 법원이 결정으로 20일 이내의 감치에 처하도록 규정한 것으로서, 구 「민사소송법」에서 형사처벌하던 것을 재산명시의무를 간접강제하기 위한 민사적 제재로 전환하였고, 금전지급을 목적으로 하는 집행권원에 기초한 경우에만 인정되며, 채무자로서는 재산명시기일에 출석하여 재산목록을 제출하고 선서를 하기만 하면 감치의 제재를 받지 않으며, 감치를 명하더라도 최대 20일을 초과할 수 없고, 감치의 집행 중이라도 채무자가 재산명시의무를 이행하거나 채무를 변제하면 즉시 석방되는 점에 비추어, **과잉금지원칙에 반하여 청구인의 신체의 자유를 침해하지 아니한다.**
> 재산목록을 제출하고 그 진실함을 법관 앞에서 선서하는 것은 개인의 인격형성에 관계되는 내심의 가치적·윤리적 판단에 해당하지 않아 양심의 자유의 보호대상이 아니고, 감치의 제재를 통해 이를 강제하는 것이 형사상 불이익한 진술을 강요하는 것이라고 할 수 없으므로, **심판대상조항은 청구인의 양심의 자유 및 진술거부권을 침해하지 아니**한다(헌재 2014.9.25. 2013헌마11).

14 수형자가 민사재판에 출정하여 법정 대기실 내 쇠창살 격리시설 안에 유치되어 있는 동안 교도소장이 출정계호 교도관을 통해 수형자에게 양손수갑 1개를 앞으로 사용한 행위는 신체의 자유를 침해한 것이다.
2024 경찰승진 ( )

> **해설** 법정 대기실 내 쇠창살 격리시설은 수시로 출입문이 여닫히고, 법원 외부나 법정과 연결된 구조로 되는 반면, 법정 대기실을 담당하는 교정 인원은 소수에 그쳐 교정시설에 비해 구금 기능이 취약하다. 또한 법정 대기실 내 쇠창살 격리시설에서 수형자 사이의 분쟁이 발생할 가능성이 있다. 그러므로 법정 대기실 내 쇠창살 격리시설에서 수갑과 같은 보호장비를 사용하는 것은 불가피한 측면이 있다. 수갑은 청구인의 신체를 비교적 적게 억압하면서 외부로의 노출 정도 또한 크지 않은 보호장비에 해당하고, 여러 명의 교도관이 계호하는 방법으로 보호장비 사용을 대체할 수도 없으므로 침해의 최소성이 인정된다. 구금 기능이 취약해질 수밖에 없는 법정 대기실 내 쇠창살 격리시설에서 수형자의 도주를 예방하고 법정 내 질서 유지에 협력하고자 하는 공익은 매우 중요한 반면, 이 사건 보호장비 사용행위로 인해 영향을 받은 신체의 자유와 인격권은 그 목적 달성을 위한 범위 내에서 제한적이므로 법익의 균형성도 인정된다. 따라서 이 사건 보호장비 사용행위는 과잉금지원칙을 위반하여 청구인의 **신체의 자유 및 인격권을 침해하지 않는다**(헌재 2023.6.29. 2018헌마1215).

ANSWER 13-1 ○ 13-2 ○ 14 ✕

15 약식명령에 대한 정식재판청구권 회복청구시 필요적 집행정지가 아닌 임의적 집행정지로 규정한 「형사소송법」 조항은 약식명령에 의한 벌금형을 납부하지 않아 노역장에 유치된 자의 신체의 자유를 침해한 것이다.
2024 경찰승진 ( )

해설 약식명령에 대한 정식재판청구권 회복청구가 인용되는 경우 정식재판절차가 개시되어 약식명령이 확정되지 않은 상태로 되돌아간다는 점을 고려하여, 정식재판 청구기간 경과에 귀책사유가 없는 피고인을 재판의 부당한 집행으로부터 보호하면서, 필요적 집행정지로 인한 벌금형의 실효성 저하를 방지하고자 법원으로 하여금 구체적 사정을 고려하여 재판의 집행정지 여부를 결정하도록 하는 규정이다. 정식재판 청구권 회복청구를 하는 자는 약식명령의 확정력을 다투는 자이기 하나 여전히 약식명령의 확정력을 받고 있는 자이므로 재판의 집행을 받았다고 하여 부당하다고 볼 수 없고, 설령 회복된 정식재판에서 무죄판결을 받는다고 하더라도 형사보상을 받을 수 있으며, 재판의 부당한 집행으로부터 피고인을 보호하면서 국가형벌권의 적정한 실현을 조화롭게 달성하기 위해서는 일률적으로 재판의 집행을 정지하는 것보다 법원이 구체적 사정을 고려하여 재판의 집행정지 여부를 결정하도록 하는 것이 바람직하다. 따라서 이 사건 법률조항이 **신체의 자유를 침해한다고 볼 수 없다**(헌재 2014.5.29. 2012헌마104).

16 과태료는 행정상 의무위반자에게 부과하는 행정질서벌로서 그 기능과 역할이 형벌에 준하는 것이므로 죄형법정주의의 규율대상에 해당한다. 2022 경찰승진 ( )

해설 죄형법정주의는 무엇이 범죄이며 그에 대한 형벌이 어떠한 것인가는 국민의 대표로 구성된 입법부가 제정한 법률로써 정하여야 한다는 원칙인데, 부동산등기특별조치법 제11조 제1항 본문 중 제2조 제1항에 관한 부분이 정하고 있는 **과태료는 행정상의 질서유지를 위한 행정질서벌에 해당할 뿐 형벌이라고 할 수 없어 죄형법정주의의 규율대상에 해당하지 아니한다**(헌재 1998.5.28. 96헌바83).

17 죄형법정주의는 무엇이 처벌될 행위인가를 국민이 예측가능한 형식으로 정하도록 하여 개인의 법적 안정성을 보호하고 성문의 형벌법규에 의한 실정법질서를 확립하여 국가형벌권의 자의적 행사로부터 개인의 자유와 권리를 보장하려는 법치국가 형법의 기본원칙이다. 2023 경찰승진 ( )

해설 **죄형법정주의는 이미 제정된 정의로운 법률에 의하지 아니하고는 처벌되지 아니한다는 원칙**으로서 이는 무엇이 처벌될 행위인가를 국민이 예측가능한 형식으로 정하도록 하여 개인의 법적 안정성을 보호하고 성문의 형벌법규에 의한 실정법질서를 확립하여 국가형벌권의 자의적(恣意的) 행사로부터 개인의 자유와 권리를 보장하려는 **법치국가 형법의 기본원칙**이며, 우리 헌법도 제12조 제1항 후단에 "법률과 적법한 절차에 의하지 아니하고는 처벌・보안처분 또는 강제노역을 받지 아니한다."라고 규정하고, 제13조 제1항 전단에 "모든 국민은 행위시의 법률에 의하여 범죄를 구성하지 아니하는 행위로 소추되지 아니하며"라고 규정하여 죄형법정주의를 천명하였고, 이를 근거로 형법 제1조 제1항은 "범죄의 성립과 처벌은 행위시의 법률에 의한다."라고 규정하고 있다(헌재 1991.7.8. 91헌가4).

18 헌법 제12조 제1항 후단은 '법률과 적법한 절차에 의하지 아니하고는 처벌 … 을 받지 아니한다.'라고 규정하여 죄형법정주의를 천명하고 있는데, 여기서 '법률'이란 입법부에서 제정한 형식적 의미의 법률을 의미한다.
2023 법원행시 ( )

해설 헌법 제12조 제1항은 '법률과 적법한 절차에 의하지 아니하고는 처벌을 받지 아니한다.'라고 규정하여 죄형법정주의를 천명하고 있다. 여기서 말하는 '법률'이란 입법부에서 제정한 형식적 의미의 법률을 의미한다(헌재 2019.5.30. 2018헌가12).

ANSWER 15 × 16 × 17 ○ 18 ○

19 죄형법정주의란 무엇이 범죄이며 그에 대한 형벌이 어떠한 것인가를 반드시 국민의 대표로 구성된 입법부가 제정한 법률로써 정하여야 한다는 원칙을 말하므로, 형사처벌요건을 입법부가 행정부에서 제정한 명령이나 규칙에 위임하는 것은 허용되지 않는다. 2022 지방직7급 ( )

> 해설 죄형법정주의란 자유주의, 권력분립, 법치주의 및 국민주권의 원리에 입각한 것으로서, 무엇이 범죄이며 그에 대한 형벌이 어떠한 것인가를 반드시 국민의 대표로 구성된 입법부가 제정한 법률로써 정하여야 한다는 원칙을 말한다. 하지만 현대국가의 사회적 기능이 증대되고 사회현상이 복잡·다양화됨에 따라 모든 형사처벌요건을 입법부가 제정한 법률만으로 다 정할 수는 없기 때문에 합리적인 이유가 있으면 예외적으로 행정부에서 제정한 명령이나 규칙에 위임하는 것이 허용된다. 그러나 형사처벌을 동반하는 처벌법규의 위임은 중대한 기본권의 침해를 가져오므로 긴급한 필요가 있거나 미리 법률로써 자세히 정할 수 없는 부득이한 사정이 있는 경우에 한정되어야 하며, 하위 법령에 규정될 처벌대상행위의 내용이 어떠한 것일 것이라고 예측할 수 있을 정도로 법률에서 범죄의 구성요건은 구체적으로 규정하여야 한다(헌재 2015.4.30. 2013헌바55).

20 형벌 구성요건의 실질적 내용을 법률에서 직접 규정하지 아니하고 새마을금고의 정관에 위임한 것은 범죄와 형벌에 관하여는 입법부가 제정한 형식적 의미의 법률로써 정하여야 한다는 죄형법정주의 원칙에 위반된다. 2022 경찰승진 ( )

> 해설 형벌 구성요건의 실질적 내용을 법률에서 직접 규정하지 아니하고 금고의 정관에 위임한 것은 범죄와 형벌에 관하여는 입법부가 제정한 형식적 의미의 "법률"로써 정하여야 한다는 죄형법정주의 원칙에 위반된다(헌재 2001.1.18. 99헌바112).

21-1 죄형법정주의는 범죄와 형벌이 법률로 정하여져야 함을 의미하는 것으로 이러한 죄형법정주의에서 파생되는 명확성의 원칙은 누구나 법률이 처벌하고자 하는 행위가 무엇이며, 그에 대한 형벌이 어떠한 것인지를 예견할 수 있어야 하나, 반드시 그에 따라 자신의 행위를 결정할 수 있도록 하는 구성요건의 명확성까지 요구하는 것은 아니다. 2022 경찰승진 ( )

21-2 죄형법정주의에서 파생되는 명확성의 원칙은, 누구나 법률이 처벌하고자 하는 행위가 무엇이며 그에 대한 형벌이 어떠한 것인지를 예견할 수 있고 그에 따라 자신의 행위를 결정 지울 수 있도록 구성요건이 명확할 것을 의미한다. 2023 법원직 ( )

> 해설 죄형법정주의는 범죄와 형벌이 법률로 정하여져야 함을 의미하는 것으로 이러한 죄형법정주의에서 파생되는 **명확성의 원칙은 누구나 법률이 처벌하고자 하는 행위가 무엇이며, 그에 대한 형벌이 어떠한 것인지를 예견할 수 있고, 그에 따라 자신의 행위를 결정할 수 있도록 구성요건이 명확할 것을 의미하는 것이다**(헌재 2001.1.18. 99헌바112).

22 법정형의 폭이 지나치게 넓게 되면 자의적인 형벌권의 행사가 가능하게 되어 형벌체계상의 불균형을 초래할 수 있을 뿐만 아니라, 피고인이 구체적인 형의 예측이 현저하게 곤란해지고 죄질에 비하여 무거운 형에 처해질 위험에 직면하게 되므로 법정형의 폭이 지나치게 넓어서는 아니 된다는 것은 죄형법정주의의 한 내포라고 할 수 있다. 2022 경찰승진 ( )

> 해설 법정형의 폭이 지나치게 넓게 되면 자의적인 형벌권의 행사가 가능하게 되어 형벌체계상의 불균형을 초래할 수 있을 뿐만 아니라, 피고인이 구체적인 형의 예측이 현저하게 곤란해지고 죄질에 비하여 무거운 형에 처해질 위험성에 직면하게 된다고 할 수 있으므로 법정형의 폭이 지나치게 넓어서는 아니 된다는 것은 죄형법정주의의 한 내포라고도 할 수 있다(헌재 1997.9.25. 96헌가16).

ANSWER 19 × 20 ○ 21-1 × 21-2 ○ 22 ○

23 명확성의 원칙은 기본적으로 최대한의 명확성을 요구한다. 만일 법 해석·적용단계에서 법관의 보충적인 가치판단을 통해서 비로소 그 의미내용을 확인해 낼 수 있다면, 이는 곧바로 명확성 원칙에 위반된다.
2022 법원행시 ( )

> **해설** 명확성의 원칙이란 기본적으로 최대한이 아닌 최소한의 명확성을 요구하는 것이다. 그러므로 법문언이 해석을 통해서, 즉 법관의 보충적인 가치판단을 통해서 그 의미내용을 확인해낼 수 있고, 그러한 보충적 해석이 해석자의 개인적인 취향에 따라 좌우될 가능성이 없다면 명확성의 원칙에 반한다고 할 수 없다 할 것이다(헌재 1998. 4. 30. 95헌가16).

24 모든 법규범의 문언을 순수하게 기술적 개념만으로 구성하는 것은 입법적으로 불가능하고 바람직하지도 않기 때문에 입법자는 어느 정도 가치개념을 포함한 일반적, 규범적 개념을 사용할 수 있다. 2022 법원행시 ( )

> **해설** 모든 법규범의 문언을 순수하게 기술적 개념만으로 구성하는 것은 입법 기술적으로 불가능하고 또 바람직하지도 않기 때문에 어느 정도 가치개념을 포함한 일반적, 규범적 개념을 사용하지 않을 수 없으므로 법 문언이 해석을 통해서, 즉 법관의 보충적인 가치판단을 통해서 그 의미내용을 확인해낼 수 있고, 그러한 보충적 해석이 해석자의 개인적 취향에 따라 좌우될 가능성이 없다면 명확성의 원칙에 반한다고 할 수 없다 할 것이다(헌재 2001. 6. 28. 99헌바31).

25 처벌법규의 구성요건을 일일이 세분하여 명확성의 요건을 모든 경우에 요구하는 것은 입법기술상 불가능하거나 현저히 곤란하므로, 처벌법규의 구성요건이 어느 정도 명확하여야 하는가는 일률적으로 정할 수 없고, 각 구성요건의 특수성과 그러한 법적 규제의 원인이 된 여건이나 처벌의 정도 등을 고려하여 종합적으로 판단하여야 하며, 다소 광범위하고 어느 정도의 범위에서는 법관의 보충적인 해석을 필요로 하는 개념을 사용하여 규정하였다고 하더라도 그 적용단계에서 다의적으로 해석될 우려가 없는 이상 그 점만으로 헌법이 요구하는 명확성의 요구에 배치된다고는 보기 어렵다. 2023 법원직 ( )

> **해설** 구성요건이 명확하여야 한다는 것은 그 법률을 적용하는 단계에서 가치판단을 전혀 배제한 무색투명한 서술적 개념으로 규정되어져야 한다는 것을 의미하는 것은 아니고 입법자의 입법의도가 건전한 일반상식을 가진 자에 의하여 일의적(一義的)으로 파악될 수 있는 정도의 것을 의미하는 것이라고 할 것이다. 따라서 다소 광범위하고 어느 정도의 범위에서는 법관의 보충적인 해석을 필요로 하는 개념을 사용하여 규정하였다고 하더라도 그 적용단계에서 다의적(多義的)으로 해석될 우려가 없는 이상 그 점만으로 헌법이 요구하는 명확성의 요구에 배치된다고는 보기 어렵다(헌재 2007. 4. 26. 2003헌바71).

26 처벌법규의 구성요건이 다소 광범위하여 어떤 범위에서는 법관의 보충적인 해석을 필요로 하는 개념을 사용하였다고 하더라도 헌법이 요구하는 처벌법규의 명확성에 반드시 배치되는 것이라고는 볼 수 없다.
2023 경찰승진 ( )

> **해설** 처벌법규의 구성요건이 명확하여야 한다고 하여 모든 구성요건을 단순한 서술적 개념으로 규정하여야 하는 것은 아니다. 다소 광범위하여 법관의 보충적인 해석을 필요로 하는 개념을 사용하였다고 하더라도, 통상의 해석방법에 의하여 건전한 상식과 통상적인 법감정을 가진 사람이면 당해 처벌법규의 보호법익과 금지된 행위 및 처벌의 종류와 정도를 알 수 있도록 규정하였다면 헌법이 요구하는 처벌법규의 명확성에 배치되지 않는다(헌재 2016. 12. 29. 2016헌바153).

27 형벌조항에도 법규범의 흠결을 보완하고 변화하는 사회에 대한 법규범의 적응력을 확보하기 위하여 예시적 입법형식은 가능하고, 예시적 입법형식이 법률명확성의 원칙에 위배되지 않으려면 예시한 구체적인 사례(개개 구성요건)들이 그 자체로 일반조항의 해석을 위한 판단지침을 내포하고 있어야 하고, 그 일반조항 자체가 그러한 구체적인 예시들을 포괄할 수 있는 의미를 담고 있는 개념이어야 한다. 2023 경찰승진 ( )

ANSWER 23 × 24 ○ 25 ○ 26 ○ 27 ○

해설 복잡·다기하게 변화하는 사회에서 입법자가 앞으로 일어날 수 있는 다종·다양한 모든 법률사건과 모든 법률사무를 일일이 구체적이고 서술적으로 열거한다는 것은 입법기술상 불가능하거나 현저히 곤란하다고 할 것이고, 법규범의 흠결을 보완하고 변화하는 사회에 대한 법규범의 적응력을 확보하기 위하여 예시적 입법형식이 요청된다고 할 것인바, 입법자는 이 사건 법률규정에서 어느 정도 보편적이고 일반적인 용어인 "일반의 법률사건"과 "법률사무"라는 이른바 일반조항(불확정 개념)을 삽입하여 구성요건을 모두 개별적으로 확정하지 않고 법관의 보충적 해석에 맡긴 것이라고 보여진다. 다만, 이러한 예시적 입법형식에 있어서 구성요건의 일반조항이 지나치게 포괄적이어서 법관의 재량이 광범위하게 인정되어 자의적인 해석을 통하여 그 적용범위를 확장할 가능성이 있는 경우라면, 죄형법정주의 원칙에 위배된다. 따라서 예시적 입법형식이 법률명확성의 원칙에 위배되지 않으려면 예시한 구체적인 사례(개개 구성요건)들이 그 자체로 일반조항의 해석을 위한 판단지침을 내포하고 있어야 할 뿐 아니라, 그 일반조항 자체가 그러한 구체적인 예시들을 포괄할 수 있는 의미를 담고 있는 개념이어야 한다(헌재 2000.4.27. 98헌바95 등).

28 처벌법규의 구성요건이 어느 정도 명확하여야 하는가는 일률적으로 정할 수 없고, 각 구성요건의 특수성과 그러한 법적 규제의 원인이 된 여건이나 처벌의 정도 등을 고려하여 종합적으로 판단하여야 한다. 2022 법원행시
( )

해설 처벌법규의 구성요건이 어느 정도 명확하여야 하는가는 일률적으로 정할 수 없고, 각 구성요건의 특수성과 그러한 법적 규제의 원인이 된 여건이나 처벌의 정도 등을 고려하여 종합적으로 판단하여야 한다(헌재 1997.3.27. 95헌가17).

29 구 「아동·청소년의 성보호에 관한 법률」 제8조 제2항 및 제4항 중 아동·청소년이용음란물 가운데 "아동·청소년으로 인식될 수 있는 사람이나 표현물이 등장하여 그 밖의 성적 행위를 하는 내용을 표현하는 것"에 관한 부분은 명확성의 원칙에 위배되지 않는다. 2023 법원행시
( )

해설 아동청소년성보호법의 입법목적, 가상의 아동·청소년이용음란물의 규제 배경, 법정형의 수준 등을 고려할 때, "아동·청소년으로 인식될 수 있는 사람"은 일반인의 입장에서 실제 아동·청소년으로 오인하기에 충분할 정도의 사람이 등장하는 경우를 의미함을 알 수 있고, "아동·청소년으로 인식될 수 있는 표현물" 부분도 아동·청소년을 상대로 한 비정상적 성적 충동을 일으키기에 충분한 행위를 담고 있어 아동·청소년을 대상으로 한 성범죄를 유발할 우려가 있는 수준의 것에 한정된다고 볼 수 있으며, 기타 법관의 양식이나 조리에 따른 보충적인 해석에 의하여 판단 기준이 구체화되어 해결될 수 있으므로, 위 부분이 불명확하다고 할 수 없다. "그 밖의 성적 행위" 부분도 아동청소년성보호법 제2조 제4호에서 예시하고 있는 "성교 행위, 유사 성교 행위, 신체의 전부 또는 일부를 접촉·노출하는 행위로서 일반인의 성적 수치심이나 혐오감을 일으키는 행위, 자위 행위"와 같은 수준으로 일반인으로 하여금 성적 수치심이나 혐오감을 일으키기에 충분한 행위, 즉 음란한 행위를 의미함을 알 수 있고, 무엇이 아동·청소년을 대상으로 한 음란한 행위인지 법에서 일률적으로 정해놓는 것은 곤란하므로 포괄적 규정형식을 택한 불가피한 측면이 있다. 따라서 심판대상조항은 죄형법정주의의 명확성 원칙에 위배되지 아니한다(헌재 2015.6.25. 2013헌가17 등).

30 「형법」상 정당방위 규정은 범죄 성립을 정하는 구성요건 규정이 아니기 때문에 죄형법정주의가 요구하는 명확성원칙이 적용되지 않는다. 2024 입법고시
( )

해설 정당방위 규정은 법 각칙 전체의 구성요건 조항에 대한 소극적 한계를 정하고 있는 규정으로서, 한편으로는 위법성을 조각시켜 범죄의 성립을 부정하는 기능을 하지만, 다른 한편으로는 정당방위가 인정되지 않는 경우 위법한 행위로서 범죄의 성립을 인정하게 하는 기능을 하므로 적극적으로 범죄 성립을 정하는 구성요건 규정은 아니라 하더라도 죄형법정주의가 요구하는 명확성 원칙이 적용된다(헌재 2001.6.28. 99헌바31).

ANSWER   28 ○   29 ○   30 ×

31 처벌을 규정하고 있는 법률조항이 구성요건이 되는 행위를 같은 법률조항에서 직접 규정하지 않고 다른 법률조항에서 이미 규정한 내용을 원용하였다거나 그 내용 중 일부를 괄호 안에 규정한 경우 그 사실만으로 명확성 원칙에 위반된다. 2022 경찰승진 ( )

> 해설 처벌을 규정하고 있는 법률조항이 구성요건이 되는 행위를 같은 법률조항에서 직접 규정하지 않고 다른 법률조항에서 이미 규정한 내용을 원용하였다거나 그 내용 중 일부를 괄호 안에 규정하였다는 사실만으로 명확성 원칙에 위반된다고 할 수는 없다(헌재 2010.3.25. 2009헌바121).

32 음주운전의 경우 운전의 개념에 '도로 외의 곳'을 포함하도록 한 「도로교통법」 조항은 건전한 일반상식을 가진 사람에 의하여 일의적으로 파악되기 어려우므로 죄형법정주의의 명확성 원칙에 위배된다. 2023 행시 ( )

> 해설 심판대상조항에 규정된 '도로 외의 곳'이란 '도로 외의 모든 곳 가운데 자동차등을 그 본래의 사용방법에 따라 사용할 수 있는 공간'으로 해석할 수 있다. 따라서 심판대상조항이 죄형법정주의의 명확성 원칙에 위배된다고 할 수 없다(헌재 2016.2.25. 2015헌가11).

33 '신고하지 아니한 시위에 대하여 관할 경찰관서장이 해산명령을 발한 경우에, 시위 참가자가 해산명령을 받고도 지체 없이 해산하지 아니한 행위'를 징역 또는 벌금 구류 또는 과료로 처벌하는 「집회 및 시위에 관한 법률」 조항이 해산명령의 발령 여부를 관할 경찰관서장의 재량에 맡기고 있는 것은 구성요건의 실질적 내용을 전적으로 관할 경찰관서장에게 위임한 것으로 죄형법정주의의 법률주의에 위반된다. 2023 경찰승진 ( )

> 해설 심판대상조항은 '신고하지 아니한 시위에 대하여 관할경찰관서장이 해산명령을 발한 경우에, 시위 참가자가 해산명령을 받고도 지체 없이 해산하지 아니한 행위'를 구성요건으로 하고 있고, '6개월 이하의 징역 또는 50만 원 이하의 벌금·구류 또는 과료'를 처벌 내용으로 하고 있으므로, 범죄 구성요건과 처벌의 내용을 성문의 법률로 규정하고 있다. 그리고 심판대상조항이 해산명령의 발령 여부를 관할 경찰관서장의 재량에 맡기고 있는 것은 미신고 시위 현장의 다양한 상황에 따라 탄력적·유동적으로 대응할 필요성이 있다는 점을 고려한 것일 뿐, **구성요건의 실질적 내용을 전적으로 관할 경찰관서장에게 위임한 것으로 볼 수 없다.** 그러므로 심판대상조항은 죄형법정주의의 법률주의에 위반되지 아니한다(헌재 2016.9.29. 2014헌바492).

34 공익을 해할 목적으로 전기통신설비에 의하여 공연히 허위의 통신을 한 자를 형사 처벌하는 구 「전기통신사업법」 조항은, 수범자인 국민에 대하여 일반적으로 허용되는 '허위의 통신' 가운데 어떤 목적의 통신이 금지되는 것인지 고지하여 주지 못하므로 표현의 자유에서 요구하는 명확성 원칙에 위배된다. 2023 경찰1차 ( )

> 해설 이 사건 법률조항은 수범자인 국민에 대하여 일반적으로 허용되는 '**허위의 통신**' 가운데 어떤 목적의 통신이 금지되는 것인지 고지하여 주지 못하고 있으므로 표현의 자유에서 요구하는 명확성의 요청 및 죄형법정주의의 **명확성 원칙에 위배하여 헌법에 위반**된다(헌재 2010.12.28. 2008헌바157 등).

35 사회복무요원의 정치적 행위를 금지하는 「병역법」 조항 중 '정치적 목적을 지닌 행위'는 '특정 정당, 정치인을 지지·반대하거나 공직선거에 있어서 특정 후보자를 당선·낙선하게 하는 등 그 정파성·당파성에 비추어 정치적 중립성을 훼손할 가능성이 높은 행위'로 한정하여 해석되므로 명확성 원칙에 위배되지 않는다.
2023 경찰1차 ( )

> 해설 민주주의 국가에서 국가 구성원의 모든 사회적 활동은 '정치'와 관련되고, 단체는 국가 정책에 찬성·반대하거나, 특정 정당이나 후보자의 주장과 우연히 일치하기만 하여도 정치적인 성격을 가진다고 볼 여지가 있다. '그 밖의 정치단체'는 문언상 '정당'에 준하는 정치단체만을 의미하는 것이 아니고, 단체의

ANSWER 31 × 32 × 33 × 34 ○ 35 ×

목적이나 활동에 관한 어떠한 제한도 규정하고 있지 않으며, '정치적 중립성'이라는 입법목적 자체가 매우 추상적인 개념이어서, 이로부터 '정치단체'와 '비정치단체'를 구별할 수 있는 기준을 도출할 수 없다. 이 사건 법률조항은 '정치적 목적을 지닌 행위'의 의미를 개별화·유형화 하지 않으며, '그 밖의 정치단체'의 의미가 불명확하므로 이를 예시로 규정하여도 '정치적 목적을 지닌 행위'의 불명확성은 해소되지 않는다. 따라서 위 부분은 명확성 원칙에 위배된다(헌재 2021.11.25. 2019헌마534).

36 「청원경찰법」상 품위손상행위란 '청원경찰이 경찰관에 준하여 경비 및 공안업무를 하는 주체로서 직책을 맡아 수행해 나가기에 손색이 없는 인품에 어울리지 않는 행위를 함으로써 국민이 가지는 청원경찰에 대한 정직성, 공정성, 도덕성에 대한 믿음을 떨어뜨릴 우려가 있는 행위'라고 해석할 수 있으므로 명확성 원칙에 위배되지 않는다. 2023 경찰1차 ( )

해설 이 사건 품위손상조항에서 규정하고 있는 품위손상행위란, 청원경찰직에 대한 국민의 신뢰를 제고하고 성실하고 공정한 직무수행을 담보하고자 하는 입법취지, 용어의 사전적 의미 등을 종합하면, **'청원경찰이 경찰관에 준하여 경비 및 공안업무를 하는 주체로서 직책을 맡아 수행해 나가기에 손색이 없는 인품에 어울리지 않는 행위를 함으로써 국민이 가지는 청원경찰에 대한 정직성, 공정성, 도덕성에 대한 믿음을 떨어뜨릴 우려가 있는 행위'라고 해석할 수 있으므로 명확성 원칙에 위배되지 않는다**(헌재 2022.5.26. 2019헌바530).

37-1 '여러 사람의 눈에 뜨이는 곳에서 공공연하게 알몸을 지나치게 내놓거나 가려야 할 곳을 내놓아 다른 사람에게 부끄러운 느낌이나 불쾌감을 준 사람'을 처벌하는 「경범죄 처벌법」 조항은 죄형법정주의 명확성 원칙에 위반되지 않는다. 2022 입법고시 / 2024 경찰승진 ( )

37-2 '여러 사람의 눈에 뜨이는 곳에서 공공연하게 알몸을 지나치게 내놓거나 가려야 할 곳을 내놓아 다른 사람에게 부끄러운 느낌이나 불쾌감을 준 사람'을 처벌하는 구 「경범죄 처벌법」 조항은 무엇이 지나친 알몸노출행위인지 판단하기 쉽지 않고, '가려야 할 곳'의 의미도 알기 어려우며, '부끄러운 느낌이나 불쾌감'을 통하여 '지나치게'와 '가려야 할 곳' 의미를 확정하기도 곤란하여 죄형법정주의 명확성 원칙에 위배된다. 2023 경찰1차 ( )

해설 심판대상조항의 불명확성을 해소하기 위해 노출이 허용되지 않는 신체부위를 예시적으로 열거하거나 구체적으로 특정하여 분명하게 규정하는 것이 입법기술상 불가능하거나 현저히 곤란하지도 않다. 예컨대 이른바 '바바리맨'의 성기노출행위를 규제할 필요가 있다면 노출이 금지되는 신체부위를 '성기'로 명확히 특정하면 될 것이다. 따라서 **심판대상조항은 죄형법정주의 명확성 원칙에 위배**된다(헌재 2016.11.24. 2016헌가3).

38 상법 제635조 제1항에 규정된 자, 그 외의 회사의 회계업무를 담당하는 자, 감사인 등으로 하여금 감사보고서에 기재하여야 할 사항을 기재하지 아니하거나 허위의 기재를 한때를 처벌하는 조항은 명확성의 원칙에 위배되지 않는다. 2022 법원직 ( )

해설 이 사건 법률조항 중 **'감사보고서에 기재하여야 할 사항'** 부분은 그 의미가 법률로서 확정되어 있지 아니하고, 법률 문언의 전체적, 유기적인 구조와 구성요건의 특수성, 규제의 여건 등을 종합하여 고려하여 보더라도 수범자가 자신의 행위를 충분히 결정할 수 있을 정도로 내용이 명확하지 아니하여 동 조항부분은 **죄형법정주의에서 요구하는 명확성의 원칙에 위배**된다(헌재 2004.1.29. 2002헌가20 등).

39 술에 취한 상태에서의 운전을 금지하는 도로교통법 조항을 2회 이상 위반한 음주운전자를 가중처벌하는 조항은 죄형법정주의 명확성 원칙에 위배되지 않는다. 2022 법원직 / 2024 입법고시 ( )

ANSWER 36 ○ 37-1 × 37-2 ○ 38 × 39 ○

해설 심판대상조항의 문언, 입법목적과 연혁, 관련 규정과의 관계 및 법원의 해석 등을 종합하여 볼 때, **심판대상조항에서 '제44조 제1항을 2회 이상 위반한 사람'이란 '2006. 6. 1. 이후 도로교통법 제44조 제1항을 위반하여 술에 취한 상태에서 운전을 하였던 사실이 인정되는 사람으로서, 다시 같은 조 제1항을 위반하여 술에 취한 상태에서 운전한 사람'을 의미함을 충분히 알 수 있으므로, 심판대상조항은 죄형법정주의의 명확성 원칙에 위반되지 아니한다**(헌재 2021.11.25. 2019헌바446 등).

40-1 인터넷언론사는 선거운동기간 중 당해 홈페이지 게시판 등에 정당·후보자에 대한 지지·반대 등의 정보를 게시하는 경우 실명을 확인받는 기술적 조치를 하도록 하는 조항에서 '인터넷언론사' 부분 및 정당 후보자에 대한 '지지·반대' 부분은 명확성 원칙에 위배되지 않는다. 2022 법원직　( )

40-2 인터넷언론사로 하여금 선거운동기간 중 당해 홈페이지 게시판 등에 정당·후보자에 대한 지지·반대 등의 정보를 게시하는 경우 실명을 확인받는 기술적 조치를 하도록 정한 「공직선거법」 조항에서 '인터넷언론사' 부분 및 정당 후보자에 대한 '지지·반대' 부분은 명확성원칙에 위배되지 않는다. 2024 입법고시　( )

해설 공직선거법 및 관련 법령이 구체적으로 '인터넷언론사'의 범위를 정하고 있고, 중앙선거관리위원회가 설치·운영하는 인터넷선거보도심의위원회가 심의대상인 인터넷언론사를 결정하여 공개하는 점 등을 종합하면 '인터넷언론사'는 불명확하다고 볼 수 없으며, '지지·반대'의 사전적 의미와 심판대상조항의 입법목적, 공직선거법 관련 조항의 규율내용을 종합하면, 건전한 상식과 통상적인 법 감정을 가진 사람이면 자신의 글이 정당·후보자에 대한 '지지·반대'의 정보를 게시하는 행위인지 충분히 알 수 있으므로, **실명확인 조항 중 "인터넷언론사" 및 "지지·반대" 부분은 명확성 원칙에 반하지 않는다**(헌재 2021.1.28. 2018헌마456 등).

41 방송편성에 관하여 간섭을 금지하는 조항의 '간섭'에 관한 부분은 명확성의 원칙에 위배되지 않는다.
2022 법원직　( )

해설 금지조항은 방송편성의 자유와 독립을 보장하기 위하여, 방송사 외부에 있는 자가 방송편성에 관계된 자에게 방송편성에 관해 특정한 요구를 하는 등의 방법으로, **방송편성에 관한 자유롭고 독립적인 의사결정에 영향을 미칠 수 있는 행위 일체를 금지한다는 의미임을 충분히 알 수 있다. 따라서 금지조항은 죄형법정주의의 명확성 원칙에 위반되지 아니한다**(헌재 2021.8.31. 2019헌바439).

42 '운행 중인 자동차의 운전자를 폭행하거나 협박한 사람'을 처벌하는 「특정범죄 가중처벌 등에 관한 법률」 조항 가운데 '운행 중' 부분은 죄형법정주의의 명확성 원칙에 위반되지 않는다. 2022 입법고시　( )

해설 이 사건 운행조항의 입법취지, 규정형식 등을 종합하여 보면, '운행 중'이란 '운행 중 또는 일시 주·정차한 경우로서 운전자에 대한 폭행으로 인하여 운전자, 승객 또는 보행자 등의 안전을 위협할 수 있는 상황'을 의미한다고 해석될 수 있다. 반면 그 보호법익을 해칠 우려가 없는 경우로서 '공중의 교통안전과 질서를 저해할 우려가 없는 장소에서 계속적인 운행의 의사 없이 자동차를 주·정차한 경우'는 법관의 해석에 의하여 '운행 중'의 의미에서 배제된다. 따라서 **이 사건 운행조항은 건전한 상식과 통상적인 법감정을 가진 일반인이 구체적으로 어떠한 경우가 이에 해당하는지 알 수 있고, 법관의 자의적인 해석으로 확대될 염려가 없다고 할 것이므로 죄형법정주의에서 요구하는 형벌법규의 명확성 원칙에 위배된다고 볼 수 없다**(헌재 2017.11.30. 2015헌바336).

43 카메라 등을 이용하여 성적 욕망 또는 수치심을 유발할 수 있는 다른 사람의 신체를 촬영한 촬영물을 그 의사에 반하여 반포한 경우 등을 처벌하는 「성폭력범죄의 처벌 등에 관한 특례법」 조항은 죄형법정주의의 명확성 원칙에 위반되지 않는다. 2022 입법고시　( )

ANSWER　40-1 ○　40-2 ○　41 ○　42 ○　43 ○

해설 건전한 상식과 통상적인 법감정을 가진 일반인이라면 이 사건 처벌조항의 문언을 통하여 충분히 파악할 수 있다. 이와 같이 '성적 욕망 또는 수치심을 유발할 수 있는 다른 사람의 신체'는 구체적, 개별적, 상대적으로 판단할 수밖에 없는 개념이고, 사회와 시대의 문화, 풍속 및 가치관의 변화에 따라 수시로 변화하는 개념이므로, 이 사건 처벌조항이 다소 개방적이거나 추상적인 표현을 사용하면서 그 의미를 법관의 보충적 해석에 맡긴 것은 어느 정도 불가피하다. 법원은 이에 대해 합리적인 해석기준을 제시하고 그 기준에 따라 이 사건 처벌조항의 해당 여부를 판단하고 있으므로, 법 집행기관이 이 사건 처벌조항을 자의적으로 해석할 염려가 있다고 보기도 어렵다. 따라서 이 사건 처벌조항은 죄형법정주의 명확성 원칙에 위배되지 아니한다 (헌재 2016.12.29. 2016헌바153).

44 「응급의료에 관한 법률」 조항 중 '누구든지 응급의료종사자의 응급환자에 대한 진료를 폭행, 협박, 위계, 위력, 그 밖의 방법으로 방해하여서는 아니 된다.'는 부분 가운데 '그 밖의 방법' 부분은 죄형법정주의 명확성 원칙에 위반되지 않는다. 2022·2024 입법고시 ( )

해설 이 사건 금지조항은 응급의료종사자의 응급환자에 대한 진료를 방해하는 행위를 금지함으로써 응급의료종사자의 응급의료 업무와 응급 상황에 있는 환자의 신체와 건강을 보호하고자 하는 데 그 취지가 있다. 또한 이 사건 금지조항의 규율대상인 '그 밖의 방법'은 급박한 생명 또는 신체에 위험이 있는 응급환자에 대한 진료 등에 지장을 줄 만한 행위로 한정된다. 입법자는 '그 밖의 방법'이라는 일반적인 개념을 사용하여 응급의료법을 통하여 제재하여야 할 방해 행위의 대상을 넓게 규정하며 그 해석의 판단지침이 될 만한 구체적인 예시로 폭행, 협박, 위계, 위력을 나열하고 있고, 이는 공통적으로 응급의료종사자에게 유·무형의 방법으로 영향력을 행사하여 즉시 필요한 응급의료를 받아야 하는 응급환자에 대한 진료 등에 지장을 주거나 지장을 줄 위험을 발생하게 할 만한 행위이다. 그러므로 이 사건 금지조항 중 '그 밖의 방법'이 규율하고 있는 대상은 '폭행', '협박', '위력', '위계'에 준하는 것으로 볼 수 있을 정도의 것으로 응급의료종사자에게 유·무형의 방법으로 영향력을 행사하여 응급환자에 대한 진료에 지장을 주거나 지장을 줄 위험을 발생하게 할 만한 행위라고 봄이 타당하다. 따라서 이 사건 금지조항의 '그 밖의 방법' 부분은 죄형법정주의 명확성의 원칙에 위반된다고 할 수 없다(헌재 2019.6.28. 2018헌바128).

45-1 「도로교통법」 조항 중 '자동차의 운전자는 고속도로 등에서 자동차의 고장 등 부득이한 사정이 있는 경우를 제외하고는 갓길로 통행하여서는 아니 된다.' 부분 중 '부득이한 사정' 부분은 죄형법정주의 명확성 원칙에 위반되지 않는다. 2022 입법고시 ( )

45-2 자동차의 운전자는 고속도로 등에서 자동차의 고장 등 '부득이한 사정'이 있는 경우를 제외하고는 갓길 통행을 금지하고 있는 「도로교통법」 조항은 죄형법정주의 명확성원칙에 위배되지 않는다. 2024 경찰승진 ( )

45-3 자동차의 운전자는 고속도로 등에서 자동차의 고장 등 부득이한 사정이 있는 경우를 제외하고는 갓길(「도로법」에 따른 길어깨를 말한다)로 통행하여서는 아니 된다고 규정하고 이를 위반한 사람은 20만원 이하의 벌금이나 구류 또는 과료에 처한다고 규정한 구 「도로교통법」 조항은 책임과 형벌 사이의 비례원칙에 위배된다. 2023 국회직8급 ( )

해설 '부득이'의 사전적 의미는 '마지못하여 하는 수 없이'로, 자동차가 고속도로 등을 통행하는 중에는 다양한 상황이 발생할 수 있으므로, 법률에 구체적이고 일의적인 기준이 제시될 경우 갓길 통행이 불가피한 예외적인 사정이 포섭되지 않는 등으로 인하여 오히려 비상상황에서 적절한 대처를 할 수 없게 될 가능성을 배제하기 어렵다. 결국 금지조항이 규정한 '부득이한 사정'이란 사회통념상 차로로의 통행을 기대하기 어려운 특별한

ANSWER 44 ○ 45-1 ○ 45-2 ○ 45-3 ×

사정을 의미한다고 해석된다. 건전한 상식과 통상적인 법감정을 가진 수범자는 금지조항이 규정한 부득이한 사정이 어떠한 것인지 충분히 알 수 있고, 법관의 보충적인 해석을 통하여 그 의미가 확정될 수 있다. 그러므로 **금지조항 중 '부득이한 사정' 부분은 죄형법정주의의 명확성 원칙에 위배되지 않는다.**

고속도로 등은 자동차들이 일반도로에 비하여 고속으로 주행하여 중대한 위험이 발생할 가능성이 높고, 긴급자동차 등이 위험 발생 지역에 접근하기 어려운 특성이 있어 비상시에 이용하기 위하여 갓길이 설치된 것이므로, 갓길이 그 본래의 설치목적에 따라 이용될 수 있도록 갓길 통행 금지의무의 준수를 담보할 필요성이 높다. **행정질서벌의 부과만으로는 갓길 통행을 충분히 억제할 수 없다고 판단하고 형벌이라는 수단을 선택한 입법자의 판단이 명백하게 잘못되었다고 볼 수 없다.** 처벌조항은 법정형을 '20만원 이하의 벌금이나 구류 또는 과료'로 선택적으로 규정하면서 그 하한에 제한을 두고 있지 아니하므로, 그 처벌의 정도가 중하다고 보기 어렵다. 나아가 처벌조항으로 규율되는 행위는 도로교통법 제162조 이하에서 정한 '범칙행위의 처리에 관한 특례'를 적용받게 된다. 따라서 **갓길 통행 금지의무를 위반한 자에게는 그의 선택에 따라 형사적 제재의 압박으로부터 벗어날 수 있는 절차가 추가적으로 보장**되어 있다. 그러므로 **처벌조항은 책임과 형벌 사이의 비례원칙에 위배되지 않는다**(헌재 2021.8.31. 2020헌바100).

46 납세의무자가 체납처분의 집행을 면탈할 목적으로 그 재산을 은닉·탈루하거나 거짓 계약을 하였을 때 형사처벌하는 조세범 처벌법 해당 조항 중 '납세의무자가 체납처분의 집행을 면탈할 목적으로' 부분은 죄형법정주의 의 명확성 원칙에 위반되지 않는다. 2024 법원행시 ( )

해설 국세기본법에서 규정하고 있는 납세의무자의 정의 및 납세의무의 성립시기 등에 의하면, 심판대상조항의 '납세의무자'란 면탈하고자 하는 체납처분과 관련된 국세를 납부할 의무가 있는 자를 의미하는 것이고, 그 지위는 과세요건이 충족되어 해당 납세의무가 성립된 때 취득하게 되므로, 심판대상조항은 '납세의무가 성립된 이후'의 시기에 행해진 행위만을 처벌하는 것임이 명백하다. 또한 **심판대상조항은 정부의 국세징수권을 보호법익으로 하는 점, 심판대상조항이 명시적으로 요구하고 있는 '체납처분의 집행을 면탈할 목적'은 적어도 체납처분의 집행을 받을 우려가 있는 시점에서야 인정될 수 있는 점 등을 고려한다면, 심판대상조항은 '체납처분의 집행을 받을 우려가 있는 객관적인 상태가 발생한 이후'의 시기에 행해진 행위만을 처벌하는 것임이 명백하다. 심판대상조항은 죄형법정주의의 명확성원칙에 위배되지 않는다**(헌재 2023.8.31. 2020헌바498).

47 공직선거법의 '누구든지 종교적인 기관·단체 등의 조직 내에서의 직무상 행위를 이용하여 그 구성원에 대하여 선거운동을 하거나 하게 할 수 없다.'는 규정 중 '직무상 행위를 이용하여' 부분은 죄형법정주의의 명확성 원칙에 위반되지 않는다. 2024 법원행시 ( )

해설 직무이용 금지조항 중 '직무상 행위를 이용하여' 부분이 다소 추상적이고 포괄적인 측면이 있기는 하나, 종교단체 내에서 직무상 행위를 이용하는 구체적 행위 태양을 예상하여 열거하는 것은 불가능하거나 현저히 곤란하고, 구체적으로 어떠한 행위가 종교단체 내에서의 직무상 행위를 이용한 것에 해당하는지는 행위자가 종교단체 안에서 차지한 지위에 기하여 취급하는 직무 내용, 직무상 행위를 하는 시기, 장소, 방법 등 여러 사정을 종합적으로 관찰하여 직무와 관련된 것인지 여부 등을 살펴봄으로써 판단할 수 있으므로, **이는 죄형법정주의의 명확성원칙에 위배되지 않는다**(헌재 2024.1.25. 2021헌바233등).

48 게임물 관련사업자에 대하여 '경품 등의 제공을 통한 사행성 조장'을 원칙적으로 금지시키고 있는 「게임산업진흥에 관한 법률」 조항에서 '경품' 및 '조장'과는 달리 '사행성'은 다른 법률에서도 정의 규정을 두고 있지 않아 지나치게 불명확하여 법집행기관의 자의적인 해석을 가능하게 하므로 죄형법정주의의 명확성원칙에 위배된다. 2024 경찰승진 ( )

해설 '경품 등'이란 '게임물을 이용한 결과물로 게임물 이용자에게 제공되는 재화 또는 이와 유사한 것으로 재산상 이익이 되는 것', '사행성'이란 '우연한 사정에 기하여 금전적인 손실 또는 이익을 가져오고

ANSWER 46 ○ 47 ○ 48 ✕

그와 같은 결과가 사회적 상당성을 결여하여 행위자에게 사행심을 유발하는 경향이나 성질', '사행성을 조장한다'는 것은 '위와 같은 경향이나 성질이 더 심해지도록 부추긴다'는 의미라고 해석된다. 또한, 게임물관련 사업자가 이 사건 시행령조항이 정하는 경품지급기준을 초과하는 경품을 제공하는 등 이 사건 의무조항 중 단서부분을 위반하여 경품을 제공하였다면, 이는 곧 이 사건 의무조항이 금지하는 '사행성을 조장하는 경품제공행위'에 해당한다고 해석된다. 이와 같이 **건전한 상식과 통상적인 법감정을 가진 사람들은 어떠한 행위가 이 사건 의무조항이 정하는 구성요건에 해당되는지 여부를 충분히 파악할 수 있다고 판단되고, 그것이 지나치게 불명확하여 법 집행기관의 자의적인 해석을 가능하게 한다고 보기는 어려우므로, 이 사건 의무조항은 죄형법정주의의 명확성원칙에 위배되지 아니한다**(헌재 2020.12.23. 2017헌바463 등).

49 "이 법 시행 전의 행위에 대한 벌칙의 적용에 있어서는 종전의 규정에 따른다."는 「도로교통법」 부칙(2010. 7. 23. 법률 제10382호) 조항은 헌법 제13조 제1항의 형벌불소급원칙 보호영역에 포섭된다. 2023 경찰간부 (　)

> **해설** 이 사건 부칙조항은 개정된 법률 이전의 행위를 소급하여 형사처벌하도록 규정하고 있는 것이 아니라 형사처벌을 규정하고 있던 **행위시법이 사후 폐지되었음에도 신법이 아닌 행위시법에 의하여 형사처벌하도록 규정한 것으로서, 헌법 제13조 제1항의 형벌불소급원칙 보호영역에 포섭되지 아니한다**(헌재 2015.2.26. 2012헌바268).

50-1 노역장유치는 그 실질이 신체의 자유를 박탈하는 것으로서 징역형과 유사한 형벌적 성격을 가지고 있으므로 형벌불소급원칙의 적용대상이 된다. 2023 입법고시 (　)

50-2 형벌불소급원칙에서 의미하는 '처벌'은 형법에 규정되어 있는 형식적 의미의 형벌 유형에 국한되지 않으며, 범죄행위에 따른 제재의 내용이나 실제적 효과가 형벌적 성격이 강하여 신체의 자유를 박탈하거나 이에 준하는 정도로 신체의 자유를 제한하는 경우에는 형벌불소급원칙이 적용되어야 한다. 2022 법무사 (　)

50-3 「형법」상의 노역장유치 조항은 재력 있는 자가 단기간의 노역장유치로 고액의 벌금을 면제받는 이른바 황제노역을 방지하기 위해 벌금액수에 따라 유치기간의 하한을 정한 것으로 과잉금지원칙에 반해 신체의 자유를 침해하는 것이라 볼 수 없다. 2022 입법고시 (　)

50-4 노역장유치는 신체의 자유를 박탈하여 징역형과 유사한 형벌적 성격을 가지고 있으나, 벌금형에 부수적으로 부과되는 환형처분에 불과하여 형벌불소급원칙이 적용되지 않는다. 2023 경찰승진 (　)

50-5 1억 원 이상의 벌금형을 선고받는 자에 대하여 노역장유치기간의 하한을 중하게 변경한 「형법」 조항을 시행일 이후 최초로 공소제기되는 경우부터 적용하여 범죄행위 당시보다 불이익하게 소급 적용한 동법 부칙조항은 형벌불소급원칙에 위배된다. 2024 변시 (　)

50-6 1억원 이상의 벌금형을 선고하는 경우 노역장유치기간의 하한을 정한 「형법」 조항을 시행일 이후 최초로 공소제기되는 경우부터 적용하도록 한 「형법」 부칙조항은 형벌불소급원칙에 위배되지 않는다. 2024 경찰1차 (　)

50-7 노역장유치는 벌금형에 부수적으로 부과되는 환형처분으로서, 그 실질은 신체의 자유를 박탈하여 징역형과 유사한 형벌적 성격을 가지고 있으므로, 형벌불소급원칙의 적용대상이 된다. 2024 법원행시 (　)

ANSWER 49 ×　50-1 ○　50-2 ○　50-3 ○　50-4 ×　50-5 ○　50-6 ×　50-7 ○

50-8 노역장유치조항의 시행 전에 행해진 범죄행위에 대해서 공소제기의 시기가 노역장유치조항의 시행 이후이면 노역장유치조항을 적용하도록 하는 것은 헌법상 형벌불소급원칙에 위반된다. 2023 경찰간부 (　)

> 해설▶ 노역장유치기간의 하한을 정하면서 개정 전 범죄행위에 대하여도 소급적용하도록 한 형법 조항(헌재 2017.10.26. 2015헌바239)
>
> (1) **형벌불소급원칙에서 의미하는 '처벌'은 단지 형법에 규정되어 있는 형식적 의미의 형벌 유형에 국한되지 않으며,** 범죄행위에 따른 제재의 내용이나 실제적 효과가 형벌적 성격이 강하여 신체의 자유를 박탈하거나 이에 준하는 정도로 신체의 자유를 제한하는 경우에는 법적 안정성, 예측 가능성 및 국민의 신뢰를 보호하기 위하여 형벌불소급원칙이 적용되어야 한다.
> (2) **노역장유치는 벌금형에 부수적으로 부과되는 환형처분으로서, 그 실질은 신체의 자유를 박탈하여 징역형과 유사한 형벌적 성격을 가지고 있으므로, 형벌불소급원칙의 적용대상이 된다.** 따라서 법률 개정으로 동일한 벌금형을 선고받은 사람에게 노역장유치기간이 장기화되는 등 불이익이 가중된 때에는, 범죄행위 시의 법률에 따라 유치기간을 정하여 선고하여야 한다.
> (3) 노역장유치조항은 1억 원 이상의 벌금을 선고받는 자에 대하여 유치기간의 하한을 중하게 변경시킨 것이므로, 이 조항 시행 전에 행한 범죄행위에 대해서는 범죄행위 당시에 존재하였던 법률을 적용하여야 한다. 그런데 **부칙조항**은 노역장유치조항의 시행 전에 행해진 범죄행위에 대해서도 공소제기의 시기가 **노역장유치조항의 시행 이후이면 이를 적용하도록 하고 있으므로, 이는 범죄행위 당시 보다 불이익한 법률을 소급적용하도록 하는 것으로서 헌법상 형벌불소급원칙에 위반된다.**

51 과료는 가장 경한 형벌로서 주로 경미한 범죄에 과해지는 것이나, 이 역시 죄를 범한 자에 대하여 부과하는 형벌의 하나이므로, 과료미납자에 대한 노역장유치조항이 헌법에 위반된다고 볼 수 없다. 2023 법원행시
(　)

> 해설▶ **과료는 가장 경한 형벌로서 주로 경미한 범죄에 과해지는 것이나, 이 역시 죄를 범한 자에 대하여 부과하는 형벌의 하나이므로,** 그 집행을 강제하여 국가형벌권의 실현을 담보할 필요가 있다. 노역장유치조항은 과료의 철저한 징수를 통하여 과료형의 형벌효과를 유지, 확보하기 위한 것으로 목적의 정당성이 인정되고, 과료미납자에 대한 노역장 유치는 과료납입을 대체 혹은 강제할 수 있는 유효한 수단이므로 수단의 적합성도 갖추었다. … 노역장유치조항이 침해의 최소성 원칙에 반한다고 볼 수 없다. 노역장유치를 통하여 과료형의 집행율을 제고하고 형벌의 목적을 달성하려는 공익은 노역장유치자가 입게 되는 불이익에 비하여 현저히 작다고 할 수 없으므로 법익의 균형성에 위배된다고도 할 수 없다. 따라서 **노역장유치조항은 과잉금지원칙에 위배되지 않는다**(헌재 2020.12.23. 2018헌바445).

52-1 보안처분이라 하더라도 형벌적 성격이 강하여 신체의 자유를 박탈하거나 박탈에 준하는 정도로 신체의 자유를 제한하는 경우에는 소급입법금지원칙이 적용된다. 2022 입법고시 (　)

52-2 보안처분은 형벌과는 달리 행위자의 장래 재범위험성에 근거하는 것으로서 행위시가 아닌 재판시의 재범위험성 여부에 대한 판단에 따라 보안처분의 선고 여부가 결정되므로, 어떤 보안처분이 형벌적 성격이 강하여 신체의 자유 박탈에 준하는 정도로 신체의 자유를 제한한다 하더라도 형벌불소급원칙이 적용되지 않는다. 2024 변시 (　)

> 해설▶ 보안처분은 형벌과는 달리 행위자의 장래 재범위험성에 근거하는 것으로서, 행위시가 아닌 재판시의 재범위험성 여부에 대한 판단에 따라 보안처분 선고를 결정하므로 원칙적으로 재판 당시 현행법을 소급적용할 수 있다고 보는 것이 타당하고 합리적이다.
> 그러나 보안처분의 범주가 넓고 그 모습이 다양한 이상, 보안처분에 속한다는 이유만으로 일률적으로

ANSWER 50-8 ○　51 ○　52-1 ○　52-2 ✕

소급입법금지원칙이 적용된다거나 그렇지 않다고 단정해서는 안되고, 보안처분이라는 우회적인 방법으로 형벌불소급의 원칙을 유명무실하게 하는 것을 허용해서도 안된다. 따라서 **보안처분이라 하더라도 형벌적 성격이 강하여 신체의 자유를 박탈하거나 박탈에 준하는 정도로 신체의 자유를 제한하는 경우에는 소급입법금지원칙을 적용하는 것이 법치주의 및 죄형법정주의에 부합한다**(헌재 2014.8.28. 2011헌마28 등).

53 형벌불소급원칙에서 의미하는 '처벌'은 단지 형법에 규정되어 있는 형식적 의미의 형벌 유형에 국한되지 않으므로 구「사회보호법」상 보호감호처분에도 형벌불소급의 원칙이 적용된다. 2024 법원행시 ( )

> **해설** 형벌불소급원칙에서 의미하는 '처벌'은 단지 형법에 규정되어 있는 형식적 의미의 형벌 유형에 국한되지 않는다. 헌법재판소는 일찍이 보안처분인 구「사회보호법」상 '보호감호'에 대하여 '상습범 등에 대한 보안처분의 하나로서 신체에 대한 자유의 박탈을 그 내용으로 하는 보호감호처분은 형벌과 같은 차원에서의 적법한 절차와 헌법 제13조 제1항에 정한 죄형법정주의의 원칙에 따라 비로소 과해질 수 있는 것이라 할 수 있고, 따라서 그 요건이 되는 범죄에 관한 한 소급입법에 의한 보호감호처분은 허용될 수 없다.'고 판시하여 '형법이 규정한 형벌' 외의 제재에 대해서도 형벌불소급원칙이 적용될 수 있음을 밝힌 바 있다(헌재 2017.10.26. 2015헌바239 등).

54 전자장치 부착명령은 범죄행위를 한 사람에 대한 응보를 주된 목적으로 그 책임을 추궁하는 사후적 처분인 형벌과 구별되는 비형벌적 보안처분으로서 소급효금지원칙이 적용되지 아니한다. 2022 법무사 ( )

> **해설** **전자장치 부착명령은 전통적 의미의 형벌이 아닐 뿐 아니라, 성폭력범죄자의 성행교정과 재범방지를 도모하고 국민을 성폭력범죄로부터 보호한다고 하는 공익을 목적**으로 하며, 의무적 노동의 부과나 여가시간의 박탈을 내용으로 하지 않고 전자장치의 부착을 통해서 피부착자의 행동 자체를 통제하는 것도 아니라는 점에서 처벌적인 효과를 나타낸다고 보기 어렵다. 또한 부착명령에 따른 피부착자의 기본권 침해를 최소화하기 위하여 피부착자에 관한 수신자료의 이용을 엄격하게 제한하고, 재범의 위험성이 없다고 인정되는 경우에는 부착명령을 가해제할 수 있도록 하고 있다. 그러므로 **이 사건 부착명령은 형벌과 구별되는 비형벌적 보안처분으로서 소급효금지원칙이 적용되지 아니한다**(헌재 2012.12.27. 2010헌가82).

55 디엔에이신원확인정보의 수집·이용이 범죄의 예방효과를 가지는 보안처분으로서의 성격을 일부 지닌다고 하더라도 이는 비형벌적 보안처분으로서 소급입법금지원칙이 적용되지 않는다. 2023 경찰간부 ( )

> **해설** 디엔에이신원확인정보의 수집·이용은 수형인 등에게 심리적 압박으로 인한 범죄예방효과를 가진다는 점에서 보안처분의 성격을 지니지만, 처벌적인 효과가 없는 비형벌적 보안처분으로서 소급입법금지원칙이 적용되지 않는다. 이 사건 법률의 소급적용으로 인한 공익적 목적이 당사자의 손실보다 더 크므로, 이 사건 부칙조항이 법률 시행 당시 디엔에이감식시료 채취 대상범죄로 실형이 확정되어 수용 중인 사람들까지 이 사건 법률을 적용한다고 하여 소급입법금지원칙에 위배되는 것은 아니다(헌재 2014.8.28. 2011헌마28 등).

56-1 행위 당시의 판례에 의하면 처벌대상이 되지 아니하는 것으로 해석되었던 행위를 판례의 변경에 따라 확인된 내용의 「형법」 조항에 근거하여 처벌한다고 하여 그것이 형벌불소급원칙에 위반된다고 할 수 없다.
2022 경찰승진 / 2023 법원행시 ( )

56-2 형사처벌의 근거가 되는 것은 법률이지 판례가 아니므로, 행위 당시의 판례에 의하면 처벌대상이 되지 아니하는 것으로 해석되었던 행위를 판례의 변경에 따라 확인된 내용의 형법 조항에 근거하여 처벌한다고 하여 그것이 형벌불소급 원칙에 위반된다고 할 수 없다. 2024 법원행시 ( )

ANSWER 53 ○ 54 ○ 55 ○ 56-1 ○ 56-2 ○

해설 형사처벌의 근거가 되는 것은 법률이지 판례가 아니고, 형법 조항에 관한 판례의 변경은 그 법률조항의 내용을 확인하는 것에 지나지 아니하여 이로써 그 법률조항 자체가 변경된 것으로 볼 수 없으므로, **행위 당시의 판례에 의하면 처벌대상이 되지 아니하는 것으로 해석되었던 행위를 판례의 변경에 따라 확인된 내용의 형법 조항에 근거하여 처벌한다고 하여 그것이 형벌불소급원칙에 위반된다고 할 수 없다**(헌재 2014. 5.29. 2012헌바390 등).

57 형벌불소급의 원칙은 형사소추가 "언제부터 어떠한 조건 하에서" 가능한가의 문제에 관한 것이고, "얼마동안" 가능한가의 문제에 관한 것이 아니다. 2022 경찰간부 ( )

해설 **형벌불소급의 원칙은 "행위의 가벌성", 즉 형사소추가 "언제부터 어떠한 조건하에서" 가능한가의 문제에 관한 것이고, "얼마동안" 가능한가의 문제에 관한 것은 아니므로**, 과거에 이미 행한 범죄에 대하여 공소시효를 정지시키는 법률이라 하더라도 그 사유만으로 헌법 제12조 제1항 및 제13조 제1항에 규정한 죄형법정주의의 파생원칙인 형벌불소급의 원칙에 언제나 위배되는 것으로 단정할 수는 없다(헌재 1996.2.16. 96헌가2 등).

58-1 공소시효제도는 행위의 가벌성이 아닌 소추가능성에만 연관된 것이기는 하나, 소추가능성은 행위의 가벌성을 전제로 하므로, 원칙적으로 형벌불소급의 원칙이 적용된다. 2022 법무사 ( )

58-2 우리 헌법이 규정한 형벌불소급의 원칙은 '행위의 가벌성'에 관한 것이기 때문에 소추가능성에만 연관될 뿐이고 가벌성에는 영향을 미치지 않는 공소시효에 관한 규정은 원칙적으로 그 효력범위에 포함되지 않는다. 2023 입법고시 / 2024 법원행시 ( )

해설 죄형법정주의와 형벌불소급의 원칙을 규정한 헌법 제12조 제1항과 제13조 제1항의 근본 뜻은 형벌법규는 허용된 행위와 금지된 행위의 경계를 명확히 설정하여 어떠한 행위가 금지되어 있고, 그에 위반한 경우 어떠한 형벌이 정해져 있는가를 미리 개인에 알려 자신의 행위를 그에 맞출 수 있도록 하자는 데 있다. 이처럼 **우리 헌법이 규정한 형벌불소급의 원칙은 '행위의 가벌성'에 관한 것이기 때문에 소추가능성에만 연관될 뿐이고 가벌성에는 영향을 미치지 않는 공소시효에 관한 규정은 원칙적으로 그 효력범위에 포함되지 않는다**(헌재 2021.6.24. 2018헌바457).

59-1 성범죄자가 일정한 직종에 종사하지 못하게 하는 취업제한 제도로 인하여 기본권 제한의 효과가 발생하는 이상 취업제한에 관한 규정에도 형벌불소급의 원칙이 적용된다. 2024 법원행시 ( )

59-2 「아동·청소년의 성보호에 관한 법률」이 정하고 있는 아동·청소년 대상 성범죄자의 아동·청소년 관련 교육기관 등에의 취업제한제도는 「형법」이 규정하고 있는 형벌에 해당되지 않으므로 헌법 제13조 제1항 전단의 형벌불소급원칙이 적용되지 않는다. 2023 경찰간부 ( )

해설 청소년성보호법이 정하고 있는 취업제한제도로 인해 성범죄자에게 일정한 직종에 종사하지 못하는 제재가 부과되기는 하지만, 위 취업제한제도는 형법이 규정하고 있는 형벌에 해당하지 않으므로, 헌법 제13조 제1항 전단의 형벌불소급 원칙이 적용되지 않는다(헌재 2016.3.31. 2013헌마585등).

60 국회의 입법재량 내지 입법정책적 고려에 있어서도 국민의 자유와 권리의 제한은 필요 최소한에 그쳐야 하며, 기본권의 본질적인 내용을 침해하는 입법은 할 수 없으므로, 헌법이나 법률에 의하여 명시된 죄형법정주의와 소급효의 금지 및 이에 유래하는 유추해석금지의 원칙 외에 지켜져야 할 입법원칙이 있다. 2023 법원직 ( )

ANSWER 57 ○   58-1 ×   58-2 ○   59-1 ×   59-2 ○   60 ○

해설 국회의 입법재량 내지 입법정책적 고려에 있어서도 국민의 자유와 권리의 제한은 필요한 최소한에 그쳐야 하며, 기본권의 본질적인 내용을 침해하는 입법은 할 수 없으므로, 헌법이나 법률에 의하여 명시된 죄형법정주의와 소급효의 금지 및 이에 유래하는 유추해석금지의 원칙 외에 지켜져야 할 입법원칙이 있다(헌재 2002.4.25. 2001헌가27).

61 형사법상 책임원칙은 형벌은 범행의 경중과 행위자의 책임 사이에 비례성을 갖추어야 하고 특별한 이유로 형을 가중하는 경우에도 형벌의 양은 행위자의 책임의 정도를 초과해서는 안 된다는 것을 의미한다.
2023 경찰승진   ( )

해설 형사법상 책임원칙은 기본권의 최고이념인 인간의 존엄과 가치에 근거한 것으로, **형벌은 범행의 경중과 행위자의 책임, 즉 형벌 사이에 비례성을 갖추어야 함을 의미한다.** 따라서 기본법인 형법에 규정되어 있는 구체적인 법정형은 개별적인 보호법익에 대한 통일적인 가치체계를 표현하고 있다고 볼 때, **사회적 상황의 변경으로 인해 특정 범죄에 대한 형량이 더 이상 타당하지 않을 때에는 원칙적으로 법정형에 대한 새로운 검토를 요하나, 특별한 이유로 형을 가중하는 경우에도 형벌의 양은 행위자의 책임의 정도를 초과해서는 안된다**(헌재 2004.12.16. 2003헌가12).

62-1 '책임 없는 자에게 형벌을 부과할 수 없다'는 형벌에 관한 책임주의는 형사법의 기본원리로서, 헌법상 법치국가의 원리에 내재하는 원리인 동시에, 헌법 제10조의 취지로부터 도출되는 원리이므로 법인에게는 적용되지 않는다. 2024 경찰1차   ( )

62-2 자기책임의 원리는 민사법이나 형사법에 국한된 원리라기보다는 근대법의 기본이념으로서 법치주의에 당연히 내재하는 원리로 볼 것이고 자기책임의 원리에 반하는 제재는 그 자체로서 헌법에 위반된다.
2024 경찰승진   ( )

해설 형벌은 범죄에 대한 제재로서 그 본질은 법질서에 의해 부정적으로 평가된 행위에 대한 비난이다. 만약 법질서가 부정적으로 평가한 결과가 발생하였다고 하더라도 그러한 결과의 발생이 어느 누구의 잘못에 의한 것도 아니라면, 부정적인 결과가 발생하였다는 이유만으로 누군가에게 형벌을 가할 수는 없다. 이와 같이 '책임 없는 자에게 형벌을 부과할 수 없다'는 형벌에 관한 책임주의는 형사법의 기본원리로서, **헌법상 법치국가의 원리에 내재하는 원리인 동시에 헌법 제10조의 취지로부터 도출되는 원리이고, 법인의 경우도 자연인과 마찬가지로 책임주의원칙이 적용된다**(헌재 2016.3.31. 2016헌가4).

63-1 법인은 기관을 통하여 행위하므로 법인이 대표자를 선임한 이상 그의 행위로 인한 법률효과는 법인에게 귀속되어야 하고, 법인 대표자의 범죄행위에 대하여는 법인 자신이 자신의 행위에 대한 책임을 부담하는 것이므로 자기책임의 원칙에 위반되지 않는다. 2024 법원행시   ( )

63-2 법인의 대리인·사용인 기타의 종업원이 그 법인의 업무에 관하여 근로자가 노동조합을 조직 또는 운영하는 것을 지배하거나 이에 개입하는 행위를 한 때에는 그 법인에 대하여도 벌금형을 과하도록 한 「노동조합 및 노동관계조정법」 조항은 종업원 등이 저지른 행위의 결과에 대한 법인의 독자적인 책임에 관하여 전혀 규정하지 않은 채, 단순히 법인이 고용한 종업원 등이 업무에 관하여 범죄행위를 하였다는 이유만으로 법인에 대하여 형벌을 부과하도록 정하고 있는바, 헌법상 법치국가원리로부터 도출되는 책임주의원칙에 위배된다.
2023 국회직8급   ( )

해설 법인의 대리인·사용인 기타의 종업원이 그 법인의 업무에 관하여 '노동조합 및 노동관계조정법' 조항을 위반하여 부당노동행위를 한 때에는 그 법인에 대하여도 벌금형을 과하도록 한 '노동조합 및 노동관계조정법' 조항은 종업

ANSWER 61 ○   62-1 ×   62-2 ○   63-1 ○   63-2 ○

원 등의 범죄행위에 관하여 비난할 근거가 되는 법인의 의사결정 및 행위구조, 즉 종업원 등이 저지른 행위의 결과에 대한 법인의 독자적인 책임에 관하여 전혀 규정하지 않은 채, 단순히 법인이 고용한 종업원 등이 업무에 관하여 범죄행위를 하였다는 이유만으로 법인에 대하여 형벌을 부과하도록 정하고 있는바, 이는 다른 사람의 범죄에 대하여 그 책임 유무를 묻지 않고 형사처벌하는 것이므로 헌법상 법치국가원리로부터 도출되는 **책임주의원칙에 위배된다.**

그러나 법인은 기관을 통하여 행위하므로 법인이 대표자를 선임한 이상 그의 행위로 인한 법률효과는 법인에게 귀속되어야 하고, 법인 대표자의 범죄행위에 대하여는 법인이 자신의 행위에 대한 책임을 부담하는 것이다. 법인 대표자의 법규위반행위에 대한 법인의 책임은 법인 자신의 법규위반행위로 평가될 수 있는 행위에 대한 법인의 직접책임이므로, 대표자의 고의에 의한 위반행위에 대하여는 법인이 고의 책임을, 대표자의 과실에 의한 위반행위에 대하여는 법인이 과실 책임을 부담한다. 따라서 **법인의 대표자가 그 법인의 업무에 관하여 '노동조합 및 노동관계조정법' 조항 위반하여 부당노동행위를 한 때에는 그 법인에 대하여도 벌금형을 과하도록 한 '노동조합 및 노동관계조정법' 조항은 법인의 직접책임을 근거로 하여 법인을 처벌하므로 책임주의원칙에 위배되지 않는다**(헌재 2020. 4. 23. 2019헌가25).

64 개인이 고용한 종업원 등의 무면허의료행위 사실이 인정되면 종업원 등의 범죄행위에 대한 영업주의 가담 여부나 종업원 등의 행위를 감독할 주의의무의 위반 여부 등을 전혀 묻지 않고 곧바로 영업주인 개인을 종업원 등과 같이 처벌하는 법률 규정은 형벌에 관한 책임주의에 반하므로 헌법에 위반된다. 2023 법원행시 ( )

해설 이 사건 법률조항은 **개인이 고용한 종업원 등의 무면허의료행위 사실이 인정되면 종업원 등의 범죄행위에 대한 영업주의 가담 여부나 종업원 등의 행위를 감독할 주의의무의 위반 여부 등을 전혀 묻지 않고 곧바로 영업주인 개인을 종업원 등과 같이 처벌하도록 규정하고 있는바, 이는 아무런 비난받을 만한 행위를 한 바 없는 자에 대해서까지 다른 사람의 범죄행위를 이유로 처벌하는 것으로서 형벌에 관한 책임주의에 반하므로 헌법에 위반된다**(헌재 2009. 10. 29. 2009헌가6).

65 무신고 수출입의 경우 법인을 범인으로 보고 필요적으로 몰수·추징하도록 규정한 구「관세법」조항은, 법인이 그 위반 행위를 방지하기 위하여 주의와 감독을 게을리하지 아니한 경우에는 몰수·추징 대상에서 제외되므로, 책임과 형벌 간의 비례원칙에 위반된다고 할 수 없다. 2023 국회직8급 ( )

해설 법 제281조 제2항에서는 법인이 법인의 업무를 집행하는 사용인 등에 대하여 위반행위를 방지하는 방도가 없었음을 증명하는 때에는 법인을 처벌하지 아니하는 것으로 규정되어 있는바, 법인으로서는 사용인 등의 위반행위를 방지할 방도가 없었음을 증명하면 형사처벌 자체를 받지 않게 될 뿐만 아니라 이 사건 법률조항에 의한 몰수·추징도 부과받지 않게 된다. 이처럼 이 사건 법률조항은 법인의 사용인 등에 대한 선임·감독상의 주의의무위반을 근거로 법인에게 그 책임을 묻고 있으므로, 책임 없는 자에 대한 처벌로서 책임주의 원칙에 반한다고는 볼 수 없다(헌재 2010. 5. 27. 2009헌가28).

66 법인이 고용한 종업원 등의 일정한 범죄행위에 대하여 곧바로 법인을 종업원 등과 같이 처벌하도록 하고 있는 「산지관리법」조항은 법인 자신의 지휘·감독의무를 다하지 못한 과실을 처벌하는 것이므로 책임주의원칙에 위배된다고 보기 어렵다. 2024 변시 ( )

해설 이 사건 심판대상조항은 법인이 고용한 종업원 등의 범죄행위에 관하여 비난할 근거가 되는 법인의 의사결정 및 행위구조, 즉 종업원 등이 저지른 행위의 결과에 대한 법인의 독자적인 책임에 관하여 전혀 규정하지 않은 채, 단순히 법인이 고용한 종업원 등이 업무에 관하여 범죄행위를 하였다는 이유만으로 법인에 대하여 형사처벌을 과하고 있는바, 이는 **다른 사람의 범죄에 대하여 그 책임 유무를 묻지 않고 형벌을 부과함으로써 법치국가의 원리 및 죄형법정주의로부터 도출되는 책임주의원칙에 반하여 헌법에 위반된다**(헌재 2010. 9. 30. 2010헌가19 등).

ANSWER 64 ○ 65 ○ 66 ×

67-1 선박소유자가 고용한 선장이 선박소유자의 업무에 관하여 범죄행위를 하면 그 선박소유자에게도 동일한 벌금형을 과하도록 규정하고 있는 구 「선박안전법」 조항은 선장이 저지른 행위의 결과에 대해 선박소유자의 독자적인 책임에 관하여 전혀 규정하지 않은 채, 단순히 선박소유자가 고용한 선장이 업무에 관하여 범죄행위를 하였다는 이유만으로 선박소유자에 대하여 형사처벌을 과하고 있으므로 책임주의원칙에 위배된다.
2024 변시 ( )

67-2 선박소유자가 고용한 선장이 선박소유자의 업무에 관하여 범죄행위를 하면 그 선박소유자에게도 동일한 벌금형을 과하도록 규정한 구 「선박안전법」 조항은, 다른 사람의 범죄에 대하여 그 책임 유무를 묻지 않고 형벌을 부과하는 것으로서 책임주의원칙에 반한다. 2024 경찰승진 ( )

> **해설** 선장의 범죄행위에 관하여 비난할 근거가 되는 선박소유자의 의사결정 및 행위구조, 즉 선장이 저지른 행위의 결과에 대한 선박소유자의 독자적인 책임에 관하여 전혀 규정하지 않은 채, 단순히 선박소유자가 고용한 선장이 업무에 관하여 범죄행위를 하였다는 이유만으로 선박소유자에 대하여 형사처벌을 과하고 있는바, 이는 다른 사람의 범죄에 대하여 그 책임 유무를 묻지 않고 형벌을 부과하는 것으로서, **법치국가의 원리 및 죄형법정주의로부터 도출되는 책임주의원칙에 반한다**(헌재 2013.9.26. 2013헌가15).

68 건설업 등록을 하지 않은 건설공사 하수급인이 근로자에게 임금을 지급하지 못한 경우에, 하수급인의 직상 수급인에 대하여 하수급인과 연대하여 임금을 지급할 의무를 부과하고 직상 수급인이 그 의무를 이행하지 않으면 처벌하도록 한 「근로기준법」 조항은 자기책임원칙에 위배된다고 볼 수 없다. 2024 변시 ( )

> **해설** 직상 수급인의 임금지급의무 불이행을 처벌하도록 한 것은 직상 수급인 자신의 의무 불이행에 대한 책임을 묻는 것이고, 직상 수급인이 건설업 등록이 되어 있지 않아 건설공사를 위한 자금력 등이 확인되지 않는 자에게 건설공사를 하도급하는 위법행위를 함으로써 하수급인의 임금지급의무 불이행에 관한 추상적 위험을 야기한 잘못에 대하여, 실제로 하수급인이 임금지급의무를 이행하지 아니하여 그러한 위험이 현실화되었을 때 그 책임을 묻는 것이다. 따라서 이 사건 법률조항은 **자기책임원칙에 위배된다고 볼 수 없다**(헌재 2014.4.24. 2013헌가12).

69 각 중앙관서의 장이 경쟁의 공정한 집행 또는 계약의 적정한 이행을 해칠 염려가 있는 자 등에 대하여 2년 이내의 범위에서 대통령령이 정하는 바에 따라 입찰참가자격을 제한하도록 한 구 「국가를 당사자로 하는 계약에 관한 법률」 조항은, 부정당업자가 제재처분의 사유가 되는 행위의 책임을 자신에게 돌릴 수 없다는 점 등을 증명하여 제재처분에서 벗어날 수 있게 하므로 자기책임원칙에 위배되지 아니한다. 2024 변시 ( )

> **해설** 부정당업자는 제재처분의 사유가 되는 행위의 책임을 자신에게 돌릴 수 없다는 점 등을 증명하여 제재처분에서 벗어날 수 있으므로, 심판대상조항은 **자기책임원칙에 위배되지 아니한다**(헌재 2016.6.30. 2015헌바125 등).

70 국민건강보험공단이 사위 기타 부당한 방법으로 보험급여비용을 받은 요양기관에 대하여 급여비용에 상당하는 금액의 전부 또는 일부를 징수할 수 있도록 한 「국민건강보험법」 조항은, 요양기관이 그 피용자를 관리·감독할 주의의무를 다하였다고 하더라도 보험급여비용이 요양기관에 일단 귀속되었고 그 요양기관이 사위 기타 부당한 방법으로 보험급여비용을 지급받은 이상 부당이득반환의무가 있다는 것이므로 책임주의원칙에 어긋난다고 볼 수 없다. 2024 변시 ( )

ANSWER 67-1 ○ 67-2 ○ 68 ○ 69 ○ 70 ○

해설 국민건강보험법 제52조 제1항은, 요양기관이 사위 기타 부당한 방법으로 보험급여비용을 받은 경우에만 징수책임을 지며, 또 요양기관과 아무런 관련 없이 피용자 개인의 잘못으로 보험급여비용을 받아 그 전액을 환수하는 것이 가혹한 경우라면 금액의 전부 혹은 일부가 '사위 기타 부당한 방법'에 해당하지 않는다고 하여 징수를 면할 수 있는 여지를 남겨 놓고 있고, 요양기관이 그 피용자를 관리·감독할 주의의무를 다하였다고 하더라도, 보험급여비용이 요양기관에게 일단 귀속되었고 그 요양기관이 사위 기타 부당한 방법으로 보험급여비용을 지급받은 이상 부당이득반환의무가 있다는 것이므로 **책임주의원칙에 어긋난다고 볼 수 없다**(헌재 2011. 6. 30. 2010헌바375).

71 범죄의 처벌에 관한 문제, 즉 법정형의 종류와 범위의 선택은 입법자가 결정할 사항이지만, 광범위한 입법재량 내지 형성의 자유가 인정된다고 볼 수 없다. 2023 법원직 ( )

해설 **법정형의 종류와 범위의 선택은** 그 범죄의 죄질과 보호법익에 대한 고려뿐만이 아니라 우리의 역사와 문화, 입법 당시의 시대적 상황, 국민 일반의 가치관 내지 법감정 그리고 범죄예방을 위한 형사정책적 측면 등 **여러 가지 요소를 종합적으로 고려하여 입법자가 결정할 사항으로서 광범위한 입법재량 내지 형성의 자유가 인정되어야 할 분야**이므로, 어느 범죄에 대한 법정형이 그 범죄의 죄질 및 이에 따른 행위자의 책임에 비하여 지나치게 가혹한 것이어서 현저히 형벌체계상의 균형을 잃고 있다거나 그 범죄에 대한 형벌 본래의 목적과 기능을 달성함에 있어 필요한 정도를 일탈하였다는 등 **헌법상의 평등의 원칙 및 비례의 원칙 등에 명백히 위배되는 경우가 아닌 한, 쉽사리 헌법에 위반된다고 단정하여서 아니 된다**(헌재 1999. 5. 27. 96헌바16).

72 입법자가 법정형 책정에 관한 여러 가지 요소를 종합적으로 고려하여 법률 그 자체로 법관에 의한 양형재량의 범위를 좁혀 놓았다고 하더라도, 그것이 당해 범죄의 보호법익과 죄질에 비추어 범죄와 형벌 간의 비례의 원칙상 수긍할 수 있는 합리성이 있다면 이러한 법률을 위헌이라고 할 수 없다. 2024 경찰승진 ( )

해설 법정형은 법관으로 하여금 구체적 사건의 정상에 따라 그에 알맞은 적정한 선고형을 이끌어 낼 수 있게끔 되도록 그 폭을 넓게 규정하는 것이 바람직하다. 그러나 입법자가 앞서 본 바와 같은 법정형 책정에 관한 여러 가지 요소의 종합적 고려에 따라 법률 그 자체로 법관에 의한 양형재량의 범위를 좁혀 놓았다고 하더라도, 그것이 **당해 범죄의 보호법익과 죄질에 비추어 범죄와 형벌간의 비례의 원칙상 수긍할 수 있는 정도의 합리성이 있다면, 이러한 법률을 위헌이라고 할 수 없다**(헌재 1998. 5. 28. 97헌바68 등).

73 신고를 하지 아니하고 물품을 수입한 경우 해당 물품을 필요적으로 몰수하도록 규정한 관세법 조항은 책임과 형벌 간의 비례원칙에 위배된다. 2022 법원행시 ( )

해설 관세법 제241조 제1항에 따른 수출입신고는 통관절차의 핵심적인 요소로서, 수출입신고 자체를 하지 않는 밀수행위는 관세행정의 기본 토대를 해치는 범죄이므로 통관질서의 확립을 위해 엄격하게 처벌할 필요가 있다. 간이통관이 허용되는 일시 수입·수출물품이라도 요건 구비여부의 심사와 관리를 위한 전제로서 수출입신고를 필요로 하므로, **그와 같은 물품의 무신고 수출입행위에 대한 예외를 인정하지 않더라도 과도한 제한이라 할 수 없고,** 행정의 합목적성이 강조되는 관세범의 특질, 수출입신고의 중요성, 일반예방적 효과를 제고할 필요 등을 고려해 볼 때, **기망적 의도나 관세포탈이 없는 무신고 수출입행위에 대한 필요적 몰수·추징이 국가 재정권과 통관질서의 유지를 위한 입법 재량의 범위를 일탈한 것으로는 보기 어렵다.** 재산상 이득을 얻으려는 관세범의 성격에 비추어 볼 때, 필요적 몰수·추징과 같은 재정적인 규제 수단이 필요한 점, **법관의 양형재량에 따라 책임과 형벌의 비례관계는 주형과 부가형을 통산하여 인정될 수 있는 점** 등에 비추어 볼 때, 이 사건 몰수·추징 조항은 책임과 형벌 간의 비례원칙에 위반되지 않는다(헌재 2021. 7. 15. 2020헌바201).

74 밀수입 등의 예비행위를 본죄에 준하여 처벌하도록 규정한 「특정범죄 가중처벌 등에 관한 법률」 조항은 구체적 행위의 개별성과 고유성을 고려한 양형판단의 가능성을 배제하는 가혹한 형벌로서 책임과 형벌 사이의 비례원칙에 위배된다. 2023 국회직8급 / 2024 경찰승진 ( )

ANSWER 71 ✕ 72 ○ 73 ✕ 74 ○

해설 예비행위란 아직 실행의 착수조차 이르지 아니한 준비단계로서, 실질적인 법익에 대한 침해 또는 위험한 상태의 초래라는 결과가 발생한 기수와는 그 행위태양이 다르고, 법익침해가능성과 위험성도 다르므로, 이에 따른 불법성과 책임의 정도 역시 다르게 평가되어야 한다. 그럼에도 예비행위를 본죄에 준하여 처벌하도록 하고 있는 심판대상조항은 그 불법성과 책임의 정도에 비추어 지나치게 과중한 형벌을 규정하고 있는 것이다. 또한 예비행위의 위험성은 구체적인 사건에 따라 다름에도 심판대상조항에 의하면 위험성이 미약한 예비행위까지도 본죄에 준하여 처벌하도록 하고 있어 행위자의 책임을 넘어서는 형벌이 부과되는 결과가 발생한다. 나아가 관세법과 '특정범죄 가중처벌 등에 관한 법률'(이하 '특가법'이라 한다)은 관세범의 특성과 위험성에 대응할 수 있도록 여러 규정을 두어 규율하고 있으므로 관세범의 특성과 위험성에 대응하기 위하여 반드시 밀수입 예비행위를 본죄에 준하여 처벌하여야 할 필요성이 도출된다고 볼 수도 없다. 따라서 심판대상조항은 구체적 행위의 개별성과 고유성을 고려한 양형판단의 가능성을 배제하는 가혹한 형벌로서 책임과 형벌 사이의 비례성의 원칙에 위배된다(헌재 2019. 2. 28. 2016헌가13).

75-1 음주운전 금지규정을 2회 이상 위반한 사람을 2년 이상 5년 이하의 징역이나 1천만원 이상 2천만원 이하의 벌금에 처하도록 한 구 도로교통법 조항은 책임과 형벌 간의 비례원칙에 위배된다. 2022 법원행시 ( )

75-2 음주운전 금지규정을 2회 이상 위반한 사람을 형사처벌하는 구 「도로교통법」(2018. 12. 24. 법률 제16037호로 개정되고, 2020. 6. 9. 법률 제17371호로 개정되기 전의 것) 해당 조항 중 관련 부분은 과거 위반 전력과 재범 사이에 시간적 제한을 두지 않고 과거 위반 전력, 혈중알코올농도 등을 고려할 때 위험성이 비교적 낮은 재범 음주운전행위에도 동일한 법정형을 적용하여 책임과 형벌 간의 비례원칙에 위반된다. 2024 법원행시 ( )

해설 심판대상조항은 음주운전 금지규정을 반복하여 위반하는 사람에 대한 처벌을 강화하기 위한 규정인데, 가중요건이 되는 과거 위반행위와 처벌대상이 되는 재범 음주운전행위 사이에 아무런 시간적 제한을 두지 않고 있다. 그런데 과거 위반행위가 예컨대 10년 이상 전에 발생한 것이라면 처벌대상이 되는 재범 음주운전이 준법정신이 현저히 부족한 상태에서 이루어진 행위라거나 교통안전 등을 '반복적으로' 위협하는 행위라고 평가하기 어려워 이를 일반적 음주운전 금지규정 위반행위와 구별하여 가중처벌할 필요가 있다고 보기 어렵다. 범죄 전력이 있음에도 다시 범행한 경우 가중된 행위책임을 인정할 수 있다고 하더라도, 전범을 이유로 아무런 시간적 제한 없이 무제한 후범을 가중처벌하는 예는 찾기 어렵고, 공소시효나 형의 실효를 인정하는 취지에도 부합하지 않는다. 또한 심판대상조항은 과거 위반 전력, 혈중알코올농도 수준 등에 비추어, 보호법익에 미치는 위험 정도가 비교적 낮은 유형의 재범 음주운전행위도 일률적으로 그 법정형의 하한인 2년 이상의 징역 또는 1천만원 이상의 벌금을 기준으로 처벌하도록 하고 있어 책임과 형벌 사이의 비례성을 인정하기 어렵다. 따라서 심판대상조항은 책임과 형벌 간의 비례원칙에 위반된다(헌재 2021. 11. 25. 2019헌바446 등).

76 음주운전 금지규정 위반 또는 음주측정거부 전력을 가중요건으로 삼으면서 해당 전력과 관련하여 아무런 시간적 제한도 두지 않은 채 뒤에 행해진 음주운전 금지규정 위반행위를 가중처벌하는 것은 책임에 비해 과도한 형벌을 규정한 것이다. 2023 행시 ( )

해설 심판대상조항은 음주운전 금지규정 위반 또는 음주측정거부 전력이 1회 이상 있는 사람이 다시 음주운전 금지규정 위반행위를 한 경우에 대한 처벌을 강화하기 위한 규정인데, 가중요건이 되는 과거의 위반행위와 처벌대상이 되는 재범 음주운전 금지규정 위반행위 사이에 아무런 시간적 제한을 두지 않고 있다. … 범죄 전력이 있음에도 다시 범행한 경우 가중된 행위책임을 인정할 수 있다고 하더라도, 전범을 이유로 아무런 시간적 제한 없이 후범을 가중처벌하는 예는 발견하기 어렵고, 공소시효나 형의 실효를 인정하는 취지에도 부합하지 않는다. 또한 심판대상조항은 과거 위반 전력의 시기 및 내용이나 음주운전 당시의 혈중알코올농도 수준과 발생한 위험

ANSWER 75-1 ○ 75-2 ○ 76 ○

등을 고려할 때 비난가능성이 상대적으로 낮은 재범행위까지도 법정형의 하한인 2년 이상의 징역 또는 1천만 원 이상의 벌금을 기준으로 처벌하도록 하고 있어, **책임과 형벌 사이의 비례성을 인정하기 어렵다. 따라서 심판대상조항은 책임과 형벌 간의 비례원칙에 위반**된다(헌재 2022.5.26. 2021헌가30 등).

77-1 예비군대원 본인의 부재시 예비군훈련 소집통지서를 수령한 같은 세대 내의 가족 중 성년자가 정당한 사유없이 소집통지서를 본인에게 전달하지 아니한 경우 형사처벌을 하는 「예비군법」 조항은 책임과 형벌 사이의 비례원칙에 위배되지 않는다. 2023 경찰승진 ( )

77-2 예비군대원 본인의 부재시 예비군훈련 소집통지서를 수령한 같은 세대 내의 가족 중 성년자가 정당한 사유없이 소집통지서를 본인에게 전달하지 아니한 경우 형사처벌을 하는 법률조항은 책임과 형벌 간의 비례원칙에 위배되어 헌법에 위반된다. 2023 법원행시 ( )

> 해설 ▶ 심판대상조항은 행정절차적 협력의무에 불과한 소집통지서 전달의무의 위반에 대하여 과태료 등의 행정적 제재가 아닌 형사처벌을 부과하고 있는데, 이는 **형벌의 보충성에 반하고, 책임에 비하여 처벌이 지나치게 과도하여 비례원칙에도 위반**된다. 위와 같은 사정들에 비추어 보면, **심판대상조항은 책임과 형벌 간의 비례원칙에 위반**된다(헌재 2022.5.26. 2019헌가12).

78-1 상관을 살해한 경우 사형만을 유일한 법정형으로 규정하고 있는 「군형법」 조항은 책임과 형벌 사이의 비례원칙에 위배된다. 2023 경찰승진 ( )

78-2 평시에 일어난 군대 내 상관살해를 그 동기와 행위태양을 묻지 아니하고 무조건 사형으로 다스리는 것은 형벌체계상의 정당성을 잃은 것이다. 2023 경찰경력채용 ( )

> 해설 ▶ 법정형의 종류와 범위를 정하는 것이 기본적으로 입법자의 권한에 속하는 것이라고 하더라도, 형벌은 죄질과 책임에 상응하도록 적절한 비례성이 지켜져야 하는바, 군대 내 명령체계유지 및 국가방위라는 이유만으로 가해자와 상관 사이에 명령복종관계가 있는지 여부를 불문하고 **전시와 평시를 구분하지 아니한 채 다양한 동기와 행위태양의 범죄를 동일하게 평가하여 사형만을 유일한 법정형으로 규정하고 있는 이 사건 법률조항은, 범죄의 중대성 정도에 비하여 심각하게 불균형적인 과중한 형벌을 규정함으로써 죄질과 그에 따른 행위자의 책임 사이에 비례관계가 준수되지 않아 인간의 존엄과 가치를 존중하고 보호하려는 실질적 법치국가의 이념에 어긋나고, 형벌체계상 정당성을 상실한 것이다**(헌재 2007.11.29. 2006헌가13).

79 초·중등학교 교원이 자신이 보호하는 아동에 대하여 아동학대 범죄를 범한 때에는 그 죄에 정한 형의 2분의 1까지 가중하여 처벌하도록 한 「아동학대범죄의 처벌 등에 관한 특례법」 조항은 책임과 형벌 사이의 비례원칙에 위배되지 않는다. 2023 경찰승진 ( )

> 해설 ▶ 아동학대범죄를 발견하고 신고하여야 할 법적 의무를 지고 있는 초·중등교육법상 교원이 오히려 자신이 보호하는 아동에 대하여 아동학대범죄를 저지르는 행위에 대해서는 높은 비난가능성과 불법성이 인정되는 점, 심판대상조항이 각 죄에 정한 형의 2분의 1을 가중하도록 하고 있다고 하더라도 이는 법정형의 범위를 넓히는 것일 뿐이어서, **법관은 구체적인 행위의 태양, 죄질의 정도와 수법 등을 고려하여 법정형의 범위 내에서 행위자의 책임에 따른 적절한 형벌을 과하는 것이 가능한 점** 등을 종합하여 보면, **심판대상조항이 책임과 형벌 간의 비례원칙에 어긋나는 과잉형벌을 규정하였다고 볼 수 없다**(헌재 2021.3.25. 2018헌바388).

ANSWER 77-1 ×   77-2 ○   78-1 ○   78-2 ○   79 ○

80 사람을 공갈하여 재물의 교부를 받거나 재산상의 이익을 취득하여 그 이득액이 5억원 이상인 경우 이득액을 기준으로 가중처벌하는 구 「특정경제범죄 가중처벌 등에 관한 법률」 조항은 책임과 형벌 사이의 비례원칙에 위배된다. 2024 경찰승진 ( )

> **해설** 구체적 사안에 따라 작량감경하여 집행유예도 선고될 수 있는 점, 재산범죄에서 이득액이 불법성의 핵심적인 부분을 이루는 점, 이득액에 따른 단계적 가중처벌의 명시를 통해 일반예방 및 법적 안정성에 기여할 수 있고, 법원의 양형편차를 줄여 사법에 대한 신뢰를 제고할 수 있는 점 등을 고려할 때, **이득액을 기준으로 한 가중처벌이 책임과 형벌 간 비례원칙에 위배된다고 볼 수 없다**(헌재 2021.2.25. 2019헌바128 등).

81 위험한 물건을 휴대한 경우를 가중적 구성요건으로 하여 상해죄보다 가중처벌하고 있는 「형법」상 특수상해죄 조항은 책임과 형벌 사이의 비례원칙에 위배되지 않는다. 2024 경찰승진 ( )

> **해설** 심판대상조항의 법정형의 하한이 징역 1년으로 그다지 높지 않고, 작량감경을 하지 않더라도 선고유예 내지 집행유예 결격사유가 없는 한 징역형의 선고유예나 집행유예를 선고할 수 있으며, 위험한 물건의 종류, 상해의 정도 등 구체적 사정은 심판대상조항이 규정한 징역형 내에서 충분히 고려될 수 있다. 따라서 심판대상조항이 **책임과 형벌 간의 비례원칙에 위반된다고 볼 수 없다**(헌재 2023.3.23. 2021헌바424).

82 정신적인 장애로 항거불능·항거곤란 상태에 있음을 이용하여 사람을 간음한 사람을 무기 또는 7년 이상의 징역에 처한다고 규정하여 집행유예를 선고할 수 없도록 한 「성폭력범죄의 처벌 등에 관한 특례법」 조항은 책임과 형벌의 비례원칙에 위배되지 아니한다. 2023 국회직8급 ( )

> **해설** 장애인준강간죄의 보호법익의 중요성, 죄질, 행위자 책임의 정도 및 일반예방이라는 형사정책의 측면 등 여러 요소를 고려하여 본다면, **입법자가 형법상 준강간죄나 장애인위계등간음죄(성폭력처벌법 제6조 제5항)의 법정형보다 무거운 '무기 또는 7년 이상의 징역'이라는 비교적 중한 법정형을 정하여, 법관의 작량감경만으로는 집행유예를 선고하지 못하도록 입법적 결단을 내린 것에는 나름대로 수긍할 만한 합리적인 이유가 있는 것이고, 그것이 범죄의 죄질 및 행위자의 책임에 비하여 지나치게 가혹하다고 할 수 없다.** 따라서 심판대상조항은 **책임과 형벌의 비례원칙에 위배되지 아니한다**(헌재 2016.11.24. 2015헌바136).

83 주거침입죄를 범한 사람이 강제추행죄 또는 준강제추행죄를 범한 경우에 법정형의 하한을 징역 5년으로 정한 구 「성폭력범죄의 처벌 등에 관한 특례법」(2012. 12. 28. 법률 제11556호로 전부개정된 것) 해당 규정은 책임과 형벌 간의 비례원칙에 위반된다. 2024 법원행시 ( )

> **해설** 사생활의 중심으로 개인의 인격과 불가분적으로 연결되어 있는 주거 등의 공간에서 준강제추행을 당한다면 피해자의 인식 여부와 상관없이 현실적 또는 잠재적으로 정신적·정서적 장애를 입게 되는 등 그로 인한 피해는 심각할 수 있고, 이러한 보호법익의 중요성, 죄질, 행위자의 책임의 정도, 형사정책적 측면 등 **여러 요소를 고려하면 입법자가 이러한 중대한 법익 침해자에 대해 특별형법인 성폭력범죄의 처벌 등에 관한 특례법에 '주거침입준강제추행죄'라는 구성요건을 별도로 신설하여 무기징역 또는 5년 이상의 징역이라는 비교적 중한 법정형을 정한 것에는 합리적인 이유가 있으며, 법관은 작량감경을 통하여 얼마든지 집행유예를 선고할 수 있어 그 불법의 중대성에 비추어 볼 때 법정형에 벌금을 규정하지 않은 것이 불합리하다고 할 수도 없으므로, 심판대상조항은 책임과 형벌 간의 비례원칙에 위반되지 아니한다**(헌재 2020.9.24. 2018헌바171).

84 가짜석유제품을 제조 또는 판매하여 조세를 포탈한 경우 '사기나 그 밖의 부정한 행위' 유무와 관계없이 형사처벌하는 한편, 법정형을 5년 이하의 징역 또는 포탈한 세액의 5배 이하의 벌금으로 정한 조세범 처벌법의 해당 조항은 책임과 형벌 간의 비례원칙에 위배되지 않는다. 2024 법원행시 ( )

ANSWER 80 ✕ 81 ○ 82 ○ 83 ✕ 84 ○

해설 가짜석유제품 제조·판매와 관련된 조세포탈은 그 규모가 막대하고 방법이 교묘한 점, 계속된 제재에도 불구하고 근절되지 않고 있는 점, '사기 기타 부정한 행위'가 수반되는 경우만 처벌하던 시기에는 처벌의 공백이 발생하였던 점 등을 고려할 때, 입법자가 '사기나 그 밖의 부정한 행위' 유무를 불문하고 행정적 제재를 넘어 형사처벌이라는 수단을 선택한 것이 헌법적 한계를 넘은 것이라고 보기 어렵다. 한편, **가짜석유제품 제조·판매와 관련된 조세포탈이 지니는 반사회성·비윤리성의 정도를 고려한다면 법정형의 상한이 지나치게 높다고 할 수 없고, 법정형의 하한이 없어 법관이 개별 사건의 죄질과 비난가능성에 부합하는 판결을 선고할 수 있으며, 징역형 또는 벌금형의 선택적 선고만이 가능하기도 하다. 따라서 조세범 처벌법 제5조는 책임과 형벌 간의 비례원칙에 위배되지 않는다**(헌재 2023.6.29. 2019헌바433).

85 소방시설을 법령과 화재안전기준에 맞게 시공할 의무를 위반한 소방시설공사업자와, 공사업자가 한 소방시설 등의 시공이 설계도서와 화재안전기준에 맞는지에 대한 지도·감독 의무를 위반한 소방공사감리업자를 각 처벌하는 소방시설공사업법의 해당 조항은 책임과 형벌 간의 비례원칙에 위배되지 않는다. 2024 법원행시 ( )

해설 소방시설의 시공단계에 직접 관여하는 소방시설공사업자와 소방공사감리업자로 하여금 소방시설을 법령과 화재안전기준에 맞게 시공·감리하도록 하고, 이에 실질적 강제력을 부여하기 위해 그 위반행위에 대하여 일률적으로 형벌을 부과하도록 규정한 입법자의 판단이 현저히 잘못되었다고 볼 수 없다. 나아가 법관의 양형을 통한 형벌개별화 가능성을 고려할 때, 이 조항이 정한 법정형도 책임의 범위를 벗어나 과도한 것이라고 볼 수 없다. 따라서 심판대상조항은 책임과 형벌간의 비례원칙에 위배되지 아니한다(헌재 2023.6.29. 2020헌바489).

86 폭행죄로 2회 이상 징역형을 받은 사람이 다시 같은 죄를 범하여 누범으로 처벌하는 경우 가중처벌하도록 규정한 폭력행위 등 처벌에 관한 법률 해당 조항은 책임과 형벌 간의 비례원칙에 위배되지 않는다.
2024 법원행시 ( )

해설 심판대상조항은 징역형만을 규정하고 있기는 하나 그 범위를 넓게 규정하고 있어 실제 재판 과정에서 그 내용과 정상에 따라 양형이 조절될 수 있으므로, 심판대상조항이 벌금형을 선택형으로 규정하고 있지 않더라도 입법형성의 재량의 범위를 벗어난 것으로 볼 수 없다. 따라서 심판대상조항은 책임과 형벌 간의 비례원칙에 위반되지 않는다(헌재 2023.6.29. 2022헌바178).

87-1 헌법 제13조 제1항에서 말하는 '처벌'은 범죄에 대한 국가의 형벌권 실행으로서의 과벌을 의미하는 것인바, 국가가 행하는 일체의 제재나 불이익처분 모두 그 '처벌'에 포함이 된다. 2022 경찰승진 ( )

87-2 「헌법」 제13조 제1항이 정한 이중처벌금지의 원칙은 동일한 범죄행위에 대하여 국가가 형벌권을 거듭 행사할 수 없도록 함으로써 국민의 신체의 자유를 보장하기 위한 것이므로, 국가가 행하는 일체의 제재나 불이익처분을 모두 그 처벌에 포함된다. 2022 경찰간부 ( )

해설 헌법 제13조 제1항이 정한 "이중처벌금지의 원칙"은 동일한 범죄행위에 대하여 국가가 형벌권을 거듭 행사할 수 없도록 함으로써 국민의 기본권 특히 신체의 자유를 보장하기 위한 것이므로, 그 '처벌'은 원칙적으로 범죄에 대한 국가의 형벌권 실행으로서의 과벌을 의미하는 것이고, 국가가 행하는 일체의 제재나 불이익처분을 모두 그에 포함된다고 할 수는 없다(헌재 2008.7.31. 2007헌바85).

88 이중처벌은 처벌 또는 제재가 동일한 행위를 대상으로 거듭 행해질 때 발생하는 문제로서, 하나의 형사재판절차에서 다루어진 사건을 대상으로 동시에 징역형과 자격정지형을 병과하는 것은 이중처벌금지원칙에 위반되지 아니한다. 2022 경찰경력채용 ( )

ANSWER 85 ○ 86 ○ 87-1 × 87-2 × 88 ○

> 해설 이중처벌은 처벌 또는 제재가 동일한 행위를 대상으로 거듭 행해질 때 발생하는 문제로서, 심판대상조항과 같이 하나의 형사재판절차에서 다루어진 사건을 대상으로 동시에 징역형과 자격정지형을 병과하는 것은 이중처벌금지원칙에 위반되지 아니한다(헌재 2018.3.29. 2016헌바361).

89 집행유예의 취소 시 부활되는 본형은 집행유예의 선고와 함께 선고되었던 것으로 판결이 확정된 동일한 사건에 대하여 다시 심판한 결과 부과되는 것이 아니므로 일사부재리의 원칙과 무관하다. 2022 경찰간부 ( )

> 해설 집행유예의 취소 시 부활되는 본형은 집행유예의 선고와 함께 선고되었던 것으로 판결이 확정된 동일한 사건에 대하여 다시 심판한 결과 부과되는 것이 아니므로 일사부재리의 원칙과 무관하고, 사회봉사명령 또는 수강명령은 그 성격, 목적, 이행방식 등에서 형벌과 본질적 차이가 있어 이중처벌금지원칙에서 말하는 '처벌'이라 보기 어려우므로, 이 사건 법률조항은 이중처벌금지원칙에 위반되지 아니한다(헌재 2013.6.27. 2012헌바345 등).

90-1 헌법재판소는 외국에서 형의 전부 또는 일부의 집행을 받은 자에 대하여 형을 감경 또는 면제할 수 있도록 규정한 「형법」(1953. 9. 18. 법률 제293호로 제정된 것) 제7조가 이중처벌금지원칙에 위배되어 위헌이라고 판시하였다. 2022 경찰승진 ( )

90-2 외국에서 형의 전부 또는 일부의 집행을 받은 자에 대하여 형을 감경 또는 면제할 수 있도록 규정한 「형법」 조항은 신체의 자유를 침해한다. 2021 경찰승진 ( )

90-3 형사판결은 국가주권의 일부분인 형벌권 행사에 기초한 것으로서, 외국의 형사판결은 원칙적으로 우리 법원을 기속하지 않으므로 동일한 범죄행위에 관하여 다수의 국가에서 재판 또는 처벌을 받는 것이 배제되지 않는다고 할 것인바, 외국에서 형의 전부 또는 일부의 집행을 받은 자에 대하여 형을 감경 또는 면제할 수 있도록 규정한 「형법」 제7조는 이중처벌금지원칙에 위반되지 아니한다. 2022 경찰2차 ( )

90-4 외국에서 형의 전부 또는 일부의 집행을 받은 자에 대하여 형을 감경 또는 면제할 수 있도록 규정한 법률조항은 입법자의 입법형성권의 범위 내에 속하므로 신체의 자유를 침해하지 않는다. 2024 변시 ( )

> 해설 동일한 범죄사실로 외국에서 형의 전부 또는 일부의 집행을 받은 자에 대하여 형을 감경 또는 면제할 수 있도록 규정한 형법 제7조가 입법재량의 범위를 일탈하여 청구인의 신체의 자유를 침해한다(헌재 2015.5.28. 2013헌바129).
> (1) 헌법상 일사부재리원칙은 외국의 형사판결에 대하여는 적용되지 아니한다고 할 것이므로, 이 사건 법률조항은 헌법 제13조 제1항의 **이중처벌금지원칙에 위반되지 아니한다.**
> (2) 입법자는 국가형벌권의 실현과 국민의 기본권 보장의 요구를 조화시키기 위하여 형을 필요적으로 감면하거나 외국에서 집행된 형의 전부 또는 일부를 필요적으로 산입하는 등의 방법을 선택하여 청구인의 신체의 자유를 덜 침해할 수 있음에도 이 사건 법률조항과 같이 **우리 형법에 의한 처벌 시 외국에서 받은 형의 집행을 전혀 반영하지 아니할 수도 있도록 한 것은,** 입법재량의 범위를 일탈하여 필요최소한의 범위를 넘어선 과도한 기본권제한이라고 할 것이다. 따라서 이 사건 법률조항은 **과잉금지원칙에 위반되어 청구인의 신체의 자유를 침해한다.**

91 신상정보 공개·고지명령은 형벌과는 목적이나 심사대상 등을 달리하는 보안처분에 해당하므로 동일한 범죄행위에 대하여 형벌이 부과된 이후 다시 신상정보 공개·고지명령이 선고 및 집행된다고 하여 이중처벌금지원칙에 위반된다고 할 수 없다. 2022 경찰승진 / 2022 경찰간부 ( )

ANSWER 89 ○ 90-1 × 90-2 ○ 90-3 ○ 90-4 × 91 ○

해설 신상정보 공개·고지명령은 형벌과는 목적이나 심사대상 등을 달리하는 보안처분에 해당하므로, 동일한 범죄행위에 대하여 형벌과 병과된다고 하여 이중처벌금지의 원칙에 위반된다고 할 수 없다(헌재 2016.5.26. 2015헌바21).

92-1 일정한 성폭력범죄를 범한 사람에게 유죄판결을 선고하는 경우 성폭력치료프로그램 이수명령을 병과하도록 한 것은 그 목적이 과거의 범죄행위에 대한 제재로서 대상자의 건전한 사회복귀 및 범죄예방과 사회보호에 있어 형벌과 본질적 차이가 나지 않는 보안처분에 해당하므로, 동일한 범죄행위에 대하여 형벌과 병과될 경우 이중처벌금지원칙에 위배된다. 2022 경찰승진 ( )

92-2 헌법재판소는 일정한 성폭력범죄를 범한 사람에 대하여 유죄판결을 선고하면서 성폭력 치료프로그램의 이수명령을 병과하도록 한 「성폭력범죄의 처벌 등에 관한 특례법」 조항에 대하여, 이 조항에 의한 이수명령은 보안처분에 해당하므로 이중처벌금지원칙에 위반되지 않는다고 판단하였다. 2023 경찰승진 ( )

해설 이수명령은 형벌과 본질적 차이가 있는 보안처분에 해당하므로, 동일한 범죄행위에 대하여 형벌과 병과되더라도 이중처벌금지원칙에 위배된다고 할 수 없다(헌재 2016.12.29. 2016헌바153).

93 헌법재판소는 보호감호와 형벌은 다같이 신체의 자유를 박탈하는 수용처분이라는 점에서 집행상 뚜렷한 구분이 되지 않기 때문에 형벌과 보호감호를 서로 병과하여 선고하는 것은 이중처벌금지원칙에 위반된다고 판단하였다. 2023 경찰승진 ( )

해설 종전의 사회보호법 제42조는 "보호처분에 관하여 이 법에 특별한 규정이 있는 경우를 제외하고는 그 성질에 반하지 아니하는 범위 안에서 형사소송법과 행형법의 규정을 준용한다."라고 규정하고 있다. 그런데 위 규정의 취지는 보호감호 처분이나 자유형의 집행이 다같이 신체의 자유를 박탈하는 수용처분이고 사회로부터 일정기간 격리하여 사회에 복귀할 수 있도록 교정·교화하는 것을 목적으로 하는 점에서 차이가 없으므로, 보호감호 처분의 성질에 반하지 않는 범위 내에서 그 집행 절차에 형사소송법과 행형법의 규정을 준용한다는 것이지, 보호감호 처분을 형벌과 똑같이 집행한다는 취지가 아니다. 이에 따라 피보호감호자분류처우규칙(2001. 7. 30. 법무부령 제447호)도 집행의 장소, 처우(의복, 접견, 서신, 두발, 교육, 근로, 직업 훈련) 등에 있어 보호감호 처분의 집행을 자유형의 집행과 달리 취급하고 있다. 그러므로 위 제42조의 규정에 의하여 보호감호의 집행이 형벌의 집행과 차이가 없기 때문에 헌법상의 거듭처벌금지 내지 과잉처벌금지원칙에 위배된다는 주장은 받아들일 수 없다(헌재 2009.3.26. 2007헌바50).

94 헌법재판소는 공무원의 징계 사유가 공금 횡령인 경우에는 해당 징계 외에 공금 횡령액의 5배 내의 징계부가금을 부과하도록 한 「지방공무원법」 조항에 대하여, 징계부가금이 제재적 성격을 지니고 있더라도 이를 헌법 제13조 제1항에서 말하는 '처벌'에 해당한다고 볼 수 없으므로 이중처벌금지원칙에 위배되지 않는다고 판단하였다. 2023 경찰승진 ( )

해설 징계부가금은 공무원의 업무질서를 유지하기 위하여 공금의 횡령이라는 공무원의 의무 위반 행위에 대하여 지방자치단체가 사용자의 지위에서 행정 절차를 통해 부과하는 행정적 제재이다. 비록 **징계부가금이 제재적 성격을 지니고 있더라도 이를 두고 헌법 제13조 제1항에서 금지하는 국가형벌권 행사로서의 '처벌'에 해당한다고 볼 수 없으므로, 심판대상조항은 이중처벌금지원칙에 위배되지 않는다**(헌재 2015.2.26. 2012헌바435).

95 헌법재판소는 특정 범죄자에 대하여 위치추적 전자장치를 부착할 수 있도록 한 구 「특정 범죄자에 대한 위치추적 전자장치 부착 등에 관한 법률」 조항에 대하여, 이 조항에 의한 전자장치 부착은 보안처분에 해당하므로 이중처벌금지원칙에 위반되지 않는다고 판단하였다. 2023 경찰승진 ( )

ANSWER 92-1 × 92-2 ○ 93 × 94 ○ 95 ○

> **해설** 이 사건 전자장치 부착 조항에 의한 전자장치 부착은 보안처분에 해당하므로 동일한 범죄행위에 대해 형벌과 병과된다고 해서 이중처벌금지원칙에 위반된다고 할 수는 없다(헌재 2012.12.27. 2011헌바89).

96 공직선거법 위반죄를 범하여 형사처벌을 받은 공무원에 대하여 당선무효라는 불이익을 가하는 것은 공직선거법 위반 행위 자체에 대한 국가의 형벌권 실행으로서의 과벌에 해당하므로, 이중처벌금지원칙에 위배될 가능성이 크다. 2022 경찰2차 ( )

> **해설** 공직선거법 위반죄를 범하여 형사처벌을 받은 공무원에 대하여 당선무효라는 불이익을 가하는 것은 공직선거법 위반 행위 자체에 대한 국가의 형벌권 실행으로서의 과벌에 해당하지 아니하므로, 헌법상 이중처벌금지원칙에 위배되지 않는다(헌재 2015.2.26. 2012헌마581).

97 「형법」이 누범을 가중처벌하는 것은 전범에 대하여 형벌을 받았음에도 다시 범행을 하였다는 데 있는 것이지, 전범에 대하여 처벌을 받았음에도 다시 범행을 하는 경우 전범도 후범과 일괄하여 다시 처벌한다는 것은 아님이 명백하므로, 누범에 대하여 형을 가중하는 것이 일사부재리원칙에 위배하는 것은 아니다. 2022 경찰2차 ( )

> **해설** 이 사건 법률조항은 전범에 대하여 형벌을 받았음에도 그 형벌의 경고기능을 무시하고 다시 범행을 하였다는 데 그 가중의 취지가 있을 뿐, **전범 자체를 심판대상으로 하여 후범과 일괄하여 다시 처벌한다는 것이 아니므로 일사부재리원칙에 위반되지 아니**한다(헌재 2012.5.31. 2011헌바15 등).

98-1 행정법은 의무를 명하거나 금지를 설정함으로써 일정한 행정 목적을 달성하려고 하는데, 그 실효성을 확보하기 위하여 행정 형벌, 과태료, 영업허가의 취소·정지, 과징금 등을 가함으로써 의무위반 당사자로 하여금 더 이상 위반을 하지 않도록 유도하는 것이 필요하고, 이와 같이 '제재를 통한 억지'는 행정규제의 본원적 기능이라 볼 수 있으므로, 어떤 행정제재의 기능이 오로지 제재에 있다고 하여 이를 헌법 제13조 제1항에서 말하는 '이중처벌'에 해당한다고 할 수 없다. 2022 경찰2차 ( )

98-2 행정권에는 행정목적 실현을 위하여 행정법규 위반자에 대한 제재의 권한도 포함되어 있으므로, 제재를 통한 억지는 행정 규제의 본원적 기능이라 볼 수 있는 것이고, 따라서 어떤 행정제재의 기능이 오로지 제재(및 이에 결부된 억지)에 있다고 하여 이를 헌법 제13조 제1항에서 말하는 국가형벌권의 행사로서의 처벌에 해당한다고 할 수 없다. 2022 경찰경력채용 ( )

> **해설** 행정법은 의무를 명하거나 금지를 설정함으로써 일정한 행정목적을 달성하려고 하는데, 그 실효성을 확보하기 위해서는 의무의 위반이 있을 때에 행정형벌, 과태료, 영업허가의 취소·정지, 과징금 등과 같은 불이익을 가함으로써 의무위반 당사자나 다른 의무자로 하여금 더 이상 위반을 하지 않도록 유도하는 것이 필요하다. 이와 같이 **'제재를 통한 억지'는 행정규제의 본원적인 기능이라 볼 수 있는 것이고, 따라서 어떤 행정제재의 기능이 오로지 제재와 억지에 있다고 하여 이를 헌법 제13조 제1항에서 말하는 '처벌'에 해당한다고 할 수 없다**(헌재 2015.2.26. 2012헌바435).

99 무허가 건축행위에 대한 형사처벌 외에 위법건축물에 대한 시정명령의 이행을 강제하기 위하여 과태료나 이행강제금을 부과하는 것은 이중처벌에 해당한다. 2022 경찰경력채용 ( )

> **해설** 건축법 제78조에 의한 무허가 건축행위에 대한 형사처벌과 건축법 제83조 제1항에 의한 시정명령 위반에 대한 이행강제금의 부과는 그 처벌 내지 제재대상이 되는 기본적 사실관계로서의 행위를 달리하며, 또한 **그 보호법익과 목적에서도 차이가 있으므로 헌법 제13조 제1항이 금지하는 이중처벌에 해당한다고 할 수 없다**(헌재 2004.2.26. 2001헌바80 등).

ANSWER 96 × 97 ○ 98-1 ○ 98-2 ○ 99 ×

100 확정된 구제명령을 따르지 않은 사용자에게 형벌을 부과하고 있음에도, 구제명령을 받은 후 이행기한까지 구제명령을 이행하지 아니한 사용자에게 별도의 이행강제금을 부과하는 것은 이중처벌금지원칙에 위배되지 아니한다. 2024 경찰승진 ( )

> 해설 이행강제금은 행정상 간접적인 강제집행 수단의 하나로서, 과거의 일정한 법률위반 행위에 대한 제재인 형벌이 아니라 장래의 의무이행 확보를 위한 강제수단일 뿐이어서, 범죄에 대하여 국가가 형벌권을 실행하는 과벌에 해당하지 아니한다. 따라서 심판대상조항은 **이중처벌금지원칙에 위배되지 아니한다**(헌재 2014.5.29. 2013헌바171).

101 추징은 몰수에 갈음하여 그 가액의 납부를 명령하는 사법처분이나 부가형의 성질을 갖는 일종의 형벌이고, 출국금지처분 역시 거주·이전의 자유를 제한하는 형벌적 성격을 갖기 때문에, 일정 금액 이상의 추징금을 미납한 자에게 내리는 출국금지처분은 이중처벌금지원칙에 위배된다. 2024 경찰승진 ( )

> 해설 추징은 몰수에 갈음하여 그 가액의 납부를 명령하는 사법처분이나 부가형의 성질을 가지므로, 주형은 아니지만 부가형으로서의 추징도 일종의 형벌임을 부인할 수는 없다. 그러나 일정액수의 추징금을 납부하지 않은 자에게 내리는 출국금지의 행정처분은 형법 제41조상의 형벌이 아니라 형벌의 이행확보를 위하여 출국의 자유를 제한하는 행정조치의 성격을 지니고 있다. 그렇다면 심판대상 법조항에 의한 출국금지처분은 헌법 제13조 제1항의 **이중처벌금지원칙에 위배된다고 할 수 없다**(헌재 2004.10.28. 2003헌가18).

102 보호관찰이나 사회봉사 또는 수강을 조건으로 집행유예를 선고받은 자의 집행유예가 취소되는 경우 사회봉사 등 의무를 이행하였는지 여부와 관계없이 유예되었던 본형 전부를 집행하는 것은 이중처벌금지원칙에 위반되지 아니한다. 2024 경찰승진 ( )

> 해설 집행유예의 취소 시 부활되는 본형은 집행유예의 선고와 함께 선고되었던 것으로 판결이 확정된 동일한 사건에 대하여 다시 심판한 결과 부과되는 것이 아니므로 일사부재리의 원칙과 무관하고, 사회봉사명령 또는 수강명령은 그 성격, 목적, 이행방식 등에서 형벌과 본질적 차이가 있어 **이중처벌금지원칙에서 말하는 '처벌'이라 보기 어려우므로, 이 사건 법률조항은 이중처벌금지원칙에 위반되지 아니한다**(헌재 2013.6.27. 2012헌바345 등).

103 이미 3회 이상의 음주운전으로 운전면허취소처분을 받은 사람이 신규면허를 취득한 후에 음주운전으로 1회만 적발되더라도 이미 처벌받은 3회의 음주운전 전력에 근거해 운전면허를 재차 취소하도록 하는 것은 이중처벌금지원칙에 위배된다. 2024 경찰승진 ( )

> 해설 운전면허 취소처분은 형법상에 규정된 형(刑)이 아니고, 그 절차도 일반 형사소송절차와는 다를 뿐만 아니라, 주취 중 운전금지라는 행정상 의무의 존재를 전제하면서 그 이행을 확보하기 위해 마련된 수단이라는 점에서 형벌과는 다른 목적과 기능을 가지고 있다고 할 것이므로, **운전면허 취소처분을 이중처벌금지원칙에서 말하는 "처벌"로 보기 어렵다. 따라서 이 사건 법률조항은 이중처벌금지원칙에 위반되지 아니한다**(헌재 2010.3.25. 2009헌바83).

104 디엔에이감식시료 채취 및 디엔에이신원확인정보의 수집, 수록, 검색, 회보 행위는 장래에 대한 위험을 방지하여 사회를 보호하기 위한 것으로서 형벌과는 다른 목적과 기능을 가지고 있으므로, 형벌 외에 또 다른 형벌로서 신체형이나 명예형에 해당한다고 볼 수는 없고, 헌법 제13조 제1항에서 말하는 처벌이라고 할 수 없다. 2022 경찰경력채용 ( )

ANSWER 100 ○ 101 × 102 ○ 103 × 104 ○

해설 디엔에이감식시료 채취 및 디엔에이신원확인정보의 수집, 수록, 검색, 회보 행위는 장래에 대한 위험을 방지하여 사회를 보호하기 위한 것으로서 형벌과는 다른 목적과 기능을 가지고 있으므로, 형벌 외에 또 다른 형벌로서 신체형이나 명예형에 해당한다고 볼 수는 없고, **헌법 제13조 제1항에서 말하는 '처벌'이라고 할 수 없다.** 따라서 **이 사건 법률조항들이 이중처벌금지 원칙에 위반된다고 할 수 없다**(헌재 2014.8.28. 2011헌마28 등).

105 구 「공직자윤리법」상 매각 또는 백지신탁의 대상이 되는 주식의 보유한도액을 결정함에 있어 국회의원 본인뿐만 아니라 본인과 일정한 친족관계가 있는 자들의 보유주식 역시 포함하도록 하고 있는 것은 연좌제에 해당하여 헌법에 위배된다. 2024 경찰승진 ( )

해설 국회의원의 보유주식과 직무 사이의 이해충돌을 방지하기 위하여 국회의원 및 그 이해관계인이 직무관련성이 인정되는 주식을 보유하고 있는 경우 당해 국회의원으로 하여금 그 보유주식을 매각 또는 독립된 지위에 있는 수탁자에게 백지신탁하도록 강제하는 것은 정당한 입법목적 달성을 위한 적합한 수단으로서, 그 적용대상과 범위를 최소화하고 있고 달리 입법목적을 동일한 수준으로 달성할 수 있는 다른 대체수단이 존재한다고 단정할 수 없으므로 **과잉금지의 원칙에 반하여 국회의원의 재산권을 침해한다고 볼 수 없고, 나아가 이 사건 법률조항이 국회의원의 평등권을 침해하거나 연좌제 금지원칙에 위배되지 아니한다**(헌재 2012.8.23. 2010헌가65).

106 헌법 제12조 제1항 후문은 "누구든지 법률에 의하지 아니하고는 체포·구속·압수·수색 또는 심문을 받지 아니하며, 법률과 적법한 절차에 의하지 아니하고는 처벌·보안처분 또는 강제노역을 받지 아니한다."고 규정하여 적법절차원칙을 헌법원리로 수용하고 있다. 2022 경찰승진 ( )

해설 모든 국민은 신체의 자유를 가진다. 누구든지 법률에 의하지 아니하고는 체포·구속·압수·수색 또는 심문을 받지 아니하며, 법률과 적법한 절차에 의하지 아니하고는 처벌·보안처분 또는 강제노역을 받지 아니한다(헌법 제12조 제1항).

107 「헌법」 제12조 제1항의 처벌, 보안처분, 강제노역 및 제12조 제3항의 영장주의와 관련하여 각각 적법절차의 원칙을 규정하고 있지만, 이는 그 대상을 한정적으로 열거하고 있는 것으로 해석하는 것이 우리나라의 통설적 견해이다. 2022 경찰간부 ( )

해설 우리 현행 헌법에서는 제12조 제1항의 처벌, 보안처분, 강제노역 등 및 제12조 제3항의 영장주의와 관련하여 각각 적법절차의 원칙을 규정하고 있지만, 이는 **그 대상을 한정적으로 열거하고 있는 것이 아니라 그 적용대상을 예시한 것에 불과하다**고 해석하는 것이 우리의 통설적 견해이다(헌재 1992.12.24. 92헌가8).

108-1 적법절차의 원칙은 「헌법」 조항에 규정된 형사절차상의 제한된 범위 내에서만 적용되는 것이 아니라 국가작용으로서 기본권 제한과 관련되든 관련되지 않든 모든 입법작용 및 행정작용에도 광범위하게 적용된다.
2022 경찰간부 / 2023 입법고시 / 2023 경찰승진 ( )

108-2 헌법 제12조 제1항 후문과 제3항에 규정된 적법절차의 원칙은 형사절차상의 제한된 범위뿐만 아니라 국가작용으로서 모든 입법 및 행정작용에도 광범위하게 적용된다. 2023 법원직 ( )

108-3 적법절차의 원칙은 형사절차상의 제한된 범위 내에서만 적용되는 것이 아니라 국가작용으로서 기본권 제한과 관련되는 경우에 한해 모든 입법작용 및 행정작용에도 광범위하게 적용된다고 해석하여야 한다.
2023 경찰경력채용 ( )

ANSWER 105 ×　106 ○　107 ×　108-1 ○　108-2 ○　108-3 ×

108-4 헌법 제12조 제1항 후문과 제3항에 규정된 적법절차의 원칙은 형사절차상의 제한된 범위에만 적용되고, 행정작용 등에는 적용되지 않는다. 2023 법무사 ( )

> 해설 헌법 조항에 규정된 형사절차상의 제한된 범위 내에서만 적용되는 것이 아니라, **국가작용으로서 기본권의 제한과 관련되든 관련되지 않든 모든 입법작용 및 행정작용에도 광범위하게 적용되는 것이며**, 특히 형사소송절차와 관련시켜 적용함에 있어서는 형사소송의 전반을 기본권보장의 측면에서 규율하는 기본원리로 이해하여야 할 것이므로, 형사재판에서의 증거법칙과 관련하여서는 필연적으로 소극적 실체진실주의의 정신으로 발현될 수밖에 없다(헌재 1996.12.26. 94헌바1).

109 적법절차원칙에서 도출될 수 있는 중요한 절차적 요청으로서는 당사자에게 적절한 고지를 할 것, 당사자에게 의견 및 자료 제출의 기회를 부여할 것을 들 수 있다. 2023 입법고시 / 2023 경찰승진 ( )

> 해설 적법절차원칙에서 도출할 수 있는 가장 중요한 절차적 요청 중의 하나로, **당사자에게 적절한 고지를 행할 것, 당사자에게 의견 및 자료 제출의 기회를 부여할 것을 들 수 있겠으나**, 이 원칙이 구체적으로 어떠한 절차를 어느 정도로 요구하는지는 일률적으로 말하기 어렵고, 규율되는 사항의 성질, 관련 당사자의 사익, 절차의 이행으로 제고될 가치, 국가작용의 효율성, 절차에 소요되는 비용, 불복의 기회 등 다양한 요소들을 형량하여 개별적으로 판단할 수밖에 없다(헌재 2007.10.4. 2006헌바91).

110-1 적법절차원칙은 법률이 정한 형식적 절차와 실체적 내용이 모두 합리성과 정당성을 갖춘 적정한 것이어야 한다는 실질적 의미를 지니고 있는 것으로 이해된다. 2022 경찰승진 ( )

110-2 적법절차의 원칙은 법률이 정한 형식적 절차와 실체적 내용이 모두 합리성과 정당성을 갖춘 적정한 것이어야 한다는 실질적 의미를 지니고 있다. 2022 경찰간부 ( )

111 형사소송절차와 관련하여 보면 적법절차원칙은 형벌권의 실행 절차인 형사소송의 전반을 규율하는 기본원리로서, 형사피고인의 기본권이 공권력에 의하여 침해당할 수 있는 가능성을 최소화하도록 절차를 형성·유지할 것을 요구하고 있다. 2022 경찰승진 ( )

> 해설 헌법 제12조 제1항 후문에서 선언하고 있는 **적법절차의 원칙은 좁은 의미로는 형사소송절차와 관련하여 형벌권의 실행절차인 형사소송의 전반을 규율하는 기본원리로서 국민의 재판청구권과 결부되어 형사피고인인 국민의 기본권이 공권력에 의하여 침해당할 수 있는 가능성을 최소화하도록 절차를 형성·유지할 것을 요구**한다(헌재 2005.2.3. 2003헌바1).

112-1 범칙금 통고처분을 받고도 납부기간 이내에 범칙금을 납부하지 아니한 사람에 대하여 행정청에 대한 이의제기나 의견 진술 등의 기회를 주지 않고 경찰서장이 곧바로 즉결심판을 청구하도록 한 것은 적법절차원칙에 위배된다. 2023 경찰승진 ( )

112-2 범칙금 통고처분을 받고도 납부기간 이내에 범칙금을 납부하지 아니한 사람에 대하여 행정청에 대한 이의제기나 의견진술 등의 기회를 주지 않고 경찰서장이 곧바로 즉결심판을 청구하도록 한 구 「도로교통법」 조항은, 이에 불복하여 범칙금을 납부하지 아니한 자에게는 재판절차라는 완비된 절차적 보장이 주어지므로 적법절차원칙에 위배되지 않는다. 2023 경찰1차 ( )

> 해설 도로교통법상 범칙금 납부통고는 위반행위에 대한 제재를 신속·간편하게 종결할 수 있게 하는 제도로서, 이에 불복하여 범칙금을 납부하지 아니한 자에게는 재판절차라는 완비된 절차적 보장이 주어진다.

ANSWER 108-4 × 109 ○ 110-1 ○ 110-2 ○ 111 ○ 112-1 × 112-2 ○

도로교통법 위반사례가 격증하고 있는 현실에서 통고처분에 대한 이의제기 등 행정청 내부 절차를 추가로 둔다면 절차의 중복과 비효율을 초래하고 신속한 사건처리에 저해가 될 우려도 있다. 따라서 이 사건 즉결심판청구 조항에서 의견진술 등의 별도의 절차를 두지 않은 것이 현저히 불합리하여 적법절차원칙에 위배된다고 보기 어렵다 (헌재 2014.8.28. 2012헌바433).

113 적법절차의 원칙은 모든 국가작용을 지배하는 독자적인 「헌법」의 기본원리로서 해석되어야 할 원칙이라는 점에서 입법권의 유보적 한계를 선언하는 과잉입법금지의 원칙과 구별된다. 2022 경찰간부 ( )

해설 현행 헌법이 명문화하고 있는 **적법절차의 원칙은 단순히 입법권의 유보제한이라는 한정적인 의미에 그치는 것이 아니라 모든 국가작용을 지배하는 독자적인 헌법의 기본원리로서 해석되어야 할 원칙이라는 점에서 입법권의 유보적 한계를 선언하는 과잉입법금지의 원칙과는 구별**된다고 할 것이다(헌재 1992.12.24. 92헌가8).

114 자격정지 이상의 선고유예를 받고 그 선고유예기간 중에 있는 자에 대하여 당연퇴직을 규정하고 있는 「경찰공무원법」 규정은 재판청구권을 침해하고, 적법절차원칙에 위배되어 위헌이다. 2022 경찰승진 ( )

해설 형사처벌을 받은 공무원에 대하여 신분상 불이익처분을 하는 법률을 제정함에 있어서 형사처벌을 받은 사실 그 자체를 이유로 일정한 신분상 불이익처분이 내려지도록 법률에 규정하는 방법과 별도의 징계절차를 거쳐 신분상 불이익처분을 하는 방법 중 어느 방법을 선택할 것인가는 입법자의 재량에 속하는 것이고, 당연퇴직은 일정한 사항이 법정 당연퇴직사유에 해당하는지 여부만이 문제될 뿐이어서 **당연퇴직의 성질상 그 절차에서 당사자의 진술권이 반드시 절차적 권리로 보장되어야 하는 것도 아니므로 이 사건 규정이 재판청구권을 침해하거나 적법절차의 원리를 위배하였다고 할 수 없다**(헌재 1998.4.30. 96헌마7).

115 주취운전의 혐의자에게 주취여부의 측정에 응할 의무를 지우고 이에 불응한 사람을 처벌하는 「도로교통법」 조항은 추구하는 목적의 중대성(음주운전 규제의 절실성), 음주측정의 불가피성(주취운전에 대한 증거확보의 유일한 방법), 국민에게 부과되는 부담의 정도(경미한 부담, 간편한 실시), 음주측정의 정확성 문제에 대한 제도적 보완(혈액채취 등의 방법에 의한 재측정 보장), 처벌의 요건과 처벌의 정도(측정불응죄의 행위주체를 엄격히 제한) 등에 비추어 합리성과 정당성을 갖추고 있으므로 헌법 제12조 제1항의 적법절차원칙에 위배된다고 할 수 없다. 2022 경찰경력채용 ( )

해설 음주운전 방지와 그 규제는 절실한 공익상의 요청이며 이를 위해서는 음주측정이 필수적으로 요청되는 바, 어떤 유형의 음주측정을 어떻게 관철시킬 것인가는 각 나라의 음주문화, 필요한 의료시설·법집행장치의 구비정도, 측정방법의 편역성 및 정확성, 국민의 정서 등 여러 가지 요소들을 고려하여 합리적으로 결정하여야 할 것이다. **이 사건 법률조항은 위 여러 요소들을 고려한 것으로서 추구하는 목적의 중대성(음주운전 규제의 절실성), 음주측정의 불가피성(주취운전에 대한 증거확보의 유일한 방법), 국민에게 부과되는 부담의 정도(경미한 부담, 간편한 실시), 음주측정의 정확성문제에 대한 제도적 보완(혈액채취 등의 방법에 의한 재측정 보장), 처벌의 요건과 처벌의 정도(측정불응죄의 행위주체를 엄격히 제한) 등에 비추어 합리성과 정당성을 갖추고 있으므로 헌법 제12조 제1항의 적법절차원칙에 위배된다고 할 수 없다**(헌재 1997.3.27. 96헌가11).

116 헌법상 적법절차의 원칙은 국가작용으로서 기본권 제한과 관련되든 아니든 모든 입법작용 및 행정작용에도 광범위하게 적용되는 것으로서, 법률이 정한 형식적 절차와 실체적 내용이 모두 합리성과 정당성을 갖춘 적정한 것이어야 한다는 실질적 의미를 지니고 있으며, 형사소송절차와 관련하여서는 형사소송절차의 전반을 기본권 보장의 측면에서 규율하여야 한다는 기본원리를 천명하고 있는 것으로 이해된다. 따라서 헌법 제12조 제1항은 적법절차원칙의 일반조항이고, 제12조 제3항의 적법절차원칙은 기본권 제한 정도가 가장 심한 형사상 강제처분의 영역에서 기본권을 더욱 강하게 보장하려는 의지를 담아 중복 규정된 것이라고 해석함이 상당하다. 2022 경찰경력채용 ( )

ANSWER 113 ○ 114 × 115 ○ 116 ○

해설 우리 헌법 제12조 제1항 후문은 "누구든지 법률에 의하지 아니하고는 체포·구속·압수·수색 또는 심문을 받지 아니하며, 법률과 적법한 절차에 의하지 아니하고는 처벌·보안처분 또는 강제노역을 받지 아니한다."고 규정하여 적법절차원칙을 헌법원리의 하나로 수용하고 있다. 이러한 **적법절차원칙은 법률이 정한 형식적 절차와 실체적 내용이 모두 합리성과 정당성을 갖춘 적정한 것이어야 한다는 실질적 의미를 지니고 있으며**, 형사소송절차와 관련하여서는 형사소송절차의 전반을 기본권 보장의 측면에서 규율하여야 한다는 기본원리를 천명하고 있는 것으로 이해된다. 그리고 헌법 제12조 제3항의 적법절차원칙은 기본권 제한 정도가 가장 심한 형사상 강제처분의 영역에서 기본권을 더욱 강하게 보장하려는 의지를 담아 중복 규정된 것이라고 해석함이 상당하다(헌재 2012.12.27. 2011헌바225).

117 징계절차를 진행하지 아니함을 통보하지 않은 경우에는 징계시효가 연장되지 않는다는 예외규정을 두지 않은 구 「지방공무원법」 조항은, 수사 중인 사건에 대하여 징계절차를 진행하지 않음에도 징계시효가 당연히 연장되어 징계혐의자는 징계시효가 연장되는지를 알지 못한 채 불이익을 입을 수 있어 적법절차원칙에 위배된다. 2023 경찰1차 ( )

해설 수사 중인 사건에 대하여 징계절차를 진행하지 아니하더라도 징계혐의자는 수사가 종료되는 장래 어느 시점에서 징계절차가 진행될 수 있다는 점을 충분히 예측하여 대비할 수 있고, 수사가 종료되어 징계절차가 진행되는 경우에도 징계혐의자는 관련 법령에 따라 방어권을 충분히 보호받을 수 있다. **심판대상조항을 통해 달성되는 공정한 징계제도 운용이라는 이익은, 징계혐의자가 징계절차를 진행하지 아니함을 통보받지 못하여 징계시효가 연장되었음을 알지 못함으로써 입는 불이익보다 크다. 그렇다면 심판대상조항이 징계시효 연장을 규정하면서 징계절차를 진행하지 아니함을 통보하지 아니한 경우에는 징계시효가 연장되지 않는다는 예외규정을 두지 않았다고 하더라도 적법절차원칙에 위배되지 아니한다**(헌재 2017.6.29. 2015헌바29).

118 검사가 법원의 증인으로 채택된 수감자를 그 증언에 이르기까지 거의 매일 검사실로 하루 종일 소환하여 피고인측 변호인이 접근하는 것을 차단하고 검찰에서의 진술을 번복하는 증언을 하지 않도록 회유·압박하는 행위는, 증인의 증언 전에 일방 당사자만이 증인과의 접촉을 독점하여 상대방은 증인이 어떠한 내용을 증언할 것인지를 알 수 없어 그에 대한 방어를 준비할 수 없게 되므로 적법절차원칙에 위배된다. 2023 경찰차 ( )

해설 증인의 증언 전에 일방 당사자만이 증인과의 접촉을 독점하게 되면, 상대방은 증인이 어떠한 내용을 증언할 것인지를 알 수 없어 그에 대한 방어를 준비할 수 없게 되며 상대방이 가하는 예기치 못한 공격에 그대로 노출될 수밖에 없으므로, 헌법이 규정한 "적법절차의 원칙"에도 반한다(헌재 2001.8.30. 99헌마496).

119 법관이 아닌 행정부 소속기관으로 치료감호심의위원회를 두고 보호감호의 관리 및 집행에 관한 사항을 심사·결정하도록 한 것은 위원회의 구성, 심사절차 및 심사대상 등을 고려할 필요 없이 그 자체로 적법절차원칙에 위배된다. 2023 입법고시 ( )

해설 치료감호심의위원회의 심사대상은 이미 판결에 의하여 확정된 보호감호처분을 집행하는 것에 불과하므로 이를 법관에게 맡길 것인지, 아니면 제3의 기관에 맡길 것인지는 입법 재량의 범위 내에 있으며, 위원회의 결정에 대하여 불복이 있는 경우 행정소송 등 사법심사의 길이 열려 있으므로 법관에 의한 재판을 받을 권리를 침해한다고 할 수 없다. 나아가, **치료감호심의위원회의 구성, 심사절차 및 심사대상에 비추어 볼 때 위원회가 보호감호의 관리 및 집행에 관한 사항을 심사·결정하도록 한 것이 헌법상 적법절차원칙에 위배된다고 볼 수 없다**(헌재 2009.3.26. 2007헌바50).

120-1 국회의 탄핵소추절차는 국회와 대통령이라는 헌법기관 사이의 문제이고, 국회의 탄핵소추의결에 의하여 사인으로서의 대통령의 기본권이 침해되는 것이 아니라, 국가기관으로서의 대통령의 권한행사가 정지되는 것이므로 적법절차의 원칙이 직접 적용되지 않는다. 2023 입법고시 ( )

ANSWER 117 × 118 ○ 119 × 120-1 ○

120-2 적법절차원칙이란, 국가공권력이 국민에 대하여 불이익한 결정을 하기에 앞서 국민은 자신의 견해를 진술할 기회를 가짐으로써 절차의 진행과 그 결과에 영향을 미칠 수 있어야 한다는 법원리를 말하는 것이므로, 국가기관이 국민과의 관계에서 공권력을 행사함에 있어서 준수해야 할 법원칙으로서 형성된 적법절차의 원칙을 국가기관에 대하여 헌법을 수호하고자 하는 탄핵소추절차에는 직접 적용할 수 없다. 2023 경찰승진 ( )

> 해설 국가기관이 국민에 대하여 공권력을 행사할 때 준수하여야 하는 법원칙으로 형성된 **적법절차의 원칙을 국가기관에 대하여 헌법을 수호하고자 하는 탄핵소추절차에 직접 적용할 수 없다**(헌재 2017.3.10. 2016헌나1).

121 전자우편에 대한 압수수색 집행의 경우에도 급속을 요하는 때에는 참여권자에 대한 압수수색 집행의 사전 통지를 생략할 수 있도록 한 형사소송법은 적법절차원칙에 위배되지 않는다. 2023 법원행시 ( )

> 해설 이 사건 법률조항에 의하여 피의자 등이 압수수색 사실을 사전 통지받을 권리 및 이를 전제로 한 참여권을 일정 정도 제한받게 되기는 하지만, 그 제한은 '사전통지에 의하여 압수수색의 목적을 달성할 수 없는 예외적인 경우'로 한정되어 있고, 전자우편의 경우에도 사용자가 그 계정에서 탈퇴하거나 메일 내용을 삭제·수정함으로써 증거를 은닉·멸실시킬 가능성을 배제할 수 없으며, 준항고 제도나 위법수집증거의 증거능력 배제 규정 등 조항 적용의 남용을 적절히 통제할 수 있는 방법이 마련되어 있는 점, 반면에 이와 같은 제한을 통해 압수수색 제도가 전자우편에 대하여도 실효적으로 기능하도록 함으로써 실체적 진실 발견 및 범죄수사의 목적을 달성할 수 있도록 하여야 할 공익은 매우 크다고 할 수 있는 점 등을 종합해 보면, **이 사건 법률조항에 의하여 형성된 절차의 내용이 적법절차원칙에서 도출되는 절차적 요청을 무시하였다거나 비례의 원칙이나 과잉금지원칙을 위반하여 합리성과 정당성을 상실하였다고 볼 수 없다**(헌재 2012.12.27. 2011헌바225).

122 송·수신이 완료된 전기통신에 대한 압수·수색 사실을 수사대상이 된 가입자에게만 통지하도록 하고, 그 상대방에 대하여는 통지하지 않도록 한 통신비밀보호법 조항은 적법절차원칙에 위배되지 않는다. 2023 법원행시 ( )

> 해설 전기통신의 특성상 수사대상이 된 가입자와 전기통신을 송·수신한 상대방은 다수일 수 있는데, 이들 모두에 대하여 그 압수·수색 사실을 통지하도록 한다면, 수사대상이 된 가입자가 수사를 받았다는 사실이 상대방 모두에게 알려지게 되어 오히려 위 가입자가 예측하지 못한 피해를 입을 수 있고, 또한 통지를 위하여 상대방의 인적 사항을 수집해야 함에 따라 또 다른 개인정보자기결정권의 침해를 야기할 수도 있다. **이상과 같은 점들을 종합하여 볼 때, 송·수신이 완료된 전기통신에 대한 압수·수색 사실을 수사대상이 된 가입자에게만 통지하도록 하고, 그 상대방에 대하여는 통지하지 않도록 한 심판대상조항은 적법절차원칙에 위배되어 청구인들의 개인정보자기결정권을 침해하지 않는다**(헌재 2018.4.26. 2014헌마1178).

123-1 심급제도에 대한 입법재량의 범위와 범죄인인도심사의 법적 성격, 그리고 범죄인인도법에서의 심사절차에 관한 규정 등을 종합할 때, 범죄인인도심사를 서울고등법원의 단심제로 정하고 있는 것은 적법절차원칙에서 요구되는 합리성과 정당성을 결여한 것이라고 볼 수 없다. 2023 법원직 ( )

123-2 법원에 의한 범죄인인도심사는 형사절차와 같은 전형적인 사법절차의 대상에 해당되지 않으며 법률에 의하여 인정된 특별한 절차이므로, 「범죄인인도법」이 범죄인인도심사를 서울 고등법원의 전속관할인 단심제로 정하고 있더라도, 적법절차 원칙에서 요구되는 합리성과 정당성을 결여한 것은 아니다. 2024 경찰승진 ( )

> 해설 심급제도에 대한 입법재량의 범위와 범죄인인도심사의 법적 성격, 그리고 범죄인인도법에서의 심사절차에 관한 규정 등을 종합할 때, **이 사건 법률조항이 범죄인인도심사를 서울고등법원의 단심제로 하고 있다고 해서 적법절차원칙에서 요구되는 합리성과 정당성을 결여한 것이라 볼 수 없다**(헌재 2003.1.30. 2001헌바95).

ANSWER 120-2 ○ 121 ○ 122 ○ 123-1 ○ 123-2 ○

124 행정상 즉시강제는 그 본질상 급박성을 요건으로 하고 있어 법관의 영장을 기다려서는 그 목적을 달성할 수 없어 원칙적으로 영장주의가 적용되지 않는다. 2023 법원직 ( )

해설 헌법재판소는 **행정상 즉시강제는 그 본질상 급박성을 요건으로 하고 있어 법관의 영장을 기다려서는 그 목적을 달성할 수 없어 원칙적으로 영장주의가 적용되지 않는다**고 판단하였다(헌재 2016.3.31. 2013헌바190).

125 일정기간 수사관서에 출석하지 않았다는 사유로 관세법 위반 압수물품을 별도의 재판이나 처분없이 국고에 귀속시키도록 한 구 「관세법」 조항은 적법절차원칙에 위배된다. 2024 경찰승진 ( )

해설 「관세법」상 몰수할 것으로 인정되는 물품을 압수한 경우에 있어서 범인이 당해 관서에 출두하지 아니하거나 또는 범인이 도주하여 그 물품을 압수한 날로부터 4월을 경과한 때에는 당해 물품은 별도의 재판이나 처분없이 국고에 귀속한다고 규정하고 있는 이 사건 법률조항은 **재판이나 청문의 절차도 밟지 아니하고 압수한 물건에 대한 피의자의 재산권을 박탈하여 국고귀속시킴으로써 그 실질은 몰수형을 집행한 것과 같은 효과를 발생하게 하는 것이므로 헌법상의 적법절차의 원칙과 무죄추정의 원칙에 위배된다**(헌재 1997.5.29. 96헌가17).

126 원전개발에 있어서 인근 주민 및 관계전문가 등으로부터 의견을 듣는 청취절차의 주체가 반드시 행정기관이나 독립된 제3의 기관이 아니더라도 공정성과 객관성이 담보되는 절차가 마련되어 있는 경우, 전원개발사업자가 그 주체가 되어도 적법절차원칙에 위배되지 않는다. 2024 경찰승진 ( )

해설 객관성과 공정성 담보에 특별한 문제가 없다면, 이해관계인의 의견을 수렴함에 있어 그 주체를 반드시 행정기관이나 독립된 제3의 기관으로 하는 것이 헌법의 적법절차 원칙상 필수적으로 요구되는 것이라고는 할 수 없다. 이 사건 의견청취조항은 주민 등으로부터의 의견청취절차를 시행하는 주체를 전원개발사업자로 정하고 있으나, 전원개발촉진법 시행령은 의견청취 방법 및 절차를 규정함에 있어 시장·군수·구청장 등 지방자치단체의 장을 통하여 진행하도록 하는 일련의 규정을 두고 있는바, 이는 의견청취절차의 주체를 전원개발사업자로 하면서도 그 객관성과 공정성을 담보하고자 마련한 보완장치라 할 수 있다. 또한 산업통상자원부장관이 실시계획을 승인하려는 경우에는 미리 해당 전원개발사업구역을 관할하는 특별시장·광역시장·도지사 또는 특별자치도지사의 의견을 들어야 하는바, 이들이 주민의 선거에 의하여 선출된 민주적 정당성을 가진 기관이라는 점을 감안하면, 이 역시 **의견청취절차의 주체를 전원개발사업자로 정함으로써 발생할 수 있는 객관성과 공정성에 대한 우려를 어느 정도 제거하고 있다고 볼 수 있다. 따라서 이 사건 의견청취조항은 적법절차원칙에 위배되지 아니한다**(헌재 2016.10.27. 2015헌바358).

127 농림수산식품부장관 등 관련 국가기관이 국민의 생명·신체의 안전에 영향을 미치는 고시 등의 내용을 결정함에 있어서 이해관계인의 의견을 사전에 충분히 수렴하는 것이 바람직하기는 하지만, 그것이 헌법의 적법절차원칙상 필수적으로 요구되는 것이라고 할 수는 없다. 2023 국가직7급 ( )

해설 원래 국민의 생명·신체의 안전 등 기본권을 보호할 의무를 어떠한 절차를 통하여 실현할 것인가에 대하여도 국가에게 폭넓은 형성의 자유가 인정된다 할 것이므로, **농림수산식품부장관 등 관련 국가기관이 국민의 생명·신체의 안전에 영향을 미치는 고시 등의 내용을 결정함에 있어서 이해관계인의 의견을 사전에 충분히 수렴하는 것이 바람직하기는 하지만, 그것이 헌법의 적법절차 원칙상 필수적으로 요구되는 것이라고 할 수는 없다**(헌재 2008.12.26. 2008헌마419 등).

128 구 「도시 및 주거환경정비법」 조항이 정비예정구역 내 토지등소유자의 100분의 30 이상의 해제 요청이라는 비교적 완화된 요건만으로 정비예정구역 해제 절차에 나아갈 수 있도록 하였다고 하여 적법절차원칙에 위반된다고 보기는 어렵다. 2023 경찰간부 ( )

ANSWER 124 ○ 125 ○ 126 ○ 127 ○ 128 ○

해설 정비예정구역으로 지정되어 있을 뿐인 단계에서부터 토지등소유자의 100분의 30 이상이 정비예정구역 해제를 요구하고 있는 상황이라면 추후 정비사업의 시행이 지연되거나 좌초될 가능성이 큰 점, 토지등소유자에게는 정비계획의 입안을 제안할 수 있는 방법이 있는 점, **정비예정구역 해제를 위해서는 지방도시계획위원회의 심의를 거쳐야 하고, 정비예정구역의 해제는 해제권자의 재량적 행위인 점, 정비예정구역 해제에 관한 위법이 있는 경우 항고소송을 통하여 이를 다툴 수 있는 점** 등을 종합적으로 고려하면, 심판대상조항이 **적법절차원칙에 위반된다고 볼 수 없다**(헌재 2023.6.29. 2020헌바63).

129 헌법재판소는 법무부장관의 일방적 명령에 의하여 변호사 업무를 정지시키는 것은 당해 변호사가 자기에게 유리한 사실을 진술하거나 필요한 증거를 제출할 수 있는 청문의 기회가 보장되지 아니하여 적법절차를 존중하지 아니한 것이 된다고 보았다. 2023 법무사 ( )

해설 법무부장관의 일방적 명령에 의하여 변호사 업무를 정지시키는 것은 당해 변호사가 자기에게 유리한 사실을 진술하거나 필요한 증거를 제출할 수 있는 청문의 기회가 보장되지 아니하여 적법절차를 존중하지 아니한 것이 된다(헌재 1990.11.19. 90헌가48).

130-1 체포·구속·압수 또는 수색을 할 때에는 적법한 절차에 따라 검사의 신청에 의하여 법관이 발부한 영장을 제시하여야 한다. 다만, 현행범인인 경우와 장기 3년 이상의 형에 해당하는 죄를 범하고 도피 또는 증거인멸의 염려가 있을 때에는 사후에 영장을 청구할 수 있다. 2022 경찰1차 ( )

130-2 체포·구속·압수 또는 수색을 할 때에는 적법한 절차에 따라 검사의 신청에 의하여 법관이 발부한 영장을 제시하여야 한다. 다만, 현행범인인 경우와 장기 3년 이상의 형에 해당하는 죄를 범하고 도피 또는 증거인멸의 염려가 없을 때에는 사후에 영장을 청구할 수 있다. 2021 경찰승진 ( )

130-3 헌법은 사후영장을 청구할 수 있는 경우를 현행범인인 경우와 장기 3년 이상의 형에 해당하는 죄를 범하고 도피 또는 증거인멸의 염려가 있을 때로 한정하고 있다. 2022 법원직 ( )

130-4 체포·구속·압수 또는 수색을 할 때에는 적법한 절차에 따라 검사의 신청에 의하여 법관이 발부한 영장을 제시하여야 하나, 현행범인인 경우와 장기 3년 이상의 형에 해당하는 죄를 범하고 도피 또는 증거인멸의 염려가 있을 때에는 사후에 영장을 청구할 수 있다. 2024 행시 ( )

해설 체포·구속·압수 또는 수색을 할 때에는 적법한 절차에 따라 검사의 신청에 의하여 법관이 발부한 영장을 제시하여야 한다. 다만, 현행범인인 경우와 장기 **3년** 이상의 형에 해당하는 죄를 범하고 도피 또는 증거인멸의 염려가 **있을** 때에는 사후에 영장을 청구할 수 있다(헌법 제12조 제3항).

131-1 헌법에 규정된 영장신청권자로서의 검사는 검찰권을 행사하는 국가기관인 검사로서 공익의 대표자이자 수사단계에서의 인권 옹호기관으로서의 지위에서 그에 부합하는 직무를 수행하는 「검찰청법」상 검사만을 지칭하는 것이다. 2021 경찰경력채용 / 2022 경찰간부 ( )

131-2 헌법에서 규정된 영장신청권자로서의 검사는 검찰권을 행사하는 국가기관인 검사로서 공익의 대표자이자 수사단계에서의 인권옹호기관으로서의 지위에서 그에 부합하는 직무를 수행하는 자를 의미하는 것이지 「검찰청법」상 검사만을 지칭하는 것은 아니다. 2022 국회직8급 / 2023 경찰1차 ( )

ANSWER 129 ○ 130-1 ○ 130-2 × 130-3 ○ 130-4 ○ 131-1 × 131-2 ○

해설 헌법에서 수사단계에서의 영장신청권자를 검사로 한정한 것은 다른 수사기관에 대한 수사지휘권을 확립시켜 인권유린의 폐해를 방지하고, 법률전문가인 검사를 거치도록 함으로써 기본권침해가능성을 줄이고자 한 것이다. 헌법에 규정된 영장신청권자로서의 검사는 검찰권을 행사하는 국가기관인 검사로서 공익의 대표자이자 수사단계에서의 인권옹호기관으로서의 지위에서 그에 부합하는 직무를 수행하는 자를 의미하는 것이지, 검찰청법상 검사만을 지칭하는 것으로 보기 어렵다(헌재 2021.1.28. 2020헌마264 등).

132 영장주의는 적법절차원칙에서 도출되는 원리로서 형사절차와 관련하여 체포·구속·압수·수색의 강제처분을 할 때에는 사법권 독립에 의하여 신분이 보장되는 법관이 발부한 영장에 의하지 않으면 안 된다는 것이다. 2021 경찰경력채용 ( )

해설 헌법 제12조 제3항의 영장주의는 적법절차원칙에서 도출되는 원리로서, **형사절차와 관련하여 체포·구속·압수·수색의 강제처분을 함에 있어서는 사법권독립에 의하여 신분이 보장되는 법관이 발부한 영장에 의하지 않으면 아니 된다는 원칙이다.** 따라서 영장주의의 본질은 강제처분을 함에 있어서는 중립적인 법관이 구체적 판단을 거쳐 발부한 영장에 의하여야만 한다는 데에 있다(헌재 2018.4.26. 2015헌바370 등).

133-1 영장주의란 형사절차와 관련하여 체포·구속·압수 등의 강제처분을 함에 있어서는 사법권 독립에 의하여 그 신분이 보장되는 법관이 발부한 영장에 의하지 않으면 아니 된다는 원칙이고, 따라서 영장주의의 본질은 신체의 자유를 침해하는 강제처분을 함에 있어서는 중립적인 법관이 구체적 판단을 거쳐 발부한 영장에 의하여야만 한다는 데에 있다. 2023 경찰승진 ( )

133-2 헌법 제12조 제3항은 "체포·구속·압수 또는 수색을 할 때에는 적법한 절차에 따라 검사의 신청에 의하여 법관이 발부한 영장을 제시하여야 한다."라고 규정하고, 헌법 제16조는 "주거에 대한 압수나 수색을 할 때에는 검사의 신청에 의하여 법관이 발부한 영장을 제시하여야 한다."라고 규정함으로써 영장주의를 헌법적 차원에서 보장하고 있다. 우리 헌법이 채택하여 온 영장주의는 형사절차와 관련하여 체포·구속·압수·수색의 강제처분을 함에 있어서는 사법권 독립에 의하여 신분이 보장되는 법관이 발부한 영장에 의하지 않으면 아니 된다는 원칙이다. 2023 법무사 ( )

해설 헌법 제12조 제1항은 "모든 국민은 신체의 자유를 가진다. 누구든지 법률에 의하지 아니하고는 체포·구속·압수·수색 또는 심문을 받지 아니하며, 법률과 적법한 절차에 의하지 아니하고는 처벌·보안처분 또는 강제노역을 받지 아니한다."라고 규정함으로써, 국가가 신체의 자유를 침해하거나 제한하는 경우에는 적법절차의 원칙에 따라야 함을 선언하고 있다. 나아가 신체의 자유는 정신적 자유와 함께 모든 기본권의 근간이 되는 것임에도 불구하고 역사적으로 국가형벌권의 발동형식으로 침해되어 온 예가 많으므로 헌법은 제12조 제2항 내지 제7항에서 적법절차의 원칙으로부터 도출되는 몇 가지 중요한 원칙을 명시하고 있다. 특히 **헌법 제12조 제3항은 "체포·구속·압수 또는 수색을 할 때에는 적법한 절차에 따라 검사의 신청에 의하여 법관이 발부한 영장을 제시하여야 한다. …"라고 규정함으로써 영장주의를 천명하고 있는바, 영장주의란 형사절차와 관련하여 체포·구속·압수·수색의 강제처분을 함에 있어서는 사법권 독립에 의하여 그 신분이 보장되는 법관이 발부한 영장에 의하지 않으면 아니 된다는 원칙이고, 따라서 영장주의의 본질은 신체의 자유를 침해하는 강제처분을 함에 있어서는 중립적인 법관이 구체적 판단을 거쳐 발부한 영장에 의하여야만 한다는 데에 있다**(헌재 2008.1.10. 2007헌마1468).

134 형식적으로 영장주의를 준수하였다면 실질적인 측면에서 입법자가 합리적인 선택범위를 일탈하는 등 그 입법형성권을 남용하였더라도 그러한 법률이 자의금지원칙에 위배되어 위헌이라고 볼 수는 없다. 2022 법원직 ( )

ANSWER 132 ○ 133-1 ○ 133-2 ○ 134 ✗

해설 영장주의의 본질은 신체의 자유를 침해하는 강제처분을 함에 있어서는 인적·물적 독립을 보장받는 제3자인 법관이 구체적 판단을 거쳐 발부한 영장에 의하여야만 한다는 데에 있으므로, 우선 형식적으로 영장주의에 위배되는 법률은 곧바로 헌법에 위반되고, 나아가 **형식적으로는 영장주의를 준수하였더라도 실질적인 측면에서 입법자가 합리적인 선택범위를 일탈하는 등 그 입법형성권을 남용하였다면 그러한 법률은 자의금지원칙에 위배되어 헌법에 위반된다고 보아야** 한다(헌재 2012.12.27. 2011헌가5).

135-1 형사재판에 계속 중인 사람에 대하여 출국을 금지할 수 있다고 규정한 「출입국관리법」 제4조 제1항 제1호는 유죄를 근거로 형사재판에 계속 중인 사람에게 사회적 비난 내지 응보적 의미의 제재를 가하려는 것이라고 보기 어려우므로 무죄추정의 원칙에 위배된다고 볼 수 없다. 2022 경찰1차 ( )

135-2 형사재판에 계속 중인 사람에 대하여 출국을 금지할 수 있다고 규정한 「출입국관리법」에 따른 출국금지결정은 성질상 신속성과 밀행성을 요하므로, 출국금지 대상자에게 사전통지를 하거나 청문을 실시하도록 한다면 국가 형벌권 확보라는 출국금지 제도의 목적을 달성하는 데 지장을 초래할 우려가 있다. 나아가 출국금지 후 즉시 서면으로 통지하도록 하고 있고, 이의신청이나 행정소송을 통하여 출국금지결정에 대해 사후적으로 다툴 수 있는 기회를 제공하여 절차적 참여를 보장해 주고 있으므로 적법절차원칙에 위배된다고 보기 어렵다. 2022 경찰경력채용 ( )

135-3 법무부장관의 출국금지결정은 형사재판에 계속 중인 국민의 출국의 자유를 제한하는 행정처분일 뿐이고, 영장주의가 적용되는 신체에 대하여 직접적으로 물리적 강제력을 수반하는 강제처분이라고 할 수는 없으므로, 영장주의에 위배된다고 볼 수 없다. 2023 법원행시 ( )

135-4 형사재판에 계속 중인 사람에 대하여 출국을 금지할 수 있다고 규정한 「출입국관리법」 조항에 따른 법무부장관의 출국금지결정은 형사재판에 계속 중인 국민의 출국의 자유를 제한하는 행정처분일 뿐이고, 영장주의가 적용되는 신체에 대하여 직접적으로 물리적 강제력을 수반하는 강제처분이라고 할 수는 없다. 2022 경찰2차 ( )

135-5 형사재판에 계속 중인 사람에 대하여 출국을 금지할 수 있다고 규정한 「출입국관리법」은 과잉금지원칙에 위배되어 출국의 자유를 침해한다. 2023 경찰승진 ( )

135-6 형사재판에 계속 중인 사람에 대하여 출국을 금지할 수 있다고 규정한 「출입국관리법」에 따른 법무부장관의 출국금지결정은 성질상 신속성과 밀행성을 요하므로, 출국금지 대상자에게 사전통지를 하거나 청문을 실시하도록 한다면 국가 형벌권 확보라는 출국금지제도의 목적을 달성하는 데 지장을 초래할 우려가 있으며, 출국금지 후 즉시 서면으로 통지하도록 하고 있고, 이의신청이나 행정소송을 통하여 출국금지결정에 대해 사후적으로 다툴 수 있는 기회를 제공하여 절차적 참여를 보장해 주고 있으므로 적법절차원칙에 위배된다고 보기 어렵다. 2023 국가직7급 ( )

135-7 형사재판이 계속 중인 국민의 출국을 금지하는 법무부장관의 출국금지결정은 영장주의가 적용되는 신체에 대하여 직접적으로 물리적 강제력을 수반하는 강제처분에 해당한다. 2024 변시 ( )

ANSWER 135-1 ○ 135-2 ○ 135-3 ○ 135-4 ○ 135-5 × 135-6 ○ 135-7 ×

135-8 형사재판에 계속 중인 사람에 대하여 출국을 금지할 수 있다고 규정한 출입국관리법 조항에 따른 법무부장관의 출국금지결정은 형사재판에 계속 중인 국민의 출국의 자유를 제한하는 행정처분일 뿐이고, 영장주의가 적용되는 신체에 대하여 직접적으로 물리적 강제력을 수반하는 강제처분이라고 할 수 없다. 2023 법원직
( )

135-9 형사재판에 계속 중인 사람이 국가의 형벌권을 피하기 위하여 해외로 도피할 우려가 있는 경우 법무부장관으로 하여금 출국을 금지할 수 있도록 한 것은 무죄추정의 원칙에 위배된다. 2023 해양경찰 ( )

135-10 헌법 제27조 제1항이 보장하는 공정한 재판을 받을 권리에는 공격, 방어권이 충분히 보장되는 재판을 받을 권리가 포함되어 있지만, 외국에 나가 증거를 수집할 권리까지 포함되는 것은 아니다. 2024 경찰승진 ( )

> **해설** 형사재판에 계속 중인 사람에 대하여 출국을 금지할 수 있다고 규정한 출입국관리법(헌재 2015.9.24. 2012헌바302)
> (1) 적법절차원칙에 위배된다고 보기 어렵다.
> (2) 형사재판에 계속 중인 사람에 대하여 출국을 금지할 수 있다고 규정한 출입국관리법 조항에 따른 법무부장관의 출국금지결정은 형사재판에 계속 중인 국민의 출국의 자유를 제한하는 행정처분일 뿐이고, **영장주의가 적용되는 신체에 대하여 직접적으로 물리적 강제력을 수반하는 강제처분이라고 할 수는 없다.** 따라서 심판대상조항이 헌법 제12조 제3항의 영장주의에 위배된다고 볼 수 없다.
> (3) 심판대상조항은 형사재판에 계속 중인 사람이 국가의 형벌권을 피하기 위하여 해외로 도피할 우려가 있는 경우 법무부장관으로 하여금 출국을 금지할 수 있도록 하는 것일 뿐이다. 그렇다면 **해외도피의 우려가 있는 피고인이 일정 기간 동안 출국이 금지되는 불이익을 받더라도 이를 두고 무죄추정의 원칙에서 금지하는 유죄 인정의 효과로서의 불이익 즉, 유죄를 근거로 형사재판에 계속 중인 사람에게 사회적 비난 내지 응보적 의미의 제재를 가하려는 것이라고 보기 어렵다.** 따라서 심판대상조항은 무죄추정의 원칙에 위배된다고 볼 수 없다(헌재 2015.9.24. 2012헌바302).
> (4) **심판대상 법조항은 일정금액 이상의 추징금을 납부하지 아니한 자에게 법무부장관이 출국을 금지할 수 있도록 함으로써 헌법 제14조상의 거주·이전의 자유 중 출국의 자유를 제한하고 있다.**
> 형사재판에 계속 중인 사람의 해외도피를 막아 국가 형벌권을 확보함으로써 실체적 진실발견과 사법정의를 실현하고자 하는 심판대상조항은 그 입법목적이 정당하고, 형사재판에 계속 중인 사람의 출국을 일정 기간 동안 금지할 수 있도록 하는 것은 이러한 입법목적을 달성하는 데 기여할 수 있으므로 수단의 적정성도 인정된다. 법무부장관은 출국금지 여부를 결정함에 있어 출국금지의 기본원칙, 출국금지 대상자의 범죄사실, 연령 및 가족관계, 해외도피 가능성 등 피고인의 구체적 사정을 반드시 고려하여야 하며, 실무에서도 심판대상조항에 따른 출국금지는 매우 제한적으로 운용되고 있다. 그 밖에 출국금지 해제제도, 사후통지제도, 이의신청, 행정소송 등 형사재판에 계속 중인 사람의 기본권 제한을 최소화하기 위한 여러 방안이 마련되어 있으므로 침해의 최소성 원칙에 위배되지 아니한다. 심판대상조항으로 인하여 형사재판에 계속 중인 사람이 입게 되는 불이익은 일정 기간 출국이 금지되는 것인 반면, 심판대상조항을 통하여 얻는 공익은 국가 형벌권을 확보함으로써 실체적 진실발견과 사법정의를 실현하고자 하는 것으로서 중대하므로 법익의 균형성도 충족된다. 따라서 심판대상조항은 과잉금지원칙에 위배되어 **출국의 자유를 침해하지 아니한다.**
> (5) 공정한 재판을 받을 권리에 외국에 나가 증거를 수집할 권리가 포함된다고 보기도 어렵다. 따라서 심판대상조항은 공정한 재판을 받을 권리를 침해한다고 볼 수 없다.

136-1 헌법 제16조가 영장주의에 대한 예외를 마련하고 있지 않으므로 주거에 대한 압수나 수색에 있어서 영장주의의 예외를 인정할 수 없다. 2021 경찰승진
( )

ANSWER 135-8 ○ 135-9 × 135-10 ○ 136-1 ×

136-2 체포영장을 집행하는 경우 필요한 때에는 타인의 주거 등에서 피의자 수사를 할 수 있도록 한 「형사소송법」 규정의 해당 부분이 체포영장이 발부된 피의자가 타인의 주거 등에 소재할 개연성은 소명되나 수색에 앞서 영장을 발부받기 어려운 긴급한 사정이 인정되지 않더라도 영장 없이 피의자 수색을 할 수 있도록 한 것은 영장주의에 위반되지 않는다. 2022 경찰승진 ( )

136-3 체포영장을 발부받아 피의자를 체포하는 경우에, 필요한 때에는 영장 없이 타인의 주거 등 내에서 피의자 수색을 할 수 있도록 규정한 것은 수색에 앞서 영장을 발부받기 어려운 긴급한 사정이 인정되지 않는 경우에도 영장 없이 피의자 수색을 할 수 있다는 것이므로 영장주의에 위반된다.
2022 변시 / 2022 경찰간부 / 2022 국회직8급 / 2023 법원행시 / 2023 법원직 ( )

> **해설** 체포영장에 의하여 피의자를 체포하는 경우에 "필요한 때"에는 영장 없이 타인의 주거 등 내에서의 "피의자 수사"를 할 수 있다고 규정한 형사소송법 조항(헌재 2018.4.26. 2015헌바370 등)
> (1) 심판대상조항은 피의자가 소재할 개연성이 소명되면 타인의 주거 등 내에서 수사기관이 피의자를 수색할 수 있음을 의미하는 것으로 누구든지 충분히 알 수 있으므로, **명확성 원칙에 위반되지 아니한다.**
> (2) 심판대상조항은 체포영장을 발부받아 피의자를 체포하는 경우에 필요한 때에는 영장 없이 타인의 주거 등 내에서 피의자 수사를 할 수 있다고 규정함으로써, 별도로 영장을 발부받기 어려운 긴급한 사정이 있는지 여부를 구별하지 아니하고 피의자가 소재할 개연성만 소명되면 영장 없이 타인의 주거 등을 수색할 수 있도록 허용하고 있다.
> 이는 체포영장이 발부된 피의자가 타인의 주거 등에 소재할 개연성은 소명되나, 수색에 앞서 영장을 발부받기 어려운 긴급한 사정이 인정되지 않는 경우에도 영장 없이 피의자 수색을 할 수 있다는 것이므로, 헌법 제16조의 영장주의 예외 요건을 벗어나는 것으로서 **영장주의에 위반된다.**
> (3) **헌법 제16조에서 영장주의에 대한 예외를 마련하지 아니하였다고 하여, 주거에 대한 압수나 수색에 있어 영장주의가 예외 없이 반드시 관철되어야 함을 의미하는 것은 아닌 점**, 인간의 존엄성 실현과 인격의 자유로운 발현을 위한 핵심적 자유영역에 속하는 기본권인 신체의 자유에 대해서도 헌법 제12조 제3항에서 영장주의의 예외를 인정하고 있는데, 이러한 **신체의 자유에 비하여 주거의 자유는 그 기본권 제한의 여지가 크므로**, 형사사법 및 공권력 작용의 기능적 효율성을 함께 고려하여 본다면, **헌법 제16조의 영장주의에 대해서도 일정한 요건 하에서 그 예외를 인정할 필요가 있는 점**, 주거공간에 대한 압수·수색은 그 장소에 혐의사실 입증에 기여할 자료나 피의자가 존재할 개연성이 충분히 소명되어야 그 필요성을 인정할 수 있는 점, 헌법 제12조 제3항 단서에서 현행범인 체포나 긴급체포의 경우에 사전영장원칙의 예외를 둔 것은 그 체포의 긴급성에 비추어 사전에 압수·수색·검증영장을 발부받을 것을 기대하기 어렵기 때문이며, 또한 체포영장 발부 이후 혐의사실 입증에 기여할 자료나 피의자가 존재할 개연성이 충분히 소명되어 압수·수색영장을 발부받은 경우에도 그 자료나 피의자가 계속 그 장소에 존재하지 않는 한 그 집행의 실효성을 기대할 수 없게 되므로, 체포영장이 발부된 경우에도 영장 없이 그 장소에 대한 압수·수색을 하여야 할 긴급한 상황은 충분히 발생할 수 있는 점, 헌법 제16조가 주거의 자유와 관련하여 영장주의를 선언하고 있는 이상, 그 예외는 매우 엄격한 요건 하에서만 인정되어야 하는 점 등을 종합하면, 헌법 제16조의 영장주의에 대해서도 그 예외를 인정하되, 이는 ① 그 장소에 범죄혐의 등을 입증할 자료나 피의자가 존재할 개연성이 소명되고, ② 사전에 영장을 발부받기 어려운 긴급한 사정이 있는 경우에만 제한적으로 허용될 수 있다고 보는 것이 타당하다.

137 지방의회에서의 사무감사·조사를 위한 증인의 동행명령장제도는 증인의 신체의 자유를 억압하여 일정 장소로 인치하는 것으로서 헌법 제12조 제3항의 체포 또는 구속에 준하는 사안이므로 동행명령장을 집행하기 위해서는 법관이 발부한 영장제시가 필요하다. 2024 경찰승진 ( )

ANSWER 136-2 ✕   136-3 ○   137 ○

해설 지방의회에서의 사무감사·조사를 위한 증인의 동행명령장제도도 증인의 신체의 자유를 억압하여 일정 장소로 인치하는 것으로서 헌법 제12조 제3항의 "체포 또는 구속"에 준하는 사태로 보아야 하고, 거기에 현행범 체포와 같이 사후에 영장을 발부받지 아니하면 목적을 달성할 수 없는 긴박성이 있다고 인정할 수는 없으므로, 헌법 제12조 제3항에 의하여 법관이 발부한 영장의 제시가 있어야 함에도 불구하고 동행명령장을 법관이 아닌 지방의회 의장이 발부하고 이에 기하여 증인의 신체의 자유를 침해하여 증인을 일정 장소에 인치하도록 규정된 조례안은 영장주의원칙을 규정한 헌법 제12조 제3항에 위반된 것이다(대판 1995.6.30. 93추83).

138 영장주의는 구속개시 시점에 있어서 신체의 자유에 대한 박탈의 허용만이 아니라 그 구속영장의 효력을 계속 유지할 것인지 아니면 정지 또는 실효시킬 것인지 여부의 결정도 오직 법관의 판단에 의하여만 결정되어야 한다는 것을 의미한다. 2022 경찰2차 ( )

해설 헌법에 명문으로 규정된 영장주의는 구속의 개시시점에 한하지 않고 구속영장의 효력을 계속 유지할 것인지 아니면 취소 또는 실효시킬 것인지의 여부도 사법권 독립의 원칙에 의하여 신분이 보장되고 있는 법관의 판단에 의하여만 결정되어야 한다는 것을 의미하고 그 밖에 검사나 다른 국가기관의 의견에 의하여 좌우되도록 하는 것은 헌법상의 적법절차의 원칙에 위배된다(헌재 1992.12.24. 92헌가8).

139 헌법 제12조 제3항이 정한 영장주의는 수사기관이 강제처분을 함에 있어 중립적 기관인 법원의 허가를 얻어야 함을 의미하는 것 외에 법원에 의한 사후 통제까지 마련되어야 함을 의미한다. 2022 법원직 ( )

해설 청구인은 인터넷회선 감청을 위해 법원의 허가를 얻도록 정하고 있으나, 패킷감청의 기술적 특성으로 해당 인터넷회선을 통하여 흐르는 모든 정보가 감청 대상이 되므로 개별성, 특정성을 전제로 하는 영장주의가 유명무실하게 되고 나아가 집행 단계나 그 종료 후에 법원이나 기타 객관성을 담보할 수 있는 기관에 의한 감독과 통제 수단이 전혀 마련되어 있지 않으므로, 이 사건 법률조항은 헌법상 영장주의 내지 적법절차원칙에 위반된다고 한다. 그러나 헌법 제12조 제3항이 정한 영장주의가 수사기관이 강제처분을 함에 있어 중립적 기관인 법원의 허가를 얻어야 함을 의미하는 것 외에 법원에 의한 사후 통제까지 마련되어야 함을 의미한다고 보기 어렵다(헌재 2018.8.30. 2016헌마263).

140-1 경찰서장이 국민건강보험공단에게 청구인들의 요양급여내역 제공을 요청한 행위는 강제력이 개입되지 않은 임의수사에 해당하므로 이에 응하여 이루어진 정보제공행위에는 영장주의가 적용되지 않는다.
2022 법원직 ( )

140-2 서울용산경찰서장이 국민건강보험공단에 청구인들의 요양급여내역의 제공을 요청한 사실조회행위는 임의수사에 해당하나 이에 응해 이루어진 정보제공행위에 대해서는 헌법상 영장주의가 적용된다. 2023 경찰간부 ( )

해설 이 사건 사실조회행위(국민건강보험공단이 2013. 12. 20. 서울용산경찰서장에게 청구인들의 요양급여내역을 제공한 행위)는 강제력이 개입되지 아니한 임의수사에 해당하므로, 이에 응하여 이루어진 이 사건 정보제공행위에도 영장주의가 적용되지 않는다. 그러므로 이 사건 정보제공행위가 영장주의에 위배되어 청구인들의 개인정보자기결정권을 침해한다고 볼 수 없다(헌재 2018.8.30. 2014헌마368).

141 「형사소송법」 제199조 제2항 등에 따른 수사기관의 사실조회행위에 대하여 공사단체가 이에 응하거나 협조하여야 할 의무를 부담하는 것은 아니므로, 이러한 사실조회행위는 강제력이 개입되지 아니한 임의수사에 해당하고 이에 응하여 이루어진 정보제공행위에는 영장주의가 적용되지 않는다. 2023 경찰1차 ( )

ANSWER 138 ○ 139 × 140-1 ○ 140-2 × 141 ○

해설 사실조회조항은 수사기관이 공사단체 등에 대하여 범죄수사에 관련된 사실을 조회할 수 있다고 규정하여 수사기관에 사실조회의 권한을 부여하고 있을 뿐이고, 김포시장은 이 사건 **사실조회행위에 응하거나 협조하여야 할 의무를 부담하지 않는다.** 따라서 **이 사건 사실조회행위는 강제력이 개입되지 아니한 임의수사에 해당하므로, 이에 응하여 이루어진 이 사건 정보제공행위에도 영장주의가 적용되지 않는다**(헌재 2018.8.30. 2016헌마483).

142-1 헌법 제12조 제3항이 영장의 발부에 관하여 '검사의 신청'에 의할 것을 규정한 취지는 모든 영장의 발부에 검사의 신청이 필요하다는 데에 있는 것이 아니라 수사단계에서 영장의 발부를 신청할 수 있는 자를 검사로 한정함으로써 검사 아닌 다른 수사기관의 영장신청에서 오는 인권유린의 폐해를 방지하고자 함에 있다. 2022 지방직7급 ( )

142-2 법원이 직권으로 발부하는 영장은 허가장으로서의 성질을 갖지만, 수사기관의 청구에 의하여 발부하는 구속영장은 명령장으로서의 성질을 갖는다. 2024 변시 ( )

해설 헌법 제12조 제3항이 영장의 발부에 관하여 "검사의 신청"에 의할 것을 규정한 취지는 모든 영장의 발부에 검사의 신청이 필요하다는 데에 있는 것이 아니라 수사단계에서 영장의 발부를 신청할 수 있는 자를 검사로 한정함으로써 검사 아닌 다른 수사기관의 영장신청에서 오는 인권유린의 폐해를 방지하고자 함에 있으므로, **공판단계에서 법원이 직권에 의하여 구속영장을 발부할 수 있음을 규정한 형사소송법 제70조 제1항 및 제73조 중 "피고인을 … 구인 또는 구금함에는 구속영장을 발부하여야 한다." 부분은 헌법 제12조 제3항에 위반되지 아니한다.** 따라서 **법원의 직권발부 영장은 명령장의 성질로, 수사기관 청구에 의해 발부되는 영장은 허가장의 성질로 이해된다**(헌재 1997.3.27. 96헌바28 등).

143 숨을 호흡측정기에 한 두번 불어 넣는 방식으로 행하여지는 음주측정은 그 성질상 강제될 수 있는 것이 아니고 당사자의 자발적 협조가 필수적인 것이므로 영장을 필요로 하는 강제처분이라 할 수 없다. 2023 경찰승진 ( )

해설 도로교통법 제41조 제2항에 규정된 음주측정은 성질상 강제될 수 있는 것이 아니며 궁극적으로 당사자의 자발적 협조가 필수적인 것이므로 이를 두고 법관의 영장을 필요로 하는 강제처분이라 할 수 없다(헌재 1997.3.27. 96헌가11).

144-1 헌법 제12조 제3항의 영장주의는 법관이 발부한 영장에 의하지 아니하고는 수사에 필요한 강제처분을 하지 못한다는 원칙으로, 교도소장이 마약류 관련 수형자에게 소변을 받아 제출하도록 한 것은 교도소의 안전과 질서유지를 위한 것으로 수사에 필요한 처분이 아닐 뿐만 아니라 검사대상자들의 협력이 필수적이어서 강제처분이라고 할 수도 없어 영장주의의 원칙이 적용되지 않는다. 2022 지방직7급 ( )

144-2 영장주의는 법관이 발부한 영장에 의하지 아니하고는 수사에 필요한 강제처분을 하지 못한다는 원칙으로서, 마약류사범인 청구인에게 마약류반응검사를 위하여 소변을 받아 제출하도록 한 것은 교도소의 안전과 질서유지를 위한 것으로 수사에 필요한 처분이 아닐 뿐만 아니라 검사대상자들의 협력이 필수적이어서 강제처분이라 할 수도 없어 영장주의의 원칙이 적용되지 않는다. 2022 경찰2차 ( )

144-3 교도소장이 마약류사범인 수형자에게 마약류반응검사를 위하여 소변을 받아 제출하게 한 행위는 신체에 대한 강제처분에 해당하므로 영장주의에 위배된다. 2024 변시 ( )

ANSWER 142-1 ○ 142-2 × 143 ○ 144-1 ○ 144-2 ○ 144-3 ×

해설 헌법 제12조 제3항의 영장주의는 법관이 발부한 영장에 의하지 아니하고는 수사에 필요한 강제처분을 하지 못한다는 원칙으로 소변을 받아 제출하도록 한 것은 교도소의 안전과 질서유지를 위한 것으로 수사에 필요한 처분이 아닐 뿐만 아니라 검사대상자들의 협력이 필수적이어서 강제처분이라고 할 수도 없어 영장주의의 원칙이 적용되지 않는다(헌재 2006.7.27. 2005헌마277).

145 수사기관이 법원으로부터 영장 또는 감정처분허가장을 발부받지 아니한 채 피의자의 동의 없이 피의자의 신체로부터 혈액을 채취하고 사후에도 지체 없이 영장을 발부받지 아니한 채 그 혈액 중 알코올농도에 관한 감정을 의뢰하였다면, 이러한 과정을 거쳐 얻은 감정의뢰회보 등은 원칙적으로 그 절차위반행위가 적법절차의 실질적인 내용을 침해하여 피고인이나 변호인의 동의가 있더라도 유죄의 증거로 사용할 수 없다.
2022 경찰승진   (   )

해설 수사기관이 법원으로부터 영장 또는 감정처분허가장을 발부받지 아니한 채 피의자의 동의 없이 피의자의 신체로부터 혈액을 채취하고 사후에도 지체 없이 영장을 발부받지 아니한 채 혈액 중 알코올농도에 관한 감정을 의뢰하였다면, 이러한 과정을 거쳐 얻은 감정의뢰회보 등은 형사소송법상 영장주의 원칙을 위반하여 수집하거나 그에 기초하여 획득한 증거로서, 원칙적으로 절차위반행위가 적법절차의 실질적인 내용을 침해하여 피고인이나 변호인의 동의가 있더라도 유죄의 증거로 사용할 수 없다(대판 2012.11.15. 2011도15258).

146 압수·수색영장을 발부받아 압수·수색의 방법으로 소변을 채취하는 경우 압수대상물인 피의자의 소변을 확보하기 위한 수사기관의 노력에도 불구하고, 피의자가 인근 병원 응급실 등 소변 채취에 적합한 장소로 이동하는 것에 동의하지 않거나 저항하는 등 임의동행을 기대할 수 없는 사정이 있는 때에는 수사기관으로서는 소변 채취에 적합한 장소로 피의자를 데려가기 위해서 필요 최소한의 유형력을 행사하는 것이 허용되며, 이는 '압수·수색 영장의 집행에 필요한 처분'에 해당한다. 2022 경찰승진   (   )

해설 수사기관이 범죄 증거를 수집할 목적으로 피의자의 동의 없이 피의자의 소변을 채취하는 것은 법원으로부터 감정허가장을 받아 형사소송법 제221조의4 제1항, 제173조 제1항에서 정한 '감정에 필요한 처분'으로 할 수 있지만(피의자를 병원 등에 유치할 필요가 있는 경우에는 형사소송법 제221조의3에 따라 법원으로부터 감정유치장을 받아야 한다), 형사소송법 제219조, 제106조 제1항, 제109조에 따른 압수·수색의 방법으로도 할 수 있다. 이러한 압수·수색의 경우에도 수사기관은 원칙적으로 형사소송법 제215조에 따라 판사로부터 압수·수색영장을 적법하게 발부받아 집행해야 한다. **압수·수색의 방법으로 소변을 채취하는 경우 압수대상물인 피의자의 소변을 확보하기 위한 수사기관의 노력에도 불구하고, 피의자가 인근 병원 응급실 등 소변 채취에 적합한 장소로 이동하는 것에 동의하지 않거나 저항하는 등 임의동행을 기대할 수 없는 사정이 있는 때에는 수사기관으로서는 소변 채취에 적합한 장소로 피의자를 데려가기 위해서 필요 최소한의 유형력을 행사하는 것이 허용된다. 이는 형사소송법 제219조, 제120조 제1항에서 정한 '압수·수색영장의 집행에 필요한 처분'에 해당한다고 보아야** 한다. 그렇지 않으면 피의자의 신체와 건강을 해칠 위험이 적고 피의자의 굴욕감을 최소화하기 위하여 마련된 절차에 따른 강제 채뇨가 불가능하여 압수영장의 목적을 달성할 방법이 없기 때문이다(대판 2018.7.12. 2018도6219).

147-1 범죄피의자로 입건된 사람에게 검사의 신문을 받으면서 자신의 신원을 밝히지 않고 지문채취에 불응하는 경우 형사처벌을 통하여 지문채취를 강제하더라도 이를 영장주의에 의하여야 할 강제처분이라고 할 수 없다. 2022 변시   (   )

147-2 범죄의 피의자로 입건된 사람들에게 경찰공무원이나 검사의 신문을 받으면서 자신의 신원을 밝히지 않고 지문채취에 불응하는 경우 형사처벌을 통하여 지문채취를 강제하는 구「경범죄 처벌법」조항은 형벌에 의한

ANSWER 145 ○   146 ○   147-1 ○   147-2 ○

불이익을 부과함으로써 심리적·간접적으로 지문채취를 강제하고 그것도 보충적으로만 적용하도록 하고 있어 피의자에 대한 피해를 최소화하기 위한 고려를 하고 있으며, 지문채취 그 자체가 피의자에게 주는 피해는 그리 크지 않은 반면 일단 채취된 지문은 피의자의 신원을 확인하는 효과적인 수단이 될 뿐 아니라 수사절차에서 범인을 검거하는 데에 중요한 역할을 하므로 적법절차원칙에 위배되지 않는다. 2022 경찰경력채용 ( )

해설 이 사건 법률조항은 수사기관이 직접 물리적 강제력을 행사하여 피의자에게 강제로 지문을 찍도록 하는 것을 허용하는 규정이 아니며 **형벌에 의한 불이익을 부과함으로써 심리적·간접적으로 지문채취를 강요하고 있으므로 피의자가 본인의 판단에 따라 수용여부를 결정한다는 점에서 궁극적으로 당사자의 자발적 협조가 필수적임을 전제로 하므로 물리력을 동원하여 강제로 이루어지는 경우와는 질적으로 차이가 있다. 따라서 이 사건 법률조항에 의한 지문채취의 강요는 영장주의에 의하여야 할 강제처분이라 할 수 없다.** 또한 수사상 필요에 의하여 수사기관이 직접강제에 의하여 지문을 채취하려 하는 경우에는 반드시 법관이 발부한 영장에 의하여야 하므로 영장주의원칙은 여전히 유지되고 있다고 할 수 있다.
이 사건 법률조항은 피의자의 신원확인을 원활하게 하고 수사활동에 지장이 없도록 하기 위한 것으로, 수사상 피의자의 신원확인은 피의자를 특정하고 범죄경력을 조회함으로써 타인의 인적 사항 도용과 범죄 및 전과사실의 은폐 등을 차단하고 형사사법제도를 적정하게 운영하기 위해 필수적이라는 점에서 그 목적은 정당하고, 지문채취는 신원확인을 위한 경제적이고 간편하면서도 확실성이 높은 적절한 방법이다. 또한 이 사건 법률조항은 형벌에 의한 불이익을 부과함으로써 심리적·간접적으로 지문채취를 강제하고 그것도 보충적으로만 적용하도록 하고 있어 피의자에 대한 피해를 최소화하기 위한 고려를 하고 있으며, 지문채취 그 자체가 피의자에게 주는 피해는 그리 크지 않은 반면 일단 채취된 지문은 피의자의 신원을 확인하는 효과적인 수단이 될 뿐 아니라 수사절차에서 범인을 검거하는 데에 중요한 역할을 한다. 한편, **이 사건 법률조항에 규정되어 있는 법정형은 형법상의 제재로서는 최소한에 해당되므로 지나치게 가혹하여 범죄에 대한 형벌 본래의 목적과 기능을 달성함에 필요한 정도를 일탈하였다고 볼 수도 없다**(헌재 2004.9.23. 2002헌가17 등).

148-1 관계행정청이 등급분류를 받지 아니하거나 등급분류를 받은 게임물과 다른 내용의 게임물을 발견한 경우 관계공무원으로 하여금 이를 수거·폐기하게 할 수 있도록 한 것은, 급박한 상황에 대처하기 위한 것으로서 그 불가피성과 정당성이 충분히 인정되는 경우이므로, 영장 없는 수거를 인정한다고 하더라도 영장주의에 위배되는 것으로 볼 수 없다. 2022·2024 변시 ( )

148-2 관계행정청이 등급분류를 받지 아니하거나 등급분류를 받은 게임물과 다른 내용의 게임물을 발견한 경우 관계공무원으로 하여금 이를 영장없이 수거·폐기하게 할 수 있도록 한 구 「음반·비디오물및게임물에관한법률」 조항은 그 소유자 또는 점유자에게 수거증을 교부하도록 하는 등 절차적 요건을 규정하고 있어 적법절차원칙에 위배되지 않는다. 2023 경찰1차 ( )

해설 이 사건 법률조항은 앞에서 본바와 같이 급박한 상황에 대처하기 위한 것으로서 그 불가피성과 정당성이 충분히 인정되는 경우이므로, 이 사건 법률조항이 영장 없는 수거를 인정한다고 하더라도 이를 두고 헌법상 영장주의에 위배되는 것으로는 볼 수 없고, 위 구 음반·비디오물및게임물에관한법률 제24조 제4항에서 관계공무원이 당해 게임물 등을 수거한 때에는 그 소유자 또는 점유자에게 수거증을 교부하도록 하고 있고, **동조 제6항에서 수거 등 처분을 하는 관계공무원이나 협회 또는 단체의 임·직원은 그 권한을 표시하는 증표를 지니고 관계인에게 이를 제시하도록 하는 등의 절차적 요건을 규정하고 있으므로, 이 사건 법률조항이 적법절차의 원칙에 위배되는 것으로 보기도 어렵다**(헌재 2002.10.31. 2000헌가12).

149-1 각급선거관리위원회 위원·직원의 선거범죄 조사에 있어서 피조사자에게 자료제출의무를 부과한 「공직선거법」 조항에 따른 자료제출요구는, 행정조사의 성격을 가지는 것으로 수사기관의 수사와 근본적으로 그 성격을 달리하며, 그 상대방에 대하여 직접적으로 어떠한 물리적 강제력을 행사하는 강제처분을 수반하는 것이 아니므로 영장주의의 적용대상이 아니다. 2022 변시 / 2022 경찰간부 ( )

ANSWER 148-1 ◯ 148-2 ◯ 149-1 ◯

149-2 각급선거관리위원회 위원·직원의 선거범죄 조사에 있어서 피조사자에게 자료제출의무를 부과하고 허위 자료를 제출한 경우 형사처벌하도록 한 공직선거법은 피조사자에 대하여 자발적 협조를 전제로 자료를 제출할 수 있도록 한 것이 아니라 행정조사의 실질을 가지는 것으로 영장주의가 적용된다. 2023 법원행시 ( )

149-3 각급선거관리위원회 위원·직원의 선거범죄 조사에 있어서 피조사자에게 자료제출요구를 하는 것은 범죄와 관련한 수사의 성격을 가지므로 영장주의의 적용 대상에 해당한다. 2022 법원직 ( )

해설 **심판대상조항에 의한 자료제출요구는 위와 같은 조사권의 일종으로서 행정조사에 해당**하고, 선거범죄 혐의 유무를 명백히 하여 공소의 제기와 유지 여부를 결정하려는 목적으로 범인을 발견·확보하고 증거를 수집·보전하기 위한 수사기관의 활동인 수사와는 근본적으로 그 성격을 달리한다. **심판대상조항에 의한 자료제출요구는 그 성질상 대상자의 자발적 협조를 전제로 할 뿐이고 물리적 강제력을 수반하지 아니한다.** 심판대상조항은 피조사자로 하여금 자료제출요구에 응할 의무를 부과하고, 허위 자료를 제출한 경우 형사처벌하고 있으나, 이는 형벌에 의한 불이익이라는 심리적, 간접적 강제수단을 통하여 진실한 자료를 제출하도록 함으로써 조사권 행사의 실효성을 확보하기 위한 것이다. 이와 같이 **심판대상조항에 의한 자료제출요구는 행정조사의 성격을 가지는 것으로 수사기관의 수사와 근본적으로 그 성격을 달리하며, 청구인에 대하여 직접적으로 어떠한 물리적 강제력을 행사하는 강제처분을 수반하는 것이 아니므로 영장주의의 적용대상이 아니다**(헌재 2019.9.26. 2016헌바381).

150 「형의 집행 및 수용자의 처우에 관한 법률」에 따라 미결수용자의 접견 내용을 녹음·녹화하는 것은 직접적으로 물리적 강제력을 수반하는 강제처분이 아니므로 영장주의가 적용되지 않는다. 2023 경찰1차 ( )

해설 **이 사건 녹음조항에 따라 접견내용을 녹음·녹화하는 것은 직접적으로 물리적 강제력을 수반하는 강제처분이 아니므로 영장주의가 적용되지 않아 영장주의에 위배된다고 할 수 없다.** 또한, 미결수용자와 불구속 피의자·피고인을 본질적으로 동일한 집단이라고 할 수 없고, 불구속 피의자·피고인과는 달리 미결수용자에 대하여 법원의 허가 없이 접견내용을 녹음·녹화하도록 하는 것도 충분히 합리적 이유가 있으므로 이 사건 녹음조항은 평등원칙에 위배되지 않는다(헌재 2016.11.24. 2014헌바401).

151-1 기지국 수사를 허용하는 통신사실 확인자료 제공요청은 「통신비밀보호법」이 규정하는 강제처분에 해당하므로, 법관이 발부한 영장에 의하지 않고 관할 지방법원 또는 지원의 허가만 받으면 이를 가능하게 한 것은 영장주의에 위반된다. 2022 변시 ( )

151-2 기지국 수사를 허용하는 통신사실 확인자료 제공요청은 법원의 허가를 받으면, 해당 가입자의 동의나 승낙을 얻지 아니하고도 제3자인 전기통신사업자에게 해당 가입자에 관한 통신사실 확인자료의 제공을 요청할 수 있도록 하는 수사방법으로, 「통신비밀보호법」이 규정하는 강제처분에 해당하여 헌법상 영장주의가 적용되므로, 영장이 아닌 법원의 허가를 받도록 하고 있는 동법 조항은 헌법상 영장주의에 위배된다. 2023 경찰승진 ( )

151-3 기지국 수사를 허용하는 통신사실 확인자료 제공요청의 경우 관할 지방법원 또는 지원의 허가를 받도록 규정한 「통신비밀보호법」상 조항은 헌법상 영장주의에 위배되지 않는다. 2023 경찰간부 ( )

151-4 기지국 수사를 허용하는 통신사실 확인자료 제공요청은 법원의 허가에 의해 해당 가입자의 동의나 승낙을 얻지 아니하고도 제3자인 전기통신사업자에게 해당 가입자에 관한 통신사실 확인자료의 제공을 요청할 수 있도록 하는 수사방법이므로 헌법상 영장주의가 적용되지 않는다. 2023 법원직 ( )

ANSWER 149-2 × 149-3 × 150 ○ 151-1 × 151-2 × 151-3 ○ 151-4 ×

해설 기지국수사는 통신비밀보호법이 정한 강제처분에 해당되므로 헌법상 영장주의가 적용된다. 헌법상 영장주의의 본질은 강제처분을 함에 있어 중립적인 법관이 구체적 판단을 거쳐야 한다는 점에 있는바, 이 사건 허가조항은 수사기관이 전기통신사업자에게 통신사실 확인자료 제공을 요청함에 있어 **관할 지방법원 또는 지원의 허가를 받도록 규정하고 있으므로 헌법상 영장주의에 위배되지 아니한다**(헌재 2018. 6. 28. 2012헌마538).

152 수사기관의 위치정보 추적자료 제공요청은 「통신비밀보호법」이 정한 강제처분에 해당되므로, 법관이 발부하는 영장에 의하지 않고 관할 지방법원 또는 지원의 허가만 받으면 이를 가능하게 한 것은 영장주의에 위배된다. 2022 국회직8급 ( )

해설 **위치정보 추적자료 제공요청은 통신비밀보호법이 정한 강제처분에 해당되므로 헌법상 영장주의가 적용**된다. 영장주의의 본질은 강제처분을 함에 있어 중립적인 법관이 구체적 판단을 거쳐야 한다는 점에 있는바, **이 사건 허가조항은 수사기관이 전기통신사업자에게 위치정보 추적자료 제공을 요청함에 있어 관할 지방법원 또는 지원의 허가를 받도록 규정하고 있으므로 헌법상 영장주의에 위배되지 아니**한다(헌재 2018.6.28. 2012헌마191 등).

153-1 「전기통신사업법」은 수사기관 등이 전기통신사업자에 대하여 통신자료의 제공을 요청할 수 있는 권한을 부여하면서 전기통신사업자에게 수사기관 등의 통신자료 제공요청에 응하거나 협조하여야 할 의무를 부과하지 않으며, 달리 전기통신사업자의 통신자료 제공을 강제할 수 있는 수단을 마련하고 있지 아니하므로, 동법에 따른 통신자료 제공요청은 강제력이 개입되지 아니한 임의수사에 해당하고 이를 통한 수사기관 등의 통신자료 취득에는 영장주의가 적용되지 아니한다. 2023 경찰승진 ( )

153-2 헌법상 영장주의는 체포·구속·압수·수색 등 기본권을 제한하는 강제처분에 적용되므로, 강제력이 개입되지 않은 임의수사에 해당하는 수사기관 등의 통신자료 취득에는 영장주의가 적용되지 않는다. 2023 법원직 ( )

해설 헌법상 영장주의는 체포·구속·압수·수색 등 기본권을 제한하는 강제처분에 적용되므로, 강제력이 개입되지 않은 **임의수사에 해당하는 수사기관 등의 통신자료 취득에는 영장주의가 적용되지 않는다**(헌재 2022.7.21. 2016헌마388).

154-1 영장주의는 형사절차와 관련하여 체포·구속·압수·수색의 강제처분을 할 때 신분이 보장되는 법관이 발부한 영장에 의하지 않으면 안 된다는 원칙으로서 형사절차뿐만 아니라 징계절차에도 적용된다. 2022 입법고시 ( )

154-2 전투경찰순경의 인신구금을 내용으로 하는 영창처분에 대하여 영장주의가 적용될 여지는 없으나, 적법절차원칙은 준수되어야 한다. 2023 입법고시 ( )

154-3 전투경찰순경에 대한 징계처분을 규정하고 있는 구 「전투경찰대 설치법」의 조항 중 '전투경찰순경에 대한 영창' 부분은 그 사유의 제한, 징계대상자의 출석권과 진술권의 보장 및 법률에 의한 별도의 불복절차가 마련되어 있으므로 헌법 제12조 제1항의 적법절차원칙에 위배되지 않는다. 2022 지방직7급 ( )

154-4 헌법에서 채택하고 있는 적법절차원칙은 모든 국가작용이 아닌 신체의 자유와 관련되는 형사처벌에만 적용되며, 행정상의 불이익으로 전투경찰순경에 대한 징계처분 중 하나인 인신구금을 내용으로 하는 영창처분에는 적용되지 않는다. 2024 경찰승진 ( )

ANSWER 152 × 153-1 ○ 153-2 ○ 154-1 × 154-2 ○ 154-3 ○ 154-4 ×

해설 헌법 제12조 제1항의 적법절차원칙은 형사소송절차에 국한되지 않고 모든 국가작용 전반에 대하여 적용되므로, **전투경찰순경의 인신구금을 내용으로 하는 영창처분에 있어서도 적법절차원칙이 준수되어야 한다.** 그런데 전투경찰순경에 대한 영창처분은 그 사유가 제한되어 있고, 징계위원회의 심의절차를 거쳐야 하며, 징계 심의 및 집행에 있어 징계대상자의 출석권과 진술권이 보장되고 있다. 또한 소청과 행정소송 등 별도의 불복절차가 마련되어 있고 소청에서 당사자 의견진술 기회 부여를 소청결정의 효력에 영향을 주는 중요한 절차적 요건으로 규정하는바, 이러한 점들을 종합하면 이 사건 영창조항이 헌법에서 요구하는 수준의 절차적 보장 기준을 충족하지 못했다고 볼 수 없으므로 헌법 제12조 제1항의 적법절차원칙에 위배되지 아니한다.

이 사건 영창조항이 헌법상 영장주의에 위배된다는 주장도 하나, 헌법 제12조 제3항에서 규정하고 있는 **영장주의란 형사절차와 관련하여 체포ㆍ구속ㆍ압수ㆍ수색의 강제처분을 할 때 신분이 보장되는 법관이 발부한 영장에 의하지 않으면 안 된다는 원칙으로, 형사절차가 아닌 징계절차에도 그대로 적용된다고 볼 수 없다.** 따라서 이 사건 영창조항이 헌법상 영장주의에 위반되는지 여부는 더 나아가 판단하지 아니한다.

영창조항에 대하여는 재판관 이정미, 재판관 김이수, 재판관 이진성, 재판관 안창호, 재판관 강일원은 위헌의견이고, 재판관 박한철, 재판관 김창종, 재판관 서기석, 재판관 조용호는 합헌의견으로, 비록 위헌의견에 찬성한 재판관이 다수이지만 헌법 제113조 제1항, 헌법재판소법 제23조 제2항 단서 제1호에서 정한 위헌결정을 위한 심판정족수에는 이르지 못하였으므로 이 사건 영창조항에 대하여 위헌결정을 할 수 없다(헌재 2016.3.31. 2013헌바190).

155-1 병(兵)에 대한 징계처분으로 일정기간 부대나 함정(艦艇) 내의 영창, 그 밖의 구금장소에 감금하는 영창처분이 가능하도록 규정한 조항은 병(兵)의 신체의 자유를 침해하지 않는다. 2022 법원직 ( )

155-2 병(兵)에 대한 징계처분으로 병을 부대나 함정 내의 영창, 그 밖의 구금장소에 감금하는 것을 규정한 구 「군인사법」에 의한 영창처분은 신체의 자유를 제한하는 구금에 해당하고, 이로 인해 헌법 제12조가 보호하려는 신체의 자유가 제한된다. 2023 경찰승진 ( )

155-3 병(兵)에 대한 징계처분으로 일정기간 부대나 함정(艦艇) 내의 영창에 감금하는 처분이 가능하도록 규정한 구 「군인사법」 조항은 군(軍)이라는 특수한 신분관계에서 오는 불가피성 및 그 내용과 집행의 실질, 효과 등에 비추어 볼 때, 그 본질이 일반 형사절차에서 이루어지는 인신구금과 동일하게 취급하기 어렵다는 측면에서 영장주의 원칙이 적용되지 않는다. 2022 경찰2차 ( )

155-4 헌법재판소의 법정의견에 따르면 병(兵)에 대한 징계처분으로 법관의 판단 없이 인신구금이 이루어질 수 있도록 한 영창처분은 영장주의에 위배된다. 2022 국회직8급 ( )

155-5 병(兵)에 대한 징계처분으로 일정기간 부대나 함정(艦艇) 내의 영창, 그 밖의 구금장소에 감금하는 영창처분이 가능하도록 규정한 법률조항은 과잉금지원칙에 위배되어 헌법에 위반된다. 2023 법원행시 ( )

해설 심판대상조항은 병(兵)을 대상으로 한 영창처분을 "부대나 함정 내의 영창, 그 밖의 구금장소에 감금하는 것을 말하며, 그 기간은 15일 이내로 한다."고 규정하고 있으므로, 심판대상조항에 의한 영창처분은 신체의 자유를 제한하는 구금에 해당하고, 이로 인해 헌법 제12조가 보호하려는 신체의 자유가 제한된다. **심판대상조항은 병의 복무규율 준수를 강화하고, 복무기강을 엄정히 하기 위하여 제정된 것으로 군의 지휘명령체계의 확립과 전투력 제고를 목적으로 하는바, 그 입법목적은 정당하고, 심판대상조항은 병에 대하여 강력한 위하력을 발휘하므로 수단의 적합성도 인정**된다. 심판대상조항에 의한 영창처분은 징계처분임에도 불구하

ANSWER 155-1 × 155-2 ○ 155-3 × 155-4 × 155-5 ○

고 신분상 불이익 외에 신체의 자유를 박탈하는 것까지 그 내용으로 삼고 있어 징계의 한계를 초과한 점, 심판대상조항에 의한 영창처분은 그 실질이 구류형의 집행과 유사하게 운영되므로 극히 제한된 범위에서 형사상 절차에 준하는 방식으로 이루어져야 하는데, 영창처분이 가능한 징계사유는 지나치게 포괄적이고 기준이 불명확하여 영창처분의 보충성이 담보되고 있지 아니한 점, 심판대상조항은 징계위원회의 심의·의결과 인권담당 군법무관의 적법성 심사를 거치지만, 모두 징계권자의 부대 또는 기관에 설치되거나 소속된 것으로 형사절차에 견줄만한 중립적이고 객관적인 절차라고 보기 어려운 점, 심판대상조항으로 달성하고자 하는 목적은 인신구금과 같이 징계를 중하게 하는 것으로 달성되는 데 한계가 있고, **병의 비위행위를 개선하고 행동을 교정할 수 있도록 적절한 교육과 훈련을 제공하는 것 등으로 가능한 점**, 이와 같은 점은 일본, 독일, 미국 등 외국의 입법례를 살펴보더라도 그러한 점 등에 비추어 **심판대상조항은 침해의 최소성 원칙에 어긋**난다. 군대 내 지휘명령체계를 확립하고 전투력을 제고한다는 공익은 매우 중요한 공익이나, **심판대상조항으로 과도하게 제한되는** 병의 신체의 자유가 위 공익에 비하여 **결코 가볍다고 볼 수 없어, 심판대상조항은 법익의 균형성 요건도 충족하지 못한다**. 이와 같은 점을 종합할 때, **심판대상조항은 과잉금지원칙에 위배**된다(헌재 2020.9.24. 2017헌바157 등). - 9명의 헌법재판관 중 7명이 병에 대한 영창처분은 과잉금지의 원칙에 위반되어 위헌이라는 의견이었고, 위헌의견을 낸 7명의 헌법재판관 중에서 4명은 영장주의원칙에도 위반된다는 보충의견을 제시하였다. 그리고 2명의 헌법재판관은 과잉금지의 원칙에 위배되지 않고, 병에 대한 영창처분은 영장주의 원칙이 적용되지 않기 때문에 영장주의 원칙에도 위배되지 않는다는 합헌의견이었다.

156-1 피의자를 긴급체포하여 조사한 결과 구금을 계속할 필요가 없다고 판단하여 48시간 이내에 석방하는 경우까지도 수사기관이 반드시 체포영장발부절차를 밟게 하는 것은 인권침해적 상황을 예방하는 적절한 방법이다. 2022 지방직7급 ( )

156-2 피의자를 긴급체포한 경우 사후 체포영장을 청구하도록 규정하지 않고 피의자를 구속하고자 할 때에 한하여 구속영장을 청구하도록 규정한 「형사소송법」상 영장청구조항은 헌법상 영장주의에 위반된다고 단정할 수 없다. 2022 경찰간부 ( )

> 해설 이 사건 영장청구조항은 수사기관이 긴급체포한 피의자를 사후 영장청구 없이 석방할 수 있도록 규정하고 있다. **피의자를 긴급체포하여 조사한 결과 구금을 계속할 필요가 없다고 판단하여 48시간 이내에 석방하는 경우까지도 수사기관이 반드시 체포영장발부절차를 밟게 한다면, 이는 피의자, 수사기관 및 법원 모두에게 비효율을 초래할 가능성이 있고, 경우에 따라서는 오히려 인권침해적인 상황을 발생시킬 우려도 있다.** 형사소송법은 긴급체포를 예외적으로만 허용하고 있고 피의자 석방 시 석방의 사유 등을 법원에 통지하도록 하고 있으며 긴급체포된 피의자도 체포적부심사를 청구할 수 있어 긴급체포제도의 남용을 예방하고 있다. **이 사건 영장청구조항은 사후 구속영장의 청구시한을 체포한 때부터 48시간으로 정하고 있다. 이는 긴급체포의 특수성, 긴급체포에 따른 구금의 성격, 형사절차에 불가피하게 소요되는 시간 및 수사현실 등에 비추어 볼 때 입법재량을 현저하게 일탈한 것으로 보기 어렵다. 또한 이 사건 영장청구조항은 체포한 때로부터 48시간 이내라 하더라도 피의자를 구속할 필요가 있는 때에는 지체 없이 구속영장을 청구하도록 함으로써 사후영장청구의 시간적 요건을 강화하고 있다. 따라서 이 사건 영장청구조항은 헌법상 영장주의에 위반되지 아니한다**(헌재 2021.3.25. 2018헌바212).

157 국가보안법 위반죄 등 일부 범죄혐의자를 법관의 영장 없이 구속, 압수, 수색할 수 있도록 규정하고, 법관에 의한 사후영장제도도 마련하지 않은 구 「인신구속 등에 관한 임시 특례법」 조항은 국가비상사태에 준하는 상황에서 내려진 특별한 조치임을 감안하면 영장주의의 본질을 침해한다고 볼 수 없다. 2023 경찰차 ( )

> 해설 이 사건 법률조항은 수사기관이 법관에 의하여 발부된 영장 없이 일부 범죄혐의자에 대하여 구속 등 강제처분을 할 수 있도록 규정하고 있을 뿐만 아니라, 그와 같이 영장 없이 이루어진 강제처분에 대하

ANSWER 156-1 ✕ 156-2 ○ 157 ✕

여 일정한 기간 내에 법관에 의한 사후영장을 발부받도록 하는 규정도 마련하지 아니함으로써, 수사기관이 법관에 의한 구체적 판단을 전혀 거치지 않고서도 임의로 불특정한 기간 동안 피의자에 대한 구속 등 강제처분을 할 수 있도록 하고 있는바, 이는 **이 사건 법률조항의 입법목적과 그에 따른 입법자의 정책적 선택이 자의적이었는지 여부를 따질 필요도 없이 형식적으로 영장주의의 본질을 침해한다고 하지 않을 수 없다**(헌재 2012.12.27. 2011헌가5).

158-1 진술거부권은 형사절차에서만 보장되는 것은 아니고, 행정절차 또는 국회에서의 질문 등 어디에서나 그 진술이 자기에게 형사상 불리한 경우 이를 강요받지 아니할 국민의 기본권으로 보장된다. 2022 법원직 ( )

158-2 헌법 제12조 제2항은 "모든 국민은 형사상 자기에게 불리한 진술을 강요당하지 아니한다."라고 하여 진술거부권을 보장하였는바, 이러한 진술거부권은 형사절차뿐만 아니라 행정절차나 국회에서의 조사절차에서도 보장된다. 2023 지방직7급 ( )

> **해설** 헌법 제12조 제2항은 "모든 국민은 고문을 받지 아니하며, 형사상 자기에게 불리한 진술을 강요당하지 아니한다."고 규정하여 형사책임에 관하여 자기에게 불이익한 진술을 강요당하지 않을 것을 국민의 기본권으로 보장하고 있다. **이러한 진술거부권은 형사절차에서만 보장되는 것이 아니고 행정절차이거나 국회에서의 질문 등 어디에서나 그 진술이 자기에게 형사상 불리한 경우에는 묵비권을 가지고 이를 강요받지 아니할 국민의 기본권으로 보장**된다(대판 2015.5.28. 2015도3136).

159-1 교통·에너지·환경세의 과세물품 및 수량을 신고하도록 한 교통·에너지·환경세법 제7조 제1항은 진술거부권을 제한하는 것이다. 2023 지방직7급 ( )

159-2 '대체유류'를 제조하였다고 신고하는 것이 곧 석유사업법위반죄를 시인하는 것이나 마찬가지라고 할 수 없고, 신고의무 이행 시 과세절차가 곧바로 석유사업법위반죄의 처벌을 위한 자료의 수집·획득 절차로 이행되는 것도 아니므로 유사석유제품을 제조하여 조세를 포탈한 자를 처벌하도록 규정한 구「조세범 처벌법」조항이 형사상 불리한 진술을 강요하는 것이라고 볼 수 없다. 2023 경찰간부 ( )

> **해설** '대체유류'를 제조하였다고 신고하는 것이 곧 석유사업법위반죄를 시인하는 것이나 마찬가지라고 할 수 없고, 신고의무 이행 시 과세절차가 곧바로 석유사업법위반죄의 처벌을 위한 자료의 수집·획득 절차로 이행되는 것도 아니므로, **교통·에너지·환경세 등의 납부 의무가 발생하고 그 세금을 신고·납부기한 내에 납부하지 아니하는 등의 사유로 심판대상조항에 따라 처벌된다고 하더라도 이를 두고 심판대상조항이 형사상 불리한 진술을 강요하는 것이라고 볼 수 없다.** 따라서 심판대상조항은 진술거부권을 제한하지 아니한다(헌재 2017.7.27. 2012헌바323).

160-1 육군 장교가 민간법원에서 약식명령을 받아 확정되면 자진신고할 의무를 규정한 '2020년도 장교 진급지시' 중 '민간법원에서 약식명령을 받아 확정된 사실이 있는 자'에 관한 부분은 육군 장교인 청구인의 진술거부권을 침해한다. 2023 경찰간부 ( )

160-2 '2020년도 장교 진급지시' Ⅳ. 제4장 5. 가. 2) 나) 중 '민간법원에서 약식명령을 받아 확정된 사실이 있는 자'에 관한 부분은 육군 장교가 민간법원에서 약식명령을 받아 확정된 사실만을 자진신고 하도록 하고 있는바, 위 사실 자체는 형사처벌의 대상이 아니고 약식명령의 내용이 된 범죄사실의 진위 여부를 밝힐 것을 요구하는 것도 아니므로, 범죄의 성립과 양형에서의 불리한 사실 등을 말하게 하는 것이라 볼 수 없다.
2023 지방직7급 ( )

ANSWER 158-1 ○ 158-2 ○ 159-1 × 159-2 ○ 160-1 × 160-2 ○

해설 헌법 제12조 제2항에서 규정하는 진술거부권에 있어서의 진술이란, 형사상 자신에게 불이익이 될 수 있는 진술로서 범죄의 성립과 양형에서의 불리한 사실 등을 말하는 것을 의미한다. **20년도 육군지시 자진신고조항은 민간법원에서 약식명령을 받아 확정된 사실만을 자진신고 하도록 하고 있는바, 위 사실 자체는 형사처벌의 대상이 아니고 약식명령의 내용이 된 범죄사실의 진위 여부를 밝힐 것을 요구하는 것도 아니므로, 범죄의 성립과 양형에서의 불리한 사실 등을 말하게 하는 것이라 볼 수 없다**(헌재 2021.8.31. 2020헌마12 등).

161 성매매를 한 자를 형사처벌하도록 규정한 「성매매알선 등 행위의 처벌에 관한 법률」상 자발적 성매매와 성매매피해자를 구분하는 차별적 범죄화는 성판매자로 하여금 성매매피해자로 구제받기 위하여 성매매 사실을 스스로 진술하게 하므로 성판매자의 진술거부권을 침해한다. 2023 경찰간부 ( )

해설 **심판대상조항은 성판매자에게 형사상 불이익한 진술의무를 부과하는 조항이라 볼 수 없으므로 진술거부권을 제한하지 아니하며**, 국내법과 동일한 효력을 가지는 국제협약은 위헌심사의 기준이 되지 못한다는 점에서 위 주장은 모두 이유 없다(헌재 2016.3.31. 2013헌가2).

162 공소제기가 없는 피의자는 물론 공소가 제기된 피고인이라도 유죄의 확정판결이 있기 전까지는 원칙적으로 죄가 없는 자에 준하여 취급하여야 한다. 2023 해양경찰 ( )

해설 우리 헌법 제27조 제4항은 "형사피고인은 유죄의 판결이 확정될 때까지는 무죄로 추정된다."고 하여 무죄추정의 원칙을 천명하고 있다. **무죄추정의 원칙이라 함은, 아직 공소제기가 없는 피의자는 물론 공소가 제기된 피고인이라도 유죄의 확정판결이 있기까지는 원칙적으로 죄가 없는 자에 준하여 취급하여야** 하고 불이익을 입혀서는 안되며 가사 그 불이익을 입힌다 하여도 필요한 최소한도에 그쳐야 한다는 원칙을 말한다(헌재 2011.4.28. 2010헌마474).

163 무죄추정의 원칙은 증거법에 국한된 원칙이 아니라 수사절차에서 공판절차에 이르기까지 형사절차의 전과정을 지배하는 지도원리로서 인신의 구속 자체를 제한하는 원리로 작용한다. 2023 법원행시 ( )

해설 헌법상 무죄추정의 원칙은 형사재판에 있어서 유죄의 판결이 확정될 때까지 피의자나 피고인은 원칙적으로 죄가 없는 자로 다루어져야 하고, 그 불이익은 필요최소한에 그쳐야 한다는 것을 의미한다. 이러한 **무죄추정의 원칙은 증거법에 국한된 원칙이 아니라 수사절차에서 공판절차에 이르기까지 형사절차의 전 과정을 지배하는 지도원리로서 인신의 구속 자체를 제한하는 원리로 작용**한다(헌재 2010.11.25. 2009헌바8).

164-1 무죄추정의 원칙상 금지되는 '불이익'이란 '범죄사실의 인정 또는 유죄를 전제로 그에 대하여 법률적·사실적 측면에서 유형·무형의 차별취급을 가하는 유죄인정의 효과로서의 불이익'을 뜻하고, 이는 비단 형사절차 내에서의 불이익뿐만 아니라 기타 일반법 생활 영역에서의 기본권 제한과 같은 경우에도 적용된다. 2023 법원행시 ( )

164-2 무죄추정의 원칙상 금지되는 '불이익'이란 '범죄사실의 인정 또는 유죄를 전제로 그에 대하여 법률적·사실적 측면에서 유형·무형의 차별취급을 가하는 유죄인정의 효과로서의 불이익'을 말한다. 2024 경찰승진 ( )

해설 우리 헌법 제27조 제4항은 "형사피고인은 유죄의 판결이 확정될 때까지는 무죄로 추정된다."고 하여 무죄추정의 원칙을 천명하고 있다. 무죄추정의 원칙이라 함은, 아직 공소제기가 없는 피의자는 물론 공소가 제기된 피고인이라도 유죄의 확정판결이 있기까지는 원칙적으로 죄가 없는 자에 준하여 취급하여야 하고 불이익을 입혀서는 안되며 가사 그 불이익을 입힌다 하여도 필요한 최소한도에 그쳐야 한다는 원칙을 말한다. 그리고 **무죄추정의 원칙상 금지되는 '불이익'이란 '범죄사실의 인정 또는 유죄를 전제로**

ANSWER 161 × 162 ○ 163 ○ 164-1 ○ 164-2 ○

그에 대하여 법률적·사실적 측면에서 유형·무형의 차별취급을 가하는 유죄인정의 효과로서의 불이익'을 뜻하고, 이는 비단 형사절차 내에서의 불이익뿐만 아니라 기타 일반법 생활 영역에서의 기본권 제한과 같은 경우에도 적용된다(헌재 2011.4.28. 2010헌마474).

165 형사기소된 국가공무원을 직위해제 할 수 있도록 규정한 법률조항은 무죄추정의 원칙에 위배된다고 볼 수 없다. 2023 해양경찰 ( )

> 해설 이 사건 법률조항은 직위해제처분을 받은 공무원에 대한 범죄사실 인정이나 유죄판결을 전제로 하여 불이익을 과하는 것이 아니므로 무죄추정의 원칙에 위배된다고 볼 수 없다(헌재 2006.5.25. 2004헌바12).

166 「국민기초생활 보장법」상의 수급권자가 구치소에 수감되어 형이 확정되지 않았음에도 기초생활보장급여의 지급대상에서 제외하는 것은 무죄추정의 원칙에 위반된다고 볼 수 없다. 2023 법원행시 ( )

> 해설 「국민기초생활 보장법」상의 수급권자가 구치소에 수감되어 형이 확정되지 않은 상황에서 개별가구에서 제외되는 것은 그 사람을 유죄로 취급하여 어떠한 불이익을 주기 위한 것이 아니라 「국민기초생활 보장법」의 보충급여의 원칙에 따라 다른 법령에 의하여 생계유지의 보호를 받게 되는 경우, 중복적인 보장을 피하기 위해 개별가구에서 제외시키는 것으로 이를 '유죄인정의 효과'로서의 불이익이라고 볼 수 없는바, 이 사건 조항이 **무죄추정의 원칙에 위반된다고 볼 수 없다**(헌재 2011.3.31. 2009헌마617 등).

167 구속기간의 제한은 수사를 촉진시켜 형사피의자의 신체구속이라는 고통을 감경시켜 주고 신속한 공소제기 및 그에 따른 신속한 재판을 가능케 한다는 점에서 헌법 제27조 제3항에서 보장된 신속한 재판을 받을 권리의 실현을 위하여서도 불가결한 조건이다. 2021 경찰경력채용 ( )

> 해설 신체의 자유를 최대한으로 보장하려는 헌법정신 특히 무죄추정의 원칙으로 인하여 수사와 재판은 불구속을 원칙으로 한다. 그러므로 구속은 예외적으로 구속 이외의 방법에 의하여서는 범죄에 대한 효과적인 투쟁이 불가능하여 형사소송의 목적을 달성할 수 없다고 인정되는 경우에 한하여 최후의 수단으로만 사용되어야 하며 구속수사 또는 구속재판이 허용될 경우라도 그 구속기간은 가능한 한 최소한에 그쳐야 하는 것이다. 특히 **수사기관에 의한 신체구속은 신체적·정신적 고통 외에도 자백강요, 사술(詐術), 유도(誘導), 고문 등의 사전예방을 위해서도 최소한에 그쳐야 할 뿐더러 구속기간의 제한은 수사를 촉진시켜 신속한 공소제기 및 그에 따른 신속한 재판을 가능케 한다는 점에서 헌법 제27조 제3항에서 보장된 신속한 재판을 받을 권리의 실현을 위해서도 불가결한 조건이 된다**(헌재 2003.11.27. 2002헌마193).

168 법관으로 하여금 미결구금일수를 형기에 산입하되, 그 미결구금일수 중 일부를 산입하지 않을 수 있게 허용하는 「형법」 규정은 무죄추정의 원칙 및 적법절차의 원칙 등을 위배하여 신체의 자유를 침해한다.
2022 경찰승진 / 2023 법원행시 ( )

> 해설 형법 제57조 제1항은 해당 법관으로 하여금 미결구금일수를 형기에 산입하되, 그 산입범위는 재량에 의하여 결정하도록 하고 있는바, 이처럼 미결구금일수 산입범위의 결정을 법관의 자유재량에 맡기는 이유는 피고인이 고의로 부당하게 재판을 지연시키는 것을 막아 형사재판의 효율성을 높이고, 피고인의 남상소를 방지하여 상소심 법원의 업무부담을 줄이는데 있다. … 이와 같이 헌법상 무죄추정의 원칙에 따라 유죄판결이 확정되기 전에 피의자 또는 피고인을 죄 있는 자에 준하여 취급함으로써 법률적·사실적 측면에서 유형·무형의 불이익을 주어서는 아니되고, 특히 미결구금은 신체의 자유를 침해받는 피의자 또는 피고인의 입장에서 보면 실질적으로 자유형의 집행과 다를 바 없으므로, 인권보호 및 공평의 원칙상 형기에 전부 산입되어야 한다. 따라서 형법 제57조 제1항 중 "또는 일부 부분"은 헌법상 **무죄추정의 원칙 및 적법절차의 원칙 등을 위배하여 합리성과 정당성 없이 신체의 자유를 침해한다**(헌재 2009.6.25. 2007헌바25).

ANSWER 165 ○ 166 ○ 167 ○ 168 ○

169 상소제기 후의 미결구금일수 산입을 규정하면서 상소제기 후 상소취하시까지의 구금일수 통산에 관하여는 규정하지 아니함으로써 이를 본형 산입의 대상에서 제외되도록 한 「형사소송법」 조항은 신체의 자유를 지나치게 제한하는 것으로서 헌법에 위반된다. 2021 경찰승진 ( )

해설 구속 피고인이 상소하였다가 상소를 취하한 때에는 이 사건 법률조항들이 상소제기 후 상소취하시까지의 구금기간을 통산하도록 규정하고 있지 아니함으로써 그 구금기간을 본형에 산입받지 못하는 바, **이로 인하여 상소를 취하한 구속 피고인은 상소기각판결을 선고받은 구속 피고인에 비하여 현저히 불리한 차별을 받는 결과가 된다.** 결국 상소제기 후 상소취하시까지의 미결구금을 형기에 산입하지 아니하는 것은 헌법상 무죄추정의 원칙 및 적법절차의 원칙, 평등원칙 등을 위배하여 합리성과 정당성 없이 신체의 자유를 지나치게 제한하는 것이고, 따라서 '상소제기 후 미결구금일수의 산입'에 관하여 규정하고 있는 이 사건 법률조항들이 상소제기 후 상소취하시까지의 미결구금일수를 본형에 산입하도록 규정하지 아니한 것은 헌법에 위반된다(헌재 2009.12.29. 2008헌가13 등).

170 공금 횡령 비위로 징계부가금 부과를 의결받은 자에 대한 법원의 유죄판결 확정 전 징계부가금 집행은 무죄추정원칙에 위배된다. 2022 경찰간부 ( )

해설 행정소송에 관한 판결이 확정되기 전에 행정청의 처분에 대하여 공정력과 집행력을 인정하는 것은 징계부가금에 국한되는 것이 아니라 우리 행정법체계에서 일반적으로 채택되고 있는 것이므로, **징계부가금 부과처분에 대하여 공정력과 집행력을 인정한다고 하여 이를 확정판결 전의 형벌집행과 같은 것으로 보아 곧바로 무죄추정원칙에 위배된다고 할 수 없다**(헌재 2015.2.26. 2012헌바435).

171 변호사에 대한 징계 절차가 개시되어 그 재판이나 징계 결정의 결과 등록취소, 영구제명 또는 제명에 이르게 될 가능성이 매우 크고, 그대로 두면 장차 의뢰인이나 공공의 이익을 해칠 구체적인 위험성이 있는 경우 법무부징계위원회의 의결을 거쳐 법무부장관이 업무정지를 명하더라도 무죄추정원칙에 위배된다.
2022 경찰간부 ( )

해설 이 사건 법률조항은 공소제기된 변호사에 대하여 유죄의 개연성을 전제로 업무정지라는 불이익을 부과할 수 있도록 하고 있으나, 이 사건 법률조항에 의한 업무정지명령은 의뢰인의 이익과 법적 절차의 공정성·신속성 및 그에 대한 국민의 신뢰라는 중대한 공익을 보호하기 위한 잠정적이고 가처분적 성격을 가지는 것으로, **법무부장관의 청구에 따라 법무부징계위원회라는 합의제 기관의 의결을 거쳐 업무정지명령을 발할 수 있도록 하는 한편, 해당 변호사에게 청문의 기회를 부여하고, 그 기간 또한 원칙적으로 6개월로 정하도록 함으로써, 그러한 불이익이 필요최소한에 그치도록 엄격한 요건 및 절차를 규정하고 있다. 따라서 이 사건 법률조항은 무죄추정의 원칙에 위반되지 아니한다**(헌재 2014.4.24. 2012헌바45).

172 소년보호사건에서 1심 결정 집행에 의한 소년원 수용기간을 항고심 결정에 의한 보호기간에 산입하지 않는 것은 무죄추정원칙에 위배된다. 2022 경찰간부 ( )

해설 소년보호사건은 소년의 개선과 교화를 목적으로 하는 것으로서 통상의 형사사건과는 구별되어야 하고, 법원이 소년의 비행사실이 인정되고 보호의 필요성이 있다고 판단하여 소년원 송치처분을 함과 동시에 이를 집행하는 것은 무죄추정원칙과는 무관하다. 소년보호사건에서 소년은 피고인이 아닌 피보호자이며, 원 결정에 따라 소년원 송치처분을 집행하는 것은 비행을 저지른 소년에 대한 보호의 필요성이 시급하다고 판단하였기 때문에 즉시 보호를 하기 위한 것이지, 소년이 비행을 저질렀다는 전제하에 그에게 불이익을 주거나 처벌을 하기 위한 것이 아니다. 또한 **항고심에서는 1심 결정과 그에 따른 집행을 감안하여 항고심 판단 시를 기준으로 소년에 대한 보호의 필요성과 그 정도를 판단하여 새로운 처분을 하는 것이다. 따라서 1심 결정에 의한 소년원 수용기간을 항고심 결정에 의한 보호기간에 산입하지 않더라도 이는 무죄추정원칙과는 관련이 없으므로 이 사건 법률조항은 무죄추정원칙에 위배되지 않는다**(헌재 2015.12.23. 2014헌마768).

ANSWER 169 ○ 170 × 171 × 172 ×

173 구 「아동·청소년의 성보호에 관한 법률」상 성폭력범죄 피해아동의 진술이 수록된 영상녹화물에 대하여 피해아동의 법정 진술 없이도 조사과정에 동석하였던 신뢰관계에 있는 자의 진술에 의하여 그 성립의 진정함이 인정된 때 그 증거능력을 인정하는 조항은 무죄추정원칙에 위배된다. 2024 경찰승진 ( )

> **해설** 청구인은 증거능력 특례조항이 헌법 제27조 제4항에서 정한 무죄추정의 원칙에 반한다고 주장한다. 그러나 증거능력 특례조항은 피고인이 유죄라는 전제에서 전문증거의 증거능력을 인정하는 것이 아니라, 피해아동이 법정에서 피해경험을 진술함으로 인하여 입을 수 있는 2차 피해를 방지하는 데 목적이 있을 뿐이다. 또 아동진술의 특수성에 비추어, 사건이 발생한 초기에 이루어진 피해아동의 진술을 영상녹화하여 전문적이고 과학적인 방법을 통해 그 신빙성을 검증하는 것이 피고인의 무고함을 밝히는 데 보다 적합한 수단이 될 수도 있으므로, 증거능력 특례조항이 피고인이 유죄임을 전제로 한 규정이라고 볼 수 없다. 따라서 **청구인의 이 부분 주장도 받아들일 수 없다**(헌재 2013.12.26. 2011헌바108).
> 심판대상조항은 **과잉금지원칙을 위반하여** 청구인의 공정한 재판을 받을 권리를 침해한다(헌재 2021.12.23. 2018헌바524).

174 수사 및 재판단계에서 유죄가 확정되지 아니한 미결수용자에게 수용시설 밖에서 재소자용 의류를 입게 하는 것은 무죄추정의 원칙에 위배된다. 2023 해양경찰 ( )

> **해설** 수사 및 재판단계에서 유죄가 확정되지 아니한 미결수용자에게 재소자용 의류를 입게 하는 것은 미결수용자로 하여금 모욕감이나 수치심을 느끼게 하고, 심리적인 위축으로 방어권을 제대로 행사할 수 없게 하여 실체적 진실의 발견을 저해할 우려가 있으므로, **도주 방지 등 어떠한 이유를 내세우더라도 그 제한은 정당화될 수 없어 헌법 제37조 제2항의 기본권 제한에서의 비례원칙에 위반되는 것으로서, 무죄추정의 원칙에 반하고 인간으로서의 존엄과 가치에서 유래하는 인격권과 행복추구권, 공정한 재판을 받을 권리를 침해하는 것이다**(헌재 1999.5.27. 97헌마137 등).

175 누구든지 체포 또는 구속의 이유와 변호인의 조력을 받을 권리가 있음을 고지받지 아니하고는 체포 또는 구속을 당하지 아니한다. 체포 또는 구속을 당한 자의 가족등 법률이 정하는 자에게는 그 이유와 일시 장소가 지체 없이 통지되어야 한다. 2022 경찰1차 ( )

> **해설** 누구든지 체포 또는 구속의 이유와 변호인의 조력을 받을 권리가 있음을 고지받지 아니하고는 체포 또는 구속을 당하지 아니한다. 체포 또는 구속을 당한 자의 가족등 법률이 정하는 자에게는 그 이유와 일시·장소가 지체없이 통지되어야 한다(헌법 제12조 제5항).

176 누구든지 체포 또는 구속을 당한 때에는 적부의 심사를 법원에 청구할 권리를 가진다. 2024 행시 ( )

> **해설** 누구든지 체포 또는 구속을 당한 때에는 적부의 심사를 법원에 청구할 권리를 가진다(헌법 제12조 제6항).

177 피고인의 자백이 고문·폭행·협박·구속의 부당한 장기화 또는 기망 기타의 방법에 의하여 자의로 진술된 것이 아니라고 인정될 때 또는 정식재판에 있어서 피고인의 자백이 그에게 불리한 유일한 증거일 때에는 이를 유죄의 증거로 삼거나 이를 이유로 처벌할 수 없다. 2022 경찰1차 ( )

> **해설** 피고인의 자백이 고문·폭행·협박·구속의 부당한 장기화 또는 기망 기타의 방법에 의하여 자의로 진술된 것이 아니라고 인정될 때 또는 정식재판에 있어서 피고인의 자백이 그에게 불리한 유일한 증거일 때에는 이를 유죄의 증거로 삼거나 이를 이유로 처벌할 수 없다(헌법 제12조 제7항).

178 누구든지 체포 또는 구속을 당한 때에는 즉시 변호인의 조력을 받을 권리를 가지는데, 헌법은 형사피의자와 형사피고인이 스스로 변호인을 구할 수 없을 때에는 법률이 정하는 바에 의하여 국가가 변호인을 붙인다고 규정하고 있다. 2024 행시 ( )

ANSWER 173 ✕   174 ○   175 ○   176 ○   177 ○   178 ✕

해설 누구든지 체포 또는 구속을 당한 때에는 즉시 변호인의 조력을 받을 권리를 가진다. 다만, 형사피고인이 스스로 변호인을 구할 수 없을 때에는 법률이 정하는 바에 의하여 국가가 변호인을 붙인다(헌법 제12조 제4항).

179-1 변호인의 조력을 받을 권리는 체포 또는 구속을 당하지 아니한 불구속 피의자나 피고인에게도 인정된다. 2023 행시 ( )

179-2 우리 헌법은 변호인의 조력을 받을 권리가 불구속 피의자·피고인 모두에게 포괄적으로 인정되는지 여부에 관하여 명시적으로 규율하고 있지는 않지만, 불구속 피의자의 경우에도 변호인의 조력을 받을 권리는 우리 헌법에 나타난 법치국가원리, 적법절차원칙에서 인정되는 당연한 내용이다. 2023 경찰1차 ( )

179-3 헌법 제12조 제4항 본문은 "누구든지 체포 또는 구속을 당한 때에는 즉시 변호인의 조력을 받을 권리를 가진다."라고 규정하고 있으나, 인신의 구속 여부를 불문하고 피의자와 피고인 모두 변호인의 조력을 받을 권리의 주체가 된다. 2024 법원행시 ( )

179-4 변호인과 상담하고 조언을 구할 권리는 변호인의 조력을 받을 권리의 내용 중 구체적인 입법형성이 필요한 다른 절차적 권리의 필수적인 전제요건으로서 변호인의 조력을 받을 권리 그 자체에서 막바로 도출되는 것이다. 2023 경찰1차 ( )

해설 우리 헌법은 변호인의 조력을 받을 권리가 불구속 피의자·피고인 모두에게 포괄적으로 인정되는지 여부에 관하여 **명시적으로 규율하고 있지는 않지만, 불구속 피의자의 경우에도 변호인의 조력을 받을 권리는 우리 헌법에 나타난 법치국가원리, 적법절차원칙에서 인정되는 당연한 내용**이고, 헌법 제12조 제4항도 이를 전제로 특히 신체구속을 당한 사람에 대하여 변호인의 조력을 받을 권리의 중요성을 강조하기 위하여 별도로 명시하고 있다. 피의자·피고인의 구속 여부를 불문하고 조언과 상담을 통하여 이루어지는 변호인의 조력자로서의 역할은 변호인선임권과 마찬가지로 변호인의 조력을 받을 권리의 내용 중 가장 핵심적인 것이고, **변호인과 상담하고 조언을 구할 권리는 변호인의 조력을 받을 권리의 내용 중 구체적인 입법형성이 필요한 다른 절차적 권리의 필수적인 전제요건으로서 변호인의 조력을 받을 권리 그 자체에서 막바로 도출되는 것**이다(헌재 2004.9.23. 2000헌마138).

180-1 헌법 제12조 제4항은 단서에서 "다만, 형사피고인이 스스로 변호인을 구할 수 없을 때에는 법률이 정하는 바에 의하여 국가가 변호인을 붙인다."라고 규정하여 그 주체를 피고인으로 한정하고 있으나, 그 본문은 "누구든지 체포 또는 구속을 당한 때에는 즉시 변호인의 조력을 받을 권리를 가진다."라고 규정하고 있으며, 단서에 의해 본문의 내용을 제한할 수는 없으므로, 국선변호인의 조력을 받을 권리는 피고인뿐 아니라 체포 또는 구속을 당한 피의자에게도 인정된다. 2024 법원행시 ( )

180-2 일반적으로 형사사건에 있어 변호인의 조력을 받을 권리는 피의자나 피고인을 불문하고 보장되나, 그중 특히 국선변호인의 조력을 받을 권리는 피고인에게만 인정되는 것으로 해석함이 상당하다. 2024 입법고시 ( )

해설 법 제12조 제4항의 "누구든지 체포 또는 구속을 당한 때에는 즉시 변호인의 조력을 받을 권리를 가진다. 다만, 형사피고인이 스스로 변호인을 구할 수 없을 때에는 법률이 정하는 바에 의하여 국가가 변호인을 붙인다."는 규정은, **일반적으로 형사사건에 있어 변호인의 조력을 받을 권리는 피의자나 피고인을 불문하고 보장되나, 그중 특히 국선변호인의 조력을 받을 권리는 피고인에게만 인정되는 것으로 해석함이 상당**하다(헌재 2008.9.25. 2007헌마1126).

ANSWER 179-1 ○ 179-2 ○ 179-3 ○ 179-4 ○ 180-1 × 180-2 ○

181 변호인의 조력을 받을 권리란 국가권력의 일방적인 형벌권 행사에 대항하여 자신에게 부여된 헌법상·소송법상 권리를 효율적이고 독립적으로 행사하기 위하여 변호인의 도움을 얻을 피의자 및 피고인의 권리를 말한다. 2022 경찰2차 ( )

해설 변호인의 조력을 받을 권리란 국가권력의 일방적인 형벌권 행사에 대항하여 자신에게 부여된 헌법상·소송법상 권리를 효율적이고 독립적으로 행사하기 위하여 변호인의 도움을 얻을 피의자 및 피고인의 권리를 말한다(헌재 2011.5.26. 2009헌마341).

182-1 피의자 및 피고인이 가지는 변호인의 조력을 받을 권리가 실질적으로 확보되기 위해서는, 피의자 및 피고인에 대한 변호인의 조력할 권리의 핵심적인 부분도 헌법상 기본권으로서 보호되어야 한다. 2023 경찰승진
( )

182-2 피구속자를 조력할 변호인의 권리 중 그것이 보장되지 않으면 피구속자가 변호인으로부터 조력을 받는다는 것이 유명무실하게 되는 핵심적인 부분은, '조력을 받을 피구속자의 기본권'과 표리의 관계에 있기 때문에, 이러한 핵심부분에 관한 변호인의 조력할 권리 역시 헌법상의 기본권으로서 보호되어야 한다.
2024 입법고시 ( )

해설 피의자 및 피고인이 가지는 변호인의 조력을 받을 권리는 그들을 조력할 변호인의 권리가 보장됨으로써 공고해질 수 있으며, 반면에 변호인의 권리가 보장되지 않으면 유명무실하게 될 수 있다. 피의자 및 피고인을 조력할 변호인의 권리 중 그것이 보장되지 않으면 그들이 변호인의 조력을 받는다는 것이 유명무실하게 되는 핵심적인 부분은 헌법상 기본권인 피의자 및 피고인이 가지는 변호인의 조력을 받을 권리와 표리의 관계에 있다 할 수 있다. 따라서 **피의자 및 피고인이 가지는 변호인의 조력을 받을 권리가 실질적으로 확보되기 위해서는, 피의자 및 피고인에 대한 변호인의 조력할 권리의 핵심적인 부분(이하 '변호인의 변호권'이라 한다)은 헌법상 기본권으로서 보호되어야** 한다(헌재 2017.11.30. 2016헌마503).

183 변호인과의 접견교통권은 헌법 규정에 비추어 체포 또는 구속당한 피의자·피고인 자신에게만 한정되는 신체의 자유에 관한 기본권이지, 그 규정으로부터 변호인의 구속피의자·피고인에 대한 접견교통권까지 파생된다고 할 수는 없다. 2024 변시 ( )

해설 '변호인이 되려는 자'의 접견교통권은 피의자 등을 조력하기 위한 핵심적인 부분으로서, 피의자 등이 가지는 헌법상의 기본권인 '변호인이 되려는 자'와의 접견교통권과 표리의 관계에 있다. 따라서 **피의자 등이 가지는 '변호인이 되려는 자'의 조력을 받을 권리가 실질적으로 확보되기 위해서는 '변호인이 되려는 자'의 접견교통권 역시 헌법상 기본권으로서 보장되어야 한다**(헌재 2019.2.28. 2015헌마1204).

184 변호인과의 자유로운 접견은 신체구속을 당한 사람에게 보장된 변호인의 조력을 받을 권리의 가장 중요한 내용이어서 국가안전 보장·질서유지 또는 공공복리 등 어떠한 명분으로도 제한될 수 있는 성질의 것이 아니라고 할 것이나, 이는 구속된 자와 변호인 간의 접견이 실제로 이루어지는 경우에 있어서의 '자유로운 접견', 즉 '대화내용에 대하여 비밀이 완전히 보장되고 어떠한 제한, 영향, 압력 또는 부당한 간섭 없이 자유롭게 대화할 수 있는 접견'을 제한할 수 없다는 것이지, 변호인과의 접견 자체에 대해 아무런 제한도 가할 수 없다는 것을 의미하는 것은 아니다. 2022 경찰승진 ( )

해설 청구인은 헌법재판소가 "변호인과의 자유로운 접견은 신체구속을 당한 사람에게 보장된 변호인의 조력을 받을 권리의 가장 중요한 내용이어서 국가안전보장·질서유지 또는 공공복리 등 어떠한 명분으로도 제한될 수 있는 성질의 것이 아니다."라고 판시한 것을 들어, 미결수용자와 변호인과의 접견에 대해서는 어떠한 제한도

ANSWER 181 ○ 182-1 ○ 182-2 ○ 183 × 184 ○

할 수 없다고 주장한다. 그러나, 위 결정에서 어떠한 명분으로도 제한할 수 없다고 한 것은 **구속된 자와 변호인 간의 접견이 실제로 이루어지는 경우에 있어서의 '자유로운 접견', 즉 '대화내용에 대하여 비밀이 완전히 보장되고 어떠한 제한, 영향, 압력 또는 부당한 간섭 없이 자유롭게 대화할 수 있는 접견'을 제한할 수 없다는 것이지, 변호인과의 접견 자체에 대해 아무런 제한도 가할 수 없다는 것을 의미하는 것이 아니다**(헌재 2011.5.26. 2009헌마341).

185-1 변호인이 피의자신문에 자유롭게 참여할 수 있는 권리는 피의자가 가지는 변호인의 조력을 받을 권리를 실현하는 수단이므로 헌법상 기본권인 변호인의 변호권으로서 보호되어야 한다.
2021 경찰승진 / 2023 행시 / 2024 입법고시 ( )

185-2 피의자가 갖는 변호인의 조력을 받을 권리는 헌법상 기본권이지만, 변호인의 변호권을 헌법상 기본권이라고 볼 수는 없다. 2023 법원행시 ( )

185-3 '변호인의 피의자신문 참여 운영 지침'상 피의자신문에 참여한 변호인이 피의자 옆에 앉는 경우 피의자 뒤에 앉는 경우보다 수사를 방해할 가능성이나 수사기밀을 유출할 가능성이 높아진다고 볼 수 있으므로, 후방착석요구행위의 목적의 정당성과 수단의 적절성이 인정된다. 2022 경찰간부 ( )

185-4 피의자가 수사기관에서 신문을 받음에 있어서 진술거부권을 제대로 행사하기 위해서 뿐만 아니라 진술거부권을 행사하지 않고 적극적으로 진술하기 위해서는 변호인이 피의자의 후방에 착석하는 것으로도 충분하다. 2023 경찰간부 ( )

> **해설** 진술거부권이 규정되어 있다고 하더라도, **피의자가 수사기관에서 신문을 받음에 있어서 진술거부권을 제대로 행사하기 위해서 뿐만 아니라 진술거부권을 행사하지 않고 적극적으로 진술하기 위해서는 변호인이 피의자의 후방에 착석할 것이 아니라 피의자의 옆에 앉아 조력할 필요가 있다.**
> **변호인이 피의자신문에 자유롭게 참여할 수 있는 권리는 피의자가 가지는 변호인의 조력을 받을 권리를 실현하는 수단이므로 헌법상 기본권인 변호인의 변호권으로서 보호되어야 한다.** 피의자신문에 참여한 변호인이 피의자 옆에 앉는다고 하여 피의자 뒤에 앉는 경우보다 수사를 방해할 가능성이 높아진다거나 수사기밀을 유출할 가능성이 높아진다고 볼 수 없으므로, 이 사건 후방착석요구행위의 **목적의 정당성과 수단의 적절성을 인정할 수 없다.** 이 사건 후방착석요구행위로 인하여 위축된 피의자가 변호인에게 적극적으로 조언과 상담을 요청할 것을 기대하기 어렵고, 변호인이 피의자의 뒤에 앉게 되면 피의자의 상태를 즉각적으로 파악하거나 수사기관이 피의자에게 제시한 서류 등의 내용을 정확하게 파악하기 어려우므로, 이 사건 후방착석요구행위는 변호인인 청구인의 피의자 신문참여권을 과도하게 제한한다. 그런데 이 사건에서 변호인의 수사방해나 수사기밀의 유출에 대한 우려가 없고, 조사실의 장소적 제약 등과 같이 이 사건 후방착석요구행위를 정당화할 그 외의 특별한 사정도 없으므로, 이 사건 후방착석요구행위는 **침해의 최소성 요건을 충족하지 못한다.** 이 사건 후방착석요구행위로 얻어질 공익보다는 변호인의 피의자신문 참여권 제한에 따른 불이익의 정도가 크므로, **법익의 균형성 요건도 충족하지 못한다.** 따라서 이 사건 **후방착석요구행위는 변호인인 청구인의 변호권을 침해한다**(헌재 2017.11.30. 2016헌마503).

186-1 '변호인이 되려는 자'의 접견교통권은 피체포자 등의 '변호인의 조력을 받을 권리'를 기본권으로 인정한 결과 발생하는 간접적이고 부수적인 효과로서 형사소송법 등 개별 법률을 통하여 구체적으로 형성된 법률상의 권리에 불과하다. 2022 법원직 ( )

ANSWER 185-1 ○ 185-2 × 185-3 × 185-4 × 186-1 ×

186-2 '변호인이 되려는 자'의 접견교통권은 피의자 등을 조력하기 위한 핵심적인 권리로서, 피의자 등이 가지는 '변호인이 되려는 자'의 조력을 받을 권리가 실질적으로 확보되기 위하여 법률상의 권리로 보장되어야 한다. 2023 경찰승진 ( )

186-3 변호인 선임을 위하여 피의자 등이 가지는 '변호인이 되려는 자'와의 접견교통권은 헌법상 기본권으로 보호되어야 한다. 2023 경찰승진 ( )

186-4 '변호인이 되려는 자'의 접견교통권은 피의자 등을 조력하기 위한 핵심적인 부분으로서, 피의자 등이 가지는 헌법상의 기본권인 '변호인이 되려는 자'와의 접견교통권과 표리의 관계에 있으므로 피의자 등이 가지는 '변호인이 되려는 자'의 조력을 받을 권리가 실질적으로 확보되기 위해서는 '변호인이 되려는 자'의 접견교통권 역시 헌법상 기본권으로서 보장되어야 한다. 2022 경찰2차 / 2023 국가직7급 ( )

186-5 변호인 선임을 위하여 피의자·피고인이 가지는 '변호인이 되려는 자'와의 접견교통권은 헌법상 기본권으로 보호되어야 하고, '변호인이 되려는 자'의 접견교통권은 피의자·피고인을 조력하기 위한 핵심적인 부분으로서, 피의자·피고인이 가지는 헌법상의 기본권인 '변호인이 되려는 자'와의 접견교통권과 표리의 관계에 있으므로, '변호인이 되려는 자'의 접견교통권 역시 헌법상 기본권으로서 보장되어야 한다. 2024 법원행시 ( )

> **해설** 변호인 선임을 위하여 피의자·피고인(이하 '피의자 등'이라 한다)이 가지는 '변호인이 되려는 자'와의 접견교통권은 헌법상 기본권으로 보호되어야 하고, '변호인이 되려는 자'의 접견교통권은 피의자 등이 변호인을 선임하여 그로부터 조력을 받을 권리를 공고히 하기 위한 것으로서, 그것이 보장되지 않으면 피의자 등이 변호인 선임을 통하여 변호인으로부터 충분한 조력을 받는다는 것이 유명무실하게 될 수밖에 없다. 이와 같이 '변호인이 되려는 자'의 접견교통권은 피의자 등을 조력하기 위한 핵심적인 부분으로서, 피의자 등이 가지는 헌법상의 기본권인 '변호인이 되려는 자'와의 접견교통권과 표리의 관계에 있다. 따라서 피의자 등이 가지는 '변호인이 되려는 자'의 조력을 받을 권리가 실질적으로 확보되기 위해서는 '변호인이 되려는 자'의 접견교통권 역시 헌법상 기본권으로서 보장되어야 한다(헌재 2019. 2. 28. 2015헌마1204).

187-1 변호인의 조력을 받을 권리는 '형사사건에서 변호인의 조력을 받을 권리'를 의미한다고 보아야 할 것이므로 형사절차가 종료되어 교정시설에 수용 중인 수형자나 미결수용자가 형사사건의 변호인이 아닌 민사재판, 행정재판, 헌법재판 등에서 변호사와 접견할 경우에는 원칙적으로 헌법상 변호인의 조력을 받을 권리의 주체가 될 수 없다. 2022 경찰승진 ( )

187-2 형사절차가 종료되어 교정시설에 수용 중인 수형자는 원칙적으로 변호인의 조력을 받을 권리의 주체가 된다. 2023 행시 ( )

187-3 형사절차가 종료되어 교정시설에 수용 중인 수형자가 형사사건의 변호인이 아닌 민사사건, 행정사건, 헌법소원사건 등에서 변호사와 접견할 경우에는 원칙적으로 헌법상 변호인의 조력을 받을 권리의 주체가 될 수 없다. 2024 법원행시 / 2024 입법고시 ( )

187-4 수형자가 형사사건의 변호인이 아닌 민사사건, 행정사건, 헌법소원사건 등에서 변호사와 접견할 경우에는 원칙적으로 헌법상 변호인의 조력을 받을 권리의 주체가 될 수 없다. 2023 경찰간부 ( )

ANSWER 186-2 ×   186-3 ○   186-4 ○   186-5 ○   187-1 ○   187-2 ×   187-3 ○   187-4 ○

해설 변호인의 조력을 받을 권리에 대한 헌법과 법률의 규정 및 취지에 비추어 보면, '**형사사건에서 변호인의 조력을 받을 권리**'를 의미한다고 보아야 할 것이므로 형사절차가 종료되어 교정시설에 수용 중인 수형자나 미결수용자가 형사사건의 변호인이 아닌 민사재판, 행정재판, 헌법재판 등에서 변호사와 접견할 경우에는 원칙적으로 헌법상 변호인의 조력을 받을 권리의 주체가 될 수 없다(헌재 2013.8.29. 2011헌마122).

188 교정시설 내 수용자와 변호사 사이의 접견교통권의 보장은 헌법상 보장되는 재판청구권의 한 내용 또는 그로부터 파생되는 권리로 볼 수 있다. 2022 경찰2차 ( )

해설 현대 사회의 복잡다단한 소송에서의 법률전문가의 증대되는 역할, 민사법상 무기 대등의 원칙 실현, 헌법소송의 변호사강제주의 적용 등을 감안할 때 **교정시설 내 수용자와 변호사 사이의 접견교통권의 보장은 헌법상 보장되는 재판청구권의 한 내용 또는 그로부터 파생되는 권리로 볼 수 있다**(헌재 2013.8.29. 2011헌마122).

189 가사소송에서 당사자가 변호사를 대리인으로 선임하여 그 조력을 받는 것은 변호인의 조력을 받을 권리의 보호영역에 포함된다. 2023 해양경찰 ( )

해설 헌법 제12조 제4항의 변호인의 조력을 받을 권리는 신체의 자유에 관한 영역으로서 가사소송에서 당사자가 변호사를 대리인으로 선임하여 그 조력을 받는 것을 그 보호영역에 포함된다고 보기 어렵고, 이 사건 법률조항이 가사소송의 당사자가 변호사의 조력을 얻어 소송수행을 하는 데 제약을 가하는 것도 아니므로, 재판청구권을 침해하는 것이라 볼 수도 없다(헌재 2012.10.25. 2011헌마598).

190-1 난민인정신청을 하였으나 난민인정심사불회부결정을 받고 인천국제공항 송환대기실에 약 5개월째 수용된 외국인에게 변호인의 접견신청을 거부한 것은 헌법 제12조 제4항 본문에 의한 변호인의 조력을 받을 권리를 침해한 것이다. 2022 법원행시 / 2023 경찰승진 ( )

190-2 헌법 제12조 제4항 본문에 규정된 "구속"은 사법절차에서 이루어진 구속뿐 아니라 행정절차에서 이루어진 구속까지 포함하는 개념으로, 헌법 제12조 제4항 본문에 규정된 변호인의 조력을 받을 권리는 행정절차에서 구속을 당한 사람에게도 즉시 보장된다. 2023 경찰1차 ( )

190-3 행정절차에서 구속된 사람에게도 변호인의 조력을 받을 권리가 인정된다. 2023 행시 ( )

190-4 변호인의 조력을 받을 권리는 행정절차에서 구속을 당한 사람에게는 보장되지 않는다. 2023 해양경찰 ( )

190-5 헌법 제12조 제4항 본문에 규정된 '구속'은 사법절차에서 이루어진 구속만을 의미하므로, 헌법 제12조 제4항 본문에 규정된 변호인의 조력을 받을 권리는 행정절차에서 구속을 당한 사람에게는 보장되지 않는다. 2024 입법고시 ( )

190-6 인천공항출입국·외국인청장이 행한 인천국제공항 송환대기실에 수용된 난민에 대한 변호인 접견거부는 현행법상 아무런 법률상 근거가 없이 송환대기실에 수용된 난민의 변호인의 조력을 받을 권리를 제한한 것이므로, 송환대기실에 수용된 난민의 변호인의 조력을 받을 권리를 침해한 것이다. 2023 경찰경력채용 ( )

ANSWER 188 ○ 189 × 190-1 ○ 190-2 ○ 190-3 ○ 190-4 × 190-5 × 190-6 ○

190-7 난민인정신청을 하였으나 난민인정심사불회부 결정을 받고 인천공항 송환대기실에 계속 수용된 외국인의 경우 형사절차에서 구속된 자로는 볼 수는 없으므로 변호인의 조력을 받을 권리는 보장되지 않는다.

2023 경찰간부 ( )

해설 인천공항출입국·외국인청장이 인천국제공항 송환대기실에 수용된 난민에 대한 변호인 접견신청을 거부한 행위(헌재 2018.5.31. 2014헌마346)

(1) 헌법 제12조 제4항 본문의 문언 및 헌법 제12조의 조문 체계, 변호인 조력권의 속성, 헌법이 신체의 자유를 보장하는 취지를 종합하여 보면 헌법 제12조 제4항 본문에 규정된 "구속"은 사법절차에서 이루어진 구속뿐 아니라, 행정절차에서 이루어진 구속까지 포함하는 개념이다. 따라서 **헌법 제12조 제4항 본문에 규정된 변호인의 조력을 받을 권리는 행정절차에서 구속을 당한 사람에게도 즉시 보장된다.** 종래 이와 견해를 달리하여 헌법 제12조 제4항 본문에 규정된 변호인의 조력을 받을 권리는 형사절차에서 피의자 또는 피고인의 방어권을 보장하기 위한 것으로서 출입국관리법상 보호 또는 강제퇴거의 절차에도 적용된다고 보기 어렵다고 판시한 우리 재판소 결정(헌재 2012.8.23. 2008헌마430)은, 이 결정 취지와 저촉되는 범위 안에서 변경한다.

(2) 이 사건 변호인 접견신청 거부는 현행법상 **아무런 법률상 근거가 없이 청구인의 변호인의 조력을 받을 권리를 제한한 것이므로, 청구인의 변호인의 조력을 받을 권리를 침해한 것이다.**

(3) 청구인에게 변호인 접견신청을 허용한다고 하여 국가안전보장, 질서유지, 공공복리에 어떠한 장애가 생긴다고 보기는 어렵고, 필요한 최소한의 범위 내에서 접견 장소 등을 제한하는 방법을 취한다면 국가안전보장이나 환승구역의 질서유지 등에 별다른 지장을 주지 않으면서도 청구인의 변호인 접견권을 제대로 보장할 수 있다. 따라서 이 사건 변호인 접견신청 거부는 **국가안전보장이나 질서유지, 공공복리를 위해 필요한 기본권 제한 조치로 볼 수도 없다.** 이 사건 변호인 접견신청 거부는 이러한 측면에서 보아도 청구인의 변호인의 조력을 받을 권리를 침해한 것이다.

191 수사서류에 대한 법원의 열람·등사 허용 결정이 있음에도 검사가 열람·등사를 거부하는 경우 수사서류 각각에 대하여 검사가 열람·등사를 거부할 정당한 사유가 있는지를 심사할 필요 없이 그 거부행위 자체로써 청구인의 변호인의 조력을 받을 권리를 침해하는 것이 되고, 이는 법원의 수사서류에 대한 열람·등사 허용 결정이 있음에도 검사가 해당 서류에 대한 열람만을 허용하고 등사를 거부하는 경우에도 마찬가지이다.

2023 국가직7급 ( )

해설 헌법 제12조 제4항은 "누구든지 체포 또는 구속을 당한 때에는 즉시 변호인의 조력을 받을 권리를 가진다. 다만, 형사피고인이 스스로 변호인을 구할 수 없을 때에는 법률이 정하는 바에 의하여 국가가 변호인을 붙인다."고 규정하고 있어 **헌법적 차원에서 변호인의 조력을 받을 권리를 형사피고인의 기본권으로 보장하고 있다.** 이와 같이 **신속·공정한 재판을 받을 권리 및 변호인의 조력을 받을 권리는 헌법이 보장하고 있는 기본권이고, 변호인의 수사서류 열람·등사권은 피고인의 신속·공정한 재판을 받을 권리 및 변호인의 조력을 받을 권리라는 헌법상 기본권의 중요한 내용이자 구성요소이며 이를 실현하는 구체적인 수단이 된다.**

신속하고 실효적인 구제절차를 형사소송절차 내에 마련하고자 열람·등사에 관한 규정을 신설한 입법취지와, 검사의 열람·등사 거부처분에 대한 정당성 여부가 법원에 의하여 심사된 마당에 헌법재판소가 다시 열람·등사 제한의 정당성 여부를 심사하게 된다면 이는 법원의 결정에 대한 당부의 통제가 되는 측면이 있는 점 등을 고려하여 볼 때, **수사서류에 대한 법원의 열람·등사 허용 결정이 있음에도 검사가 열람·등사를 거부하는 경우 수사서류 각각에 대하여 검사가 열람·등사를 거부할 정당한 사유가 있는지를 심사할 필요 없이 그 거부행위 자체로써 청구인들의 기본권을 침해하는 것이 되고, 이는 법원의 수사서류에 대한 열람·등사 허용 결정이 있음에도 검사인 피청구인이 해당 서류에 대한 열람만을 허용하고 등사를 거부하는 경우에도 마찬가지이다**(헌재 2017.12.28. 2015헌마632).

ANSWER 190-7 ✕ 191 ○

192-1 피고인에게 보장된 변호인의 조력을 받을 권리는 변호인과의 자유로운 접견교통권에 그치지 아니하고 더 나아가 변호인을 통하여 수사서류를 포함한 소송관계 서류를 열람·등사하고 이에 대한 검토결과를 토대로 공격과 방어의 준비를 할 수 있는 권리도 포함된다. 2022 경찰승진 / 2023 해양경찰 ( )

192-2 변호인의 조력을 받을 권리는 변호인과의 자유로운 접견교통권에 그치지 아니하고 더 나아가 변호인을 통하여 수사서류를 포함한 소송관계 서류를 열람·등사하고 이에 대한 검토결과를 토대로 공격과 방어의 준비를 할 수 있는 권리도 포함된다고 보아야 할 것이므로, 변호인의 수사기록 열람·등사에 대한 지나친 제한은 결국 피고인에게 보장된 변호인의 조력을 받을 권리를 침해하는 것이다. 2024 법원행시 ( )

> **해설** **변호인의 조력을 받을 권리는 변호인과의 자유로운 접견교통권에 그치지 아니하고 더 나아가 변호인을 통하여 수사서류를 포함한 소송관계 서류를 열람·등사하고 이에 대한 검토결과를 토대로 공격과 방어의 준비를 할 수 있는 권리도 포함**된다고 보아야 할 것이므로 변호인의 수사기록 열람·등사에 대한 지나친 제한은 결국 피고인에게 보장된 변호인의 조력을 받을 권리를 침해하는 것이다(헌재 1997.11.27. 94헌마60).

193 경찰서장이 구속적부심사 중에 있는 피구속자의 변호인에게 고소장과 피의자신문조서에 대한 열람 및 등사를 거부한 것은 변호인의 피구속자를 조력할 권리 및 알 권리를 침해한 것이다. 2022 법원직 ( )

> **해설** 형사소송법 제47조의 입법목적은, 형사소송에 있어서 유죄의 판결이 확정될 때까지는 무죄로 추정을 받아야 할 피의자가 수사단계에서의 수사서류 공개로 말미암아 그의 기본권이 침해되는 것을 방지하고자 함에 목적이 있는 것이지 구속적부심사를 포함하는 형사소송절차에서 피의자의 방어권 행사를 제한하려는 데 그 목적이 있는 것은 원래가 아니라는 점, 그리고 형사소송법이 구속적부심사를 기소전에만 인정하고 있기 때문에 만일 기소전에 변호인이 미리 고소장과 피의자신문조서를 열람하지 못한다면 구속적부심제도를 헌법에서 직접 보장함으로써 이 제도가 피구속자의 인권옹호를 위하여 충실히 기능할 것을 요청하는 헌법정신은 훼손을 면할 수 없다는 점 등에서, 이 규정은 **구속적부심사단계에서 변호인이 고소장과 피의자신문조서를 열람하여 피구속자의 방어권을 조력하는 것까지를 일체 금지하는 것은 아니다. 결국 변호인에게 고소장과 피의자신문조서에 대한 열람 및 등사를 거부한 경찰서장의 정보비공개결정은 변호인의 피구속자를 조력할 권리 및 알 권리를 침해하여 헌법에 위반**된다(헌재 2003.3.27. 2000헌마474).

194 법원의 수사서류 열람·등사 허용 결정에도 불구하고 검사가 이를 신속하게 이행하지 아니하는 경우에는 해당 증인 및 서류 등을 증거로 신청할 수 없는 불이익을 받는 것에 그치고, 변호인의 조력을 받을 권리까지 침해하게 되는 것은 아니다. 2023 해양경찰 ( )

> **해설** 법원의 열람·등사 허용 결정에도 불구하고 검사가 이를 신속하게 이행하지 아니하는 경우에는 해당 증인 및 서류 등을 증거로 신청할 수 없는 불이익을 받는 것에 그치는 것이 아니라, 그러한 검사의 거부행위는 피고인의 열람·등사권을 침해하고, 나아가 피고인의 신속·공정한 재판을 받을 권리 및 변호인의 조력을 받을 권리까지 침해하게 되는 것이다(헌재 2010.6.24. 2009헌마257).

195-1 법원이 검사의 열람·등사 거부처분에 정당한 사유가 없다고 판단하고 그러한 거부처분이 피고인의 헌법상 기본권을 침해한다는 취지에서 수사서류의 열람·등사를 허용하도록 명한 이상 검사로서는 당연히 법원의 그러한 결정에 지체 없이 따라야 하지만, 별건으로 공소제기되어 확정된 관련 형사사건 기록에 관한 경우에는 이를 따르지 않을 수 있다. 2023 경찰1차 ( )

195-2 별건으로 공소제기 후 확정되어 검사가 보관하고 있는 서류에 대해 법원의 열람·등사 허용 결정이 있었음에도 불구하고 청구인에 대한 형사사건과 별건이라는 이유로 검사가 해당 서류의 열람·등사를 허용하지 아니한 행위는 청구인이 갖는 변호인의 조력을 받을 권리를 침해한다. 2023 경찰간부 ( )

ANSWER 192-1 ○ 192-2 ○ 193 ○ 194 × 195-1 × 195-2 ○

해설 형사소송법이 공소가 제기된 후의 피고인 또는 변호인의 수사서류 열람·등사권에 대하여 규정하면서 검사의 열람·등사 거부처분에 대하여 별도의 불복절차를 마련한 것은 신속하고 실효적인 권리구제를 통하여 피고인의 신속·공정한 재판을 받을 권리 및 변호인의 조력을 받을 권리를 보장하기 위함이다. **법원이 검사의 열람·등사 거부처분에 정당한 사유가 없다고 판단하고 그러한 거부처분이 피고인의 헌법상 기본권을 침해한다는 취지에서 수사서류의 열람·등사를 허용하도록 명한 이상, 법치국가와 권력분립의 원칙상 검사로서는 당연히 법원의 그러한 결정에 지체 없이 따라야 하며, 이는 별건으로 공소제기되어 확정된 관련 형사사건 기록에 관한 경우에도 마찬가지이다**(헌재 2022.6.30. 2019헌마356).

196-1 미결수용자와 변호인 간에 주고받는 서류를 확인하고 이를 소송 관계서류처리부에 등재하는 행위는 그 자체만으로는 미결수용자의 변호인 접견교통권을 제한하는 행위라고 볼 수는 없다. 2022 경찰승진 ( )

196-2 변호인접견실에 CCTV를 설치하여 교도관이 그 CCTV를 통해 미결수용자와 변호인 간의 접견을 관찰한 행위는 변호인의 조력을 받을 권리를 침해한다. 2022 경찰2차 ( )

해설 변호인의 조력을 받을 권리의 한 내용인 변호인 접견교통권에는 접견 자체뿐만 아니라 미결수용자와 변호인 간의 서류 또는 물건의 수수도 포함되고, 이에 따라 형사소송법 제34조는 변호인 또는 변호인이 되려는 자는 신체구속을 당한 피고인 또는 피의자와 접견하고 서류 또는 물건을 수수할 수 있으며 의사로 하여금 진료하게 할 수 있도록 규정하였다. 따라서 **미결수용자와 변호인 간에 주고받는 서류를 확인하고 이를 소송관계서류처리부에 등재하는 행위는 미결수용자의 변호인 접견교통권을 제한하는 행위이다.** 이 사건 CCTV 관찰행위는 금지물품의 수수나 교정사고를 방지하거나 이에 적절하게 대처하기 위한 것으로 교도관의 육안에 의한 시선계호를 CCTV 장비에 의한 시선계호로 대체한 것에 불과하므로 그 목적의 정당성과 수단의 적합성이 인정된다. 형집행법 및 형집행법 시행규칙은 수용자가 입게 되는 피해를 최소화하기 위하여 CCTV의 설치·운용에 관한 여러 가지 규정을 두고 있고, 이에 따라 변호인접견실에 설치된 CCTV는 교도관이 CCTV를 통해 미결수용자와 변호인 간의 접견을 관찰하더라도 접견내용의 비밀이 침해되거나 접견교통에 방해가 되지 않도록 조치를 취하고 있는 점, **금지물품의 수수를 적발하거나 교정사고를 효과적으로 방지하고 교정사고가 발생하였을 때 신속하게 대응하기 위하여는 CCTV를 통해 관찰하는 방법 외에 더 효과적인 다른 방법을 찾기 어려운 점** 등에 비추어 보면, 이 사건 CCTV 관찰행위는 그 목적을 달성하기 위하여 필요한 범위 내의 제한으로 침해의 최소성을 갖추었다. CCTV 관찰행위로 침해되는 법익은 변호인접견 내용의 비밀이 폭로될 수 있다는 막연한 추측과 감시받고 있다는 심리적인 불안 내지 위축으로 법익의 침해가 현실적이고 구체화되어 있다고 보기 어려운 반면, **이를 통하여 구치소 내의 수용질서 및 규율을 유지하고 교정사고를 방지하고자 하는 것은 교정시설의 운영에 꼭 필요하고 중요한 공익이므로, 법익의 균형성도 갖추었다.** 따라서 **이 사건 CCTV 관찰행위가 청구인의 변호인의 조력을 받을 권리를 침해한다고 할 수 없다**(헌재 2016.4.28. 2015헌마243).

197-1 살인미수 등 사건의 수형자이면서 공무집행방해 등 사건의 미결수용자와 같은 지위에 있는 수형자의 변호인이 위 수형자에게 보낸 서신을 교도소장이 금지물품 동봉 여부를 확인하기 위하여 개봉한 후 교부한 행위는 위 수형자가 갖는 변호인의 조력을 받을 권리를 침해하지 않는다. 2023 경찰간부 ( )

197-2 교도소장이 금지물품 동봉 여부를 확인하기 위하여 미결수용자와 같은 지위에 있는 수형자의 변호인이 위 수형자에게 보낸 서신을 개봉한 후 교부한 행위는 교정사고를 미연에 방지하고 교정시설의 안전과 질서 유지를 위한 것으로, 금지물품이 들어 있는지를 확인하기 위하여 서신을 개봉하는 것만으로는 미결수용자와 같은 지위에 있는 수형자의 변호인의 조력을 받을 권리를 침해하지 않는다. 2023 국가직7급 ( )

ANSWER 196-1 × 196-2 × 197-1 ○ 197-2 ○

> **해설** 발신자가 변호사로 표시되어 있다고 하더라도 실제 변호사인지 여부 및 수용자의 변호인에 해당하는지 여부를 확인하는 것은 불가능하거나 지나친 행정적 부담을 초래한다. 미결수용자와 같은 지위에 있는 수형자는 서신 이외에도 접견 또는 전화통화에 의해서도 변호사와 접촉하여 형사소송을 준비할 수 있다. **이 사건 서신개봉행위와 같이 금지물품이 들어 있는지를 확인하기 위하여 서신을 개봉하는 것만으로는 미결수용자와 같은 지위에 있는 수형자가 변호인의 조력을 받을 권리를 침해하지 아니한다**(헌재 2021.10.28. 2019헌마973).

Ⅲ 최신판례

01 「관세법」상 반송의 의미를 정의하는 「관세법」 제2조 제3호 중 '국내에 도착한' 부분은, 죄형법정주의의 명확성원칙에 위배되지 아니한다(헌재 2023.6.29. 2020헌바177).
이 사건 정의조항의 사전적 의미와 관련 조항을 종합하면, 이 사건 정의조항에서 규정하는 '국내에 도착한' 외국물품이란 외국으로부터 우리나라에 들어와 「관세법」에 따른 장치 장소, 즉 보세구역 또는 「관세법」 제155조 및 제156조의 장치 장소에 있는 물품으로서 수입신고가 수리되기 전의 물품을 의미하는 것으로 충분히 예측할 수 있다.

02 「군형법」 제92조의6 중 '그 밖의 추행'에 관한 부분은 죄형법정주의의 명확성원칙에 위배되지 않고, 군인의 성적 자기결정권 또는 사생활의 비밀과 자유를 침해한다고 볼 수 없다(헌재 2023.10.26. 2017헌가16 등).

03 인체면역결핍 바이러스에 감염된 사람이 혈액 또는 체액을 통하여 다른 사람에게 전파매개행위를 하는 것을 금지하고 이를 위반한 경우를 3년 이하의 징역형으로 처벌한다고 규정한 「후천성면역결핍증 예방법」 조항은 죄형법정주의의 명확성원칙에 위배되지 않고, 사생활의 자유 및 일반적 행동자유권을 침해하지 아니한다(헌재 2023.10.26. 2019헌가30).

04 경찰공무원은 '교통의 안전과 위험방지를 위하여 필요하다고 인정하는 경우'에 운전자가 술에 취하였는지를 호흡조사로 측정할 수 있도록 규정한 「도로교통법」 조항은 죄형법정주의의 명확성원칙에 위배되지 않고, 일반적 행동자유권을 침해하지 아니한다(헌재 2023.10.26. 2019헌바91).

05 미신고 반송행위를 처벌하는 「관세법」 조항과 반송물품원가 5억 원 이상의 미신고 반송행위를 가중처벌하는 「특정범죄 가중처벌 등에 관한 법률」 조항은 책임과 형벌 간의 비례원칙에 위반되지 아니한다(헌재 2023.6.29. 2020헌바177).

제2절 거주·이전의 자유

I 헌법 조문

제14조 모든 국민은 거주·이전의 자유를 가진다.

II 최신 기출지문 분석

01-1 서울특별시 서울광장을 경찰버스들로 둘러싸 통행을 제지한 행위는 거주·이전의 자유를 제한한다. 2021 경찰승진 ( )

01-2 거주·이전의 자유는 거주지나 체류지라고 볼 만한 정도로 생활과 밀접한 연관을 갖는 장소를 선택하고 변경하는 행위를 보호하는 기본권으로서, 생활의 근거지에 이르지 못하는 일시적인 이동을 위한 장소의 선택과 변경까지 그 보호영역에 포함되는 것은 아니다. 2023 경찰1차 ( )

> **해설** 거주·이전의 자유는 거주지나 체류지라고 볼 만한 정도로 생활과 밀접한 연관을 갖는 장소를 선택하고 변경하는 행위를 보호하는 기본권인바, 이 사건에서 서울광장이 청구인들의 생활형성의 중심지인 거주지나 체류지에 해당한다고 할 수 없고, 서울광장에 출입하고 통행하는 행위가 그 장소를 중심으로 생활을 형성해 나가는 행위에 속한다고 볼 수도 없으므로 청구인들의 거주·이전의 자유가 제한되었다고 할 수 없다(헌재 2011.6.30. 2009헌마406).

02-1 거주·이전의 자유는 해외여행 및 해외 이주의 자유를 포함하고 있지만, 국적변경의 자유는 그 내용에 포섭되지 않는다. 2021 경찰승진 ( )

02-2 국적을 이탈하거나 변경하는 것은 헌법 제14조가 보장하는 거주·이전의 자유에 포함된다. 2022 변시 ( )

02-3 거주·이전의 자유에는 국내에서의 거주·이전의 자유 외에도 국외 이주, 해외여행의 자유는 포함되나 귀국의 자유까지 포함되는 것은 아니다. 2023 경찰승진 ( )

> **해설** 거주·이전의 자유는 국가의 간섭 없이 자유롭게 거주와 체류지를 정할 수 있는 자유로서 정치·경제·사회·문화 등 모든 생활영역에서 개성신장을 촉진함으로써 헌법상 보장되고 있는 다른 기본권들의 실효성을 증대시켜주는 기능을 한다. 구체적으로는 국내에서 체류지와 거주지를 자유롭게 정할 수 있는 자유영역뿐 아니라 나아가 국외에서 체류지와 거주지를 자유롭게 정할 수 있는 '해외여행 및 해외 이주의 자유'를 포함하고 덧붙여 대한민국의 국적을 이탈할 수 있는 '국적변경의 자유' 등도 그 내용에 포섭된다고 보아야 한다. 따라서 해외여행 및 해외이주의 자유는 필연적으로 외국에서 체류 또는 거주하기 위해서 대한민국을 떠날 수 있는 "출국의 자유"와 외국체류 또는 거주를 중단하고 다시 대한민국으로 돌아올 수 있는 '입국의 자유'를 포함한다(헌재 2004.10.28. 2003헌가18).

ANSWER 01-1 × 01-2 ○ 02-1 × 02-2 ○ 02-3 ×

03 법인이 과밀억제권역 내에 본점의 사업용 부동산으로 건축물을 신축하여 이를 취득하는 경우 취득세를 중과세하는 구 지방세법 조항은 거주·이전의 자유를 침해하는 것이다. 2023 지방직7급 ( )

해설 이 사건 법률조항은 수도권에 인구 및 경제·산업시설이 밀집되어 발생하는 문제를 해결하고 국토의 균형 있는 발전을 도모하기 위하여 법인이 과밀억제권역 내에 본점의 사업용 부동산으로 건축물을 신축·증축하여 이를 취득하는 경우 취득세를 중과세하는 조항으로서, 구법과 달리 인구유입과 경제력 집중의 효과가 뚜렷한 건물의 신축, 증축 그리고 부속토지의 취득만을 그 적용대상으로 한정하여 부당하게 중과세할 소지를 제거하였다. 최근 대법원 판결도 구체적인 사건에서 인구유입이나 경제력집중 효과에 관한 판단을 전적으로 배제한 것으로는 보기 어렵다. 따라서 이 사건 법률조항은 거주·이전의 자유와 영업의 자유를 침해하지 아니한다(헌재 2014.7.24. 2012헌바408).

04-1 영내 기거하는 현역병은 그가 속한 세대의 거주지에서 등록하여야 한다고 규정하고 있는 「주민등록법」 조항은 거주·이전의 자유를 제한하지 않는다. 2021 경찰승진 ( )

04-2 영내에 기거하는 군인은 그가 속한 세대의 거주지에서 등록하여야 한다고 규정하고 있는 「주민등록법」은 영내 기거 현역병의 거주·이전의 자유를 제한한다. 2023 경찰승진 ( )

해설 누구든지 주민등록 여부와 무관하게 거주지를 자유롭게 이전할 수 있으므로 주민등록 여부가 거주·이전의 자유와 직접적인 관계가 있다고 보기 어려우며, 영내 기거하는 현역병은 병역법으로 인해 거주·이전의 자유를 제한받게 되므로 **이 사건 법률조항은 영내 기거 현역병의 거주·이전의 자유를 제한하지 않는다**(헌재 2011.6.30. 2009헌마59).

05 여행금지국가로 고시된 사정을 알면서도 외교부장관으로부터 예외적 여권사용 등의 허가를 받지 않고 여행금지국가를 방문하는 등의 행위를 형사처벌하는 여권법 규정은 국가의 재외국민 보호의무를 이행하기 위하여 법률에 구체화된 것으로서 그 목적의 정당성은 인정되나, 과도한 처벌 규정으로 인하여 거주·이전의 자유를 침해한다. 2022 법원직 / 2024 경찰승진 ( )

해설 이 사건 처벌조항의 입법목적은 국외 위난상황으로부터 국민의 생명·신체나 재산을 보호하고 국외 위난상황으로 인해 국가·사회에 미칠 수 있는 파급 효과를 사전에 예방하는 것이다. 이와 같은 이 사건 처벌조항의 입법목적은 정당하고, 이 사건 처벌조항은 이에 적합한 수단이다. … 형벌 외의 방법으로는 이 사건 처벌조항과 동일한 수준의 입법목적을 달성하기 어렵다. 외교부장관으로부터 허가를 받은 경우에는 이 사건 처벌조항으로 형사처벌되지 않도록 가벌성이 제한되어 있고, 이를 위반한 경우에도 처벌수준이 비교적 경미하다. 따라서 이 사건 처벌조항은 침해의 최소성 원칙에 반하지 않는다. 국외 위난상황이 우리나라의 국민 개인이나 국가·사회에 미칠 수 있는 피해는 매우 중대한 반면, 이 사건 처벌조항으로 인한 불이익은 완화되어 있으므로, 이 사건 처벌조항은 법익의 균형성원칙에도 반하지 않는다. 그러므로 이 사건 처벌조항은 **과잉금지원칙에 반하여 청구인의 거주·이전의 자유를 침해하지 않는다**(헌재 2020.2.27. 2016헌마945).

06 법무부령이 정하는 금액 이상의 추징금 미납자에 대해 출국금지를 규정한 구 「출입국관리법」 조항은 기본권에 대한 침해가 적은 수단이 마련되어 있음에도 불구하고 추징금 납부를 강제하기 위한 압박 수단으로 출국금지를 하는 것으로, 이는 필요한 정도를 넘는 과도한 출국의 자유를 제한하는 것이어서 과잉금지원칙에 위배된다. 2023 경찰1차 ( )

해설 출국금지의 대상이 되는 추징금은 2,000만 원 이상으로 규정하여 비교적 고액의 추징금 미납자에 대하여서만 출국의 자유를 제한할 수 있도록 하고 있으며 실무상 추징금 미납을 이유로 출국금지처분을 함에 있어서는 재산의 해외도피 우려를 중요한 기준으로 삼고 있다. 출입국관리법 제4조 제1항 제4호(이하, '이 사건 법률조항'이

ANSWER 03 × 04-1 ○ 04-2 × 05 × 06 ×

라 한다)는 출입국관리법 시행령과 출국금지업무처리규칙의 관련 조항들과 유기적으로 결합하여 살피면 **일정한 액수의 추징금 미납사실 외에 '재산의 해외도피 우려'라는 국가형벌권 실현의 목적에 부합하는 요건을 추가적으로 요구함으로써 출국과 관련된 기본권의 제한을 최소한에 그치도록 배려**하고 있다. 또한 간접강제(민사집행법 제261조)제도나 재산명시명령의 불이행에 대한 감치(민사집행법 제68조)처분, 강제집행면탈죄(형법 제327조)로 처벌하는 규정과, **사기파산죄(파산법 제366조) 등과 대비하여 볼 때 재산의 해외도피 우려가 있는 추징금 미납자에 대하여 하는 출국금지처분이 결코 과중한 조치가 아닌 최소한의 기본권제한 조치라고 아니할 수 없다.** 나아가 추징금을 납부하지 않는 자에 대한 출국금지로 국가형벌권 실현을 확보하고자 하는 국가의 이익은 형벌집행을 회피하고 재산을 국외로 도피시키려는 자가 받게 되는 출국금지의 불이익에 비하여 현저히 크다. 이처럼 고액 추징금 미납자에게 하는 출국금지조치는 정당한 목적 실현을 위해 상당한 비례관계가 유지되는 합헌적 근거 법조항에 따라 시행되는 제도이다(헌재 2004.10.28. 2003헌가18).

07 거주·이전의 자유는 국민에게 그가 선택할 직업 내지 그가 취임할 공직을 그가 선택하는 임의의 장소에서 자유롭게 행사할 수 있는 권리까지 보장하는 것은 아니다. 2023 경찰1차 ( )

해설 헌법 제14조는 "모든 국민은 거주·이전의 자유를 가진다."고 규정하여 거주·이전의 자유를 보장하고 있다. 이 거주·이전의 자유는 공권력의 간섭을 받지 아니하고 일시적으로 머물 체류지와 생활의 근거되는 거주지를 자유롭게 정하고 체류지와 거주지를 변경할 목적으로 자유롭게 이동할 수 있는 자유를 내용으로 한다. 그러나 **거주·이전의 자유가 국민에게 그가 선택할 직업 내지 그가 취임할 공직을 그가 선택하는 임의의 장소에서 자유롭게 행사할 수 있는 권리까지 보장하는 것은 아니다**(헌재 1996.6.26. 96헌마200).

08 복수국적자에 대하여 병역준비역에 편입된 때부터 3개월 이내에 대한민국 국적을 이탈하지 않으면 병역의무를 해소한 후에 이를 가능하도록 한 「국적법」조항은 복수국적자의 국적이탈의 자유를 침해한다. 2023 경찰1차
( )

해설 심판대상 법률조항의 입법목적은 **병역준비역에 편입된 사람이 병역의무를 면탈하기 위한 수단으로 국적을 이탈하는 것을 제한하여 병역의무 이행의 공평을 확보**하려는 것이다. 복수국적자의 주된 생활근거지나 대한민국에서의 체류 또는 거주 경험 등 구체적 사정에 따라서는 사회통념상 심판대상 법률조항이 정하는 **기간 내에 국적이탈 신고를 할 것으로 기대하기 어려운 사유가 인정될 여지가 있다. … 심판대상 법률조항은 과잉금지원칙에 위배되어 청구인의 국적이탈의 자유를 침해**한다(헌재 2020.9.24. 2016헌마889).

09-1 북한 고위직 출신의 탈북 인사인 여권발급 신청인에 대하여 신변에 대한 위해 우려가 있다는 이유로 미국 방문을 위한 여권발급을 거부한 것은 거주·이전의 자유를 과도하게 제한하는 것이다. 2023 경찰승진 ( )

09-2 여권발급 신청인이 북한 고위직 출신의 탈북 인사로서 신변에 대한 위해 우려가 있다는 이유로 신청인의 미국 방문을 위한 여권발급을 거부한 것은 거주·이전의 자유를 과도하게 제한하는 것으로서 위법하다.
2023 지방직7급 ( )

해설 여권발급 신청인이 북한 고위직 출신의 탈북 인사로서 신변에 대한 위해 우려가 있다는 이유로 신청인의 미국 방문을 위한 여권발급을 거부한 것은 여권법 제8조 제1항 제5호에 정한 사유에 해당한다고 볼 수 없고 거주·이전의 자유를 과도하게 제한하는 것으로서 위법하다(대판 2008.1.24. 2007두10846).

10 병역법령에 의할 때 예외적인 경우가 아니면 27세까지만 징집 연기가 가능하다는 점을 고려하여, 병역준비역에 대하여 27세를 초과하지 않는 범위에서만 단기 국외여행을 허가하도록 규정하는 것은 단기 국외여행허가를 받고자 하는 27세가 넘은 병역준비역의 거주·이전의 자유를 침해한다. 2024 경찰승진 ( )

ANSWER 07 ○ 08 ○ 09-1 ○ 09-2 ○ 10 ✕

해설 ▶ 심판대상조항은 공정하고 효율적인 병역의무의 이행을 확보한다는 입법목적을 해치지 않으면서도 징집 연기가 가능한 범위에서 국외여행의 자유를 최대한 보장하고 있다. 따라서 심판대상조항은 청구인의 거주·이전의 자유를 침해하지 않는다(헌재 2023.2.23. 2019헌마1157).

11 생활의 근거지에 이르지 못하는 일시적인 이동을 위한 장소의 선택과 변경은 거주·이전의 자유의 보호영역에 포함되지 않는다. 2023 지방직7급 ( )

해설 ▶ 거주·이전의 자유는 국민이 원활하게 개성신장과 경제활동을 해 나가기 위하여는 자유로이 생활의 근거지를 선택하고 변경하는 것이 필수적이라는 고려에 기하여 생활형성의 중심지, 즉 거주지나 체류지라고 볼 만한 정도로 생활과 밀접한 연관을 갖는 장소를 선택하고 변경하는 행위를 보호하는 기본권으로서, **생활의 근거지에 이르지 못하는 일시적인 이동을 위한 장소의 선택과 변경까지 그 보호영역에 포함되는 것은 아니다**(헌재 2011.6.30. 2009헌마406).

제3절 직업선택의 자유

I 헌법 조문

제15조 모든 국민은 직업선택의 자유를 가진다.

II 최신 기출지문 분석

01-1 대학생이 방학기간을 이용하여 또는 휴학 중에 학비 등을 벌기위해 학원강사로서 일하는 행위는 어느 정도 계속성을 띤 소득활동으로서 직업의 자유의 보호영역에 속한다. 2024 행시 ( )

01-2 직업의 자유에 의한 보호의 대상이 되는 직업은 '생활의 기본적 수요를 충족시키기 위한 계속적 소득활동'을 의미하며, '생활수단성'에 관해서는 단순한 여가활동이나 취미활동은 직업의 개념에 포함되지 않으나 겸업이나 부업은 삶의 수요를 충족하기에 적합하므로 직업에 해당한다. 2023 법원행시 ( )

해설 ▶ 직업의 개념표지들은 개방적 성질을 지녀 엄격하게 해석할 필요는 없는 바, '**계속성**'과 관련하여서는 주관적으로 활동의 주체가 어느 정도 계속적으로 해당 소득활동을 영위할 의사가 있고, 객관적으로도 그러한 활동이 계속성을 띨 수 있으면 족하다고 해석되므로 **휴가기간 중에 하는 일, 수습직으로서의 활동 따위도 이에 포함**된다. '직업'의 개념에 비추어 보면 비록 학업 수행이 청구인과 같은 대학생의 본업이라

ANSWER **11** ○ / **01-1** ○ **01-2** ○

하더라도 방학기간을 이용하여 또는 휴학 중에 학비 등을 벌기 위해 학원강사로서 일하는 행위는 어느 정도 계속성을 띤 소득활동으로서 직업의 자유의 보호영역에 속한다고 봄이 상당하다. '생활수단성'과 관련하여서는 단순한 여가활동이나 취미활동은 직업의 개념에 포함되지 않으나 겸업이나 부업은 삶의 수요를 충족하기에 적합하므로 직업에 해당한다고 말할 수 있다(헌재 2003.9.25. 2002헌마519).

02-1 헌법 제15조에서 보장하는 '직업'이란 생활의 기본적 수요를 충족시키기 위하여 행하는 계속적인 소득활동을 의미하는 바, 성매매는 그것이 가지는 사회적 유해성과는 별개로 성판매자의 입장에서 생활의 기본적 수요를 충족하기 위한 소득활동에 해당함은 부인할 수 없으므로, 「성매매를 한 자를 형사처벌하는 성매매알선 등 행위의 처벌에 관한 법률」 조항은 성판매자의 직업선택의 자유를 제한한다. 2022 경찰승진 / 2022 경찰간부 ( )

02-2 성매매는 성판매자의 입장에서 생활의 기본적 수요를 충족하기 위한 소득활동에 해당함을 부인할 수 없으므로, 성매매를 한 자를 형사처벌하도록 규정한 「성매매알선 등 행위의 처벌에 관한 법률」 조항은 성판매자의 직업선택의 자유를 제한하고 있다. 2024 경찰1차 ( )

02-3 직업이란 생활의 기본적 수요를 충족시키기 위한 계속적인 소득활동으로서 공공에 무해한 것을 의미하므로, 성매매를 한 자를 형사처벌하는 법률조항은 성판매자의 직업선택의 자유를 제한하는 것이 아니다. 2024 입법고시 ( )

02-4 헌법 제15조에서 보장하는 '직업'이란 사회상규에 반하지 않는 것으로서 생활의 기본적 수요를 충족시키기 위하여 행하는 계속적인 소득활동을 의미하므로, 성매매는 사회적 유해성 때문에 성판매자의 입장에서 생활의 기본적 수요를 충족하기 위한 소득활동에 해당하더라도 성판매자의 직업선택의 자유를 제한하는 것으로 볼 수 없다. 2024 법원행시 ( )

02-5 직업의 자유에 의해 보장되는 직업은 생활의 기본적 수요를 충족시키기 위해서 행하는 계속적인 소득활동을 의미한다. 2024 행시 ( )

해설 헌법 제15조에서 보장하는 '직업'이란 생활의 기본적 수요를 충족시키기 위하여 행하는 계속적인 소득활동을 의미하고, 성매매는 그것이 가지는 사회적 유해성과는 별개로 성판매자의 입장에서 생활의 기본적 수요를 충족하기 위한 소득활동에 해당함을 부인할 수 없다 할 것이므로, 심판대상조항은 성판매자의 직업선택의 자유도 제한하고 있다. 자신의 성뿐만 아니라 타인의 성을 고귀한 것으로 여기고 이를 수단화하지 않는 것은 모든 인간의 존엄과 평등이 전제된 공동체의 발전을 위한 기본전제가 되는 가치관이므로, 사회 전반의 건전한 성풍속과 성도덕이라는 공익적 가치는 개인의 성적 자기결정권 등 기본권 제한의 정도에 비해 결코 작다고 볼 수 없어 법익균형성원칙에도 위배되지 아니한다. 따라서 **심판대상조항은 개인의 성적 자기결정권, 사생활의 비밀과 자유, 직업선택의 자유를 침해하지 아니한다**(헌재 2016.3.31. 2013헌가2).

03 '직업'이란 생활의 기본적 수요를 충족시키기 위해서 행하는 계속적인 소득활동을 의미하므로 학교운영위원이 무보수 봉사직이라는 점을 고려하면 운영위원으로서의 활동을 「헌법」상 직업의 개념에 포함시킬 수 없다. 2024 경찰승진 ( )

해설 학교운영위원은 무보수 봉사직이므로 그 활동을 생활의 기본적 수요를 충족시키는 **계속적인 소득활동으로 보기 어려운바, 이 사건 법률조항이 직업선택의 자유와 관련되는 것은 아니라** 할 것이다(헌재 2007.3.29. 2005헌마1144).

ANSWER 02-1 ○ 02-2 ○ 02-3 ✕ 02-4 ✕ 02-5 ○ 03 ○

04-1 직업의 자유에 '해당 직업에 합당한 보수를 받을 권리'까지 포함되어 있다고 보기 어렵다. 2023 해양경찰
( )

04-2 직업의 자유에는 해당 직업에 대한 합당한 보수를 받을 권리까지 포함되어 있다고 보기 어려우므로 자신이 원하는 수준보다 적은 보수를 법령에서 규정하고 있다고 하여 직업선택이나 직업수행의 자유가 침해된다고 할 수 없다. 2021 경찰승진
( )

> 해설 시행령이 제정되지 않아 법관, 검사와 같은 보수를 받지 못한다 하더라도, **직업의 자유에 '해당 직업에 합당한 보수를 받을 권리'까지 포함되어 있다고 보기 어려우므로** 청구인(군법무관)들의 직업선택이나 직업수행의 자유가 침해되었다고 할 수 없다(헌재 2004.2.26. 2001헌마718).

05 직업의 선택 혹은 수행의 자유는 각자의 생활의 기본적 수요를 충족시키는 방편이 되고, 또한 개성신장의 바탕이 된다는 점에서 주관적 공권의 성격이 두드러진 것이기는 하나, 다른 한편으로는 국민 개개인이 선택한 직업의 수행에 의하여 국가의 사회질서와 경제질서가 형성된다는 점에서 사회적 시장경제질서라고 하는 객관적 법질서의 구성요소이기도 하다. 2021·2023 경찰경력채용
( )

> 해설 직업의 선택 혹은 수행의 자유는 각자의 생활의 기본적 수요를 충족시키는 방편이 되고, 또한 개성신장의 바탕이 된다는 점에서 주관적 공권의 성격이 두드러진 것이기는 하나, 다른 한편으로는 **국민 개개인이 선택한 직업의 수행에 의하여 국가의 사회질서와 경제질서가 형성된다는 점에서 사회적 시장경제질서라고 하는 객관적 법질서의 구성요소이기도 하다**(헌재 2005.3.31. 2001헌바87).

06-1 직업의 자유에는 직업을 자유롭게 선택하는 '좁은 의미의 직업선택의 자유'와 그가 선택한 직업을 자기가 원하는 방식으로 자유롭게 수행할 수 있는 '직업수행의 자유'가 포함된다. 2023 법원행시
( )

06-2 직업의 자유는 직업선택의 자유와 직업수행의 자유를 포함하는 개념이다. 2024 행시
( )

06-3 직업선택의 자유는 자신이 원하는 직업 내지 직종을 자유롭게 선택하는 직업선택의 자유와 그가 선택한 직업을 자기가 결정한 방식으로 자유롭게 수행할 수 있는 직업수행의 자유를 포함한다. 2023년 경찰경력채용
( )

> 해설 헌법 제15조는 "모든 국민은 직업선택의 자유를 가진다."고 규정하여, 개인이 원하는 직업을 자유롭게 선택하는 **'좁은 의미의 직업선택의 자유'와 그가 선택한 직업을 자기가 원하는 방식으로 자유롭게 수행할 수 있는 '직업수행의 자유'를 보장**하고 있지만, 이러한 직업의 자유도 헌법 제37조 제2항에 따라 국가안전보장, 질서유지 또는 공공복리 등 정당하고 중요한 공공의 목적을 달성하기 위하여 필요한 경우에는 그 본질적 내용을 침해하지 않는 범위 내에서 제한될 수 있다(헌재 2010.5.27. 2008헌바110).

07 법 규정이 직업의 자유를 직접 규율하고자 하는 것은 아니지만 간접적으로 직업의 행사를 저해하거나 불가능하게 하는 경우에도 직업의 자유에 대한 제한이 인정될 수 있다. 2022 법무사 / 2023 법원행시
( )

> 해설 이 사건 시행령 조항은 차량소유자에게 타인에 관한 광고를 금지함으로써, 비영업용 차량을 광고매체로 활용하는 신종 광고대행업을 운영하려는 청구인들의 직업의 자유를 제한하는 효과를 부수적으로 가져온다. **법 규정이 비록 직업의 자유를 직접 규율하고자 하는 것은 아니지만 간접적으로 직업의 행사를 저해하거나 또는 불가능하게 하는 경우에도, 직업의 자유에 대한 제한이 인정될 수 있다**(헌재 2002.12.18. 2000헌마764).

ANSWER 04-1 ○ 04-2 ○ 05 ○ 06-1 ○ 06-2 ○ 06-3 ○ 07 ○

08 직업선택의 자유에는 직업결정의 자유, 직업종사(직업수행)의 자유, 전직의 자유 등이 포함된다. 2022 경찰승진
( )

> 해설 직업선택의 자유에는 직업결정의 자유, 직업종사(직업수행)의 자유, 전직의 자유 등이 포함되지만 직업결정의 자유나 전직의 자유에 비하여 직업종사(직업수행)의 자유에 대하여서는 상대적으로 더욱 넓은 법률상의 규제가 가능하다고 할 것이고 따라서 다른 기본권의 경우와 마찬가지로 국가안전보장・질서유지 또는 공공복리를 위하여 필요한 경우에는 제한이 가하여질 수 있는 것은 물론이지만 그 제한의 방법은 법률로써만 가능하고 제한의 정도도 필요한 최소한도에 그쳐야 하는 것 또한 의문의 여지가 없이 자명한 것이다(헌재 1993.5.13. 92헌마80).

09-1 헌법 제15조에서 보장하는 직업의 자유에는 기업의 설립과 경영의 자유를 의미하는 기업의 자유도 포함된다.
2022 법무사 ( )

09-2 헌법은 제15조에서 직업선택의 자유를 보장하고 있는바, 이는 기업의 설립과 경영의 자유를 의미하는 기업의 자유를 포함한다. 기업의 자유도 다른 기본권과 마찬가지로 헌법 제37조 제2항에 근거하여 국가안전보장, 질서유지 또는 공공복리의 실현을 위하여 제한될 수 있음은 물론이다. 그러나 이 경우 입법자는 헌법 제37조 제2항에 따라 과잉금지의 원칙을 준수하여야 하며 해당 기본권의 본질적 내용을 존중하여야 한다.
2024 법원행시 ( )

> 해설 헌법은 제15조에서 **직업의 자유를 보장하고 있고 여기에는 기업의 설립과 경영의 자유를 의미하는 기업의 자유가 포함**된다. 기업의 자유도 다른 기본권과 마찬가지로 헌법 제37조 제2항에 근거하여 국가안전보장, 질서유지 또는 공공복리의 실현을 위하여 제한될 수 있음은 물론이다. 그러나 이 경우 입법자는 헌법 제37조 제2항에 따라 과잉금지의 원칙을 준수하여야 하며 해당 기본권의 본질적 내용을 존중하여야 한다(헌재 1998.10.29. 97헌마345).

10 경쟁의 자유는 기본권의 주체가 직업의 자유를 실제로 행사하는 데에서 나오는 결과이므로 당연히 직업의 자유에 의하여 보장되고, 다른 기업과의 경쟁에서 국가의 간섭이나 방해를 받지 않고 기업활동을 할 수 있는 자유를 의미한다. 2022 경찰승진 ( )

> 해설 **경쟁의 자유는 기본권의 주체가 직업의 자유를 실제로 행사하는 데에서 나오는 결과이므로 당연히 직업의 자유에 의하여 보장되고, 다른 기업과의 경쟁에서 국가의 간섭이나 방해를 받지 않고 기업 활동을 할 수 있는 자유를 의미**한다(헌재 2018.6.28. 2016헌바77 등).

11 직업의 자유는 영업의 자유와 기업의 자유를 포함하고, 이러한 영업 및 기업의 자유를 근거로 원칙적으로 누구나가 자유롭게 경쟁에 참여할 수 있다. 2023 해양경찰 ( )

> 해설 직업의 자유는 영업의 자유와 기업의 자유를 포함하고, 이러한 영업 및 기업의 자유를 근거로 원칙적으로 누구나가 자유롭게 경쟁에 참여할 수 있다(헌재 1996.12.26. 96헌가18).

12-1 직업선택의 자유에는 자신이 원하는 직업 내지 직종에 종사하는 데 필요한 전문지식을 습득하기 위한 직업교육장을 임의로 선택할 수 있는 '직업교육장 선택의 자유'도 포함된다. 2021 경찰승진 ( )

12-2 헌법 제15조에 의한 직업선택의 자유라 함은 자신이 원하는 직업 내지 직종을 자유롭게 선택하는 직업선택의 자유뿐만 아니라 그가 선택한 직업을 자기가 결정한 방식으로 자유롭게 수행할 수 있는 직업수행의 자유를 포함한다. 그리고 직업선택의 자유에는 자신이 원하는 직업 내지 직종에 종사하는 데 필요한 전문지식을 습득하기 위한 직업교육장을 임의로 선택할 수 있는 '직업교육장 선택의 자유'도 포함된다. 2024 법원행시
( )

ANSWER 08 ○ 09-1 ○ 09-2 ○ 10 ○ 11 ○ 12-1 ○ 12-2 ○

해설 헌법 제15조에 의한 직업선택의 자유라 함은 자신이 원하는 직업 내지 직종을 자유롭게 선택하는 직업선택의 자유뿐만 아니라 그가 선택한 직업을 자기가 결정한 방식으로 자유롭게 수행할 수 있는 직업수행의 자유를 포함한다. 그리고 **직업선택의 자유에는 자신이 원하는 직업 내지 직종에 종사하는 데 필요한 전문지식을 습득하기 위한 직업교육장을 임의로 선택할 수 있는 '직업교육장 선택의 자유'도 포함**된다(헌재 2009. 2. 26. 2007헌마1262).

13-1 직업선택의 자유는 헌법상 사법인에게도 인정되는 기본권이다. 2023 경찰경력채용 ( )

13-2 법인도 성질상 법인이 누릴 수 있는 기본권의 주체가 되는데, 직업의 자유는 법인에게도 인정된다.
2024 입법고시 ( )

해설 **법인도 성질상 법인이 누릴 수 있는 기본권의 주체**가 되고, 위 조항에 규정되어 있는 법인의 설립이나 지점 등의 설치, 활동거점의 이전(이하 "설립 등"이라 한다) 등은 법인이 그 존립이나 통상적인 활동을 위하여 필연적으로 요구되는 기본적인 행위유형들이라고 할 것이므로 이를 제한하는 것은 결국 헌법상 법인에게 보장된 직업수행의 자유와 거주·이전의 자유를 제한하는 것인가의 문제로 귀결된다(헌재 1996. 3. 28. 94헌바42).

14-1 직장선택의 자유는 인간의 존엄과 가치 및 행복추구권과도 밀접한 관련을 가지는 만큼 단순히 국민의 권리가 아닌 인간의 권리이기 때문에, 외국인도 국내에서 제한 없이 직장선택의 자유를 향유할 수 있다고 보아야 한다. 2021 경찰승진 ( )

14-2 직장선택의 자유는 개인이 선택한 직업분야에서 구체적인 취업의 기회를 가지거나, 이미 형성된 근로관계를 계속 유지하거나 포기하는 데에 있어 국가의 방해를 받지 않는 자유로운 선택·결정을 보호하는 것을 내용으로 하는 바, 이 기본권은 원하는 직장을 제공하여 줄 것을 청구하거나 한번 선택한 직장의 존속 보호를 청구할 권리를 보장하며, 사용자의 처분에 따른 직장 상실로부터 보호하여 줄 것을 청구할 권리도 보장한다.
2022 경찰승진 ( )

해설 헌법 제15조의 직업의 자유 또는 헌법 제32조의 근로의 권리, 사회국가원리 등에 근거하여 실업방지 및 부당한 해고로부터 근로자를 보호하여야 할 국가의 의무를 도출할 수는 있을 것이나, 국가에 대한 직접적인 직장존속 보장청구권을 근로자에게 인정할 헌법상의 근거는 없다. 이와 같이 **우리 헌법상 국가에 대한 직접적인 직장존속보장청구권을 인정할 근거는 없으므로 근로관계의 당연승계를 보장하는 입법을 반드시 하여야 할 헌법상의 의무를 인정할 수 없다**. 따라서 재산상의 권리·의무만을 승계시키고, 직원들의 근로관계가 당연히 승계되는 것으로 규정하지 않았다 하여 위헌이라 할 수 없다(헌재 2002. 11. 28. 2001헌바50).
헌법 제32조 제1항이 규정하는 근로의 권리는 사회적 기본권으로서 국가에 대하여 직접 일자리를 청구하거나 일자리에 갈음하는 생계비의 지급청구권을 의미하는 것이 아니라 고용증진을 위한 사회적·경제적 정책을 요구할 수 있는 권리에 그치며, **근로의 권리로부터 국가에 대한 직접적인 직장존속청구권이 도출되는 것도 아니다**(헌재 2011. 7. 28. 2009헌마408).

15 직장선택의 자유는 원하는 직장을 제공하여 줄 것을 청구하거나 한번 선택한 직장의 존속보호를 청구할 권리를 보장하지 않으며, 또한 사용자의 처분에 따른 직장 상실로부터 직접 보호하여 줄 것을 청구할 수도 없다. 다만 국가는 이 기본권에서 나오는 객관적 보호의무, 즉 사용자에 의한 해고로부터 근로자를 보호할 의무를 질뿐이다. 2022 경찰경력채용 ( )

ANSWER 13-1 ○ 13-2 ○ 14-1 × 14-2 × 15 ○

해설 직장선택의 자유는 개인이 그 선택한 직업분야에서 구체적인 취업의 기회를 가지거나, 이미 형성된 근로관계를 계속 유지하거나 포기하는 데에 있어 국가의 방해를 받지 않는 자유로운 선택·결정을 보호하는 것을 내용으로 한다. 그러나 **이 기본권은 원하는 직장을 제공하여 줄 것을 청구하거나 한번 선택한 직장의 존속보호를 청구할 권리를 보장하지 않으며, 또한 사용자의 처분에 따른 직장 상실로부터 직접 보호하여 줄 것을 청구할 수도 없다. 다만 국가는 이 기본권에서 나오는 객관적 보호의무, 즉 사용자에 의한 해고로부터 근로자를 보호할 의무를 질뿐**이다(헌재 2002.11.28. 2001헌바50).

16 국가정책에 따라 정부의 허가를 받은 외국인은 정부가 허가한 범위 내에서 소득활동을 할 수 있는 것이므로 외국인이 국내에서 누리는 직업의 자유는 법률에 따른 정부의 허가에 의해 비로소 발생하는 권리이다.
2022 입법고시 ( )

해설 심판대상조항이 제한하고 있는 직업의 자유는 국가자격제도정책과 국가의 경제상황에 따라 법률에 의하여 제한할 수 있는 국민의 권리에 해당한다. **국가정책에 따라 정부의 허가를 받은 외국인은 정부가 허가한 범위 내에서 소득활동을 할 수 있는 것이므로, 외국인이 국내에서 누리는 직업의 자유는 법률에 따른 정부의 허가에 의해 비로소 발생하는 권리**이다(헌재 2014.8.28. 2013헌마359).

17 외국인 근로자의 사업장 변경 사유를 제한하는 규정은, 그로 인해 외국인 근로자가 일단 형성된 근로관계를 포기하고 직장을 이탈하는 데 있어 제한을 받게 되므로 직업선택의 자유 중 직장선택의 자유를 제한한다.
2022 법무사 / 2023 법원행시 ( )

해설 이 사건 사유제한조항 및 이 사건 고시조항(이하 '본안 심판대상조항들'이라 한다)은 외국인 근로자의 사업장 변경 사유를 제한하고 있는바, **이로 인하여 외국인 근로자는 일단 형성된 근로관계를 포기하고 직장을 이탈하는 데 있어 제한을 받게 되므로 이는 직업선택의 자유 중 직장선택의 자유를 제한하고 있다**(헌재 2021.12.23. 2020헌마395).

18-1 직업수행의 자유에 대한 제한은 인격발현에 대한 침해의 효과가 일반적으로 직업선택 그 자체에 대한 제한과 같기 때문에 폭넓게 허용되지 않고 헌법 제37조 제2항의 과잉금지 원칙이 준수되어야 한다.
2024 법원행시 ( )

18-2 직업선택의 자유와 직업수행의 자유는 기본권의 주체에 대한 제한의 효과가 다르기 때문에 제한에 있어 적용되는 기준 또한 다르며, 특히 직업수행의 자유에 대한 제한의 경우 인격발현에 대한 침해의 효과가 일반적으로 직업선택 그 자체에 대한 제한에 비하여 작기 때문에, 그에 대한 제한은 보다 폭넓게 허용된다.
2024 경찰1차 ( )

해설 **직업선택의 자유와 직업수행의 자유는 기본권 주체에 대한 그 제한의 효과가 다르기 때문에 제한에 있어서 적용되는 기준도 다르며, 특히 직업수행의 자유에 대한 제한의 경우** 인격발현에 대한 침해의 효과가 일반적으로 직업선택 그 자체에 대한 제한에 비하여 작기 때문에 **그에 대한 제한은 폭넓게 허용된다**(헌재 2002.12.18. 2000헌마764).

19-1 직업결정의 자유나 전직의 자유는 직업종사(직업수행)의 자유에 비하여 공익을 위해 상대적으로 더 넓은 법률상의 규제가 가능하다. 2023 경찰경력채용 ( )

19-2 직업결정의 자유나 전직의 자유에 비하여 직업수행의 자유에 대하여는 상대적으로 더욱 넓은 법률상의 규제가 가능하다. 2023 해양경찰 ( )

ANSWER 16 ○ 17 ○ 18-1 × 18-2 ○ 19-1 × 19-2 ○

> **해설** 헌법 제15조의 직업선택의 자유에는 직업결정의 자유, 직업종사(직업수행)의 자유, 전직의 자유 등이 포함되지만, **직업결정의 자유나 전직의 자유에 비하여 직업종사(직업수행)의 자유에 대하여서는 상대적으로 더욱 넓은 법률상의 규제가 가능**하다(헌재 1999.9.16. 96헌마39).

20-1 일반적으로 직업선택의 자유에 대하여는 직업수행의 자유와는 달리 공익 목적을 위하여 상대적으로 폭넓은 입법적 규제가 가능한 것이다. 2024 행시 ( )

20-2 직업수행의 자유는 직업결정의 자유에 비하여 상대적으로 그 제한의 정도가 작다고 할 것이므로 이에 대하여는 공공복리 등 공익상의 이유로 비교적 넓은 법률상의 규제가 가능하다. 2024 입법고시 ( )

> **해설** 헌법 제15조는 "모든 국민은 직업선택의 자유를 가진다."라고 규정함으로써 직업선택의 자유를 보장하고 있는바, 헌법 제15조가 말하는 직업선택의 자유는 직업결정의 자유와 직업행사의 자유를 포괄하며, **직업의 자유는 헌법 제37조 제2항에 따라 국가안전보장·질서유지 또는 공공복리를 위하여 불가피한 경우에는 이를 제한할 수 있는데, 특히 직업행사의 자유는 직업결정의 자유에 비하여 상대적으로 그 침해의 정도가 작다고 할 것이어서, 이에 대하여는 공공복리 등 공익상의 이유로 비교적 넓은 법률상의 규제가 가능**하지만, 직업수행의 자유를 제한할 때에도 헌법 제37조 제2항에 의거한 비례의 원칙에 위배되어서는 안 된다(헌재 2003.10.30. 2000헌마563).

21 아동학대관련범죄로 형을 선고받아 확정된 자로 하여금 그 형이 확정된 때부터 형의 집행이 종료되거나 집행을 받지 아니하기로 확정된 후 10년까지의 기간 동안 아동관련기관인 체육시설 등을 운영하거나 그에 취업할 수 없게 하는 법률조항은 '주관적 요건에 의한 좁은 의미의 직업선택의 자유'에 대한 제한에 해당한다.
2024 입법고시 ( )

> **해설** 청구인들은 심판대상조항에 의하여 **형이 확정된 때부터 형의 집행이 종료되거나 집행을 받지 아니하기로 확정된 후 10년까지의 기간 동안 아동관련기관인 체육시설 또는 '초·중등교육법' 제2조 각 호의 학교를 운영하거나 그에 취업할 수 없게 되었다. 이는 일정한 직업을 선택함에 있어 기본권 주체의 능력과 자질에 따른 제한에 해당하므로 이른바 '주관적 요건에 의한 좁은 의미의 직업선택의 자유'에 대한 제한에 해당**한다(헌재 2018.6.28. 2017헌마130 등).

22 직업의 자유를 제한함에 있어, 당사자의 능력이나 자격과 상관없는 객관적 사유에 의한 직업선택의 자유의 제한은 월등하게 중요한 공익을 위하여 명백하고 확실한 위험을 방지하기 위한 경우에만 정당화될 수 있다.
2024 경찰승진 / 2024 입법고시 ( )

> **해설** **당사자의 능력이나 자격과 상관없는 객관적 사유에 의한 제한은 월등하게 중요한 공익을 위하여 명백하고 확실한 위험을 방지하기 위한 경우에만 정당화**될 수 있고, 따라서 헌법재판소가 이 사건을 심사함에 있어서는 헌법 제37조 제2항이 요구하는 바 과잉금지의 원칙, 즉 엄격한 비례의 원칙이 그 심사척도가 된다(헌재 2002.4.25. 2001헌마614).

23 등록기준을 법으로 정하고 일정한 등록기준을 충족시켜야 등록을 허용하는 건설업의 등록제는 소위 '객관적 사유에 의한 직업 허가규정'에 속하는 것으로서 직업선택의 자유를 제한한다. 2023 경찰승진 ( )

> **해설** 이 사건 법률조항은 '부정한 방법으로 건설업의 등록을 한 경우에 대하여' 건설업의 등록을 말소하도록 규정함으로써 건설업을 자유롭게 직업으로 삼을 수 있는 자유, 즉 청구인들의 직업선택의 자유를 제한하고 있다. **등록기준을 법으로 정하고 일정한 등록기준을 충족시켜야 등록을 허용하는 건설업의 등록제[건설산

ANSWER 20-1 × 20-2 ○ 21 ○ 22 ○ 23 ×

업기본법(이하 '법'이라 한다) 제9조, 제10조]는 '건설업'이란 직업의 정상적인 수행을 담보하기 위하여 요구되는 최소한의 요건을 규정하는 소위 '주관적 사유에 의한 직업 허가규정'에 속하는 것으로서 직업선택의 자유를 제한하는 규정이다(헌재 2007.5.31. 2007헌바3).

24 특정 직업분야에 관한 자격제도를 만들면서 그 자격요건을 어떻게 설정할 것인가는 그 입법재량의 폭이 좁다 할 것이므로 과잉금지원칙을 적용함에 있어서 다른 방법으로 직업선택의 자유를 제한하는 경우에 비해 보다 엄격한 심사가 필요하다. 2022 경찰간부 ( )

> 해설 과잉금지원칙을 적용함에 있어, **어떠한 직업분야에 관하여 자격제도를 만들면서 그 자격요건을 어떻게 설정할 것인가는** 관하여는 국가에게 **폭넓은 입법재량권이 부여되어 있으므로, 다른 방법으로 직업의 자유를 제한하는 경우에 비하여 유연하고 탄력적인 심사가 필요하다**고 할 수 있다(헌재 2015.3.26. 2013헌마131).

25-1 경비업을 경영하고 있는 자에게 경비업과 그 밖의 업종을 겸영하지 못하도록 금지하고 있는 경비업법 조항은 과잉금지원칙에 위배된다. 2022 법원행시 ( )

25-2 '경비업을 경영하고 있는 자들이나 다른 업종을 경영하면서 새로이 경비업에 진출하고자 하는 자들로 하여금 경비업을 전문으로 하는 별개의 법인을 설립하지 않는 한 경비업과 그 밖의 업종 간에 택일하도록 강제'하는 것은 주관적 사유에 의한 직업의 자유의 제한이며, 헌법재판소가 이를 심사함에 있어서는 엄격한 비례의 원칙이 그 심사척도가 된다. 2022 경찰경력채용 ( )

> 해설 이 사건 법률조항은 청구인들과 같이 경비업을 경영하고 있는 자들이나 다른 업종을 경영하면서 새로이 경비업에 진출하고자 하는 자들로 하여금 경비업을 전문으로 하는 별개의 법인을 설립하지 않는 한 경비업과 그밖의 업종 간에 택일하도록 법으로 강제하고 있다. 이와 같이 당사자의 능력이나 자격과 상관없는 객관적 사유에 의한 제한은 월등하게 중요한 공익을 위하여 명백하고 확실한 위험을 방지하기 위한 경우에만 정당화될 수 있고, 따라서 헌법재판소가 이 사건을 심사함에 있어서는 헌법 제37조 제2항이 요구하는바 과잉금지의 원칙, 즉 엄격한 비례의 원칙이 그 심사척도가 된다.
> 과잉금지원칙을 준수하지 못하고 있다.
> (1) 목적의 정당성 : 비전문적인 영세경비업체의 난립을 막고 전문경비업체를 양성하며, 경비원의 자질을 높이고 무자격자를 차단하여 불법적인 노사분규 개입을 막고자 하는 **입법목적 자체는 정당하다**고 보여진다.
> (2) 방법의 적절성 : 먼저 "경비업체의 전문화"라는 관점에서 보면, 현대의 첨단기술을 바탕으로 한 소위 디지털시대에 있어서 경비업은 단순한 경비자체만으로는 '전문화'를 이룰 수 없고 오히려 경비장비의 제조·설비·판매업이나 네트워크를 통한 정보산업, 시설물 유지관리, 나아가 경비원교육업 등을 포함하는 '토탈서비스(total service)'를 절실히 요구하고 있는 추세이므로, 이 법에서 규정하고 있는 좁은 의미의 경비업만을 영위하도록 법에서 강제하는 수단으로는 오히려 영세한 경비업체의 난립을 방치하는 역효과를 가져올 수도 있다. 또한 "경비원의 자질을 높이고 무자격자를 차단하여 불법적인 노사분규 개입을 방지하고자" 하는 점도, 경비원교육을 강화하거나 자격요건이나 보수 등 근무여건의 향상을 통하여 그 목적을 효과적이고 적절하게 달성할 수 있을지언정 경비업체로 하여금 일체의 겸영을 금지하는 것이 **적절한 방법이라고는 볼 수 없다.**
> (3) 피해의 최소성 : 이 사건 법률조항은 그 입법목적 중 경비업체의 전문화 추구라는 목적달성을 위하여 효과적이거나 적절하지 아니하고 오히려 그 반대의 결과를 가져올 수 있다는 점은 앞에서 본 바와 같고, 다른 입법목적인 경비원의 자질향상과 같은 공익은 이 법의 다른 조항에 의하여도 충분히 달성할 수 있음에도 불구하고 **노사분규 개입을 예방한다는 이유로 경비업자의 겸영을 일체 금지하는 접근은 기본권침해의 최소성 원칙에 어긋나는 과도하고 무리한 방법**이다.

ANSWER 24 × 25-1 ○ 25-2 ×

(4) 법익의 균형성 : 이 사건 법률조항으로 달성하고자 하는 공익인 경비업체의 전문화, 경비원의 불법적인 노사분규 개입 방지 등은 그 실현 여부가 분명하지 않은데 반하여, **경비업자인 청구인들이나 새로이 경비업에 진출하고자 하는 자들이 짊어져야 할 직업의 자유에 대한 기본권침해의 강도는 지나치게 크다고 할 수 있으므로, 이 사건 법률조항은 보호하려는 공익과 기본권침해 간의 현저한 불균형으로 법익의 균형성을 잃고 있다**(헌재 2002.4.25. 2001헌마614).

26 시각장애인만이 안마사 자격인정을 받을 수 있도록 규정한 「의료법」제82조 제1항 중 '「장애인복지법」에 따른 시각장애인 중' 부분, 시·도지사로부터 안마사 자격인정을 받지 아니한 자는 안마시술소 또는 안마원을 개설할 수 없도록 규정한 「의료법」제82조 제3항 중 제33조 제2항 제1호를 준용하는 부분은 비시각장애인인 청구인의 직업선택의 자유를 침해한다고 볼 수 없다. 2023 경찰2차 ( )

해설 이 사건 법률조항은 시각장애인에게 삶의 보람을 얻게 하고 인간다운 생활을 할 권리를 실현시키려는 데에 그 목적이 있으므로 입법목적이 정당하고, 다른 직종에 비해 공간이동과 기동성을 거의 요구하지 않을 뿐더러 촉각이 발달한 시각장애인이 영위하기에 용이한 안마업의 특성 등에 비추어 **시각장애인에게 안마업을 독점시킴으로써 그들의 생계를 지원하고 직업활동에 참여할 수 있는 기회를 제공하는 이 사건 법률조항의 경우 이러한 입법목적을 달성하는 데 적절한 수단임을 인정할 수 있다.** 나아가 시각장애인에 대한 복지정책이 미흡한 현실에서 안마사가 시각장애인이 선택할 수 있는 거의 유일한 직업이라는 점, 안마사 직역을 비시각장애인에게 허용할 경우 시각장애인의 생계를 보장하기 위한 다른 대안이 충분하지 않다는 점, 시각장애인은 역사적으로 교육, 고용 등 일상생활에서 차별을 받아온 소수자로서 실질적인 평등을 구현하기 위해서 이들을 우대하는 조치를 취할 필요가 있는 점 등에 비추어 **최소침해성원칙에 반하지 아니하고, 이 사건 법률조항으로 인해 얻게 되는 시각장애인의 생존권 등 공익과 그로 인해 잃게 되는 일반국민의 직업선택의 자유 등 사익을 비교해 보더라도, 공익과 사익 사이에 법익 불균형이 발생한다고 단정할 수도 없다.** 따라서 이 사건 법률조항이 헌법 제37조 제2항에서 정한 기본권제한입법의 한계를 벗어나서 비시각장애인의 직업선택의 자유를 침해하거나 평등권을 침해한다고 볼 수는 없다(헌재 2008.10.30. 2006헌마1098 등).

27 성인대상 성범죄로 형을 선고받아 확정된 자에게 그 형의 집행을 종료한 날로부터 10년 동안 의료기관을 개설하거나 의료기관에 취업할 수 없도록 한 아동·청소년의 성보호에 관한 법률은 직업선택의 자유를 침해한다. 2021 경찰승진 ( )

해설 이 사건 법률조항이 성범죄 전력만으로 그가 장래에 동일한 유형의 범죄를 다시 저지를 것을 당연시하고, 형의 집행이 종료된 때부터 10년이 경과하기 전에는 결코 재범의 위험성이 소멸하지 않는다고 보며, 각 행위의 죄질에 따른 상이한 제재의 필요성을 간과함으로써, 성범죄 전력자 중 재범의 위험성이 없는 자, 성범죄 전력이 있지만 10년의 기간 안에 재범의 위험성이 해소될 수 있는 자, 범행의 정도가 가볍고 재범의 위험성이 상대적으로 크지 않은 자에게까지 10년 동안 일률적인 취업제한을 부과하고 있는 것은 **침해의 최소성 원칙과 법익의 균형성 원칙에 위배**된다. 따라서 이 사건 법률조항은 청구인들의 **직업선택의 자유를 침해한**다(헌재 2016.3.31. 2013헌마585 등).

28 「마약류 관리에 관한 법률」을 위반하여 금고 이상의 실형을 선고받고 그 집행이 끝나거나 면제된 날부터 20년이 지나지 아니한 것을 택시운송사업의 운전업무 종사자격의 결격사유 및 취소사유로 정한 구 「여객자동차 운수사업법」조항은 침해의 최소성 원칙에 위배된다. 2022 경찰간부 ( )

해설 심판대상조항은 구체적 사안의 개별성과 특수성을 고려할 수 있는 여지를 일체 배제하고 그 위법의 정도나 비난가능성의 정도가 미약한 경우까지도 획일적으로 20년이라는 장기간 동안 택시운송사업의 운전업무 종사자격을 제한하는 것이므로 **침해의 최소성 원칙에 위배되며, 법익의 균형성 원칙에도 반한다.** 따라서 심판대상조항은 청구인들의 **직업선택의 자유를 침해한**다(헌재 2015.12.23. 2014헌바446 등).

ANSWER 26 ○ 27 ○ 28 ○

29 의료인으로 하여금 어떠한 명목으로도 둘 이상의 의료기관을 개설할 수 없도록 하고 이를 위반할 경우 형사처벌하는 것은 여러 개의 의료기관을 개설하고자 하는 의료인의 직업수행 방법을 제한하고 있다. 2022 국회직8급 ( )

> **해설** 심판대상조항은 의료인으로 하여금 어떠한 명목으로도 둘 이상의 의료기관을 개설할 수 없도록 하고 이를 위반할 경우 형사처벌함으로써, **여러 개의 의료기관을 개설하고자 하는 의료인의 직업수행 방법을 제한하고 있다**(헌재 2021.6.24. 2019헌바342).

30-1 안경사 면허를 가진 자연인에게만 안경업소의 개설 등을 할 수 있도록 한 것은 안경사들로만 구성된 법인 형태의 안경업소 개설까지 허용하지 않으므로 과잉금지원칙에 반하여 자연인 안경사와 법인의 직업의 자유를 침해한다. 2022 국회직8급 ( )

30-2 안경사 면허를 가진 자연인에게만 안경업소의 개설 등을 할 수 있도록 하고, 이를 위반 시 처벌하도록 규정한 구 「의료기사 등에 관한 법률」 조항은 법인을 설립하여 안경업소를 개설하고자 하는 자연인 안경사와 안경업소를 개설하고자 하는 법인의 직업의 자유를 침해한다. 2024 경찰승진 ( )

> **해설** 국민의 눈 건강과 관련된 국민보건의 중요성, 안경사 업무의 전문성, 안경사로 하여금 자신의 책임하에 고객과의 신뢰를 쌓으면서 안경사 업무를 수행하게 할 필요성 등을 고려할 때, **안경업소 개설은 그 업무를 담당할 자연인 안경사로 한정할 것이 요청**된다. 법인 안경업소가 허용되면 영리추구 극대화를 위해 무면허자로 하여금 안경 조제·판매를 하게 하는 등의 문제가 발생할 가능성이 높아지고, 안경 조제·판매 서비스의 질이 하락할 우려가 있다. 또한 대규모 자본을 가진 비안경사들이 법인의 형태로 안경시장을 장악하여 개인 안경업소들이 폐업하면 안경사와 소비자 간 신뢰관계 형성이 어려워지고, 독과점으로 인해 안경 구매비용이 상승할 수 있다. **반면 현행법에 의하더라도 안경사들은 협동조합, 가맹점 가입, 동업 등의 방법으로 법인의 안경업소 개설과 같은 조직화, 대형화 효과를 어느 정도 누릴 수 있다. 따라서 심판대상조항은 과잉금지원칙에 반하지 아니하여 자연인 안경사와 법인의 직업의 자유를 침해하지 아니한다**(헌재 2021.6.24. 2017헌가31).

31-1 "약사 또는 한약사가 아니면 약국을 개설할 수 없다."고 규정한 약사법 조항은 법인을 구성하여 약국을 개설·운영하려고 하는 약사들의 결사의 자유를 침해하지 않는다. 2022 법원행시 ( )

31-2 "약사 또는 한약사가 아니면 약국을 개설할 수 없다."고 규정한 「약사법」 조항은 법인을 구성하여 약국을 개설·운영하려고 하는 약사들 및 이들로 구성된 법인의 직업선택(직업수행)의 자유와 결사의 자유를 침해한다. 2022 행시 ( )

> **해설** "약사 또는 한약사가 아니면 약국을 개설할 수 없다."고 규정한 약사법 제16조 제1항은 자연인 약사만이 약국을 개설할 수 있도록 함으로써, 약사가 아닌 자연인 및 일반법인은 물론, 약사들로만 구성된 법인의 약국 설립 및 운영도 금지하고 있는 바, 국민의 보건을 위해서는 약국에서 실제로 약을 취급하고 판매하는 사람은 반드시 약사이어야 한다는 제한을 둘 필요가 있을 뿐, **약국의 개설 및 운영 자체를 자연인 약사에게만 허용할 합리적 이유는 없다.** … 정당한 이유 없이 본래 약국개설권이 있는 약사들만으로 구성된 법인에게도 약국개설을 금지하는 것은 입법목적을 달성하기 위하여 필요하고 적정한 방법이 아니고, 입법형성권의 범위를 넘어 과도한 제한을 가하는 것으로서, 법인을 구성하여 약국을 개설·운영하려고 하는 약사들 및 이들로 구성된 법인의 직업선택(직업수행)의 자유의 본질적 내용을 침해하는 것이고, 동시에 약사들이 약국경영을 위한 법인을 설립하고 운영하는 것에 관한 결사의 자유를 침해하는 것이다(헌재 2002.9.19. 2000헌바84).

ANSWER 29 ○ 30-1 × 30-2 × 31-1 × 31-2 ○

32 '약사 또는 한약사가 아닌 자연인'의 약국 개설을 금지하고 위반 시 형사처벌하는 「약사법」 조항은 과잉금지원칙에 반하여 직업의 자유를 침해한다고 할 수 없다. 2023 국회직8급 ( )

> 해설 비약사의 약국 개설이 허용되면, 영리 위주의 의약품 판매로 인해 의약품 오남용 및 국민 건강상의 위험이 증대할 가능성이 높고, 대규모 자본이 약국시장에 유입되어 의약품 유통체계 및 판매질서를 위협할 우려가 있다. 또한 비약사의 약국 개설은, 개설등록 취소나 약사의 자격정지, 부당이득 보험급여 징수 등 행정제재만으로는 예방하기에 미흡하고, 그에 가담한 약사를 형사처벌 대상에서 제외할 특별한 사정이 있다고도 할 수 없다. 약국 개설은 전 국민의 건강과 보건, 나아가 생명과도 직결된다는 점에서, 달성되는 공익보다 제한되는 사익이 더 중하다고 볼 수 없다. 심판대상조항은 과잉금지원칙에 반하여 직업의 자유를 침해하지 않는다(헌재 2020.10.29. 2019헌바249).

33-1 운전면허를 받은 사람이 자동차 등을 이용하여 살인 또는 강간 등의 범죄행위를 한 때 운전면허를 취소하도록 규정한 도로교통법은 직업의 자유를 침해한 것이다. 2021 경찰승진 ( )

33-2 운전면허를 받은 사람이 자동차를 이용하여 살인 또는 강간 등 행정안전부령이 정하는 범죄행위를 한 때 필요적으로 운전면허를 취소하도록 규정한 구 「도로교통법」 조항은 직업의 자유 및 일반적 행동자유권을 침해한다. 2023 경찰승진 ( )

> 해설 임의적 운전면허 취소 또는 정지 제도만으로도 철저한 단속, 엄격한 법집행 등을 함으로써 **자동차 등을 이용한 범죄의 근절이라는 입법목적을 효과적으로 달성할 수 있다.** 기본권침해의 정도가 한층 큰 필요적 운전면허 취소제도를 도입한 심판대상조항은 입법목적 달성을 위해 필요한 범위를 넘어 광범위한 행위를 규제하고 있다. 따라서 **심판대상조항은 침해의 최소성 원칙에 위반**된다. 심판대상조항에 의하여 운전면허가 취소되는 경우 운전면허가 취소된 날부터 2년 동안은 운전면허를 다시 받을 수 없도록 하고 있는바(구 도로교통법 제82조 제2항 제5호), 심판대상조항은 운전을 생업으로 하는 자에 대하여는 생계에 지장을 초래할 만큼 중대한 직업의 자유의 제약을 초래하고, 운전을 업으로 하지 않는 자에 대하여도 일상생활에 심대한 불편을 초래하여 일반적 행동의 자유를 제약하게 될 것이다. 이는 심판대상조항에 의하여 달성하려는 공익에 비하여 지나치게 운전면허 소지자의 기본권을 제한하는 것으로서 법익의 균형성 원칙에 반한다. 따라서 **심판대상조항은 직업의 자유 내지 일반적 행동의 자유를 침해하여 헌법에 위반**된다(헌재 2015.5.28. 2013헌가6).

34 운전면허를 받은 사람이 다른 사람의 자동차등을 훔친 경우에는 운전면허를 필요적으로 취소하도록 한 「도로교통법」 조항은 운전면허 소지자의 직업의 자유를 침해한다. 2022 입법고시 ( )

> 해설 자동차등을 훔친 범죄행위에 대한 행정적 제재를 강화하더라도 불법의 정도에 상응하는 제재수단을 선택할 수 있도록 임의적 운전면허 취소 또는 정지사유로 규정하여도 충분히 그 목적을 달성하는 것이 가능함에도, 심판대상조항은 필요적으로 운전면허를 취소하도록 하여 구체적 사안의 개별성과 특수성을 고려할 수 있는 여지를 일절 배제하고 있다. 자동차 절취행위에 이르게 된 경위, 행위의 태양, 당해 범죄의 경중이나 그 위법성의 정도, 운전자의 형사처벌 여부 등 제반사정을 고려할 여지를 전혀 두지 아니한 채 다른 사람의 자동차등을 훔친 모든 경우에 필요적으로 운전면허를 취소하는 것은, 그것이 달성하려는 공익의 비중에도 불구하고 운전면허 소지자의 직업의 자유 내지 일반적 행동의 자유를 과도하게 제한하는 것이다. 그러므로 심판대상조항은 직업의 자유 내지 일반적 행동의 자유를 침해한다(헌재 2017.5.25. 2016헌가6).

35-1 '거짓이나 그 밖의 부정한 수단으로 운전면허를 받은 행위'에 대한 불이익 처분으로 '부정 취득한 해당 운전면허와 함께 해당 운전자가 보유하고 있는 나머지 운전면허'도 필요적으로 취소하도록 규정한 「도로교통법」 조항은 일반적 행동의 자유 또는 직업의 자유를 침해하지 않는다. 2022 행시 ( )

ANSWER 32 ○ 33-1 ○ 33-2 ○ 34 ○ 35-1 ×

35-2 거짓이나 그 밖의 부정한 수단으로 운전면허를 받은 경우 모든 범위의 운전면허를 필요적으로 취소하도록 한 것은 과잉금지원칙에 반하여 직업의 자유를 침해한다. 2022·2023 국회직8급 ( )

해설 심판대상조항이 '부정 취득하지 않은 운전면허'까지 필요적으로 취소하도록 한 것은, 임의적 취소·정지 사유로 함으로써 구체적 사안의 개별성과 특수성을 고려하여 불법의 정도에 상응하는 제재수단을 선택하도록 하는 등 완화된 수단에 의해서도 입법목적을 같은 정도로 달성하기에 충분하므로, **피해의 최소성 원칙에 위배된다.** 나아가, 위법이나 비난의 정도가 미약한 사안을 포함한 모든 경우에 부정 취득하지 않은 운전면허까지 필요적으로 취소하고 이로 인해 2년 동안 해당 운전면허 역시 받을 수 없게 하는 것은, **공익의 중대성을 감안하더라도 지나치게 기본권을 제한하는 것이므로, 법익의 균형성 원칙에도 위배**된다. 따라서 심판대상조항 중 각 '거짓이나 그 밖의 부정한 수단으로 받은 운전면허를 제외한 운전면허'를 **필요적으로 취소하도록 한 부분은, 과잉금지원칙에 반하여 일반적 행동의 자유 또는 직업의 자유를 침해한다**(헌재 2020. 6. 25. 2019헌가9 등).

36 유치원 주변 학교환경위생 정화구역에서 성관련 청소년유해물건을 제작·생산·유통하는 청소년유해업소를 예외 없이 금지하는 구 「학교보건법」 조항은 청구인들의 직업의 자유를 침해하지 않는다. 2022 경찰간부 ( )

해설 유치원 주변 학교환경위생 정화구역에서 성관련 청소년유해물건을 제작·생산·유통하는 청소년유해업소를 예외 없이 금지하는 구 학교보건법 조항은 직업의 자유를 침해하지 아니한다(헌재 2013. 6. 27. 2011헌바8).

37-1 금고 이상의 실형을 선고받고 그 집행이 종료된 날부터 3년이 경과되지 않은 경우 중개사무소 개설등록을 취소하도록 한 공인중개사법 조항은 직업선택의 자유를 침해한 것이다. 2023 해양경찰 ( )

37-2 금고 이상의 실형을 선고받고 그 집행이 종료된 날부터 3년이 경과되지 않은 경우 중개사무소 개설등록을 취소하도록 하는 「공인중개사법」 조항은 동 조항으로 인해 개설등록이 취소된 공인중개사의 직업선택의 자유를 침해하지 않는다. 2024 경찰승진 ( )

해설 **심판대상조항은 공인중개사가 부동산 거래시장에서 수행하는 업무의 공정성 및 그에 대한 국민적 신뢰를 확보하기 위한 것으로서 입법목적의 정당성을 인정할 수 있고,** 개업공인중개사가 금고 이상의 실형을 선고받는 경우 중개사무소 개설등록을 필요적으로 취소하여 중개업에 종사할 수 없도록 배제하는 것은 위와 같은 **입법목적을 달성하는 데 적절한 수단**이 된다. 등록취소사유를 공인중개사법 위반 등 직무 관련 범죄로 한정한다면 공인중개사의 공정한 업무 처리에 대한 국민의 신뢰를 심판대상조항과 동일한 정도로 확보하기 어렵고, 공인중개사로서의 공정하고 적법한 업무수행의 기대가능성을 판단할 수 있는 범죄유형을 추출·분류하는 것 자체가 쉽지 않다. 또한 형사재판에서 금고 이상의 실형을 선고받았다는 것은 이미 양형 사항을 모두 고려한 것이므로, 행정청이 등록취소 여부를 결정함에 있어 범죄태양이나 죄질과 같은 여러 가지 요소들을 다시 고려하여야 할 필요성이 크지 않다. **공인중개업은 국민의 재산권에 큰 영향을 미치므로 업무의 공정성과 신뢰를 확보할 필요성이 큰 반면, 심판대상조항으로 인하여 중개사무소 개설등록이 취소된다 하더라도 공인중개사 자격까지 취소되는 것이 아니어서 3년이 경과한 후에는 다시 중개사무소를 열 수 있다. 따라서 심판대상조항은 과잉금지원칙에 반하여 직업선택의 자유를 침해하지 아니한다**(헌재 2019. 2. 28. 2016헌바467).

38 교육부장관이 학교법인 ○○학당에게 한 법학전문대학원 설치인가 중 여성만을 입학자격요건으로 하는 입학전형계획을 인정한 부분은 남성인 청구인의 직업선택의 자유를 제한한다. 2024 경찰1차 ( )

ANSWER 35-2 ○ 36 ○ 37-1 × 37-2 ○ 38 ○

해설 이 사건 인가처분은 남성인 청구인 엄○모에 대하여 법학전문대학원에 입학가능한 총 정원을 감소시켜 변호사시험에 응시할 수 있는 자격을 얻기 위한 단계로의 진입을 규제하고 있다. 그 결과 이 사건 인가처분은 청구인 엄○모가 법학전문대학원에 입학하여 종국적으로 변호사시험에 응시할 수 있는 기회를 제한하게 되므로, 이 사건 인가처분으로 인하여 변호사를 직업으로 선택하고자 하는 청구인의 직업선택의 자유가 침해되었는지 여부가 이 사건의 쟁점이다(헌재 2013.5.30. 2009헌마514).

39 임원이 건설업과 관련 없는 죄로 금고 이상의 형을 선고받은 경우까지 법인의 건설업 등록을 필요적으로 말소하도록 규정한 「건설산업기본법」 조항은 직업수행의 자유를 침해한다. 2022 입법고시 ( )

해설 심판대상조항이 건설업과 관련 없는 죄로 임원이 형을 선고받은 경우까지도 법인이 건설업을 영위할 수 없도록 하는 것은 입법목적달성을 위한 적합한 수단에 해당하지 아니하고, 이러한 경우까지도 가장 강력한 수단인 필요적 등록말소라는 제재를 가하는 것은 **최소침해성 원칙에도 위배**된다. 심판대상조항으로 인하여 건설업자인 법인은 등록이 말소되는 중대한 피해를 입게 되는 반면 심판대상조항이 공익 달성에 기여하는 바는 크지 않아 **심판대상조항은 법익균형성 원칙에도 위배**된다. 따라서 **심판대상조항은 과잉금지원칙에 위배되어 청구인의 직업수행의 자유를 침해**한다(헌재 2014.4.24. 2013헌바25).

40 최저임금의 적용을 위하여 주(週) 단위로 정해진 비교대상 임금을 시간에 대한 임금으로 환산할 때, 1주 동안의 소정 근로시간 수와 법정 주휴시간 수를 합산한 시간 수로 해당 임금을 나누도록 하는 규정은 근로자를 고용하여 재화나 용역을 제공하는 사용자의 활동을 제한한다는 측면에서 직업의 자유를 제한한다. 2022 법무사 ( )

해설 이 사건 시행령조항은 임금의 수준에 관한 사용자와 근로자 간의 계약 내용을 제한한다는 측면에서는 헌법 제10조 행복추구권의 일반적 행동자유권에서 파생되는 사용자의 계약의 자유를 제한하고, **근로자를 고용하여 재화나 용역을 제공하는 사용자의 활동을 제한한다는 측면에서는 헌법 제15조의 직업의 자유를 제한**한다. 최저임금 적용을 위한 임금의 시간급 환산 시 법정 주휴시간 수를 포함한 시간 수로 나누어야 하는지에 관하여 종전에 대법원 판례와 고용노동부의 해석이 서로 일치하지 아니하여 근로 현장에서 혼란이 초래되었다. 이 사건 시행령 조항은 그와 같은 불일치와 혼란을 해소하기 위한 것으로서, 그 취지와 필요성을 인정할 수 있다. 비교대상 임금에는 주휴수당이 포함되어 있고, 주휴수당은 근로기준법에 따라 주휴시간에 대하여 당연히 지급해야 하는 임금이라는 점을 감안하면, 비교대상 임금을 시간급으로 환산할 때 소정근로시간 수 외에 법정 주휴시간 수까지 포함하여 나누도록 하는 것은 그 합리성을 수긍할 수 있다. **근로기준법이 근로자에게 유급주휴일을 보장하도록 하고 있다는 점을 고려할 때, 소정근로시간 수와 법정 주휴시간 수 모두에 대하여 시간급 최저임금액 이상을 지급하도록 하는 것이 그 자체로 사용자에게 지나치게 가혹하다고 보기는 어렵다.** 따라서 **이 사건 시행령 조항은 과잉금지원칙에 위배되어 사용자의 계약의 자유 및 직업의 자유를 침해한다고 볼 수 없다**(헌재 2020.6.25. 2019헌마15).

41 세무사 자격 보유 변호사로 하여금 세무사로서 세무사의 업무를 할 수 없도록 규정한 세무사법 관련 조항은 세무사 자격 보유 변호사의 직업선택의 자유를 침해하지 않는다. 2023 법원행시 ( )

해설 심판대상조항은 **세무대리의 전문성을 확보하고 부실 세무대리를 방지**함으로써, 납세자의 권익을 보호하고 세무행정의 원활한 수행 및 납세의무의 적정한 이행을 도모하는 데에 그 입법목적이 있다고 할 것인바, 이러한 **입법목적은 일응 수긍**이 된다. 심판대상조항이 세무사 자격 보유 변호사로 하여금 세무사로서 세무대리를 일체 할 수 없도록 전면적으로 금지한 것은 **세무대리의 전문성 확보 및 부실 세무대리의 방지라는 입법목적을 달성하기 위한 수단으로서 그 적합성을 인정하기 어렵다.** 심판대상조항이 세무사 자격 보유 변호사에 대하여 세무사로서의 세무대리를 할 수 있는 전문성과 능력 여부에 대한 고려 없이 세무사로서의 세무대리를 일체 할 수 없도록 전면 금지하는 것은 세무사 자격 부여의 의미를 상실시키는 것일 뿐만 아니라, 자격제도를

ANSWER 39 ○ 40 ○ 41 ×

규율하고 있는 법 전체의 체계상으로도 모순된다. 이는 **세무사의 자격을 취득함으로써 회복된 직업선택의 자유를 전면적으로 금지하는 것으로서, 입법형성의 재량 범위를 벗어나 세무사 자격 보유 변호사의 세무사 자격에 기한 직업선택의 자유를 지나치게 제한**하는 것이다. 심판대상조항이 세무사 자격 보유 변호사로 하여금 세무사로서 세무대리를 일체 할 수 없도록 전면적으로 금지하는 것은 **침해의 최소성에도 반한다.** 세무사 자격 보유 변호사는 법률에 의해 세무사의 자격을 부여받았으므로 원칙적으로 그 자격에 기해 세무대리를 할 수 있어야 함에도, 심판대상조항은 세무사로서 세무대리를 일체 할 수 없도록 전면적으로 금지하고 있는바, 이로 인해 세무사 자격 보유 변호사가 받게 되는 세무사로서의 직업선택의 자유에 대한 제한은 매우 중대하다. 이러한 세무사 자격 보유 변호사의 불이익이 심판대상조항으로 달성하려는 **공익 보다 경미하다고 보기는 어려우므로, 심판대상조항은 법익의 균형성도 갖추지 못하였다.** 따라서 심판대상조항은 과잉금지원칙을 위반하여 세무사 자격 보유 변호사의 **직업선택의 자유를 침해하므로 헌법에 위반**된다(헌재 2018.4.26. 2015헌가19).

42-1 변호사의 자격이 있는 자에게 더 이상 세무사 자격을 부여하지 않는 구 세무사법의 시행일과 시행일 당시 종전 규정에 따라 세무사의 자격이 있던 변호사는 개정 규정에도 불구하고 세무사 자격이 있는 것으로 변호사의 세무사 자격에 관한 경과조치를 정하고 있는 세무사법 부칙은 시행일을 기준으로 이미 변호사 자격을 취득한 사람과 그렇지 않은 사람을 달리 취급하는 것에 합리적인 이유가 없으므로, 평등권을 침해한다. 2023 법원행시 ( )

42-2 변호사의 자격이 있는 자에게 더 이상 세무사 자격을 자동으로 부여하지 않도록 한 것은 과잉금지원칙에 반하여 직업선택의 자유를 침해한다고 볼 수 없다. 2022 국회직8급 / 2023 경찰2차 ( )

42-3 변호사의 자격이 있는 자에게 더 이상 세무사 자격을 부여하지 않는 구 세무사법 제3조는 시행일 이후 변호사 자격을 취득한 자들의 직업선택의 자유를 침해하지 아니한다. 2023 법원직 ( )

> 해설 이 사건 부칙조항이 2017. 12. 26. 개정된 이 사건 법률조항의 시행일을 2018. 1. 1.로 정한 것은 이 사건 법률조항의 입법목적을 가급적 빨리 달성하기 위한 고려에서 내려진 입법적 결단으로 인정할 수 있다. 또한, 이 사건 부칙조항은 이 사건 법률조항의 시행일인 2018. 1. 1.을 기준으로 이미 변호사 자격을 취득한 사람과 그렇지 않은 사람을 달리 취급하고 있다. 위 두 집단은 사법연수원 입소 당시 또는 법학전문대학원 입학 당시 장차 변호사 자격을 취득하면 세무사 자격도 자동으로 부여받을 수 있으리라는 기대를 갖고 있었다는 점에 있어서는 동일하다고 할 수 있다. 그러나 **전자는 2018. 1. 1. 당시 이미 변호사 자격을 취득함으로써 개정 전 세무사법에 따를 경우 세무사 자격을 자동으로 부여받을 수 있는 요건을 현실적으로 구비하고 있었던 반면, 후자는 2018. 1. 1. 당시 그와 같은 요건을 현실적으로 구비하고 있지 않은 채 장차 변호사 자격을 취득하면 세무사 자격까지 자동으로 부여받을 수 있으리라는 기대만을 갖고 있었던 것에 그친다.** 후자의 경우 본인 및 주위 여건에 따라 사법연수원 과정이나 법학전문대학원 과정을 마치지 못할 가능성 내지 법학전문대학원 졸업 후 변호사시험에 합격하지 못할 가능성 역시 배제할 수는 없다는 점에서도 전자와는 분명한 차이가 있다. 이러한 점을 고려하면, 이 사건 부칙조항이 2018. 1. 1.을 기준으로 이미 변호사 자격을 취득한 사람과 그렇지 않은 사람을 달리 취급하는 것에는 합리적인 이유가 있으므로, 위 조항은 청구인들의 **평등권을 침해하지 않는다**(헌재 2021.7.15. 2018헌마279 등).

43-1 법학전문대학원에 입학하는 자들에 대하여 학사 전공별, 출신 대학별로 법학전문대학원 입학정원의 비율을 각각 규정한 「법학 전문대학원 설치·운영에 관한 법률」 조항은 변호사가 되기 위한 과정에 있어 필요한 전문지식을 습득할 수 있는 법학전문대학원에 입학하는 것을 제한할 뿐이므로 직업선택의 자유를 제한하는 것으로 보기 어렵다. 2023 경찰승진 ( )

ANSWER 42-1 ✕   42-2 ○   42-3 ○   43-1 ✕

43-2 법학전문대학원 입학자 중 법학 외의 분야 및 당해 법학전문대학원이 설치된 대학 외의 대학에서 학사학위를 취득한 자가 차지하는 비율이 입학자의 3분의 1 이상이 되도록 규정한 「법학전문대학원 설치·운영에 관한 법률」 조항은 직업의 자유를 침해하지 않는다. 2022 경찰간부 ( )

> 해설 다양한 전공자를 대상으로 전문적인 법학교육을 실시하고 다양한 학문풍토를 조성하고자 하는 이 사건 법률 제26조 제2항 및 제3항이 추구하는 입법목적의 정당성이 인정되고, 전공과 출신대학에 따라 로스쿨 입학정원 비율을 제한하는 것은 이 사건 법률 제26조 제2항 및 제3항이 추구하는 입법목적을 달성하기 위한 적절한 방법이 될 수 있고, 입법목적을 달성하는 수단을 선택함에 있어서 입법자의 선택재량의 범위를 일탈하였다고 볼 수 없어서 **최소침해성원칙에도 위배되지 아니하며**, 로스쿨을 지원함에 있어서 청구인들이 받게 되는 불이익보다 위와 같은 입법목적을 달성하여 얻게 되는 공익이 훨씬 더 크다고 할 것이어서 **법익균형성원칙에도 위배되지 아니하므로**, 이 사건 법률 제26조 제2항 및 제3항은 비례의 원칙에 위배되지 않기 때문에 청구인들의 직업선택의 자유를 침해하지 아니한다(헌재 2009.2.26. 2007헌마1262).

44 제조업의 직접생산공정업무를 근로자파견의 대상 업무에서 제외하는 「파견근로자보호 등에 관한 법률」 조항은 사용사업주의 직업수행의 자유를 침해한다. 2021 경찰승진 ( )

> 해설 심판대상조항은 제조업의 핵심 업무인 **직접생산공정업무의 적정한 운영을 기하고 근로자에 대한 직접고용 증진 및 적정임금 지급을 보장하기 위한 것으로 입법목적의 정당성 및 수단의 적합성이 인정된다.** 심판대상조항은 제조업의 직접생산공정업무에 관한 근로자파견 자체를 금지하고 위반 시 처벌하고 있으나, 현재로서는 근로자파견의 확대로 인한 사회·경제적 부작용을 충분히 방지할 수 있다고 보기 어렵고, 제조업의 특성상 숙련되지 못한 근로자의 파견 또는 근로자의 잦은 변동을 방지할 필요성이 크며, 제조업의 직접생산공정업무의 경우에도 일정한 경우에는 예외적으로 근로자파견이 허용되고, **행정상의 제재수단만으로 입법목적을 실효적으로 달성할 수 있다고 보기 어려운 점 등에 비추어 보면, 침해의 최소성을 위반하였다고 보기 어렵다.** 또한, 제조업의 직접생산공정업무의 적정한 운영, 근로자의 직접고용 증진 및 적정임금 보장이라는 공익이 사용사업주가 제조업의 직접생산공정업무에 관하여 근로자파견의 역무를 제공받지 못하는 직업수행의 자유 제한에 비하여 작다고 볼 수 없으므로, **법익의 균형성도 충족**된다. 따라서 **심판대상조항이 제조업의 직접생산공정업무에 관하여 근로자파견의 역무를 제공받고자 하는 사업주의 직업수행의 자유를 침해한다고 볼 수 없다**(헌재 2017.12.28. 2016헌바346).

45-1 소송사건의 대리인인 변호사가 수형자를 접견하고자 하는 경우 소송계속 사실을 소명할 수 있는 자료를 제출하도록 규정하고 있는 「형의 집행 및 수용자의 처우에 관한 법률 시행규칙」 중 '수형자 접견'에 관한 부분은 변호사의 직업수행의 자유를 침해하지 않는다. 2022 행시 ( )

45-2 소송사건의 대리인인 변호사라 하더라도 소송계속 사실 소명자료를 제출하지 못하면 수형자와 변호사접견을 하지 못하도록 규정한 '형의 집행 및 수용자의 처우에 관한 법률 시행규칙' 제29조의2 제1항 제2호 중 '수형자 접견'에 관한 부분은 변호사의 직업수행의 자유를 침해하지 아니한다. 2023 법원직 ( )

> 해설 소송사건의 대리인인 변호사가 수형자를 접견하고자 하는 경우 소송계속 사실을 소명할 수 있는 자료를 제출하도록 규정하고 있는 '형의 집행 및 수용자의 처우에 관한 법률 시행규칙' 조항은 과잉금지원칙에 위배되어 변호사인 청구인의 직업수행의 자유를 침해한다(헌재 2021.10.28. 2018헌마60).

46-1 「학원의 설립·운영 및 과외교습에 관한 법률」에 따라 설립된 학원 및 「체육시설의 설치·이용에 관한 법률」에 따라 설립된 체육시설에서 어린이통학버스를 운영함에 있어서 어린이 등과 함께 보호자를 의무적으로 동승하여 운행하도록 하는 「도로교통법」 조항은 학원 및 체육시설 운영자의 직업수행의 자유를 침해한다. 2022 행시 ( )

ANSWER 43-2 ○ 44 × 45-1 × 45-2 × 46-1 ×

46-2 어린이통학버스를 운영함에 있어서 반드시 보호자를 동승하도록 하는 조항은 동승보호자의 추가 고용에 따른 비용 지출을 유발할 뿐 학원의 영업방식을 직접 제한하는 것은 아니므로 그로 인해 직업수행의 자유는 제한되지 아니한다. 2022 법무사 / 2023 법원행시 ( )

46-3 학원이나 체육시설에서 어린이통학버스를 운영하는 자로 하여금 어린이통학버스에 학원 강사 등의 보호자를 동승하여 운행하도록 한 것은 학원 등 운영자의 직업수행의 자유를 지나치게 제한하여 입법형성권의 범위를 현저히 벗어났다거나 기본권 침해의 최소성 원칙에 반한다고 볼 수 없다. 2022 국회직8급 ( )

해설 이 사건 보호자동승조항은 어린이통학버스를 운영함에 있어서 반드시 보호자를 동승하도록 함으로써 학원 등의 영업방식에 제한을 가하고 있으므로 청구인들의 직업수행의 자유를 제한한다.
이 사건 보호자동승조항이 학원 등 운영자로 하여금 어린이통학버스에 학원 강사 등의 보호자를 함께 태우고 운행하도록 한 것은 어린이 등이 안전사고 위험으로부터 벗어나 안전하고 건강한 생활을 영위하도록 하기 위한 것이다. **어린이통학버스의 동승보호자는 운전자와 함께 탑승함으로써 승·하차 시 뿐만 아니라 운전자만으로 담보하기 어려운 '차량 운전 중' 또는 '교통사고 발생 등의 비상상황 발생 시' 어린이 등의 안전을 효과적으로 담보하는 중요한 역할을 하는 점** 등에 비추어 보면, 이 사건 보호자동승조항이 과잉금지원칙에 반하여 청구인들의 **직업수행의 자유를 침해한다고 볼 수 없다**(헌재 2020. 4. 23. 2017헌마479).

47 국·공립사범대학 등 출신자를 교육공무원인 국·공립학교 교사로 우선하여 채용하도록 규정한 것은 사립사범대학졸업자와 일반 대학 교직과정이수자의 직업선택의 자유를 침해한다. 2021 경찰경력채용 ( )

해설 교사 자격자 개인의 능력과는 관계없이 특정학교 출신이라는 사유와 국·공립 사범대학 졸업자의 과잉공급현상이라는 사정때문에 사립 사범대학 졸업자 및 교직과정이수자들이 교육공무원이라는 직업을 선택함에 있어서 중대한 제한을 가하는 것이 되고, 이러한 제한은 앞서 평등의 원칙에 관한 판단에서 본 바와 같이 이를 정당화할 근거가 없다. 따라서 법 제11조 제1항은 "모든 국민은 직업선택의 자유를 가진다."라고 규정한 헌법 제15조에도 위반된다고 하겠다(헌재 1990. 10. 8. 89헌마89).

48 사립학교 교원이 금고 이상의 형의 집행유예를 받은 경우 그 직에서 당연퇴직하도록 하는 것이 헌법상 직업의 자유를 침해하는 것은 아니다. 2021 경찰경력채용 ( )

해설 헌법재판소는 2010. 10. 28. 2009헌마442 결정에서 심판대상조항과 실질적으로 내용이 동일한 구 사립학교법 제57조 중 국가공무원법 제33조 제4호 부분에 대하여 **사립학교 교원의 직업의 자유 등을 침해하지 않아 헌법에 위반되지 않는다**고 결정하였고, 이 사건에서 위 결정과 달리 판단해야 할 사정의 변경이나 필요성이 인정된다고 볼 수 없으므로, 심판대상조항은 사립학교 교원인 청구인의 직업의 자유 등을 침해하지 않는다(헌재 2020. 6. 25. 2018헌바256).

49-1 청원경찰이 금고 이상의 형의 선고유예를 받은 경우 당연퇴직 되도록 하는 것이 헌법상 직업의 자유를 침해하는 것은 아니다. 2021 경찰경력채용 ( )

49-2 청원경찰이 금고 이상의 형의 선고유예를 받은 경우 당연 퇴직되도록 규정한 「청원경찰법」 조항은 청원경찰의 직업의 자유를 침해하지 않는다. 2021 경찰승진 ( )

해설 금고 이상의 형의 선고유예를 받은 경우 범죄의 종류, 죄질, 내용이 지극히 다양함에도 불구하고 청원경찰이 금고 이상의 형의 선고유예를 받게 되면 당연히 청원경찰직에서 퇴직하도록 규정하고 있으므로 **침해의 최소성 원칙에 위배**된다. 헌법재판소가 구 지방공무원법, 구 국가공무원법, 구 군무원인사법,

ANSWER 46-2 × 46-3 ○ 47 ○ 48 ○ 49-1 × 49-2 ×

구 군인사법, 구 경찰공무원법의 선고유예로 인한 당연퇴직 조항에 대하여 위헌 결정을 선고하여 해당 조항들은 당연퇴직 사유를 선고유예 판결을 받은 일정 범죄에 국한하거나 아예 선고유예를 받은 경우는 당연퇴직 사유에서 제외하도록 개정되었는데, **청원경찰에게 위와 같은 공무원들보다 더 높은 윤리성 내지 염결성 등이 요구된다고 볼 수 없고, 당연퇴직으로 인하여 청원경찰이 받게 되는 불이익은 매우 크므로, 심판대상조항은 법익의 균형성 원칙에도 위배된다. 따라서 심판대상조항은 직업선택의 자유를 침해하여 헌법에 위반된다**(헌재 2018.1.25. 2017헌가26).

50 청원경찰이 자격정지 이상의 형을 선고받은 경우 당연퇴직하도록 한 「청원경찰법」 조항은 청원경찰의 직업의 자유를 침해한다. 2022 입법고시 ( )

해설 이 사건 법률조항은 자격정지의 형을 선고받은 자를 청원경찰직에서 당연퇴직시킴으로써 청원경찰의 사회적 책임 및 청원경찰직에 대한 국민의 신뢰를 제고하고, 청원경찰로서의 성실하고 공정한 직무수행을 담보하기 위한 법적 조치이므로, 그 입법목적의 정당성이 인정되고, … 이 사건 법률조항이 범죄행위로 자격정지의 형을 선고받은 자를 청원경찰직에서 배제하도록 한 것은 위와 같은 입법목적을 달성하기 위해 효과적이고 적절한 수단이 될 수 있다. 또한 이 사건 법률조항이 정한 바와 같이 **자격정지의 형을 선고받은 자를 청원경찰직에서 당연퇴직시키는 것은** 위와 같은 입법목적을 달성하면서도 기본권침해를 최소화하는 수단이라고 할 것이어서 기본권침해의 최소성 원칙을 준수하였고, 자격정지의 형을 선고받은 청원경찰이 이 사건 법률조항에 따라 당연퇴직되어 입게 되는 직업의 자유에 대한 제한이라는 불이익이 **자격정지의 형을 선고받은 자를 청원경찰직에서 당연퇴직시킴으로써 청원경찰에 대한 국민의 신뢰를 제고하고 청원경찰로서의 성실하고 공정한 직무수행을 담보하려는 공익에 비하여 더 중하다고 볼 수는 없으므로, 법익균형성도 지켜지고 있다. 따라서 이 사건 법률조항은 과잉금지원칙을 위반하여 청구인의 직업의 자유를 침해하지 아니한다**(헌재 2011.10.25. 2011헌마85).

51 변호사법의 위임을 받아 대한변호사협회에서 정한 '변호사 광고에 관한 규정' 중 '변호사 또는 소비자로부터 대가를 받고 법률상담 또는 사건 등을 소개·알선·유인하기 위하여 변호사등을 광고·홍보·소개하는 행위'를 금지하고 있는 규정은 표현의 자유와 직업의 자유를 침해한다. 2023 법원행시 ( )

해설 위 규정으로 입법목적이 달성될 수 있을지 불분명한 반면, 변호사들이 광고업자에게 유상으로 광고를 의뢰하는 것이 사실상 금지되어 청구인들의 표현의 자유, 직업의 자유에 중대한 제한을 받게 되므로, 위 규정은 침해의 최소성 및 법익의 균형성도 갖추지 못하였다. 따라서 **대가수수 광고금지규정은 과잉금지원칙에 위반되어 청구인들의 표현의 자유와 직업의 자유를 침해한다**(헌재 2022.5.26. 2021헌마619).

52 '일반의 법률사건에 관하여 화해사무를 취급한 자'를 형사처벌하도록 하는 구 변호사법은 변호사 아닌 자의 법률사무 취급을 포괄적으로 금지하여 일반 국민의 직업선택의 자유를 침해한다. 2023 법원행시 ( )

해설 이 사건 법률조항은 변호사제도를 보호·유지하려는 데 그 목적이 있어 실현하고자 하는 공익이 정당하고, 변호사제도의 목적을 달성하기 위해서는 비변호사의 법률사무취급의 금지는 불가피한 것으로 공익실현을 위한 기본권제한의 수단이 적정하며, 단지 금품 등 이익을 얻을 목적의 법률사무취급만을 금지하고 있는 점 등에 비추어 보면, 이 사건 법률조항이 **일반국민의 직업선택의 자유를 침해한다고 볼 수 없다**(헌재 2010.10.28. 2009헌바4).

53 유치원, 초·중 고등학교, 대학교 학교환경위생정화구역 내에 당구장시설을 하지 못하도록 제한하는 것은 직업행사의 자유를 침해하는 것이라 할 수 없다. 2023 경찰승진 ( )

해설 대학, 교육대학, 사범대학, 전문대학, 기타 이와 유사한 교육기관의 학생들은 변별력과 의지력을 갖춘 성인이어서 당구장을 어떻게 활용할 것인지는 이들의 자율적 판단과 책임에 맡길 일이고, 학교주변의 당구장시

ANSWER 50 × 51 ○ 52 × 53 ×

설 제한과 같은 타율적 규제를 가하는 것은 대학교육의 목적에도 어긋나고 대학교육의 능률화에도 도움이 되지 않으므로, 위 각 대학 및 이와 유사한 교육기관의 학교환경위생정화구역 안에서 당구장시설을 하지 못하도록 기본권을 제한하는 것은 교육목적의 능률화라는 입법목적의 달성을 위하여 필요하고 적정한 방법이라고 할 수 없어 기본권제한의 한계를 벗어난 것이다. 유치원 주변에 당구장시설을 허용한다고 하여도 이로 인하여 유치원생이 학습을 소홀히 하거나 교육적으로 나쁜 영향을 받을 위험성이 있다고 보기 어려우므로, 유치원 및 이와 유사한 교육기관의 학교환경위생정화구역 안에서 당구장시설을 하지 못하도록 기본권을 제한하는 것은 입법목적의 달성을 위하여 필요하고도 적정한 방법이라고 할 수 없어 역시 기본권제한의 한계를 벗어난 것이다. 초등학교, 중학교, 고등학교 기타 이와 유사한 교육기관의 학생들은 아직 변별력 및 의지력이 미약하여 당구의 오락성에 빠져 학습을 소홀히 하고 당구장의 유해환경으로부터 나쁜 영향을 받을 위험성이 크므로 이들을 이러한 위험으로부터 보호할 필요가 있는바, 이를 위하여 위 각 학교 경계선으로부터 200미터 이내에 설정되는 학교환경위생정화구역 내에서의 당구장시설을 제한하면서 **예외적으로 학습과 학교보건위생에 나쁜 영향을 주지 않는다고 인정하는 경우에 한하여 당구장시설을 허용하도록 하는 것은 기본권제한의 입법목적, 기본권제한의 정도, 입법목적 달성의 효과 등에 비추어 필요한 정도를 넘어 과도하게 직업(행사)의 자유를 침해하는 것이라 할 수 없다**(헌재 1997.3.27. 94헌마196 등).

54 제1종 운전면허의 취득요건으로 양쪽 눈의 시력(교정시력 포함)이 각각 0.5 이상일 것을 요구하는 「도로교통법 시행령」 조항은 좁은 의미의 직업선택의 자유와 직업수행의 자유를 침해하지 아니한다. 2022 경찰경력채용 ( )

해설 이 사건 조문에서 정한 시력기준에 미달하는 자는 제1종 운전면허를 요구하는 직업에 종사할 수 없게 되어 좁은 의미의 직업선택의 자유에 제한을 받게 된다. … 기본권 제한의 입법한계인 비례의 원칙을 준수하였으므로 **이 사건 조문은 좁은 의미의 직업선택의 자유를 침해하지 아니한다**. 이 사건 조문에서 정한 시력기준에 미달하는 자는 제1종 운전면허 대상 차량을 자신이 직접 운전하는 방법으로는 자신의 영업에 제공할 수 없게 되어 직업수행의 자유에도 일정한 제한을 받게 된다. … **기본권 제한의 입법한계인 비례의 원칙을 준수하였으므로 이 사건 조문은 직업수행의 자유를 침해하지 아니한다**(헌재 2003.6.26. 2002헌마677).

55 의료인이 '치료효과를 보장하는 등 소비자를 현혹할 우려가 있는 내용의 광고'를 한 경우 형사처벌하도록 규정한 「의료법」 조항은 의료인의 직업수행의 자유를 침해한다고 볼 수 없다. 2022 경찰경력채용 ( )

해설 의료광고는 국민의 생명·건강에 직결되는 의료서비스를 그 내용으로 하고 소비자에게 상당한 영향을 미치므로, 그 내용이 객관적이고 진실하여야 함은 물론 표현에 있어서도 소비자로 하여금 오해를 불러 일으키지 않도록 이루어져야 한다. 의료광고가 소비자를 현혹하는 방법으로 이루어질 경우, 소비자는 해당 의료서비스의 부정적인 측면을 충분히 고려하지 못함으로써 의료피해라는 예상치 못한 변수에 노출될 수 있다. 부당한 의료광고 표현에 대한 규제가 적절히 이루어지지 않는다면 의료인 등의 비정상적인 광고경쟁을 유발할 수 있고, 이러한 과당경쟁은 소비자의 심리를 자극하기 위한 의료광고의 급증으로 이어져 문란한 국민의료질서를 조장할 위험성이 높으며, 결국 그 피해는 소비자인 국민에게 돌아오게 될 것이다. 따라서 **심판대상조항이 과잉금지원칙을 위배하여 의료인 등의 표현의 자유나 직업수행의 자유를 침해한다고 볼 수 없다**(헌재 2014.9.25. 2013헌바28).

56 주류 판매업면허를 받은 자가 타인과 동업 경영을 하는 경우 관할 세무서장이 해당 주류 판매업자의 면허를 필요적으로 취소하도록 한 구 「주세법」 조항은 면허가 있는 자들끼리의 동업의 경우도 일률적으로 주류 판매업 면허를 취소하도록 규정하고 있으므로 주류 판매면허업자의 직업의 자유를 침해한다. 2022 경찰간부 ( )

해설 주류는 국민건강에 미치는 영향이 크고, 국가의 재정에도 직접 영향을 미치는 것이기 때문에 다른 상품과는 달리 특별히 법률을 제정하여 주류의 제조 및 판매에 걸쳐 폭넓게 국가의 규제를 받도록 하고

ANSWER 54 ○ 55 ○ 56 ×

있다. 심판대상조항은 주류 유통질서의 핵심이라고 할 수 있는 주류 판매면허업자가 면허 허가 범위를 넘어 사업을 운영하는 것을 제한함으로써, 주류 판매업면허 제도의 실효성을 확보하고자 마련된 것이다. 국가의 관리 감독에서 벗어난 판매업자의 등장으로 유통 질서가 왜곡되는 것을 방지하고 규제의 효용성을 담보하기 위하여 필요하므로, 면허의 필요적 취소를 과도한 제한이라고 볼 수 없다. 따라서 이 조항은 주류 판매면허업자의 **직업의 자유를 침해하지 않는다**(헌재 2021.4.29. 2020헌바328).

57 「세무사법」 위반으로 벌금형을 받은 세무사의 등록을 필요적으로 취소하도록 한 「세무사법」 조항은 벌금형의 집행이 끝나거나 집행을 받지 아니하기로 확정된 후 3년이 지난 때에 다시 세무사로 등록하여 활동할 수 있는 점 등에 비추어 볼 때 청구인의 직업선택의 자유를 침해하지 않는다. 2022 경찰간부 ( )

해설 심판대상조항은 세무사 직무의 공공성과 국민 신뢰의 확보 등을 유지하기 위한 것으로서, **세무사법 위반으로 벌금형을 받은 세무사에 한정하여 등록취소를 하고 있어 입법재량의 범위 내에 있을 뿐 아니라, 벌금형의 집행이 끝나거나 집행을 받지 아니하기로 확정된 후 3년이 지난 때에는 다시 세무사로 등록하여 활동할 수 있는 점 등을 고려하면, 심판대상조항은 세무사인 청구인의 직업선택의 자유를 침해하지 않는다**(헌재 2021. 10.28. 2020헌바221).

58 헌법재판소는 일정한 경력을 가진 공무원이 법무사시험을 보지 않고도 법무사 자격을 취득할 수 있도록 하는 경력공무원에 대한 자격부여제도를 규정하고 있던 법무사법 조항에 대하여 경력공무원이 아닌 일반인들도 법무사시험을 보아 합격하면 법무사가 될 수 있는 길을 열어 놓고 있고, 경력공무원에 대한 자격부여제도가 합리성을 갖고 있어서 법무사시험제도를 유명무실하게 하는 요소를 찾기 어렵다고 보아 법무사라는 직업을 선택하는 자유를 침해하지 않는다고 결정한 적이 있다. 2022 법무사 ( )

해설 법무사법 제4조 제1항 제2호에서 경력공무원에 해당하지 않는 청구인들과 같은 일반인들도 법무사시험을 보아 합격하면 법무사가 될 수 있게 길을 열어 놓고 있으며, 경력공무원에 대한 자격부여제도가 합리성을 갖고 있어서 법무사법의 어느 곳에도 법무사시험제도를 유명무실하게 하는 요소는 찾아 볼 수 없다. 따라서 **이 사건 법률조항은 청구인들이 법무사라는 직업을 선택하는 자유를 침해하지 않는다**(헌재 2001.11.29. 2000헌마84).

59 헌법재판소는 법무사보수기준제가 법무사라는 직업의 선택 그 자체를 제한하는 것이 아니라 직업행사의 자유를 제한하는 제도에 해당한다고 보아 그것이 직업의 자유를 침해하는지 여부를 심사하기 위한 기준으로 비례성원칙이 아닌 자의금지원칙을 적용하였다. 2022 법무사 ( )

해설 법무사보수기준제는 국민으로 하여금 예측가능한 적정한 비용으로 쉽게 법률서비스를 이용할 수 있도록 함으로써 국민의 **법률생활의 편익을 도모하고 사법제도의 건전한 발전에 기여하려는데 있으므로 그 입법목적은 정당**하다. 법무사의 업무형태는 비교적 단순하고 대체로 정형화되어 있어 그에 대한 보수를 어느 정도 일률적으로 정하는 것이 가능하므로 **위 입법목적을 달성하기 위하여 법무사의 보수를 제한하는 것은 필요하고도 적절한 방법**이다. 이 사건 법률조항은 입법자가 보수를 일방적으로 규정하거나 감독기관이 획일적으로 정하도록 한 것이 아니고, 기본권행사의 주체인 법무사들에게 자신들의 업무에 대하여 사회적·경제적 사정을 참작하여 적정한 보수를 정하도록 위임함으로써 **기본권을 제한받는 기본권주체의 의사가 우선적으로 반영되도록 하는 방법을 택하고 있고 수시로 보수를 증액할 수 있도록 제한을 두지 않음으로써 법무사들이 보수기준제로 인하여 입게 될 피해를 최소화하고 있다**. 한편, 이 사건 보수기준제에 의하여 청구인을 비롯한 법무사들이 직업활동의 자유를 제한받지만, 그 보다는 보수를 제한함으로써 달성하고자 하는 공익인 국민의 법률생활의 편익과 사법제도의 건전한 발전의 중대함에 비추어 볼 때, 제한을 통하여 얻는 공익적 성과와 법무사의 직업행사의 자유에 대한 제한의 정도가 합리적인 비례관계를 벗어났다고 볼 수 없다(헌재 2003.6.26. 2002헌바3).

ANSWER 57 ◯ 58 ◯ 59 ✕

60 출석주의를 완화하여 최초의 전자등기신청 전에 한 차례 사용자등록을 하도록 한 부동산등기규칙 조항은 무자격 등기 브로커에 의한 무차별적 등기를 가능하게 하여 법무사인 청구인들의 직업에 대한 신뢰가 훼손됨으로써 직업선택의 자유를 침해한다. 2022 법무사 ( )

> **해설** 이 사건 규칙조항, 사용자등록 지침조항 및 전자신청 지침조항은 법무사인 청구인들의 절차적 부담을 경감시켜 주는 규정일 뿐이고, 등기신청 업무를 취급할 수 있는 자격자대리인들 사이의 차별적 내용을 규정하고 있는 것도 아니다. 위 조항들로 인한 간접적 효과로서 청구인들의 등기신청 업무 관련 영업이익이 감소하더라도 이는 사실상의 기대이익이 실현되지 않게 된 것에 불과한 것이지 헌법상 기본권 제한이나 침해 문제가 생기는 것이 아니다. 따라서 **위 조항들이 청구인들의 기본권을 침해할 가능성은 인정되지 아니한다**(헌재 2021.12.23. 2018헌마49).

61 법무사 아닌 자가 등기신청대행 등의 법무행위를 업으로 하는 것을 금지하고 이를 위반하는 경우 형사처벌하는 법무사법 조항은 법무사 자격이 없는 일반 국민의 직업선택의 자유를 과도하게 제한하여 헌법에 위반된다. 2022 법무사 ( )

> **해설** 등기는 특정의 권리의무관계를 공시(公示)하기 위하여 공부(公簿)에 기재하는 것으로 국민의 권리보전 및 공중의 거래안전에 기여하는 공적 제도이다. … **이 사건 법률조항은 청구인의 직업선택의 자유를 침해할 정도로 비례의 원칙에 위배한 것으로 볼 수 없고, 나아가 입법자가 등기신청대행만을 전담하는 자격제도를 따로 두고 있지 않다거나 현재보다 더 완화된 법무사 자격요건을 두고 있지 않다고 하더라도 그것이 곧 청구인의 직업선택의 자유를 침해할 정도로 입법형성의 재량을 일탈한 것이라고 볼 수도 없다고 할 것이다**(헌재 2003.9.25. 2001헌마156).

62 고소고발장을 법무사만이 그 작성사무를 업으로 할 수 있는 법원과 검찰청의 업무에 관련된 서류로 규정한 것은 일반행정사의 직업선택의 자유 등의 기본권을 침해한다. 2022 법무사 ( )

> **해설** 법무사법이 정하는 요건을 갖추어 법무사가 된 자의 경우에는 법원과 검찰청의 업무에 관련된 서류로 고소고발장의 작성업무에 종사할 만한 법률소양을 구비한 것으로 볼 수 있는 반면, 행정사법이 정하는 요건을 갖추어 일반행정사가 된 자의 경우에는 이러한 법률소양을 갖추었다는 보장을 할 수 없다. 따라서 **고소고발장의 작성을 법무사에게만 허용하고 일반행정사에 대하여 이를 하지 못하게 한 것은, 국민의 법률생활의 편익과 사법제도의 건전한 발전이라는 공익의 실현에 필요·적정한 수단으로서 그 이유에 합리성이 있으므로, 일반행정사의 직업선택의 자유나 평등권 등을 침해하는 것이라고 볼 수 없다**(헌재 2000.7.20. 98헌마52).

63 농협·축협 조합장이 범죄의 종류와 관계없이 금고 이상의 형을 선고받고 그 형이 확정되지 아니한 경우에도 이사가 그 직무를 대행하도록 규정한 「농업협동조합법」 조항은 직업수행의 자유를 침해한다. 2022 입법고시 ( )

> **해설** 이 사건 법률조항들의 입법목적을 달성하기 위하여 직무정지라는 불이익을 가한다고 하더라도 그 사유는 형이 확정될 때까지 기다릴 수 없을 정도로 조합장 직무의 원활한 운영에 대한 '구체적인' 위험을 야기할 것이 명백히 예상되는 범죄 등으로 한정되어야 한다. 그런데 이 사건 법률조항들은 조합장이 범한 범죄가 조합장에 선출되는 과정에서 또는 선출된 이후 직무와 관련하여 발생하였는지 여부, 고의범인지 과실범인지 여부, 범죄의 유형과 죄질이 조합장의 직무를 수행할 수 없을 정도로 공공의 신뢰를 중차대하게 훼손하는지 여부 등을 고려하지 아니하고, 단순히 금고 이상의 형을 선고받은 모든 범죄로 그 적용대상을 무한정 확대함으로써 **기본권의 최소 침해성 원칙을 위반**하였다. 또한 이 사건 법률조항들에 의하여 달성하려는 공익은 모호한 반면에, 금고 이상의 형이 선고되었다는 이유만으로 형의 확정이라는 불확정한 시기까지 직무수행을 정지 당하는 조합장의 불이익은 실질적이고 현존하는 기본권 침해로서 위와 같은 공익보다 결코 작다고 할 수 없으므로 이 사건 법률조항들은 **법익균형성 요건도 충족하지 못하였다.** 따라서 이 사건 법률조항들은 **과잉금지원칙에 위반하여 청구인들의 직업수행의 자유를 침해한다**(헌재 2013.8.29. 2010헌마562 등).

ANSWER 60 × 61 × 62 × 63 ○

64 의료인이 아닌 자의 무면허의료행위를 일률적·전면적으로 금지한 구 「의료법」 조항은 국민의 생명권과 건강권을 보호하고 국민의 보건에 관한 국가의 보호의무를 이행하기 위한 조치로서, 이러한 기본권의 제한은 비례의 원칙에 부합한다. 2022 경찰간부 ( )

> **해설** 의료행위는 인간의 존엄과 가치의 근본인 사람의 신체와 생명을 대상으로 하는 것이므로 단순한 의료기술 이상의 "인체 전반에 관한 이론적 뒷받침"과 "인간의 신체 및 생명에 대한 외경심"을 체계적으로 교육받고 이점에 관한 국가의 검증을 거친 의료인에 의하여 행하여져야 하고, 과학적으로 검증되지 아니한 방법 또는 무면허 의료행위자에 의한 약간의 부작용도 존엄과 가치를 지닌 인간에게는 회복할 수 없는 치명적인 위해를 가할 수 있는 것이다. 또 무면허 의료행위를 일률적, 전면적으로 금지하고 이를 위반하는 경우에는 그 치료결과에 관계없이 형사처벌을 받게 하는 이 법의 규제방법은 과잉금지의 원칙에 위반된다고 할 수 없다(헌재 1996.10.31. 94헌가7).

65 금고 이상의 형의 집행유예선고를 받고 그 유예기간 중에 있는 자는 특수경비원이 될 수 없다고 규정한 법률조항은 과잉금지원칙에 반하여 특수경비원의 직업의 자유를 침해하지 않는다. 2024 법원행시 ( )

> **해설** 심판대상조항은 특수경비원의 도덕성, 준법의식 등을 확보하고, 성실하고 공정한 직무수행을 위한 자질을 담보하여 국민의 신뢰를 제고하기 위한 것이므로, 입법목적의 정당성 및 수단의 적합성이 인정된다. 법원이 범죄의 모든 정황을 고려하여 금고 이상의 형에 대한 집행유예의 판결을 하였다면 그와 같은 사실은 사회적 비난가능성이 결코 적지 아니함을 의미하고, 집행유예는 선고유예보다 범죄의 죄질 및 범정이 훨씬 중한 사유이므로, 범죄의 유형 등을 한정하지 아니하였다는 이유로 특수경비원의 직업의 자유를 과도하게 제한한다고 보기 어렵다. 심판대상조항은 범죄행위로 금고 이상의 형의 집행유예를 선고받은 경우 특수경비원의 신분을 영원히 박탈하는 것이 아니라 집행유예기간 동안만을 결격사유로 규정하고 있고, 그 기간은 개인이 받는 형벌의 정도에 따라 달리 정해지므로, 기본권침해를 최소화하고 있다. 따라서 심판대상조항은 과잉금지원칙에 반하여 특수경비원의 직업의 자유를 침해하지 않는다(헌재 2023.6.29. 2021헌마157).

66 간행물 판매자에게 정가 판매 의무를 부과하고, 가격할인의 범위를 가격할인과 경제상의 이익을 합하여 정가의 15퍼센트 이하로 제한하는 법률 조항은 과잉금지원칙에 위배되어 직업의 자유를 침해한다고 할 수 없다. 2024 법원행시 ( )

> **해설** 종이출판물 시장에서 자본력, 협상력 등의 차이를 그대로 방임할 경우 지역서점과 중소형출판사 등이 현저히 위축되거나 도태될 개연성이 매우 높고 이는 우리 사회 전체의 문화적 다양성 축소로 이어지므로 가격할인 등을 제한하는 입법자의 판단은 합리적일 뿐만 아니라 필요하다고 인정된다. 반면 신간도서에 대하여만, 또는 대형서점에게만 가격할인 등에 관한 제한을 부과하는 것은 실효적인 대안이라고 보기 어렵다. 한편 전자출판물의 경우 종이출판물과 구분되는 특성이 있는 것은 사실이나, 양자는 상호보완적인 관계에 있는데, 전자출판물에 대해서만 이 사건 심판대상조항을 적용하지 않을 경우 종이출판산업이 쇠퇴하고 그로 인하여 양자의 상호보완적 관계가 더 이상 유지되기 어렵게 될 우려가 있다. 또한 전자출판물 시장에서도 소수의 대형플랫폼이 경제력을 남용하는 것을 방지함으로써 문화적 다양성을 보존할 필요성이 충분히 인정된다. 지식문화 상품인 간행물에 관한 소비자의 후생이 단순히 저렴한 가격에 상품을 구입함으로써 얻는 경제적 이득에만 한정되지는 않고 다양한 관점의 간행물을 선택할 권리 및 간행물을 선택함에 있어 필요한 지식 및 정보를 용이하게 제공받을 권리도 포괄하므로, 이 사건 심판대상조항으로 인하여 전체적인 소비자 후생이 제한되는 정도는 크지 않다. 따라서 이 사건 심판대상조항은 과잉금지원칙에 위배되어 청구인의 직업의 자유를 침해한다고 할 수 없다(헌재 2023.7.20. 2020헌마104).

67 상대보호구역에서 '복합유통게임제공업' 시설을 갖추고 영업을 하는 것을 원칙적으로 금지하는 「교육환경 보호에 관한 법률」 해당 조항은 과잉금지원칙을 위반하여 해당 토지나 건물의 임차인 내지 영업자의 직업수행의 자유 및 재산권을 침해하지 않는다. 2024 법원행시 ( )

ANSWER 64 ○ 65 ○ 66 ○ 67 ○

해설 상대보호구역 설정조항과 이 사건 금지조항은, 학생들의 주요 활동공간인 학교주변의 일정 지역 중 최소한의 범위를 교육환경보호구역으로 설정하고, 그 구역 안에서는 학생의 보건·위생, 안전, 학습 등에 지장이 없도록 '청소년 보호법'상 청소년 유해업소인 '복합유통게임제공업'을 금지함으로써 학생들이 건강하고 쾌적한 환경에서 교육받을 수 있게 할 목적을 가진 것으로서, **상대보호구역 안에서는 지역위원회의 심의를 거쳐 학습과 교육환경에 나쁜 영향을 주지 아니한다고 인정하는 행위 및 시설은 허용될 수 있으**므로, 이 조항으로 인하여 교육환경보호구역 안의 토지나 건물의 임차인 내지 '복합유통게임제공업'을 영위하고자 하는 사람이 받게 되는 직업수행의 자유 및 재산권의 제한은 과도한 것이라고 보기 어려우므로, 과잉금지원칙을 위반하여 직업수행의 자유 및 재산권을 침해하지 아니한다(헌재 2024.1.25. 2021헌바231).

68-1 감염병의 유행은 일률적이고 광범위한 기본권 제한을 허용하는 면죄부가 될 수 없고, 감염병의 확산으로 인하여 의료자원이 부족할 수도 있다는 막연한 우려를 이유로 확진환자 등의 국가시험응시를 일률적으로 금지하는 것은 직업선택의 자유를 과도하게 제한한 것이다. 2023 경찰경력채용 ( )

68-2 고위험자의 정의나 판단기준을 정하고 있지 않다고 하더라도, 시험장 출입 시 또는 시험 중에 37.5도 이상의 발열이나 기침 또는 호흡곤란 등의 호흡기 증상이 있는 응시자 중 국가시험 주관부서의 판단에 따른 고위험자를 의료기관에 일률적으로 이송하도록 하는 것은 피해의 최소성을 충족한다. 2023 경찰경력채용 ( )

해설 코로나19 확진환자의 변호사시험응시를 금지하고, 자가격리자 및 고위험자의 변호사시험응시를 제한한 것은 과잉금지원칙을 위반하여 직업선택의 자유를 침해한다(헌재 2023.2.23. 2020헌마1736).
(1) 코로나19 확진환자가 시험장 이외에 의료기관이나 생활치료센터 등 입원치료를 받거나 격리 중인 곳에서 이 사건 변호사시험을 치를 수 있도록 한다면 감염병 확산 방지라는 목적을 동일하게 달성하면서도 확진환자의 시험 응시 기회를 보장할 수 있다.
(2) 신청기한 이후에 자가격리 통보를 받은 사람의 응시 기회를 박탈하는 것은 정당화되기 어렵다.
(3) 이 사건 알림 중 '(붙임 3) 응시자 시험장 출입 및 발열 검사 절차'의 도식에 의하면 피청구인은 시험장 출입 시나 시험 중에 발열이나 호흡기 증상이 발현된 사람을 일반 시험실과 분리된 예비시험실에서 시험에 응시할 수 있도록 하고 있으므로 이를 통해 감염병 확산 방지의 목적을 충분히 달성할 수 있다. 또한 감염병 증상이 악화된 응시자는 본인의 의사에 따라 시험을 중단하거나 의료기관 이송을 요청할 수 있는데, 이처럼 응시자의 의사에 따라 응시 여부를 판단할 수 있게 하더라도 시험의 운영이나 관리에 심각한 지장이 초래될 것이라고 보기 어렵다. 따라서 피청구인 측의 판단에 따라 '고위험자'를 일률적으로 의료기관에 이송하도록 한 이 사건 고위험자 이송은 **피해의 최소성을 충족하지 못한다.**

69 코로나19 팬데믹 사태로 약사가 환자에게 의약품을 교부함에 있어 그 교부방식을 환자와 약사가 협의하여 결정할 수 있도록 한시적 예외를 인정하였다고 해도 의약품의 판매장소를 약국 내로 제한하는 것은 국민의 건강과 직접 관련된 보건의료 분야라는 점을 고려할 때, 과잉금지원칙을 위반하여 약국개설자의 직업 수행의 자유를 침해한다고 볼 수 없다. 2023 경찰경력채용 ( )

해설 의약품의 판매장소를 약국 내로 제한하는 것은 약사가 환자를 직접 대면하여 충실한 복약지도를 할 수 있게 하고, 보관과 유통과정에서 의약품이 변질·오염될 가능성을 차단하며, 중간 과정 없는 의약품의 직접 전달을 통하여 약화사고시의 책임소재를 분명하게 함으로써 궁극적으로는 국민보건을 향상·증진시킨다는 입법목적을 달성하기 위하여 필요한 최소한의 조치이다. 2012년 안전상비의약품의 약국 외 판매 제도가 시행되었고, **최근에는 코로나19 팬데믹(pandemic)사태로 인하여 의사·환자간 비대면 진료·처방이 한시적으로 허용되었지만, 의약품 판매는 국민의 건강과 직접 관련된 보건의료 분야라는 점을 고려할**

ANSWER 68-1 ○ 68-2 × 69 ○

때 심판대상조항이 의약품의 판매장소를 약국으로 제한하는 것은 여전히 불가피한 측면이 있다. 따라서 심판대상조항이 과잉금지원칙을 위반하여 약국개설자의 직업수행의 자유를 침해한다고 볼 수 없다(헌재 2021.12.23. 2019헌바87 등).

70 접촉차단시설이 설치되지 않은 장소에서의 수용자 접견 대상을 소송사건의 대리인인 변호사로 한정한 구 「형의 집행 및 수용자의 처우에 관한 법률」시행령 조항은, 그로 인해 접견의 상대방인 수용자의 재판청구권이 제한되는 효과도 함께 고려하면 수용자의 대리인이 되려는 변호사의 직업수행의 자유와 수용자의 변호인의 조력을 받을 권리를 침해한다. 2023 국가직7급 ( )

해설 소송대리인이 되려는 변호사의 경우 변호인이 되려는 사람이나 소송사건의 대리인 변호사와 비교하여 지위, 역할, 접견의 필요성 등에 차이가 있으므로, 접견제도의 운영에 있어 이들과 달리 취급할 필요가 있다. 소송대리인이 되려는 변호사는 이미 선임된 소송사건의 대리인과 달리 해당 범위가 상당히 넓어 접견의 수요를 예측하기 어려운 점도 양자를 달리 취급하여야 할 사정이 된다. 상소권회복 또는 재심청구 사건은 형 집행의 직접적 원인이 되는 확정판결에 대한 불복절차이고 청구요건과 절차가 까다롭기 때문에 변호사 선임 전이라도 접견상의 제약을 완화하고 있으나, 민사·행정 등 일반적인 소송사건의 경우 형 집행의 원인이 되는 확정판결과 직접 관련되어 있다거나 소송대리인이 되려는 변호사와의 접견 장소나 방법에 특례를 두어야 할 정도로 요건과 절차가 특별히 까다롭다고 볼 수 없다. 따라서 **심판대상조항은 변호사인 청구인의 업무를 원하는 방식으로 자유롭게 수행할 수 있는 자유를 침해한다고 할 수 없다**(헌재 2022.2.24. 2018헌마1010).

71 의료인이 아닌 자의 문신시술업을 금지하고 처벌하는 「의료법」조항은 문신시술자에 대하여 의료인 자격까지 요구하지 않고도, 시술자의 자격, 위생적인 문신시술 환경, 문신시술 절차 및 방법 등에 관한 규제를 통하여도 안전한 문신시술을 보장할 수 있다는 점에서 과잉금지원칙에 위배되어 문신시술을 업으로 삼고자 하는 청구인의 직업선택의 자유를 침해한다. 2024 경찰1차 ( )

해설 문신시술 자격제도와 같은 대안의 도입 여부는 입법재량의 영역에 해당하고, 입법부가 위와 같은 대안을 선택하지 않고 국민건강과 보건위생을 위하여 의료인만이 문신시술을 하도록 허용하였다고 하여 헌법에 위반된다고 볼 수 없다. 그러므로 심판대상조항은 명확성원칙이나 과잉금지원칙을 위반하여 청구인들의 직업선택의 자유를 침해하지 않는다(헌재 2022.3.31. 2017헌마1343 등).

72 노래연습장에서 주류를 판매·제공하는 행위를 금지하고 이를 위반한 경우 형사처벌하도록 하는 음악산업진흥에 관한 법률 조항은 노래연습장 운영자의 직업수행의 자유를 침해하지 아니한다. 2023 법원직 ( )

해설 주류의 판매·제공·보관 등을 금지하여 노래연습장을 주류가 없는 공간으로 하고, 청소년도 출입할 수 있는 건전한 생활문화공간이 되도록 하는 이 사건 의무조항과 시행령조항의 입법목적은 정당하다. 청구인들은 본래의 노래연습장업을 얼마든지 할 수 있고, 주류를 판매·제공하고자 하는 자는 유흥주점이나 단란주점 영업을 할 수 있는 장소를 선택하여 유흥주점이나 단란주점 영업을 자유롭게 할 수 있다. 노래연습장업자들의 불이익이 청소년에 대한 주류판매 가능성을 차단하고, 건전한 생활공간으로 노래연습장업을 육성하고자 하는 공익에 비하여 현저히 크다고 보기 어려우므로 이 사건 의무조항과 시행령조항이 직업의 자유를 과도하게 침해하는 것이라고 할 수 없다(헌재 2006.11.30. 2004헌마431 등).

73 헌법은 직업의 자유를 보장하고 국민의 보건에 관한 국가의 의무를 인정하고 있으나, 시·도지사들이 한약업사 시험을 시행하여야 할 헌법상 작위의무가 규정되어 있다고 볼 수 없다. 2023 법원직 ( )

ANSWER 70 × 71 × 72 ○ 73 ○

해설 헌법은 한약업사 제도에 관하여 명문의 규정을 두고 있지 않다. 헌법은 직업의 자유를 보장하고 국민의 보건에 관한 국가의 의무를 인정하고 있으나, **피청구인들이 한약업사 시험을 시행하는 것이 국민의 건강과 보건을 보호하기 위한 유일한 수단이라고 볼 수 없으므로** 헌법 해석으로부터 피청구인들의 작위의무가 도출된다고 할 수 없다. 또한 시・도지사의 한약업사 시험 시행 여부는 약사법령의 규정뿐만 아니라 지역별 의료 실태와 시장・군수・구청장의 재량에 따라 좌우되므로, 피청구인들의 작위의무가 법령에 구체적으로 규정되어 있다고 할 수도 없다. 결국 **헌법과 약사법령을 종합하건대 피청구인들이 한약업사 시험을 시행하여야 할 헌법상 작위의무가 규정되어 있다고 볼 수 없으므로, 이 사건 행정부작위는 헌법소원의 대상이 될 수 없다**(헌재 2021.6.24. 2019헌마540).

74 사회복무요원은 출・퇴근 근무를 원칙으로 하며 퇴근 이후에는 상대적으로 자유로운 생활관계를 형성하고 있는바, 사회복무 요원이 '복무기관의 장의 허가 없이 다른 직무를 겸하는 행위'를 한 경우 경고처분하고, 경고처분 횟수가 더하여질 때마다 5일을 연장하여 복무하도록 하는 「병역법」 제33조 제2항은 사회복무 요원인 청구인의 직업의 자유를 침해한다. 2023 경찰2차 ( )

해설 심판대상조항은 사회복무요원이 자신의 직무에만 전념하도록 함으로써 그의 공정한 직무 수행과 충실한 병역의무 이행을 담보하고자 하는 것이므로 그 **입법목적의 정당성이 인정**된다. 그리고 사회복무요원이 복무기관의 장의 허가 없이 겸직행위를 한 경우 경고처분 및 복무기간 연장이라는 불이익을 부과하는 것은 위 **입법목적을 달성하기 위한 적합한 수단**이다. … 또한 일정한 기간 동안 병역의무 이행으로서 의무복무를 하는 사회복무요원의 특수한 지위를 감안할 때, 사회복무요원이 허가 없이 겸직행위를 한 경우 경고처분 및 복무기간 연장의 불이익을 부과하는 것이 과도한 제재라고 보기도 어렵다. 따라서 심판대상조항은 **침해의 최소성에 반하지 않고**, 심판대상조항으로 인하여 사회복무요원이 제한받는 사익의 정도가 위 조항이 목적으로 하는 공익보다 더 크다고 볼 수 없으므로 **법익균형성에 위배되지도 않는다**. **심판대상조항은 과잉금지원칙을 위반하여 청구인의 직업의 자유 내지 일반적 행동자유권을 침해하지 않는다**(헌재 2022.9.29. 2019헌마938).

75 시설경비업을 허가받은 경비업자로 하여금 '허가받은 경비업무 외의 업무에 경비원을 종사하게 하는 것'을 금지하고, 이를 위반한 경비업자에 대한 허가를 취소하도록 정하고 있는 「경비업법」 제7조 제5항 중 '시설경비업무'에 관한 부분, 같은 법 제19조 제1항 제2호 중 '시설경비업무'에 관한 부분은 과잉금지원칙에 위반하여 시설경비업을 수행하는 경비업자의 직업의 자유를 침해한다. 2023 경찰2차 ( )

해설 심판대상조항은 시설경비업을 허가받은 경비업자로 하여금 허가받은 경비업무 외의 업무에 경비원을 종사하게 하는 것을 금지하고, 이를 위반한 경비업자에 대한 허가를 취소함으로써 시설경비업무에 종사하는 경비원으로 하여금 경비업무에 전념하게 하여 국민의 생명・신체 또는 재산에 대한 위험을 방지하고자 하는 것으로 입법목적의 정당성 및 수단의 적합성은 인정된다. 그러나 비경비업무의 수행이 경비업무의 전념성을 직접적으로 해하지 아니하는 경우가 있음에도 불구하고, 심판대상조항은 경비업무의 전념성이 훼손되는 정도를 고려하지 아니한 채 경비업자가 경비원으로 하여금 비경비업무에 종사하도록 하는 것을 일률적・전면적으로 금지하고, 경비업자가 허가받은 시설경비업무 외의 업무에 경비원을 종사하게 한 때에는 필요적으로 경비업의 허가를 취소하도록 규정하고 있는 점, 누구든지 경비원으로 하여금 경비업무의 범위를 벗어난 행위를 하게 하여서는 아니 된다며 이에 대한 제재를 규정하고 있는 경비업법 제15조의2 제2항, 제19조 제1항 제7호 등을 통해서도 경비업무의 전념성을 충분히 확보할 수 있는 점 등에 비추어 볼 때, **심판대상조항은 침해의 최소성에 위배되고**, 경비업무의 전념성을 중대하게 훼손하지 않는 경우에도 경비원에게 비경비업무를 수행하도록 하면 허가받은 경비업 전체를 취소하도록 하여 경비업을 전부 영위할 수 없도록 하는 것은 법익의 균형성에도 반한다. 따라서 **심판대상조항은 과잉금지원칙에 위반하여 시설경비업을 수행하는 경비업자의 직업의 자유를 침해한다**(헌재 2023.3.23. 2020헌가19).

ANSWER 74 × 75 ○

76 국산 미곡 등과 같은 종류의 수입 미곡 등, 생산연도가 다른 미곡 등을 혼합하여 유통하거나 판매하는 행위를 금지하는 「양곡관리법」 해당 조항은 양곡매매업자의 직업수행의 자유를 침해한다고 볼 수 없다. 2024 법원행시
( )

> **해설** 심판대상조항은 양곡의 유통질서를 확립하고 소비자의 신뢰를 확보하기 위한 것으로 입법목적의 정당성이 인정된다. 혼합 쌀의 경우 혼합 사실 그 자체는 판정이 가능하여도 혼합 비율에 대한 판정 및 단속이 어려워, 부정유통을 근절하기 위해서는 원산지나 생산연도 등 일정내용을 표시하도록 규제하는 것만으로는 부족하고, 혼합된 상태로의 유통 및 판매 자체를 금지할 필요가 있다. 양곡매매업자는 국산 햅쌀뿐 아니라, 수입 쌀이나 묵은 쌀을 별도로 판매하는 것이 여전히 가능하며, 소비자가 원하는 경우 최상의 밥맛을 위한 혼합 비율을 안내하고, 이에 맞추어 각각의 쌀을 판매하여 고객이 구매 후 혼합하여 사용토록 하는 것도 가능하므로, 심판대상조항은 침해의 최소성 원칙에도 위배되지 않는다. 심판대상조항은 수입 쌀이나 묵은 쌀의 유통이나 판매 자체를 금지하는 것이 아니라 혼합한 상태로 유통 내지 판매하는 것을 금지할 뿐이어서 청구인의 직업수행의 자유가 크게 제한되지도 않아, 법익의 균형성이 인정된다. 따라서 **심판대상조항이 과잉금지원칙을 위반하여 청구인의 직업수행의 자유를 침해한다고 볼 수 없다**(헌재 2017.5.25. 2015헌마869).

77 생활폐기물 수집·운반 대행계약과 관련하여 뇌물공여, 사기 등 범죄를 범한 자를 일정 기간 동안 대행계약 대상에서 제외하도록 규정한 폐기물관리법 해당 조항은 과잉금지원칙에 위배되어 직업수행의 자유를 침해한다고 볼 수 없다. 2024 법원행시
( )

> **해설** 심판대상조항은 생활폐기물 수집·운반 업무의 공정성, 적정성을 확보하고 대행계약의 성실한 이행을 담보하며 생활폐기물 수집·운반 대행자(이하 '대행자'라 한다)의 독과점, 지방자치단체와의 유착 등 문제를 해소하고자 한 것이다. 대행계약과 관련하여 뇌물공여죄 등을 범하여 벌금 이상의 형을 선고받았거나, 사기죄 등을 범하여 벌금 300만 원 이상의 형을 선고받은 경우라면, 생활폐기물 수집·운반 업무의 공정성 및 적정성을 매우 중대하게 침해하였다고 볼 수 있다. 나아가 생활폐기물 수집·운반 업무의 공공성이 높은 점, 대행자에게 지급되는 비용은 지방자치단체의 예산에서 지출되는 점, 그 동안 지방자치단체와 대행자 간의 유착비리 등 문제점이 발생하였던 점 **등을 고려하면, 심판대상조항이 재량의 여지없이 3년간 계약대상에서 제외되도록 규정하고 있다고 하더라도 이를 과도한 제재라고 보기는 어렵다.** 심판대상조항은 생활폐기물 수집·운반 업무의 공정성 및 적정성을 저하할 수 있는 일부 범죄만을 특정하여 계약제외 대상으로 삼고 있고, 경미한 범행의 경우에는 계약제외 대상이 되지 않도록 하고 있으며, 그러한 범행이 대행계약과 관련성이 있는 경우에만 계약제외 대상이 되도록 하고 있다. 그리고 **계약대상 제외도 3년의 기간 동안 한시적으로 이루어진다. 따라서 심판대상조항은 과잉금지원칙에 위배되어 청구인의 직업수행의 자유를 침해한다고 볼 수 없다**(헌재 2023.12.21. 2020헌바189).

78 공기업 등으로부터 입찰참가자격제한처분을 받은 자가 국가 중앙관서나 다른 공기업 등이 집행하는 입찰에 참가할 수 없도록 한 구 '국가를 당사자로 하는 계약에 관한 법률 시행령' 해당 조항은 직업수행의 자유를 침해하지 않는다. 2024 법원행시
( )

> **해설** 이 사건 시행령조항은 구 '국가를 당사자로 하는 계약에 관한 법률' 제27조 제1항이 규정한 입찰참가자격제한 대상인 '경쟁의 공정한 집행 또는 계약의 적정한 이행을 해칠 염려가 있거나 기타 입찰에 참가시키는 것이 적합하지 아니하다고 인정되는 자(부정당업자)'를 구체화한 것이고, 이 사건 규칙조항은 '공공기관의 운영에 관한 법률' 제39조 제2항이 규정한 입찰참가자격제한사유인 '공정한 경쟁이나 계약의 적정한 이행을 해칠 것이 명백하다고 판단되는 경우'를 구체화한 것으로, 각 상위 법률의 위임범위를 벗어나 법률유보원칙에 위배하여 청구인의 직업수행의 자유를 침해한다고 볼 수 없다. 이 사건 시행령 및 규칙조항은 국가, 공기업 등의 계약체결의 공정성과 그 충실한 이행을 확보하기 위한 것으로, **입찰참가제한의 범위를 좁히거나 낙찰자 결정과정에서 고려하는 등의 방법은 입찰참가자격제한으로 인한 불이익이 크지 않아 제재의 효과가 미약하거나, 제재의 효과를 쉽게 회피할 우려가 있어 입법목적을 충분히 달성할 수 있다고 볼 수 없으므로 위 조항들은 침해의 최소성을 충족**한다.

ANSWER 76 ○ 77 ○ 78 ○

나아가 위 조항들로 인하여 부정당업자가 입는 피해가 계약의 공정성과 충실한 이행의 담보라는 공익보다 중요한 것이라고 볼 수 없으므로, 위 조항들은 법익의 균형성도 갖추었다. 따라서 위 조항들이 과잉금지원칙에 위배하여 청구인의 직업수행의 자유를 침해한다고 볼 수 없다(헌재 2023.7.20. 2017헌마1376).

79 의료법에 따라 개설된 의료기관이 당연히 국민건강보험 요양기관이 되도록 규정한 국민건강보험법 해당 조항은 의료기관 개설자로서의 직업수행의 자유를 침해한다고 볼 수 없다. 2024 법원행시 ( )

해설 이 사건 법률조항이 규정하고 있는 요양기관 강제지정제는 의료보장체계의 기능 확보 및 국민의 의료보험수급권 보장이라는 정당한 입법목적을 달성하기 위한 적정한 수단이다. 요양기관 계약지정제를 선택하거나 요양기관 강제지정제를 선택하면서도 예외를 허용하는 경우에는 의료보장체계의 원활한 기능 확보를 달성하기 어렵다고 본 입법자의 판단이 잘못된 것이라고 할 수 없고, 의료보험의 시행은 인간의 존엄성 실현과 인간다운 생활의 보장을 위하여 헌법상 부여된 국가의 사회보장의무의 일환으로 모든 현실적 여건이 성숙될 때까지 미룰 수 없는 중요한 과제이므로, 요양기관강제지정제는 최소침해원칙에 위배되지 않는다. 요양기관 강제지정제를 통하여 달성하려는 공익적 성과와 이로 인한 의료기관 개설자의 직업수행의 자유의 제한 정도가 합리적인 비례관계를 현저하게 벗어났다고 볼 수도 없으므로, 이 사건 법률조항이 청구인들의 의료기관 개설자로서의 직업수행의 자유를 침해한다고 볼 수 없다(헌재 2014.4.24. 2012헌마865).

80 측량업의 등록을 한 측량업자가 등록기준에 미달하게 된 경우 측량업의 등록을 필요적으로 취소하도록 규정한 구「측량·수로조사 및 지적에 관한 법률」조항은 과잉금지원칙에 위배되어 직업의 자유를 침해한다. 2023 국회직8급 ( )

해설 심판대상조항은 측량업무의 정확성과 신뢰성을 담보하여 토지 관련 법률관계의 법적 안정성과 국민의 권익을 보호하려는 것으로 그 입법목적의 정당성이 인정되고, 이를 위해 심판대상조항은 무자격자가 측량업에 종사하는 것을 방지하므로 수단의 적합성 역시 인정된다. … 보다 완화된 수단인 임의적 취소나 영업정지 등과 같은 방법으로는 예상되는 폐해를 충분히 방지하기에 미흡하다. 한편, 구 측량수로지적법은 일시적으로 등록기준에 미달되는 경우는 필요적 등록취소의 사유에서 제외하고 있고, 등록취소 처분을 받은 측량업자 등은 그 처분 전에 체결한 계약에 따른 측량업무를 계속 수행할 수 있도록 하고 있으며, 등록취소 후 2년이 경과하면 다시 측량업 등록을 할 수 있도록 하고 있는 등 기본권 제한을 완화하는 규정을 마련하고 있다. 따라서 심판대상조항이 입법목적을 달성하기 위해 필요적으로 그 등록을 취소하도록 하는 것은 충분히 납득 가능하다. 심판대상조항으로 측량업자의 직업의 자유가 일정기간 제한된다 하더라도 이는 측량업의 정확성과 신뢰성을 담보하여 토지 관련 법률관계의 법적 안정성과 국토개발계획의 근간을 보호하려는 공익에 비하여 결코 중하다고 볼 수 없으므로, 법익의 균형성도 인정된다. 따라서 심판대상조항은 과잉금지원칙에 위배되지 아니한다(헌재 2020.12.23. 2018헌바458).

81 교통사고로 사람을 사상한 후 필요한 조치를 하지 않은 경우 행정자치부령으로 정하는 기준에 따라 운전면허를 취소하거나 1년 이내의 범위에서 운전면허의 효력을 정지시킬 수 있다고 규정한 구「도로교통법」조항은 과잉금지원칙에 반하여 직업의 자유를 침해한다고 할 수 없다. 2023 국회직8급 ( )

해설 이 사건 취소조항은 교통사고로 타인의 생명 또는 신체를 침해하고도 구호조치를 하지 아니한 사람이 계속하여 교통에 관여하는 것을 금지함으로써 궁극적으로 국민의 생명·신체를 보호하고 도로교통에 관련한 공공의 안전을 확보하고자 하는 입법목적을 가진다. 이러한 입법목적은 정당하고, 수단의 적합성 또한 인정된다. 교통사고로 인하여 사람을 사상한 후 교통상의 위험과 장해를 제거하거나 방지하기 위한 구호조치를 하지 않은 사람은 자동차 등 운전에 요구되는 안전의식 및 책임의식이 결여되어 있음을 징표하는 행위를 한 사람이므로 이러한 자들을 교통 관여에서 배제하는 것은 일응 불가피한 측면이 있다. 나아가 이 사건 취소조항은 사상 후 미조치를 운전면허의 임의적 취소사유로 규정하여 구체적·개별적 사정을 고려할 수 있는 길을

ANSWER 79 ○ 80 × 81 ○

열어 두고 있으므로, 위 조항이 침해최소성 원칙에 반한다고 할 수 없다. 이 사건 취소조항으로 인하여 제한되는 사익에 상응하는 정도 이상의 중대한 공익이 인정되므로, 법익균형성 요건 또한 충족하였다. 그렇다면 **이 사건 취소조항이 과잉금지원칙에 반하여 일반적 행동의 자유 또는 직업의 자유를 침해한다고 할 수 없다**(헌재 2019.8.29. 2018헌바4).

82 택시운송사업 운전업무 종사자격을 취득한 자가 친족관계인 사람을 강제추행하여 금고 이상의 실형을 선고받은 경우 그 택시운전자격을 취소하도록 규정한 「여객자동차 운수사업법」 조항은 과잉금지원칙에 위배되어 헌법상 직업선택의 자유를 침해한다고 할 수 없다. 2023 국회직8급 ( )

해설 심판대상조항은 택시를 이용하는 국민을 성범죄 등으로부터 보호하고, 시민들의 택시이용에 대한 불안감을 해소하며, 도로교통에 관한 공공의 안전을 확보하고자 한 것으로, **그 입법목적이 정당하고, 택시운전자격자로 하여금 성폭력 범죄를 저지르지 않도록 경고하는 효과가 있고, 택시운전자격자의 자질을 어느 정도 담보할 수 있으므로, 위와 같은 입법목적을 달성하기 위한 적합한 수단이다.** … 택시와 같이 협소하고 상황에 따라 외부와 단절될 수 있는 공간 안에서 방어능력이 취약한 사람을 상대로 성범죄를 저지를 가능성이 없다고 단정할 수 없으므로, 이들에 대해 택시운전자격을 박탈하는 것이 지나치다고 보기 어렵다. 또한, 형사소송체계에서 범죄의 모든 정황을 고려한 후 금고 이상의 실형이 선택된 것이라면 이는 사회적 비난가능성이 결코 적지 아니함을 뜻하므로, 택시운전자격의 취소 여부를 별도의 절차를 거쳐 개별적으로 판단하지 아니하고 일률적으로 그 자격을 취소하더라도 이것이 지나친 기본권 제한이라고 보기 어렵다. 따라서 **심판대상조항이 친족 대상 성폭력 범죄자의 택시운전자격을 필요적으로 취소하도록 정한 것이 과도한 제한이라고 할 수 없다.** 택시운전을 주된 업이자 생계수단으로 영위해 온 사람은 심판대상조항으로 직업선택의 자유에 상당한 제한을 받게 되나, 택시를 이용하는 국민의 생명·신체 등에 중대한 침해를 가할 수 있는 위험이 현실화되는 것을 방지하기 위하여 **성폭력처벌법상 범죄로 실형을 선고받은 사람을 택시운송사업 운전업무에서 배제해야 할 공익상 필요는 매우 크다. 따라서 심판대상조항은 과잉금지원칙에 위배되지 아니한다**(헌재 2020.5.27. 2018헌바264).

83 비록 어떠한 직업분야에 관한 자격제도를 만들면서 그 자격 요건 내지 결격사유를 어떻게 설정할 것인가에 관하여 입법자에게 폭넓은 입법재량이 인정되기는 하나, 일단 자격요건을 구비하여 자격을 부여받았다면 사후적으로 결격사유가 발생했다고 해서 당연히 그 자격을 박탈할 수 있는 것은 아니다. 국가가 설정한 자격요건을 구비하지 못했다는 이유로 일정한 자격을 부여하지 않더라도 해당자가 잃는 이익이 크다고 볼 수 없는 반면 그러한 자격을 일단 취득하여 직업활동을 영위해 오고 있는 자의 자격을 상실시킬 경우 장기간 쌓아온 지위를 박탈하는 것으로서 그 불이익이 중대할 수 있기 때문이다. 따라서 이미 부여받은 자격을 박탈하는 경우, 입법자로서는 입법목적을 달성하기 위해 선택할 수 있는 여러 수단 중에서 국민의 기본권을 가장 덜 제한하는 수단을 채택하여야 하며, 보다 덜 제한적인 방법으로도 동일한 목적을 실현할 수 있음에도 불구하고 더 제한적인 방법을 선택했다면 이는 최소침해성의 원칙에 위배되는 것이다. 2024 법원행시 ( )

해설 **비록 어떠한 직업분야에 관한 자격제도를 만들면서 그 자격요건 내지 결격사유를 어떻게 설정할 것인가에 관하여 입법자에게 폭넓은 입법재량이 인정되기는 하나, 일단 자격요건을 구비하여 자격을 부여받았다면 사후적으로 결격사유가 발생했다고 해서 당연히 그 자격을 박탈할 수 있는 것은 아니다.** 국가가 설정한 자격요건을 구비하지 못했다는 이유로 일정한 자격을 부여하지 않더라도 해당자가 잃는 이익이 크다고 볼 수 없는 반면 그러한 자격을 일단 취득하여 직업활동을 영위해 오고 있는 자의 자격을 상실시킬 경우 장기간 쌓아온 지위를 박탈하는 것으로서 그 불이익이 중대할 수 있기 때문이다. 따라서 **이미 부여받은 자격을 박탈하는 경우, 입법자로서는 입법목적을 달성하기 위해 선택할 수 있는 여러 수단 중에서 국민의 기본권을 가장 덜 제한하는 수단을 채택하여야 하며, 보다 덜 제한적인 방법으로도 동일한 목적을 실현할 수 있음에도 불구하고 더 제한적인 방법을 선택했다면 이는 최소침해성의 원칙에 위배되는 것이다**(헌재 2014.1.28. 2011헌바252).

ANSWER 82 ○ 83 ○

Ⅲ 최신판례

01 허가된 어업의 어획효과를 높이기 위하여 다른 어업의 도움을 받아 조업활동을 하는 행위를 금지한 수산자원관리법 조항은 직업수행의 자유를 침해하지 아니한다(헌재 2023.5.25. 2020헌바604).

02 아동학대관련범죄로 처벌을 받은 어린이집 원장 또는 보육교사에 대하여 행정청이 재량으로 자격을 취소할 수 있도록 한 영유아보육법 조항은 직업선택의 자유를 침해하지 않는다(헌재 2023.5.25. 2021헌바234).

03 문화체육관광부장관이 정부광고 업무를 한국언론진흥재단에 위탁하도록 한 '정부기관 및 공공법인 등의 광고시행에 관한 법률' 시행령 조항은 광고대행업에 종사하는 청구인들의 직업수행의 자유를 침해하지 아니한다(헌재 2023.6.29. 2019헌마227).

04 동물약국 개설자가 수의사 또는 수산질병관리사의 처방전 없이 판매할 수 없는 동물용의약품을 규정한 '처방대상 동물용의약품 지정에 관한 규정'은 동물약국 개설자들의 직업수행의 자유를 침해하지 아니한다(헌재 2023.6.29. 2021헌마199).

05 간행물 판매자에게 정가 판매 의무를 부과하고, 가격할인의 범위를 가격할인과 경제상의 이익을 합하여 정가의 15퍼센트 이하로 제한하는 출판문화산업 진흥법 조항은 직업의 자유를 침해한다고 할 수 없다(헌재 2023.7.20. 2020헌마104).

06 공기업이 공기업의 업무를 수행하던 비정규직 근로자를 정규직 근로자로 고용한 공기업의 자회사와 수의계약을 체결할 수 있도록 한 '공기업·준정부기관 계약사무규칙' 조항은 직업수행의 자유를 침해하지 않는다(헌재 2023.10.26. 2019헌마871).

07 생활폐기물 수집·운반 대행계약과 관련하여 뇌물공여, 사기 등 범죄를 범하여 일정한 형을 선고받은 자를 3년간 위 대행계약 대상에서 제외하도록 규정한 폐기물관리법 조항은 직업수행의 자유를 침해한다고 볼 수 없다(헌재 2023.12.21. 2020헌바189).

08 개정된 '민간임대주택에 관한 특별법'에서 단기민간임대주택과 아파트 장기일반민간임대주택을 폐지하면서, 종전에 등록한 경우에는 그 임대의무기간이 종료한 날 등록이 말소되도록 한 것은 직업의 자유를 침해하지 아니한다(헌재 2024.2.28. 2020헌마1482).

09 사업주로부터 위임을 받아 고용보험 및 산업재해보상보험에 관한 보험사무를 대행할 수 있는 기관의 자격을 일정한 기준을 충족하는 단체 또는 법인, 공인노무사 또는 세무사로 한정한 '고용보험 및 산업재해보상보험의 보험료징수 등에 관한 법률' 조항은 직업수행의 자유를 침해한다고 볼 수 없다(헌재 2024.2.28. 2020헌마139).

10 주 52시간 상한제를 정한 근로기준법 조항은 계약의 자유 및 직업의 자유를 침해하지 않는다(헌재 2024.2.28. 2019헌마500).

11 국민권익위원회 심사보호국 소속 5급 이하 7급 이상의 일반직공무원에 대하여 퇴직일부터 3년간 취업을 제한한 공직자윤리법 조항은 직업선택의 자유를 침해하지 아니한다(헌재 2024.3.28. 2020헌마1527).

12 안경사가 전자상거래 등을 통해 콘택트렌즈를 판매하는 행위를 금지하고 있는 '의료기사 등에 관한 법률' 조항은 직업의 자유를 침해하지 아니한다(헌재 2024.3.28. 2020헌가10).

제4절 주거의 자유

I 헌법 조문

제16조 모든 국민은 주거의 자유를 침해받지 아니한다. 주거에 대한 압수나 수색을 할 때에는 검사의 신청에 의하여 법관이 발부한 영장을 제시하여야 한다.

II 최신 기출지문 분석

01 헌법 제16조가 보장하는 주거의 자유는 개방되지 않은 사적 공간인 주거를 공권력이나 제3자에 의해 침해당하지 않도록 함으로써 국민의 사생활영역을 보호하기 위한 권리이다. 2021 경찰승진 ( )

  해설 주거의 자유는 개방되지 않은 사적 공간인 주거를 공권력이나 제3자에 의해 침해당하지 않도록 함으로써 국민의 사생활영역을 보호하기 위한 권리이다(헌재 2014.7.24. 2012헌마662)

02 주거용 건축물의 사용·수익관계를 정하고 있는 「도시 및 주거환경정비법」 조항은 헌법 제16조에 의해 보호되는 주거의 자유를 제한하지 않는다. 2021 경찰승진 ( )

  해설 헌법 제16조가 보장하는 주거의 자유는 개방되지 않은 사적 공간인 주거를 공권력이나 제3자에 의해 침해당하지 않도록 함으로써 국민의 사생활영역을 보호하기 위한 권리이므로, **주거용 건축물의 사용·수익관계를 정하고 있는 이 사건 법률조항이 주거의 자유를 제한한다고 볼 수도 없다**(헌재 2015.11.26. 2013헌바415).

ANSWER 01 ○ 02 ○

03 점유할 권리 없는 자의 점유라고 하더라도 그 주거의 평온은 보호되어야 할 것이므로, 권리자가 그 권리를 실행함에 있어 법에 정하여진 절차에 의하지 아니하고 그 건조물 등에 침입한 경우에 주거침입죄가 성립한다. 2021 경찰승진 ( )

해설 주거침입죄는 사실상의 주거의 평온을 보호법익으로 하는 것이므로, 그 주거자 또는 간수자가 건조물 등에 거주 또는 간수할 권리를 가지고 있는가의 여부는 범죄의 성립을 좌우하는 것이 아니며, **점유할 권리 없는 자의 점유라 하더라도 그 주거의 평온은 보호되어야 할 것이므로, 권리자가 그 권리를 실행함에 있어 법에 정하여진 절차에 의하지 아니하고 그 건조물 등에 침입한 경우에는 주거침입죄가 성립**한다(대판 2008. 5. 8. 2007도11322).

제5절 사생활의 비밀과 자유

I 헌법 조문

제17조 모든 국민은 사생활의 비밀과 자유를 침해받지 아니한다.

II 최신 기출지문 분석

01 사생활의 비밀은 국가가 사생활영역을 들여다보는 것에 대한 보호를 제공하는 기본권이며, 사생활의 자유는 국가가 사생활의 자유로운 형성을 방해하거나 금지하는 것에 대한 보호를 의미한다. 2022 행시 ( )

해설 헌법 제17조는 "모든 국민은 사생활의 비밀과 자유를 침해받지 아니한다."고 규정하여 **사생활의 비밀과 자유를 국민의 기본권의 하나로 보장**하고 있다. **사생활의 비밀**은 국가가 사생활영역을 들여다보는 것에 대한 보호를 제공하는 기본권이며, **사생활의 자유**는 국가가 사생활의 자유로운 형성을 방해하거나 금지하는 것에 대한 보호를 의미한다(헌재 2007. 5. 31. 2005헌마1139).

02 사생활의 비밀과 자유는 개인의 내밀한 내용의 비밀을 유지할 권리, 개인이 자신의 사생활의 불가침을 보장받을 수 있는 권리, 개인의 양심영역이나 성적 영역과 같은 내밀한 영역에 대한 보호, 인격적인 감정세계의 존중의 권리와 정신적인 내면생활이 침해받지 아니할 권리 등을 보호한다. 2024 경찰1차 ( )

해설 **사생활의 비밀은 국가가 사생활 영역을 들여다보는 것에 대한 보호를 제공하는 기본권**이며, 사생활의 자유는 국가가 사생활의 자유로운 형성을 방해하거나 금지하는 것에 대한 보호를 의미한다. **구체적으로 사생활의 비밀과 자유가 보호하는 것은 개인의 내밀한 내용의 비밀을 유지할 권리, 개인이 자신의 사생활의 불가침을

ANSWER 03 ○ / 01 ○ 02 ○

보장받을 수 있는 권리, 개인의 양심 영역이나 성적 영역과 같은 내밀한 영역에 대한 보호, 인격적인 감정세계의 존중의 권리와 정신적인 내면생활이 침해받지 아니할 권리 등이다(헌재 2003.10.30. 2002헌마518).

03 헌법 제17조는 "모든 국민은 사생활의 비밀과 자유를 침해받지 아니한다."고 규정하여 사생활의 비밀과 자유를 국민의 기본권의 하나로 보장하고 있다. 헌법 제17조가 보호하고자 하는 기본권은 사생활영역의 자유로운 형성과 비밀유지라고 할 것이다. 2023 법원직 ( )

해설 헌법 제17조는 "모든 국민은 사생활의 비밀과 자유를 침해받지 아니한다."고 규정하여 사생활의 비밀과 자유를 국민의 기본권의 하나로 보장하고 있다. 사생활의 비밀은 국가가 사생활영역을 들여다보는 것에 대한 보호를 제공하는 기본권이며, 사생활의 자유는 국가가 사생활의 자유로운 형성을 방해하거나 금지하는 것에 대한 보호를 의미한다. 구체적으로 사생활의 비밀과 자유가 보호하는 것은 개인의 내밀한 내용의 비밀을 유지할 권리, 개인이 자신의 사생활의 불가침을 보장받을 수 있는 권리, 개인의 양심 영역이나 성적 영역과 같은 내밀한 영역에 대한 보호, 인격적인 감정세계의 존중의 권리와 정신적인 내면생활이 침해받지 아니할 권리 등이다. 요컨대 **헌법 제17조가 보호하고자 하는 기본권은 사생활영역의 자유로운 형성과 비밀유지라고 할 것**이다(헌재 2008.4.24. 2006헌마402등).

04 사생활의 비밀이란 사생활에 관한 사항으로 일반인에게 아직 알려지지 아니하고 일반인의 감수성을 기준으로 할 때 공개를 원하지 않을 사항을 말한다. 2024 경찰1차 ( )

해설 헌법 제17조에서 보장하는 사생활의 비밀이란 사생활에 관한 사항으로 일반인에게 아직 알려지지 아니하고 **일반인의 감수성을 기준으로 할 때 공개를 원하지 않을 사항을 말한다**. 감시, 도청, 비밀녹음, 비밀촬영 등에 의해 다른 사람의 사생활의 비밀을 탐지하거나 사생활의 평온을 침입하는 행위, 사적 사항의 무단 공개 등은 타인의 사생활의 비밀과 자유의 불가침을 해하는 것이다(헌재 2018.8.30. 2016헌마263).

05 사람의 육체적·정신적 상태나 건강에 대한 정보, 성생활에 대한 정보와 같은 것은 인간의 존엄성이나 인격의 내적 핵심을 이루는 요소이다. 따라서 외부세계의 어떤 이해관계에 따라 그에 대한 정보를 수집하고 공표하는 것이 쉽게 허용되어서는 개인의 내밀한 인격과 자기정체성이 유지될 수 없다. 2023 법원직 ( )

해설 사람의 육체적·정신적 상태나 건강에 대한 정보, 성생활에 대한 정보와 같은 것은 인간의 존엄성이나 인격의 내적 핵심을 이루는 요소이다. 따라서 외부세계의 어떤 이해관계에 따라 그에 대한 정보를 수집하고 공표하는 것이 쉽게 허용되어서는 개인의 내밀한 인격과 자기정체성이 유지될 수 없다(헌재 2007.5.31. 2005헌마1139).

06 신문보도의 명예훼손적 표현의 피해자가 공적 인물인지 아니면 사인인지, 그 표현이 공적인 관심 사안에 관한 것인지 순수한 사적인 영역에 속하는 사안인지의 여부에 따라 헌법적 심사기준에는 차이가 있어야 한다. 2022 경찰승진 ( )

해설 **신문보도의 명예훼손적 표현의 피해자가 공적 인물인지 아니면 사인인지, 그 표현이 공적인 관심 사안에 관한 것인지 순수한 사적인 영역에 속하는 사안인지의 여부에 따라 헌법적 심사기준에는 차이가 있어야** 한다(헌재 1999.6.24. 97헌마265).

07 인터넷언론사의 공개된 게시판·대화방에서 스스로의 의사에 의하여 정당·후보자에 대한 지지·반대의 글을 게시하는 행위가 양심의 자유나 사생활 비밀의 자유에 의하여 보호되는 영역이라고 할 수 없다. 2023 경찰2차 ( )

ANSWER 03 ○ 04 ○ 05 ○ 06 ○ 07 ○

해설 인터넷언론사의 공개된 게시판·대화방에서 스스로의 의사에 의하여 정당·후보자에 대한 지지·반대의 글을 게시하는 행위가 양심의 자유나 사생활 비밀의 자유에 의하여 보호되는 영역이라고 할 수 없다(헌재 2010. 2. 25. 2008헌마324 등).

08 자신의 인격권이나 명예권을 보호하기 위하여 자신의 태도나 입장을 외부에 설명하거나 해명하는 행위는 단순한 생각이나 의견, 사상이나 확신 등의 표현행위라고 볼 수 있어, 그 행위가 선거에 영향을 미치게 하기 위한 것이라는 이유로 이를 하지 못하게 된다 하더라도 양심의 자유의 보호영역에 포괄되지 아니한다.
2024 경찰승진 ( )

해설 자신의 인격권이나 명예권을 보호하기 위하여 대외적으로 해명을 하는 행위는 표현의 자유에 속하는 영역일 뿐 이미 사생활의 자유에 의하여 보호되는 범주를 벗어난 행위이고, 또한, 자신의 태도나 입장을 외부에 설명하거나 해명하는 행위는 진지한 윤리적 결정에 관계된 행위라기보다는 단순한 생각이나 의견, 사상이나 확신 등의 표현행위라고 볼 수 있어, 그 행위가 선거에 영향을 미치게 하기 위한 것이라는 이유로 이를 하지 못하게 된다 하더라도 내면적으로 구축된 인간의 양심이 왜곡 굴절된다고는 할 수 없다는 점에서 양심의 자유의 보호영역에 포괄되지 아니하므로, 위 제93조 제1항은 사생활의 자유나 양심의 자유를 침해하지 아니한다(헌재 2001. 8. 30. 99헌바92 등).

09-1 자동차를 도로에서 운전하는 중에 좌석안전띠를 착용할 것인가 여부의 생활관계가 개인의 전체적 인격과 생존에 관계되는 '사생활의 기본조건'이라거나 자기결정의 핵심적 영역 또는 인격적 핵심과 관련된다고 보기 어려워, 운전할 때 운전자가 좌석안전띠를 착용할 의무는 운전자의 사생활의 비밀과 자유를 침해하는 것이라 할 수 없다. 2022 행시 ( )

09-2 자동차를 도로에서 운전하는 중에 좌석안전띠를 착용할 것인가 여부는 더 이상 사생활 영역의 문제가 아니므로 운전할 때 좌석안전띠를 착용할 의무는 운전자의 사생활의 비밀과 자유를 침해하는 것이 아니다.
2022 입법고시 / 2023 국회직9급 ( )

09-3 일반 교통에 사용되고 있는 도로는 국가와 지방자치단체가 그 관리책임을 맡고 있는 영역이며, 수많은 다른 운전자 및 보행자 등의 법익 또는 공동체의 이익과 관련된 영역으로, 그 위에서 자동차를 운전하는 행위는 더 이상 개인적인 내밀한 영역에서의 행위가 아니다. 2024 경찰승진 ( )

해설 자동차 운전자에게 좌석안전띠를 매도록 하고, 이를 위반했을 때 범칙금을 납부하도록 통고하는 것 (헌재 2003. 10. 30. 2002헌마518)
(1) 자동차 운전자에게 좌석안전띠를 매도록 하고 이를 위반했을 때 범칙금을 납부하도록 통고하는 것은 **일반적 행동자유권을 비례의 원칙에 위반되게 과도하게 침해하는 것이 아니다.**
(2) 일반 교통에 사용되고 있는 도로 위에서 자동차를 운전하는 행위는 더 이상 **개인적인 내밀한 영역에서의 행위가 아니므로**, 운전할 때 운전자가 좌석안전띠를 착용할 의무는 청구인의 사생활의 비밀과 자유를 침해하는 것이라 할 수 없다.
(3) 제재를 받지 않기 위하여 어쩔 수 없이 좌석안전띠를 매었다 하여 청구인이 내면적으로 구축한 인간양심이 왜곡·굴절되고 청구인의 인격적인 존재가치가 허물어진다고 할 수는 없어 **양심의 자유의 보호영역에 속하지 아니하므로**, 운전 중 운전자가 좌석안전띠를 착용할 의무는 청구인의 양심의 자유를 침해하는 것이라 할 수 없다.

ANSWER 08 ○ 09-1 ○ 09-2 ○ 09-3 ○

10 공직자의 자질·도덕성·청렴성에 관한 사실이 개인적인 사생활에 관한 것이라면, 순수한 사생활의 영역에 있다고 보아야 할 것이므로 공적인 관심 사안에 해당할 수 없다. 2022 행시 ( )

> **해설** 공직자의 공무집행과 직접적인 관련이 없는 개인적인 사생활에 관한 사실이라도 일정한 경우 공적인 관심 사안에 해당할 수 있다. 공직자의 자질·도덕성·청렴성에 관한 사실은 공직자 등의 사회적 활동에 대한 비판 내지 평가의 한 자료가 될 수 있고, 업무집행의 내용에 따라서는 업무와 관련이 있을 수도 있으므로, 이에 대한 문제제기 내지 비판은 허용되어야 한다(헌재 2021.2.25. 2017헌마1113 등).

11-1 공직자의 공무집행과 직접적인 관련이 없는 개인적인 사생활에 관한 사실은 어떠한 경우에도 공적인 관심 사안에 해당될 수 없다. 2023 경찰2차 ( )

11-2 공직자의 자질·도덕성·청렴성에 관한 사실은 그 내용이 개인적인 사생활에 관한 것이라 할지라도 순수한 사생활의 영역에 있다고 보기 어렵다. 2023 해양경찰 / 2024 입법고시 ( )

> **해설** 공직자의 공무집행과 직접적인 관련이 없는 개인적인 사생활에 관한 사실이라도 일정한 경우 공적인 관심 사안에 해당할 수 있다. 공직자의 자질·도덕성·청렴성에 관한 사실은 그 내용이 개인적인 사생활에 관한 것이라 할지라도 순수한 사생활의 영역에 있다고 보기 어렵다. 이러한 사실은 공직자 등의 사회적 활동에 대한 비판 내지 평가의 한 자료가 될 수 있고, 업무집행의 내용에 따라서는 업무와 관련이 있을 수도 있으므로, 이에 대한 문제제기 내지 비판은 허용되어야 한다(헌재 2013.12.26. 2009헌마747).

12-1 교도소장이 교도소 수용자가 없는 상태에서 실시한 거실 및 작업장 검사행위는 수용자의 사생활의 비밀과 자유를 침해하지 않는다. 2021 경찰승진 ( )

12-2 교도소 내 거실이나 작업장은 수용자의 사생활 영역이거나 사생활에 연결될 수 있는 영역이므로 수용자가 없는 상태에서 교도소장이 비밀리에 거실 및 작업장에서 개인물품 등을 검사하는 행위는 수용자의 사생활의 비밀과 자유를 제한한다. 2022 입법고시 ( )

12-3 법무부 훈령인 구 「계호업무지침」에 따라 교도소장이 수용자가 없는 상태에서 거실 및 작업장을 검사한 행위는 비록 교도소의 안전과 질서를 유지하고, 수형자의 교화 개선에 지장을 초래할 수 있는 물품을 차단하기 위한 것이라 하더라도, 보다 덜 제한적인 대체수단을 찾을 수 있으므로 수용자의 사생활의 비밀과 자유를 침해한다. 2024 경찰승진 ( )

> **해설** 피청구인은 청구인이 없는 상태에서 사생활 영역이거나 사생활에 연결될 수 있는 청구인의 거실 또는 작업장에서 이 사건 검사행위를 하여 개인 물품 등을 조사함으로써 일응 청구인의 사생활의 비밀 및 자유를 제한하였다고 볼 수 있으므로, 이 사건 검사행위가 과잉금지원칙에 위배하여 청구인의 사생활의 비밀 및 자유를 침해하였는지 여부를 살펴본다.
> 교도소장이 수용자가 없는 상태에서 실시한 거실 및 작업장 검사행위는 교도소의 안전과 질서를 유지하고, 수형자의 교화·개선에 지장을 초래할 수 있는 물품을 차단하기 위한 것으로서 **그 목적이 정당하고, 수단도 적절**하며, 검사의 실효성을 확보하기 위한 **최소한의 조치**로 보이고, 달리 덜 제한적인 대체수단을 찾기 어려운 점 등에 비추어 보면 이 사건 검사행위가 과잉금지원칙에 위배하여 **사생활의 비밀 및 자유를 침해하였다고 할 수 없다**(헌재 2011.10.25. 2009헌마691).

13-1 개인정보자기결정권은 자신에 관한 정보가 언제 누구에게 어느 범위까지 알려지고 또 이용되도록 할 것인지를 그 정보주체가 스스로 결정할 수 있는 권리로서, 헌법 제10조 제1문에서 도출되는 일반적 인격권 및 헌법 제17조의 사생활의 비밀과 자유에 의하여 보장된다. 2023 법원직 ( )

ANSWER 10 ✗   11-1 ✗   11-2 ○   12-1 ○   12-2 ○   12-3 ✗   13-1 ○

13-2 개인정보자기결정권은 자신에 관한 정보가 언제 누구에게 어느 범위까지 알려지고 또 이용되도록 할 것인지를 그 정보주체가 스스로 결정할 수 있는 권리로서, 헌법 제10조 제1문에서 도출되는 일반적 인격권 및 헌법 제17조의 사생활의 비밀과 자유에 의하여 보장된다. 2023 법무사 ( )

13-3 개인정보자기결정권은 자신에 관한 정보가 언제 누구에게 어느 범위까지 알려지고 또 이용되도록 할 것인지를 그 정보주체가 스스로 결정할 수 있는 권리이다. 2023 경찰경력채용 ( )

13-4 개인정보자기결정권의 보호대상이 되는 개인정보는 개인의 신체, 신념, 사회적 지위, 신분 등과 같이 개인의 인격주체성을 특징짓는 사항으로서 그 개인의 동일성을 식별할 수 있게 하는 일체의 정보라고 할 수 있다. 2023 법원직 ( )

> **해설** 인간의 존엄과 가치, 행복추구권을 규정한 헌법 제10조 제1문에서 도출되는 일반적 인격권 및 헌법 제17조의 사생활의 비밀과 자유에 의하여 보장되는 개인정보자기결정권은 자신에 관한 정보가 언제 누구에게 어느 범위까지 알려지고 또 이용되도록 할 것인지를 그 정보주체가 스스로 결정할 수 있는 권리이다. 즉 정보주체가 개인정보의 공개와 이용에 관하여 스스로 결정할 권리를 말한다. 개인정보자기결정권의 보호대상이 되는 개인정보는 개인의 신체, 신념, 사회적 지위, 신분 등과 같이 개인의 인격주체성을 특징짓는 사항으로서, 그 개인의 동일성을 식별할 수 있게 하는 일체의 정보라고 할 수 있다. 또한, 그러한 개인정보를 대상으로 한 조사·수집·보관·처리·이용 등의 행위는 모두 원칙적으로 개인정보자기결정권에 대한 제한에 해당한다(헌재 2020.5.27. 2017헌마1326).

14-1 개인의 인격주체성을 특징짓는 사항으로서 그 개인의 동일성을 식별할 수 있게 하는 일체의 정보가 개인정보자기결정권의 보호대상이 되나, 공적 생활에서 형성되었거나 이미 공개된 개인정보까지는 포함하지 않는다. 2022 법원행시 ( )

14-2 개인정보자기결정권의 보호대상이 되는 개인정보는 반드시 개인의 내밀한 영역이나 사사(私事)의 영역에 속하는 정보에 국한되지 않고 공적 생활에서 형성되었거나 이미 공개된 개인정보까지 포함한다. 2022 국회직8급 ( )

14-3 개인정보자기결정권의 보호대상이 되는 개인정보는 개인의 내밀한 영역이나 사사(私事)의 영역에 속하는 정보에 국한되며, 공적 생활에서 형성되었거나 이미 공개된 개인정보까지 포함하는 것은 아니다. 2024 입법고시 ( )

14-4 개인정보자기결정권의 보호대상이 되는 개인정보는 개인의 신체, 신념, 사회적 지위, 신분 등과 같이 개인의 인격주체성을 특징짓는 사항으로서 그 개인의 동일성을 식별할 수 있게 하는 일체의 정보이고, 반드시 개인의 내밀한 영역이나 사사(私事)의 영역에 속하는 정보에 국한되지 않고 공적 생활에서 형성되었거나 이미 공개된 개인정보까지 포함한다. 2024 경찰1차 / 2024 경찰승진 ( )

> **해설** 개인정보자기결정권의 보호대상이 되는 개인정보는 개인의 신체, 신념, 사회적 지위, 신분 등과 같이 개인의 인격주체성을 특징짓는 사항으로서 그 개인의 동일성을 식별할 수 있게 하는 일체의 정보라고 할 수 있고, **반드시 개인의 내밀한 영역이나 사사(私事)의 영역에 속하는 정보에 국한되지 않고 공적 생활에서 형성되었거나 이미 공개된 개인정보까지 포함**한다(헌재 2005.7.21. 2003헌마282 등).

ANSWER 13-2 ○ 13-3 ○ 13-4 ○ 14-1 × 14-2 ○ 14-3 × 14-4 ○

15-1 야당 소속 후보자 지지 혹은 정부 비판은 정치적 견해로서 개인의 인격주체성을 특징짓는 개인정보에 해당하지만, 그것이 지지 선언 등의 형식으로 공개적으로 이루어진 것이라면 개인정보자기결정권의 보호범위 내에 속하지 않는다. 2023 경찰승진 ( )

15-2 지지 선언 등의 형식으로 공개적으로 이루어진 정치적 견해에 관한 정보는 개인정보자기결정권의 보호 범위에 포함되지 아니한다. 2024 법원행시 ( )

> **해설** 야당 후보를 지지하거나 세월호 참사에 대한 정부의 대응을 비판한 의사표시에 관한 정보를 대상으로 한다. 이러한 **야당 소속 후보자 지지 혹은 정부 비판은 정치적 견해로서 개인의 인격주체성을 특징짓는 개인정보에 해당하고, 그것이 지지 선언 등의 형식으로 공개적으로 이루어진 것이라고 하더라도 여전히 개인정보자기결정권의 보호범위 내에 속한다**(헌재 2020.12.23. 2017헌마416).

16-1 「영유아보육법」은 CCTV 열람의 활용 목적을 제한하고 있고, 어린이집 원장은 열람시간 지정 등을 통해 보육활동에 지장이 없도록 보호자의 열람 요청에 적절히 대응할 수 있으므로 동법의 CCTV 열람조항으로 보육교사의 개인정보자기결정권이 필요 이상으로 과도하게 제한된다고 볼 수 없다. 2023 경찰승진 ( )

16-2 보호자 전원이 반대하지 않는 한 어린이집에 의무적으로 CCTV를 설치하도록 정한 「영유아보육법」 조항은 어린이집 보육교사의 사생활의 비밀과 자유를 침해하는 것은 아니다. 2024 경찰승진 ( )

16-3 어린이집에 폐쇄회로 텔레비전(CCTV : Closed Circuit Television)을 원칙적으로 설치하도록 정한 「영유아보육법」 조항은 CCTV 설치로 보육교사 및 영유아의 신체나 행동이 그대로 CCTV에 촬영·녹화된다는 점에서 보육교사 및 영유아의 사생활의 비밀과 자유를 제한한다. 2024 경찰1차 ( )

> **해설** 법 제15조의4 제1항 제1호는 보호자 전원이 반대하지 않는 한 어린이집에 의무적으로 CCTV 설치하도록 정하고 있으므로, **어린이집 설치·운영자의 직업수행의 자유, 어린이집 보육교사(원장 포함) 및 영유아의 사생활의 비밀과 자유, 부모의 자녀교육권을 제한**한다. 이는 **어린이집 안전사고와 보육교사 등에 의한 아동학대를 방지하기 위한 것으로**, CCTV 설치 그 자체만으로도 안전사고 예방이나 아동학대 방지 효과가 있으므로 **입법목적이 정당하고 수단의 적합성이 인정**된다. 어린이집 보육대상은 0세부터 6세 미만의 영유아로 어린이집에서의 아동학대 방지 및 적발을 위해서 CCTV 설치를 대체할 만한 수단은 상정하기 어렵다. 법은 CCTV 외에 네트워크 카메라 설치는 원칙적으로 금지하고, 녹음기능 사용금지(법 제15조의5 제2항 제2호 중 "녹음기능을 사용하거나" 부분) 등으로 **관련 기본권 침해를 최소화하기 위한 조치를 마련**하고 있으며, 보호자 전원이 CCTV 설치에 반대하는 경우에는 CCTV를 설치하지 않을 수 있는 가능성을 열어두고 있으므로 이 조항은 **침해의 최소성에 반하지 아니한다**. 영유아 보육을 위탁받아 행하는 어린이집에서의 아동학대근절과 보육환경의 안전성 확보는 단순히 보호자의 불안을 해소하는 차원을 넘어 사회적·국가적 차원에서도 보호할 필요가 있는 중대한 공익이다. **이 조항으로 보육교사 등의 기본권에 가해지는 제약이 위와 같은 공익에 비하여 크다고 보기 어려우므로 법익의 균형성도 인정**된다. 따라서 법 제15조의4 제1항 제1호 및 제15조의5 제2항 제2호 중 "녹음기능을 사용하거나" 부분은 **과잉금지원칙을 위반하여 청구인들의 기본권을 침해하지 않는다**(헌재 2017.12.28. 2015헌마994).

17-1 지문정보는 그 자체로 개인의 존엄과 인격권에 큰 영향을 미칠 수 있는 민감한 정보라고 보기 어려워, 유전자정보 등과 같은 다른 생체정보와는 달리 그 보호정도가 높다고 할 수 없다. 2020 경찰경력채용 ( )

ANSWER 15-1 × 15-2 × 16-1 ○ 16-2 ○ 16-3 ○ 17-1 ○

17-2 지문은 그 정보주체를 타인으로부터 식별 가능하게 하는 개인정보가 아니므로, 경찰청장이 이를 보관·전산화하여 범죄수사목적에 이용하는 것은 정보주체의 개인정보자기결정권을 제한하는 것이 아니다.
2021 국가직7급 ( )

해설 주민등록증 발급대상자로 하여금 주민등록증 발급신청서에 열 손가락의 지문을 찍도록 하고 있는 이 사건 시행령 조항은 지문정보의 수집에 관한 규정이고, **개인의 고유성, 동일성을 나타내는 지문은 그 정보주체를 타인으로부터 식별 가능하게 하는 개인정보이므로, 시장·군수 또는 구청장이 개인의 지문정보를 수집하는 것은 청구인들의 개인정보자기결정권을 제한한다.**
지문정보는 앞에서 본 바와 같이 그 자체로 개인의 존엄과 인격권에 **큰 영향을 미칠 수 있는 민감한 정보라고 보기 어려워**, 유전자정보 등과 같은 다른 생체정보와는 달리 그 보호정도가 높다고 할 수 없으며, 따라서 이러한 사정도 이 사건 시행령 조항의 과잉금지원칙 위배 여부를 판단함에 있어서 고려되어야 한다. 이 사건 시행령 조항은 신원확인기능의 효율적 수행을 도모하고, 신원확인의 정확성 내지 완벽성을 제고하기 위하여 열 손가락 지문 전부를 주민등록증 발급신청서에 날인하도록 규정하고 있는바, **지문정보가 유전자, 홍채, 치아 등 다른 신원확인수단에 비하여 간편하고 효율적이며, 일정한 범위의 범죄자나 손가락 일부의 지문정보를 수집하는 것만으로는 열 손가락 지문을 대조하는 것과 그 정확성 면에서 비교하기 어렵다는 점 등을 고려하면, 이 사건 시행령 조항이 과도하게 개인정보자기결정권을 침해하였다고 볼 수 없다**(헌재 2015.5.28. 2011헌마731).

18 교원의 교원단체 및 노동조합 가입정보는 사생활의 비밀과 자유 및 이를 구체화한 개인정보자기결정권에 의하여 보장된다. 2023 경찰경력채용 ( )

해설 이 사건은 교원의 교원단체 및 노동조합 가입에 관한 정보의 공개를 요구하는 청구인들의 알 권리 및 그것을 통한 교육권과 **그 정보의 비공개를 요청하는 정보주체인 교원의 사생활의 비밀과 자유 및 이를 구체화한 개인정보 자기결정권이 충돌하는 문제상황**이다(헌재 2011.12.29. 2010헌마293).

19 국회의원이 '각급학교 교원의 교원단체 및 교원노조 가입현황 실명자료'를 인터넷을 통하여 공개한 행위는 해당 교원들의 개인정보자기결정권을 침해한다. 2024 경찰승진 ( )

해설 국회의원인 甲 등이 '각급학교 교원의 교원단체 및 교원노조 가입현황 실명자료'를 인터넷을 통하여 공개한 사안에서, 위 정보는 개인정보자기결정권의 보호대상이 되는 개인정보에 해당하므로 이를 일반 대중에게 공개하는 행위는 해당 교원들의 개인정보자기결정권과 전국교직원노동조합의 존속, 유지, 발전에 관한 권리를 침해하는 것이고, **甲 등이 위 정보를 공개한 표현행위로 인하여 얻을 수 있는 법적 이익이 이를 공개하지 않음으로써 보호받을 수 있는 해당 교원 등의 법적 이익에 비하여 우월하다고 할 수 없으므로, 甲 등의 정보 공개행위가 위법하다**(대판 2014.7.24. 2012다49933).

20 개인정보에 관한 인격권 보호에 의하여 얻을 수 있는 이익과 정보처리 행위로 얻을 수 있는 이익 즉, 정보처리자의 '알 권리'와 이를 기반으로 한 정보수용자의 '알 권리' 및 표현의 자유, 정보 처리자의 영업의 자유, 사회 전체의 경제적 효율성 등의 가치를 구체적으로 비교 형량하여 어느 쪽 이익이 더 우월한 것으로 평가할 수 있는지에 따라 정보처리 행위의 최종적인 위법성 여부를 판단하여야 한다. 2022 경찰승진 ( )

해설 인간의 존엄과 가치, 행복추구권을 규정한 헌법 제10조 제1문에서 도출되는 일반적 인격권 및 헌법 제17조의 사생활의 비밀과 자유에 의하여 보장되는 개인정보자기결정권은 자신에 관한 정보가 언제 누구에게 어느 범위까지 알려지고 또 이용되도록 할 것인지를 정보주체가 스스로 결정할 수 있는 권리이다. 개인정보자기결정권의 보호대상이 되는 개인정보는 개인의 신체, 신념, 사회적 지위, 신분 등과 같이 개인의 인격주체성을 특징짓는 사항으로서 개인의 동일성을 식별할 수 있게 하는 일체의 정보이고, 반드시 개인의 내밀한

ANSWER 17-2 × 18 ○ 19 ○ 20 ○

영역에 속하는 정보에 국한되지 아니하며 공적 생활에서 형성되었거나 이미 공개된 개인정보까지 포함한다. 또한 개인정보를 대상으로 한 조사·수집·보관·처리·이용 등의 행위는 모두 원칙적으로 개인정보자기결정권에 대한 제한에 해당한다.

정보처리자의 '알 권리'와 이를 기반으로 한 정보수용자의 '알 권리' 및 표현의 자유, 정보처리자의 영업의 자유, 사회 전체의 경제적 효율성 등의 가치를 구체적으로 비교 형량하여 어느 쪽 이익이 더 우월할 것으로 평가할 수 있는지에 따라 정보처리 행위의 최종적인 위법성 여부를 판단하여야 하고, 단지 정보처리자에게 영리 목적이 있었다는 사정만으로 곧바로 정보처리 행위를 위법하다고 할 수는 없다. 이미 공개된 개인정보를 정보주체의 동의가 있었다고 객관적으로 인정되는 범위 내에서 수집·이용·제공 등 처리를 할 때는 정보주체의 별도의 동의는 불필요하다고 보아야 하고, 별도의 동의를 받지 아니하였다고 하여 개인정보 보호법 제15조나 제17조를 위반한 것으로 볼 수 없다. 그리고 정보주체의 동의가 있었다고 인정되는 범위 내인지는 공개된 개인정보의 성격, 공개의 형태와 대상 범위, 그로부터 추단되는 정보주체의 공개 의도 내지 목적뿐만 아니라, 정보처리자의 정보제공 등 처리의 형태와 정보제공으로 공개의 대상 범위가 원래의 것과 달라졌는지, 정보제공이 정보주체의 원래의 공개 목적과 상당한 관련성이 있는지 등을 검토하여 객관적으로 판단하여야 한다.

법률정보 제공 사이트를 운영하는 甲 주식회사가 공립대학교인 乙 대학교 법과대학 법학과 교수로 재직 중인 丙의 사진, 성명, 성별, 출생연도, 직업, 직장, 학력, 경력 등의 개인정보를 위 법학과 홈페이지 등을 통해 수집하여 위 사이트 내 '법조인' 항목에서 유료로 제공한 사안에서, 甲 회사가 영리 목적으로 丙의 개인정보를 수집하여 제3자에게 제공하였더라도 그에 의하여 얻을 수 있는 법적 이익이 정보처리를 막음으로써 얻을 수 있는 정보주체의 인격적 법익에 비하여 우월하므로, 甲 회사의 행위를 丙의 개인정보자기결정권을 침해하는 위법한 행위로 평가할 수 없고, 甲 회사가 丙의 개인정보를 수집하여 제3자에게 제공한 행위는 丙의 동의가 있었다고 객관적으로 인정되는 범위 내이고, 甲 회사에 영리 목적이 있었다고 하여 달리 볼 수 없으므로, **甲 회사가 丙의 별도의 동의를 받지 아니하였다고 하여 개인정보 보호법 제15조나 제17조를 위반하였다고 볼 수 없다**(대판 2016.8.17. 2014다235080).

21 국민건강보험공단이 경찰서장에게 2년 내지 3년 동안의 '전문의 병원이 포함된 요양기관명, 급여일자'를 포함한 요양급여내역을 제공한 행위는 개인정보자기결정권을 침해한다. 2023 경찰승진 ( )

> 해설 건강보험 요양급여내역 제공 요청 및 제공 행위 등 위헌확인(헌재 2018.8.30. 2014헌마368)
> (1) **상병명 등을 포함하지 아니한 요양급여일자, 요양기관명에 국한된 정보라고 하더라도**, 요양기관이 산부인과, 비뇨기과, 정신건강의학과 등과 같은 전문의 병원인 경우에는 요양기관명만으로도 질병의 종류를 예측할 수 있는 점, 약 2~3년 동안의 장기간의 정보는 정보주체의 건강에 관한 포괄적이고 통합적인 정보를 구성할 수 있는 점 등에 비추어 볼 때, '개인정보 보호법' 제23조가 규정한 '건강에 관한 정보'로서 **민감정보에 해당**한다.
> (2) 국민건강보험공단이 서울용산경찰서장에게 청구인들의 요양급여내역을 제공한 행위는 청구인들의 **개인정보자기결정권을 침해한 것**이다.

22 개별 의료급여기관으로 하여금 수급권자의 진료정보를 국민건강보험공단에 알려줄 의무 등 의료급여 자격관리 시스템에 관하여 규정한 보건복지부 고시조항은 동 조항에 의해 수집되는 정보의 범위가 건강생활유지비의 지원 및 급여일수의 확인을 위해 필요한 정보로 제한되어 있다는 점에서 과잉지원칙에 위배되어 해당 수급권자인 청구인의 개인정보자기결정권을 침해하지 않는다. 2024 경찰1차 ( )

> 해설 이 사건 고시조항은 의료이용자가 의료급여를 받을 적법한 수급자인지 여부 및 의료급여의 범위 등을 정확하게 확인하려는 데에 그 목적이 있는 것으로서 그 **목적은 정당**하고, 의료이용자에게 그 수급의 자격이 있는지 여부 및 필요한 급여액의 정도를 파악하기 위하여는 수급권자 자격관리기관인 공단이 상병명 등 정보를 파악하는 것이 필요하다 할 것이어서 의료급여기관이 이러한 정보를 공단에 제공하

ANSWER 21 ○ 22 ○

고 공단이 이러한 정보를 보유하도록 하는 것은 **적절한 수단이 된다**. 또한 위 고시조항에 의하여 수집되는 정보의 범위는 건강생활유지비의 지원 및 급여일수의 확인을 위해 필요한 정보로 제한되어 있고, 공인인증서 이용을 통한 개인정보 보호조치 강화, 각종 법률에서의 업무상 비밀 누설 금지의무 부과 및 그 위반시 형벌규정 등을 통해 **피해를 최소화하는 장치가 갖추어져 있다** 할 것이며, 위 고시 조항으로 인하여 얻게 되는 공익 즉 수급자격 및 급여액의 정확성을 확보하여 의료급여제도의 원활한 운영을 기한다는 공익이 이로 인하여 제한되는 수급권자의 개인정보자기결정권인 사익보다 크다 할 것이므로 **법익의 균형성도 갖추었다**고 할 것이다. 따라서, **이 사건 고시 조항은 헌법상 과잉금지원칙에 위배되어 청구인들의 개인정보자기결정권을 침해하는 것이라고 볼 수 없다**(헌재 2009.9.24. 2007헌마1092).

23 징벌 혐의로 조사를 받고 있는 수용자라 하더라도 수용자가 변호인이 아닌 자와 접견할 당시 교도관이 참여하여 대화내용을 기록하게 한 행위는 과잉금지원칙을 위반하여 수용자의 사생활의 비밀과 자유를 침해한다.
2021 경찰승진 ( )

해설 ▶ 접견내용을 녹음·녹화하는 경우 수용자 및 그 상대방에게 그 사실을 말이나 서면 등으로 알려주어야 하고 취득된 접견기록물은 법령에 의해 보호·관리되고 있으므로 **사생활의 비밀과 자유에 대한 침해를 최소화하는 수단이 마련**되어 있다는 점, 청구인이 나눈 접견내용에 대한 **사생활의 비밀로서의 보호가치에 비해 증거인멸의 위험을 방지하고 교정시설 내의 안전과 질서유지에 기여하려는 공익이 크고 중요하다는 점**에 비추어 볼 때, **이 사건 접견참여·기록이 청구인의 사생활의 비밀과 자유를 침해하였다고 볼 수 없다**(헌재 2014.9.25. 2012헌마523).

24-1 구치소장이 검사의 요청에 따라 미결수용자와 그 배우자의 접견녹음파일을 미결수용자의 동의 없이 제공하더라도, 이러한 제공행위는 형사사법의 실체적 진실을 발견하고 이를 통해 형사사법의 적정한 수행을 도모하기 위한 것으로 미결수용자의 개인정보자기결정권을 침해하는 것은 아니다. 2023 경찰승진 ( )

24-2 구치소장이 미결수용자와 그 배우자 사이의 접견내용을 녹음한 행위는 과잉금지원칙에 위반하여 미결수용자의 사생활의 비밀과 자유를 침해한다. 2023 해양경찰 ( )

해설 ▶ 이 사건 제공행위는 형사사법의 실체적 진실을 발견하고 이를 통해 형사사법의 적정한 수행을 도모하기 위한 것으로 그 목적이 정당하고, 수단 역시 적합하다. 또한, 접견기록물의 제공은 제한적으로 이루어지고, 제공된 접견내용은 수사와 공소제기 등에 필요한 범위 내에서만 사용하도록 제도적 장치가 마련되어 있으며, 사적 대화내용을 분리하여 제공하는 것은 그 구분이 실질적으로 불가능하고, 범죄와 관련 있는 대화내용을 쉽게 파악하기 어려워 전체제공이 불가피한 점 등을 고려할 때 침해의 최소성 요건도 갖추고 있다. 나아가 접견내용이 기록된다는 사실이 미리 고지되어 그에 대한 보호가치가 그리 크다고 볼 수 없는 점 등을 고려할 때, 법익의 불균형을 인정하기도 어려우므로, 과잉금지원칙에 위반하여 청구인의 개인정보자기결정권을 침해하였다고 볼 수 없다(헌재 2012.12.27. 2010헌마153).

25 미결수용자와 변호인 아닌 자와의 접견내용을 녹음·녹화함으로써 증거인멸이나 형사 법령 저촉 행위의 위험을 방지하고 교정시설 내의 안전과 질서유지에 기여하려는 공익은 미결수용자가 받게 되는 사익의 제한보다 훨씬 크고 중요한 것이므로 법익의 균형성이 인정된다. 2023 경찰간부 ( )

해설 ▶ 이 사건 녹음조항에 따라 접견내용이 녹음·녹화되는 경우에는 이를 미리 고지하고 있고, **미결수용자의 특성상 변호인 아닌 자와의 접견내용에 대한 사생활의 비밀 및 통신의 비밀에 대한 제한이 불가피한 점**에 비추어 보면, 청구인의 접견내용을 녹음·녹화함으로써 증거인멸이나 형사 법령 저촉 행위의 위험을 방지하고, 교정시설 내의 안전과 질서유지에 기여하려는 공익은 미결수용자가 받게 되는 사익의 제한보다 훨씬 크고 중요한 것이라고 할 것이므로 법익의 균형성도 인정된다(헌재 2016.11.24. 2014헌바401).

ANSWER 23 ×   24-1 ○   24-2 ×   25 ○

26-1 4급 이상 공무원들의 병역 면제사유인 질병명을 관보와 인터넷을 통해 공개하도록 하는 것은 '부정한 병역면탈의 방지'와 '병역의무의 자진이행에 기여'라는 입법목적을 달성하기 위한 것으로서 사생활의 비밀과 자유를 침해하는 것이 아니다. 2022 입법고시 ( )

26-2 공적 관심의 정도가 약한 4급 이상의 공무원들까지 대상으로 삼아 모든 질병명을 아무런 예외 없이 공개토록 한 것은 입법목적 실현에 치중한 나머지 사생활 보호의 헌법적 요청을 현저히 무시한 것으로 해당 공무원들의 사생활의 비밀과 자유를 침해하는 것이다. 2022 행시 ( )

26-3 4급 이상의 공무원의 경우 모든 질병명을 예외 없이 공개토록 하는 것은 입법목적 실현을 위해 필요하기 때문에 해당 공무원들의 헌법 제17조가 보장하는 기본권인 사생활의 비밀과 자유를 침해한다고 보기는 어렵다. 2023 법원직 ( )

26-4 4급 이상 공무원들의 병역 면제 사유인 질병명을 관보와 인터넷을 통해 공개하도록 하는 것은 해당 공무원들의 사생활의 비밀과 자유를 침해한다. 2023 해양경찰 / 2023 국회직9급 ( )

> **해설** 이 사건 법률조항이 **공적 관심의 정도가 약한 4급 이상의 공무원들까지 대상으로 삼아 모든 질병명을 아무런 예외 없이 공개토록 한 것은 입법목적 실현에 치중한 나머지 사생활 보호의 헌법적 요청을 현저히 무시한 것**이고, 이로 인하여 청구인들을 비롯한 해당 공무원들의 헌법 제17조가 보장하는 기본권인 **사생활의 비밀과 자유를 침해**하는 것이다(헌재 2007.5.31. 2005헌마1139).

27 아동·청소년 성매수죄로 유죄가 확정된 자는 신상정보 등록대상자가 되도록 규정한 성폭력범죄의 처벌 등에 관한 특례법 제42조 제1항 중 "구 아동 청소년의 성보호에 관한 법률 제2조 제2호 가운데 제10조 제1항의 범죄로 유죄판결이 확정된 자는 신상정보 등록대상자가 된다."는 부분은 청구인의 개인정보자기결정권을 침해하지 않는다. 2022 경찰1차 ( )

> **해설** 성범죄의 재범을 억제하고 수사의 효율성을 제고하기 위하여, 일정한 성범죄를 저지른 자로부터 신상정보를 제출받아 보존·관리하는 것은 정당한 목적을 위한 적합한 수단이다. 아동·청소년 성매수죄로 처벌받은 사람에 대한 정보를 국가가 관리하는 것은 재범을 방지하는 유효한 방법이 될 수 있다. 전과기록이나 수사경력 자료는 상대적으로 좁은 범위의 신상정보를 담고 있고 정보의 변경이 반영되지 않아 등록조항에 의한 정보 수집과 같은 효과를 거둘 수 없다. 아동·청소년 성매수죄는 그 죄질이 무겁고, 그 행위 태양 및 불법성이 다양하다고 보기 어려우므로, 입법자가 개별 아동·청소년 성매수죄의 행위 태양, 불법성을 구별하지 않은 것이 불필요한 제한이라고 볼 수 없다. 또한, 신상정보 등록대상자가 된다고 하여 그 자체로 사회복귀가 저해되거나 전과자라는 사회적 낙인이 찍히는 것은 아니므로 침해되는 사익은 크지 않고, **반면 등록조항을 통해 달성되는 공익은 매우 중요하다. 따라서 등록조항은 청구인의 개인정보자기결정권을 침해하지 않는다**(헌재 2016.2.25. 2013헌마830).

28 형법상 강제추행죄로 유죄판결이 확정된 자는 신상정보 등록대상자가 되도록 규정한 법률조항은 등록대상자 선정에 있어 재범의 위험성을 전혀 요구하지 않고 행위 태양의 특성이나 불법성의 경중을 고려하여 등록대상자의 범위를 축소하고 있지도 않으므로, 과잉금지원칙에 반하여 개인정보자기결정권을 침해한다. 2023 법무사 ( )

> **해설** 심판대상조항은 성폭력 범죄자의 재범을 억제하여 사회를 방위하고, 효율적 수사를 통한 사회혼란을 방지하기 위한 것으로서 정당한 목적달성을 위한 적합한 수단에 해당한다. 전과기록이나 수사경력자료는 보다 좁은 범위의 신상정보를 담고 있고, 정보의 변동이 반영되지 않는다는 점에서 심판대상조항에 의한 정보

ANSWER 26-1 × 26-2 ○ 26-3 × 26-4 ○ 27 ○ 28 ×

수집과 동일한 효과를 거둘 수 있다고 보기 어렵고, **심판대상조항이 강제추행죄의 행위태양이나 불법성의 경중을 고려하지 않고 있더라도 이는 본질적으로 성폭력범죄에 해당하는 강제추행죄의 특성을 고려한 것이라고 할 것이므로, 심판대상조항은 침해최소성이 인정**된다. 또 신상정보 등록으로 인한 사익의 제한은 비교적 경미한 반면 달성되는 공익은 매우 중대하다고 할 것이어서 법익균형성도 인정된다. 따라서 **심판대상조항은 과잉금지원칙에 반하여 개인정보 자기결정권을 침해한다고 할 수 없다**(헌재 2014.7.24. 2013헌마423 등).

29 강제추행죄로 유죄판결이 확정된 자는 신상정보 등록대상자로서 성명, 주민등록번호 등을 제출하여야 하고, 이 정보가 변경된 경우 그 사유와 변경내용을 제출하여야 한다고 규정한 조항은 청구인의 개인정보자기결정권을 침해한다. 2023 경찰간부 ( )

해설 제출조항은 범죄 수사 및 예방을 위하여 일정한 신상정보를 제출하도록 하는 것으로서, 목적의 정당성 및 수단의 적합성이 인정된다. … 종교, 질병, 가족관계 등 입법목적과 직접적인 관련성이 인정되지 않는 정보의 제출을 제한하고 있으므로 침해의 최소성이 인정된다. 제출조항으로 인하여 청구인은 일정한 신상정보를 제출해야 하는 불이익을 받게 되나, 이에 비하여 제출조항이 달성하려는 공익이 크다고 보이므로 법익의 균형성도 인정된다. 따라서 **제출조항은 청구인의 개인정보자기결정권을 침해하지 않는다**(헌재 2016.3.31. 2014헌마457).

30 강제추행죄로 벌금형을 선고받은 사람의 신상정보를 10년 동안 보존·관리하도록 규정한 것은 과잉금지원칙에 반하여 개인정보자기결정권을 침해하지 아니한다. 2024 법원행시 ( )

해설 관리조항은 성범죄의 재범을 억제하고 재범이 현실적으로 이루어진 경우 수사의 효율성과 신속성을 높이기 위하여, 법무부장관이 등록대상 성범죄로 벌금형을 선고받은 사람의 등록정보를 최초등록일부터 10년 동안 보존·관리하도록 규정한 것으로, 입법목적의 정당성 및 수단의 적합성이 인정된다. 헌재 2015. 7. 30. 2014헌마340 등 헌법불합치결정에 따라 개정된 성폭력처벌법 제45조 제1항은 선고형에 따라 등록기간을 10년부터 30년까지 달리하여 형사책임의 경중 및 재범의 위험성에 따라 등록기간을 차등화하였다. 개정된 성폭력처벌법은 신상정보등록 면제제도를 도입하여 재범의 위험성이 낮아진 경우 신상정보의 등록을 면할 수 있는 수단을 마련하고 있고, 등록대상 성범죄의 일반적인 재범의 위험성을 인정하는 전제에서 개별 행위자의 장래 위험성을 별도로 고려하지 아니한 입법자의 판단이 자의적이라고 보기 어려울 뿐만 아니라, 관리조항과 동일한 정도의 입법목적을 달성할 수 있는 덜 침해적인 대안이 있다고 보기도 어려워 침해의 최소성이 인정된다. 관리조항으로 인하여 침해되는 사익보다 성범죄자의 재범 방지 및 사회 방위의 공익이 우월하므로, 법익의 균형성도 인정된다. 그렇다면 **관리조항은 청구인의 개인정보자기결정권을 침해하지 않는다**(헌재 2019.11.28. 2017헌마1163).

31 아동·청소년에 대한 강제추행죄로 유죄판결이 확정된 자를 신상정보 등록대상자로 규정하고 그로 하여금 관할 경찰서의 장에게 신상정보를 제출하도록 하며 신상정보가 변경될 경우 그 사유와 변경내용을 제출하도록 하는 「성폭력범죄의 처벌 등에 관한 특례법」 조항은 개인정보자기결정권을 침해하지 않는다.
2024 경찰승진 ( )

해설 신상정보 등록대상자로 하여금 관할경찰관서의 장에게 신상정보를 제출하도록 하고 신상정보가 변경될 경우 그 사유와 변경내용을 제출하도록 하는 제출조항은 등록대상자의 동일성 식별 및 동선 파악을 위하여 필요한 범위 내에서 정보 제출을 요청할 뿐이고, **성범죄 억제 및 수사 효율이라는 중대한 공익을 위하여 필요**하다. 따라서 개인정보자기결정권을 침해하지 않는다(헌재 2019.11.28. 2017헌마399).

32-1 성적목적공공장소침입죄로 형을 선고받아 유죄판결이 확정된 자는 신상정보 등록대상자가 된다고 규정한 성폭력범죄의 처벌 등에 관한 특례법 제42조 제1항 중 "제12조의 범죄로 유죄판결이 확정된 자"에 관한 부분은 청구인의 개인정보자기결정권을 침해하지 않는다. 2022 경찰1차 ( )

ANSWER 29 × 30 ○ 31 ○ 32-1 ○

32-2 성적목적공공장소침입죄로 유죄판결이 확정된 자는 신상정보 등록대상자가 되도록 규정한 법률조항은 등록대상자 선정에 있어 재범의 위험성을 전혀 요구하지 않고 있다 하더라도 위 범죄가 공공화장실 등 일정한 장소를 침입하는 경우에 한하여 성립하고 위 조항에 따른 등록대상자의 범위는 이에 따라 제한되므로, 개인정보자기결정권을 침해한다고 볼 수 없다. 2023 법무사 ( )

> **해설** 등록조항은 성범죄자의 재범을 억제하고 효율적인 수사를 위한 것으로 정당한 목적을 달성하기 위한 적합한 수단이다. 신상정보 등록제도는 국가기관이 성범죄자의 관리를 목적으로 신상정보를 내부적으로만 보존·관리하는 것으로, 성범죄자의 신상정보를 일반에게 공개하는 신상정보 공개·고지 제도와는 달리 법익 침해의 정도가 크지 않다. **성적목적공공장소침입죄는 공공화장실 등 일정한 장소를 침입하는 경우에 한하여 성립하므로 등록조항에 따른 등록대상자의 범위는 이에 따라 제한되는 바, 등록조항은 침해의 최소성 원칙에 위배되지 않는다.** 등록조항으로 인하여 제한되는 사익에 비하여 성범죄의 재범 방지와 사회 방위라는 공익이 크다는 점에서 법익의 균형성도 인정된다. **따라서 등록조항은 청구인의 개인정보자기결정권을 침해하지 않는다** (헌재 2016.10.27. 2014헌마709).

33-1 공중밀집장소추행죄로 유죄판결이 확정된 자를 신상정보 등록대상자로 규정한 조항은 청구인의 개인정보자기결정권을 침해한다. 2023 경찰간부 ( )

33-2 공중밀집장소추행죄로 유죄판결이 확정된 자를 그 형사책임의 경중과 관계없이 신상정보 등록대상자로 규정한 법률조항은 개인정보자기결정권을 침해한다. 2024 변시 ( )

> **해설** 심판대상조항은 공중밀집장소추행죄로 유죄판결이 확정되면 모두 신상정보 등록대상자가 되도록 함으로써 그 관리의 기초를 마련하기 위한 것이므로, 등록대상 여부를 결정함에 있어 대상 성범죄로 인한 유죄판결 이외에 반드시 재범의 위험성을 고려해야 한다고 보기 어렵고, … 따라서 **심판대상조항은 청구인의 개인정보자기결정권을 침해하였다고 볼 수 없다**(헌재 2020.6.25. 2019헌마699).

34-1 카메라등이용촬영죄 유죄판결이 확정된 자를 신상정보 등록대상자로 규정하는 「성폭력범죄의 처벌 등에 관한 특례법」상 등록대상자조항은 청구인의 개인정보자기결정권을 침해하지 않는다. 2022 경찰간부 ( )

34-2 카메라등이용촬영죄로 유죄판결이 확정된 자의 신상등록정보를 최초 등록일부터 20년간 법무부장관이 보존·관리하여야 한다고 규정한 조항은 청구인들의 개인정보자기결정권을 침해한다. 2023 경찰간부 ( )

> **해설** 성범죄자의 재범을 억제하고 수사의 효율성을 제고하기 위하여, 일정한 성범죄를 저지른 자로부터 신상정보를 제출받아 보존·관리하는 것은 정당한 목적을 위한 적합한 수단이다. 처벌범위 확대, 법정형 강화만으로 카메라등이용촬영범죄를 억제하기에 한계가 있으므로 위 범죄로 처벌받은 사람에 대한 정보를 국가가 관리하는 것은 재범을 방지하는 유효하고 현실적인 방법이 될 수 있다. 카메라등이용촬영죄의 행위 태양, 불법성의 경중은 다양할 수 있으나, 결국 인격체인 피해자의 성적 자유 및 함부로 촬영당하지 않을 자유를 침해하는 성범죄로서의 본질은 같으므로 입법자가 개별 카메라등이용촬영죄의 행위 태양, 불법성을 구별하지 않은 것이 지나친 제한이라고 볼 수 없고, 신상정보 등록대상자가 된다고 하여 그 자체로 사회복귀가 저해되거나 전과자라는 사회적 낙인이 찍히는 것은 아니므로 침해되는 사익은 크지 않은 반면 이 사건 등록조항을 통해 달성되는 공익은 매우 중요하다. **따라서 이 사건 등록조항은 개인정보자기결정권을 침해하지 않는다.**
> 성범죄의 재범을 억제하고 수사의 효율성을 제고하기 위하여, 법무부장관이 등록대상자의 재범 위험성이 상존하는 20년 동안 그의 신상정보를 보존·관리하는 것은 정당한 목적을 위한 적합한 수단이다. … 이 사건 관리조항은 모든 등록대상 성범죄자에 대하여 일률적으로 20년의 등록기간을 적용하고 있으며, 이 사건 관리조항에 따라

ANSWER 32-2 ○ 33-1 × 33-2 × 34-1 ○ 34-2 ○

등록기간이 정해지고 나면, 등록의무를 면하거나 등록기간을 단축하기 위해 심사를 받을 수 있는 여지도 없으므로 지나치게 가혹하다. 그리고 이 사건 관리조항이 추구하는 공익이 중요하더라도, 모든 등록대상자에게 20년 동안 신상정보를 등록하게 하고 위 기간 동안 각종 의무를 부과하는 것은 비교적 경미한 등록대상 성범죄를 저지르고 재범의 위험성도 많지 않은 자들에 대해서는 달성되는 공익과 침해되는 사익 사이의 불균형이 발생할 수 있으므로 이 사건 관리조항은 개인정보자기결정권을 침해한다(헌재 2015.7.30. 2014헌마340 등).

35-1 통신매체이용음란죄로 유죄판결이 확정된 자는 신상정보 등록대상자가 된다고 규정한 성폭력범죄의 처벌 등에 관한 특례법 조항이 과잉금지원칙에 위배되어 개인정보자기결정권을 침해하지 않는다. 2023 경찰간부 ( )

35-2 통신매체이용음란죄로 유죄판결이 확정된 자는 신상정보 등록대상자가 된다고 규정한 성폭력범죄의 처벌 등에 관한 특례법 제42조 제1항 중 "제13조의 범죄로 유죄판결이 확정된 자는 신상정보 등록대상자가 된다."는 부분은 청구인의 개인정보자기결정권을 침해한다. 2022 경찰1차 ( )

> **해설** 성범죄자의 재범을 억제하고 재범 발생시 수사의 효율성을 제고하기 위하여, 일정한 성범죄를 저지른 자로부터 신상정보를 제출받아 보존·관리하는 것은 정당한 목적을 위한 적합한 수단이다. 그러나 심판대상조항은 통신매체이용음란죄의 죄질 및 재범의 위험성에 따라 등록대상을 축소하거나, 유죄판결 확정과 별도로 신상정보 등록 여부에 관하여 법관의 판단을 받도록 하는 절차를 두는 등 기본권 침해를 줄일 수 있는 다른 수단을 채택하지 않았다는 점에서 침해의 최소성 원칙에 위배된다. 또한, 심판대상조항으로 인하여 비교적 불법성이 경미한 통신매체이용음란죄를 저지르고 재범의 위험성이 인정되지 않는 이들에 대하여는 달성되는 공익과 침해되는 사익 사이에 불균형이 발생할 수 있다는 점에서 법익의 균형성도 인정하기 어렵다(헌재 2016. 3.31. 2015헌마688).

36-1 디엔에이신원확인정보는 개인 식별을 목적으로 디엔에이감식을 통하여 취득한 정보로서 당해 정보만으로는 특정개인을 식별할 수 없더라도 다른 정보와 쉽게 결합하여 당해 개인을 식별할 수 있는 정보에 해당하는 개인정보이다. 2024 경찰1차 ( )

36-2 디엔에이감식시료의 채취대상자가 사망할 때까지 디엔에이신원 확인정보를 데이터베이스에 수록, 관리할 수 있도록 규정한 「디엔에이신원확인정보의 이용 및 보호에 관한 법률」 조항은 대상자의 재범위험성을 고려하지 않고 일률적으로 대상자가 사망할 때까지 디엔에이신원확인정보를 보관한다는 점에서 과잉금지원칙에 위배되어 디엔에이신원확인정보 수록 대상자인 청구인의 개인정보자기결정권을 침해한다. 2024 경찰1차 ( )

36-3 채취대상자가 사망할 때까지 디엔에이신원확인정보를 데이터베이스에 수록·관리할 수 있도록 규정한 법률조항은 대상범죄들로 인한 유죄판결이 확정되기만 하면 그 범죄의 경중과 재범의 위험성 등에 관한 아무런 고려 없이 획일적으로 적용되므로 개인정보자기결정권을 침해한다. 2024 변시 ( )

> **해설** 디엔에이신원확인정보는 개인 식별을 목적으로 디엔에이감식을 통하여 취득한 정보로서 일련의 숫자 또는 부호의 조합으로 표기된 것인데, 이는 '개인정보 보호법' 제2조 제1호에서 말하는 생존하는 개인에 관한 정보로서 당해정보만으로는 특정개인을 식별할 수 없더라도 다른 정보와 쉽게 결합하여 당해 개인을 식별할 수 있는 정보에 해당하는 개인정보이다. 이 사건 삭제조항은 특별한 사유가 없는 한 사망할 때까지 개인정보인 디엔에이신원확인정보를 데이터베이스에 수록, 관리할 수 있도록 규정하여 개인정보자기결정권을 제한한다. 재범의 위험성이 높은 범죄를 범한 수형인 등은 생존하는 동안 재범의 가능성이 있으므로, 디엔에이신원확인정보를 수형인 등이 사망할 때까지 관리하여 범죄 수사 및 예방에 이바지하고자 하는 이 사건 삭제조항은 입법목적의

ANSWER 35-1 × 35-2 ○ 36-1 ○ 36-2 × 36-3 ×

정당성과 수단의 적절성이 인정된다. 디엔에이신원확인정보는 개인식별을 위한 최소한의 정보인 단순한 숫자에 불과하여 이로부터 개인의 유전정보를 확인할 수 없는 것이어서 개인의 존엄과 인격권에 심대한 영향을 미칠 수 있는 민감한 정보라고 보기 어렵고, 디엔에이신원확인정보의 수록 후 디엔에이감식 시료와 디엔에이의 즉시 폐기, 무죄 등의 판결이 확정된 경우 디엔에이신원확인정보의 삭제, 디엔에이인적관리자와 디엔에이신원확인정보담당자의 분리, 디엔에이신원확인정보데이터베이스관리위원회의 설치, 업무목적 외 디엔에이신원확인정보의 사용·제공·누설 금지 및 위반시 처벌, **데이터베이스 보안장치 등 개인정보보호에 관한 규정을 두고 있으므로 이 사건 삭제조항은 침해최소성 원칙에 위배되지 않는다.** 디엔에이신원확인정보를 범죄수사 등에 이용함으로써 달성할 수 있는 공익의 중요성에 비하여 청구인의 불이익이 크다고 보기 어려워 법익균형성도 갖추었다. 따라서 이 사건 삭제조항이 과도하게 개인정보자기결정권을 침해한다고 볼 수 없다(헌재 2014.8.28. 2011헌마28 등).

37 금융감독원의 4급 이상 직원에 대하여 재산등록 의무를 부과하는 구 「공직자윤리법」 제3조 제1항 제13호 중 구 「공직자윤리법 시행령」 제3조 제4항 제15호에 관한 부분이 금융감독원의 4급 직원인 청구인의 사생활의 비밀과 자유를 침해하는 것은 아니다. 2023 경찰2차 ( )

해설 이 사건 재산등록 조항은 금융감독원 직원의 비리유혹을 억제하고 업무 집행의 투명성 및 청렴성을 확보하기 위한 것으로 입법목적이 정당하고, 금융기관의 업무 및 재산상황에 대한 검사 및 감독과 그에 따른 제재를 업무로 하는 금융감독원의 특성상 소속 직원의 금융기관에 대한 실질적인 영향력 및 비리 개연성이 클 수 있다는 점을 고려할 때 일정 직급 이상의 금융감독원 직원에게 재산등록의무를 부과하는 것은 적절한 수단이다. 재산등록제도는 재산공개제도와 구별되는 것이고, 재산등록사항의 누설 및 목적 외 사용 금지 등 재산등록사항이 외부에 알려지지 않도록 보호하는 조치가 마련되어 있다. 재산등록대상에 본인 외에 배우자와 직계존비속도 포함되나 이는 등록의무자의 재산은닉을 방지하기 위하여 불가피한 것이며, 고지거부제도 운용 및 혼인한 직계비속인 여자, 외조부모 등을 대상에서 제외함으로써 피해를 최소화하고 있다. 또한 이 사건 재산등록 조항에 의하여 제한되는 사생활 영역은 재산관계에 한정됨에 비하여 이를 통해 달성할 수 있는 공익은 금융감독원 업무의 투명성 및 책임성 확보 등으로 중대하므로 법익균형성도 충족하고 있다. 따라서 **이 사건 재산등록 조항은 청구인들의 사생활의 비밀과 자유를 침해하지 아니한다**(헌재 2014.6.26. 2012헌마331).

38 교도소 엄중격리대상자의 수용거실에 CCTV를 설치하여 24시간 감시하는 행위는 일반적인 계호활동의 범위를 넘어서는 것으로 사생활의 비밀과 자유를 침해한다. 2023 국회직9급 ( )

해설 이 사건 CCTV 설치행위는 행형법 및 교도관직무규칙 등에 규정된 교도관의 계호활동 중 육안에 의한 시선계호를 CCTV 장비에 의한 시선계호로 대체한 것에 불과하므로, 이 사건 CCTV 설치행위에 대한 특별한 법적 근거가 없더라도 일반적인 계호활동을 허용하는 법률규정에 의하여 허용된다고 보아야 한다. 한편 CCTV에 의하여 감시되는 엄중격리대상자에 대하여 지속적이고 부단한 감시가 필요하고 자살·자해나 흉기 제작 등의 위험성 등을 고려하면, **제반사정을 종합하여 볼 때 기본권 제한의 최소성 요건이나 법익균형성의 요건도 충족하고 있다. 따라서 엄중격리대상자의 사생활의 비밀 및 자유를 침해하였다고 볼 수 없다**(헌재 2008.5.29. 2005헌마137 등).

39 구치소장이 수용자의 거실에 CCTV를 설치하여 계호한 행위가 수용자의 사생활의 비밀과 자유를 침해하는 것은 아니다. 2023 해양경찰 ( )

해설 이 사건 CCTV 계호행위는 청구인의 생명·신체의 안전을 보호하기 위한 것으로서 그 **목적이 정당하고,** 교도관의 시선에 의한 감시만으로는 자살·자해 등의 교정사고 발생을 막는 데 시간적·공간적 공백이 있으므로 이를 메우기 위하여 CCTV를 설치하여 수형자를 상시적으로 관찰하는 것은 위 목적 달성에

ANSWER 37 ○ 38 × 39 ○

적합한 수단이라 할 것이며, … 이 사건 CCTV 계호행위는 **피해의 최소성 요건을 갖추었다** 할 것이고, 이로 인하여 청구인의 사생활에 상당한 제약이 가하여진다고 하더라도, 청구인의 행동을 상시적으로 관찰함으로써 그의 생명·신체를 보호하고 교정시설 내의 안전과 질서를 보호하려는 공익 또한 그보다 결코 작다고 할 수 없으므로, **법익의 균형성도 갖추었다**. 따라서 **이 사건 CCTV 계호행위가 과잉금지원칙을 위배하여 청구인의 사생활의 비밀 및 자유를 침해하였다고는 볼 수 없다**(헌재 2011.9.29. 2010헌마413).

40-1 개인정보자기결정권은 자신에 관한 정보가 언제 누구에게 어느 범위까지 알려지고 또 이용되도록 할 것인지를 그 정보주체가 스스로 결정할 수 있는 권리이다. 개인정보자기결정권의 보호대상이 되는 개인정보는 개인의 신체, 신념, 사회적 지위, 신분 등과 같이 개인의 인격주체성을 특징짓는 사항으로서 그 개인을 식별할 수 있게 하는 일체의 정보라고 할 수 있다. 이러한 개인정보를 대상으로 한 조사·수집·보관·처리·이용 등의 행위는 모두 원칙적으로 개인정보자기결정권에 대한 제한에 해당한다. 2024 법원행시 (   )

40-2 국가는 개인정보 보호법 등으로 정보보호를 위한 조치를 취하고 있으므로, 이미 유출되어 발생된 피해에 대해서는 당사자가 원하는 해결책을 제시해 주지 못하더라도 국가는 국민의 개인정보에 대해서 이를 충분히 보호하고 있다고 볼 수 있다. 2024 법원행시 (   )

40-3 주민등록번호는 표준식별번호로 기능함으로써 개인정보를 통합하는 연결자로 사용되고 있어, 불법 유출 또는 오·남용될 경우 개인의 사생활뿐만 아니라 생명·신체·재산까지 침해될 소지가 크므로 이를 관리하는 국가는 이러한 사례가 발생하지 않도록 철저히 관리하여야 하고, 이러한 문제가 발생한 경우 그로 인한 피해가 최소화되도록 제도를 정비하고 보완하여야 할 의무가 있다. 그럼에도 불구하고 주민등록번호 유출 또는 오·남용으로 인하여 발생할 수 있는 피해 등에 대한 아무런 고려 없이 주민등록번호 변경을 일체 허용하지 않는 것은 그 자체로 개인정보자기결정권에 대한 과도한 침해가 될 수 있다. 2024 법원행시 (   )

40-4 개별적인 주민등록번호 변경을 허용하더라도 변경 전 주민등록번호와의 연계 시스템을 구축하여 활용한다면 개인식별기능 및 본인 동일성 증명기능에 혼란이 발생할 가능성이 없고, 일정한 요건 하에 객관성과 공정성을 갖춘 기관의 심사를 거쳐 변경할 수 있도록 한다면 주민등록번호 변경절차를 악용하려는 시도를 차단할 수 있으며, 사회적으로 큰 혼란을 불러일으키지도 않을 것이다. 따라서 개인별로 주민등록번호를 부여하면서 주민등록번호 변경에 관한 규정을 두고 있지 않은 구 주민등록법(2007. 5. 11. 법률 제8422호로 전부개정된 것) 제7조는 과잉금지원칙에 위배되어 개인정보자기결정권을 침해한다. 2024 법원행시 (   )

40-5 주민등록번호 변경이 필요한 경우가 있음에도 그 변경에 관하여 규정하지 아니한 부작위의 위헌성을 이유로 구 주민등록법(2007. 5. 11. 법률 제8422호로 전부개정된 것) 제7조에 대해서 단순위헌결정을 할 경우 주민등록번호제도 자체에 관한 근거 규정이 사라지게 되어 용인하기 어려운 법적 공백이 생기게 된다. 더욱이 입법자는 주민등록번호 변경제도를 형성함에 있어 기술적인 문제나 소요되는 비용 등을 고려하여 어떤 경우에 변경을 허용할 것인지, 변경 절차나 방법을 어떻게 할 것인지, 변경 허용 여부에 관한 판단을 누가 하도록 할 것인지 등에 관하여 광범위한 입법재량을 가진다. 2024 법원행시 (   )

> **해설** 개인정보자기결정권은 자신에 관한 정보가 언제 누구에게 어느 범위까지 알려지고 또 이용되도록 할 것인지를 그 정보주체가 스스로 결정할 수 있는 권리이다. 개인정보자기결정권의 보호대상이 되는 개인정보는 개인의 신체, 신념, 사회적 지위, 신분 등과 같이 개인의 인격주체성을 특징짓는 사항으로서 그 개인을 식별할 수 있게

ANSWER 40-1 ○   40-2 ×   40-3 ○   40-4 ○   40-5 ○

하는 일체의 정보라고 할 수 있다. 이러한 개인정보를 대상으로 한 조사·수집·보관·처리·이용 등의 행위는 모두 원칙적으로 개인정보자기결정권에 대한 제한에 해당한다.

국가가 개인정보보호법 등으로 정보보호를 위한 조치를 취하고 있더라도, 여전히 주민등록번호를 처리하거나 수집·이용할 수 있는 경우가 적지 아니하며, 이미 유출되어 발생된 피해에 대해서는 뚜렷한 해결책을 제시해 주지 못하므로, 국민의 개인정보를 충분히 보호하고 있다고 보기 어렵다. 한편, 개별적인 주민등록번호 변경을 허용하더라도 변경 전 주민등록번호와의 연계 시스템을 구축하여 활용한다면 개인식별기능 및 본인 동일성 증명기능에 혼란이 발생할 가능성이 없고, 일정한 요건 하에 객관성과 공정성을 갖춘 기관의 심사를 거쳐 변경할 수 있도록 한다면 주민등록번호 변경절차를 악용하려는 시도를 차단할 수 있으며, **사회적으로 큰 혼란을 불러일으키지도 않을 것이다.** 따라서 **주민등록번호 변경에 관한 규정을 두고 있지 않은 심판대상조항은 과잉금지원칙에 위배되어 개인정보자기결정권을 침해한다.**

이상에서 본 바와 같이 심판대상조항의 위헌성은 주민등록번호 변경이 필요한 경우가 있음에도 그 변경에 관하여 규정하지 아니한 부작위에 있다. 그런데 **위와 같은 부작위의 위헌성을 이유로 심판대상조항에 대해 단순위헌결정을 할 경우 주민등록번호제도 자체에 관한 근거규정이 사라지게 되어 용인하기 어려운 법적 공백이 생기게 된다.** 더욱이 입법자는 주민등록번호 변경제도를 형성함에 있어 기술적인 문제나 소요되는 비용 등을 고려하여 어떤 경우에 변경을 허용할 것인지, 변경 절차나 방법을 어떻게 할 것인지, 변경 허용 여부에 관한 판단을 누가 하도록 할 것인지 등에 관하여 광범위한 입법재량을 가진다(헌재 2015.12.23. 2013헌바68, 2014헌마449(병합)).

41-1 '형제자매'에게 가족관계등록부 등의 기록사항에 관한 증명서 교부청구권을 부여하는 '가족관계의 등록 등에 관한 법률' 조항은 과잉금지원칙에 반하여 정보주체의 개인정보자기결정권을 침해한다. 2021 경찰승진 ( )

41-2 형제자매는 언제나 본인과 이해관계를 같이 하는 것은 아닌데도 형제자매가 본인에 대한 친족·상속 등과 관련된 증명서를 편리하게 발급받을 수 있도록 규정한 법률조항은 개인정보자기결정권을 제한하고, 그 제한은 입법목적 달성을 위해 필요한 범위를 넘어선 것으로 개인정보자기결정권을 침해한다. 2023 법무사 ( )

> **해설** 이 사건 법률조항은 증명서 발급에 있어 형제자매에게 정보주체인 본인과 거의 같은 지위를 부여하고 있으므로, 이는 증명서 교부청구권자의 범위를 필요한 최소한도로 한정한 것이라고 볼 수 없다. 본인은 인터넷을 이용하거나 위임을 통해 각종 증명서를 발급받을 수 있으며, 가족관계등록법 제14조 제1항 단서 각 호에서 일정한 경우에는 제3자도 각종 증명서의 교부를 청구할 수 있으므로 형제자매는 이를 통해 각종 증명서를 발급받을 수 있다. 따라서 **이 사건 법률조항은 침해의 최소성에 위배된다.** 또한, 이 사건 법률조항을 통해 달성하려는 공익에 비해 초래되는 기본권 제한의 정도가 중대하므로 법익의 균형성도 인정하기 어려워, 이 사건 법률조항은 청구인의 개인정보자기결정권을 침해한다(헌재 2016.6.30. 2015헌마924).

42-1 가정폭력 가해자에 대한 별도의 제한 없이 직계혈족이기만 하면 그 자녀의 가족관계증명서 및 기본증명서의 교부를 청구하여 발급받을 수 있도록 한「가족관계의 등록 등에 관한 법률」조항은 가정폭력 피해자인 청구인의 개인정보자기결정권을 침해한다. 2022 경찰간부 ( )

42-2 「가족관계의 등록 등에 관한 법률」이 직계혈족이기만 하면 사실상 자유롭게 그 자녀의 가족관계증명서와 기본증명서의 교부를 청구하여 발급받을 수 있도록 규정함으로써 가정폭력 피해자의 개인정보가 가정폭력 가해자인 전 배우자에게 무단으로 유출될 수 있는 경우, 이는 가정폭력 피해자를 보호하기 위한 구체적 방안을 마련하지 아니한 진정입법부작위에 해당되어 가정폭력 피해자인 청구인의 개인정보자기결정권을 침해한다. 2024 경찰1차 ( )

ANSWER 41-1 ○ 41-2 ○ 42-1 ○ 42-2 ×

42-3 '가족관계의 등록 등에 관한 법률' 제14조 제1항 본문 중 '직계혈족이 제15조에 규정된 증명서 가운데 가족관계증명서 및 기본증명서의 교부를 청구'하는 부분이 가정폭력 피해자의 개인정보를 보호하기 위한 구체적 방안을 마련하지 아니하였다고 하더라도 가정폭력 피해자인 청구인의 개인정보자기결정권을 침해하는 것은 아니다. 2023 법원직 ( )

해설 이 사건 법률조항이 불완전·불충분하게 규정되어, 직계혈족이 가정폭력의 가해자로 판명된 경우 주민등록법 제29조 제6항 및 제7항과 같이 가정폭력 피해자가 가정폭력 가해자를 지정하여 가족관계증명서 및 기본증명서의 교부를 제한하는 등의 **가정폭력 피해자의 개인정보를 보호하기 위한 구체적 방안을 마련하지 아니한 부진정입법부작위가 과잉금지원칙을 위반하여 청구인의 개인정보자기결정권을 침해한다**(헌재 2020. 8. 28. 2018헌마927).

43 정보주체의 배우자나 직계혈족이 정보주체의 위임 없이도 정보주체의 가족관계 상세증명서의 교부 청구를 할 수 있도록 규정한 것은 과잉금지원칙에 위반되어 개인정보자기결정권을 침해한다.
2024 법원행시 / 2023 국회직8급 ( )

해설 상세증명서 추가 기재 자녀에 관한 개인정보는 경우에 따라 가족간의 신뢰의 근간을 이루는 중요한 정보에 해당되어 가족과 공유하는 것이 적절한 측면도 있으므로 배우자나 직계혈족에 대한 관계에서도 보호가치가 높다고 단정하기 어렵다. 심판대상조항은 정보주체의 배우자나 직계혈족이 스스로의 정당한 법적 이익을 지키기 위하여 정보주체 본인의 위임 없이도 가족관계 상세증명서를 간편하게 발급받을 수 있게 해 주는 것이므로, 상세증명서 추가 기재 자녀의 입장에서 보아도 자신의 개인정보가 공개되는 것을 중대한 불이익이라고 평가하기는 어렵다. 나아가 **가족관계 관련 법령은 가족관계증명서 발급 청구에 관한 부당한 목적을 파악하기 위하여 '청구사유기재'라는 나름의 소명절차를 규정하는 점 등을 아울러 고려하면 심판대상조항은 그 입법목적과 그로 인해 제한되는 개인정보자기결정권 사이에 적절한 균형을 달성한 것으로 평가할 수 있다. 심판대상조항은 과잉금지원칙에 위배되어 청구인의 개인정보자기결정권을 침해하지 아니한다**(헌재 2022. 11. 24. 2021헌마130).

44 통계청장이 인구주택총조사의 방문 면접조사를 실시하면서, 담당 조사원을 통해 청구인에게 인구주택총조사 조사표의 조사항목들에 응답할 것을 요구한 행위는 개인정보자기결정권을 침해하지 않는다. 2021 경찰승진 ( )

해설 인구주택총조사의 조사항목은 시의성을 가지고 시대와 상황에 따라 변경될 수 있는 사항이므로, **인구주택총조사의 모든 조사항목을 입법자가 반드시 법률로 규율하여야 한다고 볼 수 없다. 나아가 심판대상행위는 통계법 제5조의3에 근거하여 이루어졌으므로, 법률유보원칙에 위배되어 청구인의 개인정보자기결정권을 침해하지 않는다**(헌재 2017. 7. 27. 2015헌마1094).

45 가상의 아동·청소년이용음란물배포죄로 유죄판결이 확정된 자는 신상정보 등록대상자가 되도록 규정한 성폭력범죄의 처벌 등에 관한 특례법 제42조 제1항 중 구 아동·청소년의 성보호에 관한 법률 제8조 제4항의 아동 청소년이용음란물 가운데 "아동·청소년으로 인식될 수 있는 사람이나 표현물이 등장하는 것"에 관한 부분으로 유죄판결이 확정된 자에 관한 부분은 청구인의 개인정보자기결정권을 침해한다. 2022 경찰1차 ( )

해설 가상의 아동·청소년이용음란물배포죄로 유죄판결이 확정된 자는 신상정보 등록대상자가 되도록 규정한 등록조항은 아동·청소년대상 성범죄자의 재범을 억제하고 효율적인 수사를 위한 것으로 정당한 목적을 달성하기 위한 적합한 수단이다. … 헌법재판소와 대법원은 가상의 아동·청소년이용음란물에 대하여 제한적으로 해석하고 있어 등록조항에 따른 등록대상자의 범위는 이에 따라 제한되므로, 등록조항은 침해의 최소성을 갖추었다. 등록조항으로 인하여 제한되는 사익에 비하여 아동·청소년대상 성범죄 방지 및 사회 방위라는 공익이 더 크므로 법익의 균형성도 인정된다. 따라서 등록조항은 **개인정보자기결정권을 침해하지 않는다**(헌재 2016. 3. 31. 2014헌마785).

ANSWER 42-3 × 43 × 44 ○ 45 ×

46-1 소년에 대한 수사경력자료의 삭제와 보존기간에 대하여 규정하면서 법원에서 불처분결정된 소년부송치 사건에 대하여 규정하지 않은 구 「형의 실효 등에 관한 법률」의 규정은 과잉금지원칙을 위반하여 소년부송치 후 불처분결정을 받은 자의 개인정보자기결정권을 침해한다. 2022 경찰승진 / 2022 국회직8급 / 2022 경찰간부 ( )

46-2 소년에 대한 수사경력자료의 삭제와 보존기간에 대하여 규정하면서 법원에서 불처분결정된 소년부송치 사건에 대하여 규정하지 않은 구 '형의 실효 등에 관한 법률' 제8조의2 제1항 및 제3항과 '형의 실효 등에 관한 법률' 제8조의2 제1항 및 제3항은 과잉금지원칙에 반하여 개인정보자기결정권을 침해한다. 2023 법원직 ( )

> **해설** 법원에서 불처분결정된 소년부송치 사건에 대한 수사경력자료의 보존기간 및 삭제에 관하여 규정하지 않은 형실효법 조항(헌재 2021.6.24. 2018헌가2)
> 이 사건 구법 조항이 법원에서 불처분결정된 소년부송치 사건에 대한 수사경력자료의 삭제 및 보존기간에 대하여 규정하지 아니하여 수사경력자료에 기록된 개인정보가 당사자의 사망 시까지 보존되면서 이용되는 것은 당사자의 **개인정보자기결정권에 대한 제한에 해당**하는 바, 이 사건 구법 조항이 과잉금지원칙을 위반하여 개인정보자기결정권을 침해하는지 여부가 문제된다.
> 심판대상조항은 **입법목적의 정당성과 수단의 적합성은 인정**된다.
> 하지만 반사회성이 있는 소년이 사회의 건전한 구성원으로 성장할 수 있도록 죄를 범한 소년에 대하여 형사재판이 아닌 보호사건으로 심리하는 절차를 마련한 소년법의 취지에 비추어, 법원에서 소년부송치된 사건을 심리한 후 보호처분을 할 수 없거나, 할 필요가 없다고 인정하여 불처분결정을 하는 경우, 그러한 전력이 소년의 장래 신상에 불이익한 영향을 미치지 않는 것이 마땅하다. 법원에서 불처분결정된 소년부송치 사건에 대한 수사경력자료의 보존기간과 삭제에 대하여 규정하지 않은 이 사건 구법 조항은 과잉금지원칙을 위반하여 소년부송치 후 불처분결정을 받은 자의 **개인정보자기결정권을 침해**한다.

47-1 인터넷언론사는 선거운동기간 중 당해 홈페이지 게시판 등에 정당·후보자 등에 대한 지지·반대 등의 정보를 게시하는 경우 실명을 확인받는 기술적 조치를 하도록 규정한 법률조항은 익명표현이 허용될 경우 발생할 수 있는 부정적 효과를 막기 위한 것이라 하더라도 모든 익명표현을 규제함으로써 대다수 국민의 개인정보자기결정권도 광범위하게 제한하므로 인터넷언론사 홈페이지 게시판 등 이용자의 개인정보자기결정권을 침해한다. 2023 법무사 ( )

47-2 인터넷언론사가 선거운동기간 중 당해 홈페이지 게시판에 정당·후보자에 대한 지지·반대 정보를 게시하는 경우 실명을 확인받는 기술적 조치를 하도록 하고, 이를 이행하지 않은 경우 과태료를 부과하도록 한 구 공직선거법 해당 조항은 게시판 이용자의 개인정보자기결정권을 침해한 것으로 볼 수 없다. 2024 법원행시 ( )

> **해설** 인터넷홈페이지의 게시판 등에서 이루어지는 정치적 익명표현을 규제하는 것은 인터넷이 형성한 '사상의 자유시장'에서의 다양한 의견 교환을 억제하고, 이로써 국민의 의사표현 자체가 위축될 수 있으며, 민주주의의 근간을 이루는 자유로운 여론 형성이 방해될 수 있다. 선거운동기간 중 정치적 익명표현의 부정적 효과는 익명성 외에도 해당 익명표현의 내용과 함께 정치적 표현행위를 규제하는 관련 제도, 정치적·사회적 상황의 여러 조건들이 아울러 작용하여 발생하므로, 모든 익명표현을 사전적·포괄적으로 규율하는 것은 **표현의 자유보다 행정편의와 단속편의를 우선함으로써 익명표현의 자유와 개인정보자기결정권 등을 지나치게 제한한다**(헌재 2021.1.28. 2018헌마456 등).

ANSWER 46-1 ○ 46-2 ○ 47-1 ○ 47-2 ✕

48-1 법무부장관은 변호사시험 합격자가 결정되면 즉시 명단을 공고하여야 한다고 규정한 「변호사시험법」 규정 중 '명단 공고' 부분은 변호사시험 응시자들의 개인정보자기결정권을 침해한다. 2022 경찰승진 ( )

48-2 법무부장관은 변호사시험 합격자가 결정되면 즉시 명단을 공고하여야 한다고 규정한 것은 과잉금지원칙에 위배되어 변호사시험 응시자의 개인정보자기결정권을 침해한다고 볼 수 없다. 2022 국회직8급 ( )

48-3 법무부장관은 변호사시험 합격자가 결정되면 즉시 명단을 공고하여야 한다고 규정한 법률조항은 공공성을 지닌 전문직인 변호사에 관한 정보를 널리 공개하여 법률서비스 수요자가 필요한 정보를 얻는 데 도움을 주기 위한 것으로 응시자들의 개인정보자기결정권을 침해한다고 볼 수 없다. 2023 법무사 ( )

> **해설** 심판대상조항의 입법목적은 공공성을 지닌 전문직인 변호사에 관한 정보를 널리 공개하여 법률서비스 수요자가 필요한 정보를 얻는 데 도움을 주고, 변호사시험 관리 업무의 공정성과 투명성을 간접적으로 담보하는 데 있다. **심판대상조항은 법무부장관이 시험 관리 업무를 위하여 수집한 응시자의 개인정보 중 합격자의 성명을 공개하도록 하는 데 그치므로, 청구인들의 개인정보자기결정권이 제한되는 범위와 정도는 매우 제한적이다.** 합격자 명단이 공고되면 누구나, 언제든지 이를 검색할 수 있으므로, 심판대상조항은 공공성을 지닌 전문직인 변호사의 자격 소지에 대한 일반 국민의 신뢰를 형성하는 데 기여하며, 변호사에 대한 정보를 얻는 수단이 확보되어 법률서비스 수요자의 편의가 증진된다. **합격자 명단을 공고하는 경우, 시험 관리 당국이 더 엄정한 기준과 절차를 통해 합격자를 선정할 것이 기대되므로 시험 관리 업무의 공정성과 투명성이 강화될 수 있다. 따라서 심판대상조항이 과잉금지원칙에 위배되어 청구인들의 개인정보자기결정권을 침해한다고 볼 수 없다**(헌재 2020.3.26. 2018헌마77 등).

49 「성폭력범죄의 처벌 등에 관한 특례법」상 공중밀집장소에서의 추행죄로 유죄판결이 확정된 자를 신상정보 등록대상자로 규정한 부분은 해당 신상정보 등록대상자의 개인정보자기결정권을 침해하지 않는다. 2022 경찰승진 ( )

> **해설** 심판대상조항은 공중밀집장소추행죄로 유죄판결이 확정되면 모두 신상정보 등록대상자가 되도록 함으로써 그 관리의 기초를 마련하기 위한 것이므로, 등록대상 여부를 결정함에 있어 대상 성범죄로 인한 유죄판결 이외에 반드시 재범의 위험성을 고려해야 한다고 보기 어렵고, 현재 사용되는 재범의 위험성 평가 도구의 오류 가능성을 배제하기 어려워 일정한 성폭력범죄자를 일률적으로 등록대상자가 되도록 하는 것이 불가피한 점, **등록대상 성폭력 범죄로 유죄판결을 선고할 경우 등록대상자에게 등록대상자라는 사실과 신상정보 제출의무가 있음을 알려주도록 하며, 등록대상자의 범위, 신상정보 제출의무의 내용 및 신상정보의 등록·보존·관리 또한 법률에서 규율하고 있는 점 등을 고려할 때, 심판대상조항은 청구인의 개인정보자기결정권을 침해하였다고 볼 수 없다**(헌재 2020.6.25. 2019헌마699).

50 변호사의 업무는 다른 어느 직업적 활동보다도 강한 공공성을 내포한다는 점 등을 감안하여 볼 때, 변호사의 업무와 관련된 수임사건의 건수 및 수임액이 변호사의 내밀한 개인적 영역에 속하는 것이라고 보기 어렵다. 2024 경찰승진 ( )

> **해설** 일반적으로 경제적 내지 직업적 활동은 복합적인 사회적 관계를 전제로 하여 다수 주체 간의 상호작용을 통하여 이루어지는 것이고, 특히 변호사의 업무는 앞서 본 바와 같이 다른 어느 직업적 활동보다도 강한 공공성을 내포한다는 점 등을 감안하여 볼 때, **변호사의 업무와 관련된 수임사건의 건수 및 수임액이 변호사의 내밀한 개인적 영역에 속하는 것이라고 보기 어렵고, 따라서 이 사건 법률조항이 청구인들의 사생활의 비밀과 자유를 침해하는 것이라 할 수 없다**(헌재 2009.10.29. 2007헌마667).

ANSWER 48-1 ✕ 48-2 ○ 48-3 ○ 49 ○ 50 ○

51 '전자발찌'로 불리는 '위치추적 전자장치'의 부착명령을 규정한 「특정 범죄자에 대한 위치추적 전자장치 부착 등에 관한 법률」 조항은 피부착자의 개인정보자기결정권을 제한할 뿐만 아니라 피부착자의 위치와 이동경로를 실시간으로 파악하여 24시간 감시할 수 있도록 하고 있으므로 피부착자의 사생활의 비밀과 자유를 제한한다. 2022 입법고시 ( )

해설 이 사건 부칙조항은 **피부착자의 위치와 이동경로를 실시간으로 파악하여 피부착자를 24시간 감시할 수 있도록 하고 있으므로 피부착자의 사생활의 비밀과 자유를 제한**하며, 피부착자의 위치와 이동경로 등 '위치 정보'를 수집·보관·이용한다는 측면에서 **개인정보자기결정권도 제한**한다. 한편 전자장치를 강제로 착용하게 함으로써 피부착자는 옷차림이나 신체활동의 자유가 제한될 수밖에 없고, 24시간 전자장치 부착 위치 감시 그 자체로 모욕감과 수치심을 느낄 수 있으므로 헌법 제10조로부터 유래하는 **인격권을 제한**한다. 그러므로 **이 사건 전자감시 부착명령에 의하여 제한받는 피부착자의 기본권은 사생활의 비밀과 자유, 개인정보자기결정권 및 인격권**이다(헌재 2012.12.27. 2010헌가82 등).

52 사생활의 비밀과 자유를 보장하기 위해 동의 없는 위치정보수집은 원칙적으로 금지되지만, 특정 범죄의 재발을 막기 위해 전자장치를 부착해서 위치정보를 수집하는 것은 허용된다. 2023 국회직9급 ( )

해설 이 사건 전자장치부착조항은 성폭력범죄로부터 국민을 보호하고 성폭력범죄자의 재범을 방지하고자 하는 **입법목적의 정당성 및 수단의 적절성이 인정**되며, … 날로 증가하는 성폭력범죄와 그 피해의 심각성을 고려할 때 범죄예방 효과의 측면에서 위치추적을 통한 전자감시제도보다 덜 기본권 제한적인 수단을 쉽게 마련하기 어려운 점 등을 종합적으로 고려하면, 이 사건 전자장치부착조항에 의한 전자감시제도가 **침해의 최소성 원칙에 반한다고 할 수 없다**. 또한 이 사건 전자장치부착조항이 보호하고자 하는 이익에 비해 재범의 위험성이 있는 성폭력범죄자가 입는 불이익이 결코 크다고 할 수 없어 **법익의 균형성원칙에 반하지 아니하므로**, 이 사건 **전자장치부착조항이 과잉금지원칙에 위배하여 피부착자의 사생활의 비밀과 자유, 개인정보자기결정권, 인격권을 침해한다고 볼 수 없다**(헌재 2012.12.27. 2011헌바89).

53-1 보안관찰처분대상자가 교도소 등에서 출소한 후 7일 이내에 출소사실을 신고하도록 하고 이를 위반할 경우 처벌하도록 정한 법률조항은, 보다 완화된 방법으로도 입법목적을 충분히 달성할 수 있다는 점에서 과잉금지원칙에 반하여 그 대상자의 개인정보자기결정권을 침해하는 것이다. 2022 국회직8급 ( )

53-2 보안관찰처분대상자가 교도소 등에서 출소한 후 기존에 신고한 거주예정지 등 정보에 변동이 생길 때마다 7일 이내에 이를 신고하도록 정한 법률조항은, 대상자에게 보안관찰처분의 개시 여부를 결정하기 위함이라는 공익을 위하여 지나치게 장기간 형사처벌의 부담이 있는 신고의무를 지도록 하므로, 이는 과잉금지원칙을 위반하여 대상자의 개인정보자기결정권을 침해한다. 2022 국회직8급 ( )

53-3 보안관찰처분대상자가 교도소 등에서 출소 후 신고한 거주예정지 등 정보에 변동이 생길 때마다 7일 이내 이를 신고하도록 규정한 「보안관찰법」상 변동신고조항 및 위반 시 처벌조항은 청구인의 개인정보자기결정권을 침해하지 않는다. 2022 경찰간부 ( )

53-4 보안관찰처분대상자가 교도소 등에서 출소한 후 7일 이내에 출소사실을 신고하도록 정한 구 보안관찰법 제6조 제1항 전문 중 출소 후 신고의무에 관한 부분 및 이를 위반할 경우 처벌하도록 정한 보안관찰법 제27조 제2항 중 구 보안관찰법 제6조 제1항 전문 가운데 출소 후 신고의무에 관한 부분은 과잉금지원칙을 위반하여 사생활의 비밀과 자유 및 개인정보자기결정권을 침해하지 않는다. 2023 법원직 ( )

ANSWER 51 ◯ 52 ◯ 53-1 ✕ 53-2 ◯ 53-3 ✕ 53-4 ◯

53-5 보안관찰처분대상자가 교도소 등에서 출소한 후 7일 이내에 출소사실을 신고하도록 하고 이를 위반하는 경우 처벌하는 법률조항은 보안관찰처분대상자의 불편이 크다거나 7일의 신고기간이 지나치게 짧다고 할 수 없으므로 개인정보자기결정권을 침해하지 아니한다. 2024 변시 ( )

> 해설 보안관찰처분대상자에 대한 신고의무 부과에 관한 보안관찰법 조항들(헌재 2021.6.24. 2017헌바479)
> (1) 헌법재판소는 **출소 후 신고조항 및 위반 시 처벌조항**에 대해서는 합헌의견 5인, 위헌의견 4인으로 선례와 마찬가지로 **헌법에 위반되지 않는다**는 판단을 하였다.
> (2) 헌법재판소는 **변동신고조항 및 위반 시 처벌조항**에 대해서는 위헌의견 4인, 헌법불합치의견 2인, 합헌의견 3인으로 위헌정족수를 충족하여 **헌법불합치 결정**을 선고하였다. 변동신고조항 및 위반 시 처벌조항은 대상자에게 보안관찰처분의 개시 여부를 결정하기 위함이라는 공익을 위하여 지나치게 장기간 형사처벌의 부담이 있는 신고의무를 지도록 하므로 과잉금지원칙에 위배되어 청구인의 **사생활의 비밀과 자유 및 개인정보자기결정권을 침해한다.**

54-1 효율적인 수사와 정보수집의 신속성, 밀행성 등을 고려하여 사전에 정보주체인 이용자에게 그 내역을 통지하는 것이 적절하지 않기 때문에, 수사기관 등이 통신자료를 취득한 이후에도 수사 등 정보수집의 목적에 방해가 되지 않도록 「전기통신사업법」 조항이 통신자료 취득에 대한 사후 통지절차를 두지 않은 것은 적법절차원칙에 위배되지 아니한다. 2023 국가직7급 ( )

54-2 효율적인 수사의 필요성을 고려하여 사전에 정보주체인 이용자에게 그 내역을 통지하지 않았는데 수사기관 등이 통신자료를 취득한 이후에도 수사 등 정보수집의 목적에 방해가 되지 않는 범위 내에서 통신자료의 취득사실을 이용자에게 통지하지 않았다면 적법절차원칙에 위배되어 개인정보자기결정권을 침해한다. 2023 국회직8급 ( )

> 해설 수사기관 등에 의한 통신자료 취득행위의 근거조항인 전기통신사업법 조항(헌재 2022.7.21. 2016헌마388)
> (1) 헌법상 영장주의는 체포·구속·압수·수색 등 기본권을 제한하는 강제처분에 적용되므로, 강제력이 개입되지 않은 **임의수사에 해당하는 수사기관 등의 통신자료 취득에는 영장주의가 적용되지 않는다.**
> (2) '**국가안전보장에 대한 위해를 방지하기 위한 정보수집**'은 국가의 존립이나 헌법의 기본질서에 대한 위험을 방지하기 위한 목적을 달성함에 있어 요구되는 최소한의 범위 내에서의 정보수집을 의미하는 것으로 해석되므로, **명확성 원칙에 위배되지 않는다.**
> (3) 이 사건 법률조항은 **과잉금지의 원칙에 위배되지 않는다.**
> (4) 이 사건 법률조항은 **통신자료 취득에 대한 사후통지절차를 두지 않아 적법절차원칙에 위배되어 개인정보자기결정권을 침해한다.**

55 초상권, 사생활의 비밀과 자유에 대한 부당한 침해는 불법행위를 구성하고 위 침해는 그것이 공개된 장소에서 이루어졌다거나 민사소송의 증거를 수집할 목적으로 이루어졌다는 사유만으로는 정당화되지 않는다. 2023 법원직 ( )

> 해설 사람은 누구나 자신의 얼굴 그 밖에 사회통념상 특정인임을 식별할 수 있는 신체적 특징에 관해 함부로 촬영되거나 그림으로 묘사되지 않고 공표되지 않으며 영리적으로 이용되지 않을 권리를 갖는다. 이러한 초상권은 헌법 제10조 제1문에 따라 헌법적으로도 보장되고 있는 권리이다. 또한 헌법 제10조는 헌법 제17조와 함께 사생활의 비밀과 자유를 보장하는데, 개인은 사생활이 침해되거나 사생활이 함부로 공개되지 않을 소극적인 권리뿐만 아니라 고도로 정보화된 현대사회에서 자신에 대한 정보를 자율적으로 통제할 수 있는 적극적인 권리도 가진다. 그러므로 **초상권, 사생활의 비밀과 자유에 대한 부당한 침해는 불법행위를 구성하고 위 침해는 그것이 공개된 장소에서 이루어졌다거나 민사소송의 증거를 수집할 목적으로 이루어졌다는 사유만으로는 정당화되지 않는다**(대판 2021.4.29. 2020다227455).

ANSWER 53-5 ◯   54-1 ✕   54-2 ◯   55 ◯

56-1 오늘날 이메일, 메신저 등 통신뿐 아니라 각종 구매, 금융서비스 이용 등 생활의 전 영역이 인터넷을 기반으로 이루어지기 때문에 인터넷 회선을 감청하는 것은 사생활의 비밀과 자유를 제한하게 된다. 2023 국회직9급
( )

56-2 인터넷 통신망을 통해 송·수신하는 전기통신에 대한 감청을 범죄수사를 위한 통신제한조치의 하나로 정한「통신비밀보호법」조항은 인터넷회선 감청을 위해 법원의 허가를 얻도록 정하고 있으나, 해당 인터넷회선을 통하여 흐르는 모든 정보가 감청 대상이 되므로 개별성, 특정성을 전제로 하는 영장주의를 유명무실하게 함으로써 감청대상인 청구인의 사생활의 비밀과 자유를 침해한다. 2024 경찰1차
( )

> **해설** 오늘날 이메일, 메신저, 전화 등 통신뿐 아니라, 각종 구매, 게시물 등록, 금융서비스 이용 등 생활의 전 영역이 인터넷을 기반으로 이루어지기 때문에, 인터넷회선 감청은 타인과의 관계를 전제로 하는 개인의 사적 영역을 보호하려는 헌법 제18조의 통신의 비밀과 자유 외에 헌법 제17조의 사생활의 비밀과 자유도 제한하게 된다.
> 범죄수사를 위한 인터넷회선 감청은 수사기관이 범죄수사 목적으로 전송 중인 정보의 수집을 위해 당사자 동의 없이 집행하는 강제처분으로 법은 수사기관이 일정한 요건을 갖추어 법원의 허가를 얻어 집행하도록 정하고 있다(통신비밀보호법 제5조, 제6조). 이와 관련하여, **청구인은 인터넷회선 감청을 위해 법원의 허가를 얻도록 정하고 있으나, 패킷감청의 기술적 특성으로 해당 인터넷회선을 통하여 흐르는 모든 정보가 감청 대상이 되므로 개별성, 특정성을 전제로 하는 영장주의가 유명무실하게 되고 나아가 집행 단계나 그 종료 후에 법원이나 기타 객관성을 담보할 수 있는 기관에 의한 감독과 통제 수단이 전혀 마련되어 있지 않으므로, 이 사건 법률조항은 헌법상 영장주의 내지 적법절차원칙에 위반된다고 한다. 그러나 헌법 제12조 제3항이 정한 영장주의가 수사기관이 강제처분을 함에 있어 중립적 기관인 법원의 허가를 얻어야 함을 의미하는 것 외에 법원에 의한 사후 통제까지 마련되어야 함을 의미한다고 보기 어렵고, 청구인의 주장은 결국 인터넷회선 감청의 특성상 집행 단계에서 수사기관의 권한 남용을 방지할 만한 별도의 통제 장치를 마련하지 않는 한 통신 및 사생활의 비밀과 자유를 과도하게 침해하게 된다는 주장과 같은 맥락이므로, 이 사건 법률조항이 과잉금지원칙에 반하여 청구인의 기본권을 침해하는지 여부에 대하여 판단하는 이상, 영장주의 위반 여부에 대해서는 별도로 판단하지 아니한다**(헌재 2018.8.30. 2016헌마263).

57-1 거짓이나 그 밖의 부정한 방법으로 보조금을 교부받거나 보조금을 유용하여 어린이집 운영정지, 폐쇄명령 또는 과징금 처분을 받은 어린이집에 대하여 그 위반사실을 공표하도록 한 구「영유아보육법」조항은 개인정보자기결정권을 침해한다. 2024 경찰승진
( )

57-2 거짓이나 그 밖의 부정한 방법으로 보조금을 교부받거나 보조금을 유용하여 어린이집 운영정지, 폐쇄명령 또는 과징금 처분을 받은 어린이집에 대하여 그 위반사실을 공표하도록 규정한 법률조항은 어린이집 설치·운영자의 유사한 위반행위를 예방하고 영유아 보호자들의 보육기관 선택권을 보장하기 위한 것으로서 개인정보자기결정권을 침해하지 아니한다. 2024 변시
( )

57-3 거짓이나 그 밖의 부정한 방법으로 보조금을 교부받거나 보조금을 유용한 어린이집에 대하여 그 어린이집 대표자 또는 원장의 의사와 관계없이 어린이집의 명칭, 종류, 주소, 대표자 또는 어린이집 원장의 성명 등을 불특정 다수인이 알 수 있도록 공표하는 것은 공표대상자의 개인정보자기결정권을 제한한다. 2023 국회직8급
( )

> **해설** 영유아보육법에 따라 어린이집 설치·운영자에게 지급되는 보조금은 영유아를 건강하고 안전하게 보호·양육하고 영유아의 발달 특성에 맞는 교육을 제공할 수 있도록 그 비용을 국가나 지방자치단체가

ANSWER 56-1 ○ 56-2 × 57-1 × 57-2 ○ 57-3 ○

지원하는 것이다. 이러한 보조금을 부정수급하거나 유용하는 부패행위는 영유아보육의 질과 직결되어 그로 인한 불이익이 고스란히 영유아들에게 전가되므로 이를 근절할 필요가 크다. … 심판대상조항을 통하여 추구하는 영유아의 건강한 성장 도모 및 영유아 보호자들의 보육기관 선택권 보장이라는 공익이 공표대상자의 법 위반사실이 일정기간 외부에 공표되는 불이익보다 크다. 따라서 심판대상조항은 **과잉금지원칙을 위반하여 인격권 및 개인정보자기결정권을 침해하지 아니한다**(헌재 2022.3.31. 2019헌바520).

58 게임물 관련사업자에게 게임물 이용자의 회원가입 시 본인 인증을 할 수 있는 절차를 마련하도록 규정한 법조항은 개인정보자기결정권을 침해하지 아니한다. 2024 변시 ( )

해설 본인인증 조항은 인터넷게임에 대한 연령 차별적 규제수단들을 실효적으로 보장하고, 인터넷게임 이용자들이 게임물 이용시간을 자발적으로 제한하도록 유도하여 인터넷게임 과몰입 내지 중독을 예방하고자 하는 것으로 그 **입법목적에 정당성이 인정되며**, … **침해의 최소성에도 위배되지 아니하고**, 본인인증 조항을 통하여 달성하고자 하는 게임과몰입 및 중독 방지라는 공익은 매우 중대하므로 **법익의 균형성도 갖추었다**. 따라서 본인인증 조항은 청구인들의 일반적 행동의 자유 및 개인정보자기결정권을 침해하지 아니한다(헌재 2015.3.26. 2013헌마517).

59 '혼인무효사유가 한쪽 당사자나 제3자의 범죄행위로 인한 경우'에 한하여 가족관계등록부 재작성을 허용한 규정에 의하여 혼인의사의 합의가 없음을 원인으로 혼인무효판결을 받은 경우에도 정정된 가족관계등록부가 그대로 보존되도록 하는 것은 과잉금지원칙에 반하여 개인정보자기결정권을 침해한다. 2024 법원행시 ( )

해설 '그 혼인무효사유가 한쪽 당사자나 제3자의 범죄행위로 인한 경우'에 한정하여 등록부 재작성 신청권을 부여하여, 혼인무효판결을 받아 등록부를 정정한 경우 정정된 등록부를 보존하고 재작성을 제한하는 것(가족관계의 등록 등에 관한 법률 제11조 제2항 등)은 개인정보자기결정권을 제한한다. 심판대상조항은 개인정보자기결정권을 침해하지 않는다(헌재 2024.1.25. 2020헌마65).

Ⅲ 최신판례

01 '그 혼인무효사유가 한쪽 당사자나 제3자의 범죄행위로 인한 경우'에 한정하여 등록부 재작성 신청권을 부여하여, 혼인무효판결을 받아 등록부를 정정한 경우 정정된 등록부를 보존하고 재작성을 제한하는 것(가족관계의 등록 등에 관한 법률 제11조 제2항 등)은 개인정보자기결정권을 제한한다. 심판대상조항은 개인정보자기결정권을 침해하지 않는다(헌재 2024.1.25. 2020헌마65).

ANSWER 58 ○ 59 ×

제6절 통신의 자유

I 헌법 조문

제18조 모든 국민은 통신의 비밀을 침해받지 아니한다.

II 최신 기출지문 분석

01-1 인터넷회선 감청은 서버에 저장된 정보가 아니라, 인터넷상에서 발신되어 수신되기까지의 과정 중에 수집되는 정보, 즉 전송 중인 정보의 수집을 위한 수사이므로, 압수·수색과 구별되지 않는다. 2022 경찰간부 ( )

01-2 인터넷회선 감청은 타인과의 관계를 전제로 하는 개인의 사적 영역을 보호하려는 헌법 제18조의 통신의 비밀과 자유 외에 헌법 제17조의 사생활의 비밀과 자유도 제한하므로, 인터넷회선 감청을 범죄수사를 위한 통신제한조치 허가 대상으로 정함에 있어서는 과잉금지원칙을 준수하여야 한다. 2022 법무사 ( )

01-3 인터넷회선 감청은 타인과의 관계를 전제로 하는 개인의 사적 영역을 보호하려는 헌법 제18조의 통신의 비밀과 자유 외에 헌법 제17조 사생활의 비밀과 자유도 제한한다. 2022 행시 ( )

01-4 「통신비밀보호법」 조항 중 '인터넷회선을 통하여 송·수신하는 전기통신'에 관한 부분은 인터넷회선 감청의 특성을 고려하여 그 집행 단계나 집행 이후에 수사기관의 권한남용을 통제하고 관련 기본권의 침해를 최소화하기 위한 제도적 조치가 제대로 마련되어 있지 않은 상태에서, 범죄수사 목적을 이유로 인터넷회선 감청을 통신제한조치 허가 대상 중 하나로 정하고 있으므로 청구인의 기본권을 침해한다. 2022 경찰1차 ( )

01-5 인터넷회선 감청은, 인터넷회선을 통하여 흐르는 전기신호 형태의 '패킷'을 중간에 확보한 다음 재조합 기술을 거쳐 그 내용을 파악하는 이른바 '패킷감청'의 방식으로 이루어진다. 따라서 이를 통해 개인의 통신뿐만 아니라 사생활의 비밀과 자유가 제한되고, 과잉금지원칙을 위반하여 기본권을 침해한다. 2023 법원행시 ( )

01-6 패킷감청의 방식으로 이루어지는 인터넷회선 감청은 관련 공무원 등에 대한 비밀준수의무 부과, 통신제한조치로 취득한 자료의 사용제한을 통해 충분한 오·남용 방지대책이 마련되어 있는 이상, 수사기관이 감청 집행으로 취득하는 정보의 처리절차에 관하여 아무런 규정을 두고 있지 않더라도 통신의 자유에 대한 침해는 아니다. 2023 변시 ( )

01-7 수사기관의 인터넷회선 감청을 다른 감청과 달리 별도의 제한절차 없이 허용하는 것은 오늘날 정보화 사회에서 날로 지능화되는 범죄수사를 위해 불가피하므로 헌법에 위반된다고 할 수 없다. 2022 입법고시 ( )

ANSWER 01-1 ✕ 01-2 ○ 01-3 ○ 01-4 ○ 01-5 ○ 01-6 ✕ 01-7 ✕

01-8 범죄 수사 목적을 이유로 통신제한조치 허가 대상 중 하나로 정하는 인터넷회선 감청의 경우 그 집행단계나 집행 이후에 수사기관의 권한 남용을 통제하고 관련 기본권의 침해를 최소화하기 위한 제도적 조치가 제대로 마련되지 않은 상태에서는 침해의 최소성 요건을 충족하지 않는다. 2023 경찰간부 ( )

해설 ▶ **인터넷회선 감청은** 검사가 법원의 허가를 받으면, 피의자 및 피내사자에 해당하는 감청대상자나 해당 인터넷회선의 가입자의 동의나 승낙을 얻지 아니하고도, 전기통신사업자의 협조를 통해 해당 인터넷회선을 통해 송·수신되는 전기통신에 대해 감청을 집행함으로써 정보주체의 기본권을 제한할 수 있으므로, **법이 정한 강제처분에 해당한다.** 또한 **인터넷회선 감청은 서버에 저장된 정보가 아니라,** 인터넷상에서 발신되어 수신되기까지의 과정 중에 수집되는 정보, 즉 **전송 중인 정보의 수집을 위한 수사이므로, 압수·수색과 구별된다.**
인터넷회선 감청은, 인터넷회선을 통하여 흐르는 전기신호 형태의 '패킷'을 중간에 확보한 다음 재조합 기술을 거쳐 그 내용을 파악하는 이른바 '**패킷감청'의 방식으로 이루어진다.** 따라서 이를 통해 개인의 통신뿐만 아니라 **사생활의 비밀과 자유가 제한**된다.
인터넷회선 감청과 동일하거나 유사한 감청을 수사상 필요에 의해 허용하면서도, 관련 기본권 침해를 최소화하기 위하여 집행 이후에도 주기적으로 경과보고서를 법원에 제출하도록 하거나, 감청을 허가한 판사에게 감청 자료를 봉인하여 제출하도록 하거나, 감청자료의 보관 내지 파기 여부를 판사가 결정하도록 하는 등 수사기관이 감청 집행으로 취득한 자료에 대한 처리 등을 객관적으로 통제할 수 있는 절차를 마련하고 있는 입법례가 상당수 있다. 이상을 종합하면, **이 사건 법률조항은 인터넷회선 감청의 특성을 고려하여 그 집행 단계나 집행 이후에 수사기관의 권한 남용을 통제하고 관련 기본권의 침해를 최소화하기 위한 제도적 조치가 제대로 마련되어 있지 않은 상태에서, 범죄수사 목적을 이유로 인터넷회선 감청을 통신제한조치 허가 대상 중 하나로 정하고 있으므로 침해의 최소성 요건을 충족한다고 할 수 없다.**
이러한 상태에서 패킷감청을 허용하는 것은 과잉금지원칙을 위반하여 청구인의 **통신 및 사생활의 비밀과 자유를 침해한다**(헌재 2018.8.30. 2016헌마263).

02 사생활의 비밀과 자유에 포섭될 수 있는 사적 영역에 속하는 통신의 자유를 헌법이 별개의 조항을 통해 기본권으로 보장하는 이유는 우편이나 전기통신의 운영이 전통적으로 국가독점에서 출발하였기 때문에 개인 간의 의사소통을 전제로 하는 통신은 국가에 의한 침해가능성이 여타의 사적 영역보다 크기 때문이다.
2024 행시 / 2024 경찰승진 ( )

해설 ▶ 개인과 개인간의 관계를 전제로 하는 통신은 다른 사생활의 영역과 비교해 볼 때 국가에 의한 침해의 가능성이 매우 큰 영역이라 할 수 있다. 왜냐하면 오늘날 개인과 개인간의 사적인 의사소통은 공간적인 거리로 인해 우편이나 전기통신을 통하여 이루어지는 경우가 많은데, 이러한 **우편이나 전기통신의 운영이 전통적으로 국가독점에서 출발하였기 때문이다.** 사생활의 비밀과 자유에 포섭될 수 있는 사적 영역에 속하는 **통신의 자유를 헌법이 별개의 조항을 통해서 기본권으로 보호하고 있는 이유는, 이와 같이 국가에 의한 침해의 가능성이 여타의 사적 영역보다 크기 때문이라고 할 수 있다**(헌재 2001.3.21. 2000헌바25).

03 통신의 비밀이란 서신·우편·전신의 통신수단을 통하여 개인간에 의사나 정보의 전달과 교환(의사소통)이 이루어지는 경우, 통신의 내용과 통신이용의 상황이 개인의 의사에 반하여 공개되지 아니할 자유를 의미한다.
2023 경찰경력채용 ( )

해설 ▶ 헌법 제18조는 "모든 국민은 통신의 비밀을 침해받지 아니한다."고 규정하여 통신비밀의 불가침성을 보장하고 있다. **통신의 비밀이란, 서신·우편·전신의 통신수단을 통하여 개인 간에 의사나 정보의 전달과 교환(의사소통)이 이루어지는 경우, 통신의 내용과 통신이용의 상황이 개인의 의사에 반하여 공개되지 아니할 자유를 의미한다**(헌재 2016.11.24. 2014헌바401).

ANSWER 01-8 ○ 02 ○ 03 ○

04 헌법 제18조에서 그 비밀을 보호하는 '통신'의 일반적인 속성으로는 '당사자간의 동의', '비공개성', '당사자의 특정성' 등을 들 수 있다. 2024 행시 ( )

해설 헌법 제18조에서 그 비밀을 보호하는 '통신'의 일반적인 속성으로는 '당사자간의 동의', '비공개성', '당사자의 특정성' 등을 들 수 있는바, 이를 염두에 둘 때 위 헌법조항이 규정하고 있는 '통신'의 의미는 '비공개를 전제로 하는 쌍방향적인 의사소통'이라고 할 수 있다(헌재 2001.3.21. 2000헌바25).

05-1 통신의 자유란 통신수단을 자유로이 이용하여 의사소통할 권리이고, 이러한 '통신수단의 자유로운 이용'에는 자신의 인적 사항을 누구에게도 밝히지 않는 상태로 통신수단을 이용할 자유, 즉 통신수단의 익명성 보장도 포함된다. 2021 경찰승진 / 2022 지방직7급 / 2023 변시 ( )

05-2 전기통신역무제공에 관한 계약을 체결하는 경우 전기통신사업자로 하여금 가입자의 인적 사항을 확인할 수 있는 증서를 제시하도록 요구하고 부정가입방지시스템을 이용해 본인인지 여부를 확인하도록 한 규정은 익명 가입을 원하는 자의 통신의 자유를 침해한다. 2022 법무사 ( )

05-3 전기통신역무제공에 관한 계약을 체결하는 경우 전기통신사업자로 하여금 가입자에게 본인임을 확인할 수 있는 증서 등을 제시하도록 요구하고 부정가입방지시스템 등을 이용하여 본인인지 여부를 확인하도록 한 전기통신사업법령 조항들은 휴대전화를 통한 문자·전화·모바일 인터넷 등 통신기능을 사용하고자 하는 자에게 반드시 사전에 본인확인 절차를 거치는 데 동의해야만 이를 사용할 수 있도록 하므로, 익명으로 통신하고자 하는 청구인들의 통신의 자유를 침해한다. 2023 법원직 / 2023 경찰간부 / 2024 경찰승진 ( )

05-4 전기통신역무제공에 관한 계약을 체결하는 경우 전기통신사업자로 하여금 가입자에게 본인임을 확인할 수 있는 증서 등을 제시하도록 요구하고 부정가입방지시스템 등을 이용하여 본인인지 여부를 확인하도록 한 「전기통신사업법」 조항 및 「전기통신사업법 시행령」 조항은 이동통신서비스에 가입하려는 청구인들의 통신의 비밀을 제한한다. 2022 경찰1차 ( )

05-5 전기통신역무제공에 관한 계약을 체결하는 경우 전기통신사업자로 하여금 가입자에게 본인임을 확인할 수 있는 증서 등을 제시하도록 하는 휴대전화 가입 본인확인제는 익명으로 통신하고자 하는 자의 통신의 자유를 제한하는 것은 물론, 통신의 비밀까지도 제한한다. 2022 국회직8급 ( )

05-6 전기통신역무제공에 관한 계약을 체결하는 경우 전기통신사업자로 하여금 가입자에게 본인임을 확인할 수 있는 증서 등을 제시하도록 요구하고 부정가입방지시스템 등을 이용하여 본인인지 여부를 확인하도록 하였더라도 잠재적 범죄 피해 방지 및 통신망 질서 유지라는 더욱 중대한 공익의 달성효과가 있으므로 개인정보자기결정권을 침해하지 않는다. 2023 국회직8급 ( )

05-7 통신의 자유란 통신수단을 자유로이 이용하여 의사소통할 권리이다. 2023 경찰경력채용 ( )

05-8 헌법 제18조로 보장되는 기본권인 통신의 자유란 통신수단을 자유로이 이용하여 의사소통할 권리이다. '통신수단의 자유로운 이용'이라 하더라도 자신의 인적 사항을 누구에게도 밝히지 않는 상태로 통신수단을 이용할 자유, 즉 통신수단의 익명성 보장은 포함된다고 볼 수 없다. 2023 법원직 ( )

ANSWER 04 ○ 05-1 ○ 05-2 × 05-3 × 05-4 × 05-5 × 05-6 ○ 05-7 ○ 05-8 ×

05-9 전기통신역무제공에 관한 계약을 체결하는 경우 전기통신사업자로 하여금 가입자에게 본인임을 확인할 수 있는 증서 등을 제시하도록 요구하고 부정가입방지시스템 등을 이용하여 본인인지 여부를 확인하도록 한 「전기통신사업법」 조항은, 가입자의 인적사항이라는 정보는 통신의 내용·상황과 관계없는 '비 내용적 정보' 이며 휴대전화 통신계약 체결 단계에서는 아직 통신수단을 통하여 어떠한 의사소통이 이루어지는 것이 아니므로 통신의 비밀에 대한 제한이라 할 수는 없다. 2023 국회직8급   (   )

해설 전기통신역무제공에 관한 계약을 체결하는 경우 전기통신사업자로 하여금 가입자에게 본인임을 확인할 수 있는 증서 등을 제시하도록 요구하고 부정가입방지시스템 등을 이용하여 본인인지 여부를 확인하도록 한 전기통신사업법(헌재 2019.9.26. 2017헌마1209)

(1) 헌법 제18조로 보장되는 기본권인 **통신의 자유란 통신수단을 자유로이 이용하여 의사소통할 권리이다.** '통신수단의 자유로운 이용'에는 자신의 인적 사항을 누구에게도 밝히지 않는 상태로 통신수단을 이용할 자유, **즉 통신수단의 익명성 보장도 포함된다.** 심판대상조항은 휴대전화를 통한 문자·전화·모바일 인터넷 등 통신기능을 사용하고자 하는 자에게 반드시 사전에 본인확인 절차를 거치는 데 동의해야만 이를 사용할 수 있도록 하므로, **익명으로 통신하고자 하는 청구인들의 통신의 자유를 제한한다.**

반면, 심판대상조항이 **통신의 비밀을 제한하는 것은 아니다.** 가입자의 인적 사항이라는 정보는 통신의 내용·상황과 관계없는 '비 내용적 정보'이며 휴대전화 통신계약 체결 단계에서는 아직 통신수단을 통하여 어떠한 의사소통이 이루어지는 것이 아니므로 통신의 비밀에 대한 제한이 이루어진다고 보기는 어렵기 때문이다.

심판대상조항에 의하여 휴대전화 통신계약 체결을 원하는 자가 이동통신사에 제공하는 데 동의해야 하는 정보는 성명, 생년월일, 주소(여기까지는 온라인·대면 가입 공통), 대면 가입의 경우에는 주민등록번호와 신분증 발급일자, 온라인 가입의 경우에는 공인인증정보나 신용카드정보로서, 개인의 동일성을 식별할 수 있게 하는 정보에 해당한다. 가입자가 이러한 정보 제공에 동의하지 않으면 이동통신사는 휴대전화 통신계약 체결을 거부할 수 있다. 따라서 심판대상조항은 가입자의 개인정보에 대한 제공·이용 여부를 스스로 결정할 권리를 제한하고 있으므로, **개인정보자기결정권을 제한한다.**

사생활의 비밀과 자유에 포섭될 수 있는 사적 영역에 속하는 통신의 자유는 헌법이 제18조에서 별도의 기본권으로 보장하고 있고, 개인정보의 제공으로 인한 사생활의 비밀과 자유가 제한되는 측면은 개인정보자기결정권의 보호영역과 중첩되는 범위에서 관련되어 있다. 따라서 심판대상조항이 청구인들의 **통신의 자유, 개인정보자기결정권을 침해하는지 여부를 판단하는 이상 사생활의 비밀과 자유 침해 여부에 관하여는 별도로 판단하지 아니한다.** 청구인들은 그 외에도 휴대전화 단말기와 가입자의 인적 사항이 연결됨으로써 휴대전화로 생성된 위치정보, 아이피(IP) 주소 등 인터넷 접속 정보를 파악할 수 있는 길이 열리게 되어 사생활의 자유가 제한된다고 주장한다. 그러나 심판대상조항은 본인확인을 거친 후에는 더 이상의 개인정보 수집이나 보관을 의무화하는 규정이 아니며, 이동통신서비스 가입자의 개인정보가 통신에 관한 각종 정보와 연결될 수 있다는 가능성이 있다고 하여 그것만으로 본인의 통신 이용 상황과 내용이 수사기관 등 제3자에 의하여 파악될 것이라고 단정할 수는 없다. 청구인들의 위와 같은 주장을 이유로 한 **사생활의 비밀과 자유의 제한 문제는 심판대상조항으로 인하여 발생하는 것이 아니다.**

(2) 심판대상조항이 익명으로 이동통신서비스에 가입하여 자신들의 인적 사항을 밝히지 않은 채 통신하고자 하는 자들의 개인정보자기결정권 및 통신의 자유를 침해하지 않는다.

06-1 육군 신병훈련소에서 교육훈련을 받는 동안 전화사용을 통제하는 내용의 육군 신병교육 지침서 부분은 신병교육 훈련생들의 통신의 자유를 침해하지 않는다. 2021 경찰승진   (   )

ANSWER 05-9 ○   06-1 ○

06-2 '육군 신병교육 지침서'(육군본부 2006. 12. 18. 교육참고 25-3) 중 전화사용의 통제에 관한 부분은 신병 교육훈련생들의 통신의 자유 등 기본권을 필요한 정도를 넘어 과도하게 제한하는 것이다. 2023 국회직8급
( )

> **해설** 이 사건 지침은 신병교육훈련을 받고 있는 군인의 통신의 자유를 제한하고 있으나, 신병들을 군인으로 육성하고 교육훈련과 병영생활에 조속히 적응시키기 위하여 신병교육기간에 한하여 신병의 외부 전화통화를 통제한 것이다. 또한 신병훈련기간이 5주의 기간으로서 상대적으로 단기의 기간이라는 점, 긴급한 전화통화의 경우는 지휘관의 통제 하에 허용될 수 있다는 점, **신병들이 부모 및 가족에 대한 편지를 작성하여 우편으로 송부하도록 하고 있는 점** 등을 종합하여 고려하여 보면, 이 사건 지침에서 신병교육훈련기간 동안 전화사용을 하지 못하도록 정하고 있는 규율이 청구인을 포함한 신병교육훈련생들의 통신의 자유 등 기본권을 필요한 정도를 넘어 과도하게 제한하는 것이라고 보기 어렵다(헌재 2010.10.28. 2007헌마890).

07 타인 간의 대화내용을 위법하게 취득한 자와 위법하게 취득된 타인 간의 대화내용을 공개·누설한 자를 동일한 법정형으로 규정하였다고 하더라도, 그리고 벌금형을 선택적으로 규정하지 않았다고 하더라도 그것이 형벌 본래의 목적과 기능을 달성함에 있어 필요한 정도를 일탈하여 지나치게 과중한 형벌이라고는 보기 어렵다. 2022 경찰경력채용
( )

> **해설** 이 사건 법률조항이 불법 취득한 타인 간의 대화내용을 공개한 자를 처벌함에 있어 형법 제20조(정당행위)의 일반적 위법성조각사유에 관한 규정을 적정하게 해석 적용함으로써 공개자의 표현의 자유도 적절히 보장될 수 있는 이상, 이 사건 법률조항에 형법상의 명예훼손죄와 같은 위법성조각사유에 관한 특별규정을 두지 아니하였다는 점만으로 기본권 제한의 비례성을 상실하였다고는 볼 수 없다(헌재 2011.8.30. 2009헌바42).

08 「통신비밀보호법」상 '통신'이라 함은 우편물 및 전기통신을 말한다. 2022 경찰1차
( )

> **해설** "통신"이라 함은 우편물 및 전기통신을 말한다(통신비밀보호법 제2조 제1호).

09 통신비밀보호법상 국가안전보장을 위한 통신제한조치를 하는 경우에 대통령령이 정하는 정보수사기관의 장은 고등법원장의 허가를 받아야 감청할 수 있다. 2023 지방직7급
( )

> **해설** 국가안보를 위한 통신제한조치 : 대통령령이 정하는 정보수사기관의 장(이하 "情報搜査機關의 長"이라 한다)은 국가안전보장에 상당한 위험이 예상되는 경우 또는 「국민보호와 공공안전을 위한 테러방지법」 제2조 제6호의 대테러활동에 필요한 경우에 한하여 그 위해를 방지하기 위하여 이에 관한 정보수집이 특히 필요한 때에는 다음 각 호 1. 통신의 일방 또는 쌍방당사자가 내국인인 때에는 고등법원 수석판사의 허가를 받아야 한다. 다만, 군용전기통신법 제2조의 규정에 의한 군용전기통신(작전수행을 위한 전기통신에 한한다)에 대하여는 그러하지 아니하다. 2. 대한민국에 적대하는 국가, 반국가활동의 혐의가 있는 외국의 기관·단체와 외국인, 대한민국의 통치권이 사실상 미치지 아니하는 한반도내의 집단이나 외국에 소재하는 그 산하단체의 구성원의 통신인 때 및 제1항 제1호 단서의 경우에는 서면으로 대통령의 승인을 얻어야 한다의 구분에 따라 통신제한조치를 할 수 있다(통신비밀보호법 제7조 제1항).

10-1 검사, 사법경찰관 또는 정보수사기관의 장은 중대한 범죄의 계획이나 실행 등 긴박한 상황에 있는 경우 반드시 법원의 사전허가를 받아 통신제한조치를 하여야 한다. 2021 경찰승진
( )

10-2 검사, 사법경찰관 또는 정보수사기관의 장은 긴급통신제한조치의 집행착수 후 지체없이 법원에 허가청구를 하여야 하며, 그 긴급통신제한조치를 한 때부터 36시간 이내에 법원의 허가를 받지 못한 때에는 즉시 이를 중지하여야 한다. 2022 경찰경력채용
( )

ANSWER 06-2 × 07 ○ 08 ○ 09 × 10-1 × 10-2 ○

해설 **긴급통신제한조치** : 검사, 사법경찰관 또는 정보수사기관의 장은 국가안보를 위협하는 음모행위, 직접적인 사망이나 심각한 상해의 위험을 야기할 수 있는 범죄 또는 조직범죄 등 중대한 범죄의 계획이나 실행 등 긴박한 상황에 있고 제5조 제1항 또는 제7조 제1항 제1호의 규정에 의한 요건을 구비한 자에 대하여 제6조 또는 제7조 제1항 및 제3항의 규정에 의한 절차를 거칠 수 없는 **긴급한 사유가 있는 때에는 법원의 허가없이 통신제한조치를 할 수 있다.** 검사, 사법경찰관 또는 정보수사기관의 장은 제1항의 규정에 의한 통신제한조치(이하 "긴급통신제한조치"라 한다)의 집행착수 후 지체없이 제6조 및 제7조 제3항의 규정에 의하여 **법원에 허가청구를 하여야** 하며, 그 긴급통신제한조치를 한 때부터 36시간 이내에 법원의 허가를 받지 못한 때에는 즉시 이를 중지하여야 한다(통신비밀보호법 제8조 제1항 및 제2항).

11 전기통신사업자는 검사, 사법경찰관 또는 정보수사기관의 장에게 통신사실 확인자료를 제공한 때에는 자료제공현황 등을 연 2회 과학기술정보통신부장관에게 보고하고, 해당 통신사실 확인자료 제공사실 등 필요한 사항을 기재한 대장과 통신사실확인자료제공요청서 등 관련자료를 통신사실확인자료를 제공한 날부터 7년간 비치하여야 한다. 2023 지방직7급 ( )

해설 **범죄수사를 위한 통신사실 확인자료제공의 절차** : 전기통신사업자는 검사, 사법경찰관 또는 정보수사기관의 장에게 통신사실 확인자료를 제공한 때에는 자료제공현황 등을 연 2회 과학기술정보통신부장관에게 보고하고, 해당 통신사실 확인자료 제공사실 등 필요한 사항을 기재한 대장과 통신사실 확인자료제공요청서 등 관련자료를 통신사실확인자료를 제공한 날부터 7년간 비치하여야 한다(통신비밀보호법 제13조 제7항).

12-1 「통신비밀보호법」제3조의 규정에 위반하여, 불법검열에 의하여 취득한 우편물이나 그 내용 및 불법감청에 의하여 지득 또는 채록된 전기통신의 내용은 재판 또는 징계절차에서 증거로 사용할 수 없다. 2022 경찰승진 ( )

12-2 불법감청에 의하여 지득 또는 채록된 전기통신의 내용은 재판절차에서 증거로 사용될 수 없으나 징계절차에서는 증거로 사용할 수 있다. 2022 입법고시 ( )

해설 **불법검열에 의한 우편물의 내용과 불법감청에 의한 전기통신내용의 증거사용 금지** : 제3조의 규정에 위반하여, 불법검열에 의하여 취득한 우편물이나 그 내용 및 불법감청에 의하여 지득 또는 채록된 전기통신의 내용은 재판 또는 징계절차에서 증거로 사용할 수 없다(통신비밀보호법 제4조).

13-1 「통신비밀보호법」상 '감청'이란 대상이 되는 전기통신의 송·수신과 동시에 이루어지는 경우만을 의미하고 이미 수신이 완료된 전기 통신의 내용을 지득하는 등의 행위는 포함되지 아니한다.
2022 경찰승진 / 2022 경찰간부 ( )

13-2 「통신비밀보호법」상의 감청은 그 대상이 되는 전기통신의 송·수신과 동시에 이루어지는 경우뿐 아니라 이미 수신이 완료된 전기통신의 내용을 지득하는 등의 행위를 포함한다. 2022 입법고시 ( )

해설 통신비밀보호법 제2조 제3호 및 제7호에 의하면 같은 법상 '감청'은 전자적 방식에 의하여 모든 종류의 음향·문언·부호 또는 영상을 송신하거나 수신하는 전기통신에 대하여 당사자의 동의 없이 전자장치·기계장치 등을 사용하여 통신의 음향·문언·부호·영상을 청취·공독하여 그 내용을 지득 또는 채록하거나 전기통신의 송·수신을 방해하는 것을 말한다. 그런데 해당 규정의 문언이 송신하거나 수신하는 전기통신 행위를 감청의 대상으로 규정하고 있을 뿐 송·수신이 완료되어 보관 중인 전기통신 내용은 대상으로 규정하지 않은 점, 일반적으로 감청은 다른 사람의 대화나 통신 내용을 몰래 엿듣는

ANSWER 11 ○ 12-1 ○ 12-2 × 13-1 ○ 13-2 ×

행위를 의미하는 점 등을 고려하여 보면, **통신비밀보호법상 '감청'이란 대상이 되는 전기통신의 송·수신과 동시에 이루어지는 경우만을 의미하고, 이미 수신이 완료된 전기통신의 내용을 지득하는 등의 행위는 포함되지 않는다**(대판 2012.10.25. 2012도4644).

14-1 감청을 헌법 제18조에서 보장하고 있는 통신의 비밀에 대한 침해행위 중의 한 유형으로 이해해서는 안되며, 감청의 대상으로서의 전기통신을 헌법상의 '통신'개념을 전제로 하고 있다고 보아서도 안 된다.
2024 행시 ( )

14-2 국가기관의 감청설비 보유·사용에 대한 관리와 통제를 위한 법적, 제도적 장치가 마련되어 있으므로, 국가기관이 인가 없이 감청설비를 보유, 사용할 수 있다는 사실만 가지고 바로 국가기관에 의한 통신비밀침해행위를 용이하게 하는 결과를 초래함으로써 통신의 자유를 침해한다고 볼 수는 없다. 2023 국회직8급 ( )

> **해설** 감청이라는 것은 헌법 제18조에서 보장하고 있는 통신의 비밀에 대한 침해행위 중의 한 유형으로 이해하여야 할 것이며 감청의 대상으로서의 전기통신은 앞서 본 헌법상의 '통신'개념을 전제로 하고 있다고 보아야 할 것이다.
> **국가기관의 감청설비 보유·사용에 대한 관리와 통제를 위한 법적, 제도적 장치가 마련되어 있으므로, 국가기관이 인가 없이 감청설비를 보유, 사용할 수 있다는 사실만 가지고 바로 국가기관에 의한 통신비밀침해행위를 용이하게 하는 결과를 초래함으로써 통신의 자유를 침해한다고 볼 수는 없다**(헌재 2001.3.21. 2000헌바25).

15-1 통신제한조치 기간의 연장을 허가함에 있어 총연장기간 내지 총연장횟수의 제한을 두지 아니하고 무제한 연장을 허가할 수 있도록 규정한 「통신비밀보호법」 중 전기통신에 관한 '통신제한조치기간의 연장'에 관한 부분은 과잉금지원칙을 위반하여 통신의 비밀을 침해한다. 2022 경찰승진 / 2022 법무사 ( )

15-2 통신제한조치기간의 연장을 허가함에 있어 총연장기간 또는 총연장횟수의 제한을 두지 않은 것은, 주요 범죄 내지 국가 안위를 위협하는 음모나 조직화된 집단범죄의 음모가 있는 경우 장기간에 걸친 지속적인 수사가 필요하고 그 증거수집을 위하여 지속적인 통신제한조치가 허용될 필요가 있기 때문이므로, 통신의 자유를 침해하지 않는다. 2023 변시 ( )

> **해설** 통신제한조치기간의 연장을 허가함에 있어 총연장기간 또는 총연장횟수의 제한을 두고 그 최소한의 연장기간동안 범죄혐의를 입증하지 못하는 경우 통신제한조치를 중단하게 한다고 하여도, 여전히 통신제한조치를 해야 할 필요가 있으면 법원에 새로운 통신제한조치의 허가를 청구할 수 있으므로 이로써 수사목적을 달성하는데 충분하다. 또한 법원이 실제 통신제한조치의 기간연장절차의 남용을 통제하는데 한계가 있는 이상 통신제한조치 기간연장에 사법적 통제절차가 있다는 사정만으로는 그 남용으로 인하여 개인의 통신의 비밀이 과도하게 제한되는 것을 막을 수 없다. 그럼에도 통신제한조치기간을 연장함에 있어 법운용자의 남용을 막을 수 있는 최소한의 한계를 설정하지 않은 이 사건 법률조항은 침해의 최소성 원칙에 위반한다. 나아가 통신제한조치가 내려진 피의자나 피내사자는 자신이 감청을 당하고 있다는 사실을 모르는 기본권제한의 특성상 방어권을 행사하기 어려운 상태에 있으므로 통신제한조치기간의 연장을 허가함에 있어 총연장기간 또는 총연장횟수의 제한이 없을 경우 수사와 전혀 관계없는 개인의 내밀한 사생활의 비밀이 침해당할 우려도 심히 크기 때문에 기본권 제한의 법익균형성 요건도 갖추지 못하였다. 따라서 이 사건 법률조항은 헌법에 위반된다 할 것이다(헌재 2010.12.28. 2009헌가30).

16-1 「통신비밀보호법」이 '공개되지 아니한 타인간의 대화를 녹음 또는 청취하지 못한다.'라고 정한 것은, 대화에 원래부터 참여하지 않는 제3자가 그 대화를 하는 타인들 간의 발언을 녹음해서는 아니 된다는 취지이다.
2024 경찰승진 ( )

ANSWER 14-1 × 14-2 ○ 15-1 ○ 15-2 × 16-1 ○

16-2 3인 간의 대화에 있어서 그 중 한 사람이 그 대화를 녹음하는 경우에 다른 두 사람의 발언은 그 녹음자에 대한 관계에서 '타인간의 대화'라고 볼 수 없어 이런 녹음은 통신비밀보호법 제3조 제1항에 위배되지 않는다. 2023 지방직7급 ( )

해설 통신비밀보호법 제3조 제1항이 "공개되지 아니한 타인 간의 대화를 녹음 또는 청취하지 못한다"라고 정한 것은, 대화에 원래부터 참여하지 않는 제3자가 그 대화를 하는 타인들 간의 발언을 녹음해서는 아니 된다는 취지이다. 3인 간의 대화에 있어서 그중 한 사람이 그 대화를 녹음하는 경우에 다른 두 사람의 발언은 그 녹음자에 대한 관계에서 '타인 간의 대화'라고 할 수 없으므로, 이와 같은 녹음행위가 통신비밀보호법 제3조 제1항에 위배된다고 볼 수는 없다(대판 2006.10.12. 2006도4981).

17 수용자가 국가기관에 서신을 발송할 경우에 교도소장의 허가를 받도록 하는 것은 통신비밀의 자유를 침해하지 않는다. 2022 경찰1차 ( )

해설 교도소 수용자로 하여금 제한 없이 서신을 발송할 수 있게 한다면, 서신교환의 방법으로 마약이나 범죄에 이용될 물건을 반입할 수 있고, 외부 범죄세력과 연결하여 탈주를 기도하거나 수용자끼리 연락하여 범죄행위를 준비하는 등 수용질서를 어지럽힐 우려가 많으므로 이들의 도주를 예방하고 교도소내의 규율과 질서를 유지하여 구금의 목적을 달성하기 위해서는 서신에 대한 검열이 불가피하며, 만약 국가기관과 사인에 대한 서신을 따로 분리하여 사인에 대한 서신의 경우에만 검열을 실시하고, 국가기관에 대한 서신의 경우에는 검열을 하지 않는다면 사인에게 보낼 서신을 국가기관의 명의를 빌려 검열 없이 보낼 수 있게 됨으로써 검열을 거치지 않고 사인에게 서신을 발송하는 탈법수단으로 이용될 수 있게 되므로 **수용자의 서신에 대한 검열은 국가안전보장·질서유지 또는 공공복리라는 정당한 목적을 위하여 부득이 할 뿐만 아니라 유효 적절한 방법에 의한 최소한의 제한이며, 통신비밀의 자유의 본질적 내용을 침해하는 것이 아니어서 헌법에 위반된다고 할 수 없다**(헌재 2001.11.29. 99헌마713).

18 미결수용자가 교정시설 내에서 규율위반행위 등을 이유로 금치처분을 받은 경우 금치기간 중 서신수수, 접견, 전화통화를 제한하는 「형의 집행 및 수용자의 처우에 관한 법률」 조항 중 미결수용자에게 적용되는 부분은 미결수용자인 청구인의 통신의 자유를 침해하지 않는다. 2022 경찰1차 ( )

해설 금치처분을 받은 미결수용자에 대하여 금치기간 중 서신수수, 접견, 전화통화를 제한하는 것은 대상자를 구속감과 외로움 속에 반성에 전념하게 함으로써 수용시설 내 안전과 질서를 유지하기 위한 것이다. 접견이나 서신수수의 경우에는 교정시설의 장이 수용자의 권리구제 등을 위해 필요하다고 인정한 때에는 예외적으로 허용할 수 있도록 하여 기본권 제한을 최소화하고 있다. 전화통화의 경우에는 위와 같은 예외가 규정되어 있지는 않으나, 증거인멸 우려 등의 측면에서 미결수용자의 전화통화의 자유를 제한할 필요성이 더 크다고 할 수 있다. 나아가 금치처분을 받은 자는 수용시설의 안전과 질서유지에 위반되는 행위, 그 중에서도 가장 중하다고 평가된 행위를 한 자이므로 이에 대하여 금치기간 중 일률적으로 전화통화를 금지한다 하더라도 과도하다고 보기 어렵다. 따라서 이 사건 서신수수·접견·전화통화 제한조항은 청구인의 통신의 자유를 침해하지 아니한다(헌재 2016.4.28. 2012헌마549 등).

19 금치처분을 받은 수형자에 대하여 서신 수수를 제한하는 것은 징벌실 수용에 따른 격리에 추가하여 통신의 제한을 더하는 것이므로 이는 수형자의 통신의 자유를 침해한다. 2022 입법고시 ( )

해설 금치 징벌의 목적 자체가 징벌실에 수용하고 엄격한 격리에 의하여 개전을 촉구하고자 하는 것이므로 접견·서신수발의 제한은 불가피하며, 행형법시행령 제145조 제2항은 금치 기간 중의 접견·서신수발을 금지하면서도, 그 단서에서 소장으로 하여금 "교화 또는 처우상 특히 필요하다고 인정되는 때"에는 금치 기간 중이라도 접견·서신수발을 허가할 수 있도록 **예외를 둠으로써 과도한 규제가 되지 않도록 조치하고 있으므**

ANSWER 16-2 ○ 17 ○ 18 ○ 19 ✕

로, 금치 수형자에 대한 접견·서신수발의 제한은 수용시설 내의 안전과 질서 유지라는 정당한 목적을 위하여 필요·최소한의 제한이다(헌재 2004.12.16. 2002헌마478).

20-1 피청구인 구치소장이 구치소에 수용 중인 수형자에게 온 서신에 '허가 없이 수수되는 물품'인 녹취서와 사진이 동봉되어 있음을 확인하여 서신수수를 금지하고 발신인인 청구인에게 위 물품을 반송한 것은 과잉금지원칙에 위반되어 청구인의 통신의 자유를 침해한다. 2022 경찰승진 ( )

20-2 A구치소장이 당시 A구치소에 수용 중인 甲 앞으로 온 서신 속에 허가받지 않은 물품인 사진이 동봉되어 있음을 이유로 甲에게 해당 서신수수를 금지하고 해당 서신을 발신자로서 당시 B교도소에 수용 중인 乙에게 반송한 행위는 과잉금지원칙에 위반하여 乙의 통신의 자유를 침해하지 않는다. 2023 법원직 ( )

> **해설** 피청구인 ○구치소장이 ○구치소에 수용 중인 수형자에게 온 서신에 '허가 없이 수수되는 물품'인 녹취서와 사진이 동봉되어 있음을 확인하여 서신수수를 금지하고 발신인인 청구인에게 위 물품을 반송한 것은 교정사고를 미연에 방지하고 교정시설의 안전과 질서 유지를 위하여 불가피한 측면이 있다. 또한 청구인은 관심대상수용자로 지정된 자이고, 서신에 동봉된 녹취서는 청구인이 원고인 민사사건 증인의 증언을 녹취한 소송서류로서 타인의 실명과 개인정보가 기재되어 있다. 한편, 수용자 사이에 사진을 자유롭게 교환할 수 있도록 하는 경우 각종 교정사고가 발생할 가능성이 있다. 이와 같은 점을 **종합적으로 고려하면, 이 사건 반송행위는 과잉금지원칙에 위반되어 청구인의 통신의 자유를 침해하지 않는다**(헌재 2019.12.27. 2017헌마413 등).

21-1 수용자에 대한 자유형의 본질상 외부와의 자유로운 통신에 대한 제한은 불가피한 것으로 수용자가 밖으로 내보내는 모든 서신을 봉함하지 않는 상태로 교정시설에 제출하도록 규정하고 있는 시행령 조항의 발송서신 무봉함 제출 제도는 수용자의 발송서신에 대하여 우리 법이 취하고 있는 '상대적 검열주의'를 이행하기 위한 효과적 교도행정의 방식일 뿐이어서 수용자의 통신비밀의 자유를 침해한다고 볼 수는 없으나, '미결수용자가 변호인에게 보내는 서신'은 '절대적 검열금지'의 대상으로 이를 무봉함 제출하도록 하는 것은 헌법상 변호인의 조력을 받을 권리를 침해하고, 무죄추정의 원칙에도 위배되므로 위 시행령조항의 무봉함 제출 서신에 미결수용자가 변호인에게 보내는 서신도 포함되는 것으로 해석되는 한도에서 헌법에 위반된다. 2023 법원행시 ( )

21-2 수용자가 밖으로 내보내는 모든 서신을 봉함하지 않은 상태로 교정시설에 제출하도록 하는 것은 수용자의 통신비밀의 자유를 침해한다. 2022 법무사 ( )

> **해설** 이 사건 시행령조항은 교정시설의 안전과 질서유지, 수용자의 교화 및 사회복귀를 원활하게 하기 위해 수용자가 밖으로 내보내는 서신을 봉함하지 않은 상태로 제출하도록 한 것이나, 이와 같은 목적은 교도관이 수용자의 면전에서 서신에 금지물품이 들어 있는지를 확인하고 수용자로 하여금 서신을 봉함하게 하는 방법, 봉함된 상태로 제출된 서신을 X-ray 검색기 등으로 확인한 후 의심이 있는 경우에만 개봉하여 확인하는 방법, 서신에 대한 검열이 허용되는 경우에만 무봉함 상태로 제출하도록 하는 방법 등으로도 얼마든지 달성할 수 있다고 할 것인바, 위 시행령 조항이 수용자가 보내려는 모든 서신에 대해 무봉함 상태의 제출을 강제함으로써 수용자의 발송 서신 모두를 사실상 검열 가능한 상태에 놓이도록 하는 것은 기본권 제한의 최소 침해성 요건을 위반하여 **수용자인 청구인의 통신비밀의 자유를 침해하는 것이다**(헌재 2012.2.23. 2009헌마333).

22-1 통신비밀보호법(2005. 5. 26. 법률 제7503호로 개정된 것) 제13조 제1항 중 '검사 또는 사법경찰관은 수사를 위하여 필요한 경우 전기통신사업법에 의한 전기통신사업자에게 제2조 제11호 가목 내지 라목의 통신사실 확인자료의 열람이나 제출을 요청할 수 있다'는 부분은 과잉금지원칙에 위반되어 개인정보자기결정권과 통신의 자유를 침해한다. 2023 법원행시 / 2023 법원직 ( )

ANSWER 20-1 × 20-2 ○ 21-1 × 21-2 ○ 22-1 ○

22-2 수사를 위하여 필요한 경우 수사기관으로 하여금 법원의 허가를 얻어 전기통신사업자에게 특정 시간대 특정 기지국에서 발신된 모든 전화번호의 제공을 요청할 수 있도록 하는 것은 그 통신 서비스이용자의 통신의 자유를 침해한다. 2022 경찰경력채용 ( )

22-3 통신사실 확인자료 제공요청은 「통신비밀보호법」이 정한 수사기관의 강제처분이므로 영장주의가 적용된다. 2022 경찰간부 ( )

> 해설 이동전화의 이용과 관련하여 필연적으로 발생하는 통신사실 확인자료는 비록 비내용적 정보이지만 여러 정보의 결합과 분석을 통해 정보주체에 관한 정보를 유추해낼 수 있는 민감한 정보인 점, 수사기관의 통신사실 확인자료 제공요청에 대해 법원의 허가를 거치도록 규정하고 있으나 수사의 필요성만을 그 요건으로 하고 있어 제대로 된 통제가 이루어지기 어려운 점, 기지국수사의 허용과 관련하여서는 유괴·납치·성폭력범죄 등 강력범죄나 국가안보를 위협하는 각종 범죄와 같이 피의자나 피해자의 통신사실 확인자료가 반드시 필요한 범죄로 그 대상을 한정하는 방안 또는 다른 방법으로는 범죄수사가 어려운 경우(보충성)를 요건으로 추가하는 방안 등을 검토함으로써 수사에 지장을 초래하지 않으면서도 불특정 다수의 기본권을 덜 침해하는 수단이 존재하는 점을 고려할 때, 이 사건 **요청조항은 과잉금지원칙에 반하여 청구인의 개인정보자기결정권과 통신의 자유를 침해한다.**
> 기지국수사(피청구인이 2012. 1. 25. 18:10경 법원의 허가를 얻어 전기통신사업자들에게 2011. 12. 26. 17:00부터 17:10 사이 서울교육문화회관을 관할하는 기지국을 이용하여 착·발신한 전화번호, 착·발신 시간, 통화시간, 수·발신 번호 등의 통신사실 확인자료 제공을 요청하고, 위 전기통신사업자들로부터 청구인을 포함한 총 659명의 통신사실 확인자료를 제공받은 행위)는 통신비밀보호법이 정한 강제처분에 해당되므로 헌법상 **영장주의가 적용**된다. 헌법상 영장주의의 본질은 강제처분을 함에 있어 중립적인 법관이 구체적 판단을 거쳐야 한다는 점에 있는바, 이 사건 허가조항은 수사기관이 전기통신사업자에게 통신사실 확인자료 제공을 요청함에 있어 관할 지방법원 또는 지원의 허가를 받도록 규정하고 있으므로 헌법상 **영장주의에 위배되지 아니한다**(헌재 2018.6.28. 2012헌마538).

23-1 수사기관이 수사를 위하여 필요한 경우 법원의 허가를 얻어 전기통신사업자에게 정보주체의 위치정보 추적자료의 제공을 요청할 수 있게 한 법률조항은, 수사의 필요성만을 그 요건으로 하고 있어 절차적 통제마저도 제대로 이루어지기 어려운 현실인 점 등을 고려할 때, 과잉금지원칙에 반하여 정보주체인 전기통신가입자의 통신의 자유를 침해한다. 2022 국회직8급 ( )

23-2 검사 또는 사법경찰관이 수사를 위하여 필요한 경우 「전기통신사업법」에 의한 전기통신사업자에게 위치정보 추적자료의 열람이나 제출을 요청할 수 있도록 하는 「통신비밀보호법」상 조항은 과잉금지원칙에 반하여 정보주체의 통신의 자유를 침해한다. 2023년 경찰간부 ( )

> 해설 수사기관은 위치정보 추적자료를 통해 특정 시간대 정보주체의 위치 및 이동상황에 대한 정보를 취득할 수 있으므로 위치정보 추적자료는 충분한 보호가 필요한 민감한 정보에 해당되는 점, 그럼에도 이 사건 요청조항은 수사기관의 광범위한 위치정보 추적자료 제공요청을 허용하여 정보주체의 기본권을 과도하게 제한하는 점, 위치정보 추적자료의 제공요청과 관련하여서는 실시간 위치추적 또는 불특정 다수에 대한 위치추적의 경우 보충성 요건을 추가하거나 대상범죄의 경중에 따라 보충성 요건을 차등적으로 적용함으로써 수사에 지장을 초래하지 않으면서도 정보주체의 기본권을 덜 침해하는 수단이 존재하는 점, 수사기관의 위치정보 추적자료 제공요청에 대해 법원의 허가를 거치도록 규정하고 있으나 수사의 필요성만을 그 요건으로 하고 있어 절차적 통제마저도 제대로 이루어지기 어려운 현실인 점 등을 고려할 때, 이 사건 요청조항은 과잉금지원칙에 반하여 청구인들의 개인정보자기결정권과 통신의 자유를 침해한다(헌재 2018.6.28. 2012헌마191 등).

ANSWER 22-2 ○ 22-3 ○ 23-1 ○ 23-2 ○

24-1 교도소장이 수용자에게 온 서신을 개봉한 행위 및 법원, 검찰청 등이 수용자에게 보낸 문서를 열람한 행위는 수용자의 통신의 자유를 침해하지 않는다. 2023 법원행시 / 2023 법원직 ( )

24-2 교도소장이 법원, 검찰청 등이 수용자에게 보낸 문서를 열람한 행위는 문서 전달 업무에 정확성을 기하고 수용자의 편의를 도모하여 법령상 기간준수 여부 확인을 위한 공적 자료를 마련하기 위한 것이고, 다른 법령에 따라 열람이 금지된 문서는 열람할 수 없으므로 수용자의 통신의 자유를 침해하지 아니한다.
2022 법무사 / 2023 국회직8급 ( )

24-3 법원 등 관계기관이 수용자에게 보낸 문서를 교도소장이 열람한 행위는, 다른 법령에 따라 열람이 금지된 문서는 열람할 수 없고, 열람한 후에는 본인에게 신속히 전달하여야 하므로, 해당 수용자의 통신의 자유를 침해하지 아니한다. 2024 경찰승진 ( )

> **해설** 피청구인의 문서열람행위는 형집행법 시행령 제67조에 근거하여 법원 등 관계기관이 수용자에게 보내온 문서를 **열람한 행위**로서, 문서 전달 업무에 정확성을 기하고 수용자의 편의를 도모하며 법령상의 기간준수 여부 확인을 위한 공적 자료를 마련하기 위한 것이다. **수용자 스스로 고지하도록 하거나 특별히 엄중한 계호를 요하는 수용자에 한하여 열람하는 등의 방법으로는 목적 달성에 충분하지 않고, 다른 법령에 따라 열람이 금지된 문서는 열람할 수 없으며, 열람한 후에는 본인에게 신속히 전달하여야 하므로, 문서열람행위는 청구인의 통신의 자유를 침해하지 아니한다**(헌재 2021.9.30. 2019헌마919).

25-1 수형자가 수발하는 서신에 대한 검열로 인하여 수형자의 통신의 비밀이 일부 제한되는 것은 국가안전보장·질서유지 또는 공공복리라는 정당한 목적을 위하여 부득이할 뿐만 아니라 유효적절한 방법에 의한 최소한의 제한이며 통신의 자유의 본질적 내용을 침해하는 것이 아니므로 헌법에 위반된다고 할 수 없다.
2022 지방직7급 ( )

25-2 통신의 중요한 수단인 서신의 당사자나 내용은 본인의 의사에 반하여 공개될 수 없으므로 서신의 검열은 원칙으로 금지되나, 수형자가 수발하는 서신에 대한 검열로 인하여 수형자의 통신의 비밀이 일부 제한되는 것은 국가안전보장·질서유지 또는 공공복리라는 정당한 목적을 위하여 부득이할 뿐만 아니라 유효적절한 방법에 의한 최소한의 제한이며 통신의 자유의 본질적 내용을 침해하는 것이 아니므로 헌법에 위반된다고 할 수 없다. 2022 국회직8급 ( )

> **해설** 현행법령과 제도하에서 수형자가 수발하는 서신에 대한 검열로 인하여 수형자의 통신의 비밀이 일부 제한되는 것은 국가안전보장·질서유지 또는 공공복리라는 정당한 목적을 위하여 부득이할 뿐만 아니라 유효적절한 방법에 의한 최소한의 제한이며 통신의 자유의 본질적 내용을 침해하는 것이 아니다(헌재 1998.8.27. 96헌마398).

26-1 수용자가 집필한 문서의 내용이 사생활의 비밀 또는 자유를 침해하는 등 우려가 있을 때 교정시설의 장이 문서의 외부반출을 금지하도록 규정한 법률 조항은, 집필문을 창작하거나 표현하는 것을 금지하거나 이에 대한 허가를 요구하는 조항이므로, 제한되는 기본권은 통신의 자유가 아니라 표현의 자유로 보아야 한다.
2022 지방직7급 ( )

ANSWER 24-1 ○ 24-2 ○ 24-3 ○ 25-1 ○ 25-2 ○ 26-1 ×

26-2 수용자가 집필한 문서의 내용이 타인의 사생활의 비밀 또는 자유를 침해하는 등 우려가 있는 때 교정시설의 장이 문서의 외부반출을 금지할 수 있도록 한 것은 이미 표현된 집필문을 외부의 특정한 상대방에게 발송할 수 있는지 여부에 대해 규율하는 것이므로, 이에 의해 제한되는 기본권은 통신의 자유로 보아야 한다. 2022 국회직8급 ( )

해설 ▶ 청구인은 심판대상조항에 의해 표현의 자유 또는 예술창작의 자유가 제한된다고 주장하나, 심판대상조항은 집필문을 창작하거나 표현하는 것을 금지하거나 이에 대한 허가를 요구하는 조항이 아니라 이미 표현된 집필문을 외부의 특정한 상대방에게 발송할 수 있는지 여부에 대해 규율하는 것이므로, 제한되는 기본권은 헌법 제18조에서 정하고 있는 통신의 자유로 봄이 상당하다(헌재 2016.5.26. 2013헌바98).

27-1 자유로운 의사소통은 통신내용의 비밀을 보장하는 것만으로는 충분하지 아니하고 구체적인 통신으로 발생하는 외형적인 사실관계, 특히 통신관여자의 인적 동일성·통신시간·통신장소·통신횟수 등 통신의 외형을 구성하는 통신이용의 전반적 상황의 비밀까지도 보장해야 한다. 2022 지방직7급 / 2022 국회직8급 / 2023 지방직7급 / 2024 행시 ( )

27-2 헌법 제18조는 통신의 비밀보호를 그 핵심내용으로 하는 통신의 자유를 기본권으로 보장하고 있는데, 자유로운 의사소통은 통신내용의 비밀을 보장하는 것뿐만 아니라 통신관여자의 인적 동일성·통신장소·통신횟수·통신시간 등 통신의 외형을 구성하는 통신이용의 전반적 상황의 비밀까지도 보장한다. 2023 변시 ( )

27-3 자유로운 의사소통은 통신내용의 비밀을 보장하는 것만으로 충분하다. 2023 경찰경력채용 ( )

해설 ▶ 자유로운 의사소통은 통신내용의 비밀을 보장하는 것만으로는 충분하지 아니하고 구체적인 통신으로 발생하는 외형적인 사실관계, 특히 통신관여자의 인적 동일성·통신시간·통신장소·통신횟수 등 통신의 외형을 구성하는 통신이용의 전반적 상황의 비밀까지도 보장해야 한다(헌재 2018.6.28. 2012헌마191 등).

28 누구든지 공개되지 아니한 타인 간의 대화를 녹음하거나 전자장치 또는 기계적 수단을 이용하여 청취할 수 없다. 2022 경찰간부 ( )

해설 ▶ 누구든지 공개되지 아니한 타인 간의 대화를 녹음하거나 전자장치 또는 기계적 수단을 이용하여 청취할 수 없다(통신비밀보호법 제14조 제1항).

29 화상접견시스템이라는 전기통신수단을 이용하여 마약류 사범인 미결수용자와 변호인이 아닌 접견인 사이의 접견내용을 모두 녹음·녹화하는 것은 미결수용자의 통신의 비밀을 침해하지 않는다. 2022 입법고시 ( )

해설 ▶ 이 사건 녹음조항은 수용자의 증거인멸의 가능성 및 추가범죄의 발생 가능성을 차단하고, 교정시설 내의 안전과 질서유지를 위한 것으로 목적의 정당성이 인정되며, 수용자는 증거인멸 또는 형사 법령 저촉 행위를 할 경우 쉽게 발각될 수 있다는 점을 예상하여 이를 억제하게 될 것이므로 수단의 적합성도 인정된다. 미결수용자는 접견 시 지인 등을 통해 자신의 범죄에 대한 증거를 인멸할 가능성이 있고, 마약류사범의 경우 그 중독성으로 인하여 교정시설 내부로 마약을 반입하여 복용할 위험성도 있으므로 교정시설 내의 안전과

ANSWER   26-2 ○   27-1 ○   27-2 ○   27-3 ×   28 ○   29 ○

질서를 유지할 필요성은 매우 크다. 또한, 교정시설의 장은 미리 접견내용의 녹음 사실 등을 고지하며, **접견기록물의 엄격한 관리를 위한 제도적 장치도 마련되어 있는 점** 등을 고려할 때 침해의 최소성 요건도 갖추고 있다. 나아가 청구인의 접견내용을 녹음·녹화함으로써 증거인멸이나 형사 법령 저촉 행위의 위험을 방지하고, **교정시설 내의 안전과 질서유지에 기여하려는 공익은 미결수용자가 받게 되는 사익의 제한보다 훨씬 크고 중요하므로 법익의 균형성도 인정**된다. 따라서 **이 사건 녹음조항은 과잉금지원칙에 위배되어 청구인의 사생활의 비밀과 자유 및 통신의 비밀을 침해하지 아니한다**(헌재 2016.11.24. 2014헌바401).

30 통신제한조치에 대한 법원의 허가는 통신비밀보호법에 근거한 소송절차 이외의 파생적 사항에 관한 법원의 공권적 법률판단으로 헌법재판소법 제68조 제1항에서 헌법소원의 대상에서 제외하고 있는 법원의 재판에 해당하므로, 이에 대한 헌법소원심판청구는 부적법하다. 2023 법원직 ( )

해설 통신제한조치에 대한 법원의 허가는 통신비밀보호법에 근거한 소송절차 이외의 파생적 사항에 관한 법원의 공권적 법률판단으로 헌법재판소법 제68조 제1항에서 헌법소원의 대상에서 제외하고 있는 법원의 재판에 해당하므로, 이에 대한 심판청구는 부적법하다(헌재 2018.8.30. 2016헌마263).

제7절 재산권의 보장

I 헌법 조문

제23조 ① 모든 국민의 재산권은 보장된다. 그 내용과 한계는 법률로 정한다.
② 재산권의 행사는 공공복리에 적합하도록 하여야 한다.
③ 공공필요에 의한 재산권의 수용·사용 또는 제한 및 그에 대한 보상은 법률로써 하되, 정당한 보상을 지급하여야 한다.

II 최신 기출지문 분석

01 재산권보장은 재산권을 보장한다는 의미와 법제도로서의 사유재산제도를 보장한다는 이중적 의미를 가지고 있다. 2023 국회직9급 ( )

해설 재산권의 보장은 국민 개개인이 재산권을 향유할 수 있는 법제도로서의 사유재산제도를 보장한다는 의미와 함께 그 기조 위에서 그들이 현재 누리고 있는 구체적 재산권을 개인의 기본권으로 보장한다는 이중적 의미를 지니고 있다(헌재 2003.12.18. 2001헌바91 등).

ANSWER 30 ○ / 01 ○

02-1 사회부조와 같이 국가의 일방적인 급부에 대한 권리는 재산권의 보호대상에서 제외되고, 단지 사회법상의 지위가 자신의 급부에 대한 등가물에 해당하는 경우에 한하여 사법상의 재산권과 유사한 정도로 보호받아야 할 공법상의 권리가 인정된다. 2023 변시 ( )

02-2 공법상의 권리가 헌법상의 재산권보장의 보호를 받기 위해서는 원칙적으로 권리주체의 노동이나 투자, 특별한 희생에 의하여 획득되어 자신이 행한 급부의 등가물에 해당하는 것이어야 하지만, 예외적으로 사회부조와 같은 국가의 일방적인 급부에 대한 권리도 재산권의 보호대상이 될 수 있다. 2024 입법고시 ( )

02-3 사회부조와 같이 국가의 일방적인 급부에 대한 권리라 하더라도 그것이 금전의 급부로서 주어지는 경우 원칙적으로 재산권의 보호대상에 포함된다. 2023 법무사 ( )

> 해설 사회부조와 같이 국가의 일방적인 급부에 대한 권리는 재산권의 보호대상에서 제외되고, 단지 사회법상의 지위가 자신의 급부에 대한 등가물에 해당하는 경우에 한하여 사법상의 재산권과 유사한 정도로 보호받아야 할 공법상의 **권리가 인정**된다. 즉, 공법상의 법적 지위가 사법상의 재산권과 비교될 정도로 강력하여 그에 대한 박탈이 법치국가원리에 반하는 경우에 한하여, 그러한 성격의 공법상의 권리가 재산권의 보호대상에 포함된다는 것이다.
> **의료급여수급권은 공공부조의 일종**으로서 순수하게 사회정책적 목적에서 주어지는 권리이므로 **개인의 노력과 금전적 기여를 통하여 취득되는 재산권의 보호대상에 포함된다고 보기 어려워,** 이 사건 시행령조항 및 시행규칙조항이 청구인들의 재산권을 침해한다고 할 수 없다(헌재 2009.9.24. 2007헌마1092).

03 일반국민이 공동불법행위자인 군인의 부담부분에 관하여 국가에 대하여 구상권을 행사할 수 없다고 해석한다면 일반국민의 재산권을 과잉 제한하는 경우에 해당한다. 2021 경찰경력채용 ( )

> 해설 **국가에 대한 구상권은 헌법 제23조 제1항에 의하여 보장되는 재산권**이고 위와 같은 해석은 그러한 재산권의 제한에 해당하며 재산권의 제한은 헌법 제37조 제2항에 의한 기본권 제한의 한계 내에서만 가능하다. 국가배상법 제2조 제1항 단서 중 "군인 … 이 … 직무집행과 관련하여 … 공상을 입은 경우에 본인 또는 그 유족이 다른 법령의 규정에 의하여 재해보상금·유족연금·상이연금 등의 보상을 지급받을 수 있을 때에는 이 법 및 민법의 규정에 의한 손해배상을 청구할 수 없다"는 부분은, 일반국민이 직무집행 중인 군인과의 공동불법행위로 직무집행 중인 다른 군인에게 공상을 입혀 그 피해자에게 공동의 불법행위로 인한 손해를 배상한 다음 공동불법행위자인 군인의 부담부분에 관하여 국가에 대하여 구상권을 행사하는 것을 허용하지 아니한다고 해석하는 한, 헌법에 위반된다(헌재 1994.12.29. 93헌바21).

04 헌법이 보장하고 있는 재산권은 경제적 가치가 있는 모든 공법상 사법상의 권리를 뜻한다. 2021 경찰경력채용 ( )

> 해설 우리 헌법이 보장하고 있는 재산권은 '경제적 가치가 있는 모든 공법상·사법상의 권리'이고, 이때 재산권보장에 의하여 보호되는 재산권은 '사적 유용성 및 그에 대한 원칙적 처분권을 내포하는 재산가치가 있는 구체적 권리'를 의미한다(헌재 2011.10.25. 2009헌바234).

05 헌법 제23조의 재산권은 「민법」상의 소유권으로 재산적 가치있는 사법상의 물권·채권 등의 권리를 의미하며, 국가로부터의 일방적인 급부가 아닌 자기 노력의 대가나 자본의 투자 등 특별한 희생을 통하여 얻은 공법상의 권리는 포함하지 않는다. 2024 행시 ( )

ANSWER 02-1 ○ 02-2 × 02-3 × 03 ○ 04 ○ 05 ×

해설 ▶ 헌법 제23조의 재산권은 민법상의 소유권뿐만 아니라, 재산적 가치있는 사법상의 물권, 채권 등 모든 권리를 포함하며, 또한, **국가로부터의 일방적인 급부가 아닌 자기 노력의 댓가나 자본의 투자 등 특별한 희생을 통하여 얻은 공법상의 권리도 포함**한다(헌재 2009.9.24. 2007헌마1092).

06 '사업인정고시가 있은 후에 3년 이상 토지가 공익용도로 사용된 경우' 토지소유자에게 매수 혹은 수용청구권을 인정한 「공익 사업을 위한 토지 등의 취득 및 보상에 관한 법률」의 조항을 통하여 인정되는 '수용청구권'은 사적 유용성을 지닌 것으로서 재산의 사용, 수익, 처분에 관계되는 법적 권리이므로 헌법상 재산권에 포함된다. 2022 경찰승진 ( )

해설 ▶ 헌법이 보장하고 있는 재산권은 경제적 가치가 있는 모든 공법상·사법상의 권리를 뜻하며, 사적 유용성 및 그에 대한 원칙적인 처분권을 내포하는 재산가치 있는 구체적인 권리를 의미한다. 이 사건 조항을 통하여 인정되는 '**수용청구권**'은 **사적 유용성을 지닌 것으로서 재산의 사용, 수익, 처분에 관계되는 법적 권리이므로 헌법상 재산권에 포함**된다고 볼 것이다(헌재 2005.7.21. 2004헌바57).

07 헌법재판소는 공법상의 권리가 재산권보장의 보호를 받기 위해서는 '개인의 노력과 금전적 기여를 통하여 취득되고 자신과 그의 가족의 생활비를 충당하기 위한 경제적 가치가 있는 권리'여야 한다고 판시하고, 공무원연금법 및 군인연금법상의 연금수급권이 헌법상 보장되는 재산권에 포함됨을 밝힌 바 있다. 2023년 법원직 ( )

해설 ▶ **군인연금법상의 퇴직급여 등 급여수급권**은 사회적 기본권의 하나인 사회보장수급권임과 동시에 경제적 가치가 있는 권리로서 **헌법 제23조에 의하여 보장되는 재산권의 성격**도 갖고 있다(헌재 2013.9.26. 2011헌바100).
공무원연금법상의 연금수급권은 사회보장수급권의 성격과 아울러 재산권적 성격을 가지고 있다는 점에서 양 권리의 성격이 불가분적으로 혼재되어 있으므로, 비록 연금수급권에 재산권의 성격이 일부 있다 하더라도 그것은 사회보장법리의 강한 영향을 받지 않을 수 없다(헌재 2020.6.25. 2018헌마865).
예우법상 보상금수급권은 다른 국가보상적 내지 국가보훈적 수급권이나 사회보장수급권과 마찬가지로 구체적인 법률에 의하여 비로소 부여되는 권리로서, 법정요건을 갖춘 후 발생하는 보상금수급권은 구체적인 법적 권리로 보장되는 경제적·재산적 가치가 있는 공법상의 권리라 할 것이지만, 법정요건을 갖추기 전에는 헌법이 보장하는 재산권이라 할 수 없고, 예우법 시행 전 또는 그 시행 중에 상이를 입은 군경이 상이를 입게 된 시점에 가지게 되는 보상금수급권에 관한 지위는 수급권 발생에 필요한 법정요건을 갖춘 후에 비로소 재산권인 보상금수급권을 취득할 수 있으리라는 기대이익에 불과하다(헌재 2011.7.28. 2009헌마27).
국민연금제도는 사회보장에 관한 헌법규정인 제34조 제1항, 제2항, 제5항을 구체화한 제도로서, 국민연금법상 연금수급권 내지 연금수급기대권은 사회보장적 급여에 해당하나, **사망일시금은 사회보험의 원리에서 다소 벗어난 장제부조적·보상적 성격을 갖는 급여로서, 연금제도의 목적을 직접적으로 달성하기 위한 급여는 아니다**(헌재 2019.2.28. 2017헌마432).

08 「국민연금법」상 연금수급권 내지 연금수급기대권이 재산권의 보호대상인 사회보장적 급여라고 한다면 사망일시금은 헌법상 재산권에 해당한다. 2022 경찰승진 ( )

해설 ▶ 사망일시금 제도는 유족연금 또는 반환일시금을 지급받지 못하는 가입자 등의 가족에게 사망으로 소요되는 비용의 일부를 지급함으로써 국민연금제도의 수혜범위를 확대하고자 하는 차원에서 도입되었는데, 국민연금제도가 사회보장에 관한 헌법규정인 제34조 제1항, 제2항, 제5항을 구체화한 제도로서, **국민연금법상 연금수급권 내지 연금수급기대권이 재산권의 보호대상인 사회보장적 급여라고 한다면 사망일시금은 사회보험의 원리에서 다소 벗어난 장제부조적·보상적 성격을 갖는 급여로 사망일시금은 헌법상 재산권에 해당하지 아니하므로**, 이 사건 사망일시금 한도 조항이 청구인들의 재산권을 제한한다고 볼 수 없다(헌재 2019.2.28. 2017헌마432).

ANSWER 06 ○   07 ○   08 ✕

09 「공무원연금법」이 개정되어 시행되기 전에 청구인이 이미 퇴직 하여 퇴직연금을 수급할 수 있는 기초를 상실한 경우에는 공무원 퇴직연금의 수급요건을 재직기간 20년에서 10년으로 완화한 개정 「공무원연금법」 규정이 청구인의 재산권을 제한한다고 볼 수 없다. 2022 경찰승진 ( )

> 해설 청구인은 심판대상조항이 자신의 재산권 및 인간다운 생활을 할 권리도 침해한다고 주장하나, **공무원연금법이 개정되어 시행되기 전 청구인은 이미 퇴직하여 퇴직연금을 수급할 수 있는 기초를 상실한 상태이므로, 심판대상조항이 청구인의 재산권 및 인간다운 생활을 할 권리를 제한한다고 볼 수 없다**(헌재 2017.5.25. 2015헌마933).

10 수용된 토지가 당해 공익사업에 필요 없게 되거나 이용되지 아니하였을 경우에 피수용자가 그 토지소유권을 회복할 수 있는 권리인 환매권은 헌법상의 재산권 보장규정으로부터 도출되는 것으로서 헌법이 보장하는 재산권의 내용에 포함되지만 피수용자가 수용 당시 이미 정당한 손실보상을 받은 경우에는 부정될 수 있다. 2024 법원행시 ( )

> 해설 토지수용법 제71조 소정의 **환매권은 헌법상의 재산권 보장규정으로부터 도출되는 것으로서** 헌법이 보장하는 재산권의 내용에 포함되는 권리라고 할 수 있다. 또 이 권리는 **피수용자가 수용 당시 이미 정당한 손실보상을 받았다는 사실로 말미암아 부정되지 않는다**(헌재 1994.2.24. 92헌가15 등).

11 일본국에 의하여 광범위하게 자행된 반인도적 범죄행위에 대하여 일본군위안부 피해자들이 일본에 대하여 가지는 배상청구권은 헌법상 보장되는 재산권이 아니다. 2021 경찰경력채용 / 2022 입법고시 ( )

> 해설 일본에 의하여 광범위하게 자행된 반인도적 범죄행위에 대하여 일본군 '위안부' 피해자들이 일본에 대하여 가지는 배상청구권은 **헌법상 보장되는 재산권일 뿐 아니라, 그 배상청구권의 실현은 무자비하게 지속적으로 침해된 인간으로서의 존엄과 가치 및 신체의 자유를 사후적으로 회복한다는 의미를 가지는 것이므로**, 그 배상청구권의 실현을 가로막는 것은 헌법상 재산권 문제에 국한되지 않고 근원적인 인간으로서의 존엄과 가치의 침해와 직접 관련이 있다. 한일청구권협정 제3조에 따라 분쟁해결의 절차로 나아갈 의무는 헌법에서 유래하는 작위의무로서 그것이 법령에 구체적으로 규정되어 있는 경우라 할 것이므로, 해석상 분쟁을 한일청구권협정 제3조가 정한 절차에 따라 해결하지 아니하고 있는 부작위는 헌법에 위반하여 일본군 '위안부' 피해자의 기본권을 침해한다(헌재 2019.12.27. 2016헌마253).

12 헌법 제23조 제1항의 재산권보장에 의하여 보호되는 재산권은 사적 유용성 및 그에 대한 원칙적 처분권을 내포하는 재산가치 있는 구체적 권리이다. 그러므로 구체적인 권리가 아닌, 단순한 이익이나 재화의 획득에 관한 기회 등은 재산권보장의 대상이 아니다. 2023 법원직 ( )

> 해설 헌법상 보장된 재산권은 사적 유용성 및 그에 대한 원칙적인 처분권을 내포하는 재산가치 있는 구체적인 권리이므로, **구체적 권리가 아닌 영리획득의 단순한 기회나 기업활동의 사실적·법적 여건은 기업에게는 중요한 의미를 갖는다고 하더라도 재산권보장의 대상이 아니다**(헌재 2002.7.18. 99헌바574).

13 단순한 기대이익 반사적 이익 또는 경제적인 기회 등은 재산권에 속하지 않는다. 2021 경찰경력채용 ( )

> 해설 우리 헌법 제23조 제1항이 보장하고 있는 재산권의 범위에는 동산·부동산에 대한 모든 종류의 물권은 물론, 재산가치 있는 모든 사법상의 채권과 특별법상의 권리 및 재산가치 있는 공법상의 권리 등이 포함되나, **단순한 기대이익이나 반사적 이익 또는 경제적인 기회 등은 재산권에 속하지 않고**, 따라서 청구인이 1일간의 예비군 교육훈련에 참가하는 과정에서 일부 비용을 자신이 부담함으로써 입게 되는 경제상의 불이익은 헌법에서 보장하는 재산권의 범위에 포함된다고 볼 수 없으므로, 헌법상의 재산권조항으로부터 피청구인의 청구인에 대한 훈련보상의무가 도출된다고 할 수 없다(헌재 2003.6.26. 2002헌마484).

ANSWER 09 ○ 10 × 11 × 12 ○ 13 ○

14 공무원의 보수청구권이 법령에 의하여 구체적 내용이 형성되기 전이라면 공무원이 국가 또는 지방자치단체에 대하여 어느 수준의 보수를 청구할 수 있는 권리는 단순한 기대이익에 불과하여 재산권의 내용에 포함된다고 볼 수 없다. 2022 입법고시 ( )

> 해설 공무원이 국가 또는 지방자치단체에 대하여 어느 수준의 보수를 청구할 수 있는 권리는 단순한 기대이익에 불과하여 재산권의 내용에 포함된다고 볼 수 없으므로, 청구인이 주장하는 특정한 보수수준이 법령에 의하여 구체적으로 형성된 바 없는 이상, 이 사건 병의 봉급표가 그 보수수준보다 낮은 봉급월액을 규정하고 있다고 하여 청구인의 재산권을 침해한다고 볼 수는 없다(헌재 2012.10.25. 2011헌마307).

15 산업재해보상보험법상 보험급여와 같이 수급권의 발생요건이 법정되어 있는 경우, 그러한 법정요건을 갖추기 전이라고 하더라도, 헌법이 보장하는 재산권에 해당한다. 2022 법원행시 ( )

> 해설 산재법상 보험급여와 같이 수급권의 발생요건이 법정되어 있는 경우, 그러한 법정요건을 갖추기 전에는 헌법이 보장하는 재산권이라고 할 수 없다(헌재 2006.11.30. 2005헌바25).

16 잠수기어업허가를 받아 키조개 등을 채취하는 직업에 종사한다고 하더라도 이는 원칙적으로 자신의 계획과 책임하에 행동하면서 법제도에 의하여 반사적으로 부여되는 기회를 활용하는 것에 불과하므로 잠수기어업허가를 받지 못하여 상실된 이익 등 청구인 주장의 재산권은 헌법 제23조에서 규정하는 재산권의 보호범위에 포함된다고 볼 수 없다. 2022 경찰승진 ( )

> 해설 청구인이 잠수기어업허가를 받아 키조개 등을 채취하는 직업에 종사한다고 하더라도 이는 원칙적으로 자신의 계획과 책임하에 행동하면서 법제도에 의하여 반사적으로 부여되는 기회를 활용하는 것에 불과하므로 잠수기어업허가를 받지 못하여 상실된 이익 등 청구인 주장의 재산권은 헌법 제23조에서 규정하는 재산권의 보호범위에 포함된다고 볼 수 없다(헌재 2008.6.26. 2005헌마173).

17 보안거리에 저촉되는 화약류저장소에 대한 시설이전명령때문에 화약류저장소를 이용한 영업을 하지 못하게 된다 하더라도 그로 인해 상실되는 영리획득의 기회를 헌법에 의해 보장되는 재산권으로 보기는 어렵다. 2022 법무사 ( )

> 해설 청구인은 화약류저장소를 이용한 영업을 못하게 됨으로써 재산권을 침해받는다고 주장한다. 그런데 헌법상 보장된 재산권은 원래 사적 유용성 및 그에 대한 원칙적인 처분권을 내포하는 재산가치 있는 구체적인 권리이므로 구체적 권리가 아닌 영리획득의 단순한 기회나 기업활동의 사실적·법적 여건은 기업에게는 중요한 의미를 갖는다고 하더라도 재산권 보장의 대상이 되지 않는다. 따라서 청구인이 시설이전명령에 의해 영업을 하지 못하게 된다 하더라도, 그 상실되는 영리획득의 기회를 헌법에 의해 보장되는 재산권으로 보기는 어렵다(헌재 2021.9.30. 2018헌바456).

18 공무원연금법상의 각종 급여는 기본적으로 모두 사회보장적 급여로서의 성격을 가짐과 동시에 공로보상 내지 후불 임금으로서의 성격도 함께 가지며, 특히 공무원연금법상 퇴직연금수급권은 경제적 가치 있는 권리로서 헌법 제23조에 의하여 보장되는 재산권으로서의 성격을 가진다. 2022 법무사 ( )

> 해설 공무원연금제도는 공무원이라는 특수직역을 대상으로 한 노후소득보장, 근로보상, 재해보상, 부조 및 후생복지 등을 포괄적으로 실시하는 종합적인 사회보장제도이므로, 공무원연금법상의 각종 급여는 기본적으로 모두 사회보장적 급여로서의 성격을 가짐과 동시에 공로보상 내지 후불임금으로서의 성격도 함께 가지며 특히 퇴직연금수급권은 경제적 가치 있는 권리로서 헌법 제23조에 의하여 보장되는 재산권으로서의 성격을 가지는데 다만, 그 구체적인 급여의 내용, 기여금의 액수 등을 형성하는 데에 있어서는 직업공무원제도나 사회보험원리에 입각한 사회보장적 급여로서의 성격으로 인하여 일반적인 재산권에 비하여 입법자에게 상대적으로 보다 폭넓은 재량이 헌법상 허용된다고 볼 수 있다(헌재 2005.6.30. 2004헌바42).

ANSWER 14 ○ 15 × 16 ○ 17 ○ 18 ○

19 개인택시면허는 자신의 노력으로 혹은 금전적 대가를 치르고 얻은 재산권이라고 할 수 있다. 2022 입법고시
( )

해설 개인택시운송사업자는 장기간의 모범적인 택시운전에 대한 보상의 차원에서 개인택시면허를 취득하였거나, 고액의 프리미엄을 지급하고 개인택시면허를 양수한 사람들이므로 **개인택시면허는 자신의 노력으로 혹은 금전적 대가를 치르고 얻은 재산권이라고 할 수 있다**(헌재 2012.3.29. 2010헌마443 등).

20 「우편법」에 규정된 우편물의 지연배달에 따른 손해배상청구권은 헌법이 보장하는 재산권의 내용에 포함되는 권리이다. 2022 입법고시
( )

해설 **우편법 제38조에 따른 손해배상청구권은 헌법이 보장하는 재산권의 내용에 포함되는 권리**이고, 심판대상조항은 우편물의 수취인이 발송인의 승인을 받은 경우에만 위 손해배상청구권을 행사할 수 있도록 규정하고 있으므로, 수취인의 재산권을 제한한다(헌재 2015.4.30. 2013헌바3830).

21 예비군 교육훈련에 참가한 예비군대원이 훈련 과정에서 식비, 여비 등을 스스로 지출함으로써 생기는 경제적 부담은 헌법에서 보장하는 재산권의 범위에 포함된다고 할 수 없고, 예비군 교육훈련 기간 동안의 일실수익과 같은 기회비용 역시 경제적인 기회에 불과하여 재산권의 범위에 포함되지 아니한다. 2022 국회직8급 ( )

해설 **예비군 교육훈련에 참가한 예비군대원이 훈련 과정에서 식비, 여비 등을 스스로 지출함으로써 생기는 경제적 부담은 헌법에서 보장하는 재산권의 범위에 포함된다고 할 수 없고, 예비군 교육훈련 기간 동안의 일실수익과 같은 기회비용 역시 경제적인 기회에 불과하여 재산권의 범위에 포함되지 아니한다.** 그렇다면 심판대상조항으로 인하여 청구인의 재산권이 침해될 가능성을 인정할 수 없다(헌재 2019.8.29. 2017헌마828).

22 상업용 음반 등에 관한 저작재산권자의 공연권 및 저작인접권자의 보상청구권은 헌법 제23조에 의하여 보장되는 재산적 가치가 있는 권리에 해당한다. 2024 경찰1차 ( )

해설 심판대상조항(청중이나 관중으로부터 당해 공연에 대한 반대급부를 받지 아니하는 경우에는 상업용 음반 등을 재생하여 공중에게 공연할 수 있다고 규정한 저작권법조항)에 따라 제한되는 상업용 음반 등에 관한 저작재산권자의 공연권 및 저작인접권자의 보상청구권은 헌법 제23조에 의하여 보장되는 재산적 가치가 있는 권리에 해당하는바, 심판대상조항이 저작재산권자 및 저작인접권자(이하 '저작재산권자 등'이라 한다)의 재산권을 침해하는지 여부가 문제된다(헌재 2019.11.28. 2016헌마1115 등).

23-1 최저임금을 인상하는 내용의 고시는 근로자에게 지급하여야 할 임금 증가, 생산성 저하, 이윤 감소 등 사업자에게 불이익을 겪게 할 우려가 있으므로 사업자의 재산권을 제한한다. 2023 변시 ( )

23-2 헌법상 보장된 재산권은 원래 사적 유용성 및 그에 대한 원칙적인 처분권을 내포하는 재산가치 있는 구체적인 권리이고, 영리획득의 단순한 기회나 기업활동의 사실적·법적 여건은 기업에게 중요한 의미를 갖기 때문에 헌법 제15조에서 보장하는 직업의 자유에 포함되는 기업의 자유뿐만 아니라 헌법 제23조 제1항의 재산권보장의 대상이 된다. 따라서 사용자가 최저임금의 적용을 받는 근로자에게 지급하여야 할 임금의 최저액을 정한 최저임금 고시 부분은 계약의 자유와 기업의 자유를 제한하는 결과 근로자에게 지급하여야 할 임금이 늘어나거나 생산성 저하, 이윤 감소 등 불이익을 겪을 우려가 있거나, 그 밖에 사업상 어려움이 발생할 수 있기 때문에 이는 기업활동의 사실적·법적 여건에 관한 것으로 재산권 침해의 문제도 발생한다. 2024 법원행시
( )

ANSWER 19 ○ 20 ○ 21 ○ 22 ○ 23-1 ✕ 23-2 ✕

해설 헌법상 보장된 재산권은 원래 사적 유용성 및 그에 대한 원칙적인 처분권을 내포하는 재산가치 있는 구체적인 권리이므로 구체적 권리가 아닌 영리획득의 단순한 기회나 기업활동의 사실적·법적 여건은 기업에게는 중요한 의미를 갖는다고 하더라도 재산권 보장의 대상이 아니다. **각 최저임금 고시 부분은 사용자가 최저임금의 적용을 받는 근로자에게 지급하여야 할 임금의 최저액을 정한 것으로 청구인들이 이로 인하여 계약의 자유와 기업의 자유를 제한받는 결과 근로자에게 지급하여야 할 임금이 늘어나거나 생산성 저하, 이윤 감소 등 불이익을 겪을 우려가 있거나, 그 밖에 사업상 어려움이 발생할 수 있다고 하더라도 이는 기업활동의 사실적·법적 여건에 관한 것으로 재산권 침해는 문제되지 않는다**(헌재 2019.12.27. 2017헌마1366 등).

24 「감염병예방법」에 근거한 집합제한 조치로 인하여 일반음식점 영업이 제한되어 영업이익이 감소되었다고 하더라도, 일반음식점 운영자가 소유하는 영업시설·장비 등에 대한 구체적인 사용·수익 및 처분권한을 제한받는 것은 아니므로, 보상규정의 부재가 일반음식점 운영자의 재산권을 제한한다고 볼 수 없다.
2023 경찰경력채용 ( )

해설 감염병예방법 제49조 제1항 제2호에 근거한 집합제한 조치로 인하여 청구인들의 일반음식점 영업이 제한되어 영업이익이 감소되었다 하더라도, 청구인들이 소유하는 영업 시설·장비 등에 대한 구체적인 사용·수익 및 처분권한을 제한받는 것은 아니므로, 보상규정의 부재가 청구인들의 재산권을 제한한다고 볼 수 없다(헌재 2023.6.29. 2020헌마1669).

25 통일부장관이 2010. 5. 24. 발표한 북한에 대한 신규투자 불허 및 진행 중인 사업의 투자확대 금지 등을 내용으로 하는 대북조치로 인하여 재산상 손실을 입은 자에 대한 보상입법을 마련하지 않은 경우, 이는 헌법 해석상 보상규정을 두어야 할 입법의무가 도출됨에도 이를 이행하지 아니한 진정입법부작위에 해당하여 개성공단 내의 토지이용권을 사용·수익할 수 없게 된 청구인의 재산권을 침해한다. 2024 경찰1차 ( )

해설 2010. 5. 24.자 대북조치에 대하여 보상입법을 두지 않은 입법부작위는 진정입법부작위로서, 헌법의 명시적 입법위임이나 헌법해석상 입법의무가 있을 것을 요건으로 한다. 헌법 제23조 제1항, 제2항은 입법자에게 2010. 5. 24.자 대북조치로 인한 재산권 제한에 대하여 보상하도록 하는 내용의 법률을 제정하여야 할 명시적이고 구체적인 입법의무를 부과하고 있지 않다. 북한에 대한 투자는 그 본질상 다양한 요인에 의하여 변화하는 남북관계에 따라 불측의 손해가 발생할 가능성이 당초부터 있었고, 경제협력사업을 하고자 하는 자들은 이러한 사정을 모두 감안하여 자기 책임 하에 스스로의 판단으로 사업 여부를 결정하였다. 나아가 정부는 예기치 못한 정치적 상황 변동에 따른 경제협력사업자의 손실을 보전하기 위하여 남북협력기금을 재원으로 하는 비영리 정책보험인 경제협력보험제도를 운영하고, 남북 당국의 조치에 의하여 개성공단 사업이 상당기간 중단되는 경우 경영 안정을 위한 자금지원, 투자기업의 국내 이전이나 대체생산시설 설치에 대한 자금지원 등 필요한 조치를 취할 수 있도록 하고 있다. **이를 종합하면, 헌법 해석상으로도 2010. 5. 24.자 대북조치로 인하여 재산상 손실을 입은 자에 대한 보상을 하여야 할 입법의무가 도출된다고 보기 어렵다**(헌재 2022.5.26. 2016헌마95).

26-1 우리 헌법의 재산권보장은 사유재산의 처분과 그 상속을 포함하는 것인바, 유언자가 생전에 최종적으로 자신의 재산권에 대하여 처분할 수 있는 법적 가능성을 의미하는 유언의 자유는 생전증여에 의한 처분과 마찬가지로 헌법상 재산권의 보호를 받는다. 2023 법원직 ( )

26-2 헌법의 재산권보장은 사유재산의 사용과 그 처분을 포함하는 것인바, 유언자가 생전에 최종적으로 자신의 재산권에 대하여 처분할 수 있는 법적 가능성을 의미하는 유언의 자유가 생전증여에 의한 처분과 마찬가지로 헌법상 재산권의 보호를 받는 것은 아니다. 2023 경찰2차 ( )

ANSWER 24 ○ 25 × 26-1 ○ 26-2 ×

26-3 유언자가 생전에 최종적으로 자신의 재산권에 대하여 처분할 수 있는 법적 가능성을 의미하는 유언의 자유는 생전증여에 의한 처분과 마찬가지로 헌법상 재산권의 보호를 받는다. 2023 국가직7급 ( )

26-4 우리 헌법의 재산권보장은 사유재산의 처분과 그 상속을 포함하는 것인바, 유언자가 생전에 최종적으로 자신의 재산권에 대하여 처분할 수 있는 법적 가능성을 의미하는 유언의 자유는 생전증여에 의한 처분과 마찬가지로 헌법상 재산권의 보호를 받는다. 유언자가 자필증서에 의한 유언으로 유증을 하는 경우 그 방식을 모두 구비하지 않으면 설사 유언자의 의사가 진정한 것이라고 하더라도 유언의 효력이 부인되어 유언자의 진의를 관철할 수 없게 되는바, 이는 자신의 재산권을 자유롭게 처분할 수 있는 권능을 제한하는 것으로 헌법 제23조 제1항에서 보장되는 유언자의 재산권에 대한 제한이 된다. 2024 법원행시 ( )

26-5 유언의 자유는 단순한 재산권 처분의 권능 이외에도 사적 자치의 실현이라는 의미를 지닌다는 점에서 유언을 할지의 여부, 그 구체적인 내용의 선택, 유언의 방식 등은 기본적으로 개인의 자유로운 의사결정에 맡겨져 있다. 그러므로 자필증서에 의한 유언에 있어서 그 방식을 제한하는 것은 헌법 제10조의 행복추구권에서 파생된 유언자의 일반적 행동의 자유를 제한하는 것이 된다. 2024 법원행시 ( )

> **해설** 우리 헌법의 재산권보장은 사유재산의 처분과 그 상속을 포함하는 것인바, **유언자가 생전에 최종적으로 자신의 재산권에 대하여 처분할 수 있는 법적 가능성을 의미하는 유언의 자유는 생전증여에 의한 처분과 마찬가지로 헌법상 재산권의 보호**를 받는다. 유언자가 자필증서에 의한 유언으로 유증을 하는 경우 그 방식을 모두 구비하지 않으면 설사 유언자의 의사가 진정한 것이라고 하더라도 유언의 효력이 부인되어 유언자의 진의를 관철할 수 없게 되는바, 이는 자신의 재산권을 자유롭게 처분할 수 있는 권능을 제한하는 것으로 헌법 제23조 제1항에서 보장되는 유언자의 재산권에 대한 제한이 된다.
> 유언의 자유는 단순한 재산권 처분의 권능 이외에도 사적 자치의 실현이라는 의미를 지닌다는 점에서 유언을 할지의 여부, 그 구체적인 내용의 선택, 유언의 방식 등은 기본적으로 개인의 자유로운 의사결정에 맡겨져 있다. 그러므로 이 사건 법률조항과 같이 자필증서에 의한 유언에 있어서 그 방식을 제한하는 것은 헌법 제10조의 행복추구권에서 파생된 유언자의 일반적 행동의 자유를 제한하는 것이 된다(헌재 2008.12.26. 2007헌바128).

27 토지재산권에 대한 규제 조치는 헌법 제23조 제3항과 제37조 제2항에 의한 제한을 받는다. 2023 국회직9급 ( )

> **해설** 헌법 제37조 제2항에는 "국민의 모든 자유와 권리는 국가안전보장·질서유지 또는 공공복리를 위하여 필요한 경우에 한하여 법률로써 제한할 수 있으며, 제한하는 경우에도 자유와 권리의 본질적인 내용을 침해할 수 없다."고 규정하였다. 그러므로 **재산권의 성질상 부과되는 사회기속은 물론 질서유지 또는 공공복리라는 공익적 필요가 있으면 일정한 한도 내에서 법률로써 제한할 수 있는 것이다. 그러나 이러한 제한의 경우에도 과잉금지의 원칙이 지켜져야** 한다. 즉, 공익적 목적달성을 위하여 선택된 수단인 제한은 그 공익적 목적달성에 효과적이고 적절하여야 하고(방법의 적절성) 제한으로써 선택된 수단이 동일한 효과를 가진 수단 중에서 기본권을 가장 덜 제한하는 최소한의 것이어야 하고(피해의 최소성) 그 공익적 목적과 그 제한으로 선택된 수단을 교량할 때 그 수단, 즉 그 제한으로 인하여 받는 기본권자의 불이익 보다 그 수단으로 달성하려는 공익적 목적의 이익이 커야 한다(법익의 비례성 또는 균형성)는 이른바 **과잉금지의 원칙에 반하거나 재산권의 본질적인 내용을 침해하여서는 안된다는 한계성**이 있다(헌재 1992.6.26. 90헌바26). 공공필요에 의한 재산권의 수용·사용 또는 제한 및 그에 대한 보상은 법률로써 하되, 정당한 보상을 지급하여야 한다(헌법 제23조 제3항).

ANSWER 26-3 ○ 26-4 ○ 26-5 ○ 27 ○

28 재산권보장은 개인이 현재 누리고 있는 재산권을 개인의 기본권으로 보장한다는 의미와 개인이 재산권을 향유할 수 있는 법제도로서의 사유재산제도를 보장한다는 이중적 의미를 가지고 있다. 2024 행시 ( )

해설 재산권보장은 개인이 현재 누리고 있는 재산권을 개인의 기본권으로 보장한다는 의미와 개인이 재산권을 향유할 수 있는 법제도로서의 사유재산제도를 보장한다는 이중적 의미를 가지고 있다(헌재 1993. 7. 29. 92헌바20).

29 헌법은 국민의 구체적 재산권의 자유로운 이용·수익·처분을 보장하면서도 다른 한편 공공필요에 의한 재산권의 수용을 헌법이 규정하는 요건이 갖춰진 경우에 예외적으로 인정하고 있다. 2024 행시 ( )

해설 우리 헌법은 국민의 구체적 재산권의 자유로운 이용·수익·처분을 보장하면서도 다른 한편 공공필요에 의한 재산권의 수용을 헌법이 규정하는 요건이 갖춰진 경우에 예외적으로 인정하고 있다(헌법 제23조 제3항)(헌재 2020. 11. 26. 2019헌바131).

30-1 「가축전염병 예방법」상의 살처분은 가축의 전염병이 전파가능성과 위해성이 매우 커서 타인의 생명, 신체나 재산에 중대한 침해를 가할 우려가 있는 경우 이를 막기 위해 취해지는 조치로서 가축 소유자가 수인해야 하는 사회적 제약의 범위에 속한다. 2022 입법고시 ( )

30-2 「가축전염병 예방법」상 살처분 명령은 이미 형성된 재산권을 개별적·구체적으로 박탈한다는 점에서, 가축 소유자가 수인해야 하는 사회적 제약의 범위를 벗어나는 것으로 보아야 한다. 2024 변시 ( )

해설 살처분은 가축의 전염병이 전파가능성과 위해성이 매우 커서 타인의 생명, 신체나 재산에 중대한 침해를 가할 우려가 있는 경우 이를 막기 위해 취해지는 조치로서, 가축 소유자가 수인해야 하는 사회적 제약의 범위에 속한다(헌재 2014. 4. 24. 2013헌바110).

31-1 「댐건설관리법」은 댐사용권을 물권으로 보며 「댐건설관리법」에 특별한 규정이 있는 경우를 제외하고는 '부동산에 관한 규정'을 준용하도록 하고 있으므로 댐사용권은 사적 유용성 및 그에 대한 원칙적 처분권을 내포하는 재산가치 있는 구체적 권리로서 헌법상 재산권보장의 대상이 된다. 2023 국회직8급 ( )

31-2 댐사용권을 취소·변경할 수 있도록 규정한 「댐건설 및 주변지역지원 등에 관한 법률」 조항은 이미 형성된 구체적인 재산권을 공익을 위하여 개별적이고 구체적으로 박탈·제한하는 것으로서 보상을 요하는 헌법 제23조 제3항의 수용·사용·제한을 규정한 것이라고 볼 수 없고, 적정한 수자원의 공급 및 수재방지 등 공익적 목적에서 건설되는 다목적댐에 관한 독점적 사용권인 댐사용권의 내용과 한계를 정하는 규정인 동시에 공익적 요청에 따른 재산권의 사회적 제약을 구체화하는 규정이라고 보아야 한다. 2024 변시 ( )

해설 댐건설관리법은 댐사용권을 물권(物權)으로 보며, 댐건설관리법에 특별한 규정이 있는 경우를 제외하고는 부동산에 관한 규정을 준용하도록 한다(제29조). 댐사용권은 등록부에 공시하고 저당권의 대상이 되며(제32조), 댐사용권자는 설정된 댐사용권의 범위 내에서 저수 또는 유수의 배타적 사용권을 가지고 해당 댐의 저수를 사용하는 자로부터 사용료를 받을 수 있다(제35조). 이와 같이 **댐사용권은 사적유용성 및 그에 대한 원칙적 처분권을 내포하는 재산가치 있는 구체적 권리라고 할 것인바, 헌법 제23조에 의한 재산권보장의 대상이** 된다.
댐사용권변경조항은 다목적댐 건설 이후의 주변 환경 변화에 따라 댐의 저수 이용상황이 변경되어 댐사용권을 그대로 유지하는 것이 곤란한 경우 저수의 용도별 배분 및 댐사용권자를 변경함으로써 댐사용권을 둘러싼 법률관계를 일반적이고 추상적으로 규율하고자 하는 규정이다. 즉 **댐사용권변경조항은 이미**

ANSWER 28 ○   29 ○   30-1 ○   30-2 ×   31-1 ○   31-2 ○

형성된 구체적인 재산권을 공익을 위하여 개별적이고 구체적으로 박탈·제한하는 것으로서 보상을 요하는 헌법 제23조 제3항의 수용·사용·제한을 규정한 것이라고 볼 수 없고, 적정한 수자원의 공급 및 수재방지 등 공익적 목적에서 건설되는 다목적댐에 관한 독점적 사용권인 댐사용권의 내용과 한계를 정하는 규정인 동시에 공익적 요청에 따른 재산권의 사회적 제약을 구체화하는 규정이라고 보아야 한다.(헌재 2022.10.27. 2019헌바44).

32 종전 규정에 의한 폐기물재생처리신고업자의 사업이 개정 규정에 의한 폐기물중간처리업에 해당하는 경우, 영업을 계속하기 위하여는 법 시행일부터 1년 이내에 개정 규정에 의한 폐기물중간처리업의 허가를 받도록 하고 있는 구「폐기물관리법」부칙 규정으로 인해 사실상 폐업이 불가피하게 된 기존의 폐기물재생처리신고 업자는 재산권 침해를 이유로 헌법 제23조 제3항에 따른 보상을 받을 수 있다. 2024 변시 ( )

해설 헌법 제23조 제1항 및 헌법 제13조 제2항에 의하여 보호되는 재산권은 사적 유용성 및 그에 대한 원칙적 처분권을 내포하는 재산가치 있는 구체적 권리이고, 단순한 이익이나 재화의 획득에 관한 기회 또는 기업활동의 사실적·법적 여건 등은 재산권보장의 대상이 아니다. 그런데 **청구인들의 영업활동은 원칙적으로 자신의 계획과 책임하에 행위하면서 법제도에 의하여 반사적으로 부여되는 기회를 활용한 것에 지나지 않는다** 할 것이어서, 청구인들이 주장하는 영업권은 위 헌법조항들이 말하는 재산권의 범위에 속하지 아니하므로, 위 **법률조항으로 인하여 청구인들의 재산권이 침해되었다거나, 소급입법에 의하여 재산권이 박탈되었다고 할 수 없다**(헌재 2000.7.20. 99헌마452).

33 법률조항에 의한 재산권 제한이 헌법 제23조 제1항, 제2항에 근거한 재산권의 내용과 한계를 정한 것인지, 아니면 헌법 제23조 제3항에 근거한 재산권의 수용을 정한 것인지를 판단함에 있어서는 전체적인 재산권 제한의 효과를 종합적이고 유기적으로 파악하여 그 제한의 성격을 이해하여야 한다. 2023 국회직8급 ( )

해설 심판대상조항에 의한 재산권 제한이 헌법 제23조 제1항, 제2항에 근거한 재산권의 내용과 한계를 정한 것인지, 아니면 헌법 제23조 제3항에 근거한 재산권의 수용을 정한 것인지를 판단함에 있어서는 그 대상이 된 재산권 하나하나에 대한 제한의 효과를 개별적으로 분석할 것이 아니라, 전체적인 재산권 제한의 효과를 종합적이고 유기적으로 파악하여 그 제한의 성격을 이해하여야 한다(헌재 2019.11.28. 2016헌마1115 등).

34 공공필요에 의한 재산권의 수용·사용 또는 제한 및 그에 대한 보상은 법률로써 하되, 정당한 보상을 지급하여야 한다. 2023 경찰승진 ( )

해설 공공필요에 의한 재산권의 수용·사용 또는 제한 및 그에 대한 보상은 법률로써 하되, **정당한 보상**을 지급하여야 한다(헌법 제23조 제3항).

35-1 헌법이 규정한 '정당한 보상'이란 손실보상의 원인이 되는 재산권의 침해가 기존의 법질서 안에서 개인의 재산권에 대한 개별적인 침해인 경우에는 그 손실 보상은 원칙적으로 피수용재산의 객관적인 재산가치를 완전하게 보상하는 것이어야 한다는 완전보상을 뜻하는 것이다. 2023 변시 ( )

35-2 헌법 제23조 제3항의 정당한 보상이란 원칙적으로 완전보상을 의미한다. 2023 국회직9급 ( )

해설 **헌법 제23조 제3항에서 규정한 "정당한 보상"이란 원칙적으로 피수용재산의 객관적인 재산가치를 완전하게 보상하여야 한다는 완전보상**을 뜻하는 것이다(헌재 1990.6.25. 89헌마107).

36 헌법이 규정한 '정당한 보상'이란 손실보상의 원인이 되는 재산권의 침해가 기존의 법질서 안에서 개인의 재산권에 대한 개별적인 침해인 경우에 원칙적으로 피수용재산의 객관적인 재산가치를 완전하게 보상하는 것을 의미하는 것이고, 개발이익은 그 성질상 완전보상의 범위에 포함되지 아니한다. 2023 법무사 ( )

ANSWER   32 ×   33 ○   34 ○   35-1 ○   35-2 ○   36 ○

해설 헌법 제23조 제3항에서 규정한 "정당한 보상"이란 원칙적으로 피수용재산의 객관적인 재산가치를 완전하게 보상하여야 한다는 완전보상을 뜻하는 것이지만, **공익사업의 시행으로 인한 개발이익은 완전보상의 범위에 포함되는 피수용토지의 객관적 가치 내지 피수용자의 손실이라고는 볼 수 없다.** … 구 토지수용법 제46조 제2항이 보상액을 산정함에 있어 개발이익을 배제하고, 기준지가의 고시일 이후 시점보정을 인근토지의 가격변동율과 도매물가상승률 등에 의하여 행하도록 규정한 것은 헌법 제23조 제3항에 규정한 정당보상의 원리에 어긋나지 않는다(헌재 1990. 6. 25. 89헌마107).

37 공공필요에 의한 재산권의 공권력적, 강제적 박탈을 의미하는 공용수용은 헌법상의 재산권보장의 요청상 불가피한 최소한에 그쳐야 한다. 즉, 공용수용은 헌법 제23조 제3항에 명시되어 있는 대로 국민의 재산권을 그 의사에 반하여 강제적으로라도 취득해야 할 공익적 필요성이 있을 것, 법률에 의거할 것, 정당한 보상을 지급할 것의 요건을 모두 갖추어야 한다. 2024 법원행시 ( )

해설 우리 헌법의 재산권보장에 관한 규정의 근본취지에 비추어 볼 때, **공공필요에 의한 재산권의 공권력적, 강제적 박탈을 의미하는 공용수용은 헌법상의 재산권 보장의 요청상 불가피한 최소한에 그쳐야** 한다. 즉 공용수용은 헌법 제23조 제3항에 명시되어 있는 대로 국민의 재산권을 그 의사에 반하여 강제적으로라도 취득해야 할 공익적 필요성이 있을 것, 법률에 의거할 것, 정당한 보상을 지급할 것의 요건을 모두 갖추어야 한다(헌재 2014. 10. 30. 2011헌바172 등).

38-1 헌법 제23조 제3항은 정당한 보상을 전제로 하여 재산권의 수용 등에 관한 가능성을 규정하고 있지만, 재산권 수용의 주체를 한정하지 않고 있다. 위 헌법조항의 핵심은 당해 수용이 공공필요에 부합하는가, 정당한 보상이 지급되고 있는가 여부 등에 있는 것이다. 2024 법원행시 ( )

38-2 국가 등의 공적 기관이 직접 수용의 주체가 되는 것이든 그러한 공적 기관의 최종적인 허부판단과 승인결정하에 민간 기업이 수용의 주체가 되는 것이든, 양자 사이에 공공필요에 대한 판단과 수용의 범위에 있어서 본질적인 차이를 가져올 것으로 보이지 않는다. 2024 법원행시 ( )

38-3 헌법 제23조 제3항은 재산권 수용의 주체를 한정하지 않고 있지만, 정당한 보상을 전제로 하여 재산권의 수용 등에 관한 가능성을 규정하고 있는 점을 고려하면 수용 등의 주체는 국가 등의 공적 기관으로 한정하여 해석하여야 한다. 2024 입법고시 ( )

38-4 헌법 제23조 제3항은 재산권 수용의 주체를 한정하지 않고 있으므로, 수용의 주체를 국가 등 공적 기관에 한정하여 해석할 이유가 없다. 2023 법무사 / 2024 경찰1차 ( )

38-5 헌법 제23조 제3항은 재산권 수용의 주체를 한정하지 않고 있는바, 그 수용의 주체가 국가 등에 한정되어야 하는지, 아니면 민간기업에도 허용될 수 있는지 여부에 대하여 헌법이라는 규범적 층위에서는 구체적으로 결정된 내용이 없다는 것을 의미하므로, 수용의 주체를 국가 등 공적 기관에 한정하여 해석할 이유가 없다. 2023 변시 ( )

해설 헌법 제23조 제3항은 정당한 보상을 전제로 하여 재산권의 수용 등에 관한 가능성을 규정하고 있지만, 재산권 수용의 주체를 한정하지 않고 있다. 위 헌법조항의 핵심은 당해 수용이 공공필요에 부합하는가, 정당한 보상이 지급되고 있는가 여부 등에 있는 것이지, 그 수용의 주체가 국가인지 민간기업인지 여부에 달려 있다고 볼 수 없다.

ANSWER 37 ○   38-1 ○   38-2 ○   38-3 ✕   38-4 ○   38-5 ○

국가 등의 공적 기관이 직접 수용의 주체가 되는 것이든 그러한 공적 기관의 최종적인 허부판단과 승인결정하에 민간기업이 수용의 주체가 되는 것이든, 양자 사이에 공공필요에 대한 판단과 수용의 범위에 있어서 본질적인 차이를 가져올 것으로 보이지 않는다. 따라서 위 수용 등의 주체를 국가 등의 공적 기관에 한정하여 해석할 이유가 없다(헌재 2009.9.24. 2007헌바114).

39 공용수용에 관하여 규정하고 있는 헌법 제23조 제3항의 '공공필요'의 의미에 비추어 볼 때, 행정기관이 개발촉진지구 지역개발사업으로 실시계획을 승인하고 이를 고시하기만 하면 고급골프장 사업과 같이 공익성이 낮은 사업에 대해서까지도 시행자인 민간개발자에게 수용권한을 부여하는 법률조항은 헌법 제23조 제3항에 위반된다. 2023 법무사 ( )

> [해설] 고급골프장 등 사업은 그 특성상 사업 운영 과정에서 발생하는 지방세수 확보와 지역경제 활성화는 부수적인 공익일 뿐이고, 이 정도의 공익이 그 사업으로 인하여 강제수용 당하는 주민들의 기본권침해를 정당화할 정도로 우월하다고 볼 수는 없다. 따라서 이 사건 **법률조항은 공익적 필요성이 인정되기 어려운 민간개발자의 지구개발사업을 위해서까지 공공수용이 허용될 수 있는 가능성을 열어두고 있어 헌법 제23조 제3항에 위반된다**(헌재 2014.10.30. 2011헌바172 등).

40-1 환매권의 발생기간을 '취득일로부터 10년 이내'로 제한한 것은 토지수용 등의 원인이 된 공익사업의 폐지 등으로 공공필요가 소멸하였음에도 단지 10년이 경과하였다는 사정만으로 환매권이 배제되는 결과가 초래될 수 있으므로 재산권을 침해한다. 2022 국회직8급 ( )

40-2 환매권의 발생기간을 제한하고 있는 「공익사업을 위한 토지 등의 취득 및 보상에 관한 법률」조항 중 '토지의 협의취득일 또는 수용의 개시일부터 10년 이내에' 부분의 위헌성은 헌법상 재산권인 환매권의 발생기간을 제한한 것 자체에 있다. 2023 국가직7급 ( )

> [해설] 토지보상법상 환매권의 발생기간을 일률적으로 10년으로 제한한 것은 국민의 재산권을 과도하게 제한하여 헌법에 위반된다(헌재 2020.11.26. 2019헌바131).
> (1) 환매권의 발생기간을 제한한 것은 사업시행자의 지위나 이해관계인들의 토지이용에 관한 법률관계 안정, 토지의 사회경제적 이용 효율 제고, 사회일반에 돌아가야 할 개발이익이 원소유자에게 귀속되는 불합리 방지 등을 위한 것인데, 그 **입법목적은 정당**하고 이와 같은 제한은 **입법목적 달성을 위한 유효적절한 방법**이라 할 수 있다.
> (2) 2000년대 이후 다양한 공익사업이 출현하면서 공익사업 간 중복·상충 사례가 발생하였고, 산업구조 변화, 비용 대비 편익에 대한 지속적 재검토, 인근 주민들의 반대 등에 직면하여 공익사업이 지연되다가 폐지되는 사례가 다수 발생하고 있다. 이와 같은 상황에서 이 사건 법률조항의 환매권 발생기간 '10년'을 예외 없이 유지하게 되면 토지수용 등의 원인이 된 공익사업의 폐지 등으로 공공필요가 소멸하였음에도 단지 10년이 경과하였다는 사정만으로 환매권이 배제되는 결과가 초래될 수 있다. 다른 나라의 입법례에 비추어 보아도 발생기간을 제한하지 않거나 더 길게 규정하면서 행사기간 제한 또는 토지에 현저한 변경이 있을 때 환매거절권을 부여하는 등 보다 덜 침해적인 방법으로 입법목적을 달성하고 있다. 이 사건 법률조항은 **침해의 최소성 원칙에 어긋난다.**
> (3) 이 사건 법률조항이 추구하고자 하는 공익은 원소유자의 사익침해 정도를 정당화할 정도로 크다고 보기 어려우므로, **법익의 균형성을 충족하지 못한다.**

41 재산권에 대한 제한의 허용정도는 재산권 객체의 사회적 기능, 즉 재산권의 행사가 기본권의 주체와 사회전반에 대하여 가지는 의미에 달려 있다. 2024 행시 ( )

ANSWER 39 ○ 40-1 ○ 40-2 × 41 ○

해설 재산권에 대한 제한의 허용정도는 재산권 객체의 사회적 기능, 즉 재산권의 행사가 기본권의 주체와 사회전반에 대하여 가지는 의미에 달려 있다고 할 것인데, 재산권의 행사가 사회적 연관성과 사회적 기능을 가지면 가질수록 입법자에 의한 보다 광범위한 제한이 허용된다. 즉, **재산권의 이용과 처분이 소유자의 개인적 영역에 머무르지 아니하고 국민일반의 자유행사에 큰 영향을 미치거나 국민일반이 자신의 자유를 행사하기 위하여 문제되는 재산권에 의존하는 경우에는 입법자가 공동체의 이익을 위하여 개인의 재산권을 제한하는 규율권한은 더욱 넓어진다**(헌재 2006.1.26. 2005헌바18).

42 재산권 행사의 대상이 되는 객체가 지닌 사회적인 연관성과 사회적 기능이 크면 클수록 입법자에 의한 보다 광범위한 제한이 허용되고, 개별 재산권이 갖는 자유보장적 기능이 강할수록 그러한 제한에 대해서는 엄격한 심사가 이루어져야 한다. 2024 입법고시   (   )

해설 헌법은 재산권을 보장하지만 다른 기본권과는 달리 "그 내용과 한계는 법률로 정한다."고 하여 입법자에게 재산권에 관한 규율권한을 유보하고 있다. 그러므로 재산권을 형성하거나 제한하는 입법에 대한 위헌심사에 있어서는 입법자의 재량이 고려되어야 한다. **재산권의 제한에 대하여는 재산권 행사의 대상이 되는 객체가 지닌 사회적인 연관성과 사회적 기능이 크면 클수록 입법자에 의한 보다 광범위한 제한이 허용되며, 한편 개별 재산권이 갖는 자유보장적 기능, 즉 국민 개개인의 자유실현의 물질적 바탕이 되는 정도가 강할수록 엄격한 심사가 이루어져야** 한다(헌재 2005.5.26. 2004헌가10).

43 상가건물 임차인의 계약갱신요구권 행사기간을 10년으로 규정한 개정법률을 개정법률 시행 후 갱신되는 임대차에 대하여도 적용하도록 규정한 부칙의 경과규정이 소급입법금지원칙에 위배된다고 볼 수는 없지만, 개정법 시행 전 5년의 기간을 적용받고 있었던 임대차에 대하여는 적용하지 아니하거나 적용하더라도 일정한 유예기간을 두고 갱신되는 임대차의 범위를 한정하는 등 임대인의 신뢰이익이 침해되는 정도를 완화할 수 있었음에도 그러한 경과조치 없이 개정법 시행 후 최초로 체결되는 임대차뿐만 아니라 그 후 갱신되는 임대차에 대하여도 개정법조항을 적용한 것은 신뢰보호원칙에 위배되어 임대인의 재산권을 침해한다. 2023 법원행시
(   )

해설 이 사건 부칙조항이 임차인의 안정적인 영업을 지나치게 보호한 나머지 임대인에게만 일방적으로 가혹한 부담을 준다고 보기는 어렵다. 개정법조항은 상가건물 임차인의 계약갱신요구권 행사 기간을 연장함으로써 상가건물에 대한 임차인의 시설투자비, 권리금 등 비용을 회수할 수 있는 기간을 충실히 보장하기 위한 것인데, 개정법조항을 개정법 시행 후 새로이 체결되는 임대차에만 적용할 경우 임대인들이 새로운 임대차계약에 이를 미리 반영하여 임대료가 한꺼번에 급등할 수 있고 이는 결과적으로 개정법조항의 입법취지에도 반하는 것이다. **이에 이 사건 부칙조항은 이러한 부작용을 막고 개정법조항의 실효성을 확보하기 위해서 개정법조항 시행 이전에 체결되었더라도 개정법 시행 이후 갱신되는 임대차인 경우 개정법조항의 연장된 기간을 적용하도록 정한 것이므로, 이와 같은 공익은 긴급하고도 중대하다. 따라서 이 사건 부칙조항은 신뢰보호원칙에 위배되어 임대인의 재산권을 침해한다고 볼 수 없다**(헌재 2021.10.28. 2019헌마106 등).

44-1 회원제 골프장용 부동산의 재산세에 대하여 1천분의 40의 중과세율을 규정한 법률조항이 과잉금지원칙에 반하여 회원제 골프장 운영자 등의 재산권을 침해한다고 볼 수 없다. 2023 법원행시   (   )

44-2 회원제 골프장용 부동산의 재산세에 대하여 1천분의 40의 중과세율을 규정한 구 「지방세법」 조항은 모든 회원제 골프장을 동일하게 취급하고 있는바, 이는 회원제 골프장 운영자 등의 재산권을 침해하는 것으로서 과잉금지원칙에 반하여 헌법에 위반된다. 2023 경찰2차   (   )

ANSWER 42 ○   43 ×   44-1 ○   44-2 ×

해설 심판대상조항은 사치·낭비 풍조를 억제함으로써 바람직한 자원배분을 달성하고자 하는 유도적·형성적 정책조세조항으로서 그 중과세율이 입법자의 재량의 범위를 벗어나 회원제 골프장의 운영을 사실상 봉쇄하는 등 소유권의 침해를 야기한다고 보기 어려울 뿐만 아니라, 회원제 골프장을 운영하는 자 또는 골프장 운영을 희망하는 자로서도 자신의 선택에 따라 중과세라는 규제로부터 벗어날 수 있는 길이 열려 있다고 할 것이므로, **과잉금지원칙에 반하여 회원제 골프장 운영자 등의 재산권을 침해한다고 볼 수 없다**(헌재 2020.3.26. 2016헌가17 등).

45 개발부담금의 부과기준 중 종료시점지가를 부과 종료 시점 당시의 부과 대상 토지와 이용 상황이 가장 비슷한 표준지의 공시지가를 기준으로 산정하도록 한 법률조항이 과잉금지원칙에 반하여 개발부담금 납부의무자의 재산권을 침해한다고 볼 수 없다. 2023 법원행시 ( )

해설 이 사건 종료시점지가조항이 종료시점지가비교표준지의 선정 기준으로 규정한 '부과 종료 시점 당시의 부과 대상 토지와 이용 상황이 가장 비슷한 표준지'란 개발사업이 완료된 상태의 대상 토지와 자연적·사회적 조건이 가장 유사한 인근의 표준지로서, 그 공시지가는 대상 토지의 객관적 가치 산정을 위한 적정한 기준이 된다. 또한, 이 사건 종료시점지가조항은 종료시점지가 산정 시 토지의 특성 차이를 계량화한 토지가격비준표를 사용하도록 하여 자의적 판단을 방지하고, 정상지가상승분의 합산을 통하여 지가변동을 반영하며, 일정한 경우 대상 토지의 처분 가격을 종료시점지가로 할 수 있도록 예외를 인정하고 있다. 나아가, 개발부담금 납부의무자가 받는 불이익이 개발부담금 제도의 실효성과 공정성 확보, 개발부담금의 효율적인 부과·징수라는 공익에 비하여 크다고 보기도 어렵다. 따라서 이 사건 종료시점지가조항이 과잉금지원칙에 반하여 개발부담금 납부의무자의 재산권을 침해한다고 볼 수 없다(헌재 2021.12.23. 2018헌바435 등).

46 보세판매장 특허수수료는 행정관청이 보세판매장 특허를 부여해 줌으로써 특정인이 얻게 되는 독점적 권리에 대한 반대급부로서, 영업이익이 아닌 매출액을 기준으로 차등 요율을 적용하여 보세판매장 특허수수료를 정한 규칙 조항이 재산권을 침해한다고 볼 수 없다. 2023 법원행시 ( )

해설 심판대상조항은 관세법(2013. 1. 1. 법률 제11602호로 개정된 것) 제176조의2 제4항에 위임의 근거를 두고 있다. 보세판매장 특허수수료는 행정관청이 보세판매장 특허를 부여해 줌으로써 특정인이 얻게 되는 독점적 권리에 대한 반대급부로서, 부담금으로 볼 수 없고 광의의 수수료에 포함된다. 따라서 심판대상조항은 **법률유보원칙에 위반되어 재산권을 침해한다고 볼 수 없다**(헌재 2018.4.26. 2017헌마530).

47 관리처분계획인가의 고시가 있으면 별도의 영업손실보상 없이 재건축사업구역 내 임차권자의 사용·수익을 중지시키는 것은 임차권자의 재산권을 침해한다. 2022 법무사 ( )

해설 임차권자에 대한 보상을 임대인과 임차인 사이의 임대차계약 등에 따라 사적 자치에 의해 해결하도록 한 입법자의 판단이 잘못되었다고 보기 어려우므로, 심판대상조항은 과잉금지원칙을 위반하여 **임차권자의 재산권을 침해하지 아니한다**(헌재 2020.4.23. 2018헌가17).

48-1 공무원연금법상 퇴직연금수급자가 지방의회의원으로 선출되어 받게 되는 보수가 기존의 연금에 미치지 못하는 경우에도 연금 전액의 지급을 정지하도록 한 규정은 그에 해당하는 지방의회의원의 재산권을 침해한다. 2022 법무사 ( )

48-2 선출직 공무원으로서 받게 되는 보수가 기존의 연금에 미치지 못하는 경우에도 연금 전액의 지급을 정지하도록 정한 구 공무원연금법은 과잉금지원칙에 위배되어 재산권을 침해한다. 2023 법원행시 ( )

ANSWER 45 ○ 46 ○ 47 × 48-1 ○ 48-2 ○

48-3 지방의회의원으로 선출되어 받게 되는 보수가 기존의 연금에 미치지 못하는 경우에도 연금 전액의 지급을 정지하도록 정한 구「공무원연금법」조항은, 연금을 대체할 만한 적정한 소득이 있다고 할 수 없는 경우에도 일률적으로 연금전액의 지급을 정지하여 지급정지제도의 본질 및 취지에 어긋나 과잉금지원칙에 위배되어 재산권을 침해한다. 2023 국가직7급 ( )

해설 지방의회의원이 받는 의정비 중 의정활동비는 의정활동 경비 보전을 위한 것이므로, 연금을 대체할 만한 소득이 있는지 여부는 월정수당을 기준으로 판단하여야 하는데, 월정수당은 지방자치단체에 따라 편차가 크고 안정성이 낮음에도 불구하고 심판대상조항은 연금을 대체할 만한 적정한 소득이 있다고 할 수 없는 경우에도 일률적으로 연금전액의 지급을 정지하여 지급정지제도의 본질 및 취지와 어긋나는 결과를 초래한다. 심판대상조항과 같이 재취업소득액에 대한 고려 없이 퇴직연금 전액의 지급을 정지할 경우 재취업 유인을 제공하지 못하여 정책목적 달성에 실패할 가능성이 크다. **연금과 보수 중 일부를 감액하는 방식으로 선출직에 취임하여 보수를 받는 것이 생활보장에 더 유리하도록 하는 등 기본권을 덜 제한하면서 입법목적을 달성할 수 있는 다양한 방법이 있다. 따라서 심판대상조항은 과잉금지원칙에 위배되어 재산권을 침해**한다(헌재 2022.1.27. 2019헌바161).

49 국가는 납세자가 자신과 가족의 기본적인 생계유지를 위하여 꼭 필요로 하는 소득을 제외한 잉여소득 부분에 대해서만 납세의무를 부과할 수 있는 것은 아니므로, 소득에 대한 과세는 원칙적으로 최저생계비를 초과하는 소득에 대해서만 가능하다고 볼 수는 없다. 2023 법원직 ( )

해설 헌법은 국민 각자가 자신의 생활을 스스로 경제적으로 형성한다는 것을 전제로 하고 있으므로, **국가는 납세자가 자신과 가족의 기본적인 생계유지를 위하여 꼭 필요로 하는 소득을 제외한 잉여소득 부분에 대해서만 납세의무를 부과**할 수 있다. 따라서 소득에 대한 과세는 원칙적으로 최저생계비를 초과하는 소득에 대해서만 가능하다(헌재 1999.11.25. 98헌마55).

50 환경개선부담금은 경유에 리터당 부과되는 교통·에너지·환경세와 달리 개별 경유차의 오염유발 수준을 고려하므로, 경유를 연료로 사용하는 자동차의 소유자로부터 환경개선부담금을 부과·징수하도록 정한「환경개선비용 부담법」조항이 과잉금지원칙을 위반하여 경유차 소유자의 재산권을 침해한다고는 볼 수 없다. 2023 경찰2차 ( )

해설 경유차 소유자가 교통·에너지·환경세 외 환경개선부담금을 추가 부담한다고 하더라도 그 부담이 지나치다고 보기 어렵다. 이와 같은 점을 고려할 때, 이 사건 법률조항이 과잉금지원칙을 위반하여 청구인의 재산권을 침해한다고 볼 수 없다(헌재 2022.6.30. 2019헌바440).

51 전기통신금융사기의 피해자가 피해구제 신청을 하는 경우, 피해자의 자금이 송금·이체된 계좌 및 해당 계좌로부터 자금의 이전에 이용된 계좌를 지급정지하는「전기통신금융사기 피해방지 및 피해금 환급에 관한 특별법」조항은 과잉금지원칙을 위반하여 청구인의 재산권을 침해한다. 2023 경찰2차 ( )

해설 전기통신금융사기는 범행 이후 피해금 인출이 신속히 이루어지고 전기통신금융사기의 범인은 동일한 계좌를 이용하여 다수의 피해자를 상대로 여러 차례 범행을 저지를 가능성이 있으므로, 전기통신금융사기로 인한 피해를 실효적으로 구제하기 위하여는 피해금 상당액을 넘어 사기이용계좌 전부에 대하여 지급정지를 하는 것이 불가피하다. … 만약 금융회사가 계좌 명의인의 정당한 이의제기를 받고도 부당하게 지급정지의 종료를 지연한다면, 계좌명의인은 금융회사를 상대로 불법행위로 인한 손해배상을 청구할 수 있다. 따라서 지급정지조항은 과잉금지원칙을 위반하여 청구인의 재산권을 침해하지 아니한다(헌재 2022.6.30. 2019헌마579).

ANSWER 48-3 ○ 49 × 50 ○ 51 ×

52 개성공단 전면중단 조치는 공익 목적을 위하여 개별적·구체적으로 형성된 구체적인 재산권의 이용을 제한하는 공용 제한이므로, 이에 대한 정당한 보상이 지급되지 않았다면, 그 조치는 헌법 제23조 제3항을 위반하여 개성공단 투자기업인들의 재산권을 침해한 것이다. 2024 입법고시 ( )

해설 개성공단 전면중단 조치는 공익 목적을 위하여 개별적, 구체적으로 형성된 구체적인 재산권의 이용을 제한하는 공용 제한이 아니므로, 이에 대한 정당한 보상이 지급되지 않았다고 하더라도, 그 조치가 헌법 제23조 제3항을 위반하여 개성공단 투자기업인 청구인들의 재산권을 침해한 것으로 볼 수 없다(헌재 2022.1.27. 2016헌마364).

53 정책실현목적 부담금의 경우에는 공적 과제가 부담금 수입의 지출 단계에서 비로소 실현되나, 재정조달목적 부담금의 경우에는 공적 과제의 전부 혹은 일부가 부담금의 부과 단계에서 이미 실현된다. 2024 입법고시 ( )

해설 부담금은 그 부과목적과 기능에 따라 ① 순수하게 재정조달 목적만 가지는 것(이하 '**재정조달목적 부담금**'이라 한다)과 ② 재정조달 목적뿐 아니라 부담금의 부과 자체로 추구되는 특정한 사회·경제정책 실현 목적을 가지는 것(이하 '**정책실현목적 부담금**'이라 한다)으로 양분해 볼 수 있다. **전자의 경우에는 추구되는 공적 과제가 부담금 수입의 지출 단계에서 비로소 실현된다고 한다면, 후자의 경우에는 추구되는 공적 과제의 전부 혹은 일부가 부담금의 부과 단계에서 이미 실현된다고 할 것이다**(헌재 2004.7.15. 2002헌바42).

54 제1차 투표에서 유효투표수의 100분의 10 이상 100분의 15 미만을 득표한 경우에는 기탁금 반액을 반환하고, 반환되지 않은 기탁금은 국립대학교발전기금에 귀속하도록 정한 국립대학 총장 임용후보자 선정 규정은, 후보자의 진지성과 성실성을 담보하기 위한 최소한의 제한이므로 총장임용후보자선거의 후보자의 재산권을 침해하지 않는다. 2023 국가직7급 ( )

해설 이 사건 기탁금귀속조항이 적용된 총장임용후보자선거에서 9명에 이르는 적지 않은 후보자가 후보자로 등록하였고, 이 중 3명의 후보자가 납부한 기탁금 전액 내지 반액을 반환받았다. 기탁금 반환 요건을 완화하면 기본권 제한은 완화되지만, 기탁금 납부 부담 또한 줄게 되어 후보자 난립 방지 및 후보자의 성실성 확보라는 목적은 달성하기 어려울 수 있다. 기탁금 반환 요건을 충족하지 못한 후보자들을 모두 불성실하다고 평할 수 없지만, 이러한 반환 요건을 둔 것은 이를 완화할 경우 우려되는 폐해를 막기 위한 불가피한 선택이자 후보자의 진지성과 성실성을 담보하기 위한 최소한의 제한이다. 따라서 이 사건 기탁금귀속조항은 청구인의 재산권을 침해하지 않는다(헌재 2022.5.26. 2020헌마1219).

55-1 상속권은 재산권의 일종이므로 상속제도나 상속권의 내용은 입법자가 입법정책적으로 결정하여야 할 사항으로서 원칙적으로 입법자의 입법형성의 자유에 속한다고 할 것이지만, 입법자가 법률로써 상속제도와 상속권의 내용을 정함에 있어서 입법형성권을 자의적으로 행사하여 헌법 제37조 제2항이 규정하는 기본권제한의 입법한계를 일탈하는 경우에는 그 법률은 헌법에 위반된다고 할 것이다. 2024 법원행시 ( )

55-2 피상속인에 대한 부양의무를 이행하지 않은 직계존속의 경우를 상속결격사유로 규정하지 않은 「민법」 조항은 상속관계에 관한 법적 안정성의 확보 등을 고려할 때 입법형성권의 한계를 일탈하여 다른 상속인인 청구인의 재산권을 침해하지 않는다. 2024 경찰1차 ( )

해설 우리 재판소는 이미 **상속권을 재산권의 일종으로 보고, 상속제도나 상속권의 내용은 입법자가 입법정책적으로 결정하여야 할 사항으로서 원칙적으로 입법자의 입법형성의 자유에 속한다고 할 것이지만, 입법자가 상속제도와 상속권의 내용을 정함에 있어서 입법형성권을 자의적으로 행사하여 헌법 제37조 제2항이 규정하는 기본권제한의 입법한계를 일탈하는 경우에는 그 법률조항은 헌법에 위반된다**고 판시한 바 있다.

ANSWER 52 ×   53 ×   54 ○   55-1 ○   55-2 ○

심판대상조항이 **피상속인에 대한 부양의무를 이행하지 않은 직계존속의 경우를 상속결격사유로 규정하지 않았다고 하더라도 이것이 입법형성권의 한계를 일탈하여 다른 상속인인 청구인의 재산권을 침해한다고 보기 어렵다**(헌재 2018.2.22. 2017헌바59).

56 명의신탁재산 증여의제로 인한 증여세 납세의무자에게 신고의무 및 납부의무 위반에 대한 제재인 가산세까지 부과하도록 하면 납세의무자는 원래 부담하여야 할 세금 이외에 부가적인 금전적 부담을 지게 되므로 과잉금지원칙에 반하여 납세의무자의 재산권을 침해한다. 2023 국회직8급 ( )

해설 납부불성실가산세는 미납세액에 대해 미납일수 기간 동안 이자만큼의 금융혜택을 받은 것으로 보아 그 상당액을 납부하도록 하는 것이므로 '지연이자'의 성격도 가지고 있으므로, 납부불성실가산세에서 납세의무자의 의무위반의 정도는 '미납세액의 다과'와 '미납기간의 장단'이라는 두 가지 요소에 의해 결정되는 것이 합리적이다. 또한 명의신탁으로 '조세회피의 목적'이 인정되는 경우에 한하여 증여의제가 되므로 '조세회피의 목적'이 없는 명의신탁의 경우에는 증여세 및 가산세가 부과되지 않고, 정당한 사유가 있는 경우 가산세가 감면 또는 면제되는 점을 고려할 때, 심판대상조항은 과잉금지원칙에 반하여 납세의무자의 **재산권을 침해하지 아니**한다(헌재 2022.11.24. 2019헌바167 등).

57 입법자는 재산권의 내용을 형성함에 있어 광범한 입법재량을 가지고 있으므로 헌법재판소가 재산권의 내용을 형성하는 사회적 제약이 비례원칙에 부합하는지 여부를 판단함에 있어서는 이미 형성된 기본권을 제한하는 입법의 경우에 비하여 보다 완화된 기준에 의하여 심사한다. 2023 국회직8급 ( )

해설 헌법은 입법자에게 재산권의 내용을 형성할 수 있는 상당한 입법재량을 주고 있다. 따라서 재산권의 내용을 형성하는 사회적 제약이 비례원칙에 부합하는지 여부를 판단함에 있어서도, 이미 형성되어 있는 기본권을 제한하는 입법의 경우에 비하여는 완화된 기준에 따라 심사되어야 한다(헌재 2014.7.24. 2013헌바387).

58 분묘기지권의 시효취득에 관한 관습법에 따라 토지소유자가 분묘의 수호·관리에 필요한 상당한 범위 내에서 분묘기지가 된 토지 부분에 대한 소유권의 행사를 제한받게 되었더라도, 이를 과잉금지원칙에 위배되어 토지소유자의 재산권을 침해한다고 볼 수 없다. 2023 국회직8급 ( )

해설 비록 오늘날 전통적인 장묘문화에 일부 변화가 생겼다고 하더라도 우리 사회에는 분묘기지권의 기초가 된 매장문화가 여전히 자리 잡고 있고, 분묘를 모시는 자손들에게 분묘의 강제적 이장은 경제적 손실을 넘어 분묘를 매개로 형성된 정서적 애착관계 및 지역적 유대감의 상실로 이어질 수밖에 없으며, 이는 우리의 전통문화에도 배치되므로, 이 사건 관습법을 통해 분묘기지권을 보호해야 할 필요성은 여전히 존재한다. 이 사건 관습법은 평온·공연한 점유를 요건으로 하고 있어 법률상 도저히 용인할 수 없는 분묘기지권의 시효취득을 배제하고 있고, **분묘기지권을 시효취득한 경우에도 분묘의 수호·관리에 필요한 상당한 범위 내에서만 인정되는 등 토지 소유자의 재산권 제한은 그 범위가 적절히 한정되어 있으며, 단지 원칙적으로 지료지급의무가 없다거나 분묘기지권의 존속기간에 제한이 없다는 사정만으로 이 사건 관습법이 필요한 정도를 넘어서는 과도한 재산권 제한이라고 보기는 어렵다.** 분묘기지권은 조상숭배사상 및 부모에 대한 효사상을 기반으로 오랜 세월 우리의 관습으로 형성·유지되어 왔고 현행 민법 시행 이후에도 대법원 판결을 통해 일관되게 유지되어 왔는바, 이러한 전통문화의 보호 및 법률질서의 안정이라는 공익은 매우 중대하다. 따라서 이 사건 관습법은 과잉금지원칙에 위배되어 토지소유자의 재산권을 침해한다고 볼 수 없다(헌재 2020.10.29. 2017헌바208).

ANSWER 56 × 57 ○ 58 ○

59 금융위원회위원장이 2019. 12. 16. 시중 은행을 상대로 투기지역·투기과열지구 내 초고가 아파트(시가 15억 원 초과)에 대한 주택구입용 주택담보대출을 2019. 12. 17.부터 금지한 조치는 투기적 대출수요뿐 아니라 실수요자의 경우에도 예외 없이 대출을 금지한 점 등을 고려할 때, 해당 주택담보대출을 받고자 하는 청구인의 재산권을 침해한다. 2024 경찰1차 ( )

> [해설] 금융위원회위원장이 시중 은행을 상대로 '투기지역·투기과열지구 내 초고가 아파트(시가 15억원 초과)에 대한 주택구입용 주택담보대출을 금지한 조치'는 재산권 및 계약의 자유를 침해하지 않는다(헌재 2023. 3. 23. 2019헌마1399).

Ⅲ 최신판례

01 집합제한 조치로 발생한 손실을 보상하는 규정을 두지 않은 '감염병의 예방 및 관리에 관한 법률' (헌재 2023. 6. 29. 2020헌마1669)

(1) 헌법 제23조에서 보장하는 재산권은 사적 유용성 및 그에 대한 원칙적 처분권을 내포하는 재산가치 있는 구체적 권리이므로, **구체적인 권리가 아닌 단순한 이익이나 재화의 획득에 관한 기회 또는 기업활동의 사실적·법적 여건 등은 재산권보장의 대상에 포함되지 아니한다.** 감염병예방법 제49조 제1항 제2호에 근거한 집합제한 조치로 인하여 청구인들의 일반음식점 영업이 제한되어 영업이익이 감소되었다 하더라도, 청구인들이 소유하는 영업 시설·장비 등에 대한 구체적인 사용·수익 및 처분권한을 제한받는 것은 아니므로, 보상규정의 부재가 청구인들의 **재산권을 제한한다고 볼 수 없다.**

(2) 감염병의 예방을 위하여 집합제한 조치를 받은 영업장의 손실을 보상하는 규정을 두고 있지 않다고 하더라도 청구인들의 **평등권을 침해한다고 할 수 없다.**

02 임차인이 3기의 차임액에 해당하는 금액에 이르도록 차임을 연체한 사실이 있는 경우 임대인의 권리금 회수기회 보호의무가 발생하지 않는 것으로 규정한 상가건물 임대차보호법조항은 임차인의 재산권을 침해하지 아니한다(헌재 2023. 6. 29. 2021헌바264).

03 장해급여는 장해상태에 따른 노동력 상실 또는 감소에 관한 손해배상 또는 손실보상적 급부의 성격을 가진다. 장해등급 재판정 제도는 장해급여의 요건이 되는 장해등급을 적정하게 결정하기 위한 것이므로, 장해등급 결정이 수급권자의 귀책사유 없이 상당한 기간 늦어진 경우 재판정을 면제하지 않았다고 하여 적정 수준의 손해배상 또는 손실보상적 급부의 범위를 설정하는 데 불합리한 제한이 있다고 보기 어렵다. 장해등급의 재판정을 1회만 실시하도록 한 것은 장해급여 수급권자의 지위에 안정을 기하려는 것이고, 재판정 실시 결과 최종적인 장해등급이 수급권자에게 불리하게 정해진 경우에 이의가 있는 수급권자는 심사 및 재심사 청구, 행정소송으로 불복할 수 있다는 점에서도, 합리성이 인정된다. 따라서 **장해보상연금 수급권자의 의사나 귀책사유 없이 요양 종결 후 상당한 기간이 경과한 후에 장해급여를 청구한 경우에도 예외 없이 장해등급 재판정을 1회 실시하도록 한, 산업재해보상보험법조항**은 합리적인 입법형성의 범위를 넘어 장해급여 수급권자의 재산권을 침해하지 않는다(헌재 2023. 10. 26. 2020헌바310).

ANSWER 59 ×

제8절 양심의 자유

I 헌법 조문

제19조 모든 국민은 양심의 자유를 가진다.

II 최신 기출지문 분석

01-1 헌법이 보호하려는 양심은 어떤 일의 옳고 그름을 판단함에 있어서 그렇게 행동하지 아니하고는 자신의 인격적인 존재가치가 허물어지고 말 것이라는 강력하고 진지한 마음의 소리이지 막연하고 추상적인 개념으로서의 양심은 아니다. 2021 경찰경력채용 ( )

01-2 음주측정요구에 응하여야 할 것인지에 대한 고민은 선과 악의 범주에 관한 진지한 윤리적 결정을 위한 고민이라 할 수 없고, 그 고민 끝에 어쩔 수 없이 음주측정요구에 응하였다 하여 내면적으로 구축된 인간양심이 왜곡·굴절된다고 할 수 없으므로 음주측정요구가 양심의 자유를 침해하는 것이라고 할 수 없다. 2024 경찰승진 ( )

> **해설** 헌법이 보호하려는 양심은 어떤 일의 옳고 그름을 판단함에 있어서 그렇게 행동하지 아니하고는 자신의 인격적인 존재가치가 허물어지고 말 것이라는 강력하고 진지한 마음의 소리이지, 막연하고 추상적인 개념으로서의 양심이 아니다. 음주측정요구에 처하여 이에 응하여야 할 것인지 거부해야 할 것인지 고민에 빠질 수는 있겠으나 그러한 고민은 선과 악의 범주에 관한 진지한 윤리적 결정을 위한 고민이라 할 수 없으므로 그 고민 끝에 어쩔 수 없이 음주측정에 응하였다 하여 내면적으로 구축된 인간양심이 왜곡·굴절된다고 할 수 없다. 따라서 이 사건 법률조항을 두고 헌법 제19조에서 보장하는 양심의 자유를 침해하는 것이라고 할 수 없다(헌재 1997.3.27. 96헌가11).

02 보호되어야 할 양심에는 세계관·인생관·주의·신조 등은 물론 널리 개인의 인격형성에 관계되는 내심에 있어서의 가치적·윤리적 판단이나 단순한 사실관계의 확인과 같이 가치적·윤리적 판단이 개입될 여지가 없는 경우까지도 포함될 수 있다. 2023 경찰간부 ( )

> **해설** **단순한 사실관계의 확인과 같이 가치적·윤리적 판단이 개입될 여지가 없는 경우는** 물론, 법률해석에 관하여 여러 견해가 갈리는 경우처럼 다소의 가치관련성을 가진다고 하더라도 개인의 인격형성과는 관계가 없는 사사로운 사유나 의견 등은 **그 보호대상이 아니라고 할 것**이다(헌재 2002.1.31. 2001헌바43).

03 재산목록을 제출하고 그 진실함을 법관 앞에서 선서하는 것은 개인의 인격형성에 관계되는 내심의 가치적 윤리적 판단에 해당하지 않아 양심의 자유의 보호대상이 아니다. 2022 경찰승진 ( )

> **해설** 채무자가 부담하는 행위의무는 강제집행의 대상이 되는 재산관계를 명시한 재산목록을 제출하고 그 재산목록의 진실함을 법관 앞에서 선서하는 것으로서, 개인의 인격형성에 관계되는 내심의 가치적·윤리적 판단이 개입될 여지가 없는 단순한 사실관계의 확인에 불과한 것이므로, 헌법 제19조에 의하여 보장되는 양심의 영역에 포함되지 않는다(헌재 2014.9.25. 2013헌마11).

ANSWER 01-1 ○ 01-2 ○ 02 × 03 ○

04 양심의 자유는 옳고 그른 것에 대한 판단을 추구하는 가치적·도덕적 마음가짐으로 인간의 윤리적 내심영역인바, 세무사가 행하는 성실신고확인은 확인대상사업자의 소득금액에 대하여 심판대상조항 및 관련 법령에 따라 확인하는 것으로 단순한 사실관계의 확인에 불과한 것이어서 헌법 제19조에 의하여 보장되는 양심의 영역에 포함되지 않는다. 2022 법원직 ( )

> 해설 청구인은 심판대상조항이 세무사의 양심의 자유를 침해한다고 주장하나 헌법 제19조의 양심의 자유는 옳고 그른 것에 대한 판단을 추구하는 가치적·도덕적 마음가짐으로 인간의 윤리적 내심영역인바, 세무사가 행하는 성실신고확인은 확인대상사업자의 소득금액에 대하여 심판대상조항 및 관련 법령에 따라 확인하는 것으로 단순한 사실관계의 확인에 불과한 것이어서 헌법 제19조에 의하여 보장되는 양심의 영역에 포함되지 않는다(헌재 2019.7.25. 2016헌바392).

05-1 육군 장교가 민간법원에서 약식명령을 받아 확정되면 자진 신고하는 것은, 개인의 인격형성에 관계되는 내심의 가치적·윤리적 판단이 개입될 여지가 없는 단순한 사실관계의 확인에 불과하므로 헌법 제19조에 의하여 보호되는 양심에 포함되지 아니한다. 2024 법원행시 ( )

05-2 육군참모총장이 상벌사항을 파악하는 일환으로 육군 장교에게 민간법원에서 약식명령을 받아 확정된 사실을 자진신고하도록 명령하는 것은 개인의 인격형성에 관계되는 내심의 가치적·윤리적 판단이 개입될 여지가 없는 단순한 사실관계의 확인에 불과하다. 2023 국회직8급 ( )

> 해설 민간법원에서 약식명령을 받아 확정된 사실을 자진신고하는 것은, 개인의 인격형성에 관계되는 내심의 가치적·윤리적 판단이 개입될 여지가 없는 단순한 사실관계의 확인에 불과하므로, 헌법 제19조에 의하여 보호되는 양심에 포함되지 아니한다. 따라서 20년도 육군지시 자진신고조항은 양심의 자유도 제한하지 아니한다(헌재 2021.8.31. 2020헌마12 등).

06 양심의 자유에서 현실적으로 문제가 되는 것은 사회적 다수의 양심이 아니라, 국가의 법질서나 사회의 도덕률에서 벗어나려는 소수의 양심이다. 2023 행시 ( )

> 해설 이처럼 개인의 양심은 사회 다수의 정의관·도덕관과 일치하지 않을 수 있으며, 오히려 헌법상 양심의 자유가 문제되는 상황은 개인의 양심이 국가의 법질서나 사회의 도덕률에 부합하지 않는 경우이므로, **헌법에 의해 보호받는 양심은 법질서와 도덕에 부합하는 사고를 가진 다수가 아니라 이른바 '소수자'의 양심이 되기 마련**이다(헌재 2018.6.28. 2011헌바379 등).

07-1 양심상의 결정이 법질서나 사회규범·도덕률과 일치하는지 여부는 양심의 존재를 판단하는 기준이 된다. 2021 경찰승진 ( )

07-2 양심의 자유가 보장하고자 하는 '양심'은 민주적 다수의 사고나 가치관과 일치하는 것이어야 하며, 양심상의 결정이 이성적·합리적인지, 타당한지 또는 법질서나 사회규범, 도덕률과 일치하는지 여부는 양심의 존재를 판단하는 기준이 될 수 있다. 2022 경찰승진 ( )

07-3 양심상의 결정이 이성적·합리적인지, 타당한지 또는 법질서나 사회규범, 도덕률과 일치하는지 여부는 양심의 존재를 판단하는 기준이 된다. 2023 입법고시 ( )

ANSWER 04 ○ 05-1 ○ 05-2 ○ 06 ○ 07-1 × 07-2 × 07-3 ×

07-4 '양심의 자유'가 보장하고자 하는 '양심'은 개인적 현상으로서 지극히 주관적인 것으로 그 대상이나 내용 또는 동기에 의하여 판단될 수 없으며, 특히 양심상의 결정이 이성적·합리적인가, 타당한가 또는 법질서나 사회규범, 도덕률과 일치하는가 하는 관점은 양심의 존재를 판단하는 기준이 될 수 없다. 2023 경찰1차 ( )

07-5 양심은 그 대상이나 내용 또는 동기에 의하여 판단될 수 있으므로, 양심상의 결정이 이성적·합리적인가, 타당한가 또는 법질서나 사회규범, 도덕률과 일치하는가 하는 관점은 양심의 존재를 판단하는 기준이 될 수 있다. 2023 해양경찰 ( )

07-6 양심상의 결정이 이성적·합리적인가, 타당한가 또는 법질서나 사회규범, 도덕률과 일치하는가 하는 관점은 양심의 존재를 판단하는 기준이 될 수 있다. 2023 경찰간부 ( )

> **해설** '양심'은 민주적 다수의 사고나 가치관과 일치하는 것이 아니라, 개인적 현상으로서 지극히 주관적인 것이다. 양심은 그 대상이나 내용 또는 동기에 의하여 판단될 수 없으며, **특히 양심상의 결정이 이성적·합리적인가, 타당한가 또는 법질서나 사회규범·도덕률과 일치하는가 하는 관점은 양심의 존재를 판단하는 기준이 될 수 없다**(헌재 2004.8.26. 2002헌가1).

08 주민등록증 발급을 위해 열 손가락의 지문을 날인케 하는 것은 신원확인기능의 효율적인 수행을 도모하고, 신원확인의 정확성 내지 완벽성을 제고하기 위한 것이므로 양심의 자유에 대한 최소한의 제한이라고 할 수 있다. 2022 경찰승진 ( )

> **해설** 지문을 날인할 것인지 여부의 결정이 선악의 기준에 따른 개인의 진지한 윤리적 결정에 해당한다고 보기는 어려워, 열 손가락 지문날인의 의무를 부과하는 이 사건 시행령조항에 대하여 국가가 개인의 윤리적 판단에 개입한다거나 그 윤리적 판단을 표명하도록 강제하는 것으로 볼 여지는 없다고 할 것이므로, 이 사건 시행령조항에 의한 양심의 자유의 침해가능성 또한 없는 것으로 보인다(헌재 2005.5.26. 99헌마513).

09-1 「가석방심사등에 관한 규칙」위헌확인 사건에서 준법서약은 어떤 구체적이거나 적극적인 내용을 담지 않은 채 단순한 헌법적 의무의 확인·서약에 불과하다 할 것이어서 양심의 영역을 건드리는 것이 아니다. 2021 경찰경력채용 ( )

09-2 수범자가 수혜를 스스로 포기하거나 권고를 거부함으로써 법질서와 충돌하지 아니한 채 자신의 양심을 유지, 보존하는 경우에도 양심 변경에 대한 강요로서 양심의 자유 침해가 된다. 2023 행시 ( )

09-3 수범자가 스스로 수혜를 포기하거나 권고를 거부함으로써 법질서와 충돌하지 아니한 채 자신의 양심을 유지, 보존할 수 있는 경우에는 자유에 대한 침해가 될 수 없다. 2023 경찰간부 ( )

09-4 내용상 단순히 국법질서나 헌법체제를 준수하겠다는 취지의 서약을 할 것을 요구하는 준법서약은 어떤 구체적이거나 적극적인 내용을 담지 않은 채 단순한 헌법적 의무의 확인·서약에 불과하다 할 것이어서 양심의 영역을 건드리는 것이 아니다. 2024 경찰1차 ( )

09-5 국가가 수형자의 가석방 여부를 심사하면서 국법질서나 헌법체제를 준수하겠다는 취지의 준법서약서 제출을 요구한 조치는 양심의 자유를 침해하는 것이다. 2023 해양경찰 ( )

ANSWER 07-4 ○ 07-5 × 07-6 × 08 × 09-1 ○ 09-2 × 09-3 ○ 09-4 ○ 09-5 ×

해설 양심의 자유는 내심에서 우러나오는 윤리적 확신과 이에 반하는 외부적 법질서의 요구가 서로 회피할 수 없는 상태로 충돌할 때에만 침해될 수 있다. 그러므로 당해 실정법이 특정의 행위를 금지하거나 명령하는 것이 아니라 단지 특별한 혜택을 부여하거나 권고 내지 허용하고 있는 데에 불과하다면, 수범자는 수혜를 스스로 포기하거나 권고를 거부함으로써 법질서와 충돌하지 아니한 채 자신의 양심을 유지, 보존할 수 있으므로 양심의 자유에 대한 침해가 된다 할 수 없다. … 이와 같이 위 규칙조항은 내용상 당해 수형자에게 하등의 법적 의무를 부과하는 것이 아니며 이행강제나 처벌 또는 법적 불이익의 부과 등 방법에 의하여 준법서약을 강제하고 있는 것이 아니므로 당해 수형자의 양심의 자유를 침해하는 것이 아니다(헌재 2002.4.25. 98헌마425 등).

10 양심의 자유에는 널리 사물의 시시비비나 선악과 같은 윤리적 판단에 국가가 개입해서는 아니 되는 내심적 자유는 물론, 이와 같은 윤리적 판단을 국가권력에 의하여 외부에 표명하도록 강제받지 아니할 자유, 즉 침묵의 자유까지 포괄한다. 2022 법원행시 / 2023 국회직8급 ( )

해설 헌법 제19조는 모든 국민은 양심의 자유를 가진다고 규정하여 양심의 자유를 기본권의 하나로 보장하고 있는바, 여기서 말하는 양심이란 세계관·인생관·주의·신조 등은 물론 이에 이르지 아니하여도 보다 널리 개인의 인격형성에 관계되는 내심에 있어서의 가치적·윤리적 판단도 포함된다. 그러므로 **양심의 자유에는 널리 사물의 시시비비나 선악과 같은 윤리적 판단에 국가가 개입해서는 아니되는 내심적 자유는 물론, 이와 같은 윤리적 판단을 국가권력에 의하여 외부에 표명하도록 강제받지 아니할 자유까지 포괄한다**고 할 것이다(헌재 1998.7.16. 96헌바35).

11-1 양심형성의 자유는 내심에 머무르는 한 타인의 기본권이나 다른 헌법적 질서와 저촉되는 경우 헌법 제37조 제2항에 따라 국가 안전보장·질서유지 또는 공공복리를 위하여 법률에 의하여 제한 될 수 있는 상대적 자유라고 할 수 있다. 2022 경찰승진 ( )

11-2 양심의 자유가 내심에 머무르는 한 이는 절대적 자유로서 제한할 수 없다. 2022 법원행시 ( )

11-3 내심적 자유, 즉 양심형성의 자유와 양심적 결정의 자유는 내심에 머무르는 한 절대적 자유라고 할 수 있지만, 양심실현의 자유는 타인의 기본권이나 다른 헌법적 질서와 저촉되는 경우 헌법 제37조 제2항에 따라 국가 안전보장·질서유지 또는 공공복리를 위하여 법률에 의하여 제한될 수 있는 상대적 자유라고 할 수 있다. 2022 법원직 ( )

11-4 내심적 자유, 즉 양심형성의 자유와 양심적 결정의 자유는 내심에 머무르는 한 절대적 자유라고 할 수 있다. 2023 행시 ( )

11-5 양심의 자유는 양심형성의 자유와 양심적 결정의 자유를 포함하는 내심적 자유만 해당되고, 양심적 결정을 외부로 표현하고 실현할 수 있는 양심실현의 자유를 포함하는 것은 아니다. 2023 해양경찰 ( )

해설 헌법 제19조가 보호하고 있는 양심의 자유는 양심형성의 자유와 양심적 결정의 자유를 포함하는 내심적 자유(forum internum) 뿐만 아니라, 양심적 결정을 외부로 표현하고 실현할 수 있는 양심실현의 자유(forum externum)를 포함한다고 할 수 있다. **내심적 자유, 즉 양심형성의 자유와 양심적 결정의 자유는 내심에 머무르는 한 절대적 자유라고 할 수 있지만**, 양심실현의 자유는 타인의 기본권이나 다른 헌법적 질서와 저촉되는 경우 헌법 제37조 제2항에 따라 국가안전보장·질서유지 또는 공공복리를 위하여 법률에 의하여 제한될 수 있는 상대적 자유라고 할 수 있다(헌재 1998.7.16. 96헌바35).

ANSWER 10 ○ 11-1 × 11-2 ○ 11-3 ○ 11-4 ○ 11-5 ×

12-1 양심적 결정을 외부로 표현하고 실현할 수 있는 권리인 양심실현의 자유는 법률에 의해 제한될 수 있는 상대적 자유다. 2021 경찰승진 ( )

12-2 양심실현의 자유는 법률에 의하여 제한할 수 있는 상대적 자유이지만, 부작위에 의한 양심실현의 자유는 제한할 수 없다. 2022 법원행시 ( )

12-3 양심실현은 적극적인 작위의 방법으로도 실현될 수 있지만 소극적으로 부작위에 의해서도 그 실현이 가능하다. 2023 행시 ( )

> **해설** 헌법 제19조의 양심의 자유는 크게 양심형성의 내부영역과 이를 실현하는 외부영역으로 나누어 볼 수 있으므로, 그 구체적인 보장내용에 있어서도 내심의 자유인 '**양심형성의 자유**'와 양심적 결정을 외부로 표현하고 실현하는 '**양심실현의 자유**'로 구분된다. 양심형성의 자유란 외부로부터의 부당한 간섭이나 강제를 받지 않고 개인의 내심영역에서 양심을 형성하고 양심상의 결정을 내리는 자유를 말하고, **양심실현의 자유**란 형성된 양심을 외부로 표명하고 양심에 따라 삶을 형성할 자유, **구체적으로는 양심을 표명하거나 또는 양심을 표명하도록 강요받지 아니할 자유(양심표명의 자유), 양심에 반하는 행동을 강요받지 아니할 자유(부작위에 의한 양심실현의 자유), 양심에 따른 행동을 할 자유(작위에 의한 양심실현의 자유)를 모두 포함**한다. 양심의 자유 중 양심형성의 자유는 내심에 머무르는 한 절대적으로 보호되는 기본권인 반면, 양심적 결정을 외부로 표현하고 실현할 수 있는 권리인 양심실현의 자유는 법질서에 위배되거나 타인의 권리를 침해할 수 있기 때문에 **법률에 의하여 제한될 수 있는 상대적 자유**이다(헌재 2011.8.30. 2007헌가12 등).

13-1 병역의 종류를 현역, 예비역, 보충역, 병역준비역, 전시근로역의 다섯 가지로 한정하여 규정하고 양심적 병역거부자에 대한 대체 복무제를 규정하지 아니한 병역종류조항은 과잉금지원칙을 위반하여 양심적 병역거부자의 양심의 자유를 침해한다. 2021 경찰경력채용 ( )

13-2 양심적 병역거부자에 대한 관용은 결코 병역의무의 면제와 특혜의 부여에 대한 관용이 아니며, 대체복무제는 병역의무의 일환으로 도입되는 것이므로 현역복무와의 형평을 고려하여 최대한 등가성을 가지도록 설계되어야 한다. 2021 경찰승진 ( )

13-3 양심적 병역거부의 바탕이 되는 양심상의 결정은 종교적 동기뿐만 아니라 윤리적·철학적 또는 이와 유사한 동기로부터라도 형성될 수 있는 것이므로 양심적 병역거부자의 기본권 침해 여부는 양심의 자유를 중심으로 판단한다. 2021 경찰승진 ( )

13-4 종교적 신앙에 의한 행위라도 개인의 주관적·윤리적 판단을 동반하는 것인 한 양심의 자유에 포함시켜 고찰할 수 있다. 2023 법원행시 ( )

13-5 양심적 병역거부자에 대한 대체복무제를 규정하지 아니한 병역종류조항은 과잉금지원칙에 위배하여 양심적 병역거부자의 양심의 자유를 침해한다. 2022 법원직 ( )

13-6 현역입영 또는 소집통지서를 받은 사람이 정당한 사유 없이 입영일이나 소집일부터 3일이 지나도 입영하지 아니하거나 소집에 응하지 아니한 경우를 처벌하는 「병역법」 처벌조항은 과잉금지원칙을 위반하여 양심적 병역거부자의 양심의 자유를 침해한다. 2023 경찰1차 / 2024 법원행시 ( )

ANSWER 12-1 ○ 12-2 × 12-3 ○ 13-1 ○ 13-2 ○ 13-3 ○ 13-4 ○ 13-5 ○ 13-6 ×

13-7 국가의 존립과 안전을 위한 불가결한 헌법적 가치를 담고 있는 국방의 의무와 개인의 인격과 존엄의 기초가 되는 양심의 자유가 서로 충돌하는 경우, 입법자는 두 가치를 양립시킬 수 있는 조화점을 최대한 모색해야 하고, 그것이 불가능해 부득이 어느 하나의 헌법적 가치를 후퇴시킬 수밖에 없는 경우에도 그 목적에 비례하는 범위 내에 그쳐야 한다. 2024 경찰승진 ( )

13-8 양심적 병역거부는 실상 당사자의 양심에 따른 혹은 양심을 이유로 한 병역거부를 가리키는 것이며 병역거부가 도덕적이고 정당하다는 의미도 갖는다. 2023 경찰간부 ( )

13-9 병역의 종류를 현역, 예비역, 보충역, 병역준비역, 전시근로역의 다섯 가지로 한정하여 규정하는 병역종류조항은 대체복무제라는 대안이 있음에도 불구하고 군사훈련을 수반하는 병역의무만을 규정하고 있으므로 정당한 입법목적을 달성하기 위한 적합한 수단에 해당한다고 보기는 어렵다. 2023 경찰간부 ( )

13-10 특정한 내적인 확신 또는 신념이 양심으로 형성된 이상 그 내용 여하를 떠나 양심의 자유에 의해 보호되는 양심이 될 수 있으므로, 헌법상 양심의 자유에 의해 보호받는 양심으로 인정할 것인지의 판단은 그것이 깊고, 확고하며, 진실된 것인지 여부에 따르면 된다. 따라서 양심적 병역거부를 주장하는 사람은 자신의 양심을 외부로 표명하여 증명할 의무를 지지 않는다. 2023 국회직8급 ( )

13-11 양심적 병역거부는 인류의 평화적 공존에 대한 간절한 희망과 결단을 기반으로 하고 있다는 점에서, 특별히 병역을 면제받지 않은 양심적 병역거부자에게 병역이행을 강제하는 「병역법」조항은 설령 종교적 신앙에 따라 병역을 거부하는 자에게 적용되는 경우에도 해당 종교인의 종교의 자유를 제한하지 않는다.
2024 변시 ( )

> **해설** 병역법 제88조 제1항 등 위헌소원(헌재 2018.6.28. 2011헌바379)
> (1) 대체복무제가 마련되지 아니한 병역종류조항의 위헌 여부
> 병역종류조항은 앞에서 본 바와 같이 **병역의 종류를 현역, 예비역, 보충역, 병역준비역, 전시근로역의 다섯 가지로 한정적으로 열거하고**, 그 이외에 다른 병역의 종류나 내용을 상정하지는 않고 있다. 그런데 위 병역들은 **모두 군사훈련을 받는 것을 전제**하고 있으므로, **양심적 병역거부자에게 병역종류조항에 규정된 병역을 부과할 경우 필연적으로 그들의 양심과 충돌을 일으킬 수밖에 없다.**
> 비군사적 성격을 갖는 복무도 입법자의 형성에 따라 병역의무의 내용에 포함될 수 있고, 대체복무제는 그 개념상 병역종류조항과 밀접한 관련을 갖는다. 따라서 병역종류조항에 대한 이 사건 심판청구는 입법자가 아무런 입법을 하지 않은 진정입법부작위를 다투는 것이 아니라, 입법자가 병역의 종류에 관하여 입법은 하였으나 그 내용이 양심적 병역거부자를 위한 대체복무제를 포함하지 아니하여 불완전·불충분하다는 **부진정입법부작위를 다투는 것이라고 봄이 상당**하다.
> 이 사건 법률조항에 의하여 이들의 종교의 자유도 함께 제한된다. 그러나 종교적 신앙에 의한 행위라도 개인의 주관적·윤리적 판단을 동반하는 것인 한 양심의 자유에 포함시켜 고찰할 수 있고, 앞서 보았듯이 양심적 병역거부의 바탕이 되는 양심상의 결정은 종교적 동기뿐만 아니라 윤리적·철학적 또는 이와 유사한 동기로부터도 형성될 수 있는 것이므로, 이 사건에서는 양심의 자유를 중심으로 기본권 침해 여부를 판단하기로 한다.
> 이 사건 법률조항(병역종류조항)으로 인해서 **국가의 존립과 안전을 위한 불가결한 헌법적 가치를 담고 있는 국방의 의무와 개인의 인격과 존엄의 기초가 되는 양심의 자유가 상충하게 된다. 이처럼 헌법적 가치가 서로 충돌하는 경우, 입법자는 두 가치를 양립시킬 수 있는 조화점을 최대한 모색해야 하고, 그것이 불가능해 부득이 어느 하나의 헌법적 가치를 후퇴시킬 수밖에 없는 경우에도 그 목적에 비례하는 범위 내에 그쳐야 한다.**

ANSWER 13-7 ○ 13-8 × 13-9 × 13-10 × 13-11 ×

병역종류조항은, 병역부담의 형평을 기하고 병역자원을 효과적으로 확보하여 효율적으로 배분함으로써 국가안보를 실현하고자 하는 것이므로 **정당한 입법목적을 달성하기 위한 적합한 수단**이다. **이미 상당한 기간 동안 세계의 많은 나라들이 양심적 병역거부를 인정하면서도 여러 문제들을 효과적으로 해결하여 징병제를 유지해오고 있다는 사실은, 대체복무제를 도입하면서도 병역의무의 형평을 유지하는 것이 충분히 가능하다는 사실을 강력히 시사한다.**

대체복무제라는 대안이 있음에도 불구하고 군사훈련을 수반하는 병역의무만을 규정한 병역종류조항은, **침해의 최소성 원칙에 어긋난다.**

병역종류조항이 추구하는 '국가안보' 및 '병역의무의 공평한 부담'이라는 공익은 대단히 중요하나, 병역종류조항에 대체복무제를 도입한다고 하더라도 위와 같은 공익은 충분히 달성할 수 있다고 판단된다. 반면, 병역종류조항이 대체복무제를 규정하지 아니함으로 인하여 양심적 병역거부자들은 최소 1년 6월 이상의 징역형과 그에 따른 공무원 임용 제한 및 해직, 각종 관허업의 특허·허가·인가·면허 등 상실, 인적 사항 공개, 전과자에 대한 유·무형의 냉대와 취업곤란 등 막대한 불이익을 감수하여야 한다. 양심적 병역거부자들에게 공익 관련 업무에 종사하도록 한다면, 이들을 처벌하여 교도소에 수용하고 있는 것보다는 넓은 의미의 안보와 공익실현에 더 유익한 효과를 거둘 수 있을 것이고, 국가와 사회의 통합과 다양성의 수준도 높아지게 될 것이다. 따라서 병역종류조항은 **법익의 균형성 요건을 충족하지 못한 것으로 판단된다.**

양심적 병역거부자에 대한 대체복무제를 규정하지 아니한 병역종류조항은 과잉금지원칙에 위배하여 양심적 병역거부자의 양심의 자유를 침해한다.

(2) 양심의 자유 중 양심형성의 자유는 내심에 머무르는 한, 절대적으로 보호되는 기본권이라 할 수 있는 반면, 양심적 결정을 외부로 표현하고 실현할 수 있는 권리인 양심실현의 자유는 법질서에 위배되거나 타인의 권리를 침해할 수 있기 때문에 법률에 의하여 제한될 수 있다. 양심적 병역거부자의 처벌 근거가 된 병역법 제88조 제1항 본문 제1호 및 제2호는 헌법에 위반되지 아니한다.

(3) 특정한 내적인 확신 또는 신념이 양심으로 형성된 이상 그 내용 여하를 떠나 양심의 자유에 의해 보호되는 양심이 될 수 있으므로, 헌법상 양심의 자유에 의해 보호받는 '양심'으로 인정할 것인지의 판단은 그것이 깊고, 확고하며, 진실된 것인지 여부에 따르게 된다. 그리하여 **양심적 병역거부를 주장하는 사람은 자신의 '양심'을 외부로 표명하여 증명할 최소한의 의무를 진다.**

(4) 양심적 병역거부자에 대한 관용은 결코 병역의무의 면제와 특혜의 부여에 대한 관용이 아니다. **대체복무제는 병역의무의 일환으로 도입되는 것이고 현역복무와의 형평을 고려하여 최대한 등가성을 가지도록 설계되어야 하는 것이기 때문이다.**

(5) 일반적으로 양심적 병역거부는 병역의무가 인정되는 징병제 국가에서 종교적·윤리적·철학적 또는 이와 유사한 동기로부터 형성된 양심상의 결정을 이유로 병역의무의 이행을 거부하는 행위를 가리킨다. 그런데 일상생활에서 '양심적' 병역거부라는 말은 병역거부가 '양심적', 즉 도덕적이고 정당하다는 것을 가리킴으로써, 그 반면으로 병역의무를 이행하는 사람은 '비양심적'이거나 '비도덕적'인 사람으로 치부하게 될 여지가 있다. 하지만 앞에서 살펴 본 양심의 의미에 따를 때, **'양심적' 병역거부는 실상 당사자의 '양심에 따른' 혹은 '양심을 이유로 한' 병역거부를 가리키는 것일 뿐이지 병역거부가 '도덕적이고 정당하다'는 의미는 아닌 것이다.** 따라서 '양심적' 병역거부라는 용어를 사용한다고 하여 병역의무이행은 '비양심적'이 된다거나, 병역을 이행하는 거의 대부분의 병역의무자들과 병역의무이행이 국민의 숭고한 의무라고 생각하는 대다수 국민들이 '비양심적'인 사람들이 되는 것은 결코 아니다.

14 취업규칙에서 사용자가 사고나 비위행위 등을 저지른 근로자에게 시말서를 제출하도록 명령할 수 있다고 규정하는 경우, 그 시말서가 단순히 사건의 경위를 보고하는 데 그치지 않고 '자신의 잘못을 반성하고 사죄한다는 내용'이 포함된 사죄문 또는 반성문의 의미를 가지고 있다 할지라도 이를 두고 양심의 자유를 침해하였다고 볼 수는 없다. 2024 경찰승진 ( )

ANSWER 14 ×

해설 취업규칙에서 사용자가 사고나 비위행위 등을 저지른 근로자에게 시말서를 제출하도록 명령할 수 있다고 규정하는 경우, 그 시말서가 단순히 사건의 경위를 보고하는 데 그치지 않고 **더 나아가 근로관계에서 발생한 사고 등에 관하여 '자신의 잘못을 반성하고 사죄한다는 내용'이 포함된 사죄문 또는 반성문을 의미하는 것이라면, 이는 헌법이 보장하는 내심의 윤리적 판단에 대한 강제로서 양심의 자유를 침해하는 것이므로**, 그러한 취업규칙 규정은 헌법에 위배되어 근로기준법 제96조 제1항에 따라 효력이 없고, 그에 근거한 사용자의 시말서 제출명령은 업무상 정당한 명령으로 볼 수 없다(대판 2010.1.14. 2009두6605).

15-1 누구라도 자신이 비행을 저질렀다고 믿지 않는 자에게 본심에 반하여 사죄 내지 사과를 강요한다면 이는 윤리적·도의적 판단을 가용하는 것으로서 양심의 자유를 침해하는 행위에 해당하므로, 사업자단체의 독점규제 및 공정거래에 관한 법률 위반행위가 있을 때 공정거래위원회가 당해 사업자단체에 대하여 '법위반사실의 공표'를 명할 수 있도록 하는 법률조항은 양심의 자유를 침해한다. 2022 법원직 ( )

15-2 경제규제법적 성격을 가진 공정거래법에 위반하였는지 여부는 각 개인의 소신에 따라 어느 정도의 가치판단이 개입될 수 있고 그 한도에서 다소의 윤리적 도덕적 관련성을 가질 수 있으나 개인의 인격형성과는 무관하므로 사업자단체의 독점거래 및 공정거래법 위반행위가 있을 때 공정거래위원회가 당해 사업자단체에 대하여 법위반사실 공표를 명할 수 있도록 하는 법률조항은 양심의 자유와 무관하다. 2023 법원행시 ( )

15-3 공정거래위원회가「공정거래법」위반행위를 한 사업자단체에 대하여 법 위반사실의 공표를 명할 수 있도록 한 법률규정은 양심의 자유를 침해한다고 볼 수 없다. 2023 해양경찰 ( )

해설 사업자단체의 독점규제및공정거래법 위반행위가 있을 때 공정거래위원회가 당해 사업자단체에 대하여 "법위반사실의 공표"를 명할 수 있도록 한 독점규제및공정거래에관한법률 제27조(헌재 2002.1.31. 2001헌바43)
이러한 법률판단의 문제는 개인의 인격형성과는 무관하므로 헌법 제19조에 의하여 보장되는 **양심의 영역에 포함되지 아니한다**.

16-1 우리나라는 헌법 제정 당시 신앙과 양심을 하나의 조문에서 보장하였으나, 제3차 개정헌법부터 신앙과 양심을 분리하여 규정하기 시작했다. 2023 법원행시 ( )

16-2 양심의 자유는 제헌헌법에서 종교의 자유와 같은 조항에서 함께 규정되었으나 1962년 제5차 개정헌법에서 종교의 자유와 분리하여 규정된 것이 현행헌법에서도 유지되고 있다. 2023 입법고시 ( )

해설 제헌헌법 제12조는 '모든 국민은 신앙과 양심의 자유를 가진다. 국교는 존재하지 아니하며 종교는 정치로부터 분리된다.'라고 규정하여 **양심의 자유와 종교의 자유를 한 조항에서 규정**하였다. 이후 제5차 개정헌법에서 제16조에 종교의 자유를, 제17조에 양심의 자유를 분리 규정하였으며 현행헌법에서 제19조에 양심의 자유를, 제20조에 종교의 자유를 분리 규정하며 유지되고 있다.

17 이적표현물의 제작이나 반포행위를 금지하는 것은 표현물에 담긴 사상, 내용을 자유롭게 표명하고 타인에게 전파하고자 하는 표현의 자유를 제한할 뿐, 내적 영역에서의 양심 형성과는 관련이 없으므로 양심의 자유를 제한하지 않는다. 2023 법원행시 ( )

해설 이적표현물의 제작이나 반포행위를 금지하는 것은 표현물에 담긴 사상, 내용을 자유롭게 표명하고 그것을 다른 사람들에게 전파하고자 하는 표현의 자유를 제한한다. 또한, 표현물에 담긴 내용이나 사상은 개개인이 자신의 세계관이나 가치체계를 형성해 나가는 데 영향을 주는 것으로 어떠한 신념에 근거하여 윤리적 결정

ANSWER 15-1 × 15-2 ○ 15-3 ○ 16-1 × 16-2 ○ 17 ×

을 하고 삶의 방향을 설정해 나갈 것인가를 정하는 기초가 된다. 따라서 **특정한 내용이 담긴 표현물의 소지나 취득을 금지함으로써 정신적 사유의 범위를 제한하는 것은, 내적 영역에서 양심을 형성하고 사상을 발전시켜 나가고자 하는 양심의 자유 내지는 사상의 자유를 제한**한다(헌재 2015.4.30. 2012헌바95 등).

18 양심형성의 자유는 외부의 간섭과 강제로부터 절대적으로 보호되는 기본권이므로, 이적표현물의 소지·취득행위가 반포나 판매로 이어지거나 이를 통해 형성된 양심적 결정이 외부로 표현되고 실현되지 아니한 단계에서 이를 처벌하는 것은 헌법상 허용되지 아니한다. 2024 경찰1차 / 2024 법원행시   ( )

> **해설** 이적표현물의 소지·취득행위만으로도 그 표현물의 이적내용이 전파될 가능성을 배제하기 어렵고, 특히 최근 늘어나고 있는 전자매체 형식의 표현물들은 실시간으로 다수에게 반포가 가능하고, 이적표현물이 소지·취득한 사람의 의사와 무관하게 전파, 유통될 가능성도 배제할 수 없으므로, 이적표현물을 소지·취득하는 행위가 지니는 위험성이 이를 제작·반포하는 행위에 비해 결코 적다고 보기 어렵다. 따라서 이적표현물 제작 등 조항은 과잉금지원칙에 위배되어 표현의 자유 및 양심의 자유를 침해하지 아니한다(헌재 2024.2.28. 2023헌바381).

19-1 보안관찰처분은 그 대상자가 보안관찰 해당범죄를 다시 저지를 위험성이 내심의 영역을 벗어나 외부에 표출되는 경우에 내려지는 특별예방적 목적의 처분이므로, 보안관찰처분 근거규정이 양심의 자유를 침해한다고 볼 수 없다. 2023 법원행시   ( )

19-2 보안관찰처분은 보안관찰처분 대상자가 보안관찰해당범죄를 다시 저지를 위험성이 내심의 영역을 벗어나 외부에 표출되는 경우에 재범의 방지를 위하여 내려지는 특별예방적 목적의 처분이므로 양심의 자유를 침해한다고 할 수 없다. 2023 국회직8급   ( )

19-3 보안관찰처분은 보안관찰처분대상자가 보안관찰해당범죄를 다시 저지를 위험성이 내심의 영역을 벗어나 외부에 표출되는 경우에 재범의 방지를 위하여 내려지는 특별예방적 목적의 처분이므로, 보안관찰처분의 요건과 절차를 규정한 「보안관찰법」 제2조, 제3조, 제4조, 제12조 제1항, 제14조는 보안관찰처분대상자의 양심의 자유를 침해하지 아니한다. 2024 경찰1차   ( )

> **해설** 보안관찰처분은 보안관찰처분대상자의 내심의 작용을 문제 삼는 것이 아니라, **보안관찰처분대상자가 보안관찰해당범죄를 다시 저지를 위험성이 내심의 영역을 벗어나 외부에 표출되는 경우에 재범의 방지를 위하여 내려지는 특별예방적 목적의 처분이므로, 보안관찰처분 근거규정은 양심의 자유를 침해하지 아니한다**(헌재 2015.11.26. 2014헌바475).

20-1 학교폭력 가해학생에 대한 조치로 피해학생에 대한 서면사과를 규정한 구 「학교폭력예방 및 대책에 관한 법률」상 조항은 가해학생의 인격권을 침해한다. 2023 경찰간부   ( )

20-2 가해학생에 대한 조치로 피해학생에 대하여 서면사과를 하도록 규정한 것은 내심의 윤리적 판단·감정 내지 의사의 표현으로 외부에서 강제할 수 있는 성질의 것이 아닌 '사과'를 강제하는 것으로 가해학생의 양심의 자유를 침해한다. 2024 법원행시   ( )

20-3 가해학생에 대한 조치로 피해학생에 대한 서면사과를 규정한 「학교폭력예방법」 조항은 서면사과의 교육적 효과는 가해학생에 대한 주의나 경고 또는 권고적인 조치만으로는 달성하기 어렵다는 점을 고려할 때 과잉금지원칙에 위배되어 가해학생의 양심의 자유를 침해하지 않는다. 2024 경찰1차   ( )

ANSWER   18 ×   19-1 ○   19-2 ○   19-3 ○   20-1 ×   20-2 ×   20-3 ○

20-4 학교폭력의 가해학생에 대한 조치로 피해학생에 대한 서면사과를 규정한 것은 가해학생에게 반성과 성찰의 기회를 제공하고 피해학생의 피해 회복과 정상적인 학교생활로의 복귀를 돕기 위한 교육적 조치로 볼 수 있으므로 가해학생의 양심의 자유를 침해한다고 보기 어렵다. 2023 국회직8급 ( )

20-5 가해학생에 대한 조치로 피해학생에 대한 서면사과를 규정한 조항은 가해학생의 양심의 자유와 인격권을 과도하게 침해한다고 본다. 2023 경찰경력채용 ( )

20-6 가해학생에 대한 조치로 피해학생 및 신고·고발한 학생에 대한 접촉, 협박 및 보복행위의 금지를 규정한 조항은 가해학생의 일반적 행동자유권을 침해한다고 보기 어렵다. 2023 경찰경력채용 ( )

20-7 피해학생이 가해학생과 동일한 학급 내에 있으면서 지속적으로 학교폭력의 위험에 노출된다면 심대한 정신적, 신체적 피해를 입을 수 있으므로, 가해학생에 대한 조치로 학급교체를 규정한 조항은 가해학생의 일반적 행동자유권을 과도하게 침해한다고 보기 어렵다. 2023 경찰경력채용 ( )

20-8 가해학생에 대한 조치별 적용 기준의 기본적인 내용을 법률에서 직접 규정하고 있으며, 사건 조치별 적용 기준 위임규정에 따라 대통령령에 규정될 내용은 세부적인 기준에 관한 내용이 될 것임을 충분히 예측할 수 있으므로, 사건 조치별 적용기준 위임규정은 포괄위임금지원칙에 위배되지 않는다. 2023 경찰경력채용 ( )

> **해설** 학교폭력의 원인은 다양하고, 자치위원회는 개별 학교에 설치되는 기구이므로, 구체적인 학교 현실과 교육적인 측면의 정책적 판단이 반영될 수 있도록 자치위원회의 설치·운영·구성 등에 관한 사항을 대통령령에 위임할 필요성이 인정된다. 또한, 구 학교폭력예방법에서는 자치위원회의 설치 장소, 위원의 구성, 회의 개최 시기, 소집 요건 등 기본적인 사항을 직접 규정하고 있으므로, 이 사건 자치위원회 위임규정에 따라 대통령령에 규정될 내용이 위원장 및 위원의 자격요건이나 선출 또는 위촉방법, 회의의 구체적인 소집절차나 심의방법 등 자치위원회의 설치·운영 등에 관하여 필요한 구체적인 사항이 될 것임을 충분히 예측할 수 있다. 따라서 이 사건 자치위원회 위임규정은 **포괄위임금지원칙에 위배되지 않는다**.
>
> 가해학생은 서면사과를 통해 자신의 잘못된 행위에 대하여 책임을 지는 방법과 피해학생의 피해를 회복하는 방법을 배우고, 이를 통해 건전한 사회구성원으로 성장해나갈 수 있다. 서면사과 조치는 내용에 대한 강제 없이 자신의 행동에 대한 반성과 사과의 기회를 제공하는 교육적 조치로 마련된 것이고, 가해학생에게 의견진술 등 적정한 절차적 기회를 제공한 뒤에 학교폭력 사실이 인정되는 것을 전제로 내려지는 조치이며, 이를 불이행하더라도 추가적인 조치나 불이익이 없다. 또한 이러한 서면사과의 교육적 효과는 가해학생에 대한 주의나 경고 또는 권고적인 조치만으로는 달성하기 어렵다. 따라서 이 사건 서면사과조항이 가해학생의 양심의 자유와 인격권을 과도하게 침해한다고 보기 어렵다.
>
> **가해학생의 접촉, 협박이나 보복행위를 금지하는 것은** 피해학생과 신고·고발한 학생의 안전한 학교생활을 위한 불가결한 조치이다. 이 사건 접촉 등 금지조항은 가해학생의 의도적인 접촉 등만을 금지하고 통상적인 학교 교육활동 과정에서 의도하지 않은 접촉까지 모두 금지하는 것은 아니며, 학교폭력의 지속성과 은닉성, 가해학생의 접촉, 협박 및 보복행위 가능성, 피해학생의 피해 정도 등을 종합적으로 고려하여 이루어지는 것이므로, 가해학생의 **일반적 행동자유권을 침해한다고 보기 어렵다**.
>
> 이 사건 학급교체조항은 학교폭력의 심각성, 가해학생의 반성 정도, 피해학생의 피해 정도 등을 고려하여 가해학생과 피해학생의 격리가 필요한 경우에 행해지는 조치로서 가해학생은 학급만 교체될 뿐 기존에 받았던 교육 내용이 변경되는 것은 아니다. 피해학생이 가해학생과 동일한 학급 내에 있으면서 지속적으로 학교폭력의 위험에 노출된다면 심대한 정신적, 신체적 피해를 입을 수 있으므로, 이 사건 **학급교체조항이 가해학생의 일반적 행동자유권을 과도하게 침해한다고 보기 어렵다**(헌재 2023.2.23. 2019헌바93 등).

ANSWER 20-4 ○ 20-5 × 20-6 ○ 20-7 ○ 20-8 ○

21 의사로 하여금 환자의 진료비 내역 정보를 국세청에 제출하도록 하는 「소득세법」 해당 조항으로 얻게 되는 납세자의 편의와 사회적 제비용의 절감을 위한 연말정산 간소화라는 공익이 이로 인하여 제한되는 의사들의 양심실현의 자유에 비하여 결코 적다고 할 수 없다. 2023 경찰간부 ( )

> **해설** 이 사건 법령조항은 근로소득자들의 연말정산 간소화라는 공익을 달성하기 위하여 그에 필요한 의료비 내역을 국세청장에게 제출하도록 하는 것으로서, 그 목적의 정당성과 수단의 적절성이 인정된다. 또 이 사건 법령조항에 의하여 국세청장에게 제출되는 내용은, 환자의 민감한 정보가 아니고, 과세관청이 소득세 공제액을 산정하기 위한 필요최소한의 내용이며, 이 사건 법령조항으로 얻게 되는 납세자의 편의와 사회적 제비용의 절감을 위한 연말정산 간소화라는 공익이 이로 인하여 제한되는 의사들의 양심실현의 자유에 비하여 결코 적다고 할 수 없으므로, 이 사건 법령조항은 피해의 최소성 원칙과 법익의 균형성도 충족하고 있다. 따라서 이 사건 법령조항은 헌법에 위반되지 아니한다(헌재 2008. 10.30. 2006헌마1401 등).

제9절 종교의 자유

I 헌법 조문

제20조 ① 모든 국민은 종교의 자유를 가진다.
② 국교는 인정되지 아니하며, 종교와 정치는 분리된다.

II 최신 기출지문 분석

01-1 종교전파의 자유는 누구에게나 자신의 종교 또는 종교적 확신을 알리고 선전하는 자유를 말하며, 그가 선택한 임의의 장소에서 자유롭게 행사할 수 있는 권리까지 보장한다. 2022 법원행시 ( )

01-2 종교전파의 자유는 국민에게 그가 선택한 임의의 장소에서 자유롭게 행사할 수 있는 권리까지 보장한다고 할 수 없다. 2021 경찰승진 / 2022 경찰간부 / 2023 해양경찰 ( )

01-3 종교의 자유는 국민에게 그가 선택한 임의의 장소에서 자유롭게 종교전파를 할 자유까지를 보장하는 것은 아니다. 2023 입법고시 ( )

ANSWER 21 ○ / 01-1 × 01-2 ○ 01-3 ○

01-4 종교전파의 자유는 누구에게나 자신의 종교 또는 종교적 확신을 알리고 선전하는 자유를 말하지만, 이러한 종교전파의 자유에는 국민에게 그가 선택한 임의의 장소에서 자유롭게 행사할 수 있는 권리까지 보장한다고 할 수 없다. 2023 경찰1차 ( )

01-5 종교(선교활동)의 자유는 국민에게 그가 선택한 임의의 장소에서 자유롭게 행사할 수 있는 권리까지 보장한다고 할 수 없으며, 그 임의의 장소가 대한민국의 주권이 미치지 아니하는 지역 나아가 국가에 의한 국민의 생명·신체 및 재산의 보호가 강력히 요구되는 해외 위난지역인 경우에는 더욱 그러하다. 2022 경찰경력채용 ( )

> 해설 종교(선교활동)의 자유는 국민에게 그가 선택한 임의의 장소에서 자유롭게 행사할 수 있는 권리까지 보장한다고 할 수 없으며, 그 임의의 장소가 대한민국의 주권이 미치지 아니하는 지역 나아가 국가에 의한 국민의 생명·신체 및 재산의 보호가 강력히 요구되는 해외 위난지역인 경우에는 더욱 그러하다(헌재 2008. 6. 26. 2007헌마1366).

02-1 신앙의 자유는 신과 피안 또는 내세에 대한 인간의 내적 확신에 대한 자유를 말하는 것으로서 이러한 신앙의 자유는 그 자체가 내심의 자유의 핵심이기 때문에 법률로써도 이를 침해할 수 없다. 2023 입법고시 ( )

02-2 종교적 집회·결사의 자유는 그 자체가 내심의 자유의 핵심이기 때문에 헌법 제37조 제2항의 과잉금지의 원칙이 적용되지 않는다. 2023 행시 ( )

02-3 종교적 행위의 자유에는 종교적인 확신에 따라 행동하고 교리에 따라 생활할 수 있는 자유와 소극적으로는 자신의 종교적인 확신에 반하는 행위를 강요당하지 않을 자유 그리고 선교의 자유, 종교교육의 자유 등이 포함된다. 2023 변시 ( )

02-4 종교의 자유의 구체적 내용으로는 신앙의 자유, 종교적 행위의 자유 및 종교적 집회·결사의 자유가 포함된다. 2023 해양경찰 ( )

> 해설 종교의 자유는 일반적으로 신앙의 자유, 종교적 행위의 자유 및 종교적 집회·결사의 자유의 3요소로 구성된다. 신앙의 자유는 신과 피안 또는 내세에 대한 인간의 내적 확신에 대한 자유를 말하는 것으로서 이러한 신앙의 자유는 그 자체가 내심의 자유의 핵심이기 때문에 법률로써도 이를 침해할 수 없다. 종교적 행위의 자유는 종교상의 의식·예배 등 종교적 행위를 각 개인이 임의로 할 수 있는 등 종교적인 확신에 따라 행동하고 교리에 따라 생활할 수 있는 자유와 소극적으로는 자신의 종교적인 확신에 반하는 행위를 강요당하지 않을 자유 그리고 선교의 자유, 종교교육의 자유 등이 포함된다. 종교적 집회·결사의 자유는 종교적 목적으로 같은 신자들이 집회하거나 종교단체를 결성할 자유를 말한다. 이러한 **종교적 행위의 자유와 종교적 집회·결사의 자유는 신앙의 자유와는 달리 절대적 자유가 아니므로 헌법 제37조 제2항에 의거하여 질서유지, 공공복리 등을 위해서 제한할 수 있는데, 그러한 제한은 비례의 원칙이나 종교의 자유의 본질적 내용을 침해해서는 안 된다**(헌재 2011. 12. 29. 2009헌마527).

03-1 종교의 자유에는 자기가 신봉하는 종교를 선전하고 새로운 신자를 규합하기 위한 선교의 자유가 포함되나, 선교의 자유에는 다른 종교의 신장에 대하여 개종을 권고하는 자유를 넘어 타종교를 비판하는 자유까지 포함되었다고 볼 수 없다. 2022 법원직 ( )

03-2 종교의 자유에는 선교의 자유가 포함되고, 선교의 자유에는 다른 종교를 비판하거나 다른 종교의 신자에 대하여 개종을 권고하는 자유도 포함된다. 2022 경찰2차 ( )

ANSWER 01-4 ○ 01-5 ○ 02-1 ○ 02-2 × 02-3 ○ 02-4 ○ 03-1 × 03-2 ○

> **해설** 우리 헌법 제20조 제1항은 "모든 국민은 종교의 자유를 가진다."라고 규정하고 있는데, 종교의 자유에는 자기가 신봉하는 종교를 선전하고 새로운 신자를 규합하기 위한 선교의 자유가 포함되고 선교의 자유에는 다른 종교를 비판하거나 다른 종교의 신자에 대하여 개종을 권고하는 자유도 포함되는바, 종교적 선전, 타 종교에 대한 비판 등은 동시에 표현의 자유의 보호대상이 되는 것이나, 그 경우 종교의 자유에 관한 헌법 제20조 제1항은 표현의 자유에 관한 헌법 제21조 제1항에 대하여 특별 규정의 성격을 갖는다 할 것이므로 종교적 목적을 위한 언론·출판의 경우에는 그 밖의 일반적인 언론·출판에 비하여 보다 고도의 보장을 받게 된다고 할 것이다(대판 2007.2.8. 2006도4486).

04 헌법상 보호되는 종교의 자유에는 특정 종교단체가 그 종교의 지도자와 교리자를 자체적으로 교육시킬 수 있는 종교교육의 자유가 포함된다. 2023 행시 ( )

> **해설** 한편 헌법 제20조는 "모든 국민은 종교의 자유를 가진다", "국교는 인정되지 아니하며, 종교와 정치는 분리된다."고 규정하여 종교의 자유를 선언하고 있다. **헌법상 보호되는 종교의 자유에는 특정 종교단체가 그 종교의 지도자와 교리자를 자체적으로 교육시킬 수 있는 종교교육의 자유가 포함된다고 볼 것이다**(헌재 2000.3.30. 99헌바14).

05 국가에 의한 특정 종교의 우대나 차별대우는 금지된다. 2023 행시 ( )

> **해설** 국교는 인정되지 아니하며, 종교와 정치는 분리된다(헌법 제20조 제2항).

06 기독교재단이 설립한 사립대학에서 6학기 동안 대학예배에 참석할 것을 졸업요건으로 하는 학칙은 비록 위 대학예배가 복음 전도나 종교인 양성에 직접적인 목표가 있는 것이 아니고 신앙을 가지지 않을 자유를 침해하지 않는 범위 내에서 학생들에게 종교교육을 함으로써 진리·사랑에 기초한 보편적 교양인을 양성하는 데 목표를 두고 있다고 하더라도 헌법상 보장된 종교의 자유를 침해하는 것이다. 2022 경찰2차 ( )

> **해설** 기독교재단이 설립한 사립대학이 학칙으로 대학예배의 6학기 참석을 졸업요건으로 정한 경우, 위 대학교의 대학예배는 목사에 의한 예배뿐만 아니라 강연이나 드라마 등 다양한 형식을 취하고 있고 학생들에 대하여도 예배시간의 참석만을 졸업의 요건으로 할 뿐 그 태도나 성과 등을 평가하지는 않는 사실 등에 비추어 볼 때, 위 대학교의 예배는 복음 전도나 종교인 양성에 직접적인 목표가 있는 것이 아니고 신앙을 가지지 않을 자유를 침해하지 않는 범위 내에서 학생들에게 종교교육을 함으로써 진리·사랑에 기초한 보편적 교양인을 양성하는 데 목표를 두고 있다고 할 것이므로, **대학예배에의 6학기 참석을 졸업요건으로 정한 위 대학교의 학칙은 헌법상 종교의 자유에 반하는 위헌무효의 학칙이 아니다**(대판 1998.11.10. 96다37268).

07 지방자치단체가 유서 깊은 천주교 성당 일대를 문화관광지로 조성하기 위하여 상급단체로부터 문화관광지 조성계획을 승인받은 후 사업부지 내 토지 등을 수용재결한 것은 헌법의 정교분리원칙에 위배되지 않는다.
2022 경찰2차 ( )

> **해설** 위 성당을 문화재로 보호할 가치가 충분하고 위 문화관광지 조성계획은 지방자치단체가 지역경제의 활성화를 도모하기 위하여 추진한 것으로 보이며 특정 종교를 우대·조장하거나 배타적 특권을 부여하는 것으로 볼 수 없어, 그 계획의 승인과 그에 따른 토지 등 수용재결이 헌법의 정교분리원칙이나 평등권에 위배되지 않는다(대판 2009.5.28. 2008두16933).

08 종교교육 및 종교지도자의 양성은 헌법 제20조에 규정된 종교의 자유의 한 내용으로 보장되지만, 그것이 학교라는 교육기관의 형태를 취할 때에는 헌법 제31조 제1항, 제6항의 규정 및 이에 기한 교육법상의 각 규정들에 의한 규제를 받게 된다. 2022 법원직 ( )

ANSWER 04 ○   05 ○   06 ×   07 ○   08 ○

> **해설** 종교교육 및 종교지도자 양성은 구 헌법(1980.10.27. 전문개정 공포) 제19조에 규정된 종교의 자유의 한 내용으로서 보장되지만 그것이 학교라는 교육기관의 형태를 취할 때에는 교육기관 등을 정비하여 국민의 교육을 받을 권리를 실질적으로 보장하고자 하는 교육제도 등에 관한 법률주의에 관한 위 헌법 제29조 제1항, 제6항의 규정 및 이에 기한 교육법상의 각 규정들에 의한 규제를 받게 된다(대판 1989.9.26. 87도519).

09-1 구치소장이 수용자 중 미결수용자에 대하여 일률적으로 종교행사 등에의 참석을 불허한 것은 교정시설의 여건 및 수용관리의 적정성을 기하기 위한 것으로서 목적이 정당하고, 일부 수용자에 대한 최소한의 제한에 해당하므로 종교의 자유를 침해한 것으로 볼 수 없다. 2021 경찰승진 ( )

09-2 수용자 중 미결수용자에 대해서만 일률적으로 종교행사 등에의 참석을 불허한 것은 종교의 자유를 침해한 것으로 볼 수 없다. 2023 해양경찰 ( )

> **해설** 공범 등이 없는 경우 내지 공범 등이 있는 경우라도 공범이나 동일사건 관련자를 분리하여 종교행사 등에의 참석을 허용하는 등의 방법으로 미결수용자의 기본권을 덜 침해하는 수단이 존재함에도 불구하고 이를 전혀 고려하지 아니하였으므로 이 사건 종교행사 등 참석불허 처우는 침해의 최소성 요건을 충족하였다고 보기 어렵다. 그리고, 이 사건 종교행사 등 참석불허 처우로 얻어질 공익의 정도가 무죄추정의 원칙이 적용되는 미결수용자들이 종교행사 등에 참석을 하지 못함으로써 입게 되는 종교의 자유의 제한이라는 불이익에 비하여 결코 크다고 단정하기 어려우므로 법익의 균형성 요건 또한 충족하였다고 할 수 없다. 따라서, 이 사건 종교행사 등 참석불허 처우는 과잉금지원칙을 위반하여 청구인의 종교의 자유를 침해하였다(헌재 2011.12.29. 2009헌마527).

10 구치소에 종교행사 공간이 1개뿐이고, 종교행사는 종교, 수형자와 미결수용자, 성별, 수용동 별로 진행되며, 미결수용자는 공범이나 동일사건 관련자가 있는 경우 분리하여 참석하게 해야 하는 점을 고려하더라도, 구치소장이 종교행사를 4주에 1회 실시한 것은 미결수용자의 종교의 자유를 침해한다. 2023 경찰간부 ( )

> **해설** ○○구치소에 종교행사 공간이 1개뿐이고, 종교행사는 종교, 수형자와 미결수용자, 성별, 수용동 별로 진행되며, 미결수용자는 공범이나 동일사건 관련자가 있는 경우 이를 분리하여 참석하게 해야 하는 점을 고려하면 피청구인이 미결수용자 대상 종교행사를 4주에 1회 실시했더라도 종교의 자유를 과도하게 제한하였다고 보기 어렵고, 구치소의 인적·물적 여건상 하루에 여러 종교행사를 동시에 하기 어려우며, 개신교의 경우에만 그 교리에 따라 일요일에 종교행사를 허용할 경우 다른 종교와의 형평에 맞지 않고, 공휴일인 일요일에 종교행사를 할 행정적 여건도 마련되어 있지 않다는 점을 고려하면, 이 사건 종교행사 처우는 청구인의 **종교의 자유를 침해하지 않는다**(헌재 2015.4.30. 2013헌마190).

11 금치처분을 받은 자에게 금치처분 기간 중 종교상담을 통한 종교활동을 제외하고, 종교의식 또는 종교행사 참석을 금지하는 법조항은 이러한 불이익이 규율 준수를 통하여 수용질서를 유지한다는 공익에 비하여 크다 할 수 없으므로 해당 수용자의 종교의 자유를 침해하지 않는다. 2024 변시 ( )

> **해설** 형집행법 제112조 제3항 본문 중 제108조 제4호에 관한 부분은 금치의 징벌을 받은 사람에 대해 금치기간 동안 공동행사 참가 정지라는 불이익을 가함으로써, 규율의 준수를 강제하여 수용시설 내의 안전과 질서를 유지하기 위한 것으로서, 목적의 정당성 및 수단의 적합성이 인정된다. 금치처분을 받은 사람은 최장 30일 이내의 기간 동안 공동행사에 참가할 수 없으나, 서신수수, 접견을 통해 외부와 통신할 수 있고, 종교상담을 통해 종교활동을 할 수 있다. 또한, 위와 같은 불이익은 규율 준수를 통하여 수용질서를 유지한다는 공익에 비하여 크다고 할 수 없다. 따라서 위 조항은 **청구인의 통신의 자유, 종교의 자유를 침해하지 아니한다**(헌재 2016.5.26. 2014헌마45).

ANSWER 09-1 ×   09-2 ×   10 ×   11 ○

12-1 학교 정화구역 내에 납골시설을 금지할 필요성은 납골시설의 운영주체가 국가·지방자치단체 등의 공공기관이거나 개인·문중·종교단체·재단법인이든 마찬가지라고 할 것이다. 2022 경찰간부 ( )

12-2 종교 의식 내지 종교적 행위와 밀접한 관련이 있는 시설의 설치와 운영은 종교의 자유를 보장하기 위한 전제에 해당되므로 종교적 행위의 자유에 포함된다. 2022 법원직 ( )

> **해설** 종교 의식 내지 종교적 행위와 밀접한 관련이 있는 시설의 설치와 운영은 종교의 자유를 보장하기 위한 전제에 해당되므로 종교적 행위의 자유에 포함된다고 할 것이다.
> 　이 사건 법률조항은 정화구역 내의 납골시설 설치·운영을 일반적으로 금지하고 있다. 종교단체의 납골시설은 사자의 죽음을 추모하고 사후의 평안을 기원하는 종교적 행사를 하기 위한 시설이라고 할 수 있다. **종교단체가 설치·운영하고자 하는 납골시설이 금지되는 경우에는 종교의 자유에 대한 제한 문제가 발생**한다. 그리고 개인이 조상이나 가족을 위하여 설치하는 납골시설 또는 문중·종중이 구성원을 위하여 설치하는 납골시설이 금지되는 경우에는 행복추구권 제한의 문제가 발생한다. 납골시설의 설치·운영을 직업으로서 수행하고자 하는 자에게는 이 사건 법률조항이 직업의 자유를 제한하게 된다.
> 　종교집회장 안에 설치되는 납골시설은 건축법규의 규제대상에서 제외되어 있지만, 그렇다고 하여 학교 주변의 교육환경을 보호하기 위한 규제까지 배제되는 것은 아니다. 그리고 **학교 정화지역 내에 납골시설을 금지할 필요성은 납골시설의 유형이 납골묘·납골당·납골탑 중 어느 것이냐에 따라 달라진다고 보기 어렵고, 납골시설의 운영주체가 국가·지방자치단체 등의 공공기관이거나 개인·문중·종교단체·재단법인이든 마찬가지라고 할 것이다**(헌재 2009.7.30. 2008헌가2).

13 종립학교(종교단체가 설립한 사립학교)의 학교법인이 국·공립학교의 경우와는 달리 종교교육을 할 자유와 운영의 자유를 가진다고 하더라도, 그 종립학교가 공교육체계에 편입되어 있는 이상 원칙적으로 학생의 종교의 자유, 교육을 받을 권리를 고려한 대책을 마련하는 등의 조치를 취하는 속에서 그러한 자유를 누린다.
2022 경찰경력채용 ( )

> **해설** 고등학교 평준화정책 및 교육 내지 사립학교의 공공성, 학교법인의 종교의 자유 및 운영의 자유가 학생들의 기본권이나 다른 헌법적 가치 앞에서 가지는 한계를 고려하고, 종립학교에서의 종교교육은 필요하고 또한 순기능을 가진다는 것을 간과하여서는 아니 되나 한편으로 종교교육으로 인하여 학생들이 입을 수 있는 피해는 그 정도가 가볍지 아니하며 그 구제수단이 별달리 없음에 반하여 학교법인은 제한된 범위 내에서 종교의 자유 및 운영의 자유를 실현할 가능성이 있다는 점을 감안하면, **비록 종립학교의 학교법인이 국·공립학교의 경우와는 달리 종교교육을 할 자유와 운영의 자유를 가진다고 하더라도, 그 종립학교가 공교육체계에 편입되어 있는 이상 원칙적으로 학생의 종교의 자유, 교육을 받을 권리를 고려한 대책을 마련하는 등의 조치를 취하는 속에서 그러한 자유를 누린다고 해석하여야** 한다(대판 2010.4.22. 2008다38288 전원합의체).

14 전통사찰에 대하여 채무명의를 가진 일반채권자가 전통사찰 소유의 전법(傳法)용 경내지의 건조물 등에 대하여 압류하는 것을 금지하는 「전통사찰의 보존 및 지원에 관한 법률」 조항은 '전통사찰의 일반 채권자'의 재산권을 제한하지만, 종교의 자유의 내용 중 어떠한 것도 제한되지 않는다. 2021 경찰승진 / 2023 변시 ( )

> **해설** 압류 등 강제집행은 국가가 강제력을 행사함으로써 채권자의 사법상 청구권에 대한 실현을 도모하는 절차로서 채권자의 재산권은 궁극적으로 강제집행에 의하여 그 실현이 보장되는 것인바, 이 사건 법률조항은 전통사찰에 대하여 채무명의를 가진 일반 채권자(이하 '전통사찰의 일반 채권자'라 한다)가 **전통사찰 소유의 전법용 경내지의 건조물 등에 대하여 압류하는 것을 금지하고 있으므로 '전통사찰의 일반 채권자'의 재산권을 제한**한다. 종교의 자유는 신앙의 자유, 종교적 행위의 자유 및 종교적 집회·결사의 자유를 그 내용으로 하는바, **이 사건 법률조항은 전통사찰 소유의 일정 재산에 대한 압류를 금지할 뿐이므로 그로 인하여 위와 같은 종교의 자유의 내용 중 어떠한 것도 제한되지는 아니한다**(헌재 2012.6.27. 2011헌바34).

ANSWER 12-1 ○　12-2 ○　13 ○　14 ○

15 군종장교가 최소한 성직자의 신분에서 주재하는 종교활동을 수행함에 있어 소속종단의 종교를 선전하거나 다른 종교를 비판하는 것은 국가공무원으로서 종교적 중립을 준수할 의무를 위반한 직무상의 위법이 있다.
2022 경찰경력채용 ( )

> 해설 군대 내에서 군종장교는 국가공무원인 참모장교로서의 신분뿐 아니라 성직자로서의 신분을 함께 가지고 소속 종단으로부터 부여된 권한에 따라 설교·강론 또는 설법을 행하거나 종교의식 및 성례를 할 수 있는 종교의 자유를 가지는 것이므로, **군종장교가 최소한 성직자의 신분에서 주재하는 종교활동을 수행함에 있어 소속종단의 종교를 선전하거나 다른 종교를 비판하였다고 할지라도 그것만으로 종교적 중립을 준수할 의무를 위반한 직무상의 위법이 있다고 할 수 없다**(대판 2007.4.26. 2006다87903).

16-1 헌법 제20조 제2항이 국교금지와 정교분리원칙을 규정하고 있기 때문에, 종교시설의 건축행위에만 기반시설부담금을 면제한다면 국가가 종교를 지원하여 종교를 승인하거나 우대하는 것으로 비칠 소지가 있다.
2021 경찰승진 ( )

16-2 종교시설의 건축행위에 대하여 기반시설부담금 부과를 제외하거나 감경하지 아니하였더라도, 종교의 자유를 침해하는 것이 아니다. 2023 입법고시 ( )

16-3 종교시설의 건축행위에만 기반시설부담금을 면제한다면 국가가 종교를 지원하여 종교를 승인하거나 우대하는 것으로 비칠 소지가 있어 헌법 제20조 제2항의 국교금기·정교분리에 위배될 수도 있다.
2022 경찰2차 / 2023 해양경찰 ( )

16-4 종교시설의 건축행위에 대하여 기반시설부담금 부과를 제외하거나 감경하지 아니하였다면 종교의 자유를 침해하는 것이다. 2022 경찰간부 ( )

> 해설 종교의 자유에서 종교에 대한 적극적인 우대조치를 요구할 권리가 직접 도출되거나 우대할 국가의 의무가 발생하지 아니한다. 종교시설의 건축행위에만 기반시설부담금을 면제한다면 국가가 종교를 지원하여 종교를 승인하거나 우대하는 것으로 비칠 소지가 있어 헌법 제20조 제2항의 국교금지·정교분리에 위배될 수도 있다고 할 것이므로 종교시설의 건축행위에 대하여 기반시설부담금 부과를 제외하거나 감경하지 아니하였더라도, 종교의 자유를 침해하는 것이 아니다(헌재 2010.2.25. 2007헌바131 등).

17 육군훈련소장이 훈련병에게 개신교, 불교, 천주교, 원불교 종교행사 중 하나에 참석하도록 한 것은 국가가 종교를 군사력 강화라는 목적을 달성하기 위한 수단으로 전락시키거나, 반대로 종교단체가 군대라는 국가권력에 개입하여 선교행위를 하는 등 영향력을 행사할 수 있는 기회를 제공하므로, 국가와 종교의 밀접한 결합을 초래한다는 점에서 헌법상 정교분리원칙에 위배된다. 2023 경찰1차 / 2024 변시 ( )

> 해설 피청구인이 청구인들로 하여금 개신교, 천주교, 불교, 원불교 4개 종교의 종교행사 중 하나에 참석하도록 한 것은 그 자체로 종교적 행위의 외적 강제에 해당한다. 이는 피청구인이 위 4개 종교를 승인하고 장려한 것이자, 여타 종교 또는 무종교보다 이러한 4개 종교 중 하나를 가지는 것을 선호한다는 점을 표현한 것이라고 보여질 수 있으므로 국가의 종교에 대한 중립성을 위반하여 특정 종교를 우대하는 것이다. 또한, 이 사건 종교행사 참석조치는 국가가 종교를, 군사력 강화라는 목적을 달성하기 위한 수단으로 전락시키거나, 반대로 종교단체가 군대라는 국가권력에 개입하여 선교행위를 하는 등 영향력을 행사할 수 있는 기회를 제공하므로, 국가와 종교의 밀접한 결합을 초래한다는 점에서 정교분리원칙에 위배된다(헌재 2022.11.24. 2019헌마941).

ANSWER 15 × 16-1 ○ 16-2 ○ 16-3 ○ 16-4 × 17 ○

18 사법시험 제1차 시험의 시행일자를 일요일로 정하여 공고한 공무원임용시험시행계획 공고는 종교의 자유를 침해하는 것이 아니다. 2022 경찰경력채용 ( )

> 해설 기독교 문화를 사회적 배경으로 하고 있는 구미 제국과 달리 우리나라에서는 일요일은 특별한 종교의 종교의식일이 아니라 일반적인 공휴일로 보아야 할 것이고 앞서 본 여러 사정을 참작한다면 사법시험 제1차 시험 시행일을 일요일로 정한 피청구인의 이 사건 공고가 청구인이 신봉하는 종교를 다른 종교에 비하여 불합리하게 차별대우하는 것으로 볼 수도 없다(헌재 2001.9.27. 2000헌마159).

19 '2010학년도 법학적성시험 시행계획 공고'가 시험의 시행일을 일요일로 정한 것은 청구인의 종교의 자유를 침해하는 것이라 할 수 없다. 2023 행시 ( )

> 해설 적성시험 시행공고가 시험의 시행일을 일요일로 정하고 있는 것은 **대다수의 국민의 응시기회 보장 및 용이한 시험관리라는 정당한 목적**을 달성하기 위한 적절한 수단이며, 시험장으로 임차된 학교들의 구체적인 학사일정에 차이가 있고 주5일 근무제의 시행이 배제되는 사업장이 존재하며 **국가시험의 종류에 따라 시험의 시행기관 및 투입비용 등이 다르다는 점에 비추어 위 공고가 피해의 최소성 및 법익균형성 원칙에 반하여 종교의 자유를 침해한다고 볼 수 없다.** 또한 **기독교 문화를 사회적 배경으로 하는 구미 제국과 달리 우리나라에서는 일요일이 특정 종교의 종교의식일이 아니라 일반적 공휴일에 해당한다는 점 등을 고려하면 일요일에 적성시험을 실시하는 것이 특정 종교를 믿는 자들을 불합리하게 차별대우하는 것이라고 볼 수도 없다**(헌재 2010.4.29. 2009헌마399).

20 종교활동은 헌법상 종교의 자유와 정교분리원칙에 의하여 국가의 간섭으로부터 그 자유가 보장되어 있으므로, 국가기관인 법원은 종교단체 내부관계에 관한 사항에 대하여는 그것이 일반 국민으로서의 권리의무나 법률관계를 규율하는 것이 아닌 이상 원칙적으로 그 실체적인 심리판단을 하지 아니함으로써 당해 종교단체의 자율권을 최대한 보장하여야 한다. 2023 변시 ( )

> 해설 **종교활동은 헌법상 종교의 자유와 정교분리의 원칙에 의하여 국가의 간섭으로부터 그 자유가 보장되어 있다. 따라서 국가기관인 법원으로서도 종교단체 내부관계에 관한 사항에 대하여는 그것이 일반 국민으로서의 권리의무나 법률관계를 규율하는 것이 아닌 이상 원칙적으로 실체적인 심리·판단을 하지 아니함으로써 당해 종교단체의 자율권을 최대한 보장하여야 한다.** 한편 종교단체가 그 교리를 확립하고 종교단체 및 신앙의 질서를 유지하기 위하여 교인으로서의 비위가 있는 사람을 종교적인 방법으로 제재하는 것은 종교단체 내부의 규제로서 헌법이 보장하는 종교의 자유의 영역에 속하는 것임에 비추어, 교인의 구체적인 권리 또는 법률관계에 관한 분쟁이 있어서 그에 관한 청구의 당부를 판단하는 전제로 종교단체의 교인에 대한 징계의 당부를 판단하는 것은 별론으로 하더라도, 법원이 그 징계의 효력 자체를 사법심사의 대상으로 삼아 효력 유무를 판단할 수는 없다고 할 것이다(대판 2011.10.27. 2009다32386).

21-1 종교단체의 복지시설 운영에 대한 제한은 종교단체 내 복지시설을 운영하는 법인의 인격권 및 법인운영의 자유를 제한하는 것이므로 종교의 자유 침해가 아닌 법인운영의 자유를 침해하는지 여부에 대한 문제로 귀결된다. 2022 경찰2차 ( )

21-2 국가 또는 지방자치단체 외의 자가 양로시설을 설치하고자 하는 경우 신고하도록 규정하고 이를 위반한 경우 처벌하는 「노인복지법」 조항을 종교단체에서 구호활동의 일환으로 운영하는 양로시설에도 적용하는 것은, 종교의 특수성을 몰각하는 것으로 종교의 자유를 침해한다. 2023 변시 ( )

ANSWER 18 ○ 19 ○ 20 ○ 21-1 × 21-2 ×

21-3 종교단체에서 구호활동의 일환으로 운영하는 양로시설에 대해서도 양로시설의 설치에 신고의무를 부과하고 그 위반행위를 처벌하는 법률조항은, 일정 규모 이상의 양로시설에서는 안전사고나 인권침해 피해 정도가 커질 수 있어 예외 없이 신고의무를 부과할 필요가 있다는 점에서 종교의 자유를 침해하지 않는다. 2024 변시 ( )

해설▶ 청구인은, 심판대상조항이 법인의 인격권 및 법인운영의 자유를 침해한다고 주장하나, 위에서 본 바와 같이 **종교단체의 복지시설 운영은 종교의 자유의 영역이므로 종교의 자유를 침해하는지 여부에 대한 문제로 귀결**된다.
심판대상조항은 양로시설에 입소한 노인들에게 편안하고 쾌적한 주거환경을 제공하도록 국가나 지방자치단체가 관리·감독을 하기 위한 것으로, 이러한 **입법목적은 정당하고 신고의무를 위반한 경우 형사제재를 가하는 것은 양로시설 현황을 파악하고 감독하기 위한 것으로 수단의 적절성도 인정된다.** … 사안의 경중에 따라 벌금형의 선고도 가능하므로 심판대상조항에 의한 처벌이 지나치게 과중하다고 볼 수 없다. 심판대상조항에 의하여 제한되는 사익에 비하여 심판대상조항이 달성하려는 공익은 양로시설에 입소한 노인들의 쾌적하고 안전한 주거환경을 보장하는 것으로 이는 매우 중대하다. 따라서 심판대상조항이 과잉금지원칙에 위배되어 **종교의 자유를 침해한다고 볼 수 없다**(헌재 2016.6.30. 2015헌바46).

22 종교적 목적을 위한 언론·출판의 자유를 행사하는 과정에서 타 종교의 신앙 대상을 우스꽝스럽게 묘사하거나 다소 모욕적이고 불쾌하게 느껴지는 표현을 사용하였더라도 그것이 그 종교를 신봉하는 신도들에 대한 증오의 감정을 드러내는 것이거나 그 자체로 폭행·협박 등을 유발할 우려가 있는 정도가 아닌 이상 허용된다고 보아야 한다. 2022 경찰간부 ( )

해설▶ 우리 헌법이 종교의 자유를 보장함으로써 보호하고자 하는 것은 종교 자체나 종교가 신봉하는 신앙의 대상이 아니라, 종교를 신봉하는 국민, 즉 신앙인이고, 종교에 대한 비판은 성질상 어느 정도의 편견과 자극적인 표현을 수반하게 되는 경우가 많으므로, 타 종교의 신앙의 대상에 대한 모욕이 곧바로 그 신앙의 대상을 신봉하는 종교단체나 신도들에 대한 명예훼손이 되는 것은 아니고, 종교적 목적을 위한 언론·출판의 자유를 행사하는 과정에서 타 종교의 신앙의 대상을 우스꽝스럽게 묘사하거나 다소 모욕적이고 불쾌하게 느껴지는 표현을 사용하였더라도 그것이 그 종교를 신봉하는 신도들에 대한 증오의 감정을 드러내는 것이거나 그 자체로 폭행·협박 등을 유발할 우려가 있는 정도가 아닌 이상 허용된다고 보아야 한다(대판 2014.9.4. 2012도13718).

23 통계청장이 인구주택총조사의 방문 면접조사를 실시하면서 담당 조사원을 통해 응답자에게 '종교가 있는지 여부'와 '있다면 구체적인 종교명이 무엇인지'를 묻는 조사 항목들에 응답할 것을 요구한 행위는, 통계의 기초자료로 활용하기 위한 조사 사항 중 하나로서 특정 종교를 믿는다는 이유로 불이익을 주거나 종교적 확신에 반하는 행위를 강요하기 위한 것이 아니다. 2024 변시 ( )

해설▶ 심판대상행위는 '종교가 있는지 여부'와 '있다면 구체적인 종교명이 무엇인지'를 묻는 조사항목들에 응답할 것을 요구하고 있는바, 이는 통계의 기초자료로 활용하기 위한 조사사항 중 하나로서 특정 종교를 믿는다는 이유로 불이익을 주거나 종교적 확신에 반하는 행위를 강요하기 위한 것이 아니다(헌재 2017.7.27. 2015헌마1094).

24 종교활동은 헌법상 종교의 자유와 정교분리의 원칙에 의하여 국가의 간섭으로부터 그 자유가 보장되어 있는 것이므로 국가기관인 법원으로서도 종교단체 내부관계에 관한 사항에 대해서는 그것이 일반 국민으로서 권리의무나 법률관계를 규율하는 것이 아닌 이상 원칙적으로 그 실체적인 심리판단을 하지 아니함으로써 당해 종교단체의 자율권을 최대한 보장하여야 할 것이고, 한편 종교단체가 그 교리를 확립하고 종교단체 및 신앙의

ANSWER 21-3 ○ 22 ○ 23 ○ 24 ○

질서를 유지하기 위하여 교인으로서의 비위가 있는 자를 종교적인 방법으로 제재하는 것은 종교단체 내부의 규제로서 헌법이 보장하는 종교의 자유의 영역에 속하는 것임에 비추어, 교인의 구체적인 권리 또는 법률관계에 관한 분쟁이 있어 그에 관한 청구의 당부를 판단하는 전제로서 종교단체의 교인에 대한 징계의 당부를 판단하는 것은 별론으로 하더라도, 법원이 그 징계의 효력 그 자체를 사법심사의 대상으로 삼아 효력 유무를 판단할 수는 없다고 할 것이다. 2023 법무사 ( )

> **해설** 종교활동은 헌법상 종교의 자유와 정교분리의 원칙에 의하여 국가의 간섭으로부터 그 자유가 보장되어 있다. 따라서 국가기관인 법원으로서도 종교단체 내부관계에 관한 사항에 대하여는 그것이 일반 국민으로서의 권리의무나 법률관계를 규율하는 것이 아닌 이상 원칙적으로 실체적인 심리·판단을 하지 아니함으로써 당해 종교단체의 자율권을 최대한 보장하여야 한다. 한편 종교난체가 그 교리를 확립하고 종교단체 및 신앙의 질서를 유지하기 위하여 교인으로서의 비위가 있는 사람을 종교적인 방법으로 제재하는 것은 종교단체 내부의 규제로서 헌법이 보장하는 종교의 자유의 영역에 속하는 것임에 비추어, **교인의 구체적인 권리 또는 법률관계에 관한 분쟁이 있어서 그에 관한 청구의 당부를 판단하는 전제로 종교단체의 교인에 대한 징계의 당부를 판단하는 것은 별론으로 하더라도, 법원이 그 징계의 효력 자체를 사법심사의 대상으로 삼아 효력 유무를 판단할 수는 없다고 할 것**이다(대판 2011.10.27. 2009다32386).

제10절 언론·출판의 자유

I 헌법 조문

제21조 ① 모든 국민은 언론·출판의 자유와 집회·결사의 자유를 가진다.
② 언론·출판에 대한 허가나 검열과 집회·결사에 대한 허가는 인정되지 아니한다.
③ 통신·방송의 시설기준과 신문의 기능을 보장하기 위하여 필요한 사항은 법률로 정한다.
④ 언론·출판은 타인의 명예나 권리 또는 공중도덕이나 사회윤리를 침해하여서는 아니 된다. 언론·출판이 타인의 명예나 권리를 침해한 때에는 피해자는 이에 대한 피해의 배상을 청구할 수 있다.

II 최신 기출지문 분석

01-1 음란표현은 헌법 제21조가 규정하는 언론·출판의 자유의 보호영역 내에 있다. 2022 법원행시 / 2022 입법고시
( )

01-2 '음란표현'은 헌법상 언론 출판의 자유의 보호영역 밖에 있다고 보아야 한다. 2022 경찰1차 ( )

ANSWER 01-1 ○   01-2 ✕

01-3 음란표현도 헌법 제21조가 규정하는 언론·출판의 자유의 보호 영역에는 해당하나, 헌법 제37조 제2항에 따라 국가안전보장·질서유지 또는 공공복리를 위하여 제한할 수 있는 것이다. 2022 경찰승진 ( )

01-4 음란표현은 언론·출판의 자유의 보호영역 내에 있지 않다. 2023 행시 ( )

01-5 오로지 성적 흥미에만 호소할 뿐 전체적으로 보아 하등의 문학적, 예술적, 과학적 또는 정치적 가치를 지니지 않은 음란표현은 언론·출판의 자유에 의한 헌법적 보장을 받지 못한다. 2023 입법고시 ( )

> **해설** 음란표현이 언론·출판의 자유의 보호영역에 해당하지 아니한다고 해석할 경우 음란표현에 대하여는 언론·출판의 자유의 제한에 대한 헌법상의 기본원칙, 예컨대 명확성의 원칙, 검열 금지의 원칙 등에 입각한 합헌성 심사를 하지 못하게 될 뿐만 아니라, 기본권 제한에 대한 헌법상의 기본원칙, 예컨대 법률에 의한 제한, 본질적 내용의 침해금지 원칙 등도 적용하기 어렵게 되는 결과, 모든 음란표현에 대하여 사전 검열을 받도록 하고 이를 받지 않은 경우 형사처벌을 하거나, 유통목적이 없는 음란물의 단순소지를 금지하거나, 법률에 의하지 아니하고 음란물출판에 대한 불이익을 부과하는 행위 등에 대한 합헌성 심사도 하지 못하게 됨으로써, **결국 음란표현에 대한 최소한의 헌법상 보호마저도 부인하게 될 위험성이 농후하게 된다는 점을 간과할 수 없다. 이 사건 법률조항의 음란표현은 헌법 제21조가 규정하는 언론·출판의 자유의 보호영역 내에 있다고 볼 것인바**, 종전에 이와 견해를 달리하여 음란표현은 헌법 제21조가 규정하는 언론·출판의 자유의 보호영역에 해당하지 아니한다는 취지로 판시한 우리 재판소의 의견을 변경한다(헌재 2009.5.28. 2006헌바109 등).

02 '청소년이용음란물' 역시 의사형성적 작용을 하는 의사의 표현·전파의 형식 중 하나임이 분명하므로 언론·출판의 자유에 의하여 보호되는 의사표현의 매개체에 해당한다. 2023 법무사 ( )

> **해설** 본건에 있어서 문제되고 있는 '**청소년이용음란물**' 역시 의사형성적 작용을 하는 의사의 표현·전파의 형식 중 하나임이 분명하므로 언론·출판의 자유에 의하여 보호되는 의사표현의 매개체라는 점에는 의문의 여지가 **없는바**, 이 사건 법률 제2조 제3호 및 제8조 제1항은 이의 제작·수입·수출 행위를 처벌함으로써 위와 같은 의사표현의 매개체에 의한 일정한 내용의 표현을 금지하고 있다는 점에서 헌법상 보장되고 있는 표현의 자유, 즉 언론·출판의 자유를 제한하는 것으로 볼 수 있다(헌재 2002.4.25. 2001헌가27).

03 헌법 제21조에서 보장하고 있는 언론·출판의 자유, 즉 표현의 자유는 전통적으로는 사상 또는 의견의 자유로운 표명(발표의 자유)과 그것을 전파할 자유(전달의 자유)를 의미하고, 개인이 인간으로서의 존엄과 가치를 유지하고 행복을 추구하며 국민주권을 실현하는데 필수불가결한 것으로서, 종교의 자유, 양심의 자유, 학문과 예술의 자유 등의 정신적인 자유를 외부적으로 표현하는 자유라고 할 수 있다. 2023 법무사 ( )

> **해설** 우리 재판소는 헌법 제21조에서 보장하고 있는 표현의 자유에 대하여, 전통적으로는 사상 또는 의견의 자유로운 표명(발표의 자유)과 그것을 전파할 자유(전달의 자유)를 의미하는 것으로서, 개인이 인간으로서의 존엄과 가치를 유지하고 행복을 추구하며 국민주권을 실현하는 데 필수불가결한 것이고, 종교의 자유, 양심의 자유, 학문과 예술의 자유 등의 정신적인 자유를 외부적으로 표현하는 자유라고 판단한 바 있다(헌재 2009.5.28. 2006헌바109 등).

04-1 헌법 제21조 제4항 전문은 "언론·출판은 타인의 명예나 권리 또는 공중도덕이나 사회윤리를 침해하여서는 아니 된다."라고 규정하고 있는바, 이는 헌법상 표현의 자유의 보호영역에 대한 한계를 설정한 것이라고 보아야 한다. 2022 경찰1차 ( )

ANSWER 01-3 ○ 01-4 × 01-5 × 02 ○ 03 ○ 04-1 ×

04-2 헌법 제21조 제4항은 "언론·출판은 타인의 명예나 권리 또는 공중도덕이나 사회윤리를 침해하여서는 아니 된다."고 규정하고 있는 바, 이는 언론·출판의 자유에 따르는 책임과 의무를 강조하는 동시에 언론·출판의 자유에 대한 제한의 요건을 명시한 규정으로 볼 것이고, 헌법상 표현의 자유의 보호영역 한계를 설정한 것이라고는 볼 수 없다. 2023 경찰1차 ( )

> **해설** 헌법 제21조 제4항은 "언론·출판은 타인의 명예나 권리 또는 공중도덕이나 사회윤리를 침해하여서는 아니 된다."고 규정하고 있는바, **이는 언론·출판의 자유에 따르는 책임과 의무를 강조하는 동시에 언론·출판의 자유에 대한 제한의 요건을 명시한 규정으로 볼 것이고, 헌법상 표현의 자유의 보호영역 한계를 설정한 것이라고는 볼 수 없다**(헌재 2009.5.28. 2006헌바109 등).

05 표현의 자유는 국민 개인적인 차원에서는 자유로운 인격발현의 수단임과 동시에 합리적이고 건설적인 의사형성 및 진리발견의 수단이 되며, 국가와 사회적인 차원에서는 민주주의 국가와 사회의 존립과 발전에 필수불가결한 기본권이다. 2024 경찰1차 ( )

> **해설** 표현의 자유는 개인적인 차원에서는 자유로운 인격 발현의 수단임과 동시에 합리적이고 건설적인 의사형성 및 진리발견의 수단이 되며, 국가와 사회적인 차원에서는 민주주의 국가와 사회의 존립과 발전에 필수불가결한 기본권이다(헌재 2023.9.26. 2020헌마1724 등).

06-1 광고가 단순히 상업적인 상품이나 서비스에 관한 사실을 알리는 경우에는 그 내용이 공익을 포함하고 있더라도 헌법 제21조의 표현의 자유에 의하여 보호되는 것은 아니다. 2022 경찰승진 ( )

06-2 광고물로 사사·지식·정보 등을 불특정다수인에게 전파하는 것으로서 언론·출판의 자유에 의한 보호를 받는 대상이 될 수 있다. 2023 입법고시 ( )

06-3 광고물도 사상·지식·정보 등을 불특정 다수인에게 전파하는 것으로서 언론·출판의 자유에 의한 보호를 받는 대상에 해당한다. 2023 해양경찰 ( )

06-4 우리 헌법은 제21조 제1항에서 "모든 국민은 언론·출판의 자유 … 를 가진다."라고 규정하여 현대 자유민주주의의 존립과 발전에 필수불가결한 기본권으로 언론·출판의 자유를 강력하게 보장하고 있으나, 광고물은 상업적 목적으로 제작된 것으로서 언론·출판의 자유에 의한 보호를 받는 대상이 된다고 볼 수 없다. 2023 법무사 ( )

> **해설** 광고가 단순히 상업적인 상품이나 서비스에 관한 사실을 알리는 경우에도 그 내용이 공익을 포함하는 때에는 **헌법 제21조의 표현의 자유에 의하여 보호**된다(헌재 2002.12.18. 2000헌마764).

07 구체적인 전달이나 전파의 상대방이 없는 집필의 단계를 표현의 자유의 보호영역에 포함시킬 것인지 의문이 있을 수 있으나 집필은 문자를 통한 모든 의사표현의 기본 전제가 된다는 점에서 당연히 표현의 자유의 보호영역에 속해 있다고 보아야 한다. 2022 입법고시 ( )

> **해설** 일반적으로 표현의 자유는 정보의 전달 또는 전파와 관련지어 생각되므로 구체적인 전달이나 전파의 상대방이 없는 집필의 단계를 표현의 자유의 보호영역에 포함시킬 것인지 의문이 있을 수 있으나, **집필은 문자를 통한 모든 의사표현의 기본 전제가 된다는 점에서 당연히 표현의 자유의 보호영역에 속해 있다고 보아야** 한다(헌재 2005.2.24. 2003헌마289).

ANSWER 04-2 ○ 05 ○ 06-1 × 06-2 ○ 06-3 ○ 06-4 × 07 ○

08 「국가공무원 복무규정」 제8조의2 제2항 등은 "공무원이 직무를 수행할 때 정치적 주장을 표시 또는 상징하는 복장을 하거나 관련 물품을 착용해서는 아니 된다."라고 규정하고 있는바, 정치적 주장을 표시·상징하는 복장 등 관련 물품을 착용하는 행위는 복장 등 비언어적인 방법을 통해 정치적 의사표현을 행하는 것이라 할 수 있다. 2022 입법고시 ( )

> 해설 이 사건 국가공무원 복무규정 제8조의2 제2항 등은 "공무원이 직무를 수행할 때 정치적 주장을 표시 또는 상징하는 복장을 하거나 관련 물품을 착용해서는 아니 된다."라고 규정하고 있는바, **정치적 주장을 표시·상징하는 복장 등 관련 물품을 착용하는 행위는 복장 등 비언어적인 방법을 통해 정치적 의사표현을 행하는 것이라 할 수 있으므로**, 이 사건 국가공무원 복무규정 제8조의2 제2항 등 역시 공무원의 정치적 표현의 자유를 제한하는 규정이라 할 것이다(헌재 2012.5.31. 2009헌마705 등).

09-1 알 권리는 표현의 자유와 표리일체의 관계에 있고, 정보의 공개청구권은 알 권리의 당연한 내용이 되는 것이다. 2023 행시 ( )

09-2 헌법재판소는 공공기관의 정보공개에 관한 법률이 제정되기 이전에 이미, 정부가 보유하고 있는 정보에 대하여 정당한 이해관계가 있는 자가 그 공개를 요구할 수 있는 권리를 알 권리로 인정하면서 이러한 알 권리는 표현의 자유에 당연히 포함되는 기본권임을 선언하였다. 2024 법원행시 ( )

> 해설 알 권리는 일반적으로 접근할 수 있는 정보원으로부터 자유롭게 정보를 수령·수집하거나, 국가기관 등에 대하여 정보의 공개를 청구할 수 있는 권리를 말한다. 알 권리는 표현의 자유와 표리일체의 관계에 있으며, **자유권적 성질과 청구권적 성질을 공유한다**. 자유권적 성질은 일반적으로 정보에 접근하고 수집·처리함에 있어서 국가권력의 방해를 받지 아니한다는 것을 말하며, 청구권적 성질은 의사형성이나 여론형성에 필요한 정보를 적극적으로 수집할 권리 등을 의미하는 것이다. **정보공개청구권은 정부나 공공기관이 보유하고 있는 정보에 대하여 정당한 이해관계가 있는 자가 그 공개를 요구할 수 있는 권리로서, 알 권리의 청구권적 성질과 밀접하게 관련된다. 정보공개청구권은 알 권리의 당연한 내용으로서 헌법 제21조에 의하여 직접 보장**된다(헌재 2019.7.25. 2017헌마1329).

10-1 자유로운 의사의 형성은 정보에의 접근이 충분히 보장됨으로써 비로소 가능한 것이며, 그러한 의미에서 정보에의 접근·수집·처리의 자유, 즉 '알 권리'는 표현의 자유와 표리일체의 관계에 있으며 자유권적 성질과 청구권적 성질을 공유하는 것이다. 2023 경찰경력채용 ( )

10-2 '알 권리'의 자유권적 성질은 일반적으로 정보에 접근하고 수집·처리함에 있어서 국가권력의 방해를 받지 아니한다는 것을 말한다. 2023 경찰경력채용 ( )

10-3 '알 권리'의 청구권적 성질은 의사형성이나 여론 형성에 필요한 정보를 적극적으로 수집하고 수집을 방해하는 방해제거를 청구할 수 있다는 것을 의미하는 바, 이는 정보수집권 또는 정보공개청구권으로 나타난다. 2023 경찰경력채용 ( )

10-4 '알 권리'는 표현의 자유에 당연히 포함되는 것으로 보아야 하지만 생활권적 성질까지도 획득해 나가고 있다고 보기는 어렵다. 2023 경찰경력채용 ( )

> 해설 헌법 제21조는 언론·출판의 자유, 즉 표현의 자유를 규정하고 있는데 이 자유는 전통적으로 사상 또는 의견의 자유로운 표명(발표의 자유)과 그것을 전파할 자유(전달의 자유)를 의미하는 것으로서

ANSWER 08 ○ 09-1 ○ 09-2 ○ 10-1 ○ 10-2 ○ 10-3 ○ 10-4 ×

사상 또는 의견의 자유로운 표명은 자유로운 의사의 형성을 전제로 한다. **자유로운 의사의 형성은 정보에의 접근이 충분히 보장됨으로써 비로소 가능한 것이며**, 그러한 의미에서 정보에의 접근·수집·처리의 자유, 즉 "알 권리"는 표현의 자유와 표리일체의 관계에 있으며 자유권적 성질과 청구권적 성질을 공유하는 것이다. 자유권적 성질은 일반적으로 정보에 접근하고 수집·처리함에 있어서 국가권력의 방해를 받지 아니한다는 것을 말하며, 청구권적 성질을 의사형성이나 여론 형성에 필요한 정보를 적극적으로 수집하고 수집을 방해하는 방해제거를 청구할 수 있다는 것을 의미하는 바 이는 정보수집권 또는 정보공개청구권으로 나타난다. 나아가 현대 사회가 고도의 정보화사회로 이행해감에 따라 "알 권리"는 한편으로 **생활권적 성질까지도 획득해 나가고 있다**(헌재 1991.5.13. 90헌마133).

11 어떤 문제가 있을 때 그에 관련된 정보에 접근하지 못하면 문제의 내용을 제대로 알기 어렵고, 제대로 내용을 알지 못하면 자기의 의견을 제대로 표현하기 어렵기 때문에 알 권리는 표현의 자유와 표리일체의 관계에 있고 정보의 공개청구권은 알 권리의 당연한 내용이 되는 것이다. 그리하여 알 권리는 헌법 제21조에 의하여 직접 보장되고 그 밖에도 국민주권주의, 인간의 존엄과 가치, 인간다운 생활을 할 권리와도 관련이 있다.
2024 법원행시 ( )

> **해설** 어떤 문제가 있을 때 그에 관련된 정보에 접근하지 못하면 문제의 내용을 제대로 알기 어렵고, 제대로 내용을 알지 못하면 자기의 의견을 제대로 표현하기 어렵기 때문에 알 권리는 표현의 자유와 표리일체의 관계에 있고 정보의 공개청구권은 알 권리의 당연한 내용이 되는 것이다. 그리하여 알 권리는 헌법 제21조에 의하여 직접 보장될 수 있다고 헌법재판소가 선언한 것인데, **알 권리는 그 밖에도 국민주권주의(헌법 제1조), 인간의 존엄과 가치(제10조), 인간다운 생활을 할 권리(제34조 제1항)와도 관련이 있다**고 해석되고 있다(헌재 2004.8.26. 2003헌바81 등).

12 공공기관이 보유·관리하는 정보는 원칙적으로 모든 국민에게 공개되어야 하나, 다만 이러한 알 권리에 대하여도 헌법 제21조 제4항에 의한 한계가 있을 뿐만 아니라 헌법 제37조 제2항에서 규정하는 바와 같이 국가안전보장·질서유지 또는 공공복리를 위하여 필요한 경우는 본질적인 내용을 침해하지 아니하는 한 법률로써 제한할 수 있다. 2024 법원행시 ( )

> **해설** 공공기관이 보유·관리하는 정보는 원칙적으로 모든 국민에게 공개되어야 하나(정보공개법 제5조 제1항), 다만 이러한 알 권리에 대하여도 헌법 제21조 제4항에 의한 한계가 있을 뿐만 아니라 헌법 제37조 제2항에서 규정하는 바와 같이 국가안전보장·질서유지 또는 공공복리를 위하여 필요한 경우는 본질적인 내용을 침해하지 아니하는 한 법률로써 제한할 수 있다(헌재 2009.9.24. 2007헌바107).

13 알 권리도 헌법유보와 일반적 법률유보에 의하여 제한될 수 있음은 물론이며, 알 권리는 아무에게도 달리 보호되고 있는 법익을 침해하는 권리를 부여하는 것은 아니다. 그리하여 여러 가지 특별법에 알 권리를 제한하는 규정을 두고 있으나, 그 제한은 본질적 내용을 침해하지 않은 범위 내에서 최소한도에 그쳐야 할 것이다. 아울러 국가안보, 질서유지, 공공복리 등 개념이 넓은 기준에서 일보 전진하여 구체적 기준을 정립해야 할 것이며, 제한에서 오는 이익과 알 권리 침해라는 해악을 비교·형량하여 그 제한의 한계를 설정하여야 할 것이다.
2024 법원행시 ( )

> **해설** "알 권리"도 헌법유보(제21조 제4항)와 일반적 법률유보(제37조 제2항)에 의하여 제한될 수 있음은 물론이며, "알 권리"는 아무에게도 달리 보호되고 있는 법익을 침해하는 권리를 부여하는 것은 아니다. 그리하여 여러 가지 특별법에 알 권리를 제한하는 규정을 두고 있으나, 그 제한은 본질적 내용을 침해하지 않은 범위 내에서 최소한도에 그쳐야 할 것이다. 아울러 **국가안보, 질서유지, 공공복리 등 개념이 넓은 기준에서 일보 전진하여 구체적 기준을 정립해야 할 것이며, 제한에서 오는 이익과 "알 권리" 침해라는 해악을 비교·형량하여 그 제한의 한계를 설정하여야 할 것이다**(헌재 1989.9.4. 88헌마22).

ANSWER 11 ○ 12 ○ 13 ○

14 형사재판이 확정되면 속기록, 녹음물 또는 영상녹화물을 폐기하도록 규정한 「형사소송규칙」의 조항은 피고인이었던 청구인의 알 권리를 침해하지 않는다. 2023 행시 ( )

> 해설 규칙 제39조 중 '속기록 등 폐기'에 관한 부분(이하 '이 사건 규칙조항'이라 한다)은 재판이 확정된 이후에는 속기록 등의 보관에 따른 사법자원의 낭비를 막기 위해 이를 폐기하도록 한 것으로 그 입법목적이 정당할 뿐만 아니라 수단의 적정성이 인정된다. 또한, 형사소송법은 공판조서 기재의 정확성을 담보하기 위해 작성주체, 방식, 기재요건 등에 관하여 엄격히 규정하고, 피고인 등으로 하여금 재판이 확정되기 전에는 속기록 등의 사본 청구나 공판조서의 열람 또는 등사를 통하여 공판조서의 기재 내용에 대한 이의를 진술할 수 있도록 함으로써 기본권 제한을 최소화하고 있고, 이 사건 규칙조항으로 인한 기본권 제한이 속기록 등의 무용한 보관으로 인한 자원낭비 방지라는 공익보다 결코 크다고 볼 수 없으므로, 피해의 최소성과 함께 법익균형성의 요건도 갖추었다 할 것이어서, 이 사건 규칙조항이 청구인의 알권리를 침해하였다고 볼 수 없다(헌재 2012.3.29. 2010헌마599).

15-1 개별 교원이 어떤 교원단체나 노동조합에 가입해 있는지에 대한 정보 공개를 제한하는 것은 학부모인 청구인들의 알권리를 제한하는 것은 아니다. 2022 경찰2차 ( )

15-2 교원의 개인정보 공개를 금지하고 있는 「교육관련기관의 정보공개에 관한 특례법」의 조항은 학부모들의 알 권리를 침해하지 않는다. 2023 행시 ( )

15-3 교원의 개인정보 공개를 금지하고 있는 「교육관련기관의 정보 공개에 관한 특례법」 조항은 학부모들의 알 권리를 침해한다. 2024 경찰승진 ( )

15-4 부모는 자녀의 교육에 관하여 전반적인 계획을 세우고 자신의 인생관·사회관·교육관에 따라 자녀의 교육을 자유롭게 형성할 권리, 즉 자녀교육권을 가진다. 그리고 자녀교육권을 실질적으로 보장하기 위해서는 자녀의 교육에 필요한 정보가 제공되어야 하는바 학부모는 교육정보에 대한 알 권리를 가진다. 그러나 교원의 개인정보자기결정권과 충돌할 우려가 있기 때문에 자신의 자녀를 가르치는 교원이 어떠한 자격과 경력을 가진 사람인지, 어떠한 정치성향과 가치관을 가지고 있는 사람인지에 대한 정보는 포함되지 아니하므로, 교원의 교원단체 및 노동조합 가입에 관한 정보는 알 권리의 한 내용이 될 수 없다. 2024 법원행시 ( )

15-5 공시대상정보로서 교원의 교원단체 및 노동조합 가입현황(인원 수)만을 규정할 뿐 개별 교원의 명단은 규정하고 있지 아니한 구 교육관련기관의 정보공개에 관한 특례법 시행령 제3조 제1항 별표1 제15호 아목 중 "교원" 부분은 과잉금지원칙에 반하여 학부모들의 알 권리를 침해한다. 2023 지방직7급 ( )

> 해설 부모는 자녀의 교육에 관하여 전반적인 계획을 세우고 자신의 인생관·사회관·교육관에 따라 자녀의 교육을 자유롭게 형성할 권리, 즉 자녀교육권을 가진다. 그리고 자녀교육권을 실질적으로 보장하기 위해서는 자녀의 교육에 필요한 정보가 제공되어야 하는바 학부모는 교육정보에 대한 알 권리를 가진다. 이러한 정보 속에는 자신의 자녀를 가르치는 교원이 어떠한 자격과 경력을 가진 사람인지는 물론 어떠한 정치성향과 가치관을 가지고 있는 사람인지에 대한 정보도 포함되는 것이므로, 교원의 교원단체 및 노동조합 가입에 관한 정보도 알 권리의 한 내용이 될 수 있다.
> 개별 교원이 어떤 교원단체나 노동조합에 가입해 있는지에 대한 정보 공개를 제한하고 있는 이 사건 법률조항 및 이 사건 시행령조항은 학부모인 청구인들의 알 권리를 제한하는 것이며, 학부모는 그런 알 권리를 통해 자녀교육을 행하게 되므로 위 조항들은 동시에 교육권에 대한 제약도 발생시킨다고 할 수 있다.

ANSWER 14 ○ 15-1 × 15-2 ○ 15-3 × 15-4 × 15-5 ×

이 사건 시행령조항은 공시대상정보로서 교원의 교원단체 및 노동조합 "가입현황(인원 수)"만을 규정할 뿐 개별 교원의 명단은 규정하고 있지 아니한바, 교원의 교원단체 및 노동조합 가입에 관한 정보는 '개인정보 보호법'상의 민감정보로서 특별히 보호되어야 할 성질의 것이고, **인터넷 게시판에 공개되는 '공시'로 말미암아 발생할 교원의 개인정보 자기결정권에 대한 중대한 침해의 가능성을 고려할 때, 이 사건 시행령조항은 학부모 등 국민의 알 권리와 교원의 개인정보 자기결정권이라는 두 기본권을 합리적으로 조화시킨 것이라 할 수 있으므로, 학부모들의 알 권리를 침해하지 않는다**(헌재 2011.12.29. 2010헌마293).

16 국가 또는 지방자치단체의 기관이 보관하고 있는 문서 등에 관하여 이해관계 있는 국민이 공개를 요구함에도 정당한 이유 없이 이에 응하지 아니하거나 거부하는 것은 당해 국민의 알권리를 침해하는 것이다. 2022 경찰2차
( )

해설 청구인의 자기에게 정당한 이해관계가 있는 정부 보유 정보의 개시(開示) 요구에 대하여 행정청이 아무런 검토 없이 불응하였다면 이는 청구인이 갖는 헌법 제21조에 규정된 언론 출판의 자유 또는 표현의 자유의 한 내용인 **"알 권리"를 침해한 것**이라 할 수 있으며, 그 이외에도 자유민주주의 국가에서 국민주권을 실현하는 핵심이 되는 기본권이라는 점에서 국민주권주의(제1조), 각 개인의 지식의 연마, 인격의 도야에는 가급적 많은 정보에 접할 수 있어야 한다는 의미에서 인간으로서의 존엄과 가치(제10조) 및 인간다운 생활을 할 권리(제34조 제1항)와 관련이 있다 할 것이다(헌재 1989.9.4. 88헌마22).

17 군사기밀의 범위는 국민의 표현의 자유 내지 알권리의 대상영역을 최대한 넓혀줄 수 있도록 필요한 최소한도에 한정되어야 할 것인바, 구 「군사기밀보호법」 제6조 등은 '군사상의 기밀'이 비공지의 사실로서 적법절차에 따라 군사기밀로서의 표지를 갖추고 그 누설이 국가의 안정보장에 명백한 위험을 초래한다고 볼만큼의 실질가치를 지닌 것으로 인정되는 경우에 한하여 적용된다 할 것이므로 이러한 해석하에 헌법에 위반되지 아니한다. 2022 경찰2차
( )

해설 **군사기밀의 범위는 국민의 표현의 자유 내지 "알 권리"의 대상영역을 최대한 넓혀줄 수 있도록 필요한 최소한도에 한정되어야 할 것**이며 따라서 군사기밀보호법 제6조, 제7조, 제10조는 동법 제2조 제1항의 "군사상의 기밀"이 비공지의 사실로서 적법절차에 따라 군사기밀로서의 표지를 갖추고 그 누설이 국가의 안전보장에 명백한 위험을 초래한다고 볼 만큼의 **실질가치를 지닌 것으로 인정되는 경우에 한하여 적용된다 할 것이므로 그러한 해석하에 헌법에 위반되지 아니**한다(헌재 1992.2.25. 89헌가104).

18 공판조서의 절대적 증명력을 규정한 「형사소송법」 조항은 공판조서의 증명력을 규정하고 있을 뿐 공판조서의 내용에 대한 접근·수집·처리 등에 관한 규정이 아니어서, 정보에의 접근·수집·처리의 자유를 의미하는 알권리에 어떠한 제한이 있다고 보기 어렵다. 2022 경찰2차
( )

해설 위 법률조항은 공판조서의 증명력을 규정하고 있을 뿐 공판조서의 내용에 대한 접근·수집·처리 등에 관한 규정이 아니어서, 정보에의 접근·수집·처리의 자유를 의미하는 알권리에 어떠한 제한이 있다고 보기 어려우므로, 이에 관하여는 더 나아가 살피지 아니한다(헌재 2013.8.29. 2011헌바253 등).

19 인터넷 등 전자적 방법에 의한 판결서 열람·복사의 범위를 개정법 시행 이후 확정된 사건의 판결서로 한정하고 있는 「군사법원법」 부칙조항은 정보공개청구권을 침해한다. 2022·2023 경찰간부
( )

해설 이 사건 부칙조항은 판결서 공개제도를 실현하는 과정에서 그 공개범위를 일정 부분 제한하여 판결서 공개에 필요한 국가의 재정이나 용역의 부담을 경감·조정하고자 하는 것이다. 어떤 새로운 제도를 도입할 때에는 그에 따른 사회적 비용도 함께 고려하여 부분적인 개선 방식을 취할 수도 있으므로, 입법자는 현실적인 조건들을 감안해서 위 부칙조항과 같이 판결서 열람·복사에 관한 개정법의 적용

ANSWER 16 ○ 17 ○ 18 ○ 19 ×

범위를 일정 부분 제한할 수 있으며, 청구인은 비록 전자적 방법은 아니라 해도 군사법원법 제93조의2에 따라 개정법 시행 이전에 확정된 판결서를 열람·복사할 수 있다. **이 사건 부칙조항으로 인해 청구인이 전자적 방법을 통해 열람·복사할 수 있는 판결서의 범위가 제한된다 하더라도 이는 입법재량의 한계 내에 있으므로, 위 부칙조항이 청구인의 정보공개청구권을 침해한다고 할 수 없다**(헌재 2015.12.23. 2014헌마185).

20-1 변호사시험 성적을 합격자에게 공개하지 않도록 규정한 「변호사시험법」의 조항은 변호사시험에 응시하여 합격한 청구인들의 알 권리를 침해하지 않는다. 2023 행시 ( )

20-2 변호사시험 성적을 합격자에게 공개하지 않도록 규정한 구 「변호사시험법」 조항은 과잉금지원칙에 위배하여 변호사시험 합격자의 알 권리를 침해한다. 2023 경찰1차 ( )

20-3 변호사시험 성적을 합격자에게 공개하지 않도록 규정한 「변호사시험법」 조항은 법학전문대학원 간의 과다경쟁 및 서열화를 방지하고, 교육과정이 충실하게 이행될 수 있도록 하여 다양한 분야의 전문성을 갖춘 양질의 변호사를 양성하기 위한 것으로 그 입법목적은 정당하나 입법목적을 달성하는 적절한 수단이라고 볼 수는 없다. 2024 경찰1차 ( )

> [해설] 변호사시험 성적의 비공개는 기존 대학의 서열화를 고착시키는 등의 부작용을 낳고 있으므로 수단의 적절성이 인정되지 않는다. 또한 심판대상조항은 침해의 최소성 및 법익의 균형성 요건도 갖추지 못하였다. 따라서 심판대상조항은 과잉금지원칙에 위배하여 청구인들의 **알 권리를 침해한다**(헌재 2015.6.25. 2011헌마769, 2012헌마209·536(병합)).

21 변호사시험 성적 공개청구기간을 「변호사시험법」 시행일부터 6개월 내로 제한하는 동법 부칙조항은 청구인의 정보공개청구권을 침해한다. 2023 경찰간부 ( )

> [해설] 특례조항은 변호사시험 성적에 관한 정보 유출 사고의 위험을 낮추고 성적 정보 등의 관리에 관한 국가의 업무 부담을 줄이려는 목적을 가지는바, 이러한 입법목적은 정당하다. 성적 공개 청구기간을 일정한 기간으로 제한하는 것은 **입법목적 달성을 위한 적합한 수단이다**. … 특례조항에서 정하고 있는 '이 법 시행일부터 6개월 내'라는 기간은 변호사시험 합격자가 취업시장에서 성적 정보에 접근하고 이를 활용하기에 지나치게 짧다. 변호사시험 합격자는 성적 공개 청구기간 내에 열람한 성적 정보를 인쇄하는 등의 방법을 통해 개별적으로 자신의 성적 정보를 보관할 수 있으나, **성적 공개 청구기간이 지나치게 짧아 정보에 대한 접근을 과도하게 제한하는 이상, 이러한 점을 들어 기본권 제한이 충분히 완화되어 있다고 보기도 어렵다. 이상을 종합하면, 특례조항은 과잉금지원칙에 위배되어 청구인의 정보공개청구권을 침해한다**(헌재 2019.7.25. 2017헌마1329).

22 정보공개청구의 대상이 되는 정보가 이미 다른 사람에게 공개하여 널리 알려져 있다거나 인터넷이나 관보 등을 통하여 공개하여 인터넷 검색이나 도서관에서의 열람 등을 통하여 쉽게 알 수 있다는 사정만으로는 비공개결정이 정당화될 수는 없다. 2024 경찰승진 ( )

> [해설] 공개청구의 대상이 되는 정보가 이미 다른 사람에게 공개하여 널리 알려져 있다거나 인터넷이나 관보 등을 통하여 공개하여 인터넷 검색이나 도서관에서의 열람 등을 통하여 쉽게 알 수 있다는 사정만으로는 소의 이익이 없다거나 비공개결정이 정당화될 수는 없다(대판 2008.11.27. 2005두15694).

ANSWER 20-1 × 20-2 ○ 20-3 ○ 21 ○ 22 ○

23 국군의 이념 및 사명을 해할 우려가 있는 도서로 인하여 군인들의 정신전력이 저해되는 것을 방지하기 위하여 불온도서의 소지·전파 등을 금지하는 「군인복무규율」조항은 군인의 알 권리를 침해한다. 2024 경찰승진 ( )

> 해설 불온도서의 소지·전파 등을 금지하는 「군인복무규율」조항(헌재 2010.10.28. 2008헌마638).
> (1) 규범의 의미내용으로부터 무엇이 금지되고 무엇이 허용되는 행위인지를 예측할 수 있으므로 명확성원칙에 위배되는 법령조항이라고 보기 어렵다.
> (2) 군의 정신전력이 국가안전보장을 확보하는 군사력의 중요한 일부분이라는 점이 분명한 이상, 정신전력을 보전하기 위하여 불온도서의 소지·전파 등을 금지하는 규율조항은 목적의 정당성이 인정된다. 또한 군의 정신전력에 심각한 저해를 초래할 수 있는 범위의 도서로 한정함으로써 침해의 최소성 요건을 지키고 있고, 이 사건 복무규율조항으로 달성되는 군의 정신전력 보존과 이를 통한 군의 국가안전보장 및 국토방위의무의 효과적인 수행이라는 공익은 이 사건 복무규율조항으로 인하여 제한되는 군인의 알 권리라는 사익보다 결코 작다 할 수 없다. 이 사건 복무규율조항은 법익균형성 원칙에도 위배되지 아니한다.
> (3) 헌법이 대통령에게 부여한 군통수권을 실질적으로 존중한다는 차원에서 군인의 복무에 관한 사항을 규율할 권한을 대통령령에 위임한 것이라 할 수 있고, 대통령령으로 규정될 내용 및 범위에 관한 기본적인 사항을 다소 광범위하게 위임하였다 하더라도 포괄위임금지원칙에 위배된다고 볼 수 없다. 따라서 이 사건 복무규율조항은 이와 같은 군인사법 조항의 위임에 의하여 제정된 정당한 위임의 범위 내의 규율이라 할 것이므로 법률유보원칙을 준수한 것이다.

24 재판이 확정되면 속기록 등을 폐기하도록 규정한 형사소송규칙 제39조가 청구인의 알 권리를 침해하였다고 볼 수 없다. 2023 지방직7급 ( )

> 해설 규칙 제39조 중 '속기록 등 폐기'에 관한 부분(이하 '이 사건 규칙조항'이라 한다)은 재판이 확정된 이후에는 속기록 등의 보관에 따른 사법자원의 낭비를 막기 위해 이를 폐기하도록 한 것으로 그 입법목적이 정당할 뿐만 아니라 수단의 적정성이 인정된다. 또한, 형사소송법은 공판조서 기재의 정확성을 담보하기 위해 작성주체, 방식, 기재요건 등에 관하여 엄격히 규정하고, 피고인 등으로 하여금 재판이 확정되기 전에는 속기록 등의 사본 청구나 공판조서의 열람 또는 등사를 통하여 공판조서의 기재 내용에 대한 이의를 진술할 수 있도록 함으로써 기본권 제한을 최소화하고 있고, 이 사건 규칙조항으로 인한 기본권 제한이 속기록 등의 무용한 보관으로 인한 자원낭비 방지라는 공익보다 결코 크다고 볼 수 없으므로, 피해의 최소성과 함께 법익균형성의 요건도 갖추었다 할 것이어서, 이 사건 규칙조항이 청구인의 알권리를 침해하였다고 볼 수 없다(헌재 2012.3.29. 2010헌마599).

25-1 신문의 편집인 등으로 하여금 아동보호사건에 관련된 아동학대행위자를 특정하여 파악할 수 있는 인적 사항 등을 신문 등 출판물에 싣거나 방송매체를 통하여 방송할 수 없도록 하는 아동학대범죄의 처벌 등에 관한 특례법 제35조 제2항 중 '아동학대행위자'에 관한 부분은 언론·출판의 자유와 국민의 알 권리를 침해하지 않는다. 2023 지방직7급 ( )

25-2 신문의 편집인 등으로 하여금 아동보호사건에 관련된 아동학대행위자를 특정하여 파악할 수 있는 인적사항 등을 신문 등 출판물에 싣거나 방송매체를 통하여 방송할 수 없도록 하는 「아동학대범죄의 처벌 등에 관한 특례법」상 보도금지조항은 국민의 알 권리를 침해하지 않는다. 2023 경찰간부 ( )

> 해설 아동학대행위자 대부분은 피해아동과 평소 밀접한 관계에 있으므로, 행위자를 특정하여 파악할 수 있는 식별정보를 신문, 방송 등 매체를 통해 보도하는 것은 피해아동의 사생활 노출 등 2차 피해로 이어질 가능성이 매우 높다. 식별정보 보도 후에는 2차 피해를 차단하기 어려울 수 있고, 식별정보 보도를

ANSWER 23 × 24 ○ 25-1 ○ 25-2 ○

허용할 경우 대중에 알려질 가능성을 두려워하는 피해아동이 신고를 자발적으로 포기하게 만들 우려도 있다. 따라서 아동학대행위자에 대한 식별정보의 보도를 금지하는 것이 과도하다고 보기 어렵다. 보도금지조항은 아동학대사건 보도를 전면금지하지 않으며 오직 식별정보에 대한 보도를 금지할 뿐으로, 익명화된 형태의 사건보도는 가능하다. 따라서 **보도금지조항으로 제한되는 사익은 아동학대행위자의 식별정보 보도라는 자극적인 보도의 금지에 지나지 않는 반면 이를 통해 달성하려는 2차 피해로부터의 아동보호 및 아동의 건강한 성장이라는 공익은 매우 중요하다. 따라서 보도금지조항은 언론·출판의 자유와 국민의 알 권리를 침해하지 않는다**(헌재 2022.10.27. 2021헌가4).

26 일간신문과 뉴스통신·방송사업의 겸영을 금지하는 「신문법」 법률조항은 헌법에 위반되지 아니한다.
2023 해양경찰 ( )

해설 신문법 제15조 제2항은 일간신문이 뉴스통신이나 일정한 방송사업을 겸영하는 것을 금지하고 있다. 그런데 일간신문이 뉴스통신이나 방송사업과 같은 이종 미디어를 겸영하는 것을 어떻게 규율할 것인가 하는 것은 고도의 정책적 접근과 판단이 필요한 분야로서, 겸영금지의 규제정책을 지속할 것인지, 지속한다면 어느 정도로 규제할 것인지의 문제는 입법자의 미디어정책적 판단에 맡겨져 있다. 신문법 제15조 제2항은 신문의 다양성을 보장하기 위하여 필요한 한도 내에서 그 규제의 대상과 정도를 선별하여 제한적으로 규제하고 있다고 볼 수 있다. 규제 대상을 일간신문으로 한정하고 있고, 겸영에 해당하지 않는 행위, 즉 하나의 일간신문법인이 복수의 일간신문을 발행하는 것 등은 허용되며, 종합편성이나 보도전문편성이 아니어서 신문의 기능과 중복될 염려가 없는 방송채널사용사업이나 종합유선방송사업, 위성방송사업 등을 겸영하는 것도 가능하다. 그러므로 신문법 제15조 제2항은 헌법에 위반되지 아니한다(헌재 2006.6.29. 2005헌마165 등).

27-1 헌법 제21조 제1항에서 보장하고 있는 표현의 자유에는 익명 또는 가명으로 자신의 사상이나 견해를 표명하고 전파할 익명표현의 자유도 포함된다. 2022 법원행시 ( )

27-2 '자유로운' 표명과 전파의 자유에는 자신의 신원을 누구에게도 밝히지 아니한 채 익명 또는 가명으로 자신의 사상이나 견해를 표명하고 전파할 익명표현의 자유도 그 보호영역에 포함된다고 할 것이다. 2022 입법고시
( )

해설 헌법 제21조에서 보장하고 있는 표현의 자유는, 전통적으로는 사상 또는 의견의 자유로운 표명(발표의 자유)과 그것을 전파할 자유(전달의 자유)를 의미하는 것으로서, 개인이 인간으로서의 존엄과 가치를 유지하고 행복을 추구하며 국민주권을 실현하는데 필수불가결한 것이고, 종교의 자유, 양심의 자유, 학문과 예술의 자유 등의 정신적인 자유를 외부적으로 표현하는 자유이다. 이러한 **'자유로운' 표명과 전파의 자유에는 자신의 신원을 누구에게도 밝히지 아니한 채 익명 또는 가명으로 자신의 사상이나 견해를 표명하고 전파할 익명표현의 자유도 그 보호영역에 포함된다고 할 것이다**(헌재 2010.2.25. 2008헌마324 등).

28-1 '익명표현'은 표현의 자유를 행사하는 하나의 방법으로서 그 자체로 규제되어야 하는 것은 아니고, 부정적 효과가 발생하는 것이 예상되는 경우에 한하여 규제될 필요가 있다. 2022 경찰1차 / 2023 경찰승진 ( )

28-2 선거운동기간 중 모든 익명표현을 사전적·포괄적으로 규율하는 것은 익명표현의 자유를 지나치게 제한한다. 2023 경찰승진 ( )

ANSWER 26 ○ 27-1 ○ 27-2 ○ 28-1 ○ 28-2 ○

28-3 인터넷언론사가 선거운동기간 중 당해 홈페이지 게시판 등에 정당·후보자에 대한 지지·반대 등의 정보를 게시하는 경우 실명을 확인받도록 정한 「공직선거법」 조항은 인터넷언론사를 통한 정보의 특성과 우리나라 선거문화의 현실 등을 고려하고 선거의 공정성 확보를 위한 것으로, 게시판 이용자의 정치적 익명표현의 자유, 개인정보자기결정권 및 인터넷언론사의 언론의 자유를 침해한다고 볼 수 없다. 2023 경찰1차 ( )

28-4 정보통신망의 발달에 따라 선거기간 중 인터넷언론사의 선거와 관련한 게시판·대화방 등도 정치적 의사를 형성·전파하는 매체로서 역할을 담당하고 있으므로, 의사의 표현·전파의 형식의 하나로 인정되고 따라서 언론·출판의 자유에 의하여 보호된다고 할 것이다. 2022 경찰간부 ( )

28-5 선거운동기간 중 당해 홈페이지 게시판 등에 정당·후보자에 대한 지지·반대 등의 정보를 게시하는 경우 인터넷언론사로 하여금 실명을 확인받는 기술적 조치를 하도록 하는 것은 게시판 등 이용자의 익명표현의 자유를 침해한다. 2022 국회직8급 ( )

28-6 선거운동기간 중 당해 홈페이지 게시판 등에 정당·후보자에 대한 지지·반대 등의 정보를 게시하는 경우 실명을 확인받는 기술적 조치를 하도록 정한 「공직선거법」 조항 중 '인터넷언론사'는 「공직선거법」 및 관련 법령이 구체적으로 '인터넷언론사'의 범위를 정하고 있고, 중앙선거관리위원회가 설치·운영하는 인터넷선거보도심의위원회가 심의대상인 인터넷언론사를 결정하여 공개하는 점 등을 종합하면 명확성원칙에 반하지 않는다. 2023 국가직7급 ( )

28-7 표현의 자유는 사상 또는 의견을 자유롭게 표명할 자유와 그것을 전파할 자유를 의미하는 것으로서, 그러한 의사의 자유로운 표명과 전파의 자유에는 자신의 신원을 누구에게도 밝히지 아니한 채 익명 또는 가명으로 자신의 사상이나 견해를 표명하고 전파할 익명표현의 자유도 포함된다. 2024 경찰승진 ( )

28-8 인터넷언론사는 선거운동기간 중 당해 홈페이지 게시판 등에 정당·후보자에 대한 지지·반대의 정보를 게시하는 경우 실명을 확인받는 기술적 조치를 하도록 정한 「공직선거법」 조항 중 "인터넷언론사" 및 "지지·반대" 부분은 명확성원칙에 위배된다. 2023 경찰간부 ( )

28-9 의사의 자유로운 표명과 전파의 자유에는 자신의 신원을 누구에게도 밝히지 아니한 채 익명 또는 가명으로 자신의 사상이나 견해를 표현하는 익명표현의 자유도 포함된다. 2024 입법고시 ( )

> **해설** 인터넷언론사는 선거운동기간 중 당해 홈페이지 게시판 등에 정당·후보자에 대한 지지·반대 등의 정보를 게시하는 경우 실명을 확인받는 기술적 조치를 해야 하고, 행정안전부장관 및 신용정보업자는 실명인증자료를 관리하고 중앙선거관리위원회가 요구하는 경우 지체 없이 그 자료를 제출해야 하며, 실명확인을 위한 기술적 조치를 하지 아니하거나 실명인증의 표시가 없는 정보를 삭제하지 않는 경우 과태료를 부과하도록 정한 공직선거법[헌재 2021.1.28, 2018헌마456·2018헌가16·2020헌마406(병합)]
> (1) 실명확인 조항의 "인터넷언론사" 부분 및 정당·후보자에 대한 "지지·반대" 부분은 **명확성원칙에 반하지 않는다.**
> (2) 언론·출판의 자유의 내용 중 의사표현·전파의 자유에 있어서 의사표현 또는 전파의 매개체는 어떠한 형태이건 가능하며 그 제한이 없다. 즉, 담화·연설·토론·연극·방송·음악·영화·가요 등과 문서·소설·시가·도화·사진·조각·서화 등 모든 형상의 의사표현 또는 의사전파의 매개

ANSWER 28-3 ×   28-4 ○   28-5 ○   28-6 ○   28-7 ○   28-8 ×   28-9 ○

체를 포함한다. 정보통신망의 발달로 선거기간 중 인터넷언론사의 선거와 관련한 게시판·대화방 등도 정치적 의사를 형성·전파하는 매체로서 역할을 담당하고 있으므로, 의사의 표현·전파의 형식의 하나로 인정되고 따라서 언론·출판의 자유에 의하여 보호된다고 할 것이다.

(3) **심판대상조항은 과잉금지원칙에 반하여** 게시판 등 이용자의 익명표현의 자유와 인터넷언론사의 언론의 자유, 그리고 게시판 등 이용자의 개인정보자기결정권을 **침해한다.**

① 목적의 정당성 및 수단의 적합성
심판대상조항의 입법목적은 정당이나 후보자에 대한 인신공격과 흑색선전으로 인한 사회경제적 손실과 부작용을 방지하고 선거의 공정성을 확보하기 위한 것이고, 익명표현이 허용될 경우 발생할 수 있는 부정적 효과를 막기 위하여 그 규제의 필요성을 인정할 수는 있다.

② 침해의 최소성
1) **익명표현은 표현의 자유를 행사하는 하나의 방법으로서 그 자체로 규제되어야 하는 것은 아니고, 부정적 효과가 발생하는 것이 예상되는 경우에 한하여 규제될 필요가 있다.**
2) 심판대상조항은 침해의 최소성을 갖추지 못하였다.

③ 심판대상조항은 법익의 균형성 또한 갖추지 못하였다.

29 인터넷게시판을 설치·운영하는 정보통신서비스 제공자에게 본인 확인조치의무를 부과한 법률규정은 과잉금지원칙에 위배되어 정보통신서비스 제공자의 언론의 자유를 침해한다. 2023 입법고시 ( )

해설 이 사건 법령조항들이 표방하는 건전한 인터넷 문화의 조성 등 입법목적은, 인터넷 주소 등의 추적 및 확인, 당해 정보의 삭제·임시조치, 손해배상, 형사처벌 등 **인터넷 이용자의 표현의 자유나 개인정보자기결정권을 제약하지 않는 다른 수단에 의해서도 충분히 달성할 수 있음에도**, 인터넷의 특성을 고려하지 아니한 채 본인확인제의 적용범위를 광범위하게 정하여 법집행자에게 자의적인 집행의 여지를 부여하고, 목적달성에 필요한 범위를 넘는 과도한 기본권 제한을 하고 있으므로 **침해의 최소성이 인정되지 아니한다. 또한 … 이러한 인터넷게시판 이용자 및 정보통신서비스 제공자의 불이익은 본인확인제가 달성하려는 공익보다 결코 더 작다고 할 수 없으므로, 법익의 균형성도 인정되지 않는다.** 따라서 본인확인제를 규율하는 이 사건 법령조항들은 과잉금지원칙에 위배하여 **인터넷게시판 이용자의 표현의 자유, 개인정보자기결정권 및 인터넷게시판을 운영하는 정보통신서비스 제공자의 언론의 자유를 침해**한다(헌재 2012.8.23. 2010헌마47 등).

30 공공기관등이 설치·운영하는 모든 게시판에 본인확인조치를 한 경우에만 정보를 게시하도록 하는 것은 게시판에 자신의 사상이나 견해를 표현하고자 하는 사람에게 표현의 내용과 수위 등에 대한 자기검열 가능성을 높이는 것이므로 익명표현의 자유를 침해한다. 2023 경찰간부 ( )

해설 공공기관등이 설치·운영하는 게시판의 경우 본인확인조치를 통해 책임성과 건전성을 사전에 확보함으로써 해당 게시판에 대한 공공성과 신뢰성을 유지할 필요성이 크며, 그 이용 조건으로 본인확인을 요구하는 것이 과도하다고 보기는 어렵다. 게시판의 활용이 공공기관등을 상대방으로 한 익명표현의 유일한 방법은 아닌 점, 공공기관등에 게시판을 설치·운영할 일반적인 법률상 의무가 존재한다고 보기 어려운 점, **심판대상조항은 공공기관등이 설치·운영하는 게시판이라는 한정적 공간에 적용되는 점** 등에 비추어 볼 때 심판대상조항으로 인한 기본권 제한의 정도가 크지 않다. 그에 반해 공공기관등이 설치·운영하는 게시판에 언어폭력, 명예훼손, 불법정보의 유통이 이루어지는 것을 방지함으로써 얻게 되는 건전한 인터넷 문화 조성이라는 공익은 중요하다. **따라서 심판대상조항은 청구인의 익명표현의 자유를 침해하지 않는다**(헌재 2022.12.22. 2019헌마654).

31-1 상업광고 규제에 관한 비례의 원칙 심사에 있어서는 사상이나 지식에 관한 정치적·시민적 표현행위에 비하여 그 심사의 정도가 완화된다. 2022 법원행시 ( )

ANSWER 29 ○ 30 × 31-1 ○

31-2 상업광고는 표현의 자유의 보호영역에 속하지만 사상이나 지식에 관한 정치적·시민적 표현 행위와는 차이가 있으므로, 그 규제의 위헌여부는 완화된 기준인 자의금지원칙에 따라 심사한다. 2023 경찰승진 ( )

> 해설 상업광고는 표현의 자유의 보호영역에 속하지만 사상이나 지식에 대한 정치적, 시민적 표현행위와는 차이가 있고, 한편 직업수행의 자유의 보호영역에 속하지만 인격발현과 개성신장에 미치는 효과가 중대한 것은 아니다. 그러므로 상업광고 규제에 관한 비례의 원칙 심사에 있어서 피해의 최소성 원칙은 같은 목적을 달성하기 위하여 달리 덜 제약적인 수단이 없을 것인지 혹은 입법목적을 달성하기 위하여 필요한 최소한의 제한인지를 심사하기보다는 '**입법목적을 달성하기 위하여 필요한 범위 내의 것인지**'를 심사하는 정도로 **완화되는 것이 상당**하다(헌재 2005.10.27. 2003헌가3).

32 공포심이나 불안감을 유발하는 문언을 반복적으로 상대방에게 도달하게 한 자를 형사처벌하도록 한 「정보통신망 이용촉진 및 정보보호 등에 관한 법률」조항은 표현의 자유를 침해하지 않는다. 2021 경찰승진 ( )

> 해설 심판대상조항의 문언 및 입법목적, 법원의 해석 등을 종합하여 보면, '**공포심이나 불안감을 유발하는 문언을 반복적으로 도달하게 한 행위**'란 '**사회통념상 일반인에게 두려워하고 무서워하는 마음, 마음이 편하지 아니하고 조마조마한 느낌을 일으킬 수 있는 내용의 문언을 되풀이하여 전송하는 일련의 행위**'를 의미하는 것으로 풀이할 수 있다. 건전한 상식과 통상적인 법감정을 가진 수범자는 심판대상조항에 의하여 금지되는 행위가 어떠한 것인지 충분히 알 수 있고, **법관의 보충적인 해석을 통하여 그 의미가 확정될 수 있으므로, 심판대상조항은 명확성 원칙에 위배되지 않는다.** … 오프라인 공간에서 발생하는 불법행위에 비해 행위유형이 비정형적이고 다양하여 피해자에게 주는 고통이 더욱 클 수도 있어서 규제의 필요성은 매우 크다. 한편, 심판대상조항은 일정 행위의 반복을 구성요건요소로 하고 있어서 적용범위를 제한하고 있고, 법정형도 1년 이하의 징역 또는 1,000만 원 이하의 벌금으로 형벌규정 중 상대적으로 가볍다. 이러한 사정을 종합하면 **심판대상조항은 침해의 최소성에 반한다고 할 수 없다.** 심판대상조항으로 인하여 개인은 정보통신망을 통한 표현에 일정한 제약을 받게 되나, **수신인인 피해자의 사생활의 평온 보호 및 정보의 건전한 이용풍토 조성**이라고 하는 공익이 침해되는 사익보다 크다고 할 것이어서 심판대상조항은 **법익균형성의 요건도 충족**하였다. 따라서 **심판대상조항은 표현의 자유를 침해하지 아니한다**(헌재 2016.12.29. 2014헌바434).

33 헌법상 사전검열은 금지되나, 예외적인 경우에는 인정될 수도 있다. 2024 입법고시 ( )

> 해설 헌법 제21조 제1항과 제2항은 모든 국민은 언론·출판의 자유를 가지며, 언론·출판에 대한 허가나 검열은 인정되지 아니한다고 규정하고 있는데, 여기서의 검열은 행정권이 주체가 되어 사상이나 의견 등이 발표되기 이전에 예방적 조치로서 그 내용을 심사, 선별하여 발표를 사전에 억제하는, 즉 허가받지 아니한 것의 발표를 금지하는 제도를 뜻한다. 그러므로 **언론·출판의 자유에 대하여는 검열을 수단으로 한 제한만은 법률로써도 허용되지 아니한다**(헌재 1998.12.24. 96헌가23).

34-1 민사집행법에 따른 법원의 방송프로그램에 관한 방영금지 가처분은 법원이 방송프로그램의 내용을 심사하여 허용 여부를 결정한 것일 때에는 헌법이 정한 사전검열금지원칙에 위반된다. 2022 법원행시 ( )

34-2 「민사소송법」에 의한 방영금지가처분을 허용하는 것은 헌법상 검열금지원칙에 위반되지 않는다.
2023 입법고시 ( )

> 해설 헌법 제21조 제2항에서 규정한 검열금지의 원칙은 모든 형태의 사전적인 규제를 금지하는 것이 아니고 단지 의사표현의 발표 여부가 오로지 행정권의 허가에 달려 있는 사전심사만을 금지하는 것을 뜻하므로, **이 사건 법률조항에 의한 방영금지가처분은 행정권에 의한 사전심사나 금지처분이 아니라 개별 당사자간의 분쟁에 관하여 사법부가 사법절차에 의하여 심리, 결정하는 것이어서 헌법에서 금지하는 사전검열에 해당하지 아니한다**(헌재 2001.8.30. 2000헌바36).

ANSWER 31-2 × 32 ○ 33 × 34-1 × 34-2 ○

35 인터넷신문사업자에게 취재 인력 3명 이상을 포함하여 취재 및 편집 인력 5명 이상을 상시적으로 고용할 것을 요구하는 것은 소규모 인터넷신문이 언론으로서 활동할 수 있는 기회 자체를 원천적으로 봉쇄할 수 있음에 비하여, 인터넷신문의 신뢰도 제고라는 입법목적의 효과는 불확실하다는 점에서 과잉금지원칙에 위배되어 언론의 자유를 침해한다. 2024 경찰승진 ( )

> **해설** 인터넷신문의 취재 및 편집 인력 5명 이상 상시 고용하고, 이를 확인할 수 있는 서류를 제출할 것을 규정한 '신문 등의 진흥에 관한 법률 시행령'은, 사전허가금지원칙에는 위배되지 않지만, 과잉금지원칙에 위배되어 인터넷신문사업자인 청구인들의 언론의 자유를 침해하므로 헌법에 위반된다(헌재 2016.10.27. 2015헌마1206 등).

36-1 사전심의를 받지 않은 건강기능식품의 기능성 광고를 금지하고 이를 어길 경우 형사처벌하도록 한 구「건강기능식품에 관한 법률」조항은 사전검열에 해당하여 표현의 자유를 침해한다. 2021 경찰승진 ( )

36-2 건강기능식품의 기능성 광고는 인체의 구조 및 기능에 대하여 보건용도에 유용한 효과를 준다는 기능성 등에 관한 정보를 널리 알려 해당 건강기능식품의 소비를 촉진시키기 위한 상업광고이지만, 헌법 제21조 제1항의 표현의 자유의 보호 대상이 됨과 동시에 같은 조 제2항의 사전검열 금지 대상도 된다. 2023 경찰승진 ( )

36-3 헌법상 사전검열은 표현의 자유의 보호대상이더라도 예외 없이 금지되지는 않는다. 2022 경찰간부 ( )

36-4 건강기능식품 기능성광고의 사전심의절차를 규정한「건강기능식품에 관한 법률」조항은 국민의 건강권을 보호하고 국민의 보건에 관한 국가의 보호의무를 이행하기 위하여 사전심의절차를 법률로 규정한 것으로서 사전검열금지원칙이 적용되지 않는다. 2022 입법고시 ( )

36-5 구「건강기능식품에 관한 법률」에 따른 심의는 형식적으로 식품의약품안전처장으로부터 위탁받은 한국건강기능식품협회에서 수행하고 있지만, 실질적으로 행정기관인 식품의약품안전처장이 자의로 개입할 가능성이 있어, 건강기능식품 기능성광고 사전심의는 행정권이 주체가 된 사전심사로서 헌법이 금지하는 사전검열에 해당한다. 2023 경찰1차 ( )

36-6 검열을 행정기관이 아닌 독립적인 위원회에서 행한다고 하더라도, 행정권이 주체가 되어 검열절차를 형성하고 검열기관의 구성에 지속적인 영향을 미칠 수 있는 경우라면 실질적으로 그 검열기관은 행정기관이라고 보아야 한다. 2023 해양경찰 ( )

36-7 건강기능식품의 기능성 광고는 상업광고로서 헌법 제21조 제1항의 표현의 자유의 보호대상이 됨과 동시에 헌법 제21조 제2항의 사전검열 금지 대상도 된다. 2024 입법고시 ( )

> **해설** 사전심의를 받은 내용과 다른 내용의 건강기능식품 기능성광고를 금지하고 이를 위반한 경우 처벌하는 건강기능식품에 관한 법률(헌재 2018.6.28. 2016헌가8, 2017헌바476(병합))
> (1) 현행 헌법상 **사전검열은 표현의 자유 보호대상이면 예외 없이 금지된다.** 건강기능식품의 기능성광고는 인체의 구조 및 기능에 대하여 보건용도에 유용한 효과를 준다는 기능성 등에 관한 정보를 널리 알려 해당 건강기능식품의 소비를 촉진시키기 위한 **상업광고이지만,** 헌법 제21조 제1항의 표현의 자유의 보호 대상이 됨과 동시에 같은 조 제2항의 사전검열 금지 대상도 된다.

ANSWER 35 ○ 36-1 ○ 36-2 ○ 36-3 × 36-4 × 36-5 ○ 36-6 ○ 36-7 ○

(2) 광고의 심의기관이 행정기관인지 여부는 기관의 형식에 의하기보다는 그 실질에 따라 판단되어야 하며, 민간심의기구가 심의를 담당하는 경우에도 행정권이 개입하여 자율성이 보장되지 않거나, 행정기관의 자의로 개입할 가능성이 열려 있다면 개입 가능성의 존재 자체로 헌법이 금지하는 사전검열이라고 보아야 한다.

(3) 이 사건 **건강기능식품 기능성광고 사전심의**는 그 검열이 행정권에 의하여 행하여진다고 볼 수 있고, 헌법이 금지하는 사전검열에 해당하므로 헌법에 위반된다.

37-1 보건복지부장관으로부터 위탁을 받은 각 의사협회의 사전심의를 받지 아니한 의료광고를 금지하고 이를 위반한 경우 처벌하는 것은 헌법상 사전검열에 해당하여 헌법에 위반된다. 2023 입법고시 ( )

37-2 의료광고는 국민들의 건강에 미치는 영향이 중대하므로 사전검열금지원칙이 적용되지 않는다.
2023 해양경찰 ( )

해설 상업광고의 성격을 가지고 있는 의료광고에도 사전검열금지원칙이 적용되며, 의료광고의 심의기관이 행정기관인가 여부는 기관의 형식에 의하기보다는 그 실질에 따라 판단되어야 한다. 따라서 검열을 행정기관이 아닌 독립적인 위원회에서 행한다고 하더라도, 행정권이 주체가 되어 검열절차를 형성하고 검열기관의 구성에 지속적인 영향을 미칠 수 있는 경우라면 실질적으로 그 검열기관은 행정기관이라고 보아야 한다. 각 의사협회와 같은 민간심의기구가 사전심의를 담당하는 경우에도 행정권의 개입 때문에 그 사전심의에 자율성이 보장되지 않는다면 행정기관의 사전검열에 해당한다. 따라서 의료광고 사전심의는 헌법이 금지하는 사전검열에 해당하므로 표현의 자유를 침해한다(헌재 2015.12.23. 2015헌바75).

38-1 광고의 심의기관이 행정기관인지 여부는 기관의 형식에 의하기보다는 그 실질에 따라 판단되어야 하고, 행정기관의 자의로 민간심의기구의 심의업무에 개입할 가능성이 열려 있다면 개입 가능성의 존재 자체로 「헌법」이 금지하는 사전검열이라고 보아야 한다. 2022 경찰간부 ( )

38-2 의료기기에 대한 광고는 상업광고로서 「헌법」 제21조 제1항의 표현의 자유의 보호대상이 됨과 동시에 같은 조 제2항의 사전검열금지원칙의 적용대상이 된다. 2022 경찰간부 ( )

해설 의료기기와 관련하여 심의를 받지 아니하거나 심의 받은 내용과 다른 내용의 광고를 하는 것을 금지하고, 이를 위반한 경우 행정제재와 형벌을 부과하도록 한 의료기기법(헌재 2020.8.28. 2017헌가35 등)

(1) **의료기기에 대한 광고**는 의료기기의 성능이나 효능 및 효과 또는 그 원리 등에 관한 정보를 널리 알려 해당 의료기기의 소비를 촉진시키기 위한 상업광고로서 헌법 제21조 제1항의 표현의 자유의 보호대상이 됨과 동시에 같은 조 제2항의 **사전검열금지원칙의 적용대상이 된다.**

(2) 한국의료기기산업협회가 행하는 **의료기기 광고 사전심의는 헌법이 금지하는 사전검열에 해당**하고, 이러한 사전심의제도를 구성하는 심판대상조항은 헌법 제21조 제2항의 사전검열금지원칙에 위반된다.

39 검열은 언론의 내용에 대한 허용될 수 없는 사전적 제한이라는 점에서 「헌법」 제21조 제2항 전단의 "허가"와 "검열"은 본질적으로 같은 것이라고 할 것이다. 2022 경찰간부 ( )

해설 언론의 내용에 대한 허용될 수 없는 사전적 제한이라는 점에서 위 조항 전단의 "허가"와 "검열"은 본질적으로 같은 것이라고 할 것이며 위와 같은 요건에 해당되는 허가·검열은 헌법적으로 허용될 수 없다(헌재 2001.5.31. 2000헌바43 등).

40 사전허가금지의 대상은 언론·출판의 자유의 내재적 본질인 표현의 내용을 보장하는 것뿐만 아니라, 언론·출판을 위해 필요한 물적 시설이나 언론기업의 주체인 기업인으로서의 활동까지 포함된다. 2024 경찰승진
( )

ANSWER 37-1 ○ 37-2 × 38-1 ○ 38-2 ○ 39 ○ 40 ×

해설 영화법(映畵法) 제4조 제1항 등이 정한 등록요건이 사실상 허가제(許可制)에 해당하는지 여부 : **헌법이 언론·출판의 자유를 보장하는 것은 언론·출판의 자유의 내재적 본질인 표현의 방법과 내용을 보장하는 것을 말하는 것으로서 언론·출판기업의 주체인 기업인으로서의 활동까지 포함하는 것으로 볼 수는 없다.** 기업경영 주체로서는 일반 사회법질서의 규율에서 예외가 될 수 없으며, 언론·출판기업에 대하여 일정한 시설을 갖추어 등록하게 하는 것은 언론·출판의 자유의 본질적 내용의 간섭과는 구분되며, 원칙적으로 언론·출판의 자유에 관한 본질적인 내용의 침해에 해당하는 것이라고 볼 수 없다. 다시 말하면, 헌법상 보장된 언론·출판의 본질적 자유에 속하는 표현의 자유가 강력하게 보장되어야 한다는 것과 언론·출판의 자유를 표현하는 매체가 하나의 기업으로서 객관적인 시설기준으로 갖추고 일반 법질서에 의해 규율되어야 한다는 것은 서로 구분하여 파악하여야 한다(헌재 1996.8.29. 94헌바15).

41 비의료인의 의료에 관한 광고를 금지하고 처벌하는 「의료법」 조항은 국민의 생명권과 건강권을 보호하고 국민의 보건에 관한 국가의 보호의무를 이행하기 위하여 필요한 최소한도 내의 제한이라고 할 것이므로, 비의료인의 표현의 자유를 침해하지 않는다. 2024 경찰승진 ( )

해설 비의료인에게 의료에 관한 광고를 허용할 경우에는 비의료인에 의하여 의료에 관한 부정확한 광고가 양산되고, 그에 의하여 일반인들이 올바른 의료선택을 하지 못하게 되며, 무면허 의료행위가 조장·확산될 위험이 있다. 이 사건 법률조항은 이러한 결과를 방지하여 국민의 생명권과 건강권을 보호하고 국민의 보건에 관한 국가의 보호의무를 이행하기 위하여 필요한 최소한도 내의 제한이라고 할 것이므로, **비의료인인 청구인의 표현의 자유, 직업수행의 자유를 침해한다고 볼 수 없다**(헌재 2016.9.29. 2015헌바325).

42-1 대한민국을 모욕할 목적을 가지고 국기를 손상·제거·오욕하는 행위를 국기모독죄로 처벌하는 것은 표현내용을 규제하는 것이 아니라 일정한 표현방법을 규제하는 것으로서 과잉금지원칙에 위배되어 표현의 자유를 침해한다고 볼 수 없다. 2023 국회직8급 ( )

42-2 대한민국을 모욕할 목적으로 국기를 손상, 제거 또는 오욕한 자를 처벌하는 「형법」 조항은 이러한 국기모독행위를 단순히 경범죄로 취급하거나 형벌 이외의 다른 수단으로 제재하여서는 입법목적을 효과적으로 달성하기 어렵다는 점에서 과잉금지원칙에 위배되어 해당 청구인의 표현의 자유를 침해하지 않는다. 2024 경찰1차 ( )

해설 국기는 국가의 역사와 국민성, 이상 등을 응축하고 헌법이 보장하는 질서와 가치를 담아 국가의 정체성을 표현하는 국가의 대표적 상징물이다. 심판대상조항은 국기를 존중, 보호함으로써 국가의 권위와 체면을 지키고, 국민들이 국기에 대하여 가지는 존중의 감정을 보호하려는 목적에서 입법된 것이다. **심판대상조항은 국기가 가지는 고유의 상징성과 위상을 고려하여 일정한 표현방법을 규제하는 것에 불과하므로, 국기모독 행위를 처벌한다고 하여 이를 정부나 정권, 구체적 국가기관이나 제도에 대한 비판을 허용하지 않거나 이를 곤란하게 하는 것으로 볼 수 없다.** … 그러므로 **심판대상조항은 과잉금지원칙에 위배되어 청구인의 표현의 자유를 침해한다고 볼 수 없고, 표현의 자유의 본질적 내용을 침해한다고도 할 수 없다**(헌재 2019.12.27. 2016헌바96).

43 「군형법」상 상관모욕죄는 군조직의 특수성과 강화된 군인의 정치적 중립의무 등에 비추어 수인의 한도 내에 있으므로 군인의 표현의 자유를 침해하는 것은 아니다. 2024 입법고시 ( )

해설 심판대상조항으로 제한되는 행위는 상관에 대한 사회적 평가를 저하시킬 만한 추상적 판단이나 경멸적 감정의 표현이어서 비록 그 표현에 군인 개인의 정치적 의사 표현이 포함될 수 있다고 하더라도 군조직의 특수성과 강화된 군인의 정치적 중립의무 등에 비추어 그 제한은 수인의 한도 내에 있다고 보인다. 따라서 심판대상조항은 과잉금지원칙에 위배되어 군인의 표현의 자유를 침해하지 아니한다(헌재 2016.2.25. 2013헌바111).

ANSWER 41 ○   42-1 ×   42-2 ○   43 ○

44-1 오늘날 정치적 표현의 자유는 자유민주적 기본질서의 구성요소로서 다른 기본권에 비하여 우월한 효력을 가지므로, 공무원이라는 지위에 있다는 이유만으로 정치적 표현의 자유를 전면적으로 부정할 수는 없다. 2022 법무사 ( )

44-2 군무원이 연설, 문서 등의 방법으로 정치적 의견을 공표하는 경우 2년 이하의 금고에 처하도록 한 조항은 군무원의 정치적 표현의 자유를 침해하지 않는다. 2022 법무사 ( )

44-3 군인과 달리 국가공무원의 지위에 있지 않은 군무원은 정치적 표현의 자유에 대해 엄격한 제한을 받아서는 안 되며, 군무원의 정치적 의견을 공표하는 행위도 엄격히 제한할 필요가 없다. 2024 변시 ( )

> **해설** 군무원이 정치적 의견을 공표하는 행위를 금지하는 군형법은 헌법에 위반되지 않는다(헌재 2018. 7. 26. 2016헌바139).
> (1) 오늘날 정치적 표현의 자유는 자유민주적 기본질서의 구성요소로서 다른 기본권에 비하여 우월한 효력을 가지므로, 공무원이라는 지위에 있다는 이유만으로 정치적 표현의 자유를 전면적으로 부정할 수는 없다. **헌법상 군무원은 국민의 구성원으로서 정치적 표현의 자유를 보장받지만**, 그 지위와 업무의 특수성으로 인하여 국가공무원으로서 헌법 제7조에 따른 정치적 중립을 요청받을 뿐만 아니라, 국군의 구성원으로서 헌법 제5조 제2항에 따라 정치적 중립의 요청이 더욱 강조되기 때문에, **그 정치적 표현에 엄격한 제한이 따를 수밖에 없다.**
> **헌법 제5조 제2항에서 국군의 정치적 중립을 명시적으로 강조한 것은 우리의 헌정사에서 다시는 군의 정치개입을 되풀이하지 않겠다는 의지를 표현한 것이다.** 헌법상 국군의 정치적 중립 규정은 현행 헌법에 처음으로 도입되었는데, 과거 군부의 정치 관여에 대한 반성에서 이를 명시함으로써 민주헌정체제의 수립을 확고히 하였다.
> 군무원은 국군의 구성원으로서 군부대에서 근무하며 군인의 전투 수행을 지원하는 등의 임무를 담당하고 있어, 그 역할과 영향력이 상당하다. 이러한 지위와 업무의 특수성으로 인하여 **군무원은 일반 공무원보다 높은 질서와 규율을 요구받는다.**
> (2) **심판대상조항은** 금지되는 "정치적 의견"의 범위를 따로 정하지 않고 있어, 제한의 영역이 지나치게 포괄적이고 광범위하다는 의심이 있다. 그러나 심판대상조항이 수범자인 군무원의 예측가능성을 해한다거나 법집행 당국의 자의적 해석과 집행을 가능하게 한다고 보기 어려우므로, **죄형법정주의의 명확성 원칙에 위반된다고 할 수 없다.**

45-1 개인의 외적 명예에 관한 인격권 보호의 필요성, 일단 훼손되면 완전한 회복이 사실상 불가능하다는 보호법익의 특성, 사회적으로 명예가 중시되나 명예훼손으로 인한 피해는 더 커지고 있는 우리 사회의 특수성, 명예훼손죄의 비범죄화에 관한 국민적 공감대의 부족 등을 종합적으로 고려하면, 공연히 사실을 적시하여 다른 사람의 명예를 훼손하는 행위를 금지하고 위반시 형사처벌하도록 정하고 있다고 하여 바로 과도한 제한이라 단언하기 어렵다. 2022 경찰승진 ( )

45-2 공연히 사실을 적시하여 사람의 명예를 훼손한 자를 형사처벌하도록 규정한 법률조항의 경우, '적시된 사실이 사생활의 비밀에 관한 것이 아닌 경우'에는 허위 사실을 바탕으로 형성된 개인의 명예보다 표현의 자유 보장에 중점을 둘 필요성이 있으므로, 위 법률조항 중 '진실한 것으로서 사생활의 비밀에 해당하지 아니한' 사실 적시에 관한 부분은 헌법에 위반된다. 2023 법원행시 ( )

ANSWER 44-1 ○ 44-2 ○ 44-3 × 45-1 ○ 45-2 ×

해설 ▶ 오늘날 매체가 매우 다양해짐에 따라 명예훼손적 표현의 전파속도와 파급효과는 광범위해지고 있으며, 일단 훼손되면 완전한 회복이 어렵다는 외적 명예의 특성상, 명예훼손적 표현행위를 제한해야 할 필요성은 더 커지게 되었다. 형법 제307조 제1항은 공연히 사실을 적시하여 사람의 명예를 훼손하는 자를 형사처벌하도록 규정함으로써 개인의 명예, 즉 인격권을 보호하고 있다. … 공익성이 인정되지 않음에도 불구하고 단순히 타인의 명예가 허명임을 드러내기 위해 개인의 약점과 허물을 공연히 적시하는 것은 자유로운 논쟁과 의견의 경합을 통해 민주적 의사형성에 기여한다는 표현의 자유의 목적에도 부합하지 않는 점 등을 종합적으로 고려하면, 형법 제307조 제1항은 과잉금지원칙에 반하여 표현의 자유를 침해하지 아니한다(헌재 2021. 2. 25. 2017헌마1113 등).

46-1 사람을 비방할 목적으로 정보통신망을 통하여 공공연하게 거짓의 사실을 드러내어 다른 사람의 명예를 훼손한 자를 형사처벌하는 것은 표현의 자유를 침해하지 않는다. 2022 국회직8급 ( )

46-2 사람을 비방할 목적으로 정보통신망을 통하여 공공연하게 거짓의 사실을 드러내어 다른 사람의 명예를 훼손한 자를 형사처벌하도록 규정한 「정보통신망 이용촉진 및 정보보호 등에 관한 법률」 조항 중 '사람을 비방할 목적' 부분은 청구인들의 표현의 자유를 침해하지 않는다. 2022 경찰간부 ( )

해설 ▶ 심판대상조항은, 일단 훼손되면 다른 구제수단을 통해 완전한 회복이 어렵다는 '외적 명예'라는 보호법익의 특성과 익명성·비대면성·전파성이 크다는 '정보통신망'이란 매체의 특성을 고려하여, **'비방할 목적'이란 초과주관적 구성요건과 '공공연한 거짓 사실의 적시'라는 행위태양이 충족되는 범위에서 명예훼손적 표현행위를 한정적으로 규제하고 있으므로, 과잉금지원칙에 반하여 표현의 자유를 침해하지 아니한다**(헌재 2021. 3. 25. 2015헌바438 등).

47-1 인터넷언론사에 대하여 선거일 전 90일부터 선거일까지 후보자 명의의 칼럼이나 저술을 게재하는 보도를 제한하는 구 인터넷 선거보도 심의기준 등에 관한 규정은 인터넷 선거보도의 공정성과 선거의 공정성을 확보하려는 것이므로 후보자인 청구인의 표현의 자유를 침해하지 않는다. 2021 경찰승진 / 2022 경찰1차 ( )

47-2 선거일 전 90일부터 선거일까지 후보자 명의의 칼럼을 게재하는 인터넷 선거보도에 대해, 그것이 불공정하다고 볼 수 있는지 구체적으로 판단하지 않은 채 이를 일률적으로 금지하는 것은 과잉금지원칙에 위배되어 표현의 자유를 침해한다. 2023 국회직8급 ( )

47-3 '인터넷선거보도 심의기준 등에 관한 규정' 중 선거일 전 90일부터 선거일까지 인터넷 언론에 후보자 명의의 칼럼 등의 게재를 금지하는 시기제한조항은 과잉금지원칙에 반하여 청구인의 표현의 자유를 침해하지 않는다. 2023 경찰간부 ( )

해설 ▶ 이 사건 시기제한조항은 선거일 전 90일부터 선거일까지 후보자 명의의 칼럼 등을 게재하는 인터넷 선거보도가 불공정하다고 볼 수 있는지에 대해 구체적으로 판단하지 않고 이를 불공정한 선거보도로 간주하여 선거의 공정성을 해치지 않는 보도까지 광범위하게 제한한다. 공직선거법상 인터넷 선거보도 심의의 대상이 되는 인터넷 언론사의 개념은 매우 광범위한데, 이 사건 시기제한조항이 정하고 있는 일률적인 규제와 결합될 경우 이로 인해 발생할 수 있는 표현의 자유 제한이 작다고 할 수 없다. 인터넷언론의 특성과 그에 따른 언론시장에서의 영향력 확대에 비추어 볼 때, 인터넷언론에 대하여는 자율성을 최대한 보장하고 언론의 자유에 대한 제한을 최소화하는 것이 바람직하고, 계속 변화하는 이 분야에서 규제 수단 또한 헌법의 틀 안에서 다채롭고 새롭게 강구되어야 한다. 이 사건 시기제한조항의 입법목적을 달성할 수 있는 덜 제약적인 다른 방법들이 이 사건 심의기준 규정과 공직선거법에 이미 충분히 존재한다. 따라서 이 사건 시기제한조항은 과잉금지원칙에 반하여 청구인의 표현의 자유를 침해한다(헌재 2019. 11. 28. 2016헌마90).

ANSWER 46-1 ○ 46-2 ○ 47-1 × 47-2 ○ 47-3 ×

48-1 법률에서 저속한 간행물을 출간한 출판사에 대하여 등록취소를 할 수 있는 것으로 규정한 경우, 이때 '저속'은 다소 불명확하기는 하지만, 명확성의 원칙에 위반되지는 않는다. 2022 법원행시 ( )

48-2 저속한 간행물의 출판을 전면 금지시키고 이를 위반하면 출판사의 등록을 취소시킬 수 있도록 한다고 해서 청소년보호를 위해 지나치게 과도한 수단을 선택했다거나 성인의 알 권리를 침해하는 것은 아니다. 2024 경찰승진 ( )

> **해설** 「출판사 및 인쇄소의 등록에 관한 법률」제5조의2 제5호 등 위헌제청(헌재 1998.4.30. 95헌가16)
> (1) (가) '**음란**' 개념은 그것이 애매모호하여 명확성의 원칙에 반한다고 할 수 없다.
> (나) 음란출판의 금지 및 유통억제의 필요성과 공익은 현저히 크다고 볼 수밖에 없어 과잉금지의 원칙에 위반되지 아니한다.
> (2) (가) '음란'의 개념과는 달리 '**저속**'의 개념은 명확성의 원칙 및 과도한 광범성의 원칙에 반한다.
> (나) 청소년보호라는 명목으로 성인이 볼 수 있는 것까지 전면 금지시킨다면 이는 성인의 알 권리의 수준을 청소년의 수준으로 맞출 것을 국가가 강요하는 것이어서 성인의 알 권리까지 침해하게 된다.

49 지역농협 이사 선거의 경우 전화(문자메시지를 포함한다)·컴퓨터통신(전자우편을 포함한다)을 이용한 지지·호소의 선거운동방법을 금지하고, 이를 위반한 자를 형사처벌하도록 한 구「농업협동조합법」조항은 표현의 자유를 침해한다. 2021 경찰승진 ( )

> **해설** 이 사건 법률조항들은 지역농협 이사 선거가 과열되는 과정에서 후보자들의 경제력 차이에 따른 불균형한 선거운동 및 흑색선전을 통한 부당한 경쟁이 이루어짐으로써 선거의 공정이 해쳐지는 것을 방지하기 위하여 선거 공보의 배부를 통한 선거운동만을 허용하고 전화·컴퓨터통신을 이용한 지지 호소의 선거운동을 금지하며 이를 위반하여 선거운동을 한 자를 처벌하는바, 입법목적의 정당성 및 수단의 적합성이 인정된다. 그러나 … 이 사건 법률조항들은 과잉금지원칙을 위반하여 결사의 자유, 표현의 자유를 침해하여 헌법에 위반된다(헌재 2016.11.24. 2015헌바62).

50-1 '식품 등의 표시기준'상 식품이나 식품의 용기포장에 음주전후 또는 숙취 해소라는 표시를 금지하는 것은 영업의 자유, 표현의 자유 및 특허권을 침해한다. 2022 경찰간부 ( )

50-2 식품에 숙취해소 효과가 있음에도 불구하고, '숙취해소' 표시를 금지하고 있는 「식품등의 표시기준」은 광고표현의 자유를 침해한다. 2023 국회직9급 ( )

> **해설** 위 규정은 음주로 인한 건강위해적 요소로부터 국민의 건강을 보호한다는 입법목적하에 음주전후, 숙취해소 등 음주를 조장하는 내용의 표시를 금지하고 있으나, "음주전후", "숙취해소"라는 표시는 이를 금지할 만큼 음주를 조장하는 내용이라 볼 수 없고, 식품에 숙취해소 작용이 있음에도 불구하고 이러한 표시를 금지하면 숙취해소용 식품에 관한 정확한 정보 및 제품의 제공을 차단함으로써 숙취해소의 기회를 국민으로부터 박탈하게 될 뿐만 아니라, 보다 나은 숙취해소용 식품을 개발하기 위한 연구와 시도를 차단하는 결과를 초래하므로, 위 규정은 숙취해소용 식품의 제조·판매에 관한 **영업의 자유 및 광고표현의 자유를 과잉금지원칙에 위반하여 침해**하는 것이다. 특히 청구인들은 "숙취해소용 천연차 및 그 제조방법"에 관하여 특허권을 획득하였음에도 불구하고 위 규정으로 인하여 특허권자인 청구인들조차 그 특허발명제품에 "숙취해소용 천연차"라는 표시를 하지 못하고 "천연차"라는 표시만 할 수밖에 없게 됨으로써 청구인들의 헌법상 보호받는 **재산권인 특허권도 침해**되었다(헌재 2000.3.30. 99헌마143).

ANSWER 48-1 ✕ 48-2 ✕ 49 ○ 50-1 ○ 50-2 ○

51 「언론중재 및 피해구제 등에 관한 법률」은 언론이 사망한 사람의 인격권을 침해한 경우에 그 피해가 구제될 수 있도록 명문의 규정을 두고 있으며, 사망한 사람의 인격권을 침해하였거나 침해할 우려가 있는 경우의 구제절차는 유족이 수행하도록 규정을 두고 있다. 2022 경찰간부 ( )

> 해설 사망한 사람의 인격권을 침해하였거나 침해할 우려가 있는 경우에는 이에 따른 구제절차를 유족이 수행한다(언론중재 및 피해구제 등에 관한 법률 제5조의2 제1항 및 제2항).

52 공무원이 선거에서 특정정당 또는 특정인을 지지하기 위하여 타인에게 정당에 가입하도록 권유 운동을 한 경우·형사처벌하는 조항은 공무원의 정치적 표현의 자유를 침해한다. 2022 법무사 / 2022 국회직8급 ( )

> 해설 정당가입권유금지조항은 선거에서 특정정당·특정인을 지지하기 위하여 정당가입을 권유하는 적극적·능동적 의사에 따른 행위만을 금지함으로써 공무원의 정치적 표현의 자유를 최소화하고 있고, 이러한 행위는 단순한 의견개진의 수준을 넘어 선거운동에 해당하므로 입법자는 헌법 제7조 제2항이 정한 공무원의 정치적 중립성 보장을 위해 이를 제한할 수 있다. 그러므로 **정당가입권유금지조항은 과잉금지원칙에 반하여 정치적 표현의 자유를 침해하지 아니한다**(헌재 2021.8.31. 2018헌바149).

53-1 방송사 외부에 있는 자가 방송편성에 관계된 자에게 방송편성에 관해 특정한 요구를 하는 등의 방법으로, 방송편성에 관한 자유롭고 독립적인 의사결정에 영향을 미칠 수 있는 행위 일체를 금지하고 이를 위반한 자를 처벌하는 것은 시청자의 건전한 방송 비판 내지 의견제시까지 처벌대상으로 삼는 것으로 시청자들의 표현의 자유를 침해한다. 2022 국회직8급 ( )

53-2 시청자는 왜곡된 보도에 대해서 의견 개진 내지 비판을 할 수 있음에도, 방송편성에 관하여 간섭을 금지하는 「방송법」 조항의 '간섭'에 관한 부분 및 그 위반 행위자를 처벌하는 구 「방송법」 조항의 '간섭'에 관한 부분은 청구인의 표현의 자유를 침해한다. 2022 경찰간부 ( )

53-3 법률에 의하지 않는 방송편성에 관한 간섭을 금지하고 그 위반행위를 처벌하는 「방송법」 규정은 과잉금지원칙에 위배되어 표현의 자유를 침해한다고 볼 수 없다. 2023 국회직8급 ( )

> 해설 방송의 자유는 민주주의의 원활한 작동을 위한 기초인바, 국가권력은 물론 정당, 노동조합, 광고주 등 사회의 여러 세력이 법률에 정해진 절차에 의하지 아니하고 방송편성에 개입한다면 국민 의사가 왜곡되고 민주주의에 중대한 위해가 발생하게 된다. **심판대상조항은 방송편성의 자유와 독립을 보장하기 위하여 방송에 개입하여 부당하게 영향력을 행사하는 '간섭'에 이르는 행위만을 금지하고 처벌할 뿐이고, 방송법과 다른 법률들은 방송 보도에 대한 의견 개진 내지 비판의 통로를 충분히 마련하고 있다. 따라서 심판대상조항이 과잉금지원칙에 반하여 표현의 자유를 침해한다고 볼 수 없다**(헌재 2021.8.31. 2019헌바439).

54 초·중등학교의 교육공무원이 정치단체의 결성에 관여하거나 이에 가입하는 행위를 금지한 「국가공무원법」 조항 중 '그 밖의 정치단체'에 관한 부분은 정치적 표현의 자유를 침해하지 않는다. 2022 국회직8급 ( )

> 해설 **초·중등학교의 교육공무원이 정치단체의 결성에 관여하거나 이에 가입하는 행위를 금지**한 국가공무원법 조항은 명확성 원칙에 위배되어 정치적 표현의 자유, 결사의 자유를 침해한다(헌재 2020.4.23. 2018헌마551).

55 정당에 관련된 표현행위는 직무 내외를 구분하기 어려우므로 '직무와 관련된 표현행위만을 규제'하는 등 기본권을 최소한도로 제한하는 대안을 상정하기 어렵다. 2022 경찰간부 ( )

ANSWER 51 ○ 52 × 53-1 × 53-2 × 53-3 ○ 54 × 55 ○

> **해설** 이 사건 법률조항 중 '정당'에 관한 부분은 사회복무요원의 정치적 중립성을 유지하고 업무전념성을 보장하기 위한 것으로, 정당은 개인적 정치활동과 달리 국민의 정치적 의사형성에 미치는 영향력이 크므로 사회복무요원의 정당 가입을 금지하는 것은 입법목적을 달성하기 위한 적합한 수단이다. **정당에 관련된 표현행위는 직무 내외를 구분하기 어려우므로 '직무와 관련된 표현행위만을 규제'하는 등 기본권을 최소한도로 제한하는 대안을 상정하기 어려우며**, 위 입법목적이 사회복무요원이 제한받는 사익에 비해 중대하므로 이 사건 법률조항 중 '정당'에 관한 부분은 청구인의 정치적 표현의 자유 및 결사의 자유를 침해하지 않는다(헌재 2021.11.25. 2019헌마534).

56-1 타인에게 경제적 대가를 지급하고 변호사를 광고·홍보·소개하는 행위를 금지하는 '변호사 광고에 관한 규정'은 과잉금지원칙에 위배되어 표현의 자유를 침해한다. 2023 국회직8급 ( )

56-2 변호사 또는 소비자로부터 대가를 받고 법률상담 또는 사건들을 소개·알선·유인하기 위하여 변호사 등을 광고·홍보·소개하는 행위를 금지하는 대한변호사협회의 '변호사광고에 관한 규정' 중 대가수수 광고금지규정은 과잉금지원칙을 위반하여 청구인들의 표현의 자유를 침해한다. 2023 경찰간부 ( )

56-3 변호사 또는 소비자로부터 금전·기타 경제적 대가를 받고 법률상담 또는 사건 등을 소개·알선·유인하기 위하여 변호사 등을 광고·홍보·소개하는 행위를 금지하는 변호사 광고에 관한 규정은 변호사법이 금지하는 특정 변호사에 대한 소개·알선·유인행위의 실질을 갖춘 광고행위를 금지하는 것으로 과잉금지원칙에 위배되지 아니한다. 2023 법무사 ( )

56-4 변호사 또는 소비자로부터 금전·기타 경제적 대가를 받고 법률상담 또는 사건 등을 소개·알선·유인하기 위하여 변호사 등을 광고·홍보·소개하는 행위를 금지하는 대한변호사협회의 변호사 광고에 관한 규정은 헌법소원의 대상이 되는 공권력의 행사에 해당한다. 2023 법무사 ( )

56-5 대한변호사협회의 유권해석에 반하는 내용의 광고를 금지하고, 대한변호사협회의 유권해석에 위반되는 행위를 목적 또는 수단으로 하여 행하는 법률상담과 관련한 광고를 하거나 그러한 사업구조를 갖는 타인에게 하도록 하는 것을 금지하는 변호사 광고에 관한 규정은 법률유보원칙을 위반하여 변호사들의 표현의 자유, 직업의 자유를 침해한다. 2023 법무사 ( )

56-6 변호사 등이 아님에도 변호사 등의 직무와 관련한 서비스의 취급·제공 등을 표시하거나 소비자들이 변호사 등으로 오인하게 만들 수 있는 자에게 광고를 의뢰하거나 참여·협조하는 행위를 금지하는 변호사 광고에 관한 규정은 변호사 자격제도를 유지하고 소비자의 피해를 방지하기 위한 적합한 수단이다. 2023 법무사 ( )

56-7 변호사에 대하여 공정한 수임질서를 저해할 우려가 있는 무료 또는 부당한 염가의 수임료를 표방하거나 무료 또는 부당한 염가의 법률상담 방식을 내세운 광고를 금지하는 것은, 무고한 법률 소비자들의 피해를 막고 정당한 수임료나 법률상담료를 제시하는 변호사들을 보호함으로써 공정한 수임질서를 확립하기 위한 것으로 과잉금지원칙에 위배되지 아니한다. 2023 법무사 ( )

> **해설** 변호사 광고의 내용, 방법 등을 규제하는 대한변호사협회의 변호사 광고에 관한 규정(헌재 2022.5.26. 2021헌마619)

ANSWER 56-1 ○ 56-2 ○ 56-3 × 56-4 ○ 56-5 ○ 56-6 ○ 56-7 ○

(1) 변협은 변호사법 제23조 제2항 제7호에서 명시적으로 위임받은 변호사 광고에 관한 규제를 설정함에 있어 공법인으로서 공권력 행사의 주체가 된다. 나아가, 변협의 구성원인 변호사 등은 위 규정을 준수하여야 할 의무가 있고, 이를 위반하게 되면 변호사법 등 관련 규정에 따라 징계를 받게 되는바, 이 사건 규정이 단순히 변협 내부 기준이라거나 사법적인 성질을 지니는 것이라 보기 어렵고, 수권법률인 변호사법과 결합하여 대외적 구속력을 가진다. 따라서 변협이 변호사 광고에 관한 규제와 관련하여 정립한 규범인 이 사건 규정은 헌법소원의 대상이 되는 공권력의 행사에 해당한다.

(2) 위 규정은 '협회의 유권해석에 위반되는'이라는 표지만을 두고 그에 따라 금지되는 광고의 내용 또는 방법 등을 한정하지 않고 있고, 이에 해당하는 내용이 무엇인지 변호사법이나 관련 회규를 살펴보더라도 알기 어렵다. 유권해석위반 광고금지규정 위반이 징계사유가 될 수 있음을 고려하면 적어도 수범자인 변호사는 유권해석을 통해 금지될 수 있는 내용들의 대강을 알 수 있어야 함에도, 규율의 예측가능성이 현저히 떨어지고 법집행기관의 자의적인 해석을 배제할 수 없는 문제가 있다.

따라서 **유권해석위반 광고금지규정**은 수권법률로부터 위임된 범위 내에서 명확하게 규율 범위를 정하고 있다고 보기 어려우므로, **법률유보원칙에 위반**되어 청구인들의 표현의 자유, 직업의 자유를 침해한다.

(3) 대가수수 광고금지규정은 **과잉금지원칙에 위반**되어 표현의 자유와 직업의 자유를 침해한다.

(4) '변호사 등이 아님에도 변호사 등의 직무와 관련한 서비스의 취급·제공 등을 표시하거나 소비자들이 변호사 등으로 오인하게 만들 수 있는 자에게 광고를 의뢰하거나 참여·협조하는 행위를 금지'하고 있는 규정은 과잉금지원칙에 위배되지 아니한다.

(5) 구체적인 사건의 내용을 알지 못하는 상황에서 무료 또는 염가의 수임료를 표방하는 광고나 무료 또는 부당한 염가의 법률상담 방식에 의한 광고가 이루어질 경우 공정한 수임질서를 해칠 위험이 있고, 전문적이고 충분하지 못한 업무처리 내지 상담으로 인해 소비자들에게 피해를 줄 우려도 있는바, 그러한 내용의 광고를 제한하는 것은 과잉금지원칙에 위배되지 아니한다.

57 사회복무요원이 정당 가입을 할 수 없도록 규정한 「병역법」 조항은 사회복지시설에 근무하는 사회복무요원의 경우에는 민간영역에서 근무하고 그 직무의 성질상 정치적 중립성을 훼손할 가능성이 거의 없음에도 불구하고 일괄적으로 정당에 가입하는 행위를 금지한다는 점에서 과잉금지원칙에 위배되어 사회복무요원인 청구인의 정치적 표현의 자유를 침해한다. 2024 경찰1차 ( )

해설 사회복무요원은 공무원은 아니지만, 병역의무를 이행하고 공무를 수행하는 사람으로서 공무원에 준하는 공적 지위를 가지므로, 그 지위 및 직무의 성질상 정치적 중립성이 보장되어야 한다. 심판대상조항은 사회복무요원의 선거운동을 금지함으로써 선거의 공정성과 형평성을 확보하고, 사회복무요원의 정치적 중립성을 유지하며 업무전념성을 보장하고자 하는 것이다. 이러한 입법목적은 정당하고, 심판대상조항은 입법목적을 달성하기 위한 적절한 수단이다. … 일정한 기간 동안 의무복무를 하는 사회복무요원의 특수한 지위를 감안할 때, 경고처분 및 복무기간 연장보다 이들의 기본권을 덜 침해하면서 입법목적 달성을 위하여 동등하게 실효적인 다른 수단을 상정하기 어렵다. 따라서 심판대상조항은 침해의 최소성원칙에 반하지 아니한다. 선거의 공정성·형평성 확보, 사회복무요원의 정치적 중립성 유지 및 업무전념성 보장이라는 공익은 사회복무요원이 선거운동을 금지당함에 따라 제한받는 사익보다 훨씬 중요하므로, 심판대상조항은 법익의 균형성 원칙에도 위배되지 아니한다. 따라서 심판대상조항은 과잉금지원칙에 위배되어 청구인의 선거운동의 자유를 침해하지 아니한다(헌재 2016.10.27. 2016헌마252).

58 남북합의서 위반행위로서 전단 등 살포를 하여 국민의 생명·신체에 위해를 끼치거나 심각한 위험을 발생시키는 것을 금지하고 이를 위반한 경우 처벌하는 「남북관계 발전에 관한 법률」 조항은 그 궁극적인 의도가 북한 주민을 상대로 한 북한 체제 비판 등의 내용을 담은 표현을 제한하는 데 있다는 점에서 표현의 내용과 무관한 내용중립적 규제로 보기는 어렵다. 2024 경찰1차 ( )

ANSWER 57 × 58 ○

> **해설** 북한 지역으로 전단 등 살포를 하여 국민의 생명·신체에 위해를 끼치거나 심각한 위험을 발생시키는 것을 금지하고, 이를 위반한 경우 처벌하는 '남북관계 발전에 관한 법률' 조항들은 표현의 자유를 침해한다(헌재 2023.9.26. 2020헌마1724).
> 1) **4명의 위헌의견**: 과잉금지원칙과 책임주의원칙에 위반된다. 심판대상조항은 입법목적 달성에 적합한 수단이지만, 침해의 최소성과 법익의 균형성이 인정되지 않는다. 그리고 국민의 생명·신체에 발생할 수 있는 위해나 심각한 위험은 전적으로 제3자인 북한의 도발로 초래된다는 점을 고려하면, 심판대상조항은 북한의 도발로 인한 책임을 전단 등 살포 행위자에게 전가하는 것이므로 책임주의원칙에도 위배된다.
> 2) **3명의 위헌의견**: 책임주의원칙에 위반되지 않지만, 과잉금지원칙에 위반된다. 심판대상조항이 비난가능성 있는 행위를 하지 않는 사람에게 책임을 물어 처벌하는 것이라고 볼 수 없으므로, 책임주의원칙 위반은 문제되지 아니한다.
> **심판대상조항에 의한 표현의 자유 제한이 표현의 내용과 무관한 내용중립적 규제라고 보기는 어려운바, 심판대상조항은 표현의 내용을 규제하는 것으로 봄이 타당하다.**
> 심판대상조항은 입법목적 달성에 적합한 수단이지만, 침해의 최소성과 법익의 균형성이 인정되지 않는다.

Ⅲ 최신판례

01 방송통신심의위원회가 2019. 2. 11. 주식회사 케이티 외 9개 정보통신서비스제공자 등에 대하여 895개 웹사이트에 대한 이용자들의 접속을 차단하도록 시정을 요구한 행위는 통신의 비밀과 자유 및 알 권리를 침해하지 않는다(헌재 2023.10.26. 2019헌마158).

02 북한 지역으로 전단 등 살포를 하여 국민의 생명·신체에 위해를 끼치거나 심각한 위험을 발생시키는 것을 금지하고, 이를 위반한 경우 처벌하는 '남북관계 발전에 관한 법률' 조항들은 표현의 자유를 침해한다(헌재 2023.9.26. 2020헌마1724).
(1) **4명의 위헌의견**: 과잉금지원칙과 책임주의원칙에 위반된다. 심판대상조항은 입법목적 달성에 적합한 수단이지만, 침해의 최소성과 법익의 균형성이 인정되지 않는다. 그리고 국민의 생명·신체에 발생할 수 있는 위해나 심각한 위험은 전적으로 제3자인 북한의 도발로 초래된다는 점을 고려하면, 심판대상조항은 북한의 도발로 인한 책임을 전단 등 살포 행위자에게 전가하는 것이므로 책임주의원칙에도 위배된다.
(2) **3명의 위헌의견**: 책임주의원칙에 위반되지 않지만, 과잉금지원칙에 위반된다. 심판대상조항이 비난가능성 있는 행위를 하지 않는 사람에게 책임을 물어 처벌하는 것이라고 볼 수 없으므로, 책임주의원칙 위반은 문제되지 아니한다. 심판대상조항은 입법목적 달성에 적합한 수단이지만, 침해의 최소성과 법익의 균형성이 인정되지 않는다.

제11절 집회·결사의 자유

I 헌법 조문

제21조 ① 모든 국민은 언론·출판의 자유와 집회·결사의 자유를 가진다.
② 언론·출판에 대한 허가나 검열과 집회·결사에 대한 허가는 인정되지 아니한다.

II 최신 기출지문 분석

01-1 헌법에서 금지하고 있는 집회에 대한 허가는 입법권이 주체가 되어 집회의 내용·시간·장소 등을 사전심사하여 일반적인 집회금지를 특정한 경우에 해제함으로써 집회를 할 수 있게 하는 제도를 의미한다. 2021 경찰승진 ( )

01-2 일출시간 전, 일몰시간 후의 옥외집회 또는 시위를 원칙적으로 금지하면서 다만 옥외집회의 경우 예외적으로 관할 경찰관서장이 허용할 수 있도록 하고, 이에 위반하여 옥외집회 또는 시위에 참가한 자를 형사처벌하는 구 「집회 및 시위에 관한 법률」 조항은 헌법 제21조 제2항의 사전허가제금지에 위배되어 집회의 자유를 침해한다. 2022 경찰승진 ( )

> **해설** 헌법 제21조 제2항에 의하여 금지되는 '허가'는 '행정청이 주체가 되어 집회의 허용 여부를 사전에 결정하는 것'으로, 법률적 제한이 실질적으로 행정청의 허가 없는 옥외집회를 불가능하게 하는 것이라면 헌법상 금지되는 사전허가제에 해당하지만, 그에 이르지 아니하는 한 헌법 제21조 제2항에 반하는 것은 아니다. **이 사건 법률조항의 단서 부분은 본문에 의한 제한을 완화시키려는 것이므로 헌법이 금지하고 있는 '옥외집회에 대한 일반적인 사전허가'라고 볼 수 없다**(헌재 2014.4.24. 2011헌가29).

02 헌법 제21조 제2항은 헌법 자체에서 언론·출판에 대한 허가나 검열의 금지와 더불어 집회에 대한 허가금지를 명시함으로써, 집회의 자유에 있어서는 다른 기본권 조항들과는 달리, '허가'의 방식에 의한 제한을 허용하지 않겠다는 헌법적 결단을 분명히 하고 있다. 2022 지방직7급 ( )

> **해설** 헌법 제21조 제2항(이하 '이 사건 헌법규정'이라 한다)은 "언론·출판에 대한 허가나 검열과 집회·결사에 대한 허가는 인정되지 아니한다."고 규정함으로써 **헌법 자체에서 언론·출판에 대한 허가나 검열의 금지와 더불어 집회에 대한 허가금지를 명시함으로써, 집회의 자유에 있어서는 다른 기본권 조항들과는 달리, '허가'의 방식에 의한 제한을 허용하지 않겠다는 헌법적 결단을 분명히 하고 있다**(헌재 2009.9.24. 2008헌가25).

03-1 집회의 자유는 개인의 인격발현의 요소이자 민주주의를 구성하는 요소라는 이중적 헌법적 기능을 가지고 있다. 2022 지방직7급 / 2022 경찰승진 / 2023 경찰경력채용 ( )

ANSWER 01-1 ×   01-2 ×   02 ○   03-1 ○

03-2 집회의 자유는 개인의 인격발현의 요소이자 민주주의를 구성하는 요소라는 이중적 헌법적 기능을 가지고 있다. 뿐만 아니라, 집회를 통하여 국민들이 자신의 의견과 주장을 집단적으로 표명함으로써 여론의 형성에 영향을 미친다는 점에서, 집회의 자유는 표현의 자유와 더불어 민주적 공동체가 기능하기 위하여 불가결한 근본요소에 속한다. 2023 법무사 ( )

> 해설 집회의 자유는 개인의 인격발현의 요소이자 민주주의를 구성하는 요소라는 이중적 헌법적 기능을 가지고 있다. 인간의 존엄성과 자유로운 인격발현을 최고의 가치로 삼는 우리 헌법질서 내에서 집회의 자유도 다른 모든 기본권과 마찬가지로 일차적으로는 개인의 자기결정과 인격발현에 기여하는 기본권이다. 뿐만 아니라, 집회를 통하여 국민들이 자신의 의견과 주장을 집단적으로 표명함으로써 여론의 형성에 영향을 미친다는 점에서, 집회의 자유는 표현의 자유와 더불어 민주적 공동체가 기능하기 위하여 불가결한 근본요소에 속한다(헌재 2003.10.30. 2000헌바67 등).

04-1 일반적으로 집회는 일정한 장소를 전제로 하여 특정 목적을 가진 다수인이 일시적으로 회합하는 것을 말하고, 그 공동의 목적은 '내적인 유대 관계'로 족하다. 2023 경찰1차 ( )

04-2 헌법상 집회에서 공동의 목적은 내적인 유대 관계로 족하다. 2021 경찰승진 ( )

04-3 일반적으로 집회는 일정한 장소를 전제로 하여 특정 목적을 가진 다수인이 일시적으로 회합하는 것을 말하는 것으로 일컬어지고 있으나, 그 공동의 목적은 적어도 '내적인 유대 관계'를 넘어서 공공의 이익을 추구하는 것이어야 한다. 2022 지방직7급 ( )

04-4 집회는 일정한 장소를 전제로 하여 특정 목적을 가진 다수인이 일시적으로 회합하는 것을 말하는 것으로, 여기서의 다수인이 가지는 공동의 목적은 '내적인 유대 관계'로 족하지 않고 공통의 의사형성과 의사표현이라는 공동의 목적이 포함되어야 한다. 2023 법원직 ( )

> 해설 일반적으로 집회는 일정한 장소를 전제로 하여 특정 목적을 가진 다수인이 일시적으로 회합하는 것을 말하는 것으로 일컬어지고 있고, **그 공동의 목적은 '내적인 유대 관계'로 족하다**(헌재 2014.1.28. 2011헌바174 등).

05-1 집회의 자유에는 집회를 통하여 형성된 의사를 집단적으로 표현하고 이를 통하여 불특정 다수인의 의사에 영향을 줄 자유를 포함한다. 2022 경찰경력채용 ( )

05-2 집회의 자유는 집회를 통하여 형성된 의사를 집단으로 표현하고 이를 통하여 불특정 다수인의 의사에 영향을 줄 자유를 포함하므로 이를 내용으로 하는 시위의 자유 또한 집회의 자유를 규정한 헌법 제21조 제1항에 의하여 보호되는 기본권이다. 2022 경찰승진 ( )

> 해설 헌법 제21조 제1항은 "모든 국민은 언론·출판의 자유와 집회·결사의 자유를 가진다."고 규정하여, 타인과의 의견 교환을 위한 기본권인 표현의 자유, 집회의 자유, 결사의 자유를 국민의 기본권으로 보장하고 있는바, **집회의 자유에는 집회를 통하여 형성된 의사를 집단적으로 표현하고 이를 통해 불특정 다수인의 의사에 영향을 줄 자유가 포함**된다(헌재 2014.3.27. 2010헌가2 등).

06-1 우리 헌법상 집회의 자유에 의해 보호되는 것은 오로지 평화적 또는 비폭력적 집회에 한정된다. 2021 경찰승진 ( )

ANSWER 03-2 ○ 04-1 ○ 04-2 ○ 04-3 × 04-4 × 05-1 ○ 05-2 ○ 06-1 ○

06-2 집회의 자유는 민주국가에서 사회·정치현상에 대한 불만과 비판을 공개적으로 표출케 함으로써 정치적 불만이 있는 자를 사회에 통합하고 정치적 안정에 기여하는 기능을 하는 중요한 수단이기 때문에, 평화적 수단을 이용한 의견의 표명뿐만 아니라 폭력을 사용한 의견의 강요 역시 헌법적으로 보호된다. 2022 행시 ( )

06-3 집회의 자유에 의하여 보호되는 것이 '평화적' 또는 '비폭력적' 집회에 한정되는 것은 아니다.
2022 경찰경력채용 ( )

06-4 집회의 자유는 표현의 자유와 더불어 민주적 공동체가 기능하기 위하여 불가결한 근본요소에 속하므로, 폭력을 사용한 의견의 강요라고 하여 헌법적으로 보호되지 않는다 볼 수 없다. 2023 경찰승진 ( )

06-5 집회의 자유는 민주국가에서 정신적 대립과 논의의 수단으로서 보호되므로, 집회의 자유에 의하여 보호되는 것은 '평화적' 또는 '비폭력적' 집회뿐 아니라 폭력을 사용한 의견의 강요에 해당할지라도 헌법적으로 보호받을 수 있다. 2023 법무사 ( )

> 해설 집회의 자유에 의하여 보호되는 것은 단지 '평화적' 또는 '비폭력적' 집회이다. 집회의 자유는 민주국가에서 정신적 대립과 논의의 수단으로서, **평화적 수단을 이용한 의견의 표명은 헌법적으로 보호되지만, 폭력을 사용한 의견의 강요는 헌법적으로 보호되지 않는다**(헌재 2003.10.30. 2000헌바67 등).

07-1 「집회 및 시위에 관한 법률」상의 '시위'는 반드시 '일반인이 자유로이 통행할 수 있는 장소'에서 이루어져야 한다거나 '행진' 등 장소 이동을 동반해야만 성립하는 것은 아니다. 2022 행시 / 2024 경찰승진 ( )

07-2 「집회 및 시위에 관한 법률」 상의 시위는 반드시 '일반인이 자유로이 통행할 수 있는 장소'에서 이루어져야 하며 '행진' 등 장소 이동을 동반해야만 성립한다. 2024 경찰1차 ( )

> 해설 집시법상의 시위는 **반드시 '일반인이 자유로이 통행할 수 있는 장소'에서 이루어져야 한다거나 '행진' 등 장소 이동을 동반해야만 성립하는 것은 아니다**(헌재 2014.3.27. 2010헌가2 등).

08-1 집회의 자유에 대한 제한은 다른 중요한 법익의 보호를 위하여 반드시 필요한 경우에 한하여 정당화되는 것이며, 특히 집회의 금지는 원칙적으로 공공의 안녕질서에 대한 위협이 예상되는 경우에 한하여 허용될 수 있다. 2024 경찰1차 ( )

08-2 집회의 금지와 해산은 원칙적으로 공공의 안녕질서에 대한 직접적인 위협이 명백하게 존재하는 경우에 한하여 허용될 수 있다. 2024 경찰승진 ( )

> 해설 집회의 자유를 제한하는 대표적인 공권력의 행위는 집시법에서 규정하는 집회의 금지, 해산과 조건부 허용이다. 집회의 자유에 대한 제한은 다른 중요한 법익의 보호를 위하여 반드시 필요한 경우에 한하여 정당화되는 것이며, 특히 **집회의 금지와 해산은 원칙적으로 공공의 안녕질서에 대한 직접적인 위협이 명백하게 존재하는 경우에 한하여 허용될 수 있다**(헌재 2003.10.30. 2000헌바67 등).

09 각급 법원 경계지점으로부터 100미터 이내 장소에서의 모든 옥외집회를 금지하는 것은 집회의 자유를 침해한다. 2023 경찰승진 ( )

ANSWER 06-2 × 06-3 × 06-4 × 06-5 × 07-1 ○ 07-2 × 08-1 × 08-2 ○ 09 ○

해설 법원 인근에서 옥외집회나 시위가 열릴 경우 해당 법원에서 심리 중인 사건의 재판에 영향을 미칠 위험이 존재한다는 일반적 추정이 구체적 상황에 따라 부인될 수 있는 경우라면, 입법자로서는 각급 법원 인근일지라도 예외적으로 옥외집회·시위가 가능하도록 관련 규정을 정비하여야 한다. 법원 인근에서의 집회라 할지라도 법관의 독립을 위협하거나 재판에 영향을 미칠 염려가 없는 집회도 있다. 예컨대 법원을 대상으로 하지 않고 검찰청 등 법원 인근 국가기관이나 일반법인 또는 개인을 대상으로 한 집회로서 재판업무에 영향을 미칠 우려가 없는 집회가 있을 수 있다. 법원을 대상으로 한 집회라도 사법행정과 관련된 의사표시 전달을 목적으로 한 집회 등 법관의 독립이나 구체적 사건의 재판에 영향을 미칠 우려가 없는 집회도 있다. 한편 집시법은 심판대상조항 외에도 집회·시위의 성격과 양상에 따라 법원을 보호할 수 있는 다양한 규제수단을 마련하고 있으므로, 각급 법원 인근에서의 옥외집회·시위를 예외적으로 허용한다고 하더라도 이러한 수단을 통하여 심판대상조항의 입법목적은 달성될 수 있다. 심판대상조항은 입법목적을 달성하는 데 필요한 최소한도의 범위를 넘어 규제가 불필요하거나 또는 예외적으로 허용 가능한 옥외집회·시위까지도 일률적·전면적으로 금지하고 있으므로, **침해의 최소성 원칙에 위배**된다. 심판대상조항은 각급 법원 인근의 모든 옥외집회를 전면적으로 금지함으로써 상충하는 법익 사이의 조화를 이루려는 노력을 전혀 기울이지 않아, 법익의 균형성 원칙에도 어긋난다. 심판대상조항은 **과잉금지원칙을 위반하여 집회의 자유를 침해**한다(헌재 2018.7.26. 2018헌바137).

10 재판에 영향을 미칠 염려가 있거나 미치게 하기 위한 집회 또는 시위를 금지하고 이를 위반한 자를 형사처벌하는 구 「집회 및 시위에 관한 법률」상 조항은 과잉금지원칙을 위반하여 집회의 자유를 침해한다고 볼 수 없다.
2023 경찰간부 ( )

해설 이 사건 제2호 부분은 법관의 직무상 독립을 보호하여 사법작용의 공정성과 독립성을 확보하기 위한 것으로 **입법목적의 정당성은 인정되나**, 국가의 사법권한 역시 국민의 의사에 정당성의 기초를 두고 행사되어야 한다는 점과 재판에 대한 정당한 비판은 오히려 사법작용의 공정성 제고에 기여할 수도 있는 점을 고려하면 **사법의 독립성을 확보하기 위한 적합한 수단이라 보기 어렵다**. … 어떠한 집회·시위가 규제 대상에 해당하는지를 판단할 수 있는 아무런 기준도 제시하지 아니함으로써 사실상 재판과 관련된 집단적 의견표명 일체가 불가능하게 되어 집회의 자유를 실질적으로 박탈하는 결과를 초래하므로 **최소침해성 원칙에 반한다**. 더욱이 이 사건 제2호 부분으로 인하여 달성하고자 하는 공익 실현 효과는 가정적이고 추상적인 반면, 이 사건 제2호 부분으로 인하여 침해되는 집회의 자유에 대한 제한 정도는 중대하므로 **법익균형성도 상실**하였다. 따라서 **이 사건 제2호 부분은 과잉금지원칙에 위배되어 집회의 자유를 침해**한다(헌재 2016.9.29. 2014헌가3 등).

11 누구든지 국회의사당의 경계지점으로부터 100미터 이내의 장소에서 옥외집회 또는 시위를 할 경우 형사처벌한다고 규정한 「집회 및 시위에 관한 법률」 조항 중 '국회의사당'에 관한 부분은 집회의 자유를 침해한다.
2024 행시 ( )

해설 국회는 국민을 대표하는 대의기관으로서 법률을 제정하거나 개정하며, 국정통제기관으로서 특히 행정부에 대한 강력한 통제권한을 행사하는 등 국가정책결정의 주요한 기능을 담당하고 있다. 이와 같은 국회의 기능과 역할은 그 특수성과 중요성에 비추어 특별하고도 충분한 보호가 요청된다. 심판대상조항은 **국회의원과 국회에서 근무하는 직원, 국회에 출석하여 진술하고자 하는 일반 국민이나 공무원 등이 어떠한 압력이나 위력에 구애됨이 없이 자유롭게 국회의사당에 출입하여 업무를 수행하며, 국회의사당을 비롯한 국회시설의 안전이 보장될 수 있도록 하기 위한 목적에서 입법된 것으로 그 목적은 정당**하고, 국회의사당 경계지점으로부터 100미터 이내의 장소(이하 '국회의사당 인근'이라 한다)에서의 옥외집회를 전면적으로 금지하는 것은 국회의 기능을 보호하는 데 기여할 수 있으므로 **수단의 적합성도 인정**된다. 국회의 헌법적 기능은 국회의사당 인근에서의 집회와 양립이 가능한 것이며, 국회는 이를 통해 보다 충실하게 헌법적 기능을 수행할 수 있다. 국회의원은 국가이익을 우선하여 양심에 따라 직무를 수행해야 하므로, '민의

ANSWER 10 × 11 ○

의 수렴'이라는 국회의 기능을 고려할 때 국회가 특정인이나 일부 세력의 부당한 압력으로부터 보호될 필요성은 원칙적으로 국회의원에 대한 물리적인 압력이나 위해를 가할 가능성 및 국회의사당 등 국회 시설에의 출입이나 안전에 위험을 가할 위험성으로부터의 보호로 한정되어야 한다. 심판대상조항의 입법취지를 감안하여 '국회의사당'을 '국회 본관뿐만 아니라 의원회관, 국회도서관 등 국회의 기능적 활동이 이루어지는 국회 부지 내의 장소 전체'로 해석할 수 있으나, 심판대상조항을 이와 같이 해석하게 되면 국회의사당으로의 출입과 무관한 지역 및 국회 부지로부터 도로로 분리되어 있거나 인근 공원·녹지인 장소까지도 집회금지장소에 포함된다. 더욱이 대한민국 국회는 국회 부지의 경계지점에 담장을 설치하고 있고, 국회의 담장으로부터 국회의사당 건물과 같은 국회 시설까지 상당한 공간이 확보되어 있으므로 국회의 헌법적 기능은 이를 통하여서도 보장될 수 있다. 한편 **국회의사당 인근에서의 집회가 심판대상조항에 의하여 보호되는 법익에 대한 직접적인 위협을 초래한다는 일반적 추정이 구체적인 상황에 의하여 부인될 수 있는 경우라면, 입법자로서는 예외적으로 옥외집회가 가능할 수 있도록 심판대상조항을 규정하여야** 한다. 예를 들어, 국회의 기능을 직접 저해할 가능성이 거의 없는 '소규모 집회', 국회의 업무가 없는 '공휴일이나 휴회기 등에 행하여지는 집회', '국회의 활동을 대상으로 한 집회가 아니거나 부차적으로 국회에 영향을 미치고자 하는 의도가 내포되어 있는 집회'처럼 **옥외집회에 의한 국회의 헌법적 기능이 침해될 가능성이 부인되거나 또는 현저히 낮은 경우에는, 입법자로서는 심판대상조항으로 인하여 발생하는 집회의 자유에 대한 과도한 제한 가능성이 완화될 수 있도록 그 금지에 대한 예외를 인정하여야** 한다. 물론 국회의사당 인근에서 폭력적이고 불법적인 대규모 집회가 행하여지는 경우 국회의 헌법적 기능이 훼손될 가능성이 커지는 것은 사실이다. 그러나 '집회 및 시위에 관한 법률'은 이러한 상황에 대처할 수 있도록 다양한 규제수단들을 규정하고 있고, 집회 과정에서의 폭력행위나 업무방해행위 등은 형사 법상의 범죄행위로서 처벌된다. 이처럼, **심판대상조항은 입법목적을 달성하는 데 필요한 최소한도의 범위를 넘어, 규제가 불필요하거나 또는 예외적으로 허용하는 것이 가능한 집회까지도 이를 일률적·전면적으로 금지하고 있으므로 침해의 최소성 원칙에 위배된다.** 심판대상조항은 국회의 헌법적 기능을 무력화시키거나 저해할 우려가 있는 집회를 금지하는 데 머무르지 않고, 그 밖의 평화적이고 정당한 집회까지 전면적으로 제한함으로써 구체적인 상황을 고려하여 상충하는 법익간의 조화를 이루려는 노력을 전혀 기울이지 않고 있다. 심판대상조항으로 달성하려는 공익이 제한되는 집회의 자유 정도보다 크다고 단정할 수는 없다고 할 것이므로 심판대상조항은 법익의 균형성 원칙에도 위배된다. **심판대상조항은 과잉금지원칙을 위반하여 집회의 자유를 침해한다**(헌재 2018.5.31. 2013헌바322 등).

12-1 국회의장 공관의 경계 지점으로부터 100미터 이내의 장소에서의 옥외집회 또는 시위를 일률적으로 금지하고, 이를 위반한 집회·시위의 참가자를 처벌하는 구「집회 및 시위에 관한 법률」조항은 국회의장의 원활한 직무 수행, 공관 거주자 등의 신변 안전, 주거의 평온, 공관으로의 자유로운 출입 등이 저해될 위험이 있음을 고려한 것으로 집회의 자유를 침해하지 않는다. 2024 경찰승진 ( )

12-2 국회의장 공관의 경계지점으로부터 100미터 이내의 장소에서의 옥외집회 또는 시위를 일률적으로 금지하고, 이를 위반한 집회·시위의 참가자를 처벌하는 것은 해당 장소에서 옥외집회·시위가 개최되더라도 국회의장에게 물리적 위해를 가하거나 국회의장 공관으로의 출입 내지 안전에 위협을 가할 우려가 없는 장소까지 포함되어 있다는 점에서 입법목적 달성에 필요한 범위를 넘어 집회의 자유를 과도하게 제한하는 것으로 집회의 자유를 침해한다. 2023 법원직 ( )

12-3 헌법재판소는 국회의장 공관 인근의 옥외집회·시위 중 어떠한 형태의 것을 예외적으로 허용함으로써 집회의 자유를 필요최소한의 범위에서 제한할 것인지는 입법자의 판단에 맡기는 것이 바람직하므로 헌법불합치 결정을 하되, 이를 계속 적용할 경우에는 집회·결사의 자유를 과도하게 침해하므로 그 적용을 중지한다고 하였다. 2024 법원행시 ( )

ANSWER 12-1 × 12-2 ○ 12-3 ×

12-4 국회의장 공관의 경계 지점으로부터 100미터 이내의 장소에서의 옥외집회 또는 시위를 일률적으로 금지하고, 이를 위반한 집회·시위의 참가자를 처벌하는 집회 및 시위에 관한 법률(2020. 6. 9. 법률 제17393호로 개정된 것) 제11조 제3호 중 '국회의장 공관'에 관한 부분 및 제23조 제3호 중 제11조 제3호 가운데 '국회의장 공관'에 관한 부분(이하 '심판대상 조항'이라 한다)은 국회의장 공관 인근에서 옥외집회·시위가 개최될 경우 국회의장의 원활한 직무 수행과 공관 거주자 등의 신변 안전, 주거의 평온, 공관으로의 자유로운 출입 등이 저해될 위험이 있음을 고려하여, 그와 같은 옥외집회·시위를 사전에 차단함으로써 국회의장 공관의 기능과 안녕을 보호하기 위한 것이다. 2024 법원행시 ( )

12-5 심판대상조항이 집회 금지 장소로 설정한 '국회의장 공관의 경계 지점으로부터 100미터 이내에 있는 장소'에는, 해당 장소에서 옥외집회·시위가 개최되더라도 국회의장에게 물리적 위해를 가하거나 국회의장 공관으로의 출입 내지 안전에 위협을 가할 우려가 없는 장소까지 포함되어 있다. 또한 대규모로 확산될 우려가 없는 소규모 옥외집회·시위의 경우, 심판대상조항에 의하여 보호되는 법익에 직접적인 위협을 가할 가능성은 상대적으로 낮다. 2024 법원행시 ( )

12-6 '집회 및 시위에 관한 법률'은 국회의장 공관의 기능과 안녕을 보호할 다양한 규제 수단을 마련하고 있고, 집회·시위 과정에서의 폭력행위나 업무방해 행위 등은 형사법상의 범죄행위로 처벌되므로, 국회의장 공관 인근에서 예외적으로 옥외집회·시위를 허용한다고 하더라도 국회의장 공관의 기능과 안녕은 충분히 보장될 수 있다. 2024 법원행시 ( )

12-7 심판대상조항은 국회의장 공관 인근 일대를 광범위하게 전면적인 집회 금지 장소로 설정함으로써 입법목적 달성에 필요한 범위를 넘어 집회의 자유를 과도하게 제한하고 있는 바, 과잉금지원칙에 반하여 집회의 자유를 침해한다. 2024 법원행시 ( )

> **해설** 심판대상조항은 국회의장 공관 인근에서 옥외집회·시위가 개최될 경우 국회의장의 원활한 직무 수행과 공관 거주자 등의 신변 안전, 주거의 평온, 공관으로의 자유로운 출입 등이 저해될 위험이 있음을 고려하여, **그와 같은 옥외집회·시위를 사전에 차단함으로써 국회의장 공관의 기능과 안녕을 보호하기 위한 것이다.**
> 심판대상조항이 집회 금지 장소로 설정한 '국회의장 공관의 경계 지점으로부터 100미터 이내에 있는 장소'에는, 해당 장소에서 옥외집회·시위가 개최되더라도 국회의장에게 물리적 위해를 가하거나 국회의장 공관으로의 출입 내지 안전에 위협을 가할 우려가 없는 장소까지 포함되어 있다. 또한 대규모로 확산될 우려가 없는 소규모 옥외집회·시위의 경우, 심판대상조항에 의하여 보호되는 법익에 직접적인 위협을 가할 가능성은 상대적으로 낮다.
> '집회 및 시위에 관한 법률'은 국회의장 공관의 기능과 안녕을 보호할 다양한 규제 수단을 마련하고 있고, 집회·시위 과정에서의 폭력행위나 업무방해 행위 등은 형사법상의 범죄행위로 처벌되므로, 국회의장 공관 인근에서 예외적으로 옥외집회·시위를 허용한다고 하더라도 국회의장 공관의 기능과 안녕은 충분히 보장될 수 있다. 그럼에도 심판대상조항은 **국회의장 공관 인근 일대를 광범위하게 전면적인 집회 금지 장소로 설정함으로써 입법목적 달성에 필요한 범위를 넘어 집회의 자유를 과도하게 제한하고 있는바, 과잉금지원칙에 반하여 집회의 자유를 침해한다.**
> **헌법불합치결정을 선고하되,** 그 적용을 중지할 경우에는 국회의장 공관의 기능과 안녕 보호에 관한 법적 공백이 초래될 우려가 있으므로 2024. 5. 31.을 시한으로 입법자의 **개선입법이 있을 때까지 계속 적용을 명한다**(헌재 2023.3.23. 2021헌가1).

ANSWER 12-4 ○ 12-5 ○ 12-6 ○ 12-7 ○

13 막연히 폭력·불법적이거나 돌발적인 상황이 발생할 위험이 있다는 가정만을 근거로 하여 대통령 관저 인근이라는 특정한 장소에서 열리는 모든 집회를 금지하는 것은 헌법적으로 정당화되기 어렵다. 2023 경찰간부 ( )

> 해설 ▶ 심판대상조항은 대통령 관저 인근 일대를 광범위하게 집회금지장소로 설정함으로써, 집회가 금지될 필요가 없는 장소까지도 집회금지장소에 포함되게 한다. 대규모 집회 또는 시위로 확산될 우려가 없는 소규모 집회의 경우, 심판대상조항에 의하여 보호되는 법익에 대해 직접적인 위협이 될 가능성은 낮고, 이러한 집회가 대통령 등의 안전이나 대통령 관저 출입과 직접적 관련이 없는 장소에서 열릴 경우에는 위험성은 더욱 낮아진다. 또한, '집회 및 시위에 관한 법률' 및 '대통령 등의 경호에 관한 법률'은 폭력적이고 불법적인 집회에 대처할 수 있는 다양한 수단을 두고 있다. 이러한 점을 종합하면, 심판대상조항은 과잉금지원칙에 위배되어 집회의 자유를 침해한다(헌재 2022.12.22. 2018헌바48 등).

14 누구든지 헌법재판소의 결정에 따라 해산된 정당의 목적을 달성하기 위한 집회 또는 시위를 주최하여서는 아니 된다. 2022 지방직7급 ( )

> 해설 ▶ 누구든지 다음 각 호 1. 헌법재판소의 결정에 따라 해산된 정당의 목적을 달성하기 위한 집회 또는 시위, 2. 집단적인 폭행, 협박, 손괴(損壞), 방화 등으로 공공의 안녕 질서에 직접적인 위협을 끼칠 것이 명백한 집회 또는 시위의 어느 하나에 해당하는 집회나 시위를 주최하여서는 아니 된다(집회 및 시위에 관한 법률 제5조 제1항).

15 관할경찰관서장은 옥외집회나 시위 신고서의 기재 사항에 미비한 점을 발견하면 접수증을 교부한 때부터 24시간 이내에 주최자에게 48시간을 기한으로 그 기재 사항을 보완할 것을 통고할 수 있다. 2022 경찰경력채용 ( )

> 해설 ▶ 관할경찰관서장은 제6조 제1항에 따른 신고서의 기재 사항에 미비한 점을 발견하면 접수증을 교부한 때부터 **12시간 이내에 주최자에게 24시간을 기한으로** 그 기재 사항을 보완할 것을 통고할 수 있다(집회 및 시위에 관한 법률 제7조 제1항).

16 관할경찰관서장은 집회 또는 시위의 시간과 장소가 중복되는 2개 이상의 신고가 있는 경우 그 목적으로 보아 서로 상반되거나 방해가 된다고 인정되면 각 옥외집회 또는 시위 간에 시간을 나누거나 장소를 분할하여 개최하도록 권유하는 등 각 옥외집회 또는 시위가 서로 방해되지 아니하고 평화적으로 개최·진행될 수 있도록 노력하여야 한다. 2024 경찰승진 ( )

> 해설 ▶ **관할경찰관서장은** 집회 또는 시위의 **시간과 장소가 중복되는 2개 이상의 신고가 있는 경우** 그 목적으로 보아 서로 상반되거나 방해가 된다고 인정되면 각 옥외집회 또는 시위 간에 **시간을 나누거나 장소를 분할하여 개최하도록 권유하는 등** 각 옥외집회 또는 시위가 서로 방해되지 아니하고 평화적으로 개최·진행될 수 있도록 노력하여야 한다(집회 및 시위에 관한 법률 제8조 제2항).

17 「집회 및 시위에 관한 법률」에서 옥외집회나 시위가 사전신고한 범위를 뚜렷이 벗어나 신고제도의 목적달성을 심히 곤란하게 하고, 그로 인하여 질서를 유지할 수 없게 된 경우에 공공의 안녕질서 유지 및 회복을 위해 해산명령을 할 수 있도록 규정한 것은 청구인들의 집회의 자유를 침해한다고 볼 수 없다. 2022 경찰간부 ( )

> 해설 ▶ 집시법은 옥외집회나 시위가 사전신고한 범위를 뚜렷이 벗어나 신고제도의 목적달성을 심히 곤란하게 하고, 그로 인하여 질서를 유지할 수 없게 된 경우에 공공의 안녕질서 유지 및 회복을 위해 해산명령을 할 수 있도록 하고 있다. **심판대상조항은 이러한 해산명령 제도의 실효성 확보를 위해 해산명령에 불응하는**

ANSWER 13 ○ 14 ○ 15 × 16 ○ 17 ○

자를 형사처벌하도록 한 것으로서 입법목적의 정당성과 수단의 적절성이 인정된다. 집시법은 집회·시위의 단순 참가자에 대해서는 신고 범위를 뚜렷이 벗어난 행위를 한 경우에 처벌하는 조항을 두고 있지 아니하고, 집회·시위의 주최자에 대하여만 처벌조항을 두고 있으므로 집회·시위의 단순 참가자들의 신고 범위를 벗어난 행위로 인하여 질서를 유지할 수 없게 된 때에 해산명령 외에 공공질서를 회복하기 위한 다른 수단이 없다. 심판대상조항은 신고 범위를 뚜렷이 벗어난 집회·시위로 인하여 질서를 유지할 수 없어 해산을 명령하였음에도 불구하고 불응한 경우에만 처벌하도록 하고 있고, 먼저 자진 해산을 요청한 후 참가자들이 자진 해산 요청에 따르지 아니하는 경우라야 해산명령을 하는 점을 고려하면 **심판대상조항은 집회의 자유에 대한 제한을 최소화**하고 있다. 해산명령에 불응하는 행위는 단순히 행정질서에 장해를 줄 위험성이 있는 정도의 의무태만 내지 의무위반이 아니고 직접적으로 행정목적을 침해하고 나아가 공익을 침해할 고도의 개연성을 띤 행위라고 볼 수 있으므로 **심판대상조항이 법정형의 종류 및 범위의 선택에 관한 입법재량의 한계를 벗어난 과중한 처벌이라고도 볼 수 없다.** 또한 심판대상조항이 달성하려는 공공의 안녕질서 유지 및 회복이라는 공익과 심판대상조항으로 인하여 제한되는 청구인들의 집회의 자유 사이의 균형을 상실하였다고 보기 어려우므로, 심판대상조항은 과잉금지원칙을 위반하여 집회의 자유를 침해한다고 볼 수 없다(헌재 2016.9.29. 2015헌바309 등).

18 「집회 및 시위에 관한 법률」은 국무총리, 국회의장, 대법원장, 헌법재판소장 공관에 대해 100미터 이내의 장소에서의 옥외집회 또는 시위 금지를 규정하면서 일체의 예외를 두지 않고 있다. 2023 경찰승진 ( )

해설 누구든지 다음 각 호의 어느 하나에 해당하는 청사 또는 저택의 경계 지점으로부터 100미터 이내의 장소에서는 옥외집회 또는 시위를 하여서는 아니 된다(집회 및 시위에 관한 법률 제11조).
4. 국무총리 공관. 다만, **다음 각 목의 어느 하나에 해당하는 경우로서 국무총리 공관의 기능이나 안녕을 침해할 우려가 없다고 인정되는 때에는 그러하지 아니하다.**
— 각 목 생략 —

19 '집회 및 시위에 관한 법률'은 종교에 관한 집회에는 옥외집회 및 시위의 신고제를 적용하지 아니한다.
2022 법원직 ( )

해설 학문, 예술, 체육, 종교, 의식, 친목, 오락, 관혼상제(冠婚喪祭) 및 국경행사(國慶行事)에 관한 집회에는 제6조(옥외집회 및 시위의 신고 등 : 옥외집회나 시위를 주최하려는 자는 그에 관한 다음 각 호의 사항 모두를 적은 신고서를 옥외집회나 시위를 시작하기 720시간 전부터 48시간 전에 관할 경찰서장에게 제출하여야 한다)부터 제12조까지의 규정을 적용하지 아니한다(집회 및 시위에 관한 법률 제15조).
→ 사전신고도 적용 배제 대상이다.

20 집회 또는 시위의 주최자는 집회 또는 시위의 질서 유지에 관하여 자신을 보좌하도록 18세 이상의 사람을 질서유지인으로 임명할 수 있다. 2022 경찰경력채용 ( )

해설 주최자의 준수 사항 : 집회 또는 시위의 주최자는 집회 또는 시위의 질서 유지에 관하여 자신을 보좌하도록 18세 이상의 사람을 질서유지인으로 임명할 수 있다(집회 및 시위에 관한 법률 제16조 제2항).

21 집단적인 폭행·협박·손괴·방화 등으로 공공의 안녕질서에 직접적인 위협을 가할 것이 명백한 집회 또는 시위의 주최를 금지하는 구 「집회 및 시위에 관한 법률」 조항은 집회의 자유를 침해하지 아니한다.
2023 경찰1차 ( )

ANSWER 18 × 19 ○ 20 ○ 21 ○

해설 집단적인 폭행·협박 등이 발생한 집회 또는 시위를 해산하고 질서를 회복시키는 데는 일반적으로 상당한 시간과 경찰력이 동원되고, 그 과정에서 공공의 안녕질서나 참가자나 제3자의 신체와 재산의 안전 등이 중대하게 침해되거나 위협받을 수밖에 없으므로, 그와 같은 집회 또는 시위의 주최를 절대적으로 금지하는 것은 공공의 안녕질서를 유지하고, 집회 또는 시위의 참가자나 이에 참가하지 않은 제3자의 생명·신체·재산의 안전 등 기본권을 보호하기 위한 것으로서 정당한 목적달성을 위한 적합한 수단이며, 목적달성에 필요한 정도를 넘은 과도한 제한이 된다고 보기 어렵다. 나아가 위와 같은 금지에 위반한 점을 알면서도 그러한 집회 또는 시위에 참가한 자는 직접 폭행·협박 등 행위에 참여하지 않았다 하더라도 고유한 불법성이 인정되고, 그러한 참가행위의 금지는 폭력적 집회 또는 시위의 확대 방지를 위한 사전예방의 측면에서도 필요성이 인정된다. 한편 이 사건 법률조항들을 통해 달성하려는 공공의 안녕질서 유지, 기본권 보호의 필요성은 양보하기 어려운 것이므로, 그로 인해 제한되는 사익과의 관계에서 현저한 불균형이 존재한다고 보기도 어렵다. 따라서 이 사건 법률조항들은 과잉금지원칙에 위반하여 집회의 자유를 침해하지 아니한다(헌재 2010.4.29. 2008헌바118).

22-1 집회의 자유는 국가가 개인의 집회참가행위를 감시하고 그에 대한 정보를 수집함으로써 집회에 참가하고자 하는 자로 하여금 불이익을 두려워하여 미리 집회참가를 포기하도록 집회참가의사를 약화시키는 것 등 집회의 자유행사에 영향을 미치는 모든 조치를 금지한다. 2023 경찰승진 ( )

22-2 집회의 자유는 집회의 시간, 장소, 방법과 목적을 스스로 결정할 권리를 보장한다. 집회의 자유에 의하여 구체적으로 보호되는 주요행위는 집회의 준비 및 조직, 지휘, 참가, 집회장소·시간의 선택이다. 따라서 집회의 자유는 개인이 집회에 참가하는 것을 방해하거나 또는 집회에 참가할 것을 강요하는 국가행위를 금지할 뿐만 아니라, 예컨대 집회장소로의 여행을 방해하거나, 집회장소로부터 귀가하는 것을 방해하거나, 집회참가자에 대한 검문의 방법으로 시간을 지연시킴으로써 집회장소에 접근하는 것을 방해하는 등 집회의 자유행사에 영향을 미치는 모든 조치를 금지한다. 2023 법무사 ( )

해설 **집회의 자유는 집회의 시간, 장소, 방법과 목적을 스스로 결정할 권리를 보장한다. 집회의 자유에 의하여 구체적으로 보호되는 주요행위는 집회의 준비 및 조직, 지휘, 참가, 집회장소·시간의 선택**이다. 따라서 집회의 자유는 집회에 참가하지 못하게 하는 국가의 강제를 금지할 뿐 아니라, 예컨대 집회장소로의 여행을 방해하거나, 집회장소로부터 귀가하는 것을 방해하거나, 집회참가자에 대한 검문의 방법으로 시간을 지연시킴으로써 집회장소에 접근하는 것을 방해하거나, 국가가 개인의 집회참가행위를 감시하고 그에 관한 정보를 수집함으로써 집회에 참가하고자 하는 자로 하여금 불이익을 두려워하여 미리 집회참가를 포기하도록 집회참가의사를 약화시키는 것 등 집회의 자유행사에 영향을 미치는 모든 조치를 금지한다(헌재 2003.10.30. 2000헌바67 등).

23 집회의 자유에 의하여 구체적으로 보호되는 주요행위는 집회의 준비 및 조직, 지휘, 참가, 집회장소·시간의 선택이므로 집회를 방해할 의도로 집회에 참가하는 것도 보호된다. 2023 경찰경력채용 ( )

해설 집회의 자유는 집회의 시간, 장소, 방법과 목적을 스스로 결정할 권리를 보장한다. 집회의 자유에 의하여 구체적으로 보호되는 주요행위는 집회의 준비 및 조직, 지휘, 참가, 집회장소·시간의 선택이다. 그러나 **집회를 방해할 의도로 집회에 참가하는 것은 보호되지 않는다**(헌재 2003.10.30. 2000헌바67).

24 개인이 집회의 자유를 집단적으로 행사함으로써 불가피하게 발생하는 일반대중에 대한 불편함이나 법익에 대한 위험은 보호법익과 조화를 이루는 범위 내에서 국가와 제3자에 의하여 수인되어야 한다. 2023 경찰경력채용 ( )

ANSWER 22-1 ○ 22-2 ○ 23 × 24 ○

해설 헌법은 집회의 자유를 국민의 기본권으로 보장함으로써, 평화적 집회 그 자체는 공공의 안녕질서에 대한 위험이나 침해로서 평가되어서는 아니 되며, **개인이 집회의 자유를 집단적으로 행사함으로써 불가피하게 발생하는 일반대중에 대한 불편함이나 법익에 대한 위험은 보호법익과 조화를 이루는 범위 내에서 국가와 제3자에 의하여 수인되어야 한다**는 것을 헌법 스스로 규정하고 있는 것이다(헌재 2003.10.30. 2000헌바67 등).

25-1 누구나 '어떤 장소에서' 자신이 계획한 집회를 할 것인가를 원칙적으로 자유롭게 결정할 수 있어야만 집회의 자유가 비로소 효과적으로 보장되는 것이므로, 집회의 자유는 다른 법익의 보호를 위하여 정당화되지 않는 한, 집회장소를 항의의 대상으로부터 분리시키는 것을 금지한다. 2023 경찰1차   (   )

25-2 집회 장소가 바로 집회의 목적과 효과에 대하여 중요한 의미를 가지기 때문에, 누구나 '어떤 장소'에서 자신이 계획한 집회를 할 것인가를 원칙적으로 자유롭게 결정할 수 있어야만 집회의 자유가 비로소 효과적으로 보장되는 것이다. 2022 경찰간부   (   )

해설 집회의 목적·내용과 집회의 장소는 일반적으로 밀접한 내적인 연관관계에 있기 때문에, 집회의 장소에 대한 선택이 집회의 성과를 결정짓는 경우가 적지 않다. 집회장소가 바로 집회의 목적과 효과에 대하여 중요한 의미를 가지기 때문에, **누구나 '어떤 장소에서' 자신이 계획한 집회를 할 것인가를 원칙적으로 자유롭게 결정할 수 있어야만 집회의 자유가 비로소 효과적으로 보장되는 것이다. 따라서 집회의 자유는 다른 법익의 보호를 위하여 정당화되지 않는 한, 집회장소를 항의의 대상으로부터 분리시키는 것을 금지**한다(헌재 2003.10.30. 2000헌바67 등).

26-1 집회의 자유에는 집회의 장소를 스스로 결정할 장소선택의 자유가 포함된다. 2021 경찰승진   (   )

26-2 집회는 특별한 상징적 의미나 집회와 특별한 연관성을 갖는 장소에서 이루어져야 의견표명이 효과적으로 이루어질 수 있으므로 집회 장소를 선택할 자유는 집회의 자유의 실질적 부분을 형성한다. 2022 행시   (   )

26-3 집회 장소의 선택은 집회의 성과를 결정하는 주요 요인이 되므로, 집회 장소를 선택할 자유는 집회의 자유의 실질적 부분을 형성한다고 볼 수 있다. 2022 경찰2차   (   )

해설 집회의 자유는 집회를 통하여 형성된 의사를 집단적으로 표현하고 이를 통하여 불특정 다수인의 의사에 영향을 줄 자유를 포함하므로 이를 내용으로 하는 시위의 자유 또한 집회의 자유를 규정한 헌법 제21조 제1항에 의하여 보호되는 기본권이다. 한편 **집회·시위의 자유에는 집회·시위의 장소를 스스로 결정할 장소선택의 자유가 포함**된다. 집회·시위장소는 집회·시위의 목적을 달성하는데 있어서 매우 중요한 역할을 수행하는 경우가 많기 때문에 **집회·시위장소를 자유롭게 선택할 수 있어야만 집회·시위의 자유가 비로소 효과적으로 보장**된다. 따라서 **장소선택의 자유는 집회·시위의 자유의 한 실질을 형성**한다(헌재 2005.11.24. 2004헌가17).

27-1 집회의 목적·내용과 집회의 장소는 일반적으로 밀접한 내적인 연관관계에 있기 때문에, 집회의 장소에 대한 선택이 집회의 성과를 결정짓는 경우가 적지 않다. 집회장소가 바로 집회의 목적과 효과에 대하여 중요한 의미를 가지기 때문에, 누구나 '어떤 장소에서' 자신이 계획한 집회를 할 것인가를 원칙적으로 자유롭게 결정할 수 있어야만 집회의 자유가 비로소 효과적으로 보장되는 것이다. 따라서 집회의 자유는 다른 법익의 보호를 위하여 정당화되지 않는 한, 집회장소를 항의의 대상으로부터 분리시키는 것을 금지한다. 2023 법무사
(   )

ANSWER   25-1 ○   25-2 ○   26-1 ○   26-2 ○   26-3 ○   27-1 ○

27-2 집회장소가 바로 집회의 목적과 효과에 대하여 중요한 의미를 가지기 때문에, 누구나 '어떤 장소에서' 자신이 계획한 집회를 할 것인가를 원칙적으로 자유롭게 결정할 수 있어야만 집회의 자유가 비로소 효과적으로 보장되는 것이다. 따라서 집회의 자유는 다른 법익의 보호를 위하여 정당화되지 않는 한, 집회장소를 항의의 대상으로부터 분리시키는 것을 금지한다. 2023 경찰경력채용 ( )

> 해설 집회의 목적·내용과 집회의 장소는 일반적으로 밀접한 내적인 연관관계에 있기 때문에, 집회의 장소에 대한 선택이 집회의 성과를 결정짓는 경우가 적지 않다. 집회장소가 바로 집회의 목적과 효과에 대하여 중요한 의미를 가지기 때문에, **누구나 '어떤 장소에서' 자신이 계획한 집회를 할 것인가를 원칙적으로 자유롭게 결정할 수 있어야만 집회의 자유가 비로소 효과적으로 보장되는 것이다. 따라서 집회의 자유는 다른 법익의 보호를 위하여 정당화되지 않는 한, 집회장소를 항의의 대상으로부터 분리시키는 것을 금지**한다(헌재 2003.10.30. 2000헌바67 등).

28 집회의 자유는 집회의 시간·장소·방법·목적 등을 스스로 결정하는 것을 내용으로 하며, 구체적으로 보호되는 주요행위는 집회의 준비·조직·지휘·참가 및 집회장소와 시간의 선택 등이다. 2024 행시 ( )

> 해설 **집회의 자유는 집회의 시간·장소·방법·목적 등을 스스로 결정하는 것을 내용**으로 하며, **구체적으로 보호되는 주요 행위는 집회의 준비·조직·지휘·참가 및 집회장소와 시간의 선택 등**이다(헌재 2018.7.26. 2018헌바137).

29 경찰서장이 동시에 접수한 두 개의 옥외집회 신고서를 상호충돌을 피한다는 이유로 모두 반려한 행위는 법률의 근거 없이 집회의 자유를 침해한 것으로서 헌법에 위반된다. 2023 국회직9급 ( )

> 해설 만일 접수순위를 정하기 어렵다는 현실적인 이유로 중복신고된 모든 옥외집회의 개최가 법률적 근거 없이 불허되는 것이 용인된다면, 집회의 자유를 보장하고 집회의 사전허가를 금지한 헌법 제21조 제1항 및 제2항은 무의미한 규정으로 전락할 위험성이 있다. 결국 이 사건 반려행위는 법률의 근거 없이 청구인들의 집회의 자유를 침해한 것으로서 헌법상 법률유보원칙에 위반된다고 할 것이다(헌재 2008.5.29. 2007헌마712).

30-1 「집회 및 시위에 관한 법률」상 미신고 옥외집회 또는 시위를 해산명령 대상으로 하면서 별도의 해산 요건을 정하고 있지 않더라도, 그 옥외집회 또는 시위로 인하여 타인의 법익이나 공공의 안녕질서에 대한 직접적인 위험이 명백하게 초래된 경우에 한하여 해산을 명할 수 있다. 2022 행시 ( )

30-2 미신고 시위로 인하여 타인의 법익이나 공공의 안녕질서에 대한 직접적이고 명백한 위험이 발생한 경우에 해산명령을 발할 수 있도록 하고 이에 응하지 아니하는 행위에 대해 처벌하는 「집회 및 시위에 관한 법률」상 조항은 달성하려는 공익과 이로 인해 제한되는 청구인의 기본권 사이의 균형을 상실하였다고 보기 어렵다. 2023 경찰간부 ( )

> 해설 심판대상조항(미신고 시위에 대한 해산명령에 불응하는 자를 처벌하도록 규정한 집시법조항)이 **미신고 시위를 해산명령의 대상으로 하면서 별도의 해산 요건을 정하고 있지 않더라도, 그 시위로 인하여 타인의 법익이나 공공의 안녕질서에 대한 직접적인 위험이 명백하게 초래된 경우에 한하여 위 조항에 기하여 해산을 명할 수 있고**, 이러한 요건을 갖춘 해산명령에 불응하는 경우에만 집시법 제24조 제5호에 의하여 처벌할 수 있다.
> 집시법은 미신고 시위가 타인의 법익이나 공공의 안녕질서에 대한 직접적인 위험을 초래한 경우에 해산명령을 할 수 있도록 규정하고 있다. 심판대상조항은 이러한 해산명령 제도의 실효성 확보를 위해 해산명령에 불응하는 자를 형사처벌하도록 한 것으로서 입법목적의 정당성과 수단의 적절성이 인정된다.

ANSWER 27-2 ○   28 ○   29 ○   30-1 ○   30-2 ○

집시법상 해산명령은 미신고 시위라는 이유만으로 발할 수 있는 것이 아니라, 미신고 시위로 인하여 타인의 법익이나 공공의 안녕질서에 대한 위험이 명백하게 발생한 경우에만 발할 수 있고, 먼저 자진 해산을 요청한 후 참가자들이 자진 해산 요청에 따르지 아니하는 경우에 해산명령을 내리도록 하고 이에 불응하는 경우에만 처벌하는 점 등을 고려하면, 심판대상조항은 집회의 자유에 대한 제한을 최소화하고 있다. 해산명령에 불응하는 행위는 단순히 행정질서에 장해를 줄 위험성이 있는 정도의 의무태만 내지 의무위반이 아니고, 직접적으로 행정목적을 침해하고 나아가 공익을 침해할 고도의 개연성을 띤 행위라고 볼 수 있으므로, 심판대상조항이 법정형의 종류 및 범위의 선택에 관한 입법재량의 한계를 벗어난 과중한 처벌을 규정하였다고도 볼 수 없다.

또한 심판대상조항이 달성하려는 공공의 안녕질서 유지 및 회복이라는 공익과 심판대상조항으로 인하여 제한되는 청구인의 집회의 자유 사이의 균형을 상실하였다고 보기 어려우므로, 심판대상조항은 과잉금지원칙을 위반하여 집회의 자유를 침해한다고 볼 수 없다(헌재 2016.9.29. 2014헌바492).

31 신고 범위를 뚜렷이 벗어난 집회·시위로 인하여 질서를 유지할 수 없어 해산을 명령하였음에도 불구하고 이에 불응한 경우에 처벌하는 「집회 및 시위에 관한 법률」상 조항은 과잉금지원칙을 위반하여 집회의 자유를 침해한다고 볼 수 없다. 2023 경찰간부 ( )

해설 심판대상조항은 이러한 해산명령 제도의 실효성 확보를 위해 해산명령에 불응하는 자를 형사처벌하도록 한 것으로서 **입법목적의 정당성과 수단의 적절성이 인정**된다. … 심판대상조항은 신고 범위를 뚜렷이 벗어난 집회·시위로 인하여 질서를 유지할 수 없어 해산을 명령하였음에도 불구하고 불응한 경우에만 처벌하도록 하고 있고, 먼저 자진 해산을 요청한 후 참가자들이 자진 해산 요청에 따르지 아니하는 경우라야 해산명령을 하는 점을 고려하면 **심판대상조항은 집회의 자유에 대한 제한을 최소화하고 있다.** … **심판대상조항이 법정형의 종류 및 범위의 선택에 관한 입법재량의 한계를 벗어난 과중한 처벌이라고도 볼 수 없다.** 또한 **심판대상조항이 달성하려는 공공의 안녕질서 유지 및 회복이라는 공익과 심판대상조항으로 인하여 제한되는 청구인들의 집회의 자유 사이의 균형을 상실하였다고 보기 어려우므로, 심판대상조항은 과잉금지원칙을 위반하여 집회의 자유를 침해한다고 볼 수 없다**(헌재 2016.9.29. 2015헌바309 등).

32 집회나 시위 해산을 위한 살수차 사용은 집회의 자유 및 신체의 자유에 대한 중대한 제한을 초래하므로 살수차 사용요건이나 기준은 법률에 근거를 두어야 하고, 살수차와 같은 위해성 경찰 장비는 본래의 사용방법에 따라 지정된 용도로 사용되어야 하며 다른 용도나 방법으로 사용하기 위해서는 반드시 법령에 근거가 있어야 한다. 2022 경찰승진 ( )

해설 집회나 시위 해산을 위한 살수차 사용은 집회의 자유 및 신체의 자유에 대한 중대한 제한을 초래하므로 **살수차 사용요건이나 기준은 법률에 근거를 두어야 하고, 살수차와 같은 위해성 경찰장비는 본래의 사용방법에 따라 지정된 용도로 사용되어야 하며 다른 용도나 방법으로 사용하기 위해서는 반드시 법령에 근거가 있어야** 한다(헌재 2018.5.31. 2015헌마476).

33-1 옥외집회·시위에 대한 경찰의 촬영행위는 증거보전의 필요성 및 긴급성, 방법의 상당성이 인정되는 때에는 헌법에 위반된다고 할 수 없으나, 경찰이 옥외집회 및 시위 현장을 촬영하여 수집한 자료의 보관·사용 등은 엄격하게 제한하여, 옥외집회·시위 참가자 등의 기본권 제한을 최소화해야 한다. 2022 경찰2차 ( )

33-2 경찰이 신고범위를 벗어난 동안에만 집회참가자들을 촬영한다 할지라도, 집회참가자에 대한 촬영행위는 집회참가자들에게 심리적 부담으로 작용하여 집회의 자유를 전체적으로 위축시키는 결과를 가져올 수 있으므로 집회의 자유를 침해한다. 2023 경찰1차 ( )

ANSWER 31 ○ 32 ○ 33-1 ○ 33-2 ✕

33-3 「채증활동규칙」은 집회·시위 현장에서 불법행위의 증거자료를 확보하기 위해 행정조직의 내부에서 상급 행정기관이 하급행정기관에 대하여 발령한 내부기준으로 행정규칙이지만 직접 집회참가자들의 기본권을 제한하므로 이에 대한 헌법소원심판청구는 기본권 침해의 직접성 요건을 충족하였다. 2023 국가직7급 ( )

33-4 경찰의 촬영행위는 개인정보자기결정권의 보호대상이 되는 신체, 특정인의 집회·시위 참가 여부 및 그 일시·장소 등의 개인정보를 정보주체의 동의 없이 수집하였다는 점에서 개인정보자기결정권을 제한할 수 있다.
2023 국가직7급 ( )

33-5 근접촬영과 달리 먼 거리에서 집회·시위 현장을 전체적으로 촬영하는 소위 조망촬영이 기본권을 덜 침해하는 방법이라는 주장도 있으나, 최근 기술의 발달로 조망촬영과 근접촬영 사이에 기본권 침해라는 결과에 있어서 차이가 있다고 보기 어려워, 경찰이 집회·시위에 대해 조망촬영이 아닌 근접촬영을 하였다는 이유만으로 헌법에 위반되는 것은 아니다. 2023 국가직7급 ( )

33-6 옥외집회·시위에 대한 경찰의 촬영행위에 의해 취득한 자료는 '개인정보'의 보호에 관한 일반법인 「개인정보 보호법」이 적용될 수 있다. 2023 국가직7급 ( )

> **해설** 이 사건 채증규칙은 법률의 구체적인 위임 없이 제정된 경찰청 내부의 행정규칙에 불과하고, 청구인들은 구체적인 촬영행위에 의해 비로소 기본권을 제한받게 되므로, 이 사건 채증규칙이 직접 기본권을 침해한다고 볼 수 없다. 옥외집회·시위 현장에서 참가자들을 촬영·녹화하는 경찰의 촬영행위는 집회참가자들에 대한 초상권을 포함한 일반적 인격권을 제한할 수 있다.
> 경찰의 촬영행위는 개인정보자기결정권의 보호대상이 되는 신체, 특정인의 집회·시위 참가 여부 및 그 일시·장소 등의 개인정보를 정보주체의 동의 없이 수집하였다는 점에서 개인정보자기결정권을 제한할 수 있다.
> 집회·시위 등 현장에서 집회·시위 참가자에 대한 사진이나 영상촬영 등의 행위는 집회·시위 참가자들에게 심리적 부담으로 작용하여 여론형성 및 민주적 토론절차에 영향을 주고 집회의 자유를 전체적으로 위축시키는 결과를 가져올 수 있으므로 집회의 자유를 제한한다고 할 수 있다.
> 근접촬영과 달리 먼 거리에서 집회·시위 현장을 전체적으로 촬영하는 소위 조망촬영이 기본권을 덜 침해하는 방법이라는 주장도 있으나, 최근 기술의 발달로 조망촬영과 근접촬영 사이에 기본권 침해라는 결과에 있어서 차이가 있다고 보기 어려우므로, 경찰이 이러한 집회·시위에 대해 조망촬영이 아닌 근접촬영을 하였다는 이유만으로 헌법에 위반되는 것은 아니다.
> 옥외집회·시위에 대한 경찰의 촬영행위는 증거보전의 필요성 및 긴급성, 방법의 상당성이 인정되는 때에는 헌법에 위반된다고 할 수 없으나, 경찰이 옥외집회 및 시위 현장을 촬영하여 수집한 자료의 보관·사용 등은 엄격하게 제한하여, 옥외집회·시위 참가자 등의 기본권 제한을 최소화해야 한다. **옥외집회·시위에 대한 경찰의 촬영행위에 의해 취득한 자료는 '개인정보'의 보호에 관한 일반법인 '개인정보 보호법'이 적용될 수 있다.**
> 이 사건에서 피청구인이 신고범위를 벗어난 동안에만 집회참가자들을 촬영한 행위가 과잉금지원칙을 위반하여 집회참가자인 청구인들의 일반적 인격권, 개인정보자기결정권 및 집회의 자유를 침해한다고 볼 수 없다(헌재 2018.8.30. 2014헌마843).

34-1 대한민국을 방문하는 외국의 국가 원수를 경호하기 위하여 지정된 경호구역 안에서 서울종로경찰서장이 안전 활동의 일환으로 청구인들의 삼보일배행진을 제지한 행위는 집회의 자유를 침해한다. 2022 경찰2차 ( )

ANSWER 33-3 ×   33-4 ○   33-5 ○   33-6 ○   34-1 ×

34-2 대한민국을 방문하는 외국의 국가 원수를 경호하기 위하여 지정된 경호구역 안에서 서울종로경찰서장이 안전 활동의 일환으로 청구인들의 삼보일배행진을 제지한 행위 등은 과잉금지원칙을 위반하여 청구인들의 집회의 자유 등을 침해한다. 2022 경찰간부 ( )

해설 이 사건 공권력 행사는 경호대상자의 안전 보호 및 국가 간 친선관계의 고양, 질서유지 등을 위한 것이다. 돌발적이고 경미한 변수의 발생도 대비하여야 하는 경호의 특수성을 고려할 때, **경호활동에는 다양한 취약 요소에 사전적·예방적으로 대비할 수 있는 안전조치가 충분히 이루어질 필요가 있고**, 이 사건 공권력 행사는 집회장소의 장소적 특성과 미합중국 대통령의 이동경로, 집회 참가자와의 거리, 질서유지에 필요한 시간 등을 고려하여 경호 목적 달성을 위한 최소한의 범위에서 행해진 것으로 침해의 최소성을 갖추었다. 또한, 이 사건 공권력행사로 인해 제한된 사익은 집회 또는 시위의 자유 일부에 대한 제한으로서 국가 간 신뢰를 공고히 하고 발전적인 외교관계를 맺으려는 공익이 위 제한되는 사익보다 덜 중요하다고 할 수 없다. 따라서 이 사건 공권력 행사는 과잉금지원칙을 위반하여 청구인들의 집회의 자유 등을 침해하였다고 할 수 없다(헌재 2021. 10. 28. 2019헌마1091).

35 집회의 자유는 집권세력에 대한 정치적 반대의사를 공동으로 표명하는 효과적인 수단으로서 현대사회에서 언론매체에 접근할 수 없는 소수집단에게 그들의 권익과 주장을 옹호하기 위한 적절한 수단을 제공한다. 2022 경찰2차 ( )

해설 집회의 자유는 집단적 의견표명의 자유로서, 민주국가에서 정치의사 형성에 참여할 수 있는 기회를 제공하고, 사회·정치현상에 대한 불만과 비판이나 집권세력에 대한 정치적 반대의사를 공개적으로 표출하게 함으로써 정치적 불만이 있는 자를 사회에 통합하고 정치적 안정에 기여하며, 소수집단의 권익과 주장을 옹호하기 위한 적절한 수단을 제공한다. 이러한 의미에서 헌법이 집회의 자유를 보장한 것은 관용과 다양한 견해가 공존하는 다원적인 '열린 사회'에 대한 헌법적 결단이다(헌재 2022. 7. 21. 2018헌바164).

36 집회나 시위 해산을 위한 살수차 사용은 집회의 자유 및 신체의 자유에 대한 중대한 제한을 초래하므로 살수차 사용요건이나 기준은 법률에 근거를 두어야 하고, 살수차와 같은 위해성 경찰장비는 본래의 사용방법에 따라 지정된 용도로 사용되어야 하며 다른 용도나 방법으로 사용하기 위해서는 반드시 법령에 근거가 있어야 한다. 2022 경찰간부 ( )

해설 집회나 시위 해산을 위한 살수차 사용은 집회의 자유 및 신체의 자유에 대한 중대한 제한을 초래하므로 살수차 사용요건이나 기준은 **법률에 근거를 두어야 하고**, 살수차와 같은 위해성 경찰장비는 본래의 사용방법에 따라 지정된 용도로 사용되어야 하며 다른 용도나 방법으로 사용하기 위해서는 반드시 법령에 근거가 있어야 한다(헌재 2018. 5. 31. 2015헌마476).

37 집회 또는 시위를 하기 위하여 인천애(愛)뜰 중 잔디마당과 그 경계 내 부지에 대한 사용허가 신청을 한 경우 인천광역시장이 이를 허가할 수 없도록 제한하는 「인천애(愛)뜰의 사용 및 관리에 관한 조례」조항은 헌법 제21조 제2항이 규정하는 집회에 대한 허가제 금지원칙에 위배된다. 2024 경찰1차 ( )

해설 심판대상조항은 잔디마당에서 집회 또는 시위를 하려고 하는 경우 시장이 그 사용허가를 할 수 없도록 전면적·일률적으로 불허하고, '허가제'의 핵심 요소라 할 수 있는 '예외적 허용'의 가능성을 열어 두고 있지 않다. 그렇다면 **심판대상조항은 집회에 대한 허가제를 규정하였다고 보기 어려우므로**, 헌법 제21조 제2항 위반 주장에 대해서는 나아가 살펴보지 않기로 한다(헌재 2023. 9. 26. 2019헌마1417).

38 사법인은 그 조직과 의사형성에 있어서, 그리고 업무수행에 있어서 자기결정권을 가진다고 할 수 없으므로 결사의 자유의 주체가 된다고 볼 수 없다. 2024 행시 ( )

ANSWER 34-2 × 35 ○ 36 ○ 37 × 38 ×

해설 법인 등 결사체도 그 조직과 의사형성에 있어서, 그리고 업무수행에 있어서 자기결정권을 가지고 있어 결사의 자유의 주체가 된다고 봄이 상당하므로, 축협중앙회는 그 회원조합들과 별도로 결사의 자유의 주체가 된다(헌재 2000.6.1. 99헌마553).

39 헌법 제21조가 규정하는 결사의 자유라 함은 다수의 자연인 또는 법인이 공동의 목적을 위하여 단체를 결성할 수 있는 자유를 말하는 것으로, 결사의 자유에서 말하는 결사란 자유 의사에 기하여 결합하고 조직화된 의사형성이 가능한 단체를 말하는 것이므로 공법상의 결사는 이에 포함되지 아니한다. 2023 법무사 ( )

해설 헌법 제21조가 규정하는 결사의 자유라 함은 다수의 자연인 또는 법인이 공동의 목적을 위하여 단체를 결성할 수 있는 자유를 말하는 것으로 적극적으로는 단체결성의 자유, 단체존속의 자유, 단체활동의 자유, 결사에의 가입, 잔류의 자유를, 소극적으로는 기존의 단체로부터 탈퇴할 자유와 결사에 가입하지 아니할 자유를 내용으로 하는바, 위에서 말하는 결사란 자연인 또는 법인의 다수가 상당한 기간 동안 공동목적을 위하여 자유의사에 기하여 결합하고 조직화된 의사형성이 가능한 단체를 말하는 것으로, 공법상의 결사나 법이 특별한 공공목적에 의하여 구성원의 자격을 정하고 있는 특수단체의 조직 활동은 이에 포함되지 아니한다 (헌재 2019.12.31. 2019헌마1299).

40 결사의 자유에는 단체활동의 자유도 포함되는데, 단체활동의 자유는 단체 외부에 대한 활동뿐만 아니라 단체의 조직, 의사형성의 절차 등의 단체의 내부적 생활을 스스로 결정하고 형성할 권리인 '단체 내부 활동의 자유'를 포함한다. 2024 행시 ( )

해설 헌법 제21조가 규정하는 결사의 자유라 함은 견해 표명과 정보유통을 집단적으로 구현시켜 사회연대를 촉진하고 국가로부터 사회의 민주성과 자율성을 구현하는 자유로서(헌재 2012.3.29. 2011헌바53 참조), 다수의 자연인 또는 법인이 공동의 목적을 위하여 단체를 결성할 수 있는 자유를 말하고, 이에는 적극적으로 단체결성의 자유, 단체존속의 자유, 단체활동의 자유, 결사에의 가입·잔류의 자유와 소극적으로 기존의 단체로부터 탈퇴할 자유와 결사에 가입하지 아니할 자유가 모두 포함된다. 단체활동의 자유는 단체 외부에 대한 활동뿐만 아니라 단체의 조직, 의사형성의 절차 등 단체의 내부적 생활을 스스로 결정하고 형성할 권리인 단체 내부 활동의 자유를 포함한다(헌재 2017.6.29. 2016헌가1).

Ⅲ 최신판례

01 집회·시위를 위한 인천애뜰 잔디마당의 사용허가를 예외 없이 제한하는 '인천애(愛)뜰의 사용 및 관리에 관한 조례'는 과잉금지의 원칙에 위배된다(헌재 2023.9.26. 2019헌마1417).

ANSWER 39 ○ 40 ○

제12절 학문과 예술의 자유

I. 헌법 조문

제22조 ① 모든 국민은 학문과 예술의 자유를 가진다.
② 저작자·발명가·과학기술자와 예술가의 권리는 법률로써 보호한다.

II. 최신 기출지문 분석

01 헌법은 학문의 자유를 명문으로 규정하고 있다. 2023 법원행시 ( )

해설 모든 국민은 학문과 예술의 자유를 가진다(헌법 제22조 제1항).

02 대학에서의 교수의 자유는 더욱 보장되어야 하는 반면, 초·중·고교에서의 수업의 자유는 보다 많은 제약이 있을 수 있다. 2023 법원행시 ( )

해설 수업의 자유는 두텁게 보호되어야 합당하겠지만 그것은 대학에서의 교수의 자유와 완전히 동일할 수는 없을 것이며 **대학에서는 교수의 자유가 더욱 보장되어야 하는 반면, 초·중·고교에서의 수업의 자유는 후술하는 바와 같이 제약이 있을 수 있다고 봐야 할 것**이다(헌재 1992.11.12. 89헌마88).

03 대학의 자치의 주체는 기본적으로 대학이지만, 교수나 교수회 또한 대학의 자치라는 기본권의 주체로 볼 수 있다. 2023 법원행시 ( )

해설 **대학의 자치의 주체를 기본적으로 대학으로 본다고 하더라도 교수나 교수회의 주체성이 부정된다고 볼 수는 없고**, 가령 학문의 자유를 침해하는 대학의 장에 대한 관계에서는 교수나 교수회가 주체가 될 수 있고, 또한 국가에 의한 침해에 있어서는 대학 자체 외에도 대학 전구성원이 자율성을 갖는 경우도 있을 것이므로 문제되는 경우에 따라서 **대학, 교수, 교수회 모두가 단독, 혹은 중첩적으로 주체가 될 수 있다고 보아야 할 것**이다(헌재 2006.4.27. 2005헌마1047 등).

04-1 대학의 자율권은 헌법상의 기본권이므로 기본권제한의 일반적 법률유보의 원칙을 규정한 헌법 제37조 제2항에 따라 제한될 수 있고, 대학의 자율의 구체적인 내용은 법률이 정하는 바에 의하여 보장된다.
2023 경찰2차 ( )

04-2 대학의 자율성에 대한 침해 여부를 심사함에 있어서는 대학의 자치보장을 위하여 엄격한 심사를 하여야 하므로, 입법자가 입법형성의 한계를 넘는 자의적인 입법을 하였는지 여부만을 판단하여서는 아니 된다.
2023 지방직7급 ( )

ANSWER 01 ○ 02 ○ 03 ○ 04-1 ○ 04-2 ×

해설 대학의 자율도 헌법상의 기본권이므로 기본권제한의 일반적 법률유보의 원칙을 규정한 헌법 제37조 제2항에 따라 제한될 수 있고, 대학의 자율의 구체적인 내용은 법률이 정하는 바에 의하여 보장되며, 또한 국가는 헌법 제31조 제6항에 따라 모든 학교제도의 조직, 계획, 운영, 감독에 관한 포괄적인 권한, 즉 학교제도에 관한 전반적인 형성권과 규율권을 부여받았다고 할 수 있고, 다만 그 규율의 정도는 그 시대의 사정과 각급 학교에 따라 다를 수밖에 없는 것이므로 교육의 본질을 침해하지 않는 한 궁극적으로는 **입법권자의 형성의 자유에 속하는 것**이라 할 수 있다. 따라서 교육공무원법(2005. 5. 31. 법률 제7537호로 개정된 것) 제24조 제4항 본문 및 제1호, 제6항, 제7항 중 위원회의 구성·운영 등에 관하여 필요한 사항은 대통령령으로 정하되 부분, 제24조의2 제4항, 제24조의3 제1항이 대학의 자유를 제한하고 있다고 하더라도 그 위헌 여부는 입법자가 기본권을 제한함에 있어 헌법 제37조 제2항에 의한 합리적인 입법한계를 벗어나 자의적으로 그 본질적 내용을 침해하였는지 여부에 따라 판단되어야 할 것이다(헌재 2006.4.27. 2005헌마1047 등).

05 학교법인 운영의 투명성, 효율성은 사립학교 및 그에 의해 수행되는 교육의 공공성과 직결되므로, 이를 제고하기 위하여 사적 자치를 넘어서는 새로운 제도를 형성하거나 학교법인의 자율적인 조직구성권 및 학교운영권에 공법적 규제를 가하는 것까지도 교육이나 사학의 자유의 본질적 내용을 침해하지 않는 한 궁극적으로는 입법자의 형성의 자유에 속하는 것으로 허용된다 할 것이다. 2023 지방직7급 ( )

해설 학교법인은 교육의 실시를 목적으로 설립되고 고도의 공공성을 지닌 사립학교를 설치·경영한다는 점에서 사법인이라는 그 법적 형식에도 불구하고 대단히 공익적인 역할을 수행한다. 학교법인 운영의 투명성, 효율성은 사립학교 및 그에 의해 수행되는 교육의 공공성과 직결되므로, 이를 제고하기 위하여 사적 자치를 넘어서는 새로운 제도를 형성하거나 학교법인의 자율적인 조직구성권 및 학교운영권에 공법적 규제를 가하는 것까지도 교육이나 사학의 자유의 본질적 내용을 침해하지 않는 한 궁극적으로는 입법자의 형성의 자유에 속하는 것으로 허용된다 할 것이다(헌재 2016.2.25. 2013헌마692).

06 국립대학 교수들에게는 대학총장 후보자 선출에 참여할 권리가 있고, 이 권리는 대학의 자치의 본질적 내용에 포함되므로, 헌법상 기본권으로 인정된다. 2023 법원행시 ( )

해설 전통적으로 대학자치는 학문활동을 수행하는 교수들로 구성된 교수회가 누려오는 것이었고, 현행법상 국립대학의 장 임명권은 대통령에게 있으나, 1990년대 이후 국립대학에서 총장 후보자에 대한 직접선거방식이 도입된 이래 거의 대부분 대학 구성원들이 추천하는 후보자 중에서 대학의 장을 임명하여 옴으로써 **대통령이 대학총장을 임명함에 있어 대학교원들의 의사를 존중하여 온 점을 고려하면, 청구인들에게 대학총장 후보자 선출에 참여할 권리가 있고 이 권리는 대학의 자치의 본질적인 내용에 포함된다고 할 것이므로 결국 헌법상의 기본권으로 인정할 수 있다**(헌재 2006.4.27. 2005헌마1047 등).

07-1 대학의 자율성 즉, 대학의 자치란 대학이 그 본연의 임무인 연구와 교수를 외부의 간섭 없이 수행하기 위하여 인사 학사시설 재정 등의 사항을 자주적으로 결정하여 운영하는 것을 말한다. 따라서 연구 교수활동의 담당자인 교수가 그 핵심주체라 할 것이나, 연구 교수활동의 범위를 좁게 한정할 이유가 없으므로 학생, 직원 등도 포함될 수 있다. 2022 경찰1차 ( )

07-2 대학 본연의 기능인 학술의 연구나 교수, 학생선발 지도 등과 관련된 교무 학사행정의 영역에서는 대학구성원의 결정이 우선한다고 볼 수 있으나, 대학의 재정, 시설 및 인사 등의 영역에서는 학교법인이 기본적인 윤곽을 결정하게 되므로, 대학구성원에게는 이러한 영역에 대한 참여권이 인정될 여지가 없다. 2022 경찰1차 ( )

ANSWER 05 ○   06 ○   07-1 ○   07-2 ×

07-3 학교법인을 설립하고 이를 통하여 사립학교를 설립·경영하는 것을 내용으로 하는 사학의 자유는 헌법의 명문 규정에 의한 기본권에 해당한다. 2024 법원행시 ( )

07-4 학교 교육이 개인·사회·국가에 지대한 영향을 미친다는 점에서 사립학교도 국·공립학교와 본질적으로 다를 바 없다. ( )

> **해설** 사립학교법 개방이사제(헌재 2013.11.28. 2007헌마1189 등)
> (1) 대학의 자율성 즉, 대학의 자치란 대학이 그 본연의 임무인 연구와 교수를 외부의 간섭 없이 수행하기 위하여 인사·학사·시설·재정 등의 사항을 자주적으로 결정하여 운영하는 것을 말한다. 따라서 **연구·교수활동의 담당자인 교수가 그 핵심주체라 할 것이나, 연구·교수활동의 범위를 좁게 한정할 이유가 없으므로 학생, 직원 등도 포함될 수 있다.**
> (2) **대학 본연의 기능인 학술의 연구나 교수, 학생선발·지도 등과 관련된 교무·학사행정의 영역에서는 대학구성원의 결정이 우선**한다고 볼 수 있으나, 학교법인으로서도 설립 목적을 구현하는 차원에서 조정적 개입은 가능하다고 할 것이고, 우리 법제상 학교법인에게만 권리능력이 인정되므로 각종 법률관계의 형성이나 법적 분쟁의 해결에는 법인이 대학을 대표하게 될 것이다. 한편, **대학의 재정, 시설 및 인사 등의 영역에서는 학교법인이 기본적인 윤곽을 결정하되, 대학구성원에게는 이러한 영역에 대하여 일정 정도 참여권을 인정하는 것이 필요**하다.
> (3) 개방이사제에 관한 사립학교법 제14조 제3항, 제4항은 사립학교운영의 투명성과 공정성을 제고하고, 학교구성원에게 학교운영에 참여할 기회를 부여하기 위한 것으로서, 개방이사가 이사 정수에서 차지하는 비중, 대학평의원회와 학교운영위원회가 추천하는 개방이사추천위원회 위원의 비율, 학교법인 운영의 투명성 확보를 위한 사전적·예방적 조치의 필요성 등을 고려할 때 학교법인의 사학의 자유를 침해한다고 볼 수 없다.
> (4) 사립학교는 그 설립자의 특별한 설립이념을 구현하거나 독자적인 교육방침에 따라 개성 있는 교육을 실시할 수 있을 뿐만 아니라, 공공의 이익을 위한 재산출연을 통하여 정부의 공교육 실시를 위한 재정적 투자능력의 한계를 자발적으로 보완해 주는 역할을 담당한다. **헌법재판소는 사립학교에 대한 위와 같은 인식을 바탕으로, 비록 헌법에 명문의 규정은 없지만 학교법인을 설립하고 이를 통하여 사립학교를 설립·경영하는 것을 내용으로 하는 사학의 자유가 헌법 제10조, 제31조 제1항, 제4항에서 도출되는 기본권임을 확인**하는 한편, **학교 교육이 개인·사회·국가에 지대한 영향을 미친다는 점에서 사립학교도 국·공립학교와 본질적으로 다를 바 없음**을 밝힌 바 있다.

08 헌법 제31조 제4항이 규정하는 교육의 자주성 및 대학의 자율성은 헌법 제22조 제1항이 보장하는 학문의 자유의 확실한 보장을 위해 꼭 필요한 것으로서 대학에 부여된 헌법상 기본권인 대학의 자율권이므로, 국립대학인 청구인도 이러한 대학의 자율권의 주체로서 헌법소원심판의 청구인능력이 인정된다. 2022 경찰1차 ( )

> **해설** 헌법 제31조 제4항이 규정하는 교육의 자주성 및 대학의 자율성은 헌법 제22조 제1항이 보장하는 학문의 자유의 확실한 보장을 위해 꼭 필요한 것으로서 대학에 부여된 헌법상 기본권인 대학의 자율권이므로, **국립대학인 청구인도 이러한 대학의 자율권의 주체로서 헌법소원심판의 청구인능력이 인정**된다(헌재 2015.12.23. 2014헌마1149).

09-1 이사회와 재경위원회에 일정 비율 이상의 외부 인사를 포함하는 내용 등을 담고 있는 구 국립대학법인 서울대학교 설립 운영에 관한 법률 규정의 이른바 '외부인사 참여 조항'이 대학의 자율의 본질적인 부분을 침해하였다고 볼 수 없다. 2022 경찰1차 ( )

ANSWER 07-3 × 07-4 ○ 08 ○ 09-1 ○

09-2 헌법이 대학의 자율을 보장하는 취지는 대학에 대한 공권력 등 외부세력의 간섭을 배제하고 대학구성원 자신이 대학을 자주적으로 운영할 수 있도록 하기 위함이므로 국립대학법인인 서울대학교의 이사회에 일정 비율 이상의 외부인사를 포함하는 내용을 담고 있는 법률조항은 대학의 자율을 침해한다. 2022 법원행시 ( )

해설 학교법인의 이사회 등에 외부인사를 참여시키는 것은 다양한 이해관계자의 참여를 통해 개방적인 의사결정을 보장하고, 외부의 환경 변화에 민감하게 반응함과 동시에 외부의 감시와 견제를 통해 대학의 투명한 운영을 보장하기 위한 것이며, 대학 운영의 투명성과 공공성을 높이기 위해 정부도 의사형성에 참여하도록 할 필요가 있는 점, **사립학교의 경우 이사와 감사의 취임 시 관할청의 승인을 받도록 하고, 관련법령을 위반하는 경우 관할청이 취임 승인을 취소할 수 있도록 하고 있는 점 등을 고려하면, 외부인사 참여 조항은 대학의 자율의 본질적인 부분을 침해하였다고 볼 수 없다**(헌재 2014.4.24. 2011헌마612).

10 대학의 자율성은 대학시설의 관리·운영이나 연구와 교육의 내용, 방법과 대상, 교과과정의 편성, 학생의 선발, 학생의 전형 등을 보호영역으로 하며, 대학 교수 개인이 퇴직 여부 등 인사에 관한 사항을 스스로 결정할 권리도 대학의 자율성의 보호영역에 포함된다. 2022 법원행시 ( )

해설 대학의 자율성은 대학시설의 관리·운영이나 연구와 교육의 내용, 방법과 대상, 교과과정의 편성, 학생의 선발, 학생의 전형 등을 보호영역으로 한다고 할 것인데 **대학 교수 개인인의 퇴직 여부 등 인사에 관한 사항을 스스로 결정할 권리가 해당 교수의 대학의 자율성의 보호영역에 포함된다고 보기 어렵다**(헌재 2021.9.30. 2019헌마747).

11 교수의 자유는 대학 등 고등교육기관에서 교수 및 연구자가 자신의 학문적 연구와 성과에 따라 가르치고 강의를 할 수 있는 자유로서 교수의 내용과 방법 등에 있어 어떠한 지시나 간섭·통제를 받지 아니할 자유를 의미한다. 2022 법원행시 ( )

해설 **교수(敎授)의 자유는 대학 등 고등교육기관에서 교수 및 연구자가 자신의 학문적 연구와 성과에 따라 가르치고 강의를 할 수 있는 자유로서 교수의 내용과 방법 등에 있어 어떠한 지시나 간섭·통제를 받지 아니할 자유를 의미한다**(대판 2018.7.12. 2014도3923).

12 대학의 관리·운영에 관한 사항이 재학생의 학문의 자유와 관련이 없다고 볼 수 없으므로, 국립대학 서울대학교를 법인으로 전환하는 법률조항에 대하여 서울대학교 재학생의 자기관련성이 인정된다. 2023 법원행시 ( )

해설 다른 대학 교직원은 심판대상조항의 직접적인 수범자가 아니고, 서울대학교에 대한 재정 지원 조항이 다른 대학 교직원의 법적 지위나 권리·의무관계에 직접 영향을 미친다고 보기도 어렵다. 일반시민은 심판대상조항의 직접적인 수범자가 아니며, 대학의 자율 및 공무담임권, 평등권의 침해 문제도 발생하지 않으므로 기본권 침해 가능성 내지 자기관련성이 인정되지 아니한다. **서울대학교 재학생은 공무담임권이 침해될 가능성이 없고, 재학 중인 학교의 법적 형태를 공법상 영조물인 국립대학으로 유지하여 줄 것을 요구할 권리는 교육받을 권리에 포함되지 아니하며, 대학의 관리·운영에 관한 사항은 학생의 학문의 자유와 관련되어 있다고 볼 수 없어 자기관련성이 인정되지 않는다**. 등록금 인상 가능성이나 기초학문 고사 우려 등은 사실상의 불이익에 불과하므로 평등권 침해 가능성도 인정되지 아니한다(헌재 2014.4.24. 2011헌마612).

13 구 「음반에 관한 법률」 제3조 제1항이 비디오물을 포함하는 음반제작자에 대하여 일정한 시설을 갖추어 문화공보부에 등록할 것을 명하는 것은 예술의 자유를 침해하는 것이다. 2022 경찰2차 ( )

해설 구 「음반에 관한 법률」 제3조 제1항이 비디오물을 포함하는 음반제작자에 대하여 일정한 시설을 갖추어 문화공보부에 등록할 것을 명하는 것은 음반제작에 필수적인 기본시설을 갖추지 못함으로써 발생하는 폐해방지 등의 공공복리 목적을 위한 것으로서 **헌법상 금지된 허가제나 검열제와는 다른 차원의 규정이**

ANSWER 09-2 × 10 × 11 ○ 12 × 13 ×

고, 예술의 자유나 언론·출판의 자유를 본질적으로 침해하였다거나 헌법 제37조 제2항의 과승금지(過乘禁止)의 원칙에 반한다고 할 수 없다(헌재 1993.5.13. 91헌바17). - 과승금지(過乘禁止)의 원칙은 과잉금지(過剩禁止)의 원칙의 오타로 보임

14-1 극장은 영상물·공연물 등 의사표현의 매개체를 일반 공중에게 표현하는 장소로서의 의미가 있으므로 극장의 자유로운 운영에 대한 제한은 공연물, 영상물이 지니는 표현물, 예술작품으로서의 성격에 기하여 표현의 자유 및 예술의 자유의 제한효과도 가지고 있다. 2022 경찰2차 ( )

14-2 학교 정화구역 내에서의 극장시설 및 영업을 금지하고 있는 구「학교보건법」조항은 정화구역 내에서 극장업을 하고자 하는 자의 예술의 자유를 과도하게 침해하여 위헌이다. 2023 경찰2차 ( )

해설 극장은 영상물·공연물 등 의사표현의 매개체를 일반 공중에게 표현하는 장소로서의 의미가 있다. 따라서 극장의 자유로운 운영에 대한 제한은 공연물, 영상물이 지니는 표현물, 예술작품으로서의 성격에 기하여 표현의 자유 및 예술의 자유의 제한효과도 가지고 있음을 부인할 수 없다.
이 사건 법률조항은 극장운영자의 표현의 자유 및 예술의 자유도 필요한 이상으로 과도하게 침해하고 있으며, 표현·예술의 자유의 보장과 공연장 및 영화상영관 등이 담당하는 문화국가형성의 기능의 중요성을 간과하고 있다. 따라서 이 사건 법률조항은 표현의 자유 및 예술의 자유를 침해하는 위헌적인 규정이다(헌재 2004.5.27. 2003헌가1 등).

15 자신의 미적 감상 등을 문신시술을 통하여 시각적으로 표현할 수 있다는 측면에서 문신시술이 예술의 자유 또는 표현의 자유의 영역에 포함될 수 있다. 2022 경찰2차 ( )

해설 청구인들이 자신의 미적 감상 등을 문신시술을 통하여 시각적으로 표현할 수 있다는 측면에서 문신시술이 예술의 자유 또는 표현의 자유의 영역에 포함될 수 있다(헌재 2022.3.31. 2017헌마1343 등).

16 헌법 제22조 제2항은 저작자·발명가·과학기술자와 예술가의 권리는 법률로써 보호한다고 하여 학문과 예술의 자유를 제도적으로 뒷받침해 주고 학문과 예술이 자유에 내포된 문화국가실현의 실효성을 높이기 위하여 저작자 등의 권리보호를 국가의 과제로 규정하고 있다. 2022 경찰2차 ( )

해설 헌법 제22조 제2항은 "저작자·발명가·과학기술자와 예술가의 권리는 법률로써 보호한다."고 하여, 학문과 예술의 자유를 제도적으로 뒷받침하고 학문과 예술의 자유에 내포된 문화국가실현의 실효성을 높이기 위하여 저작자 등의 권리보호를 국가의 과제로 규정하고 있는바, 저작자 등의 권리를 보호하는 것은 학문과 예술을 발전·진흥시키고 문화국가를 실현하기 위하여 불가결하다(헌재 2011.2.24. 2009헌바13 등).

17 구「영화진흥법」이 제한상영가 상영등급분류의 구체적 기준을 영상물등급위원회의 규정에 위임하고 있는 것은 그 내용이 사회현상에 따라 급변하는 내용들이고, 특별히 전문성이 요구되는 기술적인 사항에 해당한다고 할 것이므로 포괄위임금지 원칙에 위배되지 않는다. 2023 경찰2차 ( )

해설 영진법 제21조 제7항 후문 중 '제3항 제5호' 부분의 위임 규정은 영화상영등급분류의 구체적 기준을 영상물등급위원회의 규정에 위임하고 있는데, 이 사건 위임 규정에서 위임하고 있는 사항은 제한상영가 등급분류의 기준에 대한 것으로 그 내용이 사회현상에 따라 급변하는 내용들도 아니고, 특별히 전문성이 요구되는 것도 아니며, 그렇다고 기술적인 사항도 아닐 뿐만 아니라, 더욱이 표현의 자유의 제한과 관련되어 있다는 점에서 경미한 사항이라고도 할 수 없는데도, 이 사건 위임 규정은 영상물등급위원회 규정에 위임하고 있는바, 이는 그 자체로서 포괄위임금지원칙을 위반하고 있다고 할 것이다(헌재 2008.7.31. 2007헌가4).

ANSWER 14-1 ○ 14-2 ○ 15 ○ 16 ○ 17 ×

18 헌법 제22조 제2항은 발명가의 권리를 법률로써 보호하도록 하고 있고, 이에 따라 「특허법」은 특허권자에게 업(業)으로서 그 특허발명을 실시할 권리를 독점적으로 부여하고 있다. 따라서 특허권자가 그 특허발명의 방법에 의하여 생산한 물건에 발명의 명칭과 내용을 표시하는 것은 특허실시권에 내재된 요소이며, 그러한 표시를 제한하는 것은 곧 특허권에 대한 제한이라고 보아야 한다. 2023 경찰2차 ( )

> 해설 특허권자가 특허발명의 방법에 의하여 생산한 물건에 발명의 명칭과 내용을 표시하는 것은 특허실시권에 내재된 요소라고 할 것이므로 발명의 명칭에 해당하는 "숙취해소"라는 표시를 제한하는 내용의 이 사건 규정은 청구인들의 특허권(재산권) 또한 제한하는 것이 된다(헌재 2000.3.30. 99헌마143).

Ⅲ 최신판례

01 이미 출원공개된 디자인에 대하여 신규성 상실의 예외를 인정하지 않는 디자인보호법 조항은 입법형성권의 한계를 일탈하였다고 보기 어렵다(헌재 2023.7.20. 2020헌바497).

(1) 헌법 제22조 제2항은 입법자에게 지식재산권을 형성할 수 있는 광범위한 입법형성권을 부여하고 있는바, 디자인을 창작한 경우에 어떠한 요건 하에서 디자인등록을 허용할 것인지에 관하여는 입법자에게 광범위한 형성의 여지가 인정된다.

(2) 디자인보호법은 디자인등록의 요건으로 신규성과 창작비용이성(創作非容易性) 등을 규정하고 있다. 그런데 이러한 요건을 엄격히 관철하면 디자인을 창작한 자에게 지나치게 가혹하여 형평성을 잃게 되거나 산업의 발전을 도모하는 디자인보호법의 취지에 맞지 않는 경우가 생길 수 있다.

이에 디자인보호법은 제3자의 권익을 해치지 않는 범위 내에서 일정한 경우에는 디자인이 출원 전에 공개되었다고 하더라도 그 디자인은 신규성·창작비용이성을 상실하지 않는 것으로 취급하는 신규성 상실의 예외를 규정하고 있다.

ANSWER **18** ○

05 생존권적 기본권

제1절 인간다운 생활을 할 권리

I 헌법 조문

제34조 ① 모든 국민은 인간다운 생활을 할 권리를 가진다.
② 국가는 사회보장·사회복지의 증진에 노력할 의무를 진다.
③ 국가는 여자의 복지와 권익의 향상을 위하여 노력하여야 한다.
④ 국가는 노인과 청소년의 복지향상을 위한 정책을 실시할 의무를 진다.
⑤ 신체장애자 및 질병·노령 기타의 사유로 생활능력이 없는 국민은 법률이 정하는 바에 의하여 국가의 보호를 받는다.
⑥ 국가는 재해를 예방하고 그 위험으로부터 국민을 보호하기 위하여 노력하여야 한다.

II 최신 기출지문 분석

01 인간다운 생활을 할 권리로부터 인간의 존엄에 상응하는 '최소한의 물질적인 생활'의 유지에 필요한 급부를 요구할 수 있는 구체적인 권리가 상황에 따라서는 직접 도출될 수 있다고 할 수는 있어도, 직접 그 이상의 급부를 내용으로 하는 구체적인 권리를 발생케 한다고 볼 수는 없다. 2022 경찰승진 / 2023 경찰2차 ( )

해설 '인간다운 생활을 할 권리'로부터는, 그것이 사회복지·사회보장이 지향하여야 할 이념적 목표가 된다는 점을 별론으로 하면, 인간의 존엄에 상응하는 생활에 필요한 **"최소한의 물질적인 생활"의 유지에 필요한 급부를 요구할 수 있는 구체적인 권리가 상황에 따라서는 직접 도출될 수 있다고 할 수는 있어도, 동 기본권이 직접 그 이상의 급부를 내용으로 하는 구체적인 권리를 발생케 한다고는 볼 수 없다고 할 것이다**(헌재 2003.5.15. 2002헌마90).

02 사회적 기본권은 입법과정이나 정책결정과정에서 사회적 기본권에 규정된 국가목표의 무조건적인 최우선적 배려를 요청하는 것이며, 이러한 의미에서 사회적 기본권은 국가의 모든 의사결정과정에서 사회적 기본권이 담고 있는 국가목표를 최우선적으로 고려하여야 할 국가의 의무를 의미한다. 2022 경찰승진 ( )

해설 사회적 기본권과 경쟁적 상태에 있는 국가의 다른 중요한 헌법적 의무와의 관계에서나 아니면 개별적인 사회적 기본권 규정들 사이에서의 경쟁적 관계에서 보나, 입법자는 사회·경제정책을 시행하는 데

ANSWER 01 ○ 02 ×

있어서 서로 경쟁하고 충돌하는 여러 국가목표를 균형있게 고려하여 서로 조화시키려고 시도하고, 매 사안마다 그에 적합한 실현의 우선순위를 부여하게 된다. **국가는 사회적 기본권에 의하여 제시된 국가의 의무와 과제를 언제나 국가의 현실적인 재정·경제능력의 범위 내에서 다른 국가과제와의 조화와 우선순위결정을 통하여 이행할 수밖에 없다.**

사회적 기본권은 입법과정이나 정책결정과정에서 사회적 기본권에 규정된 국가목표의 무조건적인 최우선적 배려가 아니라 단지 적절한 고려를 요청하는 것이다. 이러한 의미에서 사회적 기본권은, 국가의 모든 의사결정과정에서 사회적 기본권이 담고 있는 국가목표를 고려하여야 할 국가의 의무를 의미한다(헌재 2002. 12.18. 2002헌마52).

03 인간다운 생활을 할 권리에 관한 헌법상 규정은 모든 국가기관을 기속하지만, 그 기속의 의미는 적극적·형성적 활동을 하는 입법부 또는 행정부의 경우와 헌법재판에 의한 사법적 통제기능을 하는 헌법재판소에 있어서 동일하지 아니하다. 2022 경찰2차 ( )

해설 모든 국민은 인간다운 생활을 할 권리를 가지며 국가는 생활능력이 없거나 생활이 어려운 국민을 보호할 의무가 있다는 헌법의 규정은 모든 국가기관을 기속하지만 그 기속의 의미는 동일하지 아니하다. 입법부나 행정부에 대하여는 국민소득, 국가의 재정능력과 정책 등을 고려하여 가능한 범위 안에서 최대한으로 모든 국민이 물질적인 최저생활을 넘어서 인간의 존엄성에 맞는 건강하고 문화적인 생활을 누릴 수 있도록 하여야 한다는 행위의 지침, 즉 행위규범으로서 작용하지만 헌법재판에 있어서는 다른 국가기관, 즉 **입법부나 행정부가 국민으로 하여금 인간다운 생활을 영위하도록 하기 위하여 객관적으로 필요한 최소한의 조치를 취할 의무를 다하였는지를 기준으로 국가기관의 행위의 합헌성을 심사하여야 한다는 통제규범으로 작용하는 것이다**(헌재 2020.4.23. 2017헌마103).

04 인간다운 생활을 할 권리는 자연인의 권리이므로, 법인에게는 인정되지 않고 또한 국민의 권리이므로 원칙적으로 외국인에게는 인정되지 아니한다. 2022 경찰2차 ( )

해설 인간다운 생활을 할 권리는 원칙적으로 국민의 권리이자 자연인의 권리로 외국인 및 법인에게 인정되지 않는다(정종섭, 성낙인, 권영성, 김학성 등등).

05 국가가 인간다운 생활을 보장하기 위한 헌법적 의무를 다하였는지의 여부가 사법적 심사의 대상이 된 경우에는, 국가가 최저생활보장에 관한 입법을 전혀 하지 아니하였다든지, 그 내용이 현저히 불합리하여 헌법상 용인될 수 있는 재량의 범위를 명백히 일탈한 경우에 한하여 헌법에 위반된다고 보아야 한다. 2022 경찰2차 ( )

해설 국가가 행하는 생계보호가 헌법이 요구하는 객관적인 최소한도의 내용을 실현하고 있는지 여부는 결국 국가가 국민의 '인간다운 생활'을 보장함에 필요한 최소한도의 조치를 취하였는가의 여부에 달려있다고 할 것인데 생계보호의 구체적 수준을 결정하는 것은 입법부 또는 입법에 의하여 다시 위임을 받은 행정부 등 해당기관의 광범위한 재량에 맡겨져 있다고 보아야 할 것이므로, **국가가 인간다운 생활을 보장하기 위한 헌법적 의무를 다하였는지의 여부가 사법적 심사의 대상이 된 경우에는, 국가가 생계보호에 관한 입법을 전혀 하지 아니하였다든가 그 내용이 현저히 불합리하여 헌법상 용인될 수 있는 재량의 범위를 명백히 일탈한 경우에 한하여 인간다운 생활을 할 권리를 보장한 헌법에 위반된다고 할 수 있다**(헌재 2004.10.28. 2002헌마328).

06-1 국가가 행하는 최저생활보장 수준이 국민의 인간다운 생활을 보장하기 위한 객관적인 내용의 최소한을 보장하고 있는지 여부는 특정한 법률에 의한 급부만을 가지고 판단하여서는 아니되고, 국가가 최저생활보장을 위하여 지급하는 각종 급여나 각종 부담의 감면 등을 총괄한 수준으로 판단하여야 한다. 2023 경찰2차 ( )

ANSWER 03 ○ 04 ○ 05 ○ 06-1 ○

06-2 인간다운 생활을 할 권리는 인간의 존엄에 상응하는 최소한의 물질적인 생활의 유지에 필요한 급부를 요구할 수 있는 권리를 의미하는데, 국가가 행하는 최저생활보장수준이 그 재량의 범위를 명백히 일탈하였는지 여부는 특정한 법률에 의한 생계급여만을 가지고 판단하여야 하는 것이지, 다른 법령에서의 각종 급여를 총괄한 수준으로 판단하여야 하는 것은 아니다. 2024 경찰승진 ( )

06-3 보건복지부장관이 2002년도 최저생계비를 고시함에 있어 장애로 인한 추가지출비용을 반영한 별도의 최저생계비를 결정하지 않은 채 가구별 인원수만을 기준으로 최저생계비를 결정한 '2002년도 최저생계비고시'가 생활능력 없는 장애인가 구 구성원의 인간다운 생활을 할 권리를 침해하였다고 할 수 없다.
2023 국회직8급 ( )

> **해설** 국가가 행하는 생계보호의 수준이 그 재량의 범위를 명백히 일탈하였는지의 여부, 즉 인간다운 생활을 보장하기 위한 객관적 내용의 최소한을 보장하고 있는지의 여부는 생활보호법에 의한 생계보호급여만을 가지고 판단하여서는 아니 되고 그 외의 법령에 의거하여 국가가 생계보호를 위하여 지급하는 각종 급여나 각종 부담의 감면 등을 총괄한 수준을 가지고 판단하여야 하는바, 1994년도를 기준으로 생활보호대상자에 대한 생계보호급여와 그 밖의 각종 급여 및 각종 부담감면의 액수를 고려할 때, 이 사건 생계보호기준이 청구인들의 인간다운 생활을 보장하기 위하여 국가가 실현해야 할 객관적 내용의 최소한도의 보장에도 이르지 못하였다거나 헌법상 용인될 수 있는 재량의 범위를 명백히 일탈하였다고는 보기 어렵고, 따라서 **비록 위와 같은 생계보호의 수준이 일반 최저생계비에 못미친다고 하더라도 그 사실만으로 곧 그것이 헌법에 위반된다거나 청구인들의 행복추구권이나 인간다운 생활을 할 권리를 침해한 것이라고는 볼 수 없다**(헌재 1997.5.29. 94헌마33).

07 주거환경개선사업 및 주택재개발사업의 시행으로 철거되는 주택의 소유자에 대해서는 임시수용시설의 설치 등을 사업시행자의 의무로 규정한 반면, 도시환경정비사업의 경우에는 이와 같은 규정을 두지 아니한 것은 청구인의 인간다운 생활을 할 권리를 제한한다. 2022 경찰2차 ( )

> **해설** 도시환경정비사업의 시행으로 인하여 철거되는 주택의 소유자를 위하여 사업시행기간 동안 거주할 임시수용시설을 설치하는 것은 국가에 대하여 최소한의 물질적 생활을 요구할 수 있는 인간다운 생활을 할 권리의 향유와 관련되어 있다고 할 수 없다. 또한, 청구인과 같은 주택의 소유자는 정비사업에 의하여 건설되는 주택을 자신의 선택에 따라 분양받을 수 있는 우선적 권리를 향유하게 되고, 정비사업의 완료 후에는 종전보다 주거환경이 개선된 기존의 생활근거지에서 계속 거주할 수 있으므로 청구인의 주장처럼 생활의 근거를 상실하는 것도 아니다. 그렇다면 이 사건 법률조항이 인간다운 생활을 할 권리를 제한하거나 침해한다고 할 수 없다(헌재 2014.3.27. 2011헌바396).

08 국가에게 헌법 제34조에 의하여 장애인의 복지를 위하여 노력을 해야 할 의무가 있다는 것은 장애인도 인간다운 생활을 누릴 수 있는 정의로운 사회질서를 형성해야 할 국가의 일반적인 의무를 뜻하는 것이다.
2024 경찰승진 ( )

> **해설** 장애인의 복지를 향상해야 할 국가의 의무가 다른 다양한 국가과제에 대하여 최우선적인 배려를 요청할 수 없을 뿐 아니라, 나아가 헌법의 규범으로부터는 '장애인을 위한 저상버스의 도입'과 같은 구체적인 국가의 행위의무를 도출할 수 없는 것이다. 국가에게 헌법 제34조에 의하여 장애인의 복지를 위하여 노력을 해야 할 의무가 있다는 것은, **장애인도 인간다운 생활을 누릴 수 있는 정의로운 사회질서를 형성해야 할 국가의 일반적인 의무를 뜻하는 것이지, 장애인을 위하여 저상버스를 도입해야 한다는 구체적 내용의 의무가 헌법으로부터 나오는 것은 아니다**(헌재 2002.12.18. 2002헌마52).

ANSWER 06-2 × 06-3 ○ 07 × 08 ○

09-1 「형의 집행 및 수용자의 처우에 관한 법률 및 치료감호법」에 의한 구치소·치료감호시설에 수용 중인 자는 당해 법률에 의하여 생계유지의 보호와 의료적 처우를 받고 있으므로 이러한 자에 대하여 「국민기초생활 보장법」에 의한 중복적인 보장을 피하기 위하여 개별가구에서 제외하기로 한 입법자의 판단이 헌법상 용인될 수 있는 재량의 범위를 일탈하여 인간다운 생활을 할 권리를 침해한다고 볼 수 없다. 2022 경찰승진 ( )

09-2 구치소·치료감호시설에 수용 중인 자에 대하여 「국민기초생활 보장법」에 의한 중복적인 보장을 피하기 위하여 기초생활보장 제도의 보장단위인 개별가구에서 제외하기로 한 입법자의 판단은 헌법상 용인될 수 있는 재량의 범위를 일탈하여 구치소·치료감호시설에 수용 중인 자인 청구인의 인간다운 생활을 할 권리를 침해한다. 2023 경찰2차 ( )

09-3 구치소에 수용 중인 자의 경우 수용시설의 예산이 부족하여 적절한 의료적 처우를 받지 못하는 것이 현실이고 경제활동을 할 수 없어 의료비의 자비 부담이 어려움에도 불구하고, 「국민기초생활 보장법」에 따른 보장의 기본단위인 '개별가구'에서 제외하여 의료급여 수급 자격을 부여하지 않기로 한 입법자의 판단은 구치소에 수용 중인 자들의 인간다운 생활을 할 권리를 침해한다. 2024 경찰승진 ( )

> **해설** 「형의 집행 및 수용자의 처우에 관한 법률」에 의한 교도소·구치소에 수용 중인 자는 당해 법률에 의하여 생계유지의 보호를 받고 있으므로, **「국민기초생활 보장법」의 보충급여의 원칙에 따라 중복적인 보장을 피하기 위하여 위 수용자를 기초생활보장제도의 보장단위인 개별가구에서 제외키로 한 입법자의 판단이 헌법상 용인될 수 있는 재량의 범위를 일탈하여 수용자의 인간다운 생활을 할 권리를 침해하지 아니한다**(헌재 2011.3.31. 2009헌마617 등).

10 산재피해 근로자에게 인정되는 산재보험수급권은 입법재량권의 행사에 의하여 제정된 「산업재해보상보험법」에 의하여 비로소 구체화되는 '법률상의 권리'이며, 개인에게 국가에 대한 사회보장·사회복지 또는 재해예방 등과 관련된 적극적 급부청구권이 인정되는 것은 아니다. 2022 행시 ( )

> **해설** 헌법재판소의 선례에 의하면, 헌법 제34조 제2항 및 제6항의 국가의 사회보장·사회복지 증진의무나 재해예방노력의무 등의 성질에 비추어 국가가 어떠한 내용의 산재보험을 어떠한 범위와 방법으로 시행할지 여부는 입법자의 재량영역에 속하는 문제이고, **산재피해 근로자에게 인정되는 산재보험수급권도 그와 같은 입법재량권의 행사에 의하여 제정된 산재보험법에 의하여 비로소 구체화되는 '법률상의 권리'이며, 개인에게 국가에 대한 사회보장·사회복지 또는 재해예방 등과 관련된 적극적 급부청구권은 인정하고 있지 않다**(헌재 2005.7.21. 2004헌바2).

11 업무상 질병으로 인한 업무상 재해에 있어 업무와 재해 사이의 상당인과관계에 대한 입증책임을 이를 주장하는 근로자나 그 유족에게 부담시키는 「산업재해보상보험법」 규정이 근로자나 그 유족의 사회보장수급권을 침해한다고 볼 수 없다. 2022 경찰1차 ( )

> **해설** 업무상 재해의 인정요건 중 하나로 '업무와 재해 사이에 상당인과관계'를 요구하고 근로자 측에게 그에 대한 입증을 부담시키는 것은 재해근로자와 그 가족에 대한 보상과 생활보호를 필요한 수준으로 유지하면서도 그와 동시에 보험재정의 건전성을 유지하기 위한 것으로서 그 합리성이 있다. **입증책임분배에 있어 권리의 존재를 주장하는 당사자가 권리근거사실에 대하여 입증책임을 부담한다는 것은 일반적으로 받아들여지고 있고, 통상적으로 업무상 재해를 직접 경험한 당사자가 이를 입증하는 것이 용이하다는 점을 감안하면, 이러한 입증책임의 분배가 입법재량을 일탈한 것이라고는 보기 어렵다.** 또한 산업재해보상보험법 시행령 별표 3은 업무상 질병에 대한 구체적인 인정기준을 규정하면서 각 질환별로 업무상 질병에 해당하는 경우를 예시하

ANSWER 09-1 ○ 09-2 × 09-3 × 10 ○ 11 ○

고 있는바, 적어도 그에 해당하는 질병에 대하여는 근로자 측의 입증부담이 어느 정도 완화되어 있다고 볼 수 있는 점, 대법원도 업무상 질병으로 인한 업무상 재해에 있어 업무와 재해 사이의 상당인과관계에 대한 입증 정도를 완화하는 판시를 하고 있는 점, 산업재해보상보험법 등은 근로복지공단으로 하여금 사업장 조사 등 업무상 재해 여부를 판단할 수 있는 자료를 실질적으로 조사·수집하게 하도록 하고 있는데 이는 근로자 측의 입증부담을 사실상 완화하는 역할을 할 수 있는 점 등을 고려할 때, **근로자 측이 현실적으로 부담하는 입증책임이 근로자 측의 보호를 위한 산업재해보상보험제도 자체를 형해화시킬 정도로 과도하다고 보기도 어렵다.** 따라서 **심판대상조항이 사회보장수급권을 침해한다고 볼 수 없다**(헌재 2015.6.25. 2014헌바269).

12 「공무원연금법」에 따른 퇴직연금일시금을 지급받은 사람 및 그 배우자를 기초연금 수급권자의 범위에서 제외하는 것은 한정된 재원으로 노인의 생활안정과 복리향상이라는 「기초연금법」의 목적을 달성하기 위한 것으로서 합리성이 인정되므로 인간다운생활을 할 권리를 침해한다고 볼 수 없다. 2022 경찰1차 ( )

> 해설 ▶ 심판대상조항은 공무원연금법에 따른 퇴직연금일시금을 지급받은 사람 및 그 배우자를 기초연금 수급권자의 범위에서 제외하고 있는바, 이는 한정된 재원으로 노인의 생활안정과 복리향상이라는 「기초연금법」의 목적을 달성하기 위한 것으로서 합리성이 인정되고, 국가가 기초연금제도 외에도 다양한 노인복지제도와 저소득층 노인의 노후소득보장을 위한 기초생활보장제도를 실시하고 있으며, 퇴직공무원의 후생복지 및 재취업을 위한 사업을 실시하고 있는 점을 고려할 때 **인간다운 생활을 할 권리를 침해한다고 볼 수 없다**(헌재 2018.8.30. 2017헌바197 등).

13-1 구 「공무원연금법」상 유족급여수급권이 헌법상 보장되는 재산권에 포함되기 때문에 대통령령이 정하는 정도의 장애 상태에 있지 아니한 19세 이상의 자녀를 유족의 범위에서 제외한 것은 유족급여수급권의 본질적 내용을 침해하여 입법형성권의 범위를 벗어난 것이다. 2022 행시 ( )

13-2 구 공무원연금법에서 유족급여수급권의 대상을 19세 미만의 자녀로 한정한 것은 19세 이상 자녀들의 재산권과 평등권을 침해하지 않는다. 2023 법원행시 / 2023 법원직 ( )

> 해설 ▶ 유족급여수급권이 헌법상 보장되는 재산권에 포함되더라도 수급자인 유족의 범위는 유족급여수급권의 내용과 한계를 형성하는 영역에 있는 것으로서 법률에 의하여 구체적으로 형성되어야만 비로소 확정된다. 그런데 유족급여수급권은 공무원의 사망이라는 위험에 대비하여 그 유족의 생활안정과 복지향상을 도모하기 위한 사회보장적 급여의 성격을 가지므로 입법자는 구체적인 내용을 형성함에 있어서 국가의 재정능력과 전반적인 사회보장수준, 국민 전체의 소득 및 생활수준, 그 밖의 여러 가지 사회적·경제적 여건 등을 종합하여 합리적인 수준에서 결정할 수 있는 광범위한 형성의 자유를 가진다. 따라서 **입법자가 연령과 장애 상태를 독자적 생계유지가능성의 판단기준으로 삼아 대통령령이 정하는 정도의 장애 상태에 있지 아니한 19세 이상의 자녀를 유족의 범위에서 제외하였음을 들어 유족급여수급권의 본질적 내용을 침해하였다거나 입법형성권의 범위를 벗어났다고 보기 어렵다.** 또한 공무원연금제도와 민법상 상속제도는 그 헌법적 기초와 제도적 취지를 달리하는 것이므로, 유족급여의 수급요건, 수급권자의 범위를 민법상 상속제도와 다르게 형성하였다고 하여 합리적인 입법재량의 범위를 벗어났다고 볼 수도 없다(헌재 2019.11.28. 2018헌바335).

14-1 「국민기초생활 보장법 시행령」상 '대학원에 재학 중인 사람'과 '부모에게 버림받아 부모를 알 수 없는 사람'을 조건 부과 유예의 대상자에 포함시키지 않았다는 사정만으로 국가가 인간다운 생활을 보장하기 위한 조치를 취함에 있어서 실현해야 할 객관적 내용의 최소한도 보장에 이르지 못하였다거나 헌법상 용인될 수 있는 재량의 범위를 명백히 일탈하였다고는 보기 어렵다. 2022 행시 ( )

ANSWER 12 ○ 13-1 × 13-2 ○ 14-1 ○

14-2 생계급여를 지급함에 있어 자활사업 참가조건의 부과를 유예할 수 있는 대상자를 정하면서 입법자가 '대학원에 재학 중인 사람'과 '부모에게 버림받아 부모를 알 수 없는 사람'을 포함시키지 않은 것은 인간다운 생활을 보장하기 위한 조치를 취함에 있어서 국가가 실현해야 할 객관적 내용의 최소한도의 보장에 이르지 못한 것이다. 2023 경찰간부 ( )

14-3 '개별가구 또는 개인의 여건'에 관한 조건 부과 유예 대상자로 '대학원에 재학 중인 사람'과 '부모에게 버림받아 부모를 알 수 없는 사람'을 규정하고 있지 않은 「국민기초생활 보장법」 시행령 조항은 인간다운 생활을 할 권리를 침해하지 않는다. 2023 국회직8급 ( )

> **해설** 이 사건 시행령조항은 조건 부과 유예 대상자로 '대학원에 재학 중인 사람'과 '부모에게 버림받아 부모를 알 수 없는 사람'을 규정하고 있지 않다. 그런데 「국민기초생활 보장법」은 조건 부과 유예 대상자에 해당하지 않는다고 하더라도, 수급자의 개인적 사정을 고려하여 근로조건의 제시를 유예할 수 있는 제도를 별도로 두고 있으므로, '대학원에 재학 중인 사람' 또는 '부모에게 버림받아 부모를 알 수 없는 사람'이 조건 제시 유예사유에 해당하면 자활사업 참여 없이 생계급여를 받을 수 있다. 여기에, 고등교육법과 '법학전문대학원 설치·운영에 관한 법률'이 장학금제도를 규정하고 있는 점, 생계급여제도 이외에도 의료급여와 같은 각종 급여제도 등을 통하여서도 인간의 존엄에 상응하는 생활에 필요한 '최소한의 물질적인 생활'을 유지하는 데 도움을 받을 수 있는 점 등을 종합하여 보면, 이 사건 시행령조항은 청구인의 인간다운 생활을 할 권리도 침해하지 않는다(헌재 2017.11.30. 2016헌마448).

15 지방자치단체장은 특정 정당을 정치적 기반으로 하여 선거에 입후보할 수 있고 선거에 의하여 선출되는 공무원이라는 점에서 헌법 제7조 제2항에 따라 신분보장이 필요하고 정치적 중립성이 요구되는 공무원에 해당한다고 보기 어려우므로 헌법 제7조의 해석상 지방자치단체장을 위한 퇴직급여제도를 마련하여야 할 입법적 의무가 도출된다고 볼 수 없다. 2022 경찰승진 ( )

> **해설** '지방자치단체장을 위한 별도의 퇴직급여제도를 마련하지 않은 것은 진정입법부작위에 해당하는데, 헌법상 지방자치단체장을 위한 퇴직급여제도에 관한 사항을 법률로 정하도록 위임하고 있는 조항은 존재하지 않는다. 나아가 지방자치단체장은 특정 정당을 정치적 기반으로 하여 선거에 입후보할 수 있고 선거에 의하여 선출되는 공무원이라는 점에서 헌법 제7조 제2항에 따라 신분보장이 필요하고 정치적 중립성이 요구되는 공무원에 해당한다고 보기 어려우므로 헌법 제7조의 해석상 지방자치단체장을 위한 퇴직급여제도를 마련하여야 할 입법적 의무가 도출된다고 볼 수 없고, 그 외에 헌법 제34조나 공무담임권 보장에 관한 헌법 제25조로부터 위와 같은 입법의무가 도출되지 않는다. 따라서 이 사건 입법부작위는 헌법소원의 대상이 될 수 없는 입법부작위를 그 심판대상으로 한 것으로 부적법하다(헌재 2014.6.26. 2012헌마459).

16 지뢰피해자 및 그 유족에 대한 위로금 산정 시 사망 또는 상이를 입을 당시의 월평균임금을 기준으로 하고, 그 기준으로 산정한 위로금이 2천만원에 이르지 아니할 경우 2천만원을 초과하지 아니하는 범위에서 조정·지급할 수 있도록 한 「지뢰피해자 지원에 관한 특별법」 조항은 인간다운 생활을 할 권리를 침해한다고 볼 수 없다. 2022 행시 ( )

> **해설** 지뢰피해자 및 그 유족에 대한 위로금 산정 시 사망 또는 상이를 입을 당시의 월평균임금을 기준으로 위로금을 산정하도록 한 것은 한정된 국가재정하에서 위로금의 취지, 국가배상청구권의 소멸시효 제도와의 균형점 모색, 「지뢰피해자 지원에 관한 특별법」(이하 '지뢰피해자법'이라 한다) 시행 전 이미 국가배상을 받은 피해자 및 그 유족과의 형평성 등을 고려한 것이다. 다만 사망 또는 상이 당시의 월평균임금을 기준으로 위로금을 산정함으로 인하여 피해시기에 따라 위로금 액수에 현격한 차이가 나는 문제를 보완하기 위해 입법자는 지뢰피해자법 제정 당시 고려한 국가재정부담 정도를 현저히 초과하지 아니하는 범위 내에서 2천만원을 조정상한금액으

ANSWER 14-2 × 14-3 ○ 15 ○ 16 ○

로 정하여 위로금 격차 해소를 위한 보완책을 마련하였다. 따라서 심판대상조항이 인간다운 생활을 할 권리를 침해한다고 볼 수 없다(헌재 2019.12.27. 2018헌바236 등).

17 기초연금 수급액을 「국민기초생활 보장법」상 이전소득에 포함시키도록 하는 구 「국민기초생활 보장법 시행령」 조항은 기초 연금을 함께 수급하고 있거나 장차 수급하려는 「국민기초생활 보장법」상 수급자인 노인들의 인간다운 생활을 할 권리를 침해한다. 2022 경찰경력채용 ( )

해설 기초생활보장제도는 생활이 어려운 자에게 필요한 급여를 행하여 이들의 최저생활을 보장함과 동시에 그 자활을 조성함에 목적이 있는 것으로, 개인의 경제적 능력은 물론 사회보험을 비롯한 다른 사회보장제도 적용 이후에도 빈곤이 지속되는 경우에 작동하는 최후의 사회안전망으로서의 성격을 갖고 있는 점, 이 사건 시행령조항에도 불구하고 현금급여 등의 측면에서 청구인들의 삶의 질이 기초연금 수급 이전보다 불리해지는 것은 아니라는 점, 국가는 질병 등으로 인한 비용이 상대적으로 많이 발생할 수 있는 노인의 특성을 고려하여, 노인장기요양보험법에 따른 장기요양보험제도, 노인복지법에 기초한 노인일자리사업 및 노인주거복지시설제도 등 노인복지를 위한 다양한 제도를 실시하고 있는 점 등을 종합하여 보면, 이 사건 시행령조항으로 인하여 기초연금 수급액이 '국민기초생활 보장법'상 이전소득에 포함된다는 사정만으로, 국가가 노인가구의 생계보호에 관한 입법을 전혀 하지 아니하였다거나 그 내용이 현저히 불합리하여 헌법상 용인될 수 있는 재량의 범위를 명백히 일탈하였다고 보기는 어렵다. 따라서 이 사건 시행령조항은 청구인들의 인간다운 생활을 할 권리를 침해하지 않는다(헌재 2019.12.27. 2017헌마1299).

18 '인간다운 생활'이란 그 자체가 추상적이고 상대적인 개념으로서 그 나라의 문화의 발달, 역사적·사회적·경제적 여건에 따라 어느 정도는 달라질 수 있다. 2022 경찰경력채용 ( )

해설 국가가 행하는 국민기초생활보장법상의 "생활능력 없는 장애인에 대한 최저생활보장을 위한 생계급여 지급"이 헌법이 요구하는 객관적인 최소한도의 내용을 실현하고 있는지의 여부는 국가가 인간다운 생활을 보장함에 필요한 최소한도의 조치를 취하였는가의 여부에 달려있다고 할 것인바, "인간다운 생활"이란 그 자체가 추상적이고 상대적인 개념으로서 그 나라의 문화의 발달, 역사적·사회적·경제적 여건에 따라 어느 정도는 달라질 수 있는 것이고, "최소한도의 조치" 역시 국민의 사회의식의 변화, 사회·경제적 상황의 변화에 따라 가변적인 것이므로, 국가가 인간다운 생활을 보장하기 위한 생계급여의 수준을 구체적으로 결정함에 있어서는 국민 전체의 소득수준과 생활수준, 국가의 재정규모와 정책, 국민 각 계층의 상충하는 갖가지 이해관계 등 복잡 다양한 요소를 함께 고려해야 한다(헌재 2004.10.28. 2002헌마328).

19 경과실의 범죄로 인한 사고는 개념상 우연한 사고의 범위를 벗어나지 않으므로 경과실로 인한 범죄행위에 기인하는 보험 사고에 대하여 의료보험급여를 부정하는 것은 우연한 사고로 인한 위험으로부터 다수의 국민을 보호하고자 하는 사회보장 제도로서의 의료보험의 본질을 침해하여 헌법에 위반된다. 2022 경찰경력채용 ( )

해설 경과실의 범죄로 인한 사고는 개념상 우연한 사고의 범위를 벗어나지 않으므로 경과실로 인한 범죄행위에 기인하는 보험사고에 대하여 의료보험급여를 부정하는 것은 우연한 사고로 인한 위험으로부터 다수의 국민을 보호하고자 하는 사회보장제도로서의 의료보험의 본질을 침해하여 헌법에 위반된다(헌재 2003.12.18. 2002헌바1).

20-1 직장가입자가 소득월액 보험료를 일정 기간 이상 체납한 경우 그 체납한 보험료를 완납할 때까지 국민건강보험공단이 그 가입자 및 피부양자에 대하여 보험급여를 실시하지 아니할 수 있도록 한 구 「국민건강보험법」 조항은 해당 직장가입자의 인간다운 생활을 할 권리를 침해한다. 2023 국회직8급 ( )

ANSWER 17 × 18 ○ 19 ○ 20-1 ○

20-2 직장가입자가 소득월액 보험료를 일정 기간 이상 체납한 경우 그 체납한 보험료를 완납할 때까지 국민건강보험공단이 그 가입자 및 피부양자에 대하여 보험급여를 실시하지 아니할 수 있도록 한 구 「국민건강보험법」 조항은 해당 직장가입자인 청구인의 인간다운 생활을 할 권리를 침해한 것이라고 볼 수 없다. 2023 경찰2차 ( )

20-3 직장가입자가 소득월액 보험료를 일정 기간 이상 체납한 경우 그 체납한 보험료를 완납할 때까지 국민건강보험공단이 그 가입자 및 피부양자에 대하여 보험급여를 실시하지 아니할 수 있도록 한 것은 인간다운 생활을 할 권리나 재산권을 침해하지 아니한다. 2023 경찰경력채용 ( )

해설 가입자들에 대한 안정적인 보험급여 제공을 보장하기 위해서는 보험료 체납에 따른 보험재정의 악화를 방지할 필요가 있다. … 심판대상조항에 따라 보험급여를 하지 아니하는 기간에 받은 보험급여의 경우에도, 일정한 기한 이내에 체납된 보험료를 완납한 경우 보험급여로 인정하는 등, 국민건강보험법은 심판대상조항으로 인하여 가입자가 과도한 불이익을 입지 않도록 배려하고 있다. 따라서 심판대상조항은 청구인의 인간다운 생활을 할 권리나 재산권을 침해하지 아니한다(헌재 2020. 4. 23. 2017헌바244).

21 국민연금제도는 국민의 생활안정과 복지증진에 기여할 목적으로 국민의 노령·폐질 또는 사망과 같은 사태에 대한 부담을 국가적인 보험기술을 통하여 대량으로 분산시키고 연금급여를 실시함으로써 구제를 도모하는 사회보험제도의 일종이며, 가입여부·보험관계의 내용 등을 계약자유의 원칙에 의하여 정할 수 있는 사보험(私保險)과는 달리 보험가입이 강제되고, 보험료를 강제징수할 수 있으며, 보험관계의 내용이 법률에 의하여 정하여 지고, 사용자 또는 국가가 보험비용의 일부를 부담하는 등 보험원리에 부양원리가 결합된 공적보험제도로 사회보장에 관한 헌법 규정인 헌법 제34조 제1항, 제2항, 제5항을 구체화하는 제도이다. 2024 법원행시 ( )

해설 국민연금제도는 국민의 생활안정과 복지증진에 기여할 목적으로, 국민의 노령·폐질 또는 사망과 같은 사태에 대한 부담을 국가적인 보험기술을 통하여 대량으로 분산시키고 연금급여를 실시함으로써 구제를 도모하는 사회보험제도의 일종이다. 가입여부·보험관계의 내용 등을 계약자유의 원칙에 의하여 정할 수 있는 사보험(私保險)과는 달리 보험가입이 강제되고, 보험료를 강제징수할 수 있으며, 보험관계의 내용이 법률에 의하여 정하여 지고, 사용자 또는 국가가 보험비용의 일부를 부담하는 등 보험원리에 부양원리가 결합된 공적보험제도로, 사회보장에 관한 헌법 규정인 헌법 제34조 제1항, 제2항, 제5항을 구체화하는 제도이다(헌재 2014. 5. 29. 2012헌마248).

22 재혼을 유족연금수급권 상실사유로 규정한 구 「공무원연금법」 해당 조항 중 '유족연금'에 관한 부분은 입법재량의 한계를 벗어나 재혼한 배우자의 인간다운 생활을 할 권리를 침해하였다고 볼 수 없다. 2023 경찰간부 ( )

해설 심판대상조항이 배우자의 재혼을 유족연금수급권 상실사유로 규정한 것은 배우자가 재혼을 통하여 새로운 부양관계를 형성함으로써 재혼 상대방 배우자를 통한 사적 부양이 가능해짐에 따라 더 이상 사망한 공무원의 유족으로서의 보호의 필요성이나 중요성을 인정하기 어렵다고 보았기 때문이다. 이는 **한정된 재원의 범위 내에서 부양의 필요성과 중요성 등을 고려하여 유족들을 보다 효과적으로 보호하기 위한 것이므로, 입법재량의 한계를 벗어나 재혼한 배우자의 인간다운 생활을 할 권리와 재산권을 침해하였다고 볼 수 없다**(헌재 2022. 8. 31. 2019헌가31).

23 연금보험료를 낸 기간이 그 연금보험료를 낸 기간과 연금보험료를 내지 아니한 기간을 합산한 기간의 3분의 2보다 짧은 경우 유족연금 지급을 제한한 구 「국민연금법」 해당 조항 중 '유족연금'에 관한 부분은 인간다운 생활을 할 권리를 침해한다고 볼 수 없다. 2023 경찰간부 ( )

ANSWER 20-2 ○ 20-3 ○ 21 ○ 22 ○ 23 ○

해설 심판대상조항에 따라 유족연금을 지급받지 못하게 된 유족들은 구 국민연금법 제77조에 따른 반환일시금을 받을 수 있어 유족에게 가혹한 손해나 심대한 불이익이 발생한다고 보기도 어렵다. 한편, 사용자가 근로자의 임금에서 기여금을 공제하고도 연금보험료를 납부하지 않은 경우 국민연금법 제17조 제2항 단서는 그 내지 아니한 기간의 2분의 1에 해당하는 기간을 근로자의 가입기간에 산입하도록 규정하는 등 근로자 및 그 유족에게 부당한 불이익이 발생하지 않도록 하고 있다. 따라서 **심판대상조항이 인간다운 생활을 할 권리 및 재산권을 침해한다고 볼 수 없다**(헌재 2020.5.27. 2018헌바129).

24 「노인장기요양보험법」은 요양급여의 실시와 그에 따른 급여비용 지급에 관한 기본적이고도 핵심적인 사항을 이미 법률로 규정하고 있으므로, '시설 급여비용의 구체적인 산정방법 및 항목 등에 관하여 필요한 사항'을 보건복지부령에 위임하였다고 하여 그 자체로 법률유보원칙에 반한다고 볼 수는 없다. 2023 경찰간부 ( )

해설 요양급여비용의 구체적인 산정방법 및 항목 등을 미리 법률에 상세하게 규정하는 것은 입법기술상 매우 어렵다. 노인장기요양보험법(이하 '법'이라 한다)은 요양급여의 실시와 그에 따른 급여비용 지급에 관한 **기본적이고도 핵심적인 사항을 이미 법률로 규정하고 있다.** 따라서 '시설 급여비용의 구체적인 산정방법 및 항목 등에 관하여 필요한 사항'을 반드시 법률에서 직접 정해야 한다고 보기는 어렵고, 이를 보건복지부령에 위임하였다고 하여 그 자체로 법률유보원칙에 반한다고 볼 수는 없다(헌재 2021.8.31. 2019헌바73).

25 퇴직연금 수급자가 유족연금을 함께 받게 된 경우 그 유족연금액의 2분의 1을 빼고 지급하도록 하는 구 「공무원연금법」 조항은 입법형성의 한계를 벗어나 인간다운 생활을 할 권리를 침해하였다고 볼 수 없다.
2023 국회직8급 ( )

해설 심판대상조항은 퇴직연금 수급자의 유족연금 수급권을 구체화함에 있어 급여의 적절성을 확보할 필요성, 한정된 공무원연금 재정의 안정적 운영, 우리 국민 전체의 소득 및 생활수준, 공무원 퇴직연금의 급여 수준, **유족연금의 특성, 사회보장의 기본원리 등을 종합적으로 고려하여 유족연금액의 2분의 1을 감액하여 지급하도록 한 것이므로, 입법형성의 한계를 벗어나 청구인의 인간다운 생활을 할 권리 및 재산권을 침해하였다고 볼 수 없다**(헌재 2020.6.25. 2018헌마865).

26 유족연금수급권은 그 급여의 사유가 발생한 날로부터 5년간 이를 행사하지 아니하면 시효로 인하여 소멸하도록 규정한 구 「군인연금법」 조항은 유족연금수급권자의 인간다운 생활을 할 권리를 침해한다고 볼 수 없다.
2023 국회직8급 ( )

해설 군인연금이라는 사회보장 제도의 운영 목적과 연금재정체계 및 다른 법률에 정한 급여수급권에 관한 소멸시효 규정과 비교할 때 소멸시효 기간을 5년으로 정한 것은 수긍할 만한 이유가 존재한다. 한편, 심판대상조항은 유족연금수급권자가 급여의 사유가 발생하였는지를 알고 있는지 여부를 고려하는 예외를 두고 있지 않으나, 피보험자에 의해 부양되고 있던 유족이 피보험자의 사망사실을 알지 못하는 경우까지 상정하여 보호하지 않는다고 하여 이를 두고 정의와 형평의 이념에 반한다고 보기 어렵다. 따라서 **심판대상조항은 유족연금수급권자의 인간다운 생활을 할 권리 및 재산권을 침해한다고 볼 수 없다**(헌재 2021.4.29. 2019헌바412).

27 사적자치에 의해 규율되는 사인 사이의 법률관계에서 계약갱신을 요구할 수 있는 권리나 보증금을 우선하여 변제받을 수 있는 권리 등은 헌법 제34조의 인간다운 생활을 할 권리의 보호대상에 포함된다. 2024 경찰승진
( )

해설 헌법 제34조 제1항의 인간다운 생활을 할 권리는 인간의 존엄에 상응하는 최소한의 물질적인 생활의 유지에 필요한 급부를 요구할 수 있는 권리일 뿐, **사적자치에 의해 규율되는 사인 사이의 법률관계에서 계약갱신을 요구할 수 있는 권리나 보증금을 우선하여 변제받을 수 있는 권리 등은 헌법 제34조 제1항에 의한 보호대상이 아니므로,** 이 사건 법률조항(상가건물임대차 계약갱신요구조항)들이 청구인의 인간다운 생활을 할 권리를 침해한다고 볼 수 없다(헌재 2014.3.27. 2013헌바198).

ANSWER 24 ○ 25 ○ 26 ○ 27 ×

28-1 장해급여는 본질적으로 소득재분배를 위한 것이 아니고 손해배상 내지 손실보상적 급부인 점에서 산재보험의 두 가지 성격 중 사회보장적 급부로서의 성격은 상대적으로 약하고 재산권적인 보호의 필요성은 보다 강하다고 볼 수 있어 다른 사회보험수급권에 비하여 보다 엄격한 보호가 필요하다. 2024 법원행시 ( )

28-2 장해등급의 재판정 제도는 한 번 결정된 장해등급을 다시 판정하고 그 결과에 따라 이미 법정요건을 갖추어 구체적 권리로 부여된 장해급여 수급권의 내용을 재판정 이후부터 변경하는 것으로, 구「산업재해보상보험법」에 따라 재판정을 1회 실시한 결과 장해등급이 수급권자에게 불리하게 변경될 경우 재산권 침해 여부가 문제될 수 있다. 2024 법원행시 ( )

28-3 장해급여 수급요건의 구체적인 내용은 법률에 의하여 비로소 정해지는 것이나, 장해급여 수급권의 사회보장수급권적 성격을 배제할 수 없으므로, 그 형성에 관해서는 일반적인 재산권에 비하여 입법자에게 상대적으로 넓은 재량이 허용된다고 볼 수는 없다. 2024 법원행시 ( )

28-4 장해등급 재판정 제도는 재판정 절차 이전에 이미 확정되어 이행기가 도래한 장해보상연금청구권의 내용을 소급적으로 변경하는 것이 아니다. 2024 법원행시 ( )

28-5 장해급여 수급권자의 귀책사유 없이 최초의 장해등급 결정이 상당한 기간 늦어지고 재판정의 결과 수급권자에 불리하게 장해가 판정되는 경우가 있다고 하더라도, 재판정으로 결정된 장해등급에 따라 장해급여를 지급하도록 한 입법이 불합리하다고 보기는 어렵다. 2024 법원행시 ( )

> **해설** 장해급여는 본질적으로 소득재분배를 위한 것이 아니고 손해배상 내지 손실보상적 급부인 점에서 산재보험의 두 가지 성격 중 사회보장적 급부로서의 성격은 상대적으로 약하고 재산권적인 보호의 필요성은 보다 강하다고 볼 수 있어 다른 사회보험수급권에 비하여 보다 엄격한 보호가 필요하다.
> 장해등급의 재판정 제도는 한 번 결정된 장해등급을 다시 판정하고 그 결과에 따라 이미 법정요건을 갖추어 구체적 권리로 부여된 장해급여 수급권의 내용을 재판정 이후부터 변경하는 것이므로, 심판대상조항에 따라 재판정을 1회 실시한 결과 장해등급이 수급권자에게 불리하게 변경될 경우 재산권 침해 여부가 문제 될 수 있다.
> 장해급여 수급권의 재산권적 성격이 강하여 보다 엄격한 보호가 필요하다고 하더라도 그 사회보장수급권적 성격을 배제할 수 없고, 장해급여 수급요건의 구체적인 내용은 법률에 의하여 비로소 정해지는 것이므로, 그 형성에 관해서는 일반적인 재산권에 비하여 입법자에게 상대적으로 넓은 재량이 허용된다고 볼 수 있다. 또한, 장해등급 재판정 제도는 재판정 절차 이전에 이미 확정되어 이행기가 도래한 장해보상연금청구권의 내용을 소급적으로 변경하는 것이 아니다. 따라서 장해급여의 요건 중 장해등급을 판정하는 절차와 관련된 이 사건의 경우 재산권 침해 여부의 심사는 합리적인 입법형성의 범위를 넘어선 것인지 여부를 기준으로 판단하여야 한다. 장해급여는 장해상태에 따른 노동력 상실 또는 감소에 관한 손해배상 또는 손실보상적 급부의 성격을 가진다. 장해등급 재판정 제도는 장해급여의 요건이 되는 장해등급을 적정하게 결정하기 위한 것이므로, 장해등급 결정이 수급권자의 귀책사유 없이 상당한 기간 늦어진 경우 재판정을 면제하지 않았다고 하여 적정 수준의 손해배상 또는 손실보상적 급부의 범위를 설정하는 데 불합리한 제한이 있다고 보기 어렵다. 장해등급의 재판정을 1회만 실시하도록 한 것은 장해급여 수급권자의 지위에 안정을 기하려는 것이고, 재판정 실시 결과 최종적인 장해등급이 수급권자에게 불리하게 정해진 경우에 이의가 있는 수급권자는 심사 및 재심사 청구, 행정소송으로 불복할 수 있다는 점에서도, 합리성이 인정된다. 따라서 심판대상조항은 합리적인 입법형성의 범위를 넘어 장해급여 수급권자의 재산권을 침해하지 않는다 (헌재 2023.10.26. 2020헌바310).

ANSWER 28-1 ○ 28-2 ○ 28-3 × 28-4 ○ 28-5 ○

제2절 교육을 받을 권리

I 헌법 조문

제31조 ① 모든 국민은 능력에 따라 균등하게 교육을 받을 권리를 가진다.
② 모든 국민은 그 보호하는 자녀에게 적어도 초등교육과 법률이 정하는 교육을 받게 할 의무를 진다.
③ 의무교육은 무상으로 한다.
④ 교육의 자주성·전문성·정치적 중립성 및 대학의 자율성은 법률이 정하는 바에 의하여 보장된다.
⑤ 국가는 평생교육을 진흥하여야 한다.
⑥ 학교교육 및 평생교육을 포함한 교육제도와 그 운영, 교육재정 및 교원의 지위에 관한 기본적인 사항은 법률로 정한다.

II 최신 기출지문 분석

01 헌법 제31조 제1항의 '교육을 받을 권리'는 국가로부터 교육에 필요한 시설의 제공을 요구할 수 있는 권리 및 각자의 능력에 따라 교육시설에 입학하여 배울 수 있는 권리를 의미한다. 2023 경찰2차 ( )

> **해설** 헌법 제31조 제1항은 "모든 국민은 능력에 따라 균등하게 교육을 받을 권리를 가진다."라고 규정하여 국민의 교육을 받을 권리를 보장하고 있고, 그 **'교육을 받을 권리'는 국가로부터 교육에 필요한 시설의 제공을 요구할 수 있는 권리 및 각자의 능력에 따라 교육시설에 입학하여 배울 수 있는 권리를 국민의 기본권으로서 보장**하면서, 한편, 국민 누구나 능력에 따라 균등한 교육을 받을 수 있게끔 노력해야 할 의무와 과제를 국가에게 부과하고 있는 것이다(헌재 2011.6.30. 2010헌마503).

02-1 헌법 제31조 제1항에서 보장되는 교육의 기회균등권은 국가가 모든 국민에게 균등한 교육을 받게 하고 특히 경제적 약자가 실질적인 평등교육을 받을 수 있도록 적극적 정책을 실현해야 한다는 것을 의미하므로 여기에서 국민이 직접 실질적 평등교육을 위한 교육비를 청구할 권리가 도출된다. 2022 법원행시 ( )

02-2 헌법 제31조 제1항에서 실질적인 평등교육을 실현하여야 할 국가의 적극적인 의무가 인정되지만, 이러한 의무조항으로부터 국민이 직접 실질적 평등교육을 위한 교육비를 청구할 권리가 도출되는 것은 아니다.
2023 입법고시 ( )

02-3 헌법 제31조 제1항에서 보장되는 교육의 기회균등권은 '특히 경제적 약자가 실질적인 평등교육을 받을 수 있도록 국가가 적극적 정책을 실현해야 한다는 것'을 의미하므로 이로부터 국민이 직접 실질적 평등교육을 위한 교육비를 청구할 권리가 도출된다고 할 수 있다. 2024 경찰승진 ( )

ANSWER 01 ○   02-1 ×   02-2 ○   02-3 ×

해설 헌법 제31조 제1항에서 보장되는 교육의 기회균등권은 '정신적·육체적 능력 이외의 성별·종교·경제력·사회적 신분 등에 의하여 교육을 받을 기회를 차별하지 않고, 즉 **합리적 차별사유 없이 교육을 받을 권리를 제한하지 아니함과 동시에 국가가 모든 국민에게 균등한 교육을 받게 하고 특히 경제적 약자가 실질적인 평등교육을 받을 수 있도록 적극적 정책을 실현해야 한다는 것'을 의미하므로, 실질적인 평등교육을 실현해야 할 국가의 적극적인 의무가 인정되지만**, 이러한 의무조항으로부터 **국민이 직접 실질적 평등교육을 위한 교육비를 청구할 권리가 도출되는 것은 아니다**(헌재 2003.11.27. 2003헌바39).

03 헌법 제31조 제1항이 보장하는 국민의 교육을 받을 권리로부터 국가 및 지방자치단체에게 사립유치원에 대한 교사 인건비, 운영비 및 영양사 인건비를 예산으로 지원하라는 작위의무가 도출된다. 2022 지방직7급 ( )

해설 국가 및 지방자치단체에게 사립유치원에 대한 교사 인건비, 운영비 및 영양사 인건비를 예산으로 지원하라는 헌법상 명문규정이 없음은 분명하다. 그리고 **헌법 제31조 제1항은 국민의 교육을 받을 권리를 보장하고 있지만 그 권리는 통상 국가에 의한 교육조건의 개선·정비와 교육기회의 균등한 보장을 적극적으로 요구할 수 있는 권리로 이해되고 있을 뿐이고, 그로부터 위와 같은 작위의무가 헌법해석상 바로 도출된다고 볼 수 없다. 또한 사립유치원 운영자 등의 영업의 자유나 평등권을 보장하는 헌법규정으로부터도 위와 같은 작위의무가 도출된다고 볼 수 없다**(헌재 2006.10.26. 2004헌마13).

04 학교급식의 실시에 필요한 시설·설비에 요하는 경비를 원칙적으로 학교의 설립·경영자가 부담하도록 한 「학교급식법」 조항은 사립학교 운영의 자유를 필요한 범위를 넘어서 지나치게 제한하고 있고 공익의 비중에 비추어 사립학교에게 과도한 부담을 지우는 것이라고 볼 수 있으므로 사립학교 운영의 자유를 침해한다. 2023 경찰2차 ( )

해설 이 사건 법률조항이 적용될 당시는 학교급식후원회를 통하여 학교급식시설 설치·유지비의 일부를 조달받을 수도 있었으며, 학교(직영)급식과 위탁급식을 선택적으로 운영할 수 있었던 점 등에 비추어 보면, 사립학교의 경우에도 국·공립학교와 마찬가지로 학교급식 시설·경비의 원칙적 부담을 학교의 설립경영자로 하는 것은 합리적이라고 할 것이어서, **평등원칙에 위반되지 않는다. 나아가 사립학교 운영의 자유를 필요한 범위를 넘어서 지나치게 제한하고 있다거나, 공익의 비중에 비추어 사립학교에게 과도한 부담을 지우는 것이라고 보기 어려워, 사립학교 운영의 자유를 침해하지 아니한다**(헌재 2010.7.29. 2009헌바40).

05-1 헌법 제31조 제3항에 규정된 의무교육 무상원칙에 있어서 무상의 범위에는 수업료나 입학금의 면제, 학교와 교사 등 인적·물적 시설 및 그 시설을 유지하기 위한 인건비와 시설 유지비 등의 부담제외가 포함되고, 그 외에도 의무교육을 받는 과정에 수반하는 비용으로서 의무교육의 실질적인 균등 보장을 위해 필수불가결한 비용은 무상의 범위에 포함된다. 2022 법원행시 ( )

05-2 헌법 제31조 제3항에 규정된 의무교육 무상의 원칙에 있어서 무상의 범위는 헌법상 교육의 기회균등을 실현하기 위해 필수불가결한 비용, 즉 모든 학생이 의무교육을 받음에 있어서 경제적인 차별 없이 수학하는 데 반드시 필요한 비용에 한한다. 2022 지방직7급 ( )

05-3 헌법 제31조 제3항의 의무교육의 무상의 범위는 국가의 재정상황과 국민의 소득수준, 학부모의 경제적 수준 및 사회적 합의 등을 고려하여 입법정책으로 결정할 수 있다. 2023 입법고시 ( )

05-4 의무교육 대상인 중학생의 학부모에게 급식 관련 비용 일부를 부담하도록 규정한 구 「학교급식법」의 조항은 헌법상 의무교육의 무상원칙에 반하지 않는다. 2022 지방직7급 ( )

ANSWER 03 ✕   04 ✕   05-1 ◯   05-2 ◯   05-3 ◯   05-4 ◯

해설 헌법 제31조 제3항에 규정된 의무교육의 무상원칙에 있어서 의무교육 무상의 범위는 원칙적으로 헌법상 교육의 기회균등을 실현하기 위해 필수불가결한 비용, 즉 모든 학생이 의무교육을 받음에 있어서 경제적인 차별 없이 수학하는 데 반드시 필요한 비용에 한한다. 따라서, 의무교육에 있어서 무상의 범위에는 의무교육이 실질적이고 균등하게 이루어지기 위한 본질적 항목으로, 수업료나 입학금의 면제, 학교와 교사 등 인적·물적 시설 및 그 시설을 유지하기 위한 인건비와 시설유지비 등의 부담제외가 포함되고, 그 외에도 의무교육을 받는 과정에 수반하는 비용으로서 의무교육의 실질적인 균등보장을 위해 필수불가결한 비용은 무상의 범위에 포함된다. 이러한 비용 이외의 비용을 무상의 범위에 포함시킬 것인지는 국가의 재정상황과 국민의 소득수준, 학부모들의 경제적 수준 및 사회적 합의 등을 고려하여 입법자가 입법정책적으로 해결해야 할 문제이다. **학교급식은 학생들에게 한 끼 식사를 제공하는 영양공급 차원을 넘어 교육적인 성격을 가지고 있지만, 이러한 교육적 측면은 기본적이고 필수적인 학교교육 이외에 부가적으로 이루어지는 식생활 및 인성교육으로서의 보충적 성격을 가지므로 의무교육의 실질적인 균등보장을 위한 본질이고 핵심적인 부분이라고까지는 할 수 없다.** 이 사건 법률조항들이 비록 중학생의 학부모들에게 급식관련 비용의 일부를 부담하도록 하고 있지만, **급식활동 자체가 의무교육에 필수불가결한 내용이라 보기 어렵고**, 국가나 지방자치단체의 지원으로 부담을 경감하는 조항이 마련되어 있으며, 특히 저소득층 학생들을 위한 지원방안이 마련되어 있다는 점 등을 고려해 보면, 이 사건 법률조항들이 입법형성권의 범위를 넘어 헌법상 의무교육의 무상원칙에 반하는 것으로 보기는 어렵다(헌재 2012.4.24. 2010헌바164).

06-1 학교운영지원비를 학교회계 세입항목에 포함시키도록 한 구「초·중등교육법」규정은 헌법 제31조 제3항에 규정되어 있는 의무교육 무상의 원칙에 위배되지 않는다. 2023 행시 ( )

06-2 학교운영지원비는 학부모의 경제적 부담능력, 물가에 미치는 영향 및 수업료 인상률, 학교의 재정수요 등을 고려하여 학교운영위원회의 심의를 거쳐 결정되는 자발적 협찬금의 성격을 지니고 있으므로 이를 중학교 학생으로부터 징수하도록 하는「초·중등교육법」규정은 의무교육의 무상원칙에 위배되지 않는다.
2022 입법고시 ( )

해설 학교회계의 세입상 현재 의무교육기관에서는 국고지원을 받고 있는 입학금, 수업료와 함께 같은 항에 속하여 분류되고 있음에도 불구하고 학교운영지원비에 대해서만 학생과 학부모의 부담으로 남아있다는 점, 학교운영지원비는 기본적으로 학부모의 자율적 협찬금의 외양을 갖고 있음에도 그 조성이나 징수의 자율성이 완전히 보장되지 않아 기본적이고 필수적인 학교 교육에 필요한 비용에 가깝게 운영되고 있다는 점 등을 고려해보면 **이 사건 세입조항은 헌법 제31조 제3항에 규정되어 있는 의무교육의 무상원칙에 위배되어 헌법에 위반**된다(헌재 2012.8.23. 2010헌바220).

07 의무교육제도는 국민에 대하여 보호하는 자녀들을 취학시키도록 한다는 의무부과의 면보다는 국가에 대하여 인적·물적 교육시설을 정비하고 교육환경을 개선하여야 한다는 의무부과의 측면이 보다 더 중요한 의미를 갖는다. 2023 행시 ( )

해설 헌법은, 모든 국민은 그 보호하는 자녀에게 적어도 초등교육과 법률이 정하는 교육을 받게 할 의무를 지고(헌법 제31조 제2항), 의무교육은 무상으로 한다(헌법 제31조 제3항)고 규정하고 있다. 이러한 **의무교육제도는 국민에 대하여 보호하는 자녀들을 취학시키도록 한다는 의무부과의 면보다는 국가에 대하여 인적·물적 교육시설을 정비하고 교육환경을 개선하여야 한다는 의무부과의 측면이 보다 더 중요한 의미를 갖는다**(헌재 2005.3.31. 2003헌가20).

08-1 의무교육의 무상성에 관한 헌법상 규정은 의무교육의 비용을 오로지 국가 또는 지방자치단체의 예산, 즉 조세로 해결해야 함을 의미하는 것은 아니다. 2021 경찰승진 ( )

ANSWER 06-1 × 06-2 × 07 ○ 08-1 ○

08-2 학교용지부담금의 부과대상을 수분양자가 아닌 개발사업자로 규정하고 있는 구 「학교용지 확보 등에 관한 특례법」 조항은 의무교육의 무상원칙에 위배되지 않는다. 2021 경찰승진 ( )

08-3 헌법 제31조 제3항의 의무교육 무상의 원칙은 교육을 받을 권리를 보다 실효성 있게 보장하기 위하여 의무교육 비용을 학령아동의 보호자 개개인의 직접적 부담에서 공동체 전체의 부담으로 이전하라는 명령일 뿐, 의무교육의 비용을 오로지 국가 또는 지방자치단체의 예산으로 해결해야 함을 의미하는 것은 아니다.
2023 경찰1차 ( )

> **해설** 의무교육의 무상성에 관한 헌법상 규정은 교육을 받을 권리를 보다 실효성 있게 보장하기 위해 의무교육 비용을 학령아동 보호자의 부담으로부터 공동체 전체의 부담으로 이전하라는 명령일 뿐 **의무교육의 모든 비용을 조세로 해결해야 함을 의미하는 것은 아니므로, 학교용지부담금의 부과대상을 수분양자가 아닌 개발사업자로 정하고 있는 이 사건 법률조항은 의무교육의 무상원칙에 위배되지 아니한다**(헌재 2008.9.25. 2007헌가1).

09 의무교육 무상의 원칙은 의무교육을 위탁받은 사립학교를 설치·운영하는 학교법인이 관련 법령에 의하여 이미 부담하도록 규정되어 있는 경비까지 종국적으로 국가나 지방자치단체의 부담으로 한다는 취지는 아니다.
2022 변시 ( )

> **해설** 헌법 제31조 제3항의 의무교육 무상의 원칙이 의무교육을 위탁받은 사립학교를 설치·운영하는 학교법인 등과의 관계에서 관련 법령에 의하여 **이미 학교법인이 부담하도록 규정되어 있는 경비까지 종국적으로 국가나 지방자치단체의 부담으로 한다는 취지로 볼 수는 없다**(헌재 2017.7.27. 2016헌바374).

10-1 부모의 자녀에 대한 교육권은 비록 헌법에 명문으로 규정되어 있지는 아니하지만, 혼인과 가족생활을 보장하는 헌법 제36조 제1항, 행복추구권을 보장하는 헌법 제10조 및 "국민의 자유와 권리는 헌법에 열거되지 아니한 이유로 경시되지 아니한다."고 규정하는 헌법 제37조 제1항에서 도출되는 기본권이다.
2023 법원행시 / 2023 해양경찰 ( )

10-2 '부모의 자녀에 대한 교육권'은 비록 헌법에 명문으로 규정되어 있지는 아니하지만, 이는 모든 인간이 누리는 불가침의 인권으로서 혼인과 가족생활을 보장하는 헌법 제36조 제1항, 행복추구권을 보장하는 헌법 제10조 및 "국민의 자유와 권리는 헌법에 열거되지 아니한 이유로 경시되지 아니한다."고 규정하는 헌법 제37조 제1항에서 나오는 중요한 기본권이다. 2022 법원행시 ( )

10-3 자녀의 양육과 교육은 일차적으로 부모의 천부적인 권리인 동시에 부모에게 부과된 의무이기도 하다.
2023 행시 ( )

10-4 학교교육에 관한 한, 국가는 헌법 제31조에 의하여 부모의 교육권으로부터 원칙적으로 독립된 독자적인 교육권한을 부여함으로써 부모의 교육권과 함께 자녀의 교육을 담당한다. 2023 입법고시 ( )

10-5 학교교육의 범주 내에서는 국가의 교육권한이 헌법적으로 독자적인 지위를 부여받음으로써 부모의 교육권과 함께 자녀의 교육을 담당하지만, 학교 밖의 교육영역에서는 원칙적으로 부모의 교육권이 우위를 차지한다. 2022 경찰경력채용 ( )

ANSWER 08-2 ◯ 08-3 ◯ 09 ◯ 10-1 ◯ 10-2 ◯ 10-3 ◯ 10-4 ◯ 10-5 ◯

10-6 학교교육에 관한 한, 국가는 헌법 제31조에 의하여 부모의 교육권으로부터 원칙적으로 독립된 독자적인 교육권한을 부여받음으로써 부모의 교육권과 함께 자녀의 교육을 담당하므로 학교 밖의 교육영역에서도 국가의 교육권한은 부모의 교육권보다 언제나 우위를 차지한다. 2022 입법고시 ( )

10-7 부모의 자녀교육권은 기본권의 주체인 부모의 자기결정권이라는 의미에서 보장되는 자유일 뿐만 아니라 자녀의 보호와 인격발현을 위하여 부여되는 기본권이다. 2024 경찰승진 ( )

> **해설** 과외금지(헌재 2000.4.27. 98헌가16)
> (1) '부모의 자녀에 대한 교육권'은 비록 헌법에 명문으로 규정되어 있지는 아니하지만, 이는 모든 인간이 누리는 불가침의 인권으로서 혼인과 가족생활을 보장하는 헌법 제36조 제1항, 행복추구권을 보장하는 헌법 제10조 및 "국민의 자유와 권리는 헌법에 열거되지 아니한 이유로 경시되지 아니한다."고 규정하는 헌법 제37조 제1항에서 나오는 중요한 기본권이다.
> (2) 부모의 자녀교육권은 다른 기본권과는 달리, 기본권의 주체인 부모의 자기결정권이라는 의미에서 보장되는 것이 아니라, 자녀의 보호와 인격발현을 위하여 부여되는 기본권이다. **자녀의 양육과 교육은 일차적으로 부모의 천부적인 권리인 동시에 부모에게 부과된 의무이기도 하다.**
> (3) 자녀의 교육은 헌법상 부모와 국가에 공동으로 부과된 과제이므로 부모와 국가의 상호연관적인 협력관계를 필요로 한다.
> (4) 자녀의 양육과 교육에 있어서 부모의 교육권은 교육의 모든 영역에서 존중되어야 하며, 다만 학교교육에 관한 한, 국가는 헌법 제31조에 의하여 부모의 교육권으로부터 원칙적으로 독립된 독자적인 교육권한을 부여받음으로써 부모의 교육권과 함께 자녀의 교육을 담당하지만, 학교 밖의 교육영역에서는 원칙적으로 부모의 교육권이 우위를 차지한다.
> (5) 과외금지를 규정한 법률조항은 피해의 최소성과 법익의 균형성을 충족하지 못하므로 과잉금지의 원칙에 위배된다.
> (6) 헌법 제31조의 '교육을 받을 권리'의 보장을 통하여 교육영역에서의 기회균등을 이룩할 의무를 부과하고 있다. 따라서 헌법 제31조의 '능력에 따라 균등한 교육을 받을 권리'는 국가에 의한 교육제도의 정비·개선 외에도 의무교육의 도입 및 확대, 교육비의 보조나 학자금의 융자 등 교육영역에서의 사회적 급부의 확대와 같은 국가의 적극적인 활동을 통하여 사인 간의 출발기회에서의 불평등을 완화해야 할 국가의 의무를 규정한 것이다. 그러나 위 조항은 교육의 모든 영역, 특히 학교교육 밖에서의 사적인 교육영역에까지 균등한 교육이 이루어지도록 개인이 별도로 교육을 시키거나 받는 행위를 국가가 금지하거나 제한할 수 있는 근거를 부여하는 수권규범이 아니다.
> (7) 일부 지나친 고액과외교습을 방지하기 위하여 모든 학생으로 하여금 오로지 학원에서만 사적으로 배울 수 있도록 규율한다는 것은 어디에도 그 예를 찾아볼 수 없는 것일 뿐만 아니라, 자기결정과 자기책임을 생활의 기본원칙으로 하는 헌법의 인간상이나 개성과 창의성, 다양성을 지향하는 문화국가원리에도 위반되는 것이다.

11 부모는 자녀의 교육에 있어서 자녀의 정신적, 신체적 건강을 고려하여 교육의 목적과 그에 적합한 수단을 선택해야 할 것이고, 부모가 자녀의 건강에 반하는 방향으로 자녀교육권을 행사할 경우에는 헌법 제31조는 부모 외에도 국가에게 자녀의 교육에 대한 과제와 의무가 있다는 것을 규정하고 있으므로 국가는 부모의 자녀교육권을 제한할 수 있다. 2023 경찰2차 ( )

> **해설** 부모는 자녀의 교육에 있어서 자녀의 정신적, 신체적 건강을 고려하여 교육의 목적과 그에 적합한 수단을 선택해야 할 것이고, 부모가 자녀의 건강에 반하는 방향으로 자녀교육권을 행사할 경우에는 헌법 제31조는 부모 외에도 국가에게 자녀의 교육에 대한 과제와 의무가 있다는 것을 규정하고 있으므로 국가는 부모의 자녀교육권을 제한할 수 있다(헌재 2009.10.29. 2008헌마635).

ANSWER 10-6 × 10-7 × 11 ○

12-1 국민의 수학권과 교사의 수업의 자유는 다 같이 보호되어야 하겠지만, 그 중에서도 국민의 수학권이 더 우선적으로 보호되어야 한다. 2022 변시 / 2023 해양경찰 ( )

12-2 학교교육에 있어서 교원의 가르치는 권리를 수업권이라고 한다면 이것은 교원의 지위에서 생기는 것으로서 학생에 대한 일차적인 교육상의 직무권한이지만 어디까지나 학생의 학습권 실현을 위하여 인정되는 것이므로, 학생의 학습권은 교원의 수업권에 대하여 우월한 지위에 있다. 2022 입법고시 ( )

해설 국민의 수학권[헌법 제31조 제1항의 교육(敎育)을 받을 권리(權利)]과 교사의 수업의 자유는 다같이 보호되어야 하겠지만 그 중에서도 국민의 수학권이 더 우선적으로 보호되어야 한다.
학교교육에 있어서 교사의 가르치는 권리를 수업권이라고 한다면 그것은 자연법적으로는 학부모에게 속하는 자녀에 대한 교육권을 신탁받은 것이고, 실정법상으로는 공교육의 책임이 있는 국가의 위임에 의한 것이다. 그것은 **교사의 지위에서 생기는 학생에 대한 일차적인 교육상의 직무권한(직권)이지만, 학생의 수학권의 실현을 위하여 인정되는 것으로서 양자는 상호협력관계에 있다**고 하겠으나, **수학권은 헌법상 보장된 기본권의 하나로서 보다 존중되어야** 하며, 그것이 왜곡되지 않고 올바르게 행사될 수 있게 하기 위한 범위 내에서는 수업권도 어느 정도의 범위 내에서 제약을 받지 않으면 안될 것이다(헌재 1992.11.12. 89헌마88).

13 초·중등학교 교사인 청구인들이 교육과정에 따라 학생들을 가르치고 평가하여야 하는 법적인 부담이나 제약을 받는다고 하더라도 이는 헌법상 보장된 기본권에 대한 제한이라고 보기 어렵다. 2023 해양경찰 ( )

해설 법률이 교사의 학생교육권(수업권)을 인정하고 보장하는 것은 헌법상 당연히 허용된다 할 것이나, 초·중등학교에서의 학생교육은 교사 자신의 인격의 발현 또는 학문과 연구의 자유를 위한 것이라기보다는 교사의 직무에 기초하여 초·중등학교의 교육목표를 실현하기 위한 것이므로, 교사인 청구인들이 **이 사건 교육과정에 따라 학생들을 가르치고 평가하여야 하는 법적인 부담이나 제한을 받는다고 하더라도 이는 헌법상 보장된 기본권에 대한 제한이라고 보기 어려워 기본권침해가능성이 인정되지 아니한다**(헌재 2021.5.27. 2018헌마1108).

14 헌법은 국가의 교육권한과 부모의 교육권의 범주 내에서 학생에게도 자신의 교육에 관하여 스스로 결정할 권리, 즉 자유롭게 교육을 받을 권리를 부여하고, 학생은 국가의 간섭을 받지 아니하고 자신의 능력과 개성, 적성에 맞는 학교를 자유롭게 선택할 권리를 가진다. 2022 변시 / 2023 경찰1차 ( )

해설 **헌법은 국가의 교육권한과 부모의 교육권의 범주 내에서 학생에게도 자신의 교육에 관하여 스스로 결정할 권리, 즉 자유롭게 교육을 받을 권리를 부여하고, 학생은 국가의 간섭을 받지 아니하고 자신의 능력과 개성, 적성에 맞는 학교를 자유롭게 선택할 권리**를 가진다(헌재 2012.11.29. 2011헌마827).

15-1 자율형 사립고등학교를 후기학교로 정하여 신입생을 일반고와 동시에 선발하도록 한 「초·중등교육법 시행령」 규정은 신뢰보호 원칙에 위배되는 바, 동시선발로 달성할 수 있는 공익에 비해 학교법인의 신뢰를 보호하여야 할 가치나 필요성이 더 크기 때문이다. 2021 경찰경력채용 ( )

15-2 학생 선발시기 구분에 있어 「초·중등교육법 시행령」 조항이 자사고를 후기학교로 규정함으로써 과학고와 달리 취급하고, 일반고와 같이 취급하는 데에는 합리적인 이유가 있으므로 자사고 학교법인의 평등권을 침해하지 아니한다. 2023 경찰1차 ( )

ANSWER 12-1 ○ 12-2 ○ 13 ○ 14 ○ 15-1 ✕ 15-2 ○

15-3 「초·중등교육법 시행령」 중 자율형사립고(자사고) 지원자의 평준화지역 후기학교 중복지원금지조항은 고등학교 진학 기회에 있어서 자사고 지원자들에 대한 차별을 정당화할 수 있을 정도로 차별 목적과 차별 정도 간에 비례성을 갖춘 것이다. 2022 경찰간부 ( )

15-4 자율형 사립고등학교를 지원한 학생에게 평준화지역 후기학교에 중복지원하는 것을 금지한 「초·중등교육법 시행령」 조항은 매우 보편화된 일반교육에 해당하는 고등학교 진학 기회를 제한하는 것으로 당사자에게 미치는 기본권 제한의 효과가 크다는 점에서 엄격한 심사척도에 의하여 평등원칙 위배여부를 심사하여야 한다. 2024 경찰1차 ( )

15-5 자율형 사립고등학교를 지원한 학생에게 평준화지역 후기 학교에 중복지원하는 것을 금지한 초·중등교육법 시행령 제81조 제5항 중 '제91조의3에 따른 자율형 사립고등학교는 제외한다' 부분은 고교별 특성을 고려한 것으로 청구인 학생의 평등권을 침해하지 않는다. 2023 지방직7급 ( )

15-6 자율형 사립고등학교(이하 '자사고'라 함)와 일반고등학교(이하 '일반고'라 함)가 동시선발을 하게 되면 해당 자사고의 교육에 적합한 학생을 선발하는 데 지장이 있고 자사고의 사학운영의 자유를 침해하므로 자사고를 후기학교로 정하여 신입생을 일반고와 동시에 선발하도록 한 「초·중등교육법 시행령」 해당 조항은 국가가 학교 제도를 형성할 수 있는 재량 권한의 범위를 일탈하였다. 2023 경찰간부 ( )

> **해설** 자사고 지원자에게 평준화지역 후기학교 중복지원을 금지한 초·중등교육법 시행령(중복지원금지 조항)과 자사고를 후기학교로 규정함으로써 과학고와 달리 취급하고, 일반고와 같이 취급하는 초·중등교육법 시행령(동시선발 조항) 사건(헌재 2019.4.11. 2018헌마221)
> (1) 헌법은 제31조 제1항에서 "능력에 따라 균등하게"라고 하여 교육영역에서 평등원칙을 구체화하고 있다. **헌법 제31조 제1항은 헌법 제11조의 일반적 평등조항에 대한 특별규정**으로서 교육의 영역에서 평등원칙을 실현하고자 하는 것이다.
> 비록 고등학교 교육이 의무교육은 아니지만 매우 보편화된 일반교육임을 고려할 때, 고등학교 진학 기회의 제한은 대학 등 고등교육기관에 비하여 당사자에게 미치는 제한의 효과가 더욱 크므로 보다 더 **엄격히 심사**하여야 한다. 따라서 이 사건 중복지원금지 조항의 차별 목적과 차별의 정도가 **비례원칙**을 준수하는지 살펴본다.
> (2) 이 사건 **중복지원금지 조항**은 고등학교 진학 기회에 있어서 자사고 지원자들에 대한 차별을 정당화할 수 있을 정도로 차별 목적과 차별의 정도 간에 비례성을 갖춘 것이라고 볼 수 없다. 따라서 이 사건 중복지원금지 조항은 청구인 학생 및 학부모의 **평등권을 침해하여 헌법에 위반된다**.
> (3) **이 사건 동시선발 조항**이 자사고를 후기학교로 규정함으로써 과학고와 달리 취급하고, 일반고와 같이 취급하는 데에는 합리적인 이유가 있으므로, 이 사건 동시선발 조항은 청구인 **학교법인의 평등권을 침해하지 아니한다.**

16 학교폭력과 관련하여 학교가 가해학생에 대해 일정한 조치를 내렸을 경우, 그 조치가 적절하였는지 여부에 대해 가해학생의 학부모가 의견을 제시할 수 있는 권리는 학부모의 자녀교육권의 내용에 포함된다고 볼 수 없다. 2023 해양경찰 ( )

> **해설** 학교가 학생에 대해 불이익 조치를 할 경우 해당 학생의 학부모가 의견을 제시할 권리는 자녀교육권의 일환으로 보호된다. 학교폭력예방법 제17조 제5항이 **학교폭력 가해학생에 대한 조치 전에 자녀교육권의 일환으로 그 보호자에게 의견 진술의 기회를 부여하는 것처럼**, 가해학생에 대해 일정한 조치가 내려졌을 경우 그 조치가 적절하였는지 여부에 대해 의견을 제시할 수 있는 권리 또한 그 연장선상에서 학부모의 자녀교육권의 **내용에 포함된다**(헌재 2013.10.24. 2012헌마832).

ANSWER 15-3 × 15-4 ○ 15-5 × 15-6 × 16 ×

17-1 「학교폭력예방 및 대책에 관한 법률」에서 학교폭력 가해학생에 대하여 수개의 조치를 병과할 수 있도록 하고, 출석정지기간의 상한을 두지 아니한 부분은 과잉금지원칙에 위배되어 청구인들의 학습의 자유를 침해한다. 2022 경찰간부 ( )

17-2 학교폭력 가해학생에 대해서 수개의 조치를 병과하고 출석정지기간의 상한을 두지 않은 「학교폭력예방 및 대책에 관한 법률」 조항은 피해학생의 보호에만 치중하여 가해학생에 대해 무기한 내지 지나치게 장기간의 출석정지조치가 취해지는 경우 가해 학생에게 가혹한 결과가 초래될 수 있어 학교폭력 가해학생의 자유롭게 교육을 받을 권리를 침해한다. 2023 경찰1차 ( )

> **해설** 이 사건 징계조치 조항에서 수개의 조치를 병과하고 출석정지기간의 상한을 두지 않음으로써 구체적 사정에 따라 다양한 조치를 취할 수 있도록 한 것은, 피해학생의 보호 및 가해학생의 선도·교육을 위하여 바람직하다고 할 것이고, 이 사건 징계조치 조항보다 가해학생의 학습의 자유를 덜 제한하면서, 피해학생에게 심각한 피해와 지속적인 영향을 미칠 수 있는 학교폭력에 구체적·탄력적으로 대처하고, 피해학생을 우선적으로 보호하면서 가해학생도 선도·교육하려는 입법 목적을 이 사건 징계조치 조항과 동일한 수준으로 달성할 수 있는 입법의 대안이 있다고 보기 어렵다. 따라서 **이 사건 징계조치 조항이 가해학생에 대하여 수개의 조치를 병과할 수 있도록 하고 출석정지조치를 취함에 있어 기간의 상한을 두고 있지 않다고 하더라도, 가해학생의 학습의 자유에 대한 제한이 입법 목적 달성에 필요한 최소한의 정도를 넘는다고 볼 수 없다**(헌재 2019.4.11. 2017헌바140 등).

18-1 검정고시로 고등학교 졸업학력을 취득한 사람들에게는 정규 고등학교 학교생활기록부가 없어 초등교사로서의 품성과 자질 등을 다방면으로 평가할 자료가 부족하므로, 국립교육대학교 수시모집요강에서 이들에게 수시모집에 응시할 수 있는 기회를 부여하지 않았더라도 검정고시로 고등학교 졸업학력을 취득한 사람들의 교육을 받을 권리를 침해한 것은 아니다. 2022 변시 ( )

18-2 검정고시로 고등학교 졸업학력을 취득한 사람들의 수시모집 지원을 제한하는 내용의 국립교육대학교 등의 '2017학년도 신입생 수시모집 입시요강'은 청구인들의 균등하게 교육을 받을 권리를 침해한다. 2023 행시 ( )

18-3 검정고시로 고등학교 졸업학력을 취득한 사람들(검정고시출신자)의 수시모집 지원을 제한하는 내용의 국립교육대학교 수시모집 입시요강은 검정고시 출신자를 합리적인 이유 없이 차별함으로써 균등하게 교육을 받을 권리를 침해한다. 2023 경찰1차 ( )

18-4 학문의 자유와 대학의 자율성에 따라 대학이 학생의 선발 및 전형 등 대학입시제도를 자율적으로 마련할 수 있다 하더라도 이를 내세워 국민의 교육받을 권리를 침해할 수 없다. 2022 경찰간부 ( )

18-5 평등권으로서 교육을 받을 권리는 '취학·진학의 기회균등', 즉 각자의 능력에 상응하는 교육을 받을 수 있도록 학교 입학에 있어서 자의적 차별이 금지되어야 한다는 차별금지원칙을 의미한다. 2024 경찰1차 ( )

> **해설** 헌법은 제31조 제1항에서 "능력에 따라 균등하게"라고 하여 교육영역에서 평등원칙을 구체화하고 있다. 헌법 제31조 제1항은 헌법 제11조의 일반적 평등조항에 대한 특별규정으로서 교육의 영역에서 평등원칙을 실현하고자 하는 것이다. **평등권으로서 교육을 받을 권리는 '취학의 기회균등', 즉 각자의 능력에 상응하는 교육을 받을 수 있도록 학교 입학에 있어서 자의적 차별이 금지되어야 한다는 차별금지원칙을 의미한다.**

ANSWER　17-1 ×　17-2 ×　18-1 ×　18-2 ○　18-3 ○　18-4 ○　18-5 ○

헌법 제31조 제1항은 취학의 기회에 있어서 고려될 수 있는 차별기준으로 '능력'을 제시함으로써, 능력 이외의 다른 요소에 의한 차별을 원칙적으로 제한하고 있다. 여기서 '능력'이란 '수학능력'을 의미하고 교육제도에서 '수학능력'은 개인의 인격발현과 밀접한 관계에 있는 인격적 요소이며, 학교 입학에 있어서 고려될 수 있는 합리적인 차별기준을 의미한다.

헌법 제22조 제1항이 보장하고 있는 학문의 자유와 헌법 제31조 제4항에서 보장하고 있는 대학의 자율성에 따라 대학이 학생의 선발 및 전형 등 대학입시제도를 자율적으로 마련할 수 있다 하더라도, 이러한 **대학의 자율적 학생 선발권**을 내세워 국민의 '**균등하게 교육을 받을 권리**'를 침해할 수 없으며, 이를 위해 대학의 자율권은 일정부분 제약을 받을 수 있다.

이 사건 수시모집요강은 기초생활수급자 · 차상위계층, 장애인 등을 대상으로 하는 일부 특별전형에만 검정고시 출신자의 지원을 허용하고 있을 뿐 수시모집에서의 검정고시 출신자의 지원을 일률적으로 제한함으로써 실질적으로 검정고시 출신자의 대학입학 기회의 박탈이라는 결과를 초래하고 있다. … 수시모집에서 검정고시 출신자에게 수학능력이 있는지 여부를 평가받을 기회를 부여하지 아니하고 이를 박탈한다는 것은 수학능력에 따른 합리적인 **차별**이라고 보기 어렵다. 피청구인들은 정규 고등학교 학교생활기록부가 있는지 여부, 공교육 정상화, 비교내신 문제 등을 차별의 이유로 제시하고 있으나 이러한 사유가 차별취급에 대한 합리적인 이유가 된다고 보기 어렵다. 그렇다면 **이 사건 수시모집요강은 검정고시 출신자인 청구인들을 합리적인 이유 없이 차별함으로써** 청구인들의 균등하게 교육을 받을 권리를 침해한다(헌재 2017.12.28. 2016헌마649).

19 '서울대학교 2023학년도 대학 신입학생 입학전형 시행계획' 중 저소득학생 특별전형의 모집인원을 모두 수능위주전형으로 선발하도록 정한 부분이 저소득학생 특별전형에 응시하고자 하는 수험생들의 기회를 불합리하게 박탈하는 것은 아니다. 2023 경찰간부 ( )

해설 대입제도 공정성을 강화하기 위해 수능위주전형 비율을 높이면서 농어촌학생 특별전형과 달리 저소득학생 특별전형에서는 모집인원 전체를 수능위주전형으로 선발한다고 하더라도, 이것이 저소득학생의 응시기회를 불합리하게 박탈하는 것이라고 보기는 어렵다. 결국 이 사건 입시계획은 청구인의 균등하게 교육을 받을 권리를 침해하지 않는다(헌재 2022.9.29. 2021헌마929).

20-1 대학 입학전형자료의 하나인 수능시험은 고등학교 교육과정에 대한 최종적이고 종합적인 평가로서 학교교육 제도와 밀접한 관계가 있기 때문에, 수능시험의 출제 방향이나 원칙을 어떻게 정할 것인지에 대하여 국가는 폭넓은 재량권을 갖는다. 2022 변시 ( )

20-2 대학수학능력시험의 문항 수 기준 70%를 한국교육방송공사(EBS) 교재와 연계하여 출제하는 내용의 '2018학년도 대학수학능력시험 시행기본계획'은 대학수학능력시험을 준비하는 자의 교육을 받을 권리를 제한한다. 2022 입법고시 ( )

20-3 대학수학능력시험의 문항 수 기준 70%를 한국교육방송공사 교재와 연계하여 출제하는 것이 대학수학능력시험을 준비하는 자들의 능력에 따라 균등하게 교육을 받을 권리를 직접 제한한다고 보기는 어렵다. 2022 경찰간부 ( )

해설 수능시험을 준비하면서 무엇을 어떻게 공부하여야 할지에 관하여 스스로 결정할 자유가 심판대상계획에 따라 제한된다. 이는 자신의 교육에 관하여 스스로 결정할 권리, 즉 교육을 통한 자유로운 인격발현권을 제한받는 것으로 볼 수 있다. 한편, **청구인들은 심판대상계획으로 인해 교육을 받을 권리가 침해된다고 주장하지만, 심판대상계획이 헌법 제31조 제1항의 능력에 따라 균등하게 교육을 받을 권리를 직접 제한한다고 보기는 어렵다.**

ANSWER 19 ○ 20-1 ○ 20-2 × 20-3 ○

국가는 학교에서의 교육목표, 학습계획, 학습방법, 학교조직 등 교육제도를 정하는 데 포괄적 규율권한과 폭넓은 **입법형성권을 갖는다.** 대학 입학전형자료의 하나인 수능시험은 대학 진학을 위해 필요한 것이지만, 고등학교 교육과정에 대한 최종적이고 종합적인 평가로서 학교교육 제도와 밀접한 관계에 있다.

따라서 **국가는 수능시험의 출제 방향이나 원칙을 어떻게 정할 것인지에 대해서도 폭넓은 재량권을 갖는다.** 국가의 공권력행사가 학생의 자유로운 인격발현권을 제한하는 경우에도 헌법 제37조 제2항에 따른 한계를 준수하여야 한다. 다만, **국가는 수능시험 출제 방향이나 원칙을 정할 때 폭넓은 재량권을 가지므로, 심판대상계획이 청구인들의 기본권을 침해하는지 여부를 심사할 때 이러한 국가의 입법형성권을 감안하여야** 한다(헌재 2018. 2. 22. 2017헌마691).

21 헌법재판소는 비록 헌법에 명문의 규정은 없지만 학교법인을 설립하고 이를 통하여 사립학교를 설립·경영하는 것을 내용으로 하는 사학의 자유가 헌법 제10조, 제31조 제1항, 제4항에서 도출되는 기본권임을 확인한 바 있다. 2023 지방직7급 ( )

해설 사립학교는 그 설립자의 특별한 설립이념을 구현하거나 독자적인 교육방침에 따라 개성 있는 교육을 실시할 수 있을 뿐만 아니라 공공의 이익을 위한 재산출연을 통하여 정부의 공교육 실시를 위한 재정적 투자능력의 한계를 자발적으로 보완해 주는 역할을 담당하는바, **헌법재판소는 사립학교 운영의 자유가 비록 헌법에 명문의 규정은 없지만 헌법 제10조, 제31조 제1항, 제31조 제3항에서 도출되는 기본권임을 밝힌 바 있다**(헌재 2009. 4. 30. 2005헌바101).

22 우리나라는 사립학교도 공교육체계에 편입시켜 국가 등의 지도·감독을 받도록 함과 동시에 그 기능에 충실하도록 많은 재정적 지원과 각종 혜택을 부여하고 있는바, 목적의 달성이 불가능하여 그 존재 의의를 상실한 학교법인은 적법한 절차를 거쳐 해산시키는 것이 필요하므로 구 사립학교법 상의 해산명령조항은 과잉금지원칙에 반하지 않는다. 2023 지방직7급 ( )

해설 이 사건 해산명령조항은 학교법인으로 하여금 사립학교의 설치·경영이라는 목적 달성에 충실하도록 하며, 비정상적으로 운영되는 사립학교의 존립 가능성을 사전에 차단함으로써, 전체 교육의 수준을 일정 수준 이상으로 유지하기 위한 것이다. 학교법인이 목적의 달성이 불가능하다면 그 자체로 해당 학교법인은 이미 존재의의를 상실한 것이다. 특히 우리나라는 사립학교도 공교육체계에 편입시켜 국가 등의 지도·감독을 받도록 함과 동시에 그 기능에 충실하도록 많은 재정적 지원과 각종 혜택을 부여하고 있다. 따라서 목적의 달성이 불가능하여 그 존재 의의를 상실한 학교법인은 적법한 절차를 거쳐 해산시키는 것이 필요하고, 이를 그대로 존치시키는 것은 사회 전체적으로 볼 때 바람직하지 않다. 학교법인에 대한 해산명령은 학교법인에게 설립목적을 제대로 유지·계승할 수 있는 기회를 주었음에도 제대로 시정되지 아니하였을 때 내려지는 최후의 제재수단으로서 그 전에 청문절차도 거쳐야 한다. 이 사건 해산명령조항에 따라 학교법인이 해산됨으로써 달성할 수 있는 공익이, 학교법인 해산으로 인하여 발생하게 될 불이익보다 작다고 할 수도 없다. 따라서 이 사건 해산명령조항은 과잉금지원칙에 반하지 않는다(헌재 2018. 12. 27. 2016헌바217).

23 교육을 받을 권리는 국민이 국가에 대하여 직접 특정한 교육제도나 교육과정을 요구할 수 있는 것을 포함한다. 2022 입법고시 ( )

해설 교육의 기회균등이란 국민 누구나가 교육에 대한 접근 기회 즉, 취학의 기회가 균등하게 보장되어야 함을 뜻하므로, 교육을 받을 권리는 국가로 하여금 능력이 있는 국민이 여러 가지 사회적·경제적 이유로 교육을 받지 못하는 일이 없도록 국가의 재정능력이 허용하는 범위 내에서 모든 국민에게 취학의 기회가 골고루 주어지게끔 그에 필요한 교육시설 및 제도를 마련할 의무를 부과한다. 그러나 **교육을 받을 권리는 국민이 국가에 대하여 직접 특정한 교육제도나 교육과정 또는 학교시설을 요구할 수 있는 것을 뜻하지는 않는다고 할 것이다**(헌재 2008. 9. 25. 2008헌마456).

ANSWER 21 ○ 22 ○ 23 ×

24 교육을 받을 권리가 자신의 교육환경을 최상 혹은 최적으로 만들기 위해 타인의 교육시설 참여 기회를 제한할 것을 청구할 수 있는 기본권은 아니지만, 기존의 재학생들에 대한 교육 환경이 상대적으로 열악해질 수 있음을 이유로 새로운 편입학 자체를 하지 말도록 요구하는 것은 교육을 받을 권리의 내용으로 포섭할 수 있다.
2022 경찰경력채용 ( )

> **해설** 교육을 받을 권리는 국민이 국가에 대해 직접 특정한 교육제도나 학교시설을 요구할 수 있음을 뜻하지는 않으며, 더구나 자신의 교육환경을 최상 혹은 최적으로 만들기 위해 타인의 교육시설 참여 기회를 제한할 것을 청구할 수 있는 기본권은 더욱 아닌 것이다.
> 헌법 제31조 제1항에 의해서 보장되는 교육을 받을 권리는 교육영역에서의 기회균등을 내용으로 하는 것이지, 자신의 교육환경을 최상 혹은 최적으로 만들기 위해 타인의 교육시설 참여 기회를 제한할 것을 청구할 수 있는 기본권은 아니므로, **기존의 재학생들에 대한 교육환경이 상대적으로 열악해질 수 있음을 이유로 새로운 편입학 자체를 하지 말도록 요구하는 것은 교육을 받을 권리의 내용으로는 포섭할 수 없다**(헌재 2003.9.25. 2001헌마814 등).

25-1 헌법 제31조 제1항에 따라 모든 국민은 능력에 따라 균등하게 교육을 받을 권리를 가지는바, 교육을 받을 권리는 국가에 대하여 특정한 교육제도나 시설의 제공을 요구할 수 있는 권리까지 내포하고 있다.
2022 경찰승진 ( )

25-2 국·공립대학 도서관장이 승인하지 아니하여 대학구성원이 아닌 자가 대학도서관에서 도서를 대출할 수 없거나 열람실을 이용할 수 없게 되었다고 하여 그의 교육을 받을 권리가 침해된다고 볼 수는 없다.
2022 경찰승진 ( )

> **해설** 교육을 받을 권리가 국가에 대하여 특정한 교육제도나 시설의 제공을 요구할 수 있는 권리를 뜻하는 것은 아니므로, **청구인이 이 사건 도서관에서 도서를 대출할 수 없거나 열람실을 이용할 수 없더라도 청구인의 교육을 받을 권리가 침해된다고 볼 수 없다**(헌재 2016.11.24. 2014헌마977).

26 서울대학교 재학생이 재학 중인 학교의 법적 형태를 법인이 아닌 공법상 영조물인 국립대학으로 유지하여 줄 것을 요구할 권리는 학생의 교육받을 권리에 포함되지 아니한다. 2022 경찰승진 ( )

> **해설** 서울대학교 재학생은 공무담임권이 침해될 가능성이 없고, **재학 중인 학교의 법적 형태를 공법상 영조물인 국립대학으로 유지하여 줄 것을 요구할 권리는 교육받을 권리에 포함되지 아니하며**, 대학의 관리·운영에 관한 사항은 학생의 학문의 자유와 관련되어 있다고 볼 수 없어 자기관련성이 인정되지 않는다(헌재 2014.4.24. 2011헌마612).

27 헌법 제31조 제1항에 따라 국가에게 능력에 따라 균등한 교육 기회를 보장할 의무가 부여되어 있다 하더라도, 군인이 자기계발을 위하여 해외유학하는 경우의 교육비를 청구할 수 있는 권리가 도출된다고 할 수는 없다.
2022 경찰승진 ( )

> **해설** 헌법 제31조 제1항에 의하여 국가에게 능력에 따라 균등한 교육의 기회를 보장할 의무가 부여되어 있다 하더라도 **이로부터 군인이 자기계발을 위하여 해외유학하는 경우에 그 교육비를 청구할 수 있는 권리가 도출된다고 할 수는 없다**(헌재 2009.4.30. 2007헌마290).

28 국·공립학교와는 달리 사립학교의 경우에 학교운영위원회의 설치를 임의적인 사항으로 하는 것은 자의금지원칙위반으로 평등권과 학부모의 교육참여권을 침해하는 것이다. 2023 입법고시 ( )

ANSWER 24 × 25-1 × 25-2 ○ 26 ○ 27 ○ 28 ×

해설 사립학교에도 국·공립학교처럼 의무적으로 운영위원회를 두도록 할 것인지, 아니면 임의단체인 기존의 육성회 등으로 하여금 유사한 역할을 계속할 수 있게 하고 법률에서 규정된 운영위원회를 재량사항으로 하여 그 구성을 유도할 것인지의 여부는 입법자의 입법형성영역인 정책문제에 속하고, 그 재량의 한계를 현저하게 벗어나지 않는 한 헌법위반으로 단정할 것은 아니다. 청구인이 **위 조항으로 인하여 사립학교의 운영위원회에 참여하지 못하였다고 할지라도 그로 인하여 교육참여권이 침해되었다고 볼 수 없다** (헌재 1999.3.25. 97헌마130).

29-1 검정고시응시자격을 제한하는 것은 국민의 교육받을 권리 중 그 의사와 능력에 따라 균등하게 교육받을 것을 국가로부터 방해받지 않을 권리를 제한하는 것이므로 그 제한에 대하여는 과잉금지원칙에 따른 심사를 받아야 한다. 2022 지방직7급 ( )

29-2 고등학교 퇴학일로부터 검정고시 공고일까지의 기간이 6개월 이상이 되지 않은 사람에게 고졸검정고시에 응시자격을 부여하지 않는 것은 교육을 받을 권리를 침해하는 것은 아니다. 2023 입법고시 ( )

29-3 검정고시응시자격을 제한하는 것은 국민의 교육받을 권리 중 그 의사와 능력에 따라 균등하게 교육을 받을 것을 국가로부터 방해받지 않을 권리를 제한하는 것이므로 과소보호금지의 원칙에 따른 심사를 받아야 할 것이다. 2023 경찰간부 ( )

29-4 고시 공고일을 기준으로 고등학교에서 퇴학된 날로부터 6월이 지나지 아니한 자를 고등학교 졸업학력 검정고시를 받을 수 있는 자의 범위에서 제외하고 있는 '고등학교 졸업학력 검정고시 규칙'의 조항은 교육을 받을 권리를 침해한다. 2023 경찰간부 ( )

해설 이 사건 규칙조항과 같이 **검정고시응시자격을 제한하는 것은, 국민의 교육받을 권리 중 그 의사와 능력에 따라 균등하게 교육받을 것을 국가로부터 방해받지 않을 권리, 즉 자유권적 기본권을 제한하는 것이므로, 그 제한에 대하여는 헌법 제37조 제2항의 비례원칙에 의한 심사, 즉 과잉금지원칙에 따른 심사를 받아야 할 것이다.**
이 사건 규칙조항의 입법목적은 고등학교 퇴학자의 응시 증가를 줄이고 정규 학교교육과정의 이수를 유도하기 위함이므로 그 입법목적이 정당하다 할 것이고, 고등학교를 퇴학한 후 일정한 기간 동안 응시를 제한한다면 내신관리를 위해 고등학교를 퇴학할 것인지를 고민하는 자에 대하여는 고등학교 자퇴 여부를 숙고하게 할 것이므로 **방법의 적절성이 인정**되며, 고등학교 퇴학자에 대하여 검정고시의 응시기회를 영구히 박탈하는 것이 아니고, 고등학교 졸업학력 검정고시는 연 2회 이상 시행되며, 장애인복지법에 따라 등록한 장애인으로서 신체적·정신적 장애로 학업을 계속하는 것이 불가능하여 **고등학교에서 퇴학된 자는 이 사건 규칙조항의 제한을 받지 않는 것, 이 사건 규칙조항에 의하여 제한받는 사익은 자신이 원하는 시기에 검정고시에 응시하여 학력인정을 취득하려는 것에 불과한 점, 그에 반하여 이 사건 규칙조항으로 달성하려는 공익은 고등학교 퇴학자의 응시 증가를 줄이고 정규 학교교육과정의 이수 유도라는 점 등을 감안하면, 피해의 최소성 및 법익 균형성 원칙에도 위배되지 않는다**(헌재 2008.4.24. 2007헌마1456).

30-1 한자는 우리 민족의 역사와 전통, 사상을 담고 있는 우리 문화의 주요 구성요소이며, 우리말 중 한자어가 차지하는 비중은 약 70%에 달하는 점을 감안할 때, 한자 관련 고시가 초·중등학교에서 한자교육을 필수교과가 아니라 선택할 수 있게 규정한다면 학생들로 하여금 공교육을 통해 한자를 배울 기회가 전혀 없을 수 있으므로 이는 학생의 자유로운 인격발현권 및 학부모의 자녀교육권을 침해한다. 2022 경찰경력채용 ( )

ANSWER 29-1 ○ 29-2 ○ 29-3 × 29-4 × 30-1 ×

30-2 한자를 국어과목에서 분리하여 초등학교 재량에 따라 선택적으로 가르치도록 하는 것은, 국어교과의 내용으로 한자를 배우고 일정 시간 이상 필수적으로 한자교육을 받음으로써 교육적 성장과 발전을 통해 자아를 실현하고자 하는 학생들의 자유로운 인격발현권을 제한하기는 하나 학부모의 자녀교육권을 제한하는 것은 아닙니다. 2024 경찰승진 ( )

> 해설 이 사건 한자 관련 고시는 한자를 국어과목에서 분리하여 학교 재량에 따라 선택적으로 가르치도록 하고 있으므로, 국어교과의 내용으로 한자를 배우고 일정 시간 이상 필수적으로 한자교육을 받음으로써 교육적 성장과 발전을 통해 자아를 실현하고자 하는 **학생들의 자유로운 인격발현권을 제한한다**.
> 이 사건 한자 관련 고시는 자녀의 올바른 성장과 발전을 위하여 한자교육이 반드시 필요하고 국어과목 시간에 이루어져야 한다고 생각하는 **학부모의 자녀교육권도 제한할 수 있다**.
> 현재 한글전용이 보편화되어 있어 대부분의 문서와 책, 언론기사 등이 한글 위주로 작성되어 있고, 한자는 한글만으로 뜻의 구별이 안 되거나 생소한 단어의 경우 그 정확한 이해를 돕기 위해 부기하는 정도로만 표기되고 있다. 한자어는 굳이 한자로 쓰지 않더라도 앞뒤 문맥으로 그 뜻을 이해할 수 있는 경우가 대부분이고, 특정 낱말이 한자로 어떻게 표기되는지를 아는 것이 어휘능력이나 독해력, 사고력 향상에 결정적인 요소가 된다고 보기 어렵다. 특히 요즘에는 인터넷이 상용화되어 한글만 사용하더라도 지식과 정보 습득에 아무런 문제가 없다. 이러한 점들을 종합하면, 한자를 국어과목의 일환이 아닌 독립과목으로 편제하고 학교 재량에 따라 선택적으로 가르치도록 하였다고 하여 학생들의 자유로운 인격발현권이나 부모의 자녀교육권을 침해한다고 볼 수 없다(헌재 2016.11.24. 2012헌마854).

31 임용기간이 만료한 대학교원에 대한 재임용거부를 재심청구의 대상으로 명시하지 않았다 하여 교원지위법정주의의 본질을 훼손하여 헌법에 합치하지 아니한다고는 볼 수 없다. 2022 경찰경력채용 ( )

> 해설 **임기만료 교원에 대한 재임용거부는** 이 사건 교원지위법 조항 소정의 "징계처분 기타 그 의사에 반하는 불리한 처분"에 버금가는 효과를 가진다고 보아야 하므로 이에 대하여는 마땅히 교육인적자원부 교원징계재심위원회의 재심사유, 나아가 **법원에 의한 사법심사의 대상이 되어야** 한다. 그럼에도 불구하고 **이 사건 교원지위법조항은 이에 대하여 아무런 규정을 하고 있지 아니하므로, 입법자가 법률로 정하여야 할 교원지위의 기본적 사항에는 교원의 신분이 부당하게 박탈되지 않도록 하는 최소한의 보호의무에 관한 사항이 포함되어야 한다는 헌법 제31조 제6항 소정의 교원지위법정주의에 위반된다고 할 것이다**(헌재 2003.12.18. 2002헌바14 등).

32-1 2년제 전문대학의 졸업자에게만 대학·산업대학 또는 원격대학의 편입학 자격을 부여하고, 3년제 전문대학의 2년 이상 과정 이수자에게는 편입학 자격을 부여하지 않는 것은 교육을 받을 권리를 침해하지 않는다. 2022 경찰간부 ( )

32-2 3년제 전문대학의 2년 이상의 이수자에게 의무교육기관이 아닌 대학에의 일반 편입학을 허용하지 않는 것이 교육을 받을 권리나 평생교육을 받을 권리를 본질적으로 침해하지 않는다. 2023 해양경찰 ( )

> 해설 이 사건 법률조항은 대학에 편입학하기 위하여는 전문대학을 졸업할 것을 요구하고 있어, '3년제 전문대학의 2년 이상 과정을 이수한 자'는 편입학을 할 수 없다. 우선 '3년제 전문대학의 2년 이상 과정을 이수한 자'를 '2년제 전문대학을 졸업한 자'와 비교하여 보면 객관적인 과정인 졸업이라는 요건을 갖추지 못하였다. 또한, '4년제 대학에서 2년 이상 과정을 이수한 자'와 비교하여 보면, 고등교육법이 그 목적과 운영방법에서 전문대학과 대학을 구별하고 있는 이상, 전문대학 과정의 이수와 대학과정의 이수를 반드시 동일하다고 볼 수 없어, 3년제 전문대학의 2년 이상 과정을 이수한 자에게 편입학 자격을 부여하지 아니한 것이 현저하게 불합리한 자의적인 차별이라고 볼 수 없다. 나아가 **평생교육을 포함한 교육시설의 입학자격에 관하여는 입법자에게 광범위한 형성의 자유가 있다고 할 것이어서, 3년제 전문대학의 2년 이상의 이수자에게 의무교육기관이 아닌 대학에의 일반 편입학을 허용하지 않는 것이 교육을 받을 권리나 평생교육을 받을 권리를 본질적으로 침해하지 않는다**(헌재 2010.11.25. 2010헌마144).

ANSWER 30-2 ×   31 ×   32-1 ○   32-2 ×

33-1 사립유치원의 공통적인 세입·세출 자료가 없는 경우 관할청의 지도·감독에는 한계가 존재할 수밖에 없다는 이유로 사립유치원의 회계를 국가가 관리하는 공통된 회계시스템을 이용하여 처리하도록 하는 것은 개인사업자인 사립유치원의 자유로운 회계처리방법 선택권을 과도하게 침해한다. 2022 국회직8급 ( )

33-2 사립학교도 공교육의 일익을 담당한다는 점에서 국·공립학교와 본질적인 차이가 있을 수 없기 때문에 공적인 학교 제도를 보장하여야 할 책무를 진 국가가 일정한 범위 안에서 사립학교의 운영을 관리·감독할 권한과 책임을 진다. 2022 국회직8급 ( )

33-3 사립학교 설립의 자유와 운영의 독자성을 보장할 필요가 있는 한편 사립학교도 공교육의 일익을 담당한다는 점에서 국·공립학교와 본질적인 차이가 있을 수 없기 때문에, 공적인 학교 제도를 보장하여야 할 책무를 진 국가가 일정한 범위 안에서 사립학교의 운영을 관리·감독할 권한과 책임을 진다. 2024 법원행시 ( )

33-4 국가가 사립학교의 운영을 관리·감독할 권한과 책임에 관한 규율의 정도는 교육의 본질을 침해하지 않는 한 궁극적으로는 입법권자의 형성의 자유에 속한다. 2024 법원행시 ( )

> **해설** 사립학교는 그 설립자의 특별한 설립이념을 구현하거나 독자적인 교육방침에 따라 개성 있는 교육을 실시할 수 있을 뿐만 아니라 공공의 이익을 위한 재산출연을 통하여 정부의 공교육 실시를 위한 재정적 투자능력의 한계를 자발적으로 보완해 주는 역할을 담당하므로, **사립학교 설립의 자유와 운영의 독자성을 보장할 필요가 있다.** 그러나 다른 한편, 사립학교도 공교육의 일익을 담당한다는 점에서 국·공립학교와 본질적인 차이가 있을 수 없기 때문에 공적인 학교 제도를 보장하여야 할 책무를 진 국가가 일정한 범위 안에서 사립학교의 운영을 관리·감독할 권한과 책임을 지는 것 또한 당연하다 할 것이고, 그 규율의 정도는 그 시대의 사정과 각급 학교의 형편에 따라 다를 수밖에 없는 것이므로, 교육의 본질을 침해하지 않는 한 궁극적으로는 입법권자의 형성의 자유에 속한다.
> 이 사건 규칙은 사립유치원의 교비회계를 국가가 관리하는 공통된 회계시스템을 이용하여 처리하도록 함으로써 **사립유치원의 회계투명성을 제고하고, 사립유치원의 재정 및 회계의 건전성과 투명성은 그 유치원에 의하여 수행되는 교육의 공공성과 직결된다.** 국가와 지방자치단체의 재정지원을 받는 사립유치원이 개인의 영리추구에 매몰되지 아니하고 교육기관으로서 양질의 유아교육을 제공하는 동시에 유아교육의 공공성을 지킬 수 있는 재정적 기초를 다지는 것은 양보할 수 없는 중요한 법익이고, **이 사건 규칙은 사립유치원의 회계업무 처리 방법을 정할 뿐, 세출 용도를 지정·제한하거나 시설물의 처분권 등에 영향을 미치지 않는다. 그렇다면 사립유치원의 회계업무를 교육부장관이 지정하는 정보처리장치를 통하여 처리하도록 하는 이 사건 규칙이 사립유치원 설립·경영자의 사립학교 운영의 자유를 침해한다고 볼 수 없다**(헌재 2021.11.25. 2019헌마542 등).

34-1 사립학교는 그 설립자의 특별한 설립이념을 구현하거나 독자적인 교육방침에 따라 개성 있는 교육을 실시할 수 있을 뿐만 아니라 공공의 이익을 위한 재산출연을 통하여 정부의 공교육 실시를 위한 재정적 투자능력의 한계를 자발적으로 보완해 주는 역할을 담당하므로, 사립학교 설립의 자유와 운영의 독자성을 보장할 필요가 있다. 2022 국회직8급 ( )

34-2 사립유치원은 공교육이라는 공익적 서비스를 제공함에 따라 국가 및 지방자치단체로부터 그 운영재원의 대부분에 해당하는 재정지원 및 다양한 세제혜택을 받고 있으므로 사립유치원의 재정 및 회계의 투명성은 그 유치원에 의하여 수행되는 교육의 공공성과 직결된다. 2022 국회직8급 ( )

ANSWER 33-1 × 33-2 ○ 33-3 ○ 33-4 ○ 34-1 ○ 34-2 ○

34-3 사립유치원에「사학기관 재무·회계 규칙」을 적용하여 수입 및 지출할 수 있는 비용의 항목이 한정되는 등 엄격한 재무·회계관리가 이루어진다고 하더라도, 이로 인해 사립유치원 운영의 자율성이 완전히 박탈되는 것은 아니다. 2022 국회직8급 ( )

해설 사립학교는 그 설립자의 특별한 설립이념을 구현하거나 독자적인 교육방침에 따라 개성 있는 교육을 실시할 수 있을 뿐만 아니라 공공의 이익을 위한 재산출연을 통하여 정부의 공교육 실시를 위한 재정적 투자능력의 한계를 자발적으로 보완해 주는 역할을 담당하므로, 사립학교 설립의 자유와 운영의 독자성을 보장할 필요가 있다. 개인이 설립한 사립유치원 역시 사립학교법·유아교육법상 학교로서 공교육 체계에 편입되어 그 공공성이 강조되고 공익적인 역할을 수행하며, **국가 및 지방자치단체로부터 재정지원 및 세제혜택을 받고 있다. 따라서 사립유치원의 재정 및 회계의 투명성은 그 유치원에 의하여 수행되는 교육의 공공성과 직결**된다. 사립유치원이 심판대상조항의 적용으로 수입 및 지출할 수 있는 비용의 항목이 한정되는 등 **엄격한 재무·회계관리가 이루어진다고 하더라도 이로 인해 사립유치원 운영의 자율성이 완전히 박탈되는 것은 아니다**(헌재 2019.7.25. 2017헌마1038 등).

35 사립학교의 '교비회계에 속하는 수입 및 재산'이 본래의 용도인 학교의 학문 연구와 교육 및 학교운영을 위해 사용될 수 있도록 강제함으로써 사립학교가 교육기관으로서 양질의 교육을 제공하는 동시에 교육의 공공성을 지킬 수 있는 재정적 기초를 보호할 필요가 있다. 2024 법원행시 ( )

해설 이 사건 금지조항과 처벌조항은, **사립학교의 '교비회계에 속하는 수입 및 재산'이 본래의 용도인 학교의 학문 연구와 교육 및 학교운영을 위해 사용될 수 있도록 강제함으로써 사립학교가 교육기관으로서 양질의 교육을 제공하는 동시에 교육의 공공성을 지킬 수 있는 재정적 기초를 보호**하고 있다(헌재 2023.8.31. 2021헌바180).

36 헌법 제31조 제4항에 의해 보장되는 교육의 자주성과 전문성은 '교육기관의 자유'와 '교육의 자유'를 보장함으로써 비로소 달성할 수 있는데, '교육기관의 자유'는 교육을 담당하는 교육기관의 교육운영에 관한 자주적인 결정권을 그 내용으로 하고, '교육의 자유'는 교육내용이나 교육방법 등에 관한 자주적인 결정권을 그 내용으로 한다. 2023 경찰2차 ( )

해설 헌법 제31조 제4항에 의해 보장되는 **교육의 자주성과 전문성은 '교육기관의 자유'와 '교육의 자유'를 보장함으로써 비로소 달성**할 수 있는데, '**교육기관의 자유'는 교육을 담당하는 교육기관의 교육운영에 관한 자주적인 결정권을 그 내용으로 하고, '교육의 자유'는 교육내용이나 교육방법 등에 관한 자주적인 결정권을 그 내용으로** 한다(헌재 2013.5.30. 2011헌바227).

37 교원의 지위를 포함한 교육제도 등의 법정주의를 규정하고 있는 헌법 제31조 제6항은 교원의 기본권보장 내지 지위보장뿐만 아니라 교원의 기본권을 제한하는 근거가 될 수도 있다. 2024 경찰승진 ( )

해설 이 헌법조항(헌법 제31조 제6항)에 근거하여 교원의 지위를 정하는 법률을 제정함에 있어서는 **교원의 기본권보장 내지 지위보장과** 함께 국민의 교육을 받을 권리를 보다 효율적으로 보장하기 위한 규정도 반드시 함께 담겨 있어야 할 것이다. 그러므로 위 헌법조항을 근거로 하여 제정되는 법률에는 교원의 신분보장·경제적·사회적 지위보장 등 교원의 권리에 해당하는 사항뿐만 아니라 국민의 교육을 받을 권리를 저해할 우려있는 행위의 금지 등 교원의 의무에 관한 사항도 당연히 규정할 수 있는 것이므로 결과적으로 **교원의 기본권을 제한하는 사항까지도 규정할 수 있게 되는 것이다.**(헌재 1991.7.22. 89헌가106).

ANSWER 34-3 ○ 35 ○ 36 ○ 37 ○

Ⅲ 최신판례

01 사립학교법상 교비회계의 세입세출에 관한 사항을 대통령령으로 정하도록 한 규정이 포괄위임금지원칙에 위반되지 않고, 교비회계의 다른 회계로의 전용을 금지하는 규정과 위 금지규정을 위반한 경우 처벌하는 규정이 사립학교 운영의 자유를 침해하지 않는다(헌재 2023.8.31. 2021헌바180).

제3절 근로의 권리

Ⅰ 헌법 조문

제32조 ① 모든 국민은 근로의 권리를 가진다. 국가는 사회적·경제적 방법으로 근로자의 고용의 증진과 적정임금의 보장에 노력하여야 하며, 법률이 정하는 바에 의하여 최저임금제를 시행하여야 한다.
② 모든 국민은 근로의 의무를 진다. 국가는 근로의 의무의 내용과 조건을 민주주의원칙에 따라 법률로 정한다.
③ 근로조건의 기준은 인간의 존엄성을 보장하도록 법률로 정한다.
④ 여자의 근로는 특별한 보호를 받으며, 고용·임금 및 근로조건에 있어서 부당한 차별을 받지 아니한다.
⑤ 연소자의 근로는 특별한 보호를 받는다.
⑥ 국가유공자·상이군경 및 전몰군경의 유가족은 법률이 정하는 바에 의하여 우선적으로 근로의 기회를 부여받는다.

Ⅱ 최신 기출지문 분석

01 현행 헌법은 근로의 권리와 관련하여 여자와 연소자 근로의 특별한 보호를 명문으로 규정하고 있다.
2023 경찰승진 ( )
 여자의 근로는 특별한 보호를 받으며, 고용·임금 및 근로조건에 있어서 부당한 차별을 받지 아니한다. 연소자의 근로는 특별한 보호를 받는다(헌법 제32조 제4항 및 제5항). → **노인의 근로가 특별한 보호를 받는다는 규정은 없다.**

02 헌법에는 최저임금제에 관한 규정이 없지만, 근로자에 대하여 임금의 최저수준을 보장하여 근로자의 생활안정과 노동력의 질적 향상을 도모하고자 최저임금제를 실시하고 있다. 2024 행시 ( )

ANSWER 01 ○ 02 ✕

해설 모든 국민은 근로의 권리를 가진다. 국가는 사회적·경제적 방법으로 근로자의 고용의 증진과 적정임금의 보장에 노력하여야 하며, **법률이 정하는 바에 의하여 최저임금제를 시행하여야 한다**(헌법 제32조 제1항).

03 헌법은 국가유공자의 유가족은 법률이 정하는 바에 의하여 우선적으로 근로의 기회를 부여받는다고 규정하고 있다. 2024 행시 ( )

해설 **국가유공자·상이군경 및 전몰군경의 유가족**은 법률이 정하는 바에 의하여 우선적으로 근로의 기회를 부여받는다(헌법 제32조 제6항).

04-1 헌법 제32조 제1항이 규정한 근로의 권리는 근로자를 개인의 차원에서 보호하기 위한 권리로서 개인인 근로자가 그 주체가 되는 것이고 노동조합은 그 주체가 될 수 없다. 2022 법원행시 / 2024 경찰승진 ( )

04-2 헌법 제32조 제1항이 규정한 근로의 권리는 개인 근로자뿐만 아니라 노동조합도 그 주체가 될 수 있다. 2021 경찰승진 ( )

04-3 근로의 권리는 국가의 개입 간섭을 받지 않고 자유로이 근로를 할 자유와, 국가에 대하여 근로의 기회를 제공하는 정책을 수립해줄 것을 요구할 수 있는 권리 등을 기본적인 내용으로 하고 있고, 이때 근로의 권리는 근로자를 개인의 차원에서 보호하기 위한 권리로서 개인인 근로자가 근로의 권리의 주체가 되는 것이고, 노동조합은 그 주체가 될 수 없다. 2022 경찰1차 ( )

04-4 근로의 권리는 국가의 개입·간섭을 받지 않고 자유로이 근로를 할 자유와 국가에 대하여 근로의 기회를 제공하는 정책을 수립해 줄 것을 요구할 수 있는 권리 등을 기본적인 내용으로 하므로 개인인 근로자는 물론 노동조합도 그 주체가 될 수 있다. 2023 입법고시 ( )

04-5 근로의 권리는 근로자를 개인의 차원에서 보호하기 위한 권리로서 개인인 근로자가 그 주체가 되는 것은 물론이고 노동조합도 그 주체가 될 수 있다. 2024 행시 ( )

해설 **헌법 제32조 제1항이 규정한 근로의 권리는 근로자를 개인의 차원에서 보호하기 위한 권리로서 개인인 근로자가 그 주체가 되는 것이고 노동조합은 그 주체가 될 수 없으므로**, 이 사건 법률조항이 노동조합을 비과세 대상으로 규정하지 않았다 하여 헌법 제32조 제1항에 반한다고 볼 여지는 없다(헌재 2009.2.26. 2007헌바27).

05 헌법이 보장하는 근로의 권리에는 '일할 자리에 관한 권리'뿐만 아니라 '일할 환경에 관한 권리'도 포함되는데, 후자는 인간의 존엄성에 대한 침해를 막기 위한 권리로서 건강한 작업환경, 정당한 보수, 합리적 근로조건의 보장 등을 요구할 수 있는 권리를 포함한다. 근로의 권리를 담보하기 위하여 헌법 제32조 제3항은 "근로조건의 기준은 인간의 존엄성을 보장하도록 법률로 정한다."고 하여 근로조건 법정주의를 규정하고 있다.
2024 법원행시 ( )

해설 헌법이 보장하는 근로의 권리에는 '일할 자리에 관한 권리'뿐만 아니라 '일할 환경에 관한 권리'도 포함되는데, 일할 환경에 관한 권리는 인간의 존엄성에 대한 침해를 막기 위한 권리로서 건강한 작업환경, 정당한 보수, 합리적 근로조건의 보장 등을 요구할 수 있는 권리를 포함한다. 근로의 권리를 담보하기 위하여 헌법 제32조 제3항은 "근로조건의 기준은 인간의 존엄성을 보장하도록 법률로 정한다."고 하여 근로조건 법정주의를 규정하고 있다(헌재 2015.12.23. 2014헌바3).

ANSWER 03 × 04-1 ○ 04-2 × 04-3 ○ 04-4 × 04-5 × 05 ○

06-1 근로의 권리는 사회적 기본권으로서, 고용증진을 위한 사회적·경제적 정책을 요구할 수 있는 권리뿐만 아니라, 국가에 대하여 직접 일자리(직장)를 청구하거나 일자리에 갈음하는 생계비의 지급청구권을 의미한다. 2022 행시 ( )

06-2 근로의 권리는 사회적 기본권으로서 국가에 대하여 직접 일자리를 청구하거나 일자리에 갈음하는 생계비의 지급청구권을 의미하는 권리이다. 2022 입법고시 ( )

해설 이러한 근로의 권리는 사회적 기본권으로서 국가에 대하여 직접 일자리를 청구하거나 일자리에 갈음하는 생계비의 지급청구권을 의미하는 것이 아니라 고용증진을 위한 사회적·경제적 정책을 요구할 수 있는 권리에 그치며, 근로의 권리로부터 국가에 대한 직접적인 직장존속청구권이 도출되는 것도 아니다(헌재 2011.7.28. 2009헌마408).

07 근로자가 최저임금을 청구할 수 있는 권리는 헌법상 바로 도출되는 것이 아니라 「최저임금법」 등 관련 법률이 구체적으로 정하는 바에 따라 비로소 인정될 수 있다. 2021 경찰승진 ( )

해설 헌법 제32조 제1항 후단은 "국가는 사회적·경제적 방법으로 근로자의 고용 증진과 적정임금의 보장에 노력하여야 하며, 법률이 정하는 바에 의하여 최저임금제를 시행하여야 한다."고 규정하고 있어서 **최저임금을 청구할 수 있는 권리가 바로 헌법 제32조 제1항의 근로의 권리에 의하여 보장된다고 보기는 어려우므로**, 이 사건 병의 봉급표가 청구인의 근로의 권리를 침해한다고 할 수 없다(헌재 2012.10.25. 2011헌마307).

08-1 '계속근로기간 1년 미만인 근로자'를 퇴직급여 지급대상에서 제외하여 '계속근로기간이 1년 이상인 근로자'와 차별 취급하는 것은 합리적 이유 없는 차별로서 평등원칙에 위반된다. 2022 법원행시 ( )

08-2 계속근로기간 1년 미만인 근로자가 퇴직급여를 청구할 수 있는 권리는 헌법 제32조 제1항에 의하여 보장된다고 보기는 어렵다. 2023 경찰승진 ( )

08-3 근로자가 퇴직급여를 청구할 수 있는 권리는 헌법상 바로 도출되는 것이 아니라 「근로자퇴직급여 보장법」 등 관련 법률이 구체적으로 정하는 바에 따라 비로소 인정될 수 있는 것이므로, 계속근로기간 1년 미만인 근로자가 퇴직급여를 청구할 수 있는 권리는 헌법 제32조 제1항에 의하여 보장된다고 보기 어렵다. 2022 입법고시 ( )

해설 근로자가 퇴직급여를 청구할 수 있는 권리도 헌법상 바로 도출되는 것이 아니라 퇴직급여법 등 관련 법률이 구체적으로 정하는 바에 따라 비로소 인정될 수 있는 것이다. 따라서, 계속근로기간 1년 미만인 근로자가 퇴직급여를 청구할 수 있는 권리가 헌법 제32조 제1항에 의하여 보장된다고 보기는 어려우므로 이 사건 법률조항은 헌법 제32조 제1항에 위배된다고 볼 수 없다.
이 사건 법률조항에서 '계속근로기간이 1년 미만인 근로자'를 퇴직급여 대상에서 제외하여 '계속근로기간이 1년 이상인 근로자'와 차별취급하는 것은, 퇴직급여가 1년 이상 장기간 근속한 근로자의 공로를 보상하고 업무의 효율성과 생산성의 증대 등을 위해 장기간 근무를 장려하기 위한 것으로 볼 수 있으며, **입법자가 퇴직급여법의 확대적용을 위한 지속적인 노력을 기울이는 과정에서 한편으로 사용자의 재정적 부담능력 등의 현실적인 측면을 고려하고, 다른 한편으로 퇴직급여제도 이외에 국민연금제도나 실업급여제도 등 퇴직 근로자의 생활을 보장하기 위한 다른 사회보장적 제도도 함께 고려하였다고 할 것이다. 따라서, 그 차별에 합리적 이유가 있으므로 청구인의 평등권이 침해되었다고 보기 어렵다**(헌재 2011.7.28. 2009헌마408).

09-1 계속근로기간 1년 이상인 근로자가 근로연도 중도에 퇴직한 경우 중도퇴직 전 1년 미만의 근로에 대하여 유급휴가를 보장하지않는 것은 근로의 권리를 침해한다. 2022 입법고시 ( )

ANSWER 06-1 × 06-2 × 07 ○ 08-1 × 08-2 ○ 08-3 ○ 09-1 ×

09-2 계속근로기간 1년 이상인 근로자가 근로연도 중도에 퇴직한 경우 중도퇴직 전 1년 미만의 근로에 대하여 유급휴가를 보장하지 않는 것은 근로의 권리를 침해하지 않는다. 2022 국회직8급 ( )

> **해설** 연차유급휴가의 판단기준으로 근로연도 1년간의 재직 요건을 정한 이상, 이 요건을 충족하지 못한 근로연도 중도퇴직자의 중도퇴직 전 근로에 관하여 반드시 그 근로에 상응하는 등의 유급휴가를 보장하여야 하는 것은 아니므로, **근로연도 중도퇴직자의 중도퇴직 전 근로에 대해 1개월 개근 시 1일의 유급휴가를 부여하지 않더라도 이것이 청구인의 근로의 권리를 침해한다고 볼 수 없다**(헌재 2015.5.28. 2013헌마619).

10-1 퇴직급여제도가 갖는 사회보장적 급여의 성격과 근로자의 장기간 복무 및 충실한 근무를 유도하는 기능을 감안하더라고, 소정근로시간이 1주간 15시간 미만인 이른바 '초단시간근로자'에 대해 퇴직급여제도 적용대상에서 제외하는 것은 "근로조건의 기준은 인간의 존엄성을 보장하도록 법률로 정하도록 규정"한 헌법 제32조 제3항에 위배된다. 2022 경찰2차 ( )

10-2 4주간을 평균하여 1주간의 소정근로시간이 15시간 미만인 근로자, 즉 이른바 '초단시간근로자'를 퇴직급여제도의 적용대상에서 제외하고 있는 「근로자퇴직급여 보장법」 조항은 근로조건의 기준은 인간의 존엄성을 보장하도록 법률로 정하도록 한 헌법 제32조 제3항에 위배되는 것으로 볼 수 없다. 2023 국회직 8급 ( )

> **해설** 퇴직급여제도는 사회보장적 급여의 성격과 근로자의 장기간 복무 및 충실한 근무를 유도하는 기능을 갖고 있으므로, 해당 사업 또는 사업장에의 전속성이나 기여도가 낮은 일부 근로자를 한정하여 사용자의 부담이 요구되는 퇴직급여 지급대상에서 배제한 것이 입법형성권의 한계를 일탈하여 명백히 불공정하거나 불합리한 판단이라 볼 수는 없다. 소정근로시간이 1주간 15시간 미만인 이른바 '초단시간근로'는 일반적으로 임시적이고 일시적인 근로에 불과하여, 해당 사업 또는 사업장에 대한 기여를 전제로 하는 퇴직급여제도의 본질에 부합한다고 보기 어렵다. 소정근로시간이 짧은 경우에는 고용이 단기간만 지속되는 현실에 비추어 볼 때에도, '소정근로시간'을 기준으로 해당 사업 또는 사업장에 대한 전속성이나 기여도를 판단하도록 규정한 것 역시 합리성을 상실하였다고 보기도 어렵다. 따라서 심판대상조항은 헌법 제32조 제3항에 위배되는 것으로 볼 수 없다(헌재 2021.11.25. 2015헌바334 등).

11 헌법 제32조 및 제33조에 각 규정된 근로기본권은 근로자의 근로조건을 개선함으로써 그들의 경제적·사회적 지위의 향상을 기하기 위한 것으로서 자유권적 기본권으로서의 성격보다는 생존권 내지 사회적 기본권으로서의 측면이 보다 강한 것으로서 그 권리의 실질적 보장을 위해서는 국가의 적극적인 개입과 뒷받침이 요구되는 기본권이다. 2022 경찰2차 ( )

> **해설** 헌법 제32조 및 제33조에 각 규정된 근로기본권은 근로자의 근로조건을 개선함으로써 그들의 경제적·사회적 지위의 향상을 기하기 위한 것으로서 자유권적 기본권으로서의 성격보다는 생존권 내지 사회권적 기본권으로서의 측면이 보다 강한 것으로서 그 권리의 실질적 보장을 위해서는 국가의 적극적인 개입과 뒷받침이 요구되는 기본권이다(헌재 1991.7.22. 89헌가106).

12-1 해고예고제도는 근로관계 종료 전 사용자에게 근로자에 대한 해고예고를 하게 하는 것으로서 근로자의 인간 존엄성을 보장하기 위한 최소한도의 근로조건 가운데 하나에 해당하므로 근로의 권리의 내용에 포함된다. 2023 입법고시 ( )

12-2 해고예고제도는 근로관계 종료 전 사용자에게 근로자에 대한 해고예고를 하게 하는 것이어서, 근로조건을 이루는 중요한 사항에 해당하고 근로의 권리의 내용에 포함된다. 2022 국회직8급 ( )

ANSWER 09-2 ○ 10-1 × 10-2 ○ 11 ○ 12-1 ○ 12-2 ○

12-3 월급근로자로서 6개월이 되지 못한 자를 해고예고제도의 적용예외 사유로 규정하고 있는 「근로기준법」 조항은 근로자보호와 사용자의 효율적인 기업경영 및 기업의 생산성이라는 측면의 조화를 고려한 합리적 규정이므로 헌법에 위배되지 않는다. 2022 입법고시 ( )

12-4 근로기준법에 마련된 해고예고제도는 근로조건의 핵심적 부분인 해고와 관련된 사항일 뿐만 아니라, 근로자가 갑자기 직장을 잃어 생활이 곤란해지는 것을 막는 데 목적이 있으므로, 근로자의 인간 존엄성을 보장하기 위한 합리적 근로조건에 해당한다. 따라서 근로관계 종료 전 사용자로 하여금 근로자에게 해고예고를 하도록 하는 것은 개별 근로자의 인간 존엄성을 보장하기 위한 최소한의 근로조건 가운데 하나에 해당하므로, 해고예고에 관한 권리는 근로의 권리의 내용에 포함된다. 2024 법원행시 ( )

12-5 근로관계 종료 전 사용자로 하여금 근로자에게 해고예고를 하도록 하는 것은 개별 근로자의 근로조건이라 할 수 없으므로 해고예고에 관한 권리는 근로의 권리의 내용에 포함되지 않는다. 2024 경찰승진 ( )

> **해설** 해고예고제도는 근로조건의 핵심적 부분인 해고와 관련된 사항일 뿐만 아니라, 근로자가 갑자기 직장을 잃어 생활이 곤란해지는 것을 막는 데 목적이 있으므로 근로자의 인간 존엄성을 보장하기 위한 최소한의 근로조건으로서 근로의 권리의 내용에 포함된다. … "월급근로자로서 6월이 되지 못한 자"는 대체로 기간의 정함이 없는 근로계약을 한 자들로서 근로관계의 계속성에 대한 기대가 크다고 할 것이므로, 이들에 대한 해고 역시 예기치 못한 돌발적 해고에 해당한다. 따라서 6개월 미만 근무한 월급근로자 또한 전직을 위한 시간적 여유를 갖거나 실직으로 인한 경제적 곤란으로부터 보호받아야 할 필요성이 있다. 그럼에도 불구하고 합리적 이유 없이 "월급근로자로서 6개월이 되지 못한 자"를 해고예고제도의 적용대상에서 제외한 이 사건 법률조항은 근무기간이 6개월 미만인 월급근로자의 근로의 권리를 침해하고, 평등원칙에도 위배된다(헌재 2015.12.23. 2014헌바3).

13-1 해고예고제도의 적용제외사유 중 하나로 일용근로자로서 3개월을 계속 근무하지 아니한 자를 규정하고 있는 「근로기준법」 조항은 해당 일용근로자의 근로의 권리를 침해한다. 2022 행시 ( )

13-2 일용근로자로서 3개월을 계속 근무하지 아니한 자를 해고예고제도의 적용제외사유로 규정하고 있는 「근로기준법」 규정은 일용근로자인 청구인의 근로의 권리를 침해하지 않는다. 2022 경찰1차 / 2023 국회직8급 ( )

> **해설** 근로제공이 일시적이거나 계약기간이 짧은 경우에는 근로자에게 계속하여 근로를 제공할 수 있다는 기대나 신뢰가 존재한다고 볼 수 없다. 해고예고는 본질상 일정기간 이상을 계속하여 사용자에게 고용되어 근로제공을 하는 것을 전제로 하는데, 일용근로자는 계약한 1일 단위의 근로기간이 종료되면 해고의 절차를 거칠 것도 없이 근로관계가 종료되는 것이 원칙이므로, 그 성질상 해고예고의 예외를 인정한 것에 상당한 이유가 있다. 다만 3개월 이상 근무하는 경우에는 임시로 고용관계를 유지하고 있다고 보기 어렵고, 소득세법이나 산업재해보상보험법의 적용과 관련하여서도 상용근로자와 동일한 취급을 받게 되므로, 근로계약의 형식 여하에 불구하고 일용근로자를 상용근로자와 동일하게 취급하기 위한 최소한의 기간으로 3개월이라는 기준을 설정한 것이 입법재량의 범위를 현저히 일탈하였다고 볼 수 없다. 해고예고제도는 30일 전에 예고를 하거나 30일분 이상의 통상임금을 해고예고수당으로 지급하도록 하고 있는바, 일용근로계약을 체결한 후 근속기간이 3개월이 안 된 근로자를 해고할 때에도 이를 적용하도록 한다면 사용자에게 지나치게 불리하다는 점에서도 심판대상조항이 입법재량의 범위를 현저히 일탈하였다고 볼 수 없다. 따라서 심판대상조항이 청구인의 근로의 권리를 침해한다고 보기 어렵다(헌재 2017.5.25. 2016헌마640).

14-1 매월 1회 이상 정기적으로 지급하는 상여금 등 및 복리후생비의 일부를 새롭게 최저임금에 산입하도록 한 「최저임금법」상 산입 조항은 헌법상 용인될 수 있는 입법재량의 범위를 명백히 일탈하였다고 볼 수 없으므로 근로자들의 근로의 권리를 침해하지 아니한다. 2022 경찰2차 ( )

ANSWER 12-3 × 12-4 ○ 12-5 × 13-1 × 13-2 ○ 14-1 ○

14-2 매월 1회 이상 정기적으로 지급하는 상여금 등이나 복리후생비는 그 성질이나 실질적 기능 면에서 기본급과 본질적인 차이가 있다고 보기 어려우므로, 기본급과 마찬가지로 이를 최저임금에 산입하는 것은 그 합리성을 수긍할 수 있다. 2023 경찰간부 ( )

14-3 일정한 경우 사용자로 하여금 일방적으로 취업규칙의 작성·변경을 통하여 기존의 근로조건을 근로자에게 불리하게 변경할 수 있도록 하는 것은 근로자들이 그 단결체를 통해 해당 근로조건에 관하여 사용자와 집단적으로 교섭하는 것을 제한하므로, 근로자 또는 근로자단체의 단체교섭권을 제한한다. 2024 법원행시 ( )

> **해설** 일정한 경우에 사용자로 하여금 일방적으로 취업규칙의 작성·변경을 통하여 기존의 근로조건을 근로자에게 불리하게 변경할 수 있도록 하는 것은 근로자들이 그 단결체를 통해 해당 근로조건에 관하여 사용자와 집단적으로 교섭하는 것을 제한하게 되므로, 근로자 또는 근로자단체의 단체교섭권을 제한한다.
> '상여금, 그 밖에 이에 준하는 것'은 기본급 이외에 업적, 공헌도 등에 따라 지급하는 금품 중 산정기간이 1개월을 초과하는 임금 및 이와 유사한 속성을 갖는 임금으로서, 그 구체적인 내용이 하위 법령에 규정될 것임을 예측할 수 있다. '근로자의 생활 보조 또는 복리후생을 위한 성질의 임금'은 근로자의 생활을 돕거나 이를 윤택하게 하거나 그 밖에 근로자의 행복과 이익을 높이기 위하여 지급되는 임금을 의미한다고 어렵지 않게 이해할 수 있다. 따라서 이 사건 산입조항 및 부칙조항이 적법절차원칙, 명확성 원칙 및 포괄위임금지원칙에 위배되어 근로자의 근로의 권리를 침해한다고 볼 수 없다(헌재 2021.12.23. 2018헌마629 등).

15 최저임금의 적용을 위해 주(週) 단위로 정해진 근로자의 임금을 시간에 대한 임금으로 환산할 때, 해당 임금을 1주 동안의 소정근로시간 수와 법정 주휴시간 수를 합산한 시간 수로 나누도록 한「최저임금법 시행령」해당 조항은 사용자의 계약의 자유 및 직업의 자유를 침해한다. 2023 경찰간부 ( )

> **해설** 주휴수당은 근로기준법에 따라 주휴시간에 대하여 당연히 지급해야 하는 임금이라는 점을 감안하면, 비교대상 임금을 시간급으로 환산할 때 소정근로시간 수 외에 법정 주휴시간 수까지 포함하여 나누도록 하는 것은 그 합리성을 수긍할 수 있다. 근로기준법이 근로자에게 유급주휴일을 보장하도록 하고 있다는 점을 고려할 때, 소정근로시간 수와 법정 주휴시간 수 모두에 대하여 시간급 최저임금액 이상을 지급하도록 하는 것이 그 자체로 사용자에게 지나치게 가혹하다고 보기는 어렵다. 따라서 이 사건 시행령조항은 과잉금지원칙에 위배되어 사용자의 계약의 자유 및 직업의 자유를 침해한다고 볼 수 없다(헌재 2020.6.25. 2019헌마15).

16-1 사용자로 하여금 2년을 초과하여 기간제근로자를 사용할 수 없도록 한「기간제 및 단시간근로자 보호 등에 관한 법률」조항은 해당 기간제근로자의 계약의 자유를 침해하지 않는다. 2022 행시 ( )

16-2 사용자로 하여금 2년을 초과하여 기간제근로자를 사용할 수 없도록 한「기간제 및 단시간근로자 보호 등에 관한 법률」조항은 근로의 권리 침해 문제를 발생시키지 않는다. 2023 경찰승진 ( )

> **해설** 헌법 제15조 직업의 자유와 제32조 근로의 권리는 국가에게 단지 사용자의 처분에 따른 직장 상실에 대하여 최소한의 보호를 제공해 줄 의무를 지울 뿐이고, 여기에서 직장 상실로부터 근로자를 보호하여 줄 것을 청구할 수 있는 권리가 나오지는 않는다. 따라서 **직업의 자유, 근로의 권리 침해 문제는 이 사건에서 발생하지 않는다.**
> 사용자로 하여금 2년을 초과하여 기간제근로자를 사용할 수 없도록 한 심판대상조항으로 인해 경우에 따라서는 개별 근로자들에게 일시 실업이 발생할 수 있으나, 이는 기간제근로자의 무기계약직 전환 유도와 근로조건 개선을 위해 불가피한 것이고, 심판대상조항이 전반적으로는 고용불안 해소나 근로조건 개선에 긍정적으로 작용하고 있다는 것을 부인할 수 없으므로 기간제근로자의 계약의 자유를 침해한다고 볼 수 없다(헌재 2013.10.24. 2010헌마219 등).

ANSWER 14-2 ○ 14-3 ○ 15 × 16-1 ○ 16-2 ○

17 근로자의 평균임금을 산정할 수 없는 경우에 노동부장관이 평균임금을 정하여 고시하여야 하는 작위의무는 직접 헌법에 의하여 부여된 것은 아니나, 법률이 행정입법을 당연한 전제로 규정하고 있음에도 불구하고 행정권이 그 취지에 따라 행정입법을 하지 아니함으로써 법령의 공백상태를 방치하고 있는 경우에는 행정권에 의하여 입법권이 침해되는 결과가 되는 것이므로, 노동부장관의 그러한 행정입법 작위의무는 헌법적 의무라고 보아야 한다. 2022 경찰경력채용 ( )

> **해설** 산업재해보상보험법 제4조 제2호 단서 및 근로기준법시행령 제4조는 근로기준법과 같은법시행령에 의하여 근로자의 평균임금을 산정할 수 없는 경우에 노동부장관으로 하여금 평균임금을 정하여 고시하도록 규정하고 있으므로, **노동부장관으로서는 그 취지에 따라 평균임금을 정하여 고시하는 내용의 행정입법을 하여야 할 의무가 있다고 할 것인바, 노동부장관의 그러한 작위의무는 직접 헌법에 의하여 부여된 것은 아니나, 법률이 행정입법을 당연한 전제로 규정하고 있음에도 불구하고 행정권이 그 취지에 따라 행정입법을 하지 아니함으로써 법령의 공백상태를 방치하고 있는 경우에는 행정권에 의하여 입법권이 침해되는 결과가 되는 것이므로, 노동부장관의 그러한 행정입법 작위의무는 헌법적 의무라고 보아야** 한다(헌재 2002.7.18. 2000헌마707).

18-1 연차유급휴가에 관한 권리는 인간의 존엄성을 보장받기 위한 최소한의 근로조건을 요구할 수 있는 권리가 아니므로 근로의 권리의 내용에 포함되지 않는다. 2023 경찰승진 ( )

18-2 연차유급휴가는 근로자의 건강하고 문화적인 생활의 실현에 이바지할 수 있도록 여가를 부여하는 데 그 목적이 있는 것으로서 인간의 존엄성을 보장하기 위한 합리적인 근로조건에 해당하므로 연차유급휴가에 관한 권리도 근로의 권리의 내용에 포함된다. 2023 입법고시 ( )

> **해설** 헌법 제32조 제3항은 위와 같은 근로의 권리가 실효적인 것이 될 수 있도록 "근로조건의 기준은 인간의 존엄성을 보장하도록 법률로 정한다."고 하여 근로조건의 법정주의를 규정하고 있고, 이에 따라 근로기준법 등에 규정된 **연차유급휴가는 근로자의 건강하고 문화적인 생활의 실현에 이바지할 수 있도록 여가를 부여하는데 그 목적**이 있으므로 이는 인간의 존엄성을 보장하기 위한 합리적인 근로조건에 해당한다. 따라서 **연차유급휴가에 관한 권리는 인간의 존엄성을 보장받기 위한 최소한의 근로조건을 요구할 수 있는 권리로서 근로의 권리의 내용에 포함된다** 할 것이다(헌재 2008.9.25. 2005헌마586).

19 헌법 제32조 제3항의 근로조건 법정주의에서 근로조건이란 근로계약에 의하여 근로자가 근로를 제공하고 임금을 수령하는 데에 관한 조건들로서, 근로조건에 관한 기준을 법률로써 정한다는 것은 근로조건에 관하여 법률이 최저한의 제한을 설정한다는 의미이다. 2023 입법고시 ( )

> **해설** 헌법 제32조 제3항은 "근로조건의 기준은 인간의 존엄성을 보장하도록 법률로 정한다."라고 규정하고 있다. 근로조건이라 함은 임금과 그 지불방법, 취업시간과 휴식시간, 안전시설과 위생시설, 재해보상 등 근로계약에 의하여 근로자가 근로를 제공하고 임금을 수령하는 것에 관한 조건들로서, **근로조건에 관한 기준을 법률로써 정한다는 것은 근로조건에 관하여 법률이 최저한의 제한을 설정한다는 의미이다**(헌재 2011.7.28. 2009헌마408).

20-1 근로의 권리로부터 국가에 대한 직접적인 직장존속청구권을 도출할 수는 없지만, 사용자의 처분에 따른 직장상실에 대하여 최소한의 보호를 제공하여야 할 의무를 국가에 지우는 것으로 볼 수는 있다. 2023 입법고시 ( )

ANSWER 17 ○ 18-1 × 18-2 ○ 19 ○ 20-1 ○

20-2 근로의 권리는 사회적 기본권으로서 국가에 대하여 직접 일자리를 처우하거나 일자리에 갈음하는 생계비의 지급을 청구할 수 있는 권리를 의미하는 것이 아니라 고용증진을 위한 사회적·경제적 정책을 요구할 수 있는 권리에 그치며, 근로의 권리로부터 국가에 대한 직접적인 직장존속청구권이 도출되는 것도 아니다. 2022 경찰2차 ( )

20-3 헌법 제15조의 직업의 자유 또는 헌법 제32조의 근로의 권리, 사회국가원리 등에 근거하여 실업방지 및 부당한 해고로부터 근로자를 보호하여야 할 국가의 의무를 도출할 수는 있을 것이나, 국가에 대한 직접적인 직장존속보장청구권을 근로자에게 인정할 헌법상의 근거는 없다. 따라서 우리 헌법상 국가에 대한 직접적인 직장존속보장청구권을 인정할 근거는 없으므로 근로관계의 당연승계를 보장하는 입법을 반드시 하여야 할 헌법상의 의무를 인정할 수 없다. 2024 법원행시 ( )

20-4 헌법 제15조의 직업의 자유 또는 헌법 제32조의 근로의 권리, 사회국가원리 등에 근거하여 실업방지 및 부당한 해고로부터 근로자를 보호하여야 할 국가의 의무를 도출할 수 있으므로, 국가에 대한 직접적인 직장존속보장청구권을 근로자에게 인정할 헌법상의 근거가 있다. 따라서 근로관계의 당연승계를 보장하는 입법을 반드시 하여야 할 헌법상의 의무를 인정할 수 있다. 2023 법원직 ( )

> **해설** 헌법 제15조의 직업의 자유 또는 헌법 제32조의 근로의 권리, 사회국가원리 등에 근거하여 실업방지 및 부당한 해고로부터 근로자를 보호하여야 할 국가의 의무를 도출할 수는 있을 것이나, 국가에 대한 직접적인 직장존속보장청구권을 근로자에게 인정할 헌법상의 근거는 없다. 이와 같이 **우리 헌법상 국가에 대한 직접적인 직장존속보장청구권을 인정할 근거는 없으므로 근로관계의 당연승계를 보장하는 입법을 반드시 하여야 할 헌법상의 의무를 인정할 수 없다**(헌재 2002.11.28. 2001헌바50).

21-1 축산업 근로자들에게 육체적·정신적 휴식을 보장하고 장시간 노동에 대한 경제적 보상을 해야 할 필요성이 요청됨에도 동물의 사육 사업 근로자에 대하여 근로시간 및 휴일 규정의 적용을 제외하도록 한 것은 근로의 권리를 침해한다. 2022 국회직8급 ( )

21-2 동물의 사육 사업 근로자에 대하여 「근로기준법」 제4장에서 정한 근로시간 및 휴일 규정의 적용을 제외하도록 한 구 「근로기준법」 조항은 축산업에 종사하는 근로자의 근로의 권리를 침해하지 않는다. 2023 국회직8급 ( )

> **해설** 축산업은 가축의 양육 및 출하에 있어 기후 및 계절의 영향을 강하게 받으므로, 근로시간 및 근로내용에 있어 일관성을 담보하기 어렵고, 축산업에 종사하는 근로자의 경우에도 휴가에 관한 규정은 여전히 적용되며, 사용자와 근로자 사이의 근로시간 및 휴일에 관한 사적 합의는 심판대상조항에 의한 제한을 받지 않는다. 현재 우리나라 축산업의 상황을 고려할 때, 축산업 근로자들에게 근로기준법을 전면적으로 적용할 경우, 인건비 상승으로 인한 경제적 부작용이 초래될 위험이 있다. 위 점들을 종합하여 볼 때, **심판대상조항이 입법자가 입법재량의 한계를 일탈하여 인간의 존엄을 보장하기 위한 최소한의 근로조건을 마련하지 않은 것이라고 보기 어려우므로, 심판대상조항은 청구인의 근로의 권리를 침해하지 않는다**(헌재 2021.8.31. 2018헌마563).

22-1 「근로기준법」 제23조 제1항의 부당해고제한조항을 4인 이하 사업장에 적용되는 조항으로 포함하지 않은 것은 근로자보호의 필요성이 크고 4인 이하 사업장에 그다지 큰 경제적 부담 전가가 되지 않으므로, 4인 이하 사업장을 5인 이상 사업장과 달리 차별하는 데에 합리적인 이유를 인정할 수 없어 청구인의 평등권을 침해한다. 2022 입법고시 ( )

ANSWER 20-2 ○ 20-3 ○ 20-4 × 21-1 × 21-2 ○ 22-1 ×

22-2 근로자 4명 이하 사용 사업장에 적용될 「근로기준법」 조항을 정하고 있는 「근로기준법」 시행령 조항이 정당한 이유 없는 해고를 금지하는 제23조 제1항과 노동위원회 구제절차에 관한 제28조 제1항을 근로자 4명 이하 사용 사업장에 적용되는 조항으로 나열하지 않은 것은, 근로자 4명 이하 사용사업장에 종사하는 근로자의 근로의 권리를 침해한다. 2023 국회직8급 ( )

> **해설** 심판대상조항은 한편으로 일부 영세사업장의 열악한 현실을 고려하고, 근로기준법의 법규범성을 실질적으로 관철하기 위한 입법정책적 결정으로서 **합리적 이유가 있다.** 따라서 심판대상조항이 부당해고제한조항과 노동위원회 구제절차를 4인 이하 사업장에 적용되는 조항으로 포함하지 않은 것은 청구인의 **평등권을 침해하지 아니**한다.
> 4인 이하 사업장에 이를 준수하라고 강제할 만한 여건이 조성되어 있지 않다는 행정입법 제·개정자의 판단이 명백히 불합리하다고 볼 사정이 없다. 그렇다면 4인 이하 사업장에 부당해고제한조항이나 노동위원회 구제절차를 적용되는 근로기준법 조항으로 나열하지 않았다 하여 헌법상 용인될 수 있는 재량의 범위를 벗어난 것이라고 볼 수 없으므로, 심판대상조항은 청구인의 근로의 권리를 침해하지 아니한다(헌재 2019.4.11. 2017헌마820).

23 '가구 내 고용활동'에 대해서는 「근로자퇴직급여 보장법」을 적용하지 않도록 규정한 같은 법 제3조 단서 중 '가구 내 고용활동' 부분은 합리적 이유가 있는 차별로서 평등원칙에 위배되지 아니한다. 2023 경찰간부 ( )

> **해설** 가사사용인은 가사서비스 제공기관을 통하여 가사근로자법과 근로 관계 법령을 적용받을 것인지, 직접 이용자와 고용계약을 맺는 대신 가사근로자법과 근로 관계 법령의 적용을 받지 않을 것인지 선택할 수 있다. 이를 종합하면 심판대상조항이 가사사용인을 일반 근로자와 달리 퇴직급여법의 적용범위에서 배제하고 있다 하더라도 합리적 이유가 있는 차별로서 평등원칙에 위배되지 아니한다(헌재 2022.10.27. 2019헌바454).

제4절 근로3권

I 헌법 조문

제33조 ① 근로자는 근로조건의 향상을 위하여 자주적인 단결권·단체교섭권 및 단체행동권을 가진다.
② 공무원인 근로자는 법률이 정하는 자에 한하여 단결권·단체교섭권 및 단체행동권을 가진다.
③ 법률이 정하는 주요방위산업체에 종사하는 근로자의 단체행동권은 법률이 정하는 바에 의하여 이를 제한하거나 인정하지 아니할 수 있다.

ANSWER 22-2 × 23 ○

Ⅱ 최신 기출지문 분석

01-1 모든 공무원은 단체행동권을 가질 수 없다. 2022 법무사 ( )

01-2 우리 헌법은 공무원의 경우 법률이 정하는 자에 한해서만 근로3권을 보장하도록 하고 있다. 2024 법원행시 ( )

> 해설 공무원인 근로자는 법률이 정하는 자에 한하여 단결권·단체교섭권 및 단체행동권을 가진다(헌법 제33조 제2항).

02 법률이 정하는 주요방위산업체에 종사하는 근로자의 단체행동권은 법률이 정하는 바에 의하여 이를 제한하거나 인정하지 아니할 수 있다. 2023 경찰승진 / 2024 행시 ( )

> 해설 법률이 정하는 주요방위산업체에 종사하는 근로자의 단체행동권은 법률이 정하는 바에 의하여 이를 제한하거나 인정하지 아니할 수 있다(헌법 제33조 제3항).

03 「노동조합 및 노동관계조정법」상 「방위사업법」에 의하여 지정된 주요 방위산업체에 종사하는 근로자 중 전력, 용수 및 주로 방산물자를 생산하는 업무에 종사하는 자는 단체교섭을 할 수 없다. 2023 경찰2차 ( )

> 해설 「방위사업법」에 의하여 지정된 주요방위산업체에 종사하는 근로자 중 전력, 용수 및 주로 방산물자를 생산하는 업무에 종사하는 자는 쟁의행위를 할 수 없으며 주로 방산물자를 생산하는 업무에 종사하는 자의 범위는 대통령령으로 정한다(노동조합 및 노동관계조정법 제41조 제2항).

04 사실상 노무에 종사하는 공무원 중 대통령령 등이 정하는 자에 한하여 근로3권을 인정하는 국가공무원법 조항은, 근로3권이 보장되는 공무원의 범위를 사실상 노무에 종사하는 공무원으로 한정하고 있으나, 이는 헌법 제33조 제2항에 근거한 것으로, 전체국민의 공공복리와 사실상 노무에 종사하는 공무원의 직무의 내용, 노동조건 등을 고려해 보았을 때 입법자에게 허용된 입법재량권의 범위를 벗어난 것이라 할 수 없다. 2023 법원직 ( )

> 해설 헌법 제33조 제2항이 직접 '법률이 정하는 자'만이 노동3권을 향유할 수 있다고 규정하고 있어서 '법률이 정하는 자' 이외의 공무원은 노동3권의 주체가 되지 못하므로, '법률이 정하는 자' 이외의 공무원에 대해서도 노동3권이 인정됨을 전제로 하여 헌법 제37조 제2항의 과잉금지원칙을 적용할 수는 없는 것이다. 한편, **법 제66조 제1항은 근로3권이 보장되는 공무원의 범위를 사실상 노무에 종사하는 공무원에 한정하고 있으나, 이는 헌법 제33조 제2항에 근거한 것이고, 전체국민의 공공복리와 사실상 노무에 공무원의 직무의 내용, 노동조건 등을 고려해 보았을 때 입법자에게 허용된 입법재량권의 범위를 벗어난 것이라 할 수 없다**(헌재 2007.8.30. 2003헌바51).

05-1 「초·중등교육법」상의 교원과는 달리 법률로써 「고등교육법」에서 규율하는 대학 교원들의 단결권을 인정하지 않더라도, 대학 교원은 헌법과 법률로써 신분이 보장되고 정당가입과 선거운동 등이 가능하므로 평등권을 침해하는 것은 아니다. 2023 행시 ( )

05-2 「고등교육법」에서 규율하는 대학 교원들에게 단결권을 인정하지 않는 것은, 교원노조를 설립하거나 가입하여 활동할 수 있는 자격을 초·중등교원으로 한정함으로써 교육공무원 아닌 대학 교원에 대해서 근로기본권의 핵심인 단결권조차 부정한 것으로 목적의 정당성을 인정할 수 없고, 수단의 적합성도 인정할 수 없다. 2023 변시 ( )

ANSWER 01-1 × 01-2 ○ 02 ○ 03 × 04 ○ 05-1 × 05-2 ○

05-3 교육공무원이 아닌 대학 교원의 단결권을 인정하지 않는 것은 헌법에 위배되지만, 교육공무원인 대학 교원의 단결권을 인정하지 않는 것은 헌법에 위배되지 않는다. 2023 경찰승진 ( )

05-4 「교원의 노동조합 설립 및 운영 등에 관한 법률」의 적용대상을 「초·중등교육법」 제19조 제1항의 교원이라고 규정함으로써 「고등교육법」에서 규율하는 대학 교원들의 단결권을 인정하지 않는 것은 그 입법목적의 정당성을 인정하기 어렵다. 2023 경찰간부 ( )

> **해설** 대학 교원을 교육공무원 아닌 대학 교원과 교육공무원인 대학 교원으로 나누어, 각각의 단결권 침해가 헌법에 위배되는지 여부에 관하여 본다.
> 먼저, 심판대상조항으로 인하여 **교육공무원 아닌 대학 교원들이** 향유하지 못하는 단결권은 헌법이 보장하고 있는 근로3권의 핵심적이고 본질적인 권리이다. 심판대상조항의 입법목적이 재직 중인 초·중등교원에 대하여 교원노조를 인정해 줌으로써 교원노조의 자주성과 주체성을 확보한다는 측면에서는 그 정당성을 인정할 수 있을 것이나, **교원노조를 설립하거나 가입하여 활동할 수 있는 자격을 초·중등교원으로 한정함으로써 교육공무원이 아닌 대학 교원에 대해서는 근로기본권의 핵심인 단결권조차 전면적으로 부정한 측면에 대해서는 그 입법목적의 정당성을 인정하기 어렵고, 수단의 적합성 역시 인정할 수 없다.** 설령 일반 근로자 및 초·중등교원과 구별되는 대학 교원의 특수성을 인정하더라도, 대학 교원에게도 단결권을 인정하면서 다만 해당 노동조합이 행사할 수 있는 권리를 다른 노동조합과 달리 강한 제약 아래 두는 방법도 얼마든지 가능하므로, 단결권을 전면적으로 부정하는 것은 **필요 최소한의 제한이라고 보기 어렵다.** 또 최근 들어 대학 사회가 다층적으로 변화하면서 대학 교원의 사회·경제적 지위의 향상을 위한 요구가 높아지고 있는 상황에서 단결권을 행사하지 못한 채 개별적으로만 근로조건의 향상을 도모해야 하는 **불이익은 중대한 것이므로,** 심판대상조항은 **과잉금지원칙에 위배된다.**
> 다음으로 **교육공무원인 대학 교원에 대하여 보더라도**, 교육공무원의 직무수행의 특성과 헌법 제33조 제1항 및 제2항의 정신을 종합해 볼 때, **교육공무원에게 근로3권을 일체 허용하지 않고 전면적으로 부정하는 것은 합리성을 상실한 과도한 것으로서 입법형성권의 범위를 벗어나 헌법에 위반된다**(헌재 2018. 8. 30. 2015헌가38).

06-1 단결권에는 근로자단체가 존립하고 활동할 수 있는 집단적 단결권도 포함되므로, 교원노조를 설립하거나 그에 가입하여 활동할 수 있는 자격을 초·중등학교에 재직 중인 교원으로 한정하는 것은, 해직 교원이나 실업·구직 중에 있는 교원 및 이들을 조합원으로 하여 교원노조를 조직·구성하려고 하는 교원노조의 단결권을 제한하는 것이다. 2023 변시 ( )

06-2 '교원의 노동조합 설립 및 운영 등에 관한 법률'의 적용을 받는 교원의 범위를 초·중등학교에 재직 중인 교원으로 한정하고 있는 '교원의 노동조합 설립 및 운영 등에 관한 법률'(2010. 3. 17. 법률 제10132호로 개정된 것) 제2조는 전국교직원노동조합 및 해직 교원들의 단결권을 침해하지 않는다. 2023 법원행시 ( )

06-3 「교원의 노동조합 설립 및 운영 등에 관한 법률」의 적용을 받는 교원의 범위를 초·중등학교에 재직 중인 교원으로 한정하고 있는 동법 조항은 과잉금지원칙에 위배된다. 2023 경찰승진 ( )

> **해설** 이 사건 법률조항은 교원의 근로조건에 관하여 정부 등을 상대로 단체교섭 및 단체협약을 체결할 권한을 가진 교원노조를 설립하거나 그에 가입하여 활동할 수 있는 자격을 초·중등학교에 재직 중인 교원으로 한정하고 있으므로, 해직 교원이나 실업·구직 중에 있는 교원 및 이들을 조합원으로 하여 교원노조를 조직·구성하려고 하는 교원노조의 단결권을 제한한다.

ANSWER 05-3 × 05-4 ○ 06-1 ○ 06-2 ○ 06-3 ×

이 사건 법률조항은 대내외적으로 교원노조의 자주성과 주체성을 확보하여 교원의 실질적 근로조건 향상에 기여한다는 데 그 입법목적이 있는 것으로 그 **목적이 정당하고**, 교원노조의 조합원을 재직 중인 교원으로 한정하는 것은 이와 같은 **목적을 달성하기 위한 적절한 수단이라** 할 수 있다. … 법원은 법외노조 통보 조항에 따른 행정당국의 판단이 적법한 재량의 범위 안에 있는 것인지 충분히 판단할 수 있으므로, 이미 설립신고를 마친 교원노조의 법상 지위를 박탈할 것인지 여부는 이 사건 법외노조통보 조항의 해석 내지 법 집행의 운용에 달린 문제라 할 것이다. 따라서 이 사건 법률조항은 **침해의 최소성에도 위반되지 않는다.** 이 사건 법률조항으로 인하여 교원 노조 및 해직 교원의 단결권 자체가 박탈된다고 할 수는 없는 반면, 교원이 아닌 자가 교원노조의 조합원 자격을 가질 경우 교원노조의 자주성에 대한 침해는 중대할 것이어서 **법익의 균형성도 갖추었으므로,** 이 사건 법률조항은 청구인들의 단결권을 침해하지 **아니한다**(헌재 2015.5.28. 2013헌마671 등).

07 헌법상 단체교섭권은 근로자가 사용자와 자유롭게 교섭하는 것을 방해하지 않음으로써 보장되는 자유권적 측면뿐만 아니라, 적극적인 입법조치를 통해 근로자의 권리행사의 실질적 조건을 형성하고 보장하도록 국가에 요청하는 사회권적 측면도 가진다. 2024 법원행시 ( )

해설 근로자는 노동조합과 같은 근로자단체의 결성을 통하여 집단으로 사용자에 대항함으로써 사용자와 대등한 세력을 이루어 근로조건의 형성에 영향을 미칠 수 있는 기회를 가지게 되므로 이러한 의미에서 **근로3권은 '사회적 보호기능을 담당하는 자유권' 또는 '사회권적 성격을 띤 자유권'**이라고 말할 수 있다. 이러한 근로3권의 성격은 국가가 단지 근로자의 단결권을 존중하고 부당한 침해를 하지 아니함으로써 보장되는 자유권적 측면인 국가로부터의 자유뿐만 아니라, 근로자의 권리행사의 실질적 조건을 형성하고 유지해야 할 국가의 적극적인 활동을 필요로 한다. 이는 곧, **입법자가** 근로자단체의 조직, 단체교섭, 단체협약, 노동쟁의 등에 관한 노동조합관련법의 제정을 통하여 노사간의 세력균형이 이루어지고 **근로자의 근로3권이 실질적으로 기능할 수 있도록 하기 위하여 필요한 법적 제도와 법규범을 마련하여야 할 의무가 있다는 것을 의미한다**(헌재 1998. 2.27. 94헌바13 등).

08 노동조합 및 노동관계조정법상 근로자란 타인과의 사용종속관계하에서 근로를 제공하고 그 대가로 임금 등을 받아 생활하는 사람을 의미하며, 특정한 사용자에게 고용되어 현실적으로 취업하고 있는 사람뿐만 아니라 일시적으로 실업 상태에 있는 사람이나 구직 중인 사람을 포함하여 노동3권을 보장할 필요성이 있는 사람도 여기에 포함되는 것으로 보아야 한다. 2023 법원직 ( )

해설 노동조합법상 근로자란 타인과의 사용종속관계하에서 근로를 제공하고 그 대가로 임금 등을 받아 생활하는 사람을 의미하며, 특정한 사용자에게 고용되어 현실적으로 취업하고 있는 사람뿐만 아니라 일시적으로 실업 상태에 있는 사람이나 구직 중인 사람을 포함하여 노동3권을 보장할 필요성이 있는 사람도 여기에 포함되는 것으로 보아야 한다(대판 2015.6.25. 2007두4995).

09-1 출입국관리법령에서 외국인고용제한규정을 두고 있는 것은 취업활동을 할 수 있는 체류자격(이하 '취업자격'이라고 한다) 없는 외국인의 고용이라는 사실적 행위 자체를 금지하고자 하는 것뿐이지, 나아가 취업자격 없는 외국인이 사실상 제공한 근로에 따른 권리나 이미 형성된 근로관계에서 근로자로서의 신분에 따른 노동관계법상의 제반 권리 등의 법률효과까지 금지하려는 것으로 보기는 어렵다. 2023 법원직 ( )

09-2 타인과의 사용종속관계하에서 근로를 제공하고 그 대가로 임금 등을 받아 생활하는 사람은 노동조합 및 노동관계조정법(이하 '노동조합법'이라고 한다)상 근로자에 해당하고, 노동조합법상의 근로자성이 인정되는 한, 그러한 근로자가 외국인인지 여부나 취업자격의 유무에 따라 노동조합법상 근로자의 범위에 포함되지 아니한다고 볼 수는 없다. 2023 법원직 ( )

ANSWER 07 ○ 08 ○ 09-1 ○ 09-2 ○

09-3 출입국관리법령에서 외국인고용제한규정을 두고 있으므로 취업자격 없는 외국인은 「노동조합 및 노동관계조정법」상의 근로자의 범위에 포함되지 아니한다. 2023 경찰간부 ( )

> 해설 취업자격 없는 외국인의 고용이라는 사실적 행위 자체를 금지하고자 하는 것뿐이지 나아가 취업자격 없는 외국인이 사실상 제공한 근로에 따른 권리나 이미 형성된 근로관계에 있어서의 근로자로서의 신분에 따른 노동 관계법상의 제반 권리 등의 법률효과까지 금지하려는 규정으로는 보기 어렵다. 타인과의 사용종속관계하에서 근로를 제공하고 그 대가로 임금 등을 받아 생활하는 사람은 노동조합법상 근로자에 해당하고, **노동조합법상의 근로자성이 인정되는 한, 그러한 근로자가 외국인인지 여부나 취업자격의 유무에 따라 노동조합법상 근로자의 범위에 포함되지 아니한다고 볼 수는 없다**(대판 1995. 9. 15. 94누12067).

10 헌법 제33조 제1항의 단결권에는 개별 근로자가 노동조합 등 근로자단체를 조직하거나 그에 가입하여 활동할 수 있는 개별적 단결권뿐만 아니라 근로자단체가 존립하고 활동할 수 있는 집단적 단결권도 포함된다. 2021 경찰승진 ( )

> 해설 근로3권 중 단결권에는 개별 근로자가 노동조합 등 근로자단체를 조직하거나 그에 가입하여 활동할 수 있는 개별적 단결권뿐만 아니라 근로자단체가 존립하고 활동할 수 있는 집단적 단결권도 포함된다(헌재 1999. 11. 25. 95헌마154).

11-1 헌법 제33조 제1항은 "근로자는 근로조건의 향상을 위하여 자주적인 단결권·단체교섭권 및 단체행동권을 가진다."고 규정하고 있다. 여기서 헌법상 보장된 근로자의 단결권은 단결하지 아니할 자유, 이른바 '소극적 단결권'을 포함한다. 2022 법원행시 ( )

11-2 이른바 '유니언 샵(Union Shop)' 협정은 근로자의 소극적 단결권을 침해하므로 헌법상 용인되기 어렵다. 2022 법원행시 ( )

> 해설 당해 사업장에 종사하는 근로자의 3분의 2 이상을 대표하는 노동조합의 경우에 단체협약을 매개로 한 조직강제(유니언숍 협정의 체결)를 용인하는 노동조합 및 노동관계조정법 조항(헌재 2005. 11. 24. 2002헌바95 등)
> (1) 헌법상 보장된 근로자의 단결권은 단결할 자유만을 가리킬 뿐이고, 단결하지 아니할 자유 이른바 소극적 단결권은 이에 포함되지 않는다. 근로자가 노동조합을 결성하지 아니할 자유나 노동조합에 가입을 강제당하지 아니할 자유, 그리고 가입한 노동조합을 탈퇴할 자유는 근로자에게 보장된 단결권의 내용에 포섭되는 권리로서가 아니라 **헌법 제10조의 행복추구권에서 파생되는 일반적 행동의 자유 또는 제21조 제1항의 결사의 자유에서 그 근거를 찾을 수 있다.**
> (2) 단결권은 '사회적 보호기능을 담당하는 자유권' 또는 '사회권적 성격을 띤 자유권'으로서의 성격을 가지고 있고 일반적인 시민적 자유권과는 질적으로 다른 권리로서 설정되어 헌법상 그 자체로서 이미 **결사의 자유에 대한 특별법적인 지위를 승인**받고 있다. 이에 비하여 일반적 행동의 자유는 헌법 제10조의 행복추구권 속에 함축된 그 구체적인 표현으로서, 이른바 보충적 자유권에 해당한다. 따라서 단결하지 아니할 자유와 적극적 단결권이 충돌하게 되더라도, 근로자에게 보장되는 적극적 단결권이 단결하지 아니할 자유보다 특별한 의미를 갖고 있다고 볼 수 있고, 노동조합의 조직강제도 이른바 자유권을 수정하는 의미의 생존권(사회권)적 성격을 함께 가지는 만큼 근로자 개인의 자유권에 비하여 보다 특별한 가치로 보장되는 점 등을 고려하면, **노동조합의 적극적 단결권은 근로자 개인의 단결하지 않을 자유보다 중시된다**고 할 것이어서 노동조합에 적극적 단결권(조직강제권)을 부여한다고 하여 이를 두고 곧바로 **근로자의 단결하지 아니할 자유의 본질적인 내용을 침해하는 것으로 단정할 수는 없다.**

ANSWER 09-3 × 10 ○ 11-1 × 11-2 ×

(3) 근로자의 단결선택권의 본질적인 내용을 침해하는 것으로도 볼 수 없으므로, 근로자의 단결권을 보장한 헌법 제33조 제1항에 위반되지 않는다.
(4) 지배적 노동조합 및 그 조합원에 비하여 소수노조 및 그에 가입하였거나 가입하려고 하는 근로자에 대하여 한 차별적 취급은 합리적인 이유가 있으므로 **평등권을 침해하지 않는다**.

12 노동조합에 대한 단체교섭권 보장은 사회적 약자인 근로자가 사용자와의 사이에서 대등성을 확보하여 적정한 근로조건을 형성할 수 있도록 하는 수단이므로, 반드시 사업장 내 모든 노동조합에 각각 단체교섭권을 보장하여야 하는 것은 아니다. 2023 변시 ( )

> 해설 노동조합에 대한 단체교섭권 보장은 사회적 약자인 근로자가 사용자와의 사이에 대등성을 확보하여 적정한 근로조건을 형성할 수 있도록 하는 수단이므로, 반드시 모든 노동조합에게 각별로 단체교섭권을 보장하여야 하는 것은 아니고, 교섭대표노동조합이 사용자와의 사이에서 노사관계의 안정과 적정한 근로조건을 형성하는 기능을 충분히 담당할 수 있다면, 그러한 기능을 할 수 있는 노동조합에 단체교섭권을 인정하는 것이 노동3권을 기본권으로 보장하는 취지에 더 부합할 수 있다(헌재 2012.4.24. 2011헌마338).

13 헌법 제33조 제1항이 "근로자는 근로조건의 향상을 위하여 자주적인 단결권, 단체교섭권, 단체행동권을 가진다."고 규정하여 '단체협약체결권'을 명시하여 규정하고 있지 않다고 하더라도 '단체교섭권'에는 단체협약체결권이 포함되어 있다고 보아야 한다. 2023 경찰승진 ( )

> 해설 헌법 제33조 제1항이 "근로자는 근로조건의 향상을 위하여 자주적인 단결권, 단체교섭권, 단체행동권을 가진다."고 규정하여 근로자에게 "단결권, 단체교섭권, 단체행동권"을 기본권으로 보장하는 뜻은 근로자가 사용자와 대등한 지위에서 단체교섭을 통하여 자율적으로 임금 등 근로조건에 관한 단체협약을 체결할 수 있도록 하기 위한 것이다. 비록 **헌법이 위 조항에서 '단체협약체결권'을 명시하여 규정하고 있지 않다고 하더라도 근로조건의 향상을 위한 근로자 및 그 단체의 본질적인 활동의 자유인 '단체교섭권'에는 단체협약체결권이 포함되어 있다고 보아야** 한다(헌재 1998.2.27. 94헌바13 등).

14 헌법재판소는 소방공무원을 노동조합 가입대상에서 제외한 「공무원의 노동조합 설립 및 운영 등에 관한 법률」 조항이 소방공무원들의 단결권을 침해한다고 판단하였다. 2023 경찰승진 ( )

> 해설 심판대상조항은 소방공무원이 그 업무의 성격상 사회공공의 안녕과 질서유지에 미치는 영향력이 크고, 그 책임 및 직무의 중요성, 신분 및 근로조건의 특수성이 인정되므로, 노동조합원으로서의 지위를 가지고 업무를 수행하는 것이 적절하지 아니하다고 보아 노동조합 가입대상에서 제외한 것이다. … 또한 소방공무원은 특정직 공무원으로서 '소방공무원법'에 의하여 신분보장이나 대우 등 근로조건의 면에서 일반직공무원에 비하여 두텁게 보호받고 있다. 따라서 **심판대상조항이 헌법 제33조 제2항의 입법형성권의 한계를 일탈하여 소방공무원인 청구인의 단결권을 침해한다고 볼 수 없다**(헌재 2008.12.26. 2006헌마462).

15 법령 등에 의하여 국가 또는 지방자치단체가 그 권한으로 행하는 정책결정에 관한 사항, 임용권의 행사 등 그 기관의 관리·운영에 관한 사항으로서 근무조건과 직접 관련되지 아니하는 사항을 공무원노동조합의 단체교섭 대상에서 제외하고 있는 「공무원의 노동조합 설립 및 운영 등에 관한 법률」 조항이 명확성의 원칙에 위반되는 것은 아니다. 2023 경찰2차 ( )

> 해설 이 사건 규정상의 '직접'의 의미가 법집행 기관의 자의적인 법집행을 초래할 정도로 불명확하다고 볼 수 없으므로 명확성원칙에 위반된다고 볼 수 없다(헌재 2013.6.27. 2012헌바169).

ANSWER 12 ○ 13 ○ 14 × 15 ○

16-1 노동조합을 설립할 때 행정관청에 설립신고서를 제출하게 하고 그 요건을 충족하지 못하는 경우 설립신고서를 반려하도록 하고 있는 '노동조합 및 노동관계조정법'은 헌법 제21조 제2항 후단에서 금지하는 결사에 대한 허가제이다. 2023 법원행시 ( )

16-2 근로자의 단결권이 근로자 단결체로서 사용자와의 관계에서 특별한 보호를 받아야 할 경우에는 근로3권에 관한 헌법 제33조가 우선적으로 적용되지만, 그렇지 않은 통상의 결사 일반에 대한 문제일 경우에는 헌법 제21조 제2항이 적용되므로 노동조합에도 헌법 제21조 제2항의 결사에 대한 허가제금지원칙이 적용된다. 2024 경찰승진 ( )

16-3 노동조합을 설립할 때 행정관청에 설립신고서를 제출하게 하고 그 요건을 충족하지 못하는 경우 설립신고서를 반려하도록 하고 있는 「노동조합 및 노동관계조정법」 조항의 노동조합 설립신고서 반려제도가 헌법 제21조 제2항 후단에서 금지하는 결사에 대한 허가제라고 볼 수 없다. 2023 경찰2차 ( )

16-4 근로자의 단결권은 결사의 자유가 근로의 영역에서 구체화된 것으로, 근로자의 단결권이 근로자 단결체로서 사용자와의 관계에서 특별한 보호를 받아야 할 경우에는 근로3권에 관한 헌법 제33조가 우선적으로 적용된다. 2024 법원행시 ( )

> **해설** 근로자의 단결권이 근로자 단결체로서 사용자와의 관계에서 특별한 보호를 받아야 할 경우에는 헌법 제33조가 우선적으로 적용되지만, 그렇지 않은 통상의 결사 일반에 대한 문제일 경우에는 헌법 제21조 제2항이 적용되므로 **노동조합에도 헌법 제21조 제2항의 결사에 대한 허가제금지원칙이 적용**된다.
> 헌법 제21조 제2항 후단의 결사의 자유에 대한 '허가제'란 행정권이 주체가 되어 예방적 조치로 단체의 설립 여부를 사전에 심사하여 일반적인 단체 결성의 금지를 특정한 경우에 한하여 해제함으로써 단체를 설립할 수 있게 하는 제도, 즉 사전 허가를 받지 아니한 단체 결성을 금지하는 제도를 말한다. 그런데 이 사건 법률조항은 노동조합 설립에 있어 노동조합법상의 요건 충족 여부를 사전에 심사하도록 하는 구조를 취하고 있으나, 이 경우 노동조합법상 요구되는 요건만 충족되면 그 설립이 자유롭다는 점에서 일반적인 금지를 특정한 경우에 해제하는 허가와는 **개념적으로 구분**되고, 더욱이 행정관청의 설립신고서 수리 여부에 대한 결정은 재량 사항이 아니라 의무 사항으로 그 요건 충족이 확인되면 설립신고서를 수리하고 그 신고증을 교부하여야 한다는 점에서 **단체의 설립 여부 자체를 사전에 심사하여 특정한 경우에 한해서만 그 설립을 허용하는 '허가'와는 다르다.** 따라서 **이 사건 법률조항의 노동조합 설립신고서 반려제도가 헌법 제21조 제2항 후단에서 금지하는 결사에 대한 허가제라고 볼 수 없다**(헌재 2012.3.29. 2011헌바53).

17-1 공항·항만 등 국가중요시설의 경비업무를 담당하는 특수경비원에게 경비업무의 정상적인 운영을 저해하는 일체의 쟁의행위를 금지하는 「경비업법」의 해당 조항은 특수경비원의 단체행동권을 박탈하여 근로3권을 규정하고 있는 헌법 제33조 제1항에 위배된다. 2022 경찰1차 ( )

17-2 업무의 공공성과 특수성을 이유로, 공항·항만 등 국가중요시설의 경비업무를 담당하는 특수경비원에게 경비업무의 정상적인 운영을 저해하는 일체의 쟁의행위를 금지하는 것은, 단체행동권을 전면 박탈하는 것으로 과잉금지원칙에 위배된다. 2023 변시 ( )

17-3 공항·항만 등 국가중요시설의 경비업무를 담당하는 특수경비원에게 경비업무의 정상적인 운영을 저해하는 일체의 쟁의행위를 금지하는 「경비업법」 해당 조항에 의한 단체행동권의 제한은 근로3권에 관한 헌법 제33조 제2항과 제3항의 개별유보조항에 의한 제한이다. 2023 경찰간부 ( )

ANSWER 16-1 × 16-2 ○ 16-3 ○ 16-4 ○ 17-1 × 17-2 × 17-3 ×

해설 특수경비원 업무의 강한 공공성과 특히 특수경비원은 소총과 권총 등 무기를 휴대한 상태로 근무할 수 있는 특수성 등을 감안할 때, 특수경비원의 신분이 공무원이 아닌 일반근로자라는 점에만 치중하여 **특수경비원에게 근로3권, 즉 단결권, 단체교섭권, 단체행동권 모두를 인정하여야 한다고 보기는 어렵고, 적어도 특수경비원에 대하여 단결권, 단체교섭권에 대한 제한은 전혀 두지 아니하면서 단체행동권 중 '경비업무의 정상적인 운영을 저해하는 일체의 쟁의행위'만을 금지하는 것은 입법목적 달성에 필요불가결한 최소한의 수단이라고 할 것이어서 침해의 최소성 원칙에 위배되지 아니한다.**

이 사건 법률조항으로 인하여 특수경비원의 단체행동권이 제한되는 불이익을 받게 되는 것을 부정할 수는 없으나 국가나 사회의 중추를 이루는 중요시설 운영에 안정을 기함으로써 얻게 되는 국가안전보장, 질서유지, 공공복리 등의 공익이 매우 크다고 할 것이므로, 이 사건 법률조항에 의한 기본권제한은 법익의 균형성 원칙에 위배되지 아니한다. 따라서 이 사건 법률조항은 **과잉금지원칙에 위배되지 아니하므로 헌법에 위반되지 아니한다.**

이 사건 법률조항에 의한 단체행동권의 제한은 헌법 제33조 제2항과 제3항의 개별유보조항에 의한 것이 아니라 헌법 제37조 제2항의 일반유보조항에 의한 것인 만큼, 헌법 제33조 제2항과 제3항으로부터 이 사건 법률조항이 헌법 제33조 제1항에 위배된다는 결론은 도출될 수 없는 것이다(헌재 2009.10.29, 2007헌마1359).

18-1 청원경찰의 복무에 관하여 「국가공무원법」의 해당 조항을 준용함으로써 노동운동을 금지하는 「청원경찰법」의 해당 조항 중 「국가공무원법」의 해당 조항 가운데 '노동운동' 부분을 준용하는 부분은 국가기관이나 지방자치단체 이외의 곳에서 근무하는 청원경찰인 청구인들의 근로3권을 침해한다. 2022 경찰1차 (   )

18-2 청원경찰의 복무에 관하여 국가공무원법 제66조 제1항을 준용함으로써 노동운동을 금지하는 청원경찰법 (2010. 2. 4. 법률 제10013호로 개정된 것)은 국가기관이나 지방자치단체 이외의 곳에서 근무하는 청원경찰의 근로3권을 침해한다. 2023 법원행시 (   )

18-3 국가기관이나 지방자치단체 이외의 곳에서 근무하는 청원경찰은 사용자인 청원주와의 고용계약에 의한 근로자일 뿐, 국민전체에 대한 봉사자로서 국민에 대하여 책임을 지며 그 신분과 정치적 중립성이 법률에 의해 보장되는 공무원 신분이 아니므로, 이러한 청원경찰에게는 기본적으로 근로3권이 보장되어야 한다. 2023 변시 (   )

해설 청원경찰의 복무에 관하여 국가공무원법 제66조 제1항을 준용하여 노동운동을 금지하는 청원경찰법 조항(헌재 2017.9.28, 2015헌마653)

(1) **청원경찰은 일반근로자일 뿐 공무원이 아니므로 원칙적으로 헌법 제33조 제1항에 따라 근로3권이 보장되어야 한다.** 청원경찰은 제한된 구역의 경비를 목적으로 필요한 범위에서 경찰관의 직무를 수행할 뿐이며, 그 신분보장은 공무원에 비해 취약하다. 또한 **국가기관이나 지방자치단체 이외의 곳에서 근무하는 청원경찰은 근로조건에 관하여 공무원뿐만 아니라 국가기관이나 지방자치단체에 근무하는 청원경찰에 비해서도 낮은 수준의 법적 보장을 받고 있으므로, 이들에 대해서는 근로3권이 허용되어야 할 필요성이 크다.**

(2) 심판대상조항이 모든 청원경찰의 근로3권을 전면적으로 제한하는 것은 입법목적 달성을 위해 필요한 범위를 넘어선 것으로서 침해의 최소성 원칙에 위배된다.

(3) 심판대상조항을 통해 청원경찰이 경비하는 중요시설의 안전을 도모할 수 있음은 분명하나, 이로 인해 받는 불이익은 모든 청원경찰에 대한 근로3권의 전면적 박탈이라는 점에서, 심판대상조항은 법익의 균형성도 인정되지 아니한다.

ANSWER 18-1 ○ 18-2 ○ 18-3 ○

19 최저임금 산입을 위하여 임금지급 주기에 관한 취업규칙을 변경하는 경우 노동조합 또는 근로자 과반수의 동의를 받을 필요 없도록 규정한 최저임금법규정은 노동조합 및 근로자 의 단체교섭권을 침해하지 않는다.
2023 법원행시 ( )

> **해설** 이 사건 특례조항은 사용자가 일방적으로 상여금 등의 지급주기를 변경할 수 있도록 함으로써 근로자가 근로자단체를 통해 사용자와 집단적으로 교섭하는 것을 제한하므로, 노동조합과 그 조합원의 단체교섭권을 제한한다. 이 사건 특례조항은 이 사건 산입조항 및 부칙조항의 실효성을 확보하고, 근로자에게 임금의 최저수준을 매월 보장함으로써 근로자의 생활안정을 꾀하고자 하는 조항이다. 이 사건 특례조항은 최저임금 산입을 위한 목적에서, 임금 총액의 변동 없이 상여금 등 및 복리후생비의 지급주기를 매월 지급하는 것으로 변경하는 경우에만 적용된다. **최저임금 산입범위 개편으로 인해 영향을 받는 근로자의 규모나 그 영향의 정도가 비교적 한정적인 점 등을 감안하면, 이 사건 특례조항에 따라 청구인들의 단체교섭권이 제한되는 정도 역시 크다고 보기 어렵다. 따라서 이 사건 특례조항은 과잉금지원칙에 위배되어 청구인들의 단체교섭권을 침해한다고 볼 수 없다**(헌재 2021.12.23. 2018헌마629 등).

20 사용자가 노동조합의 운영비를 원조하는 행위를 부당노동행위로 금지하는 '노동조합 및 노동관계조정법'은 노동조합의 단체교섭권을 침해한다. 2023 법원행시 ( )

> **해설** 운영비원조금지조항은 사용자로부터 노동조합의 자주성을 확보하여 궁극적으로 근로3권의 실질적인 행사를 보장하기 위한 것으로서 그 입법목적이 정당하다. 운영비 원조 행위가 노동조합의 자주성을 저해할 위험이 없는 경우에는 이를 금지하더라도 위와 같은 입법목적의 달성에 아무런 도움이 되지 않는다. 그런데 운영비원조금지조항은 단서에서 정한 두 가지 예외를 제외한 일체의 운영비 원조 행위를 금지함으로써 노동조합의 자주성을 저해할 위험이 없는 경우까지 금지하고 있으므로, 입법목적 달성을 위한 적합한 수단이라고 볼 수 없다. … 이상의 내용을 종합하여 보면, 운영비원조금지조항이 단서에서 정한 두 가지 예외를 제외한 운영비 원조 행위를 일률적으로 부당노동행위로 간주하여 금지하는 것은 침해의 최소성에 반한다. 노동조합의 자주성을 저해하거나 저해할 위험이 현저하지 않은 운영비 원조 행위를 부당노동행위로 규제하는 것은 입법목적 달성에 기여하는 바가 전혀 없는 반면, 운영비원조금지조항으로 인하여 청구인은 사용자로부터 운영비를 원조받을 수 없을 뿐만 아니라 궁극적으로 노사자치의 원칙을 실현할 수 없게 되므로, 운영비원조금지조항은 법익의 균형성에도 반한다. 따라서 운영비원조금지조항은 과잉금지원칙을 위반하여 청구인의 단체교섭권을 침해하므로 헌법에 위반된다(헌재 2018.5.31. 2012헌바90).

21 사인간 기본권 충돌의 경우 입법자에 의한 규제와 개입은 개별 기본권 주체에 대한 기본권 제한의 방식으로 흔하게 나타나며, 근로계약이 사적 계약관계라는 이유로 국가가 개입할 수 없다고 볼 것은 아니다.
2024 경찰승진 ( )

> **해설** 사인간 기본권 충돌의 경우 입법자에 의한 규제와 개입은 개별 기본권 주체에 대한 기본권 제한의 방식으로 흔하게 나타나며, 노사관계의 경우도 마찬가지이다. 예컨대, **사용자와 근로자는 근로계약 체결 단계에서부터 계약상 의무 위반에 이르기까지 근로기준법, 최저임금법 등 노동 관계법령에 의한 국가적 개입을 받고 있으며, 이러한 국가의 개입이 기본권을 침해하는지 여부가 문제될 수는 있으나, 사적 계약관계라는 이유로 국가가 개입할 수 없다고 볼 것은 아니다**(헌재 2022.5.26. 2012헌바66).

22 근로자들의 단체행동권은 집단적 실력행사로서 위력의 요소를 가지고 있으므로, 사용자의 재산권이나 직업의 자유, 경제활동의 자유를 현저히 침해하고, 거래질서나 국가 경제에 중대한 영향을 미치는 일정한 단체행동권의 행사에 대하여는 제한이 가능하다. 2023 경찰2차 ( )

ANSWER 19 ○ 20 ○ 21 ○ 22 ○

해설 근로자들의 단체행동권은 집단적 실력행사로서 위력의 요소를 가지고 있으므로, 사용자의 재산권이나 직업의 자유, 경제활동의 자유를 현저히 침해하고, 거래질서나 국가 경제에 중대한 영향을 미치는 일정한 단체행동권의 행사에 대하여는 제한이 가능하다(헌재 2022.5.26. 2012헌바66).

23 단체행동권은 단체행동권 보장 자체만으로 헌법적 보장의 목적을 달성할 수 있는 자기 목적적인 기본권에 해당한다. 2024 법원행시 ( )

해설 **단체행동권은 단체행동권 보장 자체만으로 헌법적 보장의 목적을 달성할 수 있는 자기 목적적인 기본권이 아니다.** 단체행동권은 국가가 직접 노사관계에 개입하여 근로자들의 근로조건을 마련하여 생활을 보장하는 대신 사회적·경제적 열위에 있는 근로자들의 협상력을 사용자와 대등하게 만들어 줌으로써 집단적인 노사관계의 자율적인 형성과 실질적인 자치를 달성하기 위하여 인정되는 기본권이다. 근로자의 근로조건을 기본적으로 근로자와 사용자 사이의 자유로운 계약에 의하여 결정하도록 한다는 계약자유의 원칙을 그 바탕으로 하되, 사용자에 비하여 경제적으로 열악한 지위에 있는 근로자에게 단체행동권을 인정함으로써 사용자와 대등한 지위에서 스스로 생존권을 보장하고 근로조건을 개선하도록 하여 사적자치의 원칙을 보완하고자 하는 것이다(헌재 2022.5.26. 2012헌바66).

제5절 환경권

I 헌법 조문

제35조 ① 모든 국민은 건강하고 쾌적한 환경에서 생활할 권리를 가지며, 국가와 국민은 환경보전을 위하여 노력하여야 한다.
② 환경권의 내용과 행사에 관하여는 법률로 정한다.
③ 국가는 주택개발정책 등을 통하여 모든 국민이 쾌적한 주거생활을 할 수 있도록 노력하여야 한다.

II 최신 기출지문 분석

01 헌법 제35조 제1항은 "모든 사람은 건강하고 쾌적한 환경에서 생활할 권리를 침해받지 아니하며, 국가는 환경보전을 위하여 노력하여야 한다."라고 규정하고 있다. 2023 경찰간부 ( )

해설 **모든 국민은** 건강하고 쾌적한 환경에서 생활할 권리를 가지며, **국가와 국민은** 환경보전을 위하여 노력하여야 한다(헌법 제35조 제1항).

ANSWER 23 × / 01 ×

02 헌법상 환경권의 보호대상이 되는 환경에는 자연환경만 포함될 뿐 인공적 환경과 같은 생활환경은 포함되지 아니한다. 2024 입법고시 ( )

해설 '건강하고 쾌적한 환경에서 생활할 권리'를 보장하는 환경권의 **보호대상이 되는 환경에는 자연환경뿐만 아니라 인공적 환경과 같은 생활환경도 포함**되므로(환경정책기본법 제3조), 일상생활에서 소음을 제거·방지하여 '정온한 환경에서 생활할 권리'는 환경권의 한 내용을 구성한다(헌재 2008.7.31. 2006헌마711).

03 환경권을 행사함에 있어 국민은 국가로부터 건강하고 쾌적한 환경을 향유할 수 있는 자유를 침해당하지 않을 권리를 행사할 수 있고, 일정한 경우 국가에 대하여 건강하고 쾌적한 환경에서 생활할 수 있도록 요구할 수 있는 권리가 인정되기도 하는바, 환경권은 그 자체 종합적인 기본권으로서의 성격을 지닌다.
2023 경찰간부 / 2023 경찰경력채용 ( )

해설 모든 국민은 건강하고 쾌적한 환경에서 생활할 권리, 즉 환경권을 가지고 있고, 국가와 국민은 환경보전을 위하여 노력하여야 한다(헌법 제35조 제1항). 환경권은 건강하고 쾌적한 생활을 유지하는 조건으로서 양호한 환경을 향유할 권리이고, 생명·신체의 자유를 보호하는 토대를 이루며, 궁극적으로 '삶의 질' 확보를 목표로 하는 권리이다. **환경권을 행사함에 있어 국민은 국가로부터 건강하고 쾌적한 환경을 향유할 수 있는 자유를 침해당하지 않을 권리를 행사할 수 있고, 일정한 경우 국가에 대하여 건강하고 쾌적한 환경에서 생활할 수 있도록 요구할 수 있는 권리가 인정되기도 하는바, 환경권은 그 자체 종합적 기본권으로서의 성격을 지닌다**(헌재 2008.7.31. 2006헌마711).

04-1 동물보호법, '장사 등에 관한 법률', '동물장묘업의 시설설치 및 검사기준' 등 관계규정에서 동물장묘시설의 설치제한 지역을 상세하게 규정하고, 매연, 소음, 분진, 악취 등 오염원 배출을 규제하기 위한 상세한 시설 및 검사기준을 두고 있는 등의 사정을 고려할 때, 동물장묘업 등록에 관하여 '장사 등에 관한 법률' 제17조 외에 다른 지역적 제한사유를 규정하지 않았다는 사정만으로 청구인들의 환경권을 보호하기 위한 입법자의 의무를 과소하게 이행하였다고 평가할 수는 없다. 2023 법원행시 ( )

04-2 환경침해는 사인에 의해서 빈번하게 유발되므로 입법자가 그 허용 범위에 관해 정할 필요가 있는 점, 환경피해는 생명·신체의 보호와 같은 중요한 기본권적 법익 침해로 이어질 수 있는 점 등을 고려할 때, 일정한 경우 국가는 사인인 제3자에 의한 국민의 환경권 침해에 대해서도 적극적으로 기본권 보호 조치를 취할 의무를 부담한다. 2023 경찰경력채용 ( )

해설 국가에게 국민의 기본권을 적극적으로 보장하여야 할 의무가 인정되는 점, 헌법 제35조 제1항이 국가와 국민에게 환경보전을 위하여 노력하여야 할 의무를 부여하고 있는 점, 환경침해는 사인에 의해서 빈번하게 유발되므로 입법자가 그 허용 범위에 관해 정할 필요가 있는 점, **환경피해는 생명·신체의 보호와 같은 중요한 기본권적 법익 침해로 이어질 수 있는 점 등을 고려할 때, 일정한 경우 국가는 사인인 제3자에 의한 국민의 환경권 침해에 대해서도 적극적으로 기본권 보호조치를 취할 의무를 부담**한다. 동물보호법, 「장사 등에 관한 법률」, 「동물장묘업의 시설설치 및 검사기준」 등 관계규정에서 동물장묘시설의 설치제한 지역을 상세하게 규정하고, 매연, 소음, 분진, 악취 등 오염원 배출을 규제하기 위한 상세한 시설 및 검사기준을 두고 있는 등의 사정을 고려할 때, 심판대상조항에서 **동물장묘업 등록에 관하여 「장사 등에 관한 법률」 제17조 외에 다른 지역적 제한사유를 규정하지 않았다는 사정만으로 청구인들의 환경권을 보호하기 위한 입법자의 의무를 과소하게 이행하였다고 평가할 수는 없다.** 따라서 심판대상조항은 청구인들의 환경권을 침해하지 않는다(헌재 2020.3.26. 2017헌마1281).

ANSWER 02 × 03 ○ 04-1 ○ 04-2 ○

5-1 헌법 제35조 제1항은 국가와 국민에게 환경보전을 위하여 노력하여야 할 의무를 부여하고 있고, 환경침해는 사인에 의해서도 빈번하게 유발되고 있으며 생명·신체와 같은 중요한 기본권의 법익 침해로 이어질 수 있다는 점에서 국가는 사인인 제3자에 의한 환경권 침해에 대해서도 기본권 보호조치를 취할 의무를 진다.
2022 변시 ( )

5-2 국민의 민주적 의사를 최대한 표출하도록 해야 할 시·도지사선거에서 확성장치를 사용하는 선거운동으로부터 발생하는 불편은 어느 정도 감수해야 하므로, 국가가「공직선거법」상 확성장치의 최고출력 내지 소음에 관한 규제기준을 마련하지 않았더라도 이것이 국가의 기본권보호의무를 불이행한 것이라고 보기는 어렵다.
2022 변시 ( )

5-3 국가가 국민의 건강하고 쾌적한 환경에서 생활할 권리에 대한 보호 의무를 다하지 않았는지 여부를 헌법재판소가 심사할 때에는 국가가 이를 보호하기 위하여 적어도 적절하고 효율적인 최소한의 보호조치를 취하였는가 하는 이른바 '과잉입법금지원칙' 내지 '비례의 원칙'의 위반 여부를 기준으로 삼아야 한다.
2022 경찰1차 / 2023 경찰승진 ( )

5-4 「공직선거법」이 정온한 생활환경이 보장되어야 할 주거지역에서 출근 또는 등교 이전 및 퇴근 또는 하교 이후 시간대에 확성장치의 최고출력 내지 소음을 제한하는 등 사용시간과 사용지역에 따른 수인한도 내에서 확성장치의 최고출력 내지 소음규제기준에 관한 규정을 두지 아니한 것은 청구인의 건강하고 쾌적한 환경에서 생활할 권리를 침해한다. 2022 경찰1차 ( )

5-5 환경권의 내용과 행사는 법률에 의해 구체적으로 정해지는 것이기는 하나(헌법 제35조 제2항), 이 헌법조항의 취지는 특별히 명문으로 헌법에서 정한 환경권을 입법자가 그 취지에 부합하도록 법률로써 내용을 구체화하도록 한 것이지 환경권이 완전히 무의미하게 되는데도 그에 대한 입법을 전혀 하지 아니하거나, 어떠한 내용이든 법률로써 정하기만 하면 된다는 것은 아니다. 2022 경찰1차 ( )

5-6 선거운동을 위한 확성장치를 허용할 공익적 필요성이 인정된다고 하더라도 정온한 생활환경이 보장되어야 할 주거지역에서 사용시간과 사용지역에 따른 수인한도 내에서 확성장치의 최고출력 내지 소음 규제기준에 관한 규정을 두지 아니한「공직선거법」조항은 주거지역 거주자의 건강하고 쾌적한 환경에서 생활할 권리를 침해한다. 2023 경찰1차 ( )

5-7 「공직선거법」이 주거지역에서 선거운동 시 확성장치 사용에 따른 소음 규제기준을 전혀 마련하지 않은 것은 국가의 기본권 보호의무를 과소하게 이향한 것으로서 헌법에 위반된다. 2023 입법고시 ( )

5-8 국가가 국민의 생명·신체의 안전에 대한 보호의무를 다하지 않았는지 여부를 헌법재판소가 심사할 때에는 국가가 이를 보호하기 위하여 적어도 적절하고 효율적인 최소한의 보호조치를 취하였는지 여부를 기준으로 삼아야 한다. 2023 입법고시 / 2023 법원행시 ( )

ANSWER 05-1 ○ 05-2 × 05-3 × 05-4 ○ 05-5 ○ 05-6 ○ 05-7 ○ 05-8 ○

05-9 공직선거법(2010. 1. 25. 법률 제9974호로 개정된 것) 제79조 제3항 제2호 중 '시·도지사 선거' 부분, 같은 항 제3호 및 공직선거법(2005. 8. 4. 법률 제7681호로 개정된 것) 제216조 제1항에서 정한 확성장치를 사용함에 있어 자동차에 부착하는 확성장치 및 휴대용 확성장치의 수는 '시·도지사선거는 후보자와 구·시·군 선거연락소마다 각 1대·각 1조, 지역구 지방의회의원선거 및 자치구·시·군의 장 선거는 후보자마다 1대·1조를 넘을 수 없다'는 규정은, 확성장치의 사용으로 인한 소음의 정도를 규제하는 것으로 볼 수 있고, 선거운동에 대한 지나친 규제는 국민주권의 원리를 실현하는 공직선거에 있어서 후보자에 관한 정보를 선거인들에게 효율적으로 알리는 데 장애가 될 수 있는 점을 고려하면, 사용시간 및 사용지역에 따라 확성장치의 최고출력 내지 소음 규제기준에 관한 구체적인 규정을 두지 않았다고 하여 국가가 국민의 기본권 보호의무를 과소하게 이행한 것이라고 보기 어렵다. 2023 법원행시 ( )

05-10 선거운동을 위하여 확성장치를 허용하여야 할 공익적 필요성이 인정된다고 하더라도, 「공직선거법」이 주거지역에서의 최고출력 내지 소음을 제한하는 등 대상지역에 따른 수인한도 내에서 공직선거운동에 사용되는 확성장치의 최고출력 내지 소음 규제기준을 두고 있지 아니한 것은, 국민이 건강하고 쾌적하게 생활할 수 있는 양호한 주거환경을 유지하기 위하여 노력하여야 할 국가의 의무를 부과한 헌법 규정에 비추어 보면 국가의 기본권 보호의무를 과소하게 이행하고 있는 것이다. 2023 경찰승진 ( )

05-11 주거지역에서 출근 또는 등교 이전 및 퇴근 또는 하교 이후 시간대에 확성장치의 최고출력 내지 소음을 제한하는 등 사용시간과 사용지역에 따른 수인한도 내에서 확성장치의 최고출력 내지 소음 규제기준에 관한 구체적인 규정을 두어야 함에도 이러한 규정을 두지 아니한 것은 적절하고 효율적인 최소한의 보호조치를 취하지 아니하여 국가의 기본권 보호의무를 과소하게 이행한 것이다. 2022 국회직8급 ( )

05-12 「공직선거법」이 선거운동을 위한 확성장치 사용에 따른 소음제한기준을 규정하지 않은 것은 적절하고 효율적인 최소한의 보호조치를 취하지 아니함으로써 국가의 기본권 보호의무를 과소하게 이행한 것이다. 2023 국회직 8급 ( )

05-13 국가가 국민의 건강하고 쾌적한 환경에서 생활할 권리에 대한 보호의무를 다하지 않았는지 여부를 헌법재판소가 심사할 때에는 국가가 이를 보호하기 위하여 적어도 적절하고 효율적인 최소한의 보호조치를 취하였는가 하는 이른바 '과소보호금지원칙'의 위반 여부를 기준으로 삼아야 한다. 2023 경찰간부 ( )

05-14 국가가 국민의 건강하고 쾌적한 환경에서 생활할 권리에 관한 보호의무를 다하지 않았는지를 헌법재판소가 심사할 때에는 국가가 이를 보호하기 위하여 적절하고 효율적인 최대한의 보호조치를 취하였는가 여부를 기준으로 삼아야 한다. 2023 경찰경력채용 ( )

05-15 헌법재판소가 사인인 제3자에 의한 국민의 환경권 침해에 대해서 국가의 적극적 기본권 보호조치를 취할 의무를 심사할 때는 국가가 국민의 기본권적 법익 보호를 위하여 적어도 적절하고 효율적인 최소한의 보호조치를 취했는가 하는 이른바 과소보호금지원칙의 위반 여부를 기준으로 삼아야 한다. 2024 입법고시 ( )

ANSWER   05-9 ×   05-10 ○   05-11 ○   05-12 ○   05-13 ○   05-14 ×   05-15 ○

05-16 「공직선거법」이 정온한 생활환경이 보장되어야 할 주거지역에서 출근 또는 등교 이전 및 퇴근 또는 하교 이후 시간대에 확성장치의 최고출력 내지 소음을 제한하는 등 사용시간과 사용지역에 따른 수인한도 내에서 확성장치의 최고출력 내지 소음규제기준에 관한 규정을 두지 아니하였다 하여 건강하고 쾌적한 환경에서 생활할 권리를 침해하였다는 결론이 도출되지는 아니한다. 2024 입법고시 ( )

> **해설** 기본권 보호의무란 기본권적 법익을 기본권 주체인 사인에 의한 위법한 침해 또는 침해의 위험으로부터 보호하여야 하는 국가의 의무를 말하며, 주로 사인인 제3자에 의한 개인의 생명이나 신체의 훼손에서 문제되는데, 이는 타인에 의하여 개인의 신체나 생명 등 법익이 국가의 보호의무 없이는 무력화될 정도의 상황에서만 적용될 수 있다.
> 헌법 제10조의 규정에 의하면, 국가는 개인이 가지는 불가침의 기본적 인권을 확인하고 이를 보장할 의무를 지고 기본권은 공동체의 객관적 가치질서로서의 성격을 가지므로, 적어도 생명·신체의 보호와 같은 중요한 기본권적 법익 침해에 대해서는 그것이 국가가 아닌 제3자로서의 사인에 의해서 유발된 것이라고 하더라도 국가가 적극적인 보호의 의무를 진다. 그렇다면 국가가 국민의 기본권을 적극적으로 보장하여야 할 의무가 인정된다는 점, 헌법 제35조 제1항이 국가와 국민에게 환경보전을 위하여 노력하여야 할 의무를 부여하고 있는 점, 환경침해는 사인에 의해서 빈번하게 유발되므로 입법자가 그 허용 범위에 관해 정할 필요가 있다는 점, 환경피해는 생명·신체의 보호와 같은 중요한 기본권적 법익 침해로 이어질 수 있다는 점 등을 고려할 때, **일정한 경우 국가는 사인인 제3자에 의한 국민의 환경권 침해에 대해서도 적극적으로 기본권 보호조치를 취할 의무를 진다.** 더욱이 이 사건에서 소음의 유발은 공직선거법이 허용한 일정 기간의 공직선거 운동기간 중에 공적 의사를 형성하는 과정 중에 발생하는 것이므로, 비록 그 소음이 후보자 등 사인에 의해서 유발되고 있는 것이라고 하더라도 공적 활동으로서 이해되는 측면도 있는바, 공적 영역에서 발생하는 환경권 침해 가능성에 대해 국가가 규율할 의무는 좀 더 분명해진다.
> 환경권의 내용과 행사는 법률에 의해 구체적으로 정해지는 것이기는 하나(헌법 제35조 제2항), **이 헌법 조항의 취지는 특별히 명문으로 헌법에서 정한 환경권을 입법자가 그 취지에 부합하도록 법률로써 내용을 구체화하도록 한 것이지 환경권이 완전히 무의미하게 되는데도 그에 대한 입법을 전혀 하지 아니하거나, 어떠한 내용이든 법률로써 정하기만 하면 된다는 것은 아니다. 그러므로 일정한 요건이 충족될 때 환경권 보호를 위한 입법이 없거나 현저히 불충분하여 국민의 환경권을 침해하고 있다면 헌법재판소에 그 구제를 구할 수 있다고 해야 할 것이다.**
> 일정한 경우 국가는 사인인 제3자에 의한 국민의 환경권 침해에 대해서도 적극적으로 기본권 보호조치를 취할 의무를 지나, 헌법재판소가 이를 심사할 때에는 국가가 국민의 기본권적 법익 보호를 위하여 적어도 적절하고 효율적인 최소한의 보호조치를 취했는가 하는 이른바 "과소보호금지원칙"의 위반 여부를 기준으로 삼아야 한다. 출근 또는 등교 이전 및 퇴근 또는 하교 이후 시간대의 주거지역에서 확성장치의 최고출력 또는 소음을 제한하는 등 사용시간과 사용지역에 따른 수인한도 내에서 확성장치의 최고출력 내지 소음 규제기준에 관한 구체적인 규정을 두어야 할 것이다. 그러므로 심판대상조항이 이러한 규정을 두고 있지 아니한 것은 관련 법익을 형량하여 보더라도 적절하고 효율적인 최소한의 보호조치를 취하지 아니함으로써 **국가의 기본권 보호의무를 과소하게 이행하였다고 평가되고, 이는 청구인의 건강하고 쾌적한 환경에서 생활할 권리의 침해를 가져온다**(헌재 2019.12.27. 2018헌마730).

06-1 독서실과 같이 정온을 요하는 사업장의 실내소음 규제기준을 만들어야 할 입법의무가 헌법의 해석상 곧바로 도출된다고 보기는 어렵다. 2022 경찰1차 ( )

06-2 독서실과 같이 특별히 정온을 요하는 사업장에 대해서는 실내 소음규제기준을 만들어야 할 입법의무가 헌법의 해석상 곧바로 도출된다. 2024 입법고시 ( )

ANSWER 05-16 ×   06-1 ○   06-2 ×

06-3 일상생활에서 소음을 제거·방지하여 '정온한 환경에서 생활할 권리'는 환경권의 한 내용을 구성한다.
2023 경찰간부 ( )

해설 '건강하고 쾌적한 환경에서 생활할 권리'를 보장하는 환경권의 보호대상이 되는 환경에는 자연 환경뿐만 아니라 인공적 환경과 같은 생활환경도 포함되므로, **일상생활에서 소음을 제거·방지하여 정온한 환경에서 생활할 권리는 환경권의 한 내용을 구성한다.**

정온을 요하는 사업장의 실내소음 규제기준을 마련할 것인지 여부나 소음을 제거·방지할 수 있는 다양한 수단과 방법 중 어떠한 방법을 채택하고 결합할 것인지 여부는 당시의 기술 수준이나 경제적·사회적·지역적 여건 등을 종합적으로 고려하지 않을 수 없으므로, 독서실과 같이 정온을 요하는 사업장의 실내소음 규제기준을 만들어야 할 입법의무가 헌법의 해석상 곧바로 도출된다고 보기도 어렵다. 결국 독서실과 같이 정온을 요하는 사업장의 실내소음 규제기준을 제정하여야 할 입법자의 입법의무를 인정할 수 없으므로, 이 사건 심판청구는 헌법소원의 대상이 될 수 없는 입법부작위를 대상으로 한 것으로서 부적법하다(헌재 2017. 12. 28. 2016헌마45).

07 악취가 배출되는 사업장이 있는 지역을 악취관리지역으로 지정함으로써 악취방지를 위한 예방적·관리적 조처를 할 수 있도록 한 것은 헌법상 국가와 국민의 환경보전의무를 바탕으로 주민의 건강과 생활환경의 보전을 위하여 사업장에서 배출되는 악취를 규제·관리하기 위한 적합한 수단이다. 2022 경찰간부 ( )

해설 심판대상조항은 헌법상 국가와 국민의 환경보전의무를 바탕으로 주민의 건강과 생활환경의 보전을 위하여 사업장에서 배출되는 악취를 규제·관리하고자 하는 데 그 목적이 있으므로, 정당성이 인정된다. 그리고 **심판대상조항이 악취가 배출되는 사업장이 있는 지역을 악취관리지역으로 지정함으로써 악취방지를 위한 예방적·관리적 조처를 할 수 있도록 한 것은 이러한 목적을 달성하기에 적합한 수단**이다(헌재 2020. 12. 23. 2019헌바25).

08-1 교도소 수용자들의 자살을 방지하기 위하여 독거실 내 화장실 창문에 안전철망을 설치한 행위는 수형자의 환경권 등 기본권을 침해하지 않는다. 2022 경찰간부 ( )

08-2 교도소 독거실 내 화장실 창문과 철격자 사이에 안전 철망을 설치한 행위는 수용자의 햇빛과 통풍 등과 관련한 환경권을 침해한다. 2024 입법고시 ( )

08-3 환경권은 생명·신체의 자유를 보호하는 토대를 이루며, 궁극적으로 '삶의 질' 확보를 목표로 하는 권리이다. 2023 경찰경력채용 ( )

해설 **환경권은 건강하고 쾌적한 생활을 유지하는 조건으로서 양호한 환경을 향유할 권리**이고, 생명·신체의 자유를 보호하는 토대를 이루며, **궁극적으로 '삶의 질' 확보를 목표로 하는 권리**이다.

이 사건 설치행위는 수용자의 자살을 방지하여 생명권을 보호하고 교정시설 내의 안전과 질서를 보호하기 위한 것이다. 안전철망을 설치한 이후 교도소 내 화장실 창문 철격자를 이용한 자살사고는 단 한 건도 발생하지 않았고, 교도소 내 전체 자살사고도 현저히 감소하였다. 안전철망의 구멍의 크기는 일반 방충망의 구멍의 크기보다 크고, 모든 독거실에 CCTV를 설치하여 계호하는 것은 수용자들의 사생활의 비밀과 자유에 대한 침해의 정도가 더 커 적절한 대안이라 할 수 없으며, 수용자들은 매일 30분 내지 1시간에 이르는 실외운동시간에 햇빛을 볼 수 있다. **교정시설 내 자살사고는 수용자 본인이 생명을 잃는 중대한 결과를 초래할 뿐만 아니라 다른 수용자들에게도 직접적으로 부정적인 영향을 미치고 나아가 교정시설이나 교정정책 전반에 대한 불신을 야기할 수 있다는 점에서 이를 방지할 필요성이 매우 크고, 그에 비해 청구인에게 가해지는 불이익은 채광·통풍이 다소 제한되는 정도에 불과하다. 따라서 이 사건 설치행위는 청구인의 환경권 등 기본권을 침해하지 아니한다**(헌재 2014. 6. 26. 2011헌마150).

ANSWER 06-3 ○ 07 ○ 08-1 ○ 08-2 × 08-3 ○

제6절 혼인·가족·모성·보건에 관한 권리

I 헌법 조문

제36조 ① 혼인과 가족생활은 개인의 존엄과 양성의 평등을 기초로 성립되고 유지되어야 하며, 국가는 이를 보장한다.
② 국가는 모성의 보호를 위하여 노력하여야 한다.
③ 모든 국민은 보건에 관하여 국가의 보호를 받는다.

II 최신 기출지문 분석

01-1 법적으로 승인되지 아니한 사실혼 또한 헌법 제36조 제1항에 규정된 혼인의 보호범위에 포함된다. 2024 입법고시 ( )

01-2 법적으로 승인되지 아니한 사실혼은 헌법 제36조 제1항의 보호범위에 포함된다고 보기 어렵다. 2023 변시 ( )

01-3 헌법에서 규정하는 '혼인'이란 양성이 평등하고 존엄한 개인으로서 자유로운 의사의 합치에 의하여 생활공동체를 이루는 것을 의미하므로, 법적으로 승인되지 아니한 사실혼은 헌법 제36조 제1항의 보호범위에 포함된다고 보기 어렵다. 2023 경찰승진 ( )

01-4 헌법 제36조 제1항에서 규정하는 '혼인'이란 양성이 평등하고 존엄한 개인으로서 자유로운 의사의 합치에 의하여 생활공동체를 이루는 것으로서 법적으로 승인받은 것을 말하므로, 법적으로 승인되지 아니한 사실혼은 헌법 제36조 제1항의 보호범위에 포함된다고 보기 어렵다. 2022 법원직 / 2022 국회직8급 / 2023 법원행시 ( )

01-5 사실혼 배우자에게 상속권을 인정하지 않는 「민법」 제1003조 제1항 중 '배우자' 부분이 사실혼 배우자의 상속권 및 평등권을 침해하고, 「헌법」 제36조 제1항에 위반된다. 2022 경찰간부 ( )

01-6 사실혼 배우자는 혼인신고를 함으로써 상속권을 가질 수 있고, 증여나 유증을 받는 방법으로 상속에 준하는 효과를 얻을 수 있으며, 「근로기준법」, 「국민연금법」 등에 근거한 급여를 받을 권리 등이 인정된다는 측면에서 볼 때, 사실혼 배우자에게 상속권을 인정하지 않는 「민법」 조항이 사실혼 배우자인 청구인의 상속권을 침해하는 것은 아니다. 2023 경찰2차 ( )

> **해설** 헌법 제36조 제1항에서 규정하는 '혼인'이란 양성이 평등하고 존엄한 개인으로서 자유로운 의사의 합치에 의하여 생활공동체를 이루는 것으로서 법적으로 승인받은 것을 말하므로, 법적으로 승인되지 아니한 사실혼은 헌법 제36조 제1항의 보호범위에 포함된다고 보기 어렵다.

ANSWER 01-1 × 01-2 ○ 01-3 ○ 01-4 ○ 01-5 × 01-6 ○

사실혼 배우자에게 상속권을 인정하지 아니하는 것은 상속인에 해당하는지 여부를 객관적인 기준에 의하여 파악할 수 있도록 함으로써 상속을 둘러싼 분쟁을 방지하고, 상속으로 인한 법률관계를 조속히 확정시키며, 거래의 안전을 도모하기 위한 것이다. 사실혼 배우자는 혼인신고를 함으로써 상속권을 가질 수 있고, 증여나 유증을 받는 방법으로 상속에 준하는 효과를 얻을 수 있으며, 근로기준법, 국민연금법 등에 근거한 급여를 받을 권리 등이 인정된다. 따라서 이 사건 법률조항이 사실혼 배우자의 상속권을 침해한다고 할 수 없다. 법률혼주의를 채택한 취지에 비추어 볼 때 제3자에게 영향을 미쳐 명확성과 획일성이 요청되는 상속과 같은 법률관계에서는 사실혼을 법률혼과 동일하게 취급할 수 없으므로, 이 사건 법률조항이 사실혼 배우자의 평등권을 침해한다고 보기 어렵다. 법적으로 승인되지 아니한 사실혼은 헌법 제36조 제1항의 보호범위에 포함되지 아니하므로, 이 사건 법률조항은 헌법 제36조 제1항에 위반되지 않는다(헌재 2014.8.28. 2013헌바119).

02-1 헌법 제36조 제1항은 혼인과 가족에 관련되는 공법 및 사법의 모든 영역에 영향을 미치는 헌법원리 내지 원칙규범으로서의 성격을 가질 뿐, 위 조항으로부터 혼인과 가족생활을 스스로 결정하고 형성할 수 있는 자유까지 도출되지는 않는다. 2023 변시 ( )

02-2 헌법 제36조 제1항은 혼인과 가족생활을 스스로 결정하고 형성할 수 있는 자유를 기본권으로서 보장하는 것일 뿐, 혼인과 가족에 대한 제도를 보장하는 것은 아니다. 2024 입법고시 ( )

02-3 헌법 제36조 제1항은 혼인과 가족에 관련되는 공법 및 사법의 모든 영역에 영향을 미치는 헌법원리 내지 원칙규범으로서의 성격도 가진다. 2023 경찰2차 ( )

> **해설** 헌법 제36조 제1항은 "혼인과 가족생활은 개인의 존엄과 양성의 평등을 기초로 성립되고 유지되어야 하며, 국가는 이를 보장한다."라고 규정하고 있는데, 헌법 제36조 제1항은 혼인과 가족생활을 스스로 결정하고 형성할 수 있는 자유를 기본권으로서 보장하고, 혼인과 가족에 대한 제도를 보장한다. 그리고 헌법 제36조 제1항은 혼인과 가족에 관련되는 공법 및 사법의 모든 영역에 영향을 미치는 헌법원리 내지 원칙규범으로서의 성격도 가지는데, 이는 적극적으로는 적절한 조치를 통해서 혼인과 가족을 지원하고 제삼자에 의한 침해 앞에서 혼인과 가족을 보호해야 할 국가의 과제를 포함하며, 소극적으로는 불이익을 야기하는 제한조치를 통해서 혼인과 가족을 차별하는 것을 금지해야 할 국가의 의무를 포함한다(헌재 2002.8.29. 2001헌바82).

03-1 육아휴직신청권은 헌법 제36조 제1항으로부터 개인에게 직접 주어지는 헌법적 차원의 권리이다.
2023 변시 / 2024 입법고시 ( )

03-2 헌법 제36조 제1항이 국가에게 자녀 양육을 지원할 의무를 부과하고 있고 해당 헌법 조항에서 육아휴직제도의 헌법적 근거를 찾을 수 있으므로, 육아휴직신청권은 헌법으로부터 개인에게 직접 주어지는 헌법적 차원의 권리라고 볼 수 있다. 2023 경찰승진 ( )

03-3 육아휴직신청권은 헌법 제36조 제1항 등으로부터 개인에게 직접 주어지는 헌법적 차원의 권리라고 볼 수는 없고, 입법자가 여러 가지 요소를 고려하여 제정하는 입법에 적용요건, 적용대상, 기간 등 구체적인 사항이 규정될 때 비로소 형성되는 법률상의 권리이다. 2023 행시 ( )

03-4 육아휴직신청권은 헌법 제36조 제1항 등으로부터 개인에게 직접 주어지는 헌법적 차원의 권리라고 볼 수 없다. 2022 국회직8급 ( )

ANSWER 02-1 × 02-2 × 02-3 ○ 03-1 × 03-2 × 03-3 ○ 03-4 ○

03-5 육아휴직신청권은 비록 헌법에 명문으로 규정되어 있지는 아니하지만, 이는 모든 인간이 누리는 불가침의 인권으로서 혼인과 가족생활을 보장하는 헌법 제36조 제1항, 행복추구권을 보장하는 헌법 제10조 및 '국민의 자유와 권리는 헌법에 열거되지 아니한 이유로 경시되지 아니한다.'고 규정한 헌법 제37조 제1항에서 나오는 중요한 기본권이다. 2023 경찰간부   (   )

> **해설** **육아휴직신청권은 헌법 제36조 제1항 등으로부터 개인에게 직접 주어지는 헌법적 차원의 권리라고 볼 수는 없고**, 입법자가 입법의 목적, 수혜자의 상황, 국가예산, 전체적인 사회보장수준, 국민정서 등 여러 요소를 고려하여 제정하는 입법에 적용요건, 적용대상, 기간 등 구체적인 사항이 규정될 때 **비로소 형성되는 법률상의 권리**이다(헌재 2008.10.30. 2005헌마1156).

04 1991. 1. 1.부터 그 이전에 성립된 계모자 사이의 법정혈족관계를 소멸시키도록 한 「민법」 부칙 조항은 계자의 친부와 계모의 혼인에 따라 가족생활을 자유롭게 형성할 권리를 침해하지 않는다. 2023 경찰승진   (   )

> **해설** 이사건 법률조항은 헌법 제36조 제1항이 보장하는 미성년인 가족구성원이 성년인 가족으로부터 부양과 양육, 보호 등을 받을 권리를 침해하지 아니한다. 한편 이 사건 법률조항은 계자의 친부와 계모의 혼인의사를 일률적으로 계자에 대한 입양 또는 그 대리의 의사로 간주하기는 어려우므로, **계자의 친부와 계모의 혼인에 따라 가족생활을 자유롭게 형성할 권리를 침해하지 아니하고**, 또한 개인의 존엄과 양성평등에 반하는 전래의 가족제도를 개선하기 위한 입법이므로 가족제도를 보장하는 헌법 제36조 제1항에 위반된다고 볼 수도 **없다**(헌재 2011.2.24. 2009헌바89 등).

05-1 우리 헌법은 제정 당시부터 특별히 혼인의 남녀동권(男女同權)을 헌법적 혼인질서의 기초로 선언하였다. 2023 법원행시   (   )

05-2 헌법은 제정 당시부터 평등원칙과 남녀평등을 일반적으로 천명하는 것에 덧붙여 특별히 혼인의 남녀동권(男女同權)을 헌법적 혼인질서의 기초로 선언하였다. 2022 법원직   (   )

> **해설** 제헌헌법 제20조에서는 '혼인은 남녀동권을 기본으로 하며 혼인의 순결과 가족의 건강은 국가의 특별한 보호를 받는다.'라고 하여 혼인의 남녀동권을 헌법적 혼인질서의 기초로 선언하였다.

06-1 가족제도에 관한 전통문화란 가족제도에 관한 헌법이념인 개인의 존엄과 양성평등에 반하는 것이어서는 안 된다는 한계가 도출되므로 어떤 가족제도가 개인의 존엄과 양성평등에 반한다면 「헌법」 제9조를 근거로 그 헌법적 정당성을 주장할 수는 없다. 2022 경찰간부   (   )

06-2 헌법은 국가사회의 최고규범이므로 가족제도가 비록 역사적·사회적 산물이라는 특성을 지니고 있다 하더라도 헌법의 우위로부터 벗어날 수 없으며, 가족법이 헌법이념의 실현에 장애를 초래하고, 헌법규범과 현실과의 괴리를 고착시키는데 일조하고 있다면 그러한 가족법은 수정되어야 한다. 2023 법원직   (   )

> **해설** 헌법 전문과 헌법 제9조에서 말하는 "전통", "전통문화"란 역사성과 시대성을 띤 개념으로서 헌법의 가치질서, 인류의 보편가치, 정의와 인도정신 등을 고려하여 오늘날의 의미로 포착하여야 하며, **가족제도에 관한 전통·전통문화란 적어도 그것이 가족제도에 관한 헌법이념인 개인의 존엄과 양성의 평등에 반하는 것이어서는 안 된다는 한계가 도출되므로, 전래의 어떤 가족제도가 헌법 제36조 제1항이 요구하는 개인의 존엄과 양성평등에 반한다면 헌법 제9조를 근거로 그 헌법적 정당성을 주장할 수는 없다.**
> 헌법은 국가사회의 최고규범이므로 가족제도가 비록 역사적·사회적 산물이라는 특성을 지니고 있다 하더라도 헌법의 우위로부터 벗어날 수 없으며, 가족법이 헌법이념의 실현에 장애를 초래하고, 헌법규범과 현실과의 괴리를 고착시키는데 일조하고 있다면 그러한 가족법은 수정되어야 한다(헌재 2005.2.3. 2001헌가9 등).

ANSWER 03-5 ×   04 ○   05-1 ○   05-2 ○   06-1 ○   06-2 ○

07 수형자의 배우자에 대해 인터넷화상접견과 스마트접견을 할 수 있도록 하고 미결수용자의 배우자에 대해서는 이를 허용하지 않는 것이 미결수용자의 배우자의 평등권을 침해하는지 여부는 헌법상 혼인과 가족생활에 대한 특별한 헌법적 보호에 비추어 볼 때, 엄격한 비례성심사를 하여야 한다. 2022 국회직8급 ( )

해설 영상통화 방식의 접견은 헌법이 명문으로 특별히 평등을 요구하는 영역에 속하지 않고, 달리 인터넷화상접견 대상자 지침조항 및 스마트접견 대상자 지침조항에 의한 중대한 기본권의 제한 역시 인정할 수 없다. 따라서 위 각 지침조항에 의한 평등권 침해 여부는 차별에 합리적 이유가 있는지를 살펴보는 방식으로 심사하는 것이 적절하다(헌재 2021.11.25. 2018헌마598).

08-1 원칙적으로 3년 이상 혼인 중인 부부만이 친양자 입양을 할 수 있도록 규정하여 독신자는 친양자 입양을 할 수 없도록 한 구 「민법」 조항은 독신자의 가족생활의 자유를 침해한다. 2021 경찰승진 ( )

08-2 헌법재판소는 원칙적으로 3년 이상 혼인 중인 부부만이 친양자 입양을 할 수 있도록 규정하여 독신자는 친양자 입양을 할 수 없도록 한 것이 독신자의 가족생활의 자유를 침해하지 않는다고 하면서, 편친 가정에 대한 사회적 편견 내지 불안감 때문에 독신자 가정에서 양육되는 자녀는 성장 과정에서 사회적으로 어려움을 겪게 될 가능성이 높다는 점을 그 근거의 하나로 제시하고 있다. 2023 경찰승진 ( )

해설 심판대상조항이 기혼자만 친양자 입양을 할 수 있도록 한 것은 친양자가 안정된 양육환경을 제공할 수 있는 가정에 입양되도록 하여 양자의 복리를 증진하기 위한 것이므로 그 입법목적의 정당성을 인정할 수 있다. … 이처럼 친양자의 양친을 기혼자로 한정하면 양자가 사회적 편견으로부터 벗어나 더 나은 양육환경에서 성장할 수 있게 되므로 양자의 복리가 증진될 가능성이 높아진다. 따라서 독신자를 친양자의 양친에서 제외하는 것은 친양자제도의 입법목적을 달성하기 위한 적절한 수단이라 할 것이다. … 독신자로서는 친양자제도는 이용할 수 없지만 일반양자제도를 통해서 충분히 친양자제도와 본질적으로 다르지 않은 가족을 구성할 수 있으므로, 심판대상조항이 독신자의 가족생활의 자유를 지나치게 제한한다고 할 수 없다. 따라서 심판대상조항은 **침해의 최소성 요건도 충족한다.** … 심판대상조항으로 인하여 독신자가 친양자 입양을 할 수 없게 되어 가족생활의 자유가 다소 제한된다 하더라도, 심판대상조항에 의하여 제한되는 사익이 위와 같은 공익보다 결코 크다고 할 수 없다. 따라서 **독신자에 대한 이와 같은 기본권 제한과 그로 인한 공익의 달성 사이에는 합리적인 비례관계가 유지된다고 보이므로, 심판대상조항은 법익의 균형성 요건 또한 충족한다.** 결국 **심판대상조항은 과잉금지원칙에 위반하여 독신자의 가족생활의 자유를 침해한다고 볼 수 없다** (헌재 2013.9.26. 2011헌가42).

09-1 혼인 종료 후 300일 이내에 출생한 자를 전(前)남편의 친생자로 추정함으로써 친생부인의 소를 거치도록 하는 「민법」 조항은 혼인과 가족생활에 관한 기본권을 침해한다. 2021 경찰승진 ( )

09-2 혼인 종료 후 300일 이내에 출생한 자를 전남편의 친생자로 추정하는 것은 모가 가정생활과 신분관계에서 누려야 할 혼인과 가족생활에 관한 기본권을 침해하지 않는다. 2022 국회직8급 ( )

해설 심판대상조항에 따르면, 혼인 종료 후 300일 내에 출생한 자녀가 전남편의 친생자가 아님이 명백하고, 전남편이 친생추정을 원하지도 않으며, 생부가 그 자를 인지하려는 경우에도, 그 자녀는 전남편의 친생자로 추정되어 가족관계등록부에 전남편의 친생자로 등록되고, 이는 엄격한 친생부인의 소를 통해서만 번복될 수 있다. 그 결과 심판대상조항은 이혼한 모와 전남편이 새로운 가정을 꾸리는 데 부담이 되고, 자녀와 생부가 진실한 혈연관계를 회복하는 데 장애가 되고 있다. 이와 같이 민법 제정 이후의 사회적·법률적·의학적 사정변경을 전혀 반영하지 아니한 채, 이미 혼인관계가 해소된 이후에 자가 출생하고 생부가 출생한 자를 인지하려는

ANSWER 07 × 08-1 × 08-2 ○ 09-1 ○ 09-2 ×

경우마저도, 아무런 예외 없이 그 자를 전남편의 친생자로 추정함으로써 친생부인의 소를 거치도록 하는 심판대상조항은 입법형성의 한계를 벗어나 모가 가정생활과 신분관계에서 누려야 할 인격권, 혼인과 가족생활에 관한 기본권을 침해한다(헌재 2015.4.30. 2013헌마623).

10-1 부모가 자녀의 이름을 지어주는 것은 자녀의 양육과 가족생활을 위하여 필수적인 것이고, 가족생활에 핵심적 요소라 할 수 있으므로, 부모가 자녀의 이름을 지을 자유는 혼인과 가족생활을 보장하는 헌법 제36조 제1항과 행복추구권을 보장하는 헌법 제10조에 의하여 보호받는다. 2021 경찰승진 / 2023 법무사 / 2023 법원직 / 2023 경찰2차 / 2024 행시 ( )

10-2 부모가 자녀의 이름을 지을 자유는 혼인과 가족생활을 보장하는 헌법 제36조 제1항과 행복추구권을 보장하는 헌법 제10조에 의하여 보호받는다. 2022 법원직 / 2023 법원행시 ( )

10-3 출생신고 시 자녀의 이름에 사용할 수 있는 한자의 범위를 대법원규칙이 정하는 '인명용 한자'로 한정하는 것은 헌법 제36조 제1항에 의하여 보호되는 '부모의 자녀 이름을 지을 자유'를 침해한다. 2023 변시 ( )

> **해설** 부모가 자녀의 이름을 지어주는 것은 자녀의 양육과 가족생활을 위하여 필수적인 것이고, 가족생활의 핵심적 요소라 할 수 있으므로, '부모가 자녀의 이름을 지을 자유'는 혼인과 가족생활을 보장하는 헌법 제36조 제1항과 행복추구권을 보장하는 헌법 제10조에 의하여 보호받는다.
> '인명용 한자'가 아닌 한자를 사용하였다고 하더라도, 출생신고나 출생자 이름 자체가 불수리되는 것은 아니고, 가족관계등록부에 해당 이름이 한글로만 기재되어 종국적으로 해당 한자가 함께 기재되지 않는 제한을 받을 뿐이며, 가족관계등록부나 그와 연계된 공적 장부 이외에 사적 생활의 영역에서 해당 한자 이름을 사용하는 것을 금지하는 것도 아니다. 따라서 심판대상조항은 자녀의 이름을 지을 자유를 침해하지 않는다(헌재 2016.7.28. 2015헌마964).

11 1세대 3주택 이상에 해당하는 주택에 대하여 양도소득세 중과세를 규정하고 있는 구 「소득세법」조항은 헌법 제36조 제1항이 정하고 있는 혼인에 따른 차별금지원칙에 위배되고, 혼인의 자유를 침해한다. 2021 경찰승진 ( )

> **해설** 이 사건 법률조항이 혼인으로 세대를 합침으로써 새로이 1세대 3주택 이상에 해당하게 되는 자를 고려하는 등의 완화규정을 두지 아니한 채 1세대 3주택 이상에 해당한다는 이유만으로 주택 양도소득세를 중과세하도록 하는 것은 과잉금지원칙에 반하여 헌법 제36조 제1항이 정하고 있는 혼인의 자유를 침해하고, 혼인에 따른 차별금지원칙에 위배된다(헌재 2011.11.24. 2009헌바146).

12-1 중혼 취소청구권의 소멸사유나 제척기간을 두지 않음으로 인해 후혼배우자가 처하게 되는 불안정한 신분상 지위가 문제되는 사건에서는 헌법 제36조 제1항 위반 여부가 직접적으로 문제된다고 보기 어렵다. 2023 법원행시 ( )

12-2 중혼취소청구권의 소멸사유나 제척기간을 두지 않고 언제든지 중혼을 취소할 수 있게 하는 것은 헌법 제36조 제1항의 규정에 의하여 국가에 부과된 개인의 존엄과 양성의 평등을 기초로 한 혼인과 가족생활의 유지·보장의무 이행과 직접적으로 관련되므로, 더 나아가 과잉금지원칙 위배 여부를 판단하여야 한다. 2022 법원직 ( )

ANSWER 10-1 ○   10-2 ○   10-3 ×   11 ○   12-1 ○   12-2 ×

12-3 중혼을 혼인취소의 사유로 정하면서 후혼의 취소가 가혹한 결과를 발생시키는 경우에도 취소청구권의 제척기간 또는 소멸사유를 규정하지 않은 것은 후혼배우자의 혼인과 가족생활에 관한 기본권을 침해한다.
2022 국회직8급 ( )

해설 중혼을 무효사유로 볼 것인가, 아니면 취소사유로 볼 것인가, 취소사유로 보는 경우 어떠한 범위 내에서 취소청구권을 인정할 것인가 하는 문제는 중혼의 반사회성·반윤리성과 가족생활의 사실상 보호라는 공익과 사익을 어떻게 규율할 것인가의 문제로서 **기본적으로 입법형성의 자유가 넓게 인정되는** 영역이다. 따라서 **이 사건 법률조항의 위헌 여부는** 중혼을 취소사유로 정하면서 그 취소 청구권에 제척기간 또는 권리소멸사유를 규정하지 않은 것이 **입법형성의 한계를 벗어나 현저히 부당한 것인지 여부를** 심사함으로써 결정해야 할 것이다.

이 사건 법률조항은 우리 사회의 중대한 공익이며 헌법 제36조 제1항으로부터 도출되는 일부일처제를 실현하기 위한 것이다. 이 사건 법률조항은 **중혼을 혼인무효사유가 아니라 혼인취소사유로 정하고 있는데, 혼인 취소의 효력은 기왕에 소급하지 아니하므로 중혼이라 하더라도 법원의 취소판결이 확정되기 전까지는 유효한 법률혼으로 보호**받는다. 후혼의 취소가 가혹한 결과가 발생하는 경우에는 구체적 사건에서 법원이 권리남용의 법리 등으로 해결하고 있다. 따라서 중혼 취소청구권의 소멸에 관하여 아무런 규정을 두지 않았다 하더라도, 이 사건 법률조항이 현저히 입법재량의 범위를 일탈하여 후혼배우자의 인격권 및 행복추구권을 침해하지 아니한다.

중혼 취소청구권의 소멸사유나 제척기간을 두지 않음으로 인해 후혼배우자가 처하게 되는 불안정한 신분상 지위가 문제되는 이 사건에서 헌법 제36조 제1항 위반 여부는 직접적으로 문제된다고 보기 어렵다(헌재 2014.7.24. 2011헌바275).

13-1 8촌 이내 혈족 사이의 혼인금지조항을 위반한 혼인을 전부 무효로 하는 「민법」 조항은 과잉금지원칙을 위배하여 혼인의 자유를 침해한다. 2023 경찰경력채용 / 2023 법원직 ( )

13-2 8촌 이내 혈족의 혼인을 일률적으로 금지하는 「민법」 조항은 과잉금지원칙에 위배되어 혼인의 자유를 침해한다. 2024 입법고시 ( )

13-3 8촌 이내의 혈족 사이에서는 혼인할 수 없도록 하는 「민법」 제809조 제1항은 입법목적의 달성에 필요한 범위를 넘는 과도한 제한으로서 침해의 최소성을 충족하지 못하므로 혼인의 자유를 침해한다. 2023 경찰간부 ( )

해설 8촌 이내의 혈족 사이에서는 혼인할 수 없도록 하는 민법 제809조 제1항(금혼조항)과 금혼조항을 위반한 혼인을 무효로 하는 민법 제815조 제2호(무효조항)(헌재 2022.10.27. 2018헌바115)

(1) 이 사건 **금혼조항은** 근친혼으로 인하여 가까운 혈족 사이의 상호관계 및 역할, 지위와 관련하여 발생할 수 있는 혼란을 방지하고 가족제도의 기능을 유지하기 위한 것으로서 정당한 입법목적 달성을 위한 적합한 수단에 해당한다. 이 사건 금혼조항은, 촌수를 불문하고 부계혈족 간의 혼인을 금지한 구 민법상 동성동본금혼 조항에 대한 헌법재판소의 헌법불합치 결정의 취지를 존중하는 한편, 우리 사회에서 통용되는 친족의 범위 및 양성평등에 기초한 가족관계 형성에 관한 인식과 합의에 기초하여 혼인이 금지되는 근친의 범위를 한정한 것이므로 그 합리성이 인정되며, 입법목적 달성에 불필요하거나 과도한 제한을 가하는 것이라고는 볼 수 없으므로 침해의 최소성에 반한다고 할 수 없다. 나아가 이 사건 금혼조항으로 인하여 법률상의 배우자 선택이 제한되는 범위는 친족관계 내에서도 8촌 이내의 혈족으로, 넓다고 보기 어렵다. 그에 비하여 8촌 이내 혈족 사이의 혼인을 금지함으로써 가족질서를 보호하고 유지한다는 공익은 매우 중요하므로 이 사건 금혼조항은 법익균형성에 위반되지 아니한다. 그렇다면 이 사건 금혼조항은 과잉금지원칙에 위배하여 **혼인의 자유를 침해하지 않는다.**

ANSWER 12-3 × 13-1 ○ 13-2 × 13-3 ×

(2) 이 사건 **무효조항**은 이 사건 금혼조항의 실효성을 보장하기 위한 것으로서 **정당한 입법목적 달성을 위한 적합한 수단에 해당한다.** 다만, 이미 근친혼이 이루어져 당사자 사이에 부부간의 권리와 의무의 이행이 이루어지고 있고, 자녀를 출산하거나 가족 내 신뢰와 협력에 대한 기대가 발생하였다고 볼 사정이 있는 때에 일률적으로 그 효력을 소급하여 상실시킨다면, 이는 가족제도의 기능 유지라는 본래의 입법목적에 반하는 결과를 초래할 가능성이 있다. 이 사건 무효조항의 입법목적은 근친혼이 가까운 혈족 사이의 신분관계 등에 현저한 혼란을 초래하고 가족제도의 기능을 심각하게 훼손하는 경우에 한정하여 무효로 하더라도 충분히 달성 가능하고, 위와 같은 경우에 해당하는지 여부가 명백하지 않다면 혼인의 취소를 통해 장래를 향하여 혼인을 해소할 수 있도록 규정함으로써 가족의 기능을 보호하는 것이 가능하므로, 이 사건 무효조항은 입법목적 달성에 필요한 범위를 넘는 과도한 제한으로서 **침해의 최소성을 충족하지 못한다.** 나아가 이 사건 무효조항을 통하여 달성되는 공익은 결코 적지 아니하나, 이 사건 무효조항으로 인하여 제한되는 사익 역시 중대함을 고려하면, 이 사건 무효조항은 **법익균형성을 충족하지 못한다.** 그렇다면, 이 사건 **무효조항은 과잉금지원칙에 위배하여 혼인의 자유를 침해한다.**

(3) 이 사건 무효조항에 대하여 2024. 12. 31.을 시한으로 입법자가 개정할 때까지 계속 적용을 명하는 **헌법불합치** 결정을 선고한다. 다만 당해 사건에서는 이 사건 무효조항이 개정될 때를 기다려 개정된 신법을 적용하여야 할 것이다.

14 입양신고 시 신고사건 본인이 시·읍·면에 출석하지 아니하는 경우에는 신고사건 본인의 신분증명서를 제시하도록 한 「가족관계등록법」 규정은 입양당사자의 가족생활의 자유를 침해한다고 보기 어렵다.
2023 경찰경력채용 ( )

해설▶ 입양신고 시 신고사건 본인이 시·읍·면에 출석하지 아니하는 경우에는 신고사건 본인의 신분증명서를 제시하도록 한 '가족관계의 등록 등에 관한 법률' 조항은 입양당사자의 가족생활의 자유를 침해한다고 보기 어렵다(헌재 2022.11.24. 2019헌바108).

15 이름은 인간의 모든 사회적 생활관계 형성의 기초가 된다는 점에서 중요한 사회질서에 속한다. 이름의 특정은 사회 전체의 법적 안정성의 기초이므로 이를 위해 국가는 개인이 사용하는 이름에 대해 일정한 규율을 가할 수 있다. 2023 법원직 ( )

해설▶ 헌법은 제10조에서 "모든 국민은 인간으로서의 존엄과 가치를 가지며 행복을 추구할 권리가 있다."고 규정하여 모든 국민이 자신의 존엄한 인격권을 바탕으로 자율적으로 자신의 생활영역을 형성해 나갈 수 있는 권리를 보장하고 있는데 **성명은 개인의 정체성과 개별성을 나타내는 인격의 상징으로서 개인이 사회 속에서 자신의 생활영역을 형성하고 발현하는 기초가 되는 것이라 할 것이므로 자유로운 성의 사용 역시 헌법상 인격권으로부터 보호된다**고 할 수 있다. 그리고 헌법 제36조 제1항은 "혼인과 가족생활은 개인의 존엄과 양성의 평등을 기초로 성립되고 유지되어야 하며 국가는 이를 보장한다."고 규정하여 개인의 존엄과 양성의 평등을 기초로 한 가족제도를 헌법적 차원에서 보장하고 있는바, 성은 혈통을 상징하는 기호로서 개인의 혈통관계를 어떻게 성으로 반영할 것인지의 문제이며 이는 가족제도의 한 내용을 이루는 것이다.

성명은 인간의 모든 사회적 생활관계 형성의 기초가 된다는 점에서 중요한 사회질서에 속한다. 성명의 특정은 사회 전체의 법적 안정성의 기초이므로 이를 위해 국가는 개인이 사용하는 성명에 대해 일정한 규율을 가할 수 있으며 그러한 제한은 불가피한 것이기도 하다. 결국 개인이 성명의 구성요소인 성을 결정하고 사용하는 것에 대해서도 국가가 개입하여 규율할 수 있으며, 다만 그와 같은 규율에 있어 국가가 어느 정도로 개입할 수 있을 것인지가 문제될 뿐이다(헌재 2005.12.22. 2003헌가5 등).

ANSWER 14 ○ 15 ○

16-1 태어난 즉시 '출생등록될 권리'는 '출생 후 아동이 보호를 받을 수 있을 최대한 빠른 시점'에 아동의 출생과 관련된 기본적인 정보를 국가가 관리할 수 있도록 등록할 권리이다. 2023 경찰경력채용 ( )

16-2 '출생등록될 권리'는 헌법에 명시되지 아니한 독자적 기본권으로서, 자유로운 인격실현을 보장하는 자유권적 성격과 아동의 건강한 성장과 발달을 보장하는 사회적 기본권의 성격을 함께 지닌다. 2023 경찰경력채용 ( )

16-3 태어난 즉시 출생등록될 권리는 헌법 제10조뿐만 아니라, 헌법 제34조 제1항의 인간다운 생활을 할 권리, 헌법 제36조 제1항의 가족생활의 보장, 헌법 제34조 제4항의 국가의 청소년 복지향상을 위한 정책실시의무 등에도 근거가 있다. 2024 입법고시 ( )

16-4 태어난 즉시 '출생등록될 권리'는 입법자가 출생등록제도를 통하여 형성하고 구체화하여야 할 권리이며, 입법자는 출생등록제도를 형성함에 있어 단지 출생등록의 이론적 가능성을 허용하는 것에 그쳐서는 아니 되며, 실효적으로 출생등록될 권리가 보장되도록 하여야 한다. 2023 경찰경력채용 ( )

16-5 태어난 즉시 '출생등록 될 권리'는 헌법상의 기본권이 아니라 법률상의 권리이므로 '혼인 중 여자와 남편 아닌 남자 사이에서 출생한 자녀에 대한 생부의 출생신고'를 허용하도록 규정하지 아니한 「가족관계의 등록 등에 관한 법률」조항이 혼인외 출생자인 청구인들의 태어난 즉시 '출생등록 될 권리'를 침해하는 것은 아니다. 2023 경찰2차 ( )

16-6 대한민국 국민으로 태어난 아동은 태어난 즉시 '출생등록될 권리'를 가지며, 이러한 권리는 '법 앞에 국민으로 인정받을 권리'로서 법률로써 제한할 수 있을 뿐이다. 2023 경찰간부 ( )

16-7 혼인 중인 여자와 남편 아닌 남자 사이에서 출생한 자녀의 경우에 모와 생부를 차별하여 혼인 외 출생자의 신고의무를 모에게만 부과하고, 남편 아닌 남자인 생부에게 자신의 혼인 외 자녀에 대해서 출생신고를 하도록 규정하지 아니한 것은 합리적인 이유가 없어 생부의 평등권을 침해한다. 2023 경찰경력채용 ( )

> **해설** '혼인 중 여자와 남편 아닌 남자 사이에서 출생한 자녀에 대한 생부의 출생신고'를 허용하는 규정을 두지 아니한 '가족관계의 등록 등에 관한 법률'(헌재 2023.3.23. 2021헌마975)
> (1) **태어난 즉시 '출생등록될 권리'**는 '출생 후 곧바로' 등록될 권리를 뜻하는 것이 아니라 '출생 후 아동이 보호를 받을 수 있을 최대한 빠른 시점'에 아동의 출생과 관련된 기본적인 정보를 국가가 관리할 수 있도록 등록할 권리로서, 아동이 사람으로서 인격을 자유로이 발현하고, 부모와 가족 등의 보호 하에 건강한 성장과 발달을 할 수 있도록 최소한의 보호장치를 마련하도록 요구할 수 있는 권리이다. 이는 헌법 제10조의 인간의 존엄과 가치 및 행복추구권으로부터 도출되는 일반적 인격권을 실현하기 위한 기본적인 전제로서 헌법 제10조뿐만 아니라, 헌법 제34조 제1항의 인간다운 생활을 할 권리, 헌법 제36조 제1항의 가족생활의 보장, 헌법 제34조 제4항의 국가의 청소년 복지향상을 위한 정책실시의무 등에도 근거가 있다. 이와 같은 태어난 즉시 **'출생등록될 권리'**는 앞서 언급한 기본권 등의 어느 하나에 완전히 포섭되지 않으며, 이들을 이념적 기초로 하는 헌법에 명시되지 아니한 **독자적 기본권**으로서, 자유로운 인격실현을 보장하는 **자유권적 성격**과 아동의 건강한 성장과 발달을 보장하는 **사회적 기본권의 성격**을 함께 지닌다.

ANSWER 16-1 ○　16-2 ○　16-3 ○　16-4 ○　16-5 ✕　16-6 ✕　16-7 ✕

(2) 입법자는 출생등록제도를 형성함에 있어 단지 출생등록의 이론적 가능성을 허용하는 것에 그쳐서는 아니되며, **실효적으로 출생등록될 권리가 보장되도록** 하여야 한다.

심판대상조항들은 입법형성권의 한계를 넘어서 실효적으로 출생등록될 권리를 보장하고 있다고 볼 수 없으므로, 혼인 중 여자와 남편 아닌 남자 사이에서 출생한 자녀에 해당하는 **혼인 외 출생자인 청구인들의 태어난 즉시 '출생등록될 권리'를** 침해한다.

(3) 심판대상조항들이 혼인 외 출생자의 신고의무를 모에게만 부과하고, 남편 아닌 남자인 생부에게 자신의 혼인 외 자녀에 대해서 출생신고를 할 수 있도록 규정하지 아니한 것은 합리적인 이유가 있다. 그렇다면, 심판대상조항들은 **생부인 청구인들의 평등권을** 침해하지 않는다.

17 헌법 제36조 제1항은 혼인과 가족을 보호해야 한다는 국가의 일반적 과제를 규정하였을 뿐, 청구인들의 주장과 같이 양육비 채권의 집행권원을 얻었음에도 양육비 채무자가 이를 이행하지 아니하는 경우 그 이행을 용이하게 확보하도록 하는 내용의 구체적이고 명시적인 입법의무를 부여하였다고 볼 수 없다. 2023 경찰간부   ( )

해설 우선 헌법 제36조 제1항은 혼인과 가족을 보호해야 한다는 국가의 일반적 과제를 규정하였을 뿐, **청구인들의 주장과 같이 양육비 채권의 집행권원을 얻었음에도 양육비 채무자가 이를 이행하지 아니하는 경우 그 이행을 용이하게 확보하도록 하는 내용의 구체적이고 명시적인 입법의무를 부여하였다고 볼 수 없다**(헌재 2021. 12. 23. 2019헌마168).

18 치료감호 청구권자를 검사로 한정하고, 피고인이 치료감호청구권을 따로 인정하지 않은 구 「치료감호법」 조항은 국민의 보건에 관한 권리를 침해하는 것이다. 2022 경찰2차   ( )

해설 '정신건강증진 및 정신질환자 복지서비스 지원에 관한 법률', '형의 집행 및 수용자의 처우에 관한 법률'에 있는 다른 제도들을 통하여 국민의 정신건강을 유지하는 데에 필요한 국가적 급부와 배려가 이루어지고 있으므로, **이 사건 법률조항들에서 치료감호대상자의 치료감호 청구권이나 법원의 직권에 의한 치료감호를 인정하지 않는다 하더라도 국민의 보건에 관한 국가의 보호의무에 반한다고 보기 어렵다**(헌재 2021. 1. 28. 2019헌가24 등).

19 우리 헌법은 1948년 제헌헌법에서 "가족의 건강은 국가의 특별한 보호를 받는다."라고 규정한 이래 1962년 제3공화국 헌법에서 "모든 국민은 보건에 관하여 국가의 보호를 받는다."라고 정하여 현행 헌법까지 이어져 오고 있다. 2022 경찰2차   ( )

해설 혼인은 남녀동권을 기본으로 하며 혼인의 순결과 가족의 건강은 국가의 특별한 보호를 받는다(제헌헌법 제20조). 모든 국민은 혼인의 순결과 보건에 관하여 국가의 보호를 받는다(제3공화국 제5차 개정헌법 제31조). 모든 국민은 보건에 관하여 국가의 보호를 받는다(현행헌법 제36조 제3항).

20 국가의 국민보건에 관한 보호의무를 명시한 헌법 제36조 제3항에 의한 권리를 헌법소원을 통하여 주장할 수 있는 자는 직접 자신의 보건이나 의료문제가 국가에 의해 보호 받지 못하고 있는 의료 수혜자적 지위에 있는 국민이라고 할 것이므로, 의료시술자적 지위에 있는 안과의사가 자기 고유의 업무범위를 주장하여 다투는 경우에는 위 헌법규정을 원용할 수 없다. 2022 경찰2차   ( )

해설 과학기술자의 특별보호를 명시한 헌법 제22조 제2항은 과학·기술의 자유롭고 창조적인 연구개발을 촉진하여 이론과 실제 양면에 있어서 그 연구와 소산을 보호함으로써 문화창달을 제고하려는 데 그 목적이 있는 것이므로, 이는 국민의 건강을 보호증진함을 목적으로 국민의료에 관한 사항을 규정한 의료법에 의하여 보호되는 의료인과는 보호의 차원이 다르고, 또한 **국가의 국민보건에 관한 보호의무를**

ANSWER 17 ○   18 ✕   19 ○   20 ○

명시(明示)한 헌법 제36조 제3항에 의한 권리를 헌법소원을 통하여 주장할 수 있는자는 직접 자신의 보건이나 의료문제가 국가에 의해 보호받지 못하고 있는 의료 수혜자적 지위에 있는 국민이라고 할 것이므로 청구인과 같은 의료시술자적 지위에 있는 안과의사가 자기 고유의 업무범위를 주장하여 다투는 경우에는 위 헌법규정을 원용할 수 없다(헌재 1993.11.25. 92헌마87).

21 무면허 의료행위를 일률적, 전면적으로 금지하고 이를 위반한 경우 그 치료결과에 관계없이 형사처벌을 받게 하는 「의료법」 조항은 헌법 제10조가 규정하는 인간으로서의 존엄과 가치를 보장하고 헌법 제36조 제3항이 규정하는 국민보건에 관한 국가의 보호의무를 다하고자 하는 것으로서, 국민의 생명권, 건강권, 보건권 및 그 신체활동의 자유 등을 보장하는 규정이지, 이를 제한하는 규정이라고 할 수 없다. 2022 경찰2차　　( )

해설　무면허 의료행위를 일률적, 전면적으로 금지하고 이를 위반한 경우에는 그 치료결과에 관계없이 형사처벌을 받게 하는 이 법의 규제방법은, "대안이 없는 유일한 선택"으로서 실질적으로도 비례의 원칙에 합치되는 것이다. 그렇다면 이 사건 법률조항은 헌법 제10조가 규정하는 인간으로서의 존엄과 가치를 보장하고 헌법 제36조 제3항이 규정하는 국민보건에 관한 국가의 보호의무를 다하고자 하는 것으로서, 국민의 생명권, 건강권, 보건권 및 그 신체활동의 자유 등을 보장하는 규정이지, 이를 제한하거나 침해하는 규정이라고 할 수 없다(헌재 1996.10.31. 94헌가7).

ANSWER　21 ○

06 CHAPTER 청구권적 기본권

제1절 청원권

I 헌법 조문

제26조 ① 모든 국민은 법률이 정하는 바에 의하여 국가기관에 문서로 청원할 권리를 가진다.
② 국가는 청원에 대하여 심사할 의무를 진다.

제89조 다음 사항은 국무회의의 심의를 거쳐야 한다.
15. 정부에 제출 또는 회부된 정부의 정책에 관계되는 청원의 심사

II 최신 기출지문 분석

01 청원권은 공권력과의 관계에서 일어나는 여러 가지 이해관계, 의견, 희망 등에 관하여 적법한 청원을 한 모든 국민에게 그 주관관서인 국가기관이 청원을 수리할 뿐만 아니라 이를 심사하여 청원자에게 그 처리결과를 통지할 것을 요구할 수 있는 권리를 말한다. 2024 경찰승진 ( )

해설 헌법상의 청원권은 공권력과의 관계에서 일어나는 여러 가지 이해관계, 의견, 희망 등에 관하여 적법한 청원을 한 국민에게 국가기관이 이를 수리·심사하여 그 심사결과를 통보하여 줄 것을 요구할 수 있는 권리를 의미한다. 따라서 **적법한 청원에 대하여 국가기관이 이를 수리·심사하여** 그 결과를 청원인에게 통보하였다면 이로써 당해 국가기관은 헌법 및 청원법상의 의무이행을 다한 것이며, 그 통보 자체에 의하여 청구인의 권리·의무나 법률관계가 직접 무슨 영향을 받는 것도 아니므로 비록 그 통보내용이 청원인이 기대하는 바에는 미치지 못한다고 하더라도 그러한 통보조치가 헌법소원의 대상이 되는 공권력의 행사 내지 불행사라고 볼 수는 없다(헌재 2016.12.13. 2016헌마1004).

02 청원이 단순한 호소나 요청이 아닌 구체적인 권리행사로서의 성질을 갖더라도 그에 대한 국가기관의 거부행위가 당연히 헌법소원의 대상이 되는 공권력의 행사라고 할 수는 없다. 2024 경찰승진 ( )

해설 국민의 신청에 대한 행정청의 거부행위가 헌법소원심판의 대상인 공권력의 행사가 되기 위해서는 국민이 행정청에 대하여 신청에 따른 행위를 해 줄 것을 요구할 수 있는 권리가 있어야 한다(헌재 2004. 10. 28. 2003헌마898). - 구체적인 권리행사로서의 성질을 갖고 있지 아니한 단순한 청원일 경우에는

ANSWER 01 ○ 02 ×

국가기관의 거부행위가 당연히 헌법소원의 대상이 되는 공권력의 행사라고 할 수는 없다. 지문에서는 "청원이 단순한 호소나 요청이 아닌 구체적인 권리행사로서의 성질을 가지는 경우"라고 하고 있으므로, 틀린 지문이다.

03-1 현행 헌법규정에 의하면 청원은 문서 또는 구두(口頭)로 할 수 있다. 2023 국가직7급   ( )

03-2 헌법은 모든 국민에게 법률이 정하는 바에 의하여 국가기관에 문서로 청원할 권리를 부여하고, 국가에 청원에 대하여 심사할 의무를 부여한다. 2023 국회직9급   ( )

> **해설** 모든 국민은 법률이 정하는 바에 의하여 국가기관에 문서로 청원할 권리를 가진다(헌법 제26조 제1항).

04 국민은 지방자치단체와 그 소속 기관에 청원을 제출할 수 있다. 2023 국가직7급   ( )

> **해설** 청원기관 : 이 법에 따라 국민이 청원을 제출할 수 있는 기관(이하 "청원기관"이라 한다)은 다음 각 호 1. 국회·법원·헌법재판소·중앙선거관리위원회, 중앙행정기관(대통령 소속 기관과 국무총리 소속 기관을 포함한다)과 그 소속 기관, 2. 지방자치단체와 그 소속 기관, 3. 법령에 따라 행정권한을 가지고 있거나 행정권한을 위임 또는 위탁받은 법인·단체 또는 그 기관이나 개인이다(청원법 제4조).

05-1 국민은 공무원의 위법·부당한 행위에 대한 시정이나 징계의 요구를 청원할 수 없다. 2023 국가직7급
( )

05-2 「청원법」상 국민은 공무원의 위법·부당한 행위에 대한 시정이나 징계의 요구에 대하여 청원기관에 청원할 수 있다. 2023 경찰경력채용   ( )

> **해설** 청원사항 : 국민은 다음 각 호 1. 피해의 구제, **2. 공무원의 위법·부당한 행위에 대한 시정이나 징계의 요구**, 3. 법률·명령·조례·규칙 등의 제정·개정 또는 폐지, 4. 공공의 제도 또는 시설의 운영, 5. 그 밖에 청원기관의 권한에 속하는 사항의 어느 하나에 해당하는 사항에 대하여 **청원기관에 청원할 수 있다**(청원법 제5조).

06 청원기관의 장은 청원이 감사·수사·재판·행정심판·조정·중재 등 다른 법령에 의한 조사·불복 또는 구제절차가 진행 중인 사항인 경우에는 처리를 하지 아니할 수 있다. 2022 경찰간부   ( )

> **해설** 청원기관의 장은 청원이 감사·수사·재판·행정심판·조정·중재 등 다른 법령에 의한 조사·불복 또는 구제절차가 진행 중인 사항에 해당하는 경우에는 처리를 하지 아니할 수 있다. 이 경우 사유를 청원인(제11조 제3항에 따른 공동청원의 경우에는 대표자를 말한다)에게 알려야 한다(청원법 제6조 제2호).

07 「청원법」에 따르면 청원기관의 장은 청원이 허위의 사실로 타인으로 하여금 형사처분 또는 징계처분을 받게 하는 사항에 해당하는 경우에는 처리를 하지 아니한다. 2023 경찰간부   ( )

> **해설** 청원기관의 장은 청원이 허위의 사실로 타인으로 하여금 형사처분 또는 징계처분을 받게 하는 사항인 경우에는 **처리를 하지 아니할 수 있다**(청원법 제6조 제3호).

08-1 청원은 청원인의 성명과 주소 또는 거소를 적고 서명한 문서로 하여야 하고, 전자문서로 한 청원은 효력이 없다. 2023 입법고시   ( )

ANSWER   03-1 ×   03-2 ○   04 ○   05-1 ×   05-2 ○   06 ○   07 ×   08-1 ×

08-2 청원은 청원서에 청원인의 성명과 주소 또는 거소를 적고 서명한 문서(「전자문서 및 전자거래 기본법」에 따른 전자문서를 포함한다)로 하여야 한다. 2022 경찰간부 ( )

> **해설** 청원은 청원서에 청원인의 성명(법인인 경우에는 명칭 및 대표자의 성명을 말한다)과 주소 또는 거소를 적고 서명한 문서(「전자문서 및 전자거래 기본법」에 따른 **전자문서를 포함**한다)로 하여야 한다(청원법 제9조 제1항).

09 공개청원을 접수한 청원기관의 장은 접수일부터 15일 이내에 청원심의회의 심의를 거쳐 공개 여부를 결정하고 결과를 청원인에게 알려야 한다. 2022 경찰간부 ( )

> **해설** 공개청원을 접수한 청원기관의 장은 접수일부터 15일 이내에 청원심의회의 심의를 거쳐 공개 여부를 결정하고 결과를 청원인(공동청원의 경우 대표자를 말한다)에게 알려야 한다(청원법 제13조 제1항).

10 「청원법」 규정에 의하면 청원기관의 장은 공개청원의 공개결정일부터 60일간 청원사항에 관하여 국민의 의견을 들어야 한다. 2022 경찰간부 ( )

> **해설** 청원기관의 장은 **공개청원의 공개결정일부터 30일간** 청원사항에 관하여 국민의 의견을 들어야 한다(청원법 제13조 제2항).

11 「청원법」은 국민이 편리하게 청원권을 행사하고 국민이 제출한 청원이 객관적이고 공정하게 처리되도록 함을 그 목적으로 하므로, 동일인이 같은 내용의 청원서를 같은 청원기관에 2건 이상 제출한 반복청원의 경우라도 청원기관의 장은 나중에 제출된 청원서를 반려하거나 종결처리하여서는 아니 된다. 2023 경찰승진 ( )

> **해설** 청원기관의 장은 **동일인이 같은 내용의 청원서를 같은 청원기관에 2건 이상 제출한 반복청원의 경우에는 나중에 제출된 청원서를 반려하거나 종결처리**할 수 있고, 종결처리하는 경우 이를 청원인에게 알려야 한다(청원법 제16조 제1항).

12-1 청원기관의 장은 청원을 접수한 때에는 특별한 사유가 없으면 60일 이내에 처리결과를 청원인에게 알려야 한다. 이 경우 공개청원의 처리결과는 온라인청원시스템에 공개하여야 한다. 2022 경찰간부 ( )

12-2 「청원법」상 청원기관의 장은 청원을 접수한 때에는 특별한 사유가 없으면 60일 이내에 처리결과를 청원인에게 알려야 한다. 2023 경찰경력채용 ( )

> **해설** 청원기관의 장은 청원을 접수한 때에는 특별한 사유가 없으면 **90일 이내**(제13조 제1항에 따른 공개청원의 공개 여부 결정기간 및 같은 조 제2항에 따른 국민의 의견을 듣는 기간을 제외한다)에 처리결과를 청원인(공동청원의 경우 대표자를 말한다)에게 알려야 한다. 이 경우 공개청원의 처리결과는 온라인청원시스템에 공개하여야 한다(청원법 제21조 제2항).

13-1 헌법은 '정부에 제출 또는 회부된 정부의 정책에 관계되는 청원의 심사'를 국무회의의 심의 사항으로 규정하지 않고 있다. 2023 경찰승진 ( )

13-2 정부에 제출 또는 회부된 정부의 정책에 관계되는 청원의 심사는 국무회의의 심의를 거쳐야 한다. 2022 법원직 / 2023 경찰간부 ( )

ANSWER 08-2 ○ 09 ○ 10 × 11 × 12-1 × 12-2 × 13-1 × 13-2 ○

13-3 정부에 제출된 정부의 정책에 관계되는 청원의 심사와는 달리, 정부에 회부된 정부의 정책에 관계되는 청원의 심사는 반드시 국무회의의 심의를 거쳐야 하는 것은 아니다. 2024 경찰승진 ( )

> [해설] 정부에 제출 또는 회부된 정부의 정책에 관계되는 청원의 심사는 국무회의의 심의를 거쳐야 한다(헌법 제89조 제15호).

14 「국회법」은 청원의 심사를 본회의의 직무로 규정한다. 2023 국회직9급 ( )

> [해설] **상임위원회는** 그 소관에 속하는 의안과 청원 등의 심사, 그 밖에 법률에서 정하는 직무를 수행한다(국회법 제36조).

15 국회의 전문위원은 위원회에서 청원에 관련하여 검토보고를 하거나 관련자료의 수집·조사·연구를 수행한다. 2023 국회직9급 ( )

> [해설] 전문위원은 위원회에서 의안과 청원 등의 심사, 국정감사, 국정조사, 그 밖의 소관 사항과 관련하여 검토보고 및 관련 자료의 수집·조사·연구를 수행한다(국회법 제42조 제4항).

16 국회의장은 국회가 심의 중인 청원에 대해 국회의원에게 본회의에서 5분 자유발언을 하게 할 수 있다. 2023 국회직9급 ( )

> [해설] 의장은 본회의가 개의된 경우 그 개의시부터 1시간을 초과하지 아니하는 범위에서 의원에게 국회가 심의 중인 의안과 청원, 그 밖의 중요한 관심 사안에 대한 의견을 발표할 수 있도록 하기 위하여 5분 이내의 발언(이하 "5분자유발언"이라 한다)을 허가할 수 있다. 다만, 의장은 당일 본회의에서 심의할 의안이 여러 건 있는 경우 등 효율적인 의사진행을 위하여 필요하다고 인정하는 경우에는 각 교섭단체 대표의원과 협의하여 개의 중에 5분자유발언을 허가할 수 있다(국회법 제105조 제1항).

17-1 국회에 청원을 하려는 자는 반드시 의원의 소개를 받아야 한다. 2023 입법고시 ( )

17-2 국회에 청원을 하려는 자는 의원의 소개를 받거나 국회규칙으로 정하는 기간 동안 일정한 수 이상의 국민의 동의를 받아 청원서를 제출하여야 한다. 2023 국회직9급 ( )

> [해설] 국회에 청원을 하려는 자는 의원의 소개를 받거나 국회규칙으로 정하는 기간 동안 국회규칙으로 정하는 일정한 수 이상의 국민의 동의를 받아 청원서를 제출하여야 한다(국회법 제123조 제1항).

18 지방의회에 청원을 하려는 자는 지방의회의원의 소개를 받아 청원서를 제출하여야 한다. 2022 경찰경력채용 ( )

> [해설] 지방의회에 청원을 하려는 자는 지방의회의원의 소개를 받아 청원서를 제출하여야 한다(지방자치법 제85조 제1항).

19-1 청원권 행사를 위한 청원사항이나 청원방식, 청원절차 등에 관해서는 입법자가 그 내용을 자유롭게 형성할 재량권을 가지고 있으므로 공무원이 취급하는 사건 또는 사무에 관한 사항의 청탁에 관해 금품을 수수하는 등의 행위를 청원권의 내용으로서 보장할지 여부에 대해서도 입법자에게 폭넓은 재량권이 주어져 있다. 2021 경찰승진 ( )

ANSWER 13-3 × 14 × 15 ○ 16 ○ 17-1 × 17-2 ○ 18 ○ 19-1 ○

19-2 공무원이 취급하는 사건 또는 사무에 관하여 사건 해결의 청탁 등을 명목으로 금품을 수수하는 행위를 규제하는 조항은 일반적 행동자유권뿐만 아니라 청원권을 제한한다. 2022 법원직 ( )

19-3 청원권 행사를 위한 청원사항이나 청원방식, 청원절차 등에 관해서는 입법자가 그 내용을 자유롭게 형성할 재량권을 가지므로 공무원이 취급하는 사건 또는 사무에 관한 사항의 청탁에 관해 금품을 수수하는 등의 행위를 청원권의 내용으로서 보장할지 여부에 대해서도 입법자에게 폭넓은 재량권이 주어져 있다.
2023 법원행시 ( )

> **해설** 이 사건 법률조항은 공무원의 직무에 속하는 사항에 관하여 금품을 대가로 다른 사람을 중개하거나 대신하여 그 이해관계나 의견 또는 희망을 해당 기관에 진술할 수 없게 하므로, **일반적 행동자유권 및 청원권을 제한**한다.
> 청원권 행사를 위한 청원사항이나 청원방식, 청원절차 등에 관해서는 입법자가 그 내용을 자유롭게 형성할 재량권을 가지고 있으므로 공무원이 취급하는 사건 또는 사무에 관한 사항의 청탁에 관해 금품을 수수하는 등의 행위를 청원권의 내용으로서 보장할지 여부에 대해서도 입법자에게 폭넓은 재량권이 주어져 있다. 또한 금전적 대가를 받는 청탁 등 로비활동을 합법적으로 보장할 것인지 여부도 그 시대 국민의 법 감정이나 사회적 상황에 따라 입법자가 판단할 사항이므로 위 제도의 도입 여부나 시기에 대한 판단 역시 입법자의 재량이 폭넓게 인정되는 분야이다(헌재 2012.4.24. 2011헌바40).

20-1 청원권은 국민이 국정에 관하여 자신의 의견이나 희망을 해당 기관에 직접 진술하는 것을 내용으로 하고, 본인을 대리하거나 중개하는 제3자를 통해 진술하는 것은 보호되지 않는다. 2023 입법고시 ( )

20-2 국민이 여러 가지 이해관계 또는 국정에 관해서 자신의 의견이나 희망을 해당 기관에 직접 진술하는 경우 청원권으로 보호되나, 본인을 대리하거나 중개하는 제3자를 통해 진술 하는 경우 이는 청원권의 보호 대상이 아니다. 2023 법원행시 ( )

20-3 국민이 여러 가지 이해관계 또는 국정에 관해서 자신의 의견이나 희망을 해당 기관에 직접 진술하여야 하며, 본인을 대리하거나 중개하는 제3자를 통해 진술하는 것은 청원권으로서 보호되지 않는다. 2023 경찰간부 ( )

20-4 청원권의 행사는 자신이 직접 하든 아니면 제3자인 중개인이나 대리인을 통해서 하든 청원권으로서 보호된다. 2023 경찰경력채용 ( )

> **해설** **청원권의 행사는 자신이 직접 하든 아니면 제3자인 중개인이나 대리인을 통해서 하든 청원권으로서 보호**된다. 우리 헌법은 문서로 청원을 하도록 한 것 이외에 그 형식을 제한하고 있지 않으며, 청원권의 행사방법이나 그 절차를 구체화하고 있는 청원법도 제3자를 통해 하는 방식의 청원을 금지하고 있지 않다. 따라서 국민이 여러 가지 이해관계 또는 국정에 관해서 자신의 의견이나 희망을 해당 기관에 직접 진술하는 외에 그 본인을 대리하거나 중개하는 제3자를 통해 진술하더라도 이는 청원권으로서 보호될 것이다(헌재 2005.11.24. 2003헌바108).

21-1 청원서를 접수한 국가기관은 청원사항을 성실·공정·신속히 심사하고 청원인에게 그 청원을 어떻게 처리하였는지 알 수 있을 정도로 결과통지하여야 하므로, 만일 그 처리내용이 청원인이 기대한 바에 미치지 않는다면 헌법소원의 대상이 되는 공권력의 불행사에 해당한다. 2023 경찰1차 ( )

ANSWER 19-2 ○ 19-3 ○ 20-1 × 20-2 × 20-3 × 20-4 ○ 21-1 ×

21-2 청원에 대한 처리결과가 청원인이 기대한 바에 미치지 않는다고 하더라도 헌법소원의 대상이 되는 공권력의 행사 내지 불행사라고는 볼 수 없다. 2023 입법고시 ( )

21-3 청원권의 보호범위에는 청원사항의 처리결과에 심판서나 재결서에 준하여 이유를 명시할 것을 요구하는 것이 포함된다. 2023 입법고시 ( )

21-4 청원사항의 처리결과에 심판서나 재결서에 준하여 이유를 명시할 것을 요구하는 것은 청원권의 보호범위에 포함되지 아니한다. 2023 법원행시 / 2023 경찰승진 / 2023 경찰경력채용 ( )

21-5 청원사항의 처리결과에 대하여 재결서에 준하는 이유를 명시할 의무는 있으나, 청원인이 청원한 내용대로의 결과를 통지할 의무는 없다. 2022 법원직 ( )

> **해설** 청원사항의 처리결과에 심판서나 재결서에 준하여 이유를 명시할 것까지를 요구하는 것은 청원권의 보호범위에 포함되지 아니하므로 **청원 소관관서는 청원법이 정하는 절차와 범위 내에서 청원사항을 성실·공정·신속히 심사하고 청원인에게 그 청원을 어떻게 처리하였거나 처리하려고 하는지를 알 수 있는 정도로 결과통지함으로써 충분하고, 비록 그 처리내용이 청원인이 기대하는 바에 미치지 않는다고 하더라도 헌법소원의 대상이 되는 공권력의 행사 내지 불행사라고는 볼 수 없다**(헌재 1997.7.16. 93헌마239).

22 청원서를 접수한 국가기관은 이를 수리·심사하여 그 결과를 통지하여야 할 헌법에서 유래하는 작위의무를 지고 있고, 이에 상응하여 청원인에게는 청원에 대하여 위와 같은 적정한 처리를 할 것을 요구할 수 있는 권리가 있다. 2023 경찰차 ( )

> **해설** 헌법 제26조와 청원법의 규정에 의할 때, 헌법상 보장된 청원권은 공권력과의 관계에서 일어나는 여러 가지 이해관계, 의견, 희망 등에 관하여 적법한 청원을 한 모든 국민에게, 국가기관이 청원을 수리·심사하여 그 결과를 통지할 것을 요구할 수 있는 권리를 말하므로, **청원서를 접수한 국가기관은 이를 수리·심사하여 그 결과를 통지하여야 할 헌법에서 유래하는 작위의무를 지고 있고, 이에 상응하여 청원인에게는 청원에 대하여 위와 같은 적정한 처리를 할 것을 요구할 수 있는 권리가 있다**(헌재 2004.5.27. 2003헌마851).

23 헌법은 제26조에서 "모든 국민은 법률이 정하는 바에 의하여 국가기관에 문서로 청원할 권리를 가진다. 국가는 청원에 대하여 심사할 의무를 진다."고 하여 청원권을 기본권으로 보장하고 있으므로, 모든 국민은 공권력과의 관계에서 일어나는 여러 가지 이해관계 또는 국정에 관해서 자신의 의견이나 희망을 해당 기관에 진술할 수 있으며, 청원을 수리한 국가기관은 청원에 대하여 심사하여야 할 의무를 지게 된다. 2023 법원행시 ( )

> **해설** 청원권은 국민적 관심사를 국가기관에 표명할 수 있는 수단으로서의 성격을 가진 기본권으로 국민은 누구나 형식에 구애됨이 없이 그 관심사를 국가기관에 표명할 수 있다. 우리 헌법은 제26조에서 "모든 국민은 법률이 정하는 바에 의하여 국가기관에 문서로 청원할 권리를 가진다. 국가는 청원에 대하여 심사할 의무를 진다."고 하여 청원권을 기본권으로 보장하고 있다. 따라서 **모든 국민은 공권력과의 관계에서 일어나는 여러 가지 이해관계 또는 국정에 관해서 자신의 의견이나 희망을 해당 기관에 진술할 수 있으며, 청원을 수리한 국가기관은 청원에 대하여 심사하여야 할 의무를 지게 된다**(헌재 2005.11.24. 2003헌바108).

ANSWER 21-2 ○ 21-3 × 21-4 ○ 21-5 × 22 ○ 23 ○

24 수용자가 발송하는 서신이 국가기관에 대한 청원적 성격을 가지고 있는 경우에 교도소장의 허가를 받도록 한 것은, 교도소 수용자가 수용생활 중 부당한 대우를 당하여 국가기관에 이에 대한 조사와 시정을 요구할 목적으로 서신을 보내는 경우 이를 사전에 교도소장의 허가를 받도록 요구하는 것으로 수용자에게 보장된 청원권을 침해하는 것이다. 2023 경찰1차 ( )

> **해설** 헌법상 청원권이 보장된다 하더라도 청원권의 구체적 내용은 입법활동에 의하여 형성되며 입법형성에는 폭넓은 재량권이 있으므로 입법자는 수용 목적 달성을 저해하지 않는 범위 내에서 교도소 수용자에게 청원권을 보장하는 합리적인 수단을 선택할 수 있다고 할 것인바, **서신을 통한 수용자의 청원을 아무런 제한 없이 허용한다면 수용자가 이를 악용하여 검열 없이 외부에 서신을 발송하는 탈법수단으로 이용할 수 있게 되므로 이에 대한 검열은 수용 목적 달성을 위한 불가피한 것으로서 청원권의 본질적 내용을 침해한다고 할 수 없다**(헌재 2001.11.29. 99헌마713).

25-1 국회에 청원을 하려고 하는 자는 국회의원의 소개를 얻도록 한 「국회법」 조항은 행정편의적 목적을 위하여 국민의 청원권 행사를 의원 개인의 판단에 맡겨 놓아 사실상 청원권을 박탈하고 본질적인 내용을 침해하는 것이다. 2023 경찰1차 ( )

25-2 의원의 소개를 얻어야만 국회에 청원을 할 수 있도록 하는 것은 의원의 소개가 없는 한 국민이 국회에 자신의 이해관계나 국정에 관하여 의견을 진술할 권리인 청원권 자체를 박탈하는 결과가 되므로 청원권의 본질적인 내용을 침해하고 있다. 2023 경찰승진 ( )

> **해설** 국회는 의원의 소개를 얻지 못한 민원들을 진정으로 접수하여 처리하는 점, 청원의 소개의원은 1인으로 족한 점 등을 감안할 때, 이 사건 법률조항이 **입법형성의 재량의 범위를 넘었다고 볼 수 없으므로, 이 사건 법률조항은 청구인의 청원권을 침해하지 아니**한다(헌재 2012.11.29. 2012헌마330).

26 지방의회에 청원을 할 때 지방의회 의원의 소개를 얻도록 한 조항은 청원권을 침해하지 않는다. 2022 법원직 ( )

> **해설** 지방의회에 청원을 할 때에 지방의회 의원의 소개를 얻도록 한 것은 의원이 미리 청원의 내용을 확인하고 이를 소개하도록 함으로써 청원의 남발을 규제하고 심사의 효율을 기하기 위한 것이고, **지방의회 의원 모두가 소개의원이 되기를 거절하였다면 그 청원내용에 찬성하는 의원이 없는 것이므로 지방의회에서 심사하더라도 인용가능성이 전혀 없어 심사의 실익이 없으며, 청원의 소개의원도 1인으로 족한 점을 감안하면 이러한 정도의 제한은 공공복리를 위한 필요·최소한의 것이라고 할 수 있다**(헌재 1999.11.25. 97헌마54).

27-1 국회에 청원하는 방법을 정한 「국회법」 조항 중 '국회규칙으로 정하는 기간 동안 국회규칙으로 정하는 일정한 수 이상의 국민의 동의를 받아' 부분은 국회규칙으로 규정될 내용 및 범위의 기본사항을 구체적으로 규정하고 있지 않아 그 대강을 예측할 수 없으므로 포괄위임금지원칙에 위반되어 청원권을 침해한다.
2024 경찰승진 ( )

27-2 청원서의 일반인에 대한 공개를 위해 30일 이내에 100명 이상의 찬성을 받도록 하고, 청원서가 일반인에게 공개되면 그로부터 30일 이내에 10만 명 이상의 동의를 받도록 한 「국회청원심사규칙」 조항은 청원의 요건을 지나치게 까다롭게 설정하여 국민의 청원권을 침해한다. 2023 국가직7급 ( )

ANSWER 24 × 25-1 × 25-2 × 26 ○ 27-1 × 27-2 ×

해설 국민의 의견을 효과적으로 반영하여 청원제도의 목적을 높은 수준으로 달성하기 위해서는 국회가 국회의 한정된 자원과 심의역량 등을 고려하여 국민동의기간이나 인원 등 국민동의 요건을 탄력적으로 정할 필요가 있으므로, 그 구체적인 내용을 하위법령에 위임할 필요성이 인정된다. 아울러 국회규칙에서는 국회가 처리할 수 있는 범위 내에서 국민의 의견을 취합하여 국민 다수가 동의하는 의제가 효과적으로 국회의 논의 대상이 될 수 있도록 적정한 수준으로 구체적인 국민동의 요건과 절차가 설정될 것임을 예측할 수 있다. 따라서 **국민동의조항은 포괄위임금지원칙에 위반되어 청원권을 침해하지 않는다.** 국민동의법령조항들은 의원소개조항에 더하여 추가적으로 국민의 동의를 받는 방식으로 국회에 청원하는 방법을 허용하면서 그 구체적인 요건과 절차를 규정하고 있는 것으로, 청원권의 구체적인 입법형성에 해당한다. 국민동의법령조항들이 청원서의 일반인에 대한 공개를 위해 30일 이내에 100명 이상의 찬성을 받도록 한 것은 일종의 사전동의제도로서, 중복게시물을 방지하고 비방, 욕설, 혐오표현, 명예훼손 등 부적절한 청원을 줄이며 국민의 목소리를 효율적으로 담아내고자 함에 그 취지가 있다. 다음으로, 청원서가 일반인에게 공개되면 그로부터 30일 이내에 10만 명 이상의 동의를 받도록 한 것은 국회의 한정된 심의 역량과 자원의 효율적 배분을 고려함과 동시에, 일정 수준 이상의 인원에 해당하는 국민 다수가 관심을 갖고 동의하는 의제가 논의 대상이 되도록 하기 위한 것이다. 국회에 대한 청원은 법률안 등과 같이 의안에 준하여 위원회 심사를 거쳐 처리되고, 다른 행정부 등 국가기관과 달리 국회는 합의제 기관이라는 점에서 청원 심사의 실효성을 확보할 필요성 또한 크다. **이와 같은 점에서 국민동의법령조항들이 설정하고 있는 청원찬성·동의를 구하는 기간 및 그 인원수는 불합리하다고 보기 어렵다. 따라서 국민동의법령조항들은 입법재량을 일탈하여 청원권을 침해하였다고 볼 수 없다**(헌재 2023.3.23. 2018헌마460 등).

28 청원권은 국민적 관심사를 국가기관에 표명할 수 있는 수단으로서의 성격을 가진 기본권이다. 2023 법원행시
( )

해설 **청원권은 국민적 관심사를 국가기관에 표명할 수 있는 수단으로서의 성격을 가진 기본권**으로 국민은 누구나 형식에 구애됨이 없이 그 관심사를 국가기관에 표명할 수 있다(헌재 2005.11.24. 2003헌바108).

29 국가유공자가 철도청장에게 자신을 기능직공무원으로 임용하여 줄 것을 청원하는 경우에 취업보호대상자의 기능직공무원 채용의무비율 규정이 있는 때에는 그 국가유공자가 채용시험 없이 바로 자신을 임용해 줄 것을 요구할 수 있는 구체적인 신청권을 갖고 있는 것으로 볼 수 있다. 2023 경찰간부
( )

해설 구 국가유공자등예우및지원에관한법률(2004. 1. 20. 법률 제7106호로 개정되기 전의 것)과 동법시행령은 국가기관의 취업보호대상자에 대한 우선채용에 대해서 규정하면서 기능직공무원 정원의 20퍼센트를 취업보호대상자로 우선 채용하도록 하고 있을 뿐, 구체적인 신청절차나 채용기준 및 방법 등에 관한 구체적인 내용을 규정하고 있지 아니하다. 따라서 **청구인이 취업보호대상자의 기능직공무원 채용의무비율 규정만을 근거로 피청구인 철도청장에 대해 국가공무원법에 따른 채용시험 없이 바로 자신을 임용해 줄 것을 요구할 수 있는 구체적인 신청권을 갖고 있는 것으로 볼 수는 없다**(헌재 2004.10.28. 2003헌마898).

ANSWER 28 ○ 29 ×

제2절 재판청구권

I 헌법 조문

제27조 ① 모든 국민은 헌법과 법률이 정한 법관에 의하여 법률에 의한 재판을 받을 권리를 가진다.
② 군인 또는 군무원이 아닌 국민은 대한민국의 영역 안에서는 중대한 군사상 기밀·초병·초소·유독음식물공급·포로·군용물에 관한 죄 중 법률이 정한 경우와 비상계엄이 선포된 경우를 제외하고는 군사법원의 재판을 받지 아니한다.
③ 모든 국민은 신속한 재판을 받을 권리를 가진다. 형사피고인은 상당한 이유가 없는 한 지체없이 공개재판을 받을 권리를 가진다.
④ 형사피고인은 유죄의 판결이 확정될 때까지는 무죄로 추정된다.
⑤ 형사피해자는 법률이 정하는 바에 의하여 당해 사건의 재판절차에서 진술할 수 있다.

제107조 ③ 재판의 전심절차로서 행정심판을 할 수 있다. 행정심판의 절차는 법률로 정하되, 사법절차가 준용되어야 한다.

제109조 재판의 심리와 판결은 공개한다. 다만, 심리는 국가의 안전보장 또는 안녕질서를 방해하거나 선량한 풍속을 해할 염려가 있을 때에는 법원의 결정으로 공개하지 아니할 수 있다.

제110조 ① 군사재판을 관할하기 위하여 특별법원으로서 군사법원을 둘 수 있다.

II 최신 기출지문 분석

01-1 형사피고인은 상당한 이유가 없는 한 지체없이 공개재판을 받을 권리를 가진다. 2023 입법고시 ( )

01-2 모든 국민은 신속한 재판을 받을 권리를 가진다. 형사피고인은 정당한 이유가 없는 한 지체없이 공정한 재판을 받을 권리를 가진다. 2023 경찰2차 ( )

해설 **모든 국민은 신속한 재판을 받을 권리를 가진다.** 형사피고인은 상당한 이유가 없는 한 지체없이 공개재판을 받을 권리를 가진다(헌법 제27조 제3항).

02-1 헌법은 "군인 또는 군무원이 아닌 국민은 대한민국의 영역 안에서는 중대한 군사상 기밀·초병·초소·유독음식물공급·포로·군용물에 관한 죄 중 법률이 정한 경우와 비상계엄이 선포된 경우를 제외하고는 군사법원의 재판을 받지 아니한다."고 규정하고 있다. 2022 경찰1차 ( )

02-2 군인 또는 군무원이 아닌 국민은 대한민국의 영역 안에서는 중대한 군사상 기밀·초병·초소·유독음식물공급·포로·군용물에 관한 죄 중 법률이 정한 경우와 계엄, 긴급명령이 선포된 경우를 제외하고는 군사법원의 재판을 받지 아니한다. 2023 경찰2차 ( )

ANSWER 01-1 ○ 01-2 × 02-1 ○ 02-2 ×

해설 군인 또는 군무원이 아닌 국민은 대한민국의 영역 안에서는 중대한 군사상 기밀·초병·초소·유독음식물공급·포로·군용물에 관한 죄중 법률이 정한 경우와 비상계엄이 선포된 경우를 제외하고는 군사법원의 재판을 받지 아니한다(헌법 제27조 제2항).

03 '군사시설' 중 '전투용에 공하는 시설'을 손괴한 일반국민(군인 또는 군무원이 아닌 국민)이 군사법원에서 재판받도록 하는 것은 헌법과 법률이 정한 법관에 의한 재판을 받을 권리를 침해하지 아니한다.
2022 경찰경력채용 ( )

해설 이 사건 법률조항은 '군사시설' 중 '전투용에 공하는 시설'을 손괴한 일반 국민이 항상 군사법원에서 재판을 받도록 하고 있다. 이는 명시적으로 헌법 개정을 통하여 비상계엄이 선포된 경우를 제외하고는 '군사시설'에 관한 죄를 범한 일반 국민은 군사법원의 재판을 받지 아니하게 하여 **군사법원의 신분적 재판권의 범위를 축소한 헌법개정권력자의 의도와 배치**된다. 따라서 **이 사건 법률조항은 헌법 제27조 제2항에 위반되어, 군인 또는 군무원이 아닌 일반 국민의 헌법과 법률이 정한 법관에 의한 재판을 받을 권리를 침해**한다(헌재 2013. 11. 28. 2012헌가10).

04 형사피고인은 유죄의 판결이 확정될 때까지는 무죄로 추정된다. 2023 경찰2차 ( )

해설 형사피고인은 유죄의 판결이 확정될 때까지는 무죄로 추정된다(헌법 제27조 제4항).

05 재판청구권은 재판이라는 국가적 행위를 청구할 수 있는 적극적 측면과 헌법과 법률이 정한 법관이 아닌 자에 의한 재판이나 법률에 의하지 아니한 재판을 받지 아니하는 소극적 측면을 아울러 가지고 있다. 2022 법무사
( )

해설 재판청구권은 재판이라는 국가적 행위를 청구할 수 있는 적극적 측면과 헌법과 법률이 정한 법관이 아닌 자에 의한 재판이나 법률에 의하지 아니한 재판을 받지 아니하는 소극적 측면을 아울러 가지고 있다(헌재 2021.1.28. 2019헌가24 등).

06 헌법 제27조 제1항이 규정하는 재판청구권을 보장하기 위해서는 입법자에 의한 재판청구권의 구체적 형성이 불가피하므로 입법자의 광범위한 입법재량이 인정된다. 2022 법원행시 ( )

해설 **헌법 제27조 제1항이 규정하는 재판청구권을 보장하기 위해서는 입법자에 의한 재판청구권의 구체적 형성이 불가피**하므로 **입법자의 광범위한 입법재량이 인정**된다(헌재 2020.12.23. 2019헌바353).

07 신속한 재판을 받을 권리의 실현을 위해서는 구체적인 입법형성이 필요하며, 다른 사법절차적 기본권에 비하여 폭넓은 입법재량이 허용되므로, 법률에 의한 구체적 형성없이는 신속한 재판을 위한 어떤 직접적이고 구체적인 청구권이 발생하지 아니한다. 2024 경찰승진 ( )

해설 법원은 민사소송법 제184조에서 정하는 기간 내에 판결을 선고하도록 노력해야 하겠지만, 이 기간 내에 반드시 판결을 선고해야 할 법률상의 의무가 발생한다고 볼 수 없으며, **헌법 제27조 제3항 제1문에 의거한 신속한 재판을 받을 권리의 실현을 위해서는 구체적인 입법형성이 필요하고, 신속한 재판을 위한 어떤 직접적이고 구체적인 청구권이 이 헌법규정으로부터 직접 발생하지 아니하므로**, 보안관찰처분들의 취소청구에 대해서 법원이 그 처분들의 효력이 만료되기 전까지 신속하게 판결을 선고해야 할 헌법이나 법률상의 작위의무가 존재하지 아니한다(헌재 1999.9.16. 98헌마75).

ANSWER 03 ✕ 04 ◯ 05 ◯ 06 ◯ 07 ◯

08-1 헌법과 법률이 정한 법관에 의한 재판을 받을 권리는 직업법관에 의한 재판을 주된 내용으로 하는 것이므로 국민참여재판을 받을 권리가 헌법 제27조 제2항에서 규정한 재판을 받을 권리의 보호범위에 속한다고 볼 수 없다. 2021 경찰승진 / 2021 경찰경력채용 ( )

08-2 국민참여재판을 받을 권리는 헌법이 보장하는 재판을 받을 권리의 보호범위에 속하지 않는다. 2023 입법고시 ( )

08-3 헌법재판소는 국민참여재판을 받을 권리도 헌법 제27조 제1항에서 규정한 재판을 받을 권리의 보호범위에 속한다고 보고 있다. 2023 법원직 ( )

08-4 헌법상 재판을 받을 권리의 보호범위에는 배심재판을 받을 권리가 포함되지 않는다. 2023 해양경찰 ( )

> 해설 우리 헌법상 헌법과 법률이 정한 법관에 의한 재판을 받을 권리는 직업법관에 의한 재판을 주된 내용으로 하는 것이므로 **국민참여재판을 받을 권리가 헌법 제27조 제1항에서 규정한 재판을 받을 권리의 보호범위에 속한다고 볼 수 없다**(헌재 2009.11.26. 2008헌바12).

09 국민참여재판제도의 취지와 배심원의 권한 및 의무 등 여러 사정을 종합적으로 고려하여 만 20세에 이르기까지 교육 및 경험을 쌓은 자로 하여금 배심원의 책무를 담당하도록 정한 것은 입법형성권의 한계 내의 것으로 자의적인 차별이라고 볼 수 없다. 2022 경찰경력채용 ( )

> 해설 국민참여재판법 제정 당시 법제사법위원회 심사단계에서 배심원의 자격을 선거권 부여 연령(당시 만 19세)과 동일하게 규정하여야 한다는 견해가 제기되었으나 법안에 반영되지 않은 점을 고려하더라도, 입법자는 공무담당자를 선출하는 선거권과 공무를 담당하는 직책인 배심원의 자격요건을 의도적으로 구별한 것으로 볼 수 있다. 따라서 **심판대상조항이 우리나라 국민참여재판제도의 취지와 배심원의 권한 및 의무 등 여러 사정을 종합적으로 고려하여 만 20세에 이르기까지 교육 및 경험을 쌓은 자로 하여금 배심원의 책무를 담당하도록 정한 것은 입법형성권의 한계 내의 것으로 자의적인 차별이라고 볼 수 없다**(헌재 2021.5.27. 2019헌가19).

10-1 헌법 제27조 제1항의 '헌법과 법률이 정한 법관에 의하여 법률에 의한 재판을 받을 권리'는 사건의 경중을 가리지 않고 모든 사건에 대하여 대법원을 구성하는 법관에 의한 균등한 재판을 받을 권리를 의미한다. 2023 해양경찰 ( )

10-2 헌법이 대법원을 최고법원으로 규정하고 있다는 점과 함께 절차법이 정한 절차에 따라 실체법이 정한 내용대로 재판을 받을 권리를 보장하고자 하는 헌법 제27조의 취지에서 본다면, 재판청구권에는 대법원이 모든 사건을 상고심으로서 관할하여야 한다는 결론을 당연히 도출할 수 있다. 2024 경찰승진 ( )

> 해설 "헌법이 대법원을 최고법원으로 규정하였다고 하여 대법원이 곧바로 모든 사건을 상고심으로서 관할하여야 한다는 결론이 당연히 도출되는 것은 아니며, '헌법과 법률이 정하는 법관에 의하여 법률에 의한 재판을 받을 권리'가 사건의 경중을 가리지 않고 모든 사건에 대하여 대법원을 구성하는 법관에 의한 균등한 재판을 받을 권리를 의미한다거나 또는 **상고심재판을 받을 권리를 의미하는 것이라고 할 수는 없다**(헌재 2009.3.26. 2006헌마1133).

ANSWER 08-1 ○ 08-2 ○ 08-3 × 08-4 ○ 09 ○ 10-1 × 10-2 ×

11 상고심에서 재판을 받을 권리를 헌법상 명문화한 규정이 없는 이상, 헌법 제27조에서 규정한 재판을 받을 권리에 모든 사건에 대해 상고심 재판을 받을 권리까지도 포함된다고 단정할 수 없고, 모든 사건에 대해 획일적으로 상고할 수 있게 할지 여부는 입법재량의 문제라고 할 것이므로 소액사건심판법 제3조가 소액사건에 대하여 상고의 이유를 제한하였다고 하여 그것만으로 재판청구권을 침해하였다고 볼 수 없다. 2023 법원직 (　)

> 해설　상고심에서 재판을 받을 권리를 헌법상 명문화한 규정이 없는 이상, 헌법 제27조에서 규정한 재판을 받을 권리에 모든 사건에 대해 상고심 재판을 받을 권리까지도 포함된다고 단정할 수 없고, 모든 사건에 대해 획일적으로 상고할 수 있게 할지 여부는 입법재량의 문제라고 할 것이므로 이 사건 법률조항이 소액사건에 대하여 상고의 이유를 제한하였다고 하여 그것만으로 재판청구권을 침해하였다고 볼 수 없다. 나아가 상고제도는 국민의 법률생활의 중요한 영역의 문제를 해결하는 데 집중적으로 투입 활용되어야 한다는 공익상의 필요성과 신속·간편·저렴하게 처리되어야 할 소액사건절차 특유의 요청 등을 고려할 때 현행 소액사건상고제한제도가 결코 위헌적인 차별대우라 할 수 없다(헌재 2011.6.30. 2010헌바395).

12 소액사건은 소액사건심판법이 절차의 신속성과 경제성에 중점을 두어 규정한 심리절차의 특칙에 따라 소송당사자가 소송절차를 남용할 가능성이 다른 민사사건에 비하여 크다고 할 수 있는바, 소송기록에 의하여 청구가 이유 없음이 명백한 때 법원이 변론 없이 청구를 기각할 수 있도록 규정한 소액사건심판법 조항은 소액사건에서 남소를 방지하고 이러한 소송을 신속히 종결하고자 필요적 변론 원칙의 예외를 규정한 것이므로 재판청구권의 본질적 내용을 침해한다고 볼 수 없다. 2023 법원직 (　)

> 해설　소액사건은 소액사건심판법이 절차의 신속성과 경제성에 중점을 두어 규정한 심리절차의 특칙에 따라 소송당사자가 소송절차를 남용할 가능성이 다른 민사사건에 비하여 크다고 할 수 있는바, 심판대상조항은 소액사건에서 남소를 방지하고 이러한 소송을 신속히 종결하고자 필요적 변론 원칙의 예외를 규정하였다. 심판대상조항에 의하더라도 남소로 판단되는 사건의 구두변론만이 제한될 뿐 준비서면, 각종 증거방법을 제출할 권리가 제한되는 것은 아니고 법관에 의한 서면심리가 보장되며 구두변론을 거칠 것인지 여부를 법원의 판단에 맡기고 있으므로 심판대상조항이 재판청구권의 본질적 내용을 침해한다고 볼 수 없다. 심판대상조항은 입법자가 민사재판절차에서 요구되는 이상인 적정·공평·신속·경제라는 법익과 사법자원의 적정한 배분 등 여러 법익을 두루 형량하여 구두변론원칙의 예외를 규정한 것이고, 이러한 법익 형량이 자의적이거나 현저하게 불합리하다고 볼 수 없으므로 청구인들의 재판청구권을 침해하거나 평등원칙에 위배된다고 볼 수 없다(헌재 2021.6.24. 2019헌바133 등).

13 '사형, 무기 또는 10년 이상의 징역이나 금고가 선고된 사건'에 한하여 중대한 사실오인 또는 양형부당을 이유로 한 상고를 허용한 형사소송법(1963. 12. 13. 법률 제1500호로 개정된 것) 제383조 제4호는 재판청구권을 침해하지 아니한다. 2023 법원직 (　)

> 해설　한정된 사법자원을 효율적으로 분배하고 상고심 재판의 법률심 기능을 제고할 필요성이 있고, 당사자는 제1심과 제2심에서 사실오인이나 양형부당을 다툴 충분한 기회를 부여받고 있으므로, 심판대상조항은 입법형성권의 범위 내에 있어 재판청구권을 침해하지 아니한다(헌재 2020.7.16. 2020헌바14).

14 헌법에 '공정한 재판'에 관한 명문의 규정은 없지만, 재판청구권이 국민에게 효율적인 권리보호를 제공하기 위해서는 법원에 의한 재판이 공정하여야 할 것임은 당연하므로 '공정한 재판을 받을 권리'는 헌법 제27조의 재판청구권에 의하여 함께 보장된다고 보아야 한다. 2022 법무사 (　)

> 해설　헌법에 '공정한 재판'에 관한 명문의 규정은 없지만 재판청구권이 국민에게 효율적인 권리보호를 제공하기 위해서는, 법원에 의한 재판이 공정하여야만 할 것은 당연한 전제이므로 '공정한 재판을 받을 권리'는 헌법 제27조의 재판청구권에 의하여 함께 보장된다(헌재 2013.3.21. 2011헌바219).

ANSWER　11 ○　12 ○　13 ○　14 ○

15 법정소동죄 등을 규정한 형법 제138조에서의 '법원의 재판'에 헌법이 규정에 따라 헌법재판소가 담당하게 된 '헌법재판'도 포함된다. 2022 법원직 ( )

> **해설** 헌법재판소법에서 심판정을 '법정'이라고 부르기도 하고, 다른 절차에 대해서는 자체적으로 규정하고 있으면서도 심판정에서의 심판 및 질서유지에 관해서는 법원조직법의 규정을 준용하는 것은(헌법재판소법 제35조) 법원의 법정에서의 재판작용 수행과 헌법재판소의 심판정에서의 헌법재판작용 수행 사이에는 본질적인 차이가 없음을 나타내는 것으로 볼 수 있다. 결국, 본조에서의 법원의 재판에 헌법재판소의 심판이 포함된다고 보는 해석론은 문언이 가지는 가능한 의미의 범위 안에서 그 입법 취지와 목적 등을 고려하여 문언의 논리적 의미를 분명히 밝히는 체계적 해석에 해당할 뿐, 피고인에게 불리한 확장해석이나 유추해석이 아니라고 볼 수 있다(대판 2021.8.26. 2020도12017).

16-1 헌법상 보장되는 기본권인 '공정한 재판을 받을 권리'에는 '공정한 헌법재판을 받을 권리'도 포함된다. 2023 해양경찰 ( )

16-2 재판을 받을 권리에는 민사재판, 형사재판, 행정재판뿐 아니라 헌법재판도 포함된다. 2023 입법고시 ( )

16-3 재판청구권은 민사재판·형사재판·행정재판을 받을 권리를 의미하므로, 헌법상 보장되는 기본권인 '공정한 재판을 받을 권리'에는 '공정한 헌법재판을 받을 권리'는 포함되지 아니한다. 2022 입법고시 ( )

16-4 공정한 재판을 받을 권리는 헌법 제27조의 재판청구권에 의하여 함께 보장되고, 재판청구권에는 민사재판, 형사재판, 행정재판뿐만 아니라 헌법재판을 받을 권리도 포함되므로, 헌법상 보장되는 기본권인 '공정한 재판을 받을 권리'에는 '공정한 헌법재판을 받을 권리'도 포함된다. 2024 경찰승진 ( )

> **해설** 공정한 재판을 받을 권리는 헌법 제27조의 재판청구권에 의하여 함께 보장되고, 재판청구권에는 민사재판, 형사재판, 행정재판뿐만 아니라 헌법재판을 받을 권리도 포함되므로, **헌법상 보장되는 기본권인 '공정한 재판을 받을 권리'에는 '공정한 헌법재판을 받을 권리'도 포함**된다.
> 헌법 제111조 제2항은 헌법재판소가 9인의 재판관으로 구성된다고 명시하여 다양한 가치관과 헌법관을 가진 9인의 재판관으로 구성된 합의체가 헌법재판을 담당하도록 하고 있으며, 같은 조 제3항은 재판관 중 3인은 국회에서 선출하는 자를 임명한다고 규정하고 있다. 그렇다면 **헌법 제27조, 제111조 제2항 및 제3항의 해석상, 피청구인이 선출하여 임명된 재판관 중 공석이 발생한 경우, 국회는 공정한 헌법재판을 받을 권리의 보장을 위하여 공석인 재판관의 후임자를 선출하여야 할 구체적 작위의무를 부담한다고 할 것이다**(헌재 2014.4.24. 2012헌마2).

17 헌법 제27조 제1항은 "모든 국민은 헌법과 법률이 정한 법관에 의하여 법률에 의한 재판을 받을 권리를 가진다."라고 규정함으로써 모든 국민에게 적법하고 공정한 재판을 받을 권리를 보장하고 있다. 이 공정한 재판을 받을 권리 속에는 신속하고 공개된 법정의 법관의 면전에서 모든 증거자료가 조사·진술되고 이에 대하여 피고인이 공격·방어할 수 있는 기회가 보장되는 재판, 원칙적으로 당사자주의와 구두변론주의가 보장되어 당사자가 공소사실에 대한 답변과 입증 및 반증을 하는 등 공격·방어권이 충분히 보장되는 재판을 받을 권리가 포함되어 있다. 2024 법원행시 ( )

> **해설** 헌법 제27조 제1항 및 제3항에 의하여 보장되는 공정한 재판을 받을 권리 속에는, 공개된 법정의 법관의 면전에서 모든 증거자료가 조사·진술되고 이에 대하여 피고인이 공격·방어할 수 있는 기회가 보장되는 재판, 즉 원칙적으로 당사자주의와 구두변론주의가 보장되어 당사자에게 공소사실에 대한 답변과 입증 및 반증의 기회가 부여되는 등 공격·방어권이 충분히 보장되는 재판을 받을 권리가 포함되어 있다(헌재 2022.11.24. 2019헌바477).

ANSWER 15 ○ 16-1 ○ 16-2 ○ 16-3 × 16-4 ○ 17 ○

18-1 헌법은 피고인의 반대신문권을 미국이나 일본과 같이 헌법상의 기본권으로까지 규정하고 있기 때문에, 형사소송법은 제161조의2에서 피고인의 반대신문권을 포함한 교호신문권을 명문으로 규정하여 피고인에게 불리한 증거에 대하여 반대신문할 수 있는 권리를 원칙적으로 보장하고 있다. 2024 법원행시 ( )

18-2 헌법은 피고인의 반대신문권을 미국이나 일본과 같이 헌법상의 기본권으로까지 규정하지는 않았으나, 형사소송법은 제161조의2에서 피고인의 반대신문권을 포함한 교호신문권을 명문으로 규정하여 피고인에게 불리한 증거에 대하여 반대신문할 수 있는 권리를 원칙적으로 보장하고 있는바, 이는 헌법 제12조 제1항, 제27조 제1항, 제3항 및 제4항에 의한 공정한 재판을 받을 권리를 구현한 것이다. 2023 법원직 ( )

> **해설** 헌법은 피고인의 반대신문권을 헌법상 기본권으로까지 규정하지는 않았으나 형사소송법은 제161조의2에서 피고인의 반대신문권을 포함한 교호신문권을 명문으로 규정하여 피고인에게 불리한 증거에 대하여 반대신문할 수 있는 권리를 원칙적으로 보장하고 있다. 이는 헌법 제12조 제1항, 제27조 제1항, 제3항 및 제4항에 의한 공정한 재판을 받을 권리를 구현한 것이다(헌재 2016.12.29. 2015헌바221).

19 검사가 보관하고 있는 서류에 대하여 법원의 열람·등사 허용 결정이 있었음에도 검사가 청구인에 대한 형사사건과의 관련성을 부정하면서 해당 서류의 열람·등사를 허용하지 아니한 행위는 신속하고 공정한 재판을 받을 권리를 침해한다. 2023 입법고시 ( )

> **해설** 피청구인은 법원의 수사서류 열람·등사 허용 결정 이후 해당 수사서류에 대한 열람은 허용하고 등사만을 거부하였는데, 변호인이 수사서류를 열람은 하였지만 등사가 허용되지 않는다면, **변호인은 형사소송절차에서 청구인들에게 유리한 수사서류의 내용을 법원에 현출할 수 있는 방법이 없어 불리한 지위에 놓이게 되고, 그 결과 청구인들을 충분히 조력할 수 없음이 명백**하므로, 피청구인이 수사서류에 대한 등사만을 거부하였다 하더라도 청구인들의 신속·공정한 재판을 받을 권리 및 변호인의 조력을 받을 권리가 침해되었다고 보아야 한다(헌재 2017.12.28. 2015헌마632).

20 국가보안법위반죄로 구속기소된 청구인의 변호인이 청구인의 변론준비를 위하여 피청구인인 검사에게 그가 보관중인 수사기록일체에 대한 열람·등사신청을 하였으나 피청구인은 국가기밀의 누설이나 증거인멸, 증인협박, 사생활침해의 우려 등 정당한 사유를 밝히지 아니한 채 이를 전부 거부한 것은 청구인의 신속·공정한 재판을 받을 권리와 변호인의 조력을 받을 권리를 침해하는 것으로 헌법에 위반된다 할 것이다. 2023 법원직 ( )

> **해설** 이 사건에 있어서 청구인의 변호인이 1994. 3. 22. 국가보안법위반죄로 구속기소된 **청구인의 변론준비를 위하여 피청구인인 검사에게 그가 보관중인 수사기록일체에 대한 열람·등사신청을 하였으나** 같은 달 26. 피청구인은 국가기밀의 누설이나 증거인멸, 증인협박, 사생활침해의 우려 등 정당한 사유를 밝히지 아니한 채 이를 전부 거부한 것은 청구인의 신속·공정한 재판을 받을 권리와 변호인의 조력을 받을 권리를 침해하는 것으로 **헌법에 위반된다** 할 것이다(헌재 1997.11.27. 94헌마60)

21-1 검사만 치료감호를 청구할 수 있고 법원은 검사에게 치료감호청구를 요구할 수 있다고만 규정한 「치료감호 등에 관한 법률」 조항은 피고인 스스로 치료감호를 청구할 수 있는 권리를 인정하고 있지 아니하지만, 재판청구권을 침해하거나 적법절차원칙을 위반한 것은 아니다. 2022 법원행시 ( )

21-2 '피고인이 스스로 치료감호를 청구할 수 있는 권리'는 헌법상 재판청구권의 보호범위에 포함된다. 2023 행시 ( )

ANSWER 18-1 × 18-2 ○ 19 ○ 20 ○ 21-1 ○ 21-2 ×

21-3 법원이 직권으로 치료감호를 선고할 수 있는지 여부는 재판청구권의 적극적 측면은 물론 소극적 측면에도 해당하지 않는다. 따라서 '피고인 스스로 치료감호를 청구할 수 있는 권리' 뿐만 아니라 '법원으로부터 직권으로 치료감호를 선고받을 수 있는 권리'는 헌법상 재판청구권의 보호범위에 포함된다고 보기 어렵다.
2022 법무사 ( )

21-4 검사만 치료감호를 청구할 수 있고, 법원은 검사에게 치료감호청구를 요구할 수 있다고만 규정한 '치료감호 등에 관한 법률' 조항은 자의적 행정처분의 가능성을 초래하므로 적법절차원칙에 위반된다. 2023 법원직
( )

21-5 피고인 스스로 치료감호를 청구할 수 있는 권리나, 법원으로부터 직권으로 치료감호를 선고받을 수 있는 권리는 헌법상 재판청구권의 보호범위에 포함되지 않는다. 공익의 대표자로서 준사법기관적 성격을 가지고 있는 검사에게만 치료감호 청구권한을 부여한 것은, 본질적으로 자유박탈적이고 침익적 처분인 치료감호와 관련하여 재판의 적정성 및 합리성을 기하기 위한 것이므로 적법절차원칙에 반하지 않는다. 2023 법무사
( )

21-6 피고인에게 치료감호에 대한 재판절차에의 접근권을 부여하는 것이 피고인의 권리를 보다 효율적으로 보장하기 위하여 필요하다고 인정되므로 '피고인 스스로 치료감호를 청구할 수 있는 권리' 역시 재판청구권의 보호범위에 포함된다. 2024 변시 ( )

21-7 '피고인 스스로 치료감호를 청구할 수 있는 권리'뿐만 아니라 '법원으로부터 직권으로 치료감호를 선고받을 수 있는 권리'는 헌법상 재판청구권의 보호범위에 포함된다. 2023 경찰간부 ( )

해설 피고인 스스로 치료감호를 청구할 수 있는 권리나, 법원으로부터 직권으로 치료감호를 선고받을 수 있는 권리는 **헌법상 재판청구권의 보호범위에 포함되지 않는다.** 공익의 대표자로서 준사법기관적 성격을 가지고 있는 검사에게만 치료감호 청구권한을 부여한 것은, 본질적으로 자유박탈적이고 침익적 처분인 치료감호와 관련하여 재판의 적정성 및 합리성을 기하기 위한 것이므로 적법절차원칙에 반하지 않는다. 그렇다면 **이 사건 법률조항들은 재판청구권을 침해하거나 적법절차원칙에 반한다고 보기 어렵다**(헌재 2021.1.28. 2019헌가24 등).

22 재심도 재판절차 중의 하나이므로 재심청구권은 헌법 제27조에서 규정한 재판을 받을 권리에 당연히 포함된다. 2023 입법고시 ( )

해설 재심은 확정판결에 대한 특별한 불복방법이고, 확정판결에 대한 법적 안정성의 요청은 미확정판결에 대한 그것보다 훨씬 크다고 할 것이므로 재심을 청구할 권리가 헌법 제27조에서 규정한 재판을 받을 권리에 당연히 포함된다고 할 수 없고, 심판대상법 조항에 의한 재심청구의 혜택은 일정한 적법요건하에 헌법재판소법 제68조 제2항에 의한 헌법소원을 청구하여 인용된 자에게는 누구에게나 일반적으로 인정되는 것이고, 헌법소원청구의 기회가 규범적으로 균등하게 보장되어 있기 때문에, 심판대상법 조항이 헌법재판소법 제68조 제2항에 의한 헌법소원을 청구하여 인용결정을 받지 않은 사람에게는 재심의 기회를 부여하지 않는다고 하여 청구인의 재판청구권이나 평등권, 재산권과 행복추구권을 침해하였다고는 볼 수 없다(헌재 2000.6.29. 99헌바66).

ANSWER 21-3 ○ 21-4 × 21-5 ○ 21-6 × 21-7 × 22 ×

23 심리불속행 재판의 판결이유를 생략할 수 있도록 한 「상고심절차에 관한 특례법」 규정은 개별적 권리구제보다 법령해석의 통일을 더 우위에 둔 규정으로서 그 합리성이 있다고 할 것이므로 헌법에 위반되지 아니한다. 2022 입법고시 ( )

> [해설] 심리불속행 상고기각판결에 이유를 기재한다고 해도, 당사자의 상고이유가 법률상의 상고이유를 실질적으로 포함하고 있는지 여부만을 심리하는 심리불속행 재판의 성격 등에 비추어 현실적으로 특례법 제4조의 심리속행사유에 해당하지 않는다는 정도의 이유기재에 그칠 수밖에 없고, **나아가 그 이상의 이유기재를 하게 하더라도 이는 법령해석의 통일을 주된 임무로 하는 상고심에게 불필요한 부담만 가중시키는 것으로서 심리불속행제도의 입법취지에 반하는 결과를 초래할 수 있으므로, 특례법 제5조 제1항은 재판청구권 등을 침해하여 위헌이라고 볼 수 없다**(헌재 2012.5.31. 2010헌마625 등).

24 심급제도가 몇 개의 심급으로 형성되어야 하는가에 관하여 헌법이 전혀 규정하는 바가 없으므로, 이는 입법자의 광범위한 형성권에 맡겨져 있는 것이며, 모든 구제절차나 법적 분쟁에서 반드시 보장되는 것은 아니다. 2022 경찰경력채용 ( )

> [해설] 재판을 받을 권리라는 것은, '법적 분쟁시 독립된 법원에 의하여 사실관계와 법률관계에 관하여 한번 포괄적으로 심사를 받을 수 있도록 국민이 소송을 제기할 수 있는 권리'로서, 적어도 한번의 재판을 받을 권리, 적어도 하나의 심급을 요구할 권리인 것이며, 그 구체적인 형성은 입법자의 광범위한 입법재량에 맡겨져 있는 것이다. 즉 **심급제도가 몇 개의 심급으로 형성되어야 하는가에 관하여 헌법이 전혀 규정하는 바가 없으므로, 이는 입법자의 광범위한 형성권에 맡겨져 있는 것이며, 모든 구제절차나 법적분쟁에서 반드시 보장되는 것은 아니다**(헌재 2005.3.31. 2003헌바34).

25-1 대법원이 법관에 대한 대법원장의 징계처분 취소청구소송을 단심으로 재판하는 경우에는 사실확정도 대법원의 권한에 속하여 법관에 의한 사실확정의 기회가 박탈되었다고 볼 수 없으므로 재판청구권을 침해하지 아니한다. 2022 경찰경력채용 ( )

25-2 법관에 대한 대법원장의 징계처분 취소청구소송을 대법원에 의한 단심재판에 의하도록 규정하였더라도, 이는 법관이라는 지위 및 법관에 대한 징계절차의 특수성을 감안하여 재판의 신속을 도모하기 위한 것으로서 그 합리성을 인정할 수 있으므로 이로 인하여 해당 법관의 재판청구권이 침해된다고 볼 수 없다. 2024 변시 ( )

> [해설] 구 「법관징계법」 제27조는 법관에 대한 대법원장의 징계처분 취소청구소송을 대법원에 의한 단심재판에 의하도록 규정하고 있는바, 이는 독립적으로 사법권을 행사하는 법관이라는 지위의 특수성과 법관에 대한 징계절차의 특수성을 감안하여 재판의 신속을 도모하기 위한 것으로 그 합리성을 인정할 수 있고, **대법원이 법관에 대한 징계처분 취소청구소송을 단심으로 재판하는 경우에는 사실확정도 대법원의 권한에 속하여 법관에 의한 사실확정의 기회가 박탈되었다고 볼 수 없으므로, 헌법 제27조 제1항의 재판청구권을 침해하지 아니한다**(헌재 2012.2.23. 2009헌바34).

26-1 「범죄인 인도법」 제3조가 법원의 범죄인인도심사를 서울고등법원의 전속관할로 하고 그 심사결정에 대한 불복절차를 인정하지 않은 것은 재판청구권을 침해한다. 2023 경찰간부 ( )

26-2 범죄인인도절차는 본질적으로 형사소송절차적 성격을 갖는 것이고 재판절차로서의 형사소송절차는 당연히 상급심에의 불복절차를 포함하는 것이므로, 범죄인인도심사를 서울고등법원의 전속관할로 하고 그 결정에 대하여 대법원에의 불복절차를 인정하지 않는 법률조항은 범죄인의 재판청구권을 침해한다. 2024 변시 ( )

ANSWER 23 ○ 24 ○ 25-1 ○ 25-2 ○ 26-1 × 26-2 ×

> **해설** 이 사건에서 설사 범죄인인도를 형사처벌과 유사한 것이라 본다고 하더라도, 이 사건 법률조항이 적어도 법관과 법률에 의한 한 번의 재판을 보장하고 있고, 그에 대한 상소를 불허한 것이 적법절차원칙이 요구하는 합리성과 정당성을 벗어난 것이 아닌 이상, 그러한 상소 불허 입법이 입법재량의 범위를 벗어난 것으로서 재판청구권을 과잉 제한하는 것이라고 보기는 어렵다(헌재 2003.1.30. 2001헌바95).

27-1 즉시항고 제기기간을 3일로 제한하고 있는 「형사소송법」 규정은 당사자의 재판청구권을 침해한다.
2022 경찰간부 ( )

27-2 재판에 대한 불복기간의 제한은 입법자가 상소심의 구조와 성격 등을 고려하여 결정할 입법재량의 문제이므로, 즉시항고 제기기간에 관하여 민사소송법은 1주로 규정하고 있음에도 형사소송법이 그 절반 가량인 3일로 규정한 것은 상대적으로 신속한 확정이 필요한 형사재판의 특성을 반영한 것으로서 그 차별취급에 합리적 이유가 있다. 2022 법무사 ( )

> **해설** 형사재판 중 결정절차에서는 그 결정일자가 미리 당사자에게 고지되는 것이 아니기 때문에 결정에 대한 불복 여부를 결정하고 즉시항고 절차를 준비하는데 있어 상당한 기간을 부여할 필요가 있다. … 심판대상조항은 변화된 사회 현실을 제대로 반영하지 못하여, 당사자가 어느 한 순간이라도 지체할 경우 즉시항고권 자체를 행사할 수 없게 하는 부당한 결과를 초래하고 있다. … 민사소송, 민사집행, 행정소송, 형사보상절차 등의 즉시항고기간 1주나, 외국의 입법례와 비교하더라도 3일이라는 제기기간은 지나치게 짧다. 즉시항고 자체가 형사소송법상 명문의 규정이 있는 경우에만 허용되므로 기간 연장으로 인한 폐해가 크다고 볼 수도 없는 점 등을 고려하면, **심판대상조항은 즉시항고 제도를 단지 형식적이고 이론적인 권리로서만 기능하게 함으로써 헌법상 재판청구권을 공허하게 하므로 입법재량의 한계를 일탈하여 재판청구권을 침해하는 규정이다**(헌재 2018.12.27. 2015헌바77 등).

28 사법보좌관의 지급명령에 대한 이의신청기간을 2주 이내로 규정한 「민사소송법」 조항은 재판청구권을 침해한다. 2022 경찰간부 / 2023 법원직 ( )

> **해설** 재판을 청구할 수 있는 기간을 정하는 것은 입법자가 그 입법형성재량에 기초한 정책적 판단에 따라 결정할 문제이고 합리적인 재량의 한계를 일탈하지 아니하는 한 위헌이라고 판단할 것은 아니다. 독촉절차에서의 지급명령에 대한 이의신청 기간을 단기로 제한하는 것은 경미하고 간이한 사건들을 신속하게 처리함으로써 사법자원의 효율적 배분을 통하여 국민의 재판청구권을 충실하게 보장하고자 하는 독촉절차의 취지에 비추어 그 필요성을 인정할 수 있다. 민사소송법에 따른 독촉절차에서의 지급명령은 대한민국에서 채무자에게 공시송달 외의 방법으로 송달할 수 있는 경우에 한하여 허용되고, 채무자에게 송달이 이루어진 경우에만 원칙적으로 그 효력이 인정된다. 즉, **채무자가 지급명령신청서를 확인할 수 있는 상태에 있음을 전제로 그때부터 이의신청 기간을 기산하는 것이다.** 더욱이 민사소송법상 이의신청 방법에 관한 특별한 규정이 없으므로 서면뿐만 아니라 구두로도 이의가 가능하고, 불복의 이유나 방어방법을 구체적으로 밝힐 필요도 없다. 이의신청에는 인지를 붙이지 아니하고, 송달료도 납부할 필요가 없다. 이러한 사정들을 종합하면, **사법보좌관의 지급명령에 대한 2주의 이의신청 기간이 지나치게 짧아 입법재량의 한계를 일탈함으로써 재판청구권을 침해한다고 할 수 없다**(헌재 2020.12.23. 2019헌바353).

29-1 특허법이 규정하고 있는 30일의 제소기간은 90일의 제소기간을 규정하고 있는 행정소송법에 비하여 지나치게 짧아 특허무효심결에 대하여 소송으로 다투고자 하는 당사자의 재판청구권 행사를 불가능하게 하거나 현저히 곤란하게 하여 헌법에 위반된다. 2022 법원직 ( )

ANSWER 27-1 ○ 27-2 × 28 × 29-1 ×

29-2 특허무효심결에 대한 소(訴)는 심결의 등본을 송달받은 날로부터 30일 이내에 제기하도록 규정한 「특허법」 조항은 재판청구권을 침해하지 않는다. 2022 경찰간부 ( )

해설 특허권의 효력 여부에 대한 분쟁은 신속히 확정할 필요가 있는 점, 특허무효심판에 대한 심결은 특허법이 열거하고 있는 무효사유에 대해 특허법이 정한 방법과 절차에 따라 청구인과 특허권자가 다툰 후 심결의 이유를 기재한 서면에 의하여 이루어지는 것이므로, 당사자가 그 심결에 대하여 불복할 것인지를 결정하고 이를 준비하는 데 그리 많은 시간이 필요하지 않은 점, 특허법은 심판장으로 하여금 30일의 제소기간에 부가기간을 정할 수 있도록 하고 있고, 제소기간 도과에 대하여 추후보완이 허용되기도 하는 점 등을 종합하여 보면, 이 사건 제소기간 조항이 정하고 있는 30일의 제소기간이 지나치게 짧아 특허무효심결에 대하여 소송으로 다투고자 하는 당사자의 재판청구권 행사를 불가능하게 하거나 현저히 곤란하게 한다고 할 수 없으므로, 재판청구권을 침해하지 아니한다(헌재 2018.8.30. 2017헌바258).

30 국가배상사건인 당해사건 확정판결에 대해 헌법재판소 위헌결정을 이유로 한 재심의 소를 제기할 경우 재심 제기기간을 재심사유를 안 날부터 30일 이내로 한 「헌법재판소법」 조항은 재판청구권을 침해하지 않는다. 2022 경찰간부 ( )

해설 재심에 있어 제소기간을 둘 것인가 등은 확정판결에 대한 법적 안정성, 재판의 신속·적정성 등을 고려하여 결정하여야 할 입법정책의 문제로, 위헌결정을 이유로 한 재심의 소에서 재심제기기간을 둔 것이 입법형성권을 현저히 일탈하였다고 볼 수 없다. 그리고 위헌결정을 받은 당사자는 스스로 재심사유가 있음을 충분히 알거나 알 수 있는 점, 위헌결정을 이유로 한 재심의 소를 제기하기 위하여 관련 기록이나 증거를 면밀히 검토할 필요가 크지 않은 점, 30일의 재심제기기간은 불변기간이어서 추후보완이 허용되는 점 등을 종합하면, 재심사유가 있음을 안 날로 30일이라는 재심제기기간이 재심청구를 현저히 곤란하게 하거나 사실상 불가능하게 할 정도로 짧다고 보기도 어렵다. 심판대상조항은 재판청구권을 침해하지 않는다(헌재 2020.9.24. 2019헌바130).

31 소환된 증인 또는 그 친족 등이 보복을 당할 우려가 있는 경우, 재판장은 피고인을 퇴정시키고 증인신문을 행할 수 있도록 규정한 「특정범죄신고자 등 보호법」 조항은 피고인의 「형사소송법」상의 반대신문권을 제한하고 있어 피고인의 공정한 재판을 받을 권리를 침해한다. 2022 경찰1차 ( )

해설 이 사건 법률조항들은 특정범죄에 관한 형사절차에서 국민이 안심하고 자발적으로 협조할 수 있도록 그 범죄신고자 등을 실질적으로 보호함으로써 피해자의 진술을 제약하는 요소를 제거하고 이를 통해 범죄로부터 사회를 방위함에 이바지함과 아울러 실체적 진실의 발견을 용이하게 하기 위한 것으로서, 그 목적의 정당성 및 수단의 적합성이 인정되며, … 기본권제한의 정도가 특정범죄의 범죄신고자 등 증인 등을 보호하고 실체적 진실의 발견에 이바지하는 공익에 비하여 크다고 할 수 없어 법익의 균형성도 갖추고 있으며, 기본권제한에 관한 피해의 최소성 역시 인정되므로, 공정한 재판을 받을 권리를 침해한다고 할 수 없다(헌재 2010.11.25. 2009헌바57).

32 현역병의 군대 입대 전 범죄에 대한 군사법원의 재판권을 규정하고 있는 「군사법원법」 조항은 재판청구권을 침해하지 않는다. 2023 행시 ( )

해설 군사법원의 상고심은 대법원에서 관할하고 군사법원에 관한 내부규율을 정함에 있어서도 대법원이 종국적인 관여를 하고 있으므로 이 사건 법률조항이 군사법원의 재판권과 군인의 재판청구권을 형성함에 있어 그 재량의 헌법적 한계를 벗어났다고 볼 수 없다(헌재 2009.7.30. 2008헌바162).

ANSWER 29-2 ○ 30 ○ 31 × 32 ○

33-1 특수임무수행 등으로 인하여 입은 피해에 대해 특수임무수행자보상심의회의 보상금 등 지급결정에 대해 동의한 때에는 재판상 화해가 성립된다고 보는 「특수임무수행자 보상에 관한 법률」상 조항은 재판청구권을 침해한다. 2022 경찰간부   (   )

33-2 특수임무수행자는 보상금등 산정과정에서 국가 행위의 불법성이나 구체적인 손해 항목 등을 주장·입증할 필요가 없고 특수임무수행자의 과실이 반영되지도 않으며, 국가배상청구에 상당한 시간과 비용이 소요되는 데 반해 보상금등 지급결정은 비교적 간이·신속한 점까지 고려하면, 「특수임무수행자 보상에 관한 법률」이 정한 보상금을 지급받는 것이 국가배상을 받는 것에 비해 일률적으로 과소 보상된다고 할 수 없으므로 국가배상청구권 또는 재판청구권을 침해한다고 보기 어렵다. 2022 경찰2차   (   )

33-3 특수임무수행자 등이 보상금 등의 지급 결정에 동의한 때에는 특수임무수행 또는 이와 관련한 교육훈련으로 입은 피해에 대하여 재판상 화해가 성립된 것으로 보는 「특수임무수행자 보상에 관한 법률」 제17조의2 가운데 특수임무수행 또는 이와 관련한 교육훈련으로 입은 피해 중 '정신적 손해'에 관한 부분이 과잉 금지원칙을 위반하여 국가배상청구권을 침해한다고 보기 어렵다. 2023 경찰2차   (   )

> **해설** 특수임무수행자보상심의위원회는 위원 구성에 제3자성과 독립성이 보장되어 있고, 보상금등 지급 심의절차의 **공정성과 신중성이 갖추어져** 있다. 특수임무수행자는 보상금등 지급결정에 동의할 것인지 여부를 자유롭게 선택할 수 있으며, 보상금등을 지급받을 경우 향후 재판상 청구를 할 수 없음을 명확히 고지받고 있다. 보상금 중 기본공로금은 채용·입대경위, 교육훈련여건, 특수임무종결일 이후의 처리사항 등을 고려하여 위원회가 정한 금액으로 지급되는데, 위원회는 음성적 모집 여부, 기본권 미보장 여부, 인권유린, 종결 후 사후관리 미흡 등을 참작하여 구체적인 액수를 정하므로, 여기에는 특수임무교육훈련에 관한 정신적 손해 배상 또는 보상에 해당하는 금원이 포함된다. **특수임무수행자는 보상금등 산정과정에서 국가 행위의 불법성이나 구체적인 손해 항목 등을 주장·입증할 필요가 없고 특수임무수행자의 과실이 반영되지도 않으며, 국가배상청구에 상당한 시간과 비용이 소요되는 데 반해 보상금등 지급결정은 비교적 간이·신속한 점까지 고려하면**, 특임자보상법령이 정한 보상금등을 지급받는 것이 국가배상을 받는 것에 비해 일률적으로 과소 보상된다고 할 수도 없다. 따라서 **심판대상조항이 과잉금지원칙을 위반하여 국가배상청구권 또는 재판청구권을 침해한다고 보기 어렵다**(헌재 2021.9.30. 2019헌가28).

34-1 디엔에이감식시료채취영장 발부 과정에서 채취대상자에게 자신의 의견을 밝히거나 영장 발부 후 불복할 수 있는 절차 등에 관하여 규정하지 아니한 「디엔에이신원확인정보의 이용 및 보호에 관한 법률」의 규정은 과잉금지원칙을 위반하여 채취대상자의 재판청구권을 침해한다. 2022 경찰승진   (   )

34-2 헌법재판소는 디엔에이감식시료채취영장 발부 과정에서 채취 대상자에게 자신의 의견을 밝히거나 영장 발부 후 불복할 수 있는 절차 등에 관하여 규정하지 않은 것이 재판청구권을 침해한다고 하면서 단순위헌결정을 하였다. 2021 경찰경력채용   (   )

> **해설** 신체의 자유를 제한하는 디엔에이감식시료 채취 과정에서 중립적인 법관이 구체적 판단을 거쳐 발부한 영장에 의하도록 함으로써 **법관의 사법적 통제가 가능하도록 한 것이므로, 그 목적의 정당성 및 수단의 적합성은 인정**된다. … 채취대상자의 재판청구권은 형해화되고 채취대상자는 범죄수사 내지 예방의 객체로만 취급받게 된다. 위와 같은 **입법상의 불비가 있는 이 사건 영장절차 조항은 채취대상자인 청구인들의 재판청구권을 과도하게 제한하므로, 침해의 최소성 원칙에 위반**된다. 이 사건 영장절차 조항에 따라 발부된 영장에 의하여 디엔에이신원확인정보를 확보할 수 있고, 이로써 장래 범죄수사 및 범죄예방 등에 기여하는 공익적

ANSWER   33-1 ×   33-2 ○   33-3 ○   34-1 ○   34-2 ×

측면이 있으나, **이 사건 영장절차 조항의 불완전·불충분한 입법으로 인하여 채취대상자의 재판청구권이 형해화되고 채취대상자가 범죄수사 및 범죄예방의 객체로만 취급받게 된다는 점에서, 양자 사이에 법익의 균형성이 인정된다고 볼 수도 없다.** 따라서 이 사건 영장절차 조항은 **과잉금지원칙을 위반하여 청구인들의 재판청구권을 침해**한다.

입법자가 이 사건 영장절차 조항의 입법상 불비를 개선함에 있어서, 채취대상자의 의견 진술절차를 마련하는 데에 그칠 것인지, 영장 발부에 대한 불복절차도 마련할 것인지, 나아가 채취행위에 대한 위법성 확인 청구절차까지 마련할 것인지, 이들 절차를 구체적으로 어떠한 내용과 방법으로 만들 것인지 등에 관하여는 이를 입법자의 판단에 맡기는 것이 바람직하다. … **영장절차 조항에 대하여 단순위헌결정을 하는 대신 헌법불합치 결정을 선고하되, 입법자의 개선입법이 이루어질 때까지 계속 적용을 명하기로 한다**(헌재 2018.8.30. 2016헌마344 등).

35 재심제도의 규범적 형성에 있어서는 재판의 적정성과 정의의 실현이라는 법치주의의 요청에 의해 입법자의 입법형성의 자유가 축소된다. 2021 경찰승진 ( )

해설 재심제도의 규범적 형성에 있어서 입법자는 확정판결을 유지할 수 없을 정도의 중대한 하자가 무엇인지를 구체적으로 가려내어야 하는바, 이는 사법에 의한 권리보호에 관하여 한정된 사법자원의 합리적인 분배의 문제인 동시에 법치주의에 내재된 두 가지의 대립적 이념 즉, **법적 안정성과 정의의 실현이라는 상반된 요청을 어떻게 조화시키느냐의 문제로 돌아가므로, 결국 이는 불가피하게 입법자의 형성적 자유가 넓게 인정되는 영역이라고 할 수 있다**(헌재 2009.4.30. 2007헌바121).

36 「민사소송법」상 재심사유를 어떻게 정하여 재심을 허용할 것인가는 입법자가 확정판결에 대한 법적 안정성, 재판의 신속·적정성, 법원의 업무부담 등을 고려하여 결정하여야 할 입법정책의 문제이다. 2023 법무사 ( )

해설 어떤 사유를 재심사유로 정하여 재심을 허용할 것인가는 입법자가 확정판결에 대한 법적 안정성, 재판의 신속·적정성, 법원의 업무부담 등을 고려하여 결정하여야 할 입법정책의 문제이다(헌재 2019.2.28. 2016헌바457).

37 재심사유의 위헌성은 입법자가 분쟁의 신속한 해결을 통한 법적 안정성의 확보에만 매몰되어 재판의 적정성이라는 법치주의의 또 다른 이념을 현저히 희생함으로써, 제반 기본권의 실현을 위한 기본권으로서의 재판청구권의 본질을 심각하게 훼손하는 등 입법형성권의 한계를 일탈하여 그 내용이 현저히 자의적인 것이 아닌 한 인정되기 어렵다. 2023 법무사 ( )

해설 재심제도와 관련하여 인정되는 입법적 재량을 감안한다면, 민사소송법상 재심사유의 소극적 요건에 대하여 규정하고 있는 이 사건 법률조항의 위헌성에 대한 판단은, **입법자가 분쟁의 신속한 해결을 통한 법적 안정성의 확보에만 매몰되어 재판의 적정성이라는 법치주의의 또 다른 이념을 현저히 희생함으로써, 제반 기본권의 실현을 위한 기본권으로서의 재판청구권의 본질을 심각하게 훼손하는 등 입법형성권의 한계를 일탈하여 그 내용이 현저히 자의적인지 여부에 의하여 결정되어야 할 것이다**(헌재 2012.12.27. 2011헌바5).

38 과학기술의 발전으로 인해 기존의 확정판결에서 인정된 사실과는 다른 새로운 사실이 드러난 경우를 「민사소송법」상 재심의 사유로 인정하고 있지 않은 「민사소송법」 조항은 입법자의 합리적인 재량의 범위를 벗어나 재판청구권을 침해한다고 할 수 없다. 2021 경찰승진 ( )

해설 과학의 진전을 통하여 기존의 확정판결에서 인정된 사실과는 다른 새로운 사실이 발견된다 하더라도, 이는 확정판결 이후 언제라도 일어날 수 있는 일이므로 이를 재심사유로 인정하는 것은 확정판결에 기초하여 형성된 복잡·다양한 사법적(私法的) 관계들을 항시 불안전한 상태로 두는 것이라 할 수 있

ANSWER 35 ×   36 ○   37 ○   38 ○

다. 또한, 시효제도 등 다소간 실체적 진실의 희생이나 양보 하에 법적 안정성을 추구하는 여러 법적 제도들이 있다는 점 등을 함께 고려해 볼 때, 이 사건 법률조항은 입법자의 합리적인 재량의 범위를 벗어나 재판청구권 내지 평등권을 침해한다고 할 수 없다(헌재 2009.4.30. 2007헌바121).

39 재심기각결정이 있는 경우 동일한 이유로 하여서는 다시 재심을 청구하지 못하도록 규정한 형사소송법 관련 조항은 권리구제의 측면에서 불합리하므로 재판청구권을 침해한다. 2022 법원행시 ( )

> **해설** 심판대상조항은 **재심절차가 진행되어 그 청구 이유에 관한 실체적 판단이 한번 이루어진 경우, 확정된 결정의 법적 안정성을 유지하고 동일한 재심 이유에 대해 반복적으로 소송이 제기되는 것을 막아 사법자원의 낭비를 방지하기 위한 것이다.** 심판대상조항에 따라 사실상 주장이 동일한 이상, 청구인이 법률상 주장을 달리하여 재심을 재차 청구하는 것이 불가능하나, 법률해석에 관한 이견이나 하급심 법원 간 법 해석의 통일성은 대법원으로 수렴되는 즉시항고절차를 통하여 해결할 수 있는 점 등을 고려할 때 **심판대상조항은 청구인의 재판청구권을 침해하지 아니한다**(헌재 2020.2.27. 2017헌바420).

40-1 재심은 판결에 대한 불복방법의 하나인 점에서는 상소와 마찬가지라고 할 수 있지만, 확정판결에 대한 불복방법인 점에서 상소와 다르고, 확정판결에 대한 법적안정성의 요청은 미확정 판결에 대한 그것보다 훨씬 크기 때문에, 상소보다 더 예외적으로 인정되어야 한다는 점에서 본질적인 차이가 있다. 2023 법무사 ( )

40-2 판결주문에 영향이 없는 당사자의 공격방어방법에 대한 판단이 누락된 경우에는, 판결주문에 간접적으로만 연관되는 판단이유가 누락된 경우와 달리 재심의 소를 통하여 기판력 등 확정된 판결의 효력을 배제하는 것을 허용해야 할 만큼 정의의 요청이 절박하다고 할 수 없다. 2023 법무사 ( )

40-3 건전한 상식을 가진 일반인이면 재심사유인 '판결에 영향을 미칠 중요한 사항에 관하여 판단을 누락한 때'의 의미 내용을 예측할 수 있고, 이미 확립된 판례에 기초하여 그 해석 및 적용에 대한 신뢰성이 있는 원칙을 도출할 수 있으므로 해석자 개인의 주관적인 판단에 따라 그 해석이 좌우될 가능성이 없다. 2023 법무사
( )

> **해설** 재심은 확정된 종국판결에 재심사유에 해당하는 중대한 하자가 있는 경우 그 판결의 취소와 이미 종결되었던 사건의 재심판을 구하는 비상의 불복신청방법으로서, 그와 같은 중대한 하자가 있는 예외적인 경우에 한하여 법적 안정성을 후퇴시키고 구체적 정의를 실현하기 위하여 마련된 것이다. 따라서 **재심은 판결에 대한 불복방법의 하나인 점에서는 상소와 마찬가지라고 할 수 있지만, 확정판결에 대한 불복방법인 점에서 상소와 다르고, 확정판결에 대한 법적안정성의 요청은 미확정판결에 대한 그것보다 훨씬 크기 때문에, 상소보다 더 예외적으로 인정되어야 한다는 점에서 본질적인 차이가 있다.**
> 판결주문에 영향이 없는 당사자의 공격방어방법에 대한 판단이 누락된 경우나, 판결주문과 간접적으로만 연관되는 판단이유가 누락된 경우에 재심의 소를 통하여 확정된 판결의 효력을 배제하는 것을 허용해야 할 만큼 **정의의 요청이 절박하다고 할 수 없다.** 오히려 판결의 결론에 영향을 미칠 수 없는 불필요한 재심이 제기되어 재심제도의 취지에 어긋날 수 있다. 판결서의 이유에 판단이유를 빠짐없이 설시해야 하는 것은 아니고, 심급제도 내에서 사건의 특성을 고려하여 판결 등의 이유 기재 자체가 생략될 수 있다. 재심은 확정판결에 대한 불복방법이기 때문에 상소보다 더 예외적으로 인정되어야 하는데, 판결의 이유를 밝히지 아니한 경우는 절대적 상고이유가 되므로 민사소송의 당사자는 심급구조 내에서 판단이유를 제시받을 기회를 보장받고 있다. 이상을 종합하면, '판단이유의 누락'이 아니라 '판단누락'을 재심사유로 규정하였다 하여도 재판의 적정성을 현저히 희생하였다고 보기는 어렵다. 따라서 심판대상조항은 재판청구권을 침해하지 아니한다.

ANSWER 39 × 40-1 ○ 40-2 × 40-3 ○

건전한 상식을 가진 일반인이면 위와 같은 '판결에 영향을 미칠 중요한 사항에 관하여 판단을 누락한 때'의 의미내용을 예측할 수 있다 할 것이고, 이미 확립된 판례에 기초하여 그 해석 및 적용에 대한 신뢰성이 있는 원칙을 도출할 수 있어 해석자 개인의 주관적인 판단에 따라 그 해석이 좌우될 가능성이 없으므로, 심판대상조항은 **명확성원칙에 위배되지 아니한다**(헌재 2016.12.29. 2016헌바43).

41-1 법관기피신청이 소송의 지연을 목적으로 함이 명백한 경우에 신청을 받은 법원 또는 법관은 결정으로 이를 기각할 수 있도록 규정한 「형사소송법」 제20조 제1항이 헌법상 보장되는 공정한 재판을 받을 권리를 침해하는 것은 아니다. 2022 경찰1차 ( )

41-2 간이기각제도는 형사소송절차의 신속성이라는 공익을 달성하는 데 필요하고 적절한 방법으로써 즉시항고에 의한 불복도 가능하므로, 소송의 지연을 목적으로 함이 명백한 기피신청의 경우 그 신청을 받은 법원 또는 법관이 결정으로 기각할 수 있도록 한 형사소송법 제20조 제1항은 공정한 재판을 받을 권리를 침해하지 아니한다. 2023 법원직 ( )

해설 간이기각제도는 형사소송절차의 신속성이라는 공익을 달성하는 데 필요하고 적절한 방법으로써 즉시항고에 의한 불복도 가능하므로, 심판대상조항은 공정한 재판을 받을 권리를 침해하지 아니한다(헌재 2021.2.25. 2019헌바551).

42 사법보좌관에 의한 소송비용액 확정결정절차를 규정한 「법원조직법」 조항은 소송비용액 확정절차의 경우에 이의절차 등 법관에 의한 판단을 거치도록 하고 있기 때문에 헌법 제27조 제1항에 위반되지 않는다. 2021 경찰승진 ( )

해설 이 사건 조항에 의한 사법보좌관제도는 이의절차 등에 의하여 법관이 사법보좌관의 소송비용액 확정결정절차를 처리할 수 있는 장치를 마련함으로써 적정한 업무처리를 도모함과 아울러 사법보좌관의 처분에 대하여 법관에 의한 사실확정과 법률의 해석적용의 기회를 보장하고 있는바, 이는 한정된 사법 인력을 실질적 쟁송에 집중하도록 하면서 궁극적으로 국민의 재판받을 권리를 실질적으로 보장한다는 입법목적 달성에 기여하는 적절한 수단임을 인정할 수 있다. 따라서 사법보좌관에게 소송비용액 확정결정절차를 처리하도록 한 이 사건 조항이 그 입법재량권을 현저히 불합리하게 또는 자의적으로 행사하였다고 단정할 수 없으므로 헌법 제27조 제1항에 위반된다고 할 수 없다(헌재 2009.2.26. 2007헌바8 등).

43 사법보좌관에게 민사소송법에 따른 독촉절차에서의 법원의 사무를 처리할 수 있도록 규정한 법원조직법 제54조 제2항 제1호 중 '민사소송법에 따른 독촉절차에서의 법원의 사무'에 관한 부분은 법관에 의한 재판받을 권리를 침해하지 않는다. 2023 법원직 ( )

해설 사법보좌관의 처분에 대하여는 법원조직법에서 법관에게 이의신청을 할 수 있음을 명시하고 있고, 사법보좌관규칙에서 그 이의절차에 관하여 상세히 규정하고 있는바, 이를 통해 법관에 의한 사실확정과 법률의 해석·적용의 기회를 보장하고 있다. 나아가 법원조직법 및 사법보좌관규칙 등에서 전문성과 능력을 갖춘 사법보좌관을 선발할 수 있도록 객관적인 선발자격 및 절차에 관하여 규정하고 있고, 사법보좌관에 관한 법관의 구체적 감독권, 사법보좌관에 대한 제척·기피·회피절차 등 사법보좌관의 공정성과 중립성을 확보할 수 있는 여러 보장 장치를 마련하고 있다. 따라서 **이 사건 법원조직법 조항이 입법재량권의 한계를 벗어난 자의적인 입법으로 법관에 의한 재판받을 권리를 침해한다고 할 수 없다**(헌재 2020.12.23. 2019헌바353).

ANSWER 41-1 ○ 41-2 ○ 42 ○ 43 ○

44 상속재산분할에 관한 사건은 상속재산의 범위 등 실체법상 권리 관계의 확정을 전제로 하므로 가사소송절차에 따라야 함에도 불구하고 이를 가사비송사건으로 분류하고 있는 「가사소송법」의 규정은 입법재량의 한계를 일탈하여 상속재산분할에 관한 사건을 제기하고자 하는 자의 공정한 재판을 받을 권리를 침해한다. 2022 경찰승진 ( )

> **해설** 상속재산분할에 관한 사건의 결과는 가족공동체의 안정에 커다란 영향을 미친다는 특수성을 감안할 때, 구체적인 상속분의 확정과 분할의 방법에 관하여서는 가정법원이 당사자의 주장에 구애받지 않고 후견적 재량을 발휘하여 합목적적으로 판단하여야 할 필요성이 인정된다. 이와 같은 점을 고려하여 가사비송 조항은 상속재산분할에 관한 사건을 법원의 후견적 재량이 인정되는 가사비송절차에 의하도록 한 것이다. 가사소송법 관계법령은 상속재산분할에 관한 사건을 가사비송사건으로 규정하면서도 절차와 심리방식에 있어 당사자의 공격방어권과 처분권을 담보하기 위한 여러 제도들을 마련하고 있다. 따라서 가사비송 조항이 입법재량의 한계를 일탈하여 상속재산분할에 관한 사건을 제기하고자 하는 자의 공정한 재판을 받을 권리를 **침해한다고 볼 수 없다**(헌재 2017.4.27. 2015헌바24).

45 압수물은 공소사실을 입증하고자 하는 검사의 이익을 위해 존재하는 것이므로, 수사기관이 현행범 체포과정에서 압수하였지만 피고인의 소유권 포기가 없는 압수물을 임의로 폐기한 행위가 피고인의 공정한 재판을 받을 권리를 침해한다고 볼 수 없다. 2024 변시 ( )

> **해설** 압수물은 검사의 이익을 위해서 뿐만 아니라 이에 대한 증거신청을 통하여 무죄를 입증하고자 하는 피고인의 이익을 위해서도 존재하므로 사건종결 시까지 이를 그대로 보존할 필요성이 있다. 따라서 사건종결 전 일반적 압수물의 폐기를 규정하고 있는 형사소송법 제130조 제2항은 엄격히 해석할 필요가 있으므로, 위 법률조항에서 말하는 '위험발생의 염려가 있는 압수물'이란 사람의 생명, 신체, 건강, 재산에 위해를 줄 수 있는 물건으로서 보관 자체가 대단히 위험하여 종국판결이 선고될 때까지 보관하기 매우 곤란한 압수물을 의미하는 것으로 보아야 하고, 이러한 사유에 해당하지 아니하는 압수물에 대하여는 설사 피압수자의 소유권포기가 있다 하더라도 폐기가 허용되지 아니한다고 해석하여야 한다. 피청구인은 이 사건 압수물을 보관하는 것 자체가 위험하다고 볼 수 없을 뿐만 아니라 이를 보관하는 데 아무런 불편이 없는 물건임이 명백함에도 압수물에 대하여 소유권포기가 있다는 이유로 이를 사건종결 전에 폐기하였는바, 위와 같은 피청구인의 행위는 적법절차의 원칙을 위반하고, **청구인의 공정한 재판을 받을 권리를 침해한 것이다**(헌재 2012.12.27. 2011헌마351).

46-1 검사의 기소유예처분에 대하여 피의자가 불복하여 법원의 재판을 받을 수 있는 절차를 국가가 법률로 마련해야 할 헌법적 의무는 존재하지 않는다. 2022 경찰승진 ( )

46-2 재판청구권을 규정한 「헌법」 제27조 제1항의 규정만으로 헌법이 기소유예처분에 대하여 피의자가 불복하여 재판을 받을 수 있는 절차를 마련하여야 할 명시적인 입법의무를 부여하였다고 볼 수 없다. 2023 해양경찰 ( )

> **해설** 헌법은 공소제기의 주체, 방법, 절차나 사후통제 등에 관하여 직접적인 규정을 두고 있지 아니하며, 검사의 자의적인 불기소처분에 대한 통제방법에 관하여도 헌법에 아무런 규정을 두고 있지 않기 때문에 헌법이 명시적인 입법의무를 부여하였다고 볼 수 없다. … 피의자가 범죄혐의를 다투고 있고, 공소제기에 충분한 범죄혐의가 없음에도 기소유예처분을 한 경우에는 예외적으로 불이익한 처분이 될 수 있으나, 이러한 예외적인 상황에 대응하여 기소유예처분에 관한 법원의 일반적인 재판절차를 마련할 것인지 여부는 입법자의 입법형성재량에 기초한 정책적 판단에 따라 결정할 문제로서 헌법해석상으로도 입법의무가 도출된다고 보기 어렵다(헌재 2013.9.26. 2012헌마562).

ANSWER 44 ×   45 ×   46-1 ○   46-2 ○

47 행정심판이 재판의 전심절차로서 기능할 뿐만 아니라 사실확정에 관한 한 사실상 최종심으로 기능하더라도 재판청구권을 침해하는 것은 아니다. 2023 경찰간부 ( )

해설 법무부변호사징계위원회의 징계결정이나 기각결정은 그 판단주체 및 기능으로 보아 행정심판에 불과하고, 이러한 행정심판에 대하여는 법원에 의한 사실적 측면과 법률적 측면의 심사가 가능하여야만 비로소 변호사징계사건에 대한 사법권 내지는 재판권이 법원에 속한다고 할 수 있을 것인바, **이 사건 법률조항은** 이러한 행정심판에 대한 법원의 사실적 측면과 법률적 측면에 대한 심사를 배제하고, 대법원으로 하여금 변호사징계사건의 최종심 및 법률심으로서 단지 법률적 측면의 심사만을 할 수 있도록 하고, 재판의 전심절차로서만 기능해야 할 법무부변호사징계위원회를 사실확정에 관한 한 사실상 최종심으로 기능하게 하고 있는 것은, 일체의 법률적 쟁송에 대한 재판기능을 대법원을 최고법원으로 하는 법원에 속하도록 규정하고 있는 헌법 제101조 제1항 및 제107조 제3항에 위반된다(헌재 2002. 2. 28. 2001헌가18).

48 행정심판절차의 구체적 형성에 관한 입법자의 입법형성의 한계를 고려할 때, 어떤 행정심판이 필요적 전심절차로 규정되어 있는 경우 사법절차가 준용되어야 한다. 2022 경찰승진 ( )

해설 헌법 제107조 제3항은 "재판의 전심절차로서 행정심판을 할 수 있다. 행정심판의 절차는 법률로 정하되, 사법절차가 준용되어야 한다."고 규정하고 있으므로, 입법자가 행정심판을 전심절차가 아니라 종심절차로 규정함으로써 정식재판의 기회를 배제하거나, **어떤 행정심판을 필요적 전심절차로 규정하면서도 그 절차에 사법절차가 준용되지 않는다면 이는 헌법 제107조 제3항, 나아가 재판청구권을 보장하고 있는 헌법 제27조에도 위반**된다(헌재 2000. 6. 1. 98헌바8).

49 「국세기본법」해당 조항 중 「주세법」규정에 따른 의제주류판매업면허의 취소처분에 대하여 필요적 행정심판 전치주의를 채택한 것이 재판청구권을 침해하는 것은 아니다. 2023 경찰간부 ( )

해설 **국세기본법은** 행정심판청구에 관한 심의·결정을 하는 준사법기관인 조세심판원의 지위와 심판의 공정성을 확보하기 위한 내용들과 대심적 심리구조 등 심판청구인의 절차적 권리보장에 관한 내용을 규정하고 있으므로, **행정심판절차는 권리구제절차로서의 실효성을 가지고 있다.** 나아가 행정심판 전치요건은 행정소송 제기 이전에 반드시 갖추어야 하는 것은 아니고 사실심 변론종결 시까지 갖추면 되므로, 전치요건을 구비하면서도 행정소송의 신속한 진행을 동시에 꾀할 수 있다. 따라서 **심판대상조항이 재판청구권을 침해한다고 할 수 없다**(헌재 2016. 12. 29. 2015헌바229).

50 교원징계재심위원회의 재심결정에 대하여 교원에게만 행정소송을 제기할 수 있도록 하고 학교법인을 제외한 것은 학교법인의 재판청구권을 침해한다. 2022 경찰승진 ( )

해설 학교법인에게 재심결정에 불복할 제소권한을 부여한다고 하여 이 사건 법률조항이 추구하는 사립학교 교원의 신분보장에 특별한 장애사유가 생긴다든가 그 권리구제에 공백이 발생하는 것도 아니므로 **이 사건 법률조항은 분쟁의 당사자이자 재심절차의 피청구인인 학교법인의 재판청구권을 침해**한다(헌재 2006. 2. 23. 2005헌가7 등).

51-1 재판청구권과 같은 절차적 기본권은 원칙적으로 제도적 보장의 성격이 강하기 때문에, 자유권적 기본권 등 다른 기본권의 경우와 비교하여 볼 때 상대적으로 광범위한 입법형성권이 인정되므로, 관련 법률에 대한 위헌심사기준은 과잉금지원칙이 적용된다. 2022 국회직8급 ( )

51-2 재판청구기간에 관한 입법자의 재량과 관련하여 제소기간 또는 불복기간을 너무 짧게 정하여 재판을 제기하거나 불복하는 것을 사실상 불가능하게 하거나 합리적인 이유로 정당화될 수 없는 방법으로 이를 어렵게 한다면 재판청구권은 사실상 형해화될 수 있으므로, 이러한 점에서 입법형성권의 한계가 있다. 2022 국회직8급 ( )

ANSWER 47 × 48 ○ 49 ○ 50 ○ 51-1 × 51-2 ○

51-3 지방공무원이 면직처분에 대해 불복할 경우 소청심사청구기간을 처분사유 설명서 교부일부터 30일 이내로 정한 것은 일반행정심판 청구기간 또는 행정소송 제기기간인 처분이 있음을 안 날부터 90일 보다 짧기는 하나, 지방공무원의 권리구제를 위한 재판청구권의 행사를 불가능하게 하거나 형해화한다고 볼 수는 없다. 2022 국회직8급 ( )

51-4 입법자는 행정심판을 통한 권리구제의 실효성, 행정청에 의한 자기시정의 개연성, 문제되는 행정처분의 특수성 등을 고려하여 행정심판을 임의적 전치절차로 할 것인지, 아니면 필요적 전치절차로 할 것인지를 결정할 입법형성권을 가지고 있다. 2022 국회직8급 ( )

51-5 직권면직처분을 받은 지방공무원이 그에 대해 불복할 경우 행정소송의 제기에 앞서 반드시 소청심사를 거치도록 규정한 것은 재판청구권을 침해하거나 평등원칙에 위반된다고 볼 수 없다. 2022 국회직8급 ( )

  해설 재판청구권과 같은 절차적 기본권은 원칙적으로 제도적 보장의 성격이 강하기 때문에, 자유권적 기본권 등 다른 기본권의 경우와 비교하여 볼 때 상대적으로 광범위한 입법형성권이 인정되므로, 관련 법률에 대한 위헌심사기준은 합리성원칙 내지 자의금지원칙이 적용된다.
  이러한 입법재량도 제소기간 또는 불복기간을 너무 짧게 정하여 재판을 제기하거나 불복하는 것을 사실상 불가능하게 하거나 합리적인 이유로 정당화될 수 없는 방법으로 이를 어렵게 한다면 재판청구권은 사실상 형해화될 수 있으므로, 이러한 점에서 입법형성권의 한계가 있다.
  지방공무원법은 임용권자가 직권으로 면직처분을 할 수 있는 사유를 구체적으로 규정하고 있고, 면직처분을 하는 경우 당해 공무원에게 그 처분사유를 적은 설명서를 교부하도록 하고 있으므로, 당해 처분의 당사자로서는 그 설명서를 받는 즉시 면직처분을 받은 이유를 상세히 알 수 있고, 30일이면 그 면직처분을 소청심사 등을 통해 다툴지 여부를 충분히 숙고할 수 있다고 할 것이다. 따라서 이 사건 청구기간 조항은 청구인의 재판청구권을 침해하거나 평등원칙에 위반된다고 볼 수 없다.
  입법자는 행정심판을 통한 권리구제의 실효성, 행정청에 의한 자기시정의 개연성, 문제되는 행정처분의 특수성 등을 고려하여 행정심판을 임의적 전치절차로 할 것인지, 아니면 필요적 전치절차로 할 것인지를 결정하는 입법형성권을 가지고 있다.
  직권면직처분을 받은 지방공무원이 그에 대해 불복할 경우 행정소송의 제기에 앞서 반드시 소청심사를 거치도록 규정한 것은 행정기관 내부의 인사행정에 관한 전문성 반영, 행정기관의 자율적 통제, 신속성 추구라는 행정심판의 목적에 부합한다. 소청심사제도에도 심사위원의 자격요건이 엄격히 정해져 있고, 임기와 신분이 보장되어 있는 등 독립성과 공정성이 확보되어 있으며, 증거조사절차나 결정절차 등 심리절차에 있어서도 사법절차가 상당 부분 준용되고 있다. 나아가 소청심사위원회의 결정기간은 엄격히 제한되어 있고, 행정심판전치주의에 대해 다양한 예외가 인정되고 있으며, 행정심판의 전치요건은 행정소송 제기 이전에 반드시 갖추어야 하는 것은 아니어서 전치요건을 구비하면서도 행정소송의 신속한 진행을 동시에 꾀할 수 있으므로, 이 사건 필요적 전치조항은 입법형성의 한계를 벗어나 재판청구권을 침해하거나 평등원칙에 위반된다고 볼 수 없다(헌재 2015.3.26. 2013헌바186).

52 영상물에 수록된 미성년 피해자 진술에 있어서 원진술자인 미성년 피해자에 대한 피고인의 반대신문권을 실질적으로 배제하여 피고인의 방어권을 과도하게 제한하는 구 「성폭력범죄의 처벌 및 피해자보호 등에 관한 법률」 조항은 피해의 최소성 요건을 갖추지 못하였다. 2022 경찰간부 ( )

  해설 심판대상조항의 입법목적은, 신체적·정신적으로 미성숙하여 형사절차 등에서의 보호 필요성이 큰 미성년 피해자가 법정에서 반복하여 피해경험을 진술하거나 반대신문을 받는 과정에서 입을 수 있는 심리적·정서적 고통 등과 같은 2차 피해를 방지하기 위한 것으로서, 그 정당성이 인정된다. 그리고

ANSWER 51-3 ○ 51-4 ○ 51-5 ○ 52 ○

심판대상조항이 조사 과정에 동석하였던 신뢰관계인 등의 진술에 의하여 그 성립의 진정함이 인정된 경우에도 영상물에 수록된 미성년 피해자 진술의 증거능력이 인정될 수 있도록 하여, 미성년 피해자에 대한 법정에서의 조사와 신문을 최소화할 수 있도록 한 것은, 미성년 피해자의 2차 피해를 막는 데 일응 기여할 수 있다 할 것이므로, 그 **수단의 적합성도 인정**된다.

피고인의 반대신문권을 보장하면서도 미성년 피해자를 보호할 수 있는 조화적인 방법을 상정할 수 있음에도, 영상물의 원진술자인 미성년 피해자에 대한 피고인의 반대신문권을 실질적으로 배제하여 피고인의 방어권을 과도하게 제한하는 심판대상조항은 **피해의 최소성 요건을 갖추지 못하였다.**

심판대상조항으로 달성하고자 하는 공익이 그로 인하여 제한되는 피고인의 사익보다 우월하다거나 중요하다고 쉽게 단정할 수 없으므로, 심판대상조항은 **법익의 균형성 요건을 충족하지 못하였다**(헌재 2021.12.23. 2018헌바524).

53 선거범죄에 대한 재정신청절차에서 사전에 「검찰청법」상의 항고를 거치도록 한 것은 신속한 재판을 받을 권리를 침해한다. 2023 행시 ( )

> 해설 ▶ 항고 이후 재기수사가 이루어진 다음에 다시 공소를 제기하지 아니한다는 통지를 받은 경우, 항고 신청 후 항고에 대한 처분이 행하여지지 아니하고 3개월이 경과한 경우, 검사가 공소시효 만료일 30일 전까지 공소를 제기하지 아니하는 경우에는 항고를 거치지 않고도 재정신청을 할 수 있도록 **항고전치주의의 예외를 인정**함으로써 항고로 인하여 절차가 부당하게 지연되는 것을 방지하기 위한 대책도 함께 마련되어 있으므로, 형사소송법 제260조 제2항의 항고전치주의가 합리적 근거없이 자의적으로 신속한 재판을 받을 권리를 침해하는 것이라고 볼 수 없다(헌재 2015.2.26. 2014헌바181).

54 운전자의 업무상 과실 또는 중대한 과실로 인하여 교통사고 피해자가 '중상해가 아닌 상해'를 입은 경우, 가해운전자에 대하여 공소를 제기할 수 없도록 한 것은 과잉금지원칙에 반한다. 2023 행시 ( )

> 해설 ▶ 이 사건 법률조항이 교통사고로 인한 피해자에게 중상해가 아닌 상해의 결과만을 야기한 경우 가해운전자에 대하여 가해차량이 종합보험 등에 가입되어 있음을 이유로 공소를 제기하지 못하도록 규정한 한도 내에서는, 그 제정목적인 교통사고로 인한 피해의 신속한 회복을 촉진하고 국민생활의 편익을 도모하려는 공익과 동 법률조항으로 인하여 침해되는 피해자의 재판절차에서의 진술권과 비교할 때 상당한 정도 균형을 유지하고 있으며, 단서조항에 해당하지 않는 교통사고의 경우에는 대부분 가해 운전자의 주의의무태만에 대한 비난가능성이 높지 아니하고, 경미한 교통사고 피의자에 대하여는 비형벌화하려는 세계적인 추세 등에 비추어도 위와 같은 목적의 정당성, 방법의 적절성, 피해의 최소성, 이익의 균형성을 갖추었으므로 과잉금지의 원칙에 반하지 **않는다**(헌재 2009.2.26. 2005헌마764 등).

55 약식명령은 경미하고 간이한 사건을 대상으로 하지만 형사피해자가 약식명령을 고지받지 못하는 것은 형사재판절차에서의 참여기회를 봉쇄하는 것이므로 형사피해자의 재판절차진술권을 침해하는 것이다. 2022 입법고시 ( )

> 해설 ▶ 형사피해자는 약식명령을 고지받지 않으나, 신청을 하는 경우 형사사건의 진행 및 처리 결과에 대한 통지를 받을 수 있고, 고소인인 경우에는 신청 없이도 검사가 약식명령을 청구한 사실을 알 수 있어, 법원이나 수사기관에 자신의 진술을 기재한 진술서나 탄원서 등을 제출하는 등 의견을 밝힐 수 있는 기회를 가질 수 있다. 또한, 약식명령은 경미하고 간이한 사건을 대상으로 하기 때문에, 대부분 범죄사실에 다툼이 없는 경우가 많고, 형사피해자도 이미 범죄사실을 충분히 인지하고 있어, 범죄사실에 대한 별도의 확인 없이도 얼마든지 법원이나 수사기관에 의견을 제출할 수 있으며, **직접 범죄사실의 확인을 원하는 경우에는 소송기록의 열람·등사를 신청하는 것도 가능하므로**, 형사피해자가 약식명령을 고지받지 못한다고 하여 형사재판절차에서의 참여기회가 완전히 봉쇄되어 있다고 볼 수 없다. 따라서 이 사건 고지조항은 형사피해자의 재판절차진술권을 침해하지 **않는다**(헌재 2019.9.26. 2018헌마1015).

ANSWER   53 ×   54 ×   55 ×

56 공시송달의 방법으로 기일통지서를 송달받은 당사자가 변론기일에 출석하지 아니한 경우 자백간주 규정을 준용하지 않는 「민사소송법」 규정은 상대방의 효율적이고 공정한 재판을 받을 권리를 침해한다. 2022 입법고시 ( )

> **해설** 이 사건 법률조항에서 공시송달로 기일통지를 받은 당사자가 불출석한 경우 자백으로 간주되지 않도록 규정한 것은, 공시송달의 경우 당사자가 기일이 있음을 현실적으로 알았다고 볼 수 없으므로 당사자의 자백의사가 있었다고도 볼 수 없다는 데에 기초한 것으로, 이는 입법자가 민사소송절차를 변론주의에 따라 합리적으로 형성한 결과이다. 이 사건 법률조항에 따라 자백간주가 배제된다고 하더라도, 그 상대방은 자신이 주장하는 사실을 증명하는 데에 지장이 없으므로, 민사소송을 통한 실체적 권리구제의 실효성은 충분히 보장된다. 한편, 한쪽 당사자가 불출석함으로써 자백으로 간주된 경우에도 그 당사자가 이후 사실심의 변론기일에 출석하여 그 자백을 취소하면, 상대방은 여전히 증명책임을 지므로, 자백간주의 배제가 상대방에게 불리하게 작용하는 정도는 그다지 크지 않고, 공시송달에 따라 한쪽 당사자의 출석 없이도 소송절차는 그대로 진행됨으로써 그 상대방은 신속한 재판을 받을 수 있게 되므로, 공시송달의 경우 자백간주를 배제한다고 하여 절차상 공정성이 훼손된다고 볼 수도 없다. 따라서 **이 사건 법률조항은 공시송달로 기일통지를 받은 당사자의 상대방이 가지는 효율적이고 공정한 재판을 받을 권리를 침해하지 아니한다**(헌재 2013.3.21. 2012헌바128).

57 학교법인의 기본재산을 매도함에 있어 관할청의 허가를 받도록 하는 「사립학교법」 규정은 강제경매절차를 통하여 사법적 청구권을 실현하려는 채권자 내지 최고가매수신고인의 신속한 재판을 받을 권리를 침해한다. 2022 입법고시 ( )

> **해설** 이 사건 법률조항에 의하여 학교법인의 기본재산에 대한 강제경매절차에서 관할청의 허가가 없으면 경매가 개시되더라도 매각허가결정을 받을 수 없어 매각이 불허가되는 사태가 반복됨으로써 결과적으로 강제경매를 신청한 학교법인의 채권자나 경매절차를 통해 학교법인의 기본재산을 취득하려는 자들의 신속한 재판을 받을 권리가 일부 제한되고 있다. 하지만, 학교법인의 기본재산에 대한 강제경매의 경우에 학교법인의 전반적인 재정상태에 대해 파악하고 있는 관할청으로 하여금 사립학교법 제28조 제1항의 입법취지 등을 고려하여 그 허가 여부를 최종 결정하도록 함으로써 확보하려는 학교재정의 건전화라는 공익상의 필요가 학교법인의 채권자가 입는 절차의 지연이라는 희생보다 더 크고, **학교법인의 채권자 등으로서는 학교법인의 정관이나 재산목록을 열람하여 이 사건 법률조항으로 인한 불측의 손해를 어느 정도 예방할 수 있다고 보여지므로, 위와 같은 제한이 필요한 정도를 넘는 과도한 제한이라고 보기는 어렵다. 따라서 이 사건 법률조항은 학교법인의 채권자 등의 신속한 재판을 권리를 침해하지 아니한다**(헌재 2012.2.23. 2011헌바14).

58 법관에 의한 재판을 받을 권리를 보장한다고 함은 법관이 사실을 확정하고 법률을 해석·적용하는 재판을 받을 권리를 보장한다는 뜻이고, 그와 같은 법관에 의한 사실확정과 법률의 해석적용의 기회에 접근하기 어렵도록 제약이나 장벽을 쌓아서는 아니 된다. 2022 법무사 ( )

> **해설** **법관에 의한 재판을 받을 권리를 보장한다고 함은 법관이 사실을 확정하고 법률을 해석·적용하는 재판을 받을 권리를 보장한다는 뜻이고, 그와 같은 법관에 의한 사실확정과 법률의 해석적용의 기회에 접근하기 어렵도록 제약이나 장벽을 쌓아서는 아니되며,** 만일 그러한 보장이 제대로 이루어지지 아니한다면 헌법상 보장된 재판을 받을 권리의 본질적 내용을 침해하는 것으로서 우리 헌법상 허용되지 아니한다(헌재 2002.2.28. 2001헌가18).

59 헌법 제27조 제1항의 재판청구권은 법적 분쟁의 해결을 가능하게 하는 적어도 한 번의 권리구제절차가 개설될 것을 요청할 뿐 아니라 그를 넘어서 소송절차의 형성에 있어서 실효성 있는 권리보호를 제공하기 위하여 그에 필요한 절차적 요건을 갖출 것을 요청한다. 2022 법원직 ( )

ANSWER 56 × 57 × 58 ○ 59 ○

해설 헌법 제27조 제1항은 권리구제절차에 관한 구체적 형성을 완전히 입법자의 형성권에 맡기지는 않는다. 입법자가 단지 법원에 제소할 수 있는 형식적인 권리나 이론적인 가능성만을 제공할 뿐, 권리구제의 실효성이 보장되지 않는다면 권리구제절차의 개설은 사실상 무의미할 수 있기 때문이다. 그러므로 **재판청구권은 법적 분쟁의 해결을 가능하게 하는 적어도 한번의 권리구제절차가 개설될 것을 요청할 뿐 아니라 그를 넘어서 소송절차의 형성에 있어서 실효성 있는 권리보호를 제공하기 위하여 그에 필요한 절차적 요건을 갖출 것을 요청**한다(헌재 2006.2.23. 2005헌가7 등).

60 군인이 상관의 지시나 명령에 대하여 재판청구권을 행사하는 경우에 그것이 위법·위헌인 지시와 명령을 시정하려는데 목적이 있을 뿐, 군 내부의 상명하복관계를 파괴하고 명령불복종 수단으로서 재판청구권의 외형만을 빌리거나 그 밖에 다른 불순한 의도가 있지 않다면, 정당한 기본권의 행사이므로 군인의 복종의무를 위반하였다고 볼 수 없다. 2022 법원직 ( )

해설 군인이 상관의 지시나 명령에 대하여 재판청구권을 행사하는 경우에 그것이 위법·위헌인 지시와 명령을 시정하려는 데 목적이 있을 뿐, 군 내부의 상명하복관계를 파괴하고 명령불복종 수단으로서 재판청구권의 외형만을 빌리거나 그 밖에 다른 불순한 의도가 있지 않다면, 정당한 기본권의 행사이므로 군인의 복종의무를 위반하였다고 볼 수 없다(대판 2018.3.22. 2012두26401 전원합의체).

61 비용보상청구권의 제척기간을 무죄판결이 확정된 날부터 6개월로 제한한 구 「형사소송법」은 과잉금지원칙에 위반되어 청구인의 재판청구권 및 재산권을 침해하지 않는다. 2023 경찰승진 ( )

해설 **이 사건 법률조항이 비용보상청구에 관한 제척기간을 규정한 것은 비용보상에 관한 국가의 채무관계를 조속히 확정하여 국가재정을 합리적으로 운영하기 위한 것으로 입법목적의 정당성 및 수단의 적합성이 인정**된다. 비용보상청구권은 그 보상기준이 법령에 구체적으로 정해져 있어 비용보상청구인은 특별한 증명책임이나 절차적 의무의 부담 없이 객관적 재판 진행상황에 관한 간단한 소명만으로 권리의 행사가 가능하므로 이 사건 법률조항에 규정된 제척기간이 현실적으로 비용보상청구권 행사를 불가능하게 하거나 현저한 곤란을 초래할 정도로 지나치게 짧다고 단정할 수 없다. **이 사건 법률조항을 통해 달성하려고 하는 비용보상에 관한 국가 채무관계를 조기에 확정하여 국가재정을 합리적으로 운영한다는 공익이 청구인 등이 입게 되는 경제적 불이익에 비해 작다고 단정하기도 어려워 법익의 균형성도 갖추었다. 따라서 이 사건 법률조항은 과잉금지원칙에 위반되어 청구인의 재판청구권 및 재산권을 침해하지는 않는다**(헌재 2015.4.30. 2014헌바408 등).

62 「형사소송법」은 비용보상청구를 무죄판결이 확정된 사실을 안 날부터 3년, 무죄판결이 확정된 때부터 5년 이내에 하여야 한다고 규정하고 있다. 2023 경찰승진 ( )

해설 비용보상청구는 무죄판결이 확정된 사실을 안 날부터 3년, 무죄판결이 확정된 때부터 5년 이내에 하여야 한다(형사소송법 제194조의3 제2항).

63 수형자와 소송대리인인 변호사의 접견을 일반접견에 포함시켜 시간은 30분 이내로, 횟수는 월 4회로 제한한 것은 수형자의 재판청구권을 침해한다. 2023 경찰간부 ( )

해설 심판대상조항들은 법률전문가인 변호사와의 소송상담의 특수성을 고려하지 않고 소송대리인인 변호사와의 접견을 그 성격이 전혀 다른 일반 접견에 포함시켜 접견 시간 및 횟수를 제한함으로써 청구인의 재판청구권을 침해한다(헌재 2015.11.26. 2012헌마858).

ANSWER 60 ○ 61 ○ 62 ○ 63 ○

64 이해관계인에 대한 매각기일 및 매각결정기일의 통지는 집행기록에 표시된 이해관계인의 주소에 발송하도록 한 민사집행법 제104조 제3항의 이해관계인 중 '민사집행법 제90조 제3호의 등기부에 기입된 부동산 위의 권리자'에 관한 부분은 재판청구권을 침해한다. 2023 법원직 (   )

해설 다수의 이해관계인이 얽혀 있는 경매절차에서 통상의 송달방법에 의하여서만 경매절차를 진행시켜야 한다면 그 절차의 진행은 지연될 수밖에 없다. **담보권설정등기를 마친 후 주소가 변경된 담보권자는 자신의 권리의 온전한 실현을 위하여 등기명의인표시변경등기를 할 수 있고 이를 과도한 부담이라고 보기 어렵다. 따라서 심판대상조항은 재판청구권을 침해하지 아니한다**(헌재 2021. 4. 29. 2017헌바390).

65 자유심증주의는 법관으로 하여금 증명력 판단에 있어서 형식적 법률의 구속을 받지 않고 논리법칙과 경험법칙에 따라 합리적인 사실인정을 가능하게 함으로써 과거의 법정증거 주의의 획일성을 극복하고 사실인정의 구체적 타당성을 도모할 수 있게 하며 형사소송이 지향하는 이념인 실체적 진실 발견에 가장 적합한 방책이 되는 것이다. 또한 자유심증주의를 통하여 합리적인 사실인정을 담보할 수 있도록 증거 능력의 제한, 증거조사과정의 합리화를 위한 당사자의 참여, 유죄판결의 증거설시 등 여러 가지 제도적 보완 장치가 마련되어 있다. 따라서 자유심증주의는 법정증거주의의 불합리성을 극복하기 위하여 수립된 형사증거법의 기본원리로서 실체적 진실을 발견하기에 적합한 제도라고 할 것이므로, 형사피고인의 공정한 재판을 받을 권리를 침해하는 것이라고 볼 수 없다. 2024 법원행시 (   )

해설 자유심증주의는 법관으로 하여금 증명력 판단에 있어서 형식적 법률의 구속을 받지 않고 논리법칙과 경험법칙에 따라 합리적인 사실인정을 가능하게 함으로써 과거의 법정증거주의의 획일성을 극복하고 사실인정의 구체적 타당성을 도모할 수 있게 하며 형사소송이 지향하는 이념인 실체적 진실 발견에 가장 적합한 방책이 되는 것이다. 또한 자유심증주의를 통하여 합리적인 사실인정을 담보할 수 있도록 증거능력의 제한, 증거조사과정의 합리화를 위한 당사자의 참여, 유죄판결의 증거설시 등 여러 가지 제도적 보완 장치가 마련되어 있다. 따라서 **자유심증주의는 법정증거주의의 불합리성을 극복하기 위하여 수립된 형사증거법의 기본원리로서 실체적 진실을 발견하기에 적합한 제도라고 할 것이므로, 형사피고인의 공정한 재판을 받을 권리를 침해하는 것이라고 볼 수 없다**(헌재 2009. 11. 26. 2008헌바25).

Ⅲ 최신판례

01 치료감호 가종료 시 3년의 보호관찰이 시작되도록 한 '치료감호 등에 관한 법률' 조항은 일반적 행동자유권과 재판청구권을 침해하지 아니한다(헌재 2023. 10. 26. 2021헌마839).

02 '**직권조사사유에 관한 판단 누락**'과 '**공판절차의 위법**'과 같은 사유는 원판결의 오류 및 재심판의 정당성에 대한 명확한 근거가 될 수 없으므로, **형사소송법** 조항이 이를 **재심이유로 규정하고 있지 아니하더라도 이것이 재심을 청구하고자 하는 자의 재판청구권을 침해하였다고 볼 수 없다**(헌재 2023. 12. 21. 2020헌바495).

ANSWER 64 × 65 ○

제3절 형사보상청구권

I 헌법 조문

제28조 형사피의자 또는 형사피고인으로서 구금되었던 자가 법률이 정하는 불기소처분을 받거나 무죄판결을 받은 때에는 법률이 정하는 바에 의하여 국가에 정당한 보상을 청구할 수 있다.

II 최신 기출지문 분석

01 형사보상의 청구를 무죄재판이 확정된 때로부터 1년 이내에 하도록 규정하고 있는 「형사보상법」 조항은 입법재량의 한계를 일탈하여 청구인의 형사보상청구권을 침해한다. 2022 경찰1차   ( )

해설 형사보상의 청구는 **무죄재판이 확정된 때로부터 1년 이내**에 하도록 규정한 것은 형사보상청구권을 침해하는 것이다(헌재 2010.7.29, 2008헌가4).

(1) 이 사건 법률조항에서 형사보상청구에 관한 제척기간을 두고 있는 것은 형사보상에 관한 국가의 채무관계를 조기에 확정하고 예산 수립의 불안정성을 제거하여 국가재정을 합리적으로 운영하기 위한 것이므로, 이는 공공복리를 추구하기 위한 **정당한 입법 목적**이라 할 것이다. 그리고 무죄판결이 확정된 후 형사보상청구를 하는 데 그 행사기간에 제한을 두지 않는다면 형사보상에 관한 법률관계가 지나치게 오랫동안 불안정한 상태로 있게 되는 경우가 있을 수 있는바, 이 사건 법률조항을 통하여 형사보상에 관한 채무 등의 법률관계를 신속히 확정하고 이로써 국가예산을 수립하는 데 있어 불안정성을 제거할 수 있을 것이므로 이 사건 법률조항은 위와 같은 **입법 목적의 달성에 합리적 수단**임이 인정된다.

(2) 형사보상청구권은 국가의 형사사법작용에 의해 신체의 자유라는 중대한 법익을 침해받은 국민을 구제하기 위하여 헌법상 보장된 국민의 기본권이므로 일반적인 사법상의 권리보다 더 확실하게 보호되어야 할 권리이다. 그럼에도 불구하고 아무런 합리적인 이유 없이 그 청구기간을 1년이라는 단기간으로 제한한 것은 입법 목적 달성에 필요한 정도를 넘어선 것이라고 할 것이다.

이 사건 법률조항은 짧은 제척기간을 규정하고 있음에도 불구하고 형사피고인이 무죄판결의 선고사실을 알고 있는지 여부와 관계없이 제척기간이 진행되도록 규정하고 있어 형사피고인이 책임질 수 없는 사유에 의하여 제척기간을 도과할 가능성을 더욱 높게 하였다. 이는 국가의 잘못된 형사사법작용에 의해서 신체의 자유라는 중대한 법익을 침해받은 국민의 기본권을 사법상의 권리보다도 가볍게 보호하는 것으로서 부당하다고 하지 않을 수 없다.

따라서 이 사건 법률조항은 입법목적 달성에 필요한 정도를 넘어서 국민의 기본권을 제한한 것으로서 **피해의 최소성 원칙에 위배**된다 할 것이다.

(3) 헌법 제28조의 **형사보상청구권은 국가의 형사사법권이라는 공권력에 의해 인신구속이라는 중대한 법익의 침해가 발생한 국민에게 그 피해를 보상해주는 기본권이다.** 이러한 형사보상청구권은 국가의 공권력 작용에 의하여 신체의 자유를 침해받은 국민에 대해 금전적인 보상을 청구할 권리를 인정하는 것이므로 **형사보상청구권이 제한됨으로 인하여 침해되는 국민의 기본권은 단순히 금전적인 권리에 불과한 것이라기보다는 실질적으로 국민의 신체의 자유와 밀접하게 관련된 중대한 기본권**이라고 할 것이다.

ANSWER 01 ○

반면 형사보상청구권과 직접적인 이해관계를 가진 당사자는 형사피고인과 국가밖에 없는데, 국가가 무죄판결을 선고받은 형사피고인에게 넓게 형사보상청구권을 인정함으로써 감수해야 할 공익은 경제적인 것에 불과하고 그 액수도 국가 전체 예산규모에 비추어 볼 때 미미하다고 할 것이다. 또한 형사피고인에게 넓게 형사보상청구권을 인정한다고 하여 법적 혼란이 초래될 염려도 전혀 없다.

그렇다면 이 사건 법률조항은 국가의 재정이라는 공익을 보호하기 위하여 신체의 자유와 밀접하게 관련된 국민의 재산적 권리를 과도하게 제한하는 것으로서 **법익의 균형성을 갖추었다고 할 수 없다**.

02-1 형사보상의 청구에 대한 보상 결정에 불복을 신청할 수 없도록 하여 형사보상의 결정을 단심재판으로 하는 것은 형사보상 청구인의 재판청구권을 침해한다. 2021 경찰승진 ( )

02-2 형사보상의 청구에 대한 보상의 결정에 대하여는 불복을 신청할 수 없도록 단심재판으로 규정한 「형사보상법」 조항은 형사보상인용결정의 안정성을 유지하고, 신속한 형사보상절차의 확립을 통해 형사보상에 관한 국가예산 수립의 안정성을 확보하며, 나아가 상급법원의 부담을 경감하고자 하는 데 그 목적이 있으므로 청구인들의 형사보상청구권을 침해하지 않는다. 2022 경찰1차 ( )

02-3 헌법재판소는 헌법 제28조는 형사보상청구권의 내용을 법률에 의해 구체화하도록 규정하고 있으므로 형사보상법에서 형사보상청구의 제척기간을 1년의 단기로 규정하거나, 형사보상의 청구에 대하여 한 보상의 결정에 대하여 불복을 할 수 없도록 하여 단심재판으로 규정한 것은 형사보상청구권을 침해하는 것이 아니라고 보았다. 2023 법무사 ( )

> **해설** 형사보상청구권은 헌법 제28조에 따라 '법률이 정하는 바에 의하여' 행사되므로 그 내용은 법률에 의해 정해지는바, 형사보상의 구체적 내용과 금액 및 절차에 관한 사항은 입법자가 정하여야 할 사항이다. 이 사건 보상금조항 및 이 사건 보상금 시행령조항은 보상금을 일정한 범위 내로 한정하고 있는데, **형사보상은 형사사법절차에 내재하는 불가피한 위험으로 인한 피해에 대한 보상으로서 국가의 위법·부당한 행위를 전제로 하는 국가배상과는 그 취지 자체가 상이하므로 형사보상절차로서 인과관계 있는 모든 손해를 보상하지 않는다고 하여 반드시 부당하다고 할 수는 없으며**, 보상금액의 구체화·개별화를 추구할 경우에는 개별적인 보상금액을 산정하는데 상당한 기간의 소요 및 절차의 지연을 초래하여 형사보상제도의 취지에 반하는 결과가 될 위험이 크고 나아가 그로 인하여 형사보상금의 액수에 지나친 차등이 발생하여 오히려 공평의 관념을 저해할 우려가 있는바, **이 사건 보상금조항 및 이 사건 보상금시행령조항은 청구인들의 형사보상청구권을 침해한다고 볼 수 없다.**
>
> 보상액의 산정에 기초되는 사실인정이나 보상액에 관한 판단에서 오류나 불합리성이 발견되는 경우에도 그 시정을 구하는 불복신청을 할 수 없도록 하는 것은 형사보상청구권 및 그 실현을 위한 기본권으로서의 재판청구권의 **본질적 내용을 침해하는 것이라 할 것이고**, 나아가 법적 안정성만을 지나치게 강조함으로써 재판의 적정성과 정의를 추구하는 사법제도의 본질에 부합하지 아니하는 것이다. 또한, 불복을 허용하더라도 즉시항고는 절차가 신속히 진행될 수 있고 사건수도 과다하지 아니한데다 그 재판내용도 비교적 단순하므로 불복을 허용한다고 하여 상급심에 과도한 부담을 줄 가능성은 별로 없다고 할 것이어서, **이 사건 불복금지조항은 형사보상청구권 및 재판청구권을 침해한다고 할 것이다**(헌재 2010.10.28. 2008헌마514 등).

03-1 헌법상 형사보상청구권은 구금되었던 형사피고인뿐만 아니라 구금되었던 형사피의자에게도 인정된다.
2022 법무사 ( )

03-2 형사피의자 또는 형사피고인으로서 구금되었던 자가 법률이 정하는 불기소처분을 받거나 무죄판결을 받은 때에는 법률이 정하는 바에 의하여 국가에 정당한 보상을 청구할 수 있다. 2023 경찰2차 ( )

ANSWER 02-1 ○   02-2 ×   02-3 ×   03-1 ○   03-2 ○

해설 형사피의자 또는 형사피고인으로서 구금되었던 자가 법률이 정하는 불기소처분을 받거나 무죄판결을 받은 때에는 법률이 정하는 바에 의하여 국가에 정당한 보상을 청구할 수 있다(헌법 제28조).

04 「형사보상 및 명예회복에 관한 법률」에 따라 보상을 청구할 수 있는 자가 그 청구를 하지 아니하고 사망하였을 때에는 그 상속인이 이를 청구할 수 있다. 2022 경찰경력채용 ( )

해설 제2조에 따라 보상을 청구할 수 있는 자가 그 청구를 하지 아니하고 사망하였을 때에는 그 상속인이 이를 청구할 수 있다(형사보상 및 명예회복에 관한 법률 제3조 제1항).

05 「형사보상 및 명예회복에 관한 법률」에 따르면 본인이 수사 또는 심판을 그르칠 목적으로 거짓 자백을 하거나 다른 유죄의 증거를 만듦으로써 기소, 미결구금 또는 유죄재판을 받게 된 것으로 인정된 경우에는 법원은 재량으로 보상청구의 전부 또는 일부를 기각할 수 있다. 2022 경찰1차 ( )

해설 본인이 수사 또는 심판을 그르칠 목적으로 거짓 자백을 하거나 다른 유죄의 증거를 만듦으로써 기소(起訴), 미결구금 또는 유죄재판을 받게 된 것으로 인정된 경우에는 법원은 재량(裁量)으로 보상청구의 전부 또는 일부를 기각(棄却)할 수 있다(형사보상 및 명예회복에 관한 법률 제4조 제2호).

06 사형 집행에 대한 보상을 할 때에는 집행 전 구금에 대한 보상금 외에 3천만원 이내에서 모든 사정을 고려하여 법원이 타당하다고 인정하는 금액을 더하여 보상하며, 이 경우 본인의 사망으로 인하여 발생한 재산상의 손실액이 증명되었을 때에는 그 손실액도 보상한다. 2023 경찰간부 ( )

해설 사형 집행에 대한 보상을 할 때에는 집행 전 구금에 대한 보상금 외에 3천만원 이내에서 모든 사정을 고려하여 법원이 타당하다고 인정하는 금액을 더하여 보상한다. 이 경우 본인의 사망으로 인하여 발생한 재산상의 손실액이 증명되었을 때에는 그 손실액도 보상한다(형사보상 및 명예회복에 관한 법률 제5조 제3항).

07-1 형사보상제도에 따라 형사보상금을 수령한 피고인은 다시 「국가배상법」에 의한 손해배상을 청구할 수 없다. 2021 경찰승진 ( )

07-2 「형사보상 및 명예회복에 관한 법률」 규정에 의하면 형사보상을 받을 자는 다른 법률에 따라 손해배상을 청구하는 것이 금지되지 아니한다. 2022 경찰간부 ( )

07-3 「형사보상 및 명예회복에 관한 법률」에 따른 보상을 받을 자가 같은 원인에 대하여 다른 법률에 따라 손해배상을 받은 경우에 그 손해배상의 액수가 「형사보상 및 명예회복에 관한 법률」에 따라 받을 보상금의 액수와 같거나 그보다 많을 때에는 보상하지 아니한다. 2023 경찰간부 ( )

해설 이 법은 보상을 받을 자가 **다른 법률에 따라 손해배상을 청구하는 것을 금지하지 아니**한다. 이 법에 따른 보상을 받을 자가 같은 원인에 대하여 다른 법률에 따라 손해배상을 받은 경우에 그 손해배상의 액수가 이 법에 따라 받을 보상금의 액수와 같거나 그보다 많을 때에는 보상하지 아니한다. 그 손해배상의 액수가 이 법에 따라 받을 보상금의 액수보다 적을 때에는 그 손해배상 금액을 빼고 보상금의 액수를 정하여야 한다(형사보상 및 명예회복에 관한 법률 제6조).

08 국가의 형사사법행위가 고의 과실로 인한 것으로 인정되는 경우에는 국가배상청구 등 별개의 절차에 의하여 인과관계 있는 모든 손해를 배상받을 수 있으므로, 형사보상절차로써 인과관계 있는 모든 손해를 보상하지 않는다고 하여 반드시 부당하다고할 수는 없다. 2022 경찰1차 ( )

ANSWER 04 ○ 05 ○ 06 ○ 07-1 × 07-2 ○ 07-3 ○ 08 ○

해설 국가의 형사사법행위가 고의·과실로 인한 것으로 인정되는 경우에는 국가배상청구 등 별개의 절차에 의하여 인과관계 있는 모든 손해를 배상받을 수 있으므로, **형사보상절차로써 인과관계 있는 모든 손해를 보상하지 않는다고 하여 반드시 부당하다고 할 수는 없을 것이다**(헌재 2010.10.28. 2008헌마514 등).

09 형사피고인으로서 구금되었던 자의 형사보상청구 사건은 무죄재판을 한 법원이 관할한다. 2022 법무사 ( )

해설 보상청구는 **무죄재판을 한 법원에 대하여** 하여야 한다(형사보상 및 명예회복에 관한 법률 제7조).

10-1 형사보상청구는 무죄재판이 확정된 때로부터 1년 이내에 하여야 한다. 2021 경찰승진 ( )

10-2 형사보상청구는 무죄재판이 확정된 사실을 안 날부터 3년, 무죄재판이 확정된 때부터 5년 이내에 하여야 한다. 2022 경찰간부 / 2022 법무사 / 2023 경찰2차 / 2023 경찰간부 ( )

해설 보상청구는 무죄재판이 확정된 사실을 안 날부터 3년, 무죄재판이 확정된 때부터 5년 이내에 하여야 한다(형사보상 및 명예회복에 관한 법률 제8조).

11 「형사보상 및 명예회복에 관한 법률」은 법원의 형사보상 결정에 대하여는 1주일 이내에 즉시항고를 할 수 있으나, 형사보상 청구기각 결정에 대하여는 즉시항고를 할 수 없다고 규정하고 있다. 2023 경찰2차 ( )

해설 제17조 제1항에 따른 보상결정에 대하여는 1주일 이내에 즉시항고(卽時抗告)를 할 수 있다. **제17조 제2항에 따른 청구기각 결정에 대하여는 즉시항고를 할 수 있다**(형사보상 및 명예회복에 관한 법률 제20조).

12 형사피의자로서 구금되었던 자에게 보상을 하는 것이 선량한 풍속 그 밖에 사회질서에 위배된다고 인정할 특별한 사정이 있는 경우라도 피의자보상의 전부를 지급하여야 한다. 2021 경찰승진 ( )

해설 다음 각 호의 1. 본인이 수사 또는 재판을 그르칠 목적으로 거짓 자백을 하거나 다른 유죄의 증거를 만듦으로써 구금된 것으로 인정되는 경우, 2. 구금기간 중에 다른 사실에 대하여 수사가 이루어지고 그 사실에 관하여 범죄가 성립한 경우, 3. **보상을 하는 것이 선량한 풍속이나 그 밖에 사회질서에 위배된다고 인정할 특별한 사정이 있는 경우** 어느 하나에 해당하는 경우에는 피의자보상의 전부 또는 일부를 지급하지 아니할 수 있다(형사보상 및 명예회복에 관한 법률 제27조 제2항).

13 국가가 확정된 형사보상금의 지급을 지체하는 경우, 미지급 형사보상금에 대하여 지급청구일 다음 날부터 민사법정이율로 계산한 지연손해금을 가산하여 지급하여야 한다. 2021 경찰경력채용 ( )

해설 국가가 확정된 형사보상금의 지급을 지체하는 경우 지연손해금을 가산하여 지급하여야 하는지에 관해서는 명문의 규정이 없다. 그러나 위에서 보았듯이 형사보상금지급청구권은 국가에 대한 일반 금전채권과 유사하므로, 민법의 이행지체 규정, 그중에서도 민법 제397조의 금전채무불이행에 대한 특칙이 그대로 적용된다고 보아야 한다. 또한 **형사보상금지급청구권은 형사보상법이나 보상결정에서 이행의 기한을 정하지 않고 있으므로, 국가는 미지급 형사보상금에 대하여 지급청구일 다음 날부터 민사법정이율로 계산한 지연손해금을 가산하여 지급하여야 한다고 봄이 타당하다**(대판 2017.5.30. 2015다223411).

14-1 헌법 제28조는 '불기소처분을 받거나 무죄판결을 받은 때' 구금에 대한 형사보상을 청구할 수 있는 권리를 헌법상 기본권으로 명시하고 있으므로, 외형상·형식상으로 무죄재판이 없었다면 형사사법절차에 내재하는 불가피한 위험으로 인하여 국민의 신체의 자유에 관한 피해가 발생하였다 하더라도 형사보상청구권을 인정할 수 없다. 2023 경찰승진 ( )

ANSWER 09 ○ 10-1 × 10-2 ○ 11 × 12 × 13 ○ 14-1 ×

14-2 외형상·형식상으로 무죄의 재판이 없는 경우에는 형사사법절차에 내재하는 불가피한 위험으로 인하여 국민의 신체의 자유에 관하여 피해가 발생하였더라도 형사보상청구권을 인정할 수는 없다. 2023 경찰간부 ( )

> **해설** 헌법 제28조의 형사보상청구권이 국가의 형사사법작용에 의하여 신체의 자유가 침해된 국민에게 그 구제를 인정하여 국민의 기본권 보호를 강화하는 데 그 목적이 있는 점에 비추어 보면, **외형상·형식상으로 무죄재판이 없다고 하더라도 형사사법절차에 내재하는 불가피한 위험으로 인하여 국민의 신체의 자유에 관하여 피해가 발생하였다면 형사보상청구권을 인정하는 것이 타당**하다(헌재 2022.2.24. 2018헌마998 등).

15-1 입법자는 형사보상청구권의 구체적인 내용과 절차를 정함에 있어 광범위한 입법형성의 자유를 가진다. 따라서 형사보상청구권의 구체적인 내용과 절차를 정한 법률의 위헌심사에서는 그 심사기준으로 자의금지원칙이 적용된다. 2022 법무사 ( )

15-2 형사보상청구권에 관한 헌법 제28조에서 규정하는 '정당한 보상'은 헌법 제23조 제3항에서 재산권의 침해에 대하여 규정하는 '정당한 보상'과는 차이가 있다. 2022 법무사 ( )

15-3 형사보상은 국가배상과는 그 취지 자체가 상이하므로 형사보상 절차로서 인과관계 있는 모든 손해를 보상하지 않는다고 하여 반드시 부당하다고 할 수 없다. 2023 경찰승진 ( )

> **해설** 형사보상청구권이라 하여도 '법률이 정하는 바에 의하여' 행사되므로(헌법 제28조) 그 내용은 법률에 의하여 정해지는바, 이 과정에서 입법자에게 일정한 입법재량이 부여될 수 있고, 따라서 형사보상의 구체적 내용과 금액 및 절차에 관한 사항은 입법자가 정하여야 할 사항이라 할 것이다. 그러나 **이러한 입법을 함에 있어서는 비록 완화된 의미일지언정 헌법 제37조 제2항의 비례의 원칙이 준수되어야** 한다.
> 헌법 제28조에서 규정하는 '정당한 보상'은 헌법 제23조 제3항에서 재산권의 침해에 대하여 규정하는 '정당한 보상'과는 차이가 있다 할 것이다.
> 이 사건 보상금조항 및 이 사건 보상금 시행령조항은 보상금을 일정한 범위 내로 한정하고 있는데, **형사보상은 형사사법절차에 내재하는 불가피한 위험으로 인한 피해에 대한 보상으로서 국가의 위법·부당한 행위를 전제로 하는 국가배상과는 그 취지 자체가 상이하므로 형사보상절차로서 인과관계 있는 모든 손해를 보상하지 않는다고 하여 반드시 부당하다고 할 수는 없으며**, 보상금액의 구체화·개별화를 추구할 경우에는 개별적인 보상금액을 산정하는데 상당한 기간의 소요 및 절차의 지연을 초래하여 형사보상제도의 취지에 반하는 결과가 될 위험이 크고 나아가 그로 인하여 형사보상금의 액수에 지나친 차등이 발생하여 오히려 공평의 관념을 저해할 우려가 있는바, 이 사건 보상금조항 및 이 사건 보상금시행령조항은 청구인들의 형사보상청구권을 침해한다고 볼 수 없다(헌재 2010.10.28. 2008헌마514 등).

16 무죄판결이 확정된 피고인에게 국선변호인 보수를 기준으로 소송비용의 보상을 청구할 수 있는 권리는 구금되었음을 전제로 하는 헌법 제28조의 형사보상청구권과는 달리 헌법적 차원의 권리라고 볼 수는 없고, 입법자가 입법의 목적, 국가의 경제적·사회적·정책적 사정들을 참작하여 제정하는 법률에 적용요건, 적용대상, 범위 등 구체적인 사항이 규정될 때 비로소 형성되는 법률상의 권리에 불과하다. 2023 경찰2차 ( )

> **해설** 구금되었음을 전제로 하는 헌법 제28조의 형사보상청구권과는 달리 소송비용의 보상을 청구할 수 있는 권리는 헌법적 차원의 권리라고 볼 수는 없고, 입법자가 입법의 목적, 국가의 경제적·사회적·정책적 사정들을 참작하여 제정하는 법률에 적용요건, 적용대상, 범위 등 구체적인 사항이 규정될 때 비로소 형성되는 법률상의 권리에 불과하다(헌재 2012.3.29. 2011헌바19).

ANSWER 14-2 ×   15-1 ×   15-2 ○   15-3 ○   16 ○

Ⅲ 최신판례

01 보호처분을 받아 수용되거나 법률상 근거 없이 송환대기실에 수용되었던 외국인에 대하여 형사보상을 지급하는 법률을 제정할 입법의무를 부여하고 있다거나 헌법해석상 국가의 입법의무가 발생하였다고 볼 수 없다(헌재 2024.1.25. 2020헌바475).

제4절 국가배상청구권

Ⅰ 헌법 조문

제29조 ① 공무원의 직무상 불법행위로 손해를 받은 국민은 법률이 정하는 바에 의하여 국가 또는 공공단체에 정당한 배상을 청구할 수 있다. 이 경우 공무원 자신의 책임은 면제되지 아니한다.
② 군인·군무원·경찰공무원 기타 법률이 정하는 자가 전투·훈련등 직무집행과 관련하여 받은 손해에 대하여는 법률이 정하는 보상외에 국가 또는 공공단체에 공무원의 직무상 불법행위로 인한 배상은 청구할 수 없다.

Ⅱ 최신 기출지문 분석

01 군인·군무원·경찰공무원 기타 법률이 정하는 자가 전투·훈련 등 직무집행과 관련하여 받은 손해에 대하여는 법률이 정하는 보상 외에 국가 또는 공공단체에 공무원의 직무상 불법행위로 인한 정당한 배상을 청구할 수 있다. 2023 경찰2차 ( )

  해설 군인·군무원·경찰공무원 기타 법률이 정하는 자가 전투·훈련 등 직무집행과 관련하여 받은 손해에 대하여는 법률이 정하는 보상 외에 국가 또는 공공단체에 공무원의 직무상 불법행위로 인한 배상은 청구할 수 없다(헌법 제29조 제2항).

02-1 「국가배상법」 조항이 국가배상청구권의 성립요건으로서 공무원의 고의 또는 과실을 규정한 것은 법률로 이미 형성된 국가배상청구권의 행사 및 존속을 제한할 뿐만 아니라, 국가배상청구권의 내용을 새롭게 형성하는 것이라고 할 것이므로, 「국가배상법」 조항이 국가배상청구권의 성립요건으로서 공무원의 고의 또는 과실을 요구함으로써 무과실책임을 인정하지 않은 것은 입법형성의 범위를 벗어나 헌법 제29조에서 규정한 국가배상청구권을 침해한다. 2022 경찰2차 ( )

ANSWER 01 × 02-1 ×

02-2 국가배상청구권의 성립요건으로서 공무원의 고의 또는 과실을 규정한 것은 원활한 공무집행을 위한 입법정책적 고려에 따라 법률로 이미 형성된 국가배상청구권의 행사 및 존속을 제한한 것이다. 2024 경찰승진
(　　)

02-3 국가배상청구권의 성립 요건으로서 공무원의 고의 또는 과실을 규정함으로써 무과실책임을 인정하지 않은 「국가배상법」 조항이 입법자의 입법형성권의 자의적 행사로서 국가배상청구권을 침해한다고 볼 수 없다. 2023 경찰2차
(　　)

> **해설** 헌법 제29조 제1항 제1문은 '공무원의 직무상 불법행위'로 인한 국가 또는 공공단체의 책임을 규정하면서 제2문은 '이 경우 공무원 자신의 책임은 면제되지 아니한다.'고 규정하여 헌법상 국가배상책임은 공무원의 책임을 일정 부분 전제하는 것으로 해석될 수 있고, 헌법 제29조 제1항에 법률유보 문구를 추가한 것은 국가재정을 고려하여 국가배상책임의 범위를 법률로 정하도록 한 것으로 해석된다. 공무원의 고의 또는 과실이 없는데도 국가배상을 인정할 경우 피해자 구제가 확대되기는 하겠지만 현실적으로 원활한 공무수행이 저해될 수 있어 이를 입법정책적으로 고려할 필요성이 있다.
> 헌법상 국가배상청구권은 청구권적 기본권이고, 그 요건인 '불법행위'는 법률에서 구체적으로 형성할 수 있는 개념이라 할 것이다. 따라서 **이 사건 법률조항이 국가배상청구권의 성립요건으로서 공무원의 고의 또는 과실을 규정한 것은 법률로 이미 형성된 국가배상청구권의 행사 및 존속을 제한한다고 보기 보다는 국가배상청구권의 내용을 형성하는 것이라고 할 것이므로, 헌법상 국가배상제도의 정신에 부합하게 국가배상청구권을 형성하였는지의 관점에서 심사하여야 한다.** 공무원의 고의 또는 과실이 없는데도 국가배상을 인정할 경우 피해자 구제가 확대되기는 하겠지만 현실적으로 원활한 공무수행이 저해될 수 있어 이를 입법정책적으로 고려할 필요성이 있다. **입법자가 국가배상청구권의 성립 요건으로 공무원의 고의 또는 과실을 규정함으로써 무과실책임을 인정하지 않은 것이 입법형성권의 자의적 행사로서 청구인들의 국가배상청구권을 침해한다고 볼 수 없다**(헌재 2015.4.30. 2013헌바395).

03 당초 유효한 법률에 근거한 공무원의 직무집행이 사후에 그 근거가 되는 법률에 대한 헌법재판소의 위헌결정으로 위법하게 된 경우, 이에 이르는 과정에 있어 공무원의 고의, 과실을 어느 정도 인정할 수 있고, 그로써 국가의 청구인들에 대한 손해배상책임이 성립한다고 볼 수 있다. 2022 경찰2차
(　　)

> **해설** 국가배상법 제2조 제1항에 대한 헌재 2015.4.30. 2013헌바395 결정의 요지는 다음과 같다.
> "헌법 제29조 제1항 제1문이 국가배상청구권의 성립요건으로서 공무원의 고의 또는 과실을 규정한 것을 두고 입법형성의 범위를 벗어나 헌법 제29조에서 규정한 국가배상청구권을 침해한다고 보기는 어렵다." 청구인들이 심판대상조항의 위헌성을 주장하게 된 계기를 제공한 국가배상청구 사건은, **인권침해가 극심하게 이루어진 긴급조치 발령과 그 집행을 근거로 한 것이므로 다른 일반적인 법 집행 상황과는 다르다는 점에서 이러한 경우에는 국가배상청구 요건을 완화하여야 한다는 주장이 있을 수 있다.** 긴급조치는 집행 당시에 그 위헌 여부를 유효하게 다툴 수 없었으며, 한참 시간이 흐른 뒤인 2010년대에 이르러서야 비로소 위헌으로 선언된 만큼, 다른 일반 법률에 대한 헌법재판소의 위헌결정과는 차이가 있다고 볼 수 있다. 그러나 **위와 같은 경우라 하여 국가배상청구권 성립요건에 공무원의 고의 또는 과실에 대한 예외가 인정되어야 한다고 보기는 어렵다.** … 이상의 내용을 종합하면, 심판대상조항이 헌법상 국가배상청구권을 침해하지 않는다고 판단한 헌법재판소의 선례는 여전히 타당하고, 이 사건에서 선례를 변경해야 할 특별한 사정이 있다고 볼 수 없다(헌재 2020.3.26. 2016헌바55 등).

04-1 행위의 근거가 된 법률조항에 대하여 위헌결정이 선고된 경우에는 위 법률조항에 따라 행위한 당해 공무원에게 고의 또는 과실이 있는 것이므로 국가배상책임이 성립한다. 2023 경찰간부
(　　)

ANSWER 02-2 ×　02-3 ○　03 ×　04-1 ×

04-2 법률이 헌법에 위반되는지 여부를 심사할 권한이 없는 공무원으로서는 행위 당시의 법률에 따를 수밖에 없으므로, 행위의 근거가 된 법률조항에 대하여 행위 후에 위헌결정이 선고되더라도 위 법률조항에 따라 행위한 당해 공무원에게는 고의 또는 과실이 있다 할 수 없어 국가배상책임은 성립되지 아니한다. 2024 경찰승진 ( )

> 해설 ▶ 일반적으로 법률이 헌법에 위반된다는 사정은 헌법재판소의 위헌결정이 있기 전에는 객관적으로 명백한 것이라고 할 수 없어, **법률이 헌법에 위반되는지 여부를 심사할 권한이 없는 공무원으로서는 행위 당시의 법률에 따를 수밖에 없으므로, 행위의 근거가 된 법률조항에 대하여 위헌결정이 선고되더라도 위 법률조항에 따라 행위한 당해 공무원에게는 고의 또는 과실이 있다 할 수 없어 국가배상책임은 성립되지 아니하고**, 위 법률조항이 헌법에 위반되는지 여부에 따라 대한민국을 상대로 손해배상을 구하는 당해 사건 재판의 주문이 달라지거나 재판의 내용과 효력에 관한 법률적 의미가 달라진다고 볼 수 없으므로, 재판의 전제성을 인정할 수 없다(헌재 2015.9.1. 2015헌바275).

05 법관의 재판에 법령의 규정을 따르지 않은 잘못이 있다면 이로써 바로 그 재판상 직무행위가 「국가배상법」에서 말하는 위법한 행위로 되어 국가의 손해배상책임이 발생하는 것이다. 2023 경찰간부 ( )

> 해설 ▶ 법관이 행하는 재판사무의 특수성과 그 재판과정의 잘못에 대하여는 따로 불복절차에 의하여 시정될 수 있는 제도적 장치가 마련되어 있는 점 등에 비추어 보면, **법관의 재판에 법령의 규정을 따르지 아니한 잘못이 있다 하더라도 이로써 바로 그 재판상 직무행위가 국가배상법 제2조 제1항에서 말하는 위법한 행위로 되어 국가의 손해배상책임이 발생하는 것은 아니고**, 그 국가배상책임이 인정되려면 당해 법관이 위법 또는 부당한 목적을 가지고 재판을 하는 등 법관이 그에게 부여된 권한의 취지에 명백히 어긋나게 이를 행사하였다고 인정할 만한 특별한 사정이 있어야 한다고 해석함이 상당하다(대판 2001.4.24. 2000다16114).

06 대법원은 국회의원의 입법행위는 그 입법 내용이 헌법의 문언에 명백히 위반됨에도 불구하고 국회가 굳이 당해 입법을 한 것과 같은 특수한 경우가 아닌 한 국가배상법 제2조 제1항 소정의 위법행위에 해당된다고 볼 수 없다고 보았다. 2023 법무사 ( )

> 해설 ▶ **국회의원의 입법행위는 그 입법 내용이 헌법의 문언에 명백히 위배됨에도 불구하고 국회가 굳이 당해 입법을 한 것과 같은 특수한 경우가 아닌 한 국가배상법 제2조 제1항 소정의 위법행위에 해당한다고 볼 수 없고**, 같은 맥락에서 국가가 일정한 사항에 관하여 헌법에 의하여 부과되는 구체적인 입법의무를 부담하고 있음에도 불구하고 그 입법에 필요한 상당한 기간이 경과하도록 고의 또는 과실로 이러한 입법의무를 이행하지 아니하는 등 극히 예외적인 사정이 인정되는 사안에 한정하여 국가배상법 소정의 배상책임이 인정될 수 있으며, 위와 같은 구체적인 입법의무 자체가 인정되지 않는 경우에는 애당초 부작위로 인한 불법행위가 성립할 여지가 없다(대판 2008.5.29. 2004다33469).

07 청구기간 내에 제기된 헌법소원심판청구 사건에서 헌법재판소 재판관이 청구기간을 오인하여 각하결정을 한 경우, 이에 대한 불복절차 내지 시정절차가 없는 때에는 국가배상책임을 인정할 수 있다. 2024 경찰승진 ( )

> 해설 ▶ 헌법재판소 재판관이 청구기간 내에 제기된 헌법소원심판청구 사건에서 청구기간을 오인하여 각하결정을 한 경우, 이에 대한 불복절차 내지 시정절차가 없는 때에는 국가배상책임(위법성)을 인정할 수 있다(대판 2003.7.11. 99다24218).

08 「국가배상법」은 외국인이 피해자인 경우에는 해당 국가와 상호보증이 있을 때에만 「국가배상법」을 적용한다고 규정하고 있다. 2023 경찰2차 ( )

> 해설 ▶ 이 법은 외국인이 피해자인 경우에는 해당 국가와 상호 보증이 있을 때에만 적용한다(국가배상법 제7조).

ANSWER 04-2 ○   05 ×   06 ○   07 ○   08 ○

09-1 「국가배상법」에 따른 손해배상의 소송은 배상심의회에 배상신청을 하지 아니하고도 제기할 수 있다.
2022 경찰경력채용 ( )

09-2 「국가배상법」에 따른 손해배상의 소송은 배상심의회에 배상신청을 하지 아니하면 제기할 수 없다.
2023 경찰간부 ( )

> **해설** 이 법에 따른 **손해배상의 소송은 배상심의회**(이하 "심의회"라 한다)에 **배상신청을 하지 아니하고도 제기할 수 있다**(국가배상법 제9조).

10 구「국가배상법」제8조가 "국가 또는 지방자치단체의 손해배상 책임에 관하여는 이 법의 규정에 의한 것을 제외하고는 민법의 규정에 의한다."고 규정하여, 소멸시효에 관하여 별도의 규정을 두지 아니함으로써 국가배상청구권에도 소멸시효에 관한 일반 「민법」제766조가 적용되게 된 것은 입법자의 입법재량 범위를 벗어난 것으로 국가배상청구권의 본질적인 내용을 침해한다고 볼 수 있다. 2022 경찰2차 ( )

> **해설** **국가배상법 제8조가** '국가 또는 지방자치단체의 손해배상책임에 관하여는 이 법의 규정에 의한 것을 제외하고는 **민법의 규정에 의한다.** …'고 하고 소멸시효에 관하여 별도의 규정을 두고 아니함으로써 국가배상청구권에도 소멸시효에 관한 민법상의 규정인 민법 제766조가 적용되게 되었다 하더라도 이는 국가배상청구권의 성격과 책임의 본질, 소멸시효제도의 존재이유 등을 **종합적으로 고려한 입법재량 범위 내에서의 입법자의 결단의 산물**인 것으로 국가배상청구권의 본질적인 내용을 침해하는 것이라고는 볼 수 없고 기본권 제한에 있어서의 한계를 넘어서는 것이라고 볼 수도 없으므로 헌법에 위반되지 아니한다(헌재 1997.2.20. 96헌바24).

11-1 일반적인 공무원의 직무상 불법행위로 손해를 받은 국민의 손해배상청구에 관하여 그 국가배상청구권의 소멸시효 기산점을 피해자나 법정대리인이 그 손해 및 가해자를 안 날(주관적 기산점) 및 불법행위를 한 날 (객관적 기산점)로 정하되, 그 시효기간을 주관적 기산점으로부터 3년, 객관적 기산점으로부터 5년으로 정한 것이 국가배상청구권을 침해한다고 볼 수 없다. 2023 법원행시 ( )

11-2 「진실·화해를 위한 과거사 정리 기본법」상 민간인 집단희생사건, 중대한 인권침해·조작의혹사건에 「민법」상 소멸시효 조항의 객관적 기산점이 적용되도록 하는 것은 청구인들의 국가배상청구권을 침해한다.
2022 경찰간부 ( )

> **해설** 국가배상법 제8조에 따라, 심판대상조항들은 국가배상청구권의 소멸시효 기산점을 피해자나 법정대리인이 그 손해 및 가해자를 안 날(주관적 기산점, 민법 제766조 제1항) 및 불법행위를 한 날(객관적 기산점, 민법 제166조 제1항, 제766조 제2항)로 정하되, 그 시효기간을 주관적 기산점으로부터 3년(단기소멸시효기간, 민법 제766조 제1항) 및 객관적 기산점으로부터 5년(장기소멸시효기간, 국가재정법 제96조 제2항, 구 예산회계법 제96조 제2항)으로 정하고 있다. 민법상 소멸시효제도의 일반적인 존재이유는 '법적 안정성의 보호, 채무자의 이중변제 방지, 채권자의 권리불행사에 대한 제재 및 채무자의 정당한 신뢰 보호'에 있다. 이와 같은 **민법상 소멸시효제도의 존재 이유는 국가배상청구권의 경우에도 일반적으로 타당**하고, 특히 국가의 채무관계를 조기에 확정하여 예산수립의 불안정성을 제거하기 위해서는 국가채무에 대해 단기소멸시효를 정할 필요성도 있다. 그러므로 심판대상조항들이 일반적인 공무원의 직무상 불법행위로 손해를 받은 국민의 국가배상청구권에 관한 소멸시효 기산점과 시효기간을 정하고 있는 것은 합리적인 이유가 있다.
> 일반적인 국가배상청구권에 적용되는 소멸시효 기산점과 시효기간에 합리적 이유가 인정된다 하더라도, 과거사 정리법 제2조 제1항 제3호에 규정된 '민간인 집단희생사건', 제4호에 규정된 '중대한 인권침해·조작의혹사건'의 특수성을 고려하지 아니한 채 민법 제166조 제1항, 제766조 제2항의 '객관적 기산점'이 그대로 적용되도록 규정하

ANSWER 09-1 ○ 09-2 × 10 × 11-1 ○ 11-2 ○

는 것은 국가배상청구권에 관한 입법형성의 한계를 일탈한 것인데, 그 이유는 다음과 같다. … 위 사건 유형은 국가가 현재까지 피해자들에게 손해배상채무를 변제하지 않은 것이 명백한 사안이므로, '채무자의 이중변제 방지'라는 입법취지가 국가배상청구권 제한의 근거가 되기 어렵기 때문이다. … 국가배상청구권의 시효소멸을 통한 법적 안정성의 요청이 헌법 제10조의 국가의 기본권 보호의무와 헌법 제29조 제1항의 국가배상청구권 보장 필요성을 완전히 희생시킬 정도로 중요한 것이라 보기 어렵다. … 국가가 소속 공무원들의 조직적 관여를 통해 불법적으로 민간인을 집단 희생시키거나 장기간의 불법구금·고문 등에 의한 허위자백으로 유죄판결을 하고 사후에도 조작·은폐를 통해 진상규명을 저해하였음에도 불구하고, 그 불법행위 시점을 소멸시효의 기산점으로 삼는 것은 피해자와 가해자 보호의 균형을 도모하는 것으로 보기 어렵고, 발생한 손해의 공평·타당한 분담이라는 손해배상제도의 지도원리에도 부합하지 않는다. 그러므로 과거사정리법 제2조 제1항 제3, 4호에 규정된 사건에 민법 제166조 제1항, 제766조 제2항의 '객관적 기산점'이 적용되도록 하는 것은 합리적 이유가 인정되지 않는다. 결국, 민법 제166조 제1항, 제766조 제2항의 객관적 기산점을 과거사정리법 제2조 제1항 제3, 4호의 민간인 집단희생사건, 중대한 인권침해·조작의혹사건에 적용하도록 규정하는 것은, 소멸시효제도를 통한 법적 안정성과 가해자 보호만을 지나치게 중시한 나머지 합리적 이유 없이 위 사건 유형에 관한 국가배상청구권 보장 필요성을 외면한 것으로서 입법형성의 한계를 일탈하여 청구인들의 국가배상청구권을 침해한다(헌재 2018.8.30. 2014헌바148 등).

12-1 「국가배상법」상 소정의 '공무원'은 국가공무원과 지방공무원에 국한하고, 공무를 수탁받은 사인은 포함되지 않는다. 2021 경찰승진 ( )

12-2 국가배상법 제2조 소정의 "공무원"이라 함은 국가공무원법이나 지방공무원법에 의하여 공무원으로서의 신분을 가진 자에 국한하지 않고, 널리 공무를 위탁받아 실질적으로 공무에 종사하고 있는 일체의 자를 가리키는 것이라고 봄이 상당하다. 2023 법무사 ( )

해설 국가배상법 제2조 소정의 '공무원'이라 함은 국가공무원법이나 지방공무원법에 의하여 공무원으로서의 신분을 가진 자에 국한하지 않고, 널리 공무를 위탁받아 실질적으로 공무에 종사하고 있는 일체의 자를 가리키는 것으로서, 공무의 위탁이 일시적이고 한정적인 사항에 관한 활동을 위한 것이어도 달리 볼 것은 아니다(대판 2001.1.5. 98다39060).

13-1 국가배상청구의 요건인 '공무원의 직무'에는 권력적 작용, 비권력적 작용 이외에 사경제주체의 활동도 포함된다. 2021 경찰승진 ( )

13-2 대법원은 국가 또는 지방자치단체라 할지라도 공권력의 행사가 아니고 단순한 사경제의 주체로 활동하였을 경우에는 그 손해배상책임에 국가배상법이 적용될 수 없고 민법상의 사용자책임 등이 인정된다고 보고 있다. 2023 법무사 ( )

해설 국가배상청구의 요건인 '공무원의 직무'에는 권력적 작용만이 아니라 비권력적 작용도 포함되며 **단지 행정주체가 사경제주체로서 하는 활동만 제외**된다(대판 2001.1.5. 98다39060).

14-1 5·18 민주화운동 보상심의위원회의 보상금지급결정에 동의하면 정신적 손해에 관한 부분도 재판상 화해가 성립된 것으로 보는 구 「광주민주화운동 관련자 보상에 관한 법률」상 조항은 국가배상청구권을 침해한다. 2022 경찰간부 ( )

ANSWER 12-1 × 12-2 ○ 13-1 × 13-2 ○ 14-1 ○

14-2 5·18 민주화운동과 관련하여 사망하거나 행방불명된 자 및 상이를 입은 자 또는 그 유족이 적극적·소극적 손해의 배상에 상응하는 보상금 등 지급결정에 동의하였다는 사정만으로 재판상 화해의 성립을 간주하는 것은 국가배상청구권에 대한 과도한 제한이다. 2023 경찰간부   ( )

> 해설 심판대상조항은 정신적 손해에 대해 적절한 배상이 이루어지지 않은 상태에서, 5·18민주화운동과 관련하여 사망하거나 행방불명된 자 및 상이를 입은 자 또는 그 유족이 적극적·소극적 손해의 배상에 상응하는 보상금 등 지급결정에 동의하였다는 사정만으로 재판상 화해의 성립을 간주하고 있다. 이는 국가배상청구권에 대한 과도한 제한이고, 해당 손해에 대한 적절한 배상이 이루어졌음을 전제로 하여 국가배상청구권 행사를 제한하려 한 5·18보상법의 입법목적에도 부합하지 않는다. 따라서 **이 조항이 5·18보상법상 보상금 등의 성격과 중첩되지 않는 정신적 손해에 대한 국가배상청구권의 행사까지 금지하는 것은 국가배상청구권을 침해**한다(헌재 2021.5.27. 2019헌가17).

15-1 「민주화운동 관련자 명예회복 및 보상 등에 관한 법률」상 위원회의 보상금 등 지급결정에 동의한 때 '민주화운동과 관련하여 입은 피해'에 대해 재판상 화해의 성립을 간주하여 정신적 손해에 대한 국가배상청구를 금지하더라도 적극적·소극적 손해에 상응하는 배상이 이루어졌으므로 민주화운동 관련자와 유족의 국가배상청구권이 침해되었다고 볼 수 없다. 2022 경찰경력채용   ( )

15-2 보상금 등의 지급결정에 동의한 때 "민주화운동과 관련하여 입은 피해"에 대해 재판상 화해의 성립을 간주하는 구 「민주화 운동 관련자 명예회복 및 보상 등에 관한 법률」 조항은 적극적·소극적 손해에 관한 부분에 있어서는 민주화운동 관련자와 유족의 국가배상청구권을 침해하지 않는다. 2024 경찰승진   ( )

> 해설 **민주화보상법상 보상금 등에는 정신적 손해에 대한 배상이 포함되어 있지 않은바**, 이처럼 정신적 손해에 대해 적절한 배상이 이루어지지 않은 상태에서 적극적·소극적 손해에 상응하는 배상이 이루어졌다는 사정만으로 정신적 손해에 대한 국가배상청구마저 금지하는 것은, 해당 손해에 대한 적절한 배상이 이루어졌음을 전제로 하여 국가배상청구권 행사를 제한하려 한 민주화보상법의 입법목적에도 부합하지 않으며, 국가의 기본권 보호의무를 규정한 헌법 제10조 제2문의 취지에도 반하는 것으로서, 국가배상청구권에 대한 지나치게 과도한 제한에 해당한다. 따라서 **심판대상조항 중 정신적 손해에 관한 부분은 민주화운동 관련자와 유족의 국가배상청구권을 침해**한다(헌재 2018.8.30. 2014헌바180 등).

16 민간인과 직무집행중인 군인 등의 공동불법행위로 인하여 직무집행중인 다른 군인 등이 피해를 입은 경우, 공동불법행위자 등이 부진정연대채무자로서 각자 피해자의 손해 전부를 배상할 의무를 부담하는 공동불법행위의 일반적인 경우와 달리 예외적으로 민간인은 피해 군인 등에 대하여 그 손해 중 국가 등이 민간인에 대한 구상의무를 부담한다면 그 내부적인 관계에서 부담하여야 할 부분을 제외한 나머지 자신의 부담부분에 한하여 손해배상의무를 부담하고, 한편 국가 등에 대하여는 그 귀책부분의 구상을 청구할 수 없다고 해석함이 상당하다 할 것이고, 이러한 해석이 손해의 공평·타당한 부담을 그 지도원리로 하는 손해배상제도의 이상에도 맞는다 할 것이다. 2024 법원행시   ( )

> 해설 위와 같은 경우에는 공동불법행위자 등이 부진정연대채무자로서 각자 피해자의 손해 전부를 배상할 의무를 부담하는 공동불법행위의 일반적인 경우와 달리 예외적으로 민간인은 피해 군인 등에 대하여 그 손해 중 국가 등이 민간인에 대한 구상의무를 부담한다면 그 내부적인 관계에서 부담하여야 할 부분을 제외한 나머지 자신의 부담부분에 한하여 손해배상의무를 부담하고, 한편 국가 등에 대하여는 그 귀책부분의 구상을 청구할 수 없다고 해석함이 상당하다 할 것이고, 이러한 해석이 손해의 공평·타당한 부담을 그 지도원리로 하는 손해배상제도의 이상에도 맞는다 할 것이다(대판 2001.2.15. 96다42420 전원합의체).

ANSWER 14-2 ○ 15-1 × 15-2 ○ 16 ○

제5절 범죄피해자구조청구권

I 헌법 조문

제30조 타인의 범죄행위로 인하여 생명·신체에 대한 피해를 받은 국민은 법률이 정하는 바에 의하여 국가로부터 구조를 받을 수 있다.

II 최신 기출지문 분석

01-1 타인의 범죄행위로 인하여 생명·신체에 대한 피해를 받은 국민은 법률이 정하는 바에 의하여 국가로부터 구조를 받을 수 있다. 2022 경찰승진 ( )

01-2 범죄피해자구조청구권의 주체는 자연인과 법인이며, 외국인은 상호보증이 있는 경우에 한하여 주체가 될 수 있다. 2022 법원직 ( )

> **해설** 타인의 범죄행위로 인하여 생명·신체에 대한 피해를 받은 국민은 법률이 정하는 바에 의하여 국가로부터 구조를 받을 수 있다(헌법 제30조). → 법인은 생명·신체가 없기 때문에 **범죄피해자구조청구권의 주체는 법인이 될 수는 없다.**

02 범죄피해자구조청구권은 생존권적 기본권으로서의 성격을 가지는 청구권적 기본권이다. 2024 경찰1차 ( )

> **해설** 헌법은 위에서 본 바와 같이 범죄로부터 국민을 보호하여야 할 국가의 의무를 이와 같은 소극적 차원에서만 규정하지 아니하고 이에 더 나아가 **범죄행위로 인하여 피해를 받은 국민에 대하여 국가가 적극적인 구조행위까지 하도록 규정하여 피해자의 기본권을 생존권적 기본권의 차원으로 인정**하였다.(헌재 1989.4.17. 88헌마3)

03 타인의 범죄행위로 피해를 당한 사람과 그 배우자, 직계친족뿐만 아니라 범죄피해 방지 및 범죄피해자 구조 활동으로 피해를 당한 사람도 범죄피해자로 본다. 2022 법원직 ( )

> **해설** "범죄피해자"란 타인의 범죄행위로 피해를 당한 사람과 그 배우자(사실상의 혼인관계를 포함한다), 직계친족 및 형제자매를 말한다. 범죄피해 방지 및 범죄피해자 구조 활동으로 피해를 당한 사람도 범죄피해자로 본다(범죄피해자 보호법 제3조 제1항 제1호 및 제2항).

04 범죄피해자구조대상이 되는 범죄피해의 범위에는 형법 제20조 또는 제21조 제1항에 따라 처벌되지 아니하는 행위, 과실에 의한 행위는 제외한다. 2022 법원직 ( )

ANSWER 01-1 ○ 01-2 × 02 ○ 03 ○ 04 ○

해설 "구조대상 범죄피해"란 대한민국의 영역 안에서 또는 대한민국의 영역 밖에 있는 대한민국의 선박이나 항공기 안에서 행하여진 사람의 **생명 또는 신체를 해치는 죄**에 해당하는 행위(「형법」제9조, 제10조 제1항, 제12조, 제22조 제1항에 따라 처벌되지 아니하는 행위를 포함하며, 같은 법 제20조 또는 제21조 제1항에 따라 처벌되지 아니하는 행위 및 **과실에 의한 행위는 제외**한다)로 인하여 사망하거나 장해 또는 중상해를 입은 것을 말한다(범죄피해자 보호법 제3조 제1항 제4호).

05-1 범죄피해자구조청구권의 대상이 되는 범죄피해의 범위에 관하여 해외에서 발생한 범죄피해는 포함하고 있지 아니한 조항이 평등원칙에 위배된다고 볼 수 없다. 2022 법원직 ( )

05-2 국가의 주권이 미치지 못하고 국가의 경찰력 등을 행사할 수 없거나 행사하기 어려운 해외에서 발생한 범죄에 대하여 국가에 그 방지책임이 없다고 보기는 어렵다. 2023 경찰간부 ( )

해설 국가의 주권이 미치지 못하고 국가의 경찰력 등을 행사할 수 없거나 행사하기 어려운 해외에서 발생한 범죄에 대하여는 국가에 그 방지책임이 있다고 보기 어렵고, 상호보증이 있는 외국에서 발생한 범죄피해에 대하여는 국민이 그 외국에서 피해구조를 받을 수 있으며, 국가의 재정에 기반을 두고 있는 구조금에 대한 청구권 행사대상을 우선적으로 대한민국의 영역 안의 범죄피해에 한정하고, 향후 해외에서 발생한 범죄피해의 경우에도 구조를 하는 방향으로 운영하는 것은 입법형성의 재량의 범위 내라고 할 것이다. 따라서 **범죄피해자구조청구권의 대상이 되는 범죄피해에 해외에서 발생한 범죄피해의 경우를 포함하고 있지 아니한 것이 현저하게 불합리한 자의적인 차별이라고 볼 수 없어 평등원칙에 위배되지 아니한다**(헌재 2011. 12. 29. 2009헌마354).

06 「범죄피해자 보호법」상 범죄피해자란 타인의 범죄행위로 피해를 당한 사람과 그 배우자(사실상의 혼인관계를 포함한다), 직계친족 및 형제자매를 말한다. 2021 경찰경력채용 ( )

해설 범죄피해자 보호법 제3조(정의) : ① 이 법에서 사용하는 용어의 뜻은 다음과 같다.
1. "범죄피해자"란 타인의 범죄행위로 피해를 당한 사람과 그 배우자(사실상의 혼인관계를 포함한다), 직계친족 및 형제자매를 말한다.

07 범죄피해자구조청구권은 국민의 권리로서 외국인에게는 인정되지 않는 권리이므로 외국인이 「범죄피해자 보호법」에 따른 범죄피해구조금을 신청할 수는 없다. 2024 경찰1차 ( )

해설 외국인이 피해자이거나 유족인 경우에는 상호의 보증이 있는 경우에 한하여 적용한다(범죄피해자 보호법 제23조).

08 「범죄피해자 보호법」제17조 제2항의 유족구조금은 사람의 생명 또는 신체를 해치는 죄에 해당하는 행위로 인하여 사망한 피해자 또는 그 유족들에 대한 손해배상을 목적으로 하는 것으로서, 위 범죄행위로 인한 손해를 전보하기 위하여 지급된다는 점에서 불법행위로 인한 적극적 손해의 배상과 같은 종류의 금원이라고 봄이 타당하다. 2022 경찰승진 ( )

해설 범죄피해자 보호법에 의한 범죄피해 구조금 중 위 법 제17조 제2항의 유족구조금은 사람의 생명 또는 신체를 해치는 죄에 해당하는 행위로 인하여 사망한 피해자 또는 그 유족들에 대한 **손실보상을 목적으로 하는 것으로서, 위 범죄행위로 인한 손실 또는 손해를 전보하기 위하여 지급된다는 점에서 불법행위로 인한 소극적 손해의 배상과 같은 종류의 금원이라고 봄이 타당**하다(대판 2017. 11. 9. 2017다228083).

ANSWER 05-1 ○ 05-2 × 06 ○ 07 × 08 ×

09 구조대상 범죄피해를 받은 사람 또는 그 유족과 가해자 사이의 관계, 그 밖의 사정을 고려하여 구조금의 전부 또는 일부를 지급하는 것이 사회통념에 위배된다고 인정될 때에는 구조금의 전부 또는 일부를 지급하지 아니한다. 2023 경찰간부 ( )

> 해설 구조피해자 또는 그 유족과 가해자 사이의 관계, 그 밖의 사정을 고려하여 구조금의 전부 또는 일부를 지급하는 것이 사회통념에 위배된다고 인정될 때에는 **구조금의 전부 또는 일부를 지급하지 아니할 수 있다**(범죄피해자 보호법 제19조 제6항).

10 구조대상 범죄피해를 받은 사람이나 유족이 해당 구조대상 범죄피해를 원인으로 하여 「국가배상법」이나 그 밖의 법령에 따른 급여 등을 받을 수 있는 경우에는 대통령령으로 정하는 바에 따라 구조금을 지급하지 아니한다. 2023 경찰간부 ( )

> 해설 구조피해자나 유족이 해당 구조대상 범죄피해를 원인으로 하여 「국가배상법」이나 그 밖의 법령에 따른 급여 등을 받을 수 있는 경우에는 대통령령으로 정하는 바에 따라 구조금을 지급하지 아니한다(범죄피해자 보호법 제20조).

11 「범죄피해자 보호법」에 따르면 국가는 구조피해자나 유족이 해당 구조대상 범죄피해를 원인으로 하여 손해배상을 받았으면 그 범위에서 구조금을 지급하지 아니한다. 2022 경찰승진 ( )

> 해설 국가는 구조피해자나 유족이 해당 구조대상 범죄피해를 원인으로 하여 손해배상을 받았으면 그 범위에서 구조금을 지급하지 아니한다(범죄피해자 보호법 제21조 제1항).

12-1 「범죄피해자 보호법」에 따르면 구조금의 지급신청은 해당 구조대상 범죄피해의 발생을 안 날부터 3년이 지나거나 해당 구조대상 범죄피해가 발생한 날부터 10년이 지나면 할 수 없다. 2022 경찰승진 / 2022 경찰간부

( )

12-2 범죄피해 구조금의 지급신청은 해당 구조대상 범죄피해의 발생을 안 날부터 2년간 행사하지 아니하면 시효로 인하여 소멸된다. 2023 경찰간부 ( )

> 해설 구조금의 지급신청은 해당 구조대상 범죄피해의 발생을 **안 날부터 3년**이 지나거나 해당 구조대상 **범죄피해가 발생한 날부터 10년**이 지나면 할 수 없다(범죄피해자 보호법 제25조 제2항).

13 「범죄피해자 보호법」에서 제척기간을 범죄피해가 발생한 날부터 5년으로 정하더라도, 5년이라는 기간이 지나치게 단기라든지 불합리하여 범죄피해자의 구조청구권 행사를 현저히 곤란하게 하거나 사실상 불가능하게 하는 것으로는 볼 수 없다. 2024 경찰1차 ( )

> 해설 **법률조항은 제척기간을 범죄피해가 발생한 날부터 5년으로 정하고 있는바**, 오늘날 현대사회에서 인터넷의 보급 등 교통·통신수단이 상대적으로 매우 발달하여 여러 정보에 대한 접근이 용이해진 점과 일반 국민의 권리의식이 신장된 점 등에 비추어 보면, 그 5년이라는 기간이 지나치게 단기라든지 불합리하여 범죄피해자의 구조청구권 행사를 현저히 곤란하게 하거나 사실상 불가능하게 하는 것으로는 볼 수 없다. 비록 범죄피해자 보호법 제25조가 그 신청기간을 범죄피해 발생일부터 10년으로 확장하였지만, 이 역시 입법재량의 범위 내라고 할 수 있을 뿐이고, 종래 그 기간을 5년으로 정한 것 자체가 불합리하다고 보기는 어렵다고 할 것이다. 따라서, 범죄피해 발생일부터 5년이 경과한 경우에는 구조청구권을 행사할 수 없도록 한 것에는 합리적인 이유가 있다고 할 것이어서, 위 법률조항은 평등원칙에 반하지 아니한다(헌재 2011.12.29. 2009헌마354).

ANSWER 09 × 10 ○ 11 ○ 12-1 ○ 12-2 × 13 ○

07 CHAPTER 대한민국의 기본제도와 참정권적 기본권

제1절 정당제도와 정당의 자유

I 헌법 조문

제8조 ① 정당의 설립은 자유이며, 복수정당제는 보장된다.
② 정당은 그 목적·조직과 활동이 민주적이어야 하며, 국민의 정치적 의사형성에 참여하는데 필요한 조직을 가져야 한다.
③ 정당은 법률이 정하는 바에 의하여 국가의 보호를 받으며, 국가는 법률이 정하는 바에 의하여 정당운영에 필요한 자금을 보조할 수 있다.
④ 정당의 목적이나 활동이 민주적 기본질서에 위배될 때에는 정부는 헌법재판소에 그 해산을 제소할 수 있고, 정당은 헌법재판소의 심판에 의하여 해산된다.

II 최신 기출지문 분석

01-1 정당설립의 자유는 개인이 정당 일반 또는 특정 정당에 가입하지 아니할 자유, 가입했던 정당으로부터 탈퇴할 자유 등 소극적 자유도 포함한다. 2022 행시 ( )

01-2 헌법 제8조 제1항 전단은 단지 정당설립의 자유만을 명시적으로 규정하고 있지만, 정당의 설립만이 보장될 뿐 설립된 정당이 언제든지 해산될 수 있거나 정당의 활동이 임의로 제한될 수 있다면 정당설립의 자유는 사실상 아무런 의미가 없게 되므로, 정당설립의 자유는 당연히 정당존속의 자유와 정당활동의 자유를 포함하는 것이다. 2022 경찰경력채용 ( )

01-3 헌법 제8조 제1항 전단에 규정된 정당설립의 자유에는 정당존속의 자유와 정당활동의 자유가 당연히 포함된다. 2022 법무사 ( )

ANSWER 01-1 ○   01-2 ○   01-3 ○

01-4 헌법 제8조 제1항이 명시하는 정당설립의 자유는 설립할 정당의 조직형태를 어떠한 내용으로 할 것인지에 관한 정당조직 선택의 자유 및 그와 같이 선택된 조직을 결성할 자유를 포함하지만 정당활동의 자유는 포함하지 않는다. 2022 입법고시 ( )

> **해설** 헌법 제8조 제1항 전단의 정당설립의 자유는 정당설립의 자유만이 아니라 누구나 국가의 간섭을 받지 아니하고 자유롭게 정당에 가입하고 정당으로부터 탈퇴할 수 있는 자유를 함께 보장한다. 구체적으로 정당의 자유는 개개인의 자유로운 정당설립 및 정당가입의 자유, 조직형식 내지 법형식 선택의 자유를 포함한다. 또한 정당설립의 자유는 설립에 대응하는 정당해산의 자유, 합당의 자유, 분당의 자유도 포함한다. 뿐만 아니라 정당설립의 자유는 개인이 정당 일반 또는 특정 정당에 가입하지 아니할 자유, 가입했던 정당으로부터 탈퇴할 자유 등 소극적 자유도 포함한다(헌재 2006.3.30. 2004헌마246).
> **헌법 제8조 제1항 전단의 정당설립의 자유는 정당설립의 자유만이 아니라 정당활동의 자유를 포함한다.** 구체적으로 정당의 자유는 개개인의 자유로운 정당설립 및 정당가입의 자유, 조직형식 내지 법형식 선택의 자유를 포함한다. 또한 정당설립의 자유는 설립에 대응하는 정당해산의 자유, 합당의 자유, 분당의 자유도 포함할 뿐만 아니라 개인이 정당 일반 또는 특정 정당에 가입하지 아니할 자유, 가입했던 정당으로부터 탈퇴할 자유 등 소극적 자유도 포함한다(헌재 2014.4.24. 2012헌마287).

02-1 정당의 명칭은 그 정당의 정책과 정치적 신념을 나타내는 대표적인 표지에 해당하므로, 정당설립의 자유는 자신들이 원하는 명칭을 사용하여 정당을 설립하거나 정당활동을 할 자유도 포함한다. 2022 경찰경력채용
( )

02-2 헌법 제8조 제1항은 국민 누구나가 원칙적으로 국가의 간섭을 받지 아니하고 정당을 설립할 권리를 기본권으로 보장함과 아울러 복수정당제를 제도적으로 보장하고 있다. 2022 경찰경력채용 ( )

02-3 정당의 명칭은 그 정당의 정책과 정치적 신념을 나타내는 대표적인 표지에 해당하므로, 정당설립의 자유는 자신들이 원하는 명칭을 사용하여 정당을 설립하거나 정당활동을 할 자유도 포함한다. 2023 경찰2차 ( )

> **해설** 정당의 명칭은 그 정당의 정책과 정치적 신념을 나타내는 대표적인 표지에 해당하므로, **정당설립의 자유는 자신들이 원하는 명칭을 사용하여 정당을 설립하거나 정당활동을 할 자유도 포함한다고 할 것이다.** 정당은 국민과 국가의 중개자로서 정치적 도관(導管)의 기능을 수행하여 주체적·능동적으로 국민의 다원적 정치의사를 유도·통합함으로써 국가정책의 결정에 직접 영향을 미칠 수 있는 규모의 정치적 의사를 형성하고 있다. 오늘날 대의민주주의에서 차지하는 정당의 이러한 의의와 기능을 고려하여, **헌법 제8조 제1항은 국민 누구나가 원칙적으로 국가의 간섭을 받지 아니하고 정당을 설립할 권리를 기본권으로 보장함과 아울러 복수정당제를 제도적으로 보장하고 있다.** 따라서 입법자는 정당설립의 자유를 최대한 보장하는 방향으로 입법하여야 하고, 헌법재판소는 정당설립의 자유를 제한하는 법률의 합헌성을 심사할 때에 헌법 제37조 제2항에 따라 엄격한 비례심사를 하여야 한다(헌재 2014.1.28. 2012헌마431 등).

03 정당의 설립은 자유이나 복수정당제는 헌법상 바로 보장되는 것은 아니고, 구체적인 법률의 규정이 존재하여야 비로소 보장된다. 2022 경찰승진 / 2023 해양경찰 ( )

> **해설** 정당의 설립은 자유이며, **복수정당제는 보장**된다(헌법 제8조 제1항).

04-1 정당의 자유는 국민이 개인적으로 갖는 기본권일 뿐만 아니라, 단체로서의 정당이 가지는 기본권이기도 하다. 2022 행시 / 2023 해양경찰 ( )

ANSWER 01-4 ✕   02-1 ○   02-2 ○   02-3 ○   03 ✕   04-1 ○

04-2 헌법 제8조 제1항은 정당설립의 자유, 정당조직의 자유, 정당 활동의 자유 등을 포괄하는 정당의 자유를 보장하는 규정이므로, 국민이 개인적으로 가지는 기본권이 아니라 정당이 단체로서 가지는 기본권이다. 2024 경찰승진 ( )

> 해설 ▶ 헌법 제8조 제1항은 정당설립의 자유, 정당조직의 자유, 정당활동의 자유 등을 포괄하는 정당의 자유를 보장하고 있다. 이러한 **정당의 자유는 국민이 개인적으로 갖는 기본권일 뿐만 아니라, 단체로서의 정당이 가지는 기본권이기도 하다**(헌재 2004.12.16. 2004헌마456).

05 「헌법」제8조 제1항은 정당설립의 자유, 정당조직의 자유, 정당활동의 자유를 포괄하는 정당의 자유를 보장하는 규정이므로 정당의 자유의 주체는 정당을 설립하려는 개개인과 이를 통해 조직된 정당이다. 2022 경찰간부 ( )

> 해설 ▶ **정당의 자유의 주체는 정당을 설립하려는 개개인과 이를 통해 조직된 정당 모두에게 인정**되는 것이다(헌재 2006.3.30. 2004헌마246).

06 입법자는 정당설립의 자유를 최대한 보장하는 방향으로 입법하여야 하고, 헌법재판소는 정당설립의 자유를 제한하는 법률의 합헌성을 심사할 때에 헌법 제37조 제2항에 따라 엄격한 비례심사를 하여야 한다. 2023 경찰승진 ( )

> 해설 ▶ 입법자는 정당설립의 자유를 최대한 보장하는 방향으로 입법하여야 하고, 또 다른 한편에서 헌법재판소는 정당설립의 자유를 제한하는 법률의 합헌성을 심사할 때에 헌법 제37조 제2항에 따라 엄격한 비례심사를 하여야 한다. 그러므로 정당설립의 자유를 제한하는 입법은 국가안전보장·질서유지 또는 공공복리를 위하여 필요하고 불가피한 예외적인 경우에만 그 제한이 정당화될 수 있으며, 그 경우에도 정당설립의 자유의 본질적인 내용을 침해할 수 없다(헌재 2014.1.28. 2012헌마431 등).

07 정당은 그 목적·조직과 활동 및 강령이 민주적이면 족하고, 국민의 정치적 의사형성에 참여하는데 필요한 조직을 반드시 가져야 하는 것은 아니다. 2022 경찰승진 ( )

> 해설 ▶ 정당은 그 목적·조직과 활동이 민주적이어야 하며, **국민의 정치적 의사형성에 참여하는데 필요한 조직을 가져야** 한다(헌법 제8조 제2항).

08 헌법에서 정당조항이 처음 채택된 것은 1960년 제2공화국 헌법(제3차 개헌)이며, 제5공화국 헌법(제8차 개헌)에서 정당에 대한 국고보조금 조항을 신설하였다. 2023 경찰간부 ( )

> 해설 ▶ 1960년 제3차 개정헌법에서 정당조항과 위헌정당해산제도를 신설하였고 제8차 개정헌법에서 정당에 대한 국가보조금 조항을 신설하였다.

09-1 정당의 중앙당과 지구당과의 복합적 구조에 비추어 정당의 지구당은 단순한 중앙당의 하부조직이 아니라 어느 정도의 독자성을 가진 단체로서 법인격 없는 사단에 해당한다. 2023 경찰2차 ( )

09-2 정당의 법적 지위는 적어도 그 소유재산의 귀속관계에 있어서는 법인격 없는 사단(社團)으로 보아야 하고, 중앙당과 지구당과의 복합적 구조에 비추어 정당의 지구당은 단순한 중앙당의 하부조직이 아니라 어느 정도의 독자성을 가진 단체로서 역시 법인격 없는 사단에 해당한다. 2023 국가직7급 ( )

> 해설 ▶ **정당이나 그 지구당은 적어도 그 소유재산의 귀속관계에 있어서는 법인격 없는 사단**으로 보아야 한다(헌재 1993.7.29. 92헌마262).

ANSWER 04-2 × 05 ○ 06 ○ 07 × 08 ○ 09-1 ○ 09-2 ○

10 정당의 법적 성격은 일반적으로 사적·정치적 결사 내지는 법인격 없는 사단으로 파악되고, 정당의 법률관계에는 「정당법」의 관계 조문 이외에 일반 사법(私法) 규정이 적용된다. 2023 경찰간부 ( )

> **해설** 정당의 법적 성격은 일반적으로 사적·정치적 결사 내지는 법인격 없는 사단으로 파악되고 있고, 이러한 정당의 법률관계에 대하여는 정당법의 관계 조문 이외에 일반 사법 규정이 적용되며, 정당이 탈당신청서를 처리할지 여부를 결정하는 행위는 자발적 조직 내부의 의사결정에 지나지 아니한다(헌재 2020.1.21. 2020헌마60).

11-1 정당설립의 자유는 등록된 정당에게만 인정되는 기본권이므로, 등록이 취소되어 권리능력 없는 사단인 정당에게는 인정되지 않는다. 2021·2023 경찰승진 ( )

11-2 정당설립의 자유는 그 성질상 등록된 정당에게만 인정되는 기본권의 성격을 가지며, 등록이 취소된 정당에게는 인정되지 아니한다. 2023 법원행시 ( )

11-3 정당의 등록요건으로 '5 이상의 시·도당과 각 시·도당 1,000명 이상의 당원'을 요구하는 구 「정당법」 해당 규정은 이른바 군소정당과 신생정당의 정당정치 참여를 원천적으로 봉쇄하는 것으로서, 헌법 제8조 제1항의 정당설립의 자유를 침해하는 것이다. 2024 법원행시 ( )

> **해설** 청구인(사회당)은 등록이 취소된 이후에도, 취소 전 사회당의 명칭을 사용하면서 대외적인 정치활동을 계속하고 있고, 대내외 조직 구성과 선거에 참여할 것을 전제로 하는 당헌과 대내적 최고의사결정기구로서 당대회와, 대표단 및 중앙위원회, 지역조직으로 시·도위원회를 두는 등 계속적인 조직을 구비하고 있는 사실 등에 비추어 보면, **청구인은 등록이 취소된 이후에도 '등록정당'에 준하는 '권리능력 없는 사단'**으로서의 실질을 유지하고 있다고 볼 수 있으므로 이 사건 헌법소원의 청구인능력을 인정할 수 있다. 또한, **정당설립의 자유는 그 성질상 등록된 정당에게만 인정되는 기본권이 아니라 청구인과 같이 등록정당은 아니지만 권리능력 없는 사단의 실체를 가지고 있는 정당에게도 인정되는 기본권**이라고 할 수 있고, 청구인이 등록정당으로서의 지위를 갖추지 못한 것은 결국 이 사건 법률조항 및 같은 내용의 현행 정당법(제17조, 제18조)의 정당등록요건규정 때문이고, 장래에도 이 사건 법률조항과 같은 내용의 현행 정당법 규정에 따라 기본권제한이 반복될 위험이 있으므로, 심판청구의 이익을 인정할 수 있다.
> 이 사건 법률조항이 비록 정당으로 등록되기에 필요한 요건으로서 5개 이상의 시·도당 및 각 시·도당마다 1,000명 이상의 당원을 갖출 것을 요구하고 있기 때문에 국민의 정당설립의 자유에 어느 정도 제한을 가하는 점이 있는 것은 사실이나, 이러한 제한은 "상당한 기간 또는 계속해서", "상당한 지역에서" 국민의 정치적 의사형성 과정에 참여해야 한다는 헌법상 정당의 개념표지를 구현하기 위한 합리적인 제한이라고 할 것이므로, 그러한 제한은 헌법적으로 정당화된다고 할 것이다(헌재 2006.3.30. 2004헌마246).

12-1 정당의 시·도당은 1천인 이상의 당원을 가져야 한다고 규정한 「정당법」 조항은 과잉금지원칙에 위배되어 정당 조직 및 활동의 자유를 침해한다. 2023 국회직8급 ( )

12-2 「정당법」상 시·도당은 당해 관할구역 안에 주소를 두고 있는 1천인 이상의 당원을 가져야 한다고 규정하고 있는데, 이는 정당의 자유를 침해하지 아니한다. 2024 경찰승진 ( )

> **해설** 법정당원수 조항은 과잉금지원칙을 위반하여 각 시·도당창당준비위원회의 대표자들의 정당조직의 자유와 정당활동의 자유를 포함한 정당의 자유를 침해하지 아니한다(헌재 2022.11.24. 2019헌마445).

ANSWER 10 ○ 11-1 × 11-2 × 11-3 × 12-1 × 12-2 ○

13 등록신청을 받은 관할 선거관리위원회는 형식적 요건을 구비하는 한 이를 거부하지 못한다. 다만, 형식적 요건을 구비하지 못한 때에는 상당한 기간을 정하여 그 보완을 명하고, 2회 이상 보완을 명하여도 응하지 아니할 때에는 그 신청을 각하할 수 있다. 2023 국회직8급 ( )

> 해설 등록신청을 받은 관할 선거관리위원회는 형식적 요건을 구비하는 한 이를 거부하지 못한다. 다만, 형식적 요건을 구비하지 못한 때에는 상당한 기간을 정하여 그 보완을 명하고, 2회 이상 보완을 명하여도 응하지 아니할 때에는 그 신청을 각하할 수 있다(정당법 제15조).

14 헌법 제8조 제2항은 정당의 목적·조직과 활동이 민주적일 것을 요구하고 있으므로, 정당의 등록신청을 받은 관할 선거관리위원회는 정당의 이념적 목적이 민주적 기본질서에 반한다고 인정되는 경우 그 등록을 거부할 수 있다. 2024 법원행시 ( )

> 해설 정당등록신청을 받은 관할 선거관리위원회는 형식적 요건을 구비하는 한 이를 거부하지 못한다(제15조). 정당법에 따라 중앙선거관리위원회에 등록된 정당은 그 결사가 정당임을 법적으로 확인받게 된다. 이와 같은 정당등록에 관한 규정에 의하면 중앙선거관리위원회 위원장은 정당이 정당법에 정한 형식적 요건을 구비한 경우 등록을 수리하여야 하고, 정당법에 명시된 요건이 아닌 다른 사유로 정당등록신청을 거부하는 등으로 정당설립의 자유를 제한할 수 없다(대판 2021.12.30. 2020수5011).

15 중앙선거관리위원회가 2020. 1. 13. '비례○○당'의 명칭은 정당법 제41조 제3항에 위반되어 정당의 명칭으로 사용할 수 없다고 결정·공표한 행위는 헌법소원의 대상이 되는 '공권력의 행사'에 해당한다. 2023 법원행시 ( )

> 해설 이 사건 결정·공표는 '비례○○당'이 정당법 제41조 제3항에 따라 사용이 금지되는 유사명칭에 해당하는지 여부에 대한 피청구인의 내부적인 판단을 공표한 것으로서, 그 자체로 청구인의 법적 지위에 어떠한 영향을 미친다고 볼 수 없다. 따라서 이 사건 결정·공표는 헌법소원의 대상이 되는 '공권력의 행사'에 해당하지 않는다(헌재 2021.3.25. 2020헌마94).

16-1 「공직선거법」상 법원의 판결에 의하여 선거일 현재 선거권이 정지된 18세 국민이라도 「정당법」에 따른 정당의 발기인은 될 수 있다. 2022 행시 ( )

16-2 18세 미만의 국민은 정당의 발기인 및 당원이 될 수 없다. 2023 국회직8급 ( )

16-3 직업공무원의 정치적 중립성을 확보하기 위해 국·공립학교의 초·중등교원의 정당가입은 금지된다. 2023 국회직9급 ( )

16-4 공무원은 정당의 발기인 및 당원이 될 수 없으나, 예외적으로 대통령, 국무총리, 국무위원, 국회의원, 지방의회의원, 선거에 의하여 취임하는 지방자치단체의 장이나 교육감에게는 이를 허용하고 있다. 2023 법무사 ( )

> 해설 16세 이상의 국민은 공무원 그 밖에 그 신분을 이유로 정당가입이나 정치활동을 금지하는 다른 법령의 규정에 불구하고 누구든지 정당의 발기인 및 당원이 될 수 있다. 다만, 다음 1. 「국가공무원법」 제2조(공무원의 구분) 또는 「지방공무원법」 제2조(공무원의 구분)에 규정된 공무원. 다만, **대통령, 국무총리, 국무위원, 국회의원, 지방의회의원, 선거에 의하여 취임하는 지방자치단체의 장**, 국회 부의장의 수석비서관·비서관·비서·행정보조요원, 국회 상임위원회·예산결산특별위원회·윤리특별위원회 위원장의 행정보조요원, 국회의원

ANSWER 13 ○ 14 × 15 × 16-1 × 16-2 ○ 16-3 ○ 16-4 ×

의 보좌관·비서관·비서, 국회 교섭단체대표의원의 행정비서관, 국회 교섭단체의 정책연구위원·행정보조요원과 「고등교육법」 제14조(교직원의 구분) 제1항·제2항에 따른 교원은 제외한다. 2. 「고등교육법」 제14조 제1항·제2항에 따른 교원을 제외한 사립학교의 교원, 3. 법령의 규정에 의하여 공무원의 신분을 가진 자, 4. 「공직선거법」 제18조 제1항에 따른 선거권이 없는 사람 중 각 호의 어느 하나에 해당하는 자는 그러하지 아니하다(정당법 제22조 제1항).

17-1 외국인인 사립대학의 교원은 정당의 발기인이나 당원이 될 수 있다. 2022 입법고시 ( )

17-2 대한민국 국민이 아닌 자는 정당의 당원이 될 수 없으며, 누구든지 2 이상의 정당의 당원이 되지 못한다.
2023 경찰2차 ( )

해설 대한민국 국민이 아닌 자는 당원이 될 수 없다(정당법 제22조 제2항). 누구든지 2 이상의 정당의 당원이 되지 못한다(정당법 제42조 제2항).

18 공무원의 정당가입이 허용된다면, 공무원의 정치적 행위가 직무 내의 것인지 직무 외의 것인지 구분하기 어려운 경우가 많고, 설사 공무원이 근무시간 외에 혹은 직무와 관련 없이 정당과 관련된 정치적 표현행위를 한다 하더라도 공무원의 정치적 중립성에 대한 국민의 기대와 신뢰는 유지되기 어렵다. 2023 법원직 ( )

해설 헌법재판소는 2004. 3. 25. 2001헌마710 결정 및 2014. 3. 27. 2011헌바42 결정에서, 국가공무원이 정당의 발기인 및 당원이 될 수 없도록 규정한 구 정당법 및 구 국가공무원법 조항들이 헌법에 위반되지 않는다고 판단하였다. 그 요지는 '이 사건 정당가입 금지조항은 국가공무원이 정당에 가입하는 것을 금지함으로써 공무원이 국민 전체에 대한 봉사자로서 그 임무를 충실히 수행할 수 있도록 정치적 중립성을 보장하고, **초·중등학교 교원이 당파적 이해관계의 영향을 받지 않도록 교육의 중립성을 확보하기 위한 것이므로, 목적의 정당성 및 수단의 적합성이 인정**된다. 공무원의 정치적 행위가 직무 내의 것인지 직무 외의 것인지 구분하기 어려운 경우가 많고, 공무원의 행위는 근무시간 내외를 불문하고 국민에게 중대한 영향을 미치므로, 직무 내의 정당 활동에 대한 규제만으로는 입법목적을 달성하기 어렵다. 또한 정당에 대한 지지를 선거와 무관하게 개인적인 자리에서 밝히거나 선거에서 투표를 하는 등 일정한 범위 내의 정당관련 활동은 공무원에게도 허용되므로 이 사건 정당가입 금지조항은 침해의 최소성 원칙에 반하지 않는다. 정치적 중립성, 초·중등학교 학생들에 대한 교육기본권 보장이라는 공익은 공무원들이 제한받는 사익에 비해 중대하므로 법익의 균형성 또한 인정된다. 따라서 이 사건 정당가입 금지조항은 과잉금지원칙에 위배되지 않는다. 이 사건 **정당가입 금지조항이 초·중등학교 교원에 대해서는 정당가입의 자유를 금지하면서 대학의 교원에게 이를 허용한다 하더라도, 이는 기초적인 지식전달, 연구기능 등 양자 간 직무의 본질과 내용, 근무 태양이 다른 점을 고려한 합리적인 차별이므로 평등원칙에 위배되지 않는다.**'는 것이다. 위 선례의 판단을 변경할 만한 사정 변경이나 필요성이 인정되지 않고 위 선례의 취지는 이 사건에서도 그대로 타당하므로, 위 선례의 견해를 그대로 유지하기로 한다(헌재 2020. 4. 23. 2018헌마551).

19 사회복무요원이 정당 가입을 할 수 없도록 규정한 병역법 조항은 사회복무요원의 정치적 중립성 보장과 아무런 관련이 없는 사회적 활동까지 금지한다는 점에서 사회복무요원의 결사의 자유를 침해한다. 2023 법원직
( )

해설 이 사건 법률조항 중 '정당'에 관한 부분은 사회복무요원의 정치적 중립성을 유지하고 업무전념성을 보장하기 위한 것으로, 정당은 개인적 정치활동과 달리 국민의 정치적 의사형성에 미치는 영향력이 크므로 사회복무요원의 정당 가입을 금지하는 것은 입법목적을 달성하기 위한 적합한 수단이다. **정당에 관련된 표현행위는 직무 내외를 구분하기 어려우므로 '직무와 관련된 표현행위만을 규제'하는 등 기본권을 최소한**

ANSWER 17-1 × 17-2 ○ 18 ○ 19 ×

도로 제한하는 대안을 상정하기 어려우며, 위 입법목적이 사회복무요원이 제한받는 사익에 비해 중대하므로 이 사건 법률조항 중 '정당'에 관한 부분은 청구인의 정치적 표현의 자유 및 결사의 자유를 침해하지 않는다(헌재 2021.11.25. 2019헌마534).

20-1 복수당적 보유를 금지하는 「정당법」 조항은 과잉금지원칙에 위배되어 정당 가입 및 활동의 자유를 침해한다. 2023 국회직8급 ( )

20-2 "누구든지 2 이상의 정당의 당원이 되지 못한다."라고 규정하고 있는 「정당법」 조항은 정당의 정체성을 보존하고 정당 간의 위법·부당한 간섭을 방지함으로써 정당정치를 보호·육성하기 위한 것으로서, 정당 당원의 정당 가입·활동의 자유를 침해한다고 할 수 없다. 2023 국가직7급 ( )

해설 ▶ 심판대상조항은 정당의 정체성을 보존하고 정당 간의 위법·부당한 간섭을 방지함으로써 정당정치를 보호·육성하기 위한 것으로 볼 수 있다. … 심판대상조항이 정당의 당원인 청구인들의 **정당 가입·활동의 자유를 침해한다고 할 수 없다**(헌재 2022.3.31. 2020헌마1729).

21 경찰청장 퇴임 후 2년 간 정당의 발기인이 되거나 당원이 될 수 없도록 한 것이 정당 설립 및 가입의 자유를 침해하였다고 볼 수 없다. 2023 해양경찰 ( )

해설 ▶ 경찰청장이 퇴임 후 공직선거에 입후보하는 경우 당적취득금지의 형태로써 정당의 추천을 배제하고자 하는 이 사건 법률조항이 어느 정도로 입법목적인 '경찰청장 직무의 정치적 중립성'을 확보할 수 있을지 그 실효성이 의문시된다. 따라서 이 사건 법률조항은 정당의 자유를 제한함에 있어서 갖추어야 할 적합성의 엄격한 요건을 충족시키지 못한 것으로 판단되므로 이 사건 법률조항은 정당설립 및 가입의 자유를 침해하는 조항이다(헌재 1999.12.23. 99헌마135).

22 정당이 그 소속 국회의원을 제명하기 위해서는 당헌이 정하는 절차를 거치는 외에 그 소속 국회의원 전원의 2분의 1 이상의 찬성이 있어야 한다. 2021 경찰승진 ( )

해설 ▶ 정당소속 국회의원의 제명 : 정당이 그 소속 국회의원을 제명하기 위해서는 당헌이 정하는 절차를 거치는 외에 그 소속 국회의원 전원의 2분의 1 이상의 찬성이 있어야 한다(정당법 제33조).

23 당론과 다른 견해를 가진 소속 국회의원을 당해 교섭단체대표의원의 요청에 따라 다른 상임위원회로 전임(사·보임)하는 국회의장의 조치는 특별한 사정이 없는 한 헌법상 용인될 수 있는 "정당내부의 사실상 강제"의 범위 내에 해당한다. 2023 경찰간부 ( )

해설 ▶ 당론과 다른 견해를 가진 소속 국회의원을 당해 교섭단체의 필요에 따라 다른 상임위원회로 전임(사·보임)하는 조치는 특별한 사정이 없는 한 헌법상 용인될 수 있는 "정당내부의 사실상 강제"의 범위 내에 해당한다고 할 것이다(헌재 2003.10.30. 2002헌라1).

24-1 정당이 최근 4년간 임기만료에 의한 국회의원선거 또는 임기만료에 의한 지방자치단체의 장 선거나 시·도의회의원선거에 참여하지 아니한 때에는 당해 선거관리위원회는 그 등록을 취소한다. 2022 행시 ( )

24-2 정당이 자유민주적 기본질서를 부정하고 이를 적극적으로 제거하려는 경우 중앙선거관리위원회는 그 정당의 등록을 취소할 수 있다. 2022 변시 ( )

ANSWER 20-1 × 20-2 ○ 21 × 22 ○ 23 ○ 24-1 ○ 24-2 ×

해설 정당이 다음 1. 제17조(법정시·도당수) 및 제18조(시·도당의 법정당원수)의 요건을 구비하지 못하게 된 때. 다만, 요건의 흠결이 공직선거의 선거일 전 3월 이내에 생긴 때에는 선거일 후 3월까지, 그 외의 경우에는 요건흠결 시부터 3월까지 그 취소를 유예한다. 2. 최근 4년간 임기만료에 의한 국회의원선거 또는 임기만료에 의한 지방자치단체의 장선거나 시·도의회의원선거에 참여하지 아니한 때, 3. 임기만료에 의한 국회의원선거에 참여하여 의석을 얻지 못하고 유효투표총수의 100분의 2 이상을 득표하지 못한 때 중 각 호의 어느 하나에 해당하는 때에는 당해 선거관리위원회는 그 등록을 취소한다(정당법 제44조 제1항).

25-1 국회의원선거에 참여하여 의석을 얻지 못하고 유효투표총수의 100분의 2 이상을 득표하지 못한 정당에 대해 그 등록을 취소하도록 한 정당법 조항은 정당설립의 자유를 침해하는 것이 아니다. 2022 경찰경력채용
( )

25-2 임기만료에 의한 국회의원선거에 참여하여 의석을 얻지 못하고 유효투표총수의 100분의 2 이상을 득표하지 못한 정당에 대해 등록취소하도록 한 「정당법」 조항은 헌법에 위반되지 않는다. 2021 경찰승진 ( )

해설 국회의원선거에 참여하여 의석을 얻지 못하고 유효투표총수의 100분의 2 이상을 득표하지 못한 정당에 대해 **그 등록을 취소**하도록 한 정당법 조항은 입법목적의 정당성과 수단의 적합성이 인정될 수 있지만 침해의 최소성과 법익의 균형성이 인정되지 않으므로 과잉금지원칙에 위배되어 청구인들의 **정당설립의 자유를 침해**한다(헌재 2014.1.28. 2012헌마431 등).

26 정당해산심판제도는 1960. 6. 15. 제3차 헌법 개정을 통해 우리 헌법에 도입되었다. 2022 법무사 ( )

해설 **제3차 개정헌법에서 정당의 해산을 헌법재판소의 판결에 의하도록 규정**하였다.

27 정당해산심판제도는 정당 존립의 특권, 특히 그 중에서도 정부의 비판자로서 야당의 존립과 활동을 특별히 보장하고자 하는 헌법제정자의 규범적 의지의 산물로 이해되어야 한다. 2024 행시 ( )

해설 정당해산제도는 정당에 대하여 일반 결사와 달리 엄격한 요건과 절차에 의해서만 해산되도록 한다는 정당보호라는 의미와, 정당이 정당 활동의 자유라는 미명으로 헌법을 공격하여 파괴하는 것을 방지한다는 헌법보호라는 의미를 가진다. 따라서 **정당해산제도는 정당 존립의 특권을 보장함(정당의 보호)과 동시에, 정당 활동의 자유에 관한 한계를 설정한다(헌법의 보호)는 이중적 성격을 가진다**(헌재 2014.2.27. 2014헌마7).

28-1 정당의 목적이나 활동이 민주적 기본질서에 위배될 때에는 국회는 헌법재판소에 그 해산을 제소할 수 있고, 정당은 헌법재판소의 심판에 의하여 해산된다. 2022·2023 경찰승진 ( )

28-2 정당의 목적이나 활동이 민주적 기본질서에 위배될 때에는 정부는 헌법재판소에 그 해산을 제소할 수 있고, 정당은 헌법재판소의 심판에 의하여 해산된다. 2022 경찰1차 ( )

28-3 정당의 목적이나 활동 중 어느 하나라도 민주적 기본질서에 위배된다면 정당해산의 사유가 될 수 있다. 2022 법무사 ( )

28-4 정당의 목적이나 활동이 민주적 기본질서에 위배될 때에는 법원은 헌법재판소에 그 해산을 제소할 수 있고, 정당은 헌법재판소의 심판에 의하여 해산된다. 2023 경찰2차 ( )

ANSWER 25-1 × 25-2 × 26 ○ 27 ○ 28-1 × 28-2 ○ 28-3 ○ 28-4 ×

해설 정당의 목적이나 활동이 민주적 기본질서에 위배될 때에는 **정부는** 헌법재판소에 그 해산을 제소할 수 있고, 정당은 헌법재판소의 심판에 의하여 해산된다(헌법 제8조 제4항).

29-1 정당의 목적이나 활동이 민주적 기본질서에 위배될 때에는 정부는 국무회의의 심의를 거쳐 헌법재판소에 그 해산을 제소할 수 있고 당해 정당의 해산은 헌법재판소 재판관 6인 이상의 찬성으로 결정된다.
2023 국회직8급 ( )

29-2 헌법재판소의 정당해산결정에는 재판관 6인 이상의 찬성이 있어야 한다. 2023 국회직9급 ( )

해설 정당의 목적이나 활동이 민주적 기본질서에 위배될 때에는 정부는 국무회의의 심의를 거쳐 헌법재판소에 정당해산심판을 청구할 수 있다(헌법재판소법 제55조). 심판정족수 : 재판부는 종국심리(終局審理)에 관여한 재판관 과반수의 찬성으로 사건에 관한 결정을 한다. 다만, 다음 각 호 1. 법률의 위헌결정, 탄핵의 결정, 정당해산의 결정 또는 헌법소원에 관한 인용결정(認容決定)을 하는 경우, 2. 종전에 헌법재판소가 판시한 헌법 또는 법률의 해석 적용에 관한 의견을 변경하는 경우의 어느 하나에 해당하는 경우에는 재판관 6명 이상의 찬성이 있어야 한다(헌법재판소법 제23조 제2항).

30-1 정당은 단순히 행정부의 통상적인 처분에 의해서는 해산될 수 없고, 오직 헌법재판소가 그 정당의 위헌성을 확인하고 해산의 필요성을 인정한 경우에만 정당정치의 영역에서 배제된다. 2024 행시 ( )

30-2 자유민주적 기본질서를 부정하고 이를 적극적으로 제거하려는 조직도, 국민의 정치적 의사형성에 참여하는 한 정당의 자유의 보호를 받는 정당이다. 2023 법원행시 ( )

30-3 정당해산심판제도가 정당을 보호하기 위한 취지에서 도입된 것이고 다른 한편으로는 정당의 강제적 해산 가능성을 헌법상 인정하는 것이므로, 그 자체가 민주주의에 대한 제약이자 위협이 될 수는 없다. 2024 행시
( )

30-4 헌법 제8조 제4항이 의미하는 '민주적 기본질서'는 그 외연이 확장될수록 정당해산결정의 가능성은 확대되고 이와 동시에 정당활동의 자유는 축소될 것이므로, 헌법 제8조 제4항의 민주적 기본질서는 최대한 엄격하고 협소한 의미로 이해해야 한다. 2022 경찰승진 ( )

30-5 헌법 제8조 제4항의 민주적 기본질서 개념은 그 외연이 확장될수록 정당해산결정의 가능성은 확대되고 이와 동시에 정당활동의 자유는 축소될 것이므로 최대한 엄격하고 협소한 의미로 이해해야 한다.
2023 경찰승진 ( )

30-6 정당해산 사유를 규정한 헌법 제8조 제4항의 "민주적 기본질서"는 최대한 엄격하고 협소한 의미로 이해하여야 한다. 2022 법무사 ( )

30-7 헌법 제8조 제4항의 '민주적 기본질서'는 현행 헌법이 채택한 민주주의의 구체적 모습과 동일하게 보아야 한다. 2023 경찰간부 ( )

ANSWER 29-1 ○ 29-2 ○ 30-1 ○ 30-2 ○ 30-3 × 30-4 ○ 30-5 ○ 30-6 ○ 30-7 ×

30-8 정당해산 사유로서의 '민주적 기본질서의 위배'란, 민주적 기본 질서에 대한 단순한 위반이나 저촉만으로도 족하며, 반드시 민주사회의 불가결한 요소인 정당의 존립을 제약해야 할 만큼 그 정당의 목적이나 활동이 민주적 기본질서에 대하여 실질적인 해악을 끼칠 수 있는 구체적 위험성을 초래하는 경우까지 포함하는 것은 아니다. 2022 경찰1차 ( )

30-9 위헌정당해산심판사유 중에서 민주적 기본질서의 '위배'란, 민주적 기본질서에 대한 단순한 위반이나 저촉을 의미하는 것이 아니라, 민주사회의 불가결한 요소인 정당의 존립을 제약해야 할 만큼 그 정당의 목적이나 활동이 우리 사회의 민주적 기본질서에 대하여 실질적인 해악을 끼칠 수 있는 구체적 위험성을 초래하는 경우를 가리킨다. 2023 경찰경력채용 ( )

30-10 헌법 제8조 제4항에서 말하는 민주적 기본질서의 위배란, 정당의 목적이나 활동이 우리 사회의 민주적 기본질서에 대하여 실질적인 해악을 끼칠 수 있는 구체적 위험성을 초래하는 경우뿐만 아니라 민주적 기본질서에 대한 단순한 위반이나 저촉까지도 포함하는 넓은 개념이다. 2024 법원행시 ( )

30-11 헌법재판소의 정당해산결정이 있는 경우 그 정당 소속 국회의원의 의원직은 당선 방식을 불문하고 모두 상실한다. 2023 국회직8급 ( )

30-12 헌법재판소의 해산결정으로 해산되는 정당 소속 국회의원은 적법한 선거절차에 의하여 선출된 자이므로 그 의원직을 상실하지 않는다. 2023 법원행시 ( )

30-13 정당해산제도의 취지 등에 비추어 볼 때 헌법재판소의 정당해산결정이 있는 경우 그 정당 소속 국회의원의 의원직은 당선 방식을 불문하고 모두 상실되어야 한다. 2024 행시 ( )

30-14 정당해산심판으로 정당이 강제 해산되는 경우 해당 정당 소속 국회의원은 의원직을 상실한다.
2023 국회직9급 ( )

> **해설** 통합진보당 해산(헌재 2014.12.19. 2013헌다1)
> (1) 정당은 국민과 국가의 중개자로서의 기능을 수행한다. 정당은 국민의 다양한 정치적 의사들을 대표하고 형성하며, 통상 국민들은 정당에 대한 지지 혹은 선거에서의 투표를 통해서 국가정책의 결정에 참여하거나 그에 대한 영향을 끼칠 수 있게 된다. 이와 같이 **국민의 정치의사형성을 매개하는 정당은 오늘날 민주주의에 있어서 필수불가결한 요소이기 때문에, 정당의 자유로운 설립과 활동은 민주주의 실현의 전제조건**이라고 할 수 있다.
> (2) 정당해산심판제도는 정부의 일방적인 행정처분에 의해 진보적 야당이 등록취소되어 사라지고 말았던 우리 현대사에 대한 반성의 산물로서 제3차 헌법 개정을 통해 헌법에 도입된 것이다. **우리나라의 경우 이 제도는 발생사적 측면에서 정당을 보호하기 위한 절차로서의 성격이 부각된다.** 따라서 모든 정당의 존립과 활동은 최대한 보장되며, 설령 어떤 정당이 민주적 기본질서를 부정하고 이를 적극적으로 공격하는 것으로 보인다 하더라도 **국민의 정치적 의사형성에 참여하는 정당으로서 존재하는 한 헌법에 의해 최대한 두텁게 보호되므로, 단순히 행정부의 통상적인 처분에 의해서는 해산될 수 없고, 오직 헌법재판소가 그 정당의 위헌성을 확인하고 해산의 필요성을 인정한 경우에만 정당정치의 영역에서 배제된다.**

ANSWER 30-8 ×   30-9 ○   30-10 ×   30-11 ○   30-12 ×   30-13 ○   30-14 ○

(3) 정치적 비판자들을 탄압하기 위한 용도로 남용되는 일이 생기지 않도록 정당해산심판제도는 매우 엄격하고 제한적으로 운용되어야 한다. '의심스러울 때에는 자유를 우선시하는(in dubio pro libertate)' 근대 입헌주의의 원칙은 정당해산심판제도에서도 여전히 적용되어야 할 것이다.

(4) 정당해산의 사유

① '정당의 목적'이란, 어떤 정당이 추구하는 정치적 방향이나 지향점 혹은 현실 속에서 구현하고자 하는 정치적 계획 등을 통칭한다. 이는 주로 정당의 공식적인 강령이나 당헌의 내용을 통해 드러나겠지만, 그밖에 정당대표나 주요 당직자 등의 공식적 발언, 정당의 기관지나 선전자료와 같은 간행물, 정당의 의사결정과정에서 일정한 영향력을 가지거나 정당의 이념으로부터 영향을 받은 당원들의 행위 등도 정당의 목적을 파악하는 데에 도움이 될 수 있다. 만약 정당의 진정한 목적이 숨겨진 상태라면 이 경우에는 강령 이외의 자료를 통해 진정한 목적을 파악해야 한다.

한편 '정당의 활동'이란, 정당 기관의 행위나 주요 정당관계자, 당원 등의 행위로서 그 정당에게 귀속시킬 수 있는 활동 일반을 의미한다. **정당 소속의 국회의원 등은** 비록 정당과 밀접한 관련성을 가지지만 헌법상으로는 정당의 대표자가 아닌 국민 전체의 대표자이므로 그들의 행위를 곧바로 정당의 활동으로 귀속시킬 수는 없겠으나, 가령 **그들의 활동 중에서도 국민의 대표자의 지위가 아니라 그 정당에 속한 유력한 정치인의 지위에서 행한 활동으로서 정당과 밀접하게 관련되어 있는 행위들은 정당의 활동이 될 수도 있을 것이다.**

② 헌법 제8조 제4항의 민주적 기본질서 개념은 정당해산결정의 가능성과 긴밀히 결부되어 있다. **이 민주적 기본질서의 외연이 확장될수록 정당해산결정의 가능성은 확대되고, 이와 동시에 정당 활동의 자유는 축소될 것이다.** 민주 사회에서 정당의 자유가 지니는 중대한 함의나 정당해산심판제도의 남용가능성 등을 감안한다면, 헌법 제8조 제4항의 민주적 기본질서는 최대한 엄격하고 협소한 의미로 이해해야 한다. **따라서 민주적 기본질서를 현행 헌법이 채택한 민주주의의 구체적 모습과 동일하게 보아서는 안 된다.**

헌법 제8조 제4항이 의미하는 '민주적 기본질서'는, 개인의 자율적 이성을 신뢰하고 모든 정치적 견해들이 각각 상대적 진리성과 합리성을 지닌다고 전제하는 다원적 세계관에 입각한 것으로서, 모든 폭력적·자의적 지배를 배제하고, 다수를 존중하면서도 소수를 배려하는 민주적 의사결정과 자유·평등을 기본원리로 하여 구성되고 운영되는 정치적 질서를 말하며, 구체적으로는 국민주권의 원리, 기본적 인권의 존중, 권력분립제도, 복수정당제도 등이 현행 헌법상 주요한 요소라고 볼 수 있다.

③ 헌법 제8조 제4항은 정당해산심판의 사유를 "정당의 목적이나 활동이 민주적 기본질서에 위배될 때"로 규정하고 있는데, 여기서 말하는 **민주적 기본질서의 '위배'란, 민주적 기본질서에 대한 단순한 위반이나 저촉을 의미하는 것이 아니라,** 민주사회의 불가결한 요소인 정당의 존립을 제약해야 할 만큼 그 정당의 목적이나 활동이 우리 사회의 민주적 기본질서에 대하여 **실질적인 해악을 끼칠 수 있는 구체적 위험성을 초래하는 경우**를 가리킨다.

④ 민주적 기본질서를 부정하지 않는 한 정당은 각자가 옳다고 믿는 다양한 스펙트럼의 이념적인 지향을 **자유롭게 추구할 수 있다.** 오늘날 정당은 자유민주주의 이념을 추구하는 정당에서부터 공산주의 이념을 추구하는 정당에 이르기까지 그 이념적 지향점이 매우 다양하므로, **어떤 정당이 특정 이념을 표방한다 하더라도 그 정당의 목적이나 활동이 민주적 기본질서의 내용들을 침해하는 것이 아닌 한 그 특정 이념의 표방 그 자체만으로 곧바로 위헌적인 정당으로 볼 수는 없다.** 정당해산 여부를 결정하는 문제는 결국 그 정당이 표방하는 정치적 이념이 무엇인지가 아니라 그 정당의 목적이나 활동이 민주적 기본질서에 위배되는지 여부에 달려있기 때문이다.

⑤ 강제적 정당해산은 헌법상 핵심적인 정치적 기본권인 정당활동의 자유에 대한 근본적 제한이므로, 헌법재판소는 이에 관한 결정을 할 때 헌법 제37조 제2항이 규정하고 있는 **비례원칙을 준수해야만 한다.** 따라서 헌법 제8조 제4항의 명문규정상 요건이 구비된 경우에도 해당 정당의 위헌적 문제성을 해결할 수 있는 다른 대안적 수단이 없고, 정당해산결정을 통하여 얻을 수 있는 사회적 이익이 정당해산결정으로 인해 초래되는 정당활동 자유 제한으로 인한 불이익과 민주주의 사회에 대한 중대한 제약이라는 사회적 불이익을 초과할 수 있을 정도로 큰 경우에 한하여 정당해산결정이 헌법적으로 정당화될 수 있다.

(5) 정당해산심판제도의 본질은 그 목적이나 활동이 민주적 기본질서에 위배되는 정당을 국민의 정치적 의사 형성과정에서 미리 배제함으로써 국민을 보호하고 헌법을 수호하기 위한 것이다. 어떠한 정당을 엄격한 요건 아래 위헌정당으로 판단하여 해산을 명하는 것은 헌법을 수호한다는 **방어적 민주주의 관점에서 비롯되는 것이고, 이러한 비상상황에서는 국회의원의 국민대표성은 부득이 희생될 수밖에 없다.** 헌법재판소의 해산결정으로 정당이 해산되는 경우에 그 정당 소속 국회의원이 의원직을 상실하는지에 대하여 명문의 규정은 없으나, 정당해산심판제도의 본질은 민주적 기본질서에 위배되는 정당을 정치적 의사형성과정에서 배제함으로써 국민을 보호하는 데에 있는데 해산정당 소속 국회의원의 의원직을 상실시키지 않는 경우 정당해산결정의 실효성을 확보할 수 없게 되므로, 이러한 정당해산제도의 취지 등에 비추어 볼 때 **헌법재판소의 정당해산결정이 있는 경우 그 정당 소속 국회의원의 의원직은 당선 방식을 불문하고 모두 상실되어야 한다.**

31 위헌정당해산제도의 실효성을 확보하기 위하여 헌법재판소의 위헌정당 해산결정에 따라 해산된 정당 소속 비례대표 지방의회의원은 해산결정 시 의원의 지위를 상실한다. 2023 국가직7급 ( )

해설 헌법재판소의 위헌정당 해산결정에 따라 해산된 정당 소속 비례대표 지방의회의원 갑이 공직선거법 제192조 제4항에 따라 지방의회의원직을 상실하는지가 문제 된 사안에서, **공직선거법 제192조 제4항은 소속 정당이 헌법재판소의 정당해산결정에 따라 해산된 경우 비례대표 지방의회의원의 퇴직을 규정하는 조항이라고 할 수 없어 갑이 비례대표 지방의회의원의 지위를 상실하지 않았다고 본 원심판단을 정당**하다고 한 사례(대판 2021.4.29. 2016두39825)

32-1 헌법재판소는 정당해산심판의 청구를 받은 때에는 직권 또는 청구인의 신청에 의하여 종국결정의 선고 시까지 피청구인의 활동을 정지하는 결정을 할 수 있다. 2023 국회직9급 ( )

32-2 정당해산심판에 있어서는 피청구인의 활동을 정지하는 가처분이 인정되지 않는다. 2023 국회직8급 ( )

32-3 헌법재판소는 정당해산심판의 청구를 받았다 하더라도 종국결정의 선고 시까지 피청구인의 활동을 정지하는 결정을 할 수 없다. 2024 법원행시 ( )

해설 헌법재판소는 정당해산심판의 청구를 받은 때에는 **직권 또는 청구인의 신청**에 의하여 종국 결정의 선고 시까지 피청구인의 활동을 정지하는 결정을 할 수 있다(헌법재판소법 제57조).

33 정당해산심판절차에서는 정당해산심판의 성질에 반하지 않는 한도에서 헌법재판소법 제40조에 따라 민사소송에 관한 법령이 준용될 수 있지만, 민사소송에 관한 법령이 준용되지 않아 법률의 공백이 생기는 부분에 대하여는 헌법재판소가 정당해산심판의 성질에 맞는 절차를 창설할 수 있다. 2024 법원행시 ( )

해설 헌법재판소법은 제4장 제3절에서 정당해산심판의 절차에 관하여 규정하고 있지만 심리절차에 관한 구체적 규정을 두고 있지는 아니하므로, 일반심판절차에 관한 제22조부터 제40조까지의 규정이 정당해산심판 절차에도 그대로 적용된다. 따라서 헌법재판소법에 특별한 규정이 없는 경우에는 준용조항에 따라 정당해산심판의 성질에 반하지 아니하는 한도에서 민사소송에 관한 법령이 준용된다. **민사소송에 관한 법령의 준용이 배제되어 법률의 공백이 생기는 부분에 대하여는 헌법재판소가 정당해산심판의 성질에 맞는 절차를 창설하여 이를 메울 수밖에 없다.** 이와 같이 법률의 공백이 있는 경우 정당해산심판제도의 목적과 취지에 맞는 절차를 창설하여 실체적 진실을 발견하고 이에 근거하여 헌법정신에 맞는 결론을 도출해내는 것은 헌법이 헌법재판소에 부여한 고유한 권한이자 의무이다.

ANSWER 31 × 32-1 ○ 32-2 × 32-3 × 33 ○

준용조항은 헌법재판에서의 불충분한 절차진행규정을 보완하고, 원활한 심판절차진행을 도모하기 위한 조항으로, 그 절차보완적 기능에 비추어 볼 때, **소송절차 일반에 준용되는 절차법으로서의 민사소송에 관한 법령을 준용하도록 한 것이 현저히 불합리하다고 볼 수 없다**. 또한 '헌법재판의 성질에 반하지 아니하는 한도'에서 민사소송에 관한 법령을 준용하도록 규정하여 정당해산심판의 고유한 성질에 반하지 않도록 적용범위를 한정하고 있는바, 여기서 '헌법재판의 성질에 반하지 않는' 경우란, 다른 절차법의 준용이 헌법재판의 고유한 성질을 훼손하지 않는 경우로 해석할 수 있고, 이는 헌법재판소가 당해 헌법재판이 갖는 고유의 성질·헌법재판과 일반재판의 목적 및 성격의 차이·준용 절차와 대상의 성격 등을 종합적으로 고려하여 구체적·개별적으로 판단할 수 있다. 따라서 준용조항은 청구인의 공정한 재판을 받을 권리를 침해한다고 볼 수 없다(헌재 2014.2.27. 2014헌마7).

34-1 정당의 해산을 명하는 헌법재판소의 결정은 중앙선거관리위원회가 「정당법」에 따라 집행한다. 2024 경찰승진 ( )

34-2 정당의 해산을 명하는 헌법재판소의 결정은 정부가 「정당법」에 따라 집행한다. 2023 국회직8급 ( )

> 해설 정당의 해산을 명하는 헌법재판소의 결정은 **중앙선거관리위원회**가 「정당법」에 따라 집행한다(헌법재판소법 제60조).

35 정당이 헌법재판소의 결정으로 해산된 때에는 해산된 정당의 강령과 동일하거나 유사한 것으로 정당을 창당하지 못한다. 2023 국회직9급 ( )

> 해설 정당이 헌법재판소의 결정으로 해산된 때에는 해산된 정당의 강령(또는 기본정책)과 동일하거나 유사한 것으로 정당을 창당하지 못한다(정당법 제40조).
> 유사명칭 등의 사용 금지 : 헌법재판소의 결정에 의하여 해산된 정당의 명칭과 같은 명칭은 정당의 명칭으로 다시 사용하지 못한다(정당법 제41조 제2항).

36-1 등록이 취소되거나 자진해산한 정당의 잔여재산 및 헌법재판소의 해산결정에 의하여 해산된 정당의 잔여재산은 국고에 귀속한다. 2023 국회직8급 ( )

36-2 헌법재판소의 해산결정에 의하여 해산된 정당의 잔여재산은 해당 정당의 구성원에게 공정하게 분배한다. 2023 국회직9급 ( )

36-3 등록이 취소된 정당과 자진해산한 정당의 잔여재산은 당헌이 정하는 바에 따라 처분한다. 2024 경찰승진 ( )

> 해설 정당이 제44조(등록의 취소) 제1항의 규정에 의하여 등록이 취소되거나 제45조(자진해산)의 규정에 의하여 **자진해산한 때에는 그 잔여재산은 당헌이 정하는 바에 따라 처분**한다. 위의 규정에 의하여 처분되지 아니한 정당의 잔여재산 및 **헌법재판소의 해산결정에 의하여 해산된 정당의 잔여재산은 국고에 귀속**한다(정당법 제48조 제1항 및 제2항).

37 정당해산결정에 대해서는 재심을 허용하지 아니함으로써 얻을 수 있는 법적 안정성의 이익이 재심을 허용함으로써 얻을 수 있는 구체적 타당성의 이익보다 더 중하므로 재심에 의한 불복방법이 허용될 수 없다. 2023 국회직8급 ( )

ANSWER 34-1 ○ 34-2 × 35 ○ 36-1 × 36-2 × 36-3 ○ 37 ×

해설 정당해산심판은 원칙적으로 해당 정당에게만 그 효력이 미치며, 정당해산결정은 대체정당이나 유사정당의 설립까지 금지하는 효력을 가지므로 오류가 드러난 결정을 바로잡지 못한다면 장래 세대의 정치적 의사결정에까지 부당한 제약을 초래할 수 있다. 따라서 **정당해산심판절차에서는 재심을 허용하지 아니함으로써 얻을 수 있는 법적 안정성의 이익보다 재심을 허용함으로써 얻을 수 있는 구체적 타당성의 이익이 더 크므로 재심을 허용하여야 한다.** 한편, 이 재심절차에서는 원칙적으로 민사소송법의 재심에 관한 규정이 준용된다(헌재 2016.5.26. 2015헌아20).

38-1 정당의 기회균등원칙에는 각 정당에 보조금을 균등하게 배분할 것을 요구하는 내용이 포함된다.
2022 입법고시 ( )

38-2 정당의 기회균등원칙은 각 정당에 보조금을 균등하게 배분할 것을 요구하는 것이 아니라 보조금제도의 취지에 비추어 각 정당의 규모나 정치적 영향력, 정당이 선거에서 거둔 실적 등에 따라 어느 정도 차별을 할 수 있고, 그 내용이 현재의 각 정당들 사이의 경쟁상태를 현저하게 변경시킬 정도가 아니면 합리성을 인정할 수 있을 것이다. 2023 해양경찰 ( )

해설 **정당의 기회균등원칙은 각 정당에 보조금을 균등하게 배분할 것을 요구하는 것이 아니라 보조금제도의 취지에 비추어 각 정당의 규모나 정치적 영향력, 정당이 선거에서 거둔 실적 등에 따라 어느 정도 차별을 할 수 있고, 그 내용이 현재의 각 정당들 사이의 경쟁상태를 현저하게 변경시킬 정도가 아니면 합리성을 인정할 수 있을 것이다.** … 교섭단체를 구성할 정도의 다수 정당과 그에 미치지 못하는 소수 정당 사이에 나타나는 **차등지급의 정도는 정당 간의 경쟁상태를 현저하게 변경시킬 정도로 합리성을 결여한 차별이라고 보기 어렵다**(헌재 2006.7.27. 2004헌마655).

39-1 정당 후원회를 금지한 법률조항은 불법 정치자금 수수로 인한 정경유착을 막고 정당의 정치자금 조달의 투명성을 확보하여 정당 운영의 투명성과 도덕성을 제고하기 위한 것으로 입법목적의 정당성이 인정되고, 정당 후원회를 금지하더라도 정당에 대하여 재정적 후원을 할 수 있는 다른 방법이 마련되어 있으므로, 정당 활동의 자유와 정치적 표현의 자유를 과도하게 제한한다고 볼 수는 없다. 2022 법원행시 ( )

39-2 정당에 대한 후원을 금지하고 위반시 형사처벌하는 구 정치자금법 제6조는 정당 후원회를 금지함으로써 불법 정치자금 수수로 인한 정경유착을 막고 정당의 정치자금 조달의 투명성을 확보하여 정당 운영의 투명성과 도덕성을 제고하기 위한 것으로 목적의 정당성이 인정되므로 정당활동의 자유를 침해하지 않는다.
2023 법원행시 ( )

39-3 정당이 당원 내지 후원자들로부터 정당의 목적에 따른 활동에 필요한 정치자금을 모금하는 것은 정당활동의 자유의 내용에 당연히 포함된다. 2022 법무사 ( )

39-4 정당 스스로 재정충당을 위하여 국민들로부터 모금 활동을 하는 것은 단지 '돈을 모으는 것'에 불과한 것으로 정당의 헌법적 과제 수행에 있어 본질적인 부분이 아니다. 2022 입법고시 ( )

해설 **정당 스스로 재정충당을 위하여 국민들로부터 모금 활동을 하는 것은 단지 '돈을 모으는 것'에 불과한 것이 아니라 궁극적으로 자신의 정강과 정책을 토대로 국민의 동의와 지지를 얻기 위한 활동의 일환이며, 이는 정당의 헌법적 과제 수행에 있어 본질적인 부분의 하나인 것이다.**

ANSWER 38-1 ✕ 38-2 ○ 39-1 ✕ 39-2 ✕ 39-3 ○ 39-4 ✕

정당이 국민 속에 뿌리를 내리고, 국민과 밀접한 접촉을 통하여 국민의 의사와 이익을 대변하고, 이를 국가와 연결하는 중개자로서의 역할을 수행하기 위해서 정당은 정치적으로뿐만 아니라 재정적으로도 국민의 동의와 지지에 의존하여야 하며, 정당 스스로 국민들로부터 그 재정을 충당하기 위해 노력해야 한다. 이러한 의미에서 **정당이 당원 내지 후원자들로부터 정당의 목적에 따른 활동에 필요한 정치자금을 모금하는 것은 정당의 조직과 기능을 원활하게 수행하는 필수적인 요소이자 정당활동의 자유를 보장하기 위한 필수불가결한 전제로서, 정당활동의 자유의 내용에 당연히 포함된다고 할 수 있다.**

정당에 대한 후원을 금지하고 위반 시 형사처벌하는 정치자금법 제45조 제1항 등은 과잉금지의 원칙에 위배되어 정당의 정당활동의 자유와 국민의 정치적 표현의 자유를 침해한다(헌재 2015.12.23. 2013헌바168).

40 광역자치단체장선거의 예비후보자를 후원회지정권자에서 제외하여, 국회의원선거의 예비후보자에게 후원금을 기부하고자 하는 자와 광역자치단체장선거의 예비후보자에게 후원금을 기부하고자 하는 자를 달리 취급하는 것은 합리적 차별에 해당하고 입법재량의 한계를 일탈한 것은 아니다. 2022 변시 ( )

해설 그동안 정치자금법이 여러 차례 개정되어 후원회지정권자의 범위가 지속적으로 확대되어 왔음에도 불구하고, 국회의원선거의 예비후보자 및 그 예비후보자에게 후원금을 기부하고자 하는 자와 광역자치단체장선거의 예비후보자 및 이들 예비후보자에게 후원금을 기부하고자 하는 자를 계속하여 달리 취급하는 것은, 불합리한 차별에 해당하고 입법재량을 현저히 남용하거나 한계를 일탈한 것이다. 따라서 **심판대상조항 중 광역자치단체장선거의 예비후보자에 관한 부분은 청구인들 중 광역자치단체장선거의 예비후보자 및 이들 예비후보자에게 후원금을 기부하고자 하는 자의 평등권을 침해**한다.

자치구의회의원은 대통령, 국회의원과는 그 지위나 성격, 기능, 활동범위, 정치적 역할 등에서 본질적으로 다르다. … 국회의원선거의 예비후보자와 달리 자치구의회의원선거의 예비후보자에게 후원회를 통한 정치자금의 조달을 불허하는 것에는 합리적인 이유가 있다. 따라서 **심판대상조항 중 자치구의회의원선거의 예비후보자에 관한 부분은 청구인들 중 자치구의회의원선거의 예비후보자 및 이들 예비후보자에게 후원금을 기부하고자 하는 자의 평등권을 침해한다고 볼 수 없다**(헌재 2019.12.27. 2018헌마301 등).

41-1 국회의원을 후원회지정권자로 정하면서 「지방자치법」의 '도'의회의원, '시'의회의원을 후원회지정권자에서 제외하고 있는 「정치자금법」 제6조 제2호는 국회의원과 지방의회의원의 업무의 특성을 고려한 합리적 차별로 평등권을 침해하지 않는다. 2023 경찰2차 ( )

41-2 선거와 무관하게 후원회를 설치 및 운영할 수 있는 자를 중앙당과 국회의원으로 한정하여 국회의원과 지방의회의원을 달리 취급하는 것은, 불합리한 차별에 해당한다. 2023 법무사 ( )

해설 후원회 지정 자체를 금지하는 것은 오히려 지방의회의원의 정치자금 모금을 음성화시킬 우려가 있다. 현재 지방의회의원에게 지급되는 의정활동비 등은 의정활동에 전념하기에 충분하지 않고, 지방의회는 유능한 신인정치인의 유입 통로가 되므로, 지방의회의원에게 후원회를 지정할 수 없도록 하는 것은 경제력을 갖추지 못한 사람의 정치입문을 저해할 수도 있다. 따라서 **심판대상조항이 국회의원과 달리 지방의회의원을 후원회지정권자에서 제외하고 있는 것은 불합리한 차별로서 청구인들의 평등권을 침해한다** (헌재 2022.11.24. 2019헌마528 등).

42 국내·국외의 법인 또는 단체는 정치자금을 기부할 수 없다. 2022 입법고시 ( )

해설 **외국인, 국내·외의 법인 또는 단체는 정치자금을 기부할 수 없다**(정치자금법 제31조 제1항).

ANSWER 40 × 41-1 × 41-2 ○ 42 ○

43 특정한 정당이나 정치인에 대한 정치자금의 기부는 그의 정치활동에 대한 지지·지원인 동시에 정책적 영향력 행사의 의도 또는 가능성을 내포하고 있다는 점에서 일종의 정치활동 내지 정치적인 의사표현이라 할 것인바, 누구든지 단체와 관련된 자금으로 정치자금을 기부할 수 없도록 한 기부금지 조항은 정치활동의 자유 내지 정치적 의사표현의 자유에 대한 제한이 된다고 볼 수 있다. 2023 법무사 ( )

> **해설** 특정한 정당이나 정치인에 대한 정치자금의 기부는 그의 정치활동에 대한 지지·지원인 동시에 정책적 영향력 행사의 의도 또는 가능성을 내포하고 있다는 점에서 일종의 정치활동 내지 정치적인 의사표현이라 할 것인바, 누구든지 단체와 관련된 자금으로 정치자금을 기부할 수 없도록 한 이 사건 기부금지 조항은 정치활동의 자유 내지 정치적 의사표현의 자유에 대한 제한이 된다고 볼 수 있다(헌재 2010. 12. 28. 2008헌바89).

44-1 정치자금의 수입과 지출명세서 등에 대한 사본교부 신청이 허용된다고 하더라도, 검증자료에 해당하는 영수증, 예금통장을 직접 열람함으로써 정치자금 수입·지출의 문제점을 발견할 수 있다는 점에서 이에 대한 접근이 보장되어야 한다. 2023 지방직7급 ( )

44-2 「정치자금법」에 따라 회계보고된 자료의 열람기간을 3월간으로 제한한 동법상 열람기간제한 조항은 청구인의 알권리를 침해한다. 2023 경찰간부 ( )

> **해설** 정치자금의 수입과 지출명세서 등에 대한 사본교부 신청이 허용된다고 하더라도, 검증자료에 해당하는 영수증, 예금통장을 직접 열람함으로써 정치자금 수입·지출의 문제점을 발견할 수 있다는 점에서 이에 대한 접근이 보장되어야 한다.
> 이 사건 열람기간제한 조항이 회계보고된 자료의 열람기간을 3월간으로 제한한 것은, 정치자금을 둘러싼 법률관계 또는 분쟁을 조기에 안정시키고, 선거관리위원회가 방대한 양의 자료를 보관하면서 열람을 허용하는 데 따르는 업무부담을 줄이기 위한 것으로 **입법목적이 정당하며, 위 입법목적을 달성하는 데 기여하는 적합한 수단**이다. … 영수증, 예금통장은 현행법령 하에서 사본교부가 되지 않아 열람을 통해 확인할 수밖에 없음에도 열람 중 필사가 허용되지 않고 열람기간마저 3월간으로 짧아 그 내용을 파악하고 분석하기 쉽지 않다. 또한 열람기간이 공직선거법상의 단기 공소시효조차 완성되지 아니한, 공고일부터 3개월 후에 만료된다는 점에서도 지나치게 짧게 설정되어 있다. 한편 선거관리위원회는 데이터 생성·저장 기술의 발전을 이용해 자료 보관, 열람 등의 업무부담을 상당 부분 줄여왔고, 앞으로도 그 부담이 과도해지지 않도록 할 수 있을 것으로 보인다. **이를 종합하면 정치자금을 둘러싼 분쟁 등의 장기화 방지 및 행정부담의 경감을 위해 열람기간의 제한 자체는 둘 수 있다고 하더라도, 현행 기간이 지나치게 짧다는 점은 명확하다.** … 이 사건 열람기간제한 조항은 과잉금지원칙에 위배되어 청구인 신○○의 알권리를 **침해한다**(헌재 2021. 5. 27. 2018헌마1168).

ANSWER 43 ○ 44-1 ○ 44-2 ○

Ⅲ 최신판례

01 등록을 정당의 설립요건으로 정한 정당법 제4조 제1항(**정당등록조항**), 정당법상 등록된 정당이 아니면 정당이라는 명칭을 사용하지 못하게 하는 정당법 제41조 제1항 및 제59조 제2항 중 제41조 제1항에 관한 부분(**정당명칭사용금지조항**), 정당은 수도 소재 중앙당과 5 이상의 시·도당을 갖추어야 한다고 정한 정당법 제3조, 제4조 제2항 중 제17조에 관한 부분, 제17조(**전국정당조항**), 시·도당은 1천인 이상의 당원을 가져야 한다고 정한 정당법 제4조 제2항 중 제18조에 관한 부분 및 제18조(**법정당원수조항**)은 헌법에 위반되지 않는다(헌재 2023.9.26. 2021헌가23).

제2절 선거제도와 선거권

Ⅰ 헌법 조문

제24조 모든 국민은 법률이 정하는 바에 의하여 선거권을 가진다.

제25조 모든 국민은 법률이 정하는 바에 의하여 공무담임권을 가진다.

제41조 ① 국회는 국민의 보통·평등·직접·비밀선거에 의하여 선출된 국회의원으로 구성한다.
② 국회의원의 수는 법률로 정하되, 200인 이상으로 한다.
③ 국회의원의 선거구와 비례대표제 기타 선거에 관한 사항은 법률로 정한다.

제67조 ① 대통령은 국민의 보통·평등·직접·비밀선거에 의하여 선출한다.
② 제1항의 선거에 있어서 최고득표자가 2인 이상인 때에는 국회의 재적의원 과반수가 출석한 공개회의에서 다수표를 얻은 자를 당선자로 한다.
③ 대통령후보자가 1인일 때에는 그 득표수가 선거권자 총수의 3분의 1 이상이 아니면 대통령으로 당선될 수 없다.
④ 대통령으로 선거될 수 있는 자는 국회의원의 피선거권이 있고 선거일 현재 40세에 달하여야 한다.
⑤ 대통령의 선거에 관한 사항은 법률로 정한다.

제68조 ① 대통령의 임기가 만료되는 때에는 임기만료 70일 내지 40일 전에 후임자를 선거한다.
② 대통령이 궐위된 때 또는 대통령 당선자가 사망하거나 판결 기타의 사유로 그 자격을 상실한 때에는 60일 이내에 후임자를 선거한다.

제116조 ① 선거운동은 각급 선거관리위원회의 관리하에 법률이 정하는 범위안에서 하되, 균등한 기회가 보장되어야 한다.
② 선거에 관한 경비는 법률이 정하는 경우를 제외하고는 정당 또는 후보자에게 부담시킬 수 없다.

제118조 ② 지방의회의 조직·권한·의원선거와 지방자치단체의 장의 선임방법 기타 지방자치단체의 조직과 운영에 관한 사항은 법률로 정한다.

Ⅱ 최신 기출지문 분석

01 대통령선거에 있어서 최고득표자가 2인 이상인 때에는 국회의 재적의원 과반수가 출석한 공개회의에서 다수표를 얻은 자를 당선자로 한다. 2024 경찰승진 ( )

해설 ▶ 대통령선거에 있어서 최고득표자가 2인 이상인 때에는 국회의 재적의원 과반수가 출석한 공개회의에서 다수표를 얻은 자를 당선자로 한다(헌법 제67조 제2항).

02-1 대통령후보자가 1인일 때에는 그 득표수가 선거권자 총수의 과반수 이상이 아니면 대통령으로 당선될 수 없다. 2023 국가직7급 ( )

02-2 대통령선거에서 대통령후보자가 1인일 때에는 그 득표수가 선거권자 총수의 3분의 1 이상이 아니면 대통령으로 당선될 수 없다. 2022 경찰1차 ( )

해설 ▶ 대통령후보자가 1인일 때에는 그 득표수가 **선거권자 총수의 3분의 1 이상**이 아니면 대통령으로 당선될 수 없다(헌법 제67조 제3항).

03 대통령의 임기가 만료되는 때에는 임기만료 70일 내지 40일 전에 후임자를 선거한다. 2022 법원행시 ( )

해설 ▶ 대통령의 임기가 만료되는 때에는 임기만료 **70일 내지 40일 전**에 후임자를 선거한다(헌법 제68조 제1항).

04-1 대통령이 궐위된 때 또는 대통령 당선자가 사망하거나 판결 기타의 사유로 그 자격을 상실한 때에는 60일 이내에 후임자를 선거한다. 2022 법원행시 ( )

04-2 헌법은 대통령의 임기가 만료되는 때에는 임기만료 70일 내지 40일 전에 후임자를 선거하고, 대통령이 궐위된 때 또는 대통령당선자가 사망하거나 판결 기타의 사유로 그 자격을 상실한 때에는 60일 이내에 후임자를 선거한다고 규정한다. 2023 국가직7급 ( )

해설 ▶ 대통령이 궐위된 때 또는 대통령 당선자가 사망하거나 판결 기타의 사유로 그 자격을 상실한 때에는 60일 이내에 후임자를 선거한다(헌법 제68조 제2항).

05 중앙선거관리위원회는 대통령이 임명하는 9인의 위원으로 구성되며 위원 중 3인은 국회에서 선출하는 자를, 3인은 대법원장이 추천하는 자를 임명한다. 2022 입법고시 ( )

해설 ▶ 중앙선거관리위원회는 **대통령이 임명하는 3인, 국회에서 선출하는 3인과 대법원장이 지명하는 3인의 위원으로 구성**한다. **위원장은 위원중에서 호선**한다(헌법 제114조 제2항).

06 우리나라는 선거의 공정성과 선거운동의 기회균등을 보장하기 위해 선거공영제를 채택하여 선거에 관한 경비를 법률이 정하는 경우를 제외하고는 정당 또는 후보자에게 부담시킬 수 없다. 2023 국회직9급 ( )

해설 ▶ 선거공영제는 선거에서의 기회균등과 공정성을 확보하기 위하여 국가가 선거를 관리하고 선거비용을 원칙적으로 국가의 부담으로 하는 제도를 말한다. **헌법은 민주주의에서 선거가 가지는 중요한 정치적 기능을 고려하여 제116조 제2항에서 "선거에 관한 경비는 법률이 정하는 경우를 제외하고는 정당 또는 후보자에게 부담시킬 수 없다."라고 규정하여 선거공영제를 채택**하고 있다(헌재 2016.9.29. 2015헌마548).

ANSWER   01 ○   02-1 ×   02-2 ○   03 ○   04-1 ○   04-2 ○   05 ×   06 ○

07 전임자의 임기가 만료된 후에 실시하는 선거와 궐위로 인한 선거에 의한 대통령의 임기는 선거일의 다음날 0시부터 개시된다. 2023 국가직7급 ( )

해설 대통령의 임기는 전임대통령의 임기만료일의 다음날 0시부터 개시된다. 다만, **전임자의 임기가 만료된 후에 실시하는 선거와 궐위로 인한 선거에 의한 대통령의 임기는 당선이 결정된 때부터 개시된다**(공직선거법 제14조 제1항).

08 보통선거라 함은 개인의 납세액이나 소유하는 재산을 선거권의 요건으로 하는 제한선거에 대응하는 것으로, 이러한 요건뿐만 아니라 그 밖에 사회적 신분·인종·성별·종교·교육 등을 요건으로 하지 않고 일정한 연령에 달한 모든 국민에게 선거권을 인정하는 제도를 말한다. 2024 행시 ( )

해설 보통선거라 함은 개인의 납세액이나 소유하는 재산을 선거권의 요건으로 하는 제한선거에 대응하는 것으로 이러한 요건뿐만 아니라 그 밖에 사회적 신분·인종·성별·종교·교육 등을 요건으로 하지 않고 일정한 연령에 달한 모든 국민에게 선거권을 인정하는 제도를 말한다(헌재 2001.6.28. 2000헌마111).

09 국내에 주민등록이 되어 있는 국민에 대해서만 선거권을 인정하고 국내에 주민등록이 되어 있지 아니한 재외국민에 대해서 선거권을 인정하고 있지 않은 구 「공직선거및부정방지법」 제37조 제1항은 부진정입법부작위에 해당한다. 2023 국회직8급 ( )

해설 공직선거및선거부정방지법 제37조 제1항은 국민 중 국내에 주민등록이 되어 있는 국민에 대하여 선거권을 인정하고 있을 뿐 국내에 주민등록이 되어 있지 아니한 재외국민에 대하여서는 선거권을 인정할 수 없음을 분명히 하고 있으므로 이른바 부진정입법부작위에 해당한다(헌재 1999.1.28. 97헌마253 등).

10-1 민주주의 국가에서 국민주권과 대의제 민주주의의 실현수단으로서 선거권이 갖는 중요성으로 인해 입법자는 선거권을 최대한 보장하는 방향으로 입법을 하여야 하는 반면, 헌법재판소가 선거권을 제한하는 법률의 합헌성을 심사하는 경우 그 심사 강도는 완화하여야 한다. 2022 경찰승진 ( )

10-2 선거권의 제한은 불가피하게 요청되는 개별적·구체적 사유가 존재함이 명백할 경우 정당화될 수 있으며, 막연하고 추상적인 위험이나 국가의 노력에 의해 극복될 수 없는 기술상의 어려움이나 장애 등을 사유로도 그 제한이 정당화될 수 있다. 2022 경찰승진 ( )

10-3 「주민등록법」상 주민등록을 할 수 없는 재외국민의 대통령 선거권 행사를 전면 부정하는 것은 헌법에 위배되지 않는다. 2022 경찰승진 ( )

10-4 선거인명부에 오를 자격이 있는 국내거주자에 대해서만 부재자신고를 허용함으로써 재외국민과 단기해외체류자 등 국외거주자 전부의 국정선거권을 부인하고 있는 구 「공직선거법」 조항은 정당한 입법목적을 갖추지 못한 것으로 헌법 제37조 제2항에 위반하여 국외거주자의 선거권과 평등권을 침해하고 보통선거원칙에도 위반된다. 2023 국회직8급 ( )

해설 **민주주의 국가에서 국민주권과 대의제 민주주의의 실현수단으로서 선거권이 갖는 중요성으로 인해 한편으로 입법자는 선거권을 최대한 보장하는 방향으로 입법을 하여야 하며, 또 다른 한편에서 선거권을 제한하는 법률의 합헌성을 심사하는 경우에는 그 심사의 강도도 엄격하여야 한다. 선거권을 제한하는 입법은 헌법 제24조에 의해서 곧바로 정당화될 수는 없고, 헌법 제37조 제2항의 규정에 따라 국가안전보장·질서유지 또는 공공복리를 위하여 필요하고 불가피한 예외적인 경우에만 그 제한이 정당화될 수 있으며, 그 경우에도 선거권의**

ANSWER 07 × 08 ○ 09 ○ 10-1 × 10-2 × 10-3 × 10-4 ○

본질적인 내용을 침해할 수 없다. 더욱이 보통선거의 원칙은 선거권자의 능력, 재산, 사회적 지위 등의 실질적인 요소를 배제하고 성년자이면 누구라도 당연히 선거권을 갖는 것을 요구하므로 보통선거의 원칙에 반하는 선거권 제한의 입법을 하기 위해서는 헌법 제37조 제2항의 규정에 따른 한계가 한층 엄격히 지켜져야 한다. 선거권의 제한은 불가피하게 요청되는 개별적·구체적 사유가 존재함이 명백할 경우에만 정당화될 수 있고, 막연하고 추상적인 위험이나 국가의 노력에 의해 극복될 수 있는 기술상의 어려움이나 장애 등을 사유로 그 제한이 정당화될 수 없다.

단지 주민등록이 되어 있는지 여부에 따라 선거인명부에 오를 자격을 결정하여 그에 따라 선거권 행사 여부가 결정되도록 함으로써 엄연히 대한민국의 국민임에도 불구하고 주민등록법상 주민등록을 할 수 없는 재외국민의 선거권 행사를 전면적으로 부정하고 있는 법 제37조 제1항은 어떠한 정당한 목적도 찾기 어려우므로 헌법 제37조 제2항에 위반하여 재외국민의 선거권과 평등권을 침해하고 보통선거원칙에도 위반된다(헌재 2007.6.28. 2004헌마644 등).

11 비밀선거는 선거인이 누구를 선택하였는지 제3자가 알지 못하도록 하는 상태로 투표하는 것을 말하므로, 해상에 장기 기거하는 선원이 모사전송(팩스) 시스템을 이용하여 선상에서 투표를 할 수 있는 방안이 마련된다면 전송과정에서 투표의 내용이 직·간접적으로 노출되어 비밀선거원칙에 위배되므로 헌법에 위반된다.
2022 입법고시 ( )

해설 비밀선거는 선거인이 누구를 선택하였는지 제3자가 알지 못하도록 하는 상태로 투표하는 것을 말하는데, 모사전송 시스템을 이용하여 선상에서 투표를 할 수 있는 방안이 마련된다면, 전송 과정에서 투표의 내용이 직·간접적으로 노출되어 비밀선거원칙이 침해될 우려가 있다는 지적이 있다. 그러나 통상 모사전송 시스템의 활용에는 특별한 기술을 요하지 않고, 당사자들이 스스로 이를 이용하여 투표를 한다면 비밀 노출의 위험이 적거나 없을 뿐만 아니라, 설사 투표 절차나 전송 과정에서 비밀이 노출될 우려가 있다 하더라도, 이는 국민주권 원리나 보통선거원칙에 따라 선원들이 선거권을 행사할 수 있도록 충실히 보장하기 위한 불가피한 측면이라 할 수도 있으므로, 이를 두고 섣불리 헌법에 위반된다 할 수 없다(헌재 2007.6.28. 2005헌마772).

12 평등선거의 원칙은 평등의 원칙이 선거제도에 적용된 것으로서 투표의 수적 평등을 그 내용으로 할 뿐만 아니라, 일정한 집단의 의사가 정치과정에서 반영될 수 없도록 차별적으로 선거구를 획정하는 이른바 '게리맨더링'에 대한 부정을 의미하기도 한다. 2024 행시 ( )

해설 평등선거의 원칙은 평등의 원칙이 선거제도에 적용된 것으로서 투표의 수적 평등, 즉 1인 1표의 원칙(one person, one vote)과 투표의 성과가치의 평등, 즉 1표의 투표가치가 대표자선정이라는 선거의 결과에 대하여 기여한 정도에 있어서도 평등하여야 한다는 원칙(one vote, one value)을 그 내용으로 할 뿐만 아니라, 일정한 집단의 의사가 정치과정에서 반영될 수 없도록 차별적으로 선거구를 획정하는 이른바 '게리맨더링'에 대한 부정을 의미하기도 한다(헌재 2001.10.25. 2000헌마92 등).

13-1 직접선거원칙은 선거권자의 투표에 의하여 의원 선출이 직접 결정될 것을 요구하지만 비례대표제를 채택하는 경우 정당의 비례적인 의석확보까지 직접 결정될 것을 요구하는 것은 아니다. 2022 입법고시 ( )

13-2 1인 1표제 하에서 비례대표후보자명부에 대한 별도의 투표 없이 지역구후보자에 대한 투표를 정당에 대한 투표로 의제하여 비례대표의석을 배분하는 것은 직접선거의 원칙에 위배된다. 2022 경찰경력채용 ( )

13-3 비례대표 후보자를 유권자들이 직접 선택할 수 있는 이른바 자유명부식이나 가변명부식과 달리 고정명부식에서는 후보자와 그 순위가 전적으로 정당에 의하여 결정되나, 고정명부식을 채택한 것 자체가 직접선거원칙에 위반된다고는 할 수 없다. 2022 경찰경력채용 ( )

ANSWER   11 ×   12 ○   13-1 ×   13-2 ○   13-3 ○

해설 ▶ 비례대표제를 채택하는 경우 직접선거의 원칙은 의원의 선출 뿐만 아니라 정당의 비례적인 의석확보도 선거권자의 투표에 의하여 직접 결정될 것을 요구하는 바, 비례대표의원의 선거는 지역구의원의 선거와는 별도의 선거이므로 이에 관한 유권자의 별도의 의사표시, 즉 정당명부에 대한 별도의 투표가 있어야 함에도 현행제도는 정당명부에 대한 투표가 따로 없으므로 결국 비례대표의원의 선출에 있어서는 정당의 명부작성행위가 최종적·결정적인 의의를 지니게 되고, 선거권자들의 투표행위로써 비례대표의원의 선출을 직접·결정적으로 좌우할 수 없으므로 직접선거의 원칙에 위배된다. 현행 1인 1표제 하에서의 비례대표의석배분방식에서, 지역구후보자에 대한 투표는 지역구의원의 선출에 기여함과 아울러 그가 속한 정당의 비례대표의원의 선출에도 기여하는 2중의 가치를 지니게 되는데 반하여, 무소속후보자에 대한 투표는 그 무소속후보자의 선출에만 기여할 뿐 비례대표의원의 선출에는 전혀 기여하지 못하므로 투표가치의 불평등이 발생하는 바, **자신이 지지하는 정당이 자신의 지역구에 후보자를 추천하지 않아 어쩔 수 없이 무소속후보자에게 투표하는 유권자들로서는 자신의 의사에 반하여 투표가치의 불평등을 강요당하게 되는 바, 이는 합리적 이유 없이 무소속 후보자에게 투표하는 유권자를 차별하는 것이라 할 것이므로 평등선거의 원칙에 위배**된다.
현행 공선법과 관련하여서는 먼저, 비례대표 후보자를 유권자들이 직접 선택할 수 있는 이른바 **자유명부식이나 가변명부식과 달리 고정명부식에서는 후보자와 그 순위가 전적으로 정당에 의하여 결정되므로 직접선거의 원칙에 위반되는 것이 아닌지가 문제될 수 있다. 그러나 비례대표후보자명단과 그 순위, 의석배분방식은 선거시에 이미 확정되어 있고, 투표 후 후보자명부의 순위를 변경하는 것과 같은 사후개입은 허용되지 않는다. 그러므로 비록 후보자 각자에 대한 것은 아니지만 선거권자가 종국적인 결정권을 가지고 있으며, 선거결과가 선거행위로 표출된 선거권자의 의사표시에만 달려 있다고 할 수 있다. 따라서 고정명부식을 채택한 것 자체가 직접선거원칙에 위반된다고는 할 수 없다**(헌재 2001.7.19. 2000헌마91 등).

14 선거권의 평등은 투표가치의 평등을 의미하므로 자치구·시·군의원 선거구 획정에서 인구비례의 원칙 이외에 행정구역, 지세, 교통 등 2차적 요소들을 고려하여야 한다. 2022 경찰간부 ( )

해설 ▶ 자치구·시·군의원은 주로 지역적 사안을 다루는 지방의회의 특성상 지역대표성도 겸하고 있고, 우리 나라는 도시와 농어촌 간의 인구 격차가 크고 각 분야에 있어서의 개발불균형이 현저하므로, **자치구·시·군의원 선거구 획정에 있어서는 행정구역, 지역대표성 등 2차적 요소도 인구비례의 원칙 못지않게 함께 고려해야 할 필요성이 크다.** 인구편차 상하 33⅓%(인구비례 2 : 1)의 기준을 적용할 경우 자치구·시·군의원의 지역대표성과 각 분야에 있어서의 지역 간 불균형 등 2차적 요소를 충분히 고려하기 어려운 반면, 인구편차 상하 50%(인구비례 3 : 1)를 기준으로 하는 방안은 2차적 요소를 보다 폭넓게 고려할 수 있다. 인구편차 상하 60%의 기준에서 곧바로 인구편차 상하 33⅓%의 기준을 채택하는 경우 선거구를 조정하는 과정에서 예기치 않은 어려움에 봉착할 가능성이 크므로, 현재의 시점에서 자치구·시·군의원 선거구 획정과 관련하여 헌법이 허용하는 인구편차의 기준을 인구편차 상하 50%(인구비례 3 : 1)로 변경하는 것이 타당하다(헌재 2018. 6.28. 2014헌마166).

15-1 헌법재판소는 시·도의회의원 지역선거구 획정과 관련하여 헌법이 허용하는 인구편차의 기준을 인구편차 상하 50%(인구비례 3 : 1)로 변경하였다. 2021 경찰승진 ( )

15-2 국회의원 지역선거구 획정에 있어 헌법이 허용하는 인구편차의 기준은 전국 선거구의 평균인구수를 기준으로 하여 인구편차 상하 33⅓%, 인구비례 2 : 1을 넘어서지 않는 것이어야 한다. 2022 경찰경력채용 ( )

15-3 국회의원 지역선거구에 있어, 전국 선거구의 최대인구수와 최소인구수의 비율이 2 : 1 이하로 유지되면 평등선거원칙에 위배되지 않는다. 2023 입법고시 ( )

ANSWER 14 ○ 15-1 ○ 15-2 ○ 15-3 ○

15-4 국회의원 선거구 획정에 있어서 인구편차 상하 33⅓%, 인구비례 2 : 1의 기준을 넘어 인구편차를 완화하는 것은 지나친 투표가치의 불평등을 야기하는 것으로, 이는 대의민주주의의 관점에서 바람직하지 아니하고, 국회를 구성함에 있어 국회의원의 지역대표성이 고려되어야 한다고 할지라도 이것이 국민주권주의의 출발점인 투표가치의 평등보다 우선시될 수는 없다. 2022 입법고시 ( )

> **해설** 인구편차 상하 33⅓%(인구비례 2 : 1)의 기준을 적용할 경우 자치구·시·군의원의 지역대표성과 각 분야에 있어서의 지역 간 불균형 등 2차적 요소를 충분히 고려하기 어려운 반면, 인구편차 상하 50%(인구비례 3 : 1)를 기준으로 하는 방안은 2차적 요소를 보다 폭넓게 고려할 수 있다. **인구편차 상하 60%의 기준에서 곧바로 인구편차 상하 33⅓%의 기준을 채택하는 경우 선거구를 조정하는 과정에서 예기치 않은 어려움에 봉착할 가능성이 크므로, 현재의 시점에서 자치구·시·군의원 선거구 획정과 관련하여 헌법이 허용하는 인구편차의 기준을 인구편차 상하 50%(인구비례 3 : 1)로 변경하는 것이 타당**하다.
> 인구편차 상하 33⅓%를 넘어 인구편차를 완화하는 것은 지나친 투표가치의 불평등을 야기하는 것으로, 이는 대의민주주의의 관점에서 바람직하지 아니하고, 국회를 구성함에 있어 국회의원의 지역대표성이 고려되어야 한다고 할지라도 이것이 국민주권주의의 출발점인 투표가치의 평등보다 우선시 될 수는 없다. 특히, 현재는 지방자치제도가 정착되어 지역대표성을 이유로 헌법상 원칙인 투표가치의 평등을 현저히 완화할 필요성이 예전에 비해 크지 아니하다(헌재 2018.6.28. 2014헌마166).

16 자치구·시·군의원 선거구를 획정할 때, 인구편차 상하 60%(인구비례 4 : 1)의 기준을 헌법상 허용되는 인구편차 기준으로 삼는 것이 가장 적절하다. 2024 행시 ( )

> **해설** 인구편차 상하 33⅓%(인구비례 2 : 1)의 기준을 적용할 경우 자치구·시·군의원의 지역대표성과 각 분야에 있어서의 지역 간 불균형 등 2차적 요소를 충분히 고려하기 어려운 반면, 인구편차 상하 50%(인구비례 3 : 1)를 기준으로 하는 방안은 2차적 요소를 보다 폭넓게 고려할 수 있다. 인구편차 상하 60%의 기준에서 곧바로 인구편차 상하 33⅓%의 기준을 채택하는 경우 선거구를 조정하는 과정에서 예기치 않은 어려움에 봉착할 가능성이 크므로, **현재의 시점에서 자치구·시·군의원 선거구 획정과 관련하여 헌법이 허용하는 인구편차의 기준을 인구편차 상하 50%(인구비례 3 : 1)로 변경하는 것이 타당**하다(헌재 2018.6.28. 2014헌마166).

17 선거구구역표는 전체가 불가분의 일체를 이루는 것으로서 어느 한 부분에 위헌적 요소가 있다면 선거구 구역표 전체가 위헌적 하자가 있는 것으로 보아야 한다. 2022 경찰간부 ( )

> **해설** **선거구구역표는 전체가 불가분의 일체를 이루는 것으로서 어느 한 부분에 위헌적인 요소가 있다면, 선거구구역표 전체가 위헌의 하자를 갖는 것이라고 보아야 할 뿐만 아니라**, 당해 선거구에 대하여만 인구과다를 이유로 위헌선언을 할 경우에는 헌법소원의 청구기간의 적용 때문에 당해 선거구보다 인구의 불균형이 더 심한 선거구의 선거구획정이 그대로 효력을 유지하게 되는 불공평한 결과를 초래할 수도 있으므로, 일부 선거구의 선거구획정에 위헌성이 있다면, 선거구구역표의 전부에 관하여 위헌선언을 하는 것이 상당하다(헌재 2014.10.30. 2012헌마192 등).

18 헌법 제41조 제1항 및 제67조 제1항은 국회의원 및 대통령 선거에 관한 헌법상 일반원칙으로 보통·평등·직접·비밀·자유선거원칙을 직접 규정하고 있다. 2023 국회직8급 ( )

> **해설** 국회는 국민의 **보통·평등·직접·비밀선거에 의하여** 선출된 국회의원으로 구성한다(헌법 제41조 제1항). 대통령은 국민의 보통·평등·직접·비밀선거에 의하여 선출한다(헌법 제67조 제1항).

19 현행 헌법상 명시된 자유선거의 원칙은 선거의 전 과정에 요구되는 선거권자의 의사형성의 자유와 의사실현의 자유를 말하고, 구체적으로는 투표의 자유, 입후보의 자유, 나아가 선거운동의 자유를 뜻한다.
2022 경찰경력채용 ( )

ANSWER 15-4 ○ 16 × 17 ○ 18 × 19 ×

해설 **자유선거의 원칙은 비록 우리 헌법에 명시되지는 않았지만** 민주국가의 선거제도에 내재하는 법원리인 것으로서 국민주권의 원리, 의회민주의의 원리 및 참정권에 관한 규정에서 그 근거를 찾을 수 있다. 이러한 자유선거의 원칙은 선거의 전 과정에 요구되는 선거권자의 의사형성의 자유와 의사실현의 자유를 말하고, 구체적으로는 투표의 자유, 입후보의 자유 나아가 선거운동의 자유를 뜻한다(헌재 1994.7.29. 93헌가4 등).

20 선거제도가 민주주의원리 나아가 국민주권의 원리에 부합하기 위해서 국민의 의사를 제대로 반영하고 국민의 자유로운 선택을 보장하여야 한다. 2023 국회직9급 ( )

해설 선거는 주권자인 국민이 그 주권을 행사하는 통로이므로 **선거제도는 첫째, 국민의 의사를 제대로 반영하고, 둘째, 국민의 자유로운 선택을 보장하여야 하고, 셋째, 정당의 공직선거 후보자의 결정과정이 민주적이어야 하며, 그렇지 않으면 민주주의 원리 나아가 국민주권의 원리에 부합한다고 볼 수 없다**(헌재 2009.6.25. 2007헌마40).

21 선거제도는 선거구당 선출되는 의원정수에 따라 소선거구제, 중선거구제, 대선거구제로 나눌 수 있고, 대표의 결정방식에 따라 다수대표제, 소수대표제 및 비례대표제 등으로 구분된다. 2023 국회직9급 ( )

해설 **선거제도는 한 선거구에서 선출되는 의원정수에 따라 소선거구제, 중선거구제, 대선거구제로 나눌 수 있다**. 소선거구제는 한 선거구에서 1명의 대표자만 선출하는 방식이며, 중선거구제는 한 선거구에서 2~5명의 대표자를 선출하고 대선거구제는 한 선거구에서 6명 이상의 대표자를 선출하는 방식이다. **대표자를 결정하는 방식에 따라 다수대표제, 소수대표제, 비례대표제 등으로 구분**된다. 한 선거구에서 가장 많은 득표를 한 사람을 대표자로 선출하는 다수대표제, 한 선거구에서 득표수에 따라 2인 이상을 대표자로 선출하는 소수대표제, 각 정당의 득표율에 따라 대표자를 선출하는 비례대표제의 방식이 있다.

22 우리나라 국회의원선거는 소선거구제, 절대다수대표제 및 비례대표제를 함께 채택하고 있다. 2023 국회직9급 ( )

해설 현재 우리나라의 국회의원선거는 **소선거구제, 상대적 다수대표제(단순다수대표제), 비례대표제**를 함께 채택하고 있다.

23 지역구국회의원선거에 있어서 당해 국회의원지역구에서 유효투표의 다수를 얻은 자를 당선인으로 결정하는 소선거구 다수대표제를 규정한 「공직선거법」 조항은 다른 선거제도를 배제하는 것으로서 평등권과 선거권을 침해한다. 2024 변시 ( )

해설 이 사건 법률조항이 **소선거구 다수대표제를 규정하여 다수의 사표가 발생한다 하더라고 그 이유만으로 헌법상 요구된 선거의 대표성의 본질을 침해한다거나 그로 인해 국민주권원리를 침해하고 있다고 할 수 없고, 청구인의 평등권과 선거권을 침해한다고 할 수 없다**(헌재 2016.5.26. 2012헌마374).

24-1 헌법은 법률이 정하는 바에 따라 모든 국민이 선거권을 가지도록 하고 있는데, 이는 보통선거의 원칙을 의미한다. 2023 국회직9급 ( )

24-2 대통령 및 국회의원의 선거권 연령은 헌법에 18세 이상으로 명문화되어 있다. 2024 경찰승진 ( )

해설 국민주권의 원리와 선거를 통한 국민의 국정 참여를 위하여 헌법 제24조는 모든 국민에게 법률이 정하는 바에 의한 선거권을 보장하고 있고, 헌법 제11조는 정치적 생활영역에서의 평등권을 규정하고 있으며, 또한 헌법 제41조 제1항 및 제67조 제1항은 국회의원선거와 대통령선거에 있어서 보통·평등·직접·비밀선거의 원칙

ANSWER 20 ○ 21 ○ 22 ✕ 23 ✕ 24-1 ○ 24-2 ✕

을 보장하고 있다. 보통선거의 원칙은 선거권자의 능력, 재산, 사회적 지위 등의 실질적인 요소를 배제하고 일정한 연령에 도달한 사람이라면 누구라도 당연히 선거권을 갖는 것을 요구하는데, 그 전제로서 일정한 연령에 이르지 못한 국민에 대하여는 선거권을 제한하는바, 연령에 의하여 선거권을 제한하는 것은 국정참여 수단으로서 선거권 행사는 일정한 수준의 정치적인 판단능력이 전제되어야 하기 때문이다. 그런데 헌법 제24조는 모든 국민은 '법률이 정하는 바'에 의하여 선거권을 가진다고만 규정함으로써 선거권이 인정되는 연령을 어떻게 정할 것인지에 관하여는 입법자에게 위임하고 있다(헌재 2013.7.25. 2012헌마174).

25-1 「출입국관리법」 제10조에 따른 영주의 체류자격 취득일 후 3년이 경과한 18세 이상의 외국인으로서 선거인명부작성기준일 현재 「출입국관리법」 제34조에 따라 해당 지방자치단체의 외국인등록대장에 올라 있는 사람은 그 구역에서 선거하는 지방자치단체의 의회의원 및 장의 선거권이 있다. 2022 지방직7급 / 2024 경찰승진
( )

25-2 「출입국관리법」 제10조에 따른 영주의 체류자격 취득일 후 3년이 경과한 외국인은 국회의원의 선거권이 있다. 2024 입법고시
( )

해설 18세 이상으로 「출입국관리법」 제10조에 따른 **영주의 체류자격 취득일 후 3년이 경과한 외국인**으로서 같은 법 제34조에 따라 **해당 지방자치단체의 외국인등록대장에 올라 있는 사람**은 그 구역에서 선거하는 **지방자치단체의 의회의원 및 장의 선거권**이 있다(공직선거법 제15조 제2항 제3호). → 외국인의 지방선거권은 조례가 아닌 법률에 의해서 인정되고 있다.

26 주민등록이 되어 있지 않고 국내거소신고도 하지 않은 재외국민에게 국회의원 재·보권선거의 선거권을 부여하지 않는 「공직선거법」 조항은 재외국민의 선거권을 침해한다. 2023 입법고시
( )

해설 입법자는 재외선거제도를 형성하면서, 잦은 재·보궐선거는 재외국민으로 하여금 상시적인 선거체제에 직면하게 하는 점, 재외 재·보궐선거의 투표율이 높지 않을 것으로 예상되는 점, **재·보궐선거 사유가 확정될 때마다 전 세계 해외 공관을 가동하여야 하는 등 많은 비용과 시간이 소요된다는 점**을 종합적으로 고려하여 재외선거인에게 국회의원의 재·보궐선거권을 부여하지 않았다고 할 것이고, 이와 같은 선거제도의 형성이 **현저히 불합리하거나 불공정하다고 볼 수 없다**. 따라서 **재외선거인 등록신청조항은 재외선거인의 선거권을 침해하거나 보통선거원칙에 위배된다고 볼 수 없다**(헌재 2014.7.24. 2009헌마256 등).

27-1 지역농협은 사법인에서 볼 수 없는 공법인적 특성을 많이 갖고 있으므로 지역농협의 조합장선거에서 조합장을 선출하거나 조합장으로 선출될 권리, 조합장선거에서 선거운동을 하는 것도 헌법에 의해 보호되는 선거권의 범위이다. 2022 경찰간부
( )

27-2 지역농협은 사법인에서 볼 수 없는 공법인적 특성을 많이 가지고 있으므로 지역농협의 조합장선거에서 조합장을 선출하거나 조합장으로 선출될 권리, 조합장선거에서 선거운동을 하는 것도 헌법에 의하여 보호되는 선거권의 범위에 포함된다. 2022 입법고시
( )

해설 농협법은 지역농협을 법인으로 하면서(제4조), 공직선거에 관여해서는 아니 되고(제7조), 조합의 재산에 대하여 국가 및 지방자치단체의 조세 외의 부과금이 면제되도록 규정하고 있어(제8조) 이를 공법인으로 볼 여지가 있으나, 한편 지역농협은 조합원의 경제적·사회적·문화적 지위의 향상을 목적으로 하는 농업인의 자주적 협동조직으로, … 기본적으로 사법인적 성격을 지니고 있다 할 것이다. **이처럼 사법인적 성격을 지니는 농협의 조합장선거에서 조합장을 선출하거나 조합장으로 선출될 권리, 조합장선거에서 선거운동을 하는 것은 헌법에 의하여 보호되는 선거권의 범위에 포함되지 않는다**(헌재 2012.2.23. 2011헌바154).

ANSWER 25-1 ○   25-2 ×   26 ×   27-1 ×   27-2 ×

28-1 「공직선거법」상 선거일 현재 1년 이상의 징역 또는 금고의 형의 선고를 받고 그 집행이 종료되지 아니하거나 그 집행을 받지 아니하기로 확정되지 아니한 사람 및 그 형의 집행유예를 선고 받고 유예기간 중에 있는 사람은 선거권이 없다. 2022 경찰1차 ( )

28-2 10개월의 징역형을 선고받고 그 집행이 종료되지 아니한 사람은 선거권이 없다. 2022 지방직7급 ( )

28-3 「공직선거법」상 선거일 현재 1년 이상의 징역 또는 금고의 형을 선고받고 그 집행이 종료되지 아니하거나 그 집행을 받지 아니하기로 확정되지 아니한 사람 및 그 형의 집행유예를 선고받고 유예기간 중에 있는 사람은 선거권이 없다. 2024 입법고시 ( )

해설 1년 이상의 징역 또는 금고의 형의 선고를 받고 그 집행이 종료되지 아니하거나 그 집행을 받지 아니하기로 확정되지 아니한 사람은 선거권이 없다. **다만, 그 형의 집행유예를 선고받고 유예기간 중에 있는 사람은 제외한다**(공직선거법 제18조 제1항).

29-1 집행유예기간 중인 사람의 선거권을 제한하고 있는 「공직선거법」 조항은 과잉금지원칙에 위반하여 선거권을 침해한다. 2021 경찰승진 ( )

29-2 집행유예자와 수형자에 대하여 선거권을 제한하는 것은 과잉금지원칙에 위배하여 선거권을 침해한다고 할 수 없다. 2023 국회직8급 ( )

해설 **집행유예자와 수형자의 선거권을 제한**하는 공직선거법 조항은 **선거권을 침해**하고 **보통선거원칙에 위반**된다. 그리고 집행유예자와 수형자를 차별취급하는 것이므로 **평등의 원칙**에도 어긋나 헌법에 위반된다 (헌재 2014.1.28. 2012헌마409 등).

30 1년 이상의 징역형 선고를 받고 그 집행이 종료되지 않은 사람의 선거권을 제한하는 「공직선거법」 조항은 선거권을 침해하지 않는다. 2021 경찰승진 / 2023 입법고시 ( )

해설 1년 이상의 징역형을 선고받은 사람의 선거권을 제한 하는 것은 **범죄자에 대해 가해지는 형사적 제재의 연장으로서 범죄에 대한 응보적 기능**을 갖는다. 일반적으로 선거권이 제한되는 수형자의 범위를 정함에 있어서는, 선고형이 중대한 범죄를 나누는 합리적인 기준이 될 수 있다. 법원의 양형관행을 고려할 때 **1년 이상의 징역형을 선고받은 사람은 공동체에 상당한 위해를 가하였다는 점이 재판 과정에서 인정된 자**이므로, 이들에 한해서는 **사회적·형사적 제재를 가하고 준법의식을 제고할 필요**가 있다. 심판대상조항에 따른 선거권 제한 기간은 각 수형자의 형의 집행이 종료될 때까지이므로, 형사책임의 경중과 선거권 제한 기간은 비례하게 된다. 심판대상조항이 **과실범, 고의범 등 범죄의 종류를 불문하고, 침해된 법익의 내용을 불문하며, 형 집행 중에 이뤄지는 재량적 행정처분인 가석방 여부를 고려하지 않고 선거권을 제한한다고 하여 불필요한 제한을 부과한다고 할 수 없다**. 1년 이상의 징역형을 선고받은 사람의 선거권을 제한함으로써 형사적·사회적 제재를 부과하고 준법의식을 강화한다는 공익이, 형 집행기간 동안 선거권을 행사하지 못하는 수형자 개인의 불이익보다 작다고 할 수 없다. 따라서 심판대상조항은 과잉금지원칙을 위반하여 청구인의 선거권을 침해하지 아니한다(헌재 2017.5.25. 2016헌마292 등).

31 재외선거인으로 하여금 선거를 실시할 때마다 재외선거인 등록신청을 하도록 한 「공직선거법」상 재외선거인 등록신청조항은 재외선거인의 선거권을 침해한다. 2021 경찰승진 ( )

ANSWER 28-1 × 28-2 × 28-3 × 29-1 ○ 29-2 × 30 ○ 31 ×

해설 재외선거인 등록신청 시 국적을 확인하기 위하여 여권을 제시하도록 한 심판대상조항은, **재외선거에서 선거권이 없는 자의 선거참여를 방지하여 선거의 공정성을 확보하기 위한 것으로서 그 입법목적의 정당성과 수단의 적합성이 인정**된다. 재외선거인 등록신청을 하려는 재외선거권자가 선거권이 있는 대한민국 국민인지 여부를 확인하는 데 있어서, **여권에 버금가는 정도의 신뢰성을 갖춘 다른 공신력 있는 방법을 찾기 어렵다.** 따라서 재외선거인 등록신청 시 여권을 제시하도록 한 심판대상조항은 **피해의 최소성 원칙에 위배되지 아니한다.** 심판대상조항으로 인하여 여권이 없거나 여권 발급이 거부된 재외선거권자가 선거권 행사에 **제한을 받게 되더라도 그 제한의 정도가 심판대상조항에 의하여 추구되는 공익에 비하여 결코 중하다고 볼 수 없다.** 따라서 심판대상조항은 법익의 균형성의 원칙에 반하지 아니한다. 심판대상조항은 과잉금지의 원칙에 위배되지 아니하므로 **청구인의 선거권을 침해하지 아니한다**(헌재 2014.4.24. 2011헌마567).

32-1 재외투표기간 개시일에 임박하여 또는 재외투표기간 중에 재외선거사무 중지결정이 있었고 그에 대한 재개결정이 없었던 예외적인 상황에서 재외투표기간 개시일 이후에 귀국한 재외선거인 및 국외부재자신고인이 국내에서 선거일에 투표할 수 있도록 하는 절차를 마련하지 아니한 것은 선거권을 전면 부정하고 있지 않으므로 선거권을 침해한다고 볼 수 없다. 2023 법원행시 ( )

32-2 재외투표기간 개시일에 임박하여 또는 재외투표기간 중에 재외선거사무 중지결정이 있었고 그에 대한 재개결정이 없었던 예외적인 상황에서 재외투표기간 개시일 이후에 귀국한 재외선거인 및 국외부재자신고인에 대하여 국내에서 선거일에 투표할 수 있도록 하는 절차를 마련하지 않았더라도 선거권을 침해하지 않는다.
2023 경찰승진 ( )

해설 심판대상조항과 달리 재외투표기간이 종료된 후 선거일이 도래하기 전까지의 기간 내에 재외투표관리관이 재외선거인등 중 실제로 재외투표를 한 사람들의 명단을 중앙선거관리위원회에 보내거나 중앙선거관리위원회를 경유하여 관할 구·시·군선거관리위원회에 보내어 선거일 전까지 투표 여부에 관한 정보를 확인하는 방법을 상정할 수 있으며, 현재의 기술 수준으로도 이와 같은 방법이 충분히 실현가능한 것으로 보인다. 이로 인해 관계 공무원 등의 업무부담이 가중될 수 있을 것이나, 이는 인력 확충 및 효율적인 관리 등 **국가의 노력으로 극복할 수 있는 어려움에 해당한다.** 심판대상조항을 통해 달성하고자 하는 선거의 공정성은 매우 중요한 가치이다. 그러나 선거의 공정성도 결국에는 선거인의 선거권이 실질적으로 보장될 때 비로소 의미를 가진다. 심판대상조항의 불충분·불완전한 입법으로 인한 청구인의 선거권 제한을 결코 가볍다고 볼 수 없으며, 이는 심판대상조항으로 인해 달성되는 공익에 비해 작지 않다. 따라서 심판대상조항은 **과잉금지원칙에 위배되어 청구인의 선거권을 침해한다**(헌재 2022.1.27. 2020헌마895).

33 「공직선거법」상 대통령의 피선거권 자격에서 40세 이상의 국민일 것을 요건으로 할 뿐 거주 기간의 제한은 없다. 2024 입법고시 ( )

해설 **선거일 현재 5년 이상 국내에 거주하고 있는 40세 이상의 국민은 대통령의 피선거권이 있다.** 이 경우 공무로 외국에 파견된 기간과 국내에 주소를 두고 일정기간 외국에 체류한 기간은 국내거주기간으로 본다(공직선거법 제16조 제1항).

34 「공직선거법」에 따르면 선거일 현재 18세 이상의 국민은 원칙적으로 국회의원의 피선거권을 가진다.
2024 입법고시 ( )

해설 18세 이상의 국민은 국회의원의 피선거권이 있다(공직선거법 제16조 제2항).

ANSWER 32-1 × 32-2 × 33 × 34 ○

35 보통선거제도는 일정한 연령에 이르지 못한 국민에 대하여 선거권을 제한하는 것을 당연한 전제로 삼고 있고, 입법자가 선거권 행사연령을 정하는 것은 현저하게 불합리하고 불공정하지 않는 한 재량범위에 속한다. 2023 입법고시 ( )

> 해설 보통선거제도는 일정한 연령에 이르지 못한 국민에 대하여 선거권을 제한하는 것을 당연한 전제로 삼고 있고, 헌법은 제24조에서 모든 국민은 '법률이 정하는 바'에 의하여 선거권을 가진다고 규정함으로써 선거권 연령의 구분을 입법자에게 위임하고 있으므로, 보통선거에서 선거권 연령을 몇 세로 정할 것인가의 문제는 입법자가 그 나라의 역사, 전통과 문화, 국민의 의식수준, 교육적 요소, 미성년자의 신체적 · 정신적 자율성, 정치적 사회적 영향 등 여러 가지 사항을 종합하여 결정하는 것으로서, 이는 입법자가 입법목적 달성을 위한 선택의 문제이고 입법자가 선택한 수단이 현저하게 불합리하고 불공정한 것이 아닌 한 재량에 속하는 것인바, 공선법 제15조 제1항이 선거권 연령을 20세 이상으로 제한하고 있는 것은, 입법자가 미성년자의 정신적 신체적 자율성의 불충분 외에도 교육적인 측면에서 예견되는 부작용과 일상생활 여건상 독자적으로 정치적인 판단을 할 수 있는 능력에 대한 의문 등 여러 가지 사정을 고려하여 규정한 것이어서 이를 입법부에게 주어진 합리적인 재량의 범위를 벗어난 것으로 볼 수 없으므로, 위 법 조항은 18~19세 미성년자들에게 보장된 헌법 제11조 제1항의 평등권이나 제41조 제1항의 보통·평등선거의 원칙에 위반하는 것이 아니다 (헌재 2001. 6. 28. 2000헌마111).

36 선거는 주권자인 국민이 그 주권을 행사하는 통로이므로 국민의 의사를 제대로 반영하고, 국민의 자유로운 선택권을 보장하여야 하며, 정당의 공직선거 후보자의 결정과정이 민주적이어야 한다. 2022 경찰간부 ( )

> 해설 선거는 주권자인 국민이 그 주권을 행사하는 통로이므로 선거제도는 첫째, 국민의 의사를 제대로 반영하고, 둘째, 국민의 자유로운 선택을 보장하여야 하고, 셋째, 정당의 공직선거 후보자의 결정과정이 민주적이어야 하며, 그렇지 않으면 민주주의원리 나아가 국민주권의 원리에 부합한다고 볼 수 없다(헌재 2001. 7. 19. 2000헌마91 등).

37 주민등록을 하는 것이 법령의 규정상 아예 불가능한, 재외국민인 주민의 지방선거 피선거권을 부인하는 구 「공직선거법」 조항은 국내거주 재외국민의 공무담임권을 침해한다. 2022 경찰간부 ( )

> 해설 '외국의 영주권을 취득한 재외국민'과 같이 주민등록을 하는 것이 법령의 규정상 아예 불가능한 자들이라도 지방자치단체의 주민으로서 오랜 기간 생활해 오면서 그 지방자치단체의 사무와 얼마든지 밀접한 이해관계를 형성할 수 있고, 주민등록이 아니더라도 그와 같은 거주 사실을 공적으로 확인할 수 있는 방법은 존재한다는 점, 나아가 법 제16조 제2항이 국회의원 선거에 있어서는 주민등록 여부와 관계없이 25세 이상의 국민이라면 누구든지 피선거권을 가지는 것으로 규정함으로써 국내거주 여부를 불문하고 재외국민도 국회의원 선거의 피선거권을 가진다는 사실에 비추어, **주민등록만을 기준으로 함으로써 주민등록이 불가능한 재외국민인 주민의 지방선거 피선거권을 부인하는 법 제16조 제3항은 헌법 제37조 제2항에 위반하여 국내거주 재외국민의 공무담임권을 침해**한다(헌재 2007. 6. 28. 2004헌마644 등).

38-1 공직선거 및 교육감선거 입후보 시 선거일 전 90일까지 교원직을 그만두도록 하는 「공직선거법」 및 「지방교육자치에 관한 법률」 조항은 교원이 그 신분을 지니는 한 계속적으로 직무에 전념할 수 있도록 하기 위한 것으로 교원의 공무담임권을 침해하지 않는다. 2024 경찰승진 ( )

38-2 공직선거 및 교육감선거 입후보 시 선거일 전 90일까지 교원직을 그만두도록 하는 「공직선거법」 및 「지방교육자치에 관한 법률」 조항은 교원의 공무담임권을 침해한다고 볼 수 없다. 2023 국회직8급 ( )

> 해설 입후보자 사직조항은 교원이 그 신분을 지니는 한 계속적으로 직무에 전념할 수 있도록 하기 위해 선거에 입후보하고자 하는 경우 선거일 전 90일까지 그 직을 그만두도록 하는 것이므로, **입법목적의**

ANSWER 35 ○ 36 ○ 37 ○ 38-1 ○ 38-2 ○

정당성과 수단의 적합성이 인정된다. … 선거일 전 90일을 사직 시점으로 둔 것이 불합리하다고 볼 수 없는 점, 학생들의 수학권이 침해될 우려가 있다는 점에서 교육감선거 역시 공직선거와 달리 볼 수 없는 점 등에 비추어 보면, **침해의 최소성에 반하지 않는다.** 교원의 직을 그만두어야 하는 사익 제한의 정도는 교원의 직무전념성 확보라는 공익에 비하여 현저히 크다고 볼 수 없으므로 **법익의 균형성도 갖추었으므로 과잉금지원칙에 위배하여 공무담임권을 침해한다고 볼 수 없다**(헌재 2019.11.28. 2018헌마222).

39 지방자치단체의 장이 그 임기 중에 그 직을 사퇴하여 대통령선거, 국회의원선거, 지방의회의원선거 및 다른 지방자치단체의 장 선거에 입후보할 수 없도록 하더라도 피선거권을 침해하는 것은 아니다. 2022 경찰경력채용
( )

[해설] 이 사건 조항에 의한 피선거권의 제한이 민주주의의 실현에 미치는 불리한 효과는 매우 큰 반면에, 이 사건 조항을 통하여 달성하려는 공익적 효과는 상당히 작다고 판단되므로, 피선거권의 제한을 정당화하는 합리적인 이유를 인정할 수 없다고 하겠다. 따라서 **이 사건 조항은 보통선거원칙에 위반되어 청구인들의 피선거권을 침해하는 위헌적인 규정**이다(헌재 1999.5.27. 98헌마214).

40 임기만료에 의한 국회의원선거의 선거일은 그 임기만료일 전 60일 이후 첫번째 수요일이다. 2024 경찰승진
( )

[해설] 국회의원선거는 그 임기만료일 전 **50일** 이후 첫 번째 **수요일**이 임기만료에 의한 선거의 선거일이다(공직선거법 제34조 제1항).

41-1 정당이 비례대표국회의원선거 및 비례대표지방의회의원선거에 후보자를 추천하는 때에는 그 후보자 중 100분의 30 이상을 여성으로 추천하되, 그 후보자명부의 순위의 매 홀수에는 여성을 추천하여야 한다.
2021 경찰승진 ( )

41-2 정당이 비례대표국회의원선거에 후보자를 추천하는 때에는 그 후보자 중 100분의 50 이상을 여성으로 추천하되, 그 후보자명부의 순위의 매 홀수에는 여성을 추천하여야 한다. 2024 행시 ( )

[해설] 정당이 비례대표국회의원선거 및 비례대표지방의회의원선거에 후보자를 추천하는 때에는 **그 후보자 중 100분의 50 이상을 여성으로 추천하되, 그 후보자명부의 순위의 매 홀수에는 여성을 추천**하여야 한다(공직선거법 제47조 제3항).

42 지역구국회의원선거에 입후보하기 위한 요건으로서 기탁금 및 그 반환에 관한 규정은 입후보에 영향을 주므로 공무담임권을 제한하는 것이고, 이러한 공무담임권에 대한 제한은 과잉금지원칙을 기준으로 하여 판단한다. 2022 법원직 ( )

[해설] **지역구국회의원선거에 입후보하기 위한 요건으로서의 기탁금 및 그 반환 요건에 관한 규정은 입후보에 영향을 주므로 공무담임권을 제한하는 것이고,** … 이하에서는 **이러한 과잉금지원칙을 기준으로 하여 공무담임권 침해 여부를 판단하기로** 한다(헌재 2016.12.29. 2015헌마1160 등).

43 시·도지사 후보자로 등록하려는 사람에게 5천만 원의 기탁금을 납부하도록 한 공직선거법 조항은 공무담임권을 침해한다고 볼 수 없다. 2023 법원행시 ( )

ANSWER 39 × 40 × 41-1 × 41-2 ○ 42 ○ 43 ○

해설 시·도지사선거에서 기탁금제도는 후보자 난립을 방지하고, 아울러 선거운동에서의 불법행위에 대한 과태료 및 행정대집행 비용을 사전에 확보하기 위한 것으로, 그 기탁금액이 지나치게 많지 않는 한 이를 위헌이라고 할 수는 없다. 시·도지사 후보자로 등록하려는 사람에게 5천만 원의 기탁금을 납부하도록 한 이 사건 기탁금조항은 목적의 정당성 및 수단의 적합성이 인정된다. … 위 결정이 있은 이후의 화폐가치의 변화를 고려하면 시·도지사 후보자가 부담하여야 할 기탁금액의 실질적인 가치는 오히려 감소한 점 등을 종합하면, 이 사건 기탁금조항은 피해의 최소성 원칙에 위배되지 않는다. 그리고 이 사건 기탁금조항은 공무담임권을 영구히 박탈하는 것이 아니라 단지 후보자의 성실성 등을 담보하기 위하여 금전적 부담을 지우는 것일 뿐이고, 시·도지사 후보자는 자신이 선거에서 얻은 유효투표총수에 따라 기탁금액을 전액 또는 일부 반환받을 수 있으므로, 이 사건 기탁금조항으로 제한되는 사익의 정도가 이 사건 기탁금조항이 달성하고자 하는 공익의 정도보다 더 크다고 보기 어렵다. 이 사건 기탁금조항은 법익의 균형성 원칙에도 위배되지 않는다. 그렇다면 이 사건 기탁금조항은 과잉금지원칙에 위배되어 공무담임권을 침해하지 않는다(헌재 2019.9.26. 2018헌마128 등).

44 대통령선거 예비후보자등록을 신청하는 사람에게 대통령선거기탁금의 100분의 20에 해당하는 금액인 6,000만원을 기탁금으로 납부하도록 한 「공직선거법」 조항 중 해당 부분은 경제력이나 조직력이 약한 사람의 예비후보자등록을 억제하거나 예비후보자로 나서는 것 자체를 원천적으로 차단하게 되어 대통령선거 예비후보자의 공무담임권을 침해한다. 2023 국가직7급 ( )

해설 예비후보자 기탁금제도는 예비후보자의 무분별한 난립을 막고 책임성과 성실성을 담보하기 위한 것인데, 선거권자 추천제도 역시 상당한 숫자의 선거권자로부터 추천을 받는 데에 적지 않은 노력과 비용이 소요될 것이므로 예비후보자의 수를 적정한 범위로 제한하는 방법으로서 덜 침해적인 것이라고 단정할 수 없다. 대통령선거는 가장 중요한 국가권력담당자를 선출하는 선거로서 후보난립의 유인이 다른 선거에 비해 훨씬 더 많으며, 본선거의 후보자로 등록하고자 하는 예비후보자에게 예비후보자 기탁금은 본선거 기탁금의 일부를 미리 납부하는 것에 불과하다는 점 등을 고려하면 기탁금 액수가 과다하다고도 할 수 없으므로 심판대상조항이 과잉금지원칙에 위배되어 공무담임권을 침해한다고 볼 수 없다(헌재 2015.7.30. 2012헌마402).

45 지역구국회의원 예비후보자에게 지역구국회의원이 납부할 기탁금의 100분의 20에 해당하는 금액을 기탁금으로 납부하도록 정한 「공직선거법」 조항은 공무담임권을 침해하지 않는다. 2021 경찰승진 ( )

해설 예비후보자 기탁금조항은 예비후보자의 무분별한 난립을 막고 책임성과 성실성을 담보하기 위한 것으로서, 입법목적의 정당성과 수단의 적합성이 인정된다. 또한 예비후보자 기탁금제도보다 덜 침해적인 다른 방법이 명백히 존재한다고 할 수 없고, 일정한 범위의 선거운동이 허용된 예비후보자의 기탁금 액수를 해당 선거의 후보자등록 시 납부해야 하는 기탁금의 100분의 20인 300만 원으로 설정한 것은 입법재량의 범위를 벗어난 것으로 볼 수 없으므로 침해의 최소성 원칙에 위배되지 아니한다. 그리고 위 조항으로 인하여 예비후보자로 등록하려는 사람의 공무담임권 제한은 이로써 달성하려는 공익보다 크다 할 수 없어 법익의 균형성 원칙에도 반하지 않는다. 따라서 예비후보자 기탁금조항은 청구인의 공무담임권을 침해하지 않는다(헌재 2017.10.26. 2016헌마623).

46 중앙선거관리위원회는 대통령선거 후보자가 유효투표총수의 100분의 15 이상을 득표한 경우에는 기탁금 전액을, 100분의 10 이상 100분의 15 미만을 득표한 경우에는 기탁금의 100분의 50에 해당하는 금액을 선거일 후 30일 이내에 기탁자에게 반환하여야 한다. 2022 법원행시 ( )

해설 관할선거구선거관리위원회는 다음 각 호 1. 대통령선거, 지역구국회의원선거, 지역구지방의회의원선거 및 지방자치단체의 장 선거 - 가. 후보자가 당선되거나 사망한 경우와 유효투표총수의 100분의 15 이상을 득표한 경우에는 기탁금 전액, 나. 후보자가 유효투표총수의 100분의 10 이상 100분의 15

ANSWER 44 × 45 ○ 46 ○

미만을 득표한 경우에는 기탁금의 100분의 50에 해당하는 금액, 다. 예비후보자가 사망하거나, 당헌·당규에 따라 소속 정당에 후보자로 추천하여 줄 것을 신청하였으나 해당 정당의 추천을 받지 못하여 후보자로 등록하지 않은 경우에는 제60조의2 제2항에 따라 납부한 기탁금 전액의 구분에 따른 금액을 선거일 후 30일 이내에 기탁자에게 반환한다. 이 경우 반환하지 아니하는 기탁금은 국가 또는 지방자치단체에 귀속한다(공직선거법 제57조 제1항 제1호).

47-1 지역구국회의원선거 예비후보자가 정당의 공천심사에서 탈락하여 후보자등록을 하지 않은 경우를 지역구국회의원선거 예비후보자의 기탁금 반환 사유로 규정하지 않은 것은 예비후보자의 재산권을 침해한다. 2022 법무사 ( )

47-2 지역구국회의원선거 예비후보자가 정당의 공천심사에서 탈락한 후 후보자등록을 하지 않은 경우를 기탁금 반환 사유로 규정하지 않은 것은 예비후보자의 재산권을 침해한다. 2022 국회직8급 ( )

47-3 지역구국회의원선거 예비후보자가 정당의 공천심사에서 탈락한 후 후보자등록을 하지 않은 경우를 기탁금 반환 사유로 규정하지 않은 공직선거법 조항은 과잉금지원칙에 반하여 예비후보자의 재산권을 침해한다. 2023 지방직7급 ( )

> **해설** 예비후보자가 본선거에서 정당후보자로 등록하려 하였으나 자신의 의사와 관계없이 정당 공천관리위원회의 심사에서 탈락하여 본선거의 후보자로 등록하지 아니한 것은 후보자 등록을 하지 못할 정도에 이르는 객관적이고 예외적인 사유에 해당한다. 따라서 이러한 사정이 있는 예비후보자가 납부한 기탁금은 반환되어야 함에도 불구하고, 심판대상조항이 이에 관한 규정을 두지 아니한 것은 입법형성권의 범위를 벗어난 과도한 제한이라고 할 수 있다. 이러한 예비후보자에게 그가 납부한 기탁금을 반환한다고 하여 예비후보자의 성실성과 책임성을 담보하는 공익이 크게 훼손된다고 할 수 없으므로, 그 공익은 심판대상조항이 이러한 예비후보자에게 기탁금을 반환하지 아니하도록 함으로써 그가 입게 되는 기본권 침해의 불이익보다 크다고 단정할 수 없다. 그러므로 **심판대상조항은 과잉금지원칙에 반하여 청구인의 재산권을 침해**한다(헌재 2018.1.25. 2016헌마541).

48 지방자치단체의 장선거 예비후보자가 정당의 공천심사에서 탈락한 후 후보자등록을 하지 않은 경우를 기탁금 반환 사유로 규정하지 않은 공직선거법은 예비후보자의 무분별한 난립과 선거운동의 과열·혼탁을 방지하고 그 성실성과 책임성을 담보하기 위한 것이므로 과잉금지의 원칙에 위반되지 않는다. 2023 법원행시 ( )

> **해설** 지역구국회의원선거와 지방자치단체의 장선거는 헌법상 선거제도 규정 방식이나 선거대상의 지위와 성격, 기관의 직무 및 기능, 선거구 수 등에 있어 차이가 있을 뿐, 예비후보자의 무분별한 난립을 막고 책임성을 강화하며 그 성실성을 담보하고자 하는 기탁금제도의 취지 측면에서는 동일하므로, 헌법재판소의 2016헌마541 결정에서의 판단은 이 사건에서도 타당하고, 그 견해를 변경할 사정이 있다고 보기 어려우므로, **지방자치단체의 장선거에 있어 정당의 공천심사에서 탈락한 후 후보자등록을 하지 않은 경우를 기탁금 반환 사유로 규정하지 않은 심판대상조항은 과잉금지원칙에 반하여 헌법에 위반**된다(헌재 2020.9.24. 2018헌가15, 2019헌가5).

49-1 공직선거에 후보자로 등록하고자 하는 자가 제출하여야 하는 범죄경력에 이미 실효된 금고 이상의 형까지 포함시키도록 정한 「공직선거법」 조항은 실효된 금고 이상의 형의 범죄경력을 가진 후보자의 공무담임권을 침해하지 않는다. 2023 경찰승진 ( )

ANSWER 47-1 ○ 47-2 ○ 47-3 ○ 48 × 49-1 ○

49-2 공직선거에 후보자로 등록하고자 하는 자에게 실효된 형을 포함한 금고이상의 형의 범죄경력에 관한 증명서류를 제출하도록 한 구 「공직선거법」 조항은 청구인의 사생활의 비밀과 자유를 침해한다고 볼 수 없다. 2023 경찰2차 ( )

> **해설** 이 사건 법률조항은 후보자선택을 제한하거나 **실효된 금고 이상의 형의 범죄경력을 가진 후보자의 당선기회를 봉쇄하는 것이 아니므로 공무담임권과는 직접 관련이 없다.**
> 후보자의 실효된 형까지 포함한 금고 이상의 형의 범죄경력을 공개함으로써 국민의 알권리를 충족하고 공정하고 정당한 선거권 행사를 보장하고자 하는 이 사건 법률조항의 입법목적은 정당하며, … 전과기록의 범위와 공개시기 등이 한정되어 있는 점 등을 종합하면, 이 사건 법률조항은 피해최소성의 원칙에 반한다고 볼 수 없고, 공익적 목적을 위하여 공직선거 후보자의 사생활의 비밀과 자유를 한정적으로 제한하는 것이어서 법익균형성의 원칙도 충족한다. 따라서 이 사건 법률조항은 청구인들의 **사생활의 비밀과 자유를 침해한다고 볼 수 없다**(헌재 2008.4.24. 2006헌마402 등).

50 선거운동기간 전에 개별적으로 대면하여 말로 하는 선거운동을 형사처벌하도록 한 구 「공직선거법」 조항은 정치적 표현의 자유를 침해한다. 2024 변시 ( )

> **해설** 심판대상조항은 입법목적을 달성하는 데 지장이 없는 선거운동방법, 즉 돈이 들지 않는 방법으로서 '후보자 간 경제력 차이에 따른 불균형 문제'나 '사회·경제적 손실을 초래할 위험성'이 낮은, 개별적으로 대면하여 말로 지지를 호소하는 선거운동까지 금지하고 처벌함으로써, 과잉금지원칙에 반하여 선거운동 등 정치적 표현의 자유를 과도하게 제한하고 있다. 결국 이 사건 선거운동기간조항 중 **선거운동기간 전에 개별적으로 대면하여 말로 하는 선거운동에 관한 부분, 이 사건 처벌조항 중 '그 밖의 방법'에 관한 부분 가운데 개별적으로 대면하여 말로 하는 선거운동을 한 자에 관한 부분은 과잉금지원칙에 반하여 선거운동 등 정치적 표현의 자유를 침해한다**(헌재 2022.2.24. 2018헌바146).

51-1 공직선거 후보자의 배우자가 그와 함께 다니는 사람 중에서 지정한 1명도 명함 교부를 할 수 있도록 한 「공직선거법」 조항은 배우자의 유무라는 우연한 사정에 근거하여 차별 취급하고 있으므로 배우자 없는 후보자의 평등권을 침해한다. 2021 경찰승진 ( )

51-2 공직선거 후보자의 배우자가 그와 함께 다니는 사람 중에서 지정한 1명도 명함을 교부할 수 있도록 한 공직선거법 제93조 제1항 제1호 중 제60조의3 제2항 제3호 관련 부분이 배우자 없는 후보자에게 결과적으로 다소 불리한 상황이 발생하더라도, 이는 입법자가 선거운동의 자유를 확대하는 입법을 함으로써 해결되어야 할 문제이므로 배우자 없는 청구인의 평등권을 침해하지 않는다. 2023 지방직7급 ( )

> **해설** 3호 관련조항은, 1호 관련조항에 더하여 배우자가 그와 함께 다니는 사람 중에서 지정한 1명까지 명함을 교부할 수 있도록 하여 배우자 유무에 따른 **차별효과를 더욱 커지게** 하고 있다. 또한, 배우자가 아무런 제한 없이 함께 다닐 수 있는 사람을 지정할 수 있도록 함으로써, 결과적으로 배우자 있는 후보자는 배우자 없는 후보자에 비하여 선거운동원 1명을 추가로 지정하는 효과를 누릴 수 있게 되는 바, 이는 헌법 제116조 제1항의 선거운동의 기회균등 원칙에도 반한다. 그러므로 **3호 관련조항은 배우자의 유무라는 우연한 사정에 근거하여 합리적 이유 없이 배우자 없는 후보자와 배우자 있는 후보자를 차별 취급하므로 평등권을 침해한다** (헌재 2016.9.29. 2016헌마287).

52 지방자치단체장 선거에서 각급선거방송토론위원회가 필수적으로 개최하는 대담·토론회에 대한 참석 기회는 모든 후보자에게 공평하게 주어져야 하므로 그 초청 자격을 제한하고 있는 「공직선거법」 조항은 후보자들의 선거운동의 기회균등원칙과 관련한 평등권을 침해한다. 2024 변시 ( )

ANSWER 49-2 ○ 50 ○ 51-1 ○ 51-2 × 52 ×

해설 이 사건 토론회조항은 전체 국민을 대상으로 한 선거를 통하여 이미 국민의 일정한 지지가 검증되었다고 볼 수 있는 정당의 추천을 받은 사람, 지난 선거에서 일정 수 이상의 득표를 함으로써 해당 지역의 선거구 내 주민들의 일정한 지지가 검증되었다고 볼 수 있는 사람, 위와 같은 요건을 갖추지는 못하였지만 여론조사를 통하여 해당 지역 유권자들의 관심과 지지가 어느 정도 확보되고, 그러한 사실이 확인될 수 있는 사람을 대상으로 하고 있는바, 그 요건이 자의적이라고 볼 수 없다. 이 사건 **토론회조항은 선거운동의 기회균등원칙과 관련한 평등권을 침해하지 않는다**(헌재 2019.9.26. 2018헌마128 등).

53 방송광고, 후보자 등의 방송연설, 방송시설주관 후보자연설의 방송, 선거방송토론위원회 주관 대담 토론회의 방송에서 한국 수화언어 또는 자막의 방영을 재량사항으로 규정한 공직선거법 조항이 자의적으로 비청각장애인과 청각장애인인 청구인을 달리 취급하여 청구인의 평등권을 침해한다고 보기는 어렵다. 2022 경찰1차 ( )

해설 한국수어·자막방송을 할 수 있는 인력, 장비 및 기술수준 등을 갖출 수 있는지 여부에 따라 한국수어·자막방송 여부가 결정되는 점, 이를 의무사항으로 규정할 경우 선거비용이 과다하게 소요될 수 있는 점, **방송사업자의 보도·편성의 자유와 후보자·정당의 선거운동의 자유를 제한할 여지가 있는 점 등을 고려하면, 이 사건 한국수어·자막조항이 자의적으로 비청각장애인과 청구인을 달리 취급하여 청구인의 평등권을 침해한다고 보기 어렵다**(헌재 2020.8.28. 2017헌마813).

54-1 선거일에 선거운동을 한 자를 처벌하는 구 「공직선거법」 조항은 정치적 표현의 자유를 침해하지 않는다. 2022 경찰간부 / 2023 법원행시 ( )

54-2 선거일에 선거운동을 한 자를 처벌하는 구 공직선거법(1994. 3. 16. 법률 제4739호로 제정되고 2017. 2. 8. 법률 제14556호로 개정되기 전의 것)은 과잉금지의 원칙을 위반하여 정치적 표현의 자유를 침해하지 않는다. 2023 법원행시 ( )

해설 선거일의 선거운동을 금지하고 처벌하는 것은 무분별한 선거운동으로 선거 당일 유권자의 평온을 해치거나 자유롭고 합리적인 의사결정에 악영향을 미치는 것을 방지하기 위한 것이다. 문자메시지나 온라인을 통한 선거운동은 전파의 규모와 속도에 비추어 파급력이 작지 않고, 선거일은 유권자의 선택에 직접적으로 영향을 미칠 가능성이 큰 시점이어서 선거 당일에 무제한적 선거운동으로 후보자에 대한 비난이나 반박이 이어질 경우 혼란이 발생하기 쉬우므로, 이를 규제할 필요성이 인정된다. 또한 **선거운동방법의 다양화로 포괄적인 규제조항을 두는 것이 불가피한 측면이 있다.** 선거운동이 금지되는 기간은 선거일 0시부터 투표마감시각 전까지로 하루도 채 되지 않고, 선거일 전일까지 선거운동기간 동안 선거운동이 보장되는 등 사정을 고려하면, 이 사건 처벌조항으로 인해 제한되는 정치적 표현의 자유가 선거운동의 과열을 방지하고 유권자의 올바른 의사형성에 대한 방해를 방지하는 공익에 비해 더 크다고 보기 어렵다. 따라서 이 사건 처벌조항이 과잉금지원칙을 위반하여 정치적 표현의 자유를 침해한다고 할 수 없다(헌재 2021.12.23. 2018헌바152).

55-1 당내경선에서 이루어지는 경선운동은 원칙적으로 공직선거에서의 당선 또는 낙선을 위한 행위인 선거운동에 해당하지 않으므로, 경선운동을 금지하는 조항이 과잉금지원칙에 반하는지 여부를 판단할 때에는 엄격한 심사기준이 적용되어야 한다. 2022 법무사 ( )

55-2 당원이 아닌 자에게도 투표권을 부여하는 당내경선에서 지방공기업법에 규정된 시설관리공단의 상근직원이 경선운동을 할수 없도록 금지하는 조항은 정치적 표현의 자유를 침해한다. 2022 법무사 ( )

해설 **당내경선은 공직선거 자체와는 구별되는 정당 내부의 자발적인 의사결정에 해당하고, 경선운동은 원칙적으로 공직선거에서의 당선 또는 낙선을 위한 행위인 선거운동에 해당하지 않는다.** 따라서 당내경선의 형평성과

ANSWER 53 ◯ 54-1 ◯ 54-2 ◯ 55-1 ✗ 55-2 ◯

공정성을 담보하기 위해서 국가가 개입하여야 하는 정도가 공직선거와 동등하다고 보기 어려우므로, **심판대상조항이 과잉금지원칙에 반하는지 여부를 판단할 때에는 엄격한 심사기준이 적용되어야** 한다. **당내경선의 형평성과 공정성을 확보하기 위한 심판대상조항의 목적의 정당성 및 수단의 적합성이 인정**된다. 그러나 이 사건 공단의 상근직원은 이 사건 공단의 경영에 관여하거나 실질적인 영향력을 미칠 수 있는 권한을 가지고 있지 아니하므로, 경선운동을 한다고 하여 그로 인한 부작용과 폐해가 크다고 보기 어렵다. 또한 **공직선거법은 이미 이 사건 공단의 상근직원이 당내경선에 직·간접적으로 영향력을 행사하는 행위들을 금지·처벌하는 규정들을 마련**하고 있다. 이 사건 공단의 상근직원이 그 지위를 이용하여 경선운동을 하는 행위를 금지·처벌하는 규정을 두는 것은 별론으로 하고, **이 사건 공단의 상근직원의 경선운동을 일률적으로 금지·처벌하는 것은 정치적 표현의 자유를 과도하게 제한하는 것이다. 정치적 표현의 자유의 중대한 제한에 비하여, 이 사건 공단의 상근직원이 당내경선에서 공무원에 준하는 영향력이 있다고 볼 수 없는 점 등을 고려하면 심판대상조항이 당내경선의 형평성과 공정성의 확보라는 공익에 기여하는 바가 크다고 보기 어렵다.** 따라서 **심판대상조항은 과잉금지원칙에 반하여 정치적 표현의 자유를 침해한다**(헌재 2021. 4. 29. 2019헌가11).

56 지방공사 상근직원의 선거운동을 금지하고 이를 위반한 자를 처벌하는 공직선거법 해당 조항은 지방공사 상근직원의 선거운동의 자유를 침해하지 않는다. 2024 법원행시 ( )

해설 지방공사 상근직원의 지위와 권한에 비추어 볼 때, 지방공사의 상근직원이 공직선거에서 선거운동을 한다고 하여 그로 인한 부작용과 폐해가 일반 사기업 직원의 경우보다 크다고 보기 어렵다. 또한 공직선거법은 지방공사 상근직원의 영향력이 상근임원보다 적다는 점을 고려하여, 상근직원은 그 직을 유지한 채 공직선거에 입후보할 수 있도록 규정하고 있다. 그럼에도 불구하고 심판대상조항이 지방공사 상근직원에게까지 선거운동을 금지하는 것은 과도하다. 공직선거법은 지방공사의 상근직원이 직무상 행위를 이용하여 선거의 공정성 및 형평성을 해할 수 있는 행위를 금지하고 이에 위반한 경우 처벌하는 규정을 별도로 마련하고 있다. 지방공사의 상근직원은 심판대상조항에 의하지 않더라도 직무상 행위를 이용하여 선거운동을 하거나 하도록 하는 행위 또는 선거에 영향을 미치는 전형적인 행위를 할 수 없다. 또한, 직급에 따른 업무 내용과 수행하는 개별·구체적인 직무의 성격을 고려하여 지방공사 상근직원 중 선거운동이 제한되는 주체의 범위를 최소화하거나, 지방공사 상근직원에 대하여 '그 지위를 이용하여' 또는 '그 직무 범위 내에서' 하는 선거운동을 금지하는 방법으로도 선거의 공정성이 충분히 담보될 수 있다. 결국 심판대상조항은 과잉금지원칙을 위반하여 지방공사 상근직원의 선거운동의 자유를 침해한다(헌재 2024. 1. 25. 2021헌가14).

57-1 선거운동의 자유는 선거의 공정성이라는 또 다른 가치를 위하여 무제한 허용될 수는 없는 것이고, 선거운동이 허용되거나 금지되는 사람의 인적 범위는 입법자가 재량의 범위 내에서 직무의 성질과 내용 등 제반 사정을 종합적으로 검토하여 정할 사항이므로 제한입법의 위헌여부에 대하여는 다소 완화된 심사기준이 적용되어야 한다. 2023 국가직7급 ( )

57-2 선거운동의 자유는 널리 선거과정에서 자유로이 의사를 표현할 자유의 일환이므로 표현의 자유의 한 태양이기도 한데, 이러한 정치적 표현의 자유는 선거과정에서의 선거운동을 통하여 국민이 정치적 의견을 자유로이 발표, 교환함으로써 비로소 그 기능을 다하게 된다 할 것이므로 선거운동의 자유는 헌법이 정한 언론·출판·집회·결사의 자유 및 보장규정에 의한 보호를 받는다. 2023 국가직7급 ( )

해설 선거운동의 자유는 널리 선거과정에서 자유로이 의사를 표현할 자유의 일환이므로 표현의 자유의 한 태양이기도 한데, **이러한 정치적 표현의 자유는 선거과정에서의 선거운동을 통하여 국민이 정치적 의견을 자유**

ANSWER 56 × 57-1 × 57-2 ○

로이 발표, 교환함으로써 비로소 그 기능을 다하게 된다 할 것이므로 선거운동의 자유는 헌법이 정한 언론·출판·집회·결사의 자유 및 보장규정에 의한 보호를 받는다.

선거운동의 자유는 선거권 행사의 전제 내지 선거권의 중요한 내용을 이룬다고 할 수 있고, 따라서 선거운동의 제한은 선거권의 제한으로도 파악될 수 있을 것이다.

선거운동의 자유도 무제한일 수는 없는 것이고, 선거의 공정성이라는 또 다른 가치를 위하여 어느 정도 선거운동의 주체, 기간, 방법 등에 대한 규제가 행하여지지 않을 수 없다. 다만 선거운동은 국민주권 행사의 일환일 뿐 아니라 정치적 표현의 자유의 한 형태로서 민주사회를 구성하고 움직이게 하는 요소이므로 그 제한입법의 위헌여부에 대하여는 엄격한 심사기준이 적용되어야 할 것이다.

심판대상조항은 한국철도공사에서 상근직원으로 근무하는 자가 선거에 직·간접적으로 영향력을 행사하는 행위를 금지하여 선거의 형평성과 공정성을 확보하기 위한 것이므로 입법목적의 정당성을 인정할 수 있고, 한국철도공사의 상근직원에 대하여 선거운동을 금지하고 이를 위반한 경우 처벌하는 것은 위와 같은 목적의 달성에 적합한 수단으로 인정된다. 그러나 한국철도공사 상근직원의 지위와 권한에 비추어볼 때, 특정 개인이나 정당을 위한 선거운동을 한다고 하여 그로 인한 부작용과 폐해가 일반 사기업 직원의 경우보다 크다고 보기 어려우므로, 직급이나 직무의 성격에 대한 검토 없이 일률적으로 모든 상근직원에게 선거운동을 전면적으로 금지하고 이에 위반한 경우 처벌하는 것은 선거운동의 자유를 지나치게 제한하는 것이다. 또한, 한국철도공사의 상근직원은 공직선거법의 다른 조항에 의하여 직무상 행위를 이용하여 선거운동을 하거나 하도록 하는 행위를 할 수 없고, 선거에 영향을 미치는 전형적인 행위도 할 수 없다. 더욱이 그 직을 유지한 채 공직선거에 입후보할 수 없는 상근임원과 달리, 한국철도공사의 상근직원은 그 직을 유지한 채 공직선거에 입후보하여 자신을 위한 선거운동을 할 수 있음에도 타인을 위한 선거운동을 전면적으로 금지하는 것은 과도한 제한이다. 따라서 심판대상조항은 선거운동의 자유를 침해한다(헌재 2018.2.22. 2015헌바124).

58 서울교통공사의 상근직원은 서울교통공사의 경영에 관여하거나 실질적인 영향력을 미칠 수 있는 권한이 있다고 인정하기 어려우므로, 당원이 아닌 자에게도 투표권을 부여하여 실시하는 당내경선에서 서울교통공사의 상근직원이 경선운동을 할 수 없도록 일률적으로 금지·처벌하는 것은 정치적 표현의 자유를 과도하게 제한하는 것이다. 2023 법원직 ( )

해설 심판대상조항은 당내경선의 형평성과 공정성을 확보하기 위한 것으로 **목적의 정당성과 수단의 적합성이 인정된다**. 그러나 서울교통공사의 상근직원은 서울교통공사의 경영에 관여하거나 실질적인 영향력을 미칠 수 있는 권한을 가지고 있지 아니하므로, **경선운동을 한다고 하여 그로 인한 부작용과 폐해가 크다고 보기 어렵다**. 또한 공직선거법은 이미 서울교통공사의 상근직원이 당내경선에 직·간접적으로 영향력을 행사하는 행위들을 금지·처벌하는 규정들을 마련하고 있다. **서울교통공사의 상근직원이 그 지위를 이용하여 경선운동을 하는 행위를 금지·처벌하는 규정을 두는 것은 별론으로 하고, 경선운동을 일률적으로 금지·처벌하는 것은 정치적 표현의 자유를 과도하게 제한하는 것이다**. 정치적 표현의 자유의 중대한 제한에 비하여, 서울교통공사의 상근직원이 당내경선에서 공무원에 준하는 영향력이 있다고 볼 수 없는 점 등을 고려하면 심판대상조항이 당내경선의 형평성과 공정성의 확보라는 공익에 기여하는 바가 크다고 보기 어렵다. 따라서 심판대상조항은 과잉금지원칙에 반하여 정치적 표현의 자유를 침해한다(헌재 2022.6.30. 2021헌가24).

59 누구든지 선거일 전 180일부터 선거일까지 선거에 영향을 미치게 하기 위하여 화환을 설치하는 행위를 금지하는 구 공직선거법 해당 조항은 정치적 표현의 자유를 침해하지 않는다. 2024 법원행시 ( )

해설 심판대상조항은 선거일 전 180일부터 선거일까지라는 장기간 동안 선거와 관련한 정치적 표현의 자유를 광범위하게 제한하고 있다. 화환의 설치는 경제적 차이로 인한 선거 기회 불균형을 야기할 수 있으나, 그러한 우려가 있다고 하더라도 공직선거법상 선거비용 규제 등을 통해서 해결할 수 있다. 또한

ANSWER 58 ○ 59 ×

공직선거법상 후보자 비방 금지 규정 등을 통해 무분별한 흑색선전 등의 방지도 가능하다. 이러한 점들을 종합하면, **심판대상조항은 목적 달성에 필요한 범위를 넘어 장기간 동안 선거에 영향을 미치게 하기 위한 화환의 설치를 금지하는 것으로, 과잉금지원칙에 위반되어 정치적 표현의 자유를 침해한다**(헌재 2023. 6. 29. 2023헌가12).

60 「공직선거법」상 대통령선거·국회의원선거·지방선거가 순차적으로 맞물려 돌아가는 현실에서 선거일 전 180일부터 선거일까지 장기간 광고물을 설치·게시하는 행위를 금지·처벌하는 것은 후보자와 일반 유권자의 정치적 표현의 자유를 과도하게 제한하는 것은 아니다. 2023 국회직8급 ( )

> 해설 심판대상조항은 선거에서의 균등한 기회를 보장하고 선거의 공정성을 확보하기 위한 것으로서 **정당한 목적 달성을 위한 적합한 수단**에 해당한다. 그러나 … 심판대상조항은 목적 달성에 필요한 범위를 넘어 장기간 동안 선거에 영향을 미치게 하기 위한 광고물의 설치·진열·게시나 표시물의 착용을 금지·처벌하는 것으로서 **침해의 최소성에 반한다**. 또한 심판대상조항으로 인하여 일반 유권자나 후보자가 받는 정치적 표현의 자유에 대한 제약이 달성되는 공익보다 중대하므로 심판대상조항은 **법익의 균형성에도 위배된다**. 따라서 심판대상조항은 **과잉금지원칙에 반하여 정치적 표현의 자유를 침해**한다(헌재 2022. 7. 21. 2017헌가1 등).

61-1 누구든지 선거기간 중 선거에 영향을 미치게 하기 위하여 그 밖의 집회나 모임을 개최할 수 없고, 이를 위반한 자를 처벌하도록 규정한 공직선거법 조항은 선거기간 중에도 국민들이 제기하는 건전한 비판과 여론 형성을 금지하는 것은 아니므로 집회의 자유를 침해한다고 할 수 없다. 2023 법원직 ( )

61-2 누구든지 선거기간 중 선거에 영향을 미치게 하기 위하여 '그 밖의 집회나 모임'을 개최할 수 없고, 이를 위반하는 자를 처벌하는 「공직선거법」 조항은 선거의 공정이나 평온에 대한 구체적인 위험이 없는 경우에도 해당 목적을 위한 일반 유권자의 집회나 모임을 전면적으로 금지하고 위반 시 처벌한다는 점에서 과잉금지원칙에 위배되어 해당 일반 유권자의 집회의 자유를 침해한다. 2024 경찰1차 ( )

> 해설 집회개최 금지조항은 선거에서의 균등한 기회보장과 선거의 공정성 확보를 위한 것으로서 **정당한 목적 달성을 위한 적합한 수단**이나, 선거기간 중 선거에 영향을 미치게 하기 위한 집회나 모임이라면 선거의 공정과 평온에 대한 위험이 구체적으로 존재하지 않는 경우까지도 **예외 없이 개최를 금지**하고 있다. … 집회개최 금지조항은 입법목적 달성을 위하여 필요한 범위를 넘어 선거기간 중 선거에 영향을 미치게 하기 위한 유권자의 집회나 모임을 일률적으로 금지·처벌하고 있으므로 **침해의 최소성에 반한다**. 또한 집회개최 금지조항으로 인하여 일반 유권자가 받는 집회의 자유, 정치적 표현의 자유에 대한 제약이 달성되는 공익보다 중대하므로 법익의 균형성에도 위배된다. 따라서 **집회개최 금지조항은 과잉금지원칙에 반하여 집회의 자유, 정치적 표현의 자유를 침해한다**(헌재 2022. 7. 21. 2018헌바357 등).

62 일정기간 동안 선거에 영향을 미치게 하기 위한 벽보 게시, 인쇄물 배부·게시를 금지하는 구 공직선거법 해당 조항은 정치적 표현의 자유를 침해하지 않는다. 2024 법원행시 ( )

> 해설 심판대상조항은 선거에서의 균등한 기회를 보장하고 선거의 공정성을 확보하기 위한 것으로서 **입법목적의 정당성 및 수단의 적합성이 인정**된다. 그러나 인쇄물은 시설물 등과 비교하여 보더라도 투입되는 비용이 상대적으로 적어 경제력 차이로 인한 선거 기회 불균형의 문제가 크지 않고, 그러한 우려도 공직선거법상 선거비용 규제나 인쇄물의 종류 또는 금액을 제한하는 수단을 통해서 방지할 수 있다. 또한 **공직선거법상 후보자 비방 금지 규정이나 허위사실공표 금지 규정 등을 통해 무분별한 흑색선전 등의 방지도 가능**한 점을 종합하면, 심판대상조항은 목적 달성에 필요한 범위를 넘어 장기간 동안 인쇄물 살포를 금지·처벌하는 것으로서

ANSWER 60 × 61-1 × 61-2 ○ 62 ×

침해의 최소성에 반한다. 또한 심판대상조항으로 인하여 일반 유권자나 후보자가 받는 정치적 표현의 자유에 대한 제약이 위 조항을 통하여 달성되는 공익보다 중대하므로 심판대상조항은 법익의 균형성에도 위배된다. 따라서 심판대상조항은 과잉금지원칙에 반하여 정치적 표현의 자유를 침해한다(헌재 2023.3.23. 2023헌가4).

63 선거운동기간 중 어깨띠 등 표시물을 사용한 선거운동을 금지하고, 이를 위반한 경우 처벌하는 구 공직선거법 해당 조항은 정치적 표현의 자유를 침해하지 않는다. 2024 법원행시 ( )

해설 심판대상조항은 선거에서의 균등한 기회를 보장하고 선거의 공정성을 확보하기 위한 것으로서 **정당한 목적 달성을 위한 적합한 수단에 해당**한다. 그러나 공직선거법상 선거비용 제한 규정이나 표시물의 가액, 종류, 사용방법 등에 대한 제한 수단 마련을 통해 선거에서의 기회 균등이라는 목적 달성이 가능하며, 그 밖에 공직선거법상 후보자 비방 금지 규정 등에 비추어 **심판대상조항이 무분별한 흑색선전 방지 등을 위한 불가피한 수단이라고 보기도 어려우므로, 심판대상조항은 필요한 범위를 넘어 표시물을 사용한 선거운동을 포괄적으로 금지·처벌하는 것으로서 침해의 최소성에 반한다.** 또한 심판대상조항으로 인하여 일반 유권자나 후보자가 받는 정치적 표현의 자유에 대한 제약이 달성되는 공익보다 중대하므로 **심판대상조항은 법익의 균형성에도 위배**된다. 따라서 **심판대상조항은 과잉금지원칙에 반하여 정치적 표현의 자유를 침해한다**(헌재 2022.7.21. 2017헌가4).

64 종교단체 내에서의 직무상 행위를 이용하여 그 구성원에 대한 선거운동을 금지하고 이를 위반한 자를 처벌하는 공직선거법 해당 조항은 선거운동 등 정치적 표현의 자유를 침해하지 않는다. 2024 법원행시 ( )

해설 직무이용 제한조항은 선거의 공정성 확보라는 입법목적을 달성하고자 하는 것이다. 종교단체 내에서 일정한 직무상 행위를 하는 사람이 종교적 신념을 공유하는 신도에게 자신의 지도력, 영향력 등을 기초로 공직선거에서 특정인이나 특정 정당에 대한 맹목적 지지 또는 반대를 끌어내려 하는 경우 대상이 되는 구성원은 그 영향력에 이끌려 왜곡된 정치적 의사를 형성할 가능성이 커지고, 국민의 정치적 의사가 그 형성 단계에서부터 왜곡된다면 선거의 공정성을 확보하기 어렵다. 직무이용 제한조항에 따라 종교단체 내에서의 정치적 표현의 자유가 일정 부분 제한되지만, 공통된 신앙에 기초하여 구성원 상호 간에 밀접한 관계를 형성하는 종교단체의 특성과 성직자 등 종교단체 내에서 일정한 직무를 가지는 사람이 가지는 상당한 영향력을 고려하면, 선거의 공정성을 확보하고 종교단체가 본연의 기능을 할 수 있도록 하며 정치와 종교가 부당한 이해관계로 결합하는 부작용을 방지함으로써 달성되는 공익이 더 크다. 그렇다면 **직무이용 제한조항은 과잉금지원칙을 위반하여 선거운동 등 정치적 표현의 자유를 침해하지 않는다**(헌재 2024.1.25. 2021헌바233 등).

65 예비후보자 선거비용을 후보자가 부담한다고 하더라도 그것이 지나치게 다액이라서 선거공영제의 취지에 반하는 정도에 이른다고 할 수는 없고, 예비후보자의 선거비용을 보전해 줄 경우 선거가 조기에 과열되어 악용될 소지가 있으므로 지역구국회의원선거에서 예비후보자의 선거비용을 보전대상에서 제외하고 있는 공직선거법 조항은 청구인들의 선거운동의 자유를 침해하지 않는다. 2023 지방직7급 ( )

해설 선거공영제를 운영함에 있어 국가 예산의 효율적 집행을 도모하려는 선거비용 보전 제한조항의 **입법목적은 정당하고**, 선거비용 보전 제한조항이 예비후보자 선거비용을 보전 대상에서 제외하여 후보자에게 부담하도록 하는 것은 그 입법목적을 달성하기 위한 효과적이고 **적절한 수단에 해당**한다. … 선거비용의 상당 부분을 공적으로 부담하고 있거나 선거비용액의 상한을 제한하여 전체적으로 후보자의 부담을 경감시켜주고 있는 점을 고려한다면 예비후보자 선거비용을 후보자가 부담한다고 하더라도 그것이 지나치게 다액이라서 선거공영제의 취지에 반하는 정도에 이른다고 할 수는 없다. 그러므로 선거비용 보전 제한조항은 **침해의 최소성 원칙에 반하지 않는다.** 예비후보자 선거비용을 보전해줄 경우 선거가 조기에 과열되어 예비후보자 제도의 취지를 넘어서 악용될 수 있고, 탈법적인 선거운동 등을 단속하기 위한 행정력의 낭비도 증가할 수 있는 반면, 선거비용 보전 제한조항으로 인하여 후보자가

ANSWER 63 × 64 ○ 65 ○

받는 불이익은 일부 경제적 부담을 지는 것인데, 후원금을 기부받아 선거비용을 지출할 수 있으므로 그 부담이 경감될 수 있다. 따라서 선거비용 보전 제한조항은 **법익균형성원칙에도 반하지 않는다**. 그러므로 **선거비용 보전 제한조항은 청구인들의 선거운동의 자유를 침해하지 않는다**(헌재 2018. 7. 26. 2016헌마524 등).

66-1 부재자 투표시 투표개시시간을 일과시간 이내인 오전 10시부터 오후 4시까지로 정한 것은 투표관리의 효율성을 도모하고 행정부담을 줄이기 위한 목적의 정당성이 인정되므로 헌법에 위반되지 않는다. 2023 법원행시
( )

66-2 부재자투표시간을 오전 10시부터 오후 4시까지로 정하고 있는 공직선거법 제155조 제2항 본문 중 "오전 10시에 열고" 부분은 투표관리의 효율성을 도모하고 행정부담을 줄이며, 부재자투표의 인계·발송절차의 지연위험 등을 경감하기 위한 것이므로 청구인의 선거권이나 평등권을 침해하지 않는다. 2023 지방직7급 ( )

> 해설 이 사건 투표시간조항이 투표개시시간을 일과시간 이내인 오전 10시부터로 정한 것은 투표시간을 줄인 만큼 투표관리의 효율성을 도모하고 행정부담을 줄이는 데 있고, 그 밖에 부재자투표의 인계·발송절차의 지연위험 등과는 관련이 없다. 이에 반해 **일과시간에 학업이나 직장업무를 하여야 하는 부재자투표자는 이 사건 투표시간조항 중 투표개시시간 부분으로 인하여 일과시간 이전에 투표소에 가서 투표할 수 없게 되어 사실상 선거권을 행사할 수 없게 되는 중대한 제한**을 받는다. 따라서 **이 사건 투표시간조항 중 투표개시시간 부분은 수단의 적정성, 법익균형성을 갖추지 못하므로 과잉금지원칙에 위배하여 청구인의 선거권과 평등권을 침해하는 것**이다(헌재 2012. 2. 23. 2010헌마601).

67-1 신체의 장애로 인하여 자신이 기표할 수 없는 선거인에 대해 투표보조인이 가족이 아닌 경우 반드시 2인을 동반하여서만 투표를 보조하게 할 수 있도록 정하고 있는 공직선거법 조항은 선거의 공정성을 확보하는 데 치우친 나머지 비밀선거의 중요성을 간과하고 있으므로 과잉금지원칙에 반하여 청구인의 선거권을 침해한다. 2023 지방직7급
( )

67-2 신체의 장애로 인하여 자신이 기표할 수 없는 선거인에 대해 투표보조인이 가족이 아닌 경우 반드시 투표보조인 2인을 동반하여서만 투표를 보조하게 할 수 있도록 정한 「공직선거법」 조항은 비밀선거의 원칙에 대한 예외를 정하고 있지만, 형사처벌을 통해 투표보조인이 선거인의 투표의 비밀을 침해하는 것을 방지하여 투표의 비밀이 유지되도록 하고 있으므로 선거권을 침해하지 않는다. 2024 변시 ( )

> 해설 심판대상조항은 비밀선거의 원칙에 대한 예외를 두고 있지만 필요하고 불가피한 예외적인 경우에 한하고 있으므로, 과잉금지원칙에 반하여 청구인의 선거권을 침해하지 않는다(헌재 2020. 5. 27. 2017헌마867).

68-1 지방자치단체의 장 선거권은 헌법 제24조에 의해 보호되는 기본권으로 인정된다. 2022 경찰승진 ( )

68-2 지방자치단체의 장 선거권은 국회의원 선거권 및 대통령 선거권과 달리 헌법에 의해 보호되는 기본권으로 인정되지는 않는다. 2022 입법고시 ( )

68-3 지방자치단체의 장 선거권을 지방의회의원 선거권, 나아가 국회의원 선거권 및 대통령 선거권과 구별하여 하나는 법률상의 권리로, 나머지는 헌법상의 권리로 이원화하는 것은 허용될 수 없으므로 지방자치단체의 장 선거권 역시 다른 선거권과 마찬가지로 헌법 제24조에 의해 보호되는 기본권으로 인정하여야 한다. 2022 경찰1차
( )

ANSWER 66-1 × 66-2 × 67-1 × 67-2 ○ 68-1 ○ 68-2 × 68-3 ○

68-4 지방자치단체의 장 선거권은 주민투표권과 마찬가지로 법률이 보장하는 권리일 뿐이지 헌법이 보장하는 기본권으로 볼 수 없다. 2023 행시 ( )

68-5 지방자치단체장과 지방의회의원에 대한 선거권도 헌법 제24조에 의하여 보호되는 기본권이다. 2023 입법고시 ( )

68-6 주민자치제를 본질로 하는 민주적 지방자치제도가 안정적으로 뿌리내린 현 시점에서 지방자치단체의 장 선거권을 지방의회의원 선거권, 나아가 국회의원 선거권 및 대통령 선거권과 구별하여 하나는 법률상의 권리로, 나머지는 헌법상의 권리로 이원화하는 것은 허용될 수 없으므로 지방자치단체의 장 선거권 역시 다른 선거권과 마찬가지로 헌법 제24조에 의해 보호되는 기본권으로 인정하여야 한다. 2023 경찰승진 ( )

68-7 지방자치단체의 장 선거권은 국회의원 선거권 및 대통령 선거권과 구별되는 법률상의 권리이다. 2024 입법고시 ( )

> **해설** 지방자치단체의 장 선거에서 후보자 등록 마감시간까지 후보자 1인만이 등록한 경우 투표를 실시하지 않고 그 후보자를 당선인으로 결정하도록 하는 공직선거법(헌재 2016.10.27. 2014헌마797)
> (1) 지방자치단체의 대표인 단체장은 지방의회의원과 마찬가지로 주민의 자발적 지지에 기초를 둔 선거를 통해 선출되어야 한다는 것은 지방자치제도의 본질에서 당연히 도출되는 원리이다. 주민자치제를 본질로 하는 민주적 지방자치제도가 안정적으로 뿌리내린 현 시점에서 지방자치단체의 장 선거권을 지방의회의원 선거권, 더 나아가 국회의원 선거권 및 대통령 선거권과 구별하여 하나는 법률상의 권리로, 나머지는 헌법상의 권리로 이원화하는 것은 허용될 수 없다. 그러므로 **지방자치단체의 장 선거권 역시 다른 선거권과 마찬가지로 헌법 제24조에 의해 보호되는 기본권으로 인정하여야 한다.**
> (2) 대통령 선거에 참여하는 선거권자와 지방자치단체의 장 선거에 참여하는 선거권자는 본질적으로 같은 비교집단이 된다고 보기 어려우므로 차별취급 여부를 논할 수 없다.
> (3) 심판대상조항은 지방자치단체의 장 당선인의 결정방식에 관한 것일 뿐 후보자의 선거운동이나 공약 등 후보자 정보의 제공을 금지하는 조항은 아니며, 가사 심판대상조항으로 인해 선거가 시행되지 않아 후보자에 대한 정보취득이 어려워진 사정이 발생하였더라도 이는 심판대상조항으로 인한 간접적, 사실적 제한일 뿐이므로 심판대상조항으로 인하여 청구인의 **알권리가 제한된다고 볼 수 없다.** 또한 **행복추구권 침해 여부에 대해서는 선거권이라는 우선적인 기본권의 침해 여부를 판단하는 이상 별도로 판단하지 않는다.**
> (4) 후보자가 1인일 경우에도 투표를 실시하도록 하면 당선자가 없어 재선거를 하게 되는 경우도 발생할 수 있는데 이 경우 재선거 실시에 따르는 새로운 후보자 확보 가능성의 문제, 행정적인 번거로움과 시간·비용의 낭비는 물론이고 지방자치단체의 장 업무의 공백 역시 필연적으로 뒤따르게 된다. 입법자가 위와 같은 사정을 고려하여 후보자가 1인일 경우 투표를 실시하지 않고 해당 후보자를 지방자치단체의 장 당선자로 정하도록 결단한 것은 입법목적 달성에 필요한 범위를 넘은 과도한 제한이라 할 수 없으므로 심판대상조항은 청구인의 **선거권을 침해하지 않는다.**

69 국회의원선거에 있어서 선거의 효력에 관하여 이의가 있는 선거인·정당(후보자를 추천한 정당에 한한다) 또는 후보자는 선거일로부터 45일 이내에 헌법재판소에 소를 제기할 수 있다. 2021 경찰승진 ( )

> **해설** 대통령선거 및 국회의원선거에 있어서 선거의 효력에 관하여 이의가 있는 선거인·정당(후보자를 추천한 정당에 한한다) 또는 후보자는 **선거일부터 30일 이내에** 당해 선거구선거관리위원회 위원장을 피고로 하여 대법원에 소를 제기할 수 있다(공직선거법 제222조 제1항).

ANSWER 68-4 × 68-5 ○ 68-6 ○ 68-7 × 69 ×

70 회계책임자가 300만원 이상의 벌금형을 선고받은 경우 후보자의 당선을 무효로 하는 것은 자기책임의 원칙에 위반되지 않는다. 2024 법원행시 ( )

해설 이 사건 법률조항은 후보자에게 회계책임자의 형사책임을 연대하여 지게 하는 것이 아니라, 선거의 공정성을 해치는 객관적 사실(회계책임자의 불법행위)에 따른 선거결과를 교정하는 것에 불과하고, 또한 후보자는 공직선거법을 준수하면서 공정한 경쟁이 되도록 할 의무가 있는 자로서 후보자 자신뿐만 아니라 최소한 회계책임자 등에 대하여는 선거범죄를 범하지 않도록 지휘·감독할 책임을 지는 것이므로, 이 사건 법률조항은 후보자 '자신의 행위'에 대하여 책임을 지우고 있는 것에 불과하기 때문에, 헌법상 자기책임의 원칙에 위반되지 아니한다(헌재 2010.3.25. 2009헌마170).

71-1 배우자가 선거범죄로 300만원 이상의 벌금형을 선고받은 경우 그 선거구 후보자의 당선을 무효로 하는 것은 자기책임의 원칙에 위반되지 않는다. 2024 법원행시 ( )

71-2 공직선거 후보자의 배우자가 「공직선거 및 선거부정방지법」상 중대 선거범죄를 범함으로 인하여 징역형 또는 300만원 이상의 벌금형의 선고를 받은 때에 그 후보자의 당선을 무효로 하는 조항은 연좌제에 해당하지 아니한다. 2024 경찰승진 ( )

해설 이 사건 법률조항은 '친족인 배우자의 행위와 본인 간에 실질적으로 의미 있는 아무런 관련성을 인정할 수 없음에도 불구하고 오로지 배우자라는 사유 그 자체만으로' 불이익한 처우를 가하는 것이 아니라, **후보자와 불가분의 선거운명공동체를 형성하여 활동하게 마련인 배우자의 실질적 지위와 역할을 근거로 후보자에게 연대책임을 부여한 것이므로, 헌법 제13조 제3항에서 금지하고 있는 연좌제에 해당하지 아니하고, 자기책임의 원칙에도 위배되지 아니한다**(헌재 2011.9.29. 2010헌마68).

72 다른 일반범죄에 관한 공소시효의 기산점을 '범죄행위의 종료한 때로부터'로 정한 것과 달리 선거일 이전에 행하여진 범죄에 관하여 '해당 범죄행위 종료 시'가 아닌 '당해 선거일 후'를 기준으로 공소시효를 기산하는 것은 '선거일 이전에 행하여진 선거범죄'와 '선거일 후에 행하여진 선거범죄'를 합리적 이유 없이 차별하는 것으로 평등원칙에 위배된다. 2023 법원행시 ( )

해설 심판대상조항은 '선거일 이전에 행하여진 선거범죄'의 공소시효 기산점을 '당해 선거일 후'로 정하여, 공직선거법 제268조 제1항에서 '선거일 후에 행하여진 선거범죄'의 공소시효 기산점을 '그 행위가 있는 날부터'로 정하고, 형사소송법 제252조 제1항에서 '다른 일반범죄'에 관한 공소시효의 기산점을 '범죄행위의 종료한 때로부터'로 정한 것과 달리 취급하고 있다. 그러나 이는 선거로 인한 법적 불안정 상태를 신속히 해소하면서도 선거의 공정성을 보장함과 동시에 선거로 야기된 정국의 불안을 특정한 시기에 일률적으로 종료시키기 위한 입법자의 형사정책적 결단 등에서 비롯된 것이므로, 그 합리성을 인정할 수 있다. 따라서 심판대상조항은 평등원칙에 위반되지 않는다(헌재 2020.3.26. 2019헌바71).

73 공무원이 지위를 이용하여 범한 공직선거법위반죄에 대하여 일반인이 범한 공직선거법위반죄와 달리 해당 선거일 후 10년으로 공소시효를 정한 공직선거법 규정은 합리적인 이유 있는 차별로서 평등원칙에 위반되지 않는다. 2023 법무사 ( )

해설 공무원이 지위를 이용하여 범한 공직선거법위반죄의 경우 선거의 공정성을 중대하게 저해하고 공권력에 의하여 조직적으로 은폐되어 단기간에 밝혀지기 어려울 수도 있어 단기 공소시효에 의할 경우 처벌규정의 실효성을 확보하지 못할 수 있다. **이러한 취지에서 공무원이 지위를 이용하여 범한 공직선거법위반죄의 경우 해당 선거일 후 10년으로 공소시효를 정한 입법자의 판단은 합리적인 이유가 인정되므로 평등원칙에 위반되지 않는다**(헌재 2022.8.31. 2018헌바440).

ANSWER 70 ○ 71-1 ○ 71-2 ○ 72 × 73 ○

Ⅲ. 최신판례와 개정법 정리

01 준연동형 비례대표제를 규정한 공직선거법(헌재 2023.7.20. 2019헌마1443)
국회의원 선거제도는 법률이 정하는 바에 의하여 구체적으로 결정되는 것이므로, 입법형성권을 갖고 있는 입법자는 우리나라 선거제도와 정당의 역사성, 우리나라 선거 및 정치문화의 특수성, 정치적·경제적·사회적 환경, 선거와 관련된 국민의식의 정도와 법 감정을 종합하여 국회의원 선거제도를 합리적으로 입법할 수 있다. 입법자가 국회의원 선거제도를 형성함에 있어 헌법 제41조 제1항에 명시된 보통·평등·직접·비밀선거의 원칙과 자유선거 등 국민의 선거권이 부당하게 제한되지 않는 한 헌법에 위반된다고 할 수 없다.
준연동형 비례대표제를 규정한 공직선거법 조항은 직접선거원칙이나 평등선거원칙에 위배되지 않는다.

02 **누구든지 선거일 전 180일부터 선거일까지 선거에 영향을 미치게 하기 위하여 화환설치를 할 수 없도록 한 공직선거법 조항**은, 목적 달성에 필요한 범위를 넘어 장기간 동안 선거에 영향을 미치게 하기 위한 화환의 설치를 금지하는 것으로, **과잉금지원칙에 위반되어 정치적 표현의 자유를 침해한다**(헌재 2023. 6.29. 2023헌가12).

03 사전투표관리관이 사전투표용지의 일련번호(바코드)를 떼지 않고 선거인에게 교부하도록 정한 공직선거법 조항과 사전투표관리관이 투표용지에 자신의 도장을 찍는 경우 도장의 날인은 인쇄날인으로 갈음할 수 있도록 정한 공직선거관리규칙 조항은 선거권을 침해한다고 볼 수 없다(헌재 2023.10.26. 2022헌마231).

04 **지방공사 상근직원의 선거운동을 금지**하고, 이를 위반한 자를 처벌하는 구 공직선거법 조항들은, 선거운동을 전면적으로 금지하여야 할 정도로 지방공사 상근직원의 권한이 크다고 보기 어려운 점, 공직선거법은 이미 지방공사의 상근직원이 직무상 행위를 이용하여 선거의 공정성 및 형평성을 해할 수 있는 행위를 금지하고 그 위반행위를 처벌하는 규정을 별도로 마련하고 있는 점, 선거운동의 전면금지 외에 선거운동의 자유가 제한되는 영역을 적절한 범위로 조정할 방법이 있는 점 등을 고려하면, **지방공사 상근직원의 선거운동의 자유를 침해하여 헌법에 위반된다**(헌재 2024.1.25. 2021헌가14).

05 종교단체 내에서의 직무상 행위를 이용한 선거운동을 금지하는 공직선거법 조항은 선거운동 등 정치적 표현의 자유를 침해하지 않는다(헌재 2024.1.25. 2021헌바233).

06 2024.3.8. 공직선거법 개정[시행 2024.3.8.]

제21조(국회의 의원정수) ① 국회의 의원정수는 지역구국회의원 254명과 비례대표국회의원 46명을 합하여 300명으로 한다.

07 2023.12.28. 공직선거법 신설[시행 2024.1.29.]

제82조의8(딥페이크영상등을 이용한 선거운동) ① 누구든지 선거일 전 90일부터 선거일까지 선거운동을 위하여 인공지능 기술 등을 이용하여 만든 실제와 구분하기 어려운 가상의 음향, 이미지 또는 영상 등(이하 "딥페이크영상등"이라 한다)을 제작·편집·유포·상영 또는 게시하는 행위를 하여서는 아니 된다.
② 누구든지 제1항의 기간이 아닌 때에 선거운동을 위하여 딥페이크영상등을 제작·편집·유포·상영 또는 게시하는 경우에는 해당 정보가 인공지능 기술 등을 이용하여 만든 가상의 정보라는 사실을 명확하게 인식할 수 있도록 중앙선거관리위원회규칙으로 정하는 바에 따라 해당 사항을 딥페이크영상등에 표시하여야 한다.

08 2024.3.8. 공직선거법 개정[시행 2024.3.8.]

제155조(투표시간) ⑥ 제1항 본문 및 제2항 전단에도 불구하고 격리자등이 선거권을 행사할 수 있도록 격리자등에 한정하여서는 투표소를 오후 6시 30분(보궐선거등에 있어서는 오후 8시 30분)에 열고 오후 7시 30분(보궐선거등에 있어서는 오후 9시 30분)에 닫으며, 사전투표소(제148조 제1항 제3호에 따라 설치하는 사전투표소를 제외하고 사전투표기간 중 둘째 날의 사전투표소에 한정한다. 이하 이 항에서 같다)는 오후 6시 30분에 열고 오후 8시에 닫는다. 다만, 중앙선거관리위원회는 질병관리청장과 미리 협의하여 감염병의 전국적 대유행 여부, 격리자등의 수, 공중보건에 미치는 영향 등을 고려하여 달리 정할 수 있다. 〈신설 2024.3.8.〉
⑦ 제6항 단서에 따른 절차 그 밖에 필요한 사항은 중앙선거관리위원회규칙으로 정한다. 〈신설 2024.3.8.〉
⑧ 제6항 본문에 따라 투표하는 경우 제5항, 제176조 제4항, 제218조의16 제2항 및 제218조의24 제2항부터 제4항까지의 규정 중 "선거일 오후 6시"는 각각 "선거일 오후 7시 30분"으로, "오후 8시"는 각각 "오후 9시 30분"으로 보되, 제6항 단서에 따라 투표하는 경우 "오후 6시" 및 "오후 8시"는 각각 "격리자등의 투표시간을 포함한 투표마감시각"으로 본다. 〈신설 2024.3.8.〉

09 2024.1.2. 정당법 신설[시행 2024.1.2.]

제36조의2(비례대표국회의원선거의 후보자추천) 정당이 「공직선거법」 제47조 제1항 및 제2항에 따라 비례대표국회의원선거의 후보자를 추천하는 경우에는 당헌·당규 또는 그 밖의 내부규약 등으로 정하는 바에 따라 민주적 절차를 거쳐 추천할 후보자를 결정한다.

제3절 공무원제도와 공무담임권

I 헌법 조문

제7조 ① 공무원은 국민전체에 대한 봉사자이며, 국민에 대하여 책임을 진다.
② 공무원의 신분과 정치적 중립성은 법률이 정하는 바에 의하여 보장된다.

제25조 모든 국민은 법률이 정하는 바에 의하여 공무담임권을 가진다.

제33조 ② 공무원인 근로자는 법률이 정하는 자에 한하여 단결권·단체교섭권 및 단체행동권을 가진다.

II 최신 기출지문 분석

01 공무원은 국민전체에 대한 봉사자이며, 직업공무원제도를 통해 정치적 중립성과 신분보장을 확보하고 있다.
2023 국회직9급 ( )

해설 공무원은 국민전체에 대한 봉사자이며, 국민에 대하여 책임을 진다. 공무원의 신분과 정치적 중립성은 법률이 정하는 바에 의하여 보장된다(헌법 제7조).

02-1 직업공무원제도는 헌법이 보장하는 제도적 보장 중의 하나임이 분명하므로 입법자는 직업공무원제도에 관하여 '최소한 보장'의 원칙의 한계 안에서 폭넓은 입법형성의 자유를 가진다. 2023 경찰승진 ( )

02-2 직업공무원제도는 헌법이 보장하는 제도적 보장의 하나이므로 '최대한 보장의 원칙'이 적용된다. 2022 법무사
( )

02-3 직업공무원제도는 헌법이 보장하는 제도적 보장 중의 하나로서 입법자는 직업공무원제도에 관하여 '최소한 보장'의 원칙의 한계 안에서 입법형성의 자유를 가진다. 2023 국회직9급 ( )

해설 기본권 보장은 "최대한 보장의 원칙"이 적용됨에 반하여, 제도적 보장은 그 본질적 내용을 침해하지 아니하는 범위 안에서 입법자에게 제도의 구체적 내용과 형태의 형성권을 폭넓게 인정한다는 의미에서 "최소한 보장의 원칙"이 적용될 뿐이다. **직업공무원제도는 헌법이 보장하는 제도적 보장 중의 하나임이 분명하므로 입법자는 직업공무원제도에 관하여 '최소한 보장'의 원칙의 한계안에서 폭넓은 입법형성의 자유를 가진다** (헌재 1997.4.24. 95헌바48).

03-1 헌법 제7조 제2항이 공무원의 신분과 정치적 중립성에 관하여 규정하고 있는 것은 정권교체에 따른 국가작용의 중단과 혼란을 예방하며, 일관성 있는 공무수행의 독자성과 영속성을 유지하기 위하여 공직구조에 관한 제도적 보장으로서의 직업공무원제도를 마련해야 함을 의미한다. 2022 법원행시 ( )

ANSWER 01 ○ 02-1 ○ 02-2 × 02-3 ○ 03-1 ○

03-2 헌법 제7조 제2항이 규정한 직업공무원제도는 엽관제를 지양함으로써 정치와 공직을 분리하고 이를 통하여 공무수행의 안정성, 전문성을 꾀하려는 데에 그 목적이 있다. 2023 법무사 ( )

해설 공무원의 신분 보장에 관한 헌법적 의의를 보건대, "헌법 제7조 제2항은 공무원의 신분과 정치적 중립성을 법률로써 보장할 것을 규정하고 있다. **위 조항의 뜻은 공무원이 정치과정에서 승리한 정당원에 의하여 충원되는 엽관제를 지양하고, 정권교체에 따른 국가작용의 중단과 혼란을 예방하며 일관성 있는 공무수행의 독자성과 영속성을 유지하기 위하여 공직구조에 관한 제도적 보장으로서의 직업공무원제도를 마련해야 한다는 것이다.** 직업공무원제도는 바로 그러한 제도적 보장을 통하여 모든 공무원으로 하여금 어떤 특정 정당이나 특정 상급자를 위하여 충성하는 것이 아니라 국민 전체에 대한 봉사자로서 법에 따라 그 소임을 다할 수 있게 함으로써 공무원 개인의 권리나 이익을 보호함에 그치지 아니하고 나아가 국가기능의 측면에서 정치적 안정의 유지에 기여하도록 하는 제도이다"(헌재 2014.3.27. 2011헌바42).

04 직업공무원제도에 있어 과학적 직위분류제나 성적주의 등에 따른 인사의 공정성을 유지하는 장치도 중요하지만, 무엇보다도 그 중추적 요소는 공무원의 정치적 중립과 신분보장에 있다 할 수 있다. 2023 법무사 ( )

해설 직업공무원제도하에 있어서는 과학적 직위분류제(職位分類制), 성적주의 등에 따른 인사의 공정성을 유지하는 장치가 중요하지만 특히 공무원의 정치적 중립과 신분보장은 그 중추적 요소라고 할 수 있는 것이다(헌재 1989.12.18. 89헌마32 등).

05 헌법 제7조가 정하고 있는 직업공무원제도는 공무원이 집권세력의 논공행상의 제물이 되는 엽관제도를 지양하며 정권교체에 따른 국가작용의 중단과 혼란을 예방하고 일관성 있는 공무수행의 독자성을 유지하기 위하여 헌법과 법률에 의하여 공무원의 신분이 보장되도록 하는 공직구조에 관한 제도로 공무원의 정치적 중립과 신분보장을 그 중추적 요소로 한다. 2022·2023 경찰승진 ( )

해설 **직업공무원제도는 공무원이 집권세력의 논공행상의 제물이 되는 엽관제도를 지양하고 정권교체에 따른 국가작용의 중단과 혼란을 예방하며 일관성 있는 공무수행의 독자성을 유지하기 위하여 헌법과 법률에 의하여 공무원의 신분이 보장되는 공직구조에 관한 제도**이다. 이러한 직업공무원제도를 운영함에 있어서는 인사의 공정성을 유지하는 장치가 중요하지만 특히 **공무원의 정치적 중립과 신분보장은 그 중추적 요소라고 할 수 있다**(헌재 2004.11.25. 2002헌바8).

06 직업공무원제도는 헌법과 법률에 의하여 공무원의 신분이 보장되는 공직구조에 관한 제도이며, 여기서 말하는 공무원에는 정치적 공무원이라든가 임시적 공무원은 포함되지 않는다. 2023 경찰1차 ( )

해설 **우리나라는 직업공무원제도를 채택하고 있는데,** 이는 공무원이 집권세력의 논공행상의 제물이 되는 엽관제도(獵官制度)를 지양하고 정권교체에 따른 국가작용의 중단과 혼란을 예방하고 일관성있는 공무수행의 독자성을 유지하기 위하여 헌법과 법률에 의하여 공무원의 신분이 보장되는 공직구조에 관한 제도이다. 여기서 말하는 공무원은 국가 또는 공공단체와 근로관계를 맺고 이른바 **공법상 특별권력관계 내지 특별행정법관계 아래 공무를 담당하는 것을 직업으로 하는 협의의 공무원을 말하며 정치적 공무원이라든가 임시적 공무원은 포함되지 않는 것이다**(헌재 1989.12.18. 89헌마32 등).

07 헌법 제7조 제1항에 의하여 국민전체에 대한 봉사자로서 국민에 대하여 책임을 지는 공무원과 같은 조 제2항에 의하여 신분과 정치적 중립성이 보장되는 공무원이 일치하지는 않는다. 2022 법무사 ( )

해설 헌법 제7조 제1항은 "공무원은 국민전체에 대한 봉사자이며 국민에 대하여 책임을 진다."고 규정하여 공무원의 공익실현의무를 규정하고 있고, 헌법 제7조 제2항에서는 "공무원의 신분과 정치적 중립성은

ANSWER 03-2 ○ 04 ○ 05 ○ 06 ○ 07 ○

법률이 정하는 바에 의하여 보장된다."고 하여 직업공무원제를 규정하고 있는데 **헌법 제7조 제1항에서 규정한 공무원은 선출, 정무직 공무원을 포함한 광의의 공무원을 의미하고, 헌법 제7조 제2항의 공무원은 신분이 보장되는 경력직 공무원을 의미**한다(헌재 2012.12.27. 2011헌바117).

08 선거에서 대통령의 중립의무는 헌법 제7조 제2항이 보장하는 직업공무원제도로부터 나오는 헌법적 요청이다.
2023 경찰1차 ( )

해설 선거에서의 공무원의 정치적 중립의무는 '국민 전체에 대한 봉사자'로서의 공무원의 지위를 규정하는 **헌법 제7조 제1항, 자유선거원칙을 규정하는 헌법 제41조 제1항 및 제67조 제1항 및 정당의 기회균등을 보장하는 헌법 제116조 제1항으로부터 나오는 헌법적 요청**이다. 공선법 제9조는 이러한 헌법적 요청을 구체화하고 실현하는 법규정이다(헌재 2004.5.14. 2004헌나1).

09-1 지방자치단체의 직제가 폐지된 경우에 해당 공무원을 직권면직할 수 있도록 규정하고 있는 「지방공무원법」 조항은 직업공무원제도에 위반되지 않는다. 2023 경찰승진 ( )

09-2 직제가 폐지되어 해당 공무원을 직권면직할 때는 합리적인 근거를 요한다. 2023 국회직9급 ( )

해설 직업공무원제도하에서 입법자는 직제폐지로 생기는 유휴인력을 직권면직하여 행정의 효율성 이념을 달성하고자 할 경우에도 직업공무원제도에 따른 공무원의 권익이 손상되지 않도록 조화로운 입법을 하여야 하는데, 직제가 폐지되면 해당 공무원은 그 신분을 잃게 되므로 **직제폐지를 이유로 공무원을 직권면직할 때는 합리적인 근거를 요하며**, 직권면직이 시행되는 과정에서 합리성과 공정성이 담보될 수 있는 절차적 장치가 요구된다.
지방공무원법 제62조는 직제의 폐지로 인해 직권면직이 이루어지는 경우 임용권자는 인사위원회의 의견을 듣도록 하고 있고, 면직기준으로 임용형태·업무실적·직무수행능력·징계처분사실 등을 고려하도록 하고 있으며, 면직기준을 정하거나 면직대상을 결정함에 있어서 반드시 인사위원회의 의결을 거치도록 하고 있는바, 이는 **합리적인 면직기준을 구체적으로 정함과 동시에 그 공정성을 담보할 수 있는 절차를 마련하고 있는 것**이라 볼 수 있다. 그렇다면 **지방자치단체의 직제가 폐지된 경우에 해당 공무원을 직권면직할 수 있도록 규정하고 있는 지방공무원법 제62조 제1항 제3호가 직업공무원제도를 위반하는 것이라고 볼 수 없다**(헌재 2004.11.25. 2002헌바8).

10-1 경찰공무원이 자격정지 이상의 형의 선고유예를 받은 경우 공무원 직에서 당연퇴직하도록 규정하고 있는 구「경찰공무원법」조항은 자격정지 이상의 선고유예 판결을 받은 모든 범죄를 포괄하여 규정하고 있을 뿐만 아니라 심지어 오늘날 누구에게나 위험이 상존하는 교통사고 관련범죄 등 과실범의 경우마저 당연퇴직의 사유에서 제외하지 않고 있으므로 최소침해성의 원칙에 반한다. 2022 경찰승진 ( )

10-2 경찰공무원이 자격정지 이상의 형의 선고유예를 받은 경우 공무원직에서 당연퇴직하도록 규정하고 있는 구「경찰공무원법」조항은 입법자의 입법형성재량의 범위 내에서 입법된 것이므로 공무담임권을 침해하지 않는다. 2023 경찰승진 ( )

10-3 경찰공무원이 자격정지 이상의 형의 선고유예를 받은 경우 당연퇴직하도록 규정한 조항은 자격정지 이상의 선고유예 판결을 받은 모든 범죄를 포괄하여 규정하고 있을 뿐만 아니라 과실범의 경우마저 당연퇴직의 사유에서 제외하지 않고 있으므로 공무담임권을 침해한다. 2022 법원직 ( )

ANSWER 08 × 09-1 ○ 09-2 ○ 10-1 ○ 10-2 × 10-3 ○

> **해설** 경찰공무원이 자격정지 이상의 형의 선고유예를 받은 경우 공무원직에서 당연퇴직하도록 규정하고 있는 이 사건 법률조항은 자격정지 이상의 선고유예 판결을 받은 모든 범죄를 포괄하여 규정하고 있을 뿐만 아니라 심지어 오늘날 누구에게나 위험이 상존하는 교통사고 관련범죄 등 과실범의 경우마저 당연퇴직의 사유에서 제외하지 않고 있으므로 최소침해성의 원칙에 반한다. 또한, 오늘날 사회국가 원리에 입각한 공직제도의 중요성이 강조되면서 개개 공무원의 공무담임권 보장의 중요성은 더욱 큰 의미를 가지고 있다. 일단 공무원으로 채용된 공무원을 퇴직시키는 것은 공무원이 장기간 쌓은 지위를 박탈해 버리는 것이므로 같은 입법목적을 위한 것이라고 하여도 당연퇴직 사유를 임용결격사유와 동일하게 취급하는 것은 타당하다고 할 수 없다. 따라서 이 사건 법률조항은 헌법 제25조의 공무담임권을 침해한 위헌 법률이다(헌재 2004. 9.23. 2004헌가12).

11-1 금고 이상의 형의 선고유예를 받은 경우에는 군무원직에서 당연히 퇴직하는 것으로 규정한 구 군무원인사법 규정은 군무원의 공무담임권을 침해한다. 2023 법원행시 ( )

11-2 금고 이상의 형의 선고유예를 받은 경우에는 군무원직에서 당연퇴직하도록 규정한 법률조항은, 임용결격사유에 해당하는 사람을 공무원의 직무로부터 배제함으로써 그 직무수행에 대한 국민의 신뢰, 공무원직에 대한 신용 등을 유지하고 그 직무의 정상적인 운영을 확보하기 위한 것으로서 헌법 제25조에 규정된 공무담임권을 침해하지 아니한다. 2023 법무사 ( )

> **해설** 헌법재판소는 구 지방공무원법 및 구 국가공무원법의 당연퇴직사유 중 금고 이상의 형의 선고유예를 받은 경우 부분에 대하여 이미 위헌결정을 선고한 바 있다. 이 사건 법률조항은 그 규율 대상이 국가공무원 중 군무원에 한정된다는 점을 제외하고는 그 규율 내용은 위 각 선례의 심판대상인 구 지방공무원법 및 구 국가공무원법의 각 규정과 동일하고, 공직에서 당연히 배제시키는 사유를 법률로 정함에 있어 군무원과 일반 국가공무원 및 지방공무원을 달리 취급하여야 할 합리적 이유가 있다고 보이지 않으며, 달리 이 사건 법률조항에 대하여 위 각 결정들과 그 판단을 달리할 특별한 사정도 없다. 따라서 **이 사건 법률조항 역시 과잉금지원칙에 위배하여 공무담임권을 침해한다 할 것**이다(헌재 2007.6.28. 2007헌가3).

12-1 공무원이 금고 이상의 형의 선고유예를 받은 경우 범죄의 유형과 내용에 관계없이 당연히 퇴직하도록 하는 것은 헌법에 위배되지 않는다. 2022 법무사 ( )

12-2 금고 이상의 형의 선고유예를 받은 경우 공무원직에서 당연히 퇴직하는 것으로 규정한 「국가공무원법」 조항은 금고 이상의 선고유예의 판결을 받은 모든 범죄를 포괄하여 규정하고 있을 뿐 아니라, 심지어 오늘날 누구에게나 위험이 상존하는 교통사고 관련 범죄 등 과실범의 경우마저 당연퇴직의 사유에서 제외하지 않고 있으므로 최소침해성의 원칙에 반하여 헌법 제25조의 공무담임권을 침해한다. 2023 국회직8급 ( )

> **해설** 공무원이 금고 이상의 형의 선고유예를 받은 경우에는 공무원직에서 당연히 퇴직하는 것으로 규정하고 있는 이 사건 법률조항은 금고 이상의 선고유예의 판결을 받은 모든 범죄를 포괄하여 규정하고 있을 뿐 아니라, 심지어 오늘날 누구에게나 위험이 상존하는 교통사고 관련 범죄 등 과실범의 경우마저 당연퇴직의 사유에서 제외하지 않고 있으므로 **최소침해성의 원칙에 반한다.** 오늘날 사회구조의 변화로 인하여 '모든 범죄로부터 순결한 공직자 집단'이라는 신뢰를 요구하는 것은 지나치게 공익만을 우선한 것이며, 오늘날 사회국가원리에 입각한 공직제도의 중요성이 강조되면서 개개 공무원의 공무담임권 보장의 중요성이 더욱 큰 의미를 가지고 있다. 일단 공무원으로 채용된 공무원을 퇴직시키는 것은 공무원이 장기간 쌓은 지위를 박탈해 버리는 것이므로 같은 입법목적을 위한 것이라고 하여도 당연퇴직사유를 임용결격사유와 동일하게 취급하는 것은 타당하다고 할 수 없다. 결국, 지방공무원법 제61조 중 제31조 제5호 부분은 헌법 제25조의 공무담임권을 침해하였다고 할 것이다(헌재 2002.8.29. 2001헌마788 등).

ANSWER 11-1 ○ 11-2 × 12-1 × 12-2 ○

13-1 수뢰죄를 범하여 금고 이상의 형의 선고유예를 받은 국가공무원을 당연퇴직하도록 한 「국가공무원법」 조항은 과잉금지원칙에 반하여 공무담임권을 침해한다. 2022 경찰경력채용 ( )

13-2 수뢰죄를 범하여 금고 이상의 형의 선고유예를 받은 국가공무원을 당연퇴직하도록 하는 「국가공무원법」 조항은 해당 공무원의 공무담임권을 침해하지 않는다. 2024 경찰승진 ( )

> **해설** 심판대상조항은 공무원 직무수행에 대한 국민의 신뢰 및 직무의 정상적 운영의 확보, 공무원범죄의 예방, 공직사회의 질서 유지를 위한 것으로서 목적이 정당하고, 형법 제129조 제1항의 수뢰죄를 범하여 금고 이상 형의 선고유예를 받은 국가공무원을 공직에서 배제하는 것은 적절한 수단에 해당한다. … 수뢰죄를 범하더라도 자격정지형의 선고유예를 받은 경우 당연퇴직하지 않을 수 있으며, 당연퇴직의 사유가 직무 관련 범죄로 한정되므로 심판대상조항은 **침해의 최소성 원칙에 위반되지 않고**, 이로써 달성되는 공익이 공무원 개인이 입는 불이익보다 훨씬 크므로 **법익균형성원칙에도 반하지 아니한다**. 따라서 **심판대상조항은 과잉금지원칙에 반하여 청구인의 공무담임권을 침해하지 아니한다**(헌재 2013.7.25. 2012헌바409).

14-1 금고 이상의 형의 선고유예를 받고 그 기간 중에 있는 자를 임용결격사유로 삼고, 위 사유에 해당하는 자가 임용되더라도 이를 당연무효로 하는 구 「국가공무원법」 조항은 입법자의 재량을 일탈하여 청구인의 공무담임권을 침해한다. 2022 경찰1차 ( )

14-2 금고 이상의 형의 선고유예 판결을 받아 그 기간 중에 있는 사람이 공무원으로 임용되는 것을 금지하고 이러한 사람이 공무원으로 임용되더라도 그 임용을 당연무효로 하는 것은 해당 공무원의 공무담임권을 침해하지 않는다. 2022 경찰간부 ( )

14-3 금고 이상의 선고유예를 받고 그 기간 중에 있는 자를 임용결격사유로 삼고 위 사유에 해당하는 자가 임용되더라도 이를 당연무효로 하는 구 「국가공무원법」 조항은, 입법자의 재량을 일탈하여 공무담임권을 침해한 것이라고 볼 수 없다. 2023 경찰1차 ( )

> **해설** 이 사건 법률조항은 금고 이상의 형의 선고유예의 판결을 받아 그 기간 중에 있는 사람이 공무원으로 임용되는 것을 금지하고 이러한 사람이 공무원으로 임용되더라도 그 임용을 당연무효로 하는 것으로서, 공직에 대한 국민의 신뢰를 보장하고 공무원의 원활한 직무수행을 도모하기 위하여 마련된 조항이다. 청구인과 같이 임용결격사유에도 불구하고 임용된 임용결격공무원은 상당한 기간 동안 근무한 경우라도 적법한 공무원의 신분을 취득하여 근무한 것이 아니라는 이유로 공무원연금법상 퇴직급여의 지급대상이 되지 못하는 등 일정한 불이익을 받기는 하지만, 재직기간 중 사실상 제공한 근로에 대하여는 그 대가에 상응하는 금액의 반환을 부당이득으로 청구하는 등의 민사적 구제수단이 있는 점을 고려하면, 공직에 대한 국민의 신뢰보장이라는 공익과 비교하여 임용결격공무원의 사익 침해가 현저하다고 보기 어렵다. 따라서 이 사건 법률조항은 입법자의 재량을 **일탈하여 공무담임권을 침해한 것이라고 볼 수 없다**(헌재 2016.7.28. 2014헌바437).

15 금고 이상의 형을 받고 그 집행이 종료되거나 집행을 받지 아니하기로 확정된 후 5년을 경과하지 아니한 자는 공무원에 임용될 수 없다고 규정한 법률조항은 공무담임권을 침해하지 않는다. 2023 법원행시 ( )

> **해설** 헌법재판소는 1997. 11. 27. 선고 95헌바14 등 결정에서 "금고 이상의 형을 받고 그 집행유예의 기간이 만료된 날로부터 2년을 경과하지 아니한 자는 공무원에 임용될 수 없다."고 규정한 국가공무원법 제33조 제1항 제4호에 대하여 합헌으로 판단한 바 있고, **일반적으로 실형인 경우 집행유예보다 공직에 대한 신뢰를 해하는 정도가 더 크고 그만큼 원활한 공무수행에 지장을 초래할 우려도 더 높은 점을 감안하면**, 이 사건 법률조항이 위 선례의 경우보다 공무원 임용을 불합리하게 더 제한하고 있다고 할 수 없으므로 이 사건 법률조항 또한 **공무담임권을 침해한다고 볼 수 없다**(헌재 2007.7.26. 2006헌마764).

ANSWER 13-1 ×   13-2 ○   14-1 ×   14-2 ○   14-3 ○   15 ○

16 공무원의 신분이나 직무와 관련이 없는 범죄의 경우에도 퇴직급여 등을 제한하는 것은 공무원범죄를 예방하고 공무원이 재직 중 성실히 근무하도록 유도하는 입법목적을 달성하는 데 적합한 수단이라고 볼 수 없다. 2021 경찰승진 ( )

> 해설 공무원의 신분이나 직무상 의무와 관련이 없는 범죄의 경우에도 퇴직급여 등을 제한하는 것은, 공무원범죄를 예방하고 공무원이 재직 중 성실히 근무하도록 유도하는 입법목적을 달성하는 데 적합한 수단이라고 볼 수 없다 (헌재 2013.8.29. 2010헌바354 등).

17 공무원이 재직 중의 사유로 금고 이상의 형을 받은 경우 퇴직금을 감액하도록 2009. 12. 31. 개정된 감액조항을 2010. 1. 1.부터 적용하도록 한 구 공무원연금법 부칙은 소급입법금지의 원칙이나 신뢰보호의 원칙에 위반되지 않는다. 2023 법원행시 ( )

> 해설 공무원의 직무와 관련이 없는 범죄라 할지라도 고의범의 경우에는 공무원의 법령준수의무, 청렴의무, 품위유지의무 등을 위반한 것으로 볼 수 있으므로 이를 퇴직급여의 감액사유에서 제외하지 아니하더라도 위 헌법불합치결정의 취지에 반한다고 볼 수 없다.
> 공무원이 '직무와 관련 없는 과실로 인한 경우' 및 '소속상관의 정당한 직무상의 명령에 따르다가 과실로 인한 경우'를 제외하고 재직 중의 사유로 금고 이상의 형을 받은 경우, 퇴직급여 등을 감액하도록 규정한 공무원연금법 조항은 재산권, 인간다운 생활을 할 권리를 침해하지 않고 평등원칙에 위배되지 않는다. 하지만 2009. 12. 31. 개정된 이 사건 감액조항을 2009. 1. 1.까지 소급하여 적용하도록 규정한 공무원연금법 부칙조항은 소급입법금지원칙에 위반하여 재산권을 침해한다(헌재 2013.8.29. 2010헌바354).

18-1 공무원이거나 공무원이었던 사람이 재직 중의 사유로 금고 이상의 형을 받거나 형이 확정된 경우 퇴직급여 및 퇴직수당의 일부를 감액하여 지급함에 있어 그 이후 형의 선고의 효력을 상실하게 하는 특별사면 및 복권을 받은 경우를 달리 취급하는 규정을 두지 아니한 구 「공무원연금법」 규정은 합리적인 이유가 없다고 할 것이므로 청구인의 재산권 및 인간다운 생활을 할 권리를 침해한다. 2022 경찰승진 ( )

18-2 공무원이거나 공무원이었던 사람이 재직 중의 사유로 금고 이상의 형을 받거나 형이 확정된 경우 퇴직급여 및 퇴직수당의 일부를 감액하여 지급함에 있어 그 이후 형의 선고의 효력을 상실하게 하는 특별사면 및 복권을 받은 경우를 달리 취급하는 규정을 두지 아니한 것은 재산권을 침해하지 않는다. 2022 국회직8급 ( )

> 해설 심판대상조항은 공무원으로서의 신분이나 직무상 의무를 다하지 못한 공무원과 성실히 근무한 공무원을 동일하게 취급하는 것이 오히려 불합리하다는 측면과 아울러 보상액에 차이를 둠으로써 공무원 범죄를 예방하고 공무원이 재직 중 성실히 근무하도록 유도하는 효과를 고려한 것으로, 그 정당성이 인정된다. 공무원이 범죄행위로 형사처벌을 받은 경우 국민의 신뢰가 손상되고 공직 전체에 대한 신뢰를 실추시켜 공공의 이익을 해하는 결과를 초래하는 것은 그 이후 특별사면 및 복권을 받아 형의 선고의 효력이 상실된 경우에도 마찬가지이다. 또한, 형의 선고의 효력을 상실하게 하는 특별사면 및 복권을 받았다 하더라도 그 대상인 형의 선고의 효력이나 그로 인한 자격상실 또는 정지의 효력이 장래를 향하여 소멸되는 것에 불과하고, 형사처벌에 이른 범죄사실 자체가 부인되는 것은 아니므로, 공무원 범죄에 대한 제재수단으로서의 실효성을 확보하기 위하여 특별사면 및 복권을 받았다 하더라도 퇴직급여 등을 계속 감액하는 것을 두고 현저히 불합리하다고 평가할 수 없다. 나아가 심판대상조항에 의하여 퇴직급여 등의 감액대상이 되는 경우에도 본인의 기여금 부분은 보장하고 있다. 따라서 심판대상조항은 그 합리적인 이유가 인정되는 바, 재산권 및 인간다운 생활을 할 권리를 침해한다고 볼 수 없어 헌법에 위반되지 아니한다(헌재 2020.4.23. 2018헌바402).

ANSWER 16 ○ 17 ○ 18-1 × 18-2 ○

19 공무원연금제도가 공무원신분보장의 본질적 요소라고 하더라도 퇴직 후에 현 제도 그대로의 연금을 받는다는 신뢰는 반드시 보호되어야 할 정도로 확고한 것이라고 볼 수 없다. 2022 법원행시 ( )

> 해설) 퇴직연금수급권의 성격상 그 급여의 구체적인 내용은 불변적인 것이 아니라, 국가의 재정, 다음 세대의 부담 정도, 사회정책적 상황 등에 따라 변경될 수 있는 것이고, **공무원연금제도는 공무원신분보장의 본질적 요소라고 하더라도 적정한 신뢰는 "퇴직 후에 연금을 받는다."는 데에 대한 것이지, "퇴직 후에 현 제도 그대로의 연금액을 받는다."는 데에 대한 것으로 볼 수는 없다**(헌재 2005.6.30. 2004헌바42).

20 「공무원연금법」상 퇴직연금 수급자가 유족연금을 함께 받게 된 경우 그 유족연금액의 2분의 1을 빼고 지급하도록 하는 것은 재산권을 침해한다. 2022 국회직8급 ( )

> 해설) 심판대상조항은 퇴직연금 수급자의 유족연금 수급권을 구체화함에 있어 급여의 적절성을 확보할 필요성, 한정된 공무원연금 재정의 안정적 운영, 우리 국민 전체의 소득 및 생활수준, 공무원 퇴직연금의 급여 수준, 유족연금의 특성, 사회보장의 기본원리 등을 종합적으로 고려하여 **유족연금액의 2분의 1을 감액하여 지급하도록 한 것이므로, 입법형성의 한계를 벗어나 청구인의 인간다운 생활을 할 권리 및 재산권을 침해하였다고 볼 수 없다**(헌재 2020.6.25. 2018헌마865).

21 법관의 명예퇴직수당액에 대하여 정년 잔여기간만을 기준으로 하지 아니하고 임기 잔여기간을 함께 반영하여 산정하도록 한 구 「법관 및 법원공무원 명예퇴직수당 등 지급규칙」 조항으로 인해 법관이 '다른 경력직공무원'에 비하여 명예퇴직수당 지급 여부 및 액수 등에 있어 불이익을 볼 가능성이 있는데, 이는 자의적인 차별에 해당한다. 2024 변시 ( )

> 해설) 심판대상조항으로 인하여 법관이 연령정년만을 기준으로 정년 잔여기간을 산정하는 다른 경력직공무원에 비하여, 명예퇴직수당 지급 여부 및 액수 등에 있어 불이익을 볼 가능성이 있다 하더라도, 이를 자의적인 차별이라 볼 수는 없다. 따라서 심판대상조항은 청구인의 평등권을 침해하지 않는다(헌재 2020.4.23. 2017헌마321).

22 「국가공무원법」에서 금지하고 있는 '공무 외의 일을 위한 집단행위'는 비단 '공익에 반하는 목적을 위한 행위로서 직무전념의무를 해태하는 등의 영향을 가져오는 집단적 행위'만을 말하는 것은 아니고, 국민 전체에 대한 봉사자인 공무원의 사명에 입각하여 볼 때 공무가 아닌 어떤 일을 위하여 공무원들이 하는 모든 집단행위를 의미한다. 2024 변시 ( )

> 해설) 국가공무원법이 위와 같이 '공무 외의 일을 위한 집단행위'라고 다소 포괄적이고 광범위하게 규정하고 있다 하더라도, **이는 공무가 아닌 어떤 일을 위하여 공무원들이 하는 모든 집단행위를 의미하는 것이 아니라**, 언론·출판·집회·결사의 자유를 보장하고 있는 헌법 제21조 제1항, 공무원에게 요구되는 헌법상의 의무 및 이를 구체화한 국가공무원법의 취지, 국가공무원법상의 성실의무 및 직무전념의무 **등을 종합적으로 고려하여 '공익에 반하는 목적을 위한 행위로서 직무전념의무를 해태하는 등의 영향을 가져오는 집단적 행위'라고 해석된다**(대판 2017.4.13. 2014두8469).

23-1 「국가공무원 복무규정」 조항이 금지하는 정치적 주장을 표시 또는 상징하는 행위에서의 '정치적 주장'이란 정당 활동이나 선거와 직접적으로 관련되거나 특정 정당과의 밀접한 연계성을 인정할 수 있는 경우 등 정치적 중립성을 훼손할 가능성이 높은 주장에 한정된다고 해석되므로, 명확성 원칙에 위배되지 아니한다. 2023 경찰1차 ( )

ANSWER 19 ○ 20 × 21 × 22 × 23-1 ○

23-2 공무원이 집단, 연명으로 또는 단체의 명의를 사용하여 국가의 정책을 반대하거나 국가 정책의 수립·집행을 방해하는 정치적 주장을 표시·상징하는 복장을 직무수행 중 착용하지 못하게 하는 것은 정치적 표현의 자유의 침해이다. 2023 국회직9급 ( )

해설 위 규정들이 금지하는 '정치적 주장을 표시 또는 상징하는 행위'에서의 '정치적 주장'이란, 정당활동이나 선거와 직접적으로 관련되거나 특정 정당과의 밀접한 연계성을 인정할 수 있는 경우 등 공무원의 정치적 중립성을 훼손할 가능성이 높은 주장에 한정된다고 해석되므로, 명확성 원칙에 위배되지 아니한다. **위 규정들은 공무원의 근무기강을 확립하고 공무원의 정치적 중립성을 확보하려는 입법목적을 가진 것으로서**, 공무원이 직무 수행 중 정치적 주장을 표시·상징하는 복장 등을 착용하는 행위는 그 주장의 당부를 떠나 국민으로 하여금 공무집행의 공정성과 정치적 중립성을 의심하게 할 수 있으므로 공무원이 직무수행 중인 경우에는 그 활동과 행위에 더 큰 제약이 가능하다고 하여야 할 것인바, **위 규정들은 오로지 공무원의 직무수행 중의 행위만을 금지하고 있으므로 침해의 최소성 원칙에 위배되지 아니한다. 따라서 위 규정들은 과잉금지원칙에 반하여 공무원의 정치적 표현의 자유를 침해한다고 할 수 없다**(헌재 2012.5.31. 2009헌마705 등).

24-1 선거에서의 중립의무가 부과되어야 하는 모든 공무원은 구체적으로 '자유선거원칙'과 '선거에서의 정당의 기회균등'을 위협할 수 있는 모든 공무원을 의미하므로, 여기에는 대통령, 국무총리, 국무위원, 도지사, 시장, 군수, 구청장 등 지방자치단체의 장은 물론 국회의원과 지방의회의원도 포함된다. 2022 행시 ( )

24-2 선거에서 중립의무가 있는 구「공직선거및선거부정방지법」제9조의 '공무원'이란 원칙적으로 국가와 지방자치단체의 모든 공무원, 즉 좁은 의미의 직업공무원은 물론이고, 대통령, 국무총리, 국무위원, 지방자치단체의 장을 포함한다. 2023 경찰1차 ( )

24-3 국회의원과 지방의회의원은 정당의 대표자이자 선거운동의 주체로서의 지위로 말미암아 선거에서의 정치적 중립성이 요구될 수 없으므로 구「공직선거및선거부정방지법」제9조의 '공무원'에 해당하지 않는다. 2023 경찰1차 ( )

해설 여기서의 공무원이란 원칙적으로 국가와 지방자치단체의 모든 공무원, 즉 좁은 의미의 직업공무원은 물론이고, 적극적인 정치활동을 통하여 국가에 봉사하는 정치적 공무원(예컨대, 대통령, 국무총리, 국무위원, 도지사, 시장, 군수, 구청장 등 지방자치단체의 장)을 포함한다. 다만, **국회의원과 지방의회의원은 정당의 대표자이자 선거운동의 주체로서의 지위로 말미암아 선거에서의 정치적 중립성이 요구될 수 없으므로, 공선법 제9조의 '공무원'에 해당하지 않는다**(헌재 2004.5.14. 2004헌나1).

25 '공무원이 선거운동의 기획에 참여하거나 그 기획의 실시에 관여하는 행위'를 금지하는「공직선거법」조항은 '공무원의 지위를 이용하지 아니한 행위'에까지 적용하는 한 헌법에 위반한다. 2022 행시 ( )

해설 선거의 공정성을 확보하기 위하여 선거에 대한 부당한 영향력의 행사 기타 선거결과에 영향을 미치는 행위를 금지하여 선거에서의 공무원의 중립의무를 실현하고자 한다면, 공무원이 '그 지위를 이용하여' 하는 선거운동의 기획행위를 막는 것으로도 충분하다. 이러한 점에서 이 사건 법률조항은 **수단의 적정성과 피해의 최소성 원칙에 반한다**. … **법익의 균형성을 충족하고 있지 못하다.** 따라서 이 **사건 법률조항은 공무원의 정치적 표현의 자유를 침해하나**, 다만 위와 같은 위헌성은 공무원이 '그 지위를 이용하여' 하는 선거운동의 기획행위 외에 사적인 지위에서 하는 선거운동의 기획행위까지 포괄적으로 금지하는 것에서 비롯된 것이므로, 이 **사건 법률조항은 공무원의 지위를 이용하지 아니한 행위에까지 적용하는 한 헌법에 위반된다**(헌재 2008.5.29. 2006헌마1096).

ANSWER 23-2 × 24-1 × 24-2 ○ 24-3 ○ 25 ○

26 「국가공무원법」은 공무원의 보수 등에 관하여 '근무조건 법정주의'를 규정하고 있지 않아, 국가 예산에 계상되어 있으면 공무원 보수 지급이 가능하다. 2024 변시 ( )

> 해설 공무원이 국가를 상대로 실질이 보수에 해당하는 금원의 지급을 구하려면 공무원의 '근무조건 법정주의'에 따라 국가공무원법령 등 **공무원의 보수에 관한 법률에 지급근거가 되는 명시적 규정이 존재**하여야 하고, 나아가 **해당 보수 항목이 국가예산에도 계상되어 있어야만** 한다(대판 2016.8.25, 2013두14610).

27 정당의 공직선거 후보자 선출은 자발적 조직 내부의 의사결정에 지나지 아니하므로, 정당의 내부경선에 참여할 권리는 헌법이 보장하는 공무담임권의 내용에 포함된다고 보기 어렵다. 2022 행시 ( )

> 해설 정당은 정치적 주장이나 정책을 추진하고 공직선거의 후보자를 추천 또는 지지함으로써 국민의 정치적 의사형성에 참여함을 목적으로 하는 국민의 자발적 조직으로서, 정당의 공직선거 후보자 선출은 자발적 조직 내부의 의사결정에 지나지 아니한다. 따라서 **청구인이 정당의 내부경선에 참여할 권리는 헌법이 보장하는 공무담임권의 내용에 포함된다고 보기 어렵고**, 청구인의 소속 정당이 당내경선을 실시하지 않는다고 하여 청구인이 공직선거의 후보자로 출마할 수 없는 것이 아니므로, 심판대상조항으로 인하여 청구인의 공무담임권이 침해될 여지는 없다(헌재 2014.11.27. 2013헌마814).

28-1 공무담임권은 국가 등에게 능력주의를 존중하는 공정한 공직자 선발을 요구할 수 있는 권리라는 점에서 직업선택의 자유보다는 그 기본권의 효과가 현실적 구체적이므로, 공직을 직업으로 선택하는 경우에 있어서 직업선택의 자유는 공무담임권을 통해서 그 기본권보호를 받게 된다고 할 수 있으므로 공무담임권을 침해하는지 여부를 심사하는 이상 이와 별도로 직업선택의 자유 침해 여부를 심사할 필요는 없다. 2022 경찰1차 ( )

28-2 공직을 직업으로 선택하는 경우에 있어서 직업선택의 자유는 공무담임권을 통해서 그 기본권보호를 받게 된다고 할 수 있으므로 공무담임권을 침해하는지 여부를 심사하는 이상 이와 별도로 직업선택의 자유 침해 여부를 심사할 필요는 없다. 2022 지방직7급 / 2023 법원행시 ( )

> 해설 공무담임권은 국가 등에게 능력주의를 존중하는 공정한 공직자선발을 요구할 수 있는 권리라는 점에서 직업선택의 자유보다는 그 기본권의 효과가 현실적·구체적이므로, 공직을 직업으로 선택하는 경우에 있어서 직업선택의 자유는 공무담임권을 통해서 그 기본권보호를 받게 된다고 할 수 있으므로 **공무담임권을 침해하는지 여부를 심사하는 이상 이와 별도로 직업선택의 자유 침해 여부를 심사할 필요는 없다**(헌재 2006.3.30. 2005헌마598).

29-1 공무담임권은 국민이 국가나 공공단체의 구성원으로서 직무를 담당할 수 있는 권리를 뜻하고, 여기서 직무를 담당한다는 것은 공무담임에 관하여 능력과 적성에 따라 평등한 기회를 보장받는 것을 의미한다. 2021 경찰승진 ( )

29-2 헌법 제25조의 공무담임권은 모든 국민이 현실적으로 국가나 공공단체의 직무를 담당할 수 있다고 하는 의미가 아니라, 국민이 공직취임의 기회를 자의적으로 배제당하지 않음을 의미한다. 2023 법원행시 ( )

> 해설 헌법 제25조는 "모든 국민은 법률이 정하는 바에 의하여 공무담임권을 가진다."고 하여 공무담임권을 기본권으로 보장하고 있다. **공무담임권이란 입법부, 집행부, 사법부는 물론 지방자치단체 등 국가, 공공단체의 구성원으로서 그 직무를 담당할 수 있는 권리**를 말한다. 여기서 **직무를 담당한다는 것은 모든 국민이 현실적으로 그 직무를 담당할 수 있다고 하는 의미가 아니라, 국민이 공무담임에 관한 자의적이지 않고 평등한 기회를 보장받음을 의미**한다(헌재 2003.10.30. 2002헌마684 등).

ANSWER 26 × 27 ○ 28-1 ○ 28-2 ○ 29-1 ○ 29-2 ○

30 직업공무원의 신분을 보장하는 것은 소신과 능력에 따라 국민 전체를 위한 직무수행이 가능하도록 하기 위한 것으로, 생계보호, 직업보호의 의미도 아울러 지니며, 이러한 신분보장은 헌법 제25조의 공무담임권의 보호영역에도 포함된다. 2023 법무사 ( )

> [해설] 헌법 제25조는 "모든 국민은 법률이 정하는 바에 의하여 공무담임권을 가진다."고 하여 공무담임권을 보장하고 있다. **공무담임권의 보호영역에는 공직취임의 기회의 자의적인 배제뿐 아니라, 공무원 신분의 부당한 박탈도 포함되는 것**이다(헌재 2003.10.30. 2002헌마684 등).

31 공무담임권의 보장은 모든 국민이 현실적으로 국가나 공공단체의 직무를 담당할 수 있다고 하는 의미가 아니라, 국민이 공무담임에 관한 자의적이지 않고 평등한 기회를 보장받는 것, 즉 공직취임의 기회를 자의적으로 배제당하지 않음을 의미하며, 공무담임권의 보호영역에는 공직취임 기회의 자의적인 배제와 공무원 신분의 부당한 박탈 등이 포함된다. 2023 법무사 ( )

> [해설] 헌법 제25조는 '모든 국민은 법률이 정하는 바에 의하여 공무담임권을 가진다.'라고 규정하여 국민에게 선거직공무원을 비롯한 모든 국가기관 및 지방자치단체의 공직에 취임할 수 있는 권리를 내용으로 하는 공무담임권을 보장하고 있다. **공무담임권을 보장한다는 것은 모든 국민이 현실적으로 국가나 공공단체의 직무를 담당할 수 있다고 하는 의미가 아니라, 국민이 공무담임에 관한 자의적이지 않고 평등한 기회를 보장받는 것, 즉 공직취임의 기회를 자의적으로 배제 당하지 않음을 의미**한다(헌재 2004.11.25. 2002헌바8).

32 선출직 공무원과 달리 직업공무원에게는 정치적 중립성과 더불어 효율적으로 업무를 수행할 수 있는 능력이 요구되므로, 직업공무원의 공직진출에 관한 규율은 임용희망자의 능력·전문성 등 능력주의를 바탕으로 이루어져야 한다. 헌법은 이를 명시적으로 밝히고 있지 않지만 헌법 제7조에서 보장하는 직업공무원제도의 기본적 요소에 능력주의가 포함되는 점에 비추어 공무담임권은 모든 국민이 그 능력과 적성에 따라 공직에 취임할 수 있는 균등한 기회를 보장함을 내용으로 한다. 2023 법무사 ( )

> [해설] 선출직 공무원과 달리 직업공무원에게는 정치적 중립성과 더불어 효율적으로 업무를 수행할 수 있는 능력이 요구되므로, 직업공무원의 공직진출에 관한 규율은 임용희망자의 능력·전문성 등 능력주의를 바탕으로 이루어져야 한다. 헌법은 이를 명시적으로 밝히고 있지 아니하지만 헌법 제7조에서 보장하는 직업공무원제도의 기본적 요소에 능력주의가 포함되는 점에 비추어 공무담임권은 모든 국민이 그 능력과 적성에 따라 공직에 취임할 수 있는 균등한 기회를 보장함을 내용으로 한다(헌재 2020.6.25. 2017헌마1178).

33-1 공무담임권의 보호영역에는 공직취임 기회의 자의적인 배제뿐 아니라, 공무원 신분의 부당한 박탈이나 권한(직무)의 부당한 정지도 포함된다. 2022 경찰간부. ( )

33-2 공무담임권의 보호영역에는 공직취임기회의 자의적인 배제뿐만 아니라 공무원 신분의 부당한 박탈이나 권한의 부당한 정지, 승진시험의 응시제한이나 이를 통한 승진기회의 보장 등이 포함된다. 2021 경찰승진 ( )

33-3 공무담임권의 보호영역에는 일반적으로 공직취임의 기회보장, 신분박탈, 직무의 정지가 포함될 뿐이고 '승진시험의 응시제한'이나 이를 통한 승진기회의 보장 문제는 공직신분의 유지나 업무수행에는 영향을 주지 않는 단순한 내부 승진인사에 관한 문제에 불과하여 공무담임권의 보호영역에 포함된다고 보기 어렵다. 2022 경찰1차 ( )

ANSWER 30 ○ 31 ○ 32 ○ 33-1 ○ 33-2 × 33-3 ○

해설 공무담임권의 보호영역에는 공직취임 기회의 자의적인 배제뿐 아니라, 공무원 신분의 부당한 박탈이나 권한(직무)의 부당한 정지도 포함된다. 다만, '승진시험의 응시제한'이나 이를 통한 승진기회의 보장 문제는 공직신분의 유지나 업무수행에는 영향을 주지 않는 단순한 내부 승진인사에 관한 문제에 불과하여 공무담임권의 보호영역에 포함된다고 보기는 어렵다고 할 것이다(헌재 2010.3.25. 2009헌마538).

34 '승진시험의 응시제한'은 공직신분의 유지나 업무 수행에는 영향을 주지 않는 단순한 내부 승진인사에 관한 문제에 불과하여 공무담임권의 보호영역에 포함된다고 보기는 어려우므로, 시험요구일 현재를 기준으로 승진임용이 제한된 자에 대하여 승진시험응시를 제한하도록 한 공무원임용시험령이 공무담임권을 침해하였다고 볼 수 없다. 2022 법원직 ( )

해설 공무담임권의 보호영역에는 일반적으로 공직취임의 기회보장, 신분박탈, 직무의 정지가 포함될 뿐이고 청구인이 주장하는 '승진시험의 응시제한'이나 이를 통한 승진기회의 보장 문제는 공직신분의 유지나 업무수행에는 영향을 주지 않는 단순한 내부 승진인사에 관한 문제에 불과하여 공무담임권의 보호영역에 포함된다고 보기는 어려우므로 결국 이 사건 심판대상 규정은 청구인의 공무담임권을 침해한다고 볼 수 없다(헌재 2007.6.28. 2005헌마1179).

35 공무원 신분의 부당한 박탈을 방지하는 것은 공무담임권의 보호영역에 포함된다. 2022 법원행시 ( )

해설 헌법 제25조의 공무담임권의 보호영역에는 일반적으로 공직취임의 기회보장, 신분박탈, 직무의 정지에 관련된 사항이 포함되지만, 특별한 사정도 없이 공무원이 특정의 장소에서 근무하는 것이나 특정의 보직을 받아 근무하는 것을 포함하는 일종의 '공무수행의 자유'까지 포함된다고 보기 어렵다(헌재 2014.1.28. 2011헌마239).

36 서울교통공사는 공익적인 업무를 수행하기 위한 지방공사이나 서울특별시와 독립적인 공법인으로서 경영의 자율성이 보장되고, 서울교통공사의 직원의 신분도 「지방공무원법」이 아닌 「지방공기업법」과 정관에서 정한 바에 따르는 등, 서울교통공사의 직원이라는 직위가 헌법 제25조가 보장하는 공무담임권의 보호 영역인 '공무'의 범위에는 해당하지 않는다. 2022 경찰1차 ( )

해설 서울교통공사는 공익적인 업무를 수행하기 위한 지방공사이나, 서울특별시와 독립적인 공법인으로서 경영의 자율성이 보장되고, 수행 사업도 국가나 지방자치단체의 독점적 성격을 갖는다고 보기 어려우며, 서울교통공사의 직원의 신분도 지방공무원법이 아닌 지방공기업법과 정관에서 정한 바에 따르는 등, **서울교통공사의 직원이라는 직위가 헌법 제25조가 보장하는 공무담임권의 보호영역인 '공무'의 범위에는 해당하지 않는다**(헌재 2021.2.25. 2018헌마174).

37-1 교육의원이 되고자 하는 사람에게 5년 이상의 교육경력 등을 요구하는 「제주특별자치도 설치 및 국제자유도시 조성을 위한 특별법」조항은, 전문성이 담보된 교육의원이 교육위원회의 구성원이 되도록 하여 교육의 자주성·전문성·정치적 중립성을 보장하면서도 지방자치의 이념을 구현하기 위한 것으로서, 공무담임권을 침해하는 것이라 볼 수 없다. 2022 경찰경력채용 ( )

37-2 교육의원후보자가 되려는 사람으로 하여금 5년 이상의 교육경력 또는 교육행정경력을 갖추도록 규정한 법률조항은 전문성이 담보된 교육의원이 교육위원회의 구성원이 되도록 하여 헌법 제31조 제4항이 보장하고 있는 교육의 자주성·전문성·정치적 중립성을 보장하면서도 지방자치의 이념을 구현하기 위한 것으로서 공무담임권을 침해하는 것이라 볼 수 없다. 2023 법무사 ( )

ANSWER 34 ○ 35 ○ 36 ○ 37-1 ○ 37-2 ○

해설 심판대상조항은 전문성이 담보된 교육의원이 교육위원회의 구성원이 되도록 하여 헌법 제31조 제4항이 보장하고 있는 교육의 자주성·전문성·정치적 중립성을 보장하면서도 지방자치의 이념을 구현하기 위한 것으로서, **지방교육에 있어서 경력요건과 교육전문가의 참여 범위에 관한 입법재량의 범위를 일탈하여 그 합리성이 결여되어 있다거나 필요한 정도를 넘어 청구인들의 공무담임권을 침해하는 것이라 볼 수 없다**(헌재 2020.9.24. 2018헌마444).

38 행정5급 일반임기제공무원에 관한 경력경쟁채용시험에서 변호사 직무 분야의 응시자격요건으로 '변호사 자격 등록'을 요구함으로써, 변호사 자격 등록을 하지 않은 사람으로 하여금 경력경쟁채용시험에 응시할 수 없도록 하는 공고는 변호사 자격을 가졌으나 변호사 자격 등록을 하지 아니한 자의 공무담임권을 침해하지 않는다.
2023 법원행시 ( )

해설 이 사건 공고는 대한변호사협회에 등록한 변호사로서 실제 변호사의 업무를 수행한 경력이 있는 사람을 우대하는 한편, 임용예정자에게 변호사등록 거부사유 등이 있는지를 대한변호사협회의 검증절차를 통하여 확인받도록 하는 데 목적이 있다. 이 사건 공고가 응시자격요건으로 변호사 자격 등록을 요구하는 것은 이러한 목적, 그리고 지원자가 채용예정직위에서 수행할 업무 등에 비추어 합리적이다. **인사권자인 피청구인은 경력경쟁채용시험을 실시하면서 응시자격요건을 구체적으로 어떻게 정할 것인지를 판단하고 결정하는데 재량이 인정되는데, 이 사건 공고가 그 재량권을 현저히 일탈하였다고 볼 수 없다. 이 사건 공고는 청구인들의 공무담임권을 침해하지 않는다**(헌재 2019.8.29. 2019헌마616).

39 미성년자에 대하여 성범죄를 범하여 형을 선고 받아 확정된 자와 성인에 대한 성폭력범죄를 범하여 벌금 100만 원 이상의 형을 선고받아 확정된 사람을 「초·중등교육법」상의 교원에 임용될 수 없도록 한 법률조항은 공무담임권을 침해하지 않는다. 2023 법원행시 ( )

해설 성인에 대한 성폭력범죄의 경우 미성년자에 대하여 성범죄를 범한 것과 달리, 성폭력범죄 행위로 인하여 형을 선고받기만 하면 곧바로 교원임용이 제한되는 것이 아니고, 100만 원 이상의 벌금형이나 그 이상의 형을 선고받고 그 형이 확정된 사람에 한하여 임용을 제한하고 있는바, 법원이 범죄의 모든 정황을 고려한 다음 벌금 100만 원 이상의 형을 선고하여 그 판결이 확정되었다면, 이는 결코 가벼운 성폭력범죄 행위라고 볼 수 없다. 이처럼 **이 사건 결격사유조항은 성범죄를 범하는 대상과 확정된 형의 정도에 따라 성범죄에 관한 교원으로서의 최소한의 자격기준을 설정하였다고 할 것이고, 같은 정도의 입법목적을 달성하면서도 기본권을 덜 제한하는 수단이 명백히 존재한다고 볼 수도 없으므로, 이 사건 결격사유조항은 과잉금지원칙에 반하여 청구인의 공무담임권을 침해하지 아니한다.**
아동·청소년과 상시적으로 접촉하고 밀접한 생활관계를 형성하여 이를 바탕으로 교육과 상담이 이루어지고 인성발달의 기초를 형성하는 데 지대한 영향을 미치는 초·중등학교 교원의 업무적인 특수성과 중요성을 고려해 본다면, **최소한 초·중등학교 교육현장에서 성범죄를 범한 자를 배제할 필요성은 어느 공직에서보다 높다고 할 것이고, 아동·청소년 대상 성범죄의 재범률까지 고려해 보면 미성년자에 대하여 성범죄를 범한 자는 교육현장에서 원천적으로 차단할 필요성이 매우 크다.** 성인에 대한 성폭력범죄의 경우 미성년자에 대하여 성범죄를 범한 것과 달리, 성폭력범죄 행위로 인하여 형을 선고받기만 하면 곧바로 교원임용이 제한되는 것이 아니고, 100만 원 이상의 벌금형이나 그 이상의 형을 선고받고 그 형이 확정된 사람에 한하여 임용을 제한하고 있는바, 법원이 범죄의 모든 정황을 고려한 다음 벌금 100만 원 이상의 형을 선고하여 그 판결이 확정되었다면, 이는 결코 가벼운 성폭력범죄 행위라고 볼 수 없다. **이처럼 이 사건 결격사유조항은 성범죄를 범하는 대상과 확정된 형의 정도에 따라 성범죄에 관한 교원으로서의 최소한의 자격기준을 설정하였다고 할 것이고, 같은 정도의 입법목적을 달성하면서도 기본권을 덜 제한하는 수단이 명백히 존재한다고 볼 수도 없으므로, 이 사건 결격사유조항은 과잉금지원칙에 반하여 청구인의 공무담임권을 침해하지 아니한다**(헌재 2019.7.25. 2016헌마754).

ANSWER 38 ○ 39 ○

40-1 「국가공무원법」 제65조 제1항 중 '그 밖의 정치단체'에 관한 부분은 명확성 원칙에 위배되어 공무원의 정치적 표현의 자유 및 결사의 자유를 침해한다. 2023 경찰1차 ( )

40-2 「국가공무원법」 조항 중 교육공무원인 초·중등교원은 '그 밖의 정치단체'의 결성에 관여하거나 이에 가입할 수 없다고 한 부분은 명확성원칙에 위배된다. 2024 변시 ( )

> **해설** 초·중등학교의 교육공무원이 정치단체의 결성에 관여하거나 이에 가입하는 행위를 금지한 국가공무원법 조항은 명확성 원칙에 위배되어 정치적 표현의 자유, 결사의 자유를 침해한다(헌재 2020.4.23. 2018헌마551).

41 형사사건으로 기소된 국가공무원을 직위해제할 수 있도록 규정한 구 「국가공무원법」의 규정에 의한 공무담임권의 제한은 잠정적이고 그 경우에도 공무원의 신분은 유지되고 있다는 점에서 공무원에게 가해지는 신분상 불이익과 보호하려는 공익을 비교할 때 공무집행의 공정성과 그에 대한 국민의 신뢰를 유지하고자 하는 공익이 더욱 크므로 이 사건 법률조항은 공무담임권을 침해하지 않는다. 2022 경찰승진 ( )

> **해설** 이 사건 법률조항의 입법목적은 형사소추를 받은 공무원이 계속 직무를 집행함으로써 발생할 수 있는 공직 및 공무집행의 공정성과 그에 대한 국민의 신뢰를 해할 위험을 예방하기 위한 것으로 정당하고, 직위해제는 이러한 **입법목적을 달성하기에 적합한 수단이다**. 이 사건 법률조항이 임용권자로 하여금 구체적인 경우에 따라 개별성과 특수성을 판단하여 직위해제 여부를 결정하도록 한 것이지 직무와 전혀 관련이 없는 범죄나 지극히 경미한 범죄로 기소된 경우까지 임용권자의 자의적인 판단에 따라 직위해제를 할 수 있도록 허용하는 것은 아니고, **기소된 범죄의 법정형이나 범죄의 성질에 따라 그 요건을 보다 한정적, 제한적으로 규정하는 방법을 찾기 어렵다는 점에서 이 사건 법률조항이 필요 최소한도를 넘어 공무담임권을 제한하였다고 보기 어렵다.** 그리고 이 사건 법률조항에 의한 공무담임권의 제한은 잠정적이고 그 경우에도 공무원의 신분은 유지되고 있다는 점에서 **공무원에게 가해지는 신분상 불이익과 보호하려는 공익을 비교할 때 공무집행의 공정성과 그에 대한 국민의 신뢰를 유지하고자 하는 공익이 더욱 크다. 따라서 이 사건 법률조항은 공무담임권을 침해하지 않는다**(헌재 2006.5.25. 2004헌바12).

42-1 지방자치단체의 장이 '공소 제기된 후 구금상태에 있는 경우' 부단체장이 그 권한을 대행하도록 규정한 「지방자치법」 조항은 지방자치단체장의 공무담임권을 침해하지 않는다. 2021 경찰승진 ( )

42-2 지방자치단체의 장이 공소 제기된 후 구금상태에 있음을 이유로 부단체장이 그 권한을 대행하도록 한 「지방자치법」 조항은 무죄추정원칙에 위배되지 않는다. 2024 경찰승진 ( )

> **해설** 지방자치단체의 장이 '공소 제기된 후 구금상태에 있는 경우' 부단체장이 그 권한을 대행하도록 규정한 지방자치법 규정은 과잉금지원칙이나 무죄추정의 원칙에 위반되지 않아 지방자치단체장인 청구인에게 보장된 공무담임권을 침해하지 않고 평등권도 침해하지 않는다(헌재 2011.4.28. 2010헌마474).

43-1 관련 자격증(변호사·공인회계사·세무사) 소지자에게 세무직 국가공무원 공개경쟁채용시험에서 일정한 가산점을 부여하는 구 공무원임용시험령은 과잉금지의 원칙에 위배되어 공무담임권을 침해한다. 2023 법원행시 ( )

43-2 세무 관련 분야에서 전문성이 인정되는 자격증을 소지한 자를 7급 세무직 공무원 공개경쟁채용시험에서 우대하는 것은 업무상 전문성을 강화하고 자격증 소지 여부가 시험에서 우대를 고려할 객관적 근거가 되며, 가산점제도가 자격증 없는 자들의 응시기회 자체를 제한한다고 보기 어려우므로 과잉금지원칙에 반하지 않는다. 2022 경찰간부 ( )

ANSWER 40-1 ○ 40-2 ○ 41 ○ 42-1 ○ 42-2 ○ 43-1 × 43-2 ○

43-3 관련 자격증 소지자에게 세무직 국가공무원 공개경쟁채용시험에서 일정한 가산점을 부여하는 구 「공무원임용시험령」 조항은 가산 대상 자격증을 소지하지 아니한 자의 공무담임권을 침해하지 아니한다.
2023 국회직8급 ( )

> 해설 공무원 공개경쟁채용시험에서 자격증에 따른 가산점을 인정하는 목적은 공무원의 업무상 전문성을 강화하기 위함인바, 세무 영역에서 전문성을 갖춘 것으로 평가되는 자격증(변호사·공인회계사·세무사) 소지자들에게 세무직 국가공무원 공개경쟁채용시험에서 가산점을 부여하는 것은 그 목적의 정당성이 인정된다. 공인 자격증은 국가나 국가의 위탁을 받은 특수법인이 필기시험과 실기평가 등 소정의 검증절차를 거쳐 일정한 기준에 도달한 사람에게 부여하는 것이므로 자격증의 유무는 해당 분야에서 필요한 능력과 자질을 갖추고 있는지를 판단하는 객관적 기준이 될 수 있다. **변호사는 법률 전반에 관한 영역에서, 공인회계사와 세무사는 각종 세무 관련 영역에서 필요한 행위를 하거나 조력하는 전문가들이므로 그 자격증 소지자들의 선발은 세무행정의 전문성을 제고하는 데 기여하여 수단의 적합성이 인정**된다. 위와 같은 가산점제도는 가산 대상 자격증의 소지를 응시자격으로 하는 것이 아니고 일정한 요건 하에 가산점을 부여하는 것이므로 자격증이 없는 자의 응시기회나 합격가능성을 원천적으로 제한하는 것으로 보기 어렵고, 가산점 여부가 시험 합격을 지나치게 좌우한다고 볼 근거도 충분치 아니하며, **채용 후 교육이나 경력자 채용으로는 적시에 충분한 전문인력을 확보할 수 있을 것으로 단정하기 어려우므로 피해의 최소성도 인정**된다. 세무직 국가공무원의 업무상 전문성 강화라는 공익과 함께, 위와 같은 가산점 제도가 1993. 12. 31. 이후 유지되어 온 점, 자격증 없는 자들의 응시기회 자체가 박탈되거나 제한되는 것이 아닌 점, 가산점 부여를 위해서는 일정한 요건을 갖추도록 하고 있는 점 등을 고려하면 법익균형성이 인정된다(헌재 2020. 6. 25. 2017헌마1178).

44 미성년자에 대하여 성범죄를 범하여 형을 선고받아 확정된 자와 성인에 대한 성폭력범죄를 범하여 벌금 100만원 이상의 형을 선고받아 확정된 자는 「초·중등교육법」상의 교원에 임용될 수 없도록 한 부분은 그 제한의 범위가 지나치게 넓고 포괄적이어서 공무담임권을 침해한다. 2023 경찰간부 ( )

> 해설 법원이 범죄의 모든 정황을 고려한 다음 벌금 100만원 이상의 형을 선고하여 그 판결이 확정되었다면, 이는 결코 가벼운 성폭력범죄 행위라고 볼 수 없다. 이처럼 이 사건 결격사유조항은 성범죄를 범하는 대상과 확정된 형의 정도에 따라 성범죄에 관한 교원으로서의 최소한의 자격기준을 설정하였다고 할 것이고, 같은 정도의 입법목적을 달성하면서도 기본권을 덜 제한하는 수단이 명백히 존재한다고 볼 수도 없으므로, **이 사건 결격사유조항은 과잉금지원칙에 반하여 청구인의 공무담임권을 침해하지 아니한다**(헌재 2019. 7. 25. 2016헌마754).

45-1 피성년후견인인 국가공무원은 당연퇴직한다고 규정한 「국가공무원법」 조항은 성년후견이 개시되지는 않았으나 동일한 정도의 정신적 장애가 발생한 국가공무원의 경우와 비교할 때 사익의 제한 정도가 과도하여 과잉금지원칙에 위반되므로 공무담임권을 침해한다. 2023 경찰1차 ( )

45-2 피성년후견인인 국가공무원은 당연퇴직한다고 정한 구 「국가공무원법」 조항 중 '피성년후견인'에 관한 부분은 정신상의 장애로 직무를 감당할 수 없는 국가공무원을 부득이 공직에서 배제하는 불가피한 조치로서 공무담임권을 침해하지 않는다. 2023 경찰간부 ( )

> 해설 심판대상조항은 직무수행의 하자를 방지하고 국가공무원제도에 대한 국민의 신뢰를 보호하기 위한 것으로서, 그 **입법목적이 정당**하다. 이러한 목적을 달성하기 위해 정신적 제약으로 사무를 처리할 능력이 지속적으로 결여되어 성년후견이 개시된 국가공무원을 개시일자로 퇴직시키는 것은, **수단의 적합성도 인정**된다. … 심판대상조항과 같은 정도로 입법목적을 달성하면서도 공무담임권의 침해를 최소화할 수 있는 대안이 있으므로, 심판대상조항은 **침해의 최소성에 반한다**. … 심판대상조항은 침해되는 사익에

ANSWER 43-3 ○ 44 ✕ 45-1 ○ 45-2 ✕

비하여 지나치게 공익을 우선한 입법으로서, **법익의 균형성에 위배된다.** 결국 심판대상조항은 **과잉금지원칙에 반하여 공무담임권을 침해한다**(헌재 2022.12.22. 2020헌가8).

46-1 아동에 대한 성적 학대행위로 형을 선고받아 확정된 사람을 공직에 진입할 수 없도록 하는 조항은 입법목적의 정당성이 인정된다. 2023 법원행시 ( )

46-2 아동에게 성적 수치심을 주는 성희롱 등의 성적 학대행위로 형을 선고받아 그 형이 확정된 사람을 일반직 공무원에 임용되는 것을 금지하는 법률조항은 공무담임권을 침해하지 않는다. 2023 법원행시 ( )

46-3 「국가공무원법」해당 조항 중 「아동복지법」제17조 제2호 가운데 '아동에게 성적 수치심을 주는 성희롱 등의 성적 학대행위로 형을 선고받아 그 형이 확정된 사람은 일반직 공무원으로 임용될 수 없도록 한 부분은 아동·청소년 대상 성범죄의 재범률을 고려해 볼 때 공무담임권을 침해하지 않는다. 2023 경찰간부 ( )

> **해설** 공무원은 국민 전체에 대한 봉사자로서 다른 직역과 달리 고도의 윤리성과 도덕성을 갖출 것이 요구된다. 심판대상조항은 공직자에 대한 고도의 윤리성과 도덕성을 확보하여 공직에 대한 국민의 신뢰를 확보함으로써 공무수행을 원활하게 하고, 아동의 건강과 안전을 보호하기 위하여 아동에 대한 성적 학대행위로 형을 선고받아 그 형이 확정된 사람의 공직 진입을 엄격히 제한하고 있다. 이러한 심판대상조항은 그 입법목적의 정당성이 인정된다. 아동에 대한 성적 학대행위로 형을 선고받아 확정된 사람을 공직에 진입할 수 없도록 하는 것은 공직에 대한 국민의 신뢰를 확보하여 공무수행을 원활하게 하고 아동의 건강과 안전을 보호하는 데 기여할 수 있으므로, 입법목적 달성을 위한 수단의 적합성이 인정된다. … **심판대상조항은 아동과 관련이 없는 직무를 포함하여 모든 일반직공무원 및 부사관에 임용될 수 없도록 하므로, 제한의 범위가 지나치게 넓고 포괄적**이다. 또한, 심판대상조항은 영구적으로 임용을 제한하고, 결격사유가 해소될 수 있는 어떠한 가능성도 인정하지 않는다. 아동에 대한 성희롱 등의 성적 학대행위로 형을 선고받은 경우라고 하여도 범죄의 종류, 죄질 등은 다양하므로, **개별 범죄의 비난가능성 및 재범 위험성 등을 고려하여 상당한 기간 동안 임용을 제한하는 덜 침해적인 방법으로도 입법목적을 충분히 달성할 수 있다.** 따라서 심판대상조항은 **과잉금지원칙에 위배되어 청구인의 공무담임권을 침해**한다(헌재 2022.11.24. 2020헌마1181).

47 퇴역연금수급권자가 정부 투자기관이나 재정지원기관에 재취업하여 급여를 지급받는 경우 퇴역연금의 전부 또는 일부의 지급을 정지할 수 있도록 하면서 지급정지의 요건 및 내용을 대통령령으로 정하도록 위임하는 규정은 포괄위임금지원칙에 위반되지 않는다. 2023 법원행시 ( )

> **해설** 퇴역연금 지급정지제도의 본질에 비추어 지급정지의 요건 및 내용을 규정함에 있어서는 소득의 유무뿐만 아니라 소득의 수준에 대한 고려 역시 필수적인 것임에도 불구하고 구 군인연금법(1974. 12. 26. 법률 제2728호로 개정되고, 1982. 12. 28. 법률 제3587호로 개정되기 전의 것) 제21조 제3항 제2호 및 제3호는 **지급정지와 소득수준의 상관관계에 관하여 아무런 정함이 없이 대통령령에 포괄적으로 위임함으로써** 위 조항들만으로는 일정 수준 이상의 소득자만을 지급정지의 대상으로 할 것인지 여부 및 소득의 수준에 따라 지급정지율 내지 지급정지금액을 달리할 것인지 여부가 불분명할 뿐만 아니라 이와 관련한 일체의 규율을 행정부에 일임한 결과가 되어 아무리 적은 보수 또는 급여를 받는 경우에도 대통령령에서 연금지급을 정지할 수 있도록 정하거나 재취업 소득의 수준에 관계없이 지급정지율 내지 지급정지금액을 일률적으로 정하는 것이 가능하게 되었으므로, 위 조항들은 **포괄위임금지원칙에 위배된다**(헌재 2010.7.29. 2009헌가4).

48 군인연금법상 퇴역연금 수급권자가 군인연금법·공무원연금법 및 사립학교교직원 연금법의 적용을 받는 군인·공무원 또는 사립학교교직원으로 임용된 경우 그 재직기간 중 해당 연금 전부의 지급을 정지하도록 하고 있는 구 군인연금법은 퇴역연금 수급권자의 재산권을 침해한다. 2023 법원행시 ( )

ANSWER 46-1 ○ 46-2 × 46-3 × 47 × 48 ×

해설 한정된 재원으로 보다 많은 군인의 경제적 생활안정과 복리향상을 도모하기 위해서는 연금지급이 필요하지 않은 경우에 그 지급을 정지할 필요성이 있으므로, 이 사건 법률조항은 그 입법목적이 정당하다. 군인연금·공무원연금과 사립학교교직원연금은 보험의 대상이 서로 달라 각각 독립하여 운영되고 있을 뿐 동일한 사회적 위험에 대비하기 위한 하나의 통일적인 제도이므로 퇴직한 군인으로서 퇴역연금 수급자가 직역연금법 적용기관에 재취업한 경우에는 퇴역연금 지급사유가 발생하지 않은 것으로 볼 수 있다. 또한 이 사건 법률조항으로 인해 퇴직수당 등 다른 급여의 지급이 정지되는 것은 아니고, 수급자의 선택에 따라 종전 재직기간을 연금 계산의 기초가 되는 재직기간에 합산할 수 있다. 특히, **군인연금의 경우 퇴직연금 지급개시 연령을 두지 않고 있어 연금 수급을 위한 최소가입기간 요건만 충족하면 퇴직 후 바로 연금이 지급되고, 계급별 조기정년제로 인해 연금 혜택이 다른 직역연금에 비해 높은 점 등을 더하여 보면, 이 사건 법률조항은 퇴역연금 수급권자의 재산권을 침해하지 아니한다**(헌재 2015.7.30. 2014헌바371).

49 허위사실공표금지 조항이 직접 선거권, 공무담임권을 제한하는 내용을 담고 있지 않더라도, 허위사실공표금지 조항으로 인하여 벌금 100만 원 이상의 형을 선고받으면 공직선거법에 의하여 당선무효나 선거권 및 피선거권의 제한의 결과를 발생시킬 수 있다면, 허위사실공표금지 조항 역시 후보자의 공무담임권을 제한하는 조항에 해당한다. 2023 법원행시 ( )

해설 이 사건 허위사실공표금지 조항은 직접적으로 국민의 선거권, 공무담임권을 제한하는 내용을 담고 있지 않으며, 이 사건 허위사실공표금지 조항으로 인하여 벌금 100만 원 이상의 형을 선고받으면 공직선거법 제264조에 의하여 당선자는 그 당선이 무효로 되고, 같은 법 제266조에 의하여 일정 기간 동안 일부 공직에 취임하거나 임용될 수 없으며, 같은 법 제18조 제1항 제3호 및 제19조 제1호에 의하여 일정 기간 동안 선거권 및 피선거권이 제한되지만, 이러한 기본권 제한은 이 사건 허위사실공표금지 조항의 직접적인 효과라기보다는 벌금 100만 원 이상의 형을 선고받은 경우에 위 법률 조항이 적용되어 나타난 결과이므로, 이 사건 허위사실공표금지 조항에 의하여 선거권 및 공무담임권이 제한된다고 볼 수 없다(헌재 2021.2.25. 2018헌바223).

50 순경 공채시험, 소방사 등 채용시험, 그리고 소방간부 선발시험의 응시연령의 상한을 '30세 이하'로 규정하고 있는 것은 합리적이라고 볼 수 있으므로 공무담임권을 침해하지 아니한다. 2022 경찰경력채용 ( )

해설 이 사건 심판대상조항들이 순경 공채시험, 소방사 등 채용시험, 그리고 소방간부 선발시험의 응시연령의 상한을 '30세 이하'로 규정하고 있는 것은 합리적이라고 볼 수 없으므로 침해의 최소성 원칙에 위배되어 청구인들의 공무담임권을 침해한다(헌재 2012.5.31. 2010헌마278).

51-1 부사관으로 최초로 임용되는 사람의 최고연령을 27세로 정한 「군인사법」 조항은 군 조직의 특수성, 군 조직 내에서 부사관의 상대적 지위 및 역할 등을 고려하더라도 과잉금지원칙에 위배되어 공무담임권을 침해한다. 2022 경찰간부 ( )

51-2 「군인사법」상 부사관으로 최초로 임용되는 사람의 최고연령을 27세로 정한 부분은, 계급과 연령의 역전 현상이 현재도 존재하고 상위 계급인 장교의 경우 27세의 연령상한에 상당한 예외가 존재하는 점 등을 고려할 때 부사관 지원자의 공무담임권을 침해한다. 2024 경찰승진 ( )

해설 국가의 안전보장과 국토방위의 의무를 수행하기 위하여 군인은 강인한 체력과 정신력을 바탕으로 한 전투력을 유지할 필요가 있고, 이를 위해 군 조직은 위계질서의 확립과 기강확보가 어느 조직보다 중요시된다. 이러한 군의 특수성을 고려할 때 부사관의 임용연령상한을 제한하는 심판대상조항은 그 입법목적이 정당하고, 부사관보다 상위 계급인 소위의 임용연령상한도 27세로 정해져 있는 점, 연령과 체력의 보편적 상관관계 등을 고려할 때 수단의 적합성도 인정된다. 평균수명이 증가하고 취업연령이 전반적으로 늦어지고 있는 것이 오늘날의 현실이나, 부사관 임용을 원하는 사람에게 고등학교 졸업 후 적어도 9년, 대학 졸업

ANSWER 49 ×   50 ×   51-1 ×   51-2 ×

후에도 최소한 4~5년 동안 지원 기회가 제공되고, 특히 제대군인의 경우 최대 3년간 상한 연장특례가 부여되는 점, 군인사법상 부사관의 계급별 연령정년은 하사가 40세로서 낮게 설정되어 있는 반면 근속 진급기간은 다소 장기여서, 현재의 정년 및 진급체계를 그대로 둔 채 부사관의 임용연령상한만을 완화하는 경우 부사관 인사체계에 불합리한 결과가 발생할 수 있는 점, 첨단무기·정보를 바탕으로 한 미래전에 대비하기 위해서 각 분야별로 숙련되고 기술력 있는 부사관을 조기에 발굴하여 양성할 필요가 있는데 부사관의 임용연령상한을 상향 조정하는 경우 숙련된 부사관의 활용기간을 단축시키는 결과를 초래할 수 있는 점 등 제반 사정을 종합하여 볼 때, 심판대상조항에서 정한 부사관의 최초 임용연령상한이 지나치게 낮아 부사관 임용을 원하는 사람의 응시기회를 실질적으로 차단한다거나 제한할 정도에 이르렀다고 보기 어렵다. 나아가 심판대상조항으로 인하여 입는 불이익은 부사관 임용지원기회가 27세 이후에 제한되는 것임에 반하여, 이를 통해 달성할 수 있는 공익은 군의 전투력 등 헌법적 요구에 부응하는 적절한 무력의 유지, 궁극적으로 국가안위의 보장과 국민의 생명·재산 보호로서 매우 중대하므로, 법익의 균형성 원칙에도 위배되지 아니한다. 따라서 **심판대상조항이 과잉금지의 원칙을 위반하여 청구인들의 공무담임권을 침해한다고 볼 수 없다**(헌재 2014. 9. 25. 2011헌마414).

52 청구인이 당선된 당해선거에 관한 것인지를 묻지 않고, 선거에 관한 여론조사의 결과에 영향을 미치게 하기 위하여 둘 이상의 전화번호를 착신전환 등의 조치를 하여 같은 사람이 두 차례 이상 응답하여 100만 원 이상의 벌금형을 선고받은 자로 하여금 지방의회의원의 직에서 퇴직되도록 한 조항은 청구인의 공무담임권을 침해한다. 2022 법원직   (   )

해설 퇴직조항은 선거에 관한 여론조사의 결과에 부당한 영향을 미치는 행위를 방지하고 선거의 공정성을 담보하며 공직에 대한 국민 또는 주민의 신뢰를 제고한다는 목적을 달성하는 데 적합한 수단이다. 지방의회의원이 선거의 공정성을 해치는 범죄로 유죄판결이 확정되었다면 지방자치행정을 민주적이고 공정하게 수행할 것이라고 기대하기 어렵다. 오히려 그의 직을 유지시킨다면, 이는 공직 전체에 대한 신뢰 훼손으로 이어진다. 대상 범죄인 착신전환 등을 통한 중복 응답 등 범죄는 선거의 공정성을 직접 해하는 범죄로, 위 범죄로 형사처벌을 받은 사람이라면 지방자치행정을 민주적이고 공정하게 수행할 것이라 볼 수 없다. **입법자는 100만 원 이상의 벌금형 요건으로 하여 위 범죄로 지방의회의원의 직에서 퇴직할 수 있도록 하는 강력한 제재를 선택한 동시에 퇴직 여부에 대하여 법원으로 하여금 구체적 사정을 고려하여 판단하게 하였다.** 당선무효, 기탁금 등 반환, 피선거권 박탈만으로는 퇴직조항, 당선무효, 기탁금 등 반환, 피선거권 박탈이 동시에 적용되는 현 상황과 동일한 정도로 공직에 대한 신뢰를 제고하기 어렵다. 퇴직조항으로 인하여 지방의회의원의 직에서 퇴직하게 되는 사익의 침해에 비하여 선거에 관한 여론조사의 결과에 부당한 영향을 미치는 행위를 방지하고 선거의 공정성을 담보하며 공직에 대한 국민 또는 주민의 신뢰를 제고한다는 공익이 더욱 중대하다. **퇴직조항은 청구인들의 공무담임권을 침해하지 아니한다**(헌재 2022. 3. 31. 2019헌마986).

53 후보자가 되고자 하는 자가 당해 선거구 안에 있는 단체 등에 기부행위를 하는 경우 처벌하도록 규정한 공직선거법 조항은, 이로 인하여 벌금 100만원 이상의 형을 선고받으면 공직선거법에 의하여 당선자는 그 당선이 무효로 되고 일정기간 동안 일부 공직에 취임하거나 임용될 수 없으며, 피선거권이 제한되지만, 이러한 기본권 제한은 위 조항의 직접적 효과라기보다는 벌금 100만원 이상의 형을 선고받은 경우 공직선거법이 적용되어 나타난 결과이므로, 위 조항에 의하여 공무담임권이 제한된다고 볼 수 없다. 2023 법무사   (   )

해설 이 사건 기부행위금지 조항으로 인하여 벌금 100만원 이상의 형을 선고받으면 공직선거법 제264조에 의하여 당선자는 그 당선이 무효로 되고 같은 법 제266조에 의하여 일정 기간 동안 일부 공직에 취임하거나 임용될 수 없으며, 같은 법 제19조 제1호에 의하여 일정 기간 동안 피선거권이 제한되지만, 이러한 기본권 제한은 이 사건 기부행위금지 조항의 직접적 효과라기보다는 벌금 100만원 이상의 형을 선고받은 경우에 공직선거법 제264조가 적용되어 나타난 결과이므로, **이 사건 기부행위금지 조항에 의하여 공무담임권이 제한된다고 볼 수 없다**(헌재 2021. 2. 25. 2018헌바223).

ANSWER 52 ✕ 53 ○

54-1 공무원에게 직무의 내외를 불문하고 품위유지의무를 부과하고, 품위손상행위를 공무원에 대한 징계사유로 규정한 국가공무원법 조항은 명확성 원칙에 위배된다. 2022 법무사 ( )

54-2 직무의 내외를 불문하고 체면이나 위신을 손상하는 행위를 징계사유로 규정한 국가공무원법 규정은 명확성원칙에 위배되거나 과잉금지원칙에 반한다고 볼 수 없다. 2023 법무사 ( )

> 해설 '품위' 등 용어의 사전적 의미가 명백하고, 대법원은 공무원이 유지하여야 할 품위에 관하여 '주권자인 국민의 수임자로서 직책을 맡아 수행해 나가기에 손색이 없는 인품'을 말한다고 판시하고 있는바, **위와 같은 입법취지, 용어의 사전적 의미 및 법원의 해석 등을 종합할 때 이 사건 법률조항이 공무원 징계사유로 규정한 품위손상행위는 '주권자인 국민으로부터 수임받은 공무를 수행함에 손색이 없는 인품에 어울리지 않는 행위를 함으로써 공무원 및 공직 전반에 대한 국민의 신뢰를 떨어뜨릴 우려가 있는 경우'를 일컫는 것으로 해석할 수 있고, 그 수범자인 평균적인 공무원은 이를 충분히 예측할 수 있다. 따라서 이 사건 법률조항은 명확성 원칙에 위배되지 아니한다.**
> 이 사건 법률조항으로 인한 공무원의 기본권 제한을 최소화하기 위한 장치들이 마련되어 있어, 이 사건 법률조항이 공무원의 일반적 행동의 자유를 과도하게 제한한다고 보기 어려우므로, 과잉금지원칙에 위배되지 아니한다(헌재 2016.2.25. 2013헌바435).

55 공무원의 기부금모집을 금지하고 있는 국가공무원법 조항은 선거의 공정성을 확보하기 위한 것이라 하더라도 직급이나 직무의 성격에 대한 검토 혹은 기부금 상한액을 낮추는 방법 등에 대한 고려 없이 일률적으로 모든 공무원의 기부금 모집을 전면적으로 금지함으로써 과도한 제한을 초래하므로 공무원의 정치적 의사표현의 자유를 침해하는 것이다. 2023 법원직 ( )

> 해설 이 사건 기부금모집 금지조항이 과잉금지원칙을 위배하여 정치적 의사표현의 자유를 제한한다고 볼 수 없다(헌재 2012.7.26. 2009헌바298).

56 선출직 공무원의 공무담임권은 선거를 전제로 하는 대의제의 원리에 의하여 발생하는 것이므로 공직의 취임이나 상실에 관련된 어떠한 법률조항이 대의제의 본질에 반한다면 이는 공무담임권도 침해하는 것이라고 볼 수 있다. 2024 경찰승진 ( )

> 해설 선출직 공무원의 공무담임권은 선거를 전제로 하는 대의제의 원리에 의하여 발생하는 것이므로 공직의 취임이나 상실에 관련된 어떠한 법률조항이 대의제의 본질에 반한다면 이는 공무담임권도 침해하는 것이라고 볼 수 있다(헌재 2009.3.26. 2007헌마843).

57-1 비위공무원에 대한 징계를 통해 불이익을 줌으로써 공직기강을 바로 잡고 공무수행에 대한 국민의 신뢰를 유지하고자 하는 공익은 제한되는 사익 이상으로 중요하므로, 공무원이 감봉처분을 받은 경우 12월간 승진임용을 제한하는 「국가공무원법」 조항 중 '승진임용'에 관한 부분은 공무담임권을 침해하지 않는다. 2023 경찰간부 ( )

57-2 공무원이 징계처분을 받은 경우 대통령령등으로 정하는 기간 동안 승진임용 및 승급을 제한하는 「국가공무원법」 조항 중 공무원이 감봉처분을 받은 경우 12월간 승진임용을 제한하는 '승진임용'에 관한 부분 및 「공무원임용령」 제32조 제1항 제2호 나목은 공무담임권을 침해하지 않는다. 2023 국회직8급 ( )

> 해설 감봉의 경우 12개월간 승진임용이 제한되는데 이는 종래 18개월이었던 것을 축소한 것이며, 강등·정직(18개월)이나 견책(6개월)과의 균형을 고려하면 과도하게 긴 기간이라고 보기는 어렵다. **비위공무원**

ANSWER 54-1 × 54-2 ○ 55 × 56 ○ 57-1 ○ 57-2 ○

에 대한 징계를 통해 불이익을 줌으로써 공직기강을 바로 잡고 공무수행에 대한 국민의 신뢰를 유지하고자 하는 공익은 제한되는 사익 이상으로 중요하다. 이 사건 승진조항은 과잉금지원칙을 위반하여 청구인의 공무담임권을 침해하지 않는다(헌재 2022.3.31. 2020헌마211).

58 법무부장관이 2020. 7. 공고한 '2021년도 검사 임용 지원 안내' 중 '임용 대상' 가운데 '1. 신규 임용'에서 변호사자격을 취득하고 2021년 사회복무요원 소집해제 예정인 사람을 제외한 부분은 '법학전문대학원 졸업연도에 실시된 변호사시험에 불합격하여 사회복무요원으로 병역의무를 이행하던 중 변호사자격을 취득하고 2021년 소집해제 예정인 사람'의 공무담임권을 과잉금지원칙에 반하여 침해한다. 2023 국회직8급 ( )

해설 검사신규임용대상 등을 어떻게 정할 것인지에 관하여는 피청구인에게 재량이 부여되어 있는 점, 지원자가 법학전문대학원 졸업 직후 변호사자격을 취득하였는지 여부는 검사에게 요구되는 자질을 갖추었는지 평가하기 위한 공정하고 유효한 기준이 될 수 있는 점, **법무관 전역예정자는 병역기간 동안 법률사무에 종사하며 법적 능력을 양성할 기회가 있는 점** 등을 종합하면, 임용연도에 변호사자격을 취득하여 검사로 즉시 임용될 수 있는 법학전문대학원 졸업예정자와 이에 준하여 볼 수 있는 법무관 전역예정자로 검사신규임용대상을 한정한 것은 공정한 경쟁을 통해 우수한 신규법조인을 검사로 선발하고자 하는 목적과 합리적 연관관계가 인정된다. 그에 비하여, 사회복무요원 소집해제예정 변호사는 법학전문대학원 졸업 직후 변호사자격을 취득하지 못하였고, 병역의무 이행기간 동안 법률사무에 종사한 것도 아니라는 점에서 동일하게 보기 어렵다. 오히려, 사회복무요원 소집해제예정 변호사에게 병역의무이행시점에 검사신규임용에 지원할 기회를 부여한다면, 졸업 직후 변호사자격을 취득하지 못할 경우 검사로 신규임용될 수 없는 여성이나 군면제인 사람보다 유리한 기준을 적용받는 것이 된다. 또한, **검사신규임용에 지원할 수 없다 하더라도 청구인에게는 추후 경력검사 임용절차를 통하여 검사로 임용될 수 있는 기회가 여전히 남아 있다.** 따라서 이 사건 공고는 사회복무요원 소집해제예정 변호사인 청구인의 공무담임권을 침해하지 않는다(헌재 2021.4.29. 2020헌마999).

Ⅲ 최신판례

01 '아동·청소년이용음란물임을 알면서 이를 소지한 죄로 형을 선고받아 그 형이 확정된 사람은 일반직공무원으로 임용될 수 없도록 한 국가공무원법 조항 및 지방공무원법 조항은 모두 헌법에 합치되지 아니한다(헌재 2023.6.29. 2020헌마1605).

심판대상조항은 아동·청소년과 관련이 없는 직무를 포함하여 모든 일반직공무원에 임용될 수 없도록 하므로, 제한의 범위가 지나치게 넓고 포괄적이다. 또한, 심판대상조항은 영구적으로 임용을 제한하고, 결격사유가 해소될 수 있는 어떠한 가능성도 인정하지 않는다. 그런데 **아동·청소년이용음란물소지죄로 형을 선고받은 경우라고 하여도 범죄의 종류, 죄질 등은 다양하므로**, 개별 범죄의 비난가능성 및 재범 위험성 등을 고려하여 상당한 기간 동안 임용을 제한하는 덜 침해적인 방법으로도 입법목적을 충분히 달성할 수 있다. 따라서 심판대상조항은 과잉금지원칙에 위배되어 청구인들의 공무담임권을 침해한다.

ANSWER 58 ✕

제4절 지방자치제도

I 헌법 조문

제117조 ① 지방자치단체는 주민의 복리에 관한 사무를 처리하고 재산을 관리하며, 법령의 범위 안에서 자치에 관한 규정을 제정할 수 있다.
② 지방자치단체의 종류는 법률로 정한다.

제118조 ① 지방자치단체에 의회를 둔다.
② 지방의회의 조직·권한·의원선거와 지방자치단체의 장의 선임방법 기타 지방자치단체의 조직과 운영에 관한 사항은 법률로 정한다.

II 최신 기출지문 분석

01 지방자치단체는 주민의 복리에 관한 사무를 처리하고 재산을 관리하며, 법령의 범위 안에서 자치에 관한 규정을 제정할 수 있다. 2024 행시 ( )

해설 ▶ 지방자치단체는 주민의 복리에 관한 사무를 처리하고 재산을 관리하며, 법령의 범위 안에서 자치에 관한 규정을 제정할 수 있다(헌법 제117조 제1항).

02 헌법 제8장의 지방자치제도는 제도보장을 의미하는 것으로 지방자치단체의 자치권의 범위나 내용은 지방자치제도의 본질을 침해하지 않는 범위 내에서 입법권자가 광범위한 입법형성권을 가진다. 2022 법원직 ( )

해설 ▶ 이와 같이 헌법은 지방자치단체의 존속과 조례 제정권 등의 권한, 지방의회의 존속만을 명시하고 그 밖의 지방자치에 관한 구체적 사항들은 법률에 위임함으로써, 지방자치제도의 보장에 관하여 그 본질적 내용을 침해하지 아니하는 범위 내에서 입법자에게 제도의 구체적인 내용과 형태에 대하여 광범위한 형성권을 인정하고 있다 (헌재 2014.1.28. 2012헌바216).

03 법령의 직접적인 위임에 따라 위임행정기관이 그 법령을 시행하는데 필요한 구체적 사항을 정한 것이라면, 그 제정형식은 비록 법규명령이 아닌 고시, 훈령, 예규 등과 같은 행정규칙이더라도 그것이 상위법령의 위임한계를 벗어나지 아니하는 한, 상위법령과 결합하여 대외적인 구속력을 갖는 법규명령으로서 기능하게 된다고 보아야 한다. 2023 법원직 ( )

해설 ▶ 법령이 행정관청에 법령의 구체적 내용을 보충할 권한을 부여한 경우 또는 법령의 직접적인 위임에 따라 수임행정기관이 법령의 위임한계를 벗어나지 아니하는 범위 내에서 그 법령을 시행하는데 필요한 구체적 사항을 정하는 경우 등에 있어서는 행정규칙은 상위 법령과 결합하여 법규로서의 성질과 효력을 가지는 것이므로 직접적으로 대외적 구속력을 가진다(헌재 2016.4.12. 2016헌마204).

ANSWER 01 ○ 02 ○ 03 ○

04 행정규칙이 재량권행사의 준칙으로서 그 정한 바에 따라 되풀이 시행되어 행정관행을 이루게 되어 평등의 원칙이나 신뢰보호의 원칙에 따라 행정기관이 그 상대방에 대한 관계에서 그 규칙에 따라야 할 자기구속을 당하게 되는 경우에는 대외적인 구속력을 갖게 되어 헌법소원의 대상이 된다. 2023 법원직 ( )

해설 행정규칙이라도 재량권행사의 준칙으로서 그 정한 바에 따라 되풀이 시행되어 행정관행을 이루게 되면, 행정기관은 평등의 원칙이나 신뢰보호의 원칙에 따라 상대방에 대한 관계에서 그 규칙에 따라야 할 자기구속을 당하게 되는바, 이 경우에는 대외적 구속력을 가진 공권력의 행사가 된다(헌재 2007. 8.30. 2004헌마670).

05 헌법은 지방의회의 조직·권한·의원선거와 지방자치단체의 장의 선임방법 기타 지방자치단체의 조직과 운영에 관한 사항은 법률로 정하도록 하고 있다. 2024 행시 ( )

해설 지방의회의 조직·권한·의원선거와 지방자치단체의 장의 선임방법 기타 지방자치단체의 조직과 운영에 관한 사항은 법률로 정한다(헌법 제118조 제2항).

06 지방자치단체는 사무처리를 위한 행정기구를 설치할 수 있고, 소속 공무원에 관한 임용, 징계 등 인사를 스스로 할 수 있다. 2023 법무사 ( )

해설 지방자치단체는 관할 구역의 자치사무와 법령에 따라 지방자치단체에 속하는 사무를 처리한다. 제1항에 따른 지방자치단체의 사무를 예시하면 다음 각 호(1. 지방자치단체의 구역, 조직, 행정관리 등-마. 소속 공무원의 인사·후생복지 및 교육)와 같다. 다만, 법률에 이와 다른 규정이 있으면 그러하지 아니하다(지방자치법 제13조 제1항·제2항 제1호 마목).

07 「지방자치법」상 주민은 그 지방자치단체의 장 및 비례대표의원을 포함한 지방의회의원을 소환할 권리를 가진다. 2022 입법고시 ( )

해설 주민은 그 지방자치단체의 장 및 지방의회의원(비례대표 지방의회의원은 제외한다)을 소환할 권리를 가진다(지방지차법 제25조 제1항).

08 지방자치법상 공법인인 지방자치단체의 기관으로는 대의기관인 지방의회, 집행기관인 지방자치단체장이 있다. 2023 법무사 ( )

해설 지방자치단체의 기관구성 형태의 특례 : 지방자치단체의 의회(이하 "지방의회"라 한다)와 집행기관에 관한 이 법의 규정에도 불구하고 따로 법률로 정하는 바에 따라 지방자치단체의 장의 선임방법을 포함한 지방자치단체의 기관구성 형태를 달리 할 수 있다(지방자치법 제4조).
지방자치법상 지방자치단체의 집행기관과 지방의회는 서로 분립되어 각기 그 고유권한을 행사하되 상호 견제의 범위 내에서 상대방의 권한 행사에 대한 관여가 허용되나, 지방의회는 집행기관의 고유권한에 속하는 사항의 행사에 관하여는 견제의 범위 내에서 소극적·사후적으로 개입할 수 있을 뿐 사전에 적극적으로 개입하는 것은 허용되지 아니한다(대판 2009.9.24. 2009추53).

09 지방의회는 조례·규칙의 제정·개정 및 폐지, 예산의 심의·확정, 결산의 승인, 행정사무감사 및 조사권을 가진다. 2023 법무사 ( )

해설 지방자치단체의 장은 법령이나 조례가 위임한 범위에서 그 권한에 속하는 사무에 관하여 규칙을 제정할 수 있다(지방자치법 제23조). 따라서 규칙의 제정·개정 및 폐지는 지방자치단체장의 권한이다.

ANSWER 04 ○ 05 ○ 06 ○ 07 ✕ 08 ○ 09 ✕

10 지방자치단체는 법령의 범위에서 그 사무에 관하여 조례를 제정할 수 있다. 다만, 주민의 권리 제한 또는 의무 부과에 관한 사항이나 벌칙을 정할 때에는 법률의 위임이 있어야 한다. 2022 행시 ( )

> 해설 지방자치단체는 법령의 범위에서 그 사무에 관하여 조례를 제정할 수 있다. 다만, 주민의 권리 제한 또는 의무 부과에 관한 사항이나 벌칙을 정할 때에는 법률의 위임이 있어야 한다(지방자치법 제28조 제1항).

11-1 지방자치단체는 그 고유사무인 자치사무와 법령에 따라 지방자치단체에 속하는 사무에 관하여 법령에 위반되지 않는 범위 안에서 스스로 조례를 제정할 수 있지만, 국가사무인 기관위임사무에 관하여는 개별 법령에서 일정한 사항을 조례로 정하도록 위임하고 있더라도 조례를 제정할 수 없다. 2022 행시 ( )

11-2 국가사무가 지방자치단체의 장에게 위임된 기관위임사무는 원칙적으로 자치조례의 제정범위에 속하지 않는다. 2023 변시 ( )

11-3 지방자치단체가 자치조례를 제정할 수 있는 사항은 지방자치단체의 고유사무인 자치사무와 개별법령에 의하여 지방자치단체에 위임된 단체위임사무에 한하고, 국가사무가 지방자치단체의 장에게 위임된 기관위임사무는 원칙적으로 자치조례의 제정범위에 속하지 않는다. 2023 경찰승진 ( )

11-4 조례 제정은 지방자치단체의 고유사무인 자치사무와 국가사무로서 지방자치단체의 장에게 위임된 기관위임사무에 관해서 허용되며, 개별 법령에 의하여 지방자치단체에 위임된 단체위임사무에 관해서는 조례를 제정할 수 없다. 2023 지방직7급 ( )

> 해설 지방자치법 제15조, 제9조에 의하면, 지방자치단체가 자치조례를 제정할 수 있는 사항은 지방자치단체의 고유사무인 자치사무와 개별법령에 의하여 지방자치단체에 위임된 단체위임사무에 한하는 것이고, 국가사무가 지방자치단체의 장에게 위임된 기관위임사무는 원칙적으로 자치조례의 제정범위에 속하지 않는다 할 것이고, 다만 기관위임사무에 있어서도 그에 관한 개별령령에서 일정한 사항을 조례로 정하도록 위임하고 있는 경우에는 위임받은 사항에 관하여 개별법령의 취지에 부합하는 범위 내에서 이른바 위임조례를 정할 수 있다(대판 2000.5.30. 99추85).

12-1 지방자치단체는 헌법상 자치입법권이 인정되고, 법령의 범위 안에서 그 권한에 속하는 모든 사무에 관하여 조례를 제정할 수 있다는 점과 조례는 선거를 통하여 선출된 그 지역의 지방의원으로 구성된 주민의 대표기관인 지방의회에서 제정되므로 지역적인 민주적 정당성까지 갖고 있다는 점을 고려하면, 조례에 위임할 사항은 헌법 제75조 소정의 행정입법에 위임할 사항보다 더 포괄적이어도 헌법에 반하지 않는다. 2022 행시 ( )

12-2 법률에서 조례에 위임할 사항이 헌법 제75조 소정의 행정입법에 위임할 사항보다 더 포괄적이라면 헌법에 위반된다. 2023 변시 ( )

12-3 조례의 제정권자인 지방의회는 선거를 통해서 그 지역적인 민주적 정당성을 지니고 있는 주민의 대표기관이고 헌법이 지방자치단체에 포괄적인 자치권을 보장하고 있는 취지로 볼 때, 조례에 대한 법률의 위임은 법규명령에 대한 법률의 위임과 같이 반드시 구체적으로 범위를 정하여 할 필요가 없으며 포괄적인 것으로 족하다. 2023 경찰승진 / 2023 지방직7급 ( )

ANSWER 10 ○ 11-1 × 11-2 ○ 11-3 ○ 11-4 × 12-1 ○ 12-2 × 12-3 ○

12-4 조례에 대한 법률의 위임은 반드시 구체적으로 범위를 정하여 할 필요가 없고 포괄적인 것으로 족하다. 2022 법원직 ( )

12-5 조례의 제정권자인 지방의회는 선거를 통해서 그 지역적인 민주적 정당성을 지니고 있는 주민의 대표기관이라 하더라도 조례에 대한 법률의 위임은 법규명령에 대한 법률의 위임과 다르기 때문에 반드시 구체적으로 범위를 정하여 할 필요가 있다. 2023 법원직 ( )

> 해설 조례의 제정권자인 지방의회는 선거를 통해서 그 지역적인 민주적 정당성을 지니고 있는 주민의 대표기관이고, **헌법이 지방자치단체에 대해 포괄적인 자치권을 보장하고 있는 취지로 볼 때** 조례제정권에 대한 지나친 제약은 바람직하지 않으므로 **조례에 대한 법률의 위임은 법규명령에 대한 법률의 위임과 같이 반드시 구체적으로 범위를 정하여 할 필요가 없으며 포괄적인 것으로 족하다**고 할 것이다(헌재 1995.4.20. 92헌마264 등). - 국가사무가 지방자치단체의 장에게 위임된 기관위임사무는 헌법이 보장하고 있는 포괄적인 자치권에 해당하지 않는다고 해석을 한다면, 92헌마264 판례에서 언급한 조례에 대한 위임은 포괄적으로 족하다는 것은 기관위임사무에 대한 조례에는 적용되지 않는다는 해석이 가능하다.

13 지방자치단체가 고유사무인 자치사무에 관하여 자치조례를 제정하는 경우에도 주민의 권리제한 또는 의무부과에 관한 사항에 해당하는 조례를 제정할 경우에는 법률의 위임이 있어야 하고 그러한 위임 없이 제정된 조례는 효력이 없다. 2023 법원직 ( )

> 해설 **지방자치단체는 그 고유사무인 자치사무와 개별법령에 의하여 지방자치단체에 위임된 단체위임사무에 관하여 자치조례를 제정할 수 있지만 그 경우라도 주민의 권리제한 또는 의무부과에 관한 사항이나 벌칙은 법률의 위임이 있어야 하며**, 기관위임사무에 관하여 제정되는 이른바 위임조례는 개별법령에서 일정한 사항을 조례로 정하도록 위임하고 있는 경우에 한하여 제정할 수 있으므로, **주민의 권리제한 또는 의무부과에 관한 사항이나 벌칙에 해당하는 조례를 제정할 경우에는 그 조례의 성질을 묻지 아니하고 법률의 위임이 있어야 하고 그러한 위임 없이 제정된 조례는 효력이 없다**(대판 2007.12.13. 2006추52).

14 법령에서 조례로 정하도록 위임한 사항은 그 법령의 하위 법령에서 그 위임의 내용과 범위를 제한하거나 직접 규정할 수 없다. 2023 변시 / 2023 법원직 / 2023 지방직7급 ( )

> 해설 법령에서 조례로 정하도록 위임한 사항은 그 법령의 하위 법령에서 그 위임의 내용과 범위를 제한하거나 직접 규정할 수 없다(지방자치법 제28조 제2항).

15 조례는 특별한 규정이 없으면 공포한 날부터 20일이 지나면 효력을 발생한다. 2022 행시 ( )

> 해설 조례와 규칙은 특별한 규정이 없으면 공포한 날부터 20일이 지나면 효력을 발생한다(지방자치법 제32조 제8항).

16 조례는 지방자치단체가 그 자치입법권에 근거하여 자주적으로 지방의회의 의결을 거쳐 제정한 법규이기 때문에 조례 자체로 인하여 직접 그리고 현재 자기의 기본권을 침해받은 자는 그 권리구제의 수단으로서 조례에 대한 헌법소원을 제기할 수 있다. 2023 법원직 ( )

> 해설 조례는 지방자치단체가 그 자치입법권에 근거하여 자주적으로 지방의회의 의결을 거쳐 제정한 법규이기 때문에 조례 자체로 인하여 직접 그리고 현재 자기의 기본권을 침해받은 자는 그 권리구제의 수단으로서 조례에 대한 헌법소원을 제기할 수 있다(헌재 1995.4.20. 92헌마264).

ANSWER 12-4 ○ 12-5 × 13 ○ 14 ○ 15 ○ 16 ○

17 지방자치의 본질상 자치행정에 대한 국가의 관여는 가능한 한 배제하는 것이 바람직하지만, 지방자치도 국가적 법질서의 테두리 안에서만 인정되는 것이고, 지방행정도 중앙행정과 마찬가지로 국가행정의 일부이므로 지방자치단체가 어느 정도 국가적 감독·통제를 받는 것은 불가피하다. 2024 입법고시 ( )

해설 **지방자치의 본질상 자치행정에 대한 국가의 관여는 가능한 한 배제하는 것이 바람직하지만, 지방자치도 국가적 법질서의 테두리 안에서만 인정되는 것이고, 지방행정도 중앙행정과 마찬가지로 국가행정의 일부이므로, 지방자치단체가 어느 정도 국가적 감독, 통제를 받는 것은 불가피**하다. 즉, 지방자치단체의 존재 자체를 부인하거나 각종 권한을 말살하는 것과 같이 그 본질적 내용을 침해하지 않는 한 법률에 의한 통제는 가능하다(헌재 2008.5.29. 2005헌라3).

18-1 중앙행정기관이 지방자치단체의 자치사무에 대하여 포괄적·사전적 일반감사나 법령위반사항을 적발하기 위한 감사를 하는 것은 허용될 수 없다. 2022 법원직 ( )

18-2 감사원은 지방자치단체에 대하여 합목적성 감사도 실시할 수 있으나, 중앙행정기관은 지방자치단체에 대하여 합법성 감사만을 할 수 있다. 2023 법무사 ( )

해설 피청구인 등 중앙행정기관의 장이 청구인 등 지방자치단체의 자치사무에 관하여는 **합법성 감사만 할 수 있고 합목적성 감사는 할 수 없다는 점에 대하여는 청구인과 피청구인 사이에 다툼이 없다.** … 감사원법은 현행헌법 개정 전후에 걸쳐 지방자치단체에 대한 감사범위에 관하여 별다른 개정 없이 제24조 제1항 제2호에 '지방자치단체의 사무와 그에 소속한 지방공무원의 직무'에 대한 감찰권을 그대로 두었는데, 감사원법에는 감사범위를 제한하는 이 사건 관련규정 단서와 같은 규정이 없고 **헌법기관이라는 감사원의 성격상 감사원의 지방자치단체에 대한 감사는 합법성 감사에 한정되지 않고 자치사무에 대하여도 합목적성 감사가 가능**하여, 국가감독권 행사로서 지방자치단체의 자치사무에 대한 감사원의 사전적·포괄적 감사가 인정되는 터에 여기에다 중앙행정기관에도 사전적·포괄적 감사를 인정하게 되면 지방자치단체는 그 자치사무에 대해서도 국가의 불필요한 중복감사를 면할 수 없게 된다.
중앙행정기관이 구 지방자치법 제158조 단서 규정상의 감사에 착수하기 위해서는 자치사무에 관하여 특정한 법령위반행위가 확인되었거나 위법행위가 있었으리라는 합리적 의심이 가능한 경우이어야 하고, 또한 그 감사대상을 특정해야 한다. 따라서 **전반기 또는 후반기 감사와 같은 포괄적·사전적 일반감사나 위법사항을 특정하지 않고 개시하는 감사 또는 법령위반사항을 적발하기 위한 감사는 모두 허용될 수 없다**(헌재 2009.5.28. 2006헌라6).

19-1 연간 감사계획에 포함되지 아니하고 사전조사가 수행되지 아니한 감사의 경우 「지방자치법」에 따른 감사의 절차와 방법 등에 관한 관련 법령에서 감사대상이나 내용을 통보할 것을 요구하는 명시적인 규정이 없어, 광역지방자치단체가 기초지방자치단체의 자치사무에 대한 감사에 착수하기 위해서는 감사대상을 특정하여야 하나, 특정된 감사대상을 사전에 통보할 것까지 요구된다고 볼 수는 없다. 2023 국가직7급 ( )

19-2 감사 과정에서 사전에 감사대상으로 특정되지 아니한 사항에 관하여 위법사실이 발견된 경우, 당초 특정된 감사대상과 관련성이 인정되는 것으로서 당해 절차에서 함께 감사를 진행하더라도 감사대상 지방자치단체가 절차적인 불이익을 받을 우려가 없고, 해당 감사대상을 적발하기 위한 목적으로 감사가 진행된 것으로 볼 수 없는 사항이라 하더라도, 감사대상을 확장하거나 추가하는 것은 허용되지 않는다. 2023 국가직7급 ( )

해설 남양주시와 경기도 간의 권한쟁의(헌재 2023.3.23. 2020헌라5)
(1) 광역지방자치단체가 기초지방자치단체의 **자치사무에 대한 감사**에 착수하기 위해서는 자치사무에 관하여 특정한 법령위반행위가 확인되었거나 위법행위가 있었으리라는 합리적 의심이 가능한 경우이

ANSWER 17 ○   18-1 ○   18-2 ○   19-1 ○   19-2 ×

어야 하고 그 감사대상을 특정하여야 하며, **위법사항을 특정하지 않고 개시하는 감사 또는 법령위반사항을 적발하기 위한 감사는 허용될 수 없다.**
    (2) 연간 감사계획에 포함되지 아니하고 사전조사가 수행되지 아니한 감사의 경우 지방자치법에 따른 감사의 절차와 방법 등에 관한 사항을 규정하는 '지방자치단체에 대한 행정감사규정' 등 관련 법령에서 감사대상이나 내용을 통보할 것을 요구하는 명시적인 규정이 없다. 광역지방자치단체가 자치사무에 대한 감사에 착수하기 위해서는 감사대상을 특정하여야 하나, **특정된 감사대상을 사전에 통보할 것까지 요구된다고 볼 수는 없다.**
    (3) 지방자치단체의 자치사무에 대한 무분별한 감사권의 행사는 헌법상 보장된 지방자치권을 침해할 가능성이 크므로, 원칙적으로 감사 과정에서 사전에 감사대상으로 특정되지 아니한 사항에 관하여 위법사실이 발견되었다고 하더라도 감사대상을 확장하거나 추가하는 것은 허용되지 않는다. 다만, 자치사무의 합법성 통제라는 감사의 목적이나 감사의 효율성 측면을 고려할 때, 당초 특정된 감사대상과 관련성이 인정되는 것으로서 당해 절차에서 함께 감사를 진행하더라도 감사대상 지방자치단체가 절차적인 불이익을 받을 우려가 없고, 해당 감사대상을 적발하기 위한 목적으로 감사가 진행된 것으로 볼 수 없는 사항에 대하여는 **감사대상의 확장 내지 추가가 허용된다.**

20 헌법이 감사원을 독립된 외부감사기관으로 정하고 있는 취지, 중앙정부와 지방자치단체는 서로 행정기능과 행정책임을 분담하면서 중앙행정의 효율성과 지방행정의 자주성을 조화시켜 국민과 주민의 복리증진이라는 공동목표를 추구하는 협력관계에 있다는 점을 고려하면 지방자치단체의 자치사무에 대한 합목적성 감사의 근거가 되는 「감사원법」 조항은 지방자치권의 본질적 내용을 침해하였다고는 볼 수 없다. 2023 국가직7급
( )

> 해설 감사원법은 지방자치단체의 위임사무나 자치사무의 구별 없이 합법성 감사뿐만 아니라 합목적성 감사도 허용하고 있는 것으로 보이므로, 감사원의 지방자치단체에 대한 이 사건 감사는 법률상 권한 없이 이루어진 것은 아니다. 헌법이 감사원을 독립된 외부감사기관으로 정하고 있는 취지, 중앙정부와 지방자치단체는 서로 행정기능과 행정책임을 분담하면서 중앙행정의 효율성과 지방행정의 자주성을 조화시켜 국민과 주민의 복리증진이라는 공동목표를 추구하는 협력관계에 있다는 점을 고려하면 지방자치단체의 자치사무에 대한 합목적성 감사의 근거가 되는 이 사건 관련규정은 그 목적의 정당성과 합리성을 인정할 수 있다. 또한 **감사원법에서 지방자치단체의 자치권을 존중할 수 있는 장치를 마련해두고 있는 점**, 국가재정지원에 상당부분 의존하고 있는 우리 지방재정의 현실, 독립성이나 전문성이 보장되지 않은 지방자치단체 자체감사의 한계 등으로 인한 외부감사의 필요성까지 감안하면, 이 사건 관련규정이 지방자치단체의 고유한 권한을 유명무실하게 할 정도로 지나친 제한을 함으로써 지방자치권의 본질적 내용을 침해하였다고는 볼 수 없다(헌재 2008. 5. 29. 2005헌라3).

21 주민투표권 및 주민소환권은 헌법상 보장되는 기본권으로 인정된다. 2024 행시 ( )

> 해설 우리 헌법은 법률에 정하는 바에 따른 '선거권'(헌법 제24조)과 '공무담임권'(헌법 제25조) 및 국가안위에 관한 중요정책과 헌법개정에 대한 '국민투표권'(헌법 제72조, 제130조)만을 헌법상의 참정권으로 보장하고 있으므로, **지방자치법에서 규정한 주민투표권이나 주민소환청구권은 그 성질상 위에서 본 선거권, 공무담임권, 국민투표권과는 다른 것이어서 이를 법률이 보장하는 참정권이라고 할 수 있을지언정 헌법이 보장하는 참정권이라 할 수는 없다**(헌재 2011. 12. 29. 2010헌바368).

22 주민투표권이나 조례제정·개폐청구권은 법률에 의하여 보장되는 권리에 해당하고, 헌법상 보장되는 기본권이라거나 헌법 제37조 제1항의 '헌법에 열거되지 아니한 권리'로 보기 어렵다. 2023 지방직7급 ( )

ANSWER   20 ○   21 ×   22 ○

해설 우리 헌법은 법률이 정하는 바에 따른 '선거권'과 '공무담임권' 및 국가안위에 관한 중요정책과 헌법개정에 대한 '국민투표권'만을 헌법상의 참정권으로 보장하고 있으므로, 지방자치법 제13조의2에서 규정한 주민투표권은 그 성질상 선거권, 공무담임, 국민투표권과 전혀 다른 것이어서 이를 법률이 보장하는 참정권이라고 할 수 있을지언정 헌법이 보장하는 참정권이라고 할 수는 없다(헌재 2001. 6. 28. 2000헌마735). 조례제정·개폐청구권을 주민들의 지역에 관한 의사결정에 참여에 관한 권리 내지 주민발안권으로 이해하더라도 이러한 권리를 헌법이 보장하는 기본권인 참정권이라고 할 수는 없다(헌재 2009.7.30. 2007헌바75).

23-1 지방자치법상 주민투표권은 법률이 보장하는 참정권이라고 할 수 있을지언정 헌법이 보장하는 참정권이라고 할 수는 없다. 2023 법원행시 ( )

23-2 「지방자치법」에 규정된 국민의 조례제정·개폐청구권 및 주민투표권은 헌법상 보장된 지방자치제도의 본질적 내용을 이룬다. 2022 입법고시 ( )

해설 주민투표법 입법부작위 위헌확인(헌재 2001.6.28. 2000헌마735)
(1) 헌법 제117조 및 제118조가 보장하고 있는 본질적인 내용은 자치단체의 보장, 자치기능의 보장 및 자치사무의 보장으로 어디까지나 지방자치단체의 자치권으로 헌법은 지역주민들이 자신들이 선출한 자치단체의 장과 지방의회를 통하여 자치사무를 처리할 수 있는 대의제 또는 대표제 지방자치를 보장하고 있을 뿐이지 주민투표에 대하여는 어떠한 규정도 두고 있지 않다. 따라서 우리의 지방자치법이 비록 주민에게 주민투표권(제13조의2)과 조례의 제정 및 개폐청구권(제13조의3) 및 감사청구권(제13조의4)를 부여함으로써 주민이 지방자치사무에 직접 참여할 수 있는 길을 열어 놓고 있다 하더라도 이러한 제도는 어디까지나 입법자의 결단에 의하여 채택된 것일 뿐, 헌법이 이러한 제도의 도입을 보장하고 있는 것은 아니다.
(2) 지방자치법 제13조의2가 주민투표의 법률적 근거를 마련하면서, 주민투표에 관련된 구체적 절차와 사항에 관하여는 따로 법률로 정하도록 하였다고 하더라도 주민투표에 관련된 구체적인 절차와 사항에 대하여 입법하여야 할 헌법상 의무가 국회에게 발생하였다고 할 수는 없다.
(3) 우리 헌법은 법률이 정하는 바에 따른 '선거권'과 '공무담임권' 및 국가안위에 관한 중요정책과 헌법개정에 대한 '국민투표권'만을 헌법상의 참정권으로 보장하고 있으므로, 지방자치법 제13조의2에서 규정한 주민투표권은 그 성질상 선거권, 공무담임권, 국민투표권과 전혀 다른 것이어서 이를 법률이 보장하는 참정권이라고 할 수 있을지언정 헌법이 보장하는 참정권이라고 할 수는 없다.

24-1 조례제정·개폐청구권은 주민들의 지역에 관한 의사결정 참여에 관한 권리 내지 주민발안권으로 헌법이 보장하는 참정권에 해당한다. 2023 법원행시 ( )

24-2 조례제정·개폐청구권은 법률에 의하여 보장되는 권리가 아니라 헌법 제37조 제1항의 '헌법에 열거되지 아니한 권리'에 해당하므로 헌법상 보장된 기본권으로 볼 수 있다. 2023 변시 ( )

해설 이러한 대표제 지방자치제도를 보완하기 위하여 주민발안, 주민투표, 주민소환 등의 제도가 도입될 수도 있고, 실제로 구 지방자치법은 주민에게 주민투표권(제13조의2)과 조례의 제정 및 개폐청구권(제13조의3) 및 감사청구권(제13조의4)을 부여함으로써 주민이 지방자치사무에 직접 참여할 수 있는 길을 열어 놓고 있다. 그렇지만 이러한 제도는 어디까지나 입법에 의하여 채택된 것일 뿐, 헌법이 이러한 제도의 도입을 보장하고 있는 것은 아니고, 조례제정·개폐청구권을 주민들의 지역에 관한 의사결정에 참여에 관한 권리 내지 주민발안권으로 이해하더라도 이러한 권리를 헌법이 보장하는 기본권인 참정권이라고 할 수는 없으며, 입법자에게는 지방자치제도의 본질적 내용을 침해하지 않는 한도에서 제도의 구체적인 내용과 형태의 형성권이 폭넓게 인정된다(헌재 2009.7.30. 2007헌바75).

ANSWER 23-1 ○ 23-2 × 24-1 × 24-2 ×

25 지방자치단체의 자치권이 미치는 관할구역의 범위에는 육지는 물론 바다도 포함되므로, 공유수면에 대해서도 지방자치단체의 자치권한이 존재한다고 보아야 한다. 2023 법원직 ( )

> 해설 공유수면을 매립한 이 사건 계쟁지역과 관련해서는 지방자치단체가 관할하는 구역의 범위가 문제되는데, 구 지방자치법 제4조 제1항에 규정된 지방자치단체의 구역에는 육지는 물론 바다도 포함되므로 공유수면에 대한 지방자치단체의 자치권한이 존재한다(헌재 2011.9.29. 2009헌라4).

26 국가기본도에 표시된 해상경계선은 그 자체로 불문법상 해상경계선으로 인정되는 것은 아니나, 관할 행정청이 국가기본도에 표시된 해상경계선을 기준으로 하여 과거부터 현재에 이르기까지 반복적으로 처분을 내리고, 지방자치단체가 허가, 면허 및 단속 등의 업무를 지속적으로 수행하여 왔다면 국가기본도상의 해상경계선은 여전히 지방자치단체 관할 경계에 관하여 불문법으로서 그 기준이 될 수 있다. 2023 국가직7급 ( )

> 해설 국가기본도에 표시된 해상경계선은 그 자체로 불문법상 해상경계선으로 인정되는 것은 아니나, 관할 행정청이 국가기본도에 표시된 해상경계선을 기준으로 하여 과거부터 현재에 이르기까지 반복적으로 처분을 내리고, 지방자치단체가 허가, 면허 및 단속 등의 업무를 지속적으로 수행하여 왔다면 국가기본도상의 해상경계선은 여전히 지방자치단체 관할 경계에 관하여 불문법으로서 그 기준이 될 수 있다(헌재 2021.2.25. 2015헌라7).

27-1 지방자치단체의 자치권이 미치는 관할구역의 범위에는 육지는 물론 바다도 포함되므로, 공유수면에 대해서도 지방자치단체의 자치권한이 존재한다고 보아야 한다. 2022 변시 ( )

27-2 공유수면에 대한 명시적인 법령상의 규정이나 불문법상 해상경계선이 존재하지 않는다면, 주민·구역·자치권을 구성요소로 하는 지방자치단체의 본질에 비추어 지방자치단체의 관할구역에 경계가 없는 부분이 있다는 것은 상정할 수 없으므로, 헌법재판소가 권한쟁의심판을 통하여 형평의 원칙에 따라 합리적이고 공평하게 해상경계선을 획정하여야 한다. 2022 변시 ( )

27-3 국가가 영토고권을 가지는 것과 마찬가지로 지방자치단체에게 자신의 관할구역 내에 속하는 영토·영해·영공을 자유로이 관리하고 관할구역 내의 사람과 물건을 독점적·배타적으로 지배할 수 있는 권리가 부여되어 있다고 할 수는 없다. 2024 행시 ( )

27-4 마치 국가가 영토고권을 가지는 것과 마찬가지로, 지방자치단체에게 자신의 관할구역 내에 속하는 영토·영해·영공을 자유로이 관리하고 관할구역 내의 사람과 물건을 독점적·배타적으로 지배할 수 있는 권리가 부여되어 있다. 2024 입법고시 ( )

> 해설 지방자치법 제4조 제1항에 규정된 지방자치단체의 구역은 주민·자치권과 함께 자치단체의 구성요소이고, **자치권이 미치는 관할구역의 범위에는 육지는 물론 바다도 포함되므로, 공유수면에 대해서도 지방자치단체의 자치권한이 미친다.**
> 우리 법체계에서는 공유수면의 행정구역 경계에 관한 명시적인 법령상의 규정이 존재한 바 없으므로, 공유수면에 대한 행정구역 경계가 불문법상으로 존재한다면 그에 따라야 한다. 그리고 만약 해상경계에 관한 불문법도 존재하지 않으면, 주민, 구역과 자치권을 구성요소로 하는 지방자치단체의 본질에 비추어 지방자치단체의 관할구역에 경계가 없는 부분이 있다는 것을 상정할 수 없으므로, **헌법재판소가** 지리상의 자연적 조건, 관련 법령의 현황, 연혁적인 상황, 행정권한 행사 내용, 사무처리의 실상, 주민의 사회·경제적 편익 **등을 종합하여 형평의 원칙에 따라 합리적이고 공평하게 해상경계선을 획정할 수밖에 없다**(헌재 2015.7.30. 2010헌라2).

ANSWER 25 ○ 26 ○ 27-1 ○ 27-2 ○ 27-3 ○ 27-4 ×

28 지방자치단체가 기관위임사무에 관한 권한쟁의심판을 청구하는 것은 허용되지 아니한다. 2023 법무사 ( )

해설 국가사무로서의 성격을 가지고 있는 기관위임사무의 집행권한의 존부 및 범위에 관하여 지방자치단체가 청구한 권한쟁의심판 청구는 지방자치단체의 권한에 속하지 아니하는 사무에 관한 심판청구로서 그 청구가 부적법하다고 할 것이다(헌재 2011.9.29. 2009헌라3).

29 교육감과 해당 지방자치단체 상호간의 권한쟁의심판은 '상이한 권리주체 간'의 권한쟁의심판으로 볼 수 없으므로, 헌법재판소가 관장하는 지방자치단체 상호간의 권한쟁의심판에 속하지 않는다. 2024 입법고시 ( )

해설 시·도의 교육·학예에 관한 집행기관인 교육감과 해당 지방자치단체 사이의 내부적 분쟁과 관련된 심판청구는 헌법재판소가 관장하는 권한쟁의심판에 속하지 아니한다(헌재 2016.6.30. 2014헌라1).

30 지방자치단체의 장이 공소제기된 후 구금상태에 있는 경우 부단체장이 그 권한을 대행하도록 하였더라도 무죄추정의 원칙에 반하지 아니한다. 2023 법원행시 ( )

해설 이 사건 법률조항은 공소제기된 자로서 구금되었다는 사실 자체에 사회적 비난의 의미를 부여한다거나 그 유죄의 개연성에 근거하여 직무를 정지시키는 것이 아니라, 구금의 효과, 즉 구속되어 있는 자치단체장의 물리적 부재상태로 말미암아 자치단체행정의 원활하고 계속적인 운영에 위험이 발생할 것이 명백하여 이를 미연에 방지하기 위하여 직무를 정지시키는 것이므로, '**범죄사실의 인정 또는 유죄의 인정에서 비롯되는 불이익**'이라거나 '**유죄를 근거로 하는 사회윤리적 비난**'이라고 볼 수 없다. 따라서 무죄추정의 원칙에 위반되지 않는다(헌재 2011.4.28. 2010헌마474).

31-1 지방자치단체의 장이 금고 이상의 형을 선고받고 그 형이 확정되지 아니한 경우 부단체장이 그 권한을 대행하도록 하였더라도 지방자치단체의 장의 공무담임권을 침해한 것으로 볼 수 없다. 2022 법원직 ( )

31-2 헌법재판소는 지방자치단체의 장이 금고 이상의 형을 선고받고 그 형이 확정되지 아니한 경우 부단체장이 그 권한을 대행하도록 규정한 「지방자치법」조항이 지방자치단체장의 공무담임권을 침해한다고 판단하였다. 2023 경찰승진 ( )

해설 자치단체장직에 대한 공직기강을 확립하고 주민의 복리와 자치단체행정의 원활한 운영에 초래될 수 있는 위험을 예방하기 위한 입법목적을 달성하기 위하여 자치단체장을 직무에서 배제하는 수단을 택하였다 하더라도, 금고 이상의 형을 선고받은 자치단체장을 다른 추가적 요건없이 직무에서 배제하는 것이 위 입법목적을 달성하기 위한 최선의 방안이라고 단정하기는 어렵고, … 이 사건 법률조항은 필요최소한의 범위를 넘어선 기본권제한에 해당할 뿐 아니라, 이 사건 법률조항으로 인하여 해당 자치단체장은 불확정한 기간 동안 직무를 정지당함은 물론 주민들에게 유죄가 확정된 범죄자라는 선입견까지 주게 되고, 더욱이 장차 무죄판결을 선고받게 되면 이미 침해된 공무담임권은 회복될 수도 없는 등의 심대한 불이익을 입게 되므로, 법익균형성 요건 또한 갖추지 못하였다. 따라서, 이 사건 법률조항은 자치단체장인 청구인의 공무담임권을 침해한다(헌재 2010.9.2. 2010헌마418).

32 헌법상 지방자치제도 보장의 핵심영역 내지 본질적 부분은 특정지방자치단체의 존속을 보장하는 것이 아니라 지방자치단체에 의한 자치행정을 일반적으로 보장하는 것이다. 2022 입법고시 ( )

해설 헌법 제117조 제2항은 지방자치단체의 종류를 법률로 정하도록 규정하고 있을 뿐 지방자치단체의 종류 및 구조를 명시하고 있지 않으므로 이에 관한 사항은 기본적으로 입법자에게 위임된 것이다. **헌법상 지방자치제도 보장의 핵심영역 내지 본질적 부분은 지방자치단체에 의한 자치행정을 일반적으로 보장하는 것**이다(헌재 2019.8.29. 2018헌마129).

ANSWER 28 ○ 29 ○ 30 ○ 31-1 × 31-2 ○ 32 ○

33 지방자치단체의 폐치·분합에 관한 것은 지방자치단체의 자치행정권 중 지역고권의 보장문제이기 때문에 국민의 기본권 침해를 요건으로 하는 헌법소원의 대상이 될 수 없다. 2022 입법고시 ( )

해설 **지방자치단체의 폐치·분합에 관한 것은** 지방자치단체의 자치행정권 중 지역고권의 보장문제이나, 대상지역 주민들은 그로 인하여 인간다운 생활공간에서 살 권리, 평등권, 정당한 청문권, 거주이전의 자유, 선거권, 공무담임권, 인간다운 생활을 할 권리, 사회보장·사회복지수급권 및 환경권 등을 침해받게 될 수도 있다는 점에서 **기본권과도 관련이 있어 헌법소원의 대상이 될 수 있다**(헌재 1994.12.29. 94헌마201).

34-1 헌법상 지방자치제도보장의 핵심영역 내지 본질적 부분이 특정 지방자치단체의 존속을 보장하는 것이 아니며 지방자치단체에 의한 자치행정을 일반적으로 보장하는 것이므로, 현행법에 따른 지방자치단체의 중층구조 또는 지방자치단체로서 특별시·광역시 및 도와 함께 시·군 및 구를 계속하여 존속하도록 할지 여부는 결국 입법자의 입법형성권의 범위에 들어가는 것으로 보아야 한다. 2023 경찰승진 ( )

34-2 일정구역에 한하여 모든 자치단체를 전면적으로 폐지하거나 지방자치단체인 시·군이 수행해온 자치사무를 국가의 사무로 이관하는 것이 아니라 당해 지역 내의 지방자치단체인 시·군을 모두 폐지하여 중층구조를 단층화하는 것은 입법자의 선택범위에 들어가는 것이다. 2024 입법고시 ( )

해설 **헌법 제117조 제2항은 지방자치단체의 종류를 법률로 정하도록 규정하고 있을 뿐** 지방자치단체의 종류 및 구조를 명시하고 있지 않으므로 이에 관한 사항은 기본적으로 입법자에게 위임된 것으로 볼 수 있다. 헌법상 지방자치제도보장의 핵심영역 내지 본질적 부분이 특정 지방자치단체의 존속을 보장하는 것이 아니며 지방자치단체에 의한 자치행정을 일반적으로 보장하는 것이므로, **현행법에 따른 지방자치단체의 중층구조 또는 지방자치단체로서 특별시·광역시 및 도와 함께 시·군 및 구를 계속하여 존속하도록 할지 여부는 결국 입법자의 입법형성권의 범위에 들어가는 것으로 보아야** 한다. 같은 이유로 일정구역에 한하여 당해 지역 내의 **지방자치단체인 시·군을 모두 폐지하여 중층구조를 단층화하는 것 역시 입법자의 선택범위에 들어가는 것이다**(헌재 2006.4.27. 2005헌마1190).

35 주민소환투표의 청구시 주민소환의 청구사유에 제한을 두지 않는 것은 주민소환제가 남용될 소지가 크므로 선거로 선출된 대표자의 공무담임권을 침해한다. 2021 경찰경력채용 ( )

해설 대의민주주의 아래에서 대표자에 대한 선출과 신임은 선거의 형태로 이루어지는 것이 바람직하고, 주민소환은 대표자에 대한 신임을 묻는 것으로서 그 속성은 재선거와 다를 바 없으므로 선거와 마찬가지로 그 사유를 묻지 않는 것이 제도의 취지에 부합한다. 또한, 주민소환제는 역사적으로도 위법·탈법행위에 대한 규제보다 비민주적·독선적행위에 대한 광범위한 통제의 필요성이 강조되어 왔으므로 주민소환의 청구사유에 제한을 둘 필요가 없고, 또 업무의 광범위성이나 입법기술적 측면에서 소환사유를 구체적으로 적시하는 것도 쉽지 않다. 다만, 청구사유에 제한을 두지 않음으로써 주민소환제가 남용될 소지는 있으나, 법에서 그 남용의 가능성을 제도적으로 방지하고 있을 뿐만 아니라, 현실적으로도 시민의식 또한 성장하여 남용의 위험성은 점차 줄어들 것으로 예상할 수 있다. 그리고 청구사유를 제한하는 경우 그 해당여부를 사법기관에서 심사하는 것이 과연 가능하고 적정한지 의문이고, 이 경우 절차가 지연됨으로써 조기에 문제를 해결하지 못할 위험성이 크다 할 수 있으므로 법이 주민소환의 청구사유에 제한을 두지 않는 데에는 상당한 이유가 있고, 입법자가 주민소환제 형성에 있어서 반드시 청구사유를 제한하여야 할 의무가 있다고 할 수도 없으며, 달리 그와 같이 청구사유를 제한하지 아니한 입법자의 판단이 현저하게 잘못되었다고 볼 사정 또한 찾아볼 수 없다. **따라서 이 사건 법률조항은 과잉금지의 원칙에 위배하여 청구인의 공무담임권을 침해한다고 볼 수 없다**(헌재 2011.3.31. 2008헌마355).

ANSWER 33 × 34-1 ○ 34-2 ○ 35 ×

36 지방의회 사무직원의 임용권을 지방자치단체의 장에게 부여하도록 규정한 것은 지방의회와 지방자치단체의 장 사이의 상호견제와 균형의 원리에 비추어 헌법상 권력분립원칙에 위반된다. 2023 법원직 ( )

> 해설 | 심판대상조항에 따른 지방의회 의장의 추천권이 적극적이고 실질적으로 발휘된다면 지방의회 사무직원의 임용권이 지방자치단체의 장에게 있다고 하더라도 그것이 곧바로 지방의회와 집행기관 사이의 상호견제와 균형의 원리를 침해할 우려로 확대된다거나 또는 지방자치제도의 본질적 내용을 침해한다고 볼 수는 없다(헌재 2014.1.28. 2012헌바216).

37 지방자치단체와 다른 지방자치단체의 관계에서 어느 지방자치단체가 특정한 행정동 명칭을 독점적·배타적으로 사용할 권한이 있다고 볼 수는 없다. 2024 입법고시 ( )

> 해설 | **지방자치단체와 다른 지방자치단체의 관계에서 어느 지방자치단체가 특정한 행정동 명칭을 독점적·배타적으로 사용할 권한이 있다고 볼 수는 없으므로** 위와 같은 조례의 개정으로 청구인의 행정동 명칭에 관한 권한이 침해될 가능성이 있다고 볼 수 없다(헌재 2009.11.26. 2008헌라3).

Ⅲ 최신판례와 개정법 정리

01 광역지방자치단체가 기초지방자치단체의 **자치사무에 대한 감사**에 착수하기 위해서는 자치사무에 관하여 특정한 법령위반행위가 확인되었거나 위법행위가 있었으리라는 합리적 의심이 가능한 경우이어야 하고 그 감사대상을 특정하여야 하며, **위법사항을 특정하지 않고 개시하는 감사 또는 법령위반사항을 적발하기 위한 감사는 허용될 수 없다**(헌재 2023.3.23. 2020헌라5).

02 2023.6.7. 지방자치법 개정

> **제3조(지방자치단체의 법인격과 관할)** ① 지방자치단체는 법인으로 한다.
> ② 특별시, 광역시, 특별자치시, 도, 특별자치도(이하 "시·도"라 한다)는 정부의 직할(直轄)로 두고, 시는 도 또는 특별자치도의 관할 구역 안에, 군은 광역시·도 또는 특별자치도의 관할 구역 안에 두며, 자치구는 특별시와 광역시의 관할 구역 안에 둔다. 다만, 특별자치도의 경우에는 법률이 정하는 바에 따라 관할 구역 안에 시 또는 군을 두지 아니할 수 있다.
> ③ 특별시·광역시 또는 특별자치시가 아닌 인구 50만 이상의 시에는 자치구가 아닌 구를 둘 수 있고, 군에는 읍·면을 두며, 시와 구(자치구를 포함한다)에는 동을, 읍·면에는 리를 둔다.
> ⑤ 특별자치시와 관할 구역 안에 시 또는 군을 두지 아니하는 특별자치도의 하부행정기관에 관한 사항은 따로 법률로 정한다.

ANSWER 36 ×   37 ○

제5절 국민투표권

I 헌법 조문

제72조 대통령은 필요하다고 인정할 때에는 외교·국방·통일 기타 국가안위에 관한 중요정책을 국민투표에 붙일 수 있다.

제130조 ② 헌법개정안은 국회가 의결한 후 30일 이내에 국민투표에 붙여 국회의원선거권자 과반수의 투표와 투표자 과반수의 찬성을 얻어야 한다.

II 최신 기출지문 분석

01-1 헌법상 직접민주주의에 따른 참정권으로 헌법개정안에 대한 국민투표권과 외교·국방·통일 기타 국가안위에 관한 중요정책에 대한 국민투표권이 규정되어 있는데 전자는 필수적이고 후자는 대통령의 재량으로 이뤄진다. 2022 지방직7급 ( )

01-2 대통령은 필요하다고 인정할 때에는 외교·국방·통일 기타 국가안위에 관한 중요정책을 국민투표에 붙일 수 있다. 2023 지방직7급 ( )

01-3 헌법은 대통령이 필요하다고 인정할 때에 외교·국방·통일 기타 국가안위에 관한 중요정책을 국민투표에 부칠 수 있도록 규정한다. 2023 국회직9급 ( )

> **해설** 대통령은 **필요하다고 인정할 때**에는 외교·국방·통일 기타 국가안위에 관한 중요정책을 **국민투표에 붙일 수 있다**(헌법 제72조).

02 헌법 제130조는 헌법개정안이 국회에서 의결되면 국민투표를 통해 확정하도록 하고 있는데, 이는 필수적 국민투표 사항이다. 2023 국회직9급 ( )

> **해설** 헌법 제130조는 헌법의 개정을 위해서는 국회 재적의원 과반수 또는 대통령에 의하여 발의되고, 재적의원 3분의 2 이상의 찬성으로 국회의 의결을 거친 후 반드시 국민투표에 붙여 국회의원 선거권자 과반수의 투표와 투표자 과반수의 찬성을 얻어야 하도록 되어 있다. 따라서 이 사건 법률은 본안에 관한 판단에서 수도가 서울인 점에 대한 관습헌법성이 확인된다면 헌법개정에 의하여 규율되어야 할 사항을 단순 법률의 형태로 규율하여 **헌법개정에 필수적으로 요구되는 국민투표**를 배제한 것이 되므로 국민들의 위 투표권이 침해될 수 있다(헌재 2004.10.21. 2004헌마554 등).

ANSWER 01-1 ○ 01-2 ○ 01-3 ○ 02 ○

03-1 국민투표의 가능성은 국민주권주의나 민주주의원칙과 같은 일반적인 헌법원칙에 근거하여 인정될 수 없으며, 헌법에 명문으로 규정되지 않는 한 허용되지 않는다. 2022 변시 ( )

03-2 특정 정책을 국민투표에 부치면서 자신의 신임을 결부시키는 대통령의 행위는 헌법에 위반되지 않는다. 2022 변시 ( )

03-3 대통령이 자신에 대한 재신임 국민투표를 국민들에게 제안한 것은 그 자체로서 헌법 제72조에 반하는 것으로 헌법을 실현하고 수호하여야 할 대통령의 의무를 위반한 것이다. 2022 변시 ( )

03-4 대통령의 국민투표부의권은 대통령에 의한 국민투표의 정치적 남용을 방지할 수 있도록 엄격하고 축소적으로 해석되어야 한다. 2022 변시 ( )

03-5 대통령이 위헌적인 재신임 국민투표를 단지 제안만 하였을 뿐 국민투표를 시행하지는 않았다면, 대통령의 이러한 제안은 헌법 제72조에 위반되는 것이 아니다. 2023 지방직7급 ( )

03-6 헌법 제72조의 국민투표는 입법 수단적이라기보다는 정치대립상황에서 국민에 의한 중재적 성격을 가지고 있으므로 대통령은 자신의 신임을 국민투표에 부칠 수 있다. 2023 국회직9급 ( )

> 해설 국민은 선거와 국민투표를 통하여 국가권력을 직접 행사하게 되며, 국민투표는 국민에 의한 국가권력의 행사방법의 하나로서 명시적인 헌법적 근거를 필요로 한다. 따라서 **국민투표의 가능성은 국민주권주의나 민주주의원칙과 같은 일반적인 헌법원칙에 근거하여 인정될 수 없으며, 헌법에 명문으로 규정되지 않는 한 허용되지 않는다.**
> 헌법 제72조는 대통령에게 국민투표의 실시 여부, 시기, 구체적 부의사항, 설문내용 등을 결정할 수 있는 임의적인 **국민투표발의권을 독점적으로 부여**함으로써, 대통령이 단순히 특정 정책에 대한 국민의 의사를 확인하는 것을 넘어서 자신의 정책에 대한 추가적인 정당성을 확보하거나 정치적 입지를 강화하는 등, 국민투표를 정치적 무기화하고 정치적으로 남용할 수 있는 위험성을 안고 있다. 이러한 점을 고려할 때, 대통령의 부의권을 부여하는 **헌법 제72조는 가능하면 대통령에 의한 국민투표의 정치적 남용을 방지할 수 있도록 엄격하고 축소적으로 해석되어야 한다.** 이러한 관점에서 볼 때, 헌법 제72조의 국민투표의 대상인 '중요정책'에는 대통령에 대한 '국민의 신임'이 포함되지 않는다.
> 대통령은 국민에게 자신에 대한 신임을 국민투표의 형식으로 물을 수 없을 뿐만 아니라, **특정정책을 국민투표에 붙이면서 이에 자신의 신임을 결부시키는 대통령의 행위도 헌법에 위반된다.**
> 물론, **대통령이 위헌적인 재신임 국민투표를 단지 제안만 하였을 뿐 강행하지는 않았으나, 헌법상 허용되지 않는 재신임 국민투표를 국민들에게 제안한 것은 그 자체로서 헌법 제72조에 반하는 것으로 헌법을 실현하고 수호해야 할 대통령의 의무를 위반한 것이다**(헌재 2004.5.14. 2004헌나1).

04-1 헌법상 국민에게 특정 국가정책에 관하여 국민투표에 회부할 것을 요구할 권리가 인정된다고 할 수 없다. 2022 변시 ( )

04-2 특정의 국가정책에 대하여 다수의 국민들이 국민투표를 원하고 있다 하더라도 국민에게 그 국가정책에 관하여 국민투표에 회부할 것을 요구할 권리는 인정되지 않는다. 2023 국회직9급 ( )

ANSWER 03-1 ○ 03-2 × 03-3 ○ 03-4 ○ 03-5 × 03-6 × 04-1 ○ 04-2 ○

> **해설** 특정의 국가정책에 대하여 다수의 국민들이 국민투표를 원하고 있음에도 불구하고 대통령이 이러한 희망과는 달리 국민투표에 회부하지 아니한다고 하여도 이를 헌법에 위반된다고 할 수 없고, 국민에게 특정의 국가정책에 관하여 국민투표에 회부할 것을 요구할 권리가 인정된다고 할 수도 없다(헌재 2005.11.24. 2005헌마579 등).

05 헌법 제72조의 국민투표권은 대통령이 어떠한 정책을 국민투표에 부의한 경우에 비로소 행사가 가능한 기본권이라 할 수 있다. 2023 지방직7급 ( )

> **해설** 특정의 국가정책에 대하여 다수의 국민들이 국민투표를 원하고 있음에도 불구하고 대통령이 이러한 희망과는 달리 국민투표에 회부하지 아니한다고 하여도 이를 헌법에 위반된다고 할 수 없으며, 국민에게 특정의 국가정책에 관하여 국민투표에 회부할 것을 요구할 권리가 인정된다고 할 수도 없다. 결국 **헌법 제72조의 국민투표권은 대통령이 어떠한 정책을 국민투표에 부의한 경우에 비로소 행사가 가능한 기본권이라 할 수 있다**(헌재 2016.3.15. 2016헌마115).

06 국민투표는 국가의 중요정책이나 헌법개정안에 대해 주권자로서의 국민이 그 승인 여부를 결정하는 절차인데, 주권자인 국민의 지위에 아무런 영향을 미칠 수 없는 주민등록 여부만을 기준으로 하여, 주민등록을 할 수 없는 재외국민의 국민투표권 행사를 전면적으로 배제하고 있는 「국민투표법」 조항은 헌법 제37조 제2항의 과잉금지원칙에 위반되어 국민투표권을 침해한다. 2023 국회직8급 ( )

> **해설** 국민투표는 국가의 중요정책이나 헌법개정안에 대해 주권자로서의 국민이 그 승인 여부를 결정하는 절차인데, 주권자인 국민의 지위에 아무런 영향을 미칠 수 없는 주민등록 여부만을 기준으로 하여, 주민등록을 할 수 없는 재외국민의 국민투표권 행사를 전면적으로 배제하고 있는 국민투표법 제14조 제1항은 앞서 본 국정선거권의 제한에 대한 판단에서와 동일한 이유에서 청구인들의 국민투표권을 침해한다(헌재 2007.6.28. 2004헌마644 등).

07 재외선거인은 대의기관을 선출할 권리가 있는 국민으로서 대의기관의 의사결정에 대해 승인할 권리가 있으므로, 국민투표권자에는 재외선거인이 포함된다. 2023 지방직7급 ( )

> **해설** 헌법 제72조의 중요정책 국민투표와 헌법 제130조의 헌법개정안 국민투표는 대의기관인 국회와 대통령의 의사결정에 대한 국민의 승인절차에 해당한다. 대의기관의 선출주체가 곧 대의기관의 의사결정에 대한 승인주체가 되는 것은 당연한 논리적 귀결이므로, 국민투표권자의 범위는 대통령선거권자·국회의원선거권자와 일치되어야 한다.
> **재외선거인은 대의기관을 선출할 권리가 있는 국민으로서 대의기관의 의사결정에 대해 승인할 권리가 있으므로, 국민투표권자에는 재외선거인이 포함된다고 보아야 한다**(헌재 2014.7.24. 2009헌마256 등).

08 국민투표법은 헌법 제72조의 규정에 의한 외교·국방·통일 기타 국가안위에 관한 중요정책과 헌법 제130조의 규정에 의한 헌법개정안에 대한 국민투표에 관하여 필요한 사항을 규정하고 있다. 2022 법원행시 ( )

> **해설** 이 법은 헌법 제72조의 규정에 의한 외교·국방·통일 기타 국가안위에 관한 중요정책과 헌법 제130조의 규정에 의한 헌법개정안에 대한 국민투표에 관하여 필요한 사항을 규정함을 목적으로 한다(국민투표법 제1조).

09 19세 이상의 국민은 투표권이 있으나, 투표일 현재 공직선거법에 따라 선거권이 없는 자는 투표권이 없다. 2022 법원행시 ( )

> **해설** 19세 이상의 국민은 투표권이 있다(국민투표법 제7조). 투표일 현재 「공직선거법」 제18조의 규정에 따라 선거권이 없는 자는 투표권이 없다(국민투표법 제9조).

ANSWER 05 ○ 06 ○ 07 ○ 08 ○ 09 ○

10 「정당법」상의 당원의 자격이 없는 자는 국민투표에 관한 운동을 할 수 없다. 2023 경찰승진 ( )
   해설 정당법상의 당원의 자격이 없는 자는 운동을 할 수 없다(국민투표법 제28조 제1항).

11 대통령이 국민투표일을 정하여 특정 안건을 국민투표에 붙이면 중앙선거관리위원회는 늦어도 국민투표일 18일 전까지 국민투표일과 국민투표안을 동시에 공고하고 이를 게시한다. 2022 법원행시 ( )
   해설 **중앙선거관리위원회는** 공고된 국민투표안을 투표권자에게 주지시키기 위하여 **게시하여야 한다**(국민투표법 제22조 제1항). 대통령은 늦어도 국민투표일 전 18일까지 국민투표일과 국민투표안을 동시에 공고하여야 한다(국민투표법 제49조).

12 천재·지변으로 국민투표를 실시할 수 없거나, 실시하지 못한 때에는 선거관리위원회의 결정으로 투표를 연기하거나 다시 투표일을 정하여야 한다. 2022 법원행시 ( )
   해설 천재·지변으로 인하여 투표를 실시할 수 없거나, 실시하지 못한 때에는 **대통령은** 투표를 연기하거나 다시 투표일을 정하여야 한다. 이 경우에는 제49조의 규정에 의한 기간의 제한을 받지 아니한다(국민투표법 제98조).

13-1 국민투표의 효력에 관하여 이의가 있는 투표인은 투표인 10만인 이상의 찬성을 얻어 대통령을 피고로 하여 투표일로부터 20일 이내에 대법원에 제소할 수 있다. 2022 법원행시 ( )

13-2 국민투표의 효력에 관하여 이의가 있는 투표인은 중앙선거관리위원장을 피고로 하여 국민투표무효소송을 대법원에 제소할 수 있다. 2023 국회직9급 ( )
   해설 국민투표의 효력에 관하여 이의가 있는 투표인은 투표인 10만인 이상의 찬성을 얻어 **중앙선거관리위원회 위원장을 피고로** 하여 투표일로부터 20일 이내에 대법원에 제소할 수 있다(국민투표법 제92조).

14 국민투표 무효판결이 있는 경우 해당 안건은 무효가 된다. 2022 법원행시 ( )
   해설 국민투표의 전부 또는 일부의 무효판결이 있을 때에는 **재투표를 실시하여야 한다**(국민투표법 제97조 제1항).

ANSWER 10 ○ 11 × 12 × 13-1 × 13-2 ○ 14 ×

08 CHAPTER 국민의 기본의무

I 헌법 조문

제23조 ② 재산권의 행사는 공공복리에 적합하도록 하여야 한다.

제31조 ② 모든 국민은 그 보호하는 자녀에게 적어도 초등교육과 법률이 정하는 교육을 받게 할 의무를 진다.

제32조 ② 모든 국민은 근로의 의무를 진다. 국가는 근로의 의무의 내용과 조건을 민주주의원칙에 따라 법률로 정한다.

제35조 ① 모든 국민은 건강하고 쾌적한 환경에서 생활할 권리를 가지며, 국가와 국민은 환경보전을 위하여 노력하여야 한다.

제38조 모든 국민은 법률이 정하는 바에 의하여 납세의 의무를 진다.

제39조 ① 모든 국민은 법률이 정하는 바에 의하여 국방의 의무를 진다.
② 누구든지 병역의무의 이행으로 인하여 불이익한 처우를 받지 아니한다.

II 최신 기출지문 분석

01 납세의 의무, 국방의 의무, 근로의 의무는 제헌헌법에서부터 규정되었고, 교육을 받게 할 의무는 1962년 제3공화국 헌법에서 처음 규정되었다. 2022 경찰2차   ( )

> **해설** 모든 국민은 근로의 권리와 의무를 가진다. 모든 국민은 법률의 정하는 바에 의하여 납세의 의무를 진다. 모든 국민은 법률의 정하는 바에 의하여 국토방위의 의무를 진다(제헌헌법 제17조, 제29조, 제30조). 모든 국민은 그 보호하는 어린이에게 초등교육을 받게 할 의무를 진다(제3공화국 헌법 제27조 제2항). **근로의 의무, 납세의 의무, 국방의 의무는 제헌헌법부터 규정되었으며 교육을 받게 할 의무는 제3공화국 헌법에서 최초로 규정**되었다.

02 국방의 의무는 직접적인 병력형성의 의무뿐만 아니라 「향토예비군설치법」, 「민방위기본법」 등에 의한 간접적인 병력형성의무 및 병력형성 이후 군작전 명령에 복종하고 협력하여야 할 의무를 포함하는 것이다. 2022 경찰2차   ( )

> **해설** 우리 재판소는, '국방의 의무는 외부 적대세력의 직·간접적인 침략행위로부터 국가의 독립을 유지하고 영토를 보전하기 위한 의무로서, **현대전이 고도의 과학기술과 정보를 요구하고 국민전체의 협력을 필요로**

ANSWER 01 ○ 02 ○

하는 이른바 총력전인 점에 비추어 ① 단지 병역법에 의하여 군복무에 임하는 등의 직접적인 병력형성의무만을 가리키는 것이 아니라, ② 병역법, 향토예비군설치법, 민방위기본법, 비상대비자원관리법 등에 의한 간접적인 병력형성의무 및 ③ 병력형성 이후 군작전명령에 복종하고 협력하여야 할 의무도 포함하는 개념이다.'라는 취지로 판시하였다(헌재 2002.11.28. 2002헌바45).

03 헌법은 국방의 의무를 국민에게 부과하면서 병역의무의 이행을 이유로 불이익한 처우를 하는 것을 금지하고 있는데, 여기서 '불이익한 처우'라 함은 법적인 불이익뿐만이 아니라 사실상, 경제상의 불이익을 모두 포함하는 것으로 이해해야 한다. 2024 경찰1차 ( )

해설 헌법 제39조 제2항은 병역의무를 이행한 사람에게 보상조치를 취하거나 특혜를 부여할 의무를 국가에게 지우는 것이 아니라, 법문 그대로 병역의무의 이행을 이유로 불이익한 처우를 하는 것을 금지하고 있을 뿐이다. 그리고 **이 조항에서 금지하는 "불이익한 처우"라 함은 단순한 사실상, 경제상의 불이익을 모두 포함하는 것이 아니라 법적인 불이익을 의미하는 것으로 보아야 한다**(헌재 1999.12.23. 98헌마363).

04-1 「향토예비군설치법」에 따라 예비군훈련소집에 응하여 훈련을 받는 것은 국민의 의무를 다하는 것일 뿐만 아니라 국가나 공익목적을 위하여 특별한 희생을 하는 것이므로 보상하여야 한다. 2022 경찰2차 ( )

04-2 「향토예비군설치법」에 따라 예비군훈련소집에 응하여 훈련을 받는 것은 국민이 마땅히 하여야 할 의무를 다하는 것일 뿐 국가나 공익목적을 위하여 특별한 희생을 하는 것이라고 할 수 없다. 2024 경찰1차 ( )

해설 헌법 제39조 제1항은 "모든 국민은 법률이 정하는 바에 의하여 국방의 의무를 진다."고 규정하고 있는 바, 이러한 국방의 의무는 외부 적대세력의 직·간접적인 침략행위로부터 국가의 독립을 유지하고 영토를 보전하기 위한 의무로서, 헌법에서 이러한 국방의 의무를 국민에게 부과하고 있는 이상 **향토예비군설치법에 따라 예비군훈련소집에 응하여 훈련을 받는 것은 국민이 마땅히 하여야 할 의무를 다하는 것일 뿐, 국가나 공익목적을 위하여 특별한 희생을 하는 것이라고 할 수 없다.** 즉, 국민이 헌법에 따라 부과되는 의무를 이행하는 것은 국가의 존속과 활동을 위하여 불가결한 일인데, 그러한 의무를 이행하였다고 하여 이를 특별한 희생으로 보아 일일이 보상하여야 한다고 할 수는 없는 것이다(헌재 2003.6.26. 2002헌마484).

05 공중보건의사에 편입되어 군사교육에 소집된 사람에게 사회복무요원과 달리 군사교육 소집기간 동안의 보수를 지급하지 않도록 규정한 「군인보수법」 조항은 공중보건의사의 경우 사회복무요원과 같은 보충역으로서 대체복무를 한다는 점에서 양자를 달리 취급할 합리적인 이유가 없으므로 공중보건의사의 평등권을 침해한다. 2024 경찰1차 ( )

해설 심판대상조항이 공중보건의사로 편입되어 군사교육 소집된 자에게 군사교육 소집기간 동안의 보수를 지급하지 않도록 규정하였다고 하더라도 이는 한정된 국방예산의 범위 내에서 효율적인 병역제도의 형성을 위하여 공중보건의사의 신분, 복무 내용, 복무 환경, 전체 복무기간 동안의 보수 수준 및 처우, 군사교육의 내용 및 기간 등을 종합적으로 고려하여 결정한 것이므로, 평등권을 침해한다고 보기 어렵다(헌재 2020.9.24. 2017헌마643).

06-1 관련 당사자가 공평에 반하는 이익을 얻을 가능성이 있다면, 이미 실효된 법률조항을 유효한 것으로 해석하여 과세의 근거로 삼더라도 헌법상 권력분립원칙에 반하는 것은 아니다. 2021 경찰경력채용 ( )

06-2 이미 실효된 법률조항을 유효한 것으로 의제하여 과세의 근거로 삼는다고 하더라도 이를 두고 권력분립원칙과 조세법률주의의 원칙에 근본적으로 반한다고 볼 수 없다. 2023 입법고시 ( )

ANSWER 03 × 04-1 × 04-2 ○ 05 × 06-1 × 06-2 ×

06-3 조세법의 영역에서는 경과규정의 미비라는 명백한 입법의 공백을 방지하고 형평성의 왜곡을 시정하는 것은 원칙적으로 법률조항의 법문의 한계 안에서 법률을 해석·적용하여야 하는 법원이나 과세관청의 의무에 해당한다. 2022 법원직 ( )

06-4 헌법정신에 맞도록 법률의 내용을 해석·보충하거나 정정하는 '헌법합치적 법률해석' 역시 '유효한' 법률조항의 의미나 문구를 대상으로 하는 것이지, 이를 넘어 이미 실효된 법률조항을 대상으로 하여 헌법합치적인 법률해석을 할 수는 없는 것이어서, 유효하지 않은 법률조항을 유효한 것으로 해석하는 결과에 이르는 것은 '헌법합치적 법률해석'을 이유로도 정당화될 수 없다. 2023 경찰승진 ( )

> **해설** 헌법정신에 맞도록 법률의 내용을 해석·보충하거나 정정하는 '헌법합치적 법률해석' 역시 '유효한' 법률조항의 의미나 문구를 대상으로 하는 것이지, 이를 넘어 이미 실효된 법률조항을 대상으로 하여 헌법합치적인 법률해석을 할 수는 없는 것이어서, 유효하지 않은 법률조항을 유효한 것으로 해석하는 결과에 이르는 것은 '헌법합치적 법률해석'을 이유로도 정당화될 수 없다 할 것이다.
> 과세요건법정주의 및 과세요건명확주의를 포함하는 조세법률주의가 지배하는 조세법의 영역에서는 경과규정의 미비라는 명백한 입법의 공백을 방지하고 형평성의 왜곡을 시정하는 것은 원칙적으로 입법자의 권한이고 책임이지 법문의 한계 안에서 법률을 해석·적용하는 법원이나 과세관청의 몫은 아니다. 뿐만 아니라 구체적 타당성을 이유로 법률에 대한 유추해석 내지 보충적 해석을 하는 것도 어디까지나 '유효한' 법률조항을 대상으로 할 수 있는 것이지 이미 '실효된' 법률조항은 그러한 해석의 대상이 될 수 없다. 따라서 **관련 당사자가 공평에 반하는 이익을 얻을 가능성이 있다 하여 이미 실효된 법률조항을 유효한 것으로 해석하여 과세의 근거로 삼는 것은 과세근거의 창설을 국회가 제정하는 법률에 맡기고 있는 헌법상 권력분립원칙과 조세법률주의의 원칙에 반한다**(헌재 2012.5.31. 2009헌바123 등).

07 조세법률주의는 납세의무를 성립시키는 납세의무자, 과세물건, 과세표준, 과세기간, 세율 등의 과세요건과 조세의 부과·징수 절차를 모두 국민의 대표기관인 국회가 제정한 법률로써 규정하여야 한다는 과세요건 법정주의를 내용으로 한다. 2023 입법고시 ( )

> **해설** **조세법률주의**는 조세는 국민의 재산권을 침해하는 것이 되므로 납세의무를 성립시키는 납세의무자, 과세물건, 과세표준, 과세기간, 세율 등의 **모든 과세요건과 조세의 부과·징수절차는 모두 국민의 대표기관인 국회가 제정한 법률로 이를 규정하여야 한다는 것(과세요건 법정주의)과 또 과세요건을 법률로 규정하였다고 하더라도 그 규정내용이 지나치게 추상적이고 불명확하면 과세관청의 자의적(恣意的)인 해석과 집행을 초래할 염려가 있으므로 그 규정내용이 명확하고 일의적(一義的)이어야 한다는 것(과세요건 명확주의)**을 그 핵심적 내용으로 하고 있다(헌재 1992.12.24. 90헌바21).

08-1 조세법률주의는 조세평등주의와 함께 조세법의 기본원칙으로서, 법률의 근거 없이 국가는 조세를 부과·징수할 수 없고, 국민은 조세의 납부를 요구받지 않는다는 원칙이다. 2022 경찰승진 ( )

08-2 조세법률주의의 이념은 과세요건을 법률로 규정하여 국민의 재산권을 보장하고, 과세요건을 명확하게 규정하여 국민생활의 법적 안정성과 예측가능성을 보장함에 있다. 2022 경찰승진 ( )

08-3 헌법 제59조의 조세법률주의는 조세평등주의와 함께 조세법의 기본원칙으로 과세요건 법정주의와 과세요건 명확주의를 핵심내용으로 한다. 2022 법원직 ( )

> **해설** 조세법률주의는 조세평등주의와 함께 조세법의 기본원칙으로서, 법률의 근거 없이는 국가는 조세를 부과·징수할 수 없고 국민은 조세의 납부를 요구당하지 않는다는 원칙이다.

ANSWER 06-3 × 06-4 ○ 07 ○ 08-1 ○ 08-2 ○ 08-3 ○

과세요건법정주의와 과세요건명확주의를 핵심내용으로 하는 조세법률주의의 이념은 과세요건을 법률로 명확하게 규정함으로써 국민의 재산권을 보장함과 동시에 국민의 경제생활에 법적 안정성과 예측가능성을 보장함에 있다(헌재 2012.5.31. 2009헌바123 등).

09 조세는 국가 또는 지방자치단체가 재정수요를 충족시키거나 경제적·사회적 특수정책의 실현을 위하여 국민 또는 주민에 대하여 아무런 특별한 반대급부 없이 강제적으로 부과징수하는 과징금을 의미한다.
2022 경찰승진 / 2022 경찰2차   (   )

해설▶ 헌법이나 국세기본법에 조세의 개념정의는 없으나 **조세는 국가 또는 지방자치단체가 재정수요를 충족시키거나 경제적·사회적 특수정책의 실현을 위하여 국민 또는 주민에 대하여 아무런 특별한 반대급부없이 강제적으로 부과징수하는 과징금**을 의미하는 것이다(헌재 1990.9.3. 89헌가95).

10 과세요건 명확주의의 문제는 납세자의 입장에서 어떠한 행위가 당해 문구에 해당하여 과세의 대상이 되는지 예견할 수 있는가, 당해 문구의 불확정성이 행정관청의 입장에서 자의적이고 차별적으로 법률을 적용할 가능성을 부여하는가 등의 기준에 따른 종합적인 판단을 요한다. 2023 입법고시   (   )

해설▶ 이 사건에서 과세요건 명확주의 문제는, 납세자의 입장에서 어떠한 행위가 당해 문구에 해당하여 과세의 대상이 되는 것인지 예견할 수 있을 것인가, 당해 문구의 불확정성이 행정관청의 입장에서 자의적이고 차별적으로 법률을 적용할 가능성을 부여하는가, 입법 기술적으로 보다 확정적인 문구를 선택할 것을 기대할 수 있을 것인가 여부 등의 기준에 따른 종합적인 판단을 요한다(헌재 2002.5.30. 2000헌바81).

11 조세법규에 있어서도, 법규 상호간의 해석을 통하여 그 의미를 명백히 할 필요성은 다른 법률과 다를 바 없으므로, 당해 조세법규의 체계 및 입법취지 등에 비추어 그 의미가 분명하여질 수 있다면 그 규정이 과세요건 명확주의에 위반된다고 할 수 없다. 2023 입법고시   (   )

해설▶ 이 사건에서 조세법률주의 문제는 과세요건을 법률로 규정하여 국민의 재산권을 보장하고 과세요건을 명확하게 규정하여 국민생활의 법적 안정성과 예측가능성을 보장하기 위한 것이며, 과세요건 법정주의와 과세요건 명확주의를 그 핵심내용으로 하고 있다. 따라서 **조세법규는 해석상 애매함이 없도록 명확히 규정될 것이 요청되지만, 조세법규에 있어서도 법규 상호간의 해석을 통하여 그 의미를 명백히 할 필요가 있는 것은 다른 법률의 경우와 다를 바 없으므로, 당해 조세법규의 체계 및 입법취지 등에 비추어 그 의미가 분명하여질 수 있다면 이러한 경우에도 명확성을 결여하였다고 하여 그 규정이 과세요건 명확주의에 위반된다고 할 수는 없다**(헌재 2002.6.27. 2001헌바44).

12 법 문언에 어느 정도의 모호함이 내포되어 있다 하더라도 법관의 보충적인 가치판단을 통해서 그 의미내용을 확인할 수 있고, 그러한 보충적 해석이 해석자의 개인적인 취향에 따라 좌우될 가능성이 없다면 과세요건 명확주의에 반한다고 볼 수 없다. 2022 법원직   (   )

해설▶ 설혹 법 문언에 어느 정도의 모호함이 내포되어 있다 하더라도 법 문언이 법관의 보충적인 가치판단을 통해서 그 의미내용을 확인할 수 있고, 그러한 보충적 해석이 해석자의 개인적인 취향에 따라 좌우될 가능성이 없다면 명확성의 원칙에 반한다고 할 수 없다(헌재 2022.3.31. 2019헌바107).

13 납세의무의 중요한 사항 내지 본질적인 내용에 관련된 것이라 하더라도 그중 경제현실의 변화나 전문적 기술의 발달 등에 즉응하여야 하는 세부적인 사항에 관하여는 행정입법에 이를 위임할 수 있다. 2023 입법고시 (   )

해설▶ 조세법률주의를 철저하게 관철하고자 하면 복잡다양하고도 끊임없이 변천하는 경제상황에 대처하여 적확하게 과세대상을 포착하고 적정하게 과세표준을 산출하기 어려워 담세력에 따른 공평과세의 목적

ANSWER 09 ○ 10 ○ 11 ○ 12 ○ 13 ○

을 달성할 수 없게 되는 경우가 생길 수 있으므로, **조세법률주의를 지키면서도 경제현실에 따라 공정한 과세를 하고 탈법적인 조세회피행위에 대처하기 위하여는 납세의무의 본질적인 내용에 관한 사항이라 하더라도 그중 경제현실의 변화나 전문적 기술의 발달 등에 즉응하여야 하는 세부적인 사항에 관하여는 국회제정의 형식적 법률보다 더 탄력성이 있는 대통령령 등 하위법규에 이를 위임할 필요가 있다**(헌재 1995.11.30. 94헌바40 등).

14 경제현실의 변화나 전문적 기술의 발달에 즉시 대응하여야 할 필요 등 부득이한 사정이 있는 경우에는 법률로 규정하여야 할 사항에 관하여 행정입법에 위임하였더라도 조세법률주의 위반으로 볼 수 없다. 2022 법원직 ( )

해설 사회현상의 복잡다기화와 국회의 전문적·기술적 능력의 한계 및 시간적 적응능력의 한계로 인하여 조세부과에 관련된 모든 법규를 예외없이 형식적 의미의 법률에 의하여 규정한다는 것은 사실상 불가능할 뿐만 아니라 실제에 적합하지도 아니하기 때문에, **경제현실의 변화나 전문적 기술의 발달에 즉시 대응하여야 할 필요 등 부득이한 사정이 있는 경우에는 법률로 규정하여야 할 사항에 관하여 국회 제정의 형식적 법률보다 더 탄력성이 있는 행정입법에 위임함이 허용된다고 할 것이다**(헌재 2010.7.29. 2009헌바192).

15 납세의무자인 국민은 자신이 납부한 세금을 국가가 효율적으로 사용하는지 여부를 감시하고 이에 대하여 이의를 제기하거나 잘못 사용되는 세금에 대하여 그 사용을 중지할 것을 요구할 수 있는 헌법상의 권리를 가진다.
2024 경찰1차 ( )

해설 재정지출에 대한 국민의 직접적 감시권을 기본권으로 인정하게 되면 재정지출을 수반하는 정부의 모든 행위를 개별 국민이 헌법소원으로 다툴 수 있게 되는 문제가 발생할 수 있다. 따라서 **청구인이 주장하는 재정사용의 합법성과 타당성을 감시하는 납세자의 권리를 헌법에 열거되지 않은 기본권으로 볼 수 없으므로 그에 대한 침해의 가능성 역시 인정될 수 없다**(헌재 2005.11.24. 2005헌마579 등).

16 이혼시 재산분할을 청구하여 상속세 인적공제액을 초과하는 재산을 취득한 경우 그 초과부분에 대하여 증여세를 부과하는 것은 재산권보장의 헌법이념에 부합하지 않으므로 실질적 조세법률주의에 위배된다.
2023 국회직9급 ( )

해설 이혼시 재산분할을 청구하여 상속세 인적공제액을 초과하는 재산을 취득한 경우 그 초과부분에 대하여 증여세를 부과하는 것은, 증여세제의 본질에 반하여 증여라는 과세원인 없음에도 불구하고 증여세를 부과하는 것이어서 현저히 불합리하고 자의적이며 재산권보장의 헌법이념에 부합하지 않으므로 실질적 조세법률주의에 위배된다(헌재 1997.10.30. 96헌바14).

17 자산소득이 있는 모든 납세의무자 중에서 부부가 혼인하였다는 이유만으로 혼인하지 않은 자보다 더 많은 조세부담을 하여 소득을 재분배하도록 강요받는 것은 부당하다. 2023 국회직9급 ( )

해설 **자산소득이 있는 모든 납세의무자 중에서 혼인한 부부가 혼인하였다는 이유만으로 혼인하지 않은 자산소득자보다 더 많은 조세부담을 하여 소득을 재분배하도록 강요받는 것은 부당**하며, 부부 자산소득 합산과세를 통해서 혼인한 부부에게 가하는 조세부담의 증가라는 불이익이 자산소득합산과세를 통하여 달성하는 사회적 공익보다 크다고 할 것이므로, **소득세법 제61조 제1항이 자산소득합산과세의 대상이 되는 혼인한 부부를 혼인하지 않은 부부나 독신자에 비하여 차별취급하는 것은 헌법상 정당화되지 아니하기 때문에 헌법 제36조 제1항에 위반**된다(헌재 2002.8.29. 2001헌바82).

18 부담금은 조세에 대한 관계에서 예외적으로 인정되어야 하지만, 어떤 공적 과제에 관한 재정조달을 조세로 할 것인지 아니면 부담금으로 할 것인지에 관한 입법자의 자유로운 선택권은 허용된다. 2023 국회직9급 ( )

해설 부담금은 조세에 대한 관계에서 어디까지나 예외적으로만 인정되어야 하며, 어떤 공적 과제에 관한 재정조달을 조세로 할 것인지 아니면 부담금으로 할 것인지에 관하여 입법자의 자유로운 선택권을 허용하여서는 안 된다.

ANSWER 14 ◯ 15 ✕ 16 ◯ 17 ◯ 18 ✕

부담금 납부의무자는 재정조달 대상인 공적 과제에 대하여 일반국민에 비해 '특별히 밀접한 관련성'을 가져야 하며, 부담금이 장기적으로 유지되는 경우에 있어서는 그 징수의 타당성이나 적정성이 입법자에 의해 지속적으로 심사될 것이 요구된다(헌재 2004.7.15. 2002헌바42).

19 먹는샘물 수입판매업자에게 수질개선부담금을 부과하는 것은 수돗물의 질을 개선하고 이를 국민에게 저렴하게 공급하려는 정당한 국가정책이 원활하게 실현될 수 있게 하기 위한 것으로서 부과에 합리적인 이유가 있어 평등원칙과 조화된다. 2023 국회직9급 ( )

해설 먹는샘물 수입판매업자에게 수질개선부담금을 부과하는 것은 수돗물 우선정책에 반하는 수입 먹는샘물의 보급 및 소비를 억제하도록 간접적으로 유도함으로써 궁극적으로는 수돗물의 질을 개선하고 이를 국민에게 저렴하게 공급하려는 정당한 국가정책이 원활하게 실현될 수 있게 하기 위한 것으로서, 부과에 합리적인 이유가 있으므로 평등원칙에 위배되는 것이라 볼 수 없다(헌재 2004.7.15. 2002헌바42).

20 주택재개발사업의 경우 학교용지부담금 부과 대상에서 '기존 거주자와 토지 및 건축물의 소유자에게 분양하는 경우'에 해당하는 개발사업분만 제외하고, 현금청산의 대상이 되어 제3자에게 일반분양됨으로써 기존에 비하여 가구 수가 증가하지 아니하는 개발사업분을 학교용지부담금 부과 대상에서 제외하지 아니한 것은 평등원칙에 위배되지 않는다. 2023 경찰간부 ( )

해설 심판대상조항이 주택재개발사업의 경우 학교용지부담금 부과 대상에서 '기존 거주자와 토지 및 건축물의 소유자에게 분양하는 경우'에 해당하는 개발사업분만 제외하고, 현금청산의 대상이 되어 제3자에게 분양됨으로써 **기존에 비하여 가구 수가 증가하지 아니하는 개발사업분을 제외하지 아니한 것은, 주택재개발사업의 시행자들 사이에 학교시설 확보의 필요성을 유발하는 정도와 무관한 불합리한 기준으로 학교용지부담금의 납부액을 달리 하는 차별**을 초래하므로, **심판대상조항은 평등원칙에 위배**된다(헌재 2014.4.24. 2013헌가28).

21 「한강수계 상수원수질개선 및 주민지원 등에 관한 법률」이 규정한 '물사용량에 비례한 부담금'은 수도요금과 구별되는 별개의 금전으로서 한강수계로부터 취수된 원수를 정수하여 직접 공급받는 최종 수요자라는 특정 부류의 집단에만 강제적·일률적으로 부과되므로 재정조달 목적 부담금에 해당한다. 2023 경찰간부 ( )

해설 물이용부담금은 한강수계관리기금의 재원을 마련하는 데에 그 부과의 목적이 있고, 그 부과 자체로써 수돗물 최종수요자의 행위를 특정한 방향으로 유도하거나 물이용부담금 납부의무자 이외의 다른 집단과의 형평성 문제를 조정하고자 하는 등의 목적이 있다고 보기 어려우므로, **재정조달목적 부담금에 해당**한다(헌재 2020.8.28. 2018헌바425).

22 경유차 소유자로부터 부과·징수하도록 한 「환경개선비용 부담법」상 환경개선부담금은 '경유차 소유자'라는 특정 부류의 집단에만 특정한 반대급부 없이 강제적·일률적으로 부과되는 정책실현목적의 유도적 부담금으로 분류될 수 있다. 2023 경찰간부 ( )

해설 환경개선부담금은 경유차의 소유·운행 자체를 직접적으로 금지하는 대신 납부의무자에게 일정한 금전적 부담을 지움으로써 위와 같은 행위를 간접적·경제적으로 규제하고 억제하려는 유도적 수단의 성격을 가지고 있고, 경유차 소유 및 운행 자제를 통한 대기오염물질 배출의 자발적 저감이라는 정책적 효과가 환경개선부담금의 부과 단계에서 행위자의 행위선택에 영향을 미침으로써 이미 실현되기 때문이다. 따라서 **환경개선부담금은 정책실현목적의 유도적 부담금으로 분류**될 수 있다(헌재 2022.6.30. 2019헌바440).

ANSWER 19 ○ 20 × 21 ○ 22 ○

23 「의료사고 피해구제 및 의료분쟁 조정 등에 관한 법률」의 해당 조항이 보건의료기관개설자에게 부과하도록 하는 대불비용 부담금은 보건의료기관개설자라는 특정한 집단이 반대급부 없이 납부하는 공과금의 성격을 가지므로 재정조달목적 부담금에 해당한다. 2023 경찰간부 ( )

해설 심판대상조항에 따라 손해배상금 대불비용을 보건의료기관개설자가 부담하는 것은, 손해배상금 대불제도의 시행이라는 특정한 공적 과제의 수행을 위한 재원 마련을 목적으로 보건의료기관개설자라는 특정한 집단이 반대급부 없이 납부하는 공과금의 성격을 가지므로, **재정조달목적 부담금에 해당**한다 (헌재 2022.7.21. 2018헌바504).

Ⅲ 최신판례

01 국방의 의무를 부담하는 국민 중 **병역의무의 범위를 정하는 문제는**, 국가의 안보상황·재정능력을 고려하여 급변하는 국내외 정세에 탄력적으로 대응하면서 국군이 최적의 전투력을 유지할 수 있도록 합목적적으로 정해야 할 사항이므로, 헌법재판소로서는 제반 사정을 고려하여 법률로 국방의 의무를 구체적으로 형성해야 하는 **국회의 광범위한 입법재량을 존중할 필요성이 크다**(헌재 2023.9.26. 2019헌마423).

02 문화재보호구역에 있는 부동산에 대한 재산세 경감을 규정하면서 역사문화환경 보존지역에 있는 부동산을 재산세 경감 대상으로 규정하지 않은 지방세법 조항은 조세평등주의에 위배되지 않는다 (헌재 2024.1.25. 2020헌바479).

ANSWER 23 ○

저자 정인홍

- 고려대학교 법과대학 법학과 졸업

현) • 에듀윌 경찰 헌법 교수
    • 박문각 법원직 공무원 헌법 교수

전) • KG에듀원 법원직 공무원 헌법 교수
    • KG에듀원 7급 공무원 헌법 교수
    • 명지대학교 헌법 특강 강사
    • 남부행정고시학원(에듀스파) 7급 헌법 강사

[저서]
- 경찰 헌법 기본서
- 경찰 헌법 기출문제
- 경찰 헌법 기출OX 및 최신판례
- 헌법 기본서 1, 2권(2022)
- 헌법 기본서 1, 2, 3권(2021)
- 헌법 기출문제집
- 객관식 헌법
- 헌법 기출최신판례
- 헌법 기출OX지문분석 및 최신판례
- 헌법 핵심요약
- 헌법 사전모의고사, 문제풀이

경찰 헌법
기출 OX 및 최신판례

인   쇄: 2024년 5월 8일
발   행: 2024년 5월 16일
편저자: 정인홍
발행인: 강명임 · 박종윤
발행처: (주) 도서출판 미래가치
등   록: 제2011-000049호
주   소: 서울시 영등포구 선유로130 에이스하이테크시티3 511호
전   화: 02-6956-1510
팩   스: 02-6956-2265

ⓒ 정인홍, 2024/ ISBN 979-11-6773-451-8 13360
- 낙장이나 파본은 교환해 드립니다.
- 이 책의 무단전재 또는 복제행위는 저작권법 제136조에 의거하여 처벌을 받게 됩니다.

정가 30,000원